System der Verschuldensbegriffe im Bürgerlichen Gesetzbuche

für das Deutsche Reich.

Von

Dr. Richard Weyl,

a. o. Professor der Rechte an der Universität Kiel.

München

J. Schweitzer Verlag (Arthur Sellier)

1905.

Druck: Dr. Franz Paul Datterer & Cie., G. m. b. H., Freising.

Inhalts-Verzeichnis.

Verzeichnis der wiederholt und daher abgekürzt zitierten Literatur.

Die zahlreichen Bücher und Aufsätze, welche nur an einzelnen Stellen heranzuziehen waren, sind a. a. O. genannt bezw. durch Verweisung auf andere Stellen hinreichend gekennzeichnet worden.

Die Literatur ist im allgemeinen, da die Neuerscheinungen aus der zweiten Hälfte d. J. 1904 nach Möglichkeit auch noch während der Drucklegung berücksichtigt wurden, bis Anfang 1905 verwertet (nur insbesondere betreffs der Dissertationen konnte wegen des späten Erscheinens der offiziellen Verzeichnisse Vollständigkeit der Angaben nicht erzielt werden).

Sonstige Abkürzungen — wie RGBl., Preuß. Ges.S., BGB., HGB., ALR., CPO., StGB., E. I (= Entwurf eines BGB. erste Lesung), EG. (= Einführungsgesetz) — sind in der allgemein üblichen Form gehalten worden.

Sofern die nachstehend genannten Werke ausnahmsweise in anderer als der hier angegebener Auflage zitiert worden sind, ist dies stets besonders hervorgehoben.

Achilles, Bürgerliches Gesetzbuch nebst Einführungsgesetz, 4. Aufl. (herausg. von Greiff) Berlin 1903.

Annalen des Königlich Sächsischen Ober-Landes-Gerichts zu Dresden herausg. von Loßnitzer und Kurtz, insbes. Jahrg. 21 ff., Leipzig 1900 ff.

Archiv für bürgerliches Recht, herausg. von Kohler, Ring und Oertmann Bd. 14 ff., Berlin 1898 ff.

Archiv für die zivilistische Praxis, herausg. von Franklin, Heck, M. Rümelin, Wendt, Bülow und Kohlhaas, insbes. Bd. 87 ff., Tübingen und Leipzig 1897 ff.

Archiv für Strafrecht und Strafprozeß, begründet von Goltdammer; insbes. Jahrg. 45 ff., Berlin 1897 ff.

Bendix, Das deutsche bürgerliche Recht, 2. Auflage, Breslau 1904.

Biermann, Das Sachenrecht des Bürgerlichen Gesetzbuchs (Teil III des Heymannschen Kommentars zum BGB.) 2. Aufl., Berlin 1903.

Blätter für Rechtsanwendung, gegründet von Seuffert und Glück, herausg. von Staudinger und Gareis, insbes. Bd. 65 ff., Erlangen 1900 ff.

Blätter für Rechtspflege in Thüringen und Anhalt, herausg. von Unger, insbes. Jahrg. 47 ff., Jena 1900 ff.

v. Blume, Vormundschaft (in Teil IV des Heymannschen Kommentars zum BGB.), Berlin 1904.

v. Buchka, Vergleichende Darstellung des Bürgerlichen Gesetzbuchs und des gemeinen Rechts, 3. Aufl., Berlin 1899.

Cosack, Lehrbuch des deutschen bürgerlichen Rechts, 4. Aufl., 2 Bände, Jena 1903, 1904.

Crome, System des deutschen bürgerlichen Rechts, Bd. I und II, Tübingen und Leipzig 1900 und 1902.

Denkschrift zum Entwurf eines Bürgerlichen Gesetzbuchs. Dem Reichstage vorgelegt. 2. Aufl. Berlin (Heymann) 1896.

Dernburg, Das bürgerliche Recht des Deutschen Reichs und Preußens. Bd. I, Halle 1902. Bd. II Erste Abteilung, 1. und 2. Aufl., Halle 1899. Bd. II Zweite Abteilung, 1. und 2. Auflage, Halle 1901. Bd. III, Halle 1898. Bd. IV, Halle 1903. Bd. V, Halle 1905.

Dresdener Annalen, s. Annalen.

Eck, Vorträge über das Recht des Bürgerlichen Gesetzbuchs (nach des Verfassers Tode herausgegeben von R. Leonhard). Bd. I—III, 1. und 2. Aufl., Berlin 1903 und 1904.
Endemann, Lehrbuch des Bürgerlichen Rechts. Bd. I, 8. und 9. Aufl., Berlin 1903. Bd. II, 3.—7. Aufl., Berlin 1900. Bd. III, 3.—7. Aufl., Berlin 1899, 1900.
Engelmann, A., Das bürgerliche Recht Deutschlands, 3. Aufl., Berlin 1903.
Engelmann, Th., Familienrecht (Bd. IV von von Staudingers Kommentar zum BGB., München, J. Schweitzer Verlag), 2. Aufl., 1903/04.
Enneccerus-Lehmann, Das bürgerliche Recht, Bd. I und II, 2. Aufl., Marburg 1901.
Entscheidungen des Reichsgerichts in Zivilsachen, insbes. Bd. 44—50 (Leipzig 1900—1902) und Bd. 51—57 (neue Folge Bd. 1—7), Leipzig 1903 und 1904.
Erler, Die Sprache des neuen BGB., Berlin 1896.
Fischer-Henle, Bürgerliches Gesetzbuch, 6. Aufl., München 1904.
Frommhold, Das Erbrecht des BGB. (Bd. V des Heymannschen Kommentars zum BGB.), Berlin 1900.
Gareis, Der Allgemeine Teil des Bürgerlichen Gesetzbuchs (Bd. I des Heymannschen Kommentars zum BGB.), Berlin 1900.
Goldmann und Lilienthal, Das Bürgerliche Gesetzbuch, systematisch dargestellt, 2. Aufl., Bd. I, Berlin 1903.
Goltdammers Archiv s. Archiv für Strafrecht.
Gradenwitz, Wort-Verzeichnis zum Bürgerlichen Gesetzbuche, Berlin 1902.
Gruchots Beiträge = Beiträge zur Erläuterung des deutschen Rechts. Begründet von Gruchot. Insbes. Jahrg. 41 ff., Berlin 1897 ff.
Grünhuts Zeitschrift für das Privat- und öffentliche Recht der Gegenwart; insbes. Bd. 27 ff., Wien 1900 ff.
Hachenburg, Das Bürgerliche Gesetzbuch, Vorträge. 2. Aufl., Mannheim 1900.
Haidlen, Bürgerliches Gesetzbuch nebst Einführungsgesetz mit den Motiven und sonstigen gesetzgeberischen Vorarbeiten. 4 Bände, Stuttgart 1897.
Hellmann, Vorträge über das Bürgerliche Gesetzbuch. Allgemeiner Teil. Freiburg, Leipzig und Tübingen 1897.
Herzfelder, Erbrecht (Bd. V von von Staudingers Kommentar zum BGB., München J. Schweitzer Verlag) 2. Aufl., 1904 (bis § 2015).
Hölder, Kommentar zum Allgemeinen Teil des BGB. (Bd. I des Beckschen Kommentars zum BGB.), München 1900.
Jacobi, Das persönliche Eherecht des Bürgerlichen Gesetzbuchs (Heft III von „Das Recht des BGB. in Einzeldarstellungen“) 2. Aufl., Berlin 1899.
Iherings Jahrbücher = Jahrbücher für die Dogmatik des heutigen römischen und deutschen Privatrechts. Insbes. Bd. 37 ff., Jena 1897 ff.
Jung, Delikt und Schadensverursachung. Heidelberg 1897.
Juristen-Zeitung, Deutsche, herausg. von Laband, Stenglein und Staub, Jahrg. I—IX, 1896—1904. Dazu Sonderbeilage „Spruchsammlung“ s. daselbst.
Juristische Wochenschrift. Organ des Deutschen Anwalt-Vereins, herausg. von Kempner, Kuhlenbeck, Neumann. Insbes. Jahrg. 29—33, Berlin 1900—1904.
Kipp = Kipps Bemerkungen zum BGB. bei Windscheid, 8. Aufl. (s. Windscheid-Kipp).
Kober, Sachenrecht (Bd. III von von Staudingers Kommentar zum BGB., München, J. Schweitzer Verlag), 2. Aufl., 1903.
Kommissionsbericht = Bericht der Reichstags-Kommission über den Entwurf eines Bürgerlichen Gesetzbuchs und Einführungsgesetzes, Berlin 1896 (Guttentag).
Krückmann, Institutionen des BGB., 3. Aufl. Göttingen 1901.
Kuhlenbeck, Von den Pandekten zum BGB., 3 Bände, Berlin 1898, 1899, 1901.
Kuhlenbeck, Das BGB. für das deutsche Reich. Im Auftrage des Vorstandes des deutschen Anwalt-Vereins erläutert. 3 Bände, 2. Aufl., Berlin 1903 und 1904.
Landé, Das Bürgerliche Gesetzbuch, Berlin 1897.
Landsberg, Das Recht des BGB. Ein dogmatisches Lehrbuch. 2 Hälften, Berlin 1904.
Leonhard, R., Der Allgemeine Teil des BGB., Nr. X von „Das Recht des BGB. in Einzeldarstellungen“), Berlin 1900.
Leske, Vergleichende Darstellung des BGB. und des Pr. Allg. Landrechts, 1. und 2. Aufl., Berlin 1900.
Liebe, Das Bürgerliche Recht nach dem deutschen BGB., 2 Bände, Leipzig 1904.
Linckelmann, Die Schadensersatzpflicht aus unerlaubten Handlungen. Berlin 1898.
von Liszt, Die Deliktsobligationen im System des BGB. (Nr. VIII von „Das Recht des BGB. in Einzeldarstellungen“) Berlin 1898.
Loewenfeld, Allgemeiner Teil des BGB. (Bd. I — zu BGB. §§ 1—89 — von von Staudingers Kommentar zum BGB. München, J. Schweitzer Verlag), 2. Aufl., 1904.

Lühl, Gründe und Arten der Deliktshaftung nach dem BGB. Erlanger Inaugural-Dissertation, Düsseldorf 1897.
Maas, Bibliographie des Bürgerlichen Rechts. 1888—1898, 1899, 1900, 1901, 1902, 1903, Berlin 1899—1904.
Matthiaß, Lehrbuch des Bürgerlichen Rechtes. 2 Bände. 2. Aufl., Berlin 1900.
Mayring, Recht der Schuldverhältnisse (Bd. II von von Staudingers Kommentar zum BGB.) München (J. Schweitzer Verlag) 1901. Dies Zitat umfaßt auch die von Th. Engelmann, Kober und v. Staudinger erläuterten Teile zu BGB. §§ 433 ff.
Meisner, Das Recht der Schuldverhältnisse, Kommentar zum zweiten Buche des BGB., Breslau 1898.
Motive zu dem Entwurfe eines BGB., 5 Bände, Berlin 1888. — Dazu Entwurf eines Einführungsgesetzes zum BGB. nebst Motiven, Berlin 1888.
Mugdan und Falkmann, Die Rechtsprechung der Oberlandesgerichte auf dem Gebiete des Zivilrechts, Jahrg. I—VIII, Leipzig 1900—1904.
Müller und Meikel, Das bürgerliche Recht des Deutschen Reichs, 2. Aufl., 2 Bände, München, J. Schweitzer Verlag, 1904.
Neumann, Handausgabe des BGB., 2. Aufl., 3 Bände, Berlin 1900.
Neumann, Jahrbuch = Jahrbuch des deutschen Rechtes. Unter Mitwirkung zahlreicher und namhafter Juristen herausg. von Hugo Neumann, Jahrg. I Bd. 1 und 2, Berlin 1904, Jahrg. II Lieferung 1—3 (bis BGB § 388), Berlin 1904 (die weiteren Lieferungen von Jahrg. II konnten nicht mehr benutzt werden).
Niedner, Das Einführungsgesetz vom 18. August 1896 (Bd. VI des Heymannschen Kommentars zum BGB.), 2. Aufl., Berlin 1901.
Opet, = Opet, Eherecht (Bd. IV des Heymannschen Kommentars zum BGB.), Berlin 1904.
Opet, Das Verwandtschaftsrecht des BGB., Berlin 1899.
Oertmann, Das Recht der Schuldverhältnisse (Bd. II des Heymannschen Kommentars zum BGB.), Berlin 1899.
Piper, Verursachung und Verschulden als Grundlagen der Schadenshaftung nach dem BGB., Rostocker Inaugural-Dissertation, Rostock 1902.
Planck, Bürgerliches Gesetzbuch nebst Einführungsgesetz. Bd. I, 3. Aufl., Berlin 1903. Bd. II—VI, 1. und 2. Aufl., Berlin 1900, 1901.
Puchelts Zeitschrift für französisches Zivilrecht, insbes. Bd. 31 ff., Mannheim 1900 ff.
Recht, Das, Rundschau für den deutschen Juristenstand. Jahrg. 1—3, München 1897—1899, Jahrg. 4—8, Hannover 1900—1904.
Rehbein, Das Bürgerliche Gesetzbuch mit Erläuterungen, Bd. I (Allgemeiner Teil), Berlin 1899, und Bd. II (Recht der Schuldverhältnisse, Allgemeine Bestimmungen), Berlin 1903.
Riezler, Allgemeiner Teil des BGB. (Bd. I — zu BGB. §§ 90—240 — von von Staudingers Kommentar zum BGB., München, J. Schweitzer Verlag), 2. Aufl., 1904.
Rümelin, M., Die Gründe der Schadenszurechnung und die Stellung des deutschen BGB. zur objektiven Schadensersatzpflicht, Freiburg und Leipzig 1896.
Sächsisches Archiv für bürgerliches Recht und Prozeß, herausg. von Hoffmann, Sommerlatt und Wulfert, insbes. Jahrg. 7 ff., Leipzig 1898 ff.
Schleswig-Holsteinische Anzeigen, herausg. von v. Zülow und Groth, insbes. Jahrg. 64 ff., Glückstadt 1900 ff.
Scherer, Das Erste, Zweite und Dritte Jahr des Bürgerlichen Gesetzbuchs (Ergänzungsheft 1—3 zu „Die Gesetzgebung des Deutschen Reiches mit Erläuterungen", Erlangen, (Palm und Enke) 1901—1903. (Ergänzungsheft 4, Das Vierte Jahr des BGB., konnte nicht mehr benutzt werden).
Schmidt, Arthur B., Familienrecht (Bd. IV des Beckschen Kommentars zum BGB.), Lieferung 1, München 1900, und 2, München 1904 (bis BGB. § 1519).
Schmidt, Arthur B., Ehescheidung und richterliches Ermessen, Berlin 1900.
Schollmeyer, Recht der Schuldverhältnisse, Allgemeiner Teil (Bd. II, 1. Hälfte des Heymannschen Kommentars zum BGB.), Berlin 1900.
Schollmeyer, Das Recht der einzelnen Schuldverhältnisse im BGB. (Heft IV von „Das Recht des BGB. in Einzeldarstellungen"), Berlin 1897.
Seufferts Archiv für Entscheidungen der obersten Gerichte in den deutschen Staaten. Insbes. Bd. 55—59 (N. F. Bd. 25—29), München und Leipzig 1900—1904.
Siméon, Recht und Rechtsgang im deutschen Reiche, 3. Aufl., Berlin 1901.
Spruchsammlung der Deutschen Juristen-Zeitung (s. daselbst). Erste Spruchsammlung (für 1900—1902) 1903, Zweite Spruchsammlung (für 1903) 1904.
Stammler, Das Recht der Schuldverhältnisse in seinen allgemeinen Lehren (Heft V von „Das Recht des BGB. in Einzeldarstellungen"), Berlin 1897.
Stammler, Die Lehre von dem richtigen Rechte, Berlin 1902.
von Staudingers Kommentar s. sub Engelmann, Th., Herzfelder, Kober, Loewenfeld, Mayring und Riezler.

Strohal, Das deutsche Erbrecht auf Grundlage des BGB. (Heft I von „Das Recht des BGB. in Einzeldarstellungen") Bd. I, 3. Aufl., Berlin 1903. Bd. II, 2. Aufl., Berlin 1901.

Warneyers Jahrbuch der Entscheidungen zum BGB. und den Nebengesetzen. Jahrg. I (1900—1902) und II (1903), Leipzig 1903 und 1904.

von Weinrich, Die Haftpflicht wegen Körperverletzung und Tötung eines Menschen, 2. Aufl, Berlin 1902.

Weyl, Vorträge über das BGB. für Praktiker. 2 Bände, München 1898, 1900.

Windscheid-Kipp = Windscheid, Lehrbuch des Pandektenrechts, 8. Aufl., unter vergleichender Darstellung des deutschen bürgerlichen Rechts bearbeitet von Kipp, 3 Bände, Frankfurt a. M. 1900 und 1901.

Zitelmann, Das Recht des Bürgerlichen Gesetzbuchs. Allgemeiner Teil. Leipzig 1900.

Zusätze[1] und Berichtigungen.

Zu S. 37 Anm. 3 und 4: Vgl. weitere Literatur unten § 77 S. 593 Anm. 2; ferner etwa Engelmann, Th., in Seufferts Bl. f. RA. 65 (1900) S. 26 ff., Francke in den Bl. f. Rechtspfl. in Thüringen 49 (1902) S. 163; ferner die Dissertation von Rothschild, Haftung des Justizbeamten (Freiburg 1902), insbes. S. 82 f. — Im Sinne der Entbehrlichkeit des § 1848 inzwischen von Blume im Heymannschen Kommentar IV (Berlin 1904) S. 97 Anm. 1.

S. 48 Zeile 2 von oben lies: § 123 Abs. II Satz 2 (statt Satz 1).

Zu S. 69 (§ 19 a. A.) vgl. das unten § 72 S. 568 Anm. 1 Bemerkte.

Zu S. 77 (§ 20 sub B II 1) vgl. das in § 64 S. 492 Anm. 4 Bemerkte.

S. 84 Anm. 2 lies: oben S. 83 Anm. 2 (statt S. 63 Anm. 2).

S. 97 Zeile 4 von oben lies: oben § 18 A II 4 c (statt 5 c).

Zu S. 99 ff. (§ 31) konnten die Bemerkungen von v. Blume im 45. Jahres-Bericht der Juristischen Gesellschaft zu Berlin (1903/04) S. 23 ff. nicht mehr berücksichtigt werden.

Zu S. 101 Anm. 3 (Mitte): Die beiden Erkenntnisse vom 9. Mai und 6. Juni 1903 werden zusammenfassend auch bei Neumann, Jahrb. II S. 186 sub β behandelt.

S. 108 Anm. 1 Zeile 2 lies: Jahrgang 69 (statt 64).

Zu S. 108 Anm. 2 und 3 vgl. inzwischen auch noch Bekanntmachung des Reichskanzlers vom 30. Sept. 1904 (RGBl. S. 369) „betr. den Verkehr mit Erzeugnissen und Gerätschaften des Weinbaues in den deutsch-luxemburgischen Grenzbezirken."

Zu S. 111 sub 7 vgl. auch Sperl a. a. O.

Zu S. 112 Anm. 1: Vom „ordentlichen Mann" spricht auch das unten S. 302 Anm. 3 erwähnte Erk. des Reichsger. vom 10. März 1903; nicht aber gehört hierher z. B. die unten zu S. 124 Anm. 10 erwähnte Entsch. des Reichsger. vom 20. Nov. 1902 (VI 268/02), welche zu BGB. § 831 von der Auswahl eines ordentlichen Mannes handelt.

Zu S. 117 ff. vgl. auch die z. T. anfechtbaren Bemerkungen von Heinsheimer in dem S. 584 Anm. 4 erwähnten Aufsatze S. 250 ff.

Zu S. 124 Anm. 10: Vgl. ferner die Entscheidungen des Reichsger. vom 20. Nov. 1902 (VI 268/02), 23. Febr. 1903 (VI 349/02) und 23. Mai 1903 (VI 78/03) in Bd. 53 (1903) Nr. 16 S. 53 ff. bezw. Bd. 54 (1903) Nr. 17 S. 53 ff. bezw. „Recht" VII (1903) S. 526 Nr. 2635. Ferner (ländliche Verhältnisse betreffend) die Entsch. des OLG. Dresden vom 26. Nov. 1903 im Sächs. Arch. 12 (1903) S. 224, und im „Recht" VIII (1904) Nr. 4 S. 105 (Nr. 468); vgl. auch Neumann, Jahrb. I 1 S. 469 Note f δ.

S. 129 Anm. 6 lies: 16. Mai 1901 (statt 1903.)

Zu S. 132 Anm. 8 auf S. 133. Vgl. zu dem Erkenntnis vom 3. Febr. 1902 nähere Angaben unten S. 170 Anm. 4 (S. 171).

Zu S. 136 Anm 6: Das Erkenntnis des OLG. Karlsruhe stammt vom 30. Januar 1902.

Zu S. 163 sub 6, 7 und 8 ist wegen des Reitens auch an BGB. § 833 (Haftung des Tierhalters) zu erinnern.

Zu S. 164 IV wäre auch an die Schützengilden zu denken.

Zu S. 170 Anm. 4: Auf Radfahrer bezieht sich auch die Entsch. des OLG. Dresden vom 13. Februar 1900 in den Dresdener Annalen 21 (1900) S. 414 ff.; vgl. auch Neumann Jahrb. I 1 S. 51/52.

Zu S. 171 Anm. 1: wegen des Automobilwesens weitere Literatur unten S. 567 Anm. 1.

S. 186 Anm. 1 a. E. lies: oben S. 105 Anm. 3 (statt S. 135).

Zu S. 190 sub V. Gänzlich verfehlt ist es, wenn Martinius im Arch. f. bürgerl. R. 25 (1904) S. 173 meint, überall da, wo eine Anzeigepflicht gegeben ist, sei nach Analogie des § 121 BGB. an Anzeige ohne schuldhaftes Zögern zu denken.

S. 190 Zeile 4 und 5 von oben lies § 121 Abs. I bezw. § 121 (statt § 122 Abs. II bezw. § 122).

---

[1]) Die „Zusätze" sind in den drei Registern nicht berücksichtigt.

S. **195** Anm. 7: Das Erkenntnis des OLG. Karlsruhe datiert vom 9. Februar 1903.

Zu S. 206 sub V 1 a vgl. auch („unverzügliche Tötung") in dem Reichsges. vom 23. Juni 1880 (1. Mai 1894), betr. die Abwehr und Unterdrückung von Viehseuchen (RGBl. 1880 S. 153, 1894 S. 410) § 24 Abs. III und § 40 (und daselbst § 63 Nr. 1: „vorsätzlich oder fahrlässig . . . die Anzeige . . . verzögert"; ferner § 37 Abs. III „sofortige Tötung" und auch sonst — § 34, 39, 43 f., 54 f., 65 Nr. 3 und 5 — sehr oft „sofort").

S. **209** Nr. 3 a. E. lies: 20. Mai 1904 (statt 26.).

Zu S. 231 Anm. 6 vgl. noch als Beispiele zu BGB. § 826 bezw. § 138 die Entsch. des Reichsger. vom 11. März 1903 (unten S. 486 Anm. 9 auf S. 487) sowie die Entsch. vom 11. Juli 1904 (VI 514/03), 21. Okt. 1904 (II 116/04) und 8. Nov. 1904 (III 165/04) in der Juristen-Ztg. IX (1904) Nr. 22 S. 1089/90, Nr. 24 S. 1185 und 1187.

Zu S. 232 Anm. 1 vgl. noch an Literatur die Dissertationen von von Witzleben (Erlangen-Coethen 1898), insbes. S. 31 ff. und Hückstädt (Greifswald 1901) S. 37 ff. Vgl. auch Brunswig, vertragsmäßige Haftung des Ratgebers, in Goldschmidts Ztschr. f. Handelsr. 56 (1905) S. 77 ff.

Zu S. 232 sub β. Ueber zwei wissenschaftliche Plagiatfälle aus neuester Zeit vgl. Wulfert im Sächs. Arch. 14 (1904) S. 768 und Liepmann in Niemeyers Zeitschr. für internationales Privat- und öffentliches Recht Bd. XIV (Leipzig 1904) S. 597.

Zu S. 249 sub 3 vgl. das unten § 72 S. 568 Anm. 1 Bemerkte.

S. **250** Zeile 4 und 5 von oben lies: § 845 Satz 1 und § 823 Abs. I (statt § 845 Abs. I und § 825 Abs. I).

Zu S. 267 Anm. 3 und 6: Vgl. auch die Dissertation von von Hagen (oben S. 113 Anm. 1) S. 25 ff.

S. **268** Anm. 6 Zeile 1 lies: § 2025 (statt 2095).

S. **271** Anm. 3. So auch Dernburg II 2 S. 127 Anm. 8.

S. **279** Anm. 5 Zeile 4 gehört der Passus „Nr. 203 II" zwischen Prot. III und S. 233.

Zu S. 298 oben: Im technischen Sinne versteht den § 254 auch Schroeder in der unten § 79 sub IV S. 604 erwähnten Abhandlung.

Zu S. 298 Anm. 9 vgl. wegen des Erscheinungsjahrs der Süßmannschen Dissertation unten S. 604 Anm. 12.

S. **315** sub VI I b β Zeile 2 lies: § 279 (statt § 279 Satz 1).

S. **316** Zeile 1 von oben lies: § 664 Abs. I Satz 2 (statt Satz 1).

S. **317** Zeile 4 und 5 sind die Gedankenstriche zwischen „ist" und „wie" und zwischen „lehren" und „und" zu setzen.

Zu S. 317 Anm. 4: Auch Schroeder a. a. O. (oben zu S. 298) spricht (z. B. S. 308, 312) zu § 254 von „eigenem Verschulden".

Zu S. 317 Anm. 5: Vgl. auch zu BGB. § 254 die Entsch. des Reichsger. vom 5. Okt. 1903 (oben S. 298 Anm. 19), zu BGB. § 1568 die Entsch. des Reichsger. vom 23. Dez. 1901 (oben S. 308 Anm. 13). Ferner Entsch. des OLG. Stuttgart vom 9. März 1903 in dem Jahrb. der Württemb. Rechtspflege Bd. 16 (1904) S. 174, 175, 177.

Zu S. 321 Anm. 5. Vgl. auch den Titel einer Schrift von Geering, die Verschuldung der Schweiz an Frankreich (Zürich 1904).

Zu S. 322 Anm. 16. Vgl. auch Albrecht, Verbrechen und Strafen (oben S. 350 Anm. 6) S. 191; wegen Davidson S. 71 vgl. unten S. 351 Anm. 8.

Zu S. 323 Anm. 6. Vgl. (wegen Mot. IV) unten S. 566 Anm. 4.

S. **330** Anm. 3 muß es heißen: EG. z. HGB. (statt EG. z. BGB.).

Zu S. 331 sub I 1: Mit Unrecht meint (wegen BGB. § 1666 Abs. I, oben § 3 sub B I 1 c δ) Opet (Kommentar) S. 392 oben, BGB. rede von „sich schuldig machen" nur bei vorsätzlich begangenen Handlungen.

Zu S. 351 Anm. 8: Zum ganzen § 1666 nehmen „Verschulden" auch an: das Kammergericht im Beschluß vom 29. Mai 1901 (vgl. oben S. 333 Anm. 1); ferner (mit Bericht über die Entstehungsgeschichte des § 1666) das Bayer. Oberste Landesger. in der Entsch. vom 15. Sept. 1903 (Samml. 4 S. 627 ff.); vgl. „Recht" VII, 1903, S. 483 Nr. 2455, Warneyer II S. 127 Note 2, Engelmann Th., S. 791 sub II A; ebenso auch OLG. Dresden vom 5. Juli 1901 (in den Dresdener Annalen 23, 1904, S. 90 ff., insbes. S. 92, und bei Mugdan und Falkmann IV, 1902, Nr. 28 c S. 104; vgl. auch Warneyer I S. 186 Anm. 4).

Zu S. 366 Anm. 2: Vgl. auch die Leipziger Dissertation von Röhrig, Notwehr und Notstand im BGB. (Borna 1902).

Zu S. 372 ff. Auch die oben S. 308 Anm. 9 erwähnte Entsch. des Reichsger. vom 22. Juni 1900 spricht zu BGB. § 1568 von „Verfehlung".

Zu S. 376 Anm. 1: vgl. auch die Rostocker Diss. 1903 von Rast.

S. 402 Anm. 2 lies: Oben § 43 S. 333 Anm. 2 (statt S. 443 Anm. 2). Anm. 3 lies: § 66 sub X 2 a und § 75.
S. 403 sub 8 lies: § 827 Satz 1 (statt Absatz I).
Zu S. 403 Anm. 3. Vgl. auch Mot. III S. 284, Dernburg III S. 235 (3. Aufl. S. 250.)
S. 412 Anm. 3 Zeile 3 v. E. lies: 7. April 1891 (statt 1901).
S. 448 Anm. 5 a. E. ist der Buchstabe c hinter VI 7 zu stellen und hinter 2 zu streichen.
S. 452 Zeile 1 lies: § 1259 (statt § 1258).
S. 466 letzte Reihe des Absatzes b lies: § 226 (statt § 826).
S. 507 sub III 1 b } lies: § 846 (statt § 847).
S. 512 sub a β }
Zu S. 529 oben: Vgl. auch Reichsges. vom 14. Juli 1904, betr. die Entschädigung für unschuldig erlittene Untersuchungshaft (RGBl. S. 321) § 2 Abs. I: „Der Anspruch auf Entschädigung ist ausgeschlossen, wenn der Verhaftete die Untersuchungshaft vorsätzlich herbeigeführt oder durch grobe Fahrlässigkeit verschuldet hat. Die Versäumung der Einlegung eines Rechtsmittels ist nicht als eine Fahrlässigkeit zu erachten.“ Analog auch bereits Reichsges. vom 20. Mai 1898, betr. die Entschädigung der im Wiederaufnahmeverfahren freigesprochenen Personen (RGBl. S. 345) § 1 Abs. III und IV.
Zu S. 533 ff. Die Verwirkung der elterlichen Gewalt des Vaters erstreckt sich im Falle des § 1680 (oben § 70 sub IV 3,e) nur auf das verletzte Kind allein (nicht auch auf die andern Kinder); vgl. (gegen Boehm in Gruchots Beitr. 41, 1897, S. 561; vgl. auch die dortige Redaktionsnote Anm. 4) Habicht in Gruchots Beitr. 42 (1898) S. 430 Anm. 13, Opet, Verwandtschaftsrecht S. 295 Anm. 19, Planck IV S. 433 Note 4 und auch Prot. IV Nr. 313 II S. 656, III S. 660.
S. 586 sub b ist das Wort „es“ (zwischen „ist“ und „nun“) zu streichen.

§ 1.

Einleitung.

Zweck und Abgrenzung der Aufgabe; Methode der Untersuchung.

I. **Der Zweck der Aufgabe.**

Unter dem Worte „Verschuldensbegriffe“ sollen alle diejenigen Begriffe verstanden werden, welche man etwa auch als „subjektive Rechtswidrigkeit“ oder als „Unrecht im subjektiven Sinne“ bezeichnet findet, nämlich diejenigen mit Zivilrechtsfolgen umkleideten Begriffe, welche zugleich einerseits auf einen Verstoß gegen die Rechtsordnung und anderseits auf ein tadelnswertes Verhalten des Täters hinweisen. Die bekanntesten Fälle sind das „Verschulden“ sowie „Vorsatz“ und „Fahrlässigkeit“. Mit diesen Termini ist aber der Kreis der subjektiven Schuld keineswegs erschöpft, es kommt vielmehr noch eine sehr große Anzahl weiterer Begriffe (z. B. Kennenmüssen, schuldhaftes Zögern — „unverzüglich“ — Arglist, Böswilligkeit) hinzu. Ferner gibt es eine Reihe von Begriffen, betreffs derer in den Materialien, in der Literatur und in der Judikatur wegen ihrer Natur und daher wegen ihrer Zugehörigkeit zum subjektiven oder aber zum objektiven Unrecht teils Meinungsverschiedenheiten, teils Unklarheiten bestehen; so die Begriffe „Verzug“, „Pflichtverletzung“, „Verstöße gegen die guten Sitten“. Endlich treten die subjektiven Schuldmomente mit einzelnen ins objektive Unrecht gehörigen Begriffen — z. B. Widerrechtlichkeit, Verstöße gegen die Gesetze, Ordnungswidrigkeit — in so enge Berührung, daß es wünschenswert erscheint, ihre gegenseitige Abgrenzung mit größerer Schärfe zu erfassen als bisher geschehen ist. Auch wegen des gegenseitigen Verhältnisses der subjektiven Schuldbegriffe zu einander herrschen Unklarheiten und Meinungsverschiedenheiten, und ebenso haben sich über das innere Wesen einzelner dieser Begriffe schon mancherlei Streitfragen gebildet, deren Beantwortung für die Entscheidung praktischer Konsequenzen von Wichtigkeit ist.

Nach alledem erschien es mir als eine dankbare Aufgabe, die sämtlichen einschlägigen Begriffe genauester Analyse zu unterwerfen, und fruchtbringend erschien es mir, nach Feststellung der Einzelbegriffe aus ihnen den Gesamtbau eines ganzen Systems der subjektiven Schuldarten zu errichten und für diesen Bau den ihm gebührenden Platz im ganzen Zivilrechtssystem aufzusuchen.

Wenn damit die wissenschaftliche sowie die praktische Bedeutung und Rechtfertigung des Themas zur Genüge klargelegt ist, so kann insbesondere über die praktische Funktion der Aufgabe auch darum kein Zweifel obwalten, weil sich die fraglichen Begriffe durch das ganze BGB. verzweigen und darüber hinaus in das gesamte Zivilrecht[1]), ja ebenso auch in das gesamte öffentliche Recht hineinragen, so daß eine scharfe Erkenntnis der Einzelbegriffe für unzählige Anwendungsfälle ein dringendes Erfordernis bildet und auch andern Disziplinen von Nutzen wird.

II. Die Abgrenzung des Themas.

Gerade wegen der angedeuteten Vielseitigkeit berührt sich das Thema mit einer Reihe sonstiger Fragen des Zivilrechts, die aber systematisch in andere Rechtskapitel gehören. So die Lehre vom Schadensersatz, die Lehre von den unerlaubten Handlungen, die Lehre vom Verzuge und etwa die Frage nach dem Verhältnis des BGB. und seiner Begriffe zum Strafrecht. Diese Lehren bilden demnach *nicht* den Inhalt meiner Untersuchung — was zur Vermeidung von Verwechselungen ausdrücklich vermerkt werden mußte —, es wird sich aber nicht vermeiden lassen und auch als förderlich für jene Materien erweisen, daß wir sie bisweilen[2]) zu streifen haben.[3])

III. Was endlich die *Methode der Darstellung* betrifft, so sollen in einem ersten Teil, der „*Materialsammlung*", zunächst die disjecta membra der für unsere Untersuchung in Betracht kommenden zahllosen Gesetzesstellen zusammengesucht, gesichtet und natürlich zugleich nach gewissen Gesichtspunkten[4]) geordnet werden. Diese Materialsammlung[5]) wird dann[6]) im zweiten, systematischen Teile zur Verwertung gelangen: Zunächst (Kapitel I) werden die einzelnen Termini begrifflich untersucht und nötigenfalls auf ihre Zugehörigkeit in den Kreis der subjektiven Schuldmomente geprüft und gegen einander abgegrenzt werden. Dem schließt sich (Kapitel II) die Aufführung des schon erwähnten systematischen Gesamtbaues an; hierbei steht eine Gruppierung der Begriffe untereinander im Vordergrunde; ferner sind die Folgen des Verschuldens zu prüfen und zu ordnen nebst den Bedingungen für ihren Fortfall. Auch andere Fragen, so nach der Person des Schuldigen und des Gekränkten, nach der Beweislast

---

[1]) Zur Prüfung von Fragen der Uebergangszeit und des Internationalen Privatrechts ergab sich, speziell auch an der Hand des Gesetzestextes, nur selten Anlaß.

[2]) Das wird aber — schon der Raumersparnis und der Konzentration wegen — jedesmal mit denkbarster Kürze geschehen.

[3]) Vgl. auch das unten § 30 II und III Bemerkte.

[4]) Insbesondere nach Maßgabe der im Gesetz normierten Rechts*folgen*, was uns namentlich in Teil II (insbesondere Kap. II Abschn. II Abteilung II § 70) von Nutzen sein wird.

[5]) Sie lehnt sich im großen und ganzen an die Bemerkungen an, die *ich* bereits 1898 in Bd. XIV des Arch. f. bürgerl. R. (Berlin 1898) S. 79—180 gegeben hatte; doch ist sie vielfach verbessert und mehrfach erweitert bezw. auch andererseits verkürzt worden, ebenso wie mein ebenda S. 79 f. angedeuteter Arbeitsplan sich nach mancher Richtung hin verändert und die ursprünglich beabsichtigte kurze Skizze sich im Laufe der Zwischenzeit zu einer großen systematischen Abhandlung erweitert hat, die darum nicht mehr in einer Zeitschrift Platz fand.

[6]) Sollte es mir zum Vorwurf gemacht werden, daß durch die von mir gewählte Disposition eine zweimalige Besprechung jedes Einzelbegriffs — zuerst in Teil I, dann im 1. Kap. des Teil II — veranlaßt und daß dadurch für jeden Einzelbegriff die Darstellung zerrissen werde, so ist dagegen zu bemerken, daß im 1. Kap. des Teil II unendlich oft auch auf die primär einen andern Begriff betreffenden Gesetzesnormen verwiesen werden muß, so daß sich deren vorherige Aneinanderreihung dringend empfahl. Ferner ist die Disposition in Teil I einerseits und im 1. Kap. des Teil II andererseits eine verschiedene und mußte verschieden sein, wenn man bei der Disposition des Teil II Kap. I auf Verwertung der im Gesetz selber für die Interpretation gegebenen Hilfsmittel (Näheres unter § 30) nicht verzichten wollte, die andererseits in der „Materialsammlung" für die Disposition noch nicht maßgebend sein konnten.

u. dgl. mehr sind zu erörtern. — Während die Materialsammlung im wesentlichen mit dem Gesetzestexte[1]) allein operiert, ihn von allen Seiten her beleuchtend,[2]) werden die weiteren Abschnitte Gelegenheit nehmen, gleichfalls mit aller denkbaren Gründlichkeit, die Anschauungen nachzuprüfen, welche zu den einschlägigen Fragen in den Vorarbeiten zum BGB. und in der bisherigen Judikatur und Literatur aufgetaucht sind. Gerade die Kontrolle der Literatur bildete eine sehr schwierige und zeitraubende Aufgabe, weil nicht nur die gesamten Kommentare, Lehrbücher und Vortragswerke zu berücksichtigen waren, sondern auch eine Anzahl von Monographien, z. B. über den Schadensersatz, die unerlaubten Handlungen und die andern oben erwähnten Rechtskapitel, aber auch über viele sonstige Materien, wie Ehescheidungsrecht, Notwehr usw.

---

[1]) In der Materialsammlung werden die einschlägigen Paragraphen des Gesetzes stets unter genauester Beifügung von Absatz und Satz angegeben werden; ebenso im allgemeinen auch sonst; nur wo z. B. es sich (namentlich in Teil II) lediglich um Feststellung des gesetzlichen Sprachgebrauches handeln wird und wenn alsdann im wesentlichen nur negative Befunde zu konstatieren sind, wird bisweilen eine Abkürzung — unter stetem Hinweis auf Gradenwitz, s. folgende Anm. — erfolgen, wie die betreffenden Stellen auch in das Quellenregister (am Ende des Werkes) nicht aufgenommen worden sind.

[2]) Dabei (und auch zur Kontrolle meiner S. 2 Anm. 5 erwähnten älteren Aufzeichnungen) war mir von unschätzbarem Werte das von Gradenwitz zusammengestellte Wort-Verzeichnis zum BGB., Berlin 1902; es erwies sich in der Tat auch für meine Zwecke als „ebensowohl befähigt, Probleme zu stellen, wie Probleme zu lösen" (Einl. pag. X), und dieser Wert des vortrefflichen und von der neueren Literatur bisher noch lange nicht genügend verwerteten, ja anscheinend ziemlich unentdeckt gebliebenen literarischen Hilfsmittels wird nicht dadurch beeinträchtigt, daß es bisweilen — äußerst selten — Druckfehler oder Ungenauigkeiten enthält (zu letzteren ist es insbesondere zu rechnen, daß das Verzeichnis der „Doppelworte", pag. XIII sq., vgl. pag. X sub 6, oft im Stiche läßt, und ferner, daß die Ueberschriften, die das Gesetz selber seinen einzelnen Büchern, Abschnitten und Titeln gibt, in dem Verzeichnis nicht Aufnahme gefunden haben).

Erster Teil.

Die Materialsammlung.

§ 2.

Das Verschulden.

Das Substantivum „das Verschulden“ überhaupt ohne nähere Bezeichnung seiner Art oder seines Grades, sowie das Verbum „verschulden“ werden in einer sehr großen Anzahl von Gesetzesstellen — 47 Hauptstellen,[1]) auf die dann zum Teil wieder in anderen Paragraphen verwiesen wird — erwähnt. Aus diesen Vorschriften lassen sich nachstehende Grundideen entwickeln:

I. Das Verschulden verpflichtet zum Schadensersatze. Dabei ist die Ausdrucksweise des BGB. zur Andeutung des Kausalzusammenhanges, welcher zwischen Verschulden und Schaden bestehen muß, sehr verschiedenartig.

1. Mehrfach wird nur gesagt, daß eine „weitergehende Haftung“ der Partei wegen Verschuldens neben einer vom Gesetze angeordneten Haftung für unverschuldeten Eintritt eines Schadens „unberührt bleibt“ bezw., daß letztere Haftung bestehe „unbeschadet der Verantwortlichkeit für ein Verschulden“.[2]) Dies ist der Fall:

a) Betreffs des Bestellers beim Werkvertrage (§ 645 Abs. II) neben seiner Haftung für Untergang, Verschlechterung und Unausführbarkeit des Werkes infolge von Mängeln des von ihm gelieferten Stoffes oder infolge einer von ihm für die Ausführung erteilten Anweisung.

b) Betreffs des Vorerben (§ 2134 Satz 2) neben seiner Verpflichtung zum Ersatze des Wertes eines Erbschaftsgegenstandes, den er für sich verwendet hatte.

c) Betreffs des Nießbrauchers (§ 1039 Abs. I Satz 2) neben seiner Pflicht, dem Eigentümer bei Beendigung des Nießbrauches den Wert solcher Früchte zu ersetzen, die er den Regeln einer ordnungsmäßigen Wirtschaft zuwider oder zufolge des Zwanges besonderer Ereignisse im Uebermaße gezogen hat.

2. Es haftet „wenn (soweit) ihm ein Verschulden zur Last fällt“ bezw. es hat „ein ihm zur Last fallendes Verschulden“ zu vertreten:

a) Wer als Vorstandsmitglied oder Liquidator eines eingetragenen Vereins (bezw. einer Stiftung, einer öffentlich-rechtlichen Körperschaft, Stiftung

---

[1]) Dabei sind diejenigen 9 Stellen, in denen die Worte mehrfach begegnen (§ 254 Abs. I und Abs. II Satz 1, § 278 Satz 1 [zweimal], § 351 Satz 1 und [zweimal] Satz 2, § 498 Abs. II Satz 1 und Satz 2, § 664 Abs. I Satz 2 und Satz 3, § 691 Satz 2 und Satz 3, § 823 Abs II Satz 2 [zweimal], § 2219 Abs. I und Abs. II) auch mehrfach gezählt.

[2]) Vgl. dazu wegen EG. z. BGB. Art. 42 Nr. III § 9 auch unten sub 3 d.

oder Anstalt) den bei Ueberschuldung des Vereins zu stellenden Antrag auf Konkurseröffnung verzögert (§ 42 Abs. II Satz 2 und dazu §§ 53, 88 Satz 2, 89 Abs. II).

b) Wer — als Liquidator eines eingetragenen Vereins (bezw. einer Stiftung) vor Befriedigung der Gläubiger oder vor Ablauf eines Jahres nach Bekanntmachung der Auflösung des Vereins bezw. der Entziehung der Rechtsfähigkeit oder ohne Sicherheitsleistung seitens des Gläubigers einer streitigen bezw. zur Zeit unausführbaren Verbindlichkeit — den Anfallsberechtigten Vermögen ausantwortet oder die Vorschriften über die öffentliche Bekanntmachung der Auflösung oder der Entziehung der Rechtsfähigkeit oder über die Hinterlegung des einem bekannten Gläubiger geschuldeten Betrages verletzt (§ 53 in Verbindung mit §§ 50—52 und § 88 Satz 2).

c) Der Beauftragte, dem die Uebertragung des Auftrages an einen Dritten gestattet ist, betreffs der Uebertragung (§ 664 Abs. I Satz 2) und

d) demzufolge unter denselben Voraussetzungen wie sub c:

α) der Vorstand eines rechtsfähigen Vereins (§ 27 Abs. III);

β) der geschäftsführende Gesellschafter (§ 713) und

γ) der Testamentsvollstrecker (§ 2218 Abs. I).

e) Der Verwahrer, dem die Hinterlegung bei einem Dritten gestattet ist und der nunmehr „nur ein ihm bei dieser Hinterlegung zur Last fallendes Verschulden zu vertreten" hat (§ 691 Satz 2).

f) Der Besitzer einer Sache (und analog der Obligationsschuldner und der Erbschaftsbesitzer) betreffs seiner Pflicht, dem Eigentümer (bezw. dem Gläubiger bezw. dem Erben) nicht nur die nach Eintritt der Rechtshängigkeit wirklich gezogenen Nutzungen herauszugeben, sondern auch für diejenigen Nutzungen Ersatz zu leisten, welche er vom Eintritt der Rechtshängigkeit bezw. als bösgläubiger Besitzer von der Zeit des Besitzerwerbes an nach den Regeln einer ordnungsmäßigen Wirtschaft ziehen konnte (§ 987 Abs. II, § 990 Abs. I Satz 1). Vgl. auch § 292 Abs. II und § 2023 Abs. II sowie §§ 347 Satz 1 und 2 (467 Satz 1), 818 Abs. IV, 1007 Abs. III Satz 2.

g) Der Pfandgläubiger, wenn er gegen gewisse für den Verkauf des Pfandobjektes geltende Vorschriften[1]) verstößt (§ 1243 Abs. II).

h) Wer die Uebernahme des Amtes als Vormund bezw. Gegenvormund bezw. Pfleger bezw. Beistand der Mutter (in Ausübung der „elterlichen Gewalt") ohne gesetzmäßigen Grund ablehnt (§ 1787 Abs. I, § 1792 Abs. IV, §§ 1897, 1915 Abs. I, 1694 Abs. I).

i) Der Vormund bezw. Gegenvormund bezw. Pfleger bezw. Beistand bei Pflichtverletzungen (§ 1833 Abs. I Satz 1, §§ 1833 Abs. I Satz 2, 1897, 1915 Abs. I, 1694 Abs. I; vgl. auch EG. z. BGB. Art. 136 Nr. 1).

k) Der Testamentsvollstrecker bei Pflichtverletzungen, die dem Erben oder Vermächtnisnehmer Schaden verursachen (§ 2219 Abs. I).

3. Ferner haftet (ist zum Schadensersatz verpflichtet, für den Schaden verantwortlich):

a) Für den „durch sein Verschulden" herbeigeführten Schaden: wer bei suspensiv bedingter Berechtigung eines Andern während der Schwebezeit dessen Recht bezw. bei resolutiv bedingter Berechtigung des Anderen

---

[1]) Z. B. gegen die in § 1243 Abs. I nicht erwähnten Vorschriften der §§ 1234, 1236, 1237 Satz 2, 1238 Abs. I, 1241.

den Wiedereintritt des früheren Rechtszustandes vereitelte oder beeinträchtigte (§ 160 Abs. I und II).

b) Für den „von" ihm (oder von seinen Leuten; vgl. unten VII 3 b) „verschuldeten" Schaden: der Gastwirt rücksichtlich eingebrachter Gelder, Wertpapiere und Kostbarkeiten auch über den Betrag von 1000 Mark hinaus (§ 702).

c) Für den „infolge seines Verschuldens" eingetretenen Schaden (Verschlechterung, Untergang oder sonstige Unmöglichkeit der Herausgabe): der zur Herausgabe der Sachen an den Eigentümer (bezw. Obligationsgläubiger bezw. Erben) verpflichtete Besitzer (bezw. Schuldner bezw. Erbschaftsbesitzer) von der Rechtshängigkeit an, der bösgläubige Besitzer vom Erwerbe an (§§ 989, 990 Abs. I Satz 1 sowie die Zitate sub 2 f a. E.).

d) „Wegen eines (eigenen) Verschuldens" nach Maßgabe sonstiger gesetzlicher Vorschriften: der Unternehmer einer unter das sog. Reichshaftpflichtgesetz fallenden Anlage oder eine andere Person; sie haften im Falle der Tötung oder Körperverletzung eines Menschen bei dem Betriebe der Anlage (EG. z. BGB. Art. 42 Nr. III § 9).[1]

e) Für die Gefahr, die er selbst „verschuldet" hat: wer eine fremde Sache beschädigt oder zerstört, um eine durch sie drohende Gefahr von sich oder einem Anderen abzuwenden (sog. „Selbstverteidigung", § 228 Satz 2).

f) Vgl. endlich auch § 498 Abs. II Satz 1: „Hat der Wiederverkäufer vor der Ausübung des Wiederkaufsrechts eine Verschlechterung, den Untergang oder eine aus einem anderen Grunde eingetretene Unmöglichkeit der Herausgabe des gekauften Gegenstandes verschuldet . . ., so ist er für den daraus entstehenden Schaden verantwortlich."

4. Eine etwas abweichende Formulierung zeigt § 1299: „Veranlaßt ein Verlobter den Rücktritt des andern durch ein Verschulden, das einen wichtigen Grund für den Rücktritt bildet, so ist er . . . . . zum Schadensersatze verpflichtet"; vgl. dazu auch § 1300 Abs. I (§ 1302).

5. Die sub 1—4 erörterten Fälle beziehen sich teils auf kontraktliche, teils auf nicht kontraktliche aber doch obligationenrechtliche, teils auf nicht dem Obligationenrecht zugehörige Fälle.

a) Eine bestehende Kontraktsobligation[2]) ist bei der Verpflichtung zum Schadensersatze wegen „Verschuldens" die Voraussetzung für die Haftung:[3])
   α) des Bestellers eines Werkes (oben sub 1 a);
   β) des Gastwirts (oben sub 3 b);
   γ) des Beauftragten (oben sub 2 c);
   δ) des geschäftsführenden Gesellschafters (oben sub 2 d β);
   ε) des Verwahrers (oben sub 2 e);
   ζ) des Wiederverkäufers (oben sub 3 f).

b) Als „Deliktsobligation" ist der oben sub 3 d erwähnte Fall (unter das Haftpflichtgesetz gehörige Anlage) zu qualifizieren.

c) Dem allgemeinen Teile des Privatrechts (einschließlich des Personenrechts), dem Sachen-, Familien- und Erbrecht gehören die übrigen Fälle an, also die Fälle 3 a und e (Allgemeiner Teil) und 2 a, 2 b, 2 d α (insbesondere Personenrecht); 1 c, 2 f und g, 3 c (Sachenrecht); 2 h,

---

[1]) Ebenso bereits die Ausdrucksweise in § 9 Abs. I des sog. Reichshaftpflichtgesetzes (vom 7. Juni 1871).

[2]) Vgl. ferner zu § 254 Abs. I und II und zu § 278 unten sub II 1 und VII 1.

[3]) Auch die sub 2 f und 3 c erwähnten Stellen kommen wegen der Allegate §§ 292, 347 und 818 hier in Betracht.

2 i und 4 (Familienrecht) und 1 b, 2 d γ und 2 k (Erbrecht).[1]) Sie sind also als Fälle rein gesetzlicher Haftung für das Verschulden, als Zustandsobligationen zu betrachten.

II. Wie nach den sub I zusammengestellten Gesetzesparagraphen ein Verschulden zu Ersatzansprüchen der Gegenpartei führt, kann es unter Umständen auch umgekehrt Ersatzansprüche vereiteln bezw. mindern, die der Schuldige sonst seinerseits besitzen würde.

1. Für „Schuldverhältnisse" überhaupt enthält der im ersten Abschnitt („Inhalt der Schuldverhältnisse") Titel I („Verpflichtung zur Leistung") stehende § 254 Abs. I die wichtige Bestimmung: „Hat bei der Entstehung des Schadens ein Verschulden des Beschädigten mitgewirkt, so hängt die Verpflichtung zum Ersatze sowie der Umfang des zu leistenden Ersatzes von den Umständen, insbesondere davon ab, inwieweit der Schaden vorwiegend von dem einen oder dem anderen Teile verursacht worden ist." — Als derartiges sog. konkurrierendes Verschulden gilt dann zufolge § 254 Abs. II Satz 1 insbesondere auch die dem Beschädigten zur Last fallende bloße Unterlassung des Hinweises auf die Gefahr eines ungewöhnlichen Schadens, die dem anderen Teile (dem in erster Linie ersatzpflichtigen Schuldner) weder bekannt war noch bekannt sein mußte,[2]) und ferner die versäumte Abwendung oder Minderung des Schadens durch den Beschädigten.

2. Obige Vorschrift findet zufolge § 846 auch im Bereiche der „unerlaubten Handlungen" Anwendung, wenn nämlich zwar ein konkurrierendes Verschulden des Verletzten, aber ein Ersatzanspruch eines unschuldigen Dritten vorliegt; dieser Anspruch, welcher auf Ersatz der Beerdigungskosten (unten a α) bezw. auf Geldrente (unten a β und b) gerichtet ist, wird alsdann in Gemäßheit des § 254 nach Lage der Umstände gemindert oder gänzlich vernichtet; des näheren handelt es sich um folgende Fälle:

a) daß der Schuldige eine andere Person getötet und dadurch dem Dritten (etwa dem Kinde)
   - α) die Kosten der Beerdigung des Getöteten verursacht (§ 844 Abs. I) oder
   - β) einen jetzigen oder künftigen Alimentationsanspruch entzogen hat (§ 844 Abs. II) und

b) daß der Schuldige eine andere Person getötet, körperlich oder in der Gesundheit verletzt oder der Freiheit beraubt und dadurch dem Dritten die gesetzlichen Ansprüche auf Dienstleistungen des Verletzten (z. B. des Kindes; vgl. BGB. § 1617) im Haushalte oder Gewerbe des Dritten (des Vaters) vereitelt hat (§ 845 Satz 1).

3. Insbesondere ergibt § 616 Satz 1 e contrario, daß beim Dienstvertrage der zur Dienstleistung Verpflichtete des Anspruchs auf die Vergütung dadurch verlustig geht, daß er, wenngleich nur für eine verhältnismäßig unerhebliche Zeit, durch einen in seiner Person liegenden Grund mit seinem Verschulden an der Dienstleistung verhindert wird.

III. Das Verschulden kann neben der sub II erörterten Beseitigung oder Minderung eines Ersatzanspruchs noch andere Rechtsnachteile für den Schuldigen nach sich ziehen. Es kommen hier folgende Bestimmungen des Gesetzes in Betracht:

1. Das bei einer Kontraktsobligation bedungene Rücktrittsrecht ist nach § 351 ausgeschlossen, wenn der Rücktrittsberechtigte den Untergang oder eine

[1]) Vgl. die vorige Anmerkung und das Allegat § 2023.
[2]) Vgl. unten § 7 sub II 1 c.

wesentliche Verschlechterung des nunmehr von ihm zurückzugewährenden Gegenstandes oder sonst die Unmöglichkeit seiner Herausgabe (§ 351 Satz 1) oder den Untergang eines erheblichen Teiles des Gegenstandes (§ 351 Satz 2) verschuldet hat. — Das gleiche Verschulden einer dritten Person schließt das Rücktrittsrecht aus, wenn es sich um eine Person handelt, die den empfangenen Gegenstand oder einen Teil desselben entweder von dem kontraktlichen Empfänger des Gegenstandes selber (z. B. dem Käufer) erworben bezw. durch eine von diesem Empfänger vorgenommene Belastung des Gegenstandes mit einem Rechte dieses Dritten (z. B. mit einem Pfandrechte oder Nießbrauch) erlangt hat (§ 353 Abs. I) oder auch durch eine im Wege der Zwangsvollstreckung bezw. der Arrestvollziehung bezw. durch den Konkursverwalter vorgenommene Verfügung (§ 353 Abs. II). — Nur bei Viehmängeln (und zwar bei „Hauptmängeln")[1] greift trotz des geschilderten Verschuldens des Kontraktgegners (§ 351) oder des Dritten (§ 353) das Rücktrittsrecht dennoch Platz — und zwar in der modifizierten Form der auf Wertvergütung gerichteten „Wandelung"[2] —, namentlich wenn der Käufer das Tier inzwischen geschlachtet hatte oder wenn er sonst infolge eines von ihm zu vertretenden Umstandes, insbesondere infolge einer Verfügung über das Tier, zu dessen Rückgewähr außerstande ist (§ 487 Abs. II).

2. Der Anspruch auf Rückerstattung der Draufgabe geht dem Geber verloren, wenn er die Wiederaufhebung des Vertrages verschuldet (§ 338 Satz 1).

3. Ein Ehescheidungsgrund liegt vor, wenn ein Ehegatte „durch schwere Verletzung der durch die Ehe begründeten Pflichten oder durch ehrloses oder unsittliches Verhalten eine so tiefe Zerrüttung des ehelichen Verhältnisses verschuldet hat", daß dem andern Ehegatten „die Fortsetzung der Ehe nicht zugemutet werden kann" (§ 1568 Satz 1).

4. Wenn ein Ehegatte zur Zeit seines Todes „wegen Verschuldens" des andern Ehegatten auf Scheidung zu klagen berechtigt war und die Klage erhoben hatte, so zieht dies folgende erbrechtliche Konsequenzen nach sich:

a) das Erbrecht des überlebenden andern Ehegatten (§ 1931) sowie das Recht auf den Voraus (§ 1932) ist ausgeschlossen (§ 1933);

b) eine letztwillige Verfügung, durch die der Erblasser seinen Ehegatten bedacht hatte, ist unwirksam (§ 2077 Abs. I Satz 2), sofern nicht etwa (§ 2077 Abs. III) anzunehmen ist, daß der Erblasser sie auch für den Scheidungsfall getroffen haben würde;

c) ein gemeinschaftliches Testament ist gleichfalls und zwar seinem ganzen Inhalte nach (§ 2268 Abs. I in Verbindung mit § 2077 Abs. I Satz 2, oben sub b) unwirksam, soweit nicht auch hier, und zwar betreffs einzelner Verfügungen anzunehmen ist, daß sie auch für den Fall der Scheidung getroffen sein würden (§ 2268 Abs. II, gleichfalls in Verbindung mit § 2077 Abs. III);

d) dasselbe gilt (§ 2279 Abs. I) auch für vertragsmäßige Zuwendungen und Auflagen und zwar (§ 2279 Abs. II) bei einem Erbvertrage zwischen Ehegatten oder zwischen Verlobten auch insoweit, als ein Dritter bedacht ist.

IV. Wie die sub I zusammengestellten Gesetzesvorschriften lehren, daß das Verschulden sehr oft (und daher im allgemeinen) eine Schadensersatzpflicht oder einen sonstigen Rechtsnachteil herbeiführt, zeigen andere Stellen, daß ohne Verschulden eine Haftung bzw. ein anderer Rechtsnachteil nicht eintritt.

---

[1] Ueber diesen Begriff und seine Abgrenzung durch Kaiserliche vom Bundesrat genehmigte Verordnung vom 27. März 1899 (RGBl. S. 219) vgl. BGB. § 482 Abs. I und II.

[2] D. h. „Rückgängigmachung des Kaufes" (BGB. § 462).

Es geht dies zwar schon aus den Fällen sub I 2 und 3 und aus dem Falle II 3 (vgl. den Wortlaut des § 616 Satz 1 und ferner § 498 Abs. II Satz 2) hervor, mit größerer Deutlichkeit jedoch noch aus folgenden Bestimmungen, deren erste zwei in das Gebiet der Deliktsobligationen gehören:

1. Aus der Bestimmung des § 823 Abs. II Satz 2, daß eine Ersatzpflicht wegen Verstoßes gegen ein den Schutz eines Andern bezweckendes Gesetz[1]) nur im Falle des Verschuldens eintrete, selbst wenn nach dem Inhalte dieses Gesetzes ein Verstoß gegen dasselbe auch ohne Verschulden möglich ist, wie z. B. bei vielen Nummern der im Strafgesetzbuch §§ 360 ff. aufgezählten Uebertretungen (vgl. etwa a. a. O. § 360 Nr. 10, § 361 Nr. 6, 9, § 366 Nr. 2, 8, 9, § 367 Nr. 3 ff., § 368 Nr. 1 ff.).

2. Aus der Bestimmung des § 827 Satz 2, daß derjenige von der Verantwortung für Schaden frei sei, der ohne Verschulden durch geistige Getränke oder ähnliche Mittel in einen vorübergehenden Zustand der Bewußtlosigkeit oder der krankhaften, die freie Willensbestimmung ausschließenden Störung der Geistestätigkeit geraten ist und in diesem Zustande widerrechtlich einen Schaden verursacht hat.

3. Zu vergleichen sind noch:

a) BGB. § 240: „Wird die geleistete Sicherheit ohne Verschulden des Berechtigten unzureichend, so ist sie zu ergänzen oder anderweitige Sicherheit zu leisten."

b) § 1996 Abs. I Satz 2, wonach der Erbe nach ungenutztem Verstreichen der Inventarfrist (§§ 1994 f.) die Bestimmung einer neuen Inventarfrist beim Nachlaßgericht beantragen darf, wenn er von der Zustellung des Beschlusses, durch welchen die erste Frist bestimmt wurde, „ohne sein Verschulden Kenntnis nicht erlangt hat".

V. Ausnahmsweise ist auch ohne Verschulden zu haften,[2]) wenn der geschuldete Gegenstand nur der Gattung nach bestimmt, und die Leistung aus der Gattung möglich, der Schuldner seinerseits aber zur Leistung unvermögend ist (§ 279). — Nicht hierher gehört dagegen § 678 nebst § 687 Abs. II Satz 1, wonach der Geschäftsführer zu Schadensersatz verpflichtet ist, wenn die Uebernahme der Geschäftsführung ohne Auftrag mit dem wirklichen oder mutmaßlichen Willen des Geschäftsherrn in Widerspruch steht und der Geschäftsführer dies erkennen mußte, ihm ein sonstiges Verschulden aber nicht zur Last fällt (§ 678), bezw. wenn er ein fremdes Geschäft als sein eigenes behandelt, obwohl er weiß, daß er hierzu nicht berechtigt ist (§ 687 Abs. I). Denn hier ist eben in der mala scientia das vertretbare Verschulden enthalten (vgl. unten § 7 sub II 6 b).

VI. In den Fällen einer Haftung wegen „Verschuldens" kommt es im allgemeinen nur auf die Person des Schuldigen selber an. Dies lehrt recht klar insbesondere § 425 (Abs. II), welcher besagt, daß das Verschulden eines Gesamtschuldners (soweit sich nicht aus dem Schuldverhältnisse ein anderes ergibt) nur gegen diesen Gesamtschuldner wirke, in dessen Person es eintritt, nicht auch gegen den bezw. die andern Gesamtschuldner; eine Bestimmung, die dann durch § 429 Abs. III Satz 1 auf die Gesamtgläubiger ausgedehnt wird, was insbesondere von Wichtigkeit ist, falls ein konkurrierendes Verschulden eines derselben vorliegt (vgl. oben sub II 1 und 2).

VII. Dennoch kennt das BGB. mehrere Fälle der Haftung für fremdes Verschulden. Es sind dies die folgenden:

[1]) Vgl. oben § 1 II darüber, daß die Prüfung dieser bekanntlich sehr umstrittenen Wendung nicht in den Rahmen unserer Abhandlung gehört.

[2]) Die Fälle reiner Zustandsobligationen bleiben hier außer Betracht.

1. Generell bestimmt § 278 Satz 1, betreffs aller Schuldverhältnisse (auch der nicht kontraktlichen): „Der Schuldner hat ein Verschulden seines gesetzlichen Vertreters und der Personen, deren er sich zur Erfüllung seiner Verbindlichkeiten bedient, in gleichem Umfange zu vertreten, wie eigenes Verschulden." Doch kann nach Satz 2 die Haftung wegen Fahrlässigkeit jedesfalls, die Haftung wegen Vorsatzes nachträglich erlassen werden.

2. Auf diesen § 278 nehmen noch besonders Bezug:

a) § 254 Abs. II Satz 2¹) betreffs des oben sub II 1 erörterten konkurrierenden Verschuldens, das in unterlassenem Hinweise auf die Gefahr eines außergewöhnlich hohen Schadens besteht.

b) § 351 Satz 2, indem er in Hinblick auf den oben sub III 1 erörterten Ausschluß des vertragsmäßigen Rücktrittsrechtes bemerkt, daß hierfür auch das nach § 278 zu vertretende Verschulden eines Anderen genügt.

c) § 664 Abs. I Satz 3, indem er den Beauftragten, der die Substitutionsbefugnis besitzt, „für das Verschulden eines Gehülfen nach § 278 verantwortlich" macht.

d) § 691 Satz 3, indem er den Verwahrer ebenfalls „für das Verschulden eines Gehülfen nach § 278 verantwortlich" macht.

e) EG. z. BGB. Art. 95 Abs. II, indem er die Bestimmung des § 278 auch auf das Gebiet des — im allgemeinen der Landesgesetzgebung überlassenen — Gesinderechts als zwingendes Reichsrecht ausdehnt.

f) Mittelbar, indem sie auf § 664 (oben sub c) Bezug nehmen: § 27 Abs. III (86 Satz 1), §§ 713, 2218 Abs. I betreffs der Gehülfen eines Vereins- oder Stiftungsvorstandes, eines geschäftsführenden Gesellschafters oder eines Testamentsvollstreckers.

g) Gleichfalls mittelbar, indem er nämlich auf § 254 (oben sub a) Bezug nimmt, der bereits sub II 2 erwähnte § 846.

h) Ebenfalls mittelbar, indem er auf § 351 (oben sub b) Bezug nimmt, § 353 Abs. I. Danach ist dem vertragsmäßig zum Rücktritte Berechtigten das Rücktrittsrecht auch dann versagt, wenn die oben sub b und sub III 1 erörterten Voraussetzungen (Verschlechterung des Gegenstandes usw.) nicht in der Person des Kontrahenten selber, sondern in der Person desjenigen eingetreten sind, welcher den zurückzugewährenden Vertragsgegenstand zufolge einer Veräußerung des Gegenstandes selber oder eines erheblichen Teiles desselben oder zufolge einer Belastung von dem Rücktrittsberechtigten (bezw. im Wege der Zwangsvollstreckung usw., § 353 Abs. II) erlangt hat.

3. Ferner läßt das BGB. für das „Verschulden" eines Anderen leiden:

a) den Mieter bezw. Pächter: er muß, wenn er den Gebrauch des Vertragsgegenstandes selbst mit Erlaubnis des Vermieters bezw. Verpächters einem Dritten überlassen hat, ein dem Dritten bei dem Gebrauche zur Last fallendes Verschulden vertreten (§ 549 Abs. II, § 581 Abs. II);

b) den Gastwirt: er haftet für Geld, Wertpapiere und Kostbarkeiten des Gastes selbst über den Betrag von 1000 Mark hinaus, auch sofern der Schaden nicht von ihm selbst (oben sub I 3 b), sondern von seinen Leuten verschuldet wird (§ 702);

c) den Bürgen: seine Verpflichtung erstreckt sich auch auf Aenderungen der Hauptverbindlichkeit, welche durch Verschulden des Hauptschuldners herbeigeführt werden (§ 767 Abs. I Satz 2).

¹) Ueber die Frage, ob sich die Bezugnahme auf § 278 nur auf Abs. II oder auch auf Abs. I des § 254 erstreckt, vgl. erst unten § 79.

4. Nicht für das „Verschulden" eines Anderen ganz allgemein in dem sub 1—3 erörterten Umfange, sondern zwar auch für einen Anderen, aber zufolge eigenen „Verschuldens" haftet nach § 664 Abs. I Satz 2 (oben sub I 2 c) der Beauftragte, welchem die Uebertragung der Ausführung des Auftrags auf einen Dritten gestattet ist und welcher alsdann ein ihm bei der Uebertragung zur Last fallendes Verschulden, aber eben (sofern es sich nicht um einen „Gehülfen" handelt; vgl. oben sub 2 c) nur dieses zu vertreten hat; es liegt also dann eine eigene culpa in eligendo des ersten Beauftragten selber vor, die den Rechtsgrund der Haftung bildet, während das — vielleicht ganz verantwortungsfreie — Verhalten des Unterbevollmächtigten nur den faktischen Anlaß für den Eintritt eines Haftungsfalles bildet.[1])

VIII. Ueber die Folgen gleichzeitigen Verschuldens mehrerer Personen äußert sich nur § 2219 Abs. II, indem er betreffs des oben sub 1 2 k erwähnten Falles sagt: „Mehrere Testamentsvollstrecker, denen ein Verschulden zur Last fällt, haften als Gesamtschuldner."

IX. Von einer ganz anderen Art des „Verschuldens", vom „sittlichen Verschulden", spricht § 1611 Abs. I (vgl. dazu § 1580 Abs. III), indem er sagt: wer durch sein sittliches Verschulden bedürftig geworden sei, könne von seinen alimentationspflichtigen Verwandten nur notdürftigen, nicht standesgemäßen Unterhalt verlangen. Dieser Fall wird, wenn man zunächst von der Nuancierung des Verschuldens auf einen moralischen Fehler absieht, unter die oben sub III erörterte Gruppe (Eintritt eines Rechtsnachteils überhaupt) gestellt werden dürfen, während er mit Gruppe II nicht zusammengetan werden darf, da zwar Minderung eines Anspruchs, aber nicht eines Ersatzanspruchs (Anspruchs auf Schadensersatz in engerem Sinne bezw. auf Vergütung) vorliegt.

§ 3.

„Schuldig", „Schuld", „schuldhaft".

A. Die drei in der Ueberschrift genannten Ausdrücke sind mit den im vorigen Paragraphen besprochenen Ausdrücken „verschulden" und „das Verschulden" sprachlich und, wie es doch den Anschein hat, auch inhaltlich verwandt. Wir müssen also auch sie ins Auge fassen und uns die Gesetzesstellen, in denen sie begegnen, vorführen. Welches freilich die Art und Gradesnähe der Verwandtschaft zwischen diesen Ausdrücken und dem „Verschulden" des § 2 ist, wird sich naturgemäß erst mit Sicherheit ermitteln lassen, wenn wir die Entwickelung und Charakterisierung der einzelnen Schuldbegriffe gegeben haben werden (unten Teil II). In der gegenwärtigen Materialssammlung haben die Ausdrücke „schuldig", „Schuld" und „schuldhaft" ihre Existenzberechtigung mindestens darum, weil sie, selbst wenn sie mit dem „Verschulden" nicht besonders innig verwandt sein sollten, immerhin — etwa gleich dem im vorigen Paragraphen (sub IX) besonders herausgehobenen „sittlichen Verschulden" — unter die subjektiven Schuldbegriffe

---

[1]) Z. B. der Unterbevollmächtigte hat in casu concreto nur für diligentia quam suis einzustehen (etwa als Depositar, der die Verwahrung unentgeltlich übernahm, § 690) und hat diese Diligenz auch angewendet, indem er sich von grober Fahrlässigkeit freihielt (§ 277) und nur ein Versehen beging, das bei seiner geringen Intelligenz nicht überraschen durfte. Dann kann immerhin der Beauftragte selber dafür verantwortlich gemacht werden, daß er bei Bestellung eines Substituten seine Wahl auf diese beschränkte Persönlichkeit gerichtet hat.

in einem weiteren Sinne gehören würden, der alsdann später (gleichfalls in Teil II) der Entwickelung bedürftig wäre.

B. Das Anwendungsgebiet der drei Termini.

I. Der Ausdruck „schuldig" begegnet in zwei ganz verschiedenen Wendungen: als „sich schuldig machen" eines gewissen Verhaltens und als „für schuldig erklären".

1. Das Verhalten, dessen man „sich schuldig macht", ist im einzelnen folgendes (und von den dabei vermerkten Wirkungen begleitet):

a) „grober Undank" (§ 530 Abs. I): wenn sich der Beschenkte durch eine schwere Verfehlung gegen den Schenker oder einen nahen Angehörigen des Schenkers „groben Undankes schuldig macht", kann der Schenker die Schenkung widerrufen;

b) gewisse „strafbare Handlungen", nämlich:

α) Ehebruch oder eine nach den §§ 171, 175 des StGB. strafbare Handlung, d. h. Bigamie oder widernatürliche Unzucht (§ 1565 Abs. I): hier ist der Schuldige der Ehescheidungsklage seines Ehegatten ausgesetzt;

β) Teilnahme an den Handlungen sub α (§ 1565 Abs. II): hier ist das sub α erwähnte Recht des Ehegatten auf Scheidung ausgeschlossen;

γ) vorsätzliche körperliche Mißhandlung des Erblassers[1]) oder seines Ehegatten (§ 2333 Nr. 2) sowie ein Verbrechen oder schweres vorsätzliches Vergehen gegen den Erblasser oder seinen Ehegatten (ebenda Nr. 3): hier kann der Erblasser dem Schuldigen den Pflichtteil entziehen;

δ) die nach §§ 267—274 des StGB. strafbaren Handlungen, d. h. gewisse Urkundendelikte (§ 2339 Abs. I Nr. 4): sie machen den Schuldigen erbunwürdig;

c) gewisse „Verfehlungen"; dies sind ihrerseits:

α) entweder „Verfehlungen", die den Schuldigen der Entziehung des Pflichtteils (oben b γ) aussetzen (§§ 1611 Abs. II, 1621 Abs. II, 2294,[2]) 2334 Satz 1[3]) und Satz 2): sie wirken entweder gleichfalls als Gründe zur Pflichtteilsentziehung, nur in Richtung auf andere Gruppen von Schuldigen (§ 2334), oder als Gründe zur gesetzlichen Beschränkung des gesetzlichen Unterhaltsanspruchs der Verwandten (§ 1611), oder als Gründe, der Tochter die Aussteuer zu verweigern (§ 1621), oder als Gründe zum Rücktritt des Erblassers von einer vertragsmäßigen Verfügung von Todes wegen (§ 2294);

β) oder „Verfehlungen", die den Schuldigen der Ehescheidung (oben b α) aussetzen (§§ 2335 Abs. I, EG. z. BGB. Art. 201 Abs. II): sie wirken als Gründe, dem Ehegatten den Pflichtteil zu entziehen (§ 2335) bezw. sie sollen[4]) trotz Begehung der Verfehlung vor dem 1. Januar 1900 auch nach dem Inkrafttreten des BGB. als Scheidungsgründe[5]) in Betracht kommen (EG. z. BGB. a. a. O.);

[1]) Falls der Abkömmling auch von diesem Ehegatten abstammt, § 2333 Nr. 2 a. E.

[2]) Vgl. auch, auf § 2294 verweisend, § 2271 Abs. II.

[3]) Er verweist im einzelnen auf die in § 2333 Nr. 1, 3 und 4 aufgezählten „Verfehlungen".

[4]) Vorausgesetzt, daß sie auch schon nach dem älteren Recht Scheidungs- bezw. Trennungsgründe waren.

[5]) Bezw. als Gründe, auf Aufhebung der ehelichen Gemeinschaft (BGB. §§ 1575 f.) zu klagen.

γ) oder „Verfehlungen", die erbunwürdig (oben b δ) machen (§ 2345 Abs. I Satz 1 und Abs. II): sie haben die Anfechtbarkeit des Vermächtnis- oder Pflichtteilsanspruchs des schuldigen Vermächtnisnehmers oder Pflichtteilsberechtigten zur Folge.

δ) ein ehrloses oder unsittliches Verhalten (§ 1666 Abs. I Satz 1): wenn durch dieses der Vater[1]) das geistige oder leibliche Wohl des Kindes gefährdet, so hat das Vormundschaftsgericht die zur Abwendung der Gefahr erforderlichen Maßnahmen zu treffen.

2. „Für schuldig erklären."

a) Es ist (vgl. § 1574 Abs. I, unten sub II 1) in jedem Ehescheidungsurteil — es sei denn, daß die Scheidung wegen Geisteskrankheit (§ 1569) erfolgte; denn hier wird das Ehescheidungsrecht des BGB. vom sog. „Verschuldungsprinzip" nicht beherrscht[2]) — der Beklagte bezw. in gewissen Sonderfällen (§§ 1574 Abs. II und III, 1635 Abs. I Satz 1) gleichzeitig auch der andere Teil „für schuldig zu erklären" (vgl auch § 1576 Abs. II).

b) Nach dem Muster der effektiven Ehescheidung werden aber auch in gewissen Fällen, in denen die Ehe aus anderen Gründen aufgelöst wurde (Nichtigkeit laut §§ 1700, 1702 Abs. I sowie 1345 Abs. I; Wiederverheiratung des Ehegatten eines irrig für tot Erklärten laut §§ 1348 Abs. II, 1637) die Folgen für die Eheleute unter einander (§ 1345) bezw. im Verhältnis zu den Kindern (§§ 1637, 1700, 1702) abgemessen.

c) Nach dem Muster einer wegen Verschuldens geschiedenen Ehe wird auch die wegen Geisteskrankheit eines Teiles (vgl. oben sub a) geschiedene Ehe insofern behandelt, als (§ 1583) wegen der Unterhaltspflicht der klägerische Ehegatte dem beklagten (geisteskranken) Teil gegenüber so gestellt ist wie ein allein für schuldig erklärter Ehegatte.

d) Man kann im Falle c von fingierter Schuldigerklärung bei effektiver Scheidung, im Falle b von fingierter Schuldigerklärung bei fingierter Scheidung reden.

e) Die Folgen für den für schuldig erklärten Teil — mithin in den Fällen sub a die mittelbaren Folgen des dem Urteil zu Grunde liegenden schuldhaften Verhaltens — bezw. die Folgen für den fiktiv für schuldig Erklärten (im Falle b und c) bestehen nun in nachbenannten Rechtsnachteilen:

α) Wenn nur ein Teil für schuldig erklärt wurde:

α') gleichviel ob der Mann oder die Frau: er ist dem Anspruch des andern Teiles auf Ersatz des Wertes des von jenem in die Gütergemeinschaft Eingebrachten (§ 1478 Abs. I)[3]) sowie dem Recht des andern Teiles zum Widerruf von Schenkungen aus dem Brautstande oder aus der Ehe ausgesetzt (§ 1584 Abs. I Satz 1); die Sorge für die Person der gemeinsamen Kinder steht ihm (im allgemeinen; vgl. § 1635 Abs. I Satz 2) bei Lebzeiten des andern Teiles nicht zu (§ 1635 Abs. I Satz 1 Halbsatz 1);

---

[1]) Bez. die Mutter als Inhaberin der elterlichen Gewalt (§ 1686).

[2]) Zu diesem Punkte genügt es, auf die Materialien (Mot. IV S. 582, 586, 594 ff., 602; Denkschrift S. 311 ff., insb. S. 312, 316, Prot. IV Nr. 295 insb. S. 426) zu verweisen. Vgl. aber auch von den sub 1 zitierten Stellen §§ 1565 Abs. I, 1568 Satz 1, 2335 Abs. I und EG. z. BGB. Art. 201 Abs. II.

[3]) Hier fehlt bei Gradenwitz S. 129 s. v. „schuldig" Zeile I der auf Abs. I des § 1478 hinweisende Zusatz.

β') der Mann: er hat der Frau (im allgemeinen; vgl. § 1579) den standesgemäßen Unterhalt zu gewähren, sofern sie ihn nicht aus den Einkünften ihres Vermögens bezw. durch übliche Arbeit bestreiten kann (§ 1578 Abs. I);

γ') die Frau: sie hat (gleichfalls im allgemeinen; § 1579) dem Mann den standesgemäßen Unterhalt insoweit zu gewähren, als er außer stande ist, sich selbst zu unterhalten (§ 1578 Abs. II); der Mann kann ihr die Weiterführung seines Namens untersagen (§ 1577 Abs. III Satz 1) und sie kann auch nicht ihren Namen aus einer etwaigen früheren Ehe wiederannehmen (ebenda Abs. II Satz 2).

β) Wenn beide Teile für schuldig erklärt wurden: die Sorge für die Person der Kinder hat im allgemeinen die Mutter und für Söhne über 6 Jahre der Vater (§ 1635 Abs. I Satz 1 Halbsatz 2).

II. Der Ausdruck „Schuld".

1. Der sub I 2 a erwähnte § 1574 Abs. I ordnet an, daß bei einer Ehescheidung aus den in §§ 1565—1568 bestimmten Gründen (vgl. oben I 2 a) im Urteil auszusprechen ist, „daß der Beklagte die Schuld an der Scheidung trägt". Daraus folgt für uns zweierlei:

a) daß die in §§ 1564—1568 genannten Scheidungsgründe vom Gesetz unter den Begriff „Schuld" gerechnet werden. Mithin sind Schuldfälle im einzelnen folgende Tatbestände:

α) Ehebruch und die strafbaren Handlungen aus StGB. §§ 171 und 175 (BGB. § 1565 Abs. I, oben I 1 b α);

β) das „nach dem Leben trachten" (§ 1566);

γ) die „bösliche Verlassung" (§ 1567);

δ) die „schwere Verletzung der durch die Ehe begründeten Pflichten" und das „ehrlose oder unsittliche Verhalten" (§ 1568 Satz 1);

b) daß wir nachprüfen müssen, ob auch an andern Stellen des Gesetzes, in denen das Wort „Schuld" begegnet, dieses die gleiche innerliche Verwandtschaft[1]) mit dem subjektiven „Verschulden"[2]) aufweist, wie im § 1574 oder ob es dort lediglich in dem Sinne zu verstehen ist, wie das Wort „Schuld" im Zivilrecht vorzugsweise, nämlich im Sinne des debitum, das der „Schuldner" (reus debendi) kraft eines (vertragsmäßigen oder gesetzlichen) „Schuldverhältnisses" (obligatio) einem andern (dem Gläubiger, creditor) zu leisten hat. Dieser Nachprüfung können wir uns nicht entziehen, weil wir, je nach Beantwortung der Frage im ersteren oder im letzteren Sinne, die einschlägigen Stellen in den Rahmen unseres Themas einzufügen haben oder nicht.

2. Die Antwort auf die Frage 1 b lautet nun dahin, daß außer in § 1574 Abs. I das Wort „Schuld" nie anders als im Sinne des debitum begegnet, für uns mithin ohne Interesse bleibt.[3])

---

[1]) Sie haben zugleich die Bedeutung, daß sie eine Zerrüttung des ehelichen Verhältnisses „verschulden" (§ 1568 Satz 1, oben § 2 III 3). Nur wenn diese Zerrüttung „tief" genug im Sinne des § 1568 ist, liegt ein Ehescheidungsgrund, also eine ausreichende „Schuld" im Sinne des Textes vor. Wir haben es also hier mit einer doppelten Schuldreihe zu tun.

[2]) Hier verstehe ich den Ausdruck zunächst im weitesten Sinne, um nicht der Nachprüfung in Th. II Kap. I (vgl. daselbst § 43 B II) vorzugreifen.

[3]) Gleichgültig ist in etymologischer Richtung natürlich, daß zwischen „Schuldverhältnissen" und „Schuld" einerseits und „Verschulden" anderseits indirekte Beziehungen (kulpose Vertragsverletzung, Verzug, Deliktsobligationen) obwalten.

a) Dies ist zunächst überall da der Fall, wo der Ausdruck nicht in dem bisher erwähnten Singular (gleich debitum), sondern im Plural (gleich aes alienum) gebraucht wird. Diese — aus der Zusammenstellung bei Gradenwitz, Wort-Verzeichnis S. 129 Spalte 2 nicht ersichtliche — Spaltung des Sprachgebrauchs geht aus folgenden 11 von den „Schulden"[1]) handelnden Stellen[2]) hervor: §§ 366 Abs. I und II, 733 Abs. I Satz 1, Abs. II Satz 1, Abs. III, 734, 735 Satz 1, 738 Abs. I Satz 2 und 3, 739 und 1967 Abs. II.

b) „Schuld" im Singular gleich debitum findet sich dann noch weitere 46 Male, nämlich je einmal in §§ 246, 272, 291 Satz 1, 329, 367 Abs. I, 371 Satz 2, 397 Abs. I, 405, 414, 416 Abs. I Satz 1, 425 Abs. II, 429 Abs. II, 509 Abs. II, 554 Abs. II, 733 Abs. I Satz 2, 1137 Abs. I Satz 2, 1164 Abs. II, 1173 Abs. I Satz 2, 1174 Abs. I, 1211 Abs. I Satz 2, 1239 Abs. II Satz 2, 2167 Satz 1; je zweimal in §§ 755 (Abs. I und III), 787 (Abs. I), 1467 (Abs. I), 1541 (Abs. I); je viermal in §§ 366 (Abs. I und II) und 2166 (Abs. I Satz 1 und Abs. II).

c) „Schuld" ist also — immer abgesehen vom § 1574 — nicht verwandt mit dem Verbum „verschulden", sondern mit dem Verbum „schulden",[3]) das im BGB. 46 mal begegnet und zwar in den meisten (36) Stellen in der passiven Form „geschuldet", in der Minderzahl (10) der Stellen in der aktiven Form „schulden", jedesmal unter Angabe des Objektes, das „geschuldet" wird bezw. das jemand „schuldet"; als dieses wird 21 mal[4]) eine „Leistung" bezeichnet, 8 mal[5]) ein „Gegenstand", 7 mal[6]) eine „Sache", 2 mal[7]) der Kaufpreis", je 1 mal[8]) ein „Betrag", ein „Beitrag", „Geld" oder eine „Vergütung" und dreimal[9]) schlechthin „was ein Ehegatte" zu dem Gesamtgute oder zum Vorbehaltsgut bezw. zum eingebrachten Gute des andern Ehegatten „schuldet".

d) „Schuld" weist also im BGB. mit Ausnahme des § 1574 durchweg auf das Gleiche wie die Zusammensetzungen[10]) „Schuldanerkenntnis", „Schuldbuch",[11]) „Schuldschein", „Schuldtitel", „Schuldübernahme", „Schuldverhältnis", „Schuldverschreibung"[12]) und „Schuldversprechen" oder wie die andern Zusammensetzungen[13]) „Geldschuld", „Grundschuld",[14])

---

[1]) Ueber das Verbum „schulden" vgl. unten sub c.

[2]) Die meisten dieser Stellen (§§ 733 ff.) gehören in die Lehre von der Gesellschaft.

[3]) Andererseits ist das oben sub I besprochene Wort „schuldig" im BGB. nirgends im Sinne eines debitum (pecunia debita) gebraucht.

[4]) §§ 262, 263 Abs. II, 273 Abs. I, 322 Abs. I, 323 Abs. II, 337 Abs. I, 338 Satz 1, 339 Satz 2, 345, 358, 362 Abs. I, 363, 364 Abs. I, 387, 420, 421 Satz 1, 431, 1214 Abs II, 1386 Abs. I Satz 2, 1813 Abs. I, 2179.

[5]) §§ 279, 281 Abs. I, 304, 323 Abs. II und III, 1087 Abs. II Satz 1 und 2, 1228 Abs. II Satz 2.

[6]) §§ 243 Abs. I, 295 Satz 1, 300 Abs. II, 383 Abs. I Satz 1, 432 Abs. I Satz 2, 607 Abs. II, 1281 Satz 2.

[7]) §§ 1101 und 1102.

[8]) §§ 52 Abs. I, 394 Satz 2, 607 Abs. II (vgl. oben Anm. 6), 617 Abs. I Satz 3.

[9]) §§ 1467 Abs. I, 1487 Abs. II, 1541 Abs. I.

[10]) Vgl. Gradenwitz p. XVII (Spalte 1 sub „Schuld").

[11]) Dazu: „Reichsschuldbuch" und „Staatsschuldbuch" (vgl. die Stellen bei Gradenwitz a. a. O. S. 126 und S. 134).

[12]) Dazu „Hauptschuldverschreibung" und „Teilschuldverschreibung" (vgl. ebenda S. 86 und 137).

[13]) Vgl. Gradenwitz p. XVII.

[14]) Dazu dann noch „Grundschuldbrief" und „Grundschuldkapital" (vgl. Gradenwitz a. a. O. S. 83), sowie „Gesamtgrundschuld" (ebenda S. 77).

„Rentenschuld",[1]) „Spielschuld", „Staatsschuld",[2]) „Wettschuld" oder wie die Begriffe[3]) „Überschuldung" und „überschuldet" oder wie vor allem das Wort „Schuldner"[4]) nebst seinen Kompolita[5]) „Gesamtschuldner", „Hauptschuldner" und „Selbstschuldner".

3. Von sämtlichen im BGB. begegnenden Worten, in denen die Vokabel „Schuld" steckt, bleiben nur noch folgende[6]) zu prüfen:

a) „Entschuldigen" und „Entschuldigung"; diese Worte sind in § 2006 Abs. III Satz 2 bzw. in § 1875 Abs. I und Abs. III anzutreffen; jenes („entschuldigen") in der Richtung, daß der Erbe, welcher im Termin[7]) zur Leistung des Offenbarungseides nicht erscheint, dem Gläubiger, der den Antrag auf die Eidesleistung gestellt hat, unbeschränkt haftet, „es sei denn, daß ein Grund vorliegt, durch den das Nichterscheinen ... genügend entschuldigt wird"; dieses („Entschuldigung") in der Richtung, daß ein Mitglied des Familienrates, das gewisse Unterlassungssünden „ohne genügende Entschuldigung" begeht, vom Vorsitzenden des Familienrates in die dadurch verursachten Kosten verurteilt bezw. auch (§ 1875 Abs. II) in Ordnungsstrafe genommen wird und daß diese Verfügungen wieder aufzuheben sind, wenn „nachträglich genügende Entschuldigung" erfolgt. Diese Stellen interessieren uns gleichfalls nicht, denn sie sagen keineswegs, daß eine „Schuld" (ein „Verschulden" des Erben bezw. Familienratsmitgliedes) vorliegt und daß diese Schuld die angedeuteten Folgen nach sich zieht, sondern die Maßregeln greifen nnabhängig von etwaiger Schuld Platz und können nur durch die Entschuldigung abgewendet werden. Wir haben es also hier mit einer Art Exkulpationsbeweis in der Weise desjenigen zu tun, den wir z. B. innerhalb der Lehre von den unerlaubten Handlungen vielfach (vgl. §§ 827 Satz 2, 831 Abs. I Satz 2, 832 Abs. I Satz 2) 834 Satz 2, 836 Abs. I Satz 2, Abs. II) antreffen; wir könnten also auch hier, wie zu § 1583 (oben I 2 c und d) von fingierter, richtiger von vermuteter Schuld reden und aus den Fällen der §§ 2006, 1875 und 1583 eine besondere Gruppe der Schuldbegriffe bilden.

b) Einmal — in § 121 Abs. I Satz 1 — begegnet das sonst im BGB. und im EG. z. BGB. nicht wiederkehrende Wort „schuldhaft"[8]). Es ist dort von „schuldhaftem Zögern" die Rede und es ist klar, daß „schuldhaft" hier nicht im Sinne der „Schuld" als debitum (oben sub 2) aufgefaßt werden darf, sondern nur im Sinne eines subjektiven Verschuldens. Gleichviel nun, ob[9]) dies Verschulden des Genaueren ein solches im Sinne der im § 2 zusammengestellten Normen ist oder ein solches im Sinne der „Schuld" des § 1574 (oben sub 1) bezw. zugleich der §§ 2006 und 1875 (oben 3 a), so müssen wir hier

---

[1]) Dazu „Gesamtrentenschuld" (ebenda S. 78).

[2]) Wegen „Staatsschuldbuch" vgl. oben S. 15 Anm. 11.

[3]) Sie werden bei Gradenwitz p. XVII nicht erwähnt; die Aufzählung der einzelnen (insgesamt 8) Stellen vgl. ebenda S. 141.

[4]) Vgl. Gradenwitz S. 129/130 (über 200 Mal).

[5]) Ebenda p. XVII und im einzelnen ebenda S. 78, 86, 131.

[6]) Ueber das Verbum „verschulden" (im Gegensatze zu dem weitaus häufigeren Substantivum „das „Verschulden") vgl. — zu BGB. §§ 228 Satz 2, 338 Satz 1, 351 Satz 1, 498 Abs. II Satz 1, 702 und 1568 Satz 1 — bereits oben § 2 sub I 3 b, e und f und sub III 1 bis 3 (sowie unten § 42).

[7]) Bezw. (genauer) im zweiten Termin.

[8]) Das Substantivum „die Schuldhaft" begegnet trotz der Durchsetzung des BGB. und EG. z. BGB. mit prozessualischen Ausdrücken nirgends, was angesichts des bekannten Bundesgesetzes vom 29. Mai 1868 (BGB. S. 237) nicht weiter verwunderlich ist.

[9]) Genauere Nachprüfung vgl. unten § 43 sub A III.

konstatieren, daß wir damit noch eine vereinzelte Vokabel gefunden haben, die in den Kreis unserer Erörterungen gehört. Und wenn der triviale Ausspruch last not least je ungezwungene Anwendung beanspruchen darf, so hier. Denn da das Gesetz den Ausdruck „schuldhaftes Zögern“ zur Erklärung des Ausdruckes „unverzüglich“ verwertet und zwar indem letzteres Wort in Klammer[1]) hinter der Wendung „ohne schuldhaftes Zögern“ steht, so haben wir in dieser Wendung eine authentische Erklärung[2]) des Begriffes „unverzüglich“ zu erblicken,[3]) die wir in allen den zahlreichen Gesetzesstellen einsetzen müssen, in welchen wiederum von „unverzüglich“ die Rede ist. Ueberall, wo etwas „unverzüglich“ geschehen sollte, aber nicht geschah, liegt mithin eine „Schuld“ bezw. ein „Verschulden“, also ein für unser Thema aufs lebhafteste interessierender Tatbestand vor, und in unserer Materialssammlung können wir einer Vorführung aller dieser Tatbestände und einer Uebersicht über ihre Folgen nicht entraten. — Da aber die einschlägigen Gesetzesstellen, wie bereits angedeutet wurde, ungemein zahlreich sind — es handelt sich um nicht weniger als 53 Stellen! —, so empfiehlt es sich, ihrer Betrachtung einen besonderen Paragraphen (unten § 4) zu widmen.

III. „Schuldhaft“. Wegen dieses dritten unter der Ueberschrift unseres Paragraphen genannten Begriffes vgl. das soeben sub II 3 b Ausgeführte und den nächsten Paragraphen.

§ 4.

„Unverzüglich“.

Das Gesetz schreibt ein „unverzügliches“, also „ohne schuldhaftes Zögern“ — § 121 Abs. I Satz 1,[4]) oben § 3 B II 3 b und III — erfolgendes Handeln, wie bereits (§ 3 B II 3 b a. E.) bemerkt, sehr oft vor. Nachstehend sollen (sub I) die einschlägigen Fälle gruppiert werden; dann sollen (sub II) einige Fälle, die anscheinend, jedoch in Wirklichkeit nicht darunter gehören, ausgeschieden und weiter sollen (sub III) die sich aus den einschlägigen Fällen (I) ergebenden Regeln und Grundsätze erörtert werden.

I. Die einschlägigen Fälle.[5]) Als Handlungen,[6]) welche „unverzüglich“ zu geschehen haben, kommen eine ganze Anzahl verschiedenartiger in Betracht,

[1]) Es begegnet diese Form der Begriffserklärung im ganzen 75 mal im BGB.; vgl. meine „Vorträge über das BGB.“ Bd. I (München 1898) S. 93.

[2]) Es ist weniger eine Definition als die Supposition eines bequemeren Ausdrucks; vgl. meine Vorträge a. a. O. S. 94. Ebenso ist es der Fall mit d.. Ausdruck „kennen müssen“ in BGB. § 122 Abs. II (unten § 7).

[3]) Belanglos ist es, daß die Stelle sich an sehr verstecktem Platze und, wennschon innerhalb des I. „Allgemeinen“ Teils, des weiteren nur in dessen die „Willenserklärungen“ betreffenden Untertitel 2 des die „Rechtsgeschäfte“ betreffenden Abschnittes III findet.

[4]) Es geschieht dies auffallenderweise nicht bei der ersten Gelegenheit, die sich dem Gesetzgeber geboten hätte; dies wäre vielmehr bei § 111 Satz 2 (unten sub 4 a α α') der Fall gewesen.

[5]) Eine mir erst lange nach Anfertigung der nachstehenden Uebersicht bekannt gewordene Tabelle gibt Gradenwitz, Anfechtung und Reurecht beim Irrtum, Berlin 1902, S. 95—98; vgl. auch ebenda S. 39.

[6]) Der Fall, daß die Handlung ganz unterblieb, ist zwar faktisch und in den Folgen dem Falle schuldhaften Zögerns gleichgestellt, interessiert aber im Zusammenhange unserer Erörterungen nicht weiter.

die wir von einander trennen müssen.[1]) Wir finden im Gesetz hervorgehoben: 1. Anzeigen; 2. Benachrichtigungen; 3. Mitteilungen; 4. Zurückweisungen; 5. Widerspruch und Anfechtung; 6. Aufrechnungserklärung; 7. Anträge; 8. öffentliche Aufforderung und 9. vereinzelte andere Maßnahmen.

1. Anzeigen[2]), unverzügliche.

Die 19 (22)[3]) Einzelfälle lassen sich dahin gruppieren, daß die anzeigepflichtigen Tatsachen in (a) den Eintritt von äußeren Vorgängen einerseits und in (b) die Vornahme oder den Plan eigener Maßnahmen andererseits geschieden werden können.

a) Aeußere Vorgänge, derentwegen eine Anzeigepflicht besteht, sind:

α) Der Tod gewisser Personen:

α′) Der Erbe des Beauftragten bezw. des Gesellschafters hat dessen Tod dem Auftraggeber bezw. den übrigen Gesellschaftern anzuzeigen, beidemale jedoch nur, sofern dieser Todesfall das Auftrags- oder Gesellschaftsverhältnis beendigt (was im allgemeinen der Fall ist): §§ 673 Satz 2 (vgl. dazu auch § 675) und § 727 Abs. II Satz 1;

β′) der Erbe des Vormundes hat dessen Tod, der Vormund hat den Tod des Gegen- oder Mitvormundes dem Vormundschaftsgericht anzuzeigen: § 1894 Abs. I und II (und dazu auch §§ 1895, 1897, 1915).

β) Gewisse Vorgänge, welche ein Einschreiten des Vormundschaftsgerichts rechtfertigen,[4]) sind diesem anzuzeigen, nämlich:

α′) vom Beistande der die elterliche Gewalt ausübenden Mutter jeder Fall, in welchem das Vormundschaftsgericht zum Einschreiten berufen ist (§ 1689);

---

[1]) Gradenwitz a. a. O. (oben 17 Anm. 5) S. 95 ff. trennt in m. E. wenig glücklicher Entgegenstellung: I. Handlungen: A. zur Wahrung von Rechten; B. Pflicht: Ablieferungen; II. Meldungen: A. der Inhaber einer Sache dem Eigentümer bei wichtigen Aenderungen; B. der eine Interessent dem anderen; C. dem Gericht; D. wer ein Notrecht ausübt, dem dadurch Geschädigten; III. Entschlüsse: A. Zurückweisung eines Geschäfts wegen Mangels der Legitimationsurkunde; B. Zurückweisung der Rücktrittserklärung; C. Widerspruch; D. Aufrechnung; E. Anfechtung.

[2]) Von „Anzeige" und „anzeigen" spricht das BGB. noch vielfach ohne den Zusatz „unverzüglich" (nur einmal, in § 1875 Abs. I, mit dem Zusatz „rechtzeitig"). Alle diese (27) Stellen und die Folgen einer — vielleicht im Einzelfalle schuldhaften — Unterlassung der Anzeige bleiben daher für uns außer Betracht; es sind die folgenden: § 74 Abs. III (behördliche Anzeige von Entziehung der Rechtsfähigkeit eines eingetragenen Vereins bezw. von seiner Auflösung); § 170 (Erlöschen der Vollmacht); § 382 (Hinterlegung); §§ 409 Abs. I und II, 410 Abs. II (Zession); §§ 478 Abs. I Satz 1, Abs. II, 485 Satz 1 (Mängel der Kaufsache); § 576 Abs. I (Verkauf des vermieteten Grundstücks); § 665 Satz 2 (Abweichungen vom Auftrag); § 681 Satz 1 (Uebernahme der Geschäftsführung ohne Auftrag); § 692 Satz 2 (Aenderung der Aufbewahrung); § 694 (gefahrdrohende Beschaffenheit des Depositums); § 804 Abs. I Satz 1 (Verlust von Zinsschein usw.); § 966 Abs. II Satz 2 (Versteigerung des Fundes); § 973 Abs. I Satz 1 (Fund); § 1128 Abs. I Satz 1 und 3 (Beschädigung des versicherten, mit einer Hypothek belasteten Gebäudes); § 1205 Abs. II (Verpfändung); § 1280 (Verpfändung einer Forderung); § 1289 Satz 2 (Ausübung des Einziehungsrechts des Forderungspfandgläubigers); §§ 1493 Abs. II Satz 1, 1669 Satz 1 (Absicht der Wiederverheiratung); §§ 1675, 1850 Abs. I Satz 2, Abs. II (Anzeigen des Gemeindewaisenrats); § 1875 Abs. I (Entschuldigung eines Mitgliedes des Familienrats).

[3]) Zweimal sprechen von der unverzüglichen Anzeige: §§ 1894, 965 und 777 (unten a α β′ und ζ, sowie b β β′).

[4]) Dies ist freilich auch die eventuelle ratio legis für die Fälle sub α β′.

β') vom Gegenvormund Pflichtwidrigkeiten des Vormundes sowie gleichfalls alle sub α' genannten Fälle, wobei das Gesetz (§ 1799 Abs. I Satz 2) „insbesondere" anführt: Tod des Vormundes oder Eintritt eines andern sein Amt beendigenden oder seine Entlassung erforderlich machenden Umstandes;

γ') vom Gewalthaber oder Vormund das Bedürfnis einer Pflegschaft (§ 1909 Abs. II).

γ) Dem Nachlaßgericht ist anzuzeigen:

α') vom Vorerben der Eintritt der Nacherbfolge (§ 2146 Abs. I Satz 1) und

β') vom Verkäufer einer Erbschaft deren Verkauf und der Name des Käufers (§ 2384 Abs. I Satz 1).

Beidemale wird die Anzeige des Anzeigepflichtigen ersetzt durch eine andere Anzeige, sub α' durch die des Nacherben (§ 2146 Abs. I Satz 2), sub β' durch die des Erbschaftskäufers (§ 2384 Abs. I Satz 2), und beidemale sagt das Gesetz (a. a. O. Satz 1), daß der Anzeigepflichtige zur Erstattung der Anzeige ans Nachlaßgericht „den Nachlaßgläubigern gegenüber verpflichtet" ist.

δ) Vom Offerenten ist die Verspätung der erkennbar[1]) rechtzeitig abgesendeten Annahmeerklärung unverzüglich nach ihrem Empfange (sofern es nicht schon vorher geschehen) dem Annehmenden anzuzeigen (§ 149 Satz 1), widrigenfalls die Annahme als nicht verspätet gilt (ebenda Satz 2; vgl. unten II 2 a).

ε) Gewisse Mängel, Schäden u. dergl. an Objekten sind anzuzeigen:

α') Der Mieter (und Pächter, § 581 Abs. II) hat dem Vermieter Anzeige zu machen, wenn sich (§ 545 Abs. I Satz 1) im Laufe der Mietzeit ein Mangel der gemieteten Sache zeigt oder wenn eine Vorkehrung zum Schutze der Sache gegen eine nicht vorher gesehene Gefahr erforderlich wird oder (ebenda Satz 2) wenn ein Dritter sich ein Recht an der Sache anmaßt. — Die Folgen der Unterlassung dieser Anzeige sind (§ 545 Abs. II) Schadensersatzpflicht des Mieters bezw. Verlust seines eigenen Rechts auf Reduktion des Mietszinses, auf Kündigung ohne Fristsetzung oder auf Schadensersatz wegen Nichterfüllung.

β') Der Gast hat (§ 703 Satz 1) dem Gastwirt den Verlust oder die Beschädigung der ins Gasthaus eingebrachten Sachen anzuzeigen, widrigenfalls die Haftung des Wirts erlischt (es sei denn, daß ihm die Sachen zur Aufbewahrung übergeben waren, ebenda Satz 2). Die Anzeigepflicht beginnt sofort nachdem der Gast vom Verlust oder von der Beschädigung Kenntnis erlangt hat.

γ') Der Nießbraucher (vgl. auch § 1068 Abs. II) hat es dem Eigentümer des Nießbrauchsobjekts anzuzeigen, wenn das Objekt zerstört oder beschädigt wird oder wenn eine außergewöhnliche Ausbesserung oder Erneuerung der Sache oder eine Vorkehrung zum Schutze gegen eine unvorhergesehene Gefahr erforderlich wird (§ 1042 Satz 1) oder wenn sich ein Dritter ein Recht an der Sache anmaßt (ebenda Satz 2).

[1]) „Und mußte der Antragsteller dies erkennen"; unten § 7 II 6 a.

δ′) Der Pfandgläubiger hat dem Verpfänder vom drohenden Verderb des Pfandobjekts Anzeige zu machen, sofern sie nicht untunlich ist (§ 1218 Abs. II).

ζ) Die Tatsache des Fundes ist vom Finder (sofern er die Sache auch an sich genommen hat) dem Verlierer (oder gewissen anderen in § 965 Abs. I genannten Personen) anzuzeigen;[1]) eventuell (bei Objekten mit Wert von mehr als 3 Mark, § 965 Abs. II Satz 2) nebst den zur Ermittelung des Empfangsberechtigten vielleicht erheblichen Umständen der Polizeibehörde (§ 965 Abs. II Satz 1), widrigenfalls (ebenso wie bei Verheimlichung des Fundes auf Nachfrage, vgl. unten § 12 sub 1) der Anspruch des Finders auf Finderlohn ausgeschlossen ist (§ 971 Abs. II) und bei Objekten mit Wert von mehr als 3 Mark der Finder das Eigentum an der Sache, zu der ein Empfangsberechtigter bekannt wird oder sich bei der Polizei meldet, nicht erwirbt (§ 973 Abs. I).[2] [3])

η) Der Anweisungsempfänger hat die (vor Eintritt der Leistungszeit erfolgende) Weigerung des Angewiesenen, die Anweisung anzunehmen, sowie dessen Weigerung, die Leistung vorzunehmen, dem Anweisenden anzuzeigen (§ 789 Satz 1); und ferner den Umstand, daß er die Anweisung nicht geltend machen könne (§ 789 Satz 2; vgl. unten sub b β γ′).

ϑ) Der Unternehmer beim Werkvertrage hat es dem Besteller anzuzeigen, wenn eine Ueberschreitung des dem Vertrage zu Grunde gelegten Anschlags (§ 650 Abs. I) zu erwarten ist (ebenda Abs. II).

b) Maßnahmen oder eigene Absichten des Anzeigepflichtigen:

α) Eine eigene Maßnahme, welche der Anzeigepflichtige anzuzeigen hat, ist die Hinterlegung, welche der Schuldner als Erfüllungssurrogat vornahm; die Unterlassung macht den Schuldner schadensersatzpflichtig (§ 374 Abs. II Satz 1); die Anzeige darf unterbleiben, wenn sie untunlich ist (ebenda Satz 2).

β) Die eigenen Absichten, welche anzuzeigen sind, betreffen:

α′) Die Ablehnung eines Auftrags zu einer Geschäftsbesorgung (vgl. auch § 675), falls der Adressat zur Besorgung einschlägiger Geschäfte öffentlich bestellt ist oder sich öffentlich oder dem Auftraggeber gegenüber dazu erboten hat (§ 663 Satz 1 und 2).

β′) Den Willen des Hauptschuldners, den Bürgen, welcher sich nur auf bestimmte Zeit verbürgt hat, in Anspruch zu nehmen (§ 777 Abs. I Satz 1 a. E.). Dieser Anzeige muß (im allgemeinen und den Fall ausgenommen, daß dem Bürgen die exceptio excussionis nicht zusteht: hier genügt die unverzügliche Anzeige ohne weiteres, § 777

---

[1]) Gleichviel, ob bei größerem oder Bagatellfund; vgl. Kober in v. Staudingers Kommentar, 2. Aufl. (München 1904) S. 228 Anm. 4 d.

[2]) Da nach § 973 Abs. II bei Bagatellobjekten die einjährige Frist für die Präklusion des bisherigen Eigentümers mit dem Augenblicke des Fundes beginnt und da das Gesetz den Finder nur bei Verheimlichung des Fundes auf Nachfrage vom Eigentumserwerbe ausschließt, so kann er bei diesen Objekten trotz Unterlassung der Anzeige Eigentum erwerben.

[3]) Daneben wird man aus § 968 eine Schadensersatzpflicht des Finders gegenüber dem Verlierer folgern müssen; vgl. Biermann im Heymannschen Kommentar Bd. III, 2. Aufl., Berlin 1903, S. 174 Anm. 4 und auch Planck, Kommentar Bd. III S. 229 Note b und c, während Kober a. a. O. S. 226 ff. darüber schweigt (wie er auch S. 228 sub 4 den Begriff „unverzüglich“ unerläutert läßt).

Abs. I Satz 2) unverzügliche Einziehung der Forderung vom Hauptschuldner sowie ohne wesentliche Verzögerung erfolgende Fortsetzung des Verfahrens vorangegangen sein (vgl. unten sub 9 c und sub II 1). Unterblieb die unverzügliche Anzeige, so wird der Bürge nach dem Ablauf der bestimmten Zeit frei (§ 777 Abs. I Satz 1 und 2); erfolgt sie dagegen rechtzeitig, so konserviert sich der Gläubiger die Haftung des Bürgen, diese beschränkt sich aber (§ 777 Abs. II) auf den Umfang der Hauptverbindlichkeit z. Z. der Beendigung des Verfahrens gegen den Hauptschuldner (bzw. bei selbstschuldnerischer Bürgschaft auf den Umfang der Hauptverbindlichkeit bei Ablauf der bestimmten Zeit).

γ') Den Willen des Anweisungsempfängers, die Anweisung nicht geltend zu machen (§ 789 Satz 2; vgl. oben a η).

2. Benachrichtigungen, unverzügliche[1]), kommen nur wegen vollendeter Tatsachen, nicht auch wegen geplanten Maßnahmen in Betracht, sind aber, abgesehen vom Falle c, im Gesetz nur beansprucht, sofern sie nicht „untunlich" sind. Die Benachrichtigungen betreffen:

a) Die stattgehabte Versteigerung; von ihr ist bei Schadensersatzpflicht:
 α) durch den Schuldner, der hinterlegt hat, der Gläubiger zu benachrichtigen (§ 384 Abs. II) und
 β) durch den Pfandgläubiger der Pfandschuldner (§ 1220 Abs. II), wenn die Versteigerung wegen drohenden Verderbs des Pfandobjekts usw. (§ 1220 Abs. I) stattgefunden hat.

b) Den Pfandverkauf und dessen Ergebnis, wenn nämlich zur Befriedigung des Pfandgläubigers (§ 1228 Abs. I) die öffentliche Versteigerung des Pfandobjekts (§ 1235 Abs. I) erfolgt war; hiervon hat der Pfandgläubiger den Eigentümer des Pfandes zu benachrichtigen (§ 1241). Die Verletzung dieser Benachrichtigungspflicht macht den Verkäufer, „wenn ihm ein Verschulden zur Last fällt" (vgl. oben § 2 sub I 2 g), schadensersatzpflichtig (§ 1243 Abs. II).[2])

c) Die Betreibung der Zwangsversteigerung eines hypothekarisch verhafteten Grundstücks. Von ihr hat nämlich, sofern der persönliche Schuldner berechtigt ist, falls er den Gläubiger befriedigt, vom Eigentümer Ersatz zu verlangen, der Gläubiger den persönlichen Schuldner zu benachrichtigen, widrigenfalls dieser die Befriedigung des Gläubigers wegen eines Ausfalls bei der Zwangsversteigerung insofern verweigern darf, als er infolge der Unterlassung der Benachrichtigung einen Schaden erleidet (§ 1166 Satz 1).

d) Die Einziehung der verpfändeten Forderung. Von ihr hat der Pfandgläubiger, wenn er zu dieser Einziehung ohne Mitwirkung des Gläubigers berechtigt ist, letzteren zu benachrichtigen (§ 1285 Abs. II Satz 2).

---

[1]) „Benachrichtigungen" („benachrichtigen") ohne diesen Zusatz begegnen noch in § 411 Satz 1 und 2 und in § 1237 Satz 2; ferner mit dem Zusatz, die Benachrichtigung habe zu erfolgen, sobald eine gewisse andere Tatsache eingetreten sei, in § 416 Abs. III Satz 2 und § 1099 Abs. II.

[2]) Das ergibt sich nicht ganz zweifellos aus dem Wortlaute des § 1243 Abs. II, da dieser von Verstößen gegen eine nicht in Abs. I (der § 1241 unzitiert läßt) erwähnten, „für den Verkauf geltenden Vorschrift" redet. — Wie im Text Biermann a. a. O. S. 461, Planck a. a. O. III S. 692.

e) Die Uebertragung eines Erbanteils durch einen Miterben auf einen Dritten; hiervon hat der veräußernde Miterbe die andern Miterben zu benachrichtigen (§ 2035 Abs. II; vgl. § 2037).

3. Eine unverzügliche Mitteilung[1]) erheischt das Gesetz beim obligatorischen Vorkaufsrecht; hier hat der Verpflichtete dem Vorkaufsberechtigten den Inhalt des mit einem Dritten geschlossenen Kaufsvertrags mitzuteilen (§ 510 Abs. I Satz 1; über Satz 2 unten III 7 a). — Ein anderer Fall der „Mitteilung" (§ 2215 Abs. I a. A.) wird besser unter die Gruppe 9 (i) gestellt.

4. Zurückweisung, unverzügliche.[2])

a) Zunächst ist sie vorgesehen in 5 Fällen, welche das Gemeinsame haben, daß Jemand Vorlegung einer schriftlichen Urkunde verlangen darf, um sich mit voller Sicherheit auf ein Rechtsgeschäft mit einem Andern einlassen zu können, und daß er bei Nichtvorlegung solcher Urkunde das Rechtsgeschäft mit dem Erfolge zurückweisen darf, daß es unwirksam ist:

α) Ganz allgemein von einseitigen Rechtsgeschäften überhaupt gilt dies, wenn nicht urkundlich vorgelegt wird:

α′) die Einwilligung des gesetzlichen Vertreters eines beschränkt Geschäftsfähigen (§ 111 Satz 2 und dazu § 114);

β′) die Vollmachtserteilung (§ 174 Satz 1);[3])

γ′) die erforderliche Genehmigung des Vormundschaftsgerichts zu einem einseitigen Rechtsgeschäft des Vormundes (§ 1831 Satz 2 und dazu §§ 1897, 1915 Abs. I).

β) Im besonderen von Kündigung und Mahnung gilt dies:

α′) wenn der Zessionar dem debitor cessus keine Zessionserklärung vorlegt (§ 410 Abs. I Satz 2);[4])

β′) wenn der Hypothekengläubiger dem Grundstückseigentümer nicht den Hypothekenbrief und, mangels seiner Eintragung im Grundbuche, gewisse andere Legitimationsurkunden (§ 1155) vorlegt (§ 1160 Abs. II;[5]) vgl. auch § 1161).

b) Unwirksamkeit ist auch die Folge in dem Sonderfall des § 359 Satz 1: der gegen Zahlung eines Reugeldes vorbehaltene, aber ohne vorgängige

---

[1]) „Mitteilungen" („mitteilen") schlechthin begegnen noch vielfach im BGB., teils von Privatpersonen, teils von Behörden ausgehend. Jenes im BGB. §§ 171 Abs. I, 172 Abs. I, 259 Abs. I, 415 Abs. I Satz 2, 416 Abs. I Satz 1 und 2, Abs. II Satz 1, Abs. III Satz 1, 571 Abs. II Satz 2, 639 Abs. II, 658 Abs. I Satz 2, 792 Abs. II Satz 2, 824 Abs. II, 1070 Abs. II Satz 1, 1099 Abs. I, 1829 Abs. I Satz 2, Abs. II, 1830, 2121 Abs. I Satz 1, EG. z. BGB. Art. 54 Abs. II. Dieses in §§ 50 Abs. II, 61 Abs. I, 62 Abs. I, 63, 143 Abs. IV Satz 2, 1342 Abs. II Satz 1, 1491 Abs. I Satz 3, 1492 Abs. I Satz 3, 1577 Abs. III Satz 3, 1597 Abs. II Satz 1, 1851 Abs. I und II, 1953 Abs. III Satz 1, 1957 Abs. II Satz 1, 1999, 2081 Abs. II Satz 1, 2129 Abs. II Satz 2, 2281 Abs. II Satz 2.

[2]) „Zurückweisen" schlechthin begegnet noch in §§ 60 Abs. I und II, 237 Satz 2, 333, 1239 Abs. II Satz 1, 2015 Abs. III.

[3]) In diesen beiden Fällen (α′ und β′) ist die Zurückweisung selber ausgeschlossen (§§ 111 Satz 3, 174 Satz 2), wenn der Vertreter des Minderjährigen bezw. der Vollmachtgeber den Andern (dem gegenüber der Minderjährige bezw. Bevollmächtigte das Rechtsgeschäft vornimmt) direkt von der Einwilligung bezw. Bevollmächtigung in Kenntnis gesetzt hatte.

[4]) Die Bestimmung in § 410 Abs. II entspricht der in der vorigen Anmerkung vermerkten der §§ 111 Satz 3 und 174 Satz 2. — Zu § 410 vgl. auch noch § 412 (cessio legis).

[5]) Eine Ausnahme stellt § 1160 Abs. III auf wegen der in § 1159 bezeichneten Bagatellansprüche

oder gleichzeitige Entrichtung desselben erklärte Rücktritt ist unwirksam, wenn der andere Teil die Erklärung wegen der Nichtentrichtung des Reugeldes zurückweist.

5. Der Zurückweisung ähnlich sind zwei andere Arten der Protesthandlungen, nämlich der Widerspruch und die Anfechtung.

a) Der unverzügliche Widerspruch[1]) ist im BGB. vorgesehen:

α) Bei der Kompensation. Wenn hier der eine oder der andere Teil mehrere kompensable Forderungen hat und der Bestimmung des aufrechnenden Teils darüber, welche Forderungen gegen einander aufgerechnet werden sollen, der andere Teil unverzüglich widerspricht, so finden die gesetzlichen Vorschriften über Anrechnung einer unzureichenden Schuldtilgung auf mehrere gleichartige Verbindlichkeiten des Schuldners (§ 366 Abs. II) entsprechende Anwendung (§ 396 Abs. I Satz 2).

β) Beim Dienstvertrag verhindert der unverzügliche Widerspruch des Dienstberechtigten, daß durch eine mit dem Wissen des Dienstberechtigten erfolgende Fortsetzung der Dienste nach Ablauf der Dienstzeit eine relocatio[2]) tacita eintritt (§ 625).

b) Eine unverzügliche Anfechtung[3]) ist erforderlich — unverzüglich von der Kenntnis des Anfechtungsgrundes, aber nicht über im ganzen 30 Jahre hinaus (§ 121 Abs. II, § 318 Abs. II Satz 3) —, wenn sie erfolgen soll:

α) gegenüber einer Willenserklärung, die (§ 119) irrtümlich abgegeben oder (§ 120) unrichtig übermittelt worden ist (§ 121 Abs. I Satz 1, oben S. 16 f.; zu Satz 2 unten sub 9 a);

β) gegenüber der einem Dritten überlassenen oder von ihm getroffenen Bestimmung der Leistung, wenn die Vertragschließenden diese Bestimmung wegen Irrtums, Drohung oder arglistiger Täuschung anfechten wollen (§ 318 Abs. II Satz 2).

6. Zu den unverzüglich erforderlichen Erklärungen, welche — vereinzelt — rechtserheblich sind, gehört ferner noch die Aufrechnungserklärung. Sie begegnet[4]) zweimal[5]):

a) Wird sie vom Mieter gegenüber dem Vermieter abgegeben, weil sich jener dadurch von der Mietschuld befreien will, so macht sie, wenn sie unverzüglich nach der Kündigung erfolgt, die Kündigung unwirksam, welche der Vermieter wegen Verzuges des Mieters in Zinszahlung (§ 554 Abs. I Satz 1) vornahm (§ 554 Abs. II).

b) Wird sie vom Vertragsgegner dessen, der sich den Rücktritt vom Vertrage vorbehalten hat für den Fall, daß der Vertragsgegner seine Verbindlichkeit nicht erfüllt, unverzüglich nach der Rücktrittserklärung des Rücktrittsberechtigten abgegeben, so macht sie diese Rücktrittserklärung unwirksam (§ 357).

---

[1]) „Widerspruch“, „widersprechen“ schlechthin begegnen noch in über 30 (bei Gradenwitz S. 172 angegebenen) Stellen.

[2]) Bei der Sachmiete gibt das Gesetz (§ 568 Satz 1) eine genauere Frist (2 Wochen) zur Erklärung des entgegenstehenden Willens, und zwar beiden Kontrahenten. — § 625 ist für das Gesinderecht nicht jus cogens (EG. z. BGB. Art. 95 Abs. I).

[3]) „Anfechtung“ und „anfechten“ schlechthin findet sich sehr oft; vgl. Gradenwitz S. 8.

[4]) Ohne den Zusatz „unverzüglich“ sehr oft; vgl. Gradenwitz S. 18.

[5]) In beiden Fällen wird natürlich vorausgesetzt (und im Gesetz auch ausdrücklich betont), daß sich der Aufrechnende auch wirklich durch Kompensation von seiner Schuld befreien konnte.

7. Zwar gleichfalls eine Erklärung, aber im Gegensatz zu den unter 6 a und b erwähnten nicht eine an eine Privatperson, sondern eine an eine Behörde abzugebende[1]) ist der Antrag, dessen unverzügliche Stellung[2]) zweimal erwähnt wird:

a) Wenn der Antrag auf Eröffnung des Nachlaßkonkurses von Erben nicht unverzüglich nach Erlangung der Kenntnis (oder fahrlässiger Unkenntnis, § 1980 Abs. II; vgl. unten § 5 II 5 b) von der Ueberschuldung des Nachlasses gestellt wird, so ist der Erbe den Gläubigern für den daraus entstehenden Schaden verantwortlich (§ 1980 Abs. I Satz 1).

b) Die Beantragung des Aufgebots der Nachlaßgläubiger (§ 1970) gibt, wenn sie unverzüglich geschieht, jedem Miterben die Befugnis (§ 2045 Satz 2), zu verlangen, daß die Erbauseinandersetzung bis zur Beendigung des Aufgebotsverfahrens aufgeschoben wird.

8. Die gleiche Wirkung wie der eben sub 7 b genannte Antrag hat (ebenfalls nach § 2045 Satz 2) die öffentliche (vgl. § 2061 Abs. II Satz 1) Aufforderung[3]) der Miterben an die Nachlaßgläubiger, ihre Forderungen binnen 6 Monaten bei ihnen oder beim Nachlaßgericht anzumelden (§ 2061 Abs. I Satz 1).

9. Während alle bisher (1—8) genannten Vorgänge das Gemeinsame haben, daß sie in Erklärungen bestehen, kommen endlich noch gewisse andere Maßnahmen in Betracht, allerdings nur vereinzelt, nämlich:

a) Die unverzügliche (unverzüglich nach Kenntnis vom Anfechtungsgrunde, § 121 Abs. I Satz 1, oben sub 5 b erfolgende) Absendung einer Anfechtungserklärung[4]) aus § 121 (ebenda sub α) bewirkt, daß die einem Abwesenden gegenüber erfolgte Anfechtung als rechtzeitig gilt (§ 121 Abs. I Satz 2).

b) Die unverzügliche Betreibung der Einziehung[5]) einer Forderung vom Hauptschuldner (§ 772) ist ein Vorbereitungsakt für die oben sub 1 b $\beta\beta'$ erwähnte Konservierung des Anspruchs gegen den Bürgen, der sich nur auf bestimmte Zeit verbürgt hat (§ 777 Abs. I Satz 1).

c) Die unverzügliche Verfolgung[6]) durch den Eigentümer verhindert das Herrenlos-Werden

α) eines gefangenen wilden Tieres, wenn es die Freiheit wiedererlangt hat (§ 960 Abs. II) und

β) eines ausziehenden Bienenschwarms (§ 961).

d) Die unverzügliche Ablieferung; sie liegt ob:

α) dem Finder beim sog. Bureaufund (§ 978 Satz 1) und

β) demjenigen, welcher ein nicht in amtliche Verwahrung gebrachtes Testament im Besitz hat; dies Testament ist er unverzüglich, nachdem er vom Tode des Erblassers Kenntnis erlangt hat, an das Nachlaßgericht abzuliefern verpflichtet (§ 2259 Abs. I).

---

[1]) Wie die „Anzeige" in den Fällen 1 a $\alpha\beta'$, β und γ.

[2]) „Antrag stellen" allein und „beantragen" sehr oft; vgl. Gradenwitz S. 12 und 135, S. 22.

[3]) Oeffentliche Aufforderungen schlechthin vgl. noch in §§ 50 Abs. I Satz 2, Abs. II, 980 Abs. I, 981 Abs. II Satz 1, 1965 Abs. I und II, 2358 Abs. II.

[4]) Die Kombination von „Absenden" und „Anfechtungserklärung" begegnet sonst nirgends im Gesetz.

[5]) Das Betreiben der Einziehung begegnet sonst nirgends weiter im BGB.

[6]) „Verfolgen" und „Verfolgung" finden sich noch in §§ 43 Abs II—IV, 61 Abs. II, 274 Abs II, 859 Abs. II, 963, 1148 Satz 1, 2313 Abs. II Satz 2, EG. z. BGB. Art. 34 Nr. II.

e) Die unverzügliche Vorführung vor Gericht;[1]) sie liegt, wenn im Wege der Selbsthilfe ein fluchtverdächtiger Verpflichteter (§ 229) festgenommen worden ist, dem Festnehmenden ob, der den persönlichen Sicherheitsarrest gegen den Verpflichteten beantragt hat (§ 230 Abs. III).

f) Die unverzügliche Rückgabe[2]) der im Wege der Selbsthilfe weggenommenen Sachen hat zu erfolgen, wenn der Antrag auf dinglichen Arrest (§ 230 Abs. II) verzögert oder abgelehnt wird (§ 230 Abs. IV).

g) Die unverzügliche Freilassung[3]) des im Wege der Selbsthilfe Festgenommenen hat zu erfolgen (§ 230 Abs. IV, oben sub f), wenn der Antrag auf persönlichen Arrest verzögert oder abgelehnt wird.

h) Die unverzügliche Entrichtung des Reugeldes[4]) macht die oben sub 4 b erwähnte Rücktrittserklärung wirksam und deren ebenda erwähnte unverzügliche Zurückweisung ihrerseits wirkungslos (§ 359 Satz 2).

i) Die Mitteilung eines Verzeichnisses — nicht zu verwechseln mit der oben sub 3 erwähnten „Mitteilung" des Inhaltes eines Vertrages[5]) — begegnet in § 2215 Abs. I: sie betrifft ein Verzeichnis der der Verwaltung des Testamentsvollstreckers unterliegenden Nachlaßgegenstände und der bekannten Nachlaßverbindlichkeiten und hat durch den Testamentsvollstrecker — unmittelbar nach Annahme seines Amtes — an den Erben zu erfolgen.

k) Ob auch die in § 2215 Abs. I a. E. vorgesehene Leistung der „zur Aufnahme des Inventars sonst erforderlichen Beihilfe" durch den Testamentsvollstrecker gegenüber dem Erben „unverzüglich" zu erfolgen habe, ist nach dem Wortlaut der Norm („hat dem Erben unverzüglich ... mitzuteilen und ihm ... zu leisten") zweifelhaft und wohl als unwahrscheinlich zu bezeichnen.[6])

II. Nicht unter die „unverzüglich" erforderlichen Vorgänge gehören folgende Fälle:

1. Wenn sich in § 777 Abs. I Satz 1 zwischen die unverzügliche Betreibung der Einziehung der Bürgschaftsforderung (oben sub I 9 b) und die unverzügliche Anzeige an den Bürgen (oben sub I 1 b β β') die Vorschrift einschiebt, daß der Gläubiger auch „das Verfahren ohne wesentliche Zögerung[7]) fortsetzen" muß, so wird man genötigt sein, zu sagen: wenn der Gesetzgeber hier nicht gleichfalls den Ausdruck „unverzüglich" gewählt hat und wenn wir von der Annahme ausgehen, daß der Wechsel des Ausdrucks nicht bloß aus stilistischen Geschmacksgründen erfolgt ist, bleibt nur die Möglichkeit, einen Gegensatz zwischen beiden Wendungen aufzusuchen; diesen wird man[8]) dahin finden müssen, daß der Gesetzgeber bezüglich der Fortsetzung des Verfahrens nicht Unverzüglichkeit im Sinne

---

[1]) Sie begegnet sonst nicht weiter im BGB.

[2]) „Rückgabe", „Zurückgeben" u. dergl. finden sich oft.

[3]) „Freilassung" begegnet nur a. a. O.

[4]) Von „Reugeld" ist nur noch in § 336 Abs. II die Rede, von „entrichten" sehr oft (Gradenwitz S. 51).

[5]) Dort (§ 510 Abs. 1 Satz 1) hat „Mitteilung" den Sinn von „Anzeige", „Benachrichtigung" (oben 1 und 2), gehört also zusammen auch mit Zurückweisung, Widerspruch, Anfechtung, Aufrechnungserklärung usw. (Nr. 4—9) zu den Erklärungshandlungen; hier dagegen (und in § 2121 Abs. I Satz 1) bedeutet es soviel wie Uebergabe, Zusendung u. dergl. und steht am ehesten auf gleicher Stufe mit Nr. 9 a.

[6]) Literatur (z. B. Planck Bd. V S. 414 f.) und Materialien (Mot. V S. 241 f., Prot. V Nr. 358 sub VI S. 310 f.) versagen hier.

[7]) Das Verbum „zögern" allein begegnet im BGB. nirgends; vgl. Gradenwitz S. 176.

[8]) Die Materialien (insbes. Prot. II Nr. 142 sub VIII S. 483—485, VI Nr. 417 S. 198 sub III) ergeben nur, daß man auch hier anfangs an die Einfügung des Begriffs „schuldhaft" „ohne schuldhafte — erhebliche — Unterbrechung fortsetzen" gedacht hatte.

schuldloser Zögerung für nötig erachtete, daß er betreffs dieses Punktes vielmehr die Frage, ob die Zögerung verschuldet oder unverschuldet sei, für unerheblich hielt und statt des subjektiv gefärbten Momentes das rein objektiv geartete der für den Ausgang der Angelegenheit erheblichen Zögerung einsetzte.

2. Auch wo nur der Ausdruck „verzögern", „Verzögerung" ohne Zusatz begegnet, bleibt er für unser Thema vom „Verschulden"[1]) außer Betracht. Jedoch ist folgendes zu bemerken:

a) Ausgenommen ist der schon oben I 1 a δ besprochene Fall des § 149 Satz 2, weil er in unmittelbarster Beziehung zu dem vorangehenden Satz 1 steht und das dortige „unverzüglich" zweifellos in ihn hineinzuinterpretieren ist. Dagegen läßt sich Gleiches nicht von § 230 Abs. IV behaupten, weil sich die hier erwähnte Verzögerung auf den Arrestantrag und die ebenda bezw. in Abs. III (oben I 9 e) erwähnte Unverzüglichkeit auf die Vorführung bezw. Freilassung des Festgenommenen bezieht.

b) Aus anderm Grunde, weil sie nämlich zugleich mit andern für unser Gesamtthema erheblichen Begriffen operieren, sind in der vorliegenden Untersuchung zu erwähnen:

α) § 2005 Abs. I Satz 2, der von absichtlicher (unten § 14 sub B IV 2) Verzögerung der zur Aufnahme des Nachlaßinventars erforderlichen Auskunftserteilung des Erben spricht;

β) § 42 Abs. II Satz 2, welcher diejenigen Vorstandsmitglieder eines Vereins den Gläubigern für Verzögerung des Antrags auf Konkurseröffnung schadensersatzpflichtig macht, welchen ein Verschulden zur Last fällt (vgl. oben § 2 I 2 a);

γ) § 1787 Abs. I, der dem Mündel einen Ersatzanspruch wegen des Schadens gibt, der durch Verzögerung der Bestellung des Vormundes entsteht, wenn dem die Uebernahme der Vormundschaft grundlos Ablehnenden ein Verschulden zur Last fällt (oben § 2 I 1 b);

δ) § 839 Abs. II Satz 2, der die Einschränkung der Haftung für Amtspflichtverletzung bei einem Urteil in einer Rechtssache (ebenda Satz 1, unten § 19) für unanwendbar erklärt (mithin die Normalhaftung des Beamten gemäß § 839 Abs. I, unten § 5 B II 2 b) wieder Platz greifen läßt), wenn eine pflichtwidrige (Verweigerung oder) Verzögerung der Amtsausübung (unten § 19 sub I 6) vorliegt.

c) Gerade die zuletzt genannten 3 Gesetzesstellen (b β—δ) beweisen, daß Verzögerung und Verschulden bezw. Pflichtwidrigkeit nach Auffassung des Gesetzgebers keineswegs zusammentreffen müssen; denn nur ausnahmsweise wird hier die Verzögerung als objektiver Grund einer subjektiv verschuldeten Schädigung erwähnt.

d) Von den unter a—c nicht angeführten Stellen abgesehen werden „verzögern" und „Verzögerung" noch 8 mal genannt. Hier bilden wieder §§ 1308 Abs. II Satz 1, 1673 Abs. II Satz 1, 1847 Abs. I Satz 1 und 2200 Abs. II eine Gruppe, indem sie gemeinsam die Anhörung gewisser Personen vorschreiben, „wenn es ohne erhebliche Verzögerung und ohne unverhältnismäßige Kosten geschehen kann". Von den restierenden 4 Stellen stehen wieder §§ 315 Abs. III Satz 2 und 319 Abs. I

---

[1]) Irrtümlich hatte ich ihn (betreffs §§ 42, 315, 319, 1308 und 1787) in meiner oben S. 2 Anm. 5 erwähnten Studie in das Material über „Verzug" eingestellt (vgl. dort S. 117 Anm. 70, 124 Anm. 92, 123 sub 3 und 124 sub 5).

Satz 2 wegen des Effektes der Verzögerung und die zuletzt genannte Stelle mit § 319 Abs. II wegen der Person, welche zögert, in Berührung, und isoliert steht nur § 1778 Abs. 1 da.

3. Vor Allem sind „schuldhaftes Zögern" und „Verzug" keineswegs[1]) identisch[2]) oder doch nur letzterer (unten § 20) ein Unterfall des Begriffes „Zögern" und daher, sofern er seinerseits schuldhaft ist (oder gar — vgl. wegen des Schuldnerverzuges über die communis opinio unten §§ 20 sub III und 64 sub A VI — sein muß) auch in diesem Zusammenhange von Interesse.

III. Regeln und Grundsätze, die sich, weil in mehreren der sub I aufgezählten Fälle begegnend, aus ihnen entwickeln lassen, sind nachstehende:

1. Die Folgen, welche das Gesetz angibt, lassen sich zunächst so gruppieren, daß man mit dem Gesetze selber einerseits die Folgen der positiven Vornahme des unverzüglich erforderlichen Aktes und andererseits die Folgen seiner Unterlassung (d. h. also des „schuldhaften Zögerns") scheidet. Zum Sprachgebrauche des Gesetzgebers sei dabei bemerkt, daß er jene Fälle — mit einziger Ausnahme des § 396 Abs. 1 Satz 2 (oben I 5 a α): „widerspricht . . . unverzüglich" — in Form eines Konditionalsatzes („wenn" bezw. „nur wenn" X die Handlung vornimmt) einführt (§§ 121 Abs. 1 Satz 2, 357, 359 Satz 1 und 2, 410 Abs. I Satz 2, 554 Abs. II, 2045 Satz 2), wogegen er für diese Fälle eine größere Mannigfaltigkeit des Ausdruckes beliebt. Dabei findet sich aber wieder eine zwiefache Sprachweise. Entweder wird eine Ausnahme von der regulären Gestaltung der Verhältnisse durch einen Nachsatz eingeführt, der mit den Wendungen beginnt: „wenn nicht" (§ 111 Satz 2, 174 Satz 1, 703 Satz 1, 777 Satz 1 und 2, 960 Abs. II, 961, 1160 Abs. II, 1831 Satz 2) oder „sofern nicht" (§ 625) — vgl. als hierher gehörig auch den Spezialfall des § 1166 Satz 1 — oder „wenn" der Betreffende die Pflicht „verletzt" (§ 971 Abs. II) oder „im Falle der Unterlassung" (§§ 374 Abs. II Satz 1 Halbsatz 2, 384 Abs. II Halbsatz 2, 1220 Abs. II). Oder es wird der die betreffende Folge angebende Satz eingeführt mit „verzögert" (§ 149 Satz 2), „unterläßt" (§ 545 Abs. II Satz 1) X den betreffenden Akt oder „verletzt" X die bezügliche Pflicht (§ 1243 Abs. II; hierher gehört auch § 1980 Abs. I Satz 1).

2. Folgen der rechtzeitigen Vornahme sind im einzelnen:

a) Gewisse Rechtsgeschäfte werden unwirksam nämlich:

α) zufolge unverzüglicher Zurückweisung:

α') die Rechtsgeschäfte der beschränkt Geschäftsfähigen (§ 111 Satz 2, oben I 4 a α α'), der Bevollmächtigten (§ 174 Satz 1, ebenda β') und des Vormundes (§ 1831 Satz 2, ebenda γ');

β') die Rücktrittserklärung im Falle des § 359 Satz 1 (oben I 4 b);

γ') die Kündigung und Mahnung des Zessionars (§ 410 Abs. I Satz 2, oben I 4 a β α') und des Hypothekengläubigers (§ 1160 Abs. II, ebenda β');

β) zufolge unverzüglicher Aufrechnungserklärung des Gegners: der vorbehaltene Rücktritt (§ 357, oben I 6 b) und die Kündigung des Vermieters (§ 554 Abs. II, oben I 6 a).

---

[1]) Wenigstens nach BGB. — Darüber, daß sich die Ausdrücke „unverzüglich" und „ohne Verzug" im HGB. promiskue bezw. anscheinend promiskue finden, kann erst in der zweiten Abteilung dieser Untersuchung (unten § 33 B IV) gesprochen werden.

[2]) Vgl. die Berichtigung oben S. 26 Anm. 1.

b) Umgekehrt wird **wirksam** die Rücktrittserklärung durch unverzügliche Entrichtung des Reugeldes trotz der (dadurch ihrerseits unwirksam werdenden, vgl. oben a β') Zurückweisung der Rücktrittserklärung durch den andern Teil (§ 359 Satz 2, oben I 9 h).

c) Eine **Berechtigung** erwächst dem Miterben (Aufschub der Erbauseinandersetzung zu verlangen) infolge rechtzeitiger Beantragung des Aufgebotsverfahrens oder rechtzeitigen Erlasses der öffentlichen Aufforderung an die Nachlaßgläubiger (§ 2045 Satz 2, oben I 7 b und 8).

d) Eine **Fiktion** tritt ein (nämlich daß die Anfechtung wegen Irrtums usw. rechtzeitig erfolgt sei) zufolge rechtzeitiger Absendung der Anfechtungserklärung an einen Abwesenden (§ 121 Abs. I Satz 2, oben I 9 a).

e) Die **gesetzliche** Reihenfolge der Schuldtilgung greift Platz bei rechtzeitigem Widerspruch gegen die vom Gegner gewählte Aufrechnungsmethode (§ 396 Abs. I Satz 2, oben I 5 a α).

3. **Folgen der Unterlassung** sind:

a) Für den **Handlungspflichtigen**:

α) eine **Schadensersatzpflicht**. Sie entsteht, wenn unterblieben ist:

α') die unverzügliche **Anzeige** von der Hinterlegung (§ 374 Abs. II Satz 1, oben I 1 b α) oder von Mängeln des Mietobjekts (§ 545 Abs. II Halbsatz 1, oben I 1 a ε α');

β') die unverzügliche **Benachrichtigung** von der Versteigerung des Hinterlegten (§ 384 Abs. II, oben I 2 a α) und Verpfändeten (§ 1220 Abs. II, ebenda sub β) oder[1]) vom Verkaufe des Pfandes und dem Verkaufsergebnis (§ 1243 Abs. II, oben I 2 b);

γ') der unverzügliche **Antrag** auf Eröffnung des Nachlaßkonkurses (§ 1980 Abs. I Satz 1, oben I 7 a).

β) Ein **Ausschluß (Verlust) von Rechten**, die sonst gegeben wären, erworben werden würden; er tritt ein, falls gewisse **Anzeigen** unterblieben sind, nämlich:

α') die Anzeige des Mieters (§ 545 Abs. II Halbsatz 2, oben I 1 a ε α') oder

β') die Anzeige des Gastes (§ 703 Satz 1, ebenda sub β'),

γ') die Anzeige des Finders (§ 971 Abs. II, oben I 1 a ζ).

γ) Ein **Verlust von bestehenden Rechten**: bei unterlassener Verfolgung von Tieren, insofern deren Herrenloswerden das bisherige Eigentum vernichtet, laut §§ 960 Abs. II und 961 (oben I 9 c).

b) Für die **andere Partei**:

α) **Befreiung von einer Verbindlichkeit**, indem der Bürge (Zeitbürge) bei unterlassener Inanspruchnahme des Hauptschuldners bezw. unterlassener Anzeige von Beendigung des Verfahrens an ihn (den Bürgen), von seiner Verbindlichkeit frei wird (§ 777 Abs. I Satz 1 und Satz 2, oben I 9 b und 1 b β β').

β) Das **Recht, die Befriedigung** des Gläubigers **zu verweigern**, indem der persönliche Schuldner bei Betreibung der Immobiliar-Zwangsversteigerung durch den Hypothekengläubiger und unterbliebener Benachrichtigung (§ 1166 Satz 1, oben I 2 c)

---

[1]) Vgl. aber hier § 1243 Abs. II die Worte „wenn ihm ein Verschulden zur Last fällt".

die Befriedigung des Gläubigers insofern verweigern darf, als er selbst einen Schaden infolge der Unterlassung der Benachrichtigung erlitten hat.

c) Für beide Parteien: gewisse Fiktionen, welche ihrerseits die Fortdauer bezw. das Zustandekommen gewisser Rechtsverhältnisse zur Folge haben. Es „gilt" nämlich:

α) positiv: der Dienstvertrag als auf unbestimmte Zeit verlängert (§ 625, oben I 5 α β);

β) negativ: die an sich verspätet zugegangene Annahme einer Offerte als nicht verspätet (§ 149 Satz 2, oben I 1 a δ).

4. Die Fälle sub 3 a und b können insofern miteinander kombiniert und das Schema kann vereinfacht werden, als die sub 3 b geschilderten Vergünstigungen für den Schuldner (Bürge bezw. persönlicher Schuldner) sich, wenn man die nunmehrige Stellung des Gläubigers betrachtet, unter die Gruppe 3 a γ einstellen lassen; Fall 3 b β läßt sich auch als eine Befugnis des Schuldners zur Kompensation eines Ersatzanspruchs auffassen und darum in die Gruppe 3 a α einstellen.

5. Versucht man, die sub 2 und 3 (4) genannten Vorgänge vom entgegengesetzten Standpunkte zu beleuchten, so gestaltet sich das Bild also:

a) Die Folgen schuldhafter Zögerung in den Fällen unter 2 sind:

α) die Rechtsgeschäfte sub 2 a bleiben (mangels rechtzeitiger Vornahme der Zurückweisung bezw. Aufrechnungserklärung) wirksam;

β) die sub 2 b erwähnte Rücktrittserklärung bleibt unwirksam;

γ) die Berechtigung sub 2 c erwirbt der Miterbe nicht, die Fiktion sub 2 d tritt nicht ein, es bleibt bei dem sub 2 e erwähnten Aufrechnungsmethode, die der Aufrechnende bestimmt hat;

δ) kurz: in allen Fällen hat die Verzögerung die Folge, daß alles beim Alten bleibt;

b) die Folgen rechtzeitiger Vornahme der Handlung in den Fällen unter 3 sind;

α) die Schadensersatzpflichten sub 3 a α treten nicht ein;

β) die sub 3 a β angedeuteten Rechte entstehen wirklich;

γ) der sub 3 a γ angedeutete Verlust früherer Rechte tritt nicht ein;

δ) auch die sub 3 b (α und β) angedeuteten Vergünstigungen für den Gegner treten nicht ein;

ϵ) die sub 3 c angedeuteten Fiktionen (nebst ihren sekundären Folgen) greifen nicht Platz;

ζ) kurz: es bleibt auch hier (wie sub a δ bemerkt) alles beim Alten; von dieser Folge der Folgenlosigkeit sind allein die Fälle β (3 a β) ausgenommen, in welchen der Erwerb der neuen Rechtsposition suspensiv bedingt ist durch rechtzeitige Erfüllung der Anzeigepflicht; auch hier kann man aber die Konstruktion so drehen, daß man sagt, Folgenlosigkeit ist Folge der Unterlassungssünde.

6. In allen übrigen 23 Paragraphen, die von „unverzüglichen" Maßnahmen sprechen, wird die Folge, welche sich an die Zuwiderhandlung gegen die Gesetzesvorschrift knüpft, unerwähnt gelassen.[1]) Um so lohnender ist es, sie unsererseits festzustellen.

a) In den beiden Fällen, in welchen das Gesetz von einer Anfechtungserklärung spricht, welche „unverzüglich" zu erfolgen habe, (§ 121 Abs. I

[1]) Genau genommen, geschieht dies auch in §§ 965 und 1241, hier stehen aber zur unmittelbaren Ergänzung §§ 971 und 1243 zu Gebot; vgl. oben I a ζ und I 2 b.

Satz 1 und § 318 Abs. II Satz 2, oben I 5 b) läßt die strikte Wendung: „Die Anfechtung muß unverzüglich erfolgen, nachdem ...“ erkennen, daß die (schuldhaft) verzögerte Anfechtung nur eine Pseudo-Anfechtung und unwirksam ist, sodaß also die mittelbare Folge im Wirksambleiben des verspätet angefochtenen Rechtsgeschäftes besteht[1].)

b) In allen übrigen Fällen dürften Schadensersatzpflichten entstehen.

α) Aus dem Gesetze läßt sich diese Pflicht am klarsten dartun für die 4 familienrechtlichen Fälle der §§ 1689, 1799 Abs. I Satz 2, 1894 Abs. I[2]) und 1909 Abs. II (oben I a α β' und a β), weil zu ihnen ergänzend §§ 1694 Abs. I, 1833 Abs. I Satz 2 und 1 und 1664 herangezogen werden können.

β) Bei den 6 dem Obligationenrecht angehörigen Fällen[3]) der §§ 510 Abs. I Satz 1, 650 Abs. II, 663 Satz 1, 673 Satz 2, 727 Abs. II Satz 1 und 789 Satz 1 und 2 (oben I 1 a sub α α', sub η und sub ϑ; I 1 b β α' und γ' und I 3) kann man auf die generelle Norm des § 276 (unten § 5 B II 1) Bezug nehmen, wobei jedoch darauf aufmerksam zu machen ist, daß in §§ 673 und 727 es sich um eine auf die Erben übergegangene Kontraktspflicht und in § 663 Satz 1 nicht um die Erfüllung eines durch Stillschweigen zustandegekommenen Vertrages, vielmehr um das negative Vertragsinteresse wegen Nichtzustandekommens des Vertrages[4]) handelt.

γ) In den 4 sachenrechtlichen Fällen[5]) der §§ 978 Satz 1[6]), 1042 Satz 1 und 2, 1218 Abs. II und 1285 Abs. II Satz 2 oben I 1 α ε γ' und δ', I 2 d und I 9 d α) und ebenso in dem übrig bleibenden familienrechtlichen Falle des § 1894 Abs. I (oben I 1 a α β')[7]) kann man seine Zuflucht dazu nehmen, eine — freilich farblose — obligatio ex lege zu konstatieren und zu dem — freilich ähnlich farblosen — § 823 Abs. II (unten § 18 A II 2) zu rekurrieren.[8])

δ) Das gleiche Aushilfsmittel bietet sich für den dem allgemeinen Teile angehörigen § 230 Abs. III und IV[9]) (oben I 9 e—g) und für die 5 erbrechtlichen Fälle[10]) der §§ 2035 Abs. II, 2146

---

[1]) Vgl. auch Hölder im Beckschen Kommentar Bd. I (München 1900) zu § 121 S. 268 sub 1.

[2]) Für § 1894 Abs. I, der von einer Pflicht des Erben des Vormundes zu unverzüglicher Anzeige spricht (oben I a α α β'), läßt sich durch obige Hilfsnormen die Schadensersatzpflicht nicht beweisen.

[3]) Eine Schadensersatzpflicht erwähnen hier z. B.: zu § 510 Mot. II S. 348, Oertmann S. 228 sub 1 g; zu § 650 Prot. II Nr. 127 S. 336, Oertmann S. 374 sub 2; zu § 663 Mot. II S. 530, Oertmann S. 395 sub 1 b und c; zu § 673 Mot. II S. 549 f; zu § 789 Mot II S. 565.

[4]) Vgl. Mot. II S. 530, Oertmann S. 395 sub b.

[5]) Vgl. zu ihnen Planck III S. 241 sub 2, S. 670 sub 4, Biermann S. 244, S. 499 Anm. 2.

[6]) Ebenso aber auch im Falle des § 965; vgl. oben S. 29 Anm. 1.

[7]) Vgl. oben Anm. 2.

[8]) Vgl. unten Anm. 10.

[9]) Vgl. hiezu Planck I S. 384 f. sub 2 b und c.

[10]) Hier wird zu §§ 2146 und 2384 die Schadensersatzpflicht erwähnt in den Prot. II Nr. 107 S. 128 oben, 129, V Nr. 345 S. 150 (vgl. auch Mot. V S. 305) und bei Planck V S. 324 (unter Bezugnahme auf BGB. § 823 Abs. II), S. 704 Anm.; zu § 2259 bei Planck V S. 483 Anm. 2 unter sehr bedenklicher Bezugnahme auf BGB. §§ 280 ff. und unter richtigerer, aber nur subsidiärer Bezugnahme auf § 823 Abs. II.

Abs. 1 Satz 1, 2215 Abs. 1, 2259 Abs. 1, 2384 Abs. 1 Satz 1 (oben I 1 a γ, I 2 e und I 9 sub d β, i und k). Es wird nur hier auch auf § 276 direkter Bezug genommen werden können für §§ 2146 und 2384, weil diese es deutlich aussprechen, daß der Anzeigepflichtige (Vorerbe bezw. Erbschaftsverkäufer) „dem Nachlaßgläubiger gegenüber" zu der Anzeige „verpflichtet"[1]) sei.

ε) Wem gegenüber die Pflicht zu der unverzüglichen Maßnahme obliegt, sagt das Gesetz außer in den eben (sub δ) erwähnten §§ 2146 und 2384 nicht; es ergiebt sich dies jedoch überall sonst aus der Norm und ihrem Zusammenhange zur Genüge; nur sei betont, daß für § 978 (oben sub γ) der Empfangsberechtigte,[2]) nicht die Behörde, für § 2259 (oben sub δ) jeder Interessent[3]) der eventuell Ersatzberechtigte ist.

ζ) Wenn sich aus dem Zusammenhange der sub α genannten familienrechtlichen Normen mit den Ergänzungsnormen, insbes. § 1833 Abs. I Satz 1 (oben § 2 I 2 i) ergibt, daß die Zuwiderhandlung gegen die unverzügliche Pflichterfüllung des Verpflichteten ihn nur dann verantwortlich macht, „wenn ihm ein Verschulden zur Last fällt", so ist dieser Passus der — zu generellerer Anwendung bestimmten — Hilfsnorm für unsere Angelegenheit überflüssig, weil jede „unverzügliche" Maßnahme die Abwesenheit schuldhafter Zögerung, also umgekehrt jeder Verstoß gegen die Einhaltung der Unverzüglichkeitsfrist ein Verschulden in sich begreift. Und wenn die Kommentare vielfach[4]) gelegentlich der sub α—ε erwähnten Normen das Moment des Verschuldens für die Schadensersatzpflicht noch besonders hervorheben, so ist das zur Erhöhung des Verständnisses sehr praktisch, gegenüber dem Ausdruck „unverzüglich" aber mindestens als entbehrlich zu verzeichnen.

7. Von dem Eintritt der sub 5 und 6 erwähnten Folgen macht der Gesetzgeber in einigen Fällen Ausnahmen, indem er salvatorische Klauseln bietet, zufolge derer die Unterlassung durch gewisse andere Vorgänge gut gemacht wird. Dies gilt:

a) von der Mitteilungspflicht beim Vorkaufsrecht (oben I 3); denn die Mitteilung des Verpflichteten wird (§ 510 Abs. I Satz 2) durch eine Mitteilung seitens des kauflustigen Dritten ersetzt;

b) von der Anzeigepflicht des Gastes (oben I 1 a $\varepsilon\,\beta'$); denn trotz ihrer Unterlassung erlischt der Anspruch nicht, wenn die Sachen dem Gastwirt zur Aufbewahrung übergeben waren (§ 703 Satz 2).

8. Umgekehrt ist die unverzügliche Handlung selber ausgeschlossen, die Möglichkeit der sich an sie anschließenden Folgen entfällt also ganz in den Fällen der §§ 111 Satz 3 und 174 Satz 2 sowie des § 410 Abs. II;[5]) hier ist zufolge einer Benachrichtigung des Interessenten von anderer beteiligter Seite für diesen Interessenten eine hinreichende Information eingetreten und er kann

---

[1]) Es kommt das aber doch auf das Gleiche heraus wie die Wendung des § 1980 Abs. 1 Satz 1 (oben I 7 a), daß der Erbe „den Gläubigern für den . . . Schaden verantwortlich" sei.

[2]) Ebenso Planck III S. 241 sub 2.

[3]) Ebenso Planck V S. 483 Anm. 2.

[4]) Vgl. zu § 1042 Biermann S. 244 und Planck III S. 342 Anm. 4, zu § 1285 Biermann S. 499 Anm. 2, zu § 2146 Planck V S. 324.

[5]) Vgl. oben S. 22 Anm. 3 und 4. Ein Unterschied innerhalb dieser Normen ist nur der, daß § 410 Abs. II, weil er sich auch auf den ersten Satz des Abs. I bezieht, umfassender ist.

nun nicht mehr in der Lage sein, wegen Mangels der Legitimation den ihm gegenüber vorgenommenen Rechtsakt zurückweisen.

9. Bisweilen wiederum ist die unverzügliche Vornahme des Aktes entbehrlich — und damit das im „schuldhaften Zögern" liegende subjektive Moment gegebenen Falles als unerheblich erklärt —, wenn sie nämlich — objektiv — „untunlich" ist.[1]) Das sagt der Gesetzgeber betreffs folgender Fälle, welche das Gemeinsame haben, daß Eile hier besonders not tun und Gefahr im Verzuge obwalten kann:

a) betreffs der sub I 2 aufgezählten „Benachrichtigungen" (mit alleiniger Ausnahme des Falles I 2 e); vgl. §§ 384 Abs. III, 1166 Satz 2, 1220 Abs. III, 1241 und 1285 Abs. II Satz 2;

b) betreffs zweier der vielen sub I 1 aufgezählten Anzeigen, nämlich betreffs der daselbst unter 1 a ε δ' und 1 b α genannten; vgl. § 374 Abs. II Satz 2 und § 1218 Abs. II.

10. Schließlich sei angedeutet, daß das Gesetz über die Berechnung der im Begriff „unverzüglich" liegenden Frist schweigt:

a) Der maßgebende Zeitraum wird, ebenso wie z. B. betreffs der Fälle, in denen eine „angemessene" Frist[2]) zu beachten ist, dem Ermessen des Richters nach Lage des Einzelfalles überlassen.[3])

b) Der Beginn der Frist wird an einzelnen Stellen hervorgehoben, an anderen nicht.

α) Ausdrücklich läßt das Gesetz die Frist beginnen: mit Erlangung der Kenntnis vom Anfechtungsgrunde (§§ 121 Abs. I Satz 1, 318 Abs. II Satz 2) bezw. von der Ueberschuldung des Nachlasses (§ 1980 Abs. I Satz 1) bezw. vom Tode des Testators (§ 2259 Abs. I); mit der Rücktrittserklärung (§ 357) bezw. ihrer Zurückweisung (§ 359 Satz 2); mit der Kündigung (§ 554 Abs. II) und mit der Annahme des Amtes als Testamentsvollstrecker (§ 2215 Abs. I).

β) Wo er nicht ausdrücklich angegeben ist, läßt er sich aus dem Zusammenhange der Gesetzesstelle unschwer ermitteln.[4])

§ 5.

Der Vorsatz.

Aus dem Zusammenhange der §§ 276 ff., von denen wir § 278 Satz 1 und § 279 bereits (in § 2 sub VII 1 und sub V) kennen lernten, ergibt sich, daß das Verschulden Unterformen[5]) annehmen kann, nämlich „Vorsatz" und „Fahrlässigkeit". Wegen dieser Unterformen soll im vorliegenden Paragraphen das auf den „Vorsatz" bezügliche Material[6]) zusammengestellt werden. Dieser

---

[1]) „Untunlich" begegnet sonst noch in §§ 303 Satz 2, 1128 Abs. I Satz 3, 1234 Abs. I Satz 2, 1237 Satz 2, 1673 Abs. I, 2360 Abs. III.

[2]) Vgl. z. B. §§ 250 Satz 1, 264 Abs. II Satz 1, 283 Abs. I Satz 1, 655 Satz 1, 1298 Abs. II, 1614 Abs. II.

[3]) Vgl. Prot. I Nr. 19 S. 113 (zu BGB. § 121).

[4]) Dies genauer zu untersuchen hat für unser Thema keine Bedeutung.

[5]) Ob es noch weitere Unterformen des Verschuldens gibt, wird erst später geprüft werden; vgl. z. B. wegen des Ausdrucks „unverzüglich" oben § 3 B II 3 b.

[6]) Die Aufzählung bei Hellmann, Vorträge über das BGB., Freiburg 1897, S. 178 ist ungenau: es fehlen §§ 300, 680 und 1680; statt § 521 ist § 520 genannt; § 2183 gehört unter „Arglist".

„Vorsatz“ seinerseits erscheint im BGB. teils (A) allein, teils (B) in Verbindung mit der andern schon erwähnten Unterform des Verschuldens, nämlich der „Fahrlässigkeit“ — und zwar hier wiederum entweder (B I) mit der „groben Fahrlässigkeit im besonderen oder (B II) mit „Fahrlässigkeit“ überhaupt —, teils (C) im Verein mit einem dritten, uns bisher noch nicht entgegengetretenen Momente, dem der „Widerrechtlichkeit“.

A. Vorsatz allein.

I. Dem Vorsatze wird zunächst grundlegende Bedeutung zugesprochen durch § 826, der im Titel über „unerlaubte Handlungen“ (Buch II Abschnitt VII Titel 25) steht und für außerkontraktliche Verhältnisse bestimmt, daß, „wer in einer gegen die guten Sitten verstoßenden Weise einem Anderen vorsätzlich Schaden zufügt, dem Anderen zum Ersatze des Schadens verpflichtet“ ist.

II. Von untergeordneterer Bedeutung sind folgende fünf Bestimmungen:

1. Nach § 276 Abs. II darf bei kontraktlichen Schuldverhältnissen die Haftung wegen Vorsatzes dem Schuldner nicht im voraus erlassen werden. Zu bemerken ist, daß dieser § 276[1]) durchaus nicht (wie seine Stellung zwischen anderen Paragraphen, die im speziellen von Unmöglichkeit der Leistung handeln, nämlich zwischen § 275 einerseits und §§ 279—283 andererseits, vermuten ließe) sich nur gerade auf die Abrede eines Dispenses des Schuldners von vorsätzlich herbeigeführter Unmöglichkeit der Erfüllung bezieht, sondern ebenso auf vorsätzliche Veränderung des Schuldverhältnisses, und daß er überhaupt nicht bloß rein obligatorische Schuldverhältnisse des Buches II, sondern auch die sachenrechtlichen, familienrechtlichen und erbrechtlichen Verhältnisse der Bücher III—V betrifft.[2])

2. Wenn eine „unerlaubte Handlung“[3]) vorsätzlich begangen ist, so darf nach § 393 gegen die aus ihr entspringende Forderung keinerlei Kompensation geltend gemacht werden.

3. Gewisse Zurückbehaltungsrechte wegen des Ersatzes von Unkosten, welche der herauszugebende Gegenstand veranlaßt hat, sind ausgeschlossen, wenn der Ersatzberechtigte den Gegenstand „durch eine vorsätzlich begangene unerlaubte Handlung erlangt hat“. Es ist dies der Fall:

a) nach § 273 Abs. II innerhalb jedes obligatorischen Rechtsverhältnisses, wenn es sich handelt um einen „fälligen Anspruch“ des Herausgabepflichtigen „wegen Verwendungen auf den Gegenstand oder wegen eines ihm durch diesen verursachten Schadens“, sowie

b) nach § 1000 Satz 2 wegen der Verwendungen, welche der Eigentümer der herauszugebenden Sache dem Besitzer zu ersetzen hat.[4])

4. Nach § 2333 Nr. 2 kann der Erblasser einem Abkömmling den Pflichtteil entziehen, wenn der Noterbe sich einer vorsätzlichen körperlichen Mißhandlung des Erblassers oder des Ehegatten des Erblassers (von dem der Noterbe gleichfalls abstammt) schuldig macht; nach demselben § 2333 Nr. 3 in Verbindung mit § 2334 ist zwischen Aszendenten und Deszendenten überhaupt

---

[1]) Und ebenso der später (unten § 6 I 1 und § 9 II 1) zu erörternde § 277 und der oben § 2 sub VII 1 erörterte § 278.

[2]) Vgl. hierzu Mot. II S. 27 Anm. 3 (dort infolge eines Druckfehlers mit Ziff. 2 bezeichnet).

[3]) Vgl. unten § 28 sub VIII 2.

[4]) Trotz seiner speziellen Bedeutung für ein Sonderkapitel des Sachenrechts ist dieser Satz von weiterer Bedeutung auch deshalb, weil § 972 wegen der Ansprüche des Finders und § 2022 Abs. I Satz 2 wegen der Ansprüche des Erbschaftsbesitzers gegen den Erben auf § 1000 verweisen. Vgl. auch § 1007 Abs. III Satz 2.

die Entziehung des Pflichtteils statthaft, wenn der Pflichtteilsberechtigte sich ganz allgemein gegen den Erblasser oder dessen Ehegatten eines Verbrechens oder eines schweren[1]) vorsätzlichen[2]) Vergehens[3]) schuldig macht.

5. Nach § 1680 Abs. I Satz 1 verwirkt der Vater (und ebenso nach § 1686 die Mutter) die elterliche Gewalt über das Kind, wenn er wegen eines an dem Kinde verübten Verbrechens oder vorsätzlich verübten Vergehens zu Zuchthausstrafe oder zu einer Gefängnisstrafe von mindestens sechs Monaten verurteilt wird.

B. Vorsatz und Fahrlässigkeit.

I. Vorsatz und grobe Fahrlässigkeit.

1. Nur Vorsatz und grobe Fahrlässigkeit haben zu vertreten:

a) jeder obligatorische Schuldner während des Verzuges seines Gläubigers (§ 300 Abs. I);

b) folgende Subjekte obligatorischer Rechtsverhältnisse:
 α) der Schenker (§ 521);
 β) der Verleiher (§ 599);
 γ) der Finder (§ 968);

c) der Geschäftsführer ohne Auftrag, wenn die Geschäftsführung die Abwendung einer dem Geschäftsherrn drohenden Gefahr bezweckt (§ 680).

2. Vorsatz und grobe Fahrlässigkeit ziehen Rechtsfolgen nach sich, indem sie als Ursachen anderer selbstverschuldeter Tatsachen die mittelbaren Ursachen eines Anspruchsverlustes in nachstehenden zwei Fällen bilden:

a) Wenn der Schenker seine Bedürftigkeit durch Vorsatz oder grobe Fahrlässigkeit herbeigeführt hat, ist der Anspruch des bedürftigen Schenkers auf Wiederherausgabe des Geschenkes ausgeschlossen (§ 529 Abs. I).

b) Wenn die zu Dienstleistungen verpflichtete Person ihre Erkrankung durch Vorsatz oder grobe Fahrlässigkeit herbeigeführt hat, ist ein Anspruch auf Krankenfürsorge ausgeschlossen, wie er sonst (als Anspruch auf die erforderliche Verpflegung und ärztliche Behandlung bis zur Dauer von sechs Wochen, jedoch nicht über die Beendigung des Dienstverhältnisses hinaus) unter der ferneren Voraussetzung besteht, daß das Dienstverhältnis ein dauerndes ist, welches die Erwerbstätigkeit des Verpflichteten vollständig oder hauptsächlich in Anspruch nimmt, und daß der Verpflichtete in die häusliche Gemeinschaft des Berechtigten aufgenommen worden ist (§ 617 Abs. I Satz 1). — Zu diesem Punkt ist aber noch zu bemerken, daß nach dem EG. z. BGB. Art. 95 Abs. II die Vorschriften des BGB. §§ 617—619 zwar auch auf Gesindedienst Anwendung finden, die Vorschriften unseres § 617 aber nur insoweit, als die Landesgesetze dem Gesinde nicht weitergehende Ansprüche gewähren. Soweit demnach geschriebenes oder[4]) ungeschriebenes Landesrecht (einschließlich etwaigen Provinzialrechtes) die Krankenfürsorge-

[1]) Den Begriff des „schweren Vergehens" kennt das StGB. als solchen nicht, sondern nur den der schweren Körperverletzung (StGB. §§ 227 Abs. I, 229 Abs. II) im Gegensatze zur leichten Körperverletzung (§§ 232 Abs. I, 233). Daneben spricht freilich die strafrechtliche Theorie von schwerem Diebstahl, schwerer Brandstiftung usw.

[2]) Im Gegensatze zu fahrlässigen Vergehen (vgl. StGB. § 163 Abs. I, §§ 230 Abs. I, 232 Abs. I, § 309: fahrlässiger Meineid, Körperverletzung, Brandstiftung).

[3]) Im Sinne des StGB. § 1 Abs. II.

[4]) Vgl. EG. z. BGB. Art. 2: „Gesetz im Sinne des Bürgerlichen Gesetzbuchs und dieses Gesetzes ist jede Rechtsnorm".

pflicht der Dienstherrschaft auch im Falle selbstverschuldeter Erkrankung des Gesindes bestehen läßt,[1]) interessieren Vorsatz und grobe Fahrlässigkeit als mittelbare Ausschließungsgründe des Anspruchs nicht.

3. Vorsatz und grobe Fahrlässigkeit bilden einen besonderen (mittelbaren) Kündigungs- bezw. Ausschließungsgrund beim vertragsmäßigen Gesellschaftsverhältnisse, insofern als

a) vorsätzliche und grobfahrlässige Verletzung der ihm nach dem Gesellschaftsvertrage obliegenden wesentlichen Verpflichtungen eines Gesellschafters, trotz Abrede einer bestimmten Zeitdauer der Gesellschaft, jedem anderen Gesellschafter jederzeit die Kündigung ermöglichen (§ 723 Abs. I Satz 2), und insofern als

b) das gleiche Verschulden eines Gesellschafters die übrigen berechtigt, ihn aus der Gesellschaft auszuschließen, falls wenigstens im Gesellschaftsvertrage bestimmt war, daß, wenn ein Gesellschafter kündigt, die Gesellschaft unter den übrigen fortbestehen solle (§ 737 Satz 1).

4. Vorsatz und grobe Fahrlässigkeit des Nachbarn allein berechtigen einen Grundstückseigentümer bezw. denjenigen, zu dessen Gunsten ein Erbbaurecht oder eine Dienstbarkeit an dem Nachbargrundstücke besteht, zu dem Anspruche auf Beseitigung eines von diesem Nachbarn bei Errichtung eines Gebäudes vorgenommenen Ueberbaues (§ 912 Abs. I, § 916).[2])

II. Vorsatz und Fahrlässigkeit überhaupt.

1. Vorsatz und jedwede, nicht bloß grobe, Fahrlässigkeit hat nach § 276 Abs. I Satz 1 ein jeder obligatorische Schuldner zu vertreten, sofern nicht ein anderes bestimmt ist. Dieser nicht etwa durch seine Stellung allein auf Unmöglichkeit der Erfüllung beschränkte[3]) Satz bietet eine sehr wichtige Grundregel. Die gesetzlichen[4]) Ausnahmen von dieser Regel zerfallen in zwei Gruppen:

a) Diejenigen Gesetzesparagraphen, welche die Haftung des obligatorischen Schuldners auf Vorsatz und[5]) grobe Fahrlässigkeit beschränken; diese Beschränkung sieht, wie bereits sub B I 1 bemerkt wurde, das Gesetz vor: hinsichtlich des Schenkers, Verleihers und Finders, sowie unter besonderen Voraussetzungen hinsichtlich des Geschäftsführers ohne Auftrag und endlich hinsichtlich jedes Schuldners bei mora des Gläubigers.

---

[1]) Dies ist anscheinend der Fall nach der Preußischen Gesindeordnung vom 8. November 1810 (Gesetzsammlung S. 101) § 86; doch nimmt die Literatur und Judikatur an, daß der Anspruch des Gesindes fortfällt, wenn die Krankheit durch vertretbares Versehen entstanden ist. Vgl. Förster-Eccius, Preußisches Privatrecht, 7. Aufl., Berlin 1897, Bd. IV § 237 S. 243 Anm. 38, Dernburg, Preußisches Privatrecht, 4. Aufl., Bd. II, Halle a. S. 1888, § 196 S. 590 sub b, sowie Striethorsts Archiv für Rechtsfälle Bd. XV (1855) Nr. 78 S. 367, Juristische Wochenschrift für die preußischen Staaten, herausgegeben von Temme und Arndts, Jahrg. X, Berlin 1844, Nr. 396 S. 617, Gesetz-Revision Pensum XV, Berlin 1831, S. 49 ff.

[2]) BGB. § 912 Abs. I lautet: „Hat der Eigentümer eines Grundstücks bei der Errichtung eines Gebäudes über die Grenze gebaut, ohne daß ihm Vorsatz oder grobe Fahrlässigkeit zur Last fällt, so hat der Nachbar den Ueberbau zu dulden, es sei denn, daß er vor oder sofort nach der Grenzüberschreitung Widerspruch erhoben hat."

[3]) Vgl. oben sub A II 1.

[4]) Die Worte „sofern nicht ein anderes bestimmt ist" umschließen zwar wohl auch vertragsmäßige Bestimmungen, indessen darf nach § 276 Abs. II (vgl. oben sub A II 1) die Haftung wegen Vorsatzes nicht im voraus erlassen werden, sondern nur die wegen Fahrlässigkeit.

[5]) Auf Vorsatz allein beschränkt das BGB. die Haftung für kontraktliches Verschulden nirgends; vgl. oben sub A.

b) Diejenigen Gesetzesparagraphen, welche andere, nicht unter die traditionellen Begriffe des Vorsatzes und der Fahrlässigkeit hineingehörige Schuldmomente zur Veranlassung einer Rechtsfolge machen. Hierher gehören also zunächst alle in späteren Paragraphen aufzuzählenden Begriffe, wie etwa Arglist, Böswilligkeit, Hinterlist usw.; doch bleiben natürlich auch hier nur diejenigen Fälle von Bedeutung, welche insbesondere von obligatorischen Verhältnissen handeln und hier gerade eine Vertretungspflicht, eine Haftung und Verantwortlichkeit für Schaden ins Auge fassen und nicht etwa ein besonderes Kündigungsrecht, einen Ehescheidungs- oder Enterbungsgrund u. dgl. bieten. Welche Fälle darum hierher gehören, werden wir später sehen.

2. Während § 276 (Abs. I Satz 1) für alle Kontraktsobligationen die Grundregel bietet, begegnen Vorsatz und Fahrlässigkeit im Gebiete der Deliktsobligationen als Gründe einer Verpflichtung zum Schadensersatze nur in der Spezialrichtung:

a) auf (widerrechtliche)[1]) Verletzung des Lebens, des Körpers, der Gesundheit, der Freiheit, des Eigentums oder eines sonstigen Rechtes eines Anderen (§ 823 Abs. I) und

b) auf Amtspflichtverletzung (§ 839 Abs. I Satz 1: „verletzt ein Beamter vorsätzlich oder fahrlässig die ihm einem Dritten gegenüber obliegende Amtspflicht"), hier zugleich mit der Schranke (Abs. III), daß Ersatzpflicht nicht eintritt, wenn der Verletzte seinerseits vorsätzlich oder fahrlässig unterlassen hat, den Schaden durch Gebrauch eines Rechtsmittels abzuwenden. — Diese Regel (Abs. I) sowohl wie die Ausnahme (Abs. III) werden dann noch besonders, und zwar durch § 1674 und § 1848, für anwendbar erklärt auf den Vormundschaftsrichter: in § 1848, was dessen Mitwirkung in eigentlichen Vormundschaftsangelegenheiten betrifft, in § 1674, was sein das bisherige Maß wesentlich überschreitendes Fürsorge- und Kontrollrecht betreffs der Kinder unter elterlicher (väterlicher oder mütterlicher) Gewalt[2]) anlangt. — Auf § 1848 nimmt dann auch noch, freilich ohne ausdrückliche Allegierung, § 1872 Abs. II Bezug, indem es bezüglich der Mitglieder des Familienrats in Satz 2 erklärt, sie seien in gleicher Weise verantwortlich wie der Vormundschaftsrichter. — Während diese Bezugnahme durchaus verständlich ist, weil Mitglieder des Familienrates eben nicht Vormundschaftsrichter sind, also die Ausdehnung der für diese geltenden Bestimmungen auf jene, wenn sie vom Gesetzgeber beliebt wurde, der ausdrücklichen Erklärung im Gesetze bedurfte, überrascht die in §§ 1674 und 1848 stattfindende Verweisung von Vormundschaftsrichter auf den Beamten überhaupt, weil ja der Vormundschaftsrichter zu den Staatsbeamten gehört. Doch erklärt sich dies daraus, daß §§ 1674 und 1848 nur auf die in § 839 Abs. I gegebene Regel und auf die in § 839 Abs. III gegebene Ausnahme (also auf die von uns oben besprochenen Grundsätze) verweisen,[3]) nicht jedoch auf die in § 839 Abs. II entwickelte (unten § 19 zu erörternde) Spezialbestimmung über die Haftung wegen einer „bei dem Urteile in

---

[1]) Vgl. dazu unten § 25 sub A I.

[2]) Bezüglich dieses Fürsorge- und Kontrollrechts vgl. BGB. §§ 1665—1673, aber auch §§ 1656 Abs. II, 1662 Satz 2, 1675, 1677 Abs. I und II, 1679 Abs. II, 1685 Abs. II Satz 1, 1687, 1688 Abs. III, 1689, 1690 Abs. (I—III), 1693, 1695 Abs. I.

[3]) Während Art. 8 des Preuß. AGr.O. (vom 26. Sept. 1899, Preuß. Ges.S. 307) den ganzen § 839 in toto zitiert.

einer Rechtssache" begangene Amtspflichtverletzung. Es sind also §§ 1674 und 1848, die auf den ersten Blick überflüssig erscheinen, eben wegen dieses Ausschlusses der Haftung nach § 839 Abs. II von Bedeutung. Andererseits schwächt sich diese Bedeutung ab, ja §§ 1674 und 1848 werden in der Tat überflüssig erscheinen, wenn man bedenkt, daß der Vormundschaftsrichter [1]) niemals Urteile, sondern nur (Beschlüsse oder) Verfügungen zu erlassen hat. In der zweiten Lesung hatten §§ 1674 und 1848 (damals §§ 1563 und 1739) und der Ausschluß des § 839 Abs. II (damals § 762 Abs. II) noch einen Sinn, weil Abs. II dort anfing: „verletzt ein Beamter bei der Leitung oder Entscheidung einer Rechtssache seine Amtspflicht". Diese Fassung wurde in die endgültige „bei dem Urteile in einer Rechtssache" verwandelt,[2]) und man hat es übersehen, daß nun eben §§ 1674 und 1848 gänzlich gegenstandslos und entbehrlich wurden. Auch die bisherige Literatur[3]) hat dies m. W. ganz unbemerkt gelassen.[4])

---

[1]) D. h. (Reichsges. vom 17. Mai 1898 über die Angelegenheiten der freiwilligen Gerichtsbarkeit § 35) der Amtsrichter in Ausübung eines alleinigen Spezialdezernates oder seines gleichzeitigen Dezernates für Vormundschaftssachen

[2]) Auf Antrag des Abgeordneten Gröber in der vorletzten Sitzung des Plenums (30. Juni 1896). Vgl. Stenographische Berichte des Reichstags 9. Legislaturperiode 4. Session, 1895/97, Bd. 4 S. 3067—3069.

[3]) In Betracht kommt außer den Kommentaren (zu §§ 839, 1674 und 1848) und den Lehrbüchern des bürgerlichen Rechts auch die Literatur zum Verwandtschafts- und Vormundschaftsrecht, z. B. das Buch von Opet, Verwandtschaftsrecht, Berlin 1899 (S. 302), und zur Beamtenhaftung, sowie die Literatur zum Beamtenrecht, z. B. Delius, Haftpflicht der Beamten, Berlin 1901 (S. 66 ff.), Hüssener, Die civilrechtliche Verantwortlichkeit der Beamten, Jenenser Diss., Essen 1901 (unten Anm. 4), Meltz, Beamtenhaftpflicht nach § 839 BGB., Leipzig 1904 (S. 51 ff.).

[4]) Was die Interpretation des Wortes „Urteil" im § 839 betrifft, so geht die communis opinio durchaus — wie oben im Text — dahin, daß das Wort strikt zu interpretieren und daher auf die Beschlüsse und Verfügungen des Vormundschaftsrichters nicht zu deuten sei. So Achilles S. 314 Anm. 4; Crome II § 329 I 3 S. 1038 (nicht S. 1083, wie bei Neumann, Jahrbuch I 1 S. 501 Note 7 ein Druckfehler angibt), insbes. Anm. 28; Engelmann S. 453 a. E.; Enneccerus-Lehmann I § 365 S. 852 sub 2; Endemann I § 202 S. 1272 Anm. 5; Fischer-Henle S. 436 Anm. 8; Kipp II S. 985; Linckelmann, Schadensersatzpflicht (Berlin 1898) S. 103; Matthiaß I § 142 S. 712 sub 3; Meisner Bd. II S. 303 Anm. 3; Oertmann S. 577 Anm. 3; Planck Bd. II S. 639 Note 2; Scherer, Bürgerliches Recht, Ergänzungsheft III (Erlangen 1903) S. 292 sub VI a; vgl. auch Krückmann S. 155. Ausdrückliche Exemplifikation auf den Vormundschaftsrichter, die Anwendbarkeit des § 839 Abs. II verneinend, insbesondere bei Müller und Meikel I § 200 S. 676. — Keine Stellungnahme bei Cosack I § 165 IX S. 615/616, Eck I S. 610, Kuhlenbeck, Von den Pandekten II § 55 S. 363, von Liszt, Deliktsobligationen S. 44. — Ausdrücklich gegen strenge Interpretation des Ausdrucks „Urteil" nur Dernburg II 2 § 393 S. 639 Anm. 8, Hachenburg, Vorträge S. 433, Neumann, Handausgabe S. 403 Note II 1 und derselbe, Jahrbuch I 1 S. 501 sub 7. — Aus der Judikatur ist nur (gleichfalls im Sinne strenger Interpretation) ein Urteil des OLG. Köln vom 8. Januar 1902 heranzuziehen (Mugdan und Falkmann IV, 1902, Nr. 64 g S. 286 ff.); vgl. auch Warneyer I S. 102 Note 10, Scherer a. a. O., während Scherer I S. 99 Nr. 292 und II S. 177 Nr. 772, Warneyer II S. 76 sowie Spruchsammlung der Juristen-Zeitung I S. 29, II S. 24 kein Material bieten; gegen die Entsch. des OLG. Köln äußert sich aber Oppenhoff in der Juristen-Zeitung VII (1902) Nr. 20 S. 480 f. — Aus der Spezialliteratur vgl. strikte Interpretation bei Hüssener a. a. O. S. 29 ff., Nöldecke in Gruchots Beiträgen 42 (1898) S. 795 ff., insbes. S. 820 f.; Hagen, ebenda 43 (1899) S. 848 ff. (insbes. auch zur Entstehungsgeschichte der Bestimmung), Dock im Arch. f. öffentl. R. 16 (1901) S. 244 ff., insbes. S. 266 f. (unter ausdrücklicher Ausschließung des Vormundschaftsrichters aus dem Kreise des § 839 Abs. II, aber ohne Ziehung der im Text erwähnten Konsequenz). Abweichend insbes. Schneider im Arch. f. civil. Praxis 91 (1901) S. 209 ff., Delius a. a. O. S. 74 f.

C. Vorsatz und Widerrechtlichkeit.[1])

Sie begegnen im Verein miteinander und zwar:

1. als vorsätzliche und widerrechtliche Tötung, welche nach § 530 Abs. II und § 2339 Abs. I Nr. 1 einen Grund zur Vererblichkeit des Rechtes auf Widerruf der Schenkung oder zur Erbunwürdigkeit, mithin (§ 2341) zur Anfechtung des Erbschaftserwerbes durch einen anderen Prätendenten, und nach § 2345 Abs. I Satz 1 desgleichen zur Anfechtung des Anspruchs aus einem Vermächtnisse bildet;

2. als vorsätzliche und widerrechtliche Verhinderung des Schenkers am Widerrufe: ebenfalls nach § 530 Abs. II ein Grund zur Vererblichkeit des Widerrufsrechtes;

3. als vorsätzlicher und widerrechtlicher Tötungsversuch oder Herbeiführung eines Zustandes,[2]) nach welchem der Erblasser bis zu seinem Tode unfähig wird, eine Verfügung von Todes wegen zu errichten oder aufzuheben, oder als sonstige[3]) vorsätzliche und widerrechtliche Verhinderung des Erblassers an Errichtung oder Aufhebung einer Verfügung von Todes wegen: Handlungen, welche gleichfalls nach § 2339 Abs. I (Nr. 1 und Nr. 2) bezw. § 2345 Abs. I Satz 1 erbunwürdig machen bezw. Anfechtbarkeit des Anspruchs aus einem Vermächtnisse begründen;

4. als vorsätzliche (oder fahrlässige) und widerrechtliche Verletzung des Lebens, des Körpers, der Gesundheit oder Freiheit, des Eigentums oder eines sonstigen Rechts: Handlungen, welche, wie bereits sub B II 2 a bemerkt wurde, nach § 823 Abs. I zum Schadensersatze verpflichten.

§ 6.

Die Fahrlässigkeit.

Sie ist neben dem Vorsatz (oben § 5) die andere aus dem Zusammenhange der §§ 276 ff. ersichtliche (oben S. 32/33) Unterform des „Verschuldens" (oben § 2). Sie begegnete uns bereits oben § 5 B in Verbindung mit dem Vorsatze und zwar teils (sub I) als grobe Fahrlässigkeit, teils (sub II) als Fahrlässigkeit überhaupt. Dieser gleiche Unterschied zeigt sich aber auch überall da, wo die Fahrlässigkeit sonst noch im BGB. unabhängig von einer Zusammenstellung mit dem Vorsatze auftritt.

I. **Grobe Fahrlässigkeit** im besondern.

1. Von fundamentaler Bedeutung für die Lehre von den Kontraktsobligationen ist die Bestimmung des § 277: „Wer nur für diejenige Sorgfalt einzustehen hat, welche er in seinen eigenen Angelegenheiten anzuwenden pflegt, ist von der Haftung wegen grober Fahrlässigkeit nicht befreit." Daraus ergibt sich, daß die grobe Fahrlässigkeit neben dem Vorsatze zu denjenigen Arten des Verschuldens gehört, welche bei Anwendung der diligentia quam suis vermieden oder aber, wenn sie nicht vermieden wurden, vertreten werden müssen;

---

[1]) Ueber diesen Begriff unten § 25.

[2]) z. B. Geisteskrankheit.

[3]) z. B. gewaltsame Verhinderung an Errichtung eines (neuen) Testamentes oder Vorenthaltung des Privattestamentes, das der Erblasser zerreißen will.

die grobe Fahrlässigkeit widerspricht also der diligentia quam suis, wogegen gewöhnliche Fahrlässigkeit außer Betracht bleibt, wenn das Gesetz Sorgfalt wie in eigenen Angelegenheiten erfordert, was unter gewissen, im § 9 sub II 1 zu erörternden Voraussetzungen z. B. der Fall ist beim Depositar und beim Gesellschafter.

2. Im übrigen ist die grobe Fahrlässigkeit für sich allein nur noch in einer Reihe von Einzelfällen anzutreffen, welche aber den Umstand gemeinsam haben, daß hier die Fahrlässigkeit stets als Ursache einer Unkenntnis von Mängeln erscheint, die ihrerseits für die grobfahrlässige Person gewisse Rechtsfolgen nach sich zieht. Hierzu ist noch folgendes zu bemerken:

a) Diese Mängel, welche „infolge grober Fahrlässigkeit unbekannt geblieben" sind, können sein:

α) Mängel der betreffenden Sache (im engeren Sinne eines körperlichen Gegenstandes, vgl. BGB. § 90) selbst, nämlich:

α') Fehler des Kaufgegenstandes — sowie des Gegenstandes des Tausches,[1] der Schenkung[2] und der Ausstattung[3] —, die seinen Wert oder seine Tauglichkeit zum gewöhnlichen Gebrauche oder zu dem vertragsmäßig vorausgesetzten Gebrauche aufheben oder mindern (§ 459 Abs. I Satz 1 und § 460 Satz 2) und

β') Fehler des Miets- und Pachtgegenstandes, welche seine Tauglichkeit zum vertragsmäßigen Gebrauche aufheben oder mindern (§ 539 Satz 2, § 537 Abs. I und § 581 Abs. II).

β) Mängel im Rechte der Sache (Sache hier zum Teil — vgl. unten sub α' — im weiteren Sinne einschließlich der Rechte), nämlich in den Eigentumsverhältnissen der geschenkten oder durch unerlaubte Handlung entzogenen bezw. beschädigten oder der zu Eigentum übertragenen (veräußerten) Sache. Es kommen des genaueren in Betracht als solche Rechtsmängel, deren grobfahrlässige Unkenntnis bedeutsam ist:

α') betreffs geschenkter (bezw. zur Ausstattung gegebener) Sachen zufolge § 523 Abs. II Satz 1 (§ 1624 Abs. II) und der dortigen Allegate aus der Lehre über die Gewährleistungspflicht beim Sachkaufe[4]: Rechte Dritter am Objekte, die gegen den Beschenkten geltend gemacht werden könnten (§ 434), insbesondere Rechte zum Besitze der beweglichen Sache (§§ 440 Abs. II, 441); Rechte, die im Grundbuche betreffs des verschenkten Grundstücks bezw. eines Rechtes an ihm oder im Schiffsregister betreffs des verschenkten Schiffes bezw. eines Rechtes an ihm eingetragen sind, aber nicht bestehen (§ 435 Abs. I und II), sowie der rechtliche Nichtbestand der verschenkten Forderung bezw. des sonst verschenkten Rechtes (§ 437 Abs. I) und bei Wertpapieren insbesondere das Aufgebot zum Zwecke der Kraftloserklärung (§ 437 Abs. II);

---

[1]) Nach BGB. § 515 finden die Vorschriften über den Kauf „entsprechende Anwendung" auf den Tausch.

[2]) § 524 Abs. II Satz 3 verweist auf die Vorschriften über die Gewährleistung wegen Fehler einer verkauften Sache.

[3]) § 1624 Abs. II verweist auf die Vorschriften über die Gewährleistungspflicht des Schenkers.

[4]) Bei gekauften (eingetauschten) Sachen selber spielt zwar die Gewährleistung wegen Mangels im Rechte eine große Rolle, von Einwirkung grobfahrlässiger Unkenntnis des Käufers ist hier aber nirgends die Rede; ebenso bei gemieteten (gepachteten) Sachen, da § 541 nur auf den ersten Satz des § 539 verweist.

β') betreffs der durch unerlaubte Handlungen entzogenen oder beschädigten, beweglichen (körperlichen) Sachen nach § 851: Eigentum oder ein sonstiges Recht des Dritten an der Sache;

γ') betreffs der zu Eigentum übertragenen (veräußerten) beweglichen Sachen nach § 932 Abs. II: Nichteigentum des Veräußerers.

b) **Die Folgen der grobfahrlässigen Unkenntnis** der erwähnten Mängel sind nachstehende:

α) Betreffs der Sachmängel:

α') beim Kauf und Tausch (§ 460 Satz 2, § 515): Der Verkäufer (Vertauschende) haftet dem in grobfahrlässiger Unkenntnis befindlichen Käufer wegen des Fehlers nicht, es sei denn, daß der Verkäufer seinerseits die Abwesenheit des Fehlers zugesichert oder den Fehler arglistig verschwiegen hat;

β') bei der Schenkung (§ 524 Abs. II Satz 1) und bei der Ausstattung (§ 1624 Abs. II): Wegen grober Unkenntnis[1]) des Schenkers oder des Ausstattenden vom Mangel der von ihm erst zu erwerbenden Gattungssache darf der Beschenkte Lieferung einer fehlerfreien Sache an Stelle der fehlerhaften verlangen;

γ') bei der Miete (§ 539 Satz 2)[2]) und Pacht (§ 581 Abs. II): Dem grobfahrlässigen Mieter (Pächter) steht ein Anspruch auf Befreiung vom Miet- (bezw. Pacht-)zinse bezw. auf Reduktion dieses Zinses für diejenige Zeit, während welcher die Tauglichkeit der Sache aufgehoben bzw. gemindert war, im allgemeinen nicht zu, es sei denn, daß der Vermieter (Verpächter) seinerseits die Abwesenheit des Fehlers zugesichert oder den Fehler arglistig verschwiegen hat.

β) Betreffs der Rechtsmängel:

α') bei der Schenkung (§ 523 Abs. II Satz 1): Auf Grund grobfahrlässiger Unkenntnis des Schenkers von dem Rechtsmangel der von ihm selbst erst zu erwerbenden Sache kann der Beschenkte Schadensersatz wegen Nichterfüllung verlangen;

β') bei der Schadensersatzpflicht wegen Entziehung oder Beschädigung einer beweglichen Sache (§ 851): Hier wird der Ersatzpflichtige von der Ersatzpflicht an den Eigentümer der Sache oder an denjenigen, welcher ein sonstiges Recht an der Sache hat, durch Ersatzleistung an den Besitzer nicht frei, wenn ihm dies Recht des Dritten auf Grund grober Fahrlässigkeit unbekannt geblieben war;

γ') bei Veräußerung einer Sache durch den Nichteigentümer (§ 932 Abs. II): Wenn es dem Erwerber auf Grund grober Fahrlässigkeit unbekannt blieb, daß die veräußerte Sache nicht dem Veräußerer gehört, so ist er zur Zeit des Erwerbes nicht in gutem Glauben gewesen, er erwirbt also (§ 932 Abs. I Satz 1) in der Tat kein Eigentum.

---

[1]) Unkenntnis im Augenblicke des Erwerbes seitens des Schenkers bezw. Ausstattenden.

[2]) In Verbindung mit § 460. Die Verweisung im § 539 Satz 2 auf § 464 interessiert hier nicht.

c) Die eben (sub b $\beta\gamma'$) erwähnte Bestimmung [1]) ist nicht bloß um ihrer selbst willen von größter Tragweite, sondern noch aus zwei anderen Gründen:

α) Einmal wird die Bestimmung des § 932 Abs. I Satz 1 ihrerseits noch mehrfach herangezogen, nämlich:

α') in § 926 Abs. II für den Fall des Besitzerwerbes von Zubehörstücken eines veräußerten Grundstücks;

β') in § 1207 für Verpfändung einer dem Verpfänder nicht gehörigen beweglichen Sache und in § 1244 für Veräußerung eines Mobiliarpfandes, ohne daß dem Veräußerer ein Pfandrecht zusteht oder ohne daß den Erfordernissen für Rechtmäßigkeit der Veräußerung genügt wird, wenn ferner die Veräußerung auf Grund eines vollstreckbaren Titels des Pfandgläubigers gegen den Eigentümer oder im Wege öffentlicher Versteigerung [2]) erfolgte;

γ') in § 1032 Satz 2 wegen des Nießbrauchs;

δ') in § 2113 Abs. III wegen Verfügungen des Vorerben;

ε') im EG. z. BGB. Art. 61 betreffs solcher Gegenstände, deren Veräußerung unzulässig oder nur beschränkt zulässig ist nach den Hausverfassungen der landesherrlichen und vormals reichsständischen Familien sowie des vormaligen Reichsadels oder des ihm gleichgestellten Landesadels oder nach den landesgesetzlichen Bestimmungen, welche für diese Familien oder betreffs der Familienfideikommisse, Lehne und Stammgüter ergangen sind.

β) Sodann enthält § 932 Abs. II die für das ganze BGB. ungemein wichtige Definition der Bösgläubigkeit, indem sie uns lehrt, wer nach Auffassung des Gesetzes „nicht in gutem Glauben" ist. Somit stehen Bösgläubigkeit und grobe Fahrlässigkeit im engsten Zusammenhange und es gehört auch jene in den Kreis der uns interessierenden Begriffe. Um jedoch den augenblicklichen Zusammenhang nicht zu stören, werden wir diejenigen Gesetzesstellen, welche davon reden, daß jemand nicht im guten Glauben ist, erst später (unten § 8) ins Auge fassen.

d) Systematisch lassen sich die oben sub b erörterten Konsequenzen grobfahrlässiger Unkenntnis von Sachfehlern oder Rechtsmängeln folgendermaßen gruppieren:

α) Es werden wegen des Verschuldens der Gegenpartei Ersatzansprüche gegeben und zwar:

α') ein Anspruch auf Schadensersatz (Geldentschädigung) wegen Nichterfüllung: dem Beschenkten wegen Unkenntnis des Schenkers von Rechtsmangel (oben sub b $\beta\alpha'$);

β') ein Anspruch auf ein fehlerfreies Ersatzstück: dem Beschenkten oder Ausgestatteten wegen Unkenntnis des Schenkers oder Ausstattenden vom Mangel der durch ihn erst zu erwerbenden Gattungssache (oben sub b $\alpha\beta'$).

---

[1]) Die in § 935 Abs. I aufgestellte praktisch sehr wichtige Ausnahme zu Gunsten gestohlener, verlorener oder sonst abhanden gekommener Sachen interessiert bei mala fides gar nicht.

[2]) §§ 1233 Abs. II, 1235, 1240 Abs. II. Bei Börsen- oder Marktpreis des Objektes resp. im Falle ungenügenden Gebots auch bei Gold- und Silbersachen durch eine zur öffentlichen Versteigerung befugte Person usw. aus freier Hand.

β) Den Schadensersatz wegen Entziehung oder Beschädigung einer beweglichen Sache muß der Ersatzpflichtige nochmals leisten bei Unkenntnis vom Rechtsmangel des Besitzers (oben sub b β β').

γ) Es treffen den grob Fahrlässigen wegen seines eigenen Verschuldens andere Rechtsnachteile, nämlich:

α') der Nichterwerb des sonstigen Anspruches auf Gewährleistung trifft den Käufer oder den Eintauschenden und der Nichterwerb des sonstigen Anspruches auf Befreiung vom Zinse bezw. auf Reduktion des Zinses trifft den Mieter oder Pächter: beide Male wegen grobfahrlässiger Unkenntnis von Sachmängeln (oben sub b α α' und b α γ');

β') der Eigentumserwerb findet nicht statt bei Unkenntnis des Erwerbers vom Rechtsmangel des Veräußerers (oben sub b β γ').

3. Die oben sub 2 angeführten Stellen erwähnen nur die grobe Fahrlässigkeit, nicht den Vorsatz; der Vorsatz mußte hier jedoch neben der groben Fahrlässigkeit unerwähnt bleiben und zwar darum, weil die vorsätzliche Unkenntnis eines Mangels undenkbar ist; statt ihrer sprechen die betreffenden Paragraphen daher ganz richtig von der nackten Tatsache der Kenntnis („wenn" dem Betreffenden „der Mangel bekannt gewesen ist"). [1])

4. Vergleicht man die sub 1—3 besprochenen Vorschriften über die grobe Fahrlässigkeit mit den in § 5 B I erörterten, die grobe Fahrlässigkeit und den Vorsatz betreffenden, die natürlich auch in den Gesamtkreis der auf die grobe Fahrlässigkeit als solche bezüglichen Normen gehören, so ist das Resultat folgendes: [2])

a) Eine Zusammenziehung der Vorschriften läßt sich dahin gewinnen, daß die Folgen in einzelnen Fällen die gleiche Richtung annehmen; denn

α) um eine Vertretung der groben Fahrlässigkeit, eine Haftung für den aus ihr erwachsenden Schaden handelt es sich sowohl in den Fällen des § 5 B I sub 1 (a—c) wie in den oben sub 2 d α und β zusammengestellten Fällen, d. h. in §§ 300 Abs. I, 521, 523 Abs. II Satz 1, 524 Abs. II Satz 1, 599, 680, 851, 968;

β) ein Verlust eigener Ansprüche des grob Fahrlässigen begegnet sowohl in den Fällen des § 5 B I sub 2 (a und b) wie in den oben sub 2 d γ α' zusammengestellten Fällen, d. h. in §§ 460 Satz 2, 529 Abs. I, 539 Satz 2, 617 Abs. I Satz 1.

b) Hingegen bleiben in ihrer rechtlichen Tragweite isoliert die Fälle des § 5 B I 3 und 4 einerseits und die oben sub 1 und sub 2 d γ β' erwähnten Normen, d. h. §§ 277, 723 Abs. I Satz 2 (737 Satz 1), 912 Abs. I, 932 Abs. I Satz 1 (Abs. II).

---

[1]) Aehnlich liegt das Verhältnis der §§ 122 und 116 f. Der in § 122 I statuierte Anspruch auf das negative Vertragsinteresse konnte für §§ 116 und 117 nicht vorgesehen werden, weil bei der Mentalreservation (§ 116 Satz 2) und bei der Simulation (§ 117 I) die Nichtigkeit der Willensäußerung von der Kenntnis des Empfängers der Erklärung abhängt, solche Kenntnis aber nach § 122 II das negative Vertragsinteresse ausschließt.

[2]) Gleichzeitig ergibt die nachstehende Rekapitulation der von der groben Fahrlässigkeit handelnden Gesetzesparagraphen (bei welcher die auf sie Bezug nehmenden sonstigen Stellen absichtlich fortgelassen wurden) eine Probe auf die Vollständigkeit unserer Aufzählung; denn das Wort „grob" begegnet (vgl. Gradenwitz S. 82) sonst im Gesetz nur noch in Verbindung mit „Pflichtverletzung" (§§ 27 Abs. II Satz 2, 712 Abs. I, 2227 Abs. I; vgl. unten § 19 I 3), mit „Undank" (§ 530 Abs. I; vgl. unten § 23) und mit „Mißhandlung" (§ 1568 Satz 2; vgl. unten § 19 I 5).

II. **Fahrlässigkeit im allgemeinen** (schlechthin).

1. Die Fahrlässigkeit wird in § 276 Abs. I Satz 1 dahin definiert: „Fahrlässig handelt, wer die im Verkehr erforderliche Sorgfalt außer acht läßt". — Diese Definition ist trotz ihrer Stellung inmitten anderer über die Unmöglichkeit der Erfüllung handelnder Paragraphen nach dem oben § 5 sub A II 1 Bemerkten von ganz allgemeiner Bedeutung für das neue Reichszivilrecht und lehrt zugleich, daß der Begriff der Fahrlässigkeit in engstem Zusammenhange steht mit dem weiter unten (§ 9 sub I) zu erörternden Begriffe der „im Verkehr erforderlichen Sorgfalt".

2. Nach § 287 Satz 1 hat der obligatorische Schuldner während des Verzuges jede Fahrlässigkeit (also nicht bloß grobe) zu vertreten.

3. Nach § 827 Satz 2 enthebt zwar für das Gebiet der Deliktsobligationen die Bewußtlosigkeit oder ein die freie Willensbestimmung ausschließender Zustand krankhafter Störung der Geistestätigkeit von der Verantwortlichkeit für die Schadenszufügung; indessen ist die durch geistige Getränke oder ähnliche Mittel herbeigeführte selbstverschuldete Versetzung in einen vorübergehenden Zustand dieser Art betreffs der Verantwortlichkeit für einen in diesem Zustande verursachten Schaden mit Fahrlässigkeit zu identifizieren und daher den allgemeinen Rechtsfolgen zu unterwerfen.

4. Bloße Fahrlässigkeit bewirkt eine lediglich subsidiäre Verantwortlichkeit für außerkontraktliche Schadenszufügung nach § 839 Abs. I Satz 2, bezüglich der Amtspflichtverletzungen, wenn der Verletzte nicht auf andere Weise Ersatz zu erlangen vermag. Auch diese Vorschrift gilt nach §§ 1674 und 1848 (vgl. oben § 5 sub B II 2 b) insbesondere für Vormundschaftsrichter, aber auch für Mitglieder des Familienrats (§ 1872 Abs. II Satz 2) und tangiert nach EG. z. BGB. Art. 77 ff. etwaige landesgesetzliche Vorschriften über die Haftung des Staates oder der Kommunalverbände, sowie über die Haftung der Taxatoren von Grundstücken keineswegs.

5. Wie nach dem sub I 2 Bemerkten die grobfahrlässige Unkenntnis von Rechtsbedeutung werden kann, so auch und in weit erheblicherem Umfange fahrlässige Unkenntnis überhaupt.

a) Fahrlässige Unkenntnis wird vom Gesetze selber ausdrücklich mit Wirksamkeit umkleidet in nachstehenden Fällen:

α) Betreffs der im Vereinsregister eingetragenen Aenderungen im Vorstande eines eingetragenen Vereins und der Rechtsgeschäfte eines Dritten mit den bisherigen Vorstandsmitgliedern: war nämlich dem Dritten die Eintragung infolge von Fahrlässigkeit unbekannt geblieben, so kann sie ihm entgegengesetzt werden (BGB. § 68 Satz 2; vgl. dazu auch BGB. § 70).

β) Betreffs des „negativen Vertragsinteresses", das derjenige geltend machen kann, welcher infolge seines Vertrauens auf eine nicht ernstlich gemeinte und daher nichtige oder wegen Irrtums bezw. unrichtiger Uebermittelung anfechtbare Willenserklärung einen Schaden erleidet: dieser Anspruch auf Schadensersatz greift nicht Platz, wenn dem Beschädigten der Grund der Nichtigkeit infolge von Fahrlässigkeit unbekannt blieb (§ 122 Abs. II).

γ) Betreffs der öffentlichen[1]) Zustellung von Willenserklärungen an unbekannte Personen: dieser Modus ist ausgeschlossen, wenn die Unkenntnis des Erklärenden über die Person desjenigen, welchem

---

[1]) Vgl. CPO. (Fassung vom 17. Mai 1898) §§ 203 ff.

gegenüber die Erklärung abzugeben ist, auf Fahrlässigkeit beruht (§ 132 Abs. II Satz 1; vgl. auch § 1141 Abs. II).

δ) Betreffs der Pflicht des Erben [1]) zu unverzüglicher (oben § 4 I 7 a) Beantragung des Nachlaßkonkurses bei Ueberschuldung des Nachlasses. Zu diesem Antrage und bei Unterlassung der Antragsstellung zur Verantwortung für den den Nachlaßgläubigern daraus entstehenden Schaden ist der Erbe nicht bloß bei Kenntnis der Ueberschuldung, sondern auch bei fahrlässiger Unkenntnis verpflichtet (§ 1980 Abs. II Satz 1). — Dasselbe gilt betreffs des Nachlaßverwalters (§ 1985 Abs. II Satz 2) und betreffs des Käufers eines Erbschaftsanteils, der diesen Anteil auf die Miterben oder auf einen Dritten übertragen hat (§ 2036 Satz 2, § 2037).

b) Für die sub a δ erwähnten Fälle stellt das Gesetz selber (in § 1980 Abs. II Satz 2) ein Musterbeispiel auf und zwar dahin, daß der Erbe (Nachlaßverwalter usw.) Grund hat, das Vorhandensein unbekannter Nachlaßverbindlichkeiten anzunehmen und trotzdem das Aufgebot der Nachlaßgläubiger nicht beantragt.

c) Von den sub a erwähnten Gesetzesstellen lautet § 122 Abs. II folgendermaßen: „Die Schadensersatzpflicht tritt nicht ein, wenn der Beschädigte den Grund der Nichtigkeit oder der Anfechtbarkeit kannte oder infolge von Fahrlässigkeit nicht kannte (kennen mußte)". Genau so, wie wir es schon einmal, wegen des Begriffes „unverzüglich", festzuhalten hatten (oben § 3 B II 3 b), gibt das Gesetz hier also eine authentische Erklärung eines Begriffes, indem es eine bequemere Wendung in Klammern beifügt. Also auch hier müssen wir das, was § 122 Abs. II sagt, für das ganze BGB. verwerten, wo es sonst noch von „Kennenmüssen" redet. Dies folgt nicht nur aus den allgemeinen Grundsätzen über Gesetzesinterpretation, sondern für unsern Fall auch speziell aus der Entwickelungsgeschichte des BGB., dessen I. Lesung in § 146 die später als überflüssig gestrichene Bestimmung enthielt: „Im Sinne des Gesetzes ist unter Kennenmüssen oder Wissenmüssen ein auf Fahrlässigkeit beruhendes Nichtkennen oder Nichtwissen zu verstehen".[2]) — Demnach müssen wir bei der Darstellung und Würdigung der Fahrlässigkeit überhaupt auch alle diejenigen Gesetzesstellen berücksichtigen, in welchen gleichfalls von dem Kennenmüssen die Rede ist. Die große Anzahl dieser Gesetzesstellen läßt es jedoch ebenso und noch in höherem Maß als wegen der Böswilligkeit (oben I 2 c β)[3]) empfehlenswert erscheinen, sie gesondert (unter § 7) zusammenzustellen und zu gruppieren.

6. Nahe verwandt der fahrlässigen Unkenntnis sind zwei andere Umstände:

a) Der in § 231 begegnende, auf Fahrlässigkeit beruhende Irrtum. Dort wird von Vornahme derjenigen Handlungen gesprochen, welche bei ver-

---

[1]) Nach § 2013 Abs. I Satz 1 und Abs. II auch wenn der Erbe nur einzelnen Nachlaßgläubigern gegenüber unbeschränkt haftet, nicht aber, wenn er allen Nachlaßgläubigern gegenüber unbeschränkt haftet.

[2]) Vgl. Mot. Bd. I S. 281 zu § 146. Die Zitate aus der I. Lesung, welche dort in Satz 1 des Abs. 2 gegegen sind, entsprechen im allgemeinen den analogen Stellen der endgültigen Fassung (§§ 97 Abs. IV, 99 Abs. III der I. Lesung = § 122 Abs. II der jetzigen Fassung, ferner § 103 Abs. II = § 123 Abs. II Satz 1, §§ 117 f. = § 166, § 120 Abs. II = § 169, § 121 Abs. IV = § 173, § 345 Abs. I = § 307 Abs. I, § 603 = § 674, § 622 = § 694, § 654 = § 729; zu § 1259 Nr. 1 vgl. § 1334. — Ohne jetzige Analoga sind §§ 1336 f., 704 Abs. I; dem von grobfahrlässiger Unkenntnis handelnden § 1258 der I. Lesung entspricht jetzt § 1346 (unten § 7 sub II 2 c).

[3]) Und ebenso wie wegen des Ausdrucks „unverzüglich", oben § 3 B II 3 b a. E.

späteter Erreichung richterlicher Hilfe oder bei Gefahr einer Anspruchsvereitelung oder -erschwerung als erlaubte „Selbsthilfe“ erscheinen würden, in casu concreto aber wegen irriger Annahme der erwähnten Voraussetzungen ihrerseits widerrechtlich sind und zu Schadensersatz verpflichten, wobei es nach dem Gesetze aber gleichgültig ist, ob der Irrtum auf Fahrlässigkeit, also auf Verschulden überhaupt, beruht oder nicht.[1])

b) Die in § 372 Satz 2 (vgl. EG. Art. 146) begegnende, auf Fahrlässigkeit beruhende Ungewißheit über die Person des Gläubigers. Sie entzieht dem Schuldner das Recht, Geld, Wertpapiere und sonstige Urkunden sowie Kostbarkeiten unter dem Vorwande zu hinterlegen, daß er seine Verbindlichkeit nicht oder nicht mit Sicherheit erfüllen könne.

III. Vergleicht man die über die grobe Fahrlässigkeit (oben sub I) und über die Fahrlässigkeit schlechthin (oben sub II) im Gesetz gegebenen Bestimmungen, so ist nachstehendes zu sagen.

1. Eine Parallele rücksichtlich der Folgen ergibt sich nur nach zwei Richtungen, die aber beide sehr wesentlich sind (namentlich die erste):

a) wegen der Verantwortlichkeit (Schadensersatzpflicht) in den Fällen sub I 4 a α einerseits und II 2 und 4 andererseits;

b) wegen des Verlustes eines eigenen Rechtes in den Fällen sub I 4 a β einerseits und II 5 a β andererseits.

2. Isoliert bleiben neben den Rechtssätzen über die grobe Fahrlässigkeit von den Rechtssätzen über die Fahrlässigkeit schlechthin die sub 1, 3, 5 a α, γ und δ, 5 b und c, 6 a und b aufgezählten.

§ 7.

Das Kennenmüssen.

I. Zur Ergänzung unserer Materialssammlung über die „Fahrlässigkeit“ (schlechthin) — oben § 6 II — sind auch die Vorschriften über das „Kennenmüssen“ heranzuziehen; denn dieses Kennenmüssen ist — vgl. § 6 sub II 5 c — zufolge § 122 Abs. II als identisch mit fahrlässiger Unkenntnis zu betrachten.

II. Das „Kennenmüssen“ — dies unschöne, aber schwer vermeidbare Substantivum begegnet nur in § 166 Abs. I BGB. — tritt uns im BGB. ungemein oft[2]) entgegen. Diejenigen Fälle, in welchen es mit Rechtsfolgen umkleidet wird, sind folgende:

1. Das Kennenmüssen (die fahrlässige Unkenntnis) verpflichtet (wie die grobfahrlässige Unkenntnis in den Fällen des § 6 sub I 2 d α)[3]) zu Schadensersatz:

a) Bei Schließung eines Vertrages, der auf eine unmögliche Leistung[4]) gerichtet ist oder gegen ein gesetzliches Verbot verstößt. Fahrlässige

---

[1]) Würde der Irrtum auf Fahrlässigkeit beruhen, so würde die Schadensersatzpflicht aus BGB. § 823 Abs. I (oben § 5 B II 2 a) folgen; vgl. Kommissionsprot. I Nr. 36 V S. 244 und z. B. auch Planck I S. 385.

[2]) Wenn Kipp I S. 352 sub 2 Abs. 2 als Beispiel auch § 68 zitierte, so ist dies nicht genau, inhaltlich allerdings aber insofern richtig, als § 68 (oben § 6 II 5 a α) von einer auf Fahrlässigkeit beruhenden Unkenntnis redet; die von Crome I S. 498 zitierten §§ 543 und 1893 sind nicht oder doch nur, indem sie u. a. auf §§ 539 und 1682 verweisen, zutreffend.

[3]) Vgl. ferner unten sub 6 b.

[4]) Auch wenn die Leistung nur teilweise möglich ist oder bei Unmöglichkeit einer der alternativ versprochenen Leistungen (§ 307 Abs. II).

Unkenntnis der Unmöglichkeit oder Gesetzwidrigkeit verpflichtet hier zur Erstattung des negativen Vertragsinteresses an den anderen Teil, der auf die Gültigkeit des Vertrages vertraute (§ 307 Abs. I Satz 1, 309).

b) Bei Behauptung oder Verbreitung einer unwahren Tatsache, welche geeignet ist, den Kredit eines Andern zu gefährden oder sonstige Nachteile für dessen Erwerb oder Fortkommen herbeizuführen (§ 824 Abs. I).

c) Hierher gehört auch folgender Fall (des § 254 Abs. II Satz 1): Während infolge eines sog. konkurrierenden Verschuldens des Beschädigten (oben § 2 sub II 1) die Haftung des Kontraktschuldners für Schadensersatz eventuell gemindert oder ganz aufgehoben wird und der Beschädigte seinerseits teilweise oder ganz auf Schadensersatz verzichten muß, namentlich weil er es unterlassen hat, den Kontraktschuldner auf die Gefahr eines ungewöhnlich hohen Schadens aufmerksam zu machen, greift diese Ausnahme von der Regel nicht Platz, es behält vielmehr sein Bewenden bei der Ersatzpflicht des Kontraktschuldners, wenn dieser die Gefahren kennen mußte. — Diese Vorschrift ist (vgl. oben § 2 II 2) zufolge § 846 (§§ 844, 845) auch innerhalb der Lehre von den unerlaubten Handlungen anzuwenden, wenn das konkurrierende Verschulden des Verletzten in Frage steht und es sich um einen Schadensersatzanspruch eines Dritten handelt, der die Kosten der Beerdigung des Verletzten zu tragen hat oder dem der Getötete unterhaltspflichtig war (oder werden konnte) oder dem endlich die getötete, körperlich verletzte oder ihrer Freiheit beraubte Person zur Leistung von Diensten im Hauswesen oder Gewerbe kraft Gesetzes verpflichtet war.

d) Der Hinterleger, der bei der Hinterlegung die gefahrdrohende Beschaffenheit der Sache kennen mußte,[1] hat dem Verwahrer den durch die Beschaffenheit der Sache entstehenden Schaden zu ersetzen (§ 694).

2. Das Kennenmüssen (die fahrlässige Unkenntnis) bewirkt umgekehrt den Ausschluß eines Anspruchs — auf Schadensersatz (wie oben § 6 sub I 2 d γ α', II 5 a β und 5 c) oder in anderer Richtung —:

a) in dem Falle des § 179 III Satz 1: Wer als Vertreter einen Vertrag schließt, aber seine Vertretungsmacht nicht nachweist, hat dennoch dem anderen Teile keinen Schadensersatz zu leisten, wenn dem Anderen der Mangel der Vertretungsmacht bekannt war oder bekannt sein mußte;

b) in dem oben sub 1 a erwähnten Falle des Anspruchs auf das „negative Vertragsinteresse" wegen Unmöglichkeit oder Gesetzwidrigkeit des Vertragsinhaltes, insofern nämlich der Benachteiligte selber die Unmöglichkeit kennen mußte (§ 307 Abs. I Satz 2, § 309);

c) bei der wegen Irrtums statthaften Anfechtung und Nichtigkeitserklärung einer Ehe: hier verliert der zur Anfechtung seinerseits nicht berechtigte Ehegatte, wenn er den Irrtum bei Eingehung der Ehe kennen mußte, das ihm andernfalls zustehende Recht, zu verlangen, daß das Verhältnis der bisherigen Ehegatten nunmehr in vermögensrechtlicher Beziehung und insbesondere in Ansehung der Unterhaltspflicht so behandelt wird, als wenn die Ehe zu Zeit der Nichtigkeitserklärung geschieden und der andere Teil für allein schuldig erklärt worden sei (§ 1346 Satz 2).

3. Das Kennenmüssen (die fahrlässige Unkenntnis) bewirkt den Ausschluß anderweitiger Rechtsvorteile noch in folgenden Fällen:

---

[1]) Was die Beweislast betrifft, so ergibt die Formulierung des § 694, daß der Hinterleger den Beweis der Unkenntnis zu führen hat, nicht etwa der Verwahrer den Beweis der Kenntnis des Hinterlegers.

a) Ein Dritter kann sich nicht auf das Fortbestehen eines Auftragsverhältnisses bezw. einer Geschäftsführung durch einen Gesellschafter berufen, wenn er bei Vornahme eines Rechtsgeschäftes mit dem Beauftragten bezw. mit dem geschäftsführenden Gesellschafter wissen mußte, daß dessen Vollmacht zwar nicht durch Widerruf bezw. Kündigung, wohl aber in anderer Weise [1]) erloschen sei (§ 169 in Verbindung mit den unten sub 5 a und b zu erörternden §§ 674 und 729).

b) Ein Dritter kann sich ebensowenig auf den formellen Fortbestand eines Vollmachtsverhältnisses berufen, sofern er bei Vornahme eines Rechtsgeschäftes mit dem Bevollmächtigten wissen mußte, daß die Vertretungsmacht erloschen sei, wenn schon dies Erlöschen nicht vermittelst des normalen Modus herbeigeführt worden war, nämlich: durch ausdrückliche Anzeige des Vollmachtgebers vom Erlöschen der seinerzeit durch Erklärung gegenüber dem Dritten erteilten Vollmacht bezw. durch öffentlichen Widerruf der seinerzeit durch öffentliche Bekanntmachung kundgegebenen Bevollmächtigung bezw. durch Zurücknahme oder Kraftloserklärung der seinerzeit durch Ausstellung und Vorlegung einer Vollmachtsurkunde kundgegebenen Bevollmächtigung (§ 173 in Verbindung mit § 170, §§ 171 Abs. II und 172 Abs. II).

c) Ein Dritter kann sich ferner nicht auf das Recht des Ehemannes, Inhabers der väterlichen Gewalt, Vormundes (Gegenvormundes, Pflegers) oder Nacherben zu der unten sub 5 c—f zu erwähnenden interimistischen Fortführung der Verwaltung berufen, wenn er seinerseits die Beendigung der Verwaltung und Nutznießung kennen mußte (§ 1424 Abs. I Satz 2 und dazu §§ 1472 Abs. I Satz 2, 1497 Abs. II, 1549, 1546 Abs. I Satz 2; §§ 1682 Abs. I Satz 2 und Abs. II, 1686, §§ 1893 Abs. I und 1897, §§ 1895, 1915 Abs. I und § 2140 Satz 2).

d) Das Differenzgeschäft gilt als Spiel, es ist also nicht voll wirksam, sondern begründet nur eine Naturalobligation, sofern zwar nur ein Teil beim Vertragsschlusse die Absicht hegte, daß der Vertrag lediglich auf die Zahlung des Unterschiedes gerichtet sein solle, der andere Teil diese Absicht aber kennen mußte (§ 764 Satz 2).

4. Das Kennenmüssen (die fahrlässige Unkenntnis) verleiht sogar der Gegenpartei **besondere Rechtsbehelfe** (neben denen, welche mittelbar schon in den Fällen sub 2 und 3 beruhen), ebenso wie dies bereits in dem oben in § 6 sub II 5 a α erörterten Falle zu beobachten war, nämlich in folgender Weise:

a) Wer eine Willenserklärung abgegeben hat, kann sie wegen arglistiger Täuschung auch dann anfechten, wenn zwar nicht derjenige, gegenüber welchem die Willenserklärung abzugeben war, sondern ein Dritter es ist, von dem die Täuschung ausging, [2]) wenn aber der Empfänger der Erklärung die Täuschung kennen mußte (§ 123 Abs. II Satz 1). Ebenso ist die Willenserklärung unter dem Gesichtspunkte der Täuschung sogar einem Dritten gegenüber anfechtbar, weil er die Täuschung kennen mußte, wenn nämlich nicht (nicht bloß) der Empfänger der Willens-

---

[1]) z. B. durch Entmündigung des Beauftragten wegen Geisteskrankheit (§ 672 Satz 1 und § 104 Nr. 3).

[2]) z. B. der Vermittler eines Hauskaufes, der im Einverständnis mit dem bisherigen Eigentümer dem neuen Käufer falsche Angaben über die Mietserträge gemacht hat, welche diesen veranlaßten, die Offerte des bisherigen Eigentümers anzunehmen.

erklärung, sondern (sondern auch) der Dritte aus der Erklärung unmittelbar ein Recht erworben hat (§ 123 Abs. II Satz 1.) [1])

b) Die rückwirkende Kraft der Anfechtung, vermöge deren das angefochtene Rechtsgeschäft als von Anfang an nichtig anzusehen ist, äußert sich soweit, daß, wer die Anfechtbarkeit kannte oder kennen mußte, so behandelt wird (§ 142 Abs. II), als ob er die Nichtigkeit des Rechtsgeschäfts kannte oder kennen mußte („hätte kennen müssen"). — Dies gilt nach § 1343 Abs. I Satz 2 auch bezüglich der Anfechtung einer Ehe.

c) Der debitor cessus einer verbrieften Forderung, welche unter Vorlegung der Urkunde abgetreten wird, kann sich gegenüber dem neuen Gläubiger, der bei der Abtretung den Sachverhalt kennen mußte, darauf berufen, daß die Eingehung oder Anerkennung des Schuldverhältnisses nur zum Schein erfolgt oder daß die Abtretung durch Vereinbarung mit dem ursprünglichen Gläubiger ausgeschlossen worden sei (§ 405); dem fahrlässig kenntnislosen Zessionar kann also eine exceptio simulationis oder eine exceptio pacti de non petendo entgegengehalten werden.

5. Der Augenblick des Kennenmüssens (der fahrlässigen Unkenntnis) bewirkt die Beendigung gewisser obligationenrechtlicher, familien- und erbrechtlicher Vertrauensverhältnisse, mit welchen eine Geschäfts- und Vermögensverwaltung verknüpft ist; mit dem Augenblicke, in welchem er die Beendigung des Rechtsverhältnisses kennen mußte, endet dieses nämlich:

a) für den Geschäftsführer, selbst wenn der Auftrag nicht gerade infolge Widerrufs erlosch (§ 674; vgl. dazu § 675);

b) für den geschäftsführenden Gesellschafter, selbst wenn die Gesellschaft nicht gerade durch Kündigung aufgelöst wird (§ 729);

c) für den Ehemann: die Befugnis des mit seiner Ehefrau nach gesetzlichem Güterrechte lebenden Ehemannes, auch nach Beendigung der Verwaltung und Nutznießung die Verwaltung des eingebrachten Gutes der Ehefrau fortzuführen, hört auf, sobald er sich in fahrlässiger Unkenntnis von der Beendigung befindet (§ 1424 Abs. I Satz 1); dasselbe gilt im Gebiete des vertragsmäßigen Güterrechts sowohl beim System der allgemeinen Gütergemeinschaft (§ 1472 Abs. I Satz 2), wie beim System der Errungenschaftsgemeinschaft (§ 1546 Abs. I Satz 2) und beim System der Fahrnisgemeinschaft (§ 1549) bezüglich des Gesamtgutes bis zur Auseinandersetzung der Ehegatten über dieses Gut;

d) für den Vater bezw. die Mutter (§ 1682 Abs. I Satz 1 und § 1686), welche auch nach Beendigung der elterlichen Gewalt die mit der Sorge für das Vermögen des Kindes verbundenen Geschäfte fortzuführen berechtigt waren;

e) für den Vormund bezw. Gegenvormund (§ 1895) über einen Minderjährigen (§ 1893 Abs. I in Verbindung mit § 1682, oben sub d) oder über einen Großjährigen (§ 1897) sowie für den Pfleger (§ 1915 Abs. I);

f) für den Vorerben, welcher auch nach dem Eintritte des Falles der Nacherbfolge zur Verfügung über Nachlaßgegenstände in gleichem Umfange wie vorher berechtigt ist, bis er von dem Eintritte des Nacherbfalles Kenntnis erlangte oder ihn kennen mußte (§ 2140 Satz 1);

g) für den Testamentsvollstrecker, auf dessen Rechtsverhältnis zu den Erben die sub a erörterte Vorschrift über den Auftrag entsprechende Anwendung findet (§ 2218 Abs. I).

---

[1]) z. B. der Ehemann schließt zu Gunsten seiner Ehefrau einen Versicherungsvertrag und macht der Versicherungsgesellschaft mit Wissen der Ehefrau falsche Angaben über seinen Gesundheitszustand.

6. Zwar nicht von dem „Kennenmüssen", wohl aber von dem „Erkennenmüssen" handeln zwei andere Stellen des BGB., welche ohne Zweifel[1]) gleichfalls hierher — unter die Fälle der fahrlässigen Unkenntnis — zu stellen sind, nämlich:

a) § 149 Satz 1, welcher bezüglich des Vertragsschlusses unter Abwesenden besagt: „Ist eine dem Antragenden verspätet zugegangene Annahmeerklärung dergestalt abgesendet worden, daß sie bei regelmäßiger Beförderung ihm rechtzeitig zugegangen sein würde, und mußte der Antragende dies erkennen, so hat er die Verspätung dem Annehmenden unverzüglich nach dem Empfange der Erklärung anzuzeigen, sofern es nicht schon vorher geschehen ist." — Die Folge verzögerter Absendung dieser Anzeige ist (vgl. oben § 4 I 1 a δ) nach Satz 2 desselben Paragraphen die Fiktion, daß die Annahme nicht verspätet sei. Unter eine der Gruppen sub 1—5 läßt sich dieser Fall nicht stellen.

b) § 678 erklärt bezüglich der Geschäftsführung ohne Auftrag: „Steht die Uebernahme der Geschäftsführung mit dem wirklichen oder dem mutmaßlichen Willen des Geschäftsherrn in Widerspruch und mußte der Geschäftsführer dies erkennen, so ist er dem Geschäftsherrn zum Ersatze des aus der Geschäftsführung entstehenden Schadens auch dann verpflichtet, wenn ihm ein sonstiges Verschulden nicht zur Last fällt." Diese Vorschrift ist nach § 687 Abs. II Satz 1 auch anzuwenden, wenn jemand ein fremdes Geschäft als sein eigenes behandelt, obwohl er weiß, daß er dazu nicht berechtigt ist. — Systematisch gehört dieser Fall in die oben sub 1 erörterte Gruppe.

7. Von genereller Wichtigkeit für einige der oben sub 1—6 zusammengestellten Fälle ist die Bestimmung des § 166, wonach (Abs. I) bei Vertretung, soweit die rechtlichen Folgen einer Willenserklärung durch das Kennenmüssen gewisser Umstände beeinflußt werden, nicht die Person des Vertretenen, sondern die des Vertreters in Betracht kommt, es sei denn (Abs. II Satz 2), daß eine Vollmacht (eine durch Rechtsgeschäft erteilte Vertretungsmacht) im besondern und hier außerdem bestimmte Weisungen des Vollmachtgebers vorliegen, nach welchen der Vertreter handelte; denn alsdann darf sich der Bevollmächtigte in Ansehung solcher Umstände, die er selber kennen mußte, nicht auf etwaige unverschuldete Unkenntnis seines Vertreters berufen. — Da dieser § 166 nur von Willenserklärungen und ihren rechtlichen Folgen spricht, so interessiert er auch nur, wo gerade Willenserklärungen in Betracht kommen und wo zugleich eine Vertretung in Abgabe der Willenserklärung denkbar ist. Er wird also im allgemeinen nur in den oben sub 1 a, 2 a und b, 3 a—d, 4 a—c, 5 a, b[2]), c—g, 6 a und b erörterten Fällen Bedeutung gewinnen, nicht aber (oder doch nur unter bestimmten weiteren Umständen) in den Fällen I b—d und 2 c.

III. Wieweit sich die Vorschriften des Gesetzes über das Kennenmüssen mit denen über die Fahrlässigkeit in Parallele bringen lassen, wurde schon sub II 1, 2 und 4 dahin angedeutet, daß auch das Kennenmüssen gleich der Fahrlässigkeit zur Schadensersatzpflicht des Schuldigen (sub 1), zum Ausschluß eines ihm sonst gebührenden Ersatzanspruches (sub 2) und zur Entstehung besonderer Rechtsbehelfe für die Gegenpartei (sub 4) führen kann; vgl. auch wegen des Erkennenmüssens sub II 6 b a. E.

---

[1]) Für § 678 folgt dies schon aus dem Wortlaute, indem hier das fahrlässige Nichterkennen als ein Verschulden bezeichnet wird. Im übrigen vgl. auch Mot. I S. 281.

[2]) Hier (BGB. § 729) nämlich mit Rücksicht auf § 713 in Verbindung mit § 664 Abs. I Satz 2.

§ 8.

Die Bösgläubigkeit.

Die Bösgläubigkeit, von der wir schon in § 6 sub I 2 c β sahen, daß sie mit der (groben) Fahrlässigkeit in begrifflicher Beziehung steht, begegnet als solche im BGB.[1]) nicht, vielmehr wird nur davon gesprochen, daß eine Person sich in bösem[2]) Glauben befindet oder vielmehr davon, daß sie „nicht in gutem[3]) Glauben" ist. Hierzu bietet das BGB. im einzelnen folgendes Material:

I. Die Definition der Bösgläubigkeit in § 932 Abs. II (vgl. oben § 6 a. a. O.) lautet wörtlich so: „Der Erwerber ist nicht in gutem Glauben, wenn ihm bekannt oder infolge grober Fahrlässigkeit unbekannt ist, daß die Sache nicht dem Veräußerer gehört".

II. Die Folgen der Bösgläubigkeit sind:[4])

1. Der Nichteintritt des Eigentumserwerbs; Mangel des guten Glaubens ist ein Hindernis des Eigentumserwerbs in folgenden Fällen:

a) nach der in § 932 Abs. I Satz 1 (vgl. oben § 6 sub I 2 b $\beta\gamma$) über den Erwerb vom Nichteigentümer aufgestellten Hauptregel sowie auch laut §§ 933 f. in den ergänzenden Spezialfällen des constitutum possessorium (§ 930) und der Vindikationszession (§ 931);

b) bei der Mobiliarersitzung (§ 937 Abs. II);

c) beim Fruchterwerb[5]); Bösgläubigkeit hindert ihn, wenn sie vorlag:

α) in der Person des Eigenbesitzers bezw. (§ 955 Abs. II) des Nutzungsberechtigten beim Erwerb des Eigen- bezw. Nutzungsbesitzes (§ 955 Abs. I Satz 2);

β) in der Person des seitens eines Unberechtigten zum Fruchterwerb Ermächtigten bei der Besitzüberlassung bezw. bei der Ergreifung des Besitzes an den Früchten (§ 957).

2. Das Nichterlöschen der Rechte dritter Personen. Diese Rechte erlöschen entgegen der Regel, daß sich der Erwerb des Eigentums frei von Rechten Dritter vollzieht (§ 936 Abs. I), nicht, wenn beim rechtsgeschäftlichen Eigentumserwerb (§§ 929 ff.) zu der für diesen maßgebenden Zeit (§ 936 Abs. II), beim Besitzungserwerb zur Zeit des Erwerbs des Eigenbesitzes (§ 945 Satz 1) der Erwerber in Ansehung jener fremden Rechte nicht in gutem Glauben war.

3. Die Herausgabepflicht bei Mobilien. Ihr unterliegt (§ 1007 Abs. I) der beim Erwerb bösgläubige Besitzer zu Gunsten des früheren Besitzers, sofern (§ 1007 Abs. III Satz 1) nicht auch dieser beim Besitzerwerb bösgläubig gewesen war.

4. Eine Haftung trifft zufolge der Bösgläubigkeit:

a) den beim Besitzerwerb bösgläubigen Besitzer zufolge § 990 Abs. I Satz 1 (vgl. dazu §§ 991 Abs. I, 994 Abs. II, 996, 1007 Abs. III Satz 2, 2185);

---

[1]) Die Aufzählung bei Kipp I S. 352 a. E. ist nicht vollständig.

[2]) „Böser Glaube" und „bösgläubig" finden sich im BGB. wörtlich nirgends erwähnt; der Begriff „böse" begegnet (vgl. Gradenwitz S. 36) vielmehr überhaupt nur in den Zusammensetzungen „böslich" und „böswillig" (unten § 15).

[3]) Wegen der vereinzelten Fälle einer positiven Hervorhebung des guten Glaubens unten sub III.

[4]) Die Bemerkung von Eck I S. 196, daß das Gesetzbuch den Ausdruck „guter Glaube" auf das Gebiet des Sachenrechts beschränke, ist, wenn er wörtlich auf Buch III des BGB. verstanden werden soll, wegen BGB. § 2024 Satz 1 (unten 4 b) — vgl. § 2025 Satz 2, unten S. 51 Anm. 2 — unrichtig.

[5]) „Erzeugnisse und sonstige Bestandteile einer Sache", §§ 953 ff.

b) den beim Beginn des Erbschaftsbesitzes bösgläubigen Erbschaftsbesitzer, der infolgedessen so haftet, als wäre der Herausgabeanspruch des Erben schon zur Zeit des Erwerbs des Erbschaftsbesitzes rechthängig geworden (§ 2024 Satz 1).

5. Eine zu Gunsten eines Hypothekengläubigers erfolgende Beschlagnahme von Früchten[1]) oder Zubehörstücken, welche durch ihren Erwerber vor ihrer Entfernung vom Grundstücke vorgenommen wurde, ist dem in Ansehung der Beschlagnahme bei der Entfernung der Früchte oder Zubehörstücke bösgläubigen Erwerber gegenüber wirksam (§ 1121 Abs. II Satz 2).

6. Die Rangordnung dinglicher Rechte, die auf derselben beweglichen Sache lasten, wird durch die Bösgläubigkeit insofern beeinflußt, als (§ 1208 Satz 1) das Pfandrecht des zur Zeit des Erwerbs dieses Pfandrechts bösgläubigen Mobiliarpfandgläubigers dem Rechte eines Dritten nicht vorgeht.

III. Nicht die Bösgläubigkeit, sondern der gute Glaube[2]) findet bisweilen Erwähnung.

1. Die einschlägigen Bestimmungen sind die folgenden:

a) § 926 Abs. II, welcher wegen des Erwerbs von Zubehörstücken, die dem Veräußerer nicht gehören oder die mit Rechten Dritter belastet sind, im allgemeinen auf die Vorschriften über den Erwerb vom Nichteigentümer (§§ 932 ff., vgl. oben sub II 1 a) Bezug nimmt und nur noch hinzufügt, daß für den guten Glauben des Erwerbers die Zeit der Besitzerlangung maßgebend sei;

b) § 991 Abs. II, welcher bestimmt, daß der Besitzer, selbst wenn er beim Besitzerwerb in gutem Glauben war, gleichwohl für gewisse von ihm verschuldete (§ 989, oben § 2 I 3 c) Schäden am Vindikationsobjekt dem Eigentümer verantwortlich ist;

c) § 1121 Abs. II Satz 1, welcher anordnet, daß sich der Erwerber von Früchten oder Zubehörstücken, welche vor ihrer Entfernung vom Grundstück veräußert worden waren, gegenüber einem Hypothekengläubiger, der die Stücke zu seinen Gunsten beschlagnahmen ließ, nicht auf seinen guten Glauben in Ansehung der Hypothek berufen dürfe;

d) § 1262 Abs. I, welcher trotz guten Glaubens des Erwerbers eines Schiffes oder eines Rechtes an dem Schiffe ein im Schiffsregister eingetragenes Schiffspfandrecht entgegen dem oben II 2 erwähnten Grundsatze des § 936 in Kraft bleiben läßt.

2. Diese Bestimmungen sind für den Begriff und den Inhalt der Bösgläubigkeit sowie für deren Folgen, mithin auch für den Kreis unserer Betrachtungen ganz ohne Interesse.

IV. Ein Vergleich der sub II besprochenen Folgen der Bösgläubigkeit mit den oben § 6 I 4 zusammengestellten Folgen, welche das Gesetz sonst an die grobe Fahrlässigkeit (allein bezw. in Verbindung mit dem Vorsatze) knüpft, ergibt lediglich, daß eine Zusammenziehung der Schadensersatzpflichtigen möglich ist, wie wir sie in § 6 I 4 a α und oben sub II 4 kennen lernten. Ferner deckt sich der Fall des § 6 I 2 d γ β' (vgl. ebenda sub 4 b) mit dem oben sub II 1 besprochenen Falle, zu dem noch der ebenda sub 2 erwähnte in Verwandtschaft steht. Alle übrigen Folgen der Bösgläubigkeit haben isolierten Charakter und würden also, unter dem Gesichtspunkt der groben Fahrlässigkeit betrachtet, als neue Gruppen zu den in § 6 I 4 (a und b) aufgestellten hinzutreten.

---

[1]) Vgl. vorige Anmerkung.

[2]) „Gutgläubig" findet sich in §§ 936 Abs. III, 1007 Abs. II Satz 1 und 2025 Satz 2.

§ 9.

Die Außerachtlassung der Sorgfalt.

Die „Sorgfalt“ begegnet in mehrfacher Ausgestaltung: I. als die im Verkehr erforderliche — wegen dieses Falles schließt sich die Betrachtung der Sorgfalt am besten den Betrachtungen der §§ 6—8 an —; II. als diejenige, welche man in eigenen Angelegenheiten anzuwenden pflegt; III. als die „erforderliche“ Sorgfalt überhaupt und IV. als die spezielle Sorgfalt, wie sie für einzelne bestimmte Kontraktsschuldner im besonderen erwähnt wird.

I. Die im Verkehr erforderliche Sorgfalt. Das BGB. lehrt über sie folgendes:

1. Diese Sorgfalt wird nicht, wie die in eigenen Angelegenheiten erforderliche Sorgfalt (unten sub II), auf einzelne bestimmte Rechtsverhältnisse beschränkt, sondern greift überall da Platz, wo die Vertretung der Fahrlässigkeit in Betracht kommt. Denn nach § 276 Abs. I Satz 2 (vgl. oben § 6 sub II 1) handelt fahrlässig, wer die im Verkehr erforderliche Sorgfalt außer acht läßt. Sie bildet also den Gradmesser der Fahrlässigkeit, indem diese bei Anwendung der im Verkehr erforderlichen Sorgfalt ausgeschlossen, bei Nichtanwendung dieser Sorgfalt vorhanden ist.

2. Die übrigen Gesetzesstellen, in welchen sie Erwähnung findet, sprechen ihr ausdrücklich exkulpierende Wirkung zu und gehören durchweg dem Titel „Unerlaubte Handlungen“ an (Tit. 25 des Buch II — „Recht der Schuldverhältnisse“ — Abschnitt VII „Einzelne Schuldverhältnisse“). Positiv auf die Verantwortlichkeit und auf die Rechtsfolgen der Fahrlässigkeit zugespitzt normieren sie eine Pflicht zum Schadensersatze und besagen im einzelnen folgendes:

a) Nach § 831 Abs. I Satz 2 greift (nachdem Satz 1 von der Haftung für widerrechtliche Schadenszufügung seitens eines Anderen gesprochen hat, den man zu einer Verrichtung bestellt und der den Schaden in Ausführung der Verrichtung zugefügt hat) eine Pflicht zum Schadensersatze Platz, wenn der Geschäftsherr bei der Auswahl der bestellten Person und, sofern er Vorrichtungen oder Gerätschaften zu beschaffen oder die Ausführung der Verrichtung zu leiten hat, bei der Beschaffung oder der Leitung die im Verkehr erforderliche Sorgfalt nicht beobachtet hat[1]) und wenn der Schaden bei Anwendung dieser Sorgfalt nicht entstanden sein würde. — Abs. II fügt noch hinzu, die gleiche Verantwortlichkeit treffe denjenigen, welcher für den Geschäftsherrn die Besorgung eines der im Abs. I Satz 2 bezeichneten Geschäfte durch Vertrag übernimmt. — Dazu sagt dann noch § 840 Abs. II: „Ist neben demjenigen, welcher nach den §§ 831, 832 zum Ersatze des von einem Anderen verursachten Schadens verpflichtet ist, auch der Andere für den Schaden verantwortlich, so ist in ihrem Verhältnisse zu einander der Andere allein . . . verpflichtet“. — Endlich erklärt EG. z. BGB. Art. 95 Abs. II die Vorschriften der §§ 831 und 840 Abs. II auch auf das im allgemeinen der landesrechtlichen Ordnung überlassene Gesinderecht für unbedingt anwendbar.

b) Nach § 834 Satz 2 ist für den durch ein Tier verursachten Schaden an Leben, Körper oder Gesundheit eines Menschen oder an einer Sache

[1]) Dieses „hat“ steht zwar nicht ausdrücklich in § 831 a. a. O., ist aber unbedingt — zum besseren Verständnis der Gesetzesworte und zur Vermeidung einer irrigen Annahme des Präsens — als hineingeschoben zu denken.

die auf Grund eines Vertrages zur Aufsicht über das Tier verpflichtete Person verantwortlich, wenn sie die im Verkehr erforderliche Sorgfalt nicht beobachtet hat und wenn der Schaden bei Anwendung dieser Sorgfalt nicht entstanden wäre.

c) Nach § 836 Abs. I Satz 2 ist der Besitzer — d. h. Eigenbesitzer [1] — eines Grundstücks wegen Außerachtlassung der im Verkehr erforderlichen Sorgfalt zum Ersatze desjenigen Schadens verpflichtet, der durch Einsturz eines Gebäudes oder eines anderen mit einem Grundstücke verbundenen Werkes oder durch Ablösung von Teilen des Gebäudes oder Werkes entstanden ist und der den Tod, die Körperverletzung oder die Gesundheitsverletzung eines Menschen oder eine Sachbeschädigung herbeiführte, sofern einmal der Einsturz oder die Ablösung die Folge fehlerhafter Errichtung oder mangelhafter Unterhaltung des Gebäudes oder Werkes war und sofern sich weiter die den Verkehrserfordernissen widersprechende Sorglosigkeit des Besitzers auf solche Maßregeln bezieht, welche zur Abwendung der Gefahr notwendig gewesen wären.

d) Wegen der gleichen während seiner Besitzzeit stattgehabten Sorglosigkeit haftet nach § 836 Abs. II auch ein früherer Grundstücksbesitzer für die binnen einem Jahre nach Beendigung seines Besitzes eintretende Katastrophe, es sei denn, daß ein späterer Besitzer seinerseits durch Beobachtung der im Verkehr erforderlichen Sorgfalt die Gefahr abwenden konnte.

e) Nach §§ 837 und 838 haftet in gleichem Maße und unter denselben Voraussetzungen:

α) derjenige, welcher auf einem fremden Grundstücke in Ausübung eines Rechts ein Gebäude oder ein anderes Werk besitzt,[2]) sowie

β) derjenige, welcher auf Grund freiwilliger Uebernahme dieser Pflicht oder wegen eines ihm zustehenden Nutzungsrechts das Gebäude bezw. Werk zu unterhalten hat.[3])

II. Die Sorgfalt, welche man in eigenen Angelegenheiten anzuwenden pflegt.

1. Das Gesetz verpflichtet nachbenannte Personen, für diese Sorgfalt einzustehen:

a) den Depositar im Falle unentgeltlicher Uebernahme der Aufbewahrung (§ 690);

b) den Gesellschafter bei der Erfüllung der ihm obliegenden Verpflichtungen (§ 708);[4])

c) die Ehegatten (einander) bei der Erfüllung der sich aus dem ehelichen Verhältnisse ergebenden Verpflichtungen (§ 1359), also[5]) nicht etwa bloß hinsichtlich der Angelegenheiten des ehelichen Güterrechts;

d) den Vater und die Mutter (dem Kinde gegenüber) bei der Ausübung der elterlichen Gewalt (§ 1664 und § 1686);

e) den Vorerben (dem Nacherben gegenüber) in Ansehung der Verwaltung der Erbschaft (§ 2131).

---

[1]) BGB. § 836 Abs. III. Zum Begriff „Eigenbesitzer" vgl. BGB. § 872 („Wer eine Sache als ihm gehörend besitzt, ist Eigenbesitzer").

[2]) Seine Verantwortung tritt „an Stelle" der des Eigenbesitzers und wird nur durch seinen Exkulpationsbeweis ausgeschlossen.

[3]) Er ist „in gleicher Weise verantwortlich wie der Besitzer", also neben diesem.

[4]) Vgl. dazu auch noch BGB. § 54 Satz 1 (nicht rechtsfähige Vereine).

[5]) Denn § 1359 steht im fünften Titel des Abschnitts I („Bürgerliche Ehe") des IV. Buches („Familienrecht"), der von den „Wirkungen der Ehe im allgemeinen" handelt, während erst der sechste Titel das „Eheliche Güterrecht" im besonderen darstellt.

2. Die Anwendung dieser Sorgfalt schließt (§ 277, vgl. oben § 4 sub I 1) keineswegs die Haftung für grobe Fahrlässigkeit (oder gar Vorsatz) aus.

III. Die „erforderliche Sorgfalt" begegnet in mehreren Gesetzesstellen, welche von der Pflicht zur Leistung des Offenbarungseides handeln und denjenigen dieser sekundären Pflicht unterwerfen, bezüglich dessen Grund zu der Annahme besteht, daß er seiner primären Pflicht zur Auskunfterteilung „nicht mit der erforderlichen Sorgfalt" nachgekommen sei. Eine Verpflichtung zum Schadensersatze wegen Vernachlässigung der Sorgfalt wird hier also keineswegs statuiert. Die betreffenden Gesetzesstellen beziehen sich auf folgende Personen:

1. auf denjenigen, welcher (§ 259 Abs. I) „verpflichtet ist, über eine mit Einnahmen oder Ausgaben verbundene Verwaltung Rechenschaft abzulegen" und darum „dem Berechtigten eine die geordnete Zusammenstellung der Einnahmen oder der Ausgaben enthaltende Rechnung mitzuteilen und, soweit Belege erteilt zu werden pflegen, Belege vorzulegen"; er unterliegt der angedeuteten Pflicht zur Leistung des Offenbarungseides, sofern die Einnahmen möglichenfalls nicht sorgfältig genug angegeben worden sind (§ 259 Abs. II);

2. auf denjenigen, welcher (§ 260 Abs. I) „verpflichtet ist, einen Inbegriff von Gegenständen herauszugeben oder über den Bestand eines solchen Inbegriffs Auskunft zu erteilen"[1]) und darum „dem Berechtigten ein Verzeichnis des Bestandes vorzulegen": sofern das Verzeichnis möglichenfalls nicht sorgfältig genug aufgestellt worden ist (§ 260 Abs. II);

3. auf denjenigen, welcher (§ 2028 Abs. I) „sich zur Zeit des Erbfalls mit dem Erblasser in häuslicher Gemeinschaft befunden hat" und daher verpflichtet ist, „dem Erben auf Verlangen Auskunft darüber zu erteilen, welche erbschaftliche Geschäfte er geführt hat und was ihm über den Verbleib der Erbschaftsgegenstände bekannt ist": sofern die Auskunft möglichenfalls nicht sorgfältig genug erteilt worden ist (§ 2028 Abs. II).

IV. Auf einzelne Kontraktsschuldner im besonderen bezieht sich:

1. „die dem Mieter[2]) obliegende Sorgfalt" (§ 553 a. E.) und

2. „die ihm", d. h. dem Entleiher „obliegende Sorgfalt" (§ 605 Nr. 2), welche das Gemeinsame haben, daß ihre „Vernachlässigung", sofern sie eine erhebliche Gefährdung des Vertragsobjekts enthält, dem anderen Vertragsteile ein besonderes, von etwaiger Kündigungsfrist unabhängiges Kündigungsrecht gibt.

§ 10.

Die Arglist.

Den subjektiven Schuldbegriffen des BGB. dürfte[3]) wohl auch die „Arglist" angehören. Diese „Arglist" tritt nie für sich allein auf, sondern nur adjektivisch. Dies in zwei Kombinationen, als „arglistige Täuschung" (I) und als „arglistiges Verschweigen" (II).

---

[1]) Z. B., wie auch § 2057 Satz 2 und § 2314 Abs. I Satz 2 ausdrücklich hervorheben, der kollationspflichtige Miterbe über die von ihm zur Ausgleichung zu bringende Zuwendung und der Erbe über den Bestand des Nachlasses, wenn der Pflichtteilsberechtigte nicht als Erbe eingesetzt ist.

[2]) Und daher auch dem Pächter; vgl. § 581 Abs. II.

[3]) Der Nachweis kann erst im Teil II (§ 58) unternommen werden.

I. Arglistige Täuschung.[1])

Ihre Rechtsfolgen sind:

1. Anfechtbarkeit. Anfechtbar ist:

a) jede Willenserklärung, zu welcher der Erklärende durch arglistige Täuschung bestimmt worden ist; anfechtungsberechtigt ist der Erklärende selber (§ 123 Abs. I; vgl. dazu auch über § 123 Abs. II oben § 7 sub II 4 a);

b) ein obligatorischer Vertrag im besonderen, wenn die Bestimmung der Leistung des einen Teiles einem Dritten überlassen wurde und dieser arglistig getäuscht worden ist; anfechtungsberechtigt sind die Kontrahenten selber (§ 318 Abs. II Satz 1);

c) eine Ehe, wenn ein Ehegatte zur Eingehung der Ehe durch arglistige Täuschung über solche Umstände bestimmt worden ist, die ihn bei Kenntnis der Sachlage und bei verständiger Würdigung des Wesens der Ehe von der Eingehung der Ehe abgehalten haben würden; anfechtungsberechtigt ist der getäuschte Ehegatte (§ 1334 Abs. I Satz 1);

d) der Anspruch aus einer Erbeinsetzung oder aus einem Vermächtnisse bezw. ein Pflichtteilsanspruch, wenn der eingesetzte Erbe bezw. der Vermächtnisnehmer bezw. der Pflichtteilsberechtigte den Erblasser durch arglistige Täuschung bestimmt hat, eine Verfügung von Todes wegen zu errichten oder aufzuheben (§ 2339 Abs. I Nr. 3, § 2345 Abs. I Satz 1, § 2345 Abs. II und § 2340 Abs. I). Anfechtungsberechtigt ist jeder, dem der Wegfall des Bedachten zu statten kommt (§ 2341);

e) die Anerkennung der Ehelichkeit (§ 1599 und die dortigen Allegate).

2. Erbunwürdigkeit desjenigen Erben, der die sub 1 d bezeichnete Täuschung begangen hat. Die mittelbare und praktische Wirkung der Erbunwürdigkeit ist allerdings auch hier das sub 1 d angedeutete Anfechtungsrecht (§ 2339 Abs. I Nr. 3, §§ 2340 Abs. I, 2341).

II. Arglistiges Verschweigen.

Das arglistige Verschweigen ist von Rechtsfolgen — nämlich von Rechtsnachteilen für den Arglistigen, insbesondere von Schadensersatzansprüchen gegen ihn — begleitet, sofern es sich um Verschweigen von Fehlern einer Sache oder von Mängeln im Rechte handelt.

1. Schadensersatzansprüche:

a) Ersatz des Schadens, welcher aus dem arglistig verschwiegenen Sachmangel („Fehler") bezw. Rechtsmangel (d. h. Mangel im Rechte) entstanden ist. Diesen Ersatz kann beanspruchen:

α) der Beschenkte und der Empfänger einer Ausstattung, sowie der Entleiher sowohl wegen Sach- wie wegen Rechtsmangels (§ 523 Abs. I, § 524 Abs. I, § 1624 Abs. II, § 600);

β) der von einem Erbschaftskäufer Beschenkte im besonderen nur wegen Rechtsmangels (§ 2385 Abs. II Satz 2 a. E.).

b) Schadensersatz wegen Nichterfüllung: ihn kann beanspruchen — die Gegenpartei unterliegt der „Gewährleistungspflicht" — auf Grund arglistig verschwiegener Fehler der Sache (nicht auf Grund etwaiger Rechtsmängel):

α) der Käufer und (§ 515) der Tauschende (und zwar trotz seiner grobfahrlässigen Unkenntnis des Fehlers: § 460 Satz 2; vgl.

---

[1]) Irrigerweise zitiert Endemann I § 112 S. 637 Anm. 8 den § 1337 Abs. II, der das Wort „arglistig" nicht (oder nur durch die Verweisung auf § 1334) bietet.

oben § 6 sub I 2 a α α') an Stelle des Anspruches auf Wandelung oder Minderung (§ 463 Satz 2) und selbst bei Gattungssachen an Stelle des Anspruches auf Wandelung oder Minderung oder Lieferung einer fehlerfreien Sache (§ 480 Abs. II);

β) nur in Betreff von Gattungssachen an Stelle des Anspruches auf Lieferung einer fehlerfreien Sache: der Beschenkte, der Empfänger einer Ausstattung und der Vermächtnisnehmer (§ 524 Abs. II Satz 2, § 1624 Abs. II, § 2183 Satz 2).

2. Andere Rechtsfolgen:

a) Nichtigkeit etwaiger Abreden über Erlaß oder Beschränkung der Pflicht zur Gewährleistung oder zur sonstigen Vertretung von Mängeln. Solche Abreden sind nichtig:

α) wenn sie Rechtsmängel betreffen: beim Kauf und Tausch (§ 443, § 515; vgl. auch § 445), sowie beim Vermächtnis einer Gattungssache (§ 2182 Abs. I) und bei Schenkung eines vom Schenker erst zu erwerbenden Gegenstandes (§ 523 Abs. II Satz 2);

β) wenn sie Fehler der Sache betreffen: beim Kauf und Tausch (§ 476 und § 515; vgl. auch § 480 Abs. I), bei Miete und Pacht (§ 540 und § 581 Abs. II), sowie bei Werkvertrag (§ 637).

b) Prolongation der Verjährungsfrist. Bei Kauf und Tausch (§ 477 Abs. I Satz 1, § 515; vgl. auch § 480 Abs. I), sowie bei Werkvertrag (§ 638 Abs. I Satz 1) greift die verkürzte Verjährungsfrist[1]) nicht Platz, es behält vielmehr sein Bewenden bei der regelmäßigen dreißigjährigen[2]) Verjährungsfrist, wenn der Gegenkontrahent den Mangel der zugesicherten Eigenschaft bezw. den Mangel des Werkes arglistig verschwiegen hat.

c) Fortbstand des Zurückbehaltungs- und Aufrechnungsrechtes Gleichfalls bei Kauf und Tausch (§ 478 Abs. II, § 479 Satz 2, § 515; vgl. auch § 480 Abs. I), sowie bei Werkvertrag (§ 639 Abs. I) ist die Befugnis, auch nach Verjährung der Wandelungs- und Minderungsklage die Zahlung des Kaufpreises für die fehlerhafte Sache, die Aushändigung des Tauschobjektes und die Vergütung für das fehlerhafte Werk zu verweigern oder diese Gegenleistung zur Aufrechnung zu stellen, im allgemeinen abhängig von einer vor Vollendung der Verjährung erfolgten oder doch abgesendeten Mängelanzeige, bezw. von dem Antrage auf gerichtliche Beweisaufnahme zur Sicherung des Beweises oder von der Streitverkündung in einem mit einem späteren Erwerber der Sache wegen des Mangels anhängigen Rechtsstreite. Diese Voraussetzung kommt jedoch in Fortfall, es bedarf also der Mängelanzeige usw. nicht, wenn der Gegenkontrahent den Mangel arglistig verschwiegen hat.

d) Fortbestand der Gewährleistungsansprüche überhaupt. Bei Viehmängeln insbesondere („Hauptmängel"[3]) wie — nach § 492 Satz 1 — auch sonstige, besonders übernommene Mängel) gehen die Mängelansprüche des Käufers und (nach § 515) des Tauschenden im allgemeinen verloren, wenn wegen des Fehlers nicht spätestens zwei Tage nach dem Ablaufe der Gewährfrist bezw. dem früheren Tode des Tieres die

---

[1]) Bei Kauf und Tausch von Mobilien 6 Monate seit Ablieferung; bei Kauf und Tausch von Grundstücken 1 Jahr seit der Uebergabe; beim Werkvertrage im allgemeinen 6 Monate, bei Arbeiten an einem Grundstücke 1 Jahr, bei Bauwerken 5 Jahre seit Abnahme des Werkes (§§ 477 Abs. I und 638 Abs. I).

[2]) BGB. § 195; vgl. jedoch auch event. § 196 Nr. 1—4 u. 9.

[3]) Vgl. oben § 2 S. 8 Anm. 1.

sub c erwähnte Anzeige, Beweisbeantragung oder Streitverkündung bezw. die Klagerhebung erfolgt (§ 485 Satz 1). Dieser Anspruchsverlust tritt jedoch nicht ein, wenn der Gegenkontrahent die Mängel arglistig verschwiegen hatte (§ 485 Satz 2).

e) Aufhebung bezw. Reduktion des Anspruchs auf Miets- und Pachtzins tritt zu Gunsten des Mieters (§ 539 Satz 2 und dazu § 460, oben sub 1 b α) und Pächters (§ 581 Abs. II) ein, wenn zwar dem Mieter bezw. Pächter der Fehler der Sache infolge grober Fahrlässigkeit unbekannt war (vgl. § 6 sub I 2 a α β'), andererseits aber der Vermieter oder Verpächter den Mangel arglistig verschwiegen hatte.

§ 11.

Die Hinterlist.

Mit der im § 10 erwähnten „Arglist" ist sprachlich und daher möglichenfalls[1]) auch begrifflich verwandt[2]) die „Hinterlist". Von ihr redet das Gesetz nur zweimal, indem es sie — zusammen mit „Drohung" und mit „Mißbrauch eines Abhängigkeitsverhältnisses", vgl. unten § 22 II 2 und § 21 II — als Grund für den Schadensersatzanspruch einer weiblichen Person erwähnt, die zur Gestattung der außerehelichen Beiwohnung bestimmt worden ist (§ 825) und alsdann[3]) auch wegen desjenigen Schadens eine „billige Entschädigung in Geld" (§ 847 Abs. I Satz 1) beanspruchen darf (§ 847 Abs. II), welcher nicht gerade ein „Vermögensschaden" ist.

§ 12.

Die Verheimlichung.

In den durch die Begriffe „Arglist" (§ 10) und „Hinterlist" (§ 11) angedeuteten Gedankenkreis läßt sich auch die „Verheimlichung" einstellen.[4]) Zweimal nämlich, in § 971 Abs. II und in § 973 Abs. II Satz 2, spricht der Gesetzgeber davon, daß der Finder „den Fund auf Nachfrage verheimlicht"; der Gesetzgeber knüpft daran die Wirkung, daß der Finder weder den Anspruch auf den Finderlohn noch (bei Bagatellobjekten) das Eigentum an dem vom Verlierer nicht reklamierten Fundobjekte erwirbt.

§ 13.

Handeln ohne Wissen; wahrheitswidrige Behauptung; Erteilung eines unrichtigen Zeugnisses.

Die in der Ueberschrift genannten Begriffe berühren sich in ihrem objektiven und möglichenfalls auch in ihrem subjektiven Tatbestande mit Arglist, Hinterlist und Verheimlichung. Im Einzelnen erfahren wir über sie im BGB. folgendes:

---

[1]) Genaueres erst unten Teil II (§ 59); vgl. oben § 10 S. 54 Anm. 3.

[2]) Ebenda (§ 59) auch über das genauere Verhältnis zwischen „Arglist" und „Hinterlist".

[3]) Und ferner, wenn ein Verbrechen oder Vergehen wider die Sittlichkeit der weiblichen Person vorlag, § 847 Abs. II a. A.

[4]) Ueber das genauere Verhältnis der Verheimlichung zur Arglist bzw. Hinterlist unten Teil II (§ 60).

I. Das „Handeln ohne Wissen" des Andern hat beim gesetzlichen Pfandrecht des Vermieters und des Verpächters (§§ 560 Satz 1, 561 Abs. II Satz 1 und § 581 Abs. II) sowie auch beim Pfandrecht des Gastwirts (§ 704 Satz 2) die Wirkung, daß trotz Entfernung der invecta et illata „ohne Wissen" des Pfandrechtsgläubigers das Legalpfandrecht fortbesteht und daß der Pfandrechtsgläubiger sogar die Herausgabe der Sachen zum Zwecke der Zurückschaffung in das Grundstück und, wenn der Mieter, Pächter bezw. Gast ausgezogen ist, die Ueberlassung des Besitzes verlangen darf.

II. Wahrheitswidrige Behauptungen.

1. Wahrheitswidrige Behauptung einer zur Gültigkeit gewisser Rechtsgeschäfte erforderlichen Einwilligung bezw. Genehmigung führt zu einem Widerrufsrechte des getäuschten Mitkontrahenten, der seinerseits beim Abschlusse des Rechtsgeschäftes zwar die Notwendigkeit, nicht aber den tatsächlichen Mangel der Einwilligung kannte, wenn der andere Teil in nachstehenden Fällen „der Wahrheit zuwider die Einwilligung behauptet hat":

a) wenn bei einem Vertragsschlusse beliebiger Art der Minderjährige die Einwilligung des gesetzlichen Vertreters behauptet hat (§ 109 Abs. II);
b) wenn im Falle des gesetzlichen Güterrechts bei einem Vertrage über eingebrachtes Gut die Ehefrau die Einwilligung des Ehemannes behauptet hat (§ 1397 Abs. II);
c) wenn in bestimmten vom Gesetze näher bezeichneten Fällen wahrheitswidrig behauptet wurde:
   α) durch den Ehemann die Einwilligung der Ehefrau bei gewissen[1]) Rechtsgeschäften über das Gesamtgut[2]) im Falle der allgemeinen Gütergemeinschaft (§ 1448 Abs. I und dazu § 1397 Abs. II, oben sub b), der Errungenschaftsgemeinschaft (§ 1519 Abs. II) oder der Fahrnisgemeinschaft (§ 1549);
   β) durch den überlebenden Ehegatten die Einwilligung seiner Abkömmlinge bei denselben Rechtsgeschäften wie sub a im Falle fortgesetzter Gütergemeinschaft (§ 1487 Abs. I);
   γ) durch den ehelichen Vater bezw. die eheliche Mutter die Einwilligung des Vormundschaftsgerichts (§ 1643 Abs. III, § 1686) sowie durch die die elterliche Gewalt ausübende eheliche Mutter auch die Genehmigung des Beistandes (§ 1690 Abs. I Satz 3) bei gewissen[3]) Rechtsgeschäften über das Kindesvermögen (§ 1830);
   δ) durch den Vormund bezw. den Pfleger die Genehmigung des Vormundschaftsgerichts bezw. des Gegenvormundes bei gewissen[4]) Rechtsgeschäften über das Mündelvermögen (§§ 1830, 1832, 1897, 1915 Abs. I).

2. Wahrheitswidrige Behauptung kreditgefährdender Tatsachen können wegen fahrlässiger Unkenntnis der Unwahrheit zu Schadensersatzpflicht führen (§ 824 Abs. I, oben § 7 sub II 1 b).

---

[1]) Sie sind im BGB. §§ 1444—1446 aufgezählt.

[2]) Nur bei dem in § 1446 Abs. I erwähnten Schenkungsversprechen und der zu seiner Erfüllung erfolgten Verfügung des Ehemannes betrifft nach Satz 2 das Erfordernis des Konsenses der Ehefrau auch solche Schenkungsversprechungen, welche sich nicht auf das Gesamtgut beziehen.

[3]) Es sind dies (vgl. BGB. § 1643 Abs. I) die in § 1821 Abs. I Nr. 1—3 (vgl. § 1821 Abs. II) und in § 1822 Nr. 1, 3, 5, 8—11 aufgezählten Dispositionen.

[4]) Dies sind nicht bloß die in der vorigen Anmerkung erwähnten Akte, sondern alle Rechtsgeschäfte, zu denen nach dem BGB. (vgl. insbesondere §§ 1819—1824 sowie §§ 1810, 1812) Konsens des Vormundschaftsgerichts oder des Gegenvormundes erforderlich ist.

III. Die Erteilung eines unrichtigen Dienstzeugnisses interessiert nach EG. z. BGB. Art. 95 Abs. I insofern, als die landesgesetzlichen Vorschriften des Gesinderechts aufrecht erhalten bleiben, welche hier eine Schadensersatzpflicht der Dienstherrschaft verneinen.

§ 14.

Die Absicht.

Auch dies Wort weist — wie z. B. der „Vorsatz" (§ 5) und die „Arglist" (§ 10) — zweifellos auf ein subjektives Verhalten, von dem wir untersuchen müssen,[1]) ob es unter die Verschuldensbegriffe gehört. Den einschlägigen Stellen (unten sub B) sollen dabei aber (sub A) zur Vervollständigung des Gesamtbildes über die Anwendung des Wortes im Gesetze auch diejenigen Normen in dieser Materialssammlung vorangestellt werden, in welchen die „Absicht" mit einem „Verschulden" offenbar gar nichts zu tun hat.

A. Ohne Beziehung auf ein subjektives Verschulden wird die „Absicht" [2]) erwähnt in folgenden Stellen:

1. in § 87 Abs. II Satz 1, der von der (wohlmeinenden) Absicht des Stifters redet;

2. § 959, der von der Absicht des Eigentumsverzichtes bei der Dereliktion spricht;

3. § 764 Satz 1 und 2, der beim „Differenzgeschäft" die Absicht der Parteien dahin charakterisiert, „daß der Unterschied zwischen dem vereinbarten Preise und dem Börsen- oder Marktpreise der Lieferungszeit von dem verlierenden Teile an den gewinnenden gezahlt werden soll";

4. §§ 1493 Abs. II Satz 1 und 1669 Satz 1, die von der Absicht der Wiederverheiratung des überlebenden Ehegatten und von Schutzmaßregeln betreffs des Vermögens der Kinder handeln;

5. §§ 685 Abs. I und II, 1429 und 1618, die des Mangels der Absicht gedenken, vom Geschäftsherrn bezw. vom Ehemanne bezw. von den Eltern Ersatz der Aufwendungen bezw. der dem Ehemanne oder den Eltern zum Zwecke von Aufwendungen überlassenen Vermögensbestandteile zu verlangen.

6. § 2255 Abs. I, der von der Absicht des Testators spricht, das Testament aufzuheben.

B. Mögliche Beziehungen zum subjektiven Verschulden weist dagegen das Wort „Absicht" in einigen dem Familien- und Erbrecht angehörigen Fällen auf; die Ausdrucksweise des Gesetzes ist hier eine verschiedene; teils spricht es (I) von der „Absicht zu benachteiligen", teils (II) von der „Absicht, zu beeinträchtigen", teils (III) von einer „böslichen Absicht", teils (IV) von „absichtlicher" Vornahme einer speziellen Handlung.

I. Die „Absicht zu benachteiligen" erscheint von nachbenannten Konsequenzen begleitet:

1. Einer Ersatzpflicht unterliegt wegen der Absicht zu benachteiligen:

a) der Ehemann, der bei allgemeiner Gütergemeinschaft, bei Errungenschaftsgemeinschaft oder bei Fahrnisgemeinschaft eine Verminderung des von

---

[1]) Unten Teil II (§ 56).

[2]) Nicht minder uncharakteristisch ist das Wort „beabsichtigen", welches nur zweimal im Gesetze steht, nämlich in § 2255 Abs. II wegen der Testamentsaufhebung und in § 154 Abs. II wegen der Abrede der Beurkundung eines beabsichtigten Vertrages.

ihm zu verwaltenden Gesamtgutes in der Absicht vornimmt, die Ehefrau zu benachteiligen; die Entschädigungspflicht greift gegenüber dem Gesamtgute Platz (§ 1456 Satz 2, § 1519 Abs. II, § 1549);

b) der überlebende Ehegatte, der bei fortgesetzter Gütergemeinschaft in der Absicht, die Abkömmlinge zu benachteiligen, eine Verminderung des Gesamtgutes vornimmt; auch hier erfolgt die Entschädigung zum Gesamtgute (§ 1487 Abs. I in Verbindung mit § 1456);

c) der Vorerbe, welcher die Erbschaft in der Absicht, den Nacherben zu benachteiligen, vermindert; er haftet dem Nacherben auf Schadensersatz (§ 2138 Abs. II).

2. Der Klage auf Aufhebung des Gemeinschaftsverhältnisses ist ausgesetzt wegen Verminderung des Gesamtgutes in der Absicht, die klagende Partei zu benachteiligen:

a) der Ehemann seitens der Ehefrau bei allgemeiner Gütergemeinschaft, Errungenschaftsgemeinschaft und Fahrnisgemeinschaft (§ 1468 Nr. 2, §§ 1542 Abs. I, 1549);

b) der überlebende Ehegatte seitens der Abkömmlinge bei fortgesetzter Gütergemeinschaft (§ 1495 Nr. 2).

3. Unbeschränkter Haftung für die Nachlaßverbindlichkeiten unterliegt trotz Errichtung des Inventars der Erbe, wenn er in der Absicht, die Nachlaßgläubiger zu benachteiligen, die Aufnahme einer nicht bestehenden Nachlaßverbindlichkeit ins Inventar bewirkt (§ 2005 Abs. I Satz 1; wegen Satz 2 vgl. unten IV 2).

II. Die „Absicht zu beeinträchtigen". Hier ist es nicht die dieser Absicht schuldige Person selber, sondern eine andere, welche die Folgen zu tragen hat, nämlich:

1. der Beschenkte, wenn der Erblasser in der Absicht, den Vertragserben zu beeinträchtigen, die Schenkung gemacht hat; nach Anfall der Erbschaft kann hier der Vertragserbe die Herausgabe des Geschenkes (nach den Grundsätzen über Herausgabe einer ungerechtfertigten Bereicherung, §§ 812 ff.) verlangen (§ 2287 Abs. I);

2. gleichfalls der Beschenkte, wenn der Erblasser in der Absicht, den in einem Vermächtnisse Bedachten zu beeinträchtigen, den Gegenstand des Vermächtnisses veräußert oder belastet hat: hier darf der Bedachte den sub 1 erwähnten Anspruch auf Herausgabe des Geschenkes geltend machen, soweit er nicht vom Erben selber Ersatz verlangen kann (§ 2288 Abs. II Satz 2);

3. der Erbe, wenn der Erblasser den Gegenstand eines vertragsmäßig angeordneten Vermächtnisses in der Absicht, den Bedachten zu beinträchtigen, zerstört, bei Seite geschafft oder beschädigt hat: hier muß der Erbe, wenn er nunmehr außerstande ist, die Leistung zu bewirken, dem Bedachten den Wert erstatten (§ 2288 Abs. I);

4. gleichfalls der Erbe, wenn der Erblasser den Gegenstand des Vermächtnisvertrages in der Absicht, den Bedachten zu beeinträchtigen, veräußert oder belastet hat; hier muß der Erbe dem Bedachten den Gegenstand verschaffen bezw. die Belastung beseitigen und muß, wenn die Verschaffung unmöglich ist, bezw. kann, wenn sie nur mit unverhältnismäßigen Aufwendungen möglich ist, statt der Sache den Wert entrichten (§ 2288 Abs. II Satz 1 und § 2170 Abs. II).

III. Die bösliche Absicht ist von Bedeutung für die Rechtsbeziehungen der Ehegatten untereinander bezw. zu ihren Kindern.

1. Es besteht nämlich:

a) nach § 1567 Abs. II Nr. 1 und 2 ein besonderer Ehescheidungsgrund wegen „böslicher Verlassung" mit den daraus folgenden vermögensrechtlichen Nachteilen für den Schuldigen (§§ 1578 ff.) und mit dem daraus gleichfalls folgenden Verluste des Rechtes des Geschiedenen zur Sorge für die Person der Kinder (§ 1635 Abs. I Satz 1); und es besteht

b) nach § 2335 Abs. I für den testierenden Ehegatten ein besonderer Enterbungsgrund (ein Grund, dem anderen Ehegatten den Pflichtteil zu entziehen).

2. Beide Rechtsnachteile (sub 1 a und b) setzen aber (§ 1567 Abs. II) voraus, daß dieser andere Ehegatte gegen den Willen des klagenden bezw. testierenden Teils in böslicher Absicht:

a) nachdem er zur Herstellung der häuslichen Gemeinschaft rechtskräftig verurteilt worden ist, ein Jahr lang dem Urteil nicht Folge geleistet hat oder

b) sich ein Jahr lang von der häuslichen Gemeinschaft ferngehalten hat und die Voraussetzungen für die öffentliche Zustellung seit Jahresfrist gegen ihn bestanden haben.

IV. „Absichtliche" Vornahme gewisser Handlungen und als Konsequenz davon gewisse Rechtsnachteile interessieren endlich[1]) insofern, als die unbeschränkte Haftung des Erben für Nachlaßverbindlichkeiten (oben sub I 3) auch Platz greift, sofern der Erbe

1. „absichtlich" eine erhebliche Unvollständigkeit der im Inventar enthaltenen Angabe der Nachlaßgegenstände herbeiführt (§ 2005 Abs. I Satz 1) oder

2. „absichtlich" die Auskunft in erheblichem Maße verzögert, zu welcher er dem Nachlaßgericht bezw. den von diesem beauftragten Organen (Behörde, Beamter oder Notar) verpflichtet ist, wenn das Nachlaßgericht auf den eigenen Antrag des Erben das Inventar selber aufnimmt oder durch jene Organe aufnehmen läßt (§ 2005 Abs. I Satz 2 und § 2003 Abs. I Satz 1).

C. Die gesamten Fälle sub B wird man, um sie zu denen sub A in Gegensatz zu stellen, als solche einer „qualifizierten Absicht" bezeichnen können. Nur sie werden uns im weiteren Verlaufe der Untersuchung beschäftigen.

§ 15.

Die Böslichkeit und die Böswilligkeit.

Zu diesen beiden Ausdrücken leiten uns die Betrachtungen über die „Absicht" hinüber.

I. Die „Böslichkeit" — dies Substantivum selber ist im BGB. nicht enthalten — spielt eine Rolle in den schon im § 14 B III 1 erwähnten Ausdrücken „bösliche Verlassung" (§ 1567 Abs. I „böslich verlassen" und Abs. II „bösliche Verlassung") und „bösliche Absicht" (§ 1567 Abs. II Nr. 1 und 2).

II. Sprachlich verwandt mit der „Böslichkeit" ist offenbar aber auch die „Böswilligkeit"; aber auch sie begegnet nur adjektivisch und zwar in folgenden Wendungen:

1. Böswillige Pflichtverletzung (wenn nämlich jemand „die ihm gesetzlich obliegende Unterhaltspflicht böswillig verletzt"). Hierfür kann der Ascendent den „Abkömmling", das Kind den Vater und die Mutter

[1]) Nicht ganz genau bemerkt Hellmann, Vorträge S. 178, „absichtlich" begegne im BGB. nur einmal.

enterben und der Tochter kann die Aussteuer verweigert werden (§ 2333 Nr. 4, § 2334, § 1621 Abs. II).

2. Böswillige Unterlassung der Verwendung seiner Arbeitskraft. Es muß sich der sub a—c genauer bezeichnete Vertragsteil gegen seinen Anspruch von der Gegenpartei dasjenige anrechnen lassen, was er „durch anderweitige Verwendung seiner Arbeitskraft" (seiner Dienste: unten sub b) „erwirbt oder zu erwerben böswillig unterläßt".[1]) Diesem Rechtsnachteil unterliegt:

a) Ganz allgemein bei gegenseitigem Vertrage jeder Vertragsteil, wenn die ihm (dem A) obliegende Leistung unmöglich wird entweder infolge eines Umstandes, den der andere Vertragsteil (der B) zu vertreten hat oder infolge eines von ihm (A) nicht zu vertretenden Umstandes, der zu einer Zeit eintritt, zu welcher der andere Teil (B) in Annahmeverzug ist (§ 324 Abs. I, insbes. Satz 2, und Abs. II).

b) Im besonderen beim Dienstvertrage der zur Dienstleistung Verpflichtete, wenn der Dienstberechtigte mit der Annahme der Dienste in Verzug kommt (§ 615 Satz 2).[2])

c) Im besonderen beim Werkvertrage der Unternehmer des Werkes, wenn der Besteller von dem ihm bis zur Vollendung des Werkes jederzeit zustehenden Kündigungsrechte Gebrauch macht (§ 649 Satz 2).[2])

§ 16.

Das tadelnswerte Verhalten.

Unter dieser dem BGB. selber freilich unbekannten Bezeichnung können wir eine Anzahl von Bestimmungen zusammenfassen, in denen das Gesetz das „Verhalten" eines Menschen mißbilligend und mit Rechtsfolgen bedrohend erwähnt und uns vor die Frage stellt, ob dies Verhalten als ein subjektives Verschulden zu betrachten sei.

I. Das „gesetzwidrige Verhalten" des Vereinsvorstandes wird im Gesetz (§ 43 Abs. I) einmal als Grund für Entziehung der Rechtsfähigkeit erwähnt.

II. Das „vertragswidrige Verhalten".

1. Das „vertragswidrige Verhalten" interessiert zunächst beim Dienstvertrage[3]) als Kündigungsgrund für die Gegenpartei:

a) Gleichviel, welcher Partei es zur Last fällt, so hat, wenn das vertragswidrige Verhalten zur Aufkündigung des Vertrages seitens der Gegenpartei führt, der Kündigende dem Andern den durch Aufhebung des Dienstverhältnisses entstehenden Schaden zu ersetzen (§ 628 Abs. II).

b) Fällt es insbesondere dem zur Dienstleistung Verpflichteten zur Last, so hat dieser einen Anspruch auf einen seinen bisherigen Leistungen entsprechenden Teil der Vergütung nur, wenn diese Leistungen trotz

---

[1]) Vgl. meine Vorträge I § 8 S. 68. — Nicht die böswillige Unterlassung der Verwendung der Arbeitskraft, sondern der objektiv mögliche Verdienst („kann") durch Verwendung der Arbeitskraft begegnet in § 642 Abs. II.

[2]) Bei Stammler S. 112 Anm. 1 sind diese beiden §§ 615 und 649 übersehen worden; nur den § 2333 (oben sub 1) nennt Kuhlenbeck, BGB. I S. 228 Note 2.

[3]) Nicht auch (weil nämlich § 628 in EG. z. BGB. Art. 95 Abs. II unerwähnt bleibt) beim Gesindevertrage, wo vielmehr auch über obige Frage das Partikularrecht entscheidet.

der Kündigung für den Dienstberechtigten ein Interesse haben (§ 628 Abs. I Satz 2).

2. An das vertragswidrige Verhalten schließt sich eng an der „vertragswidrige Gebrauch" des Vertragsgegenstandes. Dieser wird (als Gegensatz zu dem vertragsmäßigen Gebrauche, der in §§ 536, 537 Abs. I, 541, 542 Abs. I Satz 1, 548, 577 — dreimal —, 578, 602, 603 Satz 1 begegnet) bei der Miete und Pacht sowie bei der Leihe erwähnt:

a) Bei der Miete bezw. Pacht führt er, wenn er unerachtet einer Abmahnung seitens der Gegenpartei vom Mieter bezw. Pächter fortgesetzt wird, zur Klage des Vermieters bezw. Verpächters auf Unterlassung (§ 550, § 581 Abs. II) und, sofern er die Rechte des Vermieters bezw. Verpächters in erheblichem Maße verletzt, übrigens auch als vertragswidriger Gebrauch der Sache durch den Untermieter oder -pächter[1]) zu einem von Einhaltung der Kündigungsfrist unabhängigen Kündigungsrechte des Vermieters bezw. Verpächters (§§ 553, 581 Abs. II).

b) Bei der Leihe führt er zu einem Kündigungsrecht des Verleihers (§ 605 Nr. 2).

3. Hierher gehört auch, soweit Verstöße gegen die Parteiabreden bei einem vertragsmäßig zustande gekommenen Nießbrauch vorliegen, § 1053, der (bezüglich des Nießbrauchs überhaupt) sagt: „Macht der Nießbraucher einen Gebrauch von der Sache, zu dem er nicht befugt ist,[2]) und setzt er den Gebrauch unerachtet einer Abmahnung des Eigentümers fort, so kann der Eigentümer auf Unterlassung klagen".

4. Unter die Fälle vertragswidrigen Verhaltens ist auch § 654 zu stellen, welcher dem Mäkler den Anspruch auf Mäklerlohn und auf Ersatz seiner Aufwendungen versagt, wenn er „dem Inhalte des Vertrages zuwider auch für den anderen Teil tätig gewesen ist".

III. Das „pflichtwidrige Verhalten" findet sich nur in § 1886 erwähnt als Grund für die Gefährdung des Interesses eines Mündels und somit als Grund zur Entlassung des Vormundes.

IV. Dies leitet über zu den von „gefährdendem" Verhalten redenden Stellen, da eine Gefährdung ja in dem Falle sub III, übrigens auch in dem Falle sub I (Gefährdung des Gemeinwohls) der innerste Grund der Fürsorgemaßregel ist.

1. § 1391 Abs. I sagt, daß die Ehefrau Sicherheitsleistung vom Ehemann verlangen könne, wenn durch dessen Verhalten die Besorgnis begründet wird, daß die Rechte der Frau in einer das eingebrachte Gut erheblich gefährdenden Weise verletzt werden. Vgl. hierzu noch die den § 1391 allegierenden §§ 1394 Satz 1 und 1418 Nr. 1.

2. § 1981 Abs. II Satz 1 sagt, daß auf Antrag eines Nachlaßgläubigers die Nachlaßverwaltung anzuordnen ist, wenn Grund zu der Annahme besteht, daß die Befriedigung des Nachlaßgläubigers aus dem Nachlasse durch das Verhalten (oder die Vermögenslage) des Erben gefährdet wird.

V. Der sub IV 1 erwähnte § 1391 Abs. I leitet seinerseits herüber zur Betrachtung des „verletzenden Verhaltens".

---

[1]) Wir haben es also hier mit einem Rechtsnachteile zu tun, der auf Grund fremder Handlungsweise eintritt; vgl. unten § 77.

[2]) Weder durch die gesetzlichen Vorschriften noch durch die ausdrücklichen Abreden über den Nießbrauch. Von „unbefugtem Gebrauch" ist auch in § 12 Satz 1 (Namen) die Rede, von einer Besitz- bezw. Gebrauchsüberlassung an einen Dritten, zu der man „nicht befugt" ist bezw. die „unbefugt" geschieht, sprechen § 986 Abs. I Satz 2 bezw. §§ 553, 605 Nr. 2.

1. Verletzendes Verhalten des **Nießbrauchers** bezw. des Vorerben[1]) gibt dem Eigentümer bezw. dem Nacherben einen **Anspruch auf Sicherheitsleistung**, sofern die Besorgnis begründet ist, daß das Verhalten des Nießbrauchers bezw. Vorerben eine erhebliche Verletzung der Rechte des Eigentümers bezw. Nacherben herbeiführen kann (§ 1051 und § 2128 Abs. I).

2. Setzt der **Nießbraucher** bezw. **Pfandgläubiger** unerachtet einer Abmahnung durch den Eigentümer bezw. Verpfänder das „verletzende Verhalten", durch welches er die Rechte des Anderen in erheblichem Maße „verletzt", fort, so berechtigt dieser Umstand:

a) den Eigentümer zu dem Anspruche, daß die Ausübung des Nießbrauchs für Rechnung des Nießbrauchers einem vom Gericht zu bestellenden Verwalter übertragen wird[2]) (§ 1054, § 1052 Abs. I Satz 1);

b) den Verpfänder zu dem Anspruche, daß das Pfand auf Kosten des Pfandgläubigers hinterlegt bezw. einem gerichtlich zu bestellenden Verwahrer abgeliefert wird (§ 1217 Abs. I).

VI. **Ehrloses oder unsittliches Verhalten.**

1. Dieses Verhalten bildet:

a) einen **Ehescheidungsgrund**, wenn es eine so tiefe Zerrüttung des ehelichen Verhältnisses herbeiführt, daß dem anderen Ehegatten die Fortsetzung der Ehe nicht zugemutet werden kann (§ 1568 Satz 1);

b) einen **Grund zu Maßregeln des Vormundschaftsgerichts**, wenn der Vater bezw. die Mutter, welche die elterliche Gewalt ausüben, durch ehrloses oder unsittliches Verhalten das geistige oder leibliche Wohl des Kindes gefährden (§ 1666 Abs. I Satz 1, § 1686, § 1838 Satz 2).

2. Diesem Verhalten gleichbedeutend dürfte auch der „**ehrlose oder unsittliche Lebenswandel**" sein, von welchem das Gesetz zweierlei sagt:

a) dem Abkömmling[3]) bezw. der Tochter, welche einen solchen Wandel wider dem Willen des Erblassers bezw. der Eltern führen, können der Erblasser den Pflichtteil entziehen (§ 2333 Nr. 5) bezw. die Eltern die Aussteuer verweigern (§ 1621 Abs. II);

b) dauernde Abwendung von diesem Lebenswandel macht die sub a erwähnte Entziehung des Pflichtteils[4]) unwirksam (§ 2336 Abs. IV).[5])

§ 17.

Die Verfehlungen.

A. Die „Verfehlungen" als Gründe von Rechtsfolgen werden zumeist mit bestimmten Handlungsweisen in engste Verbindung gesetzt und nur an einer Stelle ganz allgemein erwähnt.

---

[1]) Beim Vorerben kommt aber (§ 2128 Abs. I) außerdem noch als Kautionsgrund die „ungünstige Vermögenslage" in Betracht, wie auch im Falle IV 2.

[2]) Dieser Anordnung muß der erfolglose Ablauf einer Frist vorangegangen sein, welche das Gericht dem Nießbraucher auf Antrag des Eigentümers zur Sicherheitsleistung gestellt hat (§ 1052 Abs. I Satz 2).

[3]) Nicht auch (vgl. § 2334) den Eltern.

[4]) Von der Verweigerung der Aussteuer gilt dies nicht, da es hier ja auf das Verhalten der Tochter zur Zeit ihrer Verheiratung ankommt, also auf einen bestimmten kürzeren Zeitraum, so daß ein Wechsel des Betragens während eines längeren Zeitraumes (wie zwischen Testamentserrichtung und Tod des Erblassers) nicht in Frage steht.

[5]) Der Hinweis in § 2271 Abs. II Satz 2 auf § 2336 bezieht sich offenbar nicht auf Abs. IV.

I. Ganz allgemein ist von einer „schweren Verfehlung" die Rede in § 530 Abs. I, wo diese als Symptom groben Undankes des Beschenkten gegen den Schenker oder einen nahen Angehörigen desselben betrachtet und daher zum mittelbaren Grunde des Widerrufes der Schenkung erhoben wird.

II. Die Beziehung der „Verfehlung" auf bestimmte andere Handlungsweisen findet sich im Buche IV (Familienrecht) und insbesondere im Buche V (Erbrecht), hier wiederum zumeist mit der Wirkung eines Enterbungsgrundes. Die als „Verfehlungen" bezeichneten Missetaten selber haben wir größtenteils schon bei anderen Gelegenheiten[1]) kennen gelernt.

1. Sie sind im einzelnen die folgenden:

a) Lebensnachstellung und Verbrechen oder schwere vorsätzliche Vergehen, böswillige Verletzung der Unterhaltspflicht sowie körperliche Mißhandlung und ehrloser oder unsittlicher Lebenswandel. Ihretwegen kann der Abkömmling enterbt (§ 2333) und der Tochter die Aussteuer verweigert (§ 1621 Abs. II) sowie eine vertragsmäßige Verfügung von Todes wegen aufgehoben (§ 2294) werden.

b) Lebensnachstellung, Verbrechen oder schwere vorsätzliche Vergehen, böswillige Verletzung der Unterhaltspflicht. Ihretwegen können Vater oder Mutter enterbt werden (§ 2334 Satz 1 und 2 in Verbindung mit § 2333 Nr. 1, 3 und 4).

c) Ehebruch, Bigamie und widernatürliche Unzucht, Lebensnachstellung, bösliche Verlassung, schwere Verletzung der durch die Ehe begründeten Pflichten oder ehrloses bezw. unsittliches Verhalten. Sie berechtigen zur Enterbung des Ehegatten (§ 2335 Abs. I in Verbindung mit §§ 1565 bis 1568) und sind Scheidungsgründe (EG. z. BGB. Art. 201 Abs. II).

d) Totschlag (und Mord) und Tötungsversuch, Hintertreibung der Errichtung oder Aufhebung einer letztwilligen Verfügung durch Versetzung in Unfähigkeit dazu, durch vorsätzliche und widerrechtliche Verhinderung oder durch arglistige Täuschung oder widerrechtliche Bedrohung des Erblassers sowie Urkundsdelikte betreffs der letztwilligen Verfügung. Sie berechtigen zur Anfechtung einer Erbeinsetzung, eines Vermächtnisses oder eines Pflichtteilsanspruchs (§ 2339 Abs. I Nr. 1—4, § 2345 Abs. I Satz 1 und Abs. II).

2. Sämtliche zur Enterbung berechtigenden Verfehlungen, also die sub 1 a—c genannten,[2]) können zugleich zur Einschränkung des gesetzlichen Unterhaltsanspruchs führen (§ 1611 Abs. II).

3. Daß der Gesetzgeber die Verfehlungen — oder doch die sub II genannten wenigstens[3]) — unter die Schuldbegriffe rechnet, ergibt sich aus einer Anzahl von Argumenten:

a) Vielfach begegnet gerade in Verbindung mit dem Wort „Verfehlung" die Wendung „sich (einer Verfehlung) schuldig machen"; vgl. oben § 3 sub B I 1 c.

b) Aus EG. z. BGB. Art. 201 Abs. II, oben sub 1 c („sich einer Verfehlung der in den §§ 1565 bis 1568 des BGB. bezeichneten Art schuldig gemacht"), in Verbindung mit diesen §§ 1565—1568 und in weiterer Verbindung mit dem dieselben Normen allegierenden § 1574

[1]) Vgl. oben § 3 B I 1 c.

[2]) Zum Teil begegnen in den einzelnen Nummern dieselben Verfehlungen (in allen dreien nur die Lebensnachstellung), zum Teil divergieren sie.

[3]) Zu § 530 (oben I) ist es dem Wortlaut der Norm nach nicht die „Verfehlung", sondern der „Undank", dessen sich der Beschenkte „schuldig macht" (oben § 3 B I 1 a), aber immerhin erscheint die Verfehlung auch hier als das Mittel.

Abs. I (oben § 3 B II 1) folgt auch die Identität von „Verfehlung" und „Schuld".

4. Andererseits läßt der Vergleich zwischen § 1611 Abs. II (oben sub 2) und § 1611 Abs. I (oben § 2 sub IX) ersehen, daß die „Verfehlungen" und das „sittliche" Verschulden sich nach Auffassung des Gesetzgebers nicht decken.

B. Die „Verfehlungen" insgesamt geben noch zu folgenden Bemerkungen Anlaß.

1. Während die sub A I und die sub A II 1 c und d angegebenen Missetaten von den dort mitgeteilten Folgen nur begleitet sind, wenn sie sich gegen den Erblasser selber richten, treten die sub A II 1 a und b genannten Folgen[1]) unter Umständen auch dann ein, wenn die unmittelbar verletzte Person nicht der enterbungsberechtigte Erblasser oder aussteuerflichtige Elternteil selber, sondern eine andere diesem nahestehende Person ist. Es kommt nämlich neben dem Erblasser bezw. Ausstattungspflichtigen selber in Betracht:

a) dessen Ehegatte oder anderer Abkömmling[2]) bei der Lebensnachstellung (§ 2333 Nr. 1, § 2334, § 1621 Abs. II);

b) dessen Ehegatte bei Verbrechen oder schwerem vorsätzlichem Vergehen (§ 2333 Nr. 3, § 2334, § 1621 Abs. II);

c) dessen Ehegatte bei körperlicher Mißhandlung: jedoch nur, wenn es sich um Verweigerung der Aussteuer für die Tochter oder um Enterbung des Deszendenten durch den Aszendenten, nicht wenn es sich um Enterbung der Eltern durch das Kind handelt,[3]) und ferner nicht, wenn der Uebeltäter mit der von ihm mißhandelten Person nur in stiefverwandtschaftlicher Beziehung steht (§ 2333 Nr. 2).

2. Einige der vom Gesetz als „Verfehlung" charakterisierten Tatbestände haben aber noch einen viel allgemeineren Charakter; denn sie richten sich nicht einmal mittelbar durch eine Kränkung des Ehegatten bezw. der Abkömmlinge gegen den zivilrechtlich aus dem Tatbestande interessierten Erblasser bezw. Elternteil. Es ist dies der Fall bei der widernatürlichen Unzucht sowie bei ehrlosem bezw. unsittlichem Verhalten oder Lebenswandel. Diese Tatbestände kommen für die zivilrechtlichen Folgen nur in Betracht als Momente zur moralischen Qualifizierung des Täters, der durch ihre Begehung sich der Aussteuer bezw. der testamentarischen Berücksichtigung unwürdig macht. Es sind also im Grunde weniger die „Verfehlungen" selber, als das in ihnen steckende „Verhalten", was der Gesetzgeber zivilrechtlich ahnden will.

§ 18.

Die Verstöße.

Den „Verfehlungen" (§ 17) ähneln — anscheinend wenigstens[4]) — die „Verstöße". Das Gesetz kennt drei Arten von Verstößen, solche gegen Gesetze (A), solche gegen die guten Sitten (B) und solche gegen Treu und Glauben (C).

A. Verstöße gegen die Gesetze. Sie begegnen teils (I) in Kombination mit Verstößen gegen die guten Sitten, teils (II) allein.

[1]) Die Folgen des sub A II 2 genannten § 1611 gehören in beide Gruppen.

[2]) Also bei Enterbung der Eltern durch das Kind — § 2334 — des letzteren Ehegatte bezw. Kind oder Großkind.

[3]) Denn § 2334 verweist nicht auf Nr. 2 des § 2333.

[4]) Genaueres auch hiezu erst unten Teil II (§ 36 und § 45).

I. Ein Verstoß gegen ein gesetzliches[1]) Verbot oder gegen die guten Sitten kann wegen des der Leistung zu Grunde liegenden Zweckes in der Annahme einer Leistung liegen und verpflichtet alsdann den Empfänger zur Herausgabe der Leistung (§ 817 Satz 1) und zwar in demselben Maße, als ob dieser Anspruch auf Herausgabe bereits zur Zeit der Leistung rechtshängig geworden wäre (§ 819 Abs. II). Die Herausgabepflicht kommt nur in Fortfall, wenn auch dem Leistenden selber ein solcher Verstoß gegen gesetzliches Verbot oder gute Sitten zur Last fällt,[2]) es sei denn, daß die Leistung in der Eingehung einer Verbindlichkeit bestand[3]) (§ 817 Satz 2).

II. Ein Verstoß gegen ein gesetzliches Verbot[4]) usw.

1. Ein solcher Verstoß hat nachstehende Folgen:

a) Nichtigkeit des Rechtsgeschäftes, das diesen Verstoß involviert, es sei denn, daß sich aus dem BGB. selber[5]) bezw. aus anderen Gesetzen[6]) ein anderes (Gültigkeit oder bloße Anfechtbarkeit) ergibt (§ 134).

b) Relative Nichtigkeit der gegen ein gesetzliches Veräußerungsverbot[7]) — bezw. gegen das Veräußerungsverbot eines Gerichts oder einer Behörde innerhalb ihrer Kompetenz (§ 136) — im besondern verstoßenden Verfügung[8]) über einen Gegenstand. Die Nichtigkeit ist eine bloß relative, weil, wenn das Verbot nur den Schutz bestimmter Personen bezweckte, die Verfügung nur ihnen gegenüber „unwirksam" ist (§ 135 Abs. I Satz 1).

c) Pflicht zum Ersatze des „negativen Vertragsinteresses". Sie greift bei Verträgen insbesondere ein und zwar zu Ungunsten derjenigen Partei, welche den Verstoß gegen das Gesetz kannte oder kennen mußte (§ 309 in Verbindung mit § 307 Abs. I Satz 1 und dazu oben § 7 sub II 1 a); die Ersatzpflicht kommt nur in Fortfall:

α) wenn auch die Gegenpartei die Verbotswidrigkeit kannte oder kennen mußte (§§ 309, 307 Abs. I Satz 2 und dazu oben § 7 sub II 2 b);

β) wenn der Vertrag auf die Möglichkeit einer Aufhebung des gesetzlichen Verbotes hin geschlossen wurde und diese Möglichkeit zur Wirklichkeit ward (§ 309 mit § 308 Abs. I);

γ) wenn das Verbot bei Eintritt der dem Vertrage beigefügten Suspensivbedingung oder Terminsbestimmung aufgehoben war (§ 309 mit § 308 Abs. II).

d) Unwirksamkeit eines Vermächtnisses. Sie tritt ein, wenn das Verbot zur Zeit des Erbfalles besteht, es sei denn, daß auch hier die sub c β und γ angedeuteten Aussichten auf Beseitigung des Verbotes bestehen (§ 2171 Satz 1 und 2).

---

[1]) Gesetz ist nach EG. z. BGB. Art. 2 jede Rechtsnorm, also auch z. B. eine Polizeiverordnung.

[2]) z. B. bei Bestechung.

[3]) Denn diese Verbindlichkeit war nach BGB. §§ 134, 138 nichtig.

[4]) Ueber Verstoß „gegen den Zweck eines Gesetzes" vgl. unten B II 3.

[5]) z. B. §§ 458, 762, aber auch §§ 135 f. (unten sub b).

[6]) Reichs- oder Partikulargesetze im engeren Sinne oder sonstige Normen; vgl. oben Anm. 1.

[7]) Der gleichfalls von einem „Veräußerungsverbot" sprechende § 888 Abs. II interessiert für unsere Fragen nicht weiter, da er nicht den „Verstoß" gegen ein solches Verbot ins Auge faßt.

[8]) Nach § 135 Abs. I Satz 2 steht der rechtsgeschäftlichen Verfügung eine im Wege der Zwangsvollstreckung oder Arrestvollziehung stattfindende gleich.

2. Nicht sowohl ein gesetzliches Verbot als „ein den Schutz eines Anderen bezweckendes Gesetz“ überhaupt kann zu einer Schadensersatzpflicht führen (§ 823 Abs. II Satz 1).

3. Verstöße gegen gesetzliche „Vorschriften“ finden Erwähnung:

a) in § 1243 Abs. I: die Veräußerung des Pfandes ist nicht „rechtmäßig“, wenn gegen gewisse Vorschriften (§§ 1228 Abs. II, 1230 Satz 2, 1235, 1237 Satz 1, 1240) des BGB. über die Voraussetzungen und Formalien des Pfandverkaufs „verstoßen“ wird;

b) im EG. z. BGB. Art. 151 Satz 2: Findet ein „Verstoß“ gegen die unberührt gebliebenen allgemeinen partikularrechtlichen Vorschriften betreffend Errichtung gerichtlicher oder notarieller Urkunden statt, so ist er auf die Gültigkeit einer Verfügung von Todes wegen ohne Einfluß.

4. Ergänzend sind auch folgende Vorschriften in Betracht zu ziehen, welche nicht gerade wörtlich von „Verstößen“ gegen Gesetzesvorschriften reden:

a) § 43 Abs. I BGB., wonach einem Verein die Rechtsfähigkeit entzogen werden kann wegen Gefährdung des Gemeinwohls durch einen gesetzwidrigen Beschluß der Mitgliederversammlung oder durch gesetzwidriges Verhalten des Vorstandes.

b) § 1327, wonach eine Ehe nichtig ist, wenn sie zwischen Verwandten oder Verschwägerten „dem Verbote des § 1310 Abs. I zuwider“ geschlossen worden ist.

c) EG. z. BGB. Art. 107, wonach ein „Zuwiderhandeln“ gegen ein zum Schutze von Grundstücken erlassenes Strafgesetz nach dem unberührt gebliebenen Partikularrecht zur Schadensersatzpflicht führen kann.

d) Nachstehende Normen, die davon reden, daß etwas gewissen „Vorschriften“ des BGB. selber „zuwider“ geschehen sei, und daran gewisse weitere Folgen knüpfen:

α) §§ 723 Abs. III und 749 Abs. III, welche bei Gesellschaft und Gemeinschaft die das Kündigungsrecht (bezw. das Recht, die Aufhebung zu verlangen) ausschließende oder beschränkende Vereinbarung für nichtig erklären;

β) § 458 Abs. I Satz 1, welcher die Wirksamkeit eines vorschriftswidrigen Akts (Verkauf im Wege der Zwangsvollstreckung unter Mitbieten des Auktionators u. dgl., §§ 456 f.) von der Zustimmung der Interessenten abhängig macht;

γ) § 1771 Abs. I, welcher bei vorschriftswidriger Eheschließung mit dem Adoptivkinde das Adoptivverhältnis endigen läßt;

δ) § 2138 Abs. II, welcher den Vorerben bei vorschriftswidriger (unentgeltlicher) Verfügung über einen Erbschaftsgegenstand für schadensersatzpflichtig gegenüber dem Nacherben erklärt.

B. Verstöße gegen die guten Sitten. Sie werden erwähnt:

I. Zusammen mit Verstößen gegen Gesetze in dem bereits sub A I besprochenen § 817 Satz 1 nebst Satz 2.

II. Allein außerdem in folgenden Stellen:

1. in § 138. Dieser statuiert in Abs. I Nichtigkeit des Rechtsgeschäfts (wie wegen Verbotswidrigkeit, oben sub A II 1 a, jedoch ohne die salvatorische Klausel für Fälle, in denen das Gesetz ein anderes ergäbe). In Abs. II werden als Musterbeispiele dieses Verstoßes gegen die guten Sitten dieselben Tatbestände aufgeführt (Ausbeutung der Notlage, des Leichtsinns oder der Unerfahrenheit eines Anderen bei Entgegennahme solcher Vermögensvorteile bezw. eines Versprechens solcher Vorteile, welche nach den Umständen in auffälligem Mißver-

hältnis zu der Leistung selber stehen), die schon die älteren Wuchergesetze [1]) zu Nichtigkeitsgründen erhoben hatten. [2])

2. § 826 normiert eine Schadensersatzpflicht desjenigen, welcher in einer gegen die guten Sitten verstoßenden Weise einem Anderen vorsätzlich Schaden zufügt (vgl. oben § 5 A I).

3. EG. z. BGB. Art. 30 erklärt die Anwendung eines ausländischen Gesetzes für ausgeschlossen, wenn sie gegen die guten Sitten (oder gegen den Zweck eines deutschen Gesetzes) verstoßen würde.

C. Verstoß gegen Treu und Glauben. Er findet sich nur hervorgehoben in § 320 Abs. II: Ist beim gegenseitigen Vertrag von einer Seite teilweise geleistet worden, so kann die Gegenleistung insoweit nicht verweigert werden, als die Verweigerung [3]) „gegen Treu und Glauben verstoßen würde".

§ 19.

Die Pflichtverletzung.

Es kann zweifelhaft sein und wird der genaueren Untersuchung im zweiten Teile (§ 37) bedürfen, ob die „Pflichtverletzung" zu den Verschuldensbegriffen zu rechnen ist oder nicht. Die Mot. IV S. 296 wollen sie als einen derartigen Begriff in Anspruch nehmen. — Von Pflichtverletzungen bezw. Pflichtwidrigkeiten ist im BGB. sehr oft die Rede, teils mit (I), teils ohne (IV) Angabe des Grades der Pflichtverletzung, andererseits teils mit (II), teils ohne (IV) besonderer Bezeichnung der Art der verletzten Pflicht selber.

I. Die verschiedenen Grade der Pflichtverletzungen sind:

1. Vorsätzliche oder grobfahrlässige Pflichtverletzung. Wie oben § 5 sub B I 3 a und b bemerkt wurde, greift, wenn ein Gesellschafter „eine ihm nach dem Gesellschaftsvertrag obliegende wesentliche Verpflichtung vorsätzlich oder aus grober Fahrlässigkeit verletzt", für die anderen Gesellschafter das Recht zu sofortiger Aufkündigung der Gesellschaft bezw. zum Ausschlusse des pflichtvergessenen Gesellschafters Platz (§ 723 Abs. I Satz 2 und § 737 Satz 1).

2. Vorsätzliche oder fahrlässige Pflichtverletzung: „Verletzt ein Beamter vorsätzlich oder fahrlässig die ihm einem Dritten gegenüber obliegende Amtspflicht", so hat er, wie gleichfalls bereits (oben § 5 sub B II 2 b) bemerkt wurde, dem Dritten den daraus entstehenden Schaden zu ersetzen (§ 839 Abs. I Satz 1), eine Rechtsfolge, die insbesondere auch vorgesehen ist, wenn der Vormundschaftsrichter oder ein Mitglied des Familienrates „vorsätzlich oder fahrlässig die ihm obliegenden Pflichten verletzt" (§§ 1674 und 1848, sowie § 1872 II Satz 2). [4])

3. Grobe Pflichtverletzung. Sie bildet „insbesondere" einen der „wichtigen Gründe" [5]), aus denen die Bestellung des Vereinsvorstandes wider-

[1]) Vgl. Reichsges. vom 24. Mai 1880 (RGBl. S. 109) Art. 3 Abs. I bezw. Reichsges. vom 19. Juni 1893 (RGBl. S. 197) Art. II (StGB. § 302 a), wonach derartige Verträge „ungültig" sind.

[2]) Daher hebt EG. z. BGB. Art. 47 auch den Art. II der Wuchernovelle vom 19. Juni 1893 (vorige Anmerkung) auf.

[3]) „Nach den Umständen, insbesondere wegen verhältnismäßiger Geringfügigkeit des rückständigen Teiles."

[4]) Vgl. dazu wegen der Entbehrlichkeit der §§ 1674 und 1848 im Gesetz oben § 5 sub B II 2 b.

[5]) Ueber die große Bedeutung „wichtiger (und „besonderer") Gründe" im BGB. vgl. meine Vorträge I § 8 S. 68 f.

rufen, einem Gesellschafter die ihm durch den Gesellschaftsvertrag übertragene Befugnis zur Geschäftsführung entzogen bezw. der Testamentsvollstrecker auf Antrag eines der Beteiligten vom Nachlaßgerichte entlassen werden kann (§ 27 Abs. II Satz 2, § 712 Abs. I und § 2227 Abs. I).

4. Böswillige Pflichtverletzung. Wenn der Abkömmling bezw. eins der Eltern „die ihm dem Erblasser gegenüber gesetzlich obliegende Unterhaltspflicht böswillig verletzt", so kann ihm seitens des Erblassers der Pflichtteil, der Tochter auch seitens der Eltern die Aussteuer entzogen werden (§ 2333 Nr. 4 und § 2334 Satz 1, § 1621 Abs. II; vgl. oben § 17 sub A II 1 a und b).

5. Schwere Pflichtverletzung. Wenn ein Ehegatte durch „schwere Verletzung der durch die Ehe begründeten Pflichten" eine so tiefe Zerrüttung des ehelichen Verhältnisses verschuldet hat, daß die Fortsetzung der Ehe dem anderen Teile nicht zugemutet werden kann, so ist dieser zur Scheidungsklage berechtigt (§ 1568 Satz 1). „Als schwere Verletzung der Pflichten gilt auch grobe Mißhandlung" (§ 1568 Satz 2). Ueber die weiteren Folgen dieser Pflichtverletzung und insbesondere auch über die Befugnis des anderen Ehegatten, den Pflichtwidrigen zu enterben (§ 2335 Abs. I), vgl. oben § 3 sub B I 1 c β.

6. Ferner kommen kriminell rügbare Pflichtverletzungen nach § 839 Abs. II Satz 1 in Betracht. „Verletzt" nämlich „ein Beamter bei dem Urteil in einer Rechtssache seine Amtspflicht, so ist er für den daraus entstehenden Schaden nur dann verantwortlich, wenn die Pflichtverletzung mit einer im Wege des gerichtlichen Strafverfahrens zu verhängenden öffentlichen Strafe bedroht ist". „Auf eine pflichtwidrige Verweigerung oder Verzögerung der Ausübung des Amtes findet diese Vorschrift keine Anwendung" (§ 839 Abs. II Satz 2; vgl. hierzu und über die Unanwendbarkeit dieser Vorschriften auf den Vormundschaftsrichter oben § 5 sub B II 2 b).

II. Verschiedene Arten und Kategorien von Pflichten, welche das BGB. unter Erwähnung ihrer Verletzung ausdrücklich hervorhebt, sind:

1. Die „Amtspflicht" (§ 839 Abs. I Satz 1 und Abs. II Satz 1, 841; vgl. oben sub I 2 und 6). Nach § 841 im besonderen kann sich diese Amtspflicht dahin äußern, daß der Beamte einen Geschäftsführer für einen Dritten zu bestellen oder eine derartige Geschäftsführung zu beaufsichtigen oder durch Genehmigung von Rechtsgeschäften bei ihr mitzuwirken hat.[1])

2. Die „Aufsichtspflicht" des Gegenvormundes oder Mitvormundes[2]), deren Verletzung sie neben dem Vormunde „für den von diesem verursachten Schaden verantwortlich" macht (§ 1833 Abs. II Satz 2), und die Aufsichtspflicht über einen Minderjährigen oder sonst der Aufsicht Bedürftigen (§ 832 Abs. I Satz 2; vgl. ebenda Abs. II und § 840 Abs. II).[3])

3. Die „Berufspflicht" zufolge EG. z. BGB. Art. 79, welcher die landesgesetzlichen Vorschriften unberührt läßt, „nach welchen die zur amtlichen Feststellung des Wertes von Grundstücken bestellten Sachverständigen für den aus einer Verletzung ihrer Berufspflicht entstandenen Schaden in weiterem Umfange als nach dem BGB. haften".

---

[1]) Beispiele ergibt namentlich das Vormundschaftsrecht. — Die wichtige Folge, welche § 841 normiert, bezieht sich auf das Verhältnis der Beamten zu dem Geschäftsführer und geht dahin, daß unter ihnen der Geschäftsführer allein als ersatzpflichtig gilt, wenn sie beide dem Dritten für einen vom Geschäftsführer verursachten Schaden haften.

[2]) Der Beistand der Mutter kommt trotz § 1694 Abs. I hier wohl nicht in Betracht; wenigstens ist es bedenklich, die Analogie des § 1833 Abs. II Satz 2 auf eine Haftung des Beistandes neben der (nach §§ 1664, 1686 für diligentia quam suis haftbaren) Mutter auszudehnen.

[3]) Vgl. auch wegen § 841 oben sub 1. — „Aufsichtspflichtig" bezw. „der Aufsichtspflichtige" findet sich in §§ 829 und 840 Abs. II.

4. Die Unterhaltspflicht[1]) (§§ 2333 Nr. 4 und 1418 Abs. I Nr. 2 Satz 2; vgl. oben I 4 und unten IV 2 b α und β).

5. Die „durch die Ehe begründeten Pflichten" [2]) (§ 1568 Satz 1; vgl. bereits oben I 5).

III. Daneben begegnen, uns nicht weiter interessierend, im BGB. noch folgende Zusammensetzungen[3]) mit dem Begriffe „Pflicht":[4]) Anzeige-, Gewährleistungs-, Herausgabe-, Unterhaltungs- und Wehrpflicht (vgl. §§ 971 Abs. II, 523 Abs. II Satz 2, 1624 Abs. II, 2138 Abs. I Satz 1, 1021 Abs. II, 1022 Satz 2, 9 Abs. II) und häufiger „Ausgleichungs"-[5]) und „Ersatzpflicht".[6])

IV. „Pflichtverletzungen" bezw. „Verletzungen der Verpflichtungen" überhaupt (ohne nähere Angabe des Grades und ohne Charakterisierung der Kategorie) begegnen noch sonst vielfach:

1. Von „Pflichtverletzung" ist in § 1833 Abs. I (§ 1897) die Rede bezüglich des Vormundes und Gegenvormundes, die „dem Mündel für den aus einer Pflichtverletzung entstehenden Schaden verantwortlich" sind, wenn ihnen „ein Verschulden zur Last fällt" (vgl. daher oben § 2 sub I 2 i); diese Vorschrift greift auch auf den Pfleger und Beistand der Mutter Platz (§ 1915 Abs. I, § 1694 Abs. I).

2. Daß jemand „seine Verpflichtungen verletzt", hat nachstehende Folgen:

a) Gleichfalls (wie sub 1) die Haftung für den Schaden:

α) im Gebiete des testamentarischen Erbrechts. „Verletzt" nämlich „der Testamentsvollstrecker die ihm obliegenden Verpflichtungen, so ist er für den daraus entstehenden Schaden dem Erben und, soweit ein Vermächtnis zu vollziehen ist, auch dem Vermächtnisnehmer verantwortlich", aber nur, „wenn ihm ein Verschulden zur Last fällt" (§ 2219 Abs. I; vgl. oben § 2 sub I 2 k);

β) im Gebiete des Vereinsrechts: Liquidatoren, welche gewisse Verpflichtungen (§ 42 Abs. II, §§ 50—52 BGB.) verletzen, sind ebenfalls — den Vereinsgläubigern — „für den Schaden verantwortlich", und zwar ebenfalls nur, „wenn ihnen ein Verschulden zur Last fällt" (§ 53, oben § 2 sub I 2 a und b).

b) Ein Klagerecht auf Aufhebung des bisherigen Zustandes. Es ist dies wegen Verletzung der Alimentationspflicht und gleichzeitiger erheblicher Gefährdung des Unterhalts für die Zukunft der Fall im Gebiete des ehelichen Güterrechts und zwar bei allen Systemen des Güterstandes, die das BGB. kennt, bei den einzelnen Systemen jedoch mit verschiedener Gestaltung des petitum:

α) Beim gesetzlichen Güterrecht hat die Ehefrau ein Klagerecht auf Aufhebung der Verwaltung und Nutznießung des Ehemannes wegen Verletzung der gegenüber der Ehefrau und den gemein-

---

[1]) Nicht zu verwechseln mit der (unten sub III erwähnten) auf Dinge (bauliche Anlagen) bezüglichen „Unterhaltungspflicht".

[2]) Hier bietet das Gesetz in § 1568 Satz 2 ein Musterbeispiel der Pflichtverletzung; vgl. oben sub I 5.

[3]) Vgl Gradenwitz pag. XVI.

[4]) Zusammensetzungen mit „pflichtig" sind (vgl. Gradenwitz pag. XVI) außer „aufsichtspflichtig" (oben S. 70 Anm. 3) nur „ersatz"-, „renten"- und „unterhaltspflichtig" (bezw. -Pflichtiger), welche (vgl. Gradenwitz S. 60, 126, 144) 14 bezw. 1 bezw. 18 mal begegnen.

[5]) Vgl. §§ 1935, 2051 Abs. II, 2095, 2316 Abs. 1 Satz 1, 2376 Abs. I.

[6]) Vgl. die 18 Stellen bei Gradenwitz S. 60.

schaftlichen Abkömmlingen bestehenden Unterhaltspflicht[1]) des Ehemannes (§ 1418 Abs. I Nr. 2 Satz 1; vgl. oben sub II 4). Nach erfolgreich durchgeführtem Prozesse und mit Rechtskraft des Urteils erlischt die Verwaltungs- und Nutznießungsbefugnis des Ehemannes und er muß das eingebrachte Gut der Frau herausgeben, als ob der Anspruch auf Herausgabe schon mit der Klageerhebung rechtshängig geworden wäre (§ 1418 Abs. II, §§ 1421 Satz 1, 1422).

β) Beim vertragsmäßigen Güterrecht (allgemeine Gütergemeinschaft einschließlich ihrer Fortsetzung mit den Abkömmlingen, Errungenschaftsgemeinschaft und Fahrnisgemeinschaft) hat die Ehefrau (bezw. bei fortgesetzter Gütergemeinschaft jeder anteilsberechtigte Abkömmling) ein Klagerecht auf Aufhebung des Gemeinschaftsverhältnisses (§§ 1468 Nr. 3, 1542 Abs. I, 1549, 1495 Nr. 3). Die Klage stützt sich auch hier auf Verletzung der Unterhaltspflicht.[2]) Die Folge des rechtskräftigen Urteils ist Aufhebung der Gütergemeinschaft (und, soweit es sich nicht um fortgesetzte Gütergemeinschaft handelt, §§ 1496 ff., Eintritt des Systems der Gütertrennung, § 1470 Abs. I, § 1542 Abs. II, §§ 1545 Abs. I, 1549) nebst Auseinandersetzung in Ansehung des Gesamtgutes (§§ 1471 Abs. I, 1497 Abs. I, 1546 Abs. I, 1549), welche auf Verlangen des klägerischen Teiles so zu erfolgen hat, als ob der Anspruch auf Auseinandersetzung schon mit der Erhebung der Klage rechtshängig geworden wäre (§ 1479, §§ 1498 Satz 1, 1546 Abs. II, 1549).

c) Gerichtliche Schutzmaßregeln. Im Gebiete des Eltern- und Kindesrechts hat das Vormundschaftsgericht die zur Abwendung der Gefahr erforderlichen Maßregeln zu treffen, wenn der Vater bezw. die Mutter „die mit der Vermögensverwaltung oder die mit der Nutznießung verbundenen Pflichten verletzt" (§§ 1667 Abs. I, 1686). Im besonderen bestimmt dann das BGB. (§ 1670 Satz 1) betreffs der Verpflichtung des Gewalthabers, beim Tode des anderen Elternteils, bei späterem Anfall von Vermögen an das Kind und bei beabsichtigter Wiederverehelichung des Gewalthabers ein Verzeichnis des Kindesvermögens einzureichen (§§ 1640, 1669), daß, wenn der Gewalthaber diese Verpflichtungen nicht erfüllt, das Vormundschaftsgericht ihm die Vermögensverwaltung gänzlich entziehen kann. Diese Befugnis hat das Vormundschaftsgericht allerdings auch dann, wenn der Gewalthaber es unterläßt, den Anordnungen des Vormundschaftsgerichtes und so auch der von diesem angeordneten Einreichung eines Vermögensverzeichnisses oder Sicherheitsleistung nachzukommen (§ 1670 a. A. in Verbindung mit § 1667 Abs. II und 1668); jedoch interessiert dieser Fall für unsere Frage nicht, denn es handelt sich hier nicht um die Rechtsfolgen der Verletzung einer generellen gesetzlichen Pflicht, sondern nur um die Mißachtung spezieller richterlicher Anordnungen.

3. Daß jemand „einer Verpflichtung zuwiderhandelt", erfährt singuläre Erwähnung in § 790 Satz 2 betreffs einer Anweisung: wenn nämlich der

[1]) Dazu sagt § 1418 a. a. O. Satz 2: „Eine Verletzung der Unterhaltspflicht liegt schon dann vor, wenn der Frau und den gemeinschaftlichen Abkömmlingen nicht mindestens der Unterhalt gewährt wird, welcher ihnen bei ordnungsmäßiger Verwaltung und Nutznießung des eingebrachten Gutes zukommen würde."

[2]) Die in der vorigen Anmerkung mitgeteilte Gesetzesvorschrift greift aber hier natürlich nicht Platz.

Anweisende durch den Widerruf der Anweisung „einer ihm gegen den Anweisungsempfänger obliegenden Verpflichtung zuwiderhandelt", so kann der Anweisende die Anweisung dennoch dem Angewiesenen gegenüber widerrufen, so lange nicht der Angewiesene sie dem Anweisungsempfänger gegenüber angenommen oder die Leistung bewirkt hat (§ 790 Satz 1).

4. Die „Zuwiderhandlung" gegen eine Unterlassungspflicht hat doppelte Folge:

a) nunmehr beginnt die Verjährung des auf das Unterlassen gehenden Anspruchs (§ 198 Satz 2) und

b) nunmehr tritt die Verwirkung der Konventionalstrafe ein (§ 339 Satz 2).

5. „Pflichtwidrigkeiten" [1]) endlich finden im Gebiete des Vormundschaftsrechts Erwähnung:

a) Der Gegenvormund, der darauf zu achten hat, daß der Vormund die Vormundschaft „pflichtmäßig" [2]) führt, hat dem Vormundschaftsgerichte etwaige „Pflichtwidrigkeiten des Vormundes unverzüglich anzuzeigen" (§ 1799 Abs. I Satz 2) und dieses „hat gegen Pflichtwidrigkeiten durch geeignete Gebote und Verbote einzuschreiten" (§ 1837 Abs. I) und kann den Vormund wegen „pflichtwidrigen Verhaltens" (oben § 16 sub III) sogar entlassen (§ 1886 und dazu §§ 1897, 1915 Abs. I);

b) der Gemeindewaisenrat hat dafür zu sorgen, daß die Vormünder für die Person der Mündel „pflichtmäßig" Sorge tragen (§ 1850 Abs. I Satz 1) und hat (ebenda Satz 2) dem Vormundschaftsgericht „Pflichtwidrigkeiten" anzuzeigen.

V. Allgemeine Grundsätze lassen sich aus den sub I, II und IV aufgezählten Einzelvorschriften, was die Folgen der Pflichtverletzungen betrifft, in folgender Richtung abstrahieren:

1. Eine Schadensersatzpflicht zieht die Pflichtverletzung nach sich:

a) wenn sie zugleich ein „Verschulden" involviert: beim Vormunde, Gegenvormunde, Beistande der Mutter und Pfleger sowie beim Testamentsvollstrecker und Vereinsliquidator (oben sub IV 1 und IV 2 a α und β);

b) wenn sie auf Vorsatz oder Fahrlässigkeit beruht: beim Beamten (oben sub I 2);

c) ohne daß diese Notwendigkeit gleichzeitigen Verschuldens, Vorsatzes oder fahrlässigen Handelns besonders hervorgehoben wird, indem sich aber aus dem Zusammenhange diese Voraussetzung entnehmen läßt: beim Gegen- und Mitvormunde (oben sub II 2) und bei kriminell rügbarer Pflichtverletzung (oben sub I 6);

d) indem die Notwendigkeit gleichzeitigen Verschuldens von den Bestimmungen des Partikularrechts abhängt: bei den zu amtlichen Grundstückstaxen bestellten Sachverständigen (oben II 3);

e) in diese Gruppe kann man auch die Verwirkung der Konventionalstrafe (oben IV 4 b) einstellen.

2. Die übrigen Konsequenzen der Pflichtverletzungen sind sehr verschiedenartige, lassen sich aber in folgende Gruppen bringen:

a) Die Pflichtverletzung kann die Beendigung eines bisherigen Rechtsverhältnisses herbeiführen, das auf Grund besonderen Vertrauens (vgl. unten sub α—ζ sowie sub η) oder auf Grund besonders naher Beziehungen (unten sub ε und ζ) geschaffen worden war und

---

[1]) „Pflichtwidrig" begegnet nur in § 839 Abs. II Satz 2 (oben sub I 6) mit Bezug auf die Amtspflicht sowie in § 1886 (oben im Text sub a).

[2]) „Pflichtmäßig" findet sich nur in den beiden im Text angegebenen Stellen, also weitaus seltener wie „ordnungsmäßig" (unten § 27 II).

darum zugleich besonders starke Rechtfertigung dieses Vertrauens erheischte, zumal es leichten Zutritt zu fremdem Vermögen gewährte oder sogar geradezu die Verwaltung fremden Vermögens nach sich zog. Diese Beendigung des bisherigen Rechtsverhältnisses tritt ein:

α) bezüglich des Gesellschaftsvertrages (oben sub I 3);
β) bezüglich der Ehe (oben sub I 5 und II 5);
γ) bezüglich des vertragsmäßig eingeführten ehelichen Güterstandes (oben sub IV 2 b β);
δ) bezüglich der Testamentsvollstreckung (oben sub I 3);
ε) bezüglich der gesetzlichen Verwaltungs- und Nießbrauchsbefugnisse des Ehemannes (oben sub IV 2 b α);
ζ) bezüglich der Verwaltung des Kindesvermögens (oben sub IV 2 c), hier aber nur als eventuelle, äußerste Maßregel;
η) bezüglich der Vormundschaft (oben sub IV 5 a).

b) Die Pflichtverletzung kann zu Schutzmaßregeln der Aufsichtsbehörde führen. Dies ist der Fall bezüglich der Verwaltung des Kindes- und Mündelvermögens (oben sub IV 2 c und IV 5 a).

c) Die Pflichtverletzung kann zu einem Akte der Wiedervergeltung führen, insofern nämlich die Verletzung der gesetzlichen Unterhaltspflicht einen Grund bildet:

α) zur Enterbung von Deszendenten, Eltern oder Ehegatten bezw. zur Verweigerung der Aussteuer (oben sub I 4, sub II 4 und sub I 5 a. E.);
β) zur Klage auf Aufhebung der Verwaltungs- und Nutznießungsbefugnisse des Ehemannes oder auf Aufhebung des bisherigen vertragsmäßigen Güterstandes (oben sub IV 2 b α und β).

d) Ganz vereinzelt und insbesondere ohne Erheblichkeit zu Ungunsten des Schuldigen selber sind die oben sub IV 3, 4 a und 5 b erwähnten Folgen.

§ 20.

Der Verzug.

A. Vorbemerkung.

I. Von den beiden Arten, in die der „Verzug" zerfällt, dem Schuldner- und dem Gläubigerverzuge, wird ersterer von der herrschenden Lehre[1]) für einen Fall des subjektiven Verschuldens gehalten, während man letzteren für einen lediglich objektiven[2]) Vorgang erachtet.

II. Diese auch von den Materialien[3]) geteilte und darum auch für die Disposition des BGB. selber maßgebend gewordene[4]) Unterscheidung hinsichtlich der Voraussetzungen beider Verzugsarten halte ich selber nur betreffs des Gläubigerverzuges für richtig, den ich deshalb ohne weiteres aus dem Kreise meiner Betrachtungen über das subjektive Verschulden ausscheiden kann.[5])

[1]) Die Literaturnachweise werden genauer in Teil II (§ 64) erfolgen, wo ihre Würdigung erst stattfinden kann

[2]) Natürlich kann im Einzelfall der Gläubigerverzug zugleich ein Verschulden involvieren.

[3]) Vgl. einstweilen Mot. II S. 60, 68 f., Prot. I Nr. 48 VI S. 325 f., Nr. 80 S. 645 f., Nr. 92 VIII S. 779 f., Prot. II Nr. 112 XI S. 281.

[4]) Vgl. unten S. 75 Anm. 3 und 4 sowie Mot. II S. 69.

[5]) Etwas anderes ist es, daß laut § 300 Abs. I (oben § 5 B I 1 a) der Gläubigerverzug mit dem Verschulden insofern in Berührung tritt, als bei mora creditoris der Schuldner seinerseits nur noch für Vorsatz und grobe Fahrlässigkeit zu haften hat.

III. Dagegen erscheint mir die herrschende Auffassung unrichtig wegen des Schuldnerverzuges.[1]) Auch ihn halte ich für einen Vorgang, der lediglich objektiver, nicht notwendig zugleich subjektiver Art sein muß; das „Verschulden" betrachte ich vielmehr nur als ein naturale, nicht als ein essentiale des Begriffs. Den Beweis dieser Behauptung muß ich mir allerdings für den zweiten Teil der Abhandlung (unten § 64) aufsparen. Hier ist nur die Konsequenz zu vermerken, daß, weil der Verzug in beiderlei Form m. E. nicht unter das Verschulden gehört, ich auch nicht die über ihn im BGB. enthaltenen Rechtssätze der Materialssammlung einverleiben brauchte.

IV. In Erwägung jedoch, daß ich mit meiner Ansicht betreffs des Schuldnerverzuges ziemlich isoliert dastehe, und da ich auch zugeben muß, daß der Schuldnerverzug trotz seiner begrifflichen Unabhängigkeit vom Verschulden faktisch zumeist eine Schuld des debitor morosus involvieren wird,[2]) will ich die mit dem Schuldnerverzuge[3]) operierenden Normen des BGB. wenigstens kurz skizzieren, um in der Materialssammlung späterer bedingter Berücksichtigung auch des Schuldnerverzuges vorzuarbeiten.

B. Die Vorschriften des BGB. über den Schuldnerverzug lassen sich zerlegen in die Kardinalgrundsätze der §§ 284—292[4]) und in Einzelvorschriften.

I. Die Kardinalgrundsätze.

1. Die Voraussetzung. Verzug des Schuldners liegt vor, wenn der Schuldner nach Eintritt der Fälligkeit die Leistung unterläßt entweder

a) nach vorangegangener Mahnung durch den Gläubiger bezw. Klagerhebung oder Zustellung eines Zahlungsbefehls (§ 284 Abs. I Satz 1 und 2) oder

b) auch ohne Mahnung, wenn die Regel ‚dies interpellat pro homine' Platz greift, weil für die Leistung eine Zeit nach dem Kalender entweder schlechthin oder mit Bezugnahme auf eine vorher auszusprechende Kündigung bestimmt worden ist (§ 284 Abs. II).

2. Exkulpation des Schuldners. Eine mora solvendi liegt rechtlich nicht vor, wenn die Leistung infolge eines Umstandes unterbleibt, den der Schuldner nicht zu vertreten hat (§ 285).

3. Die Wirkungen der mora solvendi sind:

a) Die Pflicht zum Schadensersatze (§ 286 Abs. I; vgl. auch §§ 288 Abs. II, 289 Satz 2). Hierbei ist noch folgendes zu bemerken:

α) Der Geldbetrag, welcher als Ersatz für den während des Verzuges eingetretenen Untergang des herauszugebenden Gegenstandes oder für die Unmöglichkeit der Herausgabe oder für die infolge der Verschlechterung eingetretene Wertverminderung zu leisten ist, muß auf Verlangen des Gläubigers von dem der Wertbestimmung zu Grunde zu legenden Zeitpunkte an mit vier Prozent verzinst werden (§ 290 Satz 1 und 2).

---

[1]) In meinem Aufsatze im Archiv für bürgerliches Recht Bd. XIV (oben S. 2 Anm. 5) hatte ich mich noch der herrschenden Ansicht angeschlossen. Zur Berichtigung einiger dortiger Irrtümer vgl. oben S. 26 Anm. 1 und S. 27 Anm. 2.

[2]) Vgl. Näheres unten § 64 A VII 1.

[3]) Vom Gläubigerverzug (Annahmeverzug) handeln: ex professo §§ 293—304 die einen besonderen (zweiten) Titel des BGB. Buch II Abschnitt I bilden (vgl. oben S. 74 Anm. 4); ferner an Einzelvorschriften §§ 264 Abs. II, 274 Abs. II, 322 Abs. II, 324 Abs. II, 372 Satz 1, 383 Abs. I Satz 1, 424, 429 Abs. I, 615, 642 Abs. I, 644 Abs. I Satz 2. — Genauere Andeutungen hatte ich im Archiv für bürgerliches Recht Bd. XIV S. 119 ff. gegeben.

[4]) Sie bilden (vgl. oben Anm. 3 und S. 74 Anm. 4) den Schluß des Tit. I („Verpflichtung zur Leistung") von BGB. Buch II.

β) Der Ersatzanspruch wird durch den Anspruch des Gläubigers auf Verzugszinsen von einer Geldschuld (unten sub c α) nur auf die Differenz beschränkt, nicht gänzlich beseitigt (§ 288 Abs. II) und ebensowenig durch den vom Gesetze vorgesehenen Ausschluß einer Verzinsung der Verzugszinsen selber (§ 289 Satz 2).

γ) Der Ersatzanspruch bestimmt sich, wenn er auf dem Untergange, auf der sonstigen Unmöglichkeit der Herausgabe oder auf der Verschlechterung eines Sachindividuums basiert, nach den Regeln über die Herausgabepflicht, welcher der Besitzer von Rechtshängigkeit einer Eigentumsklage an unterliegt (§ 292 Abs. I; vgl. §§ 985ff., und insbesondere § 990 Abs. II, unten sub II 2 f).

δ) Auch wenn der Gläubiger einen Anspruch auf Herausgabe oder Vergütung von Nutzungen hat, regelt sich dieser Anspruch nach den sub γ angedeuteten Grundsätzen (§ 292 Abs. II).

ε) Der Anspruch auf Schadensersatz wegen verspäteter Erfüllung kann sich auf Verlangen des Gläubigers in einen Anspruch auf Schadensersatz wegen Nichterfüllung verwandeln (und dann des Näheren nach den Vorschriften über das vertragsmäßige Rücktrittsrecht, §§ 346 bis 356 regeln), wenn der Gläubiger wegen nunmehrigen Mangels eines Interesses an der verspäteten Leistung diese ablehnt (§ 286 Abs. II).

b) Erweiterung der Haftung des Schuldners. Dieser haftet nämlich auf Grund seines Verzuges:

α) für jede Fahrlässigkeit (§ 287 Satz 1; vgl. oben § 6 sub II 2) und auch

β) für den Zufall, welcher die Leistung unmöglich macht und nicht auch bei rechtzeitiger Leistung den Schaden herbeigeführt haben würde (§ 287 Satz 2).

c) Zinspflicht. Der Schuldner hat:

α) von einer Geldschuld[1]) während des Verzuges vier Prozent Verzugszinsen zu entrichten (§ 288 Abs. I Satz 1) unbeschadet eines etwaigen Anspruchs des Gläubigers auf höhere Zinsen (§ 288 Abs. I Satz 2);[2])

β) von einem zu ersetzenden Wertbetrage, wie bereits sub a α bemerkt wurde, gleichfalls vier Prozent Zinsen zu entrichten (§ 290 Satz 1 und 2).

4. Der Verzug des Schuldners schließt nicht aus, daß dieser bei Schadensersatz wegen Nichtherausgabe oder Verschlechterung eines bestimmten Gegenstandes (oben sub 3 a γ) Gegenansprüche auf Ersatz von impensae geltend macht; auch diese richten sich nach den Regeln über das Rechtsverhältnis zwischen Eigentümer und herausgabepflichtigem Besitzer (§ 292 Abs. II).

II. Die Einzelvorschriften. Sie gelten teils (1) für alle Rechtsverhältnisse (oder doch, vgl. unten sub 1 c, für eine unbegrenzbare Zahl derselben), bilden also eine bedeutsame Ergänzung der Kardinalregeln sub A; teils (2) gelten sie nur für einzelne bestimmte Rechtsinstitute.

---

[1]) Nur vom Kapital selber, nicht von den Zinsen; also keine Zinseszinsen (§ 289 Satz 1, 291 Satz 2); vgl. jedoch wegen des Fortbestandes einer Schadensliquidation oben sub a β.

[2]) Liegt kein Verzug vor, beginnt die Verzinsungspflicht mit der Rechtshängigkeit bezw. dem späteren Fälligkeitsmomente (§ 291 Satz 1).

1. Vorschriften generellerer Art:

a) Infolge Verzuges wird eine Konventionalstrafe verwirkt, welche der Schuldner dem Gläubiger für den Fall der Nichterfüllung oder der nicht gehörigen Erfüllung seiner Verbindlichkeit versprochen hat (§ 339 Satz 1). Diese Folge tritt auch dann ein, wenn es sich bei der versprochenen Strafe nicht um eine Geldsumme handelt, sondern um eine andere Leistung (§ 342). Die verwirkte Strafe schließt den Anspruch auf effektive Erfüllung nicht aus bei einer Geldstrafe, welche der Schuldner für den Fall nicht gehöriger, insbesondere nicht rechtzeitiger Erfüllung seiner Verbindlichkeit versprochen hatte (§ 341 Abs. I).

b) Bei vertragsmäßigem Rücktrittsrechte darf dem rücktrittsberechtigten, deshalb aber zugleich zur Rückgewähr des empfangenen Gegenstandes verpflichteten Teile, wenn er mit der Rückgewähr in Verzug kommt, von dem anderen Kontrahenten eine angemessene Frist mit der Erklärung bestimmt werden, daß die Annahme nach Ablauf der Frist abgelehnt werde. Wenn alsdann die Rückgewähr nicht binnen dieser Frist erfolgt, wird der Rücktritt selber unwirksam (§ 354).

c) Bei gegenseitigen (bilateralen) Verträgen[1]) ist die Folge des Verzuges des einen Kontrahenten[2]) diese:

α) im allgemeinen kann ihm seitens des anderen Kontrahenten eine angemessene Nachfrist zur Leistung mit der Erklärung gestellt werden, daß nach Ablauf dieser Frist die Leistung abgelehnt werde. Nach erfolglosem Ablaufe der Frist hat dann dieser ablehnende Kontrahent unter Ausschluß des Anspruchs auf nachträgliche Erfüllung die Wahl zwischen Schadensersatz wegen Nichterfüllung und Rücktritt vom Vertrage (§ 326 Abs. I Satz 1 und 2).

β) Auch ohne Setzung einer Nachfrist ist der andere Kontrahent zu der Wahl zwischen Schadensersatz wegen Nichterfüllung und Rücktritt vom Vertrage berechtigt, wenn die verspätete Erfüllung für ihn kein Interesse mehr hat (§ 326 Abs. II).

2. Vorschriften für einzelne Rechtsverhältnisse.

a) Kauf. Hier interessiert der Verzug des Käufers in Zahlung des Kaufgeldes. Im Falle dieses Verzuges ist zwar

α) beim Kreditkaufe das oben sub 1 c α geschilderte Wahlrecht zwischen Rücktritt vom Vertrage und Schadensersatz wegen Nichterfüllung ausgeschlossen (§ 454) und der Verkäufer auf den Ersatzanspruch allein beschränkt; andererseits aber ist

β) bei Vorbehalt des Eigentums an einer verkauften beweglichen Sache bis zur Zahlung des Kaufpreises im Zweifel der Verkäufer zum Rücktritt berechtigt (§ 455).

b) Schenkung:

α) Der Schenker hat keine Verzugszinsen zu zahlen (§ 522).

β) Wegen seines Alimentationsanspruches (§ 528 Abs. I Satz 3) vgl. unten sub i.

c) Miete und (§ 581 Abs. II) Pacht:

α) Verzug des Vermieters bezw. Verpächters in Beseitigung von Mängeln (§ 537) des Miets- bezw. Pachtobjektes berechtigt den Mieter bezw. Pächter, statt des Anspruches auf Befreiung vom

---

[1]) Wegen eines Ausnahmefalles (Kreditkauf) vgl. unten sub 2 a α.

[2]) In Richtung auf seine Verbindlichkeit ist er debitor; daß er in Rücksicht auf die Verbindlichkeit des Gegenkontrahenten creditor ist, bleibt hier gleichgültig.

Miets- bezw. Pachtzinse oder auf Reduktion des Zinses einen Anspruch auf Schadensersatz wegen Nichterfüllung zu erheben (§ 538 Abs. I) oder auch den Mangel selber zu beseitigen und dann Ersatz der Aufwendungen zu verlangen (§ 538 Abs. II).

β) Verzug des Mieters bezw. Pächters in Bezahlung des Miets- bezw. Pachtzinses oder eines Teiles davon gibt dem Vermieter bezw. Verpächter ein von der Kündigungsfrist unabhängiges Kündigungsrecht, wenn der Verzug sich auf zwei aufeinanderfolgende Zinszahlungstermine erstreckt (§ 554 Abs. I Satz 1). Diese mora wird geheilt und die Kündigung ist ausgeschlossen, wenn vor der Kündigungserklärung die Befriedigung des Vermieters bezw. Verpächters stattfand (§ 554 Abs. I Satz 2); unwirksam wird die Kündigung, wenn der Mieter bezw. Pächter unverzüglich (oben § 4 sub I 6 a) nach Empfang der Kündigungserklärung von einem ihm zustehenden Kompensationsrechte Gebrauch macht (§ 554 Abs. II).

d) Werkvertrag. Verzug des Unternehmers; er kann eintreten:

α) in Beseitigung eines Mangels (§ 633 Abs. I) des Werkes: dies berechtigt den Besteller zur Beseitigung des Mangels und zur Liquidation der erforderlichen Aufwendungen (§ 633 Abs. III);

β) in rechtzeitiger Herstellung des Werkes; in diesem Falle bleiben die allgemeinen Rechte des Bestellers gegen den Unternehmer (oben sub I und II 1) trotz des Eingreifens gewisser Spezialfolgen der unpünklichen Erfüllung (§ 636 Abs. I Satz 1) unberührt (ebenda Satz 2).

e) Bürgschaft. Verzug des Hauptschuldners hat für den Bürgen folgende Wirkung:

α) auch der Bürge ist für eine durch Verzug des Hauptschuldners eintretende Veränderung der Obligation (vgl. oben sub B I 3 und II 1) haftbar (§ 767 Abs. I Satz 2);

β) doch darf der Bürge vom Hauptschuldner Befreiung von der Bürgschaft verlangen,[1]) sofern er sich in dessen Auftrage verbürgt hatte oder sofern er nach den Regeln über die negotiorum gestio wegen Uebernahme der Bürgschaft gegen den Hauptschuldner die Rechte eines Mandatars besitzt[2]) (§ 775 Abs. I Nr. 3).

f) Besitz und Erbschaftsbesitz. Die allgemeinen Rechtsregeln über die Folgen des Verzuges bleiben unberührt, wenn es sich um die Haftung des Besitzers bezw. Erbschaftsbesitzers für Schadensersatz wegen Verschlechterung, Unterganges oder sonstiger Unmöglichkeit der Herausgabe einer Sache oder für Nutzungen handelt[3]) (§ 990 Abs. II, § 2024 Satz 3).

---

[1]) Statt dessen muß er sich mit Sicherheitsleistung seitens des Hauptschuldners begnügen, wenn die Hauptverbindlichkeit noch nicht fällig ist (§ 775 Abs. II). Da alsdann aber wiederum von einem Verzuge noch nicht die Rede sein kann, so interessiert dieser Fall für unsere Frage nicht.

[2]) D. h. nach §§ 683 und 684 Satz 2, sofern die Bürgschaftsübernahme nachträglich vom Hauptschuldner ratihabiert wurde oder sofern sie dem Interesse und dem wirklichen oder mutmaßlichen Willen desselben entsprach, oder sofern sie zwar gegen dessen Willen erfolgte, es sich aber um gesetzliche Alimentationspflicht des Hauptschuldners oder um eine solche Pflicht desselben handelt, welche im öffentlichen Interesse liegt.

[3]) Da die Haftung des Besitzers in Buch III geregelt ist, erschien es dem Gesetzgeber mit Recht erforderlich, die Anwendbarkeit der allgemeinen, in Buch II gebotenen Regeln auch auf die Schadensersatzpflicht des Besitzers ausdrücklich hervorzuheben. Dies

g) Nießbrauch an einem Vermögen. Hier entsteht auf Grund des Verzuges eine eigentümliche Herausgabepflicht des Nießbrauchers. Sind nämlich vor Bestellung des Nießbrauchs an seinem Vermögen gegen den Besteller verzinsliche Forderungen anderer Gläubiger oder solche Ansprüche auf wiederkehrende Leistungen entstanden, welche bei ordnungsmäßiger Verwaltung aus den Einkünften dieses Vermögens bestritten werden, und ist der Nießbraucher alsdann mit seiner, gegenüber dem Besteller bestehenden Pflicht zur Befriedigung jenes Gläubigers im Verzuge, so darf der Besteller zum Zwecke solcher Befriedigung jener Gläubiger die Rückgabe von einzelnen Bestandteilen des zu Nießbrauch gegebenen Vermögens verlangen (§ 1088 Abs. III Satz 2).

h) Hypothek. Der Hypothekengläubiger darf (wie gegenüber dem persönlichen Schuldner der hypothekarisch eingetragenen Forderung so auch) gegenüber dem (davon möglichenfalls verschiedenen) Eigentümer des verhafteten Grundstücks Verzugszinsen und zwar aus dem Grundstücke selber beanspruchen, sofern gegenüber dem Eigentümer die Voraussetzungen einer mora solvendi (oben sub I 1) vorliegen (§ 1146).

i) Unterhaltspflicht. Der Unterhaltsberechtigte kann wegen Verzuges des Unterhaltspflichtigen von dem Verzuge ab die Erfüllung oder den Schadensersatz wegen Nichterfüllung auch für die Vergangenheit fordern. Es gilt dies sowohl von der Unterhaltsberechtigung der Verwandten (§ 1613) wie von der der Ehegatten während der Ehe (§ 1360 Abs. III Satz 2) und nach der Scheidung (§ 1580 Abs. III), wie endlich von der Unterhaltsberechtigung des verarmten Schenkers (§ 528 Abs. I Satz 3; vgl. auch oben sub b β).

III. Zur Vervollständigung des Gesamtbildes, das unsere Materialssammlung sub I und II betreffs des Schuldnerverzuges gewährt, ist es empfehlenswert, die Folgen dieses Verzuges noch genauer ins Auge zu fassen und von diesem Gesichtspunkte aus das Gesamtbild nochmals zu betrachten.

1. Sieht man davon ab, daß die Wirkungen sich vereinzelt auch gegenüber einer dritten Person, nämlich dem Bürgen äußern (oben II 2 e), so lassen sie sich in solche scheiden, welche in Nachteilen für den säumigen Schuldner, und solche, welche in Vorteilen für seinen Gläubiger bestehen.

2. Dem säumigen Schuldner erwachsen folgende Nachteile:

a) Eine Schadensersatzpflicht und zwar:

α) schlechthin bei allen Schuldverhältnissen überhaupt (oben I 3 a) und desgleichen im Gebiet des Sachenrechts und des Erbrechts für den morosen Besitzer und Erbschaftsbesitzer (oben II 2 f);

β) mit gewissen Modifikationen:

α') bei den bilateralen Verträgen (ausgenommen Kreditkauf, vgl. oben II 2 a α) nach erfolgtem Ablaufe der Nachfrist, hier jedoch unter Wahlrecht des Gegenkontrahenten zwischen

---

ist der Sinn und der Zweck des § 990 Abs. II (und des § 2024 Satz 3). Das ergibt sich mit Deutlichkeit aus der viel klareren Fassung des entsprechenden § 934 in der I. Lesung (vgl. dazu auch Mot. Bd. III S. 408 f.), während die jetzige Stellung dieser Bestimmung als Abs. II des § 990 zunächst den Eindruck erweckt, als denke der Gesetzgeber auch in Abs. II nur, wie in Abs. I, an den bösgläubigen Besitzer (nicht auch an den in § 989 erwähnten gutgläubigen Besitzer) und als beziehe sich auch Abs. II auf den Zeitpunkt, nicht auf das Maß der Haftung. — Bei den Verweisungen auf § 990, welche in §§ 991 Abs. I, 994 Abs. II und 996 gegeben sind, ist aber offenbar nur § 990 Abs. I, nicht unser § 990 Abs. II gemeint. — Zu § 990 Abs. II vgl. auch noch §§ 292 Abs I und II, 347 Satz 1 und 2 (nebst 467 Satz 1), 818 Abs. IV, 1007 Abs. III Satz 2, 2023 Abs. I und II und oben sub I 3 a γ und δ.

Schadensersatz wegen Nichterfüllung und Rücktritt vom Vertrage (oben II 1 c);

β') bei Verzug des Vermieters oder Verpächters in Beseitigung von Mängeln: hier unter Wahlrecht des Gegenkontrahenten zwischen Schadensersatz wegen Nichterfüllung, Ersatz der Aufwendungen für persönliche Beseitigung der Mängel und Niederschlagung bezw. Reduktion des Zinses (oben II 2 c);

γ') bei Verzug des Alimentationspflichtigen wahlweise mit dem Anspruch auf nachträgliche Erfüllung und zwar auch für die Vergangenheit (oben II 2 i);

δ') bei Verzug des Unternehmers eines Werkes in Beseitigung von Mängeln als Anspruch auf Ersatz der erforderlichen Aufwendungen für Beseitigung der Mängel durch den Besteller des Werkes (oben II 2 d α).

b) Die Pflicht zur Zahlung von Verzugszinsen. Sie trifft den säumigen Obligationsschuldner überhaupt betreffs einer Geldschuld und betreffs Gelderſatzes für einen herauszugebenden Gegenstand oder für dessen Wertminderung (oben I 3 c); eine Ausnahme besteht aber zu Gunsten des Schenkers (II 2 b α), dagegen nicht zu Gunsten des Grundstückseigentümers gegenüber der hypothekarischen Forderung (oben II 2 h).

c) Ausdehnung der Haftung des säumigen Schuldners auf jede Fahrlässigkeit (oben I 3 b α).

d) Vereinzelte Rechtsnachteile sind noch:

α) die Verwirkung der Konventionalstrafe im Falle II 1 a;

β) der Verlust des vertragsmäßigen Rücktrittsrechts bei modifiziertem Verzuge (oben II 1 b);

γ) die Pflicht, auch für die Vergangenheit Alimente zu zahlen (oben II 2 i);

δ) die Pflicht zur Herausgabe einzelner Bestandteile eines in Nießbrauch gegebenen Vermögens (oben II 2 g).

3. Rechtsvorteile der Gegenpartei sind — außer denjenigen, welche sich als Gegenwirkung aus den sub 2 erwähnten Pflichten des Säumigen ergeben — die folgenden:

a) Ein Rücktrittsrecht. Dieses greift Platz:

α) bei allen bilateralen Verträgen (ausgenommen Kreditkauf; vgl. oben II 2 a α) nach erfolglosem Ablaufe der dem Gegenkontrahenten gestellten Nachfrist (oben II 1 c α);

β) bei sämtlichen Schuldverhältnissen ohne weiteres, also auch bei den bilateralen Verträgen (oben sub α), ohne Stellung der Nachfrist: wenn der Gegenkontrahent kein Interesse an der verspäteten Erfüllung hat (oben I 3 a ε und II 1 c β);

γ) im Zweifel bei Vorbehalt des Eigentumes an der verkauften beweglichen Sache, sofern der Käufer in Zahlungsverzug gerät (oben II 2 a β).

b) Die Berechtigung zur Setzung einer Nachfrist:

α) bei allen bilateralen Verträgen (oben II 1 c α);

β) bei vertragsmäßigem Rücktrittsrechte im Falle eines Rückgabeverzuges des Rücktrittsberechtigten (oben II 1 b).

c) Ein Selbsthilferecht, gerichtet auf Beseitigung von Mängeln; dies Recht besteht unter Liquidation der Unkosten:

α) gegenüber dem Vermieter und Verpächter (oben II 2 c α);

β) gegenüber dem Unternehmer eines Werkes (oben II 2 b α).

d) Ein Kündigungsrecht. Dieses besitzt der Vermieter oder Verpächter bei zweimaligem aufeinanderfolgenden Zinszahlungsverzuge des Mieters oder Pächters (oben II 2 c β).

§ 21.

Der Mißbrauch.

Ein subjektives Verschulden versteckt sich möglichenfalls auch unter dem Worte „Mißbrauch“. Von „Mißbrauch“ spricht das Gesetz in zwei verschiedenen Richtungen:

I. Der Mißbrauch eines Rechtes begegnet in folgenden, durchweg familienrechtlichen Bestimmungen:

1. Unter den Ehegatten. Das Gesetz berücksichtigt mehrere (insgesamt vier) Fälle, in denen sich die Handlungsweise eines Ehegatten „als Mißbrauch darstellt“.

a) Die Handlungsweise eines der beiden Ehegatten: laut § 1353 Abs. II Satz 1: mißbräuchlichem Verlangen nach Herstellung der ehelichen Lebensgemeinschaft (§ 1353 Abs. I) ist der andere Ehegatte Folge zu leisten nicht verpflichtet.

b) Die Handlungsweise des Ehemannes im besonderen:

α) mißbräuchlicher Entscheidung in Angelegenheiten des ehelichen Lebens ist die Frau gleichfalls (oben sub a) Folge zu leisten nicht verpflichtet (§ 1354 Abs. II);

β) mißbräuchliche Beschränkung der Schlüsselgewalt der Frau kann durch das Vormundschaftsgericht aufgehoben werden (§ 1357 Abs. II Satz 2);

γ) bei mißbräuchlicher Verweigerung der Zustimmung, daß die Frau sich einem Dritten gegenüber zu einer Leistung verpflichte (§ 1358 Abs. I), endlich kann das Vormundschaftsgericht die Zustimmung ersetzen (§ 1358 Abs. II Satz 2).

2. Seitens des Inhabers der elterlichen Gewalt (§ 1666 Abs. I Satz 1; vgl. § 1686). Wenn er „das Recht der Sorge für die Person des Kindes mißbraucht“ und dadurch das geistige oder leibliche Wohl des Kindes gefährdet, so hat das Vormundschaftsgericht die erforderlichen Maßregeln zur Abwendung der Gefahr zu treffen.

II. Nicht ein Recht, sondern nur ein Verhältnis, nämlich ein „Abhängigkeitsverhältnis“ ist es, dessen „Mißbrauch“ in §§ 825 und 847 Abs. II die schon in anderem Zusammenhange (oben § 11) erwähnte Pflicht zum Schadensersatz bei außerehelicher Beiwohnung herbeiführt. Dies Abhängigkeitsverhältnis braucht sich durchaus nicht als ein Rechtsverhältnis[1]), sein Mißbrauch sich also durchaus nicht als Mißbrauch eines zivilrechtlichen Rechts (wie sub I) zu qualifizieren. Ein „Abhängigkeitsverhältnis“ läge z. B. auch vor zwischen der Magd und dem Gutsinspektor, welcher seinerseits genau so wie die Magd selber in

[1]) So auch z. B. Oertmann S. 562 sub 1 a, Planck II S. 616 sub 2 b. — Fischer-Henle S. 424 Anm. 4 meint sogar mit Recht, nicht einmal ein Autoritätsverhältnis brauche vorzuliegen, es genüge z. B. die Gewährung fortlaufender Unterstützung. Für unser Thema ist jedoch der „reichlich unbestimmte“ (Schollmeyer, Recht der einzelnen Schuldverhältnisse, Berlin 1897, S. 112) Ausdruck „Abhängigkeitsverhältnis“ nicht weiter von Bedeutung (sondern nur der Ausdruck „Mißbrauch“).

einem Rechtsverhältnis zu dem Gutseigentümer steht, oder zwischen der Fabrikarbeiterin und dem Betriebsleiter, wenn diesem seinerseits die Befugnis zum Engagement oder zur Entlassung nicht zusteht.

III. Diejenige Gesetzesstelle, betreffs derer die Literatur vorzugsweise von „Rechtsmißbrauch" spricht, der sog. Chikaneparagraph (§ 226), enthält erstens nicht gerade das Wort „Mißbrauch" und zweitens spricht sie nicht sowohl davon, daß ein Mißbrauch in der Tat vorliege, sondern davon, daß es nicht anders denkbar sei, als daß ein Mißbrauch bezweckt sei. Aber auch dies Bezwecken wird vom Gesetz nicht unter subjektiver, sondern lediglich unter objektiver Beleuchtung gegeben; der an sich so wichtige Chikaneparagraph kann also für unsere Untersuchung als bedeutungslos außer Betracht bleiben.

§ 22.

Die Drohung.

I. Auch sie unter die Schuldbegriffe des BGB. einzureihen, würde wegen des engen Zusammenhanges naheliegen, in welchen (vgl. unten sub II 2) die Drohung im Gesetz mit dem „Mißbrauch eines Abhängigkeitsverhältnisses" (oben § 21 II) und mit der „Hinterlist" (oben § 11) sowie mit der „Arglist" (oben § 10) tritt.

II. Die „Drohung" begegnet in folgenden Beziehungen als ein von zivilrechtlichen Folgen begleitetes Tatbestandsmoment:

1. Gleich der „arglistigen Täuschung" (oben § 10 I) kann auch die „Drohung" einen Anfechtungsgrund für verschiedene Willenserklärungen (inter vivos oder mortis causa) bilden. Vgl. §§ 123 Abs. I, 124 Abs. II Satz 1, 318 Abs. II Satz 1, 1335, 1346 Satz 1, 1599, 1704, 1954 Abs. II, 2078 Abs. II, 2283 Abs. II Satz 1, 2339 Abs. I Nr. 3. Dabei ist es aber eine — vom Gesetz freilich nicht immer wieder ganz ausdrücklich wiederholte[1]) — Voraussetzung, daß die durch die Drohung herbeigeführte Bestimmung des fremden Willens „widerrechtlich" ist; vgl. unten § 25 III.

2. Gleich der „Hinterlist" (oben § 11) und gleich dem „Mißbrauch eines Abhängigkeitsverhältnisses" (oben § 21 II) kann auch die „Drohung" als causa movens für die Gestattung außerehelicher Beiwohnung zu einer Schadensersatzpflicht führen. Vgl. §§ 825, 847 Abs. II.

§ 23.

Der Undank.

Wegen des engen Zusammenhanges, in welchem das Gesetz den „Undank" sowohl mit der Wendung „sich schuldig machen" (oben § 3 B I, insbesondere sub 1 a) wie mit dem Begriffe der „schweren Verfehlung" (oben § 17 A, insbesondere sub I) bringt, ist die Frage motiviert, ob auch der „Undank" zu den subjektiven Schuldbegriffen gehört. Erwähnung findet er — übrigens mit dem Epitheton „grob" ausgestattet — lediglich (in §§ 530 Abs. I und 533, oben § 3 a. a. O. und § 17 a. a. O.) als Grund zum Widerruf einer Schenkung, die dem Undankbaren gemacht worden ist.

---

[1]) Vgl. unten § 25 A III S. 85 Anm. 4.

§ 24.

Das verschwenderische Leben, die Verschwendung und die Trunksucht.

A. Das verschwenderische Leben und die Verschwendung.

I. Da das Gesetz gelegentlich, nämlich in § 2338 Abs. II Satz 2, vom „verschwenderischen Leben" spricht und dies mit Rechtsfolgen umkleidet, ergibt sich die Frage, ob in diesem verschwenderischen Leben oder in der vom Gesetz gleichfalls und zwar wiederholt erwähnten „Verschwendung" ein subjektives Verschulden zu erblicken ist, ähnlich wie diese Frage wegen eines „ehrlosen oder unsittlichen Lebenswandels" schon oben in § 16 VI 2 auftauchte.

II. Das „verschwenderische Leben" wird a. a. O. in folgendem Zusammenhange erwähnt: Die sog. exheredatio bona mente (BGB. § 2338) wird unwirksam, wenn der enterbte Abkömmling zur Zeit des Erbfalles bereits „sich dauernd von dem verschwenderischen Leben abgewendet hat"; auch in dieser Hinsicht ist also eine Parallele mit dem „ehrlosen oder unsittlichen Lebenswandel" im Gesetz enthalten; vgl. § 16 VI 2 b.

III. Die „Verschwendung".

1. Diese steht ihrerseits mit dem „verschwenderischen Leben" (oben sub II) in offensichtlichster Verbindung, indem § 2338 in seinem ersten Absatz (Satz 1) sie[1]) als den Rechtfertigungsgrund für die exheredatio bona mente erscheinen läßt, vorausgesetzt, daß die Verschwendung, der sich der Abkömmling „ergeben hat", ein solches Maß angenommen hatte, daß sein späterer Erwerb erheblich gefährdet[2]) wird.

2. Im übrigen redet das Gesetz[3]) von „Verschwendung" in folgenden Richtungen:

a) Die Verschwendung ist ein Entmündigungsgrund, sofern der Verschwender sich oder seine Familie der Gefahr des Notstandes aussetzt (§ 6 Abs. I Nr. 2);

b) der wegen Verschwendung Entmündigte ist nur beschränkt geschäftsfähig (§ 114) und kann nicht zum Vormunde (§ 1780), Gegenvormunde usw. (§§ 1792 Abs. IV, 1694 Abs. I, 1915 Abs. I, 1916) oder zum Mitgliede des Familienrats (§ 1865) bestellt werden; auch kann er kein Testament errichten (§ 2229 Abs. III Satz 1), wogegen er ein vor der Entmündigung errichtetes Testament sehr wohl widerrufen darf (§ 2253 Abs. II);

c) wenn jemand wegen Verschwendung entmündigt ist oder durch Verschwendung das Gesamtgut gefährdet, so kann seine gütergemeinschaftliche Ehefrau (§ 1468 Nr. 4) bezw. bei fortgesetzter Gütergemeinschaft ein anteilsberechtigter Abkömmling (§ 1495 Nr. 4) auf Aufhebung der Gütergemeinschaft klagen; ebenso die Ehefrau bei Errungenschaftsgemeinschaft (§ 1542 Abs. I) und bei Fahrnisgemeinschaft (§ 1549), bei

---

[1]) Und ferner die ein gleiches Maß erreichende Ueberschuldung des Abkömmlings; besteht diese Ueberschuldung zur Zeit des Erbfalls nicht mehr, so wird gleichfalls (§ 2338 Abs. II Satz 2, oben sub II) die exheredatio bona mente unwirksam.

[2]) Mit dem „gefährdenden Verhalten", oben § 16 IV, tritt diese Gefährdung nach den Gesetzesworten nicht in sichtbare Beziehung.

[3]) Die Bestimmungen des EG. z. BGB. Art. 156 (Abs. I und II) sind für uns ohne weiteres Interesse.

letzterer [1]) im Fall ihrer durch Ehevertrag vereinbarten Fortsetzung auch der Abkömmling (§ 1557).

B. Die Trunksucht kann von Interesse werden insofern an sie vom Gesetz im wesentlichen dieselben Rechtsfolgen geknüpft werden wie an die Verschwendung (oben A III).

I. Genau das gleiche gilt (laut §§ 114, 1780, 1865, 2229 und 2253, oben A III 2 b), was die Beschränkung der Geschäftsfähigkeit und den Mangel der Qualifikation zu den Ehrenämtern des Vormundschaftswesens bezw. zur Testamentserrichtung anlangt.

II. Als Entmündigungsgrund ist die Trunksucht insofern anders beschaffen wie die Verschwendung (oben A III 2 a), als (laut § 6 Abs. 1 Nr. 3 BGB.) die Trunksucht einen solchen Grund abgibt:

1. zwar gleichfalls, wenn der Betreffende sich oder seine Familie der Gefahr des Notstandes aussetzt, aber

2. auch dann, wenn er infolge der Trunksucht seine Angelegenheiten nicht zu besorgen vermag oder die Sicherheit Anderer gefährdet.[2])

§ 25.

Die Widerrechtlichkeit.

Daß die „Widerrechtlichkeit" mit dem „Verschulden" in nahe Berührung tritt, ergibt schon allein ihre bereits oben § 5 sub C erwähnte enge Verbindung mit dem Vorsatze; desgleichen z. B. ihre unten sub A II 2 und IV zu erwähnende Verbindung mit Schadenszufügung und Schadensersatzpflicht. Auch die Widerrechtlichkeit müssen wir darum auf ihre Beziehungen zum Verschulden genauer untersuchen und sie daher jetzt in der Materialsammlung ins Auge fassen.

A. Die Widerrechtlichkeit begegnet in sechs verschiedenen Kombinationen des Begriffes widerrechtlich mit anderen Begriffen, nämlich als (I) widerrechtliche und vorsätzliche Handlungsweise, (II) widerrechtliche Handlungsweise überhaupt, (III) widerrechtliche Drohung, (IV) widerrechtliche Schadenszufügung, (V) widerrechtliches Verlassen des Dienstes und (VI) widerrechtliche Vorenthaltung eines Kindes.

I. Widerrechtliche und vorsätzliche Handlungsweise. Sie ist bereits oben § 5 sub C bei Besprechung des Vorsatzes eingehend erörtert worden; sie erschien dort als (vorsätzliche und widerrechtliche) Tötung, Verhinderung des Schenkers am Widerrufe, Tötungsversuch und Verhinderung des Erblassers an Errichtung oder Aufhebung einer letztwilligen Verfügung und Verletzung von Leben, Körper, Gesundheit, Freiheit, Eigentum oder sonstigen Rechten (BGB. §§ 530 Abs. II, 2339 Abs. I Nr. 1 und 2, 823 Abs. I).

II. Widerrechtliche Handlungsweise überhaupt. Sie kann sich als verbotene Eigenmacht darstellen (§ 858 Abs. I[3]) und ergibt dann folgende Konsequenzen:

---

[1]) Eine Fortsetzung der Errungenschaftsgemeinschaft ist dem BGB. unbekannt vgl. Weyl, Vorträge II S. 231.

[2]) Auch hier (vgl. oben S. 63 Anm. 2) begegnen wir also dem Begriff „gefährden".

[3]) BGB. § 858 Abs. I: „Wer dem Besitzer ohne dessen Willen den Besitz entzieht oder ihn im Besitze stört, handelt, sofern nicht das Gesetz die Entziehung oder Störung gestattet, widerrechtlich (verbotene Eigenmacht)".

1. Innerhalb der Lehre vom Besitze die Konsequenzen, daß der durch verbotene Eigenmacht erlangte Besitz fehlerhaft ist (§ 858 Abs. II Satz 1), daß sich der Besitzer der verbotenen Eigenmacht mit Gewalt erwehren und event. die bewegliche Sache mit Gewalt wegnehmen und aus der unbeweglichen den Täter entsetzen darf (§ 859), daß er Wiedereinräumung des Besitzes (§ 861) und Beseitigung der Störung verlangen darf (§ 862).[1] Vgl. dazu auch § 1029.

2. Innerhalb der Lehre vom Eigentume und im Erbrecht die Konsequenz, daß der Besitzer, welcher sich den Besitz durch verbotene Eigenmacht verschafft hat, dem Eigentümer bezw. der Erbschaftsbesitzer welcher eine zur Erbschaft gehörige Sache durch verbotene Eigenmacht erlangte, dem Erben nach den Vorschriften über Schadensersatz wegen unerlaubten Handlungen haftet, der gutgläubige Erbschaftsbesitzer freilich nur, wenn der Erbe seinerseits den Besitz der Sache bereits tatsächlich ergriffen hatte (§§ 992 und 2025).

III. Widerrechtliche Drohung[2]. Sie gibt den Grund für Anfechtung von Rechtsgeschäften[3] und zwar[4] von

1. Willenserklärungen überhaupt (§ 123 Abs. I);
2. Ehen (§ 1335);
3. letztwilligen Verfügungen (§ 2078 Abs. II);
4. Erbschaftserwerb (§ 2339 Abs. I Nr. 3).[5]

IV. Widerrechtliche Schadenszufügung überhaupt.

1. Sie kann gleich Fahrlässigkeit zur zivilrechtlichen Verantwortlichkeit führen, wenn sie von demjenigen ausgeht, welcher sich durch geistige Getränke oder ähnliche Mittel in einen vorübergehenden Zustand der Bewußtlosigkeit oder einer die freie Willensbestimmung ausschließenden krankhaften Störung der Geistestätigkeit versetzt hat (§ 827 Satz 2; vgl. oben § 6 sub II 3).

2. Sie verpflichtet zum Schadensersatze nicht bloß den widerrechtlich handelnden Urheber des Schadens, sondern auch denjenigen, welcher diesen zu der betreffenden Verrichtung bestellt oder vertragsmäßig zugelassen hat, in deren Ausführung er den Schaden widerrechtlich zufügte (§ 831 Abs. I Satz 1 und II); auch die Dienstherrschaft des Gesindes ist alsdann haftbar (EG. z. BGB. Art. 95 Abs. II).

3. Sie verpflichtet zum Schadensersatze endlich denjenigen, welcher nach Gesetz oder Vertrag die Führung der Aufsicht über eine minderjährige oder wegen

---

[1]) Desgleichen nach § 869 Satz 1 der mittelbare Besitzer.

[2]) Genauer gesagt: widerrechtliche Bestimmung durch Drohung. Der Ausdruck „Drohung" selber interessiert uns also nicht. Das Gesetz gebraucht „drohen" nur von Schaden (§ 904 Satz 1), Gefahr (§§ 228 Satz 1, 680, 908), Verderb (§§ 1218 Abs. II, 1219 Abs. I). „Bedrohen" steht nur einmal in § 839 Abs. II Satz 1 (mit einer öffentlichen Strafe bedrohte Amtspflichtverletzung). — „Androhen" (bezw. „Androhung") steht in §§ 303 Satz 2 (das Aufgeben des Besitzes), §§ 384 Abs. I und III, 1220 Abs. I Satz 1 und 2, Abs. III (die Versteigerung), § 1234 Abs. I Satz 1 und 2, Abs. II Satz 1 und 2 (den Pfandverkauf).

[3]) Also in ähnlichem Umfange wie bei arglistiger Täuschung (oben § 10 I 1).

[4]) Der Kreis der sub 1—4 erwähnten Fälle erweitert sich aber, indem erstens zu §§ 2078 und 2339 noch die auf sie verweisenden §§ 2281 (Abs. I) und 2345 hinzutreten und indem zweitens das Gesetz von Anfechtung wegen Drohung ohne ausdrückliche Erwähnung des Momentes der Widerrechtlichkeit, aber unter offenbarer Voraussetzung desselben noch in § 124 Abs. II Satz 1 (zu Fall 1) und §§ 1346 Satz 1, 1704 (zu Fall 2), sowie in §§ 318 Abs. II Satz 1, 1599, 1954 Abs. II Satz 1, 2283 Abs. II Satz 1 spricht; vgl. zu diesen Fällen oben § 22 sub II 1 sowie auch § 10 I 1 wegen der „arglistigen Täuschung" als Anfechtungsgrund, bei der auch bisweilen (vgl. §§ 123 Abs. II Satz 1 und 2, 1334 Abs. I Satz 2, 1337 Abs. II, 1339 Abs. II) der Gesetzgeber die ausdrückliche Hervorhebung der Arglistigkeit für entbehrlich erachtet hat. — Ferner treten die Fälle der §§ 825, 847 Abs. II (oben § 22 sub II 2) hinzu, bei denen sich die Widerrechtlichkeit der Drohung gleichfalls von selbst versteht.

[5]) Zu § 2239 Abs. I Nr. 3 vgl. dann noch ebenda Abs. II, sowie § 2345 Abs. I Satz 1.

ihres geistigen oder körperlichen Zustandes der Beaufsichtigung bedürftige Person zu führen hat, wenn diese Person einem Dritten widerrechtlichen Schaden zufügt (§ 832 Abs. I Satz 1 und Abs. II).

V. Widerrechtliches Verlassen des Dienstes oder vielmehr Verleitung dazu. Hierfür bleiben die etwaigen Vorschriften des partikularen Gesinderechts [1]) maßgebend (EG. z. BGB. Art. 95 Abs. I).

VI. Widerrechtliche Vorenthaltung des Kindes führt die Pflicht zur Herausgabe desselben an den Vater bezw. die die elterliche Gewalt ausübende Mutter bezw. an den Vormund herbei (§ 1632, §§ 1686, 1800).

B. Das Gesetz äußert seine Ansicht zum Begriffe der Widerrechtlichkeit indirekt, indem es Bemerkungen darüber gibt, daß in gewissen Fällen eine Widerrechtlichkeit nicht vorliege; es sind dies die Fälle der sog. Selbstverteidigung und Selbsthilfe; nicht als widerrechtlich betrachtet das Gesetz nämlich:

I. Handlungen, welche durch Notwehr geboten werden (§ 227 Abs. I), also (§ 227 Abs. II) durch die zur Abwendung eines gegenwärtigen rechtswidrigen Angriffes von sich oder von einem Anderen erforderliche Verteidigung.

II. Beschädigung oder Zerstörung einer fremden Sache, um eine durch sie drohende Gefahr von sich oder einem Anderen abzuwenden: sofern wenigstens die Beschädigung oder Zerstörung zur Abwendung der Gefahr notwendig ist und der Schaden nicht außer Verhältnis zur Gefahr steht (§ 228 Satz 1).

III. Wegnahme, Zerstörung oder Beschädigung einer Sache oder Festnahme eines fluchtverdächtigen Verpflichteten bezw. Beseitigung des Widerstandes des zu einer Duldung Verpflichteten gegen die betreffende Handlung: sofern wenigstens obrigkeitliche Hilfe nicht rechtzeitig zu erlangen ist und ohne sofortiges Einschreiten die Gefahr besteht, daß die Verwirklichung des Anspruchs vereitelt oder wesentlich erschwert werde (§ 229).

IV. Irrtümliche Annahme des Ausschlusses der Widerrechtlichkeit befreit den Handelnden von der Schadensersatzpflicht nicht, auch wenn der Irrtum nicht auf Fahrlässigkeit (oben § 6) beruhte (§ 231, a. a. O. sub II 6 a).

C. Die Widerrechtlichkeit dürfte — vgl. Näheres erst unten Teil II § 48 — wohl einen Verstoß „wider das Recht“ (bezw. wider ein Recht) enthalten; daher dürfte sie in Beziehung stehen zu gewissen anderen Begriffen, die wir bei andern Gelegenheiten bereits kennen lernten bezw. später ergänzungsweise ins Auge fassen wollen. In Betracht kommen:

I. Rechtswidrigkeit (unten § 26 I);
II. Unrecht (ebenda II);
III. gesetzwidriges Verhalten (oben § 16 I);
IV. Verstöße gegen die Gesetze (oben § 18 A).

§ 26.

Die Rechtswidrigkeit; das Unrecht.

I. Die Rechtswidrigkeit.

1. Der Ausdruck „rechtswidrig“ begegnet nur einmal, in § 227 Abs. II (oben § 25 B I): nur wenn ein gegenwärtiger Angriff zugleich „rechtswidrig“ ist, stellt sich die zu seiner Abwehr erforderliche Verteidigung als „Notwehr“ dar.

---

[1]) Vgl. Preuß. Gesindeordnung vom 8. Nov. 1810 (Ges.=S. S. 101) §§ 16 f. sowie §§ 51, 167 ff. in Verbindung mit ALR. I, 6 §§ 29 ff.

2. Den Gegensatz zu „rechtswidrig“ bildet „rechtmäßig“ („Rechtmäßigkeit“). Hiervon erfahren wir in folgenden Bestimmungen:

a) die Hinterlegung des Leistungsobjekts bei Annahmeverzug des Gläubigers kann durch ein Urteil für „rechtmäßig“ erklärt worden sein (§ 376 Abs. II Nr. 3);[1])

b) ob die Veräußerung des Pfandes durch den Pfandgläubiger „rechtmäßig“ war, spielt laut §§ 1242 ff. eine Rolle;[2])

c) der Standesbeamte erklärt die Nupturienten für „kraft des Gesetzes rechtmäßig verbundene Ehegatten“ (§ 1318 Abs. I, EG. z. BGB. Art. 40 Nr. II, § 7 a Abs. I).[3])

II. Das Unrecht. Es findet sich in folgenden Zusammenhängen erwähnt:

1. wegen dinglicher Rechte, die „mit Unrecht“ gelöscht worden sind (§§ 901 Satz 1, 1262 Abs. II Satz 1 und 2, 1263 Abs. II Satz 1);

2. weil eine Tatsache „mit Unrecht“ angenommen worden ist (§§ 1735, 1756, 2031 Abs. II, 2370 Abs. II Satz 2);

3. wegen „mit Unrecht“ erhobener öffentlicher Abgaben (EG. z. BGB. Art. 104).

III. Da die Rechtswidrigkeit und das Unrecht dem Recht zuwiderlaufen, dürften sie nicht nur mit der Widerrechtlichkeit (§ 25) verwandt sein, sondern auch gleich dieser mit den Verstößen gegen Gesetze (über diese vgl. oben § 18 A) und mit dem gesetzwidrigen Verhalten (oben § 16 I); vgl. bereits oben § 25 C.

§ 27.

Die Ordnungswidrigkeit.

I. An die „Rechtswidrigkeit“ (oben § 26 I) erinnert die „Ordnungswidrigkeit“. Sie wird als ordnungswidriger Fruchtbezug in § 1039 Abs. II und in § 2133 erwähnt.

1. Beide Male handelt es sich, dort beim Nießbraucher, hier beim Vorerben, darum, daß die ihm gebührenden Nutzungen durch den ordnungswidrigen Fruchtbezug beeinträchtigt worden sind und daß in Höhe dieser Beeinträchtigung ihm der Wert der Früchte gebührt, wenn dieser Wert nicht zur Wiederherstellung des Nießbrauchs- bezw. Erbschaftsobjekts nach den Regeln einer ordnungsmäßigen Wirtschaft zu verwenden ist.

2. Beide Male wird neben dem ordnungswidrigen auch zugleich der übermäßige Fruchtgenuß genannt, und beide Male gibt das Gesetz (§ 1039 in Abs. I Satz 1) eine nähere Erläuterung der Begriffe „ordnungswidrig“ und „übermäßig“; letzterer wird dahin abgestellt, daß es „infolge eines besonderen Ereignisses[4]) notwendig geworden“ wäre, die Früchte im Uebermaß zu ziehen; ersterer

---

[1]) Wird ein solches Urteil der Hinterlegungsstelle vorgelegt, so darf Schuldner die hinterlegte Sache nicht zurücknehmen.

[2]) Durch rechtmäßige Veräußerung des Pfandes erlangt der Erwerber die gleichen Rechte, wie wenn er die Sache vom Eigentümer erworben hätte (§ 1242 Abs. I Satz 1). War den Erfordernissen der Rechtmäßigkeit nicht genügt, so gilt doch unter Umständen (§ 1244) gleiches wie beim gutgläubigen Eigentumserwerb vom Nichteigentümer (§§ 932 ff.; vgl. oben § 8 II 1 und 2). Die Rechtmäßigkeit selber setzt voraus, daß nicht gegen gewisse in § 1243 Abs. I genannte Vorschriften verstoßen worden ist.

[3]) Abänderung von § 7 des Reichsges. betr. die Eheschließung usw. im Auslande vom 4. Mai 1870.

[4]) Etwa Windbruch oder (Mot. III S. 501) „verheerender Raupenfraß in einem Walde“

wird (ebenda) dahin abgestellt, daß die Fruchtziehung „den Regeln einer ordnungsmäßigen Wirtschaft zuwider" erfolgt sei.

3. Da der Parallelismus der Glieder in den Schlußbestimmungen und in den Anfangsbestimmungen der sub 1 und 2 erwähnten Normen unverkennbar ist, so gelangen wir zu einem vereinzelten Falle gesetzlicher Begriffserklärung, die eben in dem sub 2 erwähnten Sinne geht.

II. Sonst findet sich der Ausdruck „ordnungswidrig" nirgends, wohl aber sehr oft[1]) sein offenbarer Gegensatz „ordnungsmäßig".

1. Zunächst in den beiden sub I 2 genannten Stellen (§ 1039 Abs. I Satz 1 und § 2133 a. A.), in beiden Stellen aber (§ 1039 Abs. I Satz 3 und § 2133 a. E.) noch ein weiteres Mal.

2. Daß etwas „den Regeln einer ordnungsmäßigen Wirtschaft zuwider" geschehen sei, wird noch in § 1135 vermerkt (wegen Entfernung von Zubehörstücken von einem hypothekarisch belasteten Grundstücke); diese Stelle schließt sich also den sub I genannten an.

3. Daß etwas „nach den Regeln einer ordnungsmäßigen Wirtschaft" geschehen sei bezw. zu geschehen habe, wird noch in §§ 581 (Abs. I Satz 1), 588 (Abs. II Satz 1), 589 (Abs. II), 592, 987 (Abs. II), 993 (Abs. I), 998, 1036 (Abs. II), 1048 (Abs. I Satz 2) und 2119 gesagt.

4. Daß etwas „nach den Regeln einer ordnungsmäßigen Vermögensverwaltung" geschieht, erwähnen §§ 1078 (Satz 2)[2]) und 1286 (Satz 1); von den „Grenzen[3]) einer ordnungsmäßigen Wirtschaft" reden §§ 588 (Abs. I Satz 2), 1043, 1048 (Abs. I Satz 1), 1122 (Abs. I und II); davon, daß etwas „einer ordnungsmäßigen Wirtschaft entspricht", §§ 102, 586 (Abs. II Satz 2), 592, 998, 1045 (Abs. I Satz 1), 1046 (Abs. II Satz 1), 2313 (Abs. II Satz 2).

5. Neben der ordnungsmäßigen „Wirtschaft" und der ordnungsmäßigen „Vermögensverwaltung" (die sich noch in § 1083 Abs. I erwähnt findet) — vgl. oben sub 2—4 — sind es noch folgende Begriffe, denen das Gesetz das Prädikat „ordnungsmäßig" erteilt: „Benutzung" (§§ 917 Abs. I Satz 1,[4]) 2132), „Verwaltung und Benutzung" (§ 745 Abs. I Satz 1), „Verwaltung und Nutznießung" (§ 1418 Abs. I Nr. 2 Satz 2), „Ausübung des Nießbrauchs" (§ 1050), „Besorgung" (§§ 1402, 1451), „Bewirtschaftung" (§§ 591 Satz 1, 2049 Abs. II), „Einziehung" (§§ 1074 Satz 2, 1285 Abs. II Satz 1), „Geschäftsführung" (§§ 27 Abs. II Satz 2, 712 Abs. I, 2227 Abs. I), „Zustand" (§ 1020 Satz 2); vor allem aber „Verwaltung" (§§ 1088 Abs. I Satz 2, 1377 Abs. I und Abs. III Satz 2, 1379 Abs. I, 1386 Abs. I Satz 2, 1430 Satz 1 — zweimal —, 1447 Abs. I, 1472 Abs. II, 1619 Abs. I Satz 1 — zweimal —, 1653 Satz 2, 1656 Abs. I, 2038 Abs. I Satz 2, 2120 Satz 1, 2130 Abs. I Satz 1, 2206 Abs. I Satz 1 und 2313 Abs. II Satz 2).

---

[1]) Nämlich insgesamt 65 mal, davon innerhalb derselben Stelle doppelt in §§ 588, 592, 998, 1039, 1048, 1122, 1377, 1430, 1619, 2133, so daß also auch bei einfacher Zählung dieser Stellen die von Scherer I S. 78 angenommene Gesamtziffer 54 noch immer etwas zu gering ist.

[2]) Das unrichtige Zitat § 1073 bei Wendt im Archiv für civil. Praxis Bd. 87 (1897) S. 434 ist offenbar ein Druckfehler für § 1078.

[3]) „Grenzen" findet sich im übertragenen Sinne auch noch in § 866 (Grenzen des Gebrauchs), sonst (§§ 444, 907, 912, 920, 923, EG. z. BGB. Art. 122, 124, 183) stets nur (gleich Grenzüberschreitung, -verwirrung, -zeichen, §§ 912, 915, 919 f., 923; vgl. Gradenwitz S. 82) im Sinne einer Grundstücksgrenze — Das Wort „Regel" ist nur in den im Text genannten Normen zu finden; daneben aber Komposita (Maßregel, Schutz-, Sicherungs-, Vollstreckungsmaßregel; vgl. Gradenwitz pag. XVII) und die Worte „regelmäßig", „regeln", „Regelung" (Gradenwitz S. 125).

[4]) Darnach richtet sich auch das ebenda Satz 2 erwähnte „Benutzungsrecht".

6. Adverbiell begegnet „ordnungsmäßig“ in § 1374 wegen der Verwaltung des eingebrachten Gutes durch den Ehemann und in § 1786 Abs. I Nr. 4 wegen der Führung einer Vormundschaft.

§ 28.

Die unerlaubten Handlungen.

I. Wir müssen auch sie in die Materialssammlung einstellen, weil es zwar — vgl. näheres unten Teil II § 39 — zweifelhaft ist, ob sie begreiflich unter die Fälle des subjektiven Verschuldens gehören, weil sie aber andererseits zweifellos mit dem Verschulden in engste Berührung treten und wir darum mindestens aus diesem Grunde mit den über sie geltenden Grundsätzen vielfach zu operieren haben (vgl. z. B. das unten sub IV Bemerkte). Nachstehend muß also eine kurze Skizze derjenigen Vorschriften gegeben werden, welche das BGB. in Buch II Abschnitt VII Titel 25 enthält. Von vornherein können wir dabei aber mehrere Normen als für uns interesselos ausschalten, nämlich:

1. § 829, der lediglich eine Haftung aus Billigkeitsrücksichten unabhängig von einem Verschulden statuiert;

2. §§ 842—845, 847 und 849, die lediglich die Schadensersatzpflicht für gewisse bestimmte Deliktsfälle genauer nach Umfang, Form und Beschädigungsgrund normieren.[1])

II. Die einzelnen Arten von „unerlaubten Handlungen“, welche im Titel 25 angeführt werden,[2]) lassen sich in zwei große Gruppen zerlegen, je nachdem nach dem im Gesetze normierten Tatbestande die „unerlaubte Handlung“ auf ein menschliches Tun bezw. Unterlassen zurückzuführen ist oder nicht.

1. Die menschlichen Handlungen sind im einzelnen folgende (wobei zugleich die für die subjektive Seite der Tat relevanten Begleitumstände hervorgehoben werden sollen):

a) Verletzung des Lebens, des Körpers, der Gesundheit, der Freiheit, des Eigentums oder sonstiger Rechte eines Anderen[3]) (§ 823 Abs. I); Widerrechtlichkeit (oben § 25) sowie Vorsatz oder Fahrlässigkeit (oben § 5 B II 2 a) vorausgesetzt;

b) kreditgefährdende Verleumdung (§ 824 Abs. I), welche Kennenmüssen (oben § 7 II 1 b) der Unwahrheit der behaupteten bezw. verbreiteten Tatsache voraussetzt;

c) Verbrechen oder Vergehen wider die Sittlichkeit einer Frauensperson (§ 847 Abs. II) bezw. (ebenda und § 825) Bestimmung der Frauensperson zur Gestattung der außerehelichen Beiwohnung und zwar Bestimmung durch Hinterlist (oben § 11) oder durch Drohung (oben § 22 II 2) oder durch Mißbrauch eines Abhängigkeitsverhältnisses (§ 21 II);

d) Amtspflichtverletzungen (§ 839); sie setzen (vgl. § 839 Abs. I Satz 1) Vorsatz oder Fahrlässigkeit des Täters voraus (vgl. oben § 19 I 2 und II 1);

---

[1]) Im Arch. f. bürgerl. R. Bd XIV S. 135 f. (vgl. oben S. 2 Anm. 5) habe ich den Inhalt der §§ 842 ff. genauer ausgeführt.

[2]) Darüber, daß die genauere Erörterung der Tatbestände nicht in unser Thema gehört, vgl. oben § 1 II.

[3]) Auch zu diesem Punkt vgl. oben § 1 II.

e) Verstöße gegen ein den Schutz eines Andern bezweckendes Gesetz[1]) (§ 823 Abs. II); sie setzen, um sich zu „unerlaubten Handlungen" zu gestalten, jedesfalls „Verschulden" voraus (ebenda Satz 2; vgl. oben § 2 IV 1);

f) Verstöße gegen die guten Sitten oder, genauer gesagt, unter derartigem Verstoß erfolgende vorsätzliche (vgl. oben § 5 A I) Schadenszufügung (§ 826).

2. Nicht (oder nicht notwendig) auf menschliches Handeln zurückzuführen sind folgende[2]) „unerlaubte Handlungen":

a) Der sog. Tierschaden (§§ 833 f.);

b) der sog. Wildschaden (§ 835; vgl. EG. z. BGB. Art. 69—72);

c) der Einsturz eines Gebäudes usw. (§§ 836—838).

III. Was die Wirkungen der unerlaubten Handlungen sub I betrifft, so bestehen sie durchweg in der Pflicht zum Ersatze des eingetretenen Schadens.[3]) Hierzu ist mehreres hervorzuheben:

1. Die Schadensersatzpflicht lastet:

a) in den Fällen sub II 1 auf dem Täter;

b) in den Fällen sub II 2 auf dem sog. Tierhalter (§ 833) bezw. dem Jagdberechtigten (§ 835 Abs. I Satz 1, Abs. II, Abs. III) bezw. dem Eigenbesitzer des Gebäudes (§ 836 Abs. I Satz 1, Abs. III). Hier greifen aber einige Sonderbestimmungen ein, die unter dem Gesichtspunkte der Haftung für fremdes Verschulden oder genauer gesagt für die prima facie einem Andern zur Last fallende „unerlaubte Handlung" von Interesse sind:

α) Für Tierschaden ist auch derjenige verantwortlich, welcher durch Vertrag die Aufsicht über das Tier für den Tierhalter selber übernimmt (§ 834 Satz 1).

β) Für Gebäudeschaden sind, wie bereits in § 9 I 2 c bis e ausgeführt wurde, eventuell auch der frühere Besitzer (§ 836 Abs. II) oder gewisse andere Personen (§§ 837 f.) verantwortlich.

2. Eine Haftung für fremde unerlaubte Handlungen greift, wie in den Fällen sub 1 b, auch in dem unter die Gruppe 1 a gehörigen, uns ebenfalls aus § 9 (sub I 2 a) bereits bekannten § 831 sowie im § 832 ein.

3. Mehrere dieser Normen lassen zu Gunsten des Entschädigungspflichtigen einen Entlastungsbeweis dahin offen, daß er die erforderliche Sorgfalt angewendet habe bezw. daß der Schaden auch bei Anwendung dieser Sorgfalt entstanden sein würde bezw. beim Gebäudeeinsturz (§ 836 Abs. II) auch dahin, daß ein späterer Besitzer durch Beobachtung der erforderlichen Sorgfalt die Gefahr hätte abwenden können. Auch diese Normen (§ 831 Abs. I Satz 2 nebst Abs. II, § 832 Abs. I Satz 2[4]) nebst Abs. II, § 834 Satz 2, § 836 Abs. I Satz 2 und Abs. II nebst §§ 837 f.) kennen wir, zum größten Teil wenigstens, bereits aus anderem Zusammenhange (oben § 9 I 2).

4. Ferner bietet Titel 25 einige sehr wichtige Bestimmungen hinsichtlich der Haftung Mehrerer für gemeinschaftlich begangene unerlaubte Handlungen:

a) Von mehreren Mittätern bei einer unerlaubten Handlung — und als Mittäter werden auch die Anstifter und Gehilfen behandelt — ist

[1]) Hiezu vgl. oben § 18 A II 2.

[2]) Auch hier kann auf die Tatbestände im einzelnen nicht eingegangen werden; vgl. jedoch unten sub III 4 c β.

[3]) Vgl das oben sub I 2 Bemerkte und auch § 835 Abs. I Satz 2.

[4]) Er spricht im Speziellen nicht von der Sorgfalt, sondern von der gehörigen Aufsichtsführung und daß der Aufsichtspflicht genügt sei; vgl. oben § 19 II 2.

jeder für den Schaden verantwortlich, gleichviel ob sie die Handlung in der Tat gemeinschaftlich begangen haben oder nur die Feststellung unmöglich ist, wer der mehreren Beteiligten der eigentliche Urheber des Schadens war (§ 830 Abs. I und II).

b) Diese mehreren verantwortlichen Personen haften als Gesamtschuldner (§ 840 Abs. I), d. h. (§ 421 ff.) es ist zwar jeder die ganze Leistung zu bewirken verpflichtet, der Gläubiger aber die Leistung nur einmal zu fordern berechtigt, und der Gläubiger hat das jus eligendi und jus divisionis; die Schuld wird getilgt durch Erfüllung (datio in solutum) und Hinterlegung[1]) seitens eines der Gesamtschuldner sowie durch Erlaß, der in der Absicht, das ganze Schuldverhältnis aufzuheben, zwischen dem Gläubiger und einem der Gesamtschuldner vereinbart wurde.

c) Ein Gesamtschuldverhältnis liegt zwar nach außen hin (zwischen den Ersatzberechtigten und den Ersatzpflichtigen), nicht aber nach innen (zwischen den Ersatzberechtigten untereinander) vor:

α) In den bereits in § 25 sub IV 2 und 3 genauer erörterten Fällen der Haftung des Geschäftsherrn[2]) und des Aufsichtspflichtigen, sofern hier nach Lage der Sache auch der eigentliche Urheber des Schadens, nämlich der Beauftragte oder Beaufsichtigte selber, zum Schadensersatze verpflichtet ist. Denn alsdann ist (§ 840 Abs. II) im Verhältnisse dieser ersatzpflichtigen Personen zu einander in der Regel nur der eigentliche Urheber des Schadens verantwortlich. Dies gilt insbesondere auch, wenn ein Beamter auf Grund seiner Amtspflicht einen Anderen zur Geschäftsführung für einen Dritten zu bestellen oder eine solche Geschäftsführung zu beaufsichtigen oder bei ihr durch Genehmigung von Rechtsgeschäften mitzuwirken hatte, und wenn alsdann der Beamte wegen Verletzung dieser Pflichten (culpa in eligendo und in custodiendo) und der Geschäftsführer (z. B. der Vormund) seinerseits wegen einer unerlaubten Handlung zu Schadensersatz verpflichtet ist (§ 841). Umgekehrt ist im Verhältnisse zu einander der Täter selber verantwortungsfrei und nur der Aufsichtspflichtige haftbar, was den auf Billigkeitserwägungen basierenden Ersatzanspruch des § 829 (oben sub I 1) betrifft.

β) In den Fällen des Tier- und Wildschadens und des durch Einsturz eines Gebäudes usw. verursachten Schadens, wenn neben dem Eigenbesitzer bezw. dem früheren Besitzer bezw. der sonst haftbaren Person (vgl. oben sub 1 b) ein Dritter für den Schaden verantwortlich ist (§ 840 Abs. III). Hierher wird auch der bereits oben § 9 sub II 2 e β besprochene Fall des § 838 gehören, wonach der Besitzer des Gebäudes und die unterhaltspflichtige Person „in gleicher Weise“ haften, wenn zu ihrer Haftung noch die einer dritten Person hinzutritt; etwa die des Mieters, welcher das lockere Gesims, dessen Befestigung sowohl der Eigentümer wie der Pächter[3]) versäumt haben, durch Hinauf-

---

[1]) Die in § 422 Abs. I Satz 2, Abs. II erwähnte Aufrechnung bleibt zufolge § 393 (unten sub VIII 2) im Falle vorsätzlicher Handlungsweise außer Betracht.

[2]) Diese Bestimmung des § 840 Abs. II ist laut EG. z. BGB. Art. 95 Abs. II auch auf das Gesinderecht anwendbar.

[3]) Dabei muß es sich um ein landwirtschaftliches Grundstück handeln, denn nur dessen Pächter ist nach § 582 zur Vornahme der gewöhnlichen Ausbesserungen, insbesondere auch der Wohngebäude, verpflichtet.

stellen schwerer Blumentöpfe zum Niederstürzen bringt; dem beschädigten Passanten sind hier alle drei Personen haftbar, dagegen kann der verklagte Eigentümer oder Pächter den Mieter regreßpflichtig machen und zwischen Eigentümer und Pächter richtet sich die Erstattungspflicht nach der näheren Gestaltung ihres kontraktlichen Verhältnisses.

5. Schließlich bietet Titel 25 noch hinsichtlich folgender Punkte Einzelbestimmungen, die für uns von Interesse sind:

a) Hinsichtlich der Erfüllung des Entschädigungsanspruchs durch den Ersatzpflichtigen. Handelt es sich im besonderen um Schadensersatz wegen Entziehung oder Beschädigung einer beweglichen Sache, so befreit sich der Ersatzpflichtige durch die Ersatzleistung an denjenigen, welcher die Sache zur Zeit der Handlung in Besitz hatte, jedesfalls und auch dann, wenn damals in Wirklichkeit ein Dritter das Eigentum oder ein sonstiges Recht an der Sache hatte (§ 851); die Befreiung von der Ersatzpflicht wird nur, wie bereits oben § 6 sub I 2 b $\beta\ \beta'$ ausgeführt wurde, durch Kenntnis oder grobfahrlässige Unkenntnis des Ersatzpflichtigen von jenem Rechte des Dritten verhindert. — Auch darf der zur Herausgabe und[1]) zum Schadensersatze Verpflichtete von dem Verletzten Ersatz der auf die Sache verwendeten impensae, insbesondere der impensae necessariae in demselben Maße (§§ 994 ff.) beanspruchen, wie der Besitzer vom Eigentümer (§ 850).

b) Hinsichtlich der Verjährung des Ersatzanspruchs. Die Forderungen auf Schadensersatz wegen unerlaubter Handlungen unterliegen der allgemeinen dreißigjährigen Verjährungsfrist (§ 195), welche mit Begehung der Handlung zu laufen beginnt; doch wird die Frist auf drei Jahre reduziert, wenn der Verletzte sowohl von dem Schaden selber wie von der Person des Ersatzpflichtigen Kenntnis erlangt, und alsdann beginnt der Lauf der Frist mit dem Momente der Kenntnis (§ 852 Abs. I). Was der Ersatzpflichtige etwa durch die unerlaubte Handlung auf Kosten des Verletzten erlangt hat, muß er jedoch auch nach Vollendung der dreißig- bezw. dreijährigen Verjährung herausgeben und zwar nach den in §§ 812—822 enthaltenen Vorschriften über Herausgabe einer ungerechtfertigten Bereicherung (§ 852 Abs. II). Umgekehrt soll sich der Täter der unerlaubten Handlung nicht auf Grund der Vorschriften über die Verjährung dadurch bereichern, daß im Wege der Verjährung eine Einrede des Verletzten erlischt; wenn nämlich der Täter durch die unerlaubte Handlung eine Forderung gegen den Verletzten erlangt hat,[2]) so kann der Verletzte die Erfüllung auch nach Verjährung des Anspruches auf Aufhebung der Forderung verweigern (§ 853).

IV. In der subjektiven Richtung auf das Schuldmoment sind von eminenter Wichtigkeit die zwar in dem Titel über die unerlaubten Handlungen stehenden, aber laut § 276 Abs. I Satz 3 auch auf obligatorische Rechtsverhältnisse und jedenfalls gleich diesem § 276 selber[3]) auf alle Rechtsverhältnisse überhaupt zu beziehenden §§ 827 und 828.

1. Nach § 827 tritt keine Haftung aus der unerlaubten Handlung ein, wenn sie begangen wurde im Zustande der Bewußtlosigkeit oder in einem die

[1]) Diese Schadensersatzpflicht ist zwar in § 850 nicht ausdrücklich erwähnt worden, ergibt sich aber aus dem Zusammenhange der §§ 848—851.

[2]) z. B. aus einer Schuldverschreibung auf den Inhaber, die X. ausgestellt hat und die ihm alsbald von Y. gestohlen wurde. Vgl. BGB. § 793.

[3]) Vgl. oben § 5 B II 1.

freie Willensbestimmung ausschließenden Zustande krankhafter Störung der Geistestätigkeit. Daß jedoch die durch geistige Getränke oder ähnliche Mittel von dem Täter selber herbeigeführte vorübergehende Versetzung in einen derartigen Zustand für den widerrechtlich verursachten Schaden ebenso verantwortlich macht wie eine fahrlässige Schadenszufügung, wogegen unverschuldetes Geraten in jenen Zustand von der Verantwortung befreit, ist bereits oben § 6 sub II 3 und § 2 sub IV 2 bemerkt worden. (Vgl. auch oben § 25 sub A IV 1.)

2. Nach § 828 unterliegt keiner Verantwortlichkeit wegen unerlaubter Handlungen, sondern höchstens einem durch die aequitas gerechtfertigten quasideliktischen Ersatzanspruche: [1])

a) das Kind unter 7 Jahren;

b) die zwischen vollendetem 7. und 18. Jahre stehende Person, sowie der Taubstumme, wenn ihnen die zur Erkenntnis der Verantwortlichkeit erforderliche Einsicht bei Begehung der unerlaubten Handlung fehlte.

V. Die sub III und IV besprochenen Grundsätze über unerlaubte Handlungen finden laut diesbezüglicher ausdrücklicher Gesetzesvorschriften entsprechende Anwendung auch auf einige andere Fälle [2]) der Haftung für Schadensersatz, nämlich auf die Ersatzpflicht:

1. des Geschäftsführers ohne Auftrag, der gänzlich geschäftsunfähig oder in der Geschäftsfähigkeit beschränkt ist [3]) (§ 682; vgl. § 687 Abs. I und II);

2. des Besitzers bezw. Erbschaftsbesitzers, der sich eine Sache durch verbotene Eigenmacht oder durch eine strafbare Handlung verschafft hat (§§ 992, 2025 Satz 1; vgl. unten § 29 sub I 2);

3. des Dienstberechtigten bezw. der Dienstherrschaft, welche den in § 618 Abs. I und II [4]) getroffenen Fürsorgepflichten zum Schutze von Leben, Gesundheit, Sittlichkeit und Religion des Dienstpflichtigen nicht nachgekommen ist (§ 618 Abs. III, EG. z. BGB. Art. 95 Abs. II).

VI. Auf die Vorschriften über die unerlaubten Handlungen rekurriert das Gesetz ferner noch, indem es sie „unberührt" bleiben läßt bezw. „unbeschadet" dieser Vorschriften im übrigen eine Schadensersatzpflicht leugnet. Ersteres ist der Fall in § 951 Abs. II Satz 1 bezüglich desjenigen, welcher wegen „Verbindung", „Vermischung" oder „Verarbeitung" von Sachen zu Geldvergütung an einen Anderen verpflichtet ist; letzteres ist der Fall nach § 676 bezüglich desjenigen, der einen Rat oder eine Empfehlung erteilt hat.

VII. Die Begehung einer unerlaubten Handlung im weitesten Sinne tritt ferner als besonderes Schuldmoment, welches mit besonderen Rechtsnachteilen verknüpft ist, in mehreren Sonderfällen auf, welche das Gemeinsame haben, daß es sich bei ihnen um die mittels unerlaubter Handlung [5]) erfolgte Erlangung des Besitzes handelt. Die Rechtsnachteile sind:

1. Fortfall des Retentionsrechtes, das anderen Falles dem herausgabepflichtigen Obligationsschuldner oder Besitzer gegen den Obligationsgläubiger bezw. den Eigentümer wegen seiner impensae zustehen würde (§ 273 Abs. II,

---

[1]) BGB. § 829 (vgl. dazu oben sub I 1 sowie wegen BGB. § 840 Abs. II oben sub III 4 c α).

[2]) Die Aufzählung, welche z. B. Müller (Gustav), Der Begriff der unerlaubten Handlungen im Sinne des BGB. (in Seufferts Blättern für Rechtsanwendung Jahrgang 65, 1900, Nr. 22 S. 373 ff.) S. 374 gibt, ist sehr unvollständig.

[3]) Vgl. BGB. §§ 104, 106, 114.

[4]) Zu § 618 vgl. auch HGB. § 62 Abs. I und II (§ 76 Abs. I).

[5]) z. B. Diebstahl, Unterschlagung, Raub, Erpressung, Hehlerei, Verletzung eines Pfand- oder Retentionsrechts gemäß StGB. § 289: alles Fälle, die unter § 823 Abs. I — vorsätzliche Verletzung des Eigentums oder eines sonstigen Rechts eines Andern — subsumiert werden können.

§ 1000 Satz 2). Doch geht dies Retentionsrecht nur verloren, wenn die unerlaubte Handlung vorsätzlich begangen wurde (vgl. oben § 5 sub A II 3 a und b).

2. Ausdehnung der Haftung desjenigen, welcher zur Rückgabe einer dem Anderen durch unerlaubte Handlung entzogenen Sache verpflichtet ist, auch auf einen Zufall, der den Untergang oder die aus einem anderen Grunde eintretende Unmöglichkeit der Herausgabe oder die Verschlechterung der Sache herbeiführte (sofern nicht dieser Untergang usw. auch ohne die unerlaubte Entziehung der Sache eingetreten wäre) (§ 848).

3. Perpetuierung der Herausgabepflicht (und zwar Herausgabepflicht nach den Grundsätzen über Herausgabe einer ungerechtfertigten Bereicherung) bezüglich des durch die unerlaubte Handlung auf Kosten des Verletzten erlangten Vorteils; dieser Vorteil ist nämlich auch nach Verjährung des Anspruches auf Schadensersatz herauszugeben (§ 852 Abs. II; vgl. oben sub III 5 b).

VIII. Im übrigen finden sich die „unerlaubten Handlungen" nur noch in folgenden für uns interesselosen Vorschriften erwähnt:

1. In einer das Internationale Privatrecht betreffenden Bestimmung des EG. z. BGB. Art. 12.[1])

2. In dem schon oben § 5 A II 2 besprochenen Kompensationsverbot gegenüber Forderungen aus vorsätzlich begangenen unerlaubten Handlungen (BGB. § 393).

3. In einigen Vorschriften, welche sich auf die Belastung des Vermögens der Ehegatten mit den pekuniären Folgen der von einem der Ehegatten begangenen unerlaubten Handlungen beziehen (§§ 1415 Nr. 1, 1463 Nr. 1 und 1536 Nr. 3).[2])

§ 29.

Die strafbaren Handlungen.

Auch die „strafbaren Handlungen" berühren sich im BGB. sehr oft mit den Verschuldensbegriffen und sind, wenngleich sie sich mit diesen Begriffen offenbar nicht decken oder in sie aufgehen, doch auf ihre genaueren Beziehungen zu ihnen zu untersuchen und deshalb in die Materialssammlung einzustellen. Im BGB.,

---

[1]) Gegen Deutsche können aus unerlaubten Handlungen, die im Ausland begangen wurden, nicht weitergehende Ansprüche geltend gemacht werden, als nach deutschen Gesetzen (nicht also bloß BGB.) begründet sind.

[2]) Die Sache steht so: Gemäß den allgemeinen Regeln über die Belastung mit der Entschädigungspflicht haftet wegen unerlaubter Handlungen einer Ehefrau dem ersatzberechtigten Gläubiger bei gesetzlichem Güterrecht das Eingebrachte (§ 1411 Abs. I), bei allgemeiner Gütergemeinschaft, Errungenschaftsgemeinschaft und Fahrnisgemeinschaft dagegen des Gesamtgut (§§ 1459 Abs. I, 1530 Abs. I, 1549) und daneben der Ehemann als Gesamtschuldner (§§ 1459 Abs. II, 1530 Abs. II, 1549). Anders jedoch für das Verhältnis der Ehegatten untereinander. Denn die Verbindlichkeiten eines Ehegatten aus einer unerlaubten Handlung, die er während der Ehe begeht, oder aus einem Strafverfahren, das wegen einer solchen Handlung gegen ihn gerichtet wird, sowie die Kosten eines Rechtsstreites, den der Ehegatte über eine solche Verbindlichkeit führt, fallen seinem persönlichen Vermögen zur Last (§§ 1415 Nr. 1 und 3, 1463 Nr. 1 und 3, 1536 Nr. 3 und 4, 1549), so daß z. B., wenn die unerlaubte Handlung von der Frau begangen wurde, bei gesetzlichem Güterrecht das Vorbehaltsgut der Frau (§ 1415 Nr. 1 und 3) belastet wird und nach etwaiger Berichtigung der Verbindlichkeit aus dem Eingebrachten dieses auf Kosten des Vorbehaltsgutes zu ergänzen ist (§ 1417 Abs I). Das gilt aber natürlich nur, wenn die unerlaubte Handlung nach demjenigen Augenblicke stattfand, mit welchem der Güterstand begann, d. h. rücksichtlich des gesetzlichen Güterrechts nach der Eheschließung (§ 1415 Nr. 1), rücksichtlich der allgemeinen Gütergemeinschaft, Errungenschaftsgemeinschaft und Fahrnisgemeinschaft nach deren Eintritt (§§ 1463 Nr. 1, 1536 Nr. 1, 1549), also nach der vertragsmäßigen Einführung. — Analoges gilt für das vom Vater bezw. von der Mutter kraft der elterlichen Gewalt verwaltete Kindesvermögen (§§ 1660, 1686).

das sie oft mit zivilrechtlichen Folgen [1]) umkleidet, finden wir teils (I) strafbare Handlungen im allgemeinen, teils (II) gewisse Deliktsgruppen, teils (III) gewisse Sonderdelikte erwähnt.

I. „Strafbare Handlungen“ überhaupt.

1. Von strafbaren Handlungen schlechthin spricht das BGB., ohne daß sich wegen ihrer Art etwas Näheres ergibt, in folgenden Zusammenhängen:

a) Wenn mit einem Verbrechen oder vorsätzlich verübten Vergehen (unten sub II 1 a), das der Vater an seinem Kinde verübt hat, eine „andere strafbare Handlung“ zusammengetroffen und wegen dieses Zusammentreffens auf eine Gesamtstrafe erkannt worden war, so soll betreffs der Frage, ob der Vater durch Verurteilung zu Zuchthausstrafe oder zu Gefängnisstrafe von mindestens sechs Monaten die elterliche Gewalt verwirkt habe (§ 1680 Abs. I Satz 1), die Einzelstrafe entscheiden, welche für die an dem Kinde verübte Straftat verwirkt worden ist (§ 1680 Abs. I Satz 2).

b) Eine „strafbare Handlung“ ist nach EG. z. BGB. Art. 46 Nr. III (Abs. II zu Pers.Ges. vom 6. Februar 1875 § 67) nicht vorhanden, wenn der Geistliche die Trauung schon vor der standesamtlichen Eheschließung wegen lebensgefährlicher, einen Aufschub nicht gestattender Erkrankung eines Verlobten vornahm.

2. Eine etwas speziellere Nuance in der Richtung auf die Eigentumsdelikte, aber keineswegs notwendig nur auf sie, blickt aus den uns schon aus § 28 V 2 bekannten Bestimmungen der §§ 992 und 2025 Satz 1 entgegen.

3. Eine durchaus engbegrenzte Gruppe von „strafbaren Handlungen“ ist es dagegen, auf welche folgende Bestimmungen hinzielen:

a) § 1565 Abs. II, der die Ehescheidung für ausgeschlossen erklärt, wenn bei einer der einen Scheidungsgrund nach § 1565 Abs. I (unten III 3 a) bildenden strafbaren Handlung des einen Ehegatten der andere Ehegatte „zustimmt oder sich der Teilnahme schuldig macht“;

b) § 2339 Abs. II, welcher mit Rücksicht auf die ebenda Abs. I (unten II 2 d) erwähnten Deliktsarten sagt, daß die von jenen hervorgerufene Erbunwürdigkeit unter gewissen Voraussetzungen nicht eintrete.

II. Deliktsgruppen. Hier ist zweierlei zu trennen:

1. Nach der Art der vom Strafrecht angedrohten Sühne. Der Unterschied zwischen „Verbrechen“, „Vergehen“ und „Uebertretung“ ist auch für das BGB. von Bedeutung; denn

a) „Verbrechen“ [2]) und vorsätzlich verübte „Vergehen“ [3]) des Vaters bezw. der Mutter gegen das Kind, welche in casu concreto die Verurteilung des Täters zu Zuchthaus oder zu Gefängnis von mindestens sechs Monaten herbeigeführt haben,[4]) ziehen Verwirkung der elterlichen Gewalt nach sich (§ 1680 Abs. I Satz 1, § 1686).

---

[1]) Zu bemerken ist noch, daß sich an ein Strafverfahren auch sonst noch pekuniäre Folgen anschließen können, jedoch nur im Gebiete des Familienrechts und zwar was das Vermögen der Eheleute bezw. des unter elterlicher Gewalt stehenden Kindes und des näheren die Frage betrifft, welcher Vermögenskomplex die Verbindlichkeiten aus einem Strafverfahren, insbesondere die Kosten des Verfahrens und der Verteidigung zu tragen hat. (Vgl. §§ 1387 Nr. 2, 1388, 1529 Abs. II, 1415 Nr. 1 und 3, 1417 Abs. I, 1536 Nr. 3 und 4, 1537 Abs. I bezw. 1654 Satz 2 und 3, 1660.)

[2]) d. h. bekanntlich nach StGB. § 1 Abs. I strafbare Handlungen, welche mit Tod, mit Zuchthaus oder mit Festung von mehr als fünf Jahren bedroht sind.

[3]) d. h. (StGB. § 1 Abs. II) Handlungen, die mit Festung bis zu fünf Jahren, mit Gefängnis (oder, was hier nicht interessiert, mit Geldstrafe über 150 Mark) bedroht sind.

[4]) Wegen der Gesamtstrafe vgl. oben I 1 a.

b) Verbrechen und schwere vorsätzliche Vergehen[1]) gegen den Erblasser oder dessen Ehegatten geben dem Erblasser das Recht zur Enterbung des pflichtteilsberechtigten Abkömmlings oder parens (Vater oder Mutter) bezw. den Eltern das Recht zur Verweigerung der Aussteuer für die Tochter (§ 2333 Nr. 3, § 2334, § 1621 Abs. II).

c) Delikte, welche mit Verlust der bürgerlichen Ehrenrechte bedroht sind, haben, sofern in der Tat auf diesen Verlust erkannt worden ist, zur Folge:

α) Unfähigkeit zum Vormunde (Gegenvormunde, Pfleger, Mitgliede des Familienrates, Beistande der die elterliche Gewalt ausübenden Mutter) und Entlassung des Vormundes (Gegenvormundes usw.) (§§ 1781 Nr. 4, 1792 Abs. IV, 1866 Nr. 2, 1878 Abs. I, 1886, 1895, 1897, 1915 Abs. I, 1694 Abs. I; vgl. auch EG. z. BGB. Art. 34 Abs. I).

β) Unfähigkeit zum Testamentszeugen und Dolmetscher (§ 2237 Nr. 3, §§ 2244 Abs. I Satz 2, 2250 Abs. II Satz 2).

γ) Unfähigkeit zum Eheschließungszeugen (§ 1318 Abs. II Satz 1; EG. z. BGB. Art. 40 Nr. II [§ 7 a Abs. II Satz 1 des Pers.-Ges. im Auslande]).

d) Delikte, welche mit Verlust der Fähigkeit zur Vernehmung als Zeuge verbunden sind; sie haben gleichfalls die sub c β angedeutete Folge (§§ 2237 Nr. 3, 2244 Abs. I Satz 2, 2250 Abs. II Satz 2).

2. Ganze Deliktskategorien kommen in nachstehender Weise in Betracht:

a) Delikte gegen Körper, Leben, Gesundheit, Freiheit, Eigentum oder sonstige Rechte eines Anderen. Sie verpflichten (§ 823 Abs. I, vgl. oben § 5 sub B 2 a) zum Ersatze des aus ihnen entstandenen Schadens, gleichviel ob sie vorsätzlich oder fahrlässig begangen wurden (vgl. auch wegen Tötung, Körperverletzung, Freiheitsentziehung und Gesundheitsschädigung insbesondere § 843 ff., oben § 28 sub I 2, wegen Tötung und Körperverletzung EG. z. BGB. Art. 42 — Reichshaftpflichtgesetz — Nr. I bis III).

b) Verbrechen oder Vergehen gegen die Sittlichkeit einer Frauensperson. Sie geben dieser einen Anspruch auf Schadensersatz und auf billige Entschädigung in Geld, selbst wenn der Schaden kein Vermögensschaden ist (§ 847 Abs. II; vgl. oben § 11, § 21 II und § 22 II 2).

c) Amtsdelikte im eigentlichen kriminalrechtlichen Sinne (nicht bloß Amtspflichtverletzungen, § 839 Abs. I, § 841; vgl. oben § 19 sub II 1), die mit einer im Wege des gerichtlichen Strafverfahrens zu verhängenden öffentlichen Strafe bedroht sind, bilden die alleinige Grundlage eines Anspruches auf Schadensersatz wegen einer bei einem Urteil in einer Rechtssache erfolgten Pflichtverletzung (§ 839 Abs. II Satz 1; vgl. oben § 19 sub I 6).

d) Urkundsdelikte, die gemäß StGB. §§ 267—274 in Ansehung einer Verfügung von Todes wegen begangen werden, machen den Täter erbunwürdig, d. h. seinen Erbschaftserwerb bezw. seinen Anspruch aus dem Vermächtnisse bezw. auf den Pflichtteil anfechtbar (§ 2339 Abs I Nr. 4, § 2345 Abs. I Satz 1 und Abs. II).

[1]) Wegen des Begriffes „schweres vorsätzliches Vergehen" vgl. oben S. 34 Anm. 1 und 2.

e) Zuwiderhandlungen gegen die zum Schutze von Grundstücken erlassenen Strafgesetze können, soweit dies durch landesrechtliche Vorschriften gerechtfertigt ist, nach EG. z. BGB. Art. 107 zur Schadensersatzpflicht führen (vgl. oben § 18 A II 5 c).

f) Verstöße gegen die den Schutz Anderer bezweckenden Gesetze machen schadensersatzpflichtig (§ 823 Abs. II Satz 1; vgl. oben § 18 A II 2).

III. Sonderdelikte, welche von zivilrechtlichen Folgen begleitet sind:

1. Mord, Todschlag (abgesehen von den Fällen sub 2 a):

a) vollendeter bezw. versuchter Todschlag bezw. Mord hat die oben sub II 2 d erwähnte Folge der Erbunwürdigkeit und der Unwürdigeit zum Vermächtnis- oder Pflichtteilserwerb (§ 2339 Abs. I Nr. 1, § 2345);

b) die Erben des vom Beschenkten ermordeten Schenkers sind zum Widerruf der Schenkung berechtigt (§ 530 Abs. II);

c) das „nach dem Leben trachten" ist ein Scheidungsgrund (§ 1566) und ein Enterbungsgrund (§ 2333 Nr. 1, §§ 2334, 2335 Abs. I).

2. Körperverletzung[1]) (gleichfalls abgesehen von den Fällen sub II 2 a):

a) Sie kann (als vorsätzliche körperliche Mißhandlung des Erblassers oder seines Ehegatten) gegen Abkömmlinge oder Eltern als Enterbungsgrund (§ 2333 Nr. 2, § 2334), gegen die Tochter als Grund zur Verweigerung der Aussteuer (§ 1621 Abs. II) dienen;

b) „grobe Mißhandlung" des andern Ehegatten kann Ehescheidungsgrund sein (§ 1568 Satz 2).

3. Sexuelle Delikte:

a) Ehebruch, Bigamie sowie widernatürliche Unzucht sind Ehescheidungs- und unter Ehegatten Enterbungsgründe (§§ 1565 Abs. I, 2335 Abs. I);

b) Ehebruch ist ein Ehehindernis zwischen den Ehebrechern (§ 1312 Abs. I), jedoch (ebenda Abs. II) ein dispensables;

c) die durch Hinterlist oder Drohung oder Mißbrauch eines Abhängigkeitsverhältnisses erfolgende Bestimmung zur Gestattung der außerehelichen Beiwohnung (ein Tatbestand, der sich mit denen des StGB. §§ 174, 176 Nr. 1 und 2, 177, 179 decken kann), gibt der gemißbrauchten Frauensperson einen Anspruch auf Schadensersatz (§ 825), selbst wenn kein Vermögensschaden vorliegt (§ 847 Abs. II); vgl. oben sub II 2 a.

4. Kreditgefährdende Verleumdung (StGB. § 187) verpflichtet zum Schadensersatze ebenso wie die zwar nicht wider besseres Wissen aber doch fahrlässig erfolgende Behauptung oder Verbreitung wahrheitswidriger Tatsachen, welche zur Gefährdung des Kredits oder zur Herbeiführung sonstiger Nachteile für Erwerb oder Fortkommen eines Anderen geeignet sind (§ 824 Abs. I; vgl. oben § 28 sub II 1 b).

5. Mit dem strafrechtlichen „Betruge" (StGB. § 263) wird sich die „arglistige Täuschung" und das „arglistige Verschweigen" (oben § 10 I und II) berühren können.[2])

6. Mit der strafrechtlichen „Nötigung" (StGB. § 240) wird die widerrechtliche Drohung (oben § 22 sub II 1 und § 25 sub A III) zusammenfallen können.

---

[1]) Vgl. hierzu auch § 2339 Abs. I Nr. 1: „Erbunwürdig ist 1. wer den Erblasser vorsätzlich und rechtswidrig . . . . in einen Zustand versetzt hat, infolge dessen der Erblasser bis zu seinem Tode unfähig war, eine Verfügung von Todes wegen zu errichten oder aufzuheben."

[2]) Näheres unten § 58.

Zweiter, systematischer Teil.

Erstes Kapitel.

Die Bestimmung der Begriffe.

§ 30.

Plan der Darstellung.

I. Wenn es sich nunmehr darum handelt, die in der „Materialssammlung" §§ 2—29 erwähnten Begriffe „Verschulden", „Vorsatz", „Fahrlässigkeit" usw. näher zu bestimmen, gegen einander abzugrenzen und mit einander zu vergleichen, so fragt es sich zunächst, in welcher Reihenfolge man die Begriffe anordnen soll, ohne bereits zu viel von den in einem späteren Abschnitte zu ziehenden allgemeineren Folgerungen vorwegzunehmen und sich und den Leser dadurch zu präokkupieren und ohne andererseits seine Zuflucht zu rein mechanischen Anordnungsmethoden (alphabetische Reihenfolge, Legalordnung u. dgl.) zu nehmen.

1. Hier kommt uns nun das Gesetz selber entgegen, indem es, für einen Teil der Begriffe wenigstens, authentische Definitionen oder doch Suppositionen anderer Wendungen bietet, und somit die Voranstellung dieser Fälle (Abschnitt I) rechtfertigt; es begegnen derartige Definitionen bezw. Suppositionen für die „Fahrlässigkeit" (unten § 31), für das „Kennenmüssen" (unten § 32), für „unverzüglich" (unten § 33) sowie für die „Bösgläubigkeit" (unten § 34) und die „Ordnungswidrigkeit" (unten § 35). — Diesen Begriffen werden wir alsdann diejenigen anreihen, in denen das Gesetz uns dadurch einen näheren Anhalt gewährt, daß es (Abschnitt II) den Begriff durch ein Musterbeispiel erläutert — dies ist der Fall[1]) wegen des „Verstoßes gegen die guten Sitten" (unten § 36) und wegen der (schweren) „Pflichtverletzung" (unten § 37), — oder dadurch, daß es (Abschnitt III) den Tatbestand des Begriffs positiv abgrenzt, was betreffs der „böslichen Verlassung" (unten § 38) und der „unerlaubten Handlungen" (unten § 39) geschieht.

2. Die übrigen — an Zahl und zum Teil an Bedeutung erheblicheren — Begriffe, wegen derer das Gesetz Winke in der sub 1 erwähnten Art uns nicht gibt, sollen alsdann (Abschnitt IV) in der Reihenfolge zur Erörterung gelangen, welche sich im einzelnen durch Anknüpfung an die vorher ermittelten Begriffe gewinnen lassen wird.

3. Die Gegenüberstellung und der Vergleich der Begriffe wird am zweckmäßigsten so erfolgen, daß man jedesmal am Ende des Paragraphen auf die sämtlichen bereits in früheren Paragraphen erörterten Begriffe einen Blick wirft.

---

[1]) Ueber ein Musterbeispiel der „Fahrlässigkeit" bezw. des „Kennenmüssens" (BGB. § 1980 Abs. II Satz 2) vgl. unten § 31 sub C V 1.

Nachdem man dies durchweg getan hat, wird sich schließlich (Kapitel II) ein Gesamtschema aufbauen lassen.

II. Einige der Begriffe — z. B. „unverzüglich“ und das „Kennenmüssen“ — tauchen als technische im BGB. ganz neu auf, andere — z. B. Vorsatz, Fahrlässigkeit — sind der älteren zivilistischen Doktrin schon bekannt und werden darum eine Anknüpfung an diese erheischen; desgleichen ergeben sich vielfach Anknüpfungen an die strafrechtliche Doktrin. Beides aber — der Hinweis auf das ältere Zivilrecht und der Hinweis auf das Strafrecht — soll auf das Mindestmaß [1]) des Notwendigen beschränkt und nicht zu weit ausgesponnen werden, da die vorliegende Arbeit es als ihre wichtigere Aufgabe betrachtet, alles möglichst erschöpfend aus dem BGB. selber zu entwickeln. Namentlich gegenüber dem Strafrecht soll Enthaltsamkeit geübt werden, weil hier Vermischung von Uebel sein könnte und eine Bebauung des „Grenzgebietes“ erst dann ertragreich zu werden verspricht, wenn jeder Acker erst in seiner eigensten Beschaffenheit mit Sicherheit analysiert worden ist. Und ebenso wollen wir, obwohl es sich nicht um für das Bürgerliche Recht allein maßgebende Spezialfragen sondern vielfach um Begriffe handelt, die dem ganzen Rechtssystem angehören, uns auch nicht allzu tief in das dornenreiche Gestrüpp der allgemeinen Rechtslehre und der Rechtsphilosophie verlieren, um nicht in dem Labyrinth dieser Disziplinen den Faden für unsere dem BGB. im besondern gewidmeten Untersuchungen zu verlieren.

III. Auch von Ausblicken auf das sonstige Zivilrecht — das Handelsrecht und die „Extravaganten“ des BGB. und des HGB. — wird im ganzen Abstand genommen werden müssen, gleichfalls um ein allzugroßes Anschwellen des Stoffes zu vermeiden und weil eine Konzentration auf das Recht des BGB. einstweilen ersprießlicher erscheint. Immerhin werden flüchtige Blicke z. B. auf das Handelsgesetzbuch [2]) dadurch innerlich gerechtfertigt erscheinen, weil das BGB. bei dem Allgem. HGB. in die Schule gegangen ist und weil das neue HGB. sich gerade in terminologischer Hinsicht an das BGB. anzulehnen bemüht zeigt.[3]) Diese Blicke auf die außerhalb des BGB. liegenden Zivilrechtsgebiete werden uns übrigens zu einer Reihe merkwürdiger und verblüffender Entdeckungen verhelfen.

Erster Abschnitt.

Die im Gesetz selber erklärten Begriffe.

§ 31.

Die Fahrlässigkeit.

Unter den im Gesetz selber definierten Begriffen nimmt einen hervorragenden Platz die „Fahrlässigkeit“ ein. Das Gesetz definiert sie in dem uns schon bekannten § 276 Abs. I Satz 2 (oben § 6 II 1) mittels des Satzes:

„Fahrlässig handelt, wer die im Verkehr erforderliche Sorgfalt außer Acht läßt.“

[1]) Vgl. auch das oben § 1 sub II Bemerkte.

[2]) Für die Vollständigkeit der Aufzählung einschlägiger Gesetzesstellen kann dabei nicht eine derartige Bürgschaft übernommen werden, wie sie beim BGB. selber wegen des Gradenwitzschen Wort-Verzeichnisses (oben S. 3 Anm. 2) möglich war.

[3]) Daß dies nicht immer konsequent genug geschehen ist, werden wir insbesondere unten § 33 und § 64 wegen der Begriffe „unverzüglich“ und „Verzug“ beobachten können.

Wir werden gut tun, zunächst (A) uns zu informieren, was unter der „im Verkehr erforderlichen Sorgfalt“ zu verstehen ist, und dann erst (B) die „Außerachtlassung“ dieser Sorgfalt, mithin die Fahrlässigkeit selber zu prüfen; hieran werden sich dann (C) einige Folgerungen und ergänzende Bemerkungen anschließen; den Schluß (D) wird die (verkürzte) Wiedergabe eines Gutachtens über „die Haftung für Unfälle bei Leibesübungen“ ausmachen, das ich i. J. 1901 verfaßt habe und auf das ich im Verlaufe unserer Erörterungen A—C mehrfach verweisen werde, da mir die in Rede stehende Frage,[1]) für deren Entscheidung gerade BGB. § 276 den Ausgangspunkt bildet, als ein ganz besonders geeignetes Musterbeispiel zur Lehre von der Fahrlässigkeit erscheint.

A.

Wenn wir **„die im Verkehr erforderliche Sorgfalt“** analysieren, finden wir darin drei Momente enthalten, nämlich eine „Sorgfalt“, wie sie „erforderlich“ ist und zwar „im Verkehr“.

I. „Sorgfalt“ ist sprachlich[2]) das Entfalten einer Sorge.[3]) Der Ausdruck[4]) denkt also daran, daß jemand eine Sorge entwickelt (an den Tag legt), an ein „sorgsames Verfahren“ [5]) und Verhalten. — Die Materialien und die Literatur[6]) lassen diesen Begriff undefiniert. Einer Definition bedurfte es aber auch kaum, da der Ausdruck einer Vieldeutigkeit schwerlich unterliegt; und vor allem, weil die Zweifel über Anwendung oder Nichtanwendung der Sorgfalt in casu concreto schon durch den Umstand gemindert werden, daß die „Sorgfalt“ im Gesetze nirgends isoliert begegnet, sondern stets durch einen Zusatz als „die im Verkehr erforderliche“ Sorgfalt oder in einer der anderen oben in § 9 (II—IV) erwähnten und unten § 41 genauer zu erörternden Richtungen nuanciert und in engere Grenzen gewiesen wird.

[1]) Das Gutachten berührt aber auch einige andere Fragen (§§ 254, 278, 31, 828, 830 ff., 839) und wird uns darum auch noch an anderen Stellen als brauchbares Beispiel dienen.

[2]) Eine etymologische Parallele läßt sich auch zwischen Sorgfalt und diligentia konstatieren, wenn man ‚legere‘ mit „auseinanderfalten“ übersetzt.

[3]) Dies Grundwort „Sorge“ begegnet im BGB. und EG. z. BGB. über 30 mal (vgl. Gradenwitz S. 133), insbesondere §§ 1629 ff. als Sorge für die Person und das Vermögen des Kindes; nicht ganz so häufig findet sich das Verbum „sorgen“ (Gradenwitz ebenda). An Komposita (bei Gradenwitz pag. XVII unerwähnt) finden sich außer der „Sorgfalt“ noch „Fürsorge“ (16 mal, Gradenwitz S. 70), z. B. in §§ 671 ff. und 1911 ff.; „Vorsorge“ (nur einmal, in § 617 Abs. II) und „besorgen“, „Besorgung“, „Besorgnis“ (Gradenwitz S. 30).

[4]) Ein im Prot. I Nr. 29 sub XI 3 S. 187 erwähnter Antrag spricht von „Fürsorge“, ein Ausdruck, bei dem man sofort fragen würde: für wen? oder: wofür?

[5]) Dieser Ausdruck begegnet, untechnisch gemeint, in Mot. V S. 626 (zu BGB. § 1978) wegen des Erben, dem „mit Rücksicht auf die Nachlaßgläubiger .... ein gewisses sorgsames Verfahren zur Pflicht zu machen“ sei.

[6]) Aus der Literatur ist insbesondere der Aufsatz von Wendt, Die im Verkehr erforderliche Sorgfalt, BGB. § 276, im Archiv f. civ. Praxis Bd. 87 (1897) S. 422—452 hervorzuheben. Im übrigen vgl. aus den Lehrbüchern z. B. Cosack I § 71 sub II 2 S. 249 f., Crome I § 109 sub 3 b S. 485 ff., Dernburg II 1 § 63 sub II 2 S. 135 ff., Endemann I § 113 S. 638 ff., Enneccerus-Lehmann I § 117 sub II S. 291 f., Kipp I § 101 S. 452 f., Matthiaß I § 61 sub II B 2 S. 271 ff., Zitelmann S. 157 ff., 164 f., während z. B. Stammler, Schuldverhältnisse S. 111/112 hier im Stiche läßt. Ferner vgl. aus den Kommentaren zu § 276 (nur bei Planck in der Einleitung, Bd. I S. 35 ff., 3. Aufl. S. 40 ff.), namentlich Oertmann S. 36 f. und Schollmeyer sub b α S. 100 f., aus den Monographien namentlich Linckelmann § 2 S. 34 ff., von Liszt S. 55 ff., Lühl § 3 S. 13 ff. Nichts für die im Text behandelten Fragen Wesentliches enthält dagegen z. B. die Greifswalder Dissertation (1902) von Werner, Das Delikt der fahrlässigen Vermögensbeschädigung nach gemeinem Recht und BGB., S. 37 ff. — Ueber die Dissertationen von Göring, von Hagen und Piper weiter unten S. 101 Anm. 3, 108 Anm. 5 und 113 Anm. 1.

II. Die Legaldefinition spricht von der — im Verkehr; vgl. unten III — „erforderlichen" Sorgfalt.

1. Es ist also eine „Sorge" zu „entfalten", wie sie „erforderlich" ist, d. h. wie sie von einem Faktor, den wir später (sub 4) aufspüren werden, „erfordert" (erheischt, verlangt, beansprucht) wird.

2. Es ist mithin diese Sorgfalt durchaus nicht dieselbe, wie sie „üblich" ist. Die ursprüngliche Abstellung auf die „übliche" Sorgfalt, wie sie von der Redaktionskommission [1]) geplant war, [2]) wurde später wohlbewußt und mit Recht vermieden, weil man sich sagte, daß dadurch Mißbräuche legalisiert und ein „Schlendrian" sanktioniert werden würde, [3]) und weil man sich ferner sagte, [4]) daß eine Verkehrsübung sich für eine Einzelfrage vielleicht noch garnicht gebildet habe. — Hierzu sei noch folgendes bemerkt:

a) Beispiele eines eingerissenen Schlendrians werden sich mit Leichtigkeit z. B. aus einem Blick auf die beim Turnen vorliegenden und in meinem Gutachten erörterten Verhältnisse ergeben; bei Prüfung und Aufstellung der Geräte, bei Einrichtung der Turnhalle, Bereithaltung des Verbandzeuges, Ausübung der Hilfsstellungen usw. kann ein derartiger Schlendrian leicht um sich greifen, und ob nicht vielleicht das ganze „Kürturnen" [5]) als solches ein von früheren Generationen übernommener Schlendrian ist, kann immerhin mindestens als diskutabel bezeichnet werden.

b) Wie leicht es für eine Einzelfrage an einer gefestigten Verkehrsübung fehlen kann und wieweit hier die Anschauungen auseinandergehen werden, mag folgendes Beispiel beweisen. Wollte man eine Enquete beim

---

[1]) Vgl. Prot. Bd. I Nr. 29 S. 186 sub XI 2 b, S. 187 sub A, Nr. 46 S. 302 sub II 1, Bd. II Nr. 152 S. 587, Nr. 154 I S. 598 und 604, Nr. 158 III A S. 654 a. E.

[2]) Vgl. ähnlich den Vorschlag bei Zródlowski, Entwurf eines bürgerlichen Gesetzbuches, Prag 1893, S. 18 § 67: „Fahrlässigkeit liegt vor, wer (sic!) nicht die Sorgfalt, die gewöhnlich angewendet wird, beobachtet."

[3]) Prot. II Nr. 154 I S. 604: „Die Mehrheit .. war der Ansicht, daß, wenn man von der im Verkehr üblichen Sorgfalt spreche, der Irrtum nahe liege, als ob unter Umständen auch ein im Verkehr eingerissener Schlendrian beachtet werden dürfe." — „Bezeichne man ... die geforderte Sorgfalt als die „im Verkehr erforderliche", so werde dadurch dasjenige Moment, auf das es ankomme, treffender und deutlicher bezeichnet, als durch Bezugnahme auf die Ueblichkeit." — Vgl. zu obigem z. B. auch Achilles S. 119 sub 2 b, Endemann S. 639 Anm. 2, Enneccerus-Lehmann S. 291 sub 3, Fischer-Henle S. 154 Anm. 4, Göring S. 27, Kuhlenbeck, Von den Pandekten II (1899) S. 50 und derselbe BGB. 1, 2. Aufl. (1903) S. 229 Note 3, Neumann, Handausgabe I, 2. Aufl. (1900) S. 148 Note 1, Planck I S. 40 (1. u. 2. Aufl. S. 36), Schollmeyer S. 101, Wendt S. 432; auch Piper, Verursachung und Verschulden als Grundlagen der Schadenshaftung nach dem BGB., Rostocker Diss. 1902, S. 39. — Ferner aus der Judikatur die Entscheidungen des Reichsgerichts vom 9. Mai 1903 (I 50/03), mitgeteilt von Boyens in der Juristen-Zeitung VIII (1903) Nr. 14 S. 345 — vgl. auch „Recht" VIII (1904) Nr. 2 S. 44 — („eingerissene Nachlässigkeit und Unsitte") und vom 6. Juni 1903 (I 61/03), mitgeteilt in der Juristischen Wochenschrift Jahrg. 32 (1903) Beilage S. 96 Nr. 217 (vgl. Warneyer II S. 29, Spruchsammlung der Juristen-Zeitung II S. 9) — mit der Entscheidung vom 9. Mai 1903 im Tatbestand und in den Rechtsausführungen auffallend ähnlich —; ferner die Entscheidung vom 5. Juni 1902, mitgeteilt im Sächs. Arch. 12 S. 631 und in der Spruchsammlung der Juristen-Zeitung I S. 26 sowie das ebenda und bei Neumann, Jahrbuch I 1 S. 461 Anm. 6 c erwähnte, bei Mugdan und Falkmann Bd. V (1902) S. 241 Nr. 49 b β mitgeteilte Erkenntnis des OLG. Oldenburg vom 8. Februar 1902. — Unrichtig dagegen die Entsch. des OLG. Naumburg vom 28. Februar 1902 im „Recht" V (1902) S. 284 sowie die Entsch. des Reichsgerichts, welche nach Neumann, Jahrb. I 1 S. 188 oben in der Jurist. Wochenschr. 01 S. 18 stehen soll, dort aber unauffindbar ist; unrichtig auch Isay, Die Geschäftsführung nach dem BGB., Jena 1900, S. 111 („das BGB. geht hier, wie meist, vom Normalen aus und findet die Norm in der Verkehrsübung").

[4]) Vgl. gleichfalls Prot. II S. 604.

[5]) Vgl. Gutachten (unten sub D) sub I 3 a β 4; vgl. auch ebenda sub III 1 d.

Publikum anstellen, ob die Radfahrer, wenn sie sich einem vor ihnen in gleicher Richtung gehenden Menschen nähern, ein Glockenzeichen geben oder lieber ohne ein solches vorbeifahren sollen, so werden die Antworten sehr verschieden ausfallen: die Einen werden solches Glockenzeichen für angebracht, die Anderen für entbehrlich oder gar für gefährlich erklären, die Dritten werden vielleicht eine generelle Antwort als ausgeschlossen erachten und alles dem Ermessen des Radlers selber im Einzelfall überlassen wollen; man wird nicht einmal erwarten können, daß sich die Antwortgeber in Kategorien einteilen lassen und daß sich etwa die Radler selbst als Feinde, alte Damen als Freunde des Glockenzeichens herausstellen würden; denn manche alte Dame wird erklären, daß sie über das Signal noch heftiger erschrecke, als über das lautlose Vorübergleiten eines Radlers; und mancher Befragte wird zugeben, daß sich seine Auffassung im Laufe der Jahre verändert habe.[1])

c) Aber, wird man einwenden, es gibt doch bekanntlich Polizeiverordnungen, welche, wie das Anzünden der Laterne, so auch das Glockenzeichen gebieten! Nun, diese Polizeiverordnungen beweisen doch nichts für unsere[2]) Frage. Sie beweisen doch nur, daß einige Polizeipräsidenten oder Landräte zur Zeit die Auffassung gehegt haben, das Glockenzeichen sei das geringere Uebel und daher die empfehlenswertere Maßnahme; diese Auffassung kann jeden Tag einer anderen — nicht notwendig der allgemeinen Anschauung besser entsprechenden — Platz machen; und schon der Umstand, daß solche Polizeiverordnungen, auch die gleichzeitig bestehenden, (und ebenso auch einschlägige Partikulargesetze) unter einander oft diametral verschieden sind, beweist gegen die unbedingte Unfehlbarkeit der einzelnen Norm; die Normen können dem, was wirklich erforderlich ist, entsprechen, sie können aber auch hinter ihm zurückbleiben oder umgekehrt ihm vorauseilen und somit zugleich einer Läuterung der Verkehrsanschauung die Bahn frei machen. Immerhin ist aus der Existenz von Polizeiverordnungen für unsere Frage nach der „erforderlichen Sorgfalt" im Prinzip ebensowenig zu folgern, wie aus der Nichtexistenz.

d) Erst recht käme man zu einem „unhaltbaren Resultat",[3]) wenn die Gerichte eine Verletzung der im Verkehr erforderlichen Sorgfalt „allemal schon dann annehmen wollten", wo „ihrer Ansicht nach eine gebietende oder verbietende Polizeiverordnung am Platz wäre",[3]) aber einstweilen noch nicht einmal vorhanden ist und nicht einmal wenigstens einen Schimmer von Licht auf die Verkehrserfordernisse wirft.

e) Wenn somit nicht alle Fürsorge, die „erforderlich" wäre, auch „üblich" ist — nicht einmal so regelmäßig, wie Rehbein II S. 101 Anm. 88 Abs. II annimmt,[4]) wird dies der Fall sein —, so sei auch noch betont,

---

[1]) So vermeide ich selber das Glockenzeichen im allgemeinen gern, insbesondere seit ich einmal in einem thüringischen Dorfe ein Kind deswegen umfuhr, weil es von dem Fußgängerbankett, auf dem es spielte, durch mein Glockenzeichen erschreckt, nun gerade quer über die Straße und vor mein Rad lief, und zwar, wie sich später herausstellte, weil — das Haus der Eltern auf der anderen Straßenseite stand.

[2]) Eine ganz andere Frage ist die nach Anwendbarkeit von BGB. § 823 Abs. II.

[3]) Vgl. die bereits oben erwähnten Entscheidungen des Reichsgerichts vom 9. Mai 1903 und 6. Juni 1903.

[4]) Abgesehen von dem Wort „ausnahmsweise" wird dagegen die Fortsetzung der Rehbeinschen Bemerkung zutreffend sein: „geht die übliche (Sorgfalt) ausnahmsweise unter das erforderliche Maß herunter, so kann das nur auf Mißbrauch beruhen, dem sich niemand zu fügen braucht, mit dem niemand rechnen muß".

daß ebensowenig die „übliche“ Fürsorge unbedingt eine „erforderliche“ sein muß, sondern eine übertriebene sein kann.

3. Wohl aber kommt es auf das gleiche wie bei der gesetzlichen Definition heraus, wenn die Protokolle[1]) gelegentlich schlechthin von der „erforderlichen“ und wenn von Liszt S. 55 sub 2 und Matthiaß I S. 271 sub 2 von der „gebotenen“ Sorgfalt reden; dagegen hat man, wenn Cosack I S. 249 sub 2 a b und b α von der „gebührenden“ Sorgfalt spricht, das unbefriedigende Gefühl, daß die sofort auf der Zunge schwebende Frage, wem denn diese Sorgfalt gebühre,[2]) unbeantwortet geblieben ist.

4. Aber auch der Ausdruck „erforderliche“ Sorgfalt läßt unbefriedigt, jedoch aus einem anderen Grunde. Die Legaldefinition verrät uns nämlich zwar, wo und wann diese Sorgfalt „erfordert“ wird — nämlich „im Verkehr“, s. unten sub III —, aber sie schweigt darüber, wer das Erfordernis aufstellt.

a) Zunächst ist zu beachten, daß die Legaldefinition nicht etwa sagt: „Die vom Verkehr“ erforderte Sorgfalt, so daß dieser Verkehr selber als der Diktator bei Aufstellung des Erfordernisses genannt wäre.[3]) Zwar Erfordernisse und Regeln darüber bilden sich, damit die Menschen einander nicht „stoßen“, — man kann durchaus im Bilde bleiben und an das „Rechtsgehen“[4]) denken —, auch im Verkehr der Menschen und von ihm geboten aus, parallel den Rechtsregeln; aber diese Regeln gehören dann[5]) nur unter die Verkehrssitte[6]), zu der der Gesetzgeber und nicht zum wenigsten auch das BGB.[7]) bisweilen sichtlich Zuflucht nimmt. Doch daß diese Verkehrssitte (die Verkehrsübung), die möglichenfalls äußerst lax[8]) ausfallen, nicht die Quelle sind, aus der die erforderliche Sorgfalt ihre Entstehung entnimmt, ergibt sich als Anschauung des Gesetzgebers zur Genüge bereits aus dem sub 2 Gesagten.

b) Indem also die Frage nach der Quelle des „Erfordernisses“ offen blieb, kommen wohl nur noch — da die ganz subjektive Auffassung der Beteiligten zweifellos, schon wegen ihrer starken Divergenz[9]), außer Betracht bleiben muß — Sittlichkeit[10]) oder Recht in Erwägung, und

---

[1]) „Erforderliche“ Sorgfalt begegnet Prot. Bd. II S. 654, 655 mehrmals, übrigens (a. a. O. S. 654 a. E.) promiscue mit der Wendung „übliche“ Sorgfalt. — Mot. IV S. 553 sprechen von der „gehörigen“ Sorgfalt, ein Ausdruck, der gleichfalls den Fehler der Farblosigkeit hat. — „Gebotene“ Sorgfalt auch gelegentlich in einer Entsch. des Reichsger. vom 19. Dez. 1902 (II 246/02) Bd. 53 (1903) Nr. 50 S. 203.

[2]) Sie gebührt (als Berechtigtem) demjenigen, (denjenigen), mit dem (denen) man in den unten sub III zu erörternden — nicht notwendig rechtsgeschäftlichen — „Verkehr“ tritt.

[3]) Ungenau und mißverständlich ist es daher, wenn z. B. Paech, Leistungsverzug S. 94 meint, es komme darauf an, welche Sorgfalt „der Wirtschaftsverkehr . . . gefordert hätte“.

[4]) Dies „Rechtsgehen“ wird zwar oft ausdrücklich angeordnet (so durch die städtische Polizei für Brückenpassage), hat sich (derartigen Anordnungen zufolge) aber auch sonst (unabhängig von ihnen) eingebürgert, so z. B. in Berlin auf den Treppen der Theater und Warenhäuser, ja auch auf den Bürgersteigen, während z. B. in Kiel von derartigen Gepflogenheiten des Publikums nichts zu merken ist.

[5]) Zunächst wenigstens; im Einzelfalle können sie sich später zu Rechtsnormen (Gewohnheits- oder Gesetzesrecht) verdichten.

[6]) Vgl. zu diesem Ausdruck unten III 1 c.

[7]) Vgl. ebenda.

[8]) Uebrigens auch wohl recht unzuverlässig in dem, was sie erheischen würde.

[9]) So werden die Radfahrer selber wegen der Notwendigkeit, Ersprießlichkeit, Entbehrlichkeit oder Schädlichkeit des Glockensignals (oben sub 2 b) verschiedener Ansicht sein.

[10]) Auf diese Möglichkeit spielt Eck an, indem er I S. 194 Anm. 4 bemerkt: „Wohlweislich offen gelassen sind die Fragen: Wer erfordert eine Sorgfalt im Verkehr? Das Recht oder die Moral? Wie groß ist das Maß der erforderten Sorgfalt? Woran erkennt man es? So ist denn dem richterlichen Ermessen ein ungeheurer Spielraum verblieben.“

hier dürfte es keinem Zweifel unterliegen, daß nur das Recht[1]) der kompetente Schiedsrichter wäre. Das Recht, die Rechtsordnung, das Gesetz sind es, die, weil sie ohne ein gewisses Maß der Sorgfalt „im Verkehr" nicht auskommen können, diese Sorgfalt „erfordern" und — vgl. unten sub III 5 — abmessen. So verweisen denn auch Enneccerus-Lehmann I S. 291 sub II 3 und von Liszt S. 55 sub 2 auf „das Gesetz" bezw. „die Rechtsordnung" als den Faktor, welcher diese Sorgfalt „verlangt" und durch den sie „geboten" wird.[2])

c) Auf den Sprachgebrauch des BGB. selber wird man sich freilich für diese Auffassung nicht unmittelbar berufen können. Es spricht zwar in einigen schon oben § 9 I und III zusammengestellten Bestimmungen gleichfalls von der „im Verkehr erforderlichen Sorgfalt" (§§ 831 Abs. I Satz 2, 834 Satz 2, 836 Abs. I Satz 2 und Abs. II; a. a. O. sub I 2 a bis d) bezw. schlechthin von der „erforderlichen Sorgfalt" (§§ 259 Abs. II, 260 Abs. II, 2028 Abs. II; ebenda sub III 1 bis 3); aber diese Stellen helfen uns in der genannten Richtung nicht weiter; und in den zahlreichen[3]) sonstigen Stellen, in denen das Wort „erforderlich" begegnet — oder wo sich die verwandten Worte „das Erforderliche",[4]) „erfordern",[5]) „das Erfordern",[6]) das „Erfordernis"[7]) finden — ist ein Teil zwar offenbar auf die gesetzlichen Erfordernisse — formelle[8]) bezw. materielle[9]) — zu verstehen, andere Stellen[10]) jedoch z. B. lediglich auf das, was eine Behörde für erforderlich erachtet, oder[11]) auf das aus ökonomischen (wirtschaftlichen) Erwägungen oder aus Gründen praktischer Notwendigkeit[12]) Erforderliche. Diese zuletzt genannten Stellen beweisen zur Genüge, daß nach dem Sprachgebrauch des BGB. keineswegs das nach objektivem Recht Erforderliche der alleinige Maßstab für die Erforderlichkeit und das Gesetz keineswegs die alleinige oder doch primäre Quelle der Erfordernisse ist.[13])

— Da übrigens die Schlußbemerkung sich doch wohl nur auf Ecks zweite und dritte Frage beziehen kann — denn ob Recht oder Moral die Sorgfalt erfordern, dürfte doch nicht von richterlichem Ermessen abhängig sein —, verstehe ich nicht, weshalb die erste Frage „wohlweislich" offen gelassen sein soll. — Ueber den Unterschied zwischen „Sitte" (Verkehrssitte) und „Sittlichkeit" vgl. unten § 36 sub II.

[1]) Vgl. jedoch unten sub III 5.

[2]) Cosack I S. 249 und Matthiaß I S. 271 nennen gleichfalls das „Gesetz" und Crome I S. 486 nennt „die Rechtsordnung" als entscheidenden Faktor, aber sie sprechen dabei von der Bestimmung des erforderlichen Grades der Sorgfalt. Immerhin wird diese engère Ausdrucksweise auf das Einverständnis der genannten Autoren mit der im Text besprochenen weiteren Bestimmung durch das objektive Recht einen Rückschluß gestatten. — Wegen Eck s. oben S. 103 Anm. 10.

[3]) Gradenwitz S. 56 zählt nahezu 150 Stellen aus dem BGB. bezw. EG. z. BGB. auf.

[4]) BGB. §§ 1475 (Abs. I Satz 2), 2046 (Abs. I Satz 2).

[5]) Gradenwitz a. a O. zählt 16 Stellen auf.

[6]) BGB. §§ 1787 Abs. II, 1850 Abs. I Satz 2.

[7]) §§ 60 (Abs. I), 140, 1244, 1745 (Abs. I), 1754 (Abs. II Satz 1).

[8]) Vgl. §§ 60, 1244, (vorige Anm.); vgl. („erforderlich") §§ 33 (Abs. I Satz 1 und 2), 41 (Satz 2), 48 (Abs. III), 129 (Abs. I Satz 2), 380 („erforderlich oder genügend") und vor allem sehr oft wegen Einwilligungen für Minderjährige usw.

[9]) §§ 140, 1745, 1754 (oben Anm. 7); ebenso § 231.

[10]) §§ 1787, 1850 (oben Anm 6).

[11]) §§ 1475, 2046 (oben Anm. 4); ebenso („erforderlich") § 98 Nr. 2, §§ 243 (Abs. II), 249 (Satz 2).

[12]) So „erforderlich" in § 227 (Abs. II), 228 (Satz 1), 230 (Abs. I) wegen Notwehr und Notstand; vgl. auch z. B. § 220 Abs. II („erforderlich" und „Erforderliches").

[13]) Wegen dieses negativen Resultates kann man sich die Nachprüfung der übrigen in Anm. 3 erwähnten Stellen ersparen. — Das Wort „üblich" (oben sub 2) begegnet im BGB. nur 5 Mal: mit Bezug auf Vergütung (§§ 612 Abs. II, 632 Abs. II) bezw.

d) Dagegen wird es als eine indirekte Bestätigung unserer Auffassung gelten können, wenn die Protokolle[1]) gelegentlich von „ordnungsmäßiger“[2]) Sorgfalt reden; denn sie denken dabei doch wohl zweifellos an diejenige Sorgfalt, welche der Rechtsordnung entspricht. Vgl. auch unten sub III 8 a und IV 2 und 3.

III. Endlich muß die „im Verkehr“ erforderliche Sorge entfaltet werden. Hiernach bedarf also der Begriff „Verkehr“ der Prüfung.

1. Wenn wir diesen Begriff dadurch zu erläutern versuchen, daß wir ihn aus dem Gesetze selber erklären[3]) — und diesen Versuch anzustellen sind wir doch in erster Linie verpflichtet, obgleich oder weil wir merkwürdiger Weise diesbezüglichen Versuchen in der bisherigen Literatur nirgends begegnen —, so stoßen wir sofort auf eine Schwierigkeit. Das Gesetz, welches den Ausdruck „Verkehr“[4]) außer in § 276 Abs. I Satz 2 noch 22 mal enthält (13 mal allein und außerdem 9 mal in Komposita) verwertet ihn nämlich offenbar in mehrfacher Richtung. Sehen wir ab von den vier Stellen, in denen gleichfalls „die im Verkehr erforderliche Sorgfalt“ Erwähnung findet (§§ 831 Abs. I Satz 2, 834 Satz 2, 836 Abs. I Satz 2 und Abs. II, oben sub II 4 c), so ist das Bild folgendes[5]):

a) Wenn das Gesetz in der Lehre vom Funde die „Verkehrsanstalten“ erwähnt (§ 979 Abs. I Satz 1; sodann unter besonderer Hervorhebung der „dem öffentlichen Verkehre dienenden Verkehrsanstalten“ in § 978 Satz 1, unter besonderer Hervorhebung derjenigen des Reiches usw. in § 979 Abs. I Satz 2, vgl. § 981 Abs. I, und unter besonderer Hervorhebung der von einer Privatperson betriebenen in § 981 Abs. I) und wenn das Gesetz (in EG. z. BGB. Art. 125) von fakultativer partikularrechtlicher Ausdehnung einer Bestimmung des Gewerberechts auf Eisenbahn-, Dampfschiffahrts- und ähnliche Verkehrsunternehmungen redet, so ist hier der Ausdruck „Verkehr“ offenbar ebenso wie beispielsweise in der bekannten Wendung, wir stünden „im Zeichen des Verkehrs“ auf den Verkehr von Ort zu Ort, auf den räumlichen Verkehr zu deuten.

b) In gleichem Sinne, nur nicht mit dem Gedanken an Personenverkehr oder dessen vorzugsweises Auftreten, sondern mit dem Gedanken an den Güterverkehr im weiteren Sinne spricht BGB. § 794 Abs. I und 795 Abs. I, Abs. III sowie EG. z. BGB. Art. 34 Nr. IV davon, daß Schuldverschreibungen auf den Inhaber „in den Verkehr gelangen“ oder „in den Verkehr gebracht werden“ („bringen“).

Lohn (§§ 653 Abs. II) und mit Bezug auf Arbeits- und Erwerbstätigkeit der Ehefrau in §§ 1356 Abs. II, 1578 Abs. I; ferner begegnet einmal (in § 919 Abs. II) das Substantivum „Ortsüblichkeit“.

[1]) Prot. II S. 419, 587, 598 a. E.; S. 587 freilich, wo diese Wendung zweimal begegnet, promiscue mit „üblich“; vgl. oben S. 103 Anm. 1. Ebenso übrigens das Bayer. Oberst. LG. vom 14. November 1900, nach der Zeitschrift „Das Recht“ V (1901) S. 206 Nr. 664; vgl. auch Soergel, Rechtsprechung 1900/1901, Stuttgart 1902, S. 83 zu § 823, sowie Neumann, Jahrb. I 1 S. 461 Note 6 b, Warneyer S. 91 sub A 1 c. Ebenso Bayer. Oberst. LG. III Nr. 14 vom 24. Januar 1902 (I 107/02) S. 50 ff., insbesondere S. 56.

[2]) Von „ordentlicher“ Sorgfalt ist Prot. II S. 664 letzter Absatz die Rede. — Ganz farblos ist Prot. IV S. 109 die (dem andern) „zu gewährende“ Sorgfalt.

[3]) Dabei sind die dürftigen Bemerkungen von Erler, Die Sprache des neuen BGB., Berlin 1896, S. 16 ohne Nutzen.

[4]) Ueber das Verbum „verkehren“ vgl. unten S. 106 Anm. 4.

[5]) Vgl. zu einem Teil dieser Vorschriften bereits meine Vorträge über das BGB. I § 9 S. 77 ff.

c) Eine ganz andere Bedeutung wohnt der „Verkehrssitte" [1]) inne, auf die in den bekannten §§ 151 (Satz 1), 157 und 242 wegen Entbehrlichkeit einer Annahmeerklärung sowie wegen Auslegung der Verträge und Erfüllung der schuldnerischen Leistung Bezug genommen wird. [2]) Hier wird offenbar an den **Verkehr der Menschen untereinader** und an das dabei Uebliche (weil dafür unentbehrliche) gedacht.

d) Ebenso dürfte es die Anschauung, welche sich im Verkehr der Menschen untereinander ausbildet, sein, an die der Gesetzgeber denkt, wenn er in §§ 91, 97 Abs. I Satz 2 und § 119 Abs. II [3]) den „Verkehr" maßgebend erscheinen läßt für die Qualifikation der Sachen als vertretbare bezw. als Zubehör und für die Wesentlichkeit der Eigenschaften einer Person oder Sache.

e) Eine Mittelstellung zwischen Gruppe a und b einerseits und Gruppe c und d andererseits nimmt § 1636 [4]) Satz 2 ein, indem er von dem Verkehr der Eltern mit den Kindern spricht, der sowohl als der räumliche von Ort zu Ort wie als der persönliche Verkehr der Beteiligten untereinander gedacht werden kann. [5])

f) Die gleiche Zweiteilung des Wortsinnes in den rein äußerlichen, räumlichen Verkehr von Ort zu Ort und in den innerlichen Verkehr (mit Geist und Gemüt), aber auch die gleiche Möglichkeit des Doppelsinnes (Fall e) läßt sich auch sonst in unserer Sprache beobachten. Man vergleiche nachstehende Zusammensetzungen bezw. Epitheta:

zu Gruppe a und b: Verkehrsader, =straße, =weg; Verkehrszentrum; Verkehrspolizei; Verkehrserleichterung, =störung, =sicherheit, =schwierigkeiten, =stockung, =sperrung; [6]) Verkehrsleben; Verkehrsrichtung; Verkehrsverhältnisse, =wesen, =bedürfnis, =einrichtungen, =interesse, =material; Verkehrsvorschriften, =normen; Fernverkehr, Nah=, Außen=, Binnen=, Durchgangsverkehr; Bahn=, Bahnsteigverkehr; Menschen=, Personen=, Fremdenverkehr; Wagen=, Radfahrer=, Automobil=, Schiffsverkehr; [7]) Straßen=, Hafen=, Grenzverkehr; Güterverkehr; Hypothekenverkehr, Verkehrshypothek; [8]) Sachen in und außer dem Verkehr;

zu Gruppe c und d: Verkehrsanschauung, =grundsätze, =beziehungen, =rücksichten; brieflicher, mündlicher, persönlicher, gesellschaftlicher, kollegialischer, kaufmännischer Verkehr, Aktenverkehr, Geschlechtsverkehr (geschlechtlicher, ehelicher, außerehelicher Verkehr), Kontokurrentverkehr;

---

[1]) In **Prot.** VI S. 150 sub IV zum jetzigen § 242 ist nicht von Verkehrssitte, sondern von „Verkehrssicherheit" die Rede; wenn das nicht ein bloßer Druckfehler oder ein sonstiger lapsus ist, könnte es als Beweis für das unten sub 2 b α behauptete Ineinandergreifen der Begriffe verwertet werden.

[2]) Zu §§ 242 und 157 vgl. insbesondere **Schneider**, Treu und Glauben im Recht der Schuldverhältnisse, München 1902, S. 149.

[3]) Wegen § 119 vgl. auch **Schloßmann**, der Irrtum über wesentliche Eigenschaften der Person und der Sache (Bd. IX Heft 3 von Fischers Abhandungen zum Privatrecht und Zivilprozeß, Jena 1903) S. 10 ff., 79 ff., insb. S. 10.

[4]) Hier findet sich Satz 1 zum einzigen Male das Wort „verkehren". Dasselbe Verbum im Sinne von „umkehren", „verdrehen" (die Antwort, Ansicht, Aufstellung des Bildes sei „verkehrt"; vgl. das vielbespöttelte „verrückte" Grenzzeichen in § 919 Abs. I) begegnet weder im Gesetz noch würde es in unserm Zusammenhange interessieren.

[5]) Das Gesetz denkt wohl mehr an letzteres; vgl. auch **Prot.** IV S. 449 sub IV.

[6]) Dieser Ausdruck findet sich auch in **Mot.** V S. 283 und **Prot.** V S. 346 (beidemal am Rande) zu BGB. § 2250 (testamentum tempore pestis conditum).

[7]) So in den oben S. 101 Anm. 3 erwähnten **Entsch. d. Reichsger.** vom 9. Mai und 6. Juni 1903.

[8]) Vgl. hierzu **Prot.** III S. 510 sub 3 b, S. 641.

zu Gruppe e: Verkehrshindernis;[1]) Geschäftsverkehr,[2]) Bank-, Handels-, Wechselverkehr;[2]) Hauptverkehr;[3])

g) Eine, allerdings nicht unbedingt zuverlässige, Probe auf die Zugehörigkeit des einzelnen Kompositums bezw. Epithetons zu Gruppe a und b oder zu Gruppe c und d dürfte sich dahin ergeben, daß als Attributive dort nur solche wie eng, geräumig, groß und hier nur solche wie angenehm oder intim passend und vice versa gänzlich unpassend sein würden, während allerdings eine Reihe von Attributiven, wie rege, stark und lebhaft, in beide Kategorien passen würden, aber nur deshalb, weil hier begriffliche Eigenschaften des Menschen auf das Tun und Treiben der Menschen oder der Dinge übertragen werden.

2. In welche dieser Gruppen[4]) gehört nun „die im Verkehr erforderliche Sorgfalt"?

a) Zunächst kann man diese Wendung in jede der beiden Gruppen einstellen; denn es ist eine Sorgfalt doch ebensowohl z. B. im Straßen-,[5]) Hafen- und Grenzverkehr,[6]) im Schiffs-, Wagen-, Radfahrer- und Automobilverkehr erforderlich wie im brieflichen, kaufmännischen und Handelsverkehr. Wenn man aber genauer hinsieht, wird man in den zuerst genannten Fällen eher und richtiger von einer durch den Verkehr erforderlich gemachten (erforderten), hervorgerufenen Sorgfalt zu sprechen haben und daher die Ausdrucksweise des § 276 eher auf den Verkehr der Menschen unter einander im Sinne der Wendungen aus Gruppe 1 c/d deuten wollen.

b) Dabei ist aber einschränkend zweierlei zu bemerken:

α) Der räumliche Verkehr ist meistenteils von einem Menschenverkehr begleitet, hat ihn zur Folge, insbesondere weil die Mittel, durch die er bewältigt wird (Wagen, Schiffe, Automobile, Fahrräder, Tramways) von Menschen gelenkt werden; es sind also doch wieder Menschen, die hier in — räumliche — Verkehrsbeziehungen miteinander treten und darum Verkehrsrücksichten auf einander zu nehmen haben. So muß der Führer einer elektrischen Bahn die „im (Straßen-) Verkehr erforderliche Sorgfalt" anwenden,

---

[1]) Die vorspringende Terrasse des Hauses ist ein Verkehrshindernis in der Bahnhofstraße; die Sprachverschiedenheit ist in der Grenzprovinz ein Verkehrshindernis für die Leute.

[2]) In der Stadt X herrscht ein lebhafter Geschäfts- und Handelsverkehr, an der Börse ein lebhafter Wechselverkehr und Kaufmann Y steht im lebhaftem Geschäftsverkehr usw. mit anderen Kaufleuten.

[3]) Der Hauptverkehr in der Stadt X führt durch die Langgasse; seinen Hauptverkehr hat Y beim Landadel.

[4]) Ueber die beiden Arten von Verkehr, die Titze unterscheiden zu dürfen glaubt, vgl. unten sub 21.

[5]) So behandelt ein Erkenntnis des OLG. Kiel vom 14. April 1902 (abgedruckt in den Schleswig-Holsteinischen Anzeigen, herausg. von von Bülow und Groth, N. F., Jahrg. 66, Glückstadt 1902, S. 213) den Fall, daß ein Weg vom Unterhaltungspflichtigen vernachlässigt worden war und daß darum ein Wagen umschlug und der auf dem Wagen Befindliche verunglückte. Ferner spricht ein Erkenntnis des OLG. Rostock vom 10. April 1902, Mugdan und Falkmann V, 1901, Nr. 49 b α S. 240 f. (vgl. auch Neumann, Jahrb. I 1 S. 469 Note f δ zu § 823), vom „Wagenverkehr" und von der „kleinen Stadt mit geringem Verkehr" bezw. der „Großstadt mit lebhaftem Verkehr" sowie von einer „dem öffentlichen Verkehr übergebenen Straße" und von den „durch Witterungseinflüsse hervorgerufenen Gefahren für den Verkehr"; und das ebenda (sub β) abgedruckte Erkenntnis des OLG. Oldenburg vom 8. Februar 1902 (vgl. oben S. 101 Anm. 9) spricht von „Außerachtlassung der im Verkehr — vorliegend im Straßenverkehr — erforderlichen Sorgfalt".

[6]) Hier z. B. dahin, daß nicht ansteckende Krankheiten eingeschleppt werden.

weil er sonst den Mitmenschen Schaden verursachen könnte.[1]) Und wenn man zu sagen pflegt: in dieser Straße ist ein lebhafter Verkehr mit Fahrrädern oder Automobilen, so meint man, genau genommen: Verkehr mittels dieser Vehikel.

β) Der Verkehr im Sinne der Wendungen der Gruppe 1 c/d ist als ein Verkehr der Menschen unter einander bezeichnet worden; er erstreckt sich also nicht auf das Verhalten der Menschen zu den Dingen; alle hierauf bezüglichen Worte wie „Verkehrsmaterial“ oder „Güterverkehr“, werden unter Gruppe 1 a/b gehören und nur mittelbar, wegen des soeben sub α Angedeuteten, auch unter Gruppe 1 c/d. Wenn man daher vom „Verkehr mit Nahrungsmitteln“ [2]) oder „mit Krankheitserregern“ [3]) redet — Fälle, in welchen es gewiß der erheblichen Sorgfalt bedarf —, so denkt man doch auch im Grunde einmal daran, daß man diese Nahrungsmittel unter den Menschen (Gruppe 1 c/d) in Verkehr bringt, und zweitens daran, daß es sich betreffs der Nahrungsmittel selber um ein in Zirkulation Bringen, also um eine Tätigkeit im Sinne der Wendungen sub 1 a/b, insbes. sub b handelt.

c) So löst sich der anscheinende Widerspruch, auf welchen wohl Eck I S. 194 Anm. 4 mit den Worten aufmerksam machen will: „Uebrigens schulden wir den Mitmenschen zweifellos eine Sorgfalt auch in unserm „Verkehre“ mit der leblosen Welt, z. B. einem Ofen oder Automobil, wenn auch der Ausdruck „Verkehr“ hier nicht geschmackvoll ist.“[4]) Und nicht als ganz richtig kann die Bemerkung von Göring[5]) S. 27 gelten, „nur die Beziehung zu sich selbst und zu seinen Sachen gehört nicht zum Verkehr“. — Richtig ist es dagegen, wenn Göring vorher meint: „Verkehr bedeutet jegliche Beziehung zu anderen Personen, seien es geschäftliche, gesellige oder andere Beziehungen“. In diesem generellen Sinne wollen den Begriff auch alle übrigen Autoren verstanden wissen, die sich dazu äußern: Kipp sagt Bd. I S. 453 sub 2: „Unter Verkehr muß, wenn die Definition ausreichen soll, jede Berührung des Verhaltens eines Menschen mit der Sphäre eines andern verstanden werden“. Dernburg II 1 S. 135 sub 2 a meint: „Unter Verkehr kann hier nicht, wie gewöhnlich, der Geschäftsverkehr gemeint sein, vielmehr, was in den bürgerlichen Beziehungen im Leben als erforderlich gilt“. Ebenda Anm. 9 fährt er fort: „Wo immer rechtliche Pflichten bestehen, wird sich die Frage der sorgfältigen Ausführung aufwerfen. Daher muß Verkehr im weitesten Sinne genommen werden, z. B. auch beim Dienste des Arztes oder der Hebamme“. — Planck I S. 41 meint, daß die Fassung des § 276 „erkennen läßt, daß es nur auf die in dem rechtlichen

---

[1]) Mit Berücksichtigung dieses Umstandes gelangt man zu demselben Ergebnis, wie Eßlinger in Seufferts Bl. f. RA. Jahrg. 64 (1904) Nr. 9 S. 172 ff. mit seinen Ausführungen über „bewußte Fahrlässigkeit“.

[2]) Vgl. den Titel des Reichsges. v. 14. Mai 1879 (RGBl. S. 145).

[3]) Vgl. den Titel der Bekanntmachung des Bundesrats vom 4. Mai 1904 (RGBl. S. 159).

[4]) Was das zunächst frappierende Beispiel des Ofens betrifft, so ist ein Anwendungsfall zu konstruieren unter Zugrundlegung von BGB. § 618 Abs. II (Fürsorgepflicht des Dienstberechtigten in Ansehung des Wohn- und Schlafraumes des Dienstpflichtigen) und Abs. III ebenda (BGB. §§ 823 Abs I, 842 ff.).

[5]) Göring, Ist die fahrlässige Täuschung eine unerlaubte Handlung im Sinne des BGB. § 823 Abs. I ?, Freiburger Diss., München 1900.

Verkehr der Menschen unter einander . . .[1]) erwartete Sorgfalt ankommt. Unter dem Verkehr ist nicht allein der geschäftliche Verkehr zu verstehen, sondern derjenige Verkehr, welcher bei dem einzelnen Verhältnis, um das es sich handelt, in Betracht kommt. Wie in Handelsgeschäften die Sorgfalt eines ordentlichen Kaufmanns erfordert wird . . ., so wird in anderen Verhältnissen die Sorgfalt eines ordentlichen Arztes, eines ordentlichen Rechtsanwalts, eines ordentlichen Arbeiters verlangt". — Uebrigens sind die zitierten Bemerkungen keineswegs durchweg einwandfrei. Zunächst wird man der Formulierung bei Dernburg im Text entgegenhalten können, daß der Schlußsatz („was . . . gilt") die Definition von Verkehr und erforderlicher Sorgfalt durcheinander bringt. Und wenn, wie es scheint, Dernburg in Anm. 9 und Planck a. a. O.[2]) nur an den rechtlichen Verkehr denken und wenn sie hierunter den Fall bereits vorhandener Rechtsverhältnisse verstehen sollten, so wäre dies weitaus zu eng; es würde dies nur die Tatbestände bereits existenter Obligationen (allerdings nicht bloß aus BGB. Buch II, sondern auch z. B. aus dem Familienrecht) umfassen, während schon allein ein Blick auf § 823 Abs. I und Abs. II lehrt, daß gerade durch die Außerachtlassung der im Verkehr erforderlichen Sorgfalt Schuldverhältnisse entstehen können zwischen Menschen, deren Rechtssphären bisher niemals in Berührung gelangt waren und die auch sonst nie in einem Verkehr, sei es geschäftlicher oder nur geselliger oder anderer Art miteinander gestanden hatten. Es braucht also auch durchaus nicht, wie das Plancks Auffassung zu sein scheint, ein „einzelnes Verhältnis" vorzuliegen, „um das es sich" bereits „handelt", sondern es genügt, daß nunmehr ein solches Verhältnis zwischen den Interessenten hervorgerufen wurde.

3. Ist dies richtig, so sind natürlich auch die bei den genannten und anderen[3]) Autoren begegnenden Beispiele — geschäftlicher Verkehr (Planck, Goering), geselliger Verkehr (Goering), Arzt (Planck, Crome, Dernburg,[4]) Enneccerus-Lehmann), Rechtsanwalt (Planck, Dernburg), Baumeister (Crome, Enneccerus-Lehmann), Arbeiter (Planck), Hebamme (Dernburg), Notar und Lokomotivführer (Crome) — bei weitem nicht erschöpfend. Wir können vielmehr alle oben sub f zu Gruppe 1 c/d bezw. e erwähnten Verkehrsarten hierherziehen (ohne damit auch unsererseits völlig oder auch nur annähernd erschöpfend zu sein): so den kaufmännischen und kollegialischen Verkehr, ja auch den „Geschlechtsverkehr",[5]) der seitens beider Beteiligten in mancher Hinsicht die Anwendung von Sorgfalt erheischt und bei deren Außerachtlassung Gesundheitsschaden und somit ein Anspruch auf § 823 Abs. I entstehen kann. Ferner erinnere ich an den in meinem Gutachten (unten sub D) eingehend besprochenen Verkehr auf dem Turnplatze, welchem ja zwischen Schüler und Lehrer unmittelbare Rechtsbeziehungen (Dienstvertrag) nicht zugrunde liegen. Auch ein erheblicher Teil der Beispiele sub f zu Gruppe 1 a/b ist verwertbar, weil der dort erwähnte räumliche Verkehr zu Verkehrsbeziehungen der Menschen unter einander und bei Außeracht-

[1]) Ueber die sich bei Planck einschiebenden Worte „nach der gesunden Verkehrssitte von einem ordentlichen Menschen" vgl. unten sub 5 und 6 und sub 8 a.

[2]) Planck a. a. O. denkt bei den bei ihm gesperrt gedruckten Worten „rechtlicher Verkehr" zunächst (vgl. den vorangehenden Satz) an den Gegensatz von Recht und Moral.

[3]) Ueber Goering s. oben S. 108 Anm. 5. — Crome I S. 486 Anm. 23, Enneccerus-Lehmann I S. 291 sub 3.

[4]) Dernburg S. 136 a. E.

[5]) Der eheliche wird sich als Ausfluß eines rechtlichen Verhältnisses in die oben erwähnte engere Grenze bannen lassen, der außereheliche schafft ja aber erst obligationes ex lege.

lassung der erforderlichen Sorgfalt zu Deliktsobligationen Veranlassung gibt. So beim Straßen-, Hafen-, Schiffs-, Wagen-, Radfahrer- und Automobilverkehr.

4. Ich darf deshalb noch jetzt die Bemerkung in Bd. I S. 78 meiner Vorträge (1898) aufrecht erhalten: „Im Rahmen des BGB. ...[1]) bedeutet „Verkehr" ... den täglichen, ich möchte sagen harmlosen Verkehr der Privatpersonen miteinander, den Verkehr innerhalb beschränkter Grenzen, den Verkehr mit dem Nächsten".[2])

5. Und so ist es denn im letzten Grunde zwar, wie wir oben II 4 b sahen, die Rechtsordnung, welche die Sorgfalt gegenüber diesem Nächsten „erfordert," es ist aber andererseits, da die Rechtsordnung das Maß der Sorgfalt nicht näher absteckt, die Anschauung dieses Verkehrs selber, welche für diese Abgrenzung befragt werden muß. Darin ist sich wohl auch die gesamte Literatur einig. Ich nehme wegen dieser ausschlaggebenden Bedeutung der Verkehrsanschauung außer auf meine Vorträge a. a. O. noch z. B. Bezug auf Endemann I S. 638. Andere Autoren (Linckelmann S. 37 und Müller und Meikel I S. 257) wählen das gleichbedeutende Wort „Verkehrsauffassung", Crome S. 486 sub a spricht von „Verkehrsgrundsätzen", Endemann a. a. O. auch von der „Verkehrsnorm", Planck I S. 41 von der „Auffassung des Lebens",[3]) Dernburg II 1 S. 135 von der „öffentlichen Meinung". Dagegen ist es nach dem bereits oben II 2 Bemerkten durchaus nicht als Wahl eines glücklichen Ausdrucks zu bezeichnen und mindestens irreführend, wenn Planck an anderer Stelle[4]) und ebenso[5]) Cosack I S. 249 sub 2 b α von der gesunden bezw. verständigen „Verkehrssitte" reden.

6. Daß natürlich nur eine „gesunde" und „verständige"[6]) Verkehrsanschauung und -auffassung entscheidend sein könne, liegt auf der Hand und wird auch von allen denen betont, die die Wendung der Protokolle (II Nr. 154 I S. 604) wiederholen,[7]) daß es darauf ankomme, welches Maß von Sorgfalt der gesunde und normale Verkehr im allgemeinen für erforderlich halte"; ähnlich spricht Endemann S. 638 von der „guten" Verkehrsanschauung und Dernburg II 1 S. 135 von der „geläuterten" öffentlichen Meinung. Und mit Recht! Denn andernfalls würde der Duellant, welcher den Gegner niederschießt,[8]) zwar straf-

---

[1]) Im Gegensatze zum Handelsrecht und Internationalen Privatrecht, auf das ich a. a. O. S. 77/78 anspiele.

[2]) Maßgebend sind also, wie es Eßlinger a. a. O. S. 174, 176 formuliert, die „Bedürfnisse des sozialen Zusammenlebens" oder, wie Sperl in der Oesterr. allgemeinen Gerichts-Zeitung Jahrg. 53 (1902) Nr. 18 S. 151 (vgl. Neumann, Jahrb. II S. 183 sub 3 b) sagt, die „kollektivistische", „nachbarliche Rücksichtnahme auf die Mitmenschen".

[3]) Vgl. auch Kuhlenbeck, BGB. I, 2. Aufl. S. 229 Note 3: „Die als Norm eines gesunden gesellschaftlichen Lebens in der fraglichen Beziehung gedachte Regel des Lebens, nicht die zufällig vielleicht entartete tatsächliche Uebung".

[4]) Planck einige Sätze vorher (3. Aufl. gleichfalls S. 41, oben, 1. und 2. Aufl. S. 36); vgl. oben S. 109 Anm. 1.

[5]) Desgleichen z. B. Piper; vgl. unten Anm. 7. Ebenso (und auch sonst ungeschickt bezw. unrichtig) Liebe, Das bürgerliche Recht, Bd. I, Leipzig 1904, S. 231.

[6]) Ebenso spricht Cosack S. 250 oben vom „verständigen Verkehr".

[7]) Es tun dies Endemann S. 639 Anm. 2, Kipp a. a. O., Linckelmann S. 37, Lühl S. 17, Schollmeyer a. a. O.; vgl. auch Kuhlenbeck a. a. O. (oben Anm. 3), Müller und Meikel a. a. O. („allgemeine Verkehrsauffassung"), Piper (oben Anm. 5) S. 39 („normale Verkehrssitte") und Planck I S. 41 („gesunde Auffassung des Lebens"); vgl. auch Bendix, 2. Aufl. (1904) S. 307, Laß und Maier, Haftpflichtrecht und Reichsversicherungsgesetzgebung, 2. Aufl., München 1902, S. 19. — Aus der Praxis vgl. die oben S. 101 Anm. 3 erwähnten Erkenntnisse des Reichsgerichts vom 9. Mai und 6. Juni 1903 und das des OLG. Oldenburg vom 8. Februar 1902. — Eine auf Aberglauben beruhende Verkehrsanschauung darf keine Berücksichtigung beanspruchen; vgl. OLG. Dresden vom 15. Mai 1902 (Sächs. Arch. 13 S. 90, Warneyer II S. 29 Nr. 2; Neumann, Jahrb. II S. 186 sub 5 d γ, S. 190 sub 7 h).

[8]) An dieser Stelle ist es gleichgültig, ob der Duellant vielleicht darum von der zivilrechtlichen Haftung frei ist, weil BGB. § 254 hereinspielt (vgl. darüber unten 79).

rechtlich, aber nicht zivilrechtlich verantwortlich sein, indem er sich erfolgreich auf die Anschauungen seiner Standesgenossen [1]) beruft; und ebenso würden sich sonst die Automobilisten eine besondere „Herrenmoral" konstruieren und sich auf Kosten der Knochen ihrer Mitmenschen „ausleben" können.

7. Daß übrigens, wie Linckelmann S. 38 ff. genauer ausführt, die Verkehrsauffassung variabel und bei verschiedenen Völkern sowie zu verschiedenen Zeiten verschieden ist, bleibt — abgesehen von dem speziellen Interesse, das dieser Umstand wegen der Beseitigung des diligens pater familias mit sich bringt; vgl. unten 8 b γ — belanglos, da das Gesetzbuch eben die jeweilig gültige Verkehrsanschauung zur maßgebenden Richtschnur gemacht hat und da die Wandelbarkeit der Verkehrsanschauung sich auch sonst im Rechtsleben Geltung zu verschaffen pflegt (vgl. unten sub 8 b γ). Ich erinnere nur an das abgedroschenste der Beispiele, an die verschiedene Behandlung, welche der Hausverkauf auf die Stellung des Mieters nach römischem und nach jetzigem Recht erfuhr, [2]) und daran, daß auch sonst die Normen des BGB. von dem Bedürfnis diktiert wurden, den modernen Verkehrs- und Wirtschaftsverhältnissen Rechnung zu tragen. [3])

8. Eine solche verständige, normale, gesunde, gute und geläuterte Verkehrsanschauung wird natürlich auch nur einen richtigen und normalen Maßstab in die Hand nehmen, wenn sie die anzuwendende Sorgfalt abmessen will. Dabei wird sie im einzelnen folgendes tun:

a) Sie wird das Maß zuschneiden nach einem ordentlichen, verständigen und normalen Menschen [4]) und den Täter, dessen Verschulden im Einzelfall in Frage steht, nach diesem Normalmaß beurteilen, ohne seine individuelle Abnormität anders als höchstens dahin zu berücksichtigen, daß sie ihm die Zurechnungsfähigkeit im zivilrechtlichen Sinne gemäß §§ 827 f. BGB. (unten sub C VI 1) ganz abspricht und ihn dann von der Haftung überhaupt freispricht. Es hat aber solche radikale Berücksichtigung der Abnormität mit unserer Angelegenheit — der Erwägungen über die „erforderliche Sorgfalt" — gar nichts zu tun, sondern käme ebenso gegenüber einem „Vorsatze" zur Anwendung. Wenn dagegen die Zurechnungsfähigkeit als solche unverneint bleibt, spielt die geringere Sorgfalt des Einzelindividuums zu seiner Entschuldigung keine Rolle. Zu messen ist mit dem Maße, das entnommen (abstrahiert) ist von einem durchschnittlich veranlagten und durchschnittlich in geistiger und sittlicher

---

1) Dies — daß es sich um die Anschauung eines Sonderkreises handelt — genügt, um den Widerspruch mit der normalen Verkehrsanschauung und die Unzulässigkeit der Abstellung auf die Verkehrs sitte zu erweisen; ob im Grunde die Anschauung des Sonderkreises Berechtigung hat (wie sie vielfach wegen des Duells noch immer angenommen wird) und vielleicht die vernünftigere ist, kann gleichgültig bleiben, solange die allgemeine Anschauung nicht gerade unvernünftig ist.

2) Dort „Kauf bricht Miete", hier „Kauf bricht nicht Miete".

3) Darüber sehr ausführlich meine Vorträge I S. 58—84; daselbst S. 58 Anm. 3 auch Hinweise auf meine Erörterungen über Parallelbeobachtungen bei der Arbeiterversicherung.

4) Abgesehen von der Zuspitzung auf den „Hausvater" (vgl. unten sub b γ) können noch immer maßgebend erscheinen die Worte der Mot. I S. 279 (vgl. auch Landé S. 75 Anm. 4): „Der angelegte Maßstab verlangt nichts Außerordentliches, keine Auszeichnung vor Anderen, keine besondere körperliche oder geistige Beanlagung, nicht die äußerste Kraftanstrengung, nicht übertriebene Aengstlichkeit. Die pflichtmäßige Sorgfalt wird gemessen an dem Fleiße, der Umsicht, der Tatkraft eines tüchtigen, sorgsamen Hausvaters, welcher über die Seinigen und das Seine mit Gewissenhaftigkeit und Treue wacht". — Vom „verständigen" und „ordentlichen" Menschen spricht — mit der Zuspitzung auf einen Stallwirt im besonderen — auch das unten sub 14 zu erwähnende Erkenntnis des OLG. Braunschweig vom 5. Dez. 1902.

Hinsicht ausgebildeten „ordentlichen“ [1]) und „gewissenhaften“ [2]) Menschen[3]), von einem „Normalmenschen“ [4]), der gewissermaßen auf rechtlichem Gebiete ein *κανών* ist, wie es auf künstlerischem Gebiete Polyklets Doryphoros war, den man bekanntlich als das richtige Abbild der Proportionen des menschlichen Körpers betrachtete.

b) Aus dem Gesagten folgt sofort mehreres Weitere:

α) Vor allem, daß, weil das Maß von einem Durchschnitt abstrahiert wird, wir es mit einem „abstrakten“, und, weil das Wesen des einzelnen Subjektes unberücksichtigt bleibt, daß wir es mit einem „objektiven“ Maßstabe zu tun haben.[5])

β) Sodann, daß es durchaus nur eine im Eifer des Streites gewählte, extreme Zuspitzung, nicht aber ein stichhaltiger Einwand gegen unsere Abstellung auf den Normalmenschen ist, wenn man vom „Durchschnittsphilister“ geredet hat.[6])

---

[1]) Vgl. z. B. Planck a. a. O. (mehrfach), Dernburg S. 136 a. E., 137, Piper S. 39, Wendt S. 438; aber auch bereits Prot. I S. 187 („ordentlicher Mann“, während sie IV S. 561 noch gleich Mot. S. 279 ff., 194, II S. 27 vom „ordentlichen Hausvater“ sprechen).

[2]) Vgl. Dernburg S. 136 sub b, Endemann S. 641, aber auch schon Prot. II S. 419. — Im BGB. begegnet „gewissenhaft“ nur in §§ 1789 Satz 1 und 1870 Satz 1 wegen der Führung der Vormundschaft bezw. des Amtes als Mitglied des Familienrates.

[3]) Dies trifft Verstand und Charakter; es sind aber auch alle möglichen anderen Faktoren zu berücksichtigen, so die durchschnittliche Kaltblütigkeit, Geschicklichkeit, Uebung (z. B. in Beseitigung mechanischer Widerstände) und, was z. B. die Moral betrifft, das durchschnittliche Maß der Aufopferungswilligkeit aus Nächstenliebe.

[4]) Vgl. Enneccerus-Lehmann S. 291 sub 2 („Normalfigur“); Wendt S. 437 und 441 („Durchschnittsbild“, „Typus“); Matthiaß S. 272 („Durchschnittsanforderungen“, „Durchschnittsmensch“); Zitelmann S. 158 sub 1 a *α* („Mustermensch“). — Ebenso sagt eine Entsch. des Reichsgerichts vom 16. Mai 1903 (V 12/03) in der Juristen-Zeitung VIII (1903) Nr. 13 S. 322 Nr. 67 vom Wissenmüssen, (unten § 32), daß dieser Begriff „nicht nach der subjektiven Veranlagung des Verkäufers“ — es handelt sich um einen Fall des BGB. § 476 — „sondern nach dem zu bestimmen sei, was ein verständiger, normal veranlagter Mensch unter gleichen Umständen erkannt haben würde“. — Darüber, daß man von jedem „Verkehrsgenossen auch eine entsprechende Teilnahme an den Fortschritten der naturwissenschaftlichen Erkenntnisse“ und der „Verfeinerung der Technik“ verlangen könne, vgl. Endemann a. a. O. S. 640 Anm. 8 und W. Stintzing im Archiv f. d. civilist. Praxis 81 (1893) S. 454. — Vom „normalen Durchschnittsmenschen“ redet auch ein Erkenntnis des Reichsgerichts vom 3. Februar 1904 (V 519/03) in Seufferts Archiv Bd. 59 (1904) Nr. 125 S. 226 f. (vgl. auch Juristen-Zeitung IX, 1904, Nr. 8 S. 407 Nr. 36 b); doch bezieht es sich auf eine ganz andere Frage (BGB. § 906). Ebenso kann man sich streng genommen nicht auf die unten sub D V 5 zu erwähnende, von einem „Durchschnittsfahrer“ sprechende Entscheidung des Reichsgerichts vom 21. März 1901 Bd. 48 Nr. 75 S. 343 ff. (insbes. S. 344) berufen, da diese noch nicht auf BGB. aufgebaut ist; aber auch nach BGB. müßte man zu gleichem Ergebnisse gelangen.

[5]) So spricht auch die gesamte Literatur von einem „abstrakten“ bezw. „objektiven“ Maßstabe. Vgl. wegen des „abstrakten“ Maßstabes Dernburg S. 136 sub c, Engelmann S. 129, 204, Enneccerus-Lehmann S. 291 sub 2, Lühl S. 14, Matthiaß S. 271 f., Oertmann S. 36 sub 1 b, Schollmeyer S. 100 sub b *α*, Zitelmann S. 158 sub 1 a; wegen des „objektiven“ Maßstabes Bendix S. 307, Crome S. 486 sub *α*, Endemann S. 639 sub 2, 640 Anm. 6 Abs. I a. E., Enneccerus-Lehmann S. 291 sub 2 und Anm. 2, Eßlinger in Seufferts Bl. für Rechtsanwendung Jahrg. 69 (1904) Nr. 9 S. 175, Isay a. a. O. S. 111, Landsberg I S. 254 cc sub a, von Liszt S. 55, Linckelmann S. 36 f., Lühl S. 14, Matthiaß S. 271, Mayring S. 38 Note 2, Oertmann S. 36 sub *α*, Paech, Leistungsverzug S. 94, Piper S. 38/39, Planck I S. 40, Rehbein II S. 101, Treitel, Unmöglichkeit der Leistung (Berlin 1902) S. 57, Wendt a. a. O. S. 437, 444, Leske, Vergleichende Darstellung des BGB. und des Pr. Allg. Landrechts, 1. u. 2. Aufl., I Hälfte, Berlin 1900, S. 136 und auch bereits Protokolle I S. 187, 303 Anm. 1. — Ueber Titze unten sub 21. — Aus der Judikatur Entsch. des Reichsger. vom 9. Mai und 6. Juni 1903 (oben S. 101 Anm. 3).

[6]) von Liszt, Die Grenzgebiete zwischen Privatrecht und Strafrecht (Heft 5 von Bekker und Fischer, Beitr. z. Erläuterung des Entwurfs, Berlin 1899) S. 16; vgl. dazu auch Dernburg S. 136 sub b.

γ) Endlich ist denjenigen recht zu geben, welche diesen Normalmenschen für identisch halten mit dem ‚diligens pater familias' des römischen Rechts und welche der Ansicht sind, daß die im Laufe der Entstehungsgeschichte des BGB. stattgehabte Umwandlung[1]) der „Sorgfalt eines ordentlichen Hausvaters" (E. I § 144 Abs. I) in die „im Verkehr erforderliche Sorgfalt" im Grunde nur eine Veränderung des Wortlautes, nicht des Wortsinnes bedeutet.[2]) Wir können also sagen, der diligens[3]) pater familias ist nur eine Zeitlang scheintot[4]) gewesen und es tritt uns im BGB. § 276 ein diligens pater familias redivivus entgegen.[5])[6])

9. Nun wird man aber doch wohl schwerlich beispielsweise beim Schulturnen — ich verweise auf mein Gutachten unten sub D — dieselbe Sorgfalt in Beaufsichtigung der Schüler, Anordnung der Uebungen, Kontrolle der Geräte usw. einerseits von dem fachgemäß ausgebildeten und staatlich geprüften Turnlehrer und andererseits von dem Klassenlehrer oder gar vom Probekandidaten verlangen dürfen, welchem außerdem Turnstunden auferlegt worden sind. Wie helfen wir uns aus diesem Dilemma, wie verhindern wir, daß der Maßstab entweder allzustreng oder allzumilde wird? Wie können wir unsern Wunsch, nicht entweder die Schüler zu Gunsten des geprüften Turnlehrers oder umgekehrt den Probekandidaten zu Gunsten der Schüler in Haftungsfragen zu benachteiligen, mit der Rechtsordnung d. h. also mit unserer bisherigen Abgrenzung der „im Verkehr erforderlichen Sorgfalt" in Einklang bringen? Wie können wir mit andern Worten die Rechtsprechung vor dem Vorwurfe ‚summum jus, summa injuria' und vor brutaler Gleichmacherei bewahren?

---

[1]) Auf diesen sattsam ventilierten Punkt einzugehen, kann ich mir ersparen; vgl. Näheres z. B. bei Crome I S. 486 Anm. 23 Abs. II, Dernburg S. 136 sub b, Eck I S. 194 Anm. 3, Planck I S. 40, Wendt a. a. O. S. 426 ff.; vgl. auch die Jenenser Dissertation von von Hagen, die sogenannte culpa in concreto nach BGB., Berlin 1901, S. 1 ff.

[2]) Vgl. hiezu Eck a. a. O., Enneccerus-Lehmann a. a. O., Kipp I S. 453 sub 2 (unter Bezugnahme auf S. 448 f. Anm. 8), Matthiaß I S. 272 sub α, Planck a. a. O., Schollmeyer a. a. O., Siméon, Recht und Rechtsgang, 3. Aufl., Berlin 1901, S. 240. — Aber auch bereits Hellmann, Vorträge S. 179 und aus neuerer Zeit z. B. Bernhöft, Zur Frage der Haftpflicht (bei Bernhöft und Binder, Beiträge zur Auslegung des BGB., Heft 3, Leipzig 1902, S. 224 ff.) S. 230; falsch wiederum Ramdohr, Grundriß zum Studium des deutschen Privatrechts Bd. I. Posen 1901, S. 223. — Aehnlich Burckhardt, Die Revision des schweizerischen Obligationenrechts in Hinsicht auf das Schadensersatzrecht, in der Zeitschr. für Schweiz. Recht 44 (1903) S. 521 ff. (Neumann, Jahrb. II S. 183 sub 3 a), etwas abweichend Sperl in der Oesterr. AGZ. 1902 S. 151 (oben S. 110 Anm. 2 und Neumann a. a. O. sub b).

[3]) Gelegentlich (Bd. IV S. 1116 sub 8 zu E. I § 1664 wegen Anlegung der Mündelgelder) sprachen die Mot. übrigens vom „guten" Hausvater. — Ueber Mot. I S. 279 oben S. 111 Anm. 4. Ebenda S. 280 meinen die Mot. selber, „die Sorgfalt eines gewöhnlichen Menschen ist der Regel nach diejenige eines ordentlichen Hausvaters"; das läßt sich ebensogut umkehren.

[4]) Deshalb durfte man ihn aber nicht so ohne weiteres ins neue Recht herübernehmen, wie es Haidlen III S. 467 und S. 701 sub 7 sowie IV S. 408/409 (durch einfachen Abdruck von Mot IV S. 742 und S. 1116 sub 8 — vgl. vorige Anmerkung — und Mot. II S. 358) und Landé S. 75 Anm. 4 getan hatten.

[5]) Nur de lege ferenda geschieht es, wenn Menger, Das bürgerliche Recht und die besitzlosen Volksklassen, 3. Aufl., Tübingen 1904, S. 205 statt des ordentlichen Hausvaters (den er S. 204 als den „Typus für die Einseitigkeit der besitzenden Klasse" bezeichnet) den „wackeren oder braven Menschen" vorschlägt.

[6]) Damit ist noch durchaus nicht die Annahme eines abstrakten, objektiven Maßstabes (oben sub α) aufgegeben und ein subjektiver, individualistischer Gesichtspunkt eingenommen, wie Laß und Maier, Haftpflichtrecht und Reichs-Versicherungsgesetzgebung, 2. Aufl., München 1902, S. 18 andeuten.

10. Ich habe den Ausweg — der aber in Wirklichkeit nicht ein bloßer Ausweg ist, sondern die vom Gesetzgeber selber offen gelassene goldene Mittelstraße; vgl. unten sub 16 — in meinem Gutachten[1]) dahin angegeben, daß im Grunde ein objektiver Maßstab anwendbar bleibt, „nur daß er — wie[2]) der Maßstock des Tischlers und das Bandmaß der Hausfrau — zwei Seiten hat, deren eine das Zentimeter, die andere den Zoll zur Grundlage der Einteilung nimmt." Es ist nämlich keineswegs etwa Turnlehrer gleich Turnlehrer, keineswegs aber auch der geprüfte Turnlehrer X lediglich deshalb von dem ungeprüften Turnlehrer Y verschieden, weil X und Y verschiedene Größen sind. Man darf auch nicht übersehen, daß, wie der Mensch überhaupt, so diese beiden Turnlehrer beurteilt werden müssen nicht bloß jeder als Einzelindividuum, an dem sich die verschwenderische Gestaltungskraft der Schöpfung mit verschiedenartigster Verkörperung und doch nach den anatomischen Grundgesetzen unter beidesmaliger Bestätigung des Typus Mensch betätigt hat, sondern daß jeder von beiden auch als ζῷον πολιτικὸν zu beurteilen ist, als Mitglied einer besonderen Gruppe, die besondere Eigenarten in ihrer Erscheinungsform hat. Herbstzeitlose und Maiglöckchen gehören zwar beide zu den „Zwiebelgewächsen", aber niemand wird beanspruchen, daß das Maiglöckchen lila und die Herbstzeitlose weiß aussehe.[3]) Will man also nicht die Methode des sagenhaften Prokrustes anwenden — und daß uns BGB. § 276 zu dieser unerquicklichen Notwendigkeit führt, dafür können wir den Beweis unsererseits abwarten , so wird man anerkennen müssen, daß, wie es innerhalb der Pflanzen und sonstigen Erscheinungsformen der Naturwelt Arten und Familien mit Unterarten und Sonderfamilien gibt, auch die Menschen nicht alle einem einzigen Durchschnittstypus angehören, sondern in Kategorien geteilt werden müssen. Den Speerträger hat die klassische Kunst ja auch nicht als κανὼν κὰτ' ἐξοχὴν betrachtet, sondern nur als Typus männlicher Jünglingsschönheit[4]), neben dem sich z. B. noch ein Typus des Faun, der Venus und der Vestalin entwickelte.

11. In genauer Ausführung des vom Maßstab gewählten Bildes können wir uns die Tätigkeit des Richters folgendermaßen vorstellen: Er hat zunächst festzustellen, welchen Punkt die in Rede stehende Tat erreicht hat, und so die Strecke vom Nullpunkt — N — bis zu diesem Punkte der Tat — T — festzulegen. Er sagt sich dann zweitens: nach Gesetz und Verkehrsanschauung ist eine bestimmte Anzahl von Teilstrichen auf dem Maße — sagen wir z. B. zehn — erlaubt; was darüber geht, ist bereits Vernachlässigung der im Verkehr erforderlichen Sorgfalt, ist haftbar machende Fahrlässigkeit. Nun mißt er mit dem Maßstabe ab, ob der Täter auf der Strecke von N bis T die zulässige Anzahl der Teilstriche noch eingehalten oder schon überschritten hat. Wenn er hierbei nun die Seite mit der Zentimetereinteilung anlegt, wird er den Punkt T bereits außerhalb der ersten zehn Zentimeter finden; legt er dagegen die Seite mit der Zolleinteilung an, so zeigt sich Punkt T noch innerhalb der ersten zehn Zoll. Der Richter wird also dort zur Bejahung, hier zur Leugnung der Maßüberschreitung gelangen, ohne daß sich die abzumessende Strecke selber irgendwie verschoben hat. Die Frage, bei welchem der beiden Täter die engere, bei welchem die weitere Skala anzulegen sei, beantwortet sich dabei in unserem Beispiele

---

[1]) Gutachten I 3 c α.

[2]) Auch gegenwärtig wohl noch vielfach, jedenfalls vor 10—20 Jahren in der Regel.

[3]) Vgl. auch Evang. Lucae 6, 44 (Weizsaeckersche Uebersetzung): „Man sammelt nicht Feigen von Disteln, noch bricht man aus einem Dornbusch eine Traube."

[4]) Daß das Schönheitsideal der verschiedenen Völker und Zeiten ein verschiedenes ist, bleibe bei unsern auf die Anschauungen eines Einzelvolkes beschränkten Erörterungen lieber außer Betracht.

selbstverständlich dahin, daß jenes betreffs des geprüften, dieses betreffs des ungeprüften Turnlehrers zu geschehen habe.

12. Wie wir sonach durchaus berechtigt sind, den geprüften und den ungeprüften Turnlehrer zu unterscheiden, weil nämlich jenem eine intensivere und sachgemäßere Berufsvorbildung zuteil wurde, so werden wir beispielsweise bei verschiedener durchschnittlicher Vorbildung auch zwischen Turnlehrer und Turnlehrerin unterscheiden müssen; und wir werden ferner wegen des bei ihnen vorliegenden Mangels der systematischen Schulung die bloß dilettantisch vorgebildeten Leiter oder Leiterinnen von Turnvereinen anders zu beurteilen haben, als die Lehrkräfte in Schulen. Wir werden derartige Unterscheidungen aber überhaupt generalisieren und über den Spezialfall unsers Musterbeispiels hinaus auf alle menschlichen Berufszweige ausdehnen dürfen und müssen.

13. Wir kommen damit zu einem ganz neuen Gesichtspunkte für unsere Ausgangsfrage, welche Sorgfalt „im Verkehr erforderlich" sei. Das Maß dieser Sorgfalt ist für die verschiedenen Berufszweige ein grundverschiedenes und — um auf den vorherigen Vergleich, sub 11, zurückzukommen — der Richter darf und muß einmal die Einteilung in Zentimeter, das andere Mal die in Zoll anlegen; denn im Grunde ist dies Verfahren ja lediglich die Anwendung des gleichen Maßstabes, nur erfolgt die Ablesung als solche einmal auf der einen Seite (a), nach der das Individuum X selber oder vielmehr die ganze Kategorie A, der es zugehört, im Leben bemessen wird; das andere Mal erfolgt die Ablesung auf der anderen Seite (b), nach der das Individuum Y und seine Kategorie B im Leben bemessen wird.

14. Wir befinden uns übrigens bei derartiger Anerkennung eines variablen Maßstabes durchaus in Uebereinstimmung mit der gegenwärtig herrschenden Theorie.[1]) So sagt Dernburg S. 137 oben (unter sehr instruktiver Bezugnahme[2]) auf l. 9 § 5 Dig. locati 19, 2)[3]): „Das ist die im Verkehre erforderliche Sorgfalt, daß man in seinen Berufsgeschäften sich so benimmt, wie der ordentliche Berufsgenosse", und kurz vorher S. 136 a. E., es müsse „jeder in seinen Berufsgeschäften für die Sorgfalt ordentlicher Berufsgenossen einstehen."[4]) Auch die Judikatur vertritt den gleichen Standpunkt. Das Reichsgericht meint in einer Entscheidung vom 24. März 1902[5]): „Das Berufungsgericht hat mit Recht den Maßstab der im Verkehr erforderlichen Sorgfalt im Verhältnisse des Wirtes zu den Gästen nach den ersterem gemäß seinem Gewerbebetriebe obliegenden besonderen Pflichten angelegt. Je nach der Art des Verkehrs bestimmt sich auch das Maß der erforderlichen Sorgfalt. So vielgestaltig

[1]) So als neueste Aeußerung in diesem Sinne Rehbein II S. 101 Anm. 88. — Vgl. ferner Fischer-Henle S. 154 Anm. 5 und besonders deutlich Paech, Leistungsverzug S. 94 („ordentlicher Vertreter des betreffenden Berufsstandes oder der fraglichen Gewerbeklasse". . . . „Der Zug der Zeit hat zu einer Ersetzung des ordentlichen Hausvaters durch eine Unzahl Repräsentanten der einzelnen menschlichen Tätigkeiten geführt. Jede Berufsklasse, jedes Gewerbe hat somit einen Idealvertreter, welcher in allen Lagen korrekt gehandelt haben würde und welcher in foro durch den gerichtlichen Sachverständigen dargestellt werden soll"). — Auch Titze (vgl. unten sub 21) stimmt hierin mit der obigen Ansicht überein; vgl. a. a. O. S. 80 Anm. 12.

[2]) Diese Bezugnahme findet sich aber auch schon bei Wendt a. a. O. S. 427.

[3]) l. 9 § 5 Dig. locati 19, 2: Celsus etiam imperitiam culpae adnumerandam libro octavo Digestorum scripsit: si quis vitulos pascendos vel sarciendum quid poliendumve conduxit, culpam eum praestare debere et quod imperitia peccavit, culpam esse: quippe ut artifex, inquit, conduxit.

[4]) Auf diese Bemerkungen von Dernburg beruft sich auch die Entscheidung des OLG. Köln vom 8. Januar 1902, welche oben § 5 zu B II 2 b (S. 37 Anm. 4) erwähnt ist (Mugdan u. Falkmann a. a. O. S. 288).

[5]) Abgedruckt als VI 28/1902 in Gruchots Beitr. Jahrg. 46 (1902) Nr. 147 S. 1186 f. (vgl. auch Fischer-Henle S. 154 Anm. 5).

der Verkehr ist, so verschieden kann das Maß der anzuwendenden Sorgfalt sein. Die Gleichheit der gesetzlichen Vorschrift besteht aber darin, daß der Maßstab aus den Erfordernissen und Anschauungen des Verkehrs geschöpft werden soll." In einer Entscheidung vom 7. Juli 1902[1]) sagt das Reichsgericht: „Es ist .. im Einzelfall zu prüfen, welche Sorgfalt derjenige Verkehr, welcher bei dem Verhältnis, um das es sich handelt, in Betracht kommt, erfordert. Vorliegenden Falles hätte mithin geprüft werden müssen, ob der Beklagte die Sorgfalt eines ordentlichen Jägers verletzt hat." Und ähnlich spricht das OLG. Braunschweig[2]) in einem Erkenntnis vom 5. Dez. 1902 von der „Sorgfalt, die ein verständiger, ordentlicher Stallwirt seinen Gästen gegenüber beobachtet".

15. Die Notwendigkeit der Unterscheidung[3]) zwischen den verschiedenen Berufszweigen mag auch noch ein anderes Beispiel erläutern. Wenn beim Aufkleben von Etiketten auf Flaschen Verwechselungen stattfinden, so wird dies im Weinhandel nur sehr vereinzelt verhängnisvolle Wirkungen, insbesondere Gesundheitsschädigungen nach sich ziehen; in einer Apotheke dagegen wäre hier eine verhängnisvolle Wirkung als das Wahrscheinliche zu betrachten; dazwischen würden die Vorgänge in einer Drogenhandlung oder im bürgerlichen Haushalte stehen: man wird also für diesen Punkt dem Apotheker die schärfste Aufmerksamkeit zumuten müssen, dem Drogisten und der Hausfrau die geringere, dem Weinhändler die geringste.

16. Aber innerhalb dieser Unterscheidung der Berufszweige — welche in der Literatur mit den schon[4]) erwähnten Beispielen des Arztes, Rechtsanwalts und Baumeisters und weiter mit den Beispielen des Notars, des Lokomotivführers, der Hebamme, des Arbeiters usw.[5]) illustriert wird — muß wiederum daran unbedingt festgehalten werden, daß nunmehr eine weitere Einteilung im allgemeinen zu unterbleiben hat; die Einteilung in praktische Aerzte überhaupt und in Spezialärzte freilich würde ebenso wie die in Turnlehrer und wissenschaftliche Lehrer noch immer dem Prinzipe der Arbeitsteilung und somit einer wichtigen Verkehrsinstitution entsprechen und darum von der „Verkehrsanschauung" auch bei Abmessung der erforderlichen Sorgfalt ebenso berücksichtigt werden, wie etwa die Unterscheidung zwischen Apotheker und Drogenhändler oder zwischen Droschkenkutscher und Trambahnführer; und auch die Einteilung in geprüfte oder ungeprüfte Vertreter des Berufes wird Berücksichtigung verdienen.[6]) Von diesen Unterscheidungen abgesehen muß aber daran festgehalten werden, daß der Durchschnitt maßgebend bleibt. Es entscheidet das Verhalten, wie es ein Berufsträger bewiesen haben würde, der die normale Geschicklichkeit,[7]) Tüchtigkeit und

[1]) Als VI 131/1902 abgedruckt in der Jur. Wochenschr. 1902, Beilage 11 (Nr. 55/56) Nr. 186 S. 263; vgl. auch Fischer-Henle a. a. O., Neumann, Jahrb. I 1 S. 186 Note 1 und Spruchsammlung der Jur.Z. I S. 12, wo aber irrig S. 203 zitiert wird.

[2]) Abgedruckt bei Mugdan und Falkmann VI (1903) Nr. 35 c S. 227 ff.

[3]) Diese Unterscheidung ist ja doch auch garnichts dem Rechtsleben so Unbekanntes; auch wenn wir von den zahllosen Standesunterschieden des Mittelalters absehen, betätigt sich doch selbst noch in der Gegenwart auch im bürgerlichen Recht als Unterströmung gegen das Prinzip der Gleichheit aller Volksgenossen sehr viel Sonderrecht der verschiedenen Berufsstände; vgl. die Skizze in meinen Vorträgen Bd. I S. 138 ff. und ferner das unten IV 3 wegen der „Sorgfalt" im Handelsrecht Bemerkte. Aber das ist festzuhalten, daß es sich bei dem im Text Gesagten keineswegs um besondere Privilegien handelt.

[4]) Vgl. oben sub III 3.

[5]) Besonders gute Beispiele auch noch bei Titze a. a. O. und bei Paech S. 94.

[6]) Vgl. aber über gewisse praktisch sehr erhebliche Reserven mein Gutachten sub I 3 c α.

[7]) Auf mangelnde Geschicklichkeit stellt die Fahrlässigkeit ab Engelmann S. 204.

Sachkunde[1]) und die normale Umsicht[2]) an den Tag legt und der Angelegenheit gewachsen[3]) ist; es wird auch hier ferner ein durchschnittliches Maß von Aufmerksamkeit und geistiger Reife[4]) zu beanspruchen sein und auch hier wird „die rechte Mitte zwischen Aengstlichkeit des Pedanten und Leichtfertigkeit des Unbesonnenen" entscheiden.[5])

17. Auch wenn wir in dieser Art eine Verschiedenheit der in den einzelnen Berufszweigen erforderlichen und von der Verkehrsanschauung, mithin auch vom Gesetze erforderten Sorgfalt anerkennen, bleibt dieser Maßstab doch immer noch ein „abstrakter", die Meßmethode eine objektive.[6]) Es ist deshalb unrichtig, wenn das Reichsgericht in der oben sub 14 erwähnten Entscheidung vom 7. Juli 1902 dem Berufungsgericht den Vorwurf macht, daß es an die Handlungsweise des beklagten Jägers „einen abstrakten Maßstab gelegt" habe.[7])

18. Dagegen darf und muß bei dieser abstrakt-objektiven Einschätzung alles das ganz außer Betracht bleiben, was dem einzelnen Individuum an besonderen Geistes-, Charakter-, Gemüts- und Körperanlagen anhaftet und es von anderen Individuen und auch von deren Durchschnitt vorteilhaft oder nachteilig unterscheidet. Die besondere Pedanterie[8]) und Aengstlichkeit, der besondere Leichtsinn[8]) und Wagemut, das besonders scharfe oder schwache Auge und Ohr, die besonders feine oder stumpfe Nase und Zunge dürfen für Abmessung der „im Verkehr erforderlichen Sorgfalt" nicht in Anrechnung gebracht werden.[9]) Denn das hieße für jeden Menschen eine besondere Skala entwerfen, und abgesehen von den hiermit für den urteilenden Richter verbundenen unübersehbaren Schwierigkeiten,[10]) hieße das, jeglichen übergeordneten, allgemeinen Gesichtspunkt aufgeben; und auf solchen drängt uns doch nicht bloß das Gerechtigkeitsgefühl,[11]) sondern auch die gesetzliche Definition selber[12]) durch ihr gänzliches Stillschweigen über solche Berücksichtigung des Wesens der Einzelperson.[13])

---

[1]) Von einem „tüchtigen, sachkundigen Mann" spricht Matthiaß S. 272 sub α.

[2]) Von „umsichtigen" Menschen spricht Engelmann S. 129, von „vorsichtigen" Menschen v. Weinrich, Haftpflicht und Körperverletzung, S. 28.

[3]) Vgl. Prot. I S. 187 oben.

[4]) So Endemann in der 5. Auflage (1899) Bd. I S. 487, Lühl S. 14 f.

[5]) Cosack S. 249. — Vgl. ebenso Prot. II S. 660 (unten), S. 662 (oben), daß beim Beamten (§ 839 BGB) „übertriebene" und „unerwünschte Aengstlichkeit", „übermäßig ängstliche Scheu vor Pflichtverletzungen" einerseits und „leichtsinnige Amtsführung" andererseits nicht dem Durchschnitt entsprechen.

[6]) Vgl. auch die oben zu 14 (S. 115 Anm. 4) erwähnte Entscheidung des OLG. Köln vom 8. Januar 1902, Mugdan und Falkmann a. a. O.

[7]) Denn damit behauptet das Reichsgericht doch, daß es selber einen solchen abstrakten Maßstab nicht gewählt habe; in Wirklichkeit hat es aber nur den ganz generell-abstrakten mit einem speziell-abstrakten vertauscht.

[8]) Vgl. zu Cosack oben Anm. 5.

[9]) Das BGB. selber operiert direkt (wegen §§ 277, 827 f. vgl. unten § 41 und § 75) nirgends mit Begriffen der im Text gedachten Art; auch § 138 Abs. II („Leichtsinn", „Unerfahrenheit", unten § 56) gehört hierher nicht; ebensowenig „Verschwendung" und „Trunksucht" (unten § 54). Auf „Fähigkeit" wird in EG. z. BGB. Art. 24 Abs. III Satz 1 und Art. 215 Abs. I angespielt, aber das Wort steht dort nicht im Sinn von Begabung, sondern im Sinn von gesetzlicher Qualifikation (zur Testamentserrichtung).

[10]) Vgl. Dernburg S. 136 sub c.

[11]) Vgl. auch Matthiaß I S. 271/272.

[12]) Wegen Mot. I S. 279 vgl. oben 111 Anm. 4 (wegen Prot. I S. 187 unten sub a).

[13]) Eine ganz andere Frage ist es, ob auf die Individualität des Andern, mit dem man in „Verkehr" tritt, Rücksicht zu nehmen ist (vgl. dazu mein Gutachten I 3 a sub α 5 cc); etwas anderes wiederum, ob die Individualität des Beschädigten vom Richter zu berücksichtigen ist wegen konkurrierenden Verschuldens (BGB. § 254, unten 42 und § 79).

a) Auch hierin befinden wir uns mit der herrschenden Lehre[1]) in Uebereinstimmung. So lehnt Dernburg II 1 S. 136 die Zulässigkeit einer Unterscheidung zwischen Gebildeten und Ungebildeten, Gewitzten und Unbeholfenen ab; ebenso Endemann S. 641 Anm. 10[2]) eine Rücksichtnahme auf Denkfaulheit, Lässigkeit, Sichgehenlassen; Enneccerus-Lehmann I S. 291 Anm. 2 eine solche auf geringere Einsicht und besondere Ungeschicklichkeit; Linkelmann S. 37 f. eine solche auf die persönlichen Fähigkeiten und Eigenschaften überhaupt; Planck I S. 41 auf individuelle Anlagen und Gewohnheiten; Rümelin[3]) auf die Dummheit, Intelligenzfehler und angeborene geistige Beschränktheit.[4]) Auch das Reichsgericht[5]) hat sich gelegentlich bereits in dem angedeuteten Sinne ausgesprochen. — Doch nicht nur auf die neuere Literatur und Judikatur vermögen wir uns zu berufen, auch die Protokolle bemerkten schon I Nr. 46 II S. 303 Anm. 1, daß „das Vorhandensein einer Fahrlässigkeit sich regelmäßig nicht nach individuellen Verhältnissen, sondern nach einem objektiven Maßstabe bestimme“; eine Bemerkung, die freilich wegen des Zusatzes „regelmäßig“ nicht bedingungslos gefaßt[6]) und durch eine andere gegenteilige Aeußerung (I Nr. 29 XI A S. 187) paralysiert erscheinen dürfte, wonach „der unentbehrliche objektive Maßstab die Würdigung individueller Momente im einzelnen Falle nicht ausschließe“.

b) Freilich finden sich in der Literatur auch gewichtige Stimmen, welche das Gegenteil behaupten.[7]) So wegen des Geschlechts und Alters sowie wegen der Sachkunde Cosack I S. 250 und Oertmann S. 36 sub α;[8]) ferner wegen des Gesundheitszustandes Cosack a. a. O. und Crome I S. 486 Anm. 23. Ohne Exemplifikation auf besondere Anwendungs-

---

[1]) Vgl. außer den unten Genannten noch z. B. Isay S. 111 und Paech S. 94, die keine Rücksicht genommen wissen wollen auf individuelle Beschränktheit und Dummheit bezw. auf Alter und Geschlecht. Sehr hübsch exemplifiziert Liepmann, Einleitung in das Strafrecht, Berlin 1900, S. 144 auf „impulsive Waghälse“, die auch in den gefährlichsten Situationen unbesorgt ihrem „Stern“ vertrauen. — Ueber Mayring, Schollmeyer und Titze weiter unten S. 120 Anm. 4 und S. 123 sub 21.

[2]) Endemann a. a. O. macht auch mit Recht darauf aufmerksam, daß der Täter sich auch nicht darauf berufen darf, daß dergleichen Untugenden der ganzen „Gruppe seiner Arbeitsgenossen typisch“ seien; und darauf daß „im Sichgehenlassen auf fremde Rechnung“ ein „unsittliches Moment“ liege.

[3]) Rümelin, Gründe der Schadenszurechnung, Freiburg 1896, S. 5, S. 68/69. Im Anschluß an ihn auch Goering S. 27 f.

[4]) Vgl. auch mein Gutachten I 3 wegen verschiedenen Maßes der Begabung und Gewissenhaftigkeit bezw. wegen Nervosität, Kurzsichtigkeit u. dgl.

[5]) Vgl. die Entsch. vom 16. Mai 1903, oben S. 112 Anm. 4.

[6]) Auch ist die Bemerkung der Prot. a. a. O. eben in eine Anmerkung herabgedrückt und dort außerdem vielleicht durch die Bezugnahme auf § 233 Abs. I (Satz 2) des II. Entwurfs, dem BGB. § 276 Abs. I (Satz 3) entspricht, in ein anderes Fahrwasser — das der „Deliktsfähigkeit“ (BGB. §§ 827 f., unten § 75) — geleitet.

[7]) Hierher wird man auch Kipp rechnen müssen, der es I S. 449 Anm. 8 für unrichtig erklärt, die Unterschiede in Geschlecht, Alter und Bildung zu ignorieren, und auf diese dem diligens pater familias gewidmete Bemerkung S. 453 sub 2 durch die Bezugnahme auf die Anm. 8 wohl auch für das geltende Recht zurückgreifen will. — Andererseits betrachte ich entgegen Zitelmann S. 158 sub γ die Auffassung Wendts (vgl. folgende Anm.) weniger als eine vermittelnde wie als eine Bestätigung der im Text vertretenen Ansicht.

[8]) Wegen Wendt vgl. vorige Anm. Er exemplifiziert S. 438 auf junge Leute (Studenten, Schlafburschen, Schüler) und weibliches Gesinde, S. 444 auf Gesinde, Gesellen, Gehilfen und Arbeiter im Gegensatze zu Hausfrauen, Meistern, Werkführern und Aufsehern. — Vgl. auch von Hagen (oben S. 112 Anm. 1) S. 6 ff. (Geschlecht, Standesunterschiede, soziale und ethische Verschiedenheiten, Beruf und Gewerbe).

fälle und ohne genauere Begründung treten für eine Berücksichtigung der Individualität — neben den Prot. a. a. O. (I S. 187)[1] — auch Kuhlenbeck, BGB. (2. Aufl.) I S. 230 Note 6,[2] Laß und Maier[3]) S. 19 und Zitelmann S. 158 sub γ ein.[4]) Wegen des Richters im besonderen (vgl. BGB. § 839, oben § 5 B II 2 b) will „das Maß der eigenen Urteilsfähigkeit und Einsicht des Beamten" in Betracht gezogen wissen Noeldecke[5]) (dem jedoch gerade hierin Meltz[6]) widerspricht).

c) Diese Auffassung kann aber — in dieser Form wenigstens — nicht für haltbar erachtet werden. Was zunächst die Sachkunde betrifft, so ist dies Beispiel überhaupt aus dem Kreise unserer Betrachtungen auszuschalten; denn in der Tat hat Cosack a. a. O. Recht, wenn er sagt: „Der verständige Verkehr und also ihm folgend auch das Gesetz . . . verlangt größere Sorgfalt von dem Fachmann als von dem Unsachverständigen"; aber dies Postulat ergibt sich nicht daraus, daß das Einzelindividuum X Fachmann, das Einzelindividuum Y unsachverständig ist, sondern aus dem oben sub 9 ff. eingehend gewürdigten Umstand der Arbeitsteilung und aus der Existenz von Berufsständen und daraus, daß X einem solchen besonderen Berufsstand angehört, Y nicht.[7]) Es bleibt also nur das zu prüfen, was Cosack a. a. O. mit den Worten andeutet, der verständige Verkehr und das Gesetz verlangten größere Sorgfalt „von dem Gesunden als von dem Kranken, von Männern als von Frauen, von Vierzigjährigen als von Zwanzig- oder Neunzigjährigen". Auch hier will ich Cosack beitreten, soweit es sich um gleichzeitiges Eingreifen von Verschiedenheiten in der Berufsausbildung handelt, und ich habe dies wegen der Turnlehrer und -lehrerinnen in meinem Gutachten[8]) näher ausgeführt; ebenso bereit bin ich, einen verschiedenen Maßstab beispielsweise an Krankenpfleger und Krankenpflegerinnen zu legen; aber zu dieser Anlegung eines verschiedenen Maßstabes fühle ich mich eben nur dann und darum berechtigt, wenn und weil die Vorbildung der beiden Geschlechter für denselben Berufszweig verschieden gestaltet ist; und ich kann mir sehr wohl denken, daß das

---

[1]) Aber auch diese Aeußerung der Protokolle ist (wie die S. 118 Anm. 6 besprochene) in sich höchst unsicher und darum unzuverlässig. Denn die dort zugelassene Würdigung individueller Momente wird nur als „im einzelnen Falle" statthaft erklärt, und dies kann ebensowohl statt auf individuelle Momente beim Täter auf solche des Falles selber (vgl. unten sub 22) verstanden werden.

[2]) Kuhlenbeck nimmt Bezug auf Prot. I S. 187; vgl. aber unten S. 125 Anm. 3.

[3]) Laß und Maier berufen sich aber auf Seuff. Arch. 53 (1898) Nr. 86; doch findet sich in dem dort abgedruckten Erkenntnis des OLG. Karlsruhe vom 25. April 1894 nichts auf die Frage im Text Bezügliches.

[4]) Hierher wird man es (vgl. unten sub C VI 1) gegen die Annahme Zitelmanns a. a. O. aber wohl nicht zu stellen haben, wenn von Liszt S. 55 sagt: „Hat er jene Sorgfalt nicht beobachtet, so haftet er nur, wenn er den Erfolg vorherzusehen vermochte. Und ob das der Fall war, kann garnicht anders als subjektiv (individuell) bestimmt werden". — Dagegen hatte noch Rocholl in seinen Vorschlägen zur Abänderung des Entwurfs, Berlin 1890, den § 144 E. I S. 67 folgendermaßen formuliert wissen wollen: „Im rechtsgeschäftlichen Verkehr des bürgerlichen Lebens ist jeder nach dem Maße seiner Naturanlage, Erziehung und Bildung verpflichtet, mit Aufmerksamkeit und Sorgfalt zu handeln".

[5]) Noeldecke, Die zivilrechtliche Haftung des Richters nach dem BGB. (Gruchots Beiträge 42, 1898, S. 795 ff.) S. 813.

[6]) Meltz, Die Beamtenhaftpflicht nach § 839 BGB., Leipzig 1904, S. 20.

[7]) Ist X nicht Fachmann von Beruf, sondern Dilettant (dabei aber möglichenfalls ausgebildeter und geübter, vielleicht auch beanlagter als mancher Fachmann), so würde ich ihn freilich auch mit dem oben sub 10 ff. beschriebenen kürzeren Maße messen.

[8]) Vgl. daselbst sub I 3 c δ 2.

weibliche Geschlecht hier nicht durchaus immer im „Kampf ums Dasein" die ungünstigere — und mithin betreffs der „erforderlichen Sorgfalt" die für die Gegenpartei günstigere — Rolle spielt; so wird doch für Fehler bei einer Entbindung durchschnittlich die Hebamme strenger verantwortlich zu machen sein als ein Arzt, der nicht gerade Geburtshelfer ist.[1])

d) Eine verschiedene Bemessung nach Alter und Gesundheitszustand endlich muß ich — soweit nicht das sub C VI 1 wegen der zivilrechtlichen Deliktsfähigkeit Bemerkte eingreift[2]) — aufs entschiedenste ablehnen; hierfür fehlt mir im Gesetz und auch in den Materialien der genügende Anhalt.

e) Und doch wird man eine Brücke konstruieren können, die von der extremen Berücksichtigung solcher individuellen Momente wie Alter, Geschlecht, Gesundheitszustand zur extremen Leugnung ihrer Erheblichkeit führen und auch Cosack und seinen Parteigängern als Verbindungsweg von einem zum andern Ufer vorzuschlagen wäre. Ich meine nicht etwa, daß die angedeuteten Zustände so häufig und so grundlegend im menschlichen Leben sind, daß man auch hiernach wie nach dem Berufe die Menschen in Gruppen einteilen kann.[3]) Sondern ich meine:[4]) wer sich mit Personen weiblichen Geschlechts oder mit Kranken, mit Kindern oder Greisen in Rechtsangelegenheiten einläßt, der hat sich zu sagen, daß er beim Gegenpart nicht die gleiche körperliche und geistige Kraft erwarten kann wie bei Männern, bei Gesunden, bei Personen in der Blütezeit des Lebens. Wenn ihm also vom Gegenpart ein Schaden zugefügt wird — und hierauf spitzt sich doch in der Praxis und in der Theorie der Einfluß der Fahrlässigkeit zu —, so hat er es sich selbst zuzuschreiben, daß er nicht eine geeignetere Persönlichkeit auswählte. Ueberall daher, wo der Beschädigte selber schon in Rechtsbeziehungen mit dem Schadensurheber gestanden hat und wo diese Rechtsbeziehungen durch den Gegenpart getrübt wurden, überall da wird der Gesichtspunkt des „mitwirkenden Verschuldens" (BGB. § 254, unten § 79) dem Schadensurheber zur Seite gestellt werden können.

f) Aber nur hier; nicht, wo durch die Handlung des Fahrlässigen die Beziehung erst geschaffen würde, nicht also im Kreise der Deliktsobligationen.[5]) Denn sonst würden die Radlerinnen einen Freipaß erhalten, Hühner oder gar Kinder umzufahren, und wir müßten dem weiblichen Geschlecht ein generelles privilegium favorabile propter imbecillitatem ausstellen, das sich wenig mit der Emanzipation der Frauen von der cura sexus[6]) vertrüge und das sich am allerwenigsten die Frauenrechtlerinnen würden oktroyieren lassen. Eine günstigere

[1]) Und weiter: die privilegierte Stellung, die im allgemeinen der Turnlehrerin im Vergleich zu ihren männlichen Kollegen eingeräumt werden mag, würde sich in vielen Fällen nicht sowohl daraus erklären, daß es sich um verschiedenes Geschlecht bei den Lehrkräften handelt, sondern um verschiedenes Geschlecht bei den Schulkindern; vgl. mein Gutachten a. a. O. sub δ 1 und unten sub 22.

[2]) Eine analoge Ausdehnung der §§ 827 f. muß geleugnet werden; vgl. unten § 75.

[3]) Dies ist der Gedankengang bei Kipp I S. 449 Anm. 8.

[4]) Mit Bestimmtheit kann ich mich für Obiges wohl nur auf Schollmeyer a. a. O. S. 101 berufen, dessen sehr instruktives Beispiel dahin geht, daß, wer einem Dorfschneider Tuch zur Verarbeitung für einen Frack übergibt, wissen müsse, daß dieser Schneider ihm, von Ausnahmen abgesehen, kein Stück liefern werde, das sich mit einem Pariser Modell messen könne. Aber auch bei Mayring a. a. O. sub α schimmert dieser Gedanke durch. Schollmeyer bemerkt ferner: „Der Verkehr erfordert nicht, daß der Schuldner mehr Kenntnisse, Fähigkeiten und Kräfte bei der Erfüllung seiner Schuldverbindlichkeit aufwende, als der Gläubiger nach den individuellen Verhältnissen des Schuldners erwarten durfte".

[5]) Vgl. mein Gutachten I 3 c β.

[6]) Vgl. meine Vorträge Bd. I S. 63 f., 144 ff.

Behandlung der Frauen wäre also geradezu rückschrittlich. Und wenn wir auch den Kranken, den Jugendlichen und den Greisenhaften eine privilegierte Stellung betreffs der Fahrlässigkeit absprechen, so befinden wir uns gar nicht in einer dem Rechtsleben so ungewohnten Situation. Das Rechtsleben ist ja nicht bloß wegen der zivilrechtlichen und strafrechtlichen Verantwortlichkeit von jeher genötigt gewesen, ganz bestimmte (immer möglichst enge) positive Grenzen zu ziehen, sondern sieht sich zu solcher Grenzziehung ja auch zeitlich genötigt betreffs aller Verjährungen [1]) und sonstigen Fristen,[2]) ja bisweilen zugleich mittels einer Art räumlichen Zonentarifs, wie bezüglich des Inkrafttretens von Gesetzen [3]) und der Verschollenheit von Schiffen.[4]) — Sobald aber der Gesetzgeber solche Grenzen gezogen hat, dürfen nur diese Angelegenheiten, für welche er sich dazu veranlaßt fand, dem Grenzzoll unterworfen werden; alles andere passiert die Grenze ohne Eingangs- und Ausgangszoll, aber auch ohne Einfuhr- und Ausfuhrprämie. Und ohne den Kompaß der positiven Normen, ohne das Steuer der strikten Interpretation würden wir ins Uferlose geraten. Mit Recht ist darum den Vertretern eines derartigen individualistischen Prinzips — wie man es nennen könnte — entgegengehalten worden [5]), weshalb sie denn nicht auch einen verschiedenen Maßstab anlegen wollen bei Gebildeten und Ungebildeten, bei Gewitzigten und bei Unbeholfenen? — Und weiterhin wäre es nur konsequent, wenn man die Frage aufwürfe, ob nicht auch die sonstigen für physische Personen rechtserheblichen Tatsachen in Betracht zu ziehen seien, wie [6]) Religion, Staatsangehörigkeit, Ehre, Geburtsstand, Konkurseröffnung, Verheiratung. In der Tat freilich wird man bisweilen in der Lage sein, auch diese Umstände in die Wagschale zu legen, aber m. E. auch stets nur, wo der Begriff der besonderen Berufssorgfalt im eigentlichen oder im übertragenen Sinne hereinspielt; so der „Beruf" als Mutter (von einer „Mutter" kann man andere Fürsorge für eine Wöchnerin oder für ein anvertrautes Pflegekind erwarten als von einer Unverheirateten), der „Beruf" als ausländischer Sprachlehrer (von diesem kann erwartet werden, daß er den Besuchern einer Berlitz school besseren Unterricht gibt, dem Institutsinhaber also einen größeren Kundenkreis verschafft, wie ein gebürtiger Inländer; ähnlich für Hotelportiers, Ladenpersonal, Kellner, Barbiere usw. in internationalen Badeorten).

g) Wie endlich Cosack (S. 250 oben) und mit ihm Kuhlenbeck, BGB. a. a. O. die Rücksichtnahme auf diejenige Sorgfalt, welche jemand „gemäß seiner wirtschaftlichen Lage anzuwenden vermag" begründen [7])

---

[1]) Vgl. BGB. §§ 195—197, 852.

[2]) Vgl. Kaiserl. VO. vom 27. März 1899 betr. die Hauptmängel und Gewährfristen beim Viehhandel (RGBl. S. 219), oben S. 8 Anm. 1.

[3]) Vgl. RG. über die Konsulargerichtsbarkeit vom 7. April 1900 (RGBl. S. 213) § 30 und dazu Schutzgebietsgesetz vom 25. Juli 1900 (RGBl. S. 809), Fassung vom 10. September 1900 (RGBl. S. 813) § 3.

[4]) Vgl. BGB. § 16 Abs. II und ferner auch Wechselordnung Art. 78 f. und meine Vorträge I S. 129 f.

[5]) Dernburg a. a. O. S. 136 sub c, nachdem er die Bemerkungen von Cosack und Wendt zitiert hat.

[6]) Vgl. Weyl, Vorträge I § 137 ff.

[7]) Eine Begründung der Rücksichtnahme auf die „geistigen und körperlichen Kräfte" soll doch wohl in der darauffolgenden Exemplifikation auf den Gegensatz zwischen Fachmann und Unsachverständigem, Gesunden und Kranken, Männern und Frauen, Vierzig-, Zwanzig- und Neunzigjährigen liegen.

wollen, verschweigen sie selber; wenn man darunter die sozialen Gegensätze von Reich und Arm verstehen soll, so wäre man beim äußersten Gegenteil einer natürlichen Auslegung des § 276 angelangt.

19. Es führt uns das vorher, insbesondere sub 18 e Bemerkte, zu einem andern Punkte herüber. Es ist schon in den Motiven[1]) und dann z. B. bei Endemann S. 640 Anm. 5 und Enneccerus-Lehmann S. 291/292 sub 4[2]) die Ansicht aufgestellt worden, daß derjenige, welcher, ohne die nötige Fachkenntnis zu haben, eine Handlung vornimmt, hierfür einzustehen hat und gerade wegen dieser Einmischung in Dinge, die er nicht versteht, besonders haftbar wird. Gewiß: die „im Verkehr erforderliche Sorgfalt" verbietet auch solche Einmischung. Wenn der Andere den Unsachverständigen engagiert, so ist es lediglich quaestio facti, ob der Richter das überwiegende Verschulden beim Engagierten oder beim dominus negotii erblickt. Wenn sich dagegen der Andere ungerufen in die fremde Rechtssphäre drängt, so kann von konkurrierendem Verschulden nicht die Rede sein, und eine Minderung der Fahrlässigkeit als solcher ist ja auch im Falle des Engagements nicht anzuerkennen. Es kann sich also zu Gunsten des Schuldigen nur fragen, ob man im Einzelfalle aus anderem Grunde doch den strengeren Maßstab, die engere Skala der Berufssorgfalt (vgl. oben sub 11) außer Anwendung lassen und den milderen Maßstab, die weitere Skala der allgemeinen Sorgfaltpflicht anlegen darf. Wie man das nun z. B. leugnen wird, wenn sich der Schuldige arglistigerweise (unten § 58) für sachverständig ausgab, wird man es z. B. andererseits gestatten, wenn er einsprang, um von einem Andern Schaden abzuwenden,[3]) wenn also z. B. die Nachbarin[4]) bei einem plötzlichen Entbindungsfalle in der Nebenwohnung Hebammendienste übernimmt.[5]) Man kann dies wohl dahin generalisieren, daß, wer in Rom nur der Zweite sein würde, immerhin in der Provinz der Erste sein kann, und aus diesem Grunde habe ich in meinem Gutachten[6]) dem Vereinsturnwart eine mildere Beurteilung zugesprochen, als dem Turnlehrer. Wie aber, wenn ein solcher Notfall für den anderen Teil nicht vorlag, der Schuldige sich aber auch nicht aus reinem Leichtsinn mit Dingen befaßte, für die er keine spezielle Fachkunde besitzt, sondern wenn er einem anderen auf ihn wirkenden Drucke entsprechend die Rolle, welche er nicht studiert hatte, übernahm? Auch dieses Falles habe ich in meinem Gutachten[7]) gedacht in der Weise, daß ein wissenschaftlicher Lehrer „der Not gehorchend, nicht dem eignen Trieb" auf dienstliche Anordnung seines Direktors die Turnstunden, etwa in Vertretung des eigentlichen Turnlehrers, übernimmt. Konnte er sich diesem Amte entziehen, so haftet er voll wie ein Sachverständiger; konnte er sich dem Amte nicht entziehen und hatte er dem Direktor seine Bedenken zu erkennen gegeben, so haftet er nicht wie ein Sachverständiger, sondern höchstens wie ein Laie, und der Verletzte mag sich an den Direktor (wegen dessen culpa in eligendo, vgl. unten D I 4 a β sub 2 dd) halten.

---

[1]) Mot. II S. 28, auf die auch Titze S. 80 Bezug nimmt.

[2]) Auch Dernburg S. 137 Anm. 14 durch den Hinweis auf l. 9 § 5 Dig. loc. 19, 2 (oben S. 115 Anm. 3) sowie Kuhlenbeck, BGB. I, 2. Aufl., S. 299 Note 3 unter Berufung auf l. 132 D. de R. J. 50, 17, wo der Gedanke ‚imperitia culpae adnumeratur' gleichfalls Ausdruck findet.

[3]) Auf solche Fälle spielte auch Endemann in der 5. Aufl. S. 486 Anm. 6 Abs. III a. E. an, während eine diesbezügliche Bemerkung in Aufl. 8 (S. 640 Anm. 6) fehlt.

[4]) Vielleicht ohne je selbst entbunden worden oder ohne früher einmal bei einer Entbindung zugegen gewesen zu sein (vgl. oben sub 18 f).

[5]) Es dürfte hier die ähnliche ratio legis anwendbar sein wie im BGB. § 680.

[6]) Gutachten sub IV 1.

[7]) Ebenda sub I 3 c β („Zwangsturnlehrer").

20. Die im Prinzip auch von uns bejahte Haftung dessen, der ohne Fachkenntnis sich in Angelegenheiten einmischt, welche Berufsausbildung voraussetzen, begründet Endemann a. a. O. (S. 640 Anm. 5) damit, daß „in der Uebernahme einer Verpflichtung auch die Zusicherung der Sachkenntnis z. B. für das Zureiten eines Pferdes" liege. Diese wohl nur für kontraktliches, nicht auch für außerkontraktliches Verschulden gedachte und für letzteres jedesfalls kaum akzeptable Begründung ist m. E. aber auch innerhalb bestehender Vertragsbeziehungen ein unnötiger Umweg, und überhaupt sei gleich bei dieser Gelegenheit gegen eine derartige auch sonst (bei Enneccerus-Lehmann S. 291 Anm. 2 a. E. und insbesondere bei Linckelmann S. 38) erwähnte und schon von den Prot. II Nr. 152 S. 587 inaugurierte Konstruktion einer „Garantiepflicht" Front gemacht, von der das Gesetz selber nichts verlauten läßt und mit der auch sonst kaum etwas Rechtes anzufangen ist.[1])

21. Eine zum Teil mit den vorstehenden Ausführungen verwandte, zum Teil von ihnen abweichende Ansicht entwickelt Titze.[2]) Den abstrakten und objektiven Maßstab will auch er überall da angewendet wissen, wo der Einzelne als Unbekannter mit der auch ihm unbekannten Menge, dem Publikum, in Beziehungen tritt. Dagegen proklamiert er Rücksichtnahme auf die Individualität des Schuldners, wenn (wie bei Leihe oder Faustpfand) die Beteiligten, welche mit einander in Verkehr stehen, einander kannten. Somit seien zwei verschiedene Verkehrsarten zu scheiden, von denen Titze jene als den „öffentlichen", diese als den „privaten" Verkehr bezeichnet. Abgesehen von der wenig glücklichen Wahl der Bezeichnungsweisen will mir aber auch sonst die Titzesche Theorie nicht einleuchten. Nicht nur deshalb, weil sie im Gesetz keinen Anhalt hat, sondern weil Titze ihr auch sonst keine zwingende Begründung zu verleihen gewußt hat; denn wenn Titze meint, daß in den von ihm angegebenen Fällen des „privaten Verkehrs" Geschäfte vorliegen, „bei denen der eine mit dem Andern nur im Hinblick auf dessen persönliche Eigenschaften kontrahiert hat", so muß ich dies bestreiten; der Verleiher und der Faustpfandgläubiger denken nicht sowohl an die „persönlichen Eigenschaften" (Alter, Geschlecht, gutes Auge und Ohr, gesunde Nerven u. s. w., s. oben sub 18), kurz an die Individualität des Gegenkontrahenten, sondern nur — neben der Realsicherheit durch das Pfand u. dgl. — an die Solvenz, den Kredit u. dgl. auf ganz anderem Gebiete liegende „Eigenschaften" und „Qualitäten".

22. In alle diese Fragen kann sich aber noch eine weitere, völlig andere Frage einmischen, deren richtige Beantwortung geeignet sein wird, den Rest der Bedenken zu tilgen, welche einerseits wegen der Abstellung auf die Berufssorgfalt und andererseits wegen der prinzipiellen Ignorierung der Alters-, Geschlechts- und Gesundheitsunterschiede übrig geblieben sein mögen. Auch hier beginne ich mit Bezugnahme auf mein Gutachten. Dort[3]) habe ich mich bemüht, auszuführen,

---

[1]) Gegen sie auch von Liszt S. 56 Anm. 11 und von Weinrich (oben S. 117 Anm. 2) S. 28 Anm. 4 sowie Dittenberger, Schutz des Kindes S. 69 Anm. 2. Neutral verhält sich Göring S. 28 Anm. 2. Wenn von Weinrich seine Gegnerschaft darauf stützt, daß vermöge dieser Garantiepflicht auch Unzurechnungsfähige haften müßten, was das Gesetz ja ausdrücklich ausschließe, so wird man die Richtigkeit dieses Argumentes nur zugeben dürfen, soweit sich die in BGB. §§ 827 f. erwähnten Personen mit den in BGB. §§ 104 ff. genannten beschränkt Geschäftsfähigen oder Geschäftsunfähigen decken, also nicht z. B. wegen der Taubstummen.

[2]) Titze, Die Unmöglichkeit der Leistung nach deutschem bürgerlichem Recht, Leipzig 1900, S. 79 f.; vgl. darüber auch Neumann, Jahrbuch I 1 (1903) S. 186 Note 1, II S. 185 Note c und gegen Titze Kisch in Krit. Vierteljahrsschr. 44 (1903) S. 518 f.

[3]) Vgl. insbes. den Abschnitt I 3 a β („Fürsorge für den Turnbetrieb"), und den Abschnitt III.

daß, wie „Turnlehrer" und „Turnlehrer" etwas Verschiedenes sein kann (vgl. oben sub 9, 11 a. E., 12), auch „Turnen" und „Turnen" etwas sehr Verschiedenes bedeutet, indem man Unterschiede machen könne und für die Haftpflicht des Lehrers anerkennen müsse z. B. zwischen Klassen- und Massenturnen, zwischen Gerätturnen und Freiübungen bezw. Ordnungsübungen, zwischen Turnstunde und Kürturnen vor oder nach dem eigentlichen Unterricht, zwischen Turnstunde und Turnspielen oder Turnfahrten, zwischen Schulturnen und Vereinsturnen usw. usw.[1]) Hier überall sind die Vorbedingungen für die Aufsicht und Fürsorge des Lehrers so grundverschieden, daß notwendig auch die anwendbare Sorgfalt verschieden ausfallen und demnach die Haftung sich verschieden gestalten muß. — Wie man hier also zu Unterscheidungen und dann weiter zu Konzessionen gezwungen ist, so auch in sonstigen Fällen; man denke auch hier an die eilige Hilfe der Nachbarin bei einer Entbindung (oben sub 19). Wer nun das der Sachlage entsprechende — vielleicht höhere, vielleicht geringere — Maß der Sorgfalt angewendet hat, wird damit auch das der Verkehrsauffassung Entsprechende geleistet haben. — Mit Deutlichkeit finde ich diesen Gesichtspunkt außer in meinem Gutachten, wo ihm für sehr viele Einzelfragen entscheidende Kraft beigelegt worden ist, eigentlich nur bei Crome S. 486 sub α,[2]) Kuhlenbeck[3]) und Schollmeyer[4]) hervorgehoben; doch kann man hierher wohl auch verstecktere Bemerkungen bei Dernburg,[5]) Linckelmann,[6]) von Liszt[7]) und Oertmann[8]) rechnen,[9])[10]) während gelegentliche bestätigende Aeußerungen von Endemann[11]) und Matthiaß[12]) vielleicht nicht hierher ge-

[1]) Freiwilliges Turnen und freiwillige Vorturnerstunden (Abschn. III 1 d und 2), Universitäts- und Privatunterricht (III 7 und 8), Unterricht in Knaben- und Mädchenschulen, in höheren, Mittel- und Volksschulen (I 3 c δ), Turnen oder andere Leibesübungen (Abschn. III).

[2]) Crome a. a O. sagt nämlich: „Das Maß ist ... kein für alle Fälle gleiches und unveränderliches; sondern es kommt darauf an, welches Maß an Sorgfalt nach Verkehrsgrundsätzen gerade in dem betreffenden Falle gewöhnlich angewendet und gefordert wird. Dies ist nach den Umständen verschieden. Es richtet sich sowohl nach den in Betracht kommenden Personen, als nach der Art der gestellten Aufgabe."

[3]) Kuhlenbeck, BGB. 2. Aufl. I S. 299 Note 3: „Dabei ist jedoch auf lokal verschiedene Verhältnisse Rücksicht zu nehmen, z. B. erfordert der Straßenverkehr in einer Großstadt größere Sorgfalt, als in einem Dorfe. Maßgebend ist ferner derjenige Verkehr, der bei dem einzelnen Verhältnis, um das es sich handelt, als besondere Gattung des Verkehrs in Betracht kommt."

[4]) Schollmeyer a. a. O. (S. 100): „Auch erfordert die konkrete Sachlage bald mehr, bald weniger Sorgfalt, z. B. Transport von Glaswaren und Transport von Eisenwaren."

[5]) Dernburg S. 136 sub b („in gleicher Lage").

[6]) Linckelmann S. 37 („in einer gegebenen Situation").

[7]) Von Liszt S. 55 („nach Lage der Umstände erforderliche Sorgfalt", wobei aber das vorangehende „oder" zu bemängeln ist).

[8]) Oertmann S. 36 sub α (ein Begriff, der „den Eigentümlichkeiten des Einzelfalles ... weitesten Spielraum läßt"); vgl. weiter Ramdohr, Grundriß I a. a. O. („Eigenart des Spezialfalles") und Piper S. 39 f.

[9]) Auch die Ausführungen von Eßlinger (oben S. 108 Anm. 1) kommen auf diese Betonung besonderer Gefahrsgruppen heraus.

[10]) Aus der Judikatur kommt insbesondere das bereits oben S. 107 Anm. 5 erwähnte Erkenntnis des OLG. Rostock in Betracht, das (wegen des Streuens bei Glatteis) sehr scharf zwischen den Verhältnissen in Kleinstädten und in Großstädten geschieden wissen will, weil in letzteren wegen des vielen und schnellen Wagenverkehrs die Passanten von ihrer Aufmerksamkeit auf den Straßendamm abgelenkt würden. Vgl. ferner (wegen des „Verkehrs in einem Geschäftshause") die Entsch. des Reichsgerichts vom 26. Oktober 1903 (VI 228/03) in der Jur. Wochenschr. 32 (1903) Beil. S. 137 Nr. 300 und im „Recht" VIII (1904) Nr. 3 S. 77 Nr. 322.

[11]) Endemann S. 639, 640 Anm. 6, 641 sub 3 denkt m. E. zu sehr an das einzelne Verpflichtungs- und Schuldverhältnis.

[12]) Matthiaß S. 272 denkt wohl an den Unterschied in Anwendbarkeit der verschiedenen Sorgfaltsgrade, wenn er sagt, es werde „in gewissen Verhältnissen vom Einzelnen eine angespanntere Sorgfalt verlangt, als in anderen".

hören und während nach Enneccerus-Lehmann[1]) und wohl auch Planck[2]) die jeweilige Situation keine Berücksichtigung verdient[3]). Um Mißverständnissen vorzubeugen, wiederhole ich ausdrücklich, daß ich eine solche Berücksichtigung der Situation nicht um des beteiligten Schuldigen X als Individuums willen anerkenne, sondern ebenso bei jedem andern Individuum Y oder Z zu seinen Gunsten oder auch zu seinen Ungunsten für erforderlich erachte, weil ich, ebenso wie ich die Menschen in Kategorien trennen zu müssen glaube, auch eine Einteilung der Situationen in Gruppen für unvermeidlich halte und weil sich dann m. E. die für jede Situationsgruppe „erforderliche Sorgfalt" verschieden gestalten kann.[4]) Aber nur die Situationsgruppe und in ihrem Rahmen der Einzelfall, nicht der Einzelfall als solcher[5]) entscheidet bei Abmessung dessen, was „im Verkehr" an „Sorgfalt" „erforderlich" ist.[6])

IV. Vorstehend — sub I bis III — sind die Elemente für den Begriff der „im Verkehr erforderlichen Sorgfalt" ausgelöst worden. Fassen wir sie nun wieder mit einem einigenden Bande zusammen, so ergeben sich noch folgende Punkte für die Betrachtung:

1. Die gesetzliche Definition dieser Sorgfalt werden wir nunmehr etwa dahin ersetzen können: es handelt sich um diejenige Aufmerksamkeit, welche nach der gesunden Auffassung ein normaler und ordentlicher Mensch des betreffenden Berufskreises in einer derartigen Angelegenheit den Interessen anderer Menschen zu widmen hat.

2. Hieraus ergibt sich eine Parallele innerhalb des BGB., auf welche Wendt S. 433 f. und Matthiaß I S. 272 sub α a. E.[7]) aufmerksam machen. Wenn nämlich in zahlreichen von uns bereits oben § 27 sub II zusammengestellten Normen das Gesetz von „ordnungsmäßiger" Wirtschaft, „ordnungsmäßiger" Verwaltung usw. spricht, so ist diese Ordnungsmäßigkeit auch das vom Gesetz und dahinter von der Verkehrsanschauung postulierte Maß, also identisch mit der „im Verkehr erforderlichen Sorgfalt", von der wir ja bereits sahen, daß sie die eines „ordentlichen Mannes" ist und selbst „ordnungsmäßig" sein muß (oben III 8 a und II 4 d).

[1]) Enneccerus-Lehmann S. 291 sub 3: Das Gesetz verlange doch immer dieselbe Sorgfalt, „obgleich in manchen Lebenslagen eine ganz besondere Vorsicht, eine ungewöhnliche Sach- und Menschenkenntnis notwendig sein kann".

[2]) Vgl. die Bemerkungen von Planck I S. 41 betreffs der groben Fahrlässigkeit als Argument dahin, daß er die (von ihm bei der gewöhnlichen Fahrlässigkeit zugegebene) objektive Bemessung für unvereinbar zu halten scheint mit der Rücksichtnahme auf die „Umstände des einzelnen Falles".

[3]) Auch Göring, der sich aber vielleicht selbst widerspricht, leugnet S. 27 die Zulässigkeit einer Rücksichtnahme auf den Einzelfall.

[4]) Näheres, wie gesagt, in meinem Gutachten (insbes. I 3 a β); dort (sub V 5) auch über eine, allerdings noch auf ALR. aufgebaute (vgl. aber oben S. 112 Anm. 4) Entscheidung des Reichsger. vom 21. März 1901, welche wegen des Radfahrens zwischen den Teilen der Straße mit stärkerem und denen mit geringerem Gefälle unterscheidet. — Ueber Prot. 1 S. 187 und über Endemann (S. 639 ff.) vgl. oben S. 119 Anm. 1 und S. 124 Anm. 11. — Zu Gunsten der Auffassung im Text läßt sich wohl auch das Reichsgerichtserkenntnis vom 16. Mai 1903, oben S. 112 Anm. 4, verwerten.

[5]) Dem Einzelfall selber ist lediglich Rechnung zu tragen, um ihn in die richtige Gruppe einzustellen (und ferner etwa, um ein sog. konkurrierendes Verschulden der Verletzten, unten § 79, und dgl. Momente zu berücksichtigen, soweit das Gesetz außerhalb des § 276 selber ihre Berücksichtigung gestattet).

[6]) So wird man auch zu Gunsten des angeblich Fahrlässigen in Erwägung ziehen dürfen, daß ein Moment der Gefahr vorlag und daß er nur gerade deshalb etwas Sachwidriges getan hatte. Vgl. Entscheidung des Reichsger. vom 9. Januar 1902 (VI 357/01) Bd. 50 (1902) Nr. 20 S. 92 ff., insbesondere S. 95 (und dazu, freilich ungenau, Neumann, Jahrb. I 1 S. 461 Note 6 e).

[7]) Wenn Matthiaß u. A. § 1283 BGB. zitiert, so ist dies freilich ein Druckfehler für § 1083 oder vielleicht auch für § 1285.

3. Bei dieser Gelegenheit sei an den von der Literatur wiederholt[1]) vermerkten Umstand erinnert, daß auch das Handelsgesetzbuch und seine Extravaganten vielfach mit dem Begriff „ordentlich" operieren, gerade um das Maß der vom Gesetzgeber für erforderlich erachteten „Sorgfalt" und damit die „Fahrlässigkeit" abzugrenzen:

a) Diese Gesetze reden nämlich von der
   - α) „Sorgfalt eines ordentlichen Kaufmanns" (HGB. §§ 84 Abs. I, 347 Abs. I, 384 Abs. I, 390 Abs. I, 408 Abs. I);
   - β) „Sorgfalt eines ordentlichen Geschäftsmanns" (HGB. §§ 202 Abs. II, 203 a. E., 204, 241 Abs. I — vgl. § 242 —, 249 Abs. I; Genossenschaftsgesetz — Fassung vom 20. Mai 1898 — §§ 34 Abs. I, 41 Abs. I; Ges. betr. die Gesellschaften mit beschränkter Haftung — Fassung vom 20. Mai 1898 — § 43 Abs. I);
   - γ) „Sorgfalt eines ordentlichen Frachtführers" (HGB. § 429 Abs. I; Binnenschiffahrtsgesetz vom 15. Juni 1895 § 58 Abs. I);
   - δ) „Sorgfalt eines ordentlichen Verfrachters" (HGB. §§ 559 Abs. II, 606);
   - ε) „Sorgfalt eines ordentlichen Rheders" (HGB. § 497);
   - ζ) „Sorgfalt eines ordentlichen Schiffers" (HGB. §§ 511 Satz 1, 653 Abs. II[2]), Binnenschiffahrtsgesetz § 7 Abs. I);
   - η) „Sorgfalt eines ordentlichen Floßführers" (Flößereigesetz vom 15. Juni 1895 § 2 Abs. I).

b) Es ist diese Ausdrucksweise der handelsrechtlichen Gesetze in Erwägung, daß das Handelsrecht doch nur einen Sonderteil des allgemeinen bürgerlichen Rechts darstellt, sehr wohl verwertbar zum Beweise, daß dem bürgerlichen Recht trotz des „abstrakten Maßstabes" (oben III 8 b α und 17) die oben sub III 9—17 besprochene Statuierung besonderer Berufssorgfalt nicht fremd sei oder zuwiderlaute.[3]) Ja, man wird die Bemerkung der Denkschrift zum HGB.[4]), daß durch § 347 Abs. I HGB lediglich die Regel des BGB. (§ 276) „für den Handelsverkehr einen bestimmten Inhalt erhält" sogar dahin erweitern dürfen, daß im Grunde genommen die erwähnten Sondernormen des HGB. entbehrlich waren, weil sie sich[5]) von selbst verstanden.

---

[1]) Am ausführlichsten (jedoch ohne Nennung von HGB. §§ 202 ff., 390) von Wendt S. 436 f. Ferner vgl. aber schon Mot. I S. 279 (nicht S. 194 wie Planck S. 36, 3. Aufl. S. 41 zitiert) wegen der entsprechenden Artikel des AHGB. Sodann Crome S. 486 Anm. 23, Dernburg S. 136 sub d, Endemann S. 641 Anm. 8, Engelmann S. 204, Fischer-Henle S. 154 Anm. 5, Oertmann S 36 sub α, Planck a. a. O., Rehbein II S. 101 Nr. 88. – Ein irriges Zitat (HGB. § 407 statt 408) findet sich bei Crome a. a. O. und Fischer-Henle a. a. O. und ferner muß es bei Dernburg a. a. O. HGB. § 559 statt 599 und „Floßführer" statt „Flößer" heißen. — Wendts Bemerkungen S. 436 wegen der älteren Konkursordnung §§ 74, 81 sind durch §§ 82, 89 der jetzigen gegenstandslos geworden; seine Zitate zum Genossenschaftsges. und Ges. betr. die Gesellschaften mit beschränkter Haftung entsprechen nicht mehr den neuesten Fassungen der Gesetze. — Ohne ausdrückliche Bezugnahme auf BGB spricht Enneccerus-Lehmann S. 291 sub 3 vom „tüchtigen Kaufmann".

[2]) In HGB. § 653 Abs. II wird der Verfrachter trotz des Maßstabes δ mit dem Maßstab ζ gemessen!

[3]) Wie im Text auch zu HGB. § 347 die Kommentare von Staub, 6. u. 7. Aufl. Bd II (Berlin 1900) S. 1058 Anm. 3 und Lehmann und Ring Bd. II (Berlin 1901) S. 22 Nr. 3 und das Lehrbuch von Cosack, 6. Aufl. (Stuttgart 1903) § 26 sub V S. 120. Vgl. ferner Dernburg a. a. O., Fischer-Henle a. a. O. und Wendt a. a. O. — Nicht richtig ist es, wenn Engelmann a. a. O. meint, im HGB. sei eine „strengere Beurteilung" gewollt.

[4]) Berlin (Guttentag) 1896, S. 194.

[5]) Wenigstens betreffs des Maßes der Sorgfalt.

c) Wenn man dies zugibt, so hat man zugleich die Lösung gewonnen für einige Probleme, die uns andernfalls das HGB. wegen seiner Ausdrucksweise stellen würde[1]): Einmal ist es doch auffallend, daß wir hier neben der sehr charakteristisch gefärbten Sorgfalt eines ordentlichen Frachtführers, Verfrachters, Rheders, Schiffers und Floßführers die — im Vergleich zur im Verkehr erforderlichen Sorgfalt allerdings auch schon eigenartig, im Vergleich zu der Sorgfalt eines ordentlichen Frachtführers, aber doch noch recht blaß getönte — Sorgfalt eines ordentlichen Kaufmanns und eines ordentlichen Geschäftsmanns erblicken. Weshalb wird jene, die in § 347 Abs. I auf einen Kaufmann überhaupt und bei Handelsgeschäften im allgemeinen (HGB. Buch III Abschnitt I) Platz greifen soll, in §§ 84 Abs. I, 384 Abs. I und 408 Abs. I auch für die Tätigkeit des Handlungsagenten, des Kommissionärs und des Spediteurs angeordnet?; weshalb hat m. a. W. das Gesetz hier — und ebenso wegen der neben dem Kommissionär, Spediteur und Frachtführer im gegenwärtigen HGB. Buch III (§§ 416 ff.) neu begegnenden Figur des Lagerhalters[2]) — nicht eine auf sie zugeschnittene besondere Berufssorgfalt postuliert? Wie unterscheiden sich ferner die Sorgfalt des „ordentlichen Kaufmanns" und die (in HGB. §§ 241 Abs. I [242], 249 Abs. I, im Genossenschaftsgesetz und im Gesetz über die Gesellschaften mit beschränkter Haftung) für die Mitglieder des Vorstandes und des Aufsichtsrats einer Aktiengesellschaft oder einer Erwerbs- und Wirtschaftsgenossenschaft und für die Geschäftsführer einer Gesellschaft mit beschränkter Haftung normierte Sorgfalt eines „ordentlichen Geschäftsmannes" von einander? Und endlich: muß man nicht z. B. innerhalb der „Kaufleute" (im allgemeinen Sinne der mit Einkauf und Verkauf beschäftigten Personen, die nicht im Spezialgewande des Kommissionärs, Spediteurs, Frachtführers oder Rheders erscheinen) auch noch nuancieren und etwa ein verschiedenes Maß der Berufssorgfalt für Engrossisten und Detaillisten, für Voll- und Minderkaufleute und nach der Branche, z. B. — vgl. oben sub III 15 — für Weinhändler, Drogisten und Apotheker unterscheiden? Auf alle diese Fragen kann hier nicht näher eingegangen werden (in der Literatur sind sie, soweit ich sehe, ganz unbeachtet[3]) geblieben); man wird aber wohl nicht fehlgehen, wenn man erstens in der sehr, aber nicht bis ins äußerste differenzierten Ausdrucksweise der handelsrechtlichen Gesetze ein Symptom für die oben sub III 9 ff. angedeutete Notwendigkeit erblickt, auch im Rechtsleben dem Prinzip der Arbeitsteilung Berücksichtigung entgegenzubringen, unter dessen Signatur sich unsere Zeit nun einmal befindet, und wenn man zweitens annimmt, daß der Gesetzgeber eben nur dies Prinzip noch nicht scharf genug erkannt hat und daher auf halbem Wege stehen geblieben ist.

d) Gänzlich unbeobachtet geblieben ist es in der bisherigen Literatur, welche zu BGB. § 276 auf die Ausdrucksweise des HGB. und seiner Nebengesetze Bezug nimmt, daß unter die im HGB. auftretenden „ordentlichen" Kaufleute, „ordentlichen" Frachtführer usw. urplötzlich in einem

---

[1]) Vgl. ferner wegen des „Kennenmüssen" und des „unverzüglich", unten § 32 und § 33.

[2]) Und wegen des Privathandelsmäklers (HGB. §§ 93 ff., insbes. § 93 Abs. I a. E.; vgl. Wendt a. a. O. S. 437).

[3]) Bezw. doch unbeantwortet, da die Frage, weshalb HGB. neben der Sorgfalt eines ordentlichen Kaufmanns noch die eines ordentlichen Geschäftsmanns nennt, bei Wendt S. 436/437 aufgeworfen wird.

der Nebengesetze, nämlich im Binnenschiffahrtsgesetz § 74 Abs. I ein „gewöhnlicher" Frachtführer hineinschneit. Welch prächtiges Argument für den Nachweis, daß die „gewöhnliche" Sorgfalt als die „ordentliche" und daß die „ordentliche" Sorgfalt als die „gewöhnliche" vom Gesetzgeber gedacht ist — wenn diese Divergenz der Ausdrucksweise[1]) in der Tat, wie man im ersten Augenblick annehmen möchte, lediglich auf einem lapsus beruhte. Letzteres ist nun allerdings nicht der Fall, es steht vielmehr nachweisbar[2]) fest, daß die Reichstagskommission im § 74 absichtlich in Abweichung von § 58 des Binnenschiffahrtsgesetzes (oben sub a γ) und von AHGB. Art. 397[3]) die Verantwortlichkeit in eine solche für einen „gewöhnlichen" statt für einen „ordentlichen" Frachtführer umgewandelt hat. Was sie sich dabei aber unter dem „gewöhnlichen" Frachtführer gedacht hat, hat sie selber nicht verlauten lassen und ist in der Literatur zum Binnenschiffahrtsrecht bestritten. Mittelstein[4]) äußert sich nur dahin, in der veränderten Ausdrucksweise des Gesetzes liege eine Herabsetzung der Verantwortlichkeit und statt der diligentia diligentis patris familias sei der Maßstab nunmehr „ein geringerer, welcher jedoch oberhalb der Grenze der groben Fahrlässigkeit (non intellegere quod omnes intellegunt) bleibt"; Landgraf[5]) sieht den Gegensatz in einem „Durchschnittsfrachtführer" und erkennt diesen letzteren in dem Schiffer des Seerechts, dem man mehr Warenkenntnis zumuten dürfe als dem Schiffer des Binnenschiffahrtsrechts; Foertsch[6]) faßt den „gewöhnlichen" Schiffer auf als „gleichbedeutend mit Kleinschiffer (Schiffseigner, der sein eigenes Schiff als Schiffer führt)", und meint, „einem solchen wird man es wohl nachsehen müssen, wenn er eine falsche Bezeichnung unterschreibt in der Meinung, die Richtigkeit beurteilen zu können"; „nicht die Nachlässigkeit, sondern die Unkenntnis" solle durch die Norm „geschützt werden", welche nach Foertsch in Einklang mit dem sonstigen Bestreben der Reichstagskommission stehe, „den Kleinschiffer als den wirtschaftlich Schwächeren zu schützen". —

4. Die Abstellung der Definition auf die „im Verkehr erforderliche Sorgfalt" und unsere Erörterungen über den Inhalt dieser Definition lehren uns schließlich noch zweierlei:[7])

a) daß das Gesetz nicht etwa „bedingungslos die Aufwendung aller Sorgfalt verlangt", die erforderlich wäre, um mißliche Folgen, insbesondere einen Schaden, zu verhindern;

b) daß über das Maß der erforderlichen Sorgfalt im Grunde nur diejenigen entscheiden können, welche selber dem gerade in Betracht kommenden Berufskreise angehören, welche an dieser speziellen Nuance des Verkehrs sonst selber beteiligt sind; aus ihrem Kreise wird sich der Richter also überall da ein Gutachten einholen müssen, wo er (wie z. B. bei Unfällen in einer Turnstunde)[8]) nicht aus eigener Erfahrung

---

[1]) Divergenz auch innerhalb desselben Binnenschiffahrtsgesetzes; vgl. wegen des § 58 weiter unten.

[2]) Stenogr. Ber. des Reichstags 9. Legislaturg. III. Session 1894/95 Nr. 253 S. 1083, 1105.

[3]) Er ist der Vorgänger des oben sub a γ erwähnten § 429 HGB.

[4]) Kommentar zum Binnenschiffahrtsgesetz, Leipzig 1896, S. 175 f. Anm. 1.

[5]) Landgraf, Kommentar, 2. Aufl, Leipzig 1900, S. 226 Anm. 1.

[6]) Foertsch, Kommentar, 2. Aufl, Leipzig 1900, S. 236 Anm. 4.

[7]) Auf beides machen die oben sub II 2 S. 101 Anm. 3 erwähnten Entscheidungen des Reichsgerichts aufmerksam.

[8]) Vgl. mein Gutachten sub I 3 a α 1.

— als Jurist oder etwa als Familienoberhaupt und Haushaltungsvorstand, als Reserveoffizier, als Weidmann — eine genauere Kenntnis des erforderlichen Maßes haben kann. — Also auch prozessualisch wird nötigenfalls die oben sub III 9 ff. angedeutete Differenzierung ihre analogen Wirkungen zu äußern vermögen.

B.

Nachdem wir so den Begriff der „im Verkehr erforderlichen Sorgfalt" kennen gelernt haben, ist nur noch zu konstatieren, daß durch ihre „**Außerachtlassung**" der Tatbestand der „Fahrlässigkeit" erfüllt wird.

I. Der Ausdruck „außer acht lassen" begegnet im Gesetz nirgends weiter,[1]) kann also aus dem Gesetze selber eine nähere Erklärung nicht erfahren. Doch dürfte kein Zweifel obwalten, daß an eine „Vernachlässigung"[2]) der im Verkehr erforderlichen Sorgfalt, an eine „Nichtbeobachtung"[3]) der gebotenen Sorgfalt, an eine „ungenügende Anspannung der seelischen Kräfte"[4]) durch „Verletzung dieses Maßes von Sorgfalt"[5]) zu denken ist. Somit liegt also eine Unterlassungssünde vor.

II. Das Mittel zur Begehung dieser Unterlassungssünde kann natürlich seinerseits sowohl in einem Unterlassen[6]) bestehen[7]) — der Radfahrer unterläßt das Glockenzeichen —, wie in einem Handeln (Tun) — der Radfahrer wirft eine Hundepatrone nach einem Hunde, der sich in einer Kinderschar aufhält, und verletzt durch diese Unvorsichtigkeit das Auge eines Kindes —; im weiteren Sinne wird man aber auch die Unterlassungstat als ein „Handeln" bezeichnen dürfen.[8])

C. Der Gesamtbegriff.

I. In vorstehend (sub A und B) Erörtertem haben wir die einzelnen Merkmale für die gesetzliche Definition der „Fahrlässigkeit" gewonnen und ihrerseits wohl hinreichend interpretiert. Daß wir es hier in der Tat mit einer Definition

---

[1]) Auch „Acht", „Obacht", „beachten", „mißachten", „verachten" finden sich nicht; dagegen einmal (§ 1799 Abs. I Satz 1) „achten" („der Gegenvormund hat darauf zu achten, daß der Vormund die Vormundschaft pflichtmäßig führt") und mehrfach „beobachten" bezw. „Beobachtung"; zunächst mit Beziehung auf unsere im Verkehr erforderliche Sorgfalt in §§ 831 (Abs. I Satz 2), 834 (Satz 2) und 836 (Abs. I Satz 2, Abs. II); sodann wegen der Form der Rechtsgeschäfte in §§ 313 (Satz 2), 566 (Satz 2), 782, 793 (Abs. II Satz 1), 1324 (Abs. I) und in EG. z. BGB. Art. 40 (§ 8 a) und 100 (Nr. I) bezw. wegen der diesbezüglichen Gesetze in EG. z. BGB. Art. 11 (Abs. I Satz 2); endlich wegen der gesetzlichen Vorschriften über den Pfandverkauf in §§ 1244 und 1245 (Abs. II).

[2]) Cosack S. 249 sub 2 a; vgl. auch Windscheid-Kipp Bd. II S. 89 (wegen der culpa des gemeinen Rechts) und z. B. Mot. IV S. 242 (zu BGB. § 1405 Abs. II) und vor allem wegen „Vernachlässigung" einer „Sorgfalt" BGB. selber in §§ 553 und 605 Nr. 2 (oben § 9 sub IV); vgl. endlich BGB. § 1666 Abs. I Satz 1 (das Kind „vernachlässigen").

[3]) Matthiaß S. 271 sub 2; vgl. dazu die in Anm. 1 erwähnten §§ 831, 834 und 836.

[4]) Zitelmann S. 157 β; vgl. auch Matthiaß S. 272 („angespanntere Sorgfalt") und eine noch detailliertere Ausmalung des Bildes bei Göring S. 25 f.

[5]) Engelmann S. 204.

[6]) Beispiele aus der Praxis: Entsch. des Reichsger. vom 7. Okt. 1901 (VI 300/1901) in der Jur. Wochenschr. 30 (1901) Nr. 93/94 S. 768 (unterbliebene Beleuchtung des Hotelhofs) und OLG. Hamburg vom 16. März 1903 bei Mugdan und Falkmann II (1901) Nr. 181 b S. 456 f. (unbedeckte Kalkgrube).

[7]) Vgl. eingehender auch Linckelmann S. 39 f. und auch mein Gutachten I 2 Anmerkung 4 der S. 139.

[8]) So sind wohl auch z. B. Enneccerus-Lehmann S. 291 sub 1 und Crome S. 485 f. (mehrfach) zu verstehen.

zu tun haben, wird allerdings von von Liszt und Matthiaß[1]) geleugnet. von Liszt sagt S. 55 sub 2: „Für die Fahrlässigkeit findet sich in § 276 die scheinbare Begriffsbestimmung: ‚Fahrlässig ist,[2]) wer die im Verkehr erforderliche Sorgfalt außer Acht läßt‘. Daß mit diesen Worten aber nicht das Wesen der Fahrlässigkeit, sondern der Grad der vom Schuldner zu leistenden Sorgfalt bestimmt wird, wird heute fast allgemein zugegeben.“[3]) Matthiaß meint S. 271 sub 2: „Das Gesetz enthält in § 276 keine erschöpfende Definition der Fahrlässigkeit, sondern bestimmt nur den Grad der Sorgfalt, die der Einzelne anwenden soll.“ — Ich kann in diesen Bemerkungen[4]) keinen stichhaltigen Grund gegen die Anerkennung einer Definitionsqualität des § 276 Abs. I Satz 2 erblicken, sondern meine mit Enneccerus-Lehmann S. 291 sub II 1[5]): „Das ist nicht nur eine Bestimmung des Grades, sondern auch des Wesens der Fahrlässigkeit“ und vermerke noch, daß z. B. Dernburg S. 135 Anm. 9, Linckelmann S. 35, Lühl S. 13 und Planck S. 40 ausdrücklich und ohne die Möglichkeit gegenteiliger Anschauung anzudeuten von einer Definition reden.[6]) Mindestens würde eine weitere Verfolgung dieses Streites auf eine Erörterung des Begriffes „Definition“ selber herauskommen, die um so unfruchtbarer wäre, als der Inhalt des § 276 Abs. I Satz 2 soweit außer Zweifel steht.

II. Nicht hieher gehört, etwa als Einwand gegen das eben Ausgeführte, die an sich richtige Bemerkung von Matthiaß S. 272, daß das BGB. für die Sorgfalt zwar einen abstrakten Maßstab vorschreibe, daß dieser aber ein „wechselnder“ sei; es bezieht sich diese Bemerkung vielmehr auf den uns schon aus der Uebersicht in § 9 geläufigen Umstand, daß „die Durchschnittsanforderungen“ an die Sorgfalt und „der abstrakte Maßstab“ darum „nicht in allen Fällen gleich hohe“ sind, weil das Gesetz „in gewissen Verhältnissen vom Einzelnen eine angespanntere Sorgfalt verlangt als in anderen“, und zwar dieses wiederum, weil das Gesetz „verschiedene Grade der Fahrlässigkeit“ selber, nämlich die gewöhnliche, die grobe und die Vernachlässigung der diligentia quam suis aufstellt. Diese Einzelbegriffe sollen uns an anderer Stelle (unten § 40 und § 41) beschäftigen.

III. Nicht richtig will es mir erscheinen, wenn Endemann S. 639 die Fahrlässigkeit für einen „unselbständigen, erst von den rechtlich begründeten Pflichten des Schuldners abgeleiteten Begriff“ erklärt und behauptet, für das Problem laute die richtige Fragestellung: „welche Ansprüche sind an die Sorgfalt des Schuldners zu stellen?“ Wenn man nämlich den Begriff der Fahrlässigkeit ganz allgemein erörtern will — wie wir für unsere Abhandlung und speziell bisher an dieser Stelle —, so ist die Endemannsche Bemerkung zu eng und läßt diejenige Fahrlässigkeit außer Betracht, die noch keinen Schuldner und keine bereits begründeten Pflichten voraussetzt, sondern erst schafft. Freilich

---

[1]) Vgl. auch Eßlinger in Seufferts Bl. f. RA. Jahrg. 69 (1904) Nr. 9 S. 173.

[2]) Das Gesetz selber sagt übrigens nicht „ist“, sondern „handelt“.

[3]) In Anm. 10 beruft sich von Liszt dafür auf Endemann § 113 Note 4, der aber a. a. O. (5. Aufl. S. 485 und ebenso Auflage 8/9 S. 639 Note 2) solches nicht mit Deutlichkeit behauptet, wenn er sagt: „Das BGB. § 276 I definiert dem Wortlaute nach die Fahrlässigkeit. Daß es sich aber dem Wesen nach um die Bestimmung des Grades der Sorgfalt handelt, ergibt . . . die Entstehungsgeschichte der Definition.“

[4]) Und ebensowenig in der Bemerkung von Piper S. 38, daß ja auch der vorsätzlich Handelnde die im Verkehr erforderliche Sorgfalt außer Acht lasse.

[5]) Enneccerus-Lehmann vermerkt a. a. O. Anm. 1 ausdrücklich, daß er anderer Meinung als Liszt sei.

[6]) Dernburg spricht nur a. a. O. aus anderen Gründen, die hier nicht weiter verfolgt werden sollen, Tadel gegen die Definition aus.

scheint Endemann in § 113 [1]) nur das kontraktliche Verschulden behandeln zu wollen.[2]) Daß der Begriff sich nicht nur auf die Kontraktsobligationen oder doch nur auf die Tatbestände des BGB. Buch II allein erstreckt, sondern Generalisierung für das gesamte bürgerliche Recht verträgt — ebenso wie z. B. „Vorsatz" oder „Verschulden", vgl. unten § 55 und § 42 —, bedarf ja doch wohl nicht des besonderen Beweises.[3])

IV. Die „Fahrlässigkeit" des BGB. entspricht völlig[4]) der sog. „culpa levis" — „gewöhnlichen culpa", „culpa im engeren Sinne"[5]) — des gemeinen Rechts, wie auch z. B. Crome S. 486 Anm. 24, Matthiaß S. 272 sub α, Oertmann S. 36 sub α hervorheben[6]); über die Parallele zwischen culpa lata und „grober" Fahrlässigkeit vgl. unten (§ 40 X); über die zwischen sog. culpa in concreto und Sorgfalt in eigenen Angelegenheiten gleichfalls unten (§ 40 I); eine Parallelerscheinung zur ‚culpa levissima' des gemeinen Rechts hat das BGB. dagegen nicht aufzuweisen[7]) und ebensowenig kennt es eine der diligentia in custodiendo (custodia)[8]) entsprechende Sonderform der Sorgfalt (vgl. unten § 41).

V. Beispiele der Fahrlässigkeit.

1. Neben der Definition der Fahrlässigkeit im § 276 bietet das Gesetz außerdem gelegentlich, nämlich in dem schon oben § 6 II 5 b erwähnten § 1980 Abs. II Satz 2[9]), ein Musterbeispiel der Fahrlässigkeit.[10]) Genau genommen handelt es sich aber mehr um ein Musterbeispiel für den Unterfall der Fahrlässigkeit, die fahrlässige Unkenntnis, das Kennenmüssen (unten § 32). Ferner ist noch zu bemerken, daß sich das Beispiel mit Leichtigkeit auf andere ähnliche Tatbestände und andere Rechtsverhältnisse erweitern läßt. Man nehme z. B. an, der Gutsinspektor erwacht über einem starken Donnerschlage und bemerkt, in den Gutshof blickend, in der Gegend des Pferdestalles einen Feuerschein, legt sich aber dennoch wieder ins Bett, obwohl er sich erinnert, daß sich im Stall auch das sehr wertvolle Pferd eines benachbarten Gutsbesitzers befindet; oder eine alleinstehende Frau erwacht über ein im Nebenzimmer entstandenes Geräusch, das wohl nur von Dieben herrühren kann, und bleibt ruhig liegen, obwohl es ihr einfällt, daß in dem Nebenzimmer mitten auf dem Sofatisch die kostbare Brosche liegt, die sie sich von ihrer Freundin geliehen hat.

---

[1]) Denn dieser steht in einem mit „Inhalt der Schuldverpflichtung" überschriebenen größeren Kapitel (§§ 110 ff. S. 632 ff.).

[2]) In der 5. Aufl. (1899) fanden sich S. 488 sub 4 noch Bemerkungen über die unerlaubten Handlungen, die in Auflage 8/9 gestrichen bezw. an andere Stelle (S. 640/641) gerückt worden sind.

[3]) Für alle Fälle beziehe ich mich z. B. auf Kipp I S. 453 sub 2, Matthiaß I S. 271 sub 2 und Planck I S. 40. Vgl. ferner unten sub IX.

[4]) Vgl. höchstens über den Streit wegen des diligens pater familias oben II 8 b γ.

[5]) Zu diesen Bezeichnungsweisen vgl. Matthiaß S. 722 sub α bezw. Eck I S. 194 sub b.

[6]) Vgl. auch Endemann S. 638 Anm. 1 und aus der Judikatur ein bei Neumann, Jahrb. I 1 S. 186 Note 1 und im „Recht" VI (1902) S. 482 erwähntes Erkenntnis des OLG. Karlsruhe aus der Bad. Rechtsprechung 1902 S. 219.

[7]) Vgl. Crome S. 486 und auch Matthiaß S. 274.

[8]) Vgl. Endemann S. 642 Anm. 1 und bereits Mot. II S. 28.

[9]) Auffallend ist die Interpunktion; dann da das „Aufgebot", von dem im zweiten Halbsatz die Rede ist, nicht Sache des Erben, sondern des Gerichts ist, während Sache des Erben der Antrag bleibt, so wäre statt des Semikolon ein Punkt richtiger gewesen.

[10]) Die Materialien hiezu (insbes. Denkschr. S. 388 und Prot. V S. 742/743 und S. 765 f. sub IX) sowie die Literatur (z. B. Planck V S. 98 Note 1 c. Boehm, Erbrecht, 2. Aufl., 1900, S. 342, Frommhold S. 53 f.) bieten kaum Bemerkenswertes in der Richtung auf unsere Fragen; vgl. höchstens wegen der Beweislast dort und bei Wendt S. 447.

2. An sonstigen praktischen Beispielen der Fahrlässigkeit wird man nicht in Verlegenheit sein.

a) Ein ausführliches Exempel, welches für eine Reihe von Unterfragen die maßgebenden Gesichtspunkte darzulegen geeignet ist, bietet mein unten sub D wiedergegebenes Gutachten über die Haftung für Unfälle bei Leibesübungen.[1])

b) Eine Anzahl sonstiger Beispiele ergibt sich bereits aus der Judikatur.[2]) Man vergleiche außer einigen schon oben besonders hervorgehobenen Entscheidungen[3]) die Zusammenstellungen bei Warneyer I S. 93 ff., II S. 70 ff., Scherer I S. 98, II S. 171 ff., III S. 162 f., S. 266 ff., Neumann, Jahrbuch I 1[4]) S. 187 ff., S. 468 ff. sub d α und β, e—h, Jahrbuch II S. 185 f. sub d, S. 189 f. sub d—h und[5]) in der Spruchsammlung der Juristen-Zeitung I S. 12, 26 f., II S. 9, 21 f.

3. Die Fülle der Beispiele aus der Judikatur (oben 2 b) weist übrigens auf ein Doppeltes hin: nicht bloß auf die eminente Rolle, welche die Fahrlässigkeit in der „Jurisprudenz des täglichen Lebens" spielt, sondern auch auf die besondere Kompliziertheit, welche gerade diesem Begriffe innewohnt und ihn in hervorragendem Maße der kritischen Beleuchtung aussetzt.

VI. Der Täter muß (wie bei jedem Verschulden, näheres unten § 69) die Tragweite — die Gefährlichkeit[6]) — seines „Handelns" (oben sub B II) und den kausal dadurch heraufbeschworenen Erfolg voraussehen[7]) können, es muß für ihn Voraussehbarkeit und Vorstellbarkeit des Erfolgs vorgelegen haben,[8])

---

[1]) Dies Gutachten geht von dem Falle aus, daß ein Schüler beim Turnen beschädigt wird, und dehnt dann diese Frage auf analoge Fälle bei anderen Leibesübungen aus. Hingegen ist der Fall unerörtert geblieben, daß der Turnlehrer durch den Schüler beschädigt wird. Daß auch er leicht eintreten kann, lehrt ein Artikel in der Zeitschrift „Der Turner", Berlin (Hanschke) 1904, Heft 2 S. 35 ff. Der Fall wird so erzählt: „Ein Turnlehrer hatte eine Uebung vorgeturnt; 11 Schüler hatten sie richtig nachgemacht; der Lehrer verharrt in der vorschriftsmäßigen Hilfeleistung am Gerät. Nun kommt der Zwölfte . . .; er führt sie nach der falschen Seite aus, auf der der Lehrer steht. Die Folge der zwei wuchtigen Fußtritte, die dieser erhält, sind schwerste innere Verletzungen; eine notwendige Operation führt zu dauernden Gesundheitsschädigungen. Ergebnis: 2800 Mk. Kosten und ein jährlicher Minderverdienst von 1500 Mk." — Hierzu wird nun richtig ausgeführt: Haftung von Stadt oder Staat (vgl. unten II) lasse sich nicht herleiten; der Vater des (18jährigen) Schülers habe seiner Aufsichtspflicht (BGB. § 832) genügt, und höchstens hafte der (vielleicht vermögenslose) Schüler selbst aus §§ 828 oder 829 BGB. — Letzteres ist m. E. nur wegen § 829 zutreffend, § 828 dagegen greift, auch wenn noch so zweifellos die in § 828 Abs. II Satz 1 erforderte Einsicht vorlag, nicht Platz, da mir eine Fahrlässigkeit (im Sinne des § 276 Abs. I Satz 2), die der Aufsatz ohne weiteres annimmt, nicht vorhanden zu sein scheint, wenn ein Schüler lediglich einen im Eifer der Uebung leicht möglichen Fehler (durch Abgang nach der falschen Seite) gemacht hat; vgl. unten S. 135 Anm. 2.

[2]) Zu BGB. § 276 und insbes. zu §§ 823 ff.

[3]) Vgl. oben S. 101, 105, 107, 110, 115 ff., 124 f.

[4]) Vgl. auch z. B. Neumann I S. 409 sub 2 b zu § 676.

[5]) Beispiele aus der Judikatur etwa auch bei Bendix S. 307 f. und bei Soergel, Rechtsprechung 1900/01, 2. Aufl., Stuttgart 1902, S. 46 f.

[6]) Vgl. Entsch. des Reichsger. vom 8. Dez. 1902 (VI 260/02) in Bd. 53 (1903) Nr. 39 S. 157 ff., insbes. S. 158/159.

[7]) Oder „übersehen" im Sinne von „Uebersicht haben über", nicht im Sinne von „unbemerkt lassen" („übersichtig" bezw. „kurzsichtig" sein im übertragenen Sinne).

[8]) Vgl. übereinstimmend Crome S. 485 sub b, Endemann S. 639 sub 2, Enneccerus-Lehmann S. 291 sub II 1, Linckelmann S. 36, von Liszt S. 55, Matthiaß S. 271 sub 2, S. 273 sub b, Müller und Meickel S. 257, Zitelmann S. 159 sub 2 b, S. 164 sub β; auch Goering S. 24 ff., Krückmann S. 158 und die oben sub A II 4 α (S. 105 Anm. 1) erwähnte Entsch. des Bayr. Obersten Landesgerichts vom 14. Nov. 1900; ferner Entsch. des Reichsger. vom 22. Okt. 1903 (VI

zu denen das Handeln selbst hinzukam. Für die Praxis ergibt sich daraus — da das Handeln an sich noch nicht die Fahrlässigkeit ausmacht, sondern nur, wenn es in Außerachtlassung der erforderlichen Sorgfalt geschah —, daß die Rechtsfolgen der Fahrlässigkeit nicht Platz greifen, wenn entweder die erforderliche Sorgfalt an den Tag gelegt war oder wenn die Voraussehbarkeit des Erfolges fehlte.[1]) Es muß also ein Erkennen-Können [2]) der Folgen gegeben sein, welches das Gesetz wegen der obwaltenden Fahrlässigkeit zu einem Erkennen-Müssen stempelt; das tatsächliche Nichterkennen seitens des Täters muß ein verschuldetes sein.[3])

1. Hierbei taucht nun aber wiederum die Frage[4]) auf, ob diese Prüfung der Voraussehbarkeit des Erfolges den abstrakten Maßstab (oben A II 8 b α und 17) anzulegen hat oder den subjektiven und individuellen (oben A II 18), der von den speziellen Verhältnissen des Täters, seiner persönlichen Veranlagung zu entnehmen ist. Letzteres behaupten von Liszt[5]), Matthiaß[6]) und Landsberg[7]), während Endemann[8]), Linckelmann[9]) und Lühl[10]) [sowie Meves[11]) und gelegentlich[12]) auch Hoelder[13])] eine Berücksichtigung der Individualität betreffs dieser Frage ebenso leugnen, wie betreffs des Begriffs der Fahrlässigkeit überhaupt (oben A II 18 a). Ich schließe mich unbedingt dieser Leugnung an. Nicht etwa, weil andernfalls die obigen Deduktionen über die Unerheblichkeit der individuellen Beschaffenheit des Täters über den Haufen geworfen würden und die subjektive Theorie durch eine Hintertür[14]) wieder Eingang fände: denn diese Theorie er-

198/03) — in der Juristen-Zeitung VIII, 1903, Nr. 24 S. 574 von Boyens mitgeteilt (vgl. auch Spruchsammlung II S. 22) —, vom 3. Febr. 1902 — in Spruchsammlung I S. 26 und Sächs. Archiv 12 S. 89 — und vom 26. Okt. 1903 (oben S. 124 Anm. 10).

[1]) Wenn Matthiaß I S. 273 sub b sagt: „Ist nach dem gesetzlichen Maßstabe gemessen eine Verletzung der Sorgfalt gegeben, so ist weiter ... zu prüfen, ob er den Eintritt des Erfolges vorhersehen konnte", so soll damit doch wohl nicht gesagt sein (und ebenso nicht durch die Wendung S. 271 sub 2 a. E.), daß jene Prüfung dieser zeitlich voranzugehen habe. Oft wird sich beides gleichzeitig oder die Prüfung der Voraussehbarkeit schneller erledigen lassen.

[2]) Dies lag z. B. nicht bei meinem oben S. 102 Anm. 1 geschilderten Erlebnisse vor, da ich nicht ahnen konnte, daß das Kind quer über die Straße laufen würde.

[3]) Crome a. a. O.; vgl. Endemann S. 641 und daselbst Anm. 8. — Sehr bedenklich scheinen mir — wenigstens (vgl. oben S. 108 Anm. 1 und S. 124 Anm. 9) in der Formulierung — die Ausführungen von Eßlinger in Seufferts Bl. f. RA. Jahrg. 69 (1904) Nr. 9 S. 172 ff. über „bewußte Fahrlässigkeit".

[4]) Diese Frage lassen unerörtert (was zu Gunsten der im Text gegebenen Beantwortung spricht) z. B. Cosack, Dernburg, Eck, Engelmann, Fischer-Henle, Kipp, Oertmann, Planck, Rehbein, Zitelmann a. a. O.

[5]) Die Stelle aus von Liszt S. 55 wurde bereits oben S. 119 Anm. 4 zitiert. Auf von Liszt a. a. O. berufen sich auch Laß und Maier S. 19.

[6]) Bei Matthiaß I S. 273 sub b schieben sich an der oben Anm. 1 mit Punkten markierten Stelle die Worte ein: „und zwar nach den subjektiven und individuellen Verhältnissen des Handelnden".

[7]) Landsberg I S. 254 sub bb.

[8]) Endemann S. 641 Anm. 8.

[9]) Linckelmann S. 36 ff.

[10]) Lühl S. 14 ff. (unter Bezugnahme auf Rümelin S. 5).

[11]) Meves in Goltdammers Archiv f. Strafrecht 46 (1898/99) S. 85 f., den Unterschied gegenüber dem Strafrecht betonend; vgl. auch Neumann, Jahrb. II S. 185 sub b.

[12]) Vgl. ferner, minder ausgesprochen freilich, wegen Nichterfüllung bezw. Verletzung der Kontraktspflicht z. B. Planck I S. 41 f., Schollmeyer S. 101 sub b α.

[13]) Hoelder sagt S. 271 sub b zu § 122 Abs. II (oben § 6 II 5 c, § 7 I) von der beschädigten Person, die „den Grund der Nichtigkeit oder Anfechtbarkeit ... infolge von Fahrlässigkeit nicht kannte (kennen mußte)": „War sie an der Wahrnehmung dieser Umstände zwar durch ihre individuelle Beschaffenheit, aber nicht durch subjektives Verschulden gehindert, so ist die Ersatzpflicht des Handelnden nicht ausgeschlossen."

[14]) Diese wird recht deutlich gerade in von Liszts Formulierung.

schien doch immerhin nicht unbestritten und aus dem Gesetz selber konnten wir nicht Waffen gegen sie schmieden; würde sie also durch eine an dieser Stelle notwendige Wiedereinführung der Rücksichtnahme auf die Individualität des Täters ad absurdum geführt, so wäre damit nur ihre Haltlosigkeit überhaupt dargetan. Wohl aber läßt sich hier — wo wir uns schon mitten in den allgemeineren Erörterungen über das Verschulden überhaupt, vgl. unten § 42 und § 69, befinden — ein neues Argument gegen die subjektive Theorie vorbringen: dies Argument geht dahin, daß das Gesetz selber durch die Bestimmung in § 276 Abs. I Satz 3 — wonach bei Vorsatz und Fahrlässigkeit „die Vorschriften der §§ 827, 828 Anwendung finden" sollen — an individuellen Momenten nur die Bewußtlosigkeit und die ähnlichen in § 827 Satz 1 erwähnten Zustände sowie die Jugendlichkeit (im Sinne des § 828 Abs. I und Abs. II Satz 1) und endlich die Taubstummheit[1]) (§ 828 Abs. II Satz 2) berücksichtigt wissen will; es hieße also, der ratio legis ins Gesicht schlagen, wenn man noch weitere Momente, wie Denkfaulheit, Kurzsichtigkeit usw. — alsdann in unübersehbarer und unbegrenzbarer Fülle — zu Gunsten des Täters einschalten wollte; und wenn der Gesetzgeber selbst bei Personen zwischen 7 und 18 Jahren und bei Taubstummen die Möglichkeit einer Verantwortlichkeit zugibt und sogar in den Vordergrund stellt (§ 828 Abs. II; unten § 75), so darf man nicht umgekehrt bei erwachsenen Personen, die nur das „Pech" haben, in ihrer Beanlagung etwas hinter dem Durchschnitt (oben sub A III 8 a) zurückzubleiben, dieses Pech in Gold verwandeln und ihnen einen Freibrief für fahrlässiges Handeln ausstellen wollen.[2])

2. Aus dem Obigen folgt zugleich, daß die Fahrlässigkeit nicht ein Willensfehler, sondern ein Erkenntnisfehler und Vorstellungsfehler[3]) ist, indem „der Handelnde die Gefährlichkeit der Handlung, die er erkennen konnte, schuldhafterweise sich nicht vorgestellt hat".[4]) Es wird dies übrigens bestätigt durch die intimen Beziehungen, welche wir zwischen der Fahrlässigkeit einerseits und dem Kennenmüssen (bezw. der grobfahrlässigen Unkenntnis und der Bösgläubigkeit) andererseits bereits (oben § 6 II 5 c und § 7 I, § 6 I 2 und § 8 I) kennen lernten, des genaueren aber allerdings erst bei anderer Gelegenheit (unten § 32 und § 34) nachprüfen können.

VII. Es führt uns das sub VI Erörterte zu einer nahe verwandten Frage herüber, nämlich zum Verhältnis von Fahrlässigkeit und Irrtum. Dies — im Gesetz selber, nach anderer Richtung freilich, in § 122 Abs. II (oben § 6 II 5 c) gestreifte — Verhältnis gestaltet sich folgendermaßen:

1. Die vom Gesetz unbeantwortet gelassene[5]) Frage, ob der Irrtum

---

[1]) Dies übersieht Liebe S. 232.

[2]) Wie es dann mit der Verteilung der Beweislast bestellt sein solle, lassen übrigens auch von Liszt und Matthiaß unerörtert. — Bei von Liszt scheint überdies nur der Wunsch nach Vereinigung der zivilrechtlichen Konstruktion mit der strafrechtlichen (ebenda a. E.) der Vater des Gedankens zu sein; hierzu vgl. aber oben S. 133 Anm. 11.

[3]) Eine „ungenügende Anspannung der intellektuellen Kräfte" (vgl. oben S. 129 Anm. 4), ein „Mangel der Einsicht"; Eßlinger in Seufferts Bl. f. RA. Jahrg. 69 (1904) Nr. 9 S. 173.

[4]) Reichsgericht vom 8. Dez. 1902 (oben S. 132 Anm. 6) S. 159.

[5]) E. I § 241 hatte wegen der Unmöglichkeit der Erfüllung im besonderen gesagt, sie „gilt als durch einen von dem Schuldner nicht zu vertretenden Umstand herbeigeführt, wenn sie dadurch herbeigeführt ist, daß der Schuldner sich in Ansehung des Schuldverhältnisses in einem entschuldbaren Irrtum befunden hat"; vgl. dazu eingehend Mot. II S. 51 f. (daselbst auch Beispiele und Spezialfälle). Ferner hatte E. I § 146 gesagt: „Im Sinne des Gesetzes ist . . . unter entschuldbarem Irrtum ein nicht auf Fahrlässigkeit beruhender Irrtum . . . zu verstehen"; hierzu vgl. Mot. I S. 281. — Beide Normen wurden aber gestrichen; vgl. Prot. I Nr. 46 sub II S. 302 sub 3 a und S. 303/304. — Erörterungen über die Bedeutung des Irrtums insbes. bei den unerlaubten Handlungen in Mot. II S. 731.

entschuldbar oder unentschuldbar ist — und damit die Frage, ob sich der Irrende auf ihn mit Erfolg zu seiner Exkulpation berufen kann oder nicht —, ist lediglich nach den oben entwickelten Grundsätzen von der Fahrlässigkeit zu beurteilen. Wenn nach diesen Grundsätzen trotz Anwendung der im Verkehr erforderlichen Sorgfalt der Irrtum (d. h. die Unkenntnis der einschlägigen Tatumstände)[1]) nicht vermieden werden konnte, so ist er entschuldigt; wenn er aber vermeidbar war und nur wegen der Fahrlässigkeit des Irrenden nicht vermieden wurde, so ist er unentschuldigt.[2]) Die Fragestellung selbst ist also nicht darauf zu richten, ob der Irrtum unentschuldbar sei, sondern darauf, ob er eine Fahrlässigkeit enthalte.

2. Diese von der Literatur[3]) durchweg[4]) anerkannte[5]) Auffassung muß aber m. E. ganz generelle Geltung beanspruchen und läßt keinerlei Ausnahmen zu.

a) Insbesondere ist es gleichgültig[6]), ob es sich im Einzelfall um einen tatsächlichen oder um einen Rechtsirrtum handelt, und der Rechtsirrtum wird also je nach der Sachlage entschuldbar oder unentschuldbar[7]) sein;[8]) letzteres z. B. im wesentlichen dann, wenn der Irrende durch die ihm obliegende Berufssorgfalt als Jurist (vgl. oben A III 9 ff.) zu genauerer Kenntnis oder intensiverer Information verpflichtet war.[9])

b) Ebenso ist der Irrtum über die Erlaubtheit oder die Rechtswidrigkeit der Handlung nach den allgemeinen Regeln von der Fahrlässigkeit zu beurteilen, und die diesbezüglich von von Liszt[10]) behauptete Ausnahme ist — mit Crome[11]), Endemann[12]) und Enneccerus-

---

[1]) Vgl. Endemann S. 643 Anm. 17.

[2]) Daraus ergibt sich zugleich, da für das Vorhandensein einer Fahrlässigkeit die objektiven Umstände des Einzelfalles bedeutsam sind (oben A III 22), daß es für die Entschuldbarkeit des Irrtums wesentlich ist, ob die Sachlage dem Täter eine einigermaßen sorgfältige Erwägung gestattete oder nicht; letzterenfalls wird man sich selbst auf einen im allgemeinen unentschuldbaren Irrtum berufen dürfen; vgl. Henrici in Gruchots Beitr. 42 (1898) S. 632 ff., insbes. S. 638, und Neumann, Jahrb. I 1 S. 461 Note 6 d und oben S. 132 Anm. 1 a. E.

[3]) Nicht äußern sich z. B. Dernburg, Eck, Engelmann, Matthiaß a. a. O. Sehr unklar Liebe S. 231.

[4]) Im Prinzip auch, soweit wegen des Rechtsirrtums Besonderes behauptet wird (vgl. unten sub a).

[5]) Cosack S. 249 sub 2 a, Crome I S. 485 Anm. 21 Abs. II, Endemann a. a. O., Kipp I S. 452, Linckelmann S. 37, v. Liszt S. 56, Neumann, Handausg. I S. 388 sub 1 b, Oertmann S. 37 Note 4, Planck I S. 41, II S. 49 f. Anm. 5, Rehbein II S. 101/102, Schollmeyer S. 102 Nr. 4, Treitel, Unmöglichkeit der Leistung S. 57, von Weinrich S. 28, Zitelmann S. 160 sub 3.

[6]) Dies heben namentlich Planck I S. 41 und Rehbein II S. 101 a. E. hervor. Ebenso E. I § 146 a. A. Vgl. auch Oertmann, Der Rechtsirrtum im bürgerlichen Recht, in den Bl. f. RA. 67 (1902) S. 26.

[7]) So wohl stets (vgl. aber unten S. 136 Anm. 5) bei Tötungen und Körperverletzungen; vgl. (jedoch zu apodiktisch) von Weinrich S. 28/29.

[8]) Vgl. ebenso Rehbein a. a. O. S. 101/102, Fischer-Henle S. 154 Anm. 4, Neumann S. 148 Note 1, auch Crome S. 485 und ebenda Anm. 21 Abs. I; für regelmäßig fahrlässig halten, m. E. zu weitgehend, den Rechtsirrtum Kipp a. a. O. S. 453, Oertmann a. a. O. S. 26 und Planck I S. 41. — Vgl. übrigens auch eine Entsch. des Reichsger. vom 5. Juli 1897 (VI 204/97) in Bd. 39 (1897) Nr. 24 S. 99, die bereits auf das BGB. Bezug nimmt.

[9]) Vgl. auch Josef in Gruchots Beitr. 44 (1900) S. 419 f. Anm. 7, Neumann, Jahrb. I 1 S. 188 und auch Entsch. des Reichsger. vom 27. Okt. 1902 (VI 201/02), Bd. 52 (1903) Nr. 95 S. 365 ff., insbes. S. 366 f.

[10]) von Liszt a. a. O. S. 57 ff.

[11]) Crome S. 485 Anm. 21 (auf S. 486).

[12]) Endemann S. 643 Anm. 17 a. E.

Lehmann[1]) — zu bestreiten[2]); wer daher ein stärkeres Gegenrecht zu haben glaubt[3]) und selbst wer einen andern Menschen töten[4]) zu dürfen oder töten zu sollen vermeint,[5]) wird zwar im allgemeinen, aber nicht unbedingt für seinen Irrtum zu haften haben. Eine einzige, der analogen Ausdehnung nicht fähige Ausnahme ist an der Hand des BGB. § 231, der sie ausdrücklich einführt (vgl. oben § 6 II 6 a), dahin anzuerkennen, daß der Irrtum über die „für den Ausschluß der Widerrechtlichkeit erforderlichen Voraussetzungen" des Rechts zur Selbsthilfe (BGB. § 229) zum Schadensersatz verpflichtet, selbst wenn er „nicht auf Fahrlässigkeit beruht" hat, m. a. W. selbst wenn er unentschuldigt gewesen ist.[6])

3. Die Entschuldbarkeit des Irrtums ist natürlich ganz unerheblich und der Richter kann sein Vorhandensein dahingestellt sein lassen, wenn — wie in § 231, oben 2 b, oder sonst (vgl. unten § 72) — die Haftung unabhängig von einem Verschulden eintritt.[7])

4. Wegen des Verhältnisses zwischen Fahrlässigkeit und Irrtum findet sich bei Rehbein II S. 101 a. E. die auch vom Reichsgericht[8]) adoptierte, aber entschieden unzutreffende (weil zu generelle) und von ihm selber nicht näher begründete Behauptung: „Fahrlässigkeit schließt begrifflich den Irrtum in sich; es gibt keine Fahrlässigkeit ohne Irrtum; wo der Irrtum fehlt, liegt immer Vorsatz oder Böswilligkeit vor." Haltbar ist diese Aeußerung nicht einmal in der Richtung des Verhältnisses der Tat zum schädigenden Erfolge; denn daß die schädlichen Folgen der Handlung nicht vorausgesehen worden sind, braucht lediglich auf einem Mangel der Willensanspannung zu beruhen (vgl. oben sub VI 2 und B I), keineswegs auf einem Mangel folgerichtiger Schlußziehung.

5. Das „Erkennen-Können" und „Erkennen-Müssen", dessen Bedeutung für die Fahrlässigkeit sub VI (S. 133) erwähnt wurde, findet sich im Gesetz zweimal — in §§ 149 Satz 1 und 678, oben § 7 II 6 a und b — erwähnt; von diesen beiden Fällen gehört aber der erste garnicht in unsern Zusammenhang. Dagegen gehören hierher alle die sehr zahlreichen, uns gleichfalls schon — aus § 6 I 2 und II 5 — bekannten Fälle, in denen von Kennen-Müssen bezw. fahrlässiger oder grobfahrlässiger Unkenntnis die Rede ist. Näheres hierüber unten § 32.

VIII. Der Begriff der Fahrlässigkeit, wie er nach dem sub A und B Ausgeführten für das Gebiet des BGB. zu verstehen ist, deckt sich mit dem strafrechtlichen Begriffe der Fahrlässigkeit keineswegs. Insbesondere

---

1) Enneccerus-Lehmann S. 292 sub 5.

2) Ebenso (doch ohne ausdrückliche Stellungnahme gegen von Liszt) Cosack a. a. O., Kipp S. 452 a. E., Zitelmann S. 159 sub 2 c (S. 157 sub 3 a), S. 160 sub 3, S. 164 sub β 3.

3) Vgl. Cosack a. a. O.

4) Vgl. oben S. 135 Anm. 7. — Zu BGB. § 823 auch (gegen von Liszt a. a. O. S. 57 f.) Crome a. a. O. Anm. 21 S. 485/486.

5) Vgl. zu diesem Beispiel Kipp a. a. O.

6) Vgl. von Liszt a. a. O., insbes. S. 59 f. (der § 231 als Anwendungsfall eines allgemeinen Grundsatzes betrachtet) und (gegen von Liszt) Crome a. a. O., Endemann a. a. O., Enneccerus-Lehmann a. a. O. Wegen der exzeptionellen Natur des § 231 vgl. (gegen von Liszt) auch Endemann I § 85 b S. 449 Anm. 20, Zitelmann S. 157 sub 3 a, die Spezialliteratur zu BGB. § 231 (§§ 227 ff.) und insbes. Prot. I Nr. 36 sub V S. 244. — Unter obigen Gesichtspunkt gehört auch nicht der auf den ersten Anblick ähnlich scheinende § 372 Satz 2 (oben § 6 II 6 b).

7) Das heben Oertmann (Kommentar) a. a. O. und Planck II S. 50 hervor.

8) Reichsgericht vom 8. Dez. 1902 (oben S. 132 Anm. 6) S. 159.

ist die für das Strafrecht — allerdings nicht unwidersprochen[1]) — behauptete[2]) Anlegung des subjektiven Maßstabs an die Frage der Voraussehbarkeit des Erfolges, wie wir oben sub VI 1 gesehen haben, für das BGB. zu verneinen.

IX. Der oben sub A und B erörterte Begriff der Fahrlässigkeit hat seine Bedeutung nicht etwa bloß für BGB. § 276 selber oder für die in Buch II Abschnitt I Titel 1 erörterten Fragen der „Verpflichtung zur Leistung" oder für die in Buch II Abschnitt I erörterten Fragen nach dem „Inhalt der Schuldverhältnisse", sondern sein Anwendungskreis ist ein viel weiterer:

1. Zunächst ist er für das gesamte Buch II und auch außerhalb desselben für alle anderen vier Bücher des Gesetzes, kurz für alle Normen, in denen das BGB. von Fahrlässigkeit redet, anzuwenden[3]) (vgl. auch oben sub III); darum ist denn auch die Zahl der gedruckten[4]) Entscheidungen des Reichsgerichts oder anderer höherer Gerichtshöfe, in denen der Begriff der Fahrlässigkeit geprüft oder angewendet wird, bereits fast unübersehbar.

2. Ob er auch für das gesamte übrige Zivilrecht, selbst für das unberührt gebliebene partikulare, gilt, kann zweifelhaft sein, da es fraglich sein dürfte, ob auch hierfür der Regel „Reichsrecht bricht Landesrecht" zwingende Bedeutung zukommt.

3. Insbesondere aber für das Handelsrecht gilt die Definition des BGB. § 276 nach EG. z. HGB. Art. 2 unbedingt. Das ist von großer Tragweite, weil hier die „Fahrlässigkeit" sehr oft begegnet. Freilich als Fahrlässigkeit schlechthin, also in dem augenblicklich behandelten Sinne, auffallenderweise niemals. Desto häufiger aber in der unten § 40[5]) zu besprechenden Nuance der „groben Fahrlässigkeit" und ferner als Fahrlässigkeit schlechthin in der schon oben sub A IV 3 ins Auge gefaßten Verkleidung der „Sorgfalt".[6])

X. Kein erhebliches Interesse für unsere Untersuchung hat der Umstand, daß, wie aus der Bestimmung des § 276 Abs. II (oben § 5 A II 1) zu folgern ist, die Haftung wegen Fahrlässigkeit dem Schuldner im voraus erlassen werden darf.[7])

---

[1]) Vgl. Liepmann, Einleitung in das Strafrecht, Berlin 1900, S. 144 (wo übrigens S. 147 f. gleichsfalls BGB. § 276 dahin verstanden wird, daß ein objektiver, die Berücksichtigung individueller Momente ausschließender, aber die verschiedenen Verkehrsverhältnisse berücksichtigender Maßstab vorliege).

[2]) Vgl. von Liszt, Lehrbuch des Strafrechts § 42 II 2 (12. und 13. Aufl., Berlin 1903, S. 184/185). Vgl. oben S. 133 Anm. 11, S. 134 Anm. 2.

[3]) Zu diesem Punkte vgl. auch neuestens Rehbein II S. 98. — Einen allgemeinen Satz, daß man schlechthin für fahrlässige Verursachung jedes Vermögensschadens hafte, kennt das BGB. nicht; vgl. Entsch. des Reichsger. vom 15. März 1902 (I 392/01) Bd. 51 (1903) Nr. 20 S. 93 und Neumann, Jahrb. I 1 S. 461 Note 6 b. Bedenklich (allzu verallgemeinert) die Entsch. des OLG. Karlsruhe vom 11. Juli 1901 bei Mugdan und Falkmann IV (1902) Nr. 13 S. 42 (Neumann a. a. O. S. 187/188 Nr. 6).

[4]) Vgl. insbesondere über die Zusammenstellungen, welche Neumann, Scherer, Soergel und Warneyer sowie die Spruchsammlung der Juristen-Zeitung zu BGB. §§ 276 ff. und §§ 823 ff. geben, oben sub V 2 b.

[5]) Vgl. insbes. unten § 40 sub XIV.

[6]) Ueber die „diligentia quam suis" im HGB. vgl. unten § 41 sub IV (Anmerkung). — Zu denjenigen Worten, welche oben sub A wegen der Definition im § 276 unter die Lupe genommen wurden, vgl. zum Sprachgebrauche des HGB. — außer den oben sub A IV 3 angegebenen — folgende Stellen: HGB. § 203 (Aktien „in den Verkehr einführen"); HGB. §§ 246 Abs. II, 264 Abs. II „erforderlich"), HGB. § 204 (Sorgfalt „außer Acht lassen"), HGB. §§ 239, 822 Satz 2 („Sorge tragen"), HGB. §§ 535 Abs. II, 634 Abs. VII („sorgen"); dazu HGB. § 401 Abs. I („Anwendung pflichtmäßiger Sorgfalt"; vgl. unten § 41 sub IV).

[7]) Ueber die Beziehungen zwischen Parteidisposition und Verkehrsübung vgl. Hoelder im „Recht" V (1901) S. 217.

XI. Das Verhältnis der Fahrlässigkeit zu den andern uns interessierenden Begriffen[1]) wird bei deren Besprechung erörtert werden; über die „grobe" Fahrlässigkeit im besonderen kann aus Zweckmäßigkeitsgründen[2]) erst später (vgl. unten § 40) gesprochen werden.

XII. Die Verteilung der Beweislast ist, da BGB. ihretwegen nichts besonderes anordnet,[3]) für die Fahrlässigkeit ebenso zu regeln, wie nach den allgemeinen Grundsätzen von der Beweislast überhaupt. Es muß also, wer den Täter wegen Fahrlässigkeit in Anspruch nehmen will, dem Täter die Außerachtlassung der im Verkehr erforderlichen Sorgfalt nachweisen. Nicht etwa[4]) hat der in Anspruch Genommene nachzuweisen, daß er die erforderliche Sorgfalt angewendet habe; eine solche Umkehrung der Beweislast tritt vielmehr nur ausausnahmsweise da ein, wo das Gesetz dafür besonderen Anhalt gibt, wie in § 831 Abs. I Satz 2, 834 Satz 2, 836 Abs. I Satz 2 (837 f.).[5])

D.

Die Haftung für Unfälle bei Leibesübungen.

I.

1. Mein S. 100 erwähntes Gutachten über obige Frage ist abgedruckt in Nr. 5, 6 und 7/8 (vom 6. und 22. Juni und 13. Juli) des Jahrg. X (1901) der „Zeitschrift für Turnen und Jugendspiel".[6]) Die Redaktion hatte mich um das Gutachten gebeten, weil in turnerischen Kreisen und unter den Turnlehrern eine große Unruhe entstanden war auf Grund beängstigender Zeitungsnachrichten über folgenden Fall: Ein Schüler des städtischen Gymnasiums zu Stolp sei in der Turnstunde beim Stabhochsprung infolge Bruches des Stabes zu Fall gekommen und habe sich dabei eine schwere Verletzung des Unterarms zugezogen; darauf habe der Vater des Knaben gegen die Stadt auf Ersatz der Heilungskosten geklagt und diese beabsichtige, falls sie verurteilt werden würde, ihrerseits gegen den Turnlehrer klagend vorzugehen.

2. Von meinem Gutachten[7]) können hier die einleitenden Bemerkungen (I A und I B 1 und 2) unabgedruckt bleiben; denn sie dienten lediglich zur Einführung der Nichtjuristen in die für die Haftungsfrage entscheidenden Gesichts-

---

[1]) Wenn Lühl S. 16 und Linckelmann S. 37 Anm. 3 die Abwesenheit von Fahrlässigkeit als guten Glauben bezeichnen, so meinen sie dabei letzteren Begriff nicht in seinem technischen (sachenrechtlichen) Sinne (oben § 8); vgl. unten § 34 sub I, 6, insbes. sub c.

[2]) Weil wir nämlich dem Ausdruck „grob" alsdann bereits in § 37 („grobe Pflichtverletzung") näher getreten sind.

[3]) Vgl. auch Wendt a. a. O. S. 446 (und daselbst S. 446/447 zu BGB. § 282 in besonderen), ferner Endemann S. 643 sub 4.

[4]) Anderer Ansicht freilich Mot. II S. 52 wegen der Entschuldbarkeit des Irrtums.

[5]) Vgl. zu diesen Normen oben sub A II 4 c und wegen der Beweislast Prot. II Nr. 154 sub I S. 598. Wegen des § 1980 Abs. II Satz 2 vgl. oben S. 131 Anm. 10.

[6]) Herausgeg. von Schnell und Wickenhagen, R. Voigtländers Verlag, Leipzig.

[7]) Wegen älterer einschlägiger Literatur bemerkte ich folgendes: Der Gedanke an ein derartiges Gutachten war bereits früher angeregt worden. G. H. Weber in München sagt im „Turner" (Verlag von Paul Hanschke, Berlin), Jahrg. XIII (1898) Nr. 17 S. 392: „Dankenswert wäre es, wenn der Ausschuß der deutschen Turnerschaft (wenn er es nicht schon getan hat, was ich nicht weiß) wie auch der Vorstand des deutschen Turnlehrervereins unter juristischem Beirat dieser Angelegenheit näher treten wollten." — An Literatur sind mir außer dem Weberschen Aufsatz a. a O. S. 389—392 nur zwei andere Aufsätze „Ueber die Haftpflicht bei Unfällen in der Turnhalle" in derselben Zeitschrift Heft 15 S. 349—353 (vgl. S. 139 Anm. 1) und Heft 22 S. 519 f. bekannt geworden

punkte (Einreihung des Falles in die „unerlaubten Handlungen“;[1]) Inhalt des grundlegenden § 823 Abs. I BGB.[2]); Bemerkungen über das Maß[3]) der Verantwortung, über den Kausalzusammenhang). Es sollen nachstehend vielmehr nur die — allerdings den Kernpunkt des Gutachtens bildenden — Erörterungen über die „Fahrlässigkeit“[4]) als Hauptgrund für die Haftung des Turnlehrers (3) wiedergegeben werden und ihnen sollen sich die drei anderen von mir erörterten Fragen nach (4) der Einwirkung des Verschuldens anderer Personen sowie nach (II) Haftung der Stadt bezw. des Staates bezw. des Direktors, nach (III) der Rechtslage bei anderen Leibesübungen außer dem Schulturnen und nach (IV) der Haftung für Unfälle in Turnvereinen anreihen.[5])

---

[1]) In dieser Hinsicht wurde wegen des Ausschlusses der Vorschriften über die Kontraktsobligationen folgendes bemerkt: In einem Vertragsverhältnisse steht der Lehrer zwar, aber nicht mit dem verletzten Schüler bezw. dessen Eltern (dies nur als Hauslehrer [vgl. unten sub 3], auf welchen allerdings die Vorschriften des BGB. a. a. O. Titel 6 §§ 611 bis 630 vom „Dienstvertrag“ Anwendung finden [vgl. insbesondere a. a. O. § 622]), sondern mit demjenigen Organ (Staat, Stadt, Dorfgemeinde, Vorsteher oder Vorsteherin der Privatschule), das ihn angestellt hat; und auch dieses Vertragsverhältnis wird bei Lehrern an öffentlichen Anstalten wesentlich durch ihre Beamteneigenschaft modifiziert (vgl. unten sub 3) und gehört im wesentlichen nicht (vgl. auch Art. 80 Abs. I EG. z. BGB.) in das nunmehr für ganz Deutschland der Hauptsache nach einheitlich geregelte Privatrecht (des BGB.), sondern in das der einzelstaatlichen Regelung verbliebene öffentliche Recht. — Gleichzeitig und neben der zivilrechtlichen Haftung kann freilich auch eine strafrechtliche Ahndung eintreten, sofern nämlich zugleich gegen eine Strafrechtsnorm verstoßen wurde, vorliegend z. B. gegen das Strafgesetzbuch vom 15. Mai 1871 und seine §§ 222 ff. über fahrlässige Tötung und über Körperverletzung. Diesen Punkt erörtert G. Sch. Borussiae in dem der Akademischen Turnzeitung entnommenen Aufsatze Jahrg. 13 Heft 15 S. 349—353 des „Turners“. Vgl. insbes. S. 351 ff. und daselbst S. 352 auch über den an Stelle des (von mir im Text allein erörterten) zivilrechtlichen Entschädigungsanspruchs dem Verletzten zustehenden Bußanspruch; auf die Ausführungen dieses Artikels über die zivilrechtliche Seite der Haftung des Turnlehrers gehe ich nicht ein, da sie noch nicht auf dem jetzt anzuwendenden Rechte des BGB. fußen.

[2]) Hier hatte ich auf folgendes aufmerksam gemacht: Von einer vorsätzlichen Herbeiführung des Schadens ist in dem Stolper Vorgang nicht die Rede, und eine solche wird nur in ganz absonderlich gestalteten Fällen vorliegen. — Andererseits wird das Moment der „Widerrechtlichkeit“ hier stets gegeben sein, da diese vom Gesetzgeber nur betont wird, um z. B. bei Notwehr und Selbsthilfe (BGB. §§ 227 ff.) oder etwa bei befugter Ausübung der Disziplinargewalt die Haftung als ausgeschlossen erscheinen zu lassen. — Der „Andere“, dem der Urheber des Schadens zum Ersatze verpflichtet ist, wird zunächst der verletzte Schüler selber sein (hat er, wie wohl zumeist, das 21. Lebensjahr noch nicht vollendet, so muß der Prozeß für ihn durch seinen gesetzlichen Vertreter — Vater oder Mutter als Inhaber der elterlichen Gewalt [BGB. §§ 1626—1630, 1684 bis 1686], eventuell Vormund [BGB. §§ 1773, 1793] — geführt werden). Doch auch der Vater bezw. die Mutter können klägerische Partei (aus eigenem Rechte) sein, falls sie es waren, die (in Erfüllung ihrer Pflicht zur Fürsorge für das minderjährige Kind, BGB. §§ 1627, 1631) aus ihrem Vermögen die Unkosten bestritten haben oder künftig bestreiten müssen.

[3]) Hier hatte ich andeutungsweise darauf hingewiesen, daß außer den Kur- und Heilungskosten im gewöhnlichen Sinne etwa noch (je nach der Lage des Einzelfalles) in Betracht kommen können: Kosten einer notwendig gewordenen Badereise, eines Glasauges, eines künstlichen Beines oder Gebisses; Honorar für Nachhilfestunden, durch welche die rechtzeitige Versetzung des Schülers trotz seines Krankenlagers ermöglicht werden sollte; im Falle seines Sitzenbleibens das Schulgeld für die zuzulegende Zeit; die dauernde Einbuße, die durch die nach der Verletzung eingetretene Notwendigkeit der Wahl eines finanziell minderwertigen Berufes herbeigeführt wurde.

[4]) Diese Fahrlässigkeit kann in einem positiven Handeln (Begehungssünde), z. B. in einer unzweckmäßigen Anordnung, wird aber meistens in einem Nichttun (Unterlassungssünde) bestehen. So in den meisten Beispielen sub a; hier ist aber zu des Beklagten Gunsten der Nachweis des Kausalzusammenhanges gewöhnlich doppelt schwierig

[5]) Der weitere Abdruck erfolgt im allgemeinen (vgl. S. 138/139) unverkürzt, schon wegen der Verweisungen auf andere Stellen im Text und auf Anmerkungen; einige Zusätze (1904) sind besonders hervorgehoben worden.

Eine Schlußbetrachtung [1]) (V) soll den gegenwärtigen Stand der ganzen Angelegenheit skizzieren.

3. Wenden wir uns nunmehr zu der bereits sub 2 als Kernpunkt der ganzen Angelegenheit bezeichneten Frage, wann eine vom Turnlehrer zu vertretende „Fahrlässigkeit" vorliegt. Dieser Begriff wird zwar nicht in § 823 selber definiert, wohl aber in § 276, den wir zur Erläuterung des § 823 heranziehen müssen. In § 276 (Absatz I Satz 2) heißt es:

> „Fahrlässig handelt, wer die im Verkehr erforderliche Sorgfalt außer Acht läßt".

Damit wird, um den Vorwurf und die Rechtsfolgen der Fahrlässigkeit zu vermeiden, verlangt, daß man denjenigen Grad der Sorgfalt angewendet (und nicht außer Acht gelassen) habe, der „im Verkehr erforderlich" ist, d. h. den „nach der gesunden Auffassung des Lebens ein ordentlicher Mensch anzuwenden hat, um Schaden von sich abzuwenden" [2]) und auch von den Mitmenschen, denen er eben andernfalls selber schadenersatzpflichtig werden könnte. — Um dies nun auf unseren Spezialfall zuzuspitzen, müssen wir festzustellen suchen, was unter der im Turnverkehr (Verkehr beim Turnen) erforderlichen Sorgfalt zu verstehen ist und welche Anforderungen man hier nach durchschnittlicher Auffassung an einen ordentlichen Turnlehrer erheben kann. Aus dieser Fragestellung ersehen wir sofort, daß für die Antwort lediglich objektive Kriterien maßgebend sein dürfen, die sich an das Wesen des Turnunterrichts überhaupt knüpfen, nicht hingegen subjektive Gesichtspunkte, welche die Eigenart — die größere oder geringere Begabung und Gewissenhaftigkeit des einzelnen Turnlehrers im besonderen [3]) — ins Auge fassen. Weiter ersehen wir aus der Fragestellung zugleich, daß sich die Antwort nicht ganz abstrakt und allgemeingültig für sämtliche Funktionen des Turnlehrers feststellen läßt, sondern daß wir genötigt sein werden, die verschiedenen Möglichkeiten von einander abzutrennen, welche sich für die Wirksamkeit des Lehrers ergeben. Denn nur wenn wir die Angelegenheit mit der Gründlichkeit eines Anatomen zergliedern, [4]) können wir bei dem gänzlichen Mangel an Vorarbeiten zu einem richtigen Ergebnisse zu gelangen hoffen.

a) Wir werden darum zunächst gut tun, die Punkte herauszusuchen, auf welche sich die Fürsorge überhaupt erstrecken kann, um dann erst (sub b) zu prüfen, ob gerade den Turnlehrer selber die diesbezügliche Fürsorgepflicht trifft, oder ob es nicht andere Personen (z. B. der Vorturner, der Kastellan, der Direktor, die Schulbehörde) sind, denen das etwaige Verschulden zur Last gelegt werden müßte. — Was nun den Kreis der Fürsorgepflichten als solchen anlangt, so werden sich diese in zwei verschiedenen Richtungen äußern: einmal werden sie sich auf die Geräte, das Turnlokal und dergl. beziehen, sodann aber auf die Schüler selbst und ihr Gebahren in der einzelnen Stunde. Den Umkreis jener Pflichten wollen wir zur Abkürzung als „sachliche Fürsorge" bezeichnen, den Umkreis dieser Pflichten als „Fürsorge für den Turnbetrieb".

---

[1]) Sie weicht von der Schlußbetrachtung des Gutachtens selber ab.

[2]) Vgl. Planck I S. 37 (3. Aufl. S. 41 [Zusatz 1904]).

[3]) Andere derartige individuelle Momente wären z. B. Nervosität und Kurzsichtigkeit. — Daß das verschiedene Maß der Ausbildung zu Unterschieden führt, daß dieser Unterschied jedoch mehr eine objektive als eine subjektive Natur hat, wird in anderem Zusammenhange (unten sub c α) dargelegt werden.

[4]) Wenn sich bei dieser Gelegenheit organische Fehler in der Gestaltung des Turnwesens zeigen, so dürfte diese Feststellung eher einen Gewinn als einen Schaden für die Turnsache bedeuten.

α) Die sachliche Fürsorge.

1. Um an den Stolper Fall anzuknüpfen, fragt es sich zunächst, ob für eine durch Mangelhaftigkeit eines Gerätes verursachte Beschädigung eine Haftung denkbar ist. Hier wird alles darauf ankommen, ob nach durchschnittlicher Verkehrsanschauung eine Verpflichtung vorliegt, die Geräte stets und jedesmal vor der Ingebrauchnahme zu prüfen.[1]) Dies werden der gesunde Menschenverstand und der entscheidende Richter wohl verneinen; denn eine jedesmalige Prüfung[2]) eines jeden Gerätes (jeder einzelnen Sprungstange, jedes Barrenholmes, jeder Reckstange und auch jeder Leitersprosse) ist schon deshalb undurchführbar, weil diese Maßregel zu zeitraubend wäre und den Turnlehrer bezw. den Kastellan vor jeder Stunde zu mehrstündiger Vorbereitungstätigkeit im Turnlokale zwingen würde. Der „im Verkehr erforderlichen" Sorgfalt wird Genüge geschehen, wenn eine allgemeinere Prüfung von Zeit zu Zeit erfolgt. — Wie weit man allerdings diesen eben eingeschalteten Begriff „von Zeit zu Zeit" begrenzen soll, ob auf Wochen, Monate, Viertel- und Halbjahre oder Jahre, dafür wird dem Richter die eigene Kenntnis fehlen und die Erfahrung von Sachverständigen aus den Kreisen der Turnlehrer und Turner (Vereinsturnwarte und -vorturner) zu Hilfe kommen müssen.[3])

2. Die Fürsorge für die vorhandenen Geräte umschließt auch ihre rechtzeitige Erneuerung[4]) und das Ausrangieren alter bedenklich gewordener Stücke. Hierfür eine generelle Regel zu geben, ist unmöglich, weil die Verschiedenheit der Geräte und des Materials zu Unterscheidungen nötigen dürfte.[5])

3. Vor allen Dingen hat aber derjenige Faktor, welcher mit der Anschaffung und Abnahme neuer Geräte[6]) betraut wird, deren Brauchbarkeit zu prüfen. Dabei ist es selbstverständlich: einerseits, daß er geheime Mängel nicht erkennen kann, andrerseits, daß er offenbare Mängel erkennen muß und daß es[7]) als Fahrlässigkeit zu betrachten ist, wenn er sie trotzdem nicht erkannte. Im einzelnen wird hier das Maß der Sorgfalt gegeben sein durch denjenigen Grad der Gerätkunde, den man von jedem Fachmanne verlangen darf, und der sich für einen mit der Sache betrauten geprüften Turnlehrer im besonderen etwa aus dem Maße der im Examen beanspruchten Durchschnittsleistungen in Gerätkunde entnehmen läßt.[8])

4. Die Prüfungspflicht betrifft aber nicht bloß die Beschaffenheit der Geräte, sondern auch ihre Anbringung und Befestigung, wobei man wieder zweierlei trennen muß, nämlich

---

[1]) Eine in der „Monatsschrift für Turnwesen", herausg. von Euler und Eckler, Jahrg. 20 Heft 1 (Berlin 1901) S. 26 abgedruckte Verfügung des Magistrates der Stadt Brandenburg verlangt dies in der Tat, charakterisiert sich damit aber selber als Musterbeispiel einer am „grünen Tische" ersonnenen Anordnung.

[2]) Die Prüfung erfolgt am geeignetsten durch Belastungsproben. Sie wurde in Preußen früher durch die inzwischen leider abgeschafften (und erst teilweise wieder eingeführten [Zusatz 1904]) Turninspektionen vollzogen.

[3]) Da es hier einstweilen noch an allgemeinen Grundanschauungen oder doch an deren Aufdeckung und Feststellung mangelt, so dürften sich die für das Turnwesen bestehenden Zentralorgane durch Veranstaltung einer diesbezüglichen Umfrage und durch Massenverbreitung ihrer Ergebnisse ein Verdienst erwerben.

[4]) Zusatz 1904: Zu steter unbedingter Anschaffung der neuesten und zweckmäßigsten Geräte halte ich die Schulleitung nicht für verpflichtet.

[5]) Auch auf diesen Punkt müßte sich die in der vorletzten Anmerkung angeregte Enquete erstrecken.

[6]) Diese Angelegenheit würde den naturgemäßen Ausgangspunkt der Betrachtung unter a gebildet haben, wenn es sich diesmal nicht empfohlen hätte, an den Stolper Fall anzuknüpfen.

[7]) Vgl. BGB. § 122 Abs. II.

[8]) Zum Punkte „Examenskenntnisse" kommen wir weiter unten sub c α.

aa) die erstmalige Anbringung und Befestigung bei der Neuanschaffung (z. B. der Ringe, der Leitern, des Rundlaufs) und

bb) die jedesmalige Aufstellung und Befestigung für die einzelne Turnstunde; so namentlich betreffs solcher Geräte, welche außerhalb der Uebungszeit an die Wand geschoben oder gerollt werden können, wie dies neuerdings vielfach z. B. bei Leitern und Reckständern der Fall ist. Hier erscheint es mir im Interesse der Schüler erforderlich, zu prüfen, ob die mechanische Verbindung derart dislozierbarer Geräte mit dem Fußboden vorschriftsmäßig stattgefunden hat.

5. Die Fürsorgepflicht betrifft übrigens nicht bloß die Geräte im engsten Sinne, sondern auch die Hilfsgeräte, wie Sprungbretter, Laufbretter und Böcke für Sturmlauf und Matratzen. Denn ein Sprungbrett, das sich leicht verschiebt, ein schlecht aufliegendes Laufbrett oder eine ausgetretene Matratze können den Turner zu Fall und zu Schaden bringen.

6. Auch der Fußboden ist zu beachten: denn ist er glatt oder naß, so können dadurch Unfälle veranlaßt werden; ist er wiederum allzu rauh, und entwickelt sich darum übermäßiger Staub, so kann dies die Güte der Luft im Turnraume und die Gesundheit der Schüler beeinträchtigen;[1]) doch wird hier der Kausalzusammenhang zwischen Schadensursache und Schaden besonders schwer nachweisbar sein.

7. Des weiteren erheischt „die im Verkehr erforderliche Sorgfalt" eine Fürsorge für hygienisch einwandfreie Beschaffenheit des Turnlokales.[2]) Zugluft (z. B. infolge zerbrochener Fenster oder schlecht schließender Türen) oder allzu starker Hitze[3]) (z. B. indem das Lokal überheizt oder ein einzelnes Gerät in unmittelbarster Nähe des eisernen Ofens aufgestellt ist) können die Gesundheit der Turner gefährden.

8. Angesichts der Möglichkeit von Unfällen wird schließlich auch für Vorhandensein und leichte Zugänglichkeit von Verbandzeug u. dergl. zu sorgen sein.[4])

β) Die Fürsorge für den Turnbetrieb.

Trotz Einhaltung der sub α besprochenen „sachlichen Fürsorge" ist noch immer die Möglichkeit einer Fahrlässigkeit des Turnlehrers denkbar, weil er den Turnbetrieb während der einzelnen Stunde nicht mit genügender Sorgfalt geleitet und überwacht hat. Was hier zu geschehen habe, läßt sich aber ebensowenig wie betreffs der sachlichen Fürsorge in genereller Weise beantworten, es müssen vielmehr auch hier die verschiedensten Dinge getrennt werden, und es soll versucht werden, die Hauptgesichtspunkte vorzuführen:

1. Vor allem ist die Art des Turnbetriebes ins Auge zu fassen und zu berücksichtigen, daß erhebliche Unterschiede zwischen einer Turnstunde und einer wissenschaftlichen Stunde obwalten. Zwei Möglichkeiten stehen sich dabei dia-

---

[1]) Den allzu rauhen Fußboden zum Schutze gegen Staubentwicklung mit einem glatten Oelfarbenanstrich versehen, heißt jedenfalls den Teufel durch Beelzebub austreiben.

[2]) Analoges wird wegen der Garderoben und der sonstigen Nebenräumlichkeiten in Betracht kommen, während bei dem im Sommer benutzten Turngarten oder -hof Gefahren aus der durch Regen hervorgerufenen Glätte entstehen können (vorige Anmerkung), die vielleicht Veranlassung geben müßten, lieber die Halle zu benutzen.

[3]) Ein Beispiel der durch Kälte hervorgerufenen Gefahren bilden die in der Zeitschrift für Turnen und Jugendspiel Jahrg. 9 Nr. 18 (1. Dez. 1900) S. 287 erwähnten „Eisferien" beim Kgl. Gymnasium Klausthal, welche dadurch notwendig wurden, daß Wand an Wand mit der Turnhalle Eismassen aufgestapelt waren.

[4]) Benutzung unsauberen Verbandzeuges kann kausal (oben sub 2) Komplikationen hervorrufen; ebenso unterbliebene oder verspätete Zuziehung eines Arztes.

metral gegenüber, welche einen verschiedenen Schwierigkeitsgrad in der Beaufsichtigung und damit offenbar eine verschiedene Bemessung der Aufsichtspflicht ergeben:

aa) Ist, wie es sich neuerdings vielfach, vielleicht schon als Regel,[1] durchgeführt findet, der Turnunterricht dem wissenschaftlichen Unterricht soweit äußerlich angenähert, daß auch die Turnstunde nur für eine einzelne Klasse stattfindet,[2] und werden womöglich die wenigen Riegen, in welche die Klassenschüler zu teilen sind, gleichzeitig alle an gleichen Geräten beschäftigt (Spießsches „Gemeinturnen"), so kann der Lehrer den ganzen Betrieb genau oder doch annähernd ebenso genau kontrollieren, wie dies in wissenschaftlichen Stunden vom Katheder aus geschieht. Er kann folglich auch ohne Mühevorwaltung und Zeitverlust beurteilen, ob bei Höher- oder Tieferstellen der Reckstangen diese sorgfältig befestigt werden. Das gleiche gilt für andere Geräte, wie Barren, Pferd, Bock, und z. B. für das Laufbrett des Sturmlaufs.

bb) Werden dagegen mehrere Klassen gleichzeitig beschäftigt (Jahnsches „Massenturnen") und wird etwa, wie zu meiner Schulzeit (vor 1882), die gesamte Schülerzahl nur in zwei Abteilungen (Ober- und Unterklassen) gesondert, so ist eine solche Zahl der Riegen und eine solche Verschiedenheit der gleichzeitig benutzten Geräte gegeben, daß sich die Uebungen nicht durchweg vor den Augen des Lehrers abspielen können, sondern daß ein Teil seitwärts, ein Teil sogar hinter seinem jeweiligen Standpunkte vollzogen wird. Daraus folgt sofort, daß hier die „im Verkehr erforderliche Sorgfalt" ganz anders gestaltet sein muß wie im Falle aa; es ist hier eben unmöglich, daß der Turnlehrer das jedesmalige Umstellen der Reckstange und dergl. persönlich überwacht, und es ist geboten, ihm Konzessionen zu machen namentlich in der Richtung, daß er sich in erheblicherem Maße auf die Vorturner (unten sub 4 a β Nr. 2 aa) verlassen darf. Denn während diese bei dem sub aa geschilderten Klassenbetriebe lediglich „vorturnen", d. h. in ihrer Eigenschaft als beste Turner der Klasse die (vom Lehrer vielleicht nicht persönlich vorgemachte, sondern nur angeordnete) Uebung möglichst korrekt vor den andern Riegenmitgliedern turnen, so sind sie bei Massenbetrieb dazu berufen, den Lehrer zu entlasten und zu vertreten, weil er selbst eben nicht allgegenwärtig sein kann.

2. Gleichviel ob Klassen- oder Massenturnen vorliegt, muß stets die nötige Fürsorge für die „Hilfsstellungen" getroffen werden, d. h. es sind „geübte und zuverlässige Schüler zum Schutze und zur Nachhilfe für die Uebenden an den Geräten[3] aufzustellen und mit der nötigen Anweisung über ihre Tätigkeit zu versehen".[4] Ist dies geschehen, so kann höchstens ein Verschulden (und eine Haftung) desjenigen Schülers selber in Frage kommen, der die ihm anvertraute Hilfsstellung sorglos ausübte.

3. Die sub 1 angedeutete Unterscheidung zwischen Klassen- und Massenturnen[5] kommt in Fortfall, wenn es sich nicht um Gerätturnen, sondern um Freiübungen (mit Hanteln, Stäben oder Keulen oder auch ohne „Hand-

---

[1] In dem „Leitfaden für den Turnunterricht in den Preußischen Volksschulen" 1895 (Berlin, Hertz) S. 3 heißt es: „Jede Schulklasse bildet in der Regel eine Turnabteilung."

[2] Ebenso bei einem alle Schüler (Schülerinnen) der ganzen Anstalt umfassenden Turnunterricht in einer ganz kleinen Schule (z. B. Privatschule).

[3] Bei Ordnungsübungen (unten sub 3) kommt Hilfsstellung gar nicht in Betracht.

[4] Vgl. den oben Anm. 1 erwähnten Leitfaden S. 5.

[5] Als ein solches wird sich in den meisten Fällen ein Schauturnen darstellen.

geräte") oder um Ordnungsübungen (Aufmärsche, Reigen) handelt. Diese vollziehen sich eben unter unmittelbarster Aufsicht und Kommando des Lehrers selber. Sie heben sich aber von den Gerätübungen für die Frage der Haftpflicht auch darum ab, weil hier die Möglichkeit eines schuldhaft verursachten (oben sub 2) Unfalls auf ein Minimum reduziert[1]) ist. Man müßte etwa den Vorgang dahin fingieren, daß ein Schüler den andern mit dem Handgerät verletzt hat, weil der Lehrer nicht für genügende Abstände gesorgt hatte.[2])

4. Bei einem vor Beginn oder nach Beendigung der Unterrichtsstunde stattfindenden Kürturnen liegen die Verhältnisse wieder eher wie beim Massenturnen (oben Nr. 1 bb), da auch hier die Uebersicht sehr erschwert ist und die Schüler sehr oft unbeobachtet halsbrecherische Uebungen wagen. Für Hilfsstellungen muß aber auch beim Kürturnen Sorge getragen werden, was etwa durch generelle Anordnungen zu Beginn des Schulsemesters und durch gelegentliche Wiederauffrischung dieser Anordnungen zu geschehen hätte.[3])

5. Schwierigkeit macht die Frage, ob, wie hinsichtlich der Turnübungen (vgl. sub 3) und hinsichtlich der Arten des Turnbetriebes (vgl. sub 1) auch hinsichtlich der Schüler selber zu unterscheiden ist. Das ist m. E. unvermeidlich; doch können wir es auch hier nicht umgehen, Unterfragen zu stellen.

aa) Zunächst wird bei Klassenbetrieb schon durch die Klasseneinteilung selber, bei Massenbetrieb durch etwaige Einteilung der Schüler in Ober-, Mittel- und Unterstufen der durchschnittlichen Verschiedenheit in der Leistungsfähigkeit der Schüler einigermaßen Rechnung getragen.

bb) Sodann pflegt sowohl bei Klassen- wie bei Massenturnen noch eine weitere Einteilung der Klassen bezw. der Stufen sub aa in Riegen zu erfolgen (wenigstens für das Gerätturnen). Wenn diese Einteilung jedoch lediglich vom Längenmaß der Schüler abhängig gemacht wird, so kann es begegnen, daß die in ihrer Leistungsfähigkeit heterogensten Elemente unmittelbar nebeneinander gestellt werden und daß die m. E. gebotene Abmessung der Uebungen nach deren Schwierigkeitsstufe darunter leidet, oder vielmehr — worauf es ja für unsere Frage allein ankommt — daß die Schüler darunter leiden, indem etwa dem einen eine Uebung zugemutet wird, die für ihn trotz seiner Körpergröße aber wegen seiner Körperschwäche zu schwer ist, so daß er während der Ausführung verunglückt[4]) bezw. sich einen inneren Schaden zuzieht.[5]) Daher erscheint

---

[1]) Ein anderes Beispiel schuldhaft bei Ordnungsübungen verursachten Schadens wäre Forcierung des Dauerlaufs oder Zulassung eines eben von schwerer Krankheit genesenen Schülers zu anstrengenden Uebungen.

[2]) Der Abstand muß ausreichend sein, um auch bei Fehlern der Schüler (widergleiche Vornahme der Uebung) Kollisionen zu vermeiden; das sicherste ist Staffelstellung; doch wird für sie der Raum nicht immer ausreichen.

[3]) Die sachliche Fürsorge (oben sub α) wird hier die gleiche sein müssen wie in der eigentlichen Turnstunde. — Ueber die Frage, ob nicht in der Zulassung des Kürturnens ein Verschulden (der Schulbehörde) liegt, vgl. unten sub II 1 c.

[4]) Etwa indem er bei einer Schwungübung am Reck die Stange losläßt, weil er sich nicht daran festzuhalten vermag.

[5]) Etwa beim Gewichtheben. — Umgekehrt dürfte es der „im Verkehr erforderlichen Sorgfalt" nicht widersprechen, wohl aber den elementarsten Erziehungsgrundsätzen entsprechen, wenn der Lehrer den „besseren" Turnern gestattet, Uebungen vorzunehmen, welche nach den von den Behörden verfaßten Lehrplänen (die doch wohl nur auf die Durchschnittsschüler einer Stufe zugeschnitten sind und nicht absolut zwingenden Charakter beanspruchen wollen) für diese Klasse noch nicht vorgesehen worden sind. Durch die Erlaubnis hierzu werden Wagemut und Selbstvertrauen des Schülers gehoben, während, wenn er nur die vorschriftsmäßigen Uebungen vornehmen darf, die für ihn zu leicht und zu langweilig sind, darunter wohl oft das Interesse an dem Unterrichtsgegenstande leidet. — Auch hier

es mir geboten und der „im Verkehr erforderlichen Sorgfalt“ entsprechender, die Schüler unabhängig vom Längenmaße nach ihrer Leistungsfähigkeit einzuteilen; eine Einteilung, die ja z. B. beim Vereinsturnen die Regel bilden dürfte und für welche durch eine kurze Prüfung zu Beginn des Schulsemesters unschwer die nötigen Grundlagen zu gewinnen sind, die ihrerseits natürlich aber nur die durchschnittliche Leistungsfähigkeit des Schülers an den Geräten überhaupt, nicht seine verschiedene Leistungsfähigkeit an verschiedenen Geräten zu ermitteln hätte; denn unter detailliertester Rücksichtnahme auf die Qualifikation der Schüler am Reck oder beim Sturmlauf sie für jedes Gerät wieder umordnen zu sollen, wäre ein Postulat, das schon wegen des damit verbundenen Zeitverlustes zu unüberwindbaren und gewiß „im Verkehr“ auf dem Turnplatze nicht „erforderlichen“ Belästigungen aller Beteiligten führen würde.

cc) Ist nun aber weiter innerhalb der Riegen auf die Individualität der einzelnen Schüler Rücksicht zu nehmen? Mit anderen Worten: muß bei durchschnittlich gleicher Leistungsfähigkeit der Mitglieder derselben Riege z. B. ein Unterschied betreffs ihres Temperamentes und ihrer Gesundheitsverhältnisse gemacht werden? Erheischt es die „im Verkehr erforderliche Sorgfalt“, den übervorsichtigen Schüler anders zu behandeln als den überkühnen, den von Gesundheit strotzenden anders als den schwächlichen, eben vielleicht von schwerer Krankheit genesenen? Ich meine: derartige individuelle Unterschiede können Berücksichtigung nur beanspruchen, wenn sie dem Lehrer bekannt waren oder bekannt sein mußten[1].) Ist dies der Fall, so darf er allerdings den ängstlichen Schüler nicht zu Uebungen zwingen wollen, bei denen dieser lediglich infolge seiner Aengstlichkeit (z. B. durch Loslassen der Reckstange oder Leitersprosse) verunglücken kann; und ebensowenig darf er den Rekonvaleszenten überanstrengen[2]) oder einen Schüler, der ein Bruchleiden hat, Uebungen vornehmen lassen, die bei derartigen Patienten als gefährlich gelten. — Die Kenntnis des Lehrers (und das „Kennenmüssen“)[3]) bildet für ihn also die Klippe, die er, um nicht haftpflichtig zu werden, vermeiden muß. Diese Kenntnis aber wird ihm betreffs des Naturells der Schüler nur auf Grund längerer Beobachtung zu Gebote stehen und betreffs etwaiger Krankheiten in der Regel nur durch ein ärztliches Attest[4]) vermittelt werden; ohne ein solches und auf Grund bloßer Mitteilung seitens des Schülers selber wird er schwerlich in der Lage sein, diesen von einer Uebung oder von einer ganzen Turnstunde zu

---

treten also prinzipielle Unterschiede zwischen den wissenschaftlichen und den Turnstunden zutage, die gegebenen Falles auch *rechtliche Berücksichtigung* erheischen (und damit zugleich auf die Schwierigkeit des Begriffes der „im Verkehr erforderlichen Sorgfalt“ ein scharfes Licht werfen); einmal wird beim Turnen nicht so wie in den wissenschaftlichen Stunden ein bestimmtes Ziel von der Schule angestrebt (und durch die Versetzungen und Prüfungen als erreicht anerkannt) und sodann führt der Umstand, daß die einzelne Klasse sich aus denjenigen Schülern zusammensetzt, welche eine gleiche *wissenschaftliche* Reife besitzen, gerade dazu, daß die für das *Turnen* in Betracht kommenden Qualitäten (Alter, Größe, Kraft usw.) desto ungleicher verteilt sind.

[1]) Auch das „Kennenmüssen“ kann haftbar machen, denn es liegt vor (BGB. § 122 Abs. II), wenn jemand einen Umstand „*infolge von Fahrlässigkeit* nicht kannte“.

[2]) So wird er nicht zu einem scharfen Dauerlaufe zugelassen werden dürfen.

[3]) Vgl. Anm. 1.

[4]) Zu unterscheiden ist ein generelles Attest und ein spezielles, durch das z. B. wegen eines Bruchleidens nur gewisse Uebungen ausgeschlossen werden.

dispensieren, weil er dadurch Simulationen[1]) preisgegeben werden würde, die zugleich auf die übrigen Schüler demoralisierend wirken könnten. — Auch hier wird sich übrigens Klassen- und Massenbetrieb insofern [2]) unterscheiden, als bei jenem für den Lehrer leichtere Gelegenheit (und damit intensiverer Zwang) zu eigener Beobachtung und Entscheidung besteht, die „im Verkehr erforderliche Sorgfalt" hier also eine schärfere ist; während es bei Massenbetrieb dem Lehrer z. B. nicht zum Vorwurf gemacht werden dürfte, wenn er es betreffs eines einzelnen Schülers im Augenblicke vergessen hat, daß er, obwohl im allgemeinen zum Turnen zugelassen, kraft ärztlichen Attestes von gewissen, etwa wegen seines Bruchleidens gefährlichen Uebungen ferngehalten werden soll.[3])

b) Während wir vorstehend unter a erst geprüft haben, auf welche Angelegenheiten sich die Sorgfalt beim Turnunterricht überhaupt zu erstrecken hat, kommen wir jetzt zu der weiteren Frage, ob gerade der Turnlehrer es ist, auf dem diese Fürsorgepflicht lastet, und ob also gerade er für ihre Vernachlässigung haftbar wäre. Diese subjektive Richtung unserer Untersuchung wird sich nach Feststellung jener objektiven Grenzen nunmehr unschwer einschlagen lassen. — Wir wollen dabei die vorher gewählte Einteilung beibehalten:

α) Die sachliche Fürsorge: diese wird in den meisten Fällen nicht in den Kreis der Pflichten des Lehrers selber fallen, sondern andern Organen (insbesondere der Schulbehörde; vgl. unten sub II 1 b α) obliegen; von einer Verantwortlichkeit des Lehrers wird dann also nicht die Rede sein können. Namentlich wird ihn in der Regel die Anschaffung und Abnahme der Geräte[4]) (oben unter a α Nr. 3), ihre erstmalige Anbringung (ebenda unter Nr. 4 aa), ihre rechtzeitige Erneuerung (Nr. 2) und der allmähliche unbemerkbare Eintritt von Mängeln (Nr. 1) nicht berühren; ebensowenig die generelle Fürsorge für den Fußboden (Nr. 6), für das Turnlokal überhaupt (Nr. 7) und für das Verbandzeug (Nr. 8); diese Punkte treffen ihn höchstens, wenn er positiv einen vorhandenen Mangel gekannt hat oder kennen, d. h. bei Anwendung normaler Aufmerksamkeit bemerken mußte.[5]) — Anders bei der jedesmaligen Aufstellung dislozierbarer Geräte (Nr. 4 bb): sie fällt zweifellos in sein Ressort und wird überhaupt besser unter dem Gesichtspunkt der Fürsorge für den Turnbetrieb (unten sub β) zu betrachten sein. — Wird nicht aber bei Mängeln des Lokals oder des Fußbodens der Lehrer es vorziehen dürfen und müssen, die Stunde ausfallen zu lassen, statt die Schüler in Gefahr zu bringen? Jedenfalls wohl nicht ohne Befragen

---

[1]) Bei Dissimulation vorhandener Leiden wird ein vertretbares Verschulden nur selten vorliegen, etwa weil die Krankheit sich durch Schwindelanfälle, Uebelkeiten und dergl. bemerkbar machte.

[2]) Auch wird der Lehrer (vgl. oben sub 1 bb) sich hier auf den Vorturner verlassen dürfen und durch eine diesem erteilte generelle Anweisung (vgl. oben sub a β Nr. 4) über die Behandlung des betreffenden Schülers gedeckt sein.

[3]) Inwieweit Atteste der Eltern Berücksichtigung finden dürfen und müssen, wird sich wohl nach der Lage des Einzelfalles zu richten haben; über persönliche Befreiungsgesuche der Schüler vgl. oben S. 145 a. E.

[4]) Und Hilfsgeräte (ebenda Nr. 5).

[5]) Alsdann dürfte es geboten sein, daß er (ohne Befragung des Direktors und aus eigener Machtvollkommenheit; vgl. die folgende Anmerkung) das betreffende Gerät oder Hilfsgerät außer Gebrauch läßt.

des Direktors;[1]) wenn dieser dennoch auf Abhaltung der Turnstunde besteht, wird der Turnlehrer alles getan haben, was er dienstlich tun konnte; seinerseits hätte er dann also „die im Verkehr erforderliche Sorgfalt“ gewahrt, und somit wäre er von dem Vorwurfe und den Rechtsfolgen der Fahrlässigkeit befreit.

β) Die Fürsorge für den Turnbetrieb. Sie wird im Gegensatze zur sachlichen Fürsorge prinzipiell gerade den Lehrer treffen — und aus diesem Grunde war es bei den Erörterungen unter a β bereits unvermeidlich gewesen, auf den Lehrer und die Art seiner Mitwirkung anzuspielen —; im einzelnen ist daran zu erinnern, daß sich seine Fürsorgepflicht bei Klassenturnen (oben unter a β Nr. 1 aa) strenger gestalten wird als bei Massenturnen (Nr. 1 bb) und bei Kürturnen (Nr. 4); ferner daran, daß bei Frei- und Ordnungsübungen (Nr. 3) die faktische Sachlage selber für den Lehrer günstiger ist, als bei Gerätturnen, während bei diesem wiederum die Fürsorge für Hilfsstellungen (Nr. 2) hinzutritt; sodann daran, daß eine Rücksichtnahme auf individuelle Momente betreffs des einzelnen Schülers (Nr. 5 cc) nur in sehr engen Grenzen erforderlich erscheint; endlich daran, daß (vgl. sub α) die Fürsorge für die Aufstellung der Geräte in der einzelnen Stunde gleichfalls wie die Fürsorge für den Turnbetrieb zu beurteilen ist.[2])

c) Wenn wir schon wegen des objektiven Inhaltes des Begriffes „Sorgfalt“ zwischen einer ganzen Anzahl von Dingen (z. B. sachliche Fürsorge und Fürsorge für den Turnbetrieb; Gerätturnen und Frei- oder Ordnungsübungen; Klassen- und Massenturnen usw.) unterscheiden mußten, so wird es um so dringender erforderlich sein, zu prüfen, ob wir zwischen den verschiedenen Arten der Turnlehrer — z. B. geprüfte und ungeprüfte, Gymnasial- oder Volksschullehrer, Knaben- und Mädchenlehrer — unterscheiden dürfen und müssen. Vorweg sei bemerkt, daß eine solche Unterscheidung nicht der Behauptung sub 3 (S. 140) widerspräche, daß der Begriff „Sorgfalt“ lediglich nach objektiven Kriterien zu beurteilen sei, und daß subjektive Momente nicht in Betracht kämen. Denn die Menschheit zerfällt nicht bloß in Einzelindividuen X, Y, Z usw., sondern diese Einzelindividuen lassen sich wieder zu Gruppen A, B, C usw. zusammenstellen, deren jede eine gewisse Kategorie von Menschen, gewisse Arten repräsentiert, die in ähnlichem Verhältnis zu einander stehen wie die Klassen und Familien der botanischen oder zoologischen Systeme, und deren jede ihren Typus aufweist. Und diese typischen Merkmale einer Gruppe wird man freilich, ohne dabei ins unsichere und verbotene Fahrwasser der subjektiven Momente zu geraten, durchaus berücksichtigen dürfen und müssen, um „die im Verkehr erforderliche Sorgfalt“ abzumessen. Um dies an Beispielen klar zu machen, die ich absichtlich der bereits vorhandenen Literatur[3]) zu § 276 entnehme, so ist nach weitverbreiteter Ansicht (nicht unbedingt immer und überall, aber doch nach Lage des

---

[1]) Wenigstens bei andauernd vorhandenen Mängeln. Tritt der Mangel ausnahmsweise nur in einem Einzelfalle ein (der Fußboden ist glatt, weil es unerwarteterweise durch das undicht gewordene Dach durchgeregnet hat; der Turngarten ist infolge eines Gewitterregens naß; der Ofen in der Turnhalle raucht in gesundheitgefährdendem Maße), so wird der Lehrer souverän handeln dürfen; vgl. die vorige Anmerkung.

[2]) In der Einteilung der Riegen nach dem Längenmaße der Schüler (oben sub a β Nr. 5 bb) wird man einen Verstoß gegen die erforderliche Sorgfalt nicht erblicken dürfen.

[3]) Die auf die Literatur zum BGB. § 276 bezüglichen Anmerkungen des Gutachtens sind hier fortgelassen worden, weil sie sich viel eingehender oben sub A—C finden (Zusatz 1904).

Einzelfalles) zu unterscheiden zwischen Männern und Frauen, Kindern, Erwachsenen und Greisen, Gesunden und Kranken, Meistern und Gesellen, Werkführern und Gehilfen, Rechtsanwälten und Winkelkonsulenten, approbierten Aerzten und Kurpfuschern. Diese zuletzt genannten Beispiele lehren nun aber, wenn man sie zusammenfaßt, daß ein Unterschied besteht zwischen Fachmännern und Nichtfachmännern (Sachverständigen und Unsachverständigen), und damit haben wir auch für unsern Fall einen wesentlichen Anhalt gewonnen.

α) Offenbar erheblich ist der Unterschied zwischen einem geprüften Turnlehrer, der die sog. ‚facultas' besitzt, und einem ungeprüften Turnlehrer. Denn jener hat durch die Vorbereitung zum Examen beispielsweise Kenntnisse in Anatomie und Gerätkunde in sich aufgenommen, die dem ungeprüften Lehrer fehlen.[1]) Derselbe Verstoß gegen die Lehren der Anatomie oder gegen die Lehren der Gerätkunde wird also den geprüften Turnlehrer X haftbar machen, den ungeprüften Turnlehrer Y dagegen nicht; dort vorausgesetzt, daß einem geprüften Lehrer ein derartiger Verstoß nicht hätte begegnen sollen; hier vorausgesetzt, daß einem ungeprüften Lehrer ein derartiger Verstoß sehr wohl begegnen konnte. Es ist also im Grunde abermals ein objektiver Maßstab, den wir wiederum gewinnen, nur daß er — wie der Maßstock des Tischlers und das Bandmaß der Hausfrau — zwei Seiten hat, deren eine das Zentimeter, die andere den Zoll zur Grundlage der Einteilung nimmt; die eine Seite wird angelegt, wenn die Sorgfalt eines beliebigen Individuums (Turnlehrer X) aus der Kategorie A (geprüfte Turnlehrer) bemessen werden soll, die andere Seite wird angelegt, wenn die Sorgfalt eines beliebigen Individuums (Turnlehrer Y) aus der Kategorie B (ungeprüfte Turnlehrer) zu bemessen ist.

β) Nun ist aber in der jungen Doktrin des BGB. von mehreren Seiten[2]) behauptet worden, wer nicht die nötige Fachkenntnis habe, solle sich mit Geschäften, denen er nicht gewachsen ist, nicht befassen; tue er es dennoch, so geschehe dies auf seine Verantwortung, und

---

[1]) Sofern ein einzelner ungeprüfter Lehrer sich diese Kenntnisse anzueignen gewußt hat, so ist das für die Abmessung der Sorgfalt gleichgültig, da diese ja (vgl. oben S. 140) nicht dem Individuum Y, sondern der Kategorie B angepaßt wird. Umgekehrt entschuldigt es aber den geprüften Turnlehrer X keineswegs, daß er die Examenskenntnisse vergessen habe (denn das wäre ein lediglich subjektives Moment). Etwas ganz anderes ist es, daß ein vernünftiger Richter für die ganze Kategorie A der geprüften Turnlehrer und für alle Mitglieder dieser Kategorie generell annehmen wird, daß ein gewisser Teil der Examenkenntnisse lediglich für den Prüfungstag angeeignet wird und mangels baldiger und stetiger Auffrischung in der Praxis schnell verfliegt (diese Erwägung wird der Richter aber nicht nur bei geprüften Turnlehrern, sondern analog bei allen Berufsarten anlegen, die einem Examenzwange unterworfen sind). Wie aber der Mangel praktischer Uebung den Vorrat theoretischen Wissens leicht aufzehrt, wird andererseits der Mangel theoretischer Kenntnisse im Leben oft durch einen Vorrat praktischer Erfahrung aufgewogen und überholt, und so wird wiederum betreffs der ungeprüften Lehrer, welche bereits seit Jahren Turnunterricht erteilen, der Richter einen strengeren Maßstab anlegen dürfen, als betreffs geprüfter Neulinge. Es wird einen Punkt nach der Mitte hin geben, auf welchem sich nach des Richters Urteil beide Kategorien treffen und der Grad ihrer Verantwortlichkeit der gleiche ist. Stets aber wird der Richter auf diesem Wege nicht das Einzelindividuum X oder Y als solches, sondern als ein Mitglied der Kategorie A oder B begleiten, und er wird also (vgl. oben S. 140 Anm. 3) keine Rücksicht nehmen auf das bessere oder schlechtere Gedächtnis des geprüften Turnlehrers X im besonderen oder auf die geringere oder größere Intensität der praktischen Schulung des ungeprüften Turnlehrers Y.

[2]) Vgl. die vorletzte Anmerkung.

er hafte gleich den Sachverständigen. Die Richtigkeit dieser Auffassung (die natürlich gerade von den Gegnern der sub α erwähnten Meinung vertreten wird) kann hier aus einem doppelten Grunde dahingestellt bleiben. Erstens nämlich wird sie nur haltbar sein (und, ausdrücklich wenigstens, auch nur verfochten) für die Fälle eines kontraktlichen Verschuldens, m. a. W., wenn zwischen den Beteiligten schon ein Rechtsverhältnis vorliegt; sie wird aber schwerlich aufrecht erhalten werden können bei lediglich außerkontraktlichem Verschulden, wenn also — wie zwischen dem Turnlehrer und dem Schüler[1]) — obligatorische Beziehungen erst durch das Verschulden hervorgerufen werden. Sodann erhebt sich doch die Frage: ist derjenige Lehrer, welcher die ‚facultas' für Turnen nicht durch eine Prüfung erworben hat, in der Lage, sich der vom Direktor dekretierten Uebernahme des Turnunterrichts zu entziehen? Streng rechtlich vielleicht — er kann den Beschwerdeweg beschreiten, wird aber befürchten müssen, sich damit die Sympathie des Direktors und des Schulrates zu verscherzen —, faktisch jedoch nicht. Wenn er also wohl oder übel den Turnunterricht übernehmen muß, so wird damit (vgl. näheres unten sub 4 a β Nr. 2 dd) die Verantwortung auf den Direktor übergehen,[2]) und der Richter wird der Ansicht sein, daß der Lehrer, der dem Direktor gegenüber seine Bedenken geltend gemacht hat, dadurch seinerseits alles getan hat, was „die im Verkehr erforderliche Sorgfalt" erheischt. ‚Ultra posse nemo obligatur'. Der „Zwangsturnlehrer"[3]) würde somit nur für solche Fahrlässigkeit haftbar sein, die jeder ungeprüfte Lehrer zu vertreten hätte (z. B. für die Folgen von Uebungen an offenbar defekter Reckstange), nicht für solche Vorgänge, die füglich nur geprüften Turnlehrern zur Last gelegt werden können (z. B. Ueberschreiten der Schwierigkeitsstufe und Auswahl mindergeeigneter Schüler für die Hilfsstellungen).

γ) Ob der Lehrer fest angestellt ist, oder ob es sich um einen Hilfslehrer oder um einen Probekandidaten[4]) handelt, kann m. E. nur insofern von Erheblichkeit sein, als bei den beiden zuletzt genannten Kategorien das Durchschnittsmaß praktischer Routine[5]) und Umsicht geringer zu sein pflegt und somit auch hier objektive Unterscheidungsmerkmale vorliegen.

δ) Auch gewisse andere Unterschiede sind unter Umständen wichtig, aber weniger wegen der Lehrer selber als wegen der Schüler und wegen der Anstalten; es sei andeutungsweise auf einige Punkte aufmerksam gemacht:

1. Das Schülermaterial ist verschieden in Knabenschulen und

---

[1]) Vgl. das oben S. 139 Anm. 1 Gesagte.

[2]) So m. E. unzweifelhaft in einem mir von einem Turnlehrer erzählten Falle, wo der Direktor den Wunsch, ein wissenschaftlicher Lehrer solle Turnstunden geben, lediglich damit motivierte, dieser Lehrer würde ja als Reserveoffizier imstande sein, eine Schar Jungens zu kommandieren. Ferner, wenn ein Lehrer Turnstunden in Vertretung geben soll, der wegen eines kranken Armes die Knaben nicht stützen kann.

[3]) Zumal der ungeübte Neuling; wegen der modifizierenden Bedeutung praktischer Schulung vgl. oben S. 148 Anm. 1.

[4]) Analog bei bloß vorübergehender Vertretung des eigentlichen Turnlehrers durch einen Kollegen.

[5]) Vgl. oben Anm. 3.

in Mädchenschulen. Gewisse Uebungen sind für Mädchen wegen ihres anders gearteten Organismus, wegen ihrer geringeren Kräfte und wegen ihrer anderen Kleidung ungeeignet oder gar gefährlich; sie müssen daher in Mädchenschulen vermieden werden, widrigenfalls dem Lehrer Fahrlässigkeit beim Turnbetriebe (oben sub a β) vorgeworfen werden könnte.

2. Der eben erwähnte Gesichtspunkt kann, soweit mit dem Unterschiede zwischen Knaben- und Mädchenschule der Unterschied zwischen Turnlehrer und Turnlehrerin zusammenfällt (was die Regel bilden wird), auch für diesen von indirekter Bedeutung werden; im übrigen ist die Haftung beider Kategorien prinzipiell die gleiche [1]) d. h. die geprüften Turnlehrerinnen sind wie die geprüften Turnlehrer, die ungeprüften Turnlehrerinnen wie die ungeprüften Turnlehrer zu beurteilen.

3. In den höheren Schulen (Gymnasien usw.), in den Mittelschulen und in den Volksschulen ist das durchschnittliche Schülermaterial ganz verschieden geartet, und dieser Umstand dürfte auch dem Lehrer einen verschiedenen Maßstab für Ausübung der Aufsicht und Disziplin sowie für das den Schülern zu gewährende Zutrauen in ihre eigene Umsicht und Vernunft an die Hand geben.

4. Aehnliche Erwägungen werden Platz greifen, je nachdem der Unterricht in den oberen, mittleren oder unteren Klassen erteilt wird.

ε) Aus einem ganz besonderen Grunde, der mit unsern Erörterungen über den Begriff der „Sorgfalt" gar nicht im Zusammenhang steht, kann ein anderer Unterschied, der hier aber gleich Erwähnung finden mag, im Einzelfalle von großer Bedeutung für die Haftung des Lehrers werden, nämlich der Unterschied zwischen den an staatlichen oder kommunalen Anstalten angestellten Lehrern [2]) einerseits und den Lehrkräften an Privatschulen andererseits. Denn jene sind „Beamte", [3]) diese dagegen stehen lediglich (wie der Hauslehrer, die Gouvernante und die Kindergärtnerin mit den Eltern des Kindes) in einem Vertragsverhältnisse [4]) (mit dem Vorsteher bezw. der Vorsteherin der Privatschule). Nur auf jene trifft daher die Sonderbestimmung des BGB. § 839 Abs. 1 Satz 2 zu, welcher (mit den Worten: „Fällt dem Beamten nur Fahrlässigkeit zur Last, so kann er nur dann in Anspruch genommen werden, wenn der Verletzte nicht auf andere Weise Ersatz zu erlangen vermag") für die Hauptmasse

---

[1]) Der oben sub 1 gestreifte Unterschied zwischen Personen verschiedener Geschlechter wird, wenn überhaupt zutreffend (vgl. oben S. 147 Anm. 3), hier höchstens z. B. darum den Turnlehrerinnen zugute kommen, weil sie bei persönlicher Uebernahme der Hilfsstellungen nicht so viel Körperkraft wie ein Lehrer entwickeln können, um das turnende Kind vor einem Sturz zu bewahren.

[2]) Hierher gehören auch die angestellten Hilfslehrer, während die Probekandidaten nicht angestellt (und somit nicht Beamte) sind, also wegen des im Texte erörterten Punktes den Privatlehrern gleichstehen, bei denen der Umstand, daß sie staatlicher Konzession und Bestätigung bedürfen, m. E. unerheblich bleibt.

[3]) Lehrer an Staatsanstalten sind unmittelbare, Lehrer an Kommunalanstalten (städtischen Schulen, Dorfschulen) sind mittelbare Staatsbeamte.

[4]) Dieses fällt unter den oben S. 139 Anm. 1 erwähnten „Dienstvertrag" des BGB. §§ 611 ff.

der Fälle eine lediglich subsidiäre Haftung des Beamten statuiert. Ein Beispiel wäre folgendes: Verunglückt ein Schüler auf Grund eines Verschuldens des Vorturners (unten sub 4 a β Nr. 2 aa), so kann der an einer öffentlichen Anstalt angestellte Turnlehrer trotz seiner vielleicht recht groben culpa in eligendo (vgl. ebenda) nur dann mit Erfolg verklagt werden, wenn der Vorturner selber nicht mit Erfolg belangt werden konnte; hingegen darf der arme Privatlehrer den Verletzten nicht darauf verweisen, daß er zuerst den Vorturner, einen reichen Bankierssohn, verklagen solle, der den Unfall durch unverantwortlichen Leichtsinn herbeigeführt hatte.[1])

4. Durch unsere Erörterungen sub 3 (S. 140 ff.) haben wir die Grenzen der „im Verkehr erforderlichen Sorgfalt" und dadurch die Grundlagen für die Verantwortlichkeit und Haftung des Turnlehrers gewonnen. Wir haben zugleich gesehen, daß der Richter eine Haftpflicht des Turnlehrers im ganzen nur selten annehmen wird. Hier ist nur noch zu bemerken, daß diese Haftpflicht, auch wo sie an und für sich begründet erscheint, dennoch bisweilen wegfallen kann oder gemildert werden wird, weil zugleich ein Verschulden einer anderen Person vorliegt, die ihrerseits entweder allein oder neben dem Turnlehrer die Verantwortung zu tragen hat. Diese Möglichkeit wurde ja bereits sub 3 b α gestreift. Wir wollen uns zunächst sub a über die in Betracht kommenden Personen und dann erst sub b über die Rechtsfolgen ihres Verschuldens für den Turnlehrer (ob dessen Haftung ganz fortfällt oder nur gemindert wird) informieren.

a) Als schuldhaft beteiligt können der verletzte Schüler selber, aber auch eine Reihe anderer Personen[2]) in Betracht kommen:

α) Der verletzte Schüler selber kann an der Verletzung die Schuld oder Mitschuld[3]) tragen, indem er beispielsweise trotz Warnung des Lehrers[4]) eine für ihn zu schwere oder bei seinem Gesundheitszustande gefährliche[5]) Uebung vornahm, oder indem er trotz eines generellen,[6]) vom Lehrer aber nicht mit genügender Sorgfalt zur Durchführung gebrachten Verbotes des Kürturnens auf eigene Hand und ohne Hilfsstellung seitens eines Kameraden eine waghalsige Gipfelübung probierte.

β) Wegen sonstiger Personen wollen wir abermals die sachliche Fürsorge (oben sub 3 a α) und die Fürsorge für den Turnbetrieb (oben sub 3 a β) trennen.

1. Hinsichtlich der sachlichen Fürsorge werden in Frage kommen:

---

[1]) Die anscheinende Ungerechtigkeit dieser verschiedenartigen Behandlung von Beamten und Nichtbeamten erklärt sich daraus, daß die Dienstvorschriften, welche für die Beamten gegeben sind und gegen welche sie doch wegen der großen Zahl leicht verstoßen können, unter die in § 823 Abs. II Satz 1 genannten, im Falle ihrer schuldhaften Verletzung zu Schadenersatz verpflichtenden „Gesetze" gehören, welche „den Schutz eines Andern bezwecken".

[2]) Nicht bloß physische, sondern auch juristische Personen (vgl. unten sub II).

[3]) Ueber die Bedeutung des sog. konkurrierenden Verschuldens und über die hierbei wichtige Frage, ob die Jugendlichkeit des Schülers (BGB. § 828) hier von Einfluß ist, vgl. (insbes. auch gegenüber einer Bemerkung Linckelmanns in seiner unten S. 168 Anm. 2 erwähnten Besprechung meines Gutachtens) unten §§ 75 und 79 (Zusatz 1904).

[4]) Wegen der Notwendigkeit eines derartigen, auf die Mitschuld des Lehrers zielenden Zusatzes vgl. unten sub b.

[5]) Vgl. wegen der partiellen Dispense oben sub 3 a β Nr. 5 cc.

[6]) Vgl. das S. 144 sub 4 Bemerkte.

aa) Wegen der Geräte (oben 3 a α Nr. 1—4 bezw. 5) der Fabrikant oder dasjenige Organ,[1]) welches ein mangelhaftes Gerät unter Außerachtlassung der erforderlichen Sorgfalt abnahm, erstmalig anbringen oder nicht rechtzeitig revidieren und erneuern ließ.

bb) Wegen des Fußbodens und des Turnlokals[2]) (ebenda Nr. 6 u. 7) der Kastellan (bei einer städtischen Turnhalle) oder der Schuldiener (bei eigener Schulturnhalle),[3]) da ihm in der Regel die Fürsorgepflicht hierfür obliegen wird.[4])

2. Hinsichtlich des Turnbetriebes sei folgendes bemerkt:

aa) Zunächst wird ein Verschulden anderer Schüler denkbar sein, die entweder als Vorturner oder bei Hilfsstellungen mitwirkten, in dieser Funktion aber nachlässig waren.

bb) Eine Verantwortlichkeit der übrigen Mitschüler des Verletzten würde nur etwa dann vorliegen, wenn ein Knabe dem andern absichtlich oder aus Uebermut während einer Uebung einen Stoß gibt, ihm in den Weg tritt, ihm ein Bein stellt oder dgl.

cc) Auch ein anderer Lehrer kann neben dem Turnlehrer bezw. statt seiner verantwortlich sein. So bei gänzlicher Vertretung des einen durch den andern. Aber auch bei Verteilung der Aufsicht über den Turnbetrieb unter mehrere Lehrer in der Art, daß beide bei derselben Turnstunde mitwirken; hier fragt es sich natürlich, in wessen Spezialressort diejenige Funktion fiel, durch deren fahrlässige, sorglose Handhabung der Unfall kausal herbeigeführt wurde. Hat der eine von ihnen, der vielleicht auch garnicht eigentlichen Turnunterricht zu erteilen vermag, nur bei Aufrechterhaltung der Disziplin mitzuwirken, so ist er z. B. für Mängel der Geräte oder der Hilfsstellungen nicht verantwortlich.

dd) Auch der Direktor der Anstalt kann eine Schuld tragen; so, wenn er einen Mangel des Fußbodens, der sonstigen Beschaffenheit der Halle oder auch eines fehlerhaft gewordenen Gerätes nicht abstellen ließ, obwohl ihn der Lehrer darauf aufmerksam gemacht hatte (vgl. oben sub 3 b α); ferner weil er mit einer Vertretung des Turnlehrers oder überhaupt mit dem Turnunterricht einen Lehrer betraute, dem die ‚facultas' fehlt und der deshalb den Unterricht nur mit Protest übernahm (vgl. oben sub 3 c β).[5])

b) Was nun die rechtlichen Folgen eines solchen Verschuldens einer andern Person betrifft, so muß stets geprüft werden: Einmal,

---

[1]) Dies kann je nach der Sachlage der frühere Turnlehrer gewesen sein oder der Direktor oder die städtische bezw. staatliche Schulbehörde oder die Stadtbauverwaltung.

[2]) Das Verbandszeug (ebenda Nr. 8) wird gleichfalls, namentlich in Hallen, die von vielen Klassen und Schulen benutzt werden, der Fürsorge des Kastellans übertragen sein.

[3]) Auch begegnet der Fall, daß einer der Anstaltslehrer (einer der mehreren Turnlehrer) als Hallenwart die Fürsorge (oder Oberaufsicht) betreffs der Halle in ähnlicher Weise hat, wie etwa einer seiner Kollegen betreffs des physikalischen Kabinetts.

[4]) Wegen Haftung der Stadt für untaugliche Kastellane oder Schuldiener vgl. unten sub II 1 b α.

[5]) Hier würde gegen den Direktor oft § 831 (unten Nr. 2 bb) angewendet werden können.

wie beim Turnlehrer selber, ob dem Täter wirklich die Schuld beigemessen werden kann [1]) und ob gerade diese Schuld des Andern den Unfall herbeigeführt oder doch herbeizuführen geholfen hat. [2]) Sodann, ob beide — der Lehrer und der Andere — zugleich schuld sind; denn ist nur einer schuld, so ist natürlich auch nur dieser eine verantwortlich. Kompliziert sind die Rechtsfolgen also lediglich, wenn beide zugleich schuld sind. Hier ist das Ergebnis nun folgendes:

α) Bei eigener Mitschuld des verunglückten Schülers (oben a α) findet BGB. § 254 Anwendung, welcher (in Abs. I) dem Richter gestattet, die Haftbarkeit des Turnlehrers sowohl, wie das Maß der Haftung „von den Umständen, insbesondere davon abhängig zu machen, inwieweit der Schaden vorwiegend von dem einen oder dem anderen Teile verursacht worden ist", und welcher (in Abs. II) es namentlich auch als ein konkurrierendes Verschulden des Beschädigten betrachtet, wenn dieser es „unterlassen" hat, den anderen Teil „auf die Gefahr eines ungewöhnlich hohen Schadens aufmerksam zu machen", den jener „weder kannte, noch kennen mußte". Ein Beispiel hierfür wäre es, und der Richter würde die gegen den Turnlehrer erhobene Klage ganz abweisen, wenn der Schüler sich, ohne daß der Lehrer es bemerkte, bei einer Uebung eine schmerzhafte innere Verletzung zuzog und doch weiter turnte, statt dem Lehrer von jenem Vorgange Mitteilung zu machen, oder wenn der Schüler es unterläßt, das ärztliche Befreiungsattest (oben sub 3 a β Nr. 5 cc) dem Lehrer abzugeben.

β) Die Schuld der anderen sub a β genannten Personen führt, vom Standpunkte des Turnlehrers betrachtet, zu folgenden Ergebnissen:

1. Die wegen der sachlichen Fürsorge verantwortlichen Personen (oben sub a β Nr. 1 aa und bb), wie Fabrikant und Schuldiener, werden zumeist allein verantwortlich sein; ein gleichzeitiges Verschulden des Turnlehrers würde jedenfalls voraussetzen, daß er nachweisbar den Mangel des Gerätes, der Halle usw. kannte oder kennen mußte. Ist dies — ausnahmsweise — der Fall, so würden beide Beteiligten nach außen hin,[3]) also gegenüber dem Beschädigten, zufolge § 840 Abs. I „als Gesamtschuldner" haften, d. h. es würden die näheren Grundsätze der §§ 421 ff. eingreifen, wonach insbesondere (§ 421 Abs. I Satz 1) „der Gläubiger die Leistung nach seinem Belieben von jedem der Schuldner ganz oder zu einem Teile fordern" darf.

2. Wegen der Fürsorge für den Turnbetrieb muß man wiederum trennen:

aa) In den sub a β Nr. 2 bb und dd geschilderten Fällen wird der Lehrer ganz haftungsfrei sein, sofern ihn nicht aus-

---

[1]) So kann zu Gunsten eines Mitschülers (oben sub a Nr. 2 bb) im Einzelfalle vielleicht § 828 Abs. II, zu Gunsten des Kastellans vielleicht § 827 a. E. in Frage kommen.

[2]) So wird der Mitschüler nicht verantwortlich sein, wenn er einen Kameraden mit dem Handgerät verletzt, weil ihm dieses unglücklicherweise aus der Hand flog oder weil die Aufstellung der Knaben (vgl. oben sub 3 a β Nr. 3) zu eng war.

[3]) Nach innen, d. h. für das Verhältnis der Gesamtschuldner zu einander, besteht Regreßpflicht; vgl. BGB. §§ 840 Abs. I, 426.

nahmsweise eine Mitschuld trifft (durch Beobachtung und Duldung des sub bb erwähnten Unfugs[1]) oder durch allzu gelinden Protest gegen die sub dd erwähnten Maßnahmen); im Falle cc ließe sich ein Beispiel des Verschuldens beider Lehrer dahin konstatieren, daß einer den Mangel des Gerätes „kannte“ und den anderen, der den Mangel seinerseits „kennen mußte“, nicht aufmerksam machte. Die Folgen eines solchen gleichzeitigen Verschuldens wären, wie sub 1, nach BGB. §§ 840, 421 ff. zu beurteilen.

bb) Eine ganz andere, für den Lehrer zunächst[2]) weit ungünstigere Norm greift dagegen in dem Falle a β Nr. 2 aa — wegen der Vorturner[3]) und der Hilfsstellungen — ein. Es ist dies BGB. § 831 Abs. I Satz 1, welcher folgendes anordnet: „Wer einen Andern zu einer Verrichtung bestellt, ist zum Ersatze des Schadens verpflichtet, den der Andere in Ausführung der Verrichtung einem Dritten widerrechtlich zufügt. Die Ersatzpflicht tritt nicht ein, wenn der Geschäftsherr bei der Auswahl der bestellten Person .... die im Verkehr erforderliche Sorgfalt beobachtet, oder wenn der Schaden auch bei Anwendung dieser Sorgfalt entstanden sein würde.“ Mit dieser Bestimmung greift das Gesetz auf die sog. ‚culpa in eligendo‘ des römischen und gemeinen Rechts zurück; dieses „Verschulden bei der Auswahl“ des Hilfsorganes wird zunächst (Satz 1) vermutet (und ebenso der Zusammenhang zwischen diesem Verschulden des „Geschäftsherrn“ und dem Schaden); der Geschäftsherr kann sich der Verantwortung jedoch entziehen (Satz 2), indem er die zu seinen Ungunsten sprechende Vermutung entweder durch den Nachweis seiner Sorgfalt in Auswahl der Hilfskraft oder durch den Nachweis entkräftet, daß der Schaden ohnedies eingetreten wäre. In unserem Falle müßte der Turnlehrer also entweder nachweisen können, daß dieser Knabe, dem er das Vorturneramt bezw. die Hilfsstellung anvertraut hatte, in der Tat zu dem Amte geeignet (besonnen und kräftig genug) sei, oder er müßte nachweisen können, daß das Unglück auf einen anderen Umstand, etwa auf einen unerkennbaren Mangel des Gerätes oder auf die Tollkühnheit des verunglückten Schülers selber, zurückzuführen sei.[4])

---

[1]) Oder in folgendem Falle: Beim Sturmlauf springt ein Knabe auf den andern herauf, weil er und der Lehrer die Sorge für genügende Zwischenpause außer acht gelassen haben.

[2]) Vgl. unten Anm. 4 a. E.

[3]) „Vorturner“ hier im Sinne dieses Wortes bei „Massenbetrieb“ (oben sub 3 a β Nr. 1 bb), d. h. im Sinne der den Turnlehrern entlastenden Funktionäre.

[4]) Mißlingt dem Turnlehrer der eine und der andere Nachweis, so kommt für ihn zunächst die Möglichkeit eines Regreßanspruchs gegen den schuldigen Vorturner in Betracht, der auf BGB. § 840 Abs. II zu stützen wäre, wonach im Verhältnis zum „Geschäftsherrn“ das — seinerseits nachweisbar schuldige — Hilfsorgan allein verantwortlich ist. Sofern aber der Lehrer Beamter ist (vgl. oben sub 3 c ε 150), ist er garnicht einmal nur auf seinen Regreßanspruch beschränkt, sondern in der viel bequemeren Lage, auf Grund des § 839 Abs. I Satz 2 abzuwarten, daß der Verletzte mit der Klage gegen den Vorturner Mißerfolg hat. In praxi wird also die ganze Härte des § 831 gegen den Lehrer nur sehr selten zutage treten.

II.

Die andere durch den Stolper Fall angeregte Frage, ob nämlich die Stadt für die beim Turnen entstandenen Beschädigungen der Schüler ersatzpflichtig ist, wird sich viel schneller beantworten lassen, als die Frage nach der Haftung des Turnlehrers, weil wir das nötige Material der Hauptsache nach schon sub I gesammelt und geordnet haben. Auch hier will ich übrigens die Grundfrage erweitern und zugleich die Haftung wegen eines Unfalles in einer staatlichen oder Privatschule (unten sub 2 und 3) beleuchten.

1. Die Haftung der Stadt.

a) Die rechtliche Grundlage für eine Klage gegen die Stadt würde zwar auch, wie beim Turnlehrer, BGB. § 823 Abs. I[1]) bilden können; viel häufiger als dort wird aber der sub I 4 b β Nr. 2 bb ganz vereinzelt herangezogene § 831 Abs. I in Betracht kommen.[2]) Wegen beider Gesetzesnormen gleichermaßen ist noch hervorzuheben, daß sie an sich nur auf physische Personen (Menschen) anwendbar sind, daß sie aber doch auch gegen die Stadt als juristische Person herangezogen werden können, weil BGB. § 89 Abs. I wegen solcher „Juristischen Personen des öffentlichen Rechts" auf BGB. § 31 Bezug nimmt, der seinerseits (wegen der Vereine) eine Verantwortlichkeit „für den Schaden" statuiert, „den ... ein ... verfassungsmäßig berufener Vertreter durch eine in Ausführung der ihm zustehenden Verrichtungen begangene zum Schadensersatze verpflichtende Handlung einem Dritten zufügt." Wenn also die Stadtschulverwaltung (z. B. der Stadtschulrat) oder die Stadtbauverwaltung (z. B. der für die städtischen Schulen zuständige Stadtbaumeister) oder der Direktor einer städtischen Schule gegen §§ 823 oder 831 verstößt, so haftet eben die Stadt selber für diese ihre Organe. Wir werden also im Folgenden nur von den „städtischen Organen" sprechen dürfen, ohne jedesmal im einzelnen nachprüfen zu müssen, wer darunter zu verstehen sei; andererseits ist es, wie § 31 lehrt, notwendige Voraussetzung, daß sich das betreffende Organ „in Ausführung der ihm zustehenden" — und obliegenden — „Verpflichtungen" befunden hat, worüber bei den nachfolgend zur Erörterung gebrachten Vorgängen ein Zweifel in der Regel nicht obwalten wird.[3])

b) Wenn wir uns nunmehr der sub I gewählten Disposition anschließen, so wird wegen der „Fahrlässigkeit" der städtischen Organe abermals (gemäß I 3 a) zwischen „sachlicher Fürsorge" und „Fürsorge für den Turnbetrieb" zu unterscheiden sein. Während aber betreffs des Turnlehrers (I 3 b) eine Haftung wegen der sachlichen Fürsorge zumeist geleugnet, eine solche wegen des Turnbetriebs dagegen zumeist bejaht werden mußte, wird hier umgekehrt für die Stadt der Schwerpunkt auf der sachlichen Fürsorge liegen:

---

[1]) Daher kann (und ebenso betreffs des § 831) auf die allgemeineren Ausführungen sub I (z. B. über die Beweislast und über den Kausalzusammenhang) verwiesen werden.

[2]) Es kommen nicht etwa Artikel 77 und 78 des Einführungsgesetzes zum BGB. in Anwendung, die zwar wegen der Haftung des Staates, der Gemeinde und der Kommunalverbände das ältere Landesrecht unberührt lassen, aber nur, wo es sich um „Ausübung der den Beamten anvertrauten öffentlichen Gewalt", also der Hoheitsrechte handelt.

[3]) Im einzelnen kann hier nicht geprüft werden, welches die Grenzen der Zuständigkeit für die verschiedenen Organe sind; das hängt von den unter einander abweichenden Bestimmungen der Landesgesetze und der einzelstaatlichen, provinziellen oder lokalen Verordnungen ab.

α) Die sachliche Fürsorge (I 3 a α) gehört nämlich im großen und ganzen in den Pflichtenkreis der städtischen Organe [1]); das ist sowohl für Anschaffung und Abnahme der Geräte [2]) (I 3 a α Nr. 3), wie für deren erstmalige [3]) Anbringung (ebenda Nr. 4 aa), wie für ihre Kontrolle auf Mängel (ebenda Nr. 1) und für ihre rechtzeitige Erneuerung (ebenda Nr. 2) zu behaupten; das gilt aber auch [4]) vom Fußboden der Turnhalle (ebenda Nr. 6) und von der Beschaffenheit des Turnlokales überhaupt (ebenda Nr. 7), sowie vom Verbandzeug (ebenda Nr. 8). Lassen sich die städtischen Organe in diesen Angelegenheiten Fahrlässigkeit zuschulden kommen, so haftet die Stadt selbst (aus § 823 Abs. I).

β) Die Fürsorge für den Turnbetrieb (I 3 a β) während der einzelnen Turnstunde gehört dagegen mehr in den Pflichtenkreis des Lehrers selber, und die Stadt als solche hat zunächst nichts zu tun z. B. mit der Art der Einteilung der Schüler in Riegen (ebenda Nr. 5 bb), mit der Bestellung der Vorturner (ebenda Nr. 1 bb), mit der Fürsorge für Hilfsstellungen (Nr. 2) und mit der Verhinderung allzu gefährlichen Betriebes des Kürturnens (Nr. 4). Zwar hafte sie (aus § 831 Abs. I Satz 1 [oben sub a]) auch für das schuldhafte Verhalten des Turnlehrers; der (in § 831 Abs. I Satz 2 vorgesehene) Gegenbeweis der diligentia in eligendo wird ihr hier jedoch meistenteils gelingen. Indessen erheben sich in dieser Hinsicht noch einige wichtige Fragen:

1. Die erste Frage, bei deren Beurteilung der Richter vermutlich auf recht widersprechende Ansichten der Sachverständigen stoßen würde [5]) und betreffs deren ich meine eigene Auffassung nur mit aller Vorsicht andeuten will, geht dahin, ob die Anstellung oder vorübergehende Einstellung eines ungeprüften Lehrers (der die facultas für Turnen nicht hat) eine Maßnahme sei, die der „im Verkehr erforderlichen Sorgfalt" nicht entspricht. Meinerseits möchte ich dies angesichts der großen Zahl geprüfter Turnlehrer, die gegenwärtig zur Verfügung und „Auswahl" stehen, bejahen, und ich würde als Richter in der Anstellung oder vorübergehenden Einstellung eines ungeprüften Turnlehrers zunächst wenigstens und im Prinzip eine Fahrlässigkeit der städtischen Organe erblicken. [6])

---

[1]) Haben diese die Fürsorge dem Lehrer oder dem Kastellan übertragen, so haftet die Stadt dennoch aus § 831 und hat nur den Vorteil für sich, daß ihr vielleicht der aus § 831 Abs. I Satz 2 gestattete Gegenbeweis gelingt.

[2]) Und Hilfsgeräte (I 3 a α Nr. 5).

[3]) Während die jedesmalige Anbringung in der einzelnen Stunde vom Lehrer zu kontrollieren ist (vgl. a. a. O. Nr. 4 bb).

[4]) Hier wird die in Anm. 1 angedeutete Sach- und Rechtslage häufiger vorliegen als wegen der Geräte.

[5]) Deshalb würde sich auch hier eine Enquete in der oben S. 141 Anm. 3 und 5 angedeuteten Art empfehlen.

[6]) Die Stadt wird sich übrigens möglichenfalls hinter dem anderen durch § 831 Abs. I Satz 2 zugelassenen Entlastungsbeweis verschanzen und dem Richter dartun können, daß der Schaden auch ohnedies entstanden wäre und daß der Vorfall sich auch unter einem geprüften Turnlehrer abgespielt hätte, weil auch ein solcher gegen derartige Begebenheiten wie die gerade vorliegende nicht gefeit wäre. So zumeist wohl bei Massenbetrieb und Kürturnen. Dagegen wird z. B. bei Klassenbetrieb ein Ueberschreiten der Schwierigkeitsstufe, bei Freiübungen eine gefahrdrohende Aufstellung der Schüler vom ungeprüften Lehrer leichter begangen werden können, als vom geprüften, und das gleiche wird von den (bei Klassenbetrieb und Massenbetrieb erforderlichen) Hilfsstellungen gelten dürfen.

2. Vielleicht hat aber von zweien Anwärtern auf den Posten gerade der ungeprüfte Lehrer X mehr praktische Erfahrung im Turnbetriebe, als der gegrüfte Lehrer Y, und vielleicht weiß die Stadt sogar, daß X auch sonst geeigneter ist, weil er ein ruhigeres Temperament und ein besseres Auge besitzt als der nervöse und kurzsichtige Y. Muß da nicht die Stadt dem X den Vorzug geben und würde nicht bei solcher Sachlage gerade in der Anstellung des Y — trotz seiner ‚facultas' — eine Außerachtlassung der im Verkehr erforderlichen Sorgfalt zu erblicken sein? Man wird, wenigstens für extreme Fälle, geneigt sein, dies zu bejahen. — Aber widerspräche das nicht dem sub I 3, insbesondere sub c α hervorgehobenen Umstande, daß die Sorgfalt sich lediglich nach objektiven, nicht nach subjektiven Momenten, wie Nervosität und Kurzsichtigkeit, zu richten habe? Keineswegs. Dieser Widerspruch ist nämlich nur ein scheinbarer. Hier handelt es sich ja nicht um die Beurteilung der Sorgfalt des Lehrers selber, sondern um die Beurteilung der Sorgfalt der Stadt, m. a. W., wenn wir uns an den Sprachgebrauch des § 831 anlehnen, nicht um die Sorgfalt der „zu der Verrichtung bestellten Person", sondern um die Sorgfalt des „Geschäftsherrn". Und da sich diese wiederum nach den Anforderungen bemißt, die man an einen normalen Geschäftsherrn stellen darf, so kommen objektive Momente wegen dieser letzteren Angelegenheit in Betracht, nicht dagegen wegen der Durchschnittsqualität der Turnlehrer. Der normale Geschäftsherr wird daher sehr wohl die subjektiven Vorzüge oder Fehler der beiden Anwärter X und Y gegen einander abwägen dürfen und müssen. Hat er dies getan und die richtige Wahl getroffen, so wird er aus § 831 nicht haften. Wenn die Stadt aber, etwa lediglich aus Sparsamkeitsrücksichten, den ungeprüften Lehrer statt des geprüften anstellen wollte, weil jener die billigere Kraft ist, und wenn im übrigen gravierende Momente gegen den geprüften Lehrer nicht vorliegen, so würde die Entscheidung der Stadt sich als „culpa in eligendo" darstellen und der Stadt der Gegenbeweis des § 831 Abs. I Satz 2 mißlingen.[1])

3. Wenn ferner der Direktor einem ungeprüften und ungeübten Lehrer Turnstunden aufbürdet und sich daran auch nicht durch dessen oben sub I 3 c β erwähnten Protest hindern läßt, so wäre hierin zwar ein direkter Verstoß der Stadt selber gegen § 831 nicht zu erblicken, sondern ein Verstoß des Direktors gegen die gleiche Norm; da aber zufolge §§ 89 und 31 die Stadt auch für Verschulden ihrer Organe einstehen muß (vgl. oben sub a), so ist der Schlußeffekt auch hier der nämliche.

c) Ganz ähnlich wie die Frage der Anstellung einer ungeprüften Kraft liegt übrigens die Frage, ob die Zulassung des „Kürturnens" (oben I 3 a β Nr. 4) an sich eine Fahrlässigkeit involviert, die

---

[1]) Es sei denn auch hier, daß dieser Beweis in der in der vorigen Anmerkung angedeuteten Spezialrichtung geführt werden kann.

dann natürlich den städtischen Organen und der Stadt selbst direkt (nicht etwa nur indirekt wegen der Mitwirkung des Turnlehrers bei diesem Teile des Turnbetriebes) zur Last fiele. Hier ist meine Auffassung aber milder. Zweifellos können freilich beim Kürturnen leichter und häufiger Unfälle eintreten; aber der erziehliche Wert dieser Einrichtung [1]) namentlich für die besseren Turner ist so erheblich, daß er die Furcht vor jener Möglichkeit der Unfälle in den Augen jeder verständigen Stadtleitung überwiegen dürfte.

d) Sofern nach dem bisher Gesagten eine Haftung der Stadt begründet ist, kann der Beschädigte sich nichtsdestoweniger direkt an diejenige Person halten, welche der eigentliche Urheber des Schadens war und daher auch persönlich dafür haftbar ist; das kann im Rahmen der Ausführungen sub I der Turnlehrer selber sein, oder z. B. im Rahmen der Ausführungen sub I 4 der Kastellan der städtischen Halle oder wegen mangelhafter sachlicher Fürsorge der Stadtbaurat (vgl. oben sub a) oder etwa in dem sub b β 3 geschilderten Falle der Direktor. Das Verhältnis nun zwischen dem eigentlichen Urheber des Schadens und der Stadt ist für den Fall, daß auch sie selber und zwar aus § 831 schuld ist, nach § 840 Abs. II zu entscheiden, d. h. zwischen ihnen wird der Fall so beurteilt, als trage der eigentliche Urheber des Schadens allein die Schuld. Es beantwortet sich dann also die durch den Stolper Vorgang gleichfalls angeregte Frage, ob die Stadt regreßberechtigt und der Turnlehrer regreßpflichtig ist, in bejahendem Sinne. Immerhin hängt natürlich — was zur Beruhigung der Turnlehrer ausdrücklich hervorgehoben werden mag — der Erfolg des Regreßanspruches der Stadt davon ab, ob der Lehrer den Unfall wirklich kausal verschuldet hat, d. h. ob eine direkte Klage gegen ihn Erfolg haben würde; dies wiederum ist nach den Ausführungen sub I in der Regel nicht anzunehmen.

2. Was im Anschluß an den Stolper Fall von einer städtischen Schule bemerkt wurde, gilt ebenso von anderen Kommunalschulen (z. B. Dorfschulen), [2]) aber auch von einer staatlichen Schule, nur daß als das eventuell haftbare Organ hier eben der Staat (der Fiskus) figuriert. Uebrigens ist dies nicht notwendig ein Landesfiskus (z. B. der preußische, bayerische usw.), sondern unter Umständen das Reich: so wegen der Marineschule in Kiel und wegen der Schulen in den Kolonien.

3. Auch bei Privatschulen gilt im Prinzip das sub 1 und 2 Erörterte. Doch werden insbesondere folgende Modifikationen eintreten:

a) Des Umwegs über §§ 89 und 31 (oben 1 a) bedarf es hier nicht, um die Haftung des Direktors oder der Vorsteherin zu begründen, es kommen vielmehr §§ 823 und 831 unmittelbar zur Anwendung. [3])

b) Im Falle 1 b β Nr. 1 und 2 würde die Ersatzpflicht hier wohl seltener

---

[1]) Vgl. in dieser Hinsicht analog das oben S. 144 Anm. 5 Bemerkte.

[2]) Vgl. aber unten S. 159 Anm. 1 und wegen eines anderen Einflusses des Unterschiedes der Schularten oben I 3 c δ Nr. 3.

[3]) Es fragt sich, ob hier die Klage gegen den Anstaltsvorsteher bezw. gegen die Vorsteherin nicht auch auf BGB. § 278 Satz 1 gegründet werden kann, weil ein Kontraktsverhältnis (zwischen dem Vorsteher und dem Kinde bezw. dessen Eltern) vorliegt; ich halte § 278 aber darum für unanwendbar, weil jener Vertrag auf Erteilung des Unterrichts (gegen Zahlung von Schulgeld), nicht auf Erhaltung der körperlichen Integrität gerichtet ist.

begründet sein, weil hier[1]) „der Geschäftsherr bei der Auswahl der bestellten Person“ (§ 831 Abs. I Satz 2) zumeist auf einen kleineren und nicht unbedingt erstklassigen Kreis von Kräften beschränkt ist und deshalb „die im Verkehr erforderliche Sorgfalt“ in dieser „Auswahl“ nicht schon lediglich darum als verletzt erscheinen kann, weil eine ungeprüfte oder ungeübte Kraft engagiert worden ist.[2])

III.

Außer dem eigentlichen Turnbetriebe lassen sich, wie ich bereits in der Einleitung bemerkte, noch einige verwandte Angelegenheiten in Betracht ziehen, für deren Beurteilung im wesentlichen jedoch eine analoge Anwendung der unter I und II entwickelten Grundsätze ausreichen wird und nicht viel Neues hervorzuheben ist.

1. An manchen Schulen[3]) besteht neben dem lehrplanmäßigen Schulturnen[4]) auch die Einrichtung des „freiwilligen Turnens der Schüler“, z. B. in Rendsburg[5]) seit etwa 20 Jahren derart, daß die Schüler an zwei Nachmittagen turnen und sich dabei selber beaufsichtigen mittels eines für jeden Nachmittag aus zwei Primanern oder Sekundanern gebildeten Aufsichtsorgans, das auf einer zu Beginn des Schuljahres ausgehängten Tafel verzeichnet ist; die Uebernahme der Aufsicht ist rein freiwillig, den sich dazu meldenden Schülern wird aber mitgeteilt, daß sie, wenn sie einmal das Ehrenamt angetreten haben, sich alsdann zugleich allen einschlägigen Obliegenheiten unterziehen und für Unregelmäßigkeiten verantwortlich sind; der Turnlehrer seinerseits beschränkt sich darauf, diesen freiwilligen Turnbetrieb bisweilen zu inspizieren. — In solchem Falle dürfte folgendermaßen zu entscheiden sein:

a) Wenn einer von den aufsichtführenden Schülern oder mehrere von ihnen[6]) an dem Unfalle schuld sind, so gilt für sie das gleiche wie sub I wegen des Turnlehrers.[7]) Ja, die rein sachliche Fürsorge (oben sub I 3 a α und b α) wird hier in den Pflichtenkreis des Aufsichtsführers noch weniger gehören, als in den des Turnlehrers,[8]) und „die im Verkehr erforderliche Sorgfalt“ wird sich daher nur auf den

---

[1]) Das gleiche wird übrigens wegen der Schulen kleinerer Gemeinden zu behaupten sein; so wenn der Turnunterricht in einer Dorfschule der jugendlichen, ungeprüften Lehrers- oder Pfarrerstochter übertragen wird.

[2]) Praktisch wäre also die Haftung nur in besonders gearteten Fällen, etwa bei Anstellung eines Quartaltrinkers, gegeben; aber selbst dann bliebe der Nachweis gemäß § 831 Abs. I a. E. nicht verschlossen, daß der Schaden ohnedies eingetreten wäre, weil er lediglich auf eigenes Verschulden des Kindes zurückzuführen ist oder sonst ohne Zusammenhang mit der minderen Tüchtigkeit der Lehrkraft eingetreten und z. B. in die solide Periode des Lehrers gefallen war.

[3]) Vgl. z. B. wegen Ratzeburg die Zeitschrift für Turnen- und Jugendspiel Jahrg. 9 Nr. 23 (9. Februar 1901) S. 367. Auch in den Kadettenkorps ist freiwilliges Turnen üblich.

[4]) Wenn der ganze Turnunterricht als solcher lediglich fakultativ ist, so ändert dies wegen der daran teilnehmenden Schülern an den Ausführungen sub I und II gar nichts. Vgl. unten S. 160 Anm. 5.

[5]) Nach persönlicher Mitteilung, die mir der Herausgeber der Zeitschrift für Turnen- und Jugendspiel gemacht hat.

[6]) Zu diesem Punkte im besonderen vgl. sub I 4 a β Nr. 2 cc.

[7]) Nur kommen, sofern der Aufsichtsführer das 18. Lebensjahr noch nicht vollendet hat, ihm unter Umständen die Sondervorschriften des § 828 Abs. II und des § 829 (auf die hier nicht näher eingegangen werden soll) zu gute.

[8]) Denn die oben S. 156 Anm. 1 angedeuteten Ausnahmefälle werden hier nicht vorliegen können.

Turnbetrieb (oben sub I 3 a β und b β)[1]) und auf die in der einzelnen Stunde erfolgende Aufstellung der Geräte usw. (vgl. oben sub I 3 b α) erstrecken.[2])

b) Was dagegen den Turnlehrer betrifft, der bisweilen den Turnbetrieb inspiziert, so kann er nur zu Schadenersatz verpflichtet werden, wenn ihn selber ein Verschulden trifft. Auch dieses richtet sich wieder nach den Grundsätzen sub I, die aber dadurch modifiziert werden, daß in demselben Maße und in denselben Grenzen, wie nach dem sub a Bemerkten die aufsichtführenden Schüler eine selbständige Verantwortlichkeit tragen, im allgemeinen die Fürsorgepflicht des Turnlehrers erlischt. Dieser wird höchstens dann — je nach der Sachlage allein oder zusammen mit dem Aufsichtsführer — verantwortlich sein, wenn er gerade im Augenblicke seines Inspektionsganges einen Mangel (sachlicher Art oder im Turnbetriebe, z. B. wegen der Hilfsstellungen) bemerkt und abzustellen unterläßt oder etwa, wenn ihm dieser Mangel gar schon vorher bekannt gewesen war.

c) § 831 (oben sub I 4 b β Nr. 2 bb) trifft dagegen hier nicht auf den Turnlehrer als solchen zu, sondern auf diejenige Person, welche zu Beginn des Schuljahres die aufsichtführenden Schüler bestellt hat; dies kann zwar eben der Turnlehrer, vielleicht aber auch der Klassenlehrer, vielleicht auch der Direktor gewesen sein.

d) Eine ganz andere, aber nicht unwichtige Frage ist es, ob die Tatsache der Zulassung des freiwilligen Turnbetriebes als solchen (und die näheren Anordnungen über seine Einrichtung) nicht an sich wegen der damit verbundenen besonderen Gefahren als eine gewisse Unvorsichtigkeit erscheinen wird, für die dann natürlich derjenige Faktor (Klassenlehrer, Direktor, Stadt- oder Provinzialschulbehörde) haftbar wäre, der diesen Betrieb gestattete, aber besser hätte verhindern sollen. Auch diese Haftung würde selbstverständlich davon abhängen, ob dem Richter § 823 Abs. I und § 276 Abs. I Satz 2 (oben sub I 3)[3]) anwendbar erscheinen, d. h. ob er in der Gestattung des freiwilligen Turnens eine Außerachtlassung der im Verkehr erforderlichen Sorgfalt findet; die Ansicht des Richters und der von ihm vielleicht befragten Sachverständigen wird aber wohl ähnlich wie wegen des Kürturnens (oben sub II 1 c) zumeist zu Gunsten eines derartigen — weit verbreiteten und wohlbewährten, namentlich aber auch erziehlich sehr wertvollen[4]) — freiwilligen Turnbetriebes und somit indirekt zu Gunsten des ihn gestattenden Faktors ausfallen. — Man wird jedenfalls nicht sagen dürfen, daß die Verantwortung auf die Eltern übergeht, welche ihre Kinder am freiwilligen Turnen teilnehmen lassen, und daß letzteres also lediglich auf Gefahr der Eltern bezw. der Kinder selber stattfindet. Rechtlich ließe sich eine solche Ansicht nicht begründen, denn für den Vertrag, welchen die Eltern betreffs der Kinder mit der Schulleitung schließen, macht es gewiß[5]) keinen Unterschied aus, ob derjenige Lehrgegenstand,

---

[1]) Einschließlich auch hier der jedesmaligen Aufstellung dislozierbarer Geräte (I 3 a α Nr. 4 bb und b β).

[2]) Man wird dem Aufsichtsführer die gleiche Anzeigepflicht — hier an den Lehrer — wegen der Mängel auferlegen müssen wie dort dem Lehrer (an den Direktor).

[3]) Und weiterhin §§ 89, 31 wegen der Stadt bezw. des Staates; vgl. oben II 1 a.

[4]) Vgl. oben S. 144 Anm. 5.

[5]) So auch wegen des eigentlichen Schulturnens (vgl. oben S. 159 Anm. 4), für welches es gleichgültig bleibt, ob der Staat bei Regelung des Schulwesens das Turnen unter die Zwangs- oder Wahlfächer stellen zu müssen glaubte.

auf welchen sich der Vertrag bezieht, zu den obligatorischen oder zu den fakultativen Fächern gehört; und dieser Vertrag ist ja vor allem nicht die Basis der Haftung, sondern [1]) ein außerkontraktliches Verschulden.

2. Die freiwilligen Vorturnerstunden sind im ganzen ebenso zu beurteilen wie das freiwillige Turnen der Schüler (sub 1). Nur wird beispielsweise die Verantwortlichkeit der Aufsichtsführer (vgl. 1 a) darum milder zu beurteilen sein, weil sie dem aus tüchtigeren und vorgeschritteneren Turnern bestehenden Material größeres Zutrauen in die eigene Besonnenheit schenken dürfen; [2]) und was die Zulässigkeit dieser Einrichtung (vgl. 1 d) betrifft, so wird sie (und damit die Verantwortungslosigkeit derjenigen Organe, welche die freiwilligen Vorturnerstunden gestatteten) um so zweifelloser sein, als hier nicht ein Selbstzweck für die freiwilligen Turner, [3]) sondern das Interesse des lehrplanmäßigen Schulturnens (durch Heranbildung tüchtiger Vorturner) verfolgt wird.

3. Für die Turn- und Jugendspiele werden zwar im Prinzip dieselben Rechtssätze wie für den Turnunterricht zur Anwendung gelangen; jedoch dürfte das Maß der dem Lehrer obliegenden Sorgfalt sich hier mit den mannigfaltig veränderten tatsächlichen Grundlagen gleichfalls verändern. Die Beschaffenheit des Platzes wird hier mehr Aufmerksamkeit in Anspruch nehmen als die der Utensilien; das wilde Durcheinander der Beteiligten und die erschwerte Uebersichtlichkeit des ganzen Betriebes wird im allgemeinen die Haftbarkeit des Lehrers mindern, andererseits ihn aber zu besonderen Vorsichtsmaßregeln (z. B. Fernhaltung der jüngeren Elemente von gefährlicheren Spielen, wie Fußball) nötigen. — Falls insbesondere die „sachliche Fürsorge" mißachtet worden war, kann sich übrigens der Kreis der haftenden [4]) Subjekte insofern erweitern, als die Spielplätze oft nicht der Schule bezw. der Kommune oder dem Staat, [5]) sondern gemeinnützigen Vereinen gehören, die dann auch bei unentgeltlicher Ueberlassung des Platzes an die Schulen je nach der Sachlage allein oder zusammen mit dem Turnlehrer bezw. den Schulorganen für Unfälle verantwortlich [6]) wären, die in Kausalzusammenhang gerade mit sachlichen Mängeln stehen.

4. Von den Turnspielen führt der Blick leicht zu den Schulfahrten hinüber, auf denen ja Bewegungsspiele und turnerische Uebungen einen breiten

[1]) Vgl. oben S. 139 Anm. 1.

[2]) Vgl. dazu S. 144 Anm. 5.

[3]) Mittelbar natürlich auch hier eine Hebung des Turnbetriebes, aber nicht in so ausgesprochener Weise.

[4]) Auch der Kreis der anspruchsberechtigten Subjekte erweitert sich hier; denn als neues Moment kommt die Möglichkeit einer Verantwortlichkeit gegenüber dem Publikum in Betracht; beispielsweise verlangt es „die im Verkehr erforderliche Sorgfalt" (oben sub I 3), daß die Zuschauer nicht allzu nahe in die Wurflinie der Bälle gelassen werden; gerade hier aber wird oft konkurrierendes Verschulden des Verletzten selber (oben I 4 a α) vorliegen und die Haftung der Spielleiter gemäß BGB. § 254 (ebenda sub b α) mindern bezw. aufheben. — Vgl. den (natürlich noch nicht nach den Normen des BGB. entschiedenen) von Schnell in der Zeitschrift für Turnen und Jugendspiel Jahrg. 6 Nr. 13 (vom 2. Oktober 1897) S. 199 ff. mitgeteilten Rechtsfall (Fehlgeburt als Folge des Umstandes, daß eine vorübergehende schwangere Frau von einem Schleuderball getroffen wurde).

[5]) Auch zwischen mehreren der im Text genannten Rechtssubjekte kann ein Zweifel wegen der Haftbarkeit oder eine gleichzeitige Haftbarkeit obwalten; so, wenn auf einem der Stadt gehörigen Spielplatze auch die Spielstunden für die Schüler der staatlichen Lehranstalten stattfinden.

[6]) Für die gemäß BGB. §§ 21, 55 ff. eingetragenen Vereine würde die Haftung aus BGB. § 31 (oben sub II 1 a) folgen; wegen uneingetragener Vereine (namentlich aus der Periode des älteren Rechts) vgl. unten sub IV 7 b.

Raum einnehmen. Hier gilt für die leitende Lehrkraft im allgemeinen das gleiche wie für den Turnlehrer (oben sub I); nur ruft auch hier die Veränderung der tatsächlichen Grundlagen manche Aenderung des Rechtseffektes hervor. So kann man von dem turnerisch nicht ausgebildeten Klassenlehrer nicht die gleiche Kenntnis und Beurteilung der mitgebrachten oder vorgefundenen Utensilien und Geräte (Ball, Reck, Barren; vgl. oben sub I 3 a α) verlangen wie vom Turnlehrer, und ferner führen die Unbekanntschaft mit dem gewählten Gelände, die erschwerte Beobachtung aller Schüler[1]) und die Ungebundenheit des Tones auf der Schulfahrt mildernde Momente ein.[2]) — Da ein Zwang (wenigstens ein positiver) zur Uebernahme der Leitung einer solchen Schulfahrt seitens des Direktors auf den Lehrer nicht ausgeübt werden kann, dürfte hier ein erfolgloser Protest gegen diese Uebernahme ihn in analoger Weise verantwortungsfrei machen, wie es sub I 3 c β (vgl. sub II 1 b β Nr. 3) ausgeführt wurde.[3]) Auch werden die etwaigen Unfälle sich hier zumeist weniger auf Fahrlässigkeit des Lehrers als auf eigenes Verschulden des Verletzten oder auf Verschulden der Mitschüler (oben sub I 4 a α und β Nr. 2 bb) zurückführen lassen und demnach den Lehrer entweder gar nicht oder nur in gemindertem Maße (oben sub I 4 b) belasten.

5. Soweit von den Schülern auch das **Rudern oder Segeln** betrieben wird, ist meines Erachtens zu unterscheiden, ob dieser Sport in den Rahmen des Unterrichts[4]) aufgenommen worden ist (etwa indem dieser Betrieb an Stelle jeder zweiten bezw. dritten Turnstunde tritt und vom Turnlehrer selber geleitet wird) oder nicht. In jenem Falle nämlich wäre die Verantwortlichkeit des instruierenden Lehrers der des Turnlehrers (oben sub I) gleich und auch hier wäre nicht nur das Uebungsmaterial (Böte, Ruder, Segel, Steuer), sondern auch der Uebungsplatz (das Fahrwasser, Untiefen, Stromschnellen) und der Betrieb mit seinen besonders hohen Gefahren[5]) zu beachten und je nach der Sachlage zu Gunsten oder Ungunsten des Lehrers zu berücksichtigen. Wird der Betrieb jedoch von der Anstalt nicht geleitet, sondern nur gestattet, etwa unter Aufsicht eines obligatorischen „Protektors", so ist dieser Fall analog dem oben sub 1 geschilderten freiwilligen Turnen der Schüler zu beurteilen, und insbesondere wird vielleicht die Zulassung dieses Betriebes oder seine konkrete Gestaltung an sich schon als Fahrlässigkeit der Anstaltsleitung (vgl. oben sub 1 d) aufzufassen sein.

6. Aehnliches wie für das Rudern und Segeln wird gelten müssen, wenn z. B. der **Wintersport**[6]) (Schlittschuhlauf, Schneeschuh, Rennwolf, Schneeballenkampf) in den Schulbetrieb aufgenommen wird oder wenn (namentlich in

---

[1]) Darum werden generelle Anordnungen, die zu Beginn der Fahrt erfolgten, zur Entlastung des Leiters genügen. Vgl. S. 144 sub Nr. 4 und S. 146 Anm. 2.

[2]) Gewisse besondere Gefahren, denen die Schüler namentlich in hygienischer Hinsicht unterliegen (Genuß kalten oder schlechten Wassers, Baden bei erhitztem Zustande), müssen andrerseits den Leiter der Fahrt, gleichviel ob er Turnlehrer ist oder nicht, zu besonderer Sorgfalt veranlassen.

[3]) Daß die Teilnahme an den Schulfahrten rein freiwillig ist, entlastet den Leiter der Fahrt bezw. die Schule keineswegs, da auch hier (wie wegen des Schulturnens, des freiwilligen Turnens und der freiwilligen Vorturnerstunden) jene Haftung nicht als Ausfluß des Vertrages der Eltern mit der Schule erscheint. Vgl. oben S. 139 Anm. 1 und S. 160 Anm. 5.

[4]) Ob fakultativ oder (wohl nur ausnahmsweise, etwa bei Kadettenkorps und bei der Marineschule) obligatorisch, wird auch hier gleichgültig sein; vgl. die vorige Anmerkung.

[5]) Es wird hier die Gefahr bloßer Körperverletzung oder Gesundheitsschädigung in den Hintergrund, die direkte Lebensgefahr (durch Ertrinken) in den Vordergrund treten.

[6]) Vgl. den Aufsatz von **Burgaß** in der „Zeitschrift für Turnen und Jugendspiel" Jahrg. 10 Nr. 1 und 2 (vom 13. und 27. April 1901) S. 6 ff. und 26 ff. — Wegen des Eislaufs vgl. unten sub 9.

größeren Alumnaten oder in den Kadettenkorps bezw. in der Marineschule) das Fechten, Reiten, Fahren, Radfahren, Schwimmen[1]) und Tanzen einen Unterrichtsgegenstand bildet. Nur wird sich „die im Verkehr erforderliche Sorgfalt" hier nach den einzelnen Uebungsarten naturgemäß verschieden gestalten, aber selbst beim Tanzen nicht ganz außer Betracht bleiben, da hier mindestens Mängel des Fußbodens und gefährliche Hindernisse zu beseitigen sind.

7. Einzelne der erwähnten Leibesübungen (Turnen, Fechten, Reiten) begegnen auch auf den Universitäten als Unterrichtsgegenstände.[2]) Da jedoch hier der auf Erteilung des Unterrichts gerichtete Vertrag[3]) nicht wie beim Schulunterricht (von den Eltern) mit der Anstalt, sondern (von den Studenten selber)[4]) unmittelbar mit dem Lehrer geschlossen wird, und da ferner dieser Lehrer nicht von der Anstalt angestellt, sondern lediglich zugelassen worden ist, so ergeben sich daraus einige Abweichungen an den Resultaten unter I und II.

a) Insbesondere kommt eine Haftung der Anstalt selber (der Universität) aus § 831 (oben sub II 1 a) in Fortfall, da sie diesen Lehrer nicht „bestellt" hat; um die Anstalt wegen Zulassung einer untauglichen Lehrkraft verantwortlich zu machen, müßte die Klage daher auf § 823 Abs. I basiert werden. Dem Kläger würden dadurch die Vorzüge der beiden in § 831 enthaltenen Vermutungen (die Vermutung der culpa in eligendo und die Vermutung des Kausalzusammenhanges zwischen ihr und dem Unfall) entgehen und die Beweislast würde durchaus zu seinen Ungunsten auf ihm ruhen.

b) Der Fecht-, Turn- oder Reitlehrer selber würde sich nicht auf die Subsidiarität der Haftung eines Beamten (§ 839 Abs. I, oben sub I 3 c ε) berufen können.

8. Wer außerhalb der Schule (oder Universität) Privatunterricht im Turnen — bei einem Orthopäden[5]) — oder etwa im Fechten, Reiten, Schwimmen, Radfahren erhält,[6]) wird im allgemeinen nur gegen den Lehrer (auf Grund des § 823 Abs. I) vorgehen können und nur in sehr seltenen Ausnahmefällen in der Lage sein, sich (auf Grund des § 831 Abs. I, oben sub II 1 a) an einen „Geschäftsherrn" zu halten. So etwa, wenn der Eigentümer[7]) eines

---

[1]) Werden, wie es an manchen Schulen der Fall ist, die Schüler von einem Lehrer zum Baden oder im Winter zum Schlittschuhlaufen geführt (etwa vom Turnlehrer, indem dafür die Turnstunde ausfällt), so wird dieser Fall am ehesten nach Analogie der Schulfahrten (oben Nr. 4) zu beurteilen sein.

[2]) Lediglich fakultativ, was aber nach den Bemerkungen S. 162 Anm. 3 u. 4 rechtlich bedeutungslos wäre.

[3]) „Dienstvertrag" im Sinne des BGB. §§ 611 ff. Vgl. oben S. 139 Anm. 1.

[4]) Bei Verbindungsstudenten ist es zumeist die Verbindung als solche, welche den Vertrag mit dem Fechtmeister oder Turnlehrer schließt; ihrerseits könnte sie höchstens wegen culpa in eligendo gemäß § 831 Abs. I Satz 1 und § 31 BGB. haftbar werden; daneben kämen bei Mängeln der der Verbindung gehörigen Waffen oder Turngeräte § 831 Abs. I Satz 2 und § 31 in Betracht. Wegen § 31 vgl. aber unten sub IV 7.

[5]) Man denke auch an die mediko-mechanischen Zander-Institute.

[6]) Als der dem Lehrer gegenüberstehende Vertragsteil können die Lernenden selber oder (z. B. bei Schwimmunterricht für Kinder) ihre Eltern erscheinen; doch ist dies für unsere Fragen belanglos. — Einen eigentümlichen circulus vitiosus habe ich selbst beobachtet, als ich das Radfahren lernte: die Polizei erteilte die Erlaubnis, in den Straßen der Stadt zu fahren, erst, wenn der Lehrmeister die diesbezügliche Erprobtheit des Schülers bescheinigte, und der Lehrmeister konnte diese Bescheinigung doch eigentlich nur ausstellen, nachdem der Schüler sich einigemal auf die Straße gewagt hatte, was dann eben ohne polizeiliche Erlaubnis geschehen mußte (Zusatz 1904).

[7]) Möglichenfalls mehrere Personen (z. B. offene Handelsgesellschafter) oder eine sog. juristische Person (z. B. eine Aktiengesellschaft).

Tattersalls oder einer Fahrradbahn eine ungeeignete Lehrkraft angestellt hat.[1]) — Als neues Moment bei derartigem Unterricht Erwachsener wird übrigens noch die Möglichkeit einer Regreßklage derjenigen Unfallversicherungsgesellschaft hinzutreten, welche dem bei ihr versicherten Verletzten die vorschriftsmäßig bedungene Entschädigung zahlen mußte.

9. Endlich sei bemerkt, daß bei gewissen Leibesübungen, wie beim Eislauf und Tennisspiel, Unterricht durch einen Lehrer nicht stattzufinden pflegt und daß hier zumeist auch von der Haftung einer Anstalt[2]) nicht die Rede sein kann.[3]) Diese Leibesübungen werden also in der Tat lediglich auf Gefahr der Beteiligten selber ausgeübt[4]) und ein etwaiger „Unfall" wird hier noch eher als beim Turnen (I und II) oder bei den sonstigen Leibesübungen (oben Nr. 5 und 6)[5]) als unglücklicher „Zufall" erscheinen, der dem Verletzten bezw. den Hinterbliebenen nicht einmal den Trost einer pekuniären Schadloshaltung gönnt.

IV.

Was schließlich die Turnvereine (und analog die Ruder-, Segel- und Radfahrvereine)[6]) betrifft, so ist hierbei mancherlei zu trennen:

1. Es ist zu unterscheiden,[7]) ob der Turnunterricht durch eine engagierte Lehrkraft erfolgt — deren gleichzeitige Mitgliedschaft im Verein die rechtliche Beurteilung nicht[8]) ändern würde —, oder lediglich als unbesoldetes Ehrenamt durch einen „Turnwart". Denn einmal wird man von einer besoldeten Lehrkraft zumeist darum eine größere Sorgfalt beanspruchen dürfen, weil sie im allgemeinen geübter und oft (vgl. oben sub I 3 c) staatlich geprüft sein wird.[9]) Vor allem aber muß „die im Verkehr erforderliche Sorgfalt" eine mildere erscheinen, wenn es sich um die minder schulgemäße Betriebsleitung durch einen Vereinsgenossen handelt.

2. Für jeden Vereinsturnlehrer, mag er (vgl. sub 1) engagiert sein oder das Ehrenamt eines Turnwartes bekleiden, kommen sodann im Gegensatze zum Schulturnlehrer folgende Momente in Erwägung und zwar mit dem Ergebnisse, daß seine Haftung zugleich mit dem Maße seiner Fürsorgepflicht herabgesetzt wird:

---

[1]) In einem konkreten Falle hat der Faktor der Fahrradhandlung, welcher den Unterricht erteilte, einem bejahrten Schüler einen Stoß gegeben, damit jener „das Fallen lerne"; für die Beschädigung müßte der Eigentümer der Handlung aufkommen, wenn ihm ein derartiges Gebaren des Faktors bekannt ist.

[2]) Oder eines Vereins (unten sub IV).

[3]) Ein Beispiel des Gegenteils ließe sich etwa dahin denken, daß ein Kadett ins Wasser fällt (und sich durch Erkältung eine Gesundheitsschädigung zuzieht), weil die Anstaltsorgane es versäumt haben, die unsicheren Stellen des Sees kennzeichnen zu lassen, auf welchem die Kadetten dem Eissport huldigen dürfen.

[4]) In dem in der vorigen Anmerkung konstruierten Falle würde bei Verunglückung eines Erwachsenen diesem bezw. seinen Hinterbliebenen der Pächter der Eisbahn haftbar sein, bezw. auch wegen nachweisbarer Fahrlässigkeit der Polizei aus § 31 (oben sub II 1 a) die Kommune.

[5]) So z. B. wenn beim Tennisspiel der Ball einem der Spieler das Auge verletzt.

[6]) Reitvereine haben oft nur den Charakter vorübergehender Organisationen.

[7]) Diesen Unterschied deutet auch, jedoch seine Tragweite nicht immer richtig erkennend, Weber in dem oben S. 138 Anm. 7 erwähnten Aufsatz S. 389 an, während er S. 391 irrig einen Vertrag zwischen dem Turnenden einerseits und dem Verein andrerseits leugnet; der Vertrag wird durch die Beitrittserklärung und Aufnahme des Mitgliedes geschlossen, ist aber (vgl. oben S. 163 zu Anm. 4) für die Haftung aus „unerlaubten Handlungen" bedeutungslos.

[8]) Oder nur, wenn dieser Lehrer zugleich Vorstandsmitglied ist und deshalb nach dem unten sub 6 Bemerkten besondere Pflichten hat.

[9]) „Beamter" im Sinne des BGB. § 839 (oben sub I 3 c ε) ist betreffs seiner Nebentätigkeit in einem Turnverein auch der staatlich angestellte Turnlehrer nicht.

a) Die Disziplinargewalt[1]) des Vereinslehrers ist eine viel geringere als die des Turnlehrers. Auch hat er der Eigenart der Vereinsmitglieder (ihrer vorgeschritteneren körperlichen und intellektuellen Reife, ihrem Selbstbestimmungsrechte und ihren besonderen Neigungen und vielen anderen Umständen) weit mehr Rechnung zu tragen; er wird also zum „Individualisieren" (oben I 3 a β Nr. 5) viel stärker genötigt sein, als der Schulturnlehrer, und beispielsweise auch bei der Riegeneinteilung auf Sonderwünsche größere Rücksicht nehmen müssen.

b) Die Fälle des „Massenturnens" mit der geringeren Verantwortlichkeit des Lehrers (oben sub I 3 a β Nr. 1 bb und b β) werden hier viel häufiger vorliegen, als die dem „Klassenturnen" analogen Fälle. Darum darf und muß sich der Vereinsturnlehrer, zumal in größeren Vereinen und größeren Hallen, weit mehr auf die Hilfskräfte — die Vorturner, unten sub 5 — verlassen, als der Turnlehrer.

c) Dem (unbeaufsichtigten) Kürturnen[2]) (oben sub I 3 b β Nr. 4) darf und muß mit Rücksicht auf die sub a hervorgehobenen Momente ein viel breiterer Raum verstattet werden als auf der Schule.

d) Einen Unterschied macht es natürlich, ob es sich um das Turnen der erwachsenen Vereinsmitglieder handelt oder um das einer Jugendabteilung; denn wenngleich sich die „im Verkehr erforderliche Sorgfalt" beim Vereinsturnen im Gegensatze zum Schulunterricht zugleich aus dem kameradschaftlichen „Verkehr" innerhalb des Vereins abmißt (oben sub a, unten sub 3 a), so fällt dies die Sorgfalt mindernde Moment betreffs der Zöglingsabteilung fort, und wir werden hier im allgemeinen zu denselben Ergebnissen gelangen wie hinsichtlich des Schulunterrichts.

e) Insbesondere wird die „sachliche Fürsorge" (oben sub I 3 a α) beim Vereinsturnen eine andere Gestalt als beim Schulturnen annehmen. Denn erstens darf sich der Vereinslehrer in diesem Punkte gleichfalls mehr auf die erwachsenen, gewiegten Vorturner und auch auf die Turner selber verlassen, als der Schullehrer; und vor allem fehlt dem Vereinslehrer überall da, wo nicht die Halle und die Geräte Eigentum des Vereins selber sind, sowohl die Gelegenheit wie die Befugnis, bei der Anschaffung, Anbringung und zeitweiligen Prüfung der Geräte mitzuwirken. Hier ist er darauf angewiesen, sich auf die sachgemäße Kontrolle von anderer Seite zu verlassen (die dann ihrerseits wegen nachweisbarer Fahrlässigkeit den Beschädigten haftbar wäre,[3]) vgl. oben sub II 1 b α), und seine Fürsorgepflicht beschränkt sich daher auf Berücksichtigung[4]) offenbar gefährlicher Mängel der Geräte, der Turnhalle usw.

f) Die Turn- und Jugendspiele werden hier der gleichen Beurteilung unterliegen wie auf den Schulen, und den Schulfahrten werden die Turnfahrten entsprechen (als Mischung aus beiden stellen sich die an vielen Orten sehr beliebten Kriegsspiele dar). Nur wird man mit Rücksicht auf die sub 1 und 2 a (und unten sub 3 a) angestellten Erwägungen oft zu einem Resultate gelangen, das für den Vereinsturnlehrer noch günstiger ist, als für den Schulturnlehrer.

---

[1]) Zu diesem Punkt vgl. auch unten sub 3 a.

[2]) Auf den Unterschied zwischen Riegen- und Kürturnen weist Weber a. a. O. S. 391 mit Recht hin.

[3]) Auch wenn die Benutzung der Halle unentgeltlich gestattet wurde.

[4]) D. h. je nach der Sachlage, z. B. Verbot der Benutzung eines defekten Gerätes und Bitte um Beseitigung von Mängeln der Halle durch die maßgebenden Faktoren (Stadtverwaltung usw.).

g) Auch bei Vereinsfesten mit turnerischen Veranstaltungen müssen natürlich die leitenden Kräfte die im Verkehr erforderliche Sorgfalt (z. B. betreffs der Befestigung der auf der Bühne benutzten Geräte) walten lassen, während für ein Schauturnen (in der Halle oder im Freien) kaum andere Gesichtspunkte Geltung beanspruchen werden, als für die regelmäßigen Uebungsabende.[1])

3. Der Charakter des Vereins selber kommt aus folgenden Gründen in Betracht:

a) Die Disziplinargewalt (oben sub 2 a), welche der engagierte Lehrer, der Turnwart und die Vorturner beanspruchen können und müssen, wird in umgekehrt proportionalem Verhältnis zu der durchschnittlichen Bildungs- und Gesellschaftsstufe der Vereinsmitglieder stehen. Die Mitglieder eines Vereins, der sich ausschließlich aus dem gewöhnlichen Handwerkerstande rekrutiert, können und müssen schärfer angefaßt und strenger beaufsichtigt werden als die Mitglieder eines studentischen Turnvereins, und zwischen diesen beiden Extremen gibt es eine Menge Zwischenbildungen, denen der Richter Rechnung zu tragen hat, wenn er die „im Verkehr" auf dem Turnplatze „erforderliche Sorgfalt" richtig beurteilen will.

b) Eine besondere Stellung nehmen Turnlehrer- und -lehrerinnen-vereine insofern ein, als hier die leitenden Organe auf die eigene Fachkenntnis der Mitglieder bauen können.

c) Ob es sich um einen Männer- oder Frauenturnverein handelt, kann einmal wegen der oben sub I 3 c δ Nr. 1 hervorgehobenen Momente von Bedeutung werden und sodann (entsprechend dem sub a Bemerkten) darum, weil das Maß der gegenüber dem „zarten Geschlecht" seitens der Vereinsleitung anwendbaren und empfehlenswerten Energie wohl auch ein geringeres sein dürfte.

4. Neben dem Vereinslehrer (oder je nach der Sachlage vielleicht allein, vgl. oben sub I 4 b) kann auch der „Zeugwart" des Vereins haftbar werden, wenn er das Uebungsmaterial zu prüfen hatte und diese Kontrollpflicht fahrlässig ausübte. Diese Prüfungspflicht bleibt nicht etwa außer Betracht, weil das Amt des Zeugwarts ein unbesoldetes Ehrenamt ist, aber sie wird sich nur auf etwaige Eigentumsobjekte des Vereins (z. B. die diesem gehörigen Hanteln und Keulen) beziehen, nicht auf die Geräte, Matratzen usw., welche in einer von dem Verein benutzten städtischen Halle der Stadt gehören. Derartige Stücke, wenn sie unbrauchbar sind, unbenutzt zu lassen, gehört hier in den Pflichtenkeis des Turnwarts (oben sub 1 und 2 a) und der Vorturner.

5. Denn auch die Vorturner haften trotz der Unentgeltlichkeit ihres Ehrenamtes. Ihnen werden aber alle diejenigen Umstände zu Gute kommen, welche schon zu Gunsten des Vereinsturnwarts hervorgehoben wurden (oben sub 2). Im Vergleiche zu den Vorturnern beim Schulunterricht kann es für sie in den Augen des Richters von Nachteil sein, daß sie vermöge ihrer gereifteren Einsicht gewissenhafter und überlegter zu Werke gehen mußten.

6. Der übrige „Vorstand" des Turnvereins — neben dem Turnwart (oben sub 1—3) und dem Zeugwart (oben sub 4) —, beispielsweise also der „Ordner" oder der „Kassenwart", wird höchstens unter ähnlichen Voraussetzungen haftbar werden wie die hinter dem Schulturnlehrer stehenden Organe (Direktor, Kommune, Staat, oben sub II 1 a), d. h. etwa wegen

---

[1]) Nur etwa, daß hier wie bei den Jugendspielen auch auf den Schutz des Publikums Bedacht genommen werden muß; vgl. oben S. 161 Anm. 4.

Engagements eines untüchtigen Turnlehrers (ebenso wegen Zulassung eines untüchtigen Vereinsmitgliedes zum Amte eines Turnwarts) oder indem man aus unangebrachter Sparsamkeit Geräte u. dergl. für alt oder von einem unzuverlässigen Fabrikanten kaufte.

7. Die Frage, ob auch der Turnverein als solcher mit seinem Vereinsvermögen vom Verletzten in Anspruch genommen werden kann, läßt sich aus rein rechtlichen Gründen nicht mit einem einfachen „Ja“ oder „Nein“ beantworten, sondern führt zu weiteren Unterscheidungen:

a) Wenn der Verein gemäß BGB. §§ 21, 55 ff. ins amtsgerichtliche Vereinsregister eingetragen ist, so haftet er für Verschulden seiner Organe (Vorstand, Turnwart, Zeugwart, oben sub 6, 1—3, 4) aus BGB. § 31 (oben sub II 1 a), sobald diese „verfassungsmäßig berufenen Vertreter in Ausführung ihrer Verrichtungen“ einen Schaden verursacht haben; er haftet aber auch für die Handlungen der engagierten Turnlehrer aus BGB. §§ 831 und 31 (ebenda) auf Grund vermuteter culpa in eligendo.

b) Wenn der Verein dagegen nicht eingetragen ist, kann § 31 und die dort für Vereine statuierte sog.[1]) „Deliktsfähigkeit“ nicht Platz greifen; es wird demnach ein solcher Verein, wenn er unter der Herrschaft des BGB. (d. h. am 1. Januar 1900 oder später) gegründet worden ist, gemäß BGB. §§ 54, 705 ff. als bloße „Gesellschaft“ zu betrachten und für unerlaubte Handlungen der Repräsentanten nicht verantwortlich zu machen sein; wenn er dagegen vor der Aera des BGB. (d. h. spätestens am 31. Dezember 1899) gegründet worden ist, bleiben für die Angelegenheiten eines solchen Vereins gemäß Artikel 170 des Einführungsgesetzes zum BGB. „die bisherigen Gesetze maßgebend“, d. h. es ist[2]) auf jeden solchen älteren Verein dasjenige frühere Partikularrecht[3]) anzuwenden, in dessen Bereich er entstanden war. Auf die mannigfachen Abweichungen dieser zahllosen älteren Rechtssysteme untereinander kann hier aber nicht eingegangen werden.

8. Aus dem gleichen Grunde — wegen der Anwendbarkeit der älteren Rechtssysteme — muß eine Antwort darauf unterbleiben, ob neben dem physischen Urheber des Schadens ein anderer Faktor haftbar ist, wenn der Unfall bei den Veranstaltungen stattfindet, welche ein Gau oder ein Turnkreis oder die deutsche Turnerschaft arrangiert hat. Sowohl die Gaue, zu denen die mehreren Vereine, wie die Kreise, zu denen die mehreren Gaue zusammengeschlossen sind, wie endlich die deutsche Turnerschaft, welche alle deutschen und einige außerdeutschen[4]) Turnvereine umfaßt, haben allerdings Repräsentativorgane, und auf den Gau- und Kreisturnfesten und auf den deutschen Turnfesten ereignen sich bisweilen Unfälle, die vielleicht auf gewisse Fahrlässigkeiten zurückgeführt werden können. Doch wird gerade betreffs solcher lebhaft besuchten Feste der Begriff der „im Verkehr erforderlichen Sorgfalt“ eine mildere Beurteilung erheischen, weil sich hier alle die Entschuldigungsmomente vereinigen und steigern, welche wegen des Massenturnens, des Kürturnens und der Schulfahrten geltend gemacht wurden.

9. Die Vereine, Gaue und Kreise, sowie die deutsche Turnerschaft haben

[1]) Vgl. genauere Prüfung unten § 75 (Zusatz 1904).

[2]) Dies ist jedoch nicht unbestritten.

[3]) Z. B. Allgemeines Landrecht für die Preußischen Staaten oder Sächsisches BGB. oder römisch-gemeines Recht usw.

[4]) Wegen dieses Umstandes ragt sogar das „Internationale Obligationenrecht“ in den Rahmen unserer Erörterungen hinein.

in weitgehendem Maße auf eine Unfallversicherung der Turner Bedacht genommen; diese wird zu Regreßansprüchen der Versicherungsunternehmungen gegen die Urheber der Unfälle führen können, mit Erfolg aber natürlich nur, wenn die Urheber auch auf die Klage des Verletzten zur Entschädigungsleistung verurteilt werden würden.

V[1]).

Was den gegenwärtigen Stand der in meinem Gutachten[2]) behandelten Angelegenheit und der damit verwandten Fragen[3]) betrifft, so sei folgendes bemerkt:

1. Es ist über alles dieses inzwischen viel geschrieben[4]) worden,[5]) teils in selbständigen Monographien, teils in Zeitschriften — und hier wiederum sowohl in juristischen wie in pädagogischen —, teils in der Tagespresse. Die einschlägigen Bemerkungen lassen sich in folgende Gruppen[6]) teilen:

a) die Haftpflicht der Lehrer überhaupt[7]) bezw. der Schulgemeinde;

---

[1]) Zusatz 1904; vgl. oben S. 139 Anm. 5, S. 140.

[2]) Besprechungen meines Gutachtens vgl. durch Linckelmann im Jur. Literaturbl. XIII Nr. 9 (Berlin, 1. Nov. 1901) S. 200/201; durch Wickenhagen in den Bl. f. höheres Schulwesen XVIII, 9 v. Sept. 1901, S. 145, sowie in der „Deutschen Turnzeitung" 1901 Nr. 37 S. 793; Wandt ebenda Nr. 18 S. 823; anonym in der Deutschen Litteraturzeitung XXII, 44 (Berlin u. Leipzig, 2. Nov. 1901) S. 2799; vgl. auch Dunker in der Zeitschr. f. Turnen und Jugendspiel X, 15 vom 26. Okt. 1901 S. 232.

[3]) Insbesondere die Frage, wieweit der Lehrer für Unfug haftet, den die Schüler (namentlich bei Schulfahrten) dritten Personen bezw. deren Gütern zufügen (BGB. §§ 832 ff.); ferner Haftung bei Ueberschreitung des Züchtigungsrechts und für Unfälle in der Chemiestunde. Ueber Haftpflichtversicherung vgl. unten sub 3.

[4]) Auch gespöttelt; vgl. Kladderadatsch vom 15. Dezember 1901.

[5]) Ich hatte mir das einschlägige Material, soweit es mir bekannt wurde, eine Zeitlang notiert, weil ich ein neues, erweitertes Gutachten plante; letzteres gab ich dann später auf, da ich es wegen des Wiedereintrittes der Beruhigung (vgl. unten sub 3) für entbehrlich hielt; meine nachfolgenden literarischen Notizen (die jedoch nicht auf absolute Vollständigkeit Anspruch erheben) dürften immerhin von Interesse bleiben; vgl. unten sub 5.

[6]) Ueber die Frage, ob der durch einen ungeschickten Schüler verletzte Lehrer selber Ersatzansprüche hat, vgl. oben S. 132 Anm. 1. Beschädigt sich jemand, der sich zum Turnlehrer- oder lehrerinnenexamen vorbereitet, so ist für ihn die Sach- und Rechtslage genau dieselbe, wie nach dem sub I Ausgeführten für einen Schüler, d. h. es kommt darauf an, ob einen Andern (insbes. den ausbildenden Lehrer) ein Verschulden trifft. Ueber Verletzung der Lehrerin durch eine umstürzende Wandtafel vgl. Entsch. des Reichsgerichts vom 24. März 1904 (287/03) in der Jur. Wochenschr. 33 (1904) S. 284 ff. und im „Recht" VIII (1904) Nr. 13 S. 359 (Nr. 1607).

[7]) Monographien: H. O. Lehmann, Die Haftpflicht der Lehrer nach dem BGB. (Ansprache, gehalten im Marburger Lehrerverein), Marburg, Elwert, 1901; Priester, Die Haftung der Lehrer und der Schulgemeinde, Berlin, Walter, 1903; Schiller, Die Haftpflicht der Lehrer an deutschen Volksschulen, Leipzig (Hahn) 1901; Winter, Die Schadensersatzpflicht, insbesondere die Haftpflicht der Lehrer nach neuem bürgerlichen Recht (Heft 188 des Pädagogischen Magazins, Abhandlungen im Gebiete der Pädagogik, herausg. von Mann), Langensalza 1902; ferner (mir nicht zugänglich gewesen) Külz, W., Haftbarkeit des Lehrers bei Ausübung seines Berufs, 2. Aufl., Leipzig 1901. — Einzelaufsätze: Frick in der Monatsschrift für Stadt und Land, herausg. von v. Nathusius und v. Hassel, Jahrg. 58 (1901) S. 1305 ff.; Fuld in Reklams Universum Jahrg. 18 Heft 23 (30. Jan. 1902) S. 549 f.; Gumbinner in der Deutschen Juristenzeitung Jahrg. VI (1901) Nr. 19 S. 430; Haase im Preuß. Volksschularchiv, herausg. von v. Rohrscheidt, Jahrg. I, Berlin 1902, S. 3 ff.; Herrlich im Pädagog. Wochenbl., herausg. von Penner, XI, 4 (Leipzig, 23. Okt. 1901) S. 28 f.; Knörk im „Tag" vom 26. Sept. 1901, Th. I; Kulemann in der Rechtsbeilage zur Pädagogischen Zeitung, herausg. von Paeßler, IV Nr. 10 und 11 (Berlin, 31. Okt 1901) S. 37 ff.; Oehler, Noch einmal die Haftpflicht der Lehrer, im Preuß. Volksschularchiv Jahrg. II (1903) S. 213 ff.; Raschke, Marie, in der Zeitschr. f.

b) die Haftpflicht des Turnlehrers im besonderen;[1]) die Haftpflicht bei Schulausflügen;[2]) die Haftpflicht bei Ueberschreitung des Züchtigungsrechts[3]) (man denke jetzt an den „Fall Dippold", sowie an die Fälle Dedìtius und Eckert);
c) die Haftpflichtversicherung der Lehrer;[4])
d) die Haftung bei körperlichen Uebungen,[5]) insbesondere beim Vereinsturnen.[6])

2. Auch einige behördliche Erlasse bezüglich dieser Fragen sind zu verzeichnen; so insbesondere ein solcher des preußischen Kultusministers[7]) und ferner[8]) Verfügungen der Kgl. Regierungen zu Frankfurt a. O., Köslin und Schleswig-Holstein.

3. Die hochgradige Erregung (vgl. oben sub I 1), die u. a. dazu geführt hatte, daß die Lehrer sich weigerten, die Leitung von Schulspazierfahrten zu übernehmen, hat sich entschieden gelegt; es hängt das damit zusammen, daß inzwischen vielfach darauf aufmerksam gemacht worden ist, daß die Beunruhigung nicht zum wenigsten zurückzuführen ist auf mehr oder weniger übertriebene Darstellungen seitens der Haftpflichtversicherungsunternehmungen, welche die Lehrerschaft und die Mitglieder der Turn- und Sportsvereine gern für diesen

---

popul. Rechtskunde Bd. 2 (Berlin 1901) S. 10 ff.; Winter im „Recht" VI (1902) S. 39 u. 69 und dagegen Francke in den Blättern f. Rechtspflege in Thüringen und Anhalt, herausg. von Unger, Bd. 49 (N. F. Bd. 29), Jena 1902, S. 162 f.; vgl. auch Breit im Sächs. Arch. 13 (1903) S. 681. — Vgl. auch Neumann, Jahrbuch I 1 S. 489/490.

[1]) Vgl. Pulwer in der Zeitschrift für Turnen und Jugendspiel (oben S. 138 Anm. 6) X, 18 (7. Dez. 1901) S. 173 f. und anonyme Aufsätze im Pädag. Wochenbl. X, 36 (26. Juni 1901) S. 284 f. und in Kannengießers Korrespondenz-Blatt IX, 22 (Schalke, 16. Nov. 1901) S. 341.

[2]) Brandis in der Rechtsbeilage zur Pädagogischen Zeitung IV, 9 (v. 26. Okt. 1901) S. 33 f. und E. P. im Pädag. Wochenbl. X, 36 (v. 26. Juni 1901) S. 284 f.

[3]) Stegemann in der Rechtsbeilage zur Pädagog. Zeitung IV, 10 u. 11 (31. Okt. 1901) S. 41 und dazu unter Abdruck einiger Erkenntnisse die Rechtsschutz-Kommission des deutschen Lehrervereins ebenda S. 42 f.; vgl. auch Schiller a. a. O. (oben S. 168 Anm. 7) S. 13 ff., Haase a. a. O. (ebenda) und Neumann, Jahrb. I 1 S. 502 Note 9 b.

[4]) Ancker im Preuß. Verwaltungs-Blatt Jahrg. 23, 1902, S. 657 ff; Kötz in Kannegießers Korrespondenz-Bl. IX, 21 S. 328; ferner die Rechtsschutz-Kommission des deutschen Lehrervereins in der Rechtsbeilage zur Pädag. Zeitung IV, 6 (v. 13. Juni 1901) S. 21 f.; der Geschäftsausschuß desselben Vereins in der Pädag. Zeitung XXX, 20 v. 16. Mai 1901 S. 333 ff.; vgl. bereits ebenda Nr. 9 v. 28. Febr. 1901 S. 143 f.; der Vorsitzende der Versicherungskommission desselben Vereins in der Rechtsbeilage IV Nr. 10/11 S. 40 f.; Schrör in der Monatsschrift für das Turnwesen Jahrg. 20 (Berlin 1901) Nr. 8 S. 238 ff., ferner Schiller a. a. O. (oben S. 168 Anm. 7) S. 23 f.

[5]) Samtleben in der Pädagog. Reform Jahrg. XXVI Nr. 5 und 6, Hamburg d. 29. Jan. u. 5. Febr. 1902; ein Anonymus im Pädagog. Wochenbl. X Nr. 35 v. 19. Juni 1901 S. 274 f. — Ueber die strafrechtliche Seite beim Sport vgl. eingehend die Leipziger Dissertation von Karding, Straflose vorsätzliche Körperverletzung bei Bewegungsspielen, Freiburg 1902.

[6]) Hierüber habe ich einen kurzen Bericht erstattet im Rundschreiben des Kreises I Nordosten der deutschen Turnerschaft 1902 Nr. 3 (7. März 1902) S. 251 f., der dann mit geringen Veränderungen ferner abgedruckt wurde im Kreisblatt des X. deutschen Turnkreises 1902 S. 83 ff. und in den Akadem. Turnbundsblättern Jahrg. XV, 1902, S. 223 ff. (und darüber Neumann, Jahrbuch I 1 S. 489/490).

[7]) Vgl. Pädagog. Wochenbl. XI Nr. 4 vom 23. Okt. 1901 S. 29 f. (Im Centralblatt für die gesamte Unterrichtsverwaltung 1901 — und auch 1902 — habe ich diesen Erlaß nicht abgedruckt gefunden.)

[8]) Vgl. Preuß. Volksschularchiv a. a. O. S. 21 f., 16 ff. und 117.

neuen Versicherungszweig [1]) gewinnen wollten. Hiergegen wurde mit Recht betont, daß z. B. die Haftpflichtversicherung der Lehrer wohl überhaupt entbehrlich [2]) sei, weil ein Lehrer, der seine Pflichten gewissenhaft erfüllt, eben nicht wegen fahrlässiger Handlungsweise ersatzpflichtig werden kann (vgl. oben I 3), und es wurde ferner mit Recht darauf hingewiesen, daß, wenn man die Lehrer gegen Haftpflicht versichert zu sehen wünschte, es dann nicht sowohl Sache der Lehrer selber wie Sache des Schulhalters (Stadt, Kommune) sei, die Versicherung zu Gunsten der Lehrer abzuschließen und die Prämien zu bezahlen.

4. Bei dieser Gelegenheit wurde dann auch zugleich darauf hingewiesen, daß die Lehrer, soweit sie „Beamte" seien, auch wegen der Erhebung des sog. Kompetenzkonfliktes in den meisten Staaten eine prozessualische Sicherheit mehr gegen den sie auf Schadensersatz belangenden Kläger genössen; und ferner darauf, daß die Situation im gegenwärtigen Recht (BGB. §§ 823 ff.) sich im wesentlichen nicht unterscheide von derjenigen, welche in den meisten deutschen Partikularrechten vor Inkrafttreten des BGB. maßgebend war, daß jedoch in der Zeit vor dem 1. Januar 1900 kaum [3]) etwas über einschlägige Prozesse bekannt geworden sei.

5. Immerhin finden sich aus der Zeit nach dem Inkrafttreten des BGB. in großer Zahl Nachrichten über derartige Prozesse; [4]) es wäre also zweifellos

---

[1]) Vgl. über die Lehrerhaftpflichtversicherung auch Manes, Die Haftpflichtversicherung, Leipzig 1902, S. 241 f.; daselbst S. 162/163 über sportliche Haftpflichtversicherung (Radfahrer, Bootbesitzer, Automobilisten, Hunde-, Pferde- und Wagenbesitzer, Jäger und Schützen), jedoch nicht zur Frage des Turnens.

[2]) Der Sächsische Lehrerverein ist eine Versicherung nicht eingegangen; vgl. Zeitschr. für Turnen und Jugendspiel X, 14 S. 224. — Einzelheiten über Haftpflichtversicherungen vgl. z. B. in Eckler's Monatsschr. f. Turnwesen XX, 10 (Berlin 1901) S. 316. Für entbehrlich hält sie auch Bernhöft (oben S. 113 Anm. 2) S. 226.

[3]) Vgl. z. B. oben S. 161 Anm. 4.

[4]) Aus den vorstehend erwähnten Abhandlungen vgl. einschlägiges Material z. B. in der Rechtsbeilage zur Pädag. Zeitung IV, 6 S. 21 (Ueberschreitung der Disziplin) und Brandis ebenda IV, 9 S. 34 (Schülerausflug; Verletzung einer schwangeren Zuschauerin durch einen Schleuderball); Frick in Monatsschrift für Stadt und Land a. a. O. S. 1306 (Schulturnen); ferner ein Erkenntnis des Pr. Oberverwaltungsgerichts vom 27. Mai 1902 (I, 865) im Centralbl. f. d. Unterrichtsverwaltung 1902 S. 501, in den Entscheidungen des Oberverwaltungsgerichts Bd. 41 (1903) S. 451 ff. (vgl. auch Oehler, oben S. 168 Anm. 7, S. 16 f.) und im Volksschularchiv (oben S. 168 Anm. 7) S. 299 ff. (Verletzung durch Hinfallen beim Einsammeln der Federhalter). Sodann Deutsche Turn-Zeitung 1901 Nr. 42 S. 904, Nr. 43 S. 927, Nr. 49 S. 1051; Deutsche Turn-Zeitung für Frauen III Nr. 26 (Krefeld, 22. Dez. 1901) S. 206 f.; Fischer in der Zeitschrift für Turnen und Jugendspiel (oben S. 138 Anm. 6) X, 14 S. 244. Ueber einzelne in der Tagespresse besprochene Fälle habe ich mir ferner Notizen gemacht aus der „Kgl. privil. berlinischen Zeitung" (Vossische) vom 5. August 1903 Nr. 362, Abend-Ausgabe (Ueberschreitung des Züchtigungsrechts), „Nord-Ostsee-Zeitung" vom 22. Oktober 1901 Nr. 497, Abend-Ausgabe, sowie „Deutsche Zeitung" vom 18. Dez. 1901 Nr. 296 (Explosion in der Chemiestunde), „Nord-Ostsee-Zeitung" vom 8. April 1903 Nr. 167, Abend-Ausgabe, und Beiblatt der „Hanseatischen Gerichtszeitung" Jahrg. 23 (Hamburg 1902) Nr. 146 S. 238 ff. (Eisglitsche auf dem Schulhof). Noch auf ALR. (I, 6 § 10) fußt die schon S. 112 Anm. 4 erwähnte Entsch. des Reichsgerichts vom 21. März 1901 (VI 13/01) Bd. 48 (1901) Nr. 75 S. 343 ff. (vgl. auch Neumann, Jahrbuch I 1 S. 471 Note r), wonach einen Radfahrer der Vorwurf groben Verschuldens trifft, wenn er eine verkehrsreiche, im Gefälle liegende Straße herabfährt, ohne das Rad so in der Gewalt zu haben, wie auf ebener Straße, und wenn er dabei eine Fahrgeschwindigkeit einschlägt, die es ihm unmöglich macht, sofort abzuspringen; auf das Gemeine Recht bezieht sich eine Entsch. des Reichsgerichts vom 7. Februar 1902 (III 382/01) in der Jurist. Wochenschrift Jahrg. 31 (1902) Nr. 21 f. S. 176/177 Nr. 48 (der Gemeindevorstand hat auf dem Spielplatz der Dorfjugend einen Steg unvorsichtig an die Freipfosten des Leiterhäuschens angelehnt). — Auf Radfahrer bezüglich auch die Entsch. des OLG. Kolmar vom 5. Dez. 1902 im „Recht" VI (1902) S. 613 Nr. 2787 und bei Warneyer II S. 71/72 (Nr. 17 zu § 823).

denn doch eine allzu optimistische Auffassung, wollte man der Frage nach der Haftpflicht der Lehrer und der Haftpflicht beim Sport[1]) jede Bedeutung absprechen, und die prinzipiellen Erörterungen der Frage — und somit auch das vorstehende Gutachten — behalten ihre erhebliche Berechtigung.

6. Wie wenig neu endlich in der Tat das ganze Problem in seinen Grundfragen ist, wird dadurch bestätigt, daß ein zur Kognition der Gerichte gelangter Fall — wonach eine Schwangere eine Fehlgeburt erlitt, weil sie beim Wege an einem Spielplatz entlang von einem Schleuderball getroffen wurde[2]) —, eine auffallende Aehnlichkeit mit zwei Fällen aus dem Digestentitel de lege Aquilia (IX, 2) aufweist, nämlich mit l. 9 § 4 und l. 11 pr.[3]) Erstere Stelle behandelt einen Fall, der sich beim Spiel (per lusum) ereignet hatte: indem alii in campo iacularentur und indem servus per eum locum transierit, fragte es sich, ob wegen der Tötung des Sklaven durch den Wurfspeer die lex Aquilia anwendbar sei; die Antwort lautete: Aquilia cessat, quia non debuit per campum iaculatorium iter intempestive facere. Die zweite Stelle behandelt den Fall, daß, cum pila quidam luderent, vehementius quis pila percussa in tonsoris manus eam deiecerit et sic servi, quem tonsor habebat, gula sit praecisa adiecto cultello; die Entscheidung, welche Prokulus hier trifft, operiert — und damit kehren wir wieder zum Ausgangs- und Mittelpunkte der ganzen Frage zurück — gleichfalls mit dem Begriff der „im Verkehr erforderlichen Sorgfalt“, wenn es dort heißt, Prokulus habe gemeint, in tonsore

Eigenes Verschulden des Radfahrers: Entsch. des Reichsgerichts vom 1. Okt. 1903 (VI 170/03) in der Jur. Wochenschr. 32 (1903) S. 403 Nr. 19. — Auf die Pflicht des Schulvorstandes, die pädagogischen Lehrmittel zwar nicht jedes einzelne einer periodischen Prüfung zu unterziehen, wohl aber, wenn seitens des Lehrerpersonals Anzeige von Mängeln erfolgt, bezieht sich ein Erkenntnis des OLG. Naumburg vom 5. Dez. 1902 im „Recht“ VII S. 102; vgl. auch Neumann, Jahrb. II S. 189 a. E. (daselbst S. 190 oben über ein anderes auf Schulangelegenheiten bezügliches, jedoch unsere Frage der Unfälle nicht betreffendes Erkenntnis des OLG. Rostock, vom 12. März 1902, gleichfalls im „Recht“ a. a. O.). — Badeanstalten betrifft das Erkenntnis des Reichsgerichts vom 26. Mai 1902 (VI 78/02) in der Juristen-Ztg. VII (1902) Nr. 17/18 S. 435 (vgl. auch Neumann I 1 S. 189, Bendix I S. 307) — Auf Spiel der Kinder untereinander (unorganisiertes Spiel außerhalb der Schule) bezieht sich Reichsger. vom 3. Februar 1902 (VI 370/01) Bd. 51 (1903) Nr. 7 S. 30 ff. (vgl. bereits oben S. 132 Anm. 8). — Ueber Haftung des Staates für Unfälle während der Schulpause (glatter Schulhof): OLG. Hamburg in der „Hanseatischen Gerichtszeitung“ a. a. O.

[1]) Neuerdings kommt hier der Automobilsport in Betracht. Auch hierzu gibt es bereits viel Literatur. Vgl. Hilse, Haftpflicht für Kraftfahrzeuge, Berlin 1900; ferner Wirth im „Recht“ VI (1902) S. 40 f., Coermann ebenda S. 319 ff., Bossen ebenda S. 422 ff., Roth ebenda S. 430 f.; Gumbinner in der Juristen-Ztg. VII (1902) S. 97, Bossen ebenda S. 432. Ferner Meili, Rechtliche Stellung der Automobile, Zürich (Müller) 1902 und Gmür in der Zeitschr. d. bernischen Juristenvereins 39, 3 (laut Juristen-Ztg. VIII, 8 S. 200). Sodann aus den Verhandlungen des 26. deutschen Juristentages das Gutachten von Hilse Bd. I (Berlin 1900) S. 27 ff. und die Berichte bezw. Einzelbemerkungen ebenda Bd. III (1903) S. 163 ff. von Eger, Bossen, Pappenheim, Hilse, Korn, Oertmann, Enneccerus, v. Bar, Burchard, Keyßner, Linckelmann. Ferner Hilse im 41. Jahresbericht der Jurist. Gesellschaft zu Berlin 1899—1900 S. 60—66 und Neumann, Jahrb. I 1 S. 471 f. Note 5. — Als Probe einer „Polizei-Verordnung über den Verkehr mit Kraftfahrzeugen“ — vgl. BGB. § 823 Abs. II! — die vom Oberpräsidenten der Provinz Schleswig-Holstein am 22. Januar 1903 erlassene nebst Ausführungsbestimmung vom gleichen Tage (Amtsblatt der Kgl. Regierung zu Schleswig 1903 Stück 6 vom 7. Februar 1903 S. 30 ff.).

[2]) Vgl. oben S. 170 Anm. 3 a. A. sowie S. 161 Anm. 4 a. E.

[3]) Nicht l. 1, wie ein Druckfehler bei Hiestand, Der Schadensersatzanspruch des Versicherers gegen den Urheber der Körperverletzung oder Tötung des Versicherten, Stuttgart 1896, S. 35 sagt.

esse culpam: et sane si ibi tondebat, ubi ex consuetudine ludebatur vel ubi transitus frequens erat, est quod ei imputetur: quamvis nec illud male dicatur, si in loco periculoso sellam habenti tonsori se quis commiserit, ipsum de se queri debere.

§ 32.

Das Kennenmüssen.

I. Das Kennenmüssen — über die erhebliche Zahl der Anwendungsfälle dieses Begriffes vgl. oben § 7 II — wird im BGB. § 122 Abs. II (oben § 6 II 5 c) mittels einer Klammer (nicht, wie die Fahrlässigkeit, mittels eines besonderen Satzes) mit fahrlässiger Unkenntnis identifiziert. Setzt man also in die Erklärung des Begriffes „Kennenmüssen" die Erklärung des Begriffes „Fahrlässigkeit" (oben § 31 a. A.) ein, so ergibt sich folgende Definition:

„Kennenmüssen" ist die auf Außerachtlassung der im Verkehr erforderlichen Sorgfalt beruhende Unkenntnis.

II. Im einzelnen ist zu dem Begriffe und zur Ausdrucksweise des Gesetzes an der Hand der Materialien und der Literatur nachstehendes zu bemerken:

1. Die Materialien[1]) äußern sich zu dem Begriffe nicht weiter, auch nicht die Motive[2]) zu § 146 des I. Entwurfes, der die Bemerkung enthält: „Im Sinne des Gesetzes ist .... unter Kennenmüssen oder Wissenmüssen[3]) ein auf Fahrlässigkeit beruhendes Nichtkennen oder Nichtwissen zu verstehen."

2. Aus der Literatur kommen insbesondere Crome und Hölder in Betracht[4]) und ferner eine Erlanger Dissertation von Becker, Kennen und Kennenmüssen als gleich- oder nicht gleichwirkende Tatbestände im BGB. (Bergheim 1899).[5])

3. Die Judikatur[6]) übrigens hat noch gar nicht zu dem Begriffe Stellung genommen.

4. Kritisch[7]) beleuchtet die gesetzliche Ausdrucksweise Zitelmann S. 153

---

[1]) Ueber vereinzelte sonstige Bemerkungen der Materialien vgl. weiter unten. Unerheblich sind die Bemerkungen der Prot. I Nr. 17 III 1 S. 98 (zu § 118), Nr. 18 II B S. 106 f. (zu §§ 119 ff.), Nr. 61 V S. 450, 452.

[2]) In Betracht kämen Mot. Bd. I S. 281.

[3]) „Wissen-Müssen" begegnet im BGB. selber (über E. I vgl. unten sub 5) nirgends („wissen" und „müssen" gleichzeitig, aber ohne direkte innere Verbindung, auch nur in § 1404).

[4]) Ueber einzelne Bemerkungen z. B. bei Eck, Fischer-Henle, Gareis, Hachenburg, Kipp und Planck weiter unten; vgl. auch Goldmann und Lilienthal I S. 139 sub 5 c; zu BGB. § 824 im besondern vgl. auch Biberfeld in Gruchots Beitr. 42 (6. Folge), Berlin 1898, S. 370. — Nichts irgend Erwähnenswertes findet sich z. B. bei Cosack (I S. 217 sub 5 b, S. 223 sub 6 b), Dernburg (Bd. I S. 436 oben, 440 sub V, Bd. II 1 S. 134 ff.), Enneccerus-Lehmann (I S. 171 sub 4), Landsberg (I S. 194 oben), Matthiaß (I S. 208, 234, 247, 276), Neumann, Jahrbuch (I 1 S. 72, II S. 57 f.), Rehbein (I S. 132 ff.) und auch bei Endemann (I § 71 S. 353 f. Anm. 48, § 113 S. 640 Anm. 8, S. 642 Anm. 13); ebensowenig bei Riezler in v. Staudingers Kommentar (I S. 358 Note 4 zu § 122).

[5]) Bei Becker sind meine Zusammenstellungen im Arch. f. bürgerl. R. a. a. O. nicht berücksichtigt worden.

[6]) Ueber einige sehr vereinzelte und wenig erhebliche Erkenntnisse vgl. nur unten sub III 7 b und S. 175 Anm. 4. Keine Judikatur findet sich notiert bei Scherer I S. 64, II S. 117, III S. 121, Warneyer I S. 16, II S. 11, Spruchsammlung I S. 6, II S. 4, Neumann a. a. O.

[7]) Unkritisch dagegen die Bemerkungen bei Erler, Die Sprache des neuen BGB., Berlin 1896, S. 18.

sub 4, indem er hervorhebt, „er mußte kennen“ bedeute „in Wahrheit“: „er hätte kennen müssen“.[1]) Insbesondere aber tadelt — mit Recht — Hölder S. 270 sub 3 die Ausdrucksweise des Gesetzes, indem er hervorhebt, daß die auf Fahrlässigkeit schlechthin beruhende Unkenntnis besser als ein Kennen-Können bezw. Kennen-Sollen zu bezeichnen gewesen wäre, während das Kennen-Müssen sprachlich richtiger auf die Fälle grob fahrlässiger Unkenntnis (vgl. die Aufzählung oben § 6 I 2 a) anzuwenden gewesen wäre.

5. Wenn Mot. I S. 281 (zu § 146 des I. Entw.; vgl. oben sub 1) sagen: „In gleichem Sinne wie Kennen- und Wissenmüssen[2]) . . . ist gebraucht: Kenntnis erlangt haben müssen (§§ 603, 654), bekannt sein müssen (§§ 1336, 1337), voraussehen müssen (§ 704 Abs. I)“, so ist zu bemerken, daß diese sämtlichen drei Wendungen ins Gesetz nicht übergegangen sind.

a) „Kenntnis (erlangt hat oder) hätte erlangen müssen“ wird in den den §§ 603 und 654 des I. Entwurfs entsprechenden §§ 674 und 729 (oben § 7 II 5 a und b) mit „kennen müssen“ wiedergegeben; „Kenntnis erlangen oder kennen müssen“ begegnet ferner in BGB. §§ 1424 Abs. I Satz 1, 1682 Abs. I Satz 1 (vgl. oben § 7 II 3 c) und entsprechend zu § 1424 BGB. im I. Entwurf § 1327 Abs. II in Verbindung mit E. I § 603);

b) „bekannt (war oder bekannt) sein mußte“ wird in den den §§ 1336 f. des I. Entwurf entsprechenden § 1435 (Abs. I a. E., Abs. II) eingeschränkt auf „bekannt war“;

c) „voraussehen mußte“[3]) in § 704 Abs. I des I. Entwurfs ist im entsprechenden § 823 Abs. I des BGB. gestrichen worden.

6. Zum Beweise, daß der Gesetzgeber die Wahl zwischen dem Kennenmüssen und der einfachen Tatsache des Kennens sich sehr wohl in den Einzelfällen überlegt hat, dienen zwei Stellen aus den Protokollen:[4])

a) Prot. IV Nr. 225 VI B S. 225 zu § 1435 BGB.: „Der Entwurf[5]) . . . bestimmt im Anschluß an den § 142 des Entw. II,[6]) daß dritte Personen die vertragsmäßige Aenderung des Güterstandes gegen sich gelten lassen müssen, wenn die Abänderung . . . dem Dritten bekannt war oder bekannt sein mußte. In dem Antrage 3[7]) ist dagegen in letzterer Hinsicht lediglich darauf abgestellt, ob dem Dritten das Bestehen des Ehevertrages bekannt war. Zu Gunsten des Entw., so wurde bemerkt, lasse sich anführen, daß der Dritte keinen Schutz verdiene, wenn er wisse, daß ein Ehevertrag vorhanden sei, sich aber absichtlich nicht um seinen Inhalt kümmere. Darauf wurde erwidert: Wenn der Ehevertrag nicht veröffentlicht sei, könne man dem Dritten keine Erkundigungspflicht auferlegen. Man werde sich vielmehr insoweit dem Antrage 3 anzuschließen haben. . . . Von einer Seite wurde bemerkt, es werde zu erwägen sein, ob nicht auch im § 142 des Entw. II die Worte „oder

---

1) Diese Wendung findet sich im Gesetz selber in § 142 Abs. II (oben § 7 II 4 b).

2) Vgl. 172 Anm. 3; vgl. übrigens Prot. I S. 140, während die im Register (S. 212) angegebene Stelle Bd. I S. 188 kaum bedeutsam ist.

3) Auch das Wort „voraussehen“ begegnet im BGB. nur einmal, in § 907 Abs. I Satz 1 („Anlagen . . ., von denen . . . vorauszusehen ist, daß . . . .; vgl. E. I § 865); doch interessiert diese Stelle hier nicht.

4) Vgl. auch aus den Mot. Bd. IV S. 64 zu § 1257 des I. Entwurfs, wo das Kennenmüssen nicht weiter Hervorhebung findet.

5) Im Entw. I entsprechen dem § 1435 BGB. die §§ 1336 f.; vgl. oben sub 5 b.

6) Es ist § 142 des Entw. II der jetzige § 173 (oben § 7 II 3 b.)

7) Er steht Prot. IV S. 223 (sub b).

kennen mußte" zu streichen seien. Die Komm. billigte die letztere Auffassung[1]) und nahm den Antrag 3 an."

b) Prot. IV Nr. 271 I C S. 78 (zu BGB. § 1334 I Satz 2)[2]) betr. Täuschung des Eheschließenden durch einen Dritten: „Zu dem Unterantrag 1 b[3]) bemerkte der Antragsteller" . . . (man) „werde . . . doch jedenfalls die Täuschung dann als Anfechtungsgrund gelten lassen müssen, wenn der andere Teil sie im Augenblicke der Eheschließung gekannt habe oder wenn er sie hätte kennen müssen. Die Komm. war der Ansicht, daß ein Anfechtungsgrund vorliege, wenn der andere Teil die Täuschung wirklich gekannt und sich stillschweigend zu Nutzen gemacht habe, daß aber eine bloße Fahrlässigkeit nicht als eine so schwere sittliche Verschuldung erscheine, um darauf die Auflösung der Ehe zu begründen. . . . Von diesem Standpunkt ergab sich die Annahme des Antrags 1 b."

c) Es ist übrigens der zuletzt genannte § 1334 BGB. die einzige Gesetzesstelle, für welche von den in den Mot. I S. 281 (an der oben sub 5 durch Punkte angedeuteten Stelle) genannten Belegen zum Kennenmüssen (§§ 97 Abs. IV, 99 Abs. III, 103 Abs. II, 117, 118, 120 Abs. II, 121 Abs. IV, 345 Abs. I, 622, 1259 Nr. 1 des I. Entwurfs) im BGB. nicht mehr die Berücksichtigung des Kennenmüssens beibehalten worden ist;[4]) für die übigen Zitate hat auch das BGB. selber das Kennenmüssen berücksichtigt in den Parallelstellen §§ 118 f., 122 f., 166, 171 ff., 307 und 694.

7. Eine sehr eigentümliche Ausdrucksweise findet sich in BGB. § 149 Satz 1 (oben § 7 II 6 a). Die dortige Wendung „mußte der Antragende dies erkennen" soll doch offenbar[5]) ebenso wie das „Kennenmüssen" auf eine fahrlässige Unkenntnis hinweisen. Wie reimt sich nun aber solche Unkenntnis mit dem gesetzlichen Gebot zusammen, daß der Interessent (der Antragsteller, bei welchen die Annahmeerklärung verspätet eintraf und welcher es bloß erkennen mußte, aber eben fahrlässigerweise nicht erkannt hat, daß dem Antragsteller die Annahme bei regelmäßiger Beförderung rechtzeitig zugegangen wäre) die Verspätung dem Annehmenden unverzüglich (vgl. unten § 33) anzeigen soll? Letzteres setzt doch wieder Kenntnis nicht nur der Verspätung, sondern auch des Zwiespaltes zwischen rechtzeitiger Absendung und unrechtzeitigem Eintreffen der Erklärung voraus! Der Gesetzgeber hat also offenbar hier nicht sagen wollen: „mußte der Antragende dies erkennen", sondern „konnte er dies erkennen und erkannte er es". — In der Literatur zu § 149[6]) ist diese entschieden inkorrekte[7]) Ausdrucksweise des § 149, wie es scheint[8]), bisher gänzlich[9]) übersehen worden. —

[1]) Diese Bemerkung kann sich nicht auf die Streichung in § 142 des Entw. II beziehen, denn BGB. § 173 hat am Kennenmüssen festgehalten.

[2]) Im I. Entwurf war es § 1259 Nr. 1 Halbsatz 2.

[3]) Er lautete (S. 72) dahin: die Schlußworte „oder kennen mußte" zu streichen.

[4]) Zu Punkt a sind (vgl. oben Anm. 1) wegen des Kennenmüssens I. Entw. §§ 120 Abs. II, 124 Abs. II, II. Entw. § 142 und BGB. § 173 gleich geblieben.

[5]) Vgl. ebenso Fischer-Henle S. 80 Anm. 3, Gareis S. 186 sub 2, Hölder S. 328 Anm. c, Planck 3. Aufl. S. 265 Anm. 2 b, Rehbein I S. 219 Anm. c; ferner insbesondere Kipp II § 307 S. 234 oben und auch Zitelmann S. 117 sub 3) b).

[6]) Wegen der Kommentare vgl. die vorige Anmerkung. Im übrigen z. B. Cosack I § 59 S. 187 sub 5 b, Dernburg I § 129 VI S. 390, Eck I § 34 S. 169 sub 4, Endemann I § 68 sub 3 a. E. S. 324 Anm. 25, Enneccerus-Lehmann I § 76 II S. 199, Kipp a. a. O., Landsberg I § 59 S. 203/304, Matthiaß I § 50 S. 196 sub 4 a, Neumann, Jahrbuch I 1 S. 93.

[7]) Das Vorbild des § 149, AHGB. Art. 319 Abs. II drückt sich wesentlich anders und deutlicher aus.

[8]) Die Spezialliteratur, welche zu § 149 in Betracht käme, habe ich allerdings nicht nachgeprüft; Becker a. a. O. S. 25/26 läßt den § 149 gleichfalls unkritisiert.

[9]) Vgl. höchstens eine Andeutung bei Crome I § 89 S. 400 Anm. 24.

Uebrigens ist der Fehler in den § 149 erst im Laufe seiner Entstehungsgeschichte hineingekommen; der entsprechende § 85 des E. I statuierte nur einfach (wie AHGB. Art. 319 Abs. II)[1]) eine Benachrichtigungspflicht (des Antragstellers an den Absender der Annahmeerklärung), ohne ein „erkennen müssen" hineinzugeheimnissen; die jetzige Fassung ist in der Kommission für die zweite Lesung beantragt gewesen und ohne weiteres — und vielleicht ohne gründlichere Nachprüfung — einstimmig angenommen worden (vgl. Prot. I Nr. 14 IX S. 81).[2]) Und so ist denn statt der offenbar gemeinten objektiven Erkennbarkeit[3]) der Verspätung die subjektive Erkenntnis des Interessenten zur Grundlage des Präjudizes eines Zustandekommens des Vertrages gemacht worden. — In der andern von „Erkennen-Müssen" handelnden Gesetzesstelle (§ 678, oben § 7 II 6 b) ist ein analoger Fehler schon darum vermieden worden, weil sie garnicht von einem an das Erkennen-Können anknüpfenden neuen Handeln des zum Erkennen Verpflichteten redet, sondern einfach von dem Effekte der Schadensersatzpflicht, der sich an die Fortsetzung des bisherigen Verhaltens anknüpft. Uebrigens beweist diese Stelle durch die Schlußwendung „wenn ihm ein sonstiges Verschulden nicht zur Last fällt" recht deutlich, daß auch das „Erkennen-Müssen" dem Gesetzgeber ebenso als ein Verschulden erscheint wie das „Kennen-Müssen", vgl. oben § 7 II 6.

III. Zum Inhalte des Begriffs ist folgendes zu bemerken:

1. Wegen des sub I Gesagten besteht zwischen zweien von den für unsere Abhandlung interessierenden und zugleich vom BGB. selber präzisierten Begriffen eine enge logische Verwandtschaft, die ein näheres Eingehen auf den Begriff des „Kennenmüssens" entbehrlich macht und einen Hinweis auf den Begriff der „Fahrlässigkeit" und auf die ihm gewidmeten Erörterungen (oben § 31) genügend erscheinen läßt.

2. Das Verhältnis beider Begriffe zu einander ist so gestaltet, daß das „Kennenmüssen" ein Spezialfall der Fahrlässigkeit ist.

3. Ein Beispiel[4]) habe ich in meinem Gutachten (sub I 3 a β 5 cc) dahin gebildet, daß der Turnlehrer einen Schüler eine gewisse Uebung machen läßt, obwohl ihm bekannt war oder bekannt sein mußte, daß sich diese Uebung mit dem Zustand des Schülers als Rekonvaleszent nicht vertragen würde. Das Beispiel mag zugleich genügen zum Hinweise darauf, daß das „Kennenmüssen" nicht nur in den im Gesetz ausdrücklich vorgesehenen Fällen erheblich ist, sondern — mit den entsprechenden Spezialfolgen — überall da in Betracht kommen kann, wo von Fahrlässigkeit die Rede ist (bei diesem Beispiel BGB. § 823 Abs. I).

4. Ein Musterbeispiel, das das Gesetz selber in § 1980 Abs. II Satz 2 bildet, wurde bereits im § 31 sub C V 1 besprochen.

---

[1]) Vgl. auch ALR. I 5 §§ 100, 104 f. und Mot. I S. 170 f.

[2]) Prot. a. a. O. heißt es zur Begründung nur: „Man hatte erwogen, daß die Rücksicht auf Treu und Glauben nicht erfordere, dem Antragenden eine Anzeigepflicht auch dann aufzuerlegen, wenn er nicht imstande war zu erkennen, daß die Verspätung ihren Grund in unregelmäßiger Beförderung der Annahmeerklärung habe." — Der Fehler steckt eben darin, daß man für das „Nicht-Erkennen-Können" die positive Fassung „Erkennen-Müssen" ohne einen auf das Erkannthaben hinweisenden Zusatz wählte. — Ob und wieweit § 149 in seiner jetzigen Fassung überhaupt einen Sinn hat und Anwendung finden kann, genauer nachzuprüfen, ist hier nicht der Ort.

[3]) Sie schimmert (allerdings in Verquickung mit der subjektiven Seite) schon deutlicher aus der Bemerkung der Denkschrift S. 40 hervor: „wenn ihm der Grund der Verspätung erkennbar ist".

[4]) Ein mehr für das Erkennenmüssen in Betracht kommendes Beispiel vgl. ebenda sub 3 a α 3. Ein Beispiel aus der Judikatur: Entsch. des Kammergerichts vom 26. März 1903 (13 U 179/03) in der Juristen-Zeitung VIII (1903) Nr. 16/17 S. 405 (vgl. Warneyer II S. 45) bezieht sich auf BGB. § 460, also auf grobfahrlässige Unkenntnis (oben § 6 I 2 a und b sub $\alpha\alpha$).

5. Das Kennenmüssen ist ein Rechtsbegriff und daher darf z. B. auf unrichtige Ausdeutung des Begriffes die Revision[1]) gestützt werden.[2])

6. Das Kennenmüssen enthält zwar einen „Mangel der gehörigen[3]) Sorgfalt",[4]) und die fahrlässige Unkenntnis ist unentschuldbar;[5]) daß das Kennenmüssen aber, wie Wendt[6]) meint, identisch ist mit „unentschuldbarem Irrtum", vermag ich nicht zuzugeben.

7. Weil das Kennenmüssen sich aus den beiden Begriffen Unkenntnis und Fahrlässigkeit zusammensetzt, enthält es eine Mischung aus einem objektiven und einem subjektiven Momente.

a) Das objektive Moment ist die Unkenntnis; denn dieser Begriff, der im Gesetze selber fünfmal[7]) begegnet, enthält — ebenso wie die Ausdrücke „Kenntnis"[8]), „kennen"[9]), „Wissen"[10]), „wissen"[11]) und dergl.[12]) — an sich (und wenn wir eben von dem Zusatze, daß jemand einen Umstand kennen mußte, absehen) nur eine Aussage über einen faktischen Vorgang; freilich einen Vorgang, der sich im Gegensatze zu vielen andern „juristischen Tatsachen" (wie z. B. Zeitablauf, Geburt, Tod) im Kopfe eines Subjektes, nicht in der objektiven Außenwelt und etwa (wie Anzeige, Benachrichtigung; vgl. oben § 4 I sub 1, 2 usw.) in Form einer Handlung dieses Subjektes abspielt. Das „Kennen" als solches ist darum auf gleiche Stufe zu stellen mit dem „Glauben", der als guter bezw. böser Glauben uns gelegentlich auch noch beschäftigen wird (unten § 34).

---

1) Vgl. CPO. §§ 549 f.

2) Vgl. die unten § 33 B II 3 wegen des Begriffes „unverzüglich" angegebene Judikatur.

3) Nämlich (vgl. oben § 31 sub A) der im Verkehr erforderlichen.

4) Vgl. Mot. IV S. 553 (zu E. I § 1435).

5) Vgl. gleichfalls Mot. IV S. 1202 zu E. I § 1709 in Verbindung mit E. I § 603.

6) Wendt im Archiv für civilist. Praxis 87 (vgl. oben § 31 S. 100 Anm. 6) S. 422/423.

7) In §§ 68 Satz 2, 132 Abs. II Satz 1, 166 Abs. II Satz 1, 222 Abs. II Satz 1 und 1980 Abs. II Satz 1; vgl. zu §§ 68, 132 und 1980 bereits oben § 6 II 5 sub a α, γ und δ; von den beiden andern Stellen hat § 222 mit einem Kennenmüssen garnichts zu schaffen und § 166 steht auch nur in rein äußerlicher Verbindung mit einem solchen (wegen Abs. II Satz 2, oben § 7 II 7).

8) Gradenwitz S. 95 zählt ungefähr 70 Stellen auf, in denen das Wort „Kenntnis" vorkommt. Vgl. die Zusammenstellung bei Becker (oben sub II 2) und einige Beispiele bei Endemann I S. 641 Anm. 8.

9) „Kennen" allein — ohne Beziehung auf ein Müssen — findet sich noch z. B. in §§ 109, 116, 178, 344, 407 (zweimal), 439 (zweimal), 460, 464, 539 (zweimal), 544, 573, 640, 819, 858, 965, 1128, 1319, 1334, 1699, 2366, 2370, 2375.

10) Das „Wissen" begegnet — stets ohne Zusammenhang mit Verschulden — achtmal; vgl. Gradenwitz S. 174.

11) Von „wissen" — stets ohne ein „müssen" (vgl. oben S. 172 Anm. 3) — ist 14 mal die Rede (vgl. Gradenwitz S. 174), von „kennen" und „wissen" zugleich zweimal (§§ 2366, 2370 Abs. I).

12) In Betracht kommen etwa noch: „Unkenntnis" ohne Beziehung auf Fahrlässigkeit: §§ 166 Abs. II Satz 1, 222 Abs. II Satz 1; „erkennen" (ohne ‚müssen") 11 mal (Gradenwitz S. 57), „Erkenntnis" (§ 828 Abs. II Satz 1), „bekannt" (ungefähr 50 mal, Gradenwitz S. 26, aber nie als „bekannt sein müssen"). „Unbekannt" außerhalb der Kombination mit (grober) Fahrlässigkeit (oben § 6 I 2) begegnet noch mehrfach: wegen des Aufenthalts in §§ 965 Abs. II Satz 1, 983, 1305 Abs. II, 1726 Abs. III Satz 1, 1735, 1746 Abs. II, 1756, 1803 Abs. III Satz 2, 1883 Abs. II Satz 2, 1911 Abs. I Satz 1, 1917 Abs. III Satz 2; wegen des Gläubigers §§ 887 Satz 1, 1170 Abs. I Satz 1, 1171 Abs. I Satz 1, 1269 Satz 1, wegen des Berechtigten §§ 1104 Abs. I Satz 1, 1112; wegen des Beteiligten § 1913 Satz 1; wegen des Erben § 1960 Abs. I Satz 2; wegen vereinzelter anderer Fragen (Unwahrheit, Nichtigkeit, Nachlaßverbindlichkeiten) §§ 824 Abs. II, 1704, 1980 Abs. II Satz 2.

b) Das subjektive Moment ist die Fahrlässigkeit; hierin steckt das Verschulden. Es darf aber dieses subjektive Moment nicht etwa verwechselt werden mit individuellen Momenten in der Persönlichkeit des Schuldigen. Auf solche Momente kommt es bei Beurteilung des „Kennenmüssens" ebensowenig an,[1]) wie (vgl. oben § 31 sub III 18) bei der Fahrlässigkeit. Es ist vielmehr, wie wegen des Wissenmüssens eine Entscheidung des Reichsgerichts[2]) ausführt, auch das Kennenmüssen „nicht nach der subjektiven Veranlagung . . ., sondern nach dem zu bestimmen, was ein verständiger, normal veranlagter Mensch unter gleichen Umständen erkannt haben würde"; und nicht wird man die Behauptung Hölders[3]) billigen dürfen, „die vom Gesetzestexte für den Ausschluß der Ersatzpflicht geforderte Fahrlässigkeit des Vertrauenden" sei „hier zu verstehen im weiteren Sinne eines ihm anhaftenden oder von ihm begangenen, den Grund seines Vertrauens bildenden Fehlers" im Sinne z. B. einer „Abspannung" oder des „schwachen Gesichtes oder Gehöres".

8. Als Unterfall der Fahrlässigkeit (oben § 31) gehört das Kennenmüssen unter das „Verschulden". Es kann nun aber fraglich sein, ob hier ein Verschulden im engeren und technischen Sinne — wie es insbesondere in §§ 276 ff. entgegentritt — vorliegt oder eine Abart. Unter der Annahme, daß die Folgen des Kennenmüssens (vgl. oben § 7 II) stets auf den Fahrlässigen selbst zurückfallen, glauben einige Schriftsteller,[4]) daß man hier von Folgen des eigenen[5]) Verschuldens des Verletzten reden und — wie auch[6]) wegen der Verletzung der Pflicht zu „unverzüglichen" Maßnahmen, (oben § 4 und unten § 33) — ein „Verschulden gegen sich selbst" annehmen müsse. Ob die Voraussetzung, von der diese Theorie ausgeht, und die Konklusion, zu der sie gelangt, richtig und haltbar ist, kann erst an anderer Stelle (unten § 68) geprüft werden. Und ebenso kann erst später (unten § 75) die mit der angedeuteten Frage zusammenhängende (mit ihr stehende und fallende) Frage untersucht werden, ob den Folgen des Kennenmüssens auch die nicht zurechnungsfähigen Personen unterliegen; nach dem bisher Bemerkten wird man die Zurechnungsfähigkeit als Voraussetzung für den Eintritt der Folgen fahrlässiger Unkenntnis betrachten müssen.[7])

IV. Es ist nicht unwichtig, das Verhältnis des Kennenmüssens zu gewissen anderen Begriffen[8]) zu untersuchen:

1. Nach dem sub III 7 a Bemerkten unterscheiden sich „Kennen" und „Kennenmüssen" aufs schärfste.[9]) Ist doch das Kennenmüssen, weil es den Tatbestand

---

[1]) Vgl. auch Becker a. a. O. S. 8 ff., der auch sonst den Begriff der Fahrlässigkeit richtig deutet

[2]) Entsch. des Reichsgerichts vom 16. Mai 1903 (V 12/03), bereits oben S. 112 Anm. 4, 118 Anm. 5 und 125 Anm. 4 erwähnt. Ueber diese auf Arglist im Sinne des BGB. § 476 bezügliche Entscheidung vgl. auch unten § 58.

[3]) Hoelder S. 271 sub a (zum § 122 Abs. II); hiergegen inzwischen (3. Aufl.) auch Planck (I S. 219 Anm. 5).

[4]) Crome I S. 497 f. und Zitelmann S. 169 sub B 1.

[5]) Nicht zu verwechseln mit „konkurrierendem Verschulden" (BGB. § 254; näheres unten § 79) und mit dem Gegensatze von Haftung für eigenes Verschulden und für das Verschulden Anderer (BGB. § 278, unten § 77).

[6]) Das deutet auch Crome a. a. O. an.

[7]) Vgl. auch Crome I S. 498 und Kuhlenbeck BGB. S. 230 oben (weil Satz 3 des § 276 Abs. I in die Legaldefinition hineingehöre).

[8]) Wegen des Verhältnisses zum „Verschulden" i. e. S. vgl. einstweilen das sub III 8 bemerkte.

[9]) Bei Bernhardi, Handwörterbuch zum BGB. (3. Aufl., Berlin 1902, S. 182 bis 186) gehen beide Worte durcheinander.

der Kenntnislosigkeit einschließt, gerade die Verneinung des Kennens. Darum dürfen Kennen und Kennenmüssen auch nur in casibus lege expressis [1]) als gleichstehend betrachtet werden; [2]) m. a. W.: wo nur von einem der beiden Tatbestände die Rede ist, darf die Folge nicht auch auf den andern Tatbestand ausgedehnt werden. In Frage kommt dies freilich nur wegen der sehr zahlreichen Fälle, [3]) in denen die Kenntnis allein auftritt; denn ein isoliertes Auftreten des Kennenmüssens begegnet nirgends, da diejenigen Gesetzstellen, in denen solches anscheinend der Fall ist — § 824 Abs. I (oben § 7 II 1 b) und, wegen grobfahrlässiger Unkenntnis im besondern, §§ 460 Satz 2 und 539 Satz 2 (oben § 6 I 2 a α) —, doch zugleich den Fall der positiven Kenntnis ins Auge fassen [4]) und nur in etwas nuancierter Weise behandeln.

2. Vorstehend (sub I—III) war (mit BGB. § 122 Abs. II, oben sub I) nur die Rede von einer auf „Fahrlässigkeit" überhaupt beruhenden Unkenntnis. Wie verhält sich dazu nun der Umstand, daß im Gesetz neben der Fahrlässigkeit überhaupt noch eine „grobe Fahrlässigkeit" im besondern (oben § 6 I) und eine diligentia quam suis (oben § 9 II) begegnet? Ist als Kennenmüssen ein für allemal nur die auf gewöhnlicher Fahrlässigkeit beruhende Unkenntnis zu betrachten oder modifiziert sich auch das Kennenmüssen nach den verschiedenen Arten der Fahrlässigkeit und nach den verschiedenen Sorgfaltsgraden?

a) Zunächst wird man geneigt sein, zu sagen, § 122 Abs. II enthalte eben eine generelle Definition — vgl. oben sub I — und diese stehe nun unrüttelbar fest; es sei also ganz belanglos, wenn bisweilen andere Sorgfaltsgrade maßgebend sind; das sei unerheblich für diejenigen Fälle, in denen es sich bei der sonst in genannter Richtung begünstigten Person um ein Kennenmüssen handelt, das vom Gesetz zum Tatbestandsmerkmal erhoben wird.

b) Dem gegenüber wird man aber andrerseits doch wieder zu der Auffassung neigen, daß derjenige, welcher regulär nur für grobe Fahrlässigkeit oder für diligentia quam suis haftbar ist, sich dahinter auch wegen eines Kennenmüssens werde verschanzen dürfen; [5]) handelt es sich doch um generelle gesetzliche Privilegien zu Gunsten ganz bestimmter Schuldnerklassen (vgl. oben § 5 B I 1 und § 9 II 1) und dürfen doch diese Privilegien nach dem Grundsatze lex specialis derogat legi generali die Vorherrschaft in Anspruch nehmen.

c) Die letztere Auffassung wird die richtige sein, jedoch wohlgemerkt nur dann, wenn der betreffende Schuldner sich bereits und noch in dem privilegierten Rechtsverhältnisse befand, und nicht, wenn es erst angebahnt wurde oder bereits beendigt worden war.

d) Daher kommt es, daß sich aus dem Gesetze zunächst kein einziges Beispiel entdecken läßt, in welchem die angedeutete Komplikation und

---

[1]) Es sind dies alle oben § 7 aufgezählten Fälle mit Ausnahme der unten erwähnten §§ 460, 539, 824. Vgl. eine Zusammenstellung und Gruppierung bei Becker a. a. O. sub B II S. 16 ff.; vgl. auch Endemann I S. 641 Anm. 8.

[2]) Vgl. in gleichem Sinne Eck I S. 196, Kipp I S. 352 und Oertmann in den Bl. f. RA. 67 (1902) S. 27 (vgl. oben S. 135 Anm. 6).

[3]) Vgl. oben S. 176 Anm. 8. Vgl. Becker a. a. O. sub C II S. 35 ff.

[4]) §§ 460 und 539 gleich an Ort und Stelle je im ersten Satze, § 824 durch die Wendung „auch dann . . . . wenn er die Unwahrheit zwar nicht kennt, aber kennen muß"; der Fall der positiven Kenntnis ist schon durch BGB. § 823 (Abs. II) gedeckt.

[5]) Dafür, daß, wenn jemand regulär nur diligentia quam suis anzuwenden braucht, ihm für das Kennenmüssen nicht schon Vernachlässigung der normalen Sorgfalt angerechnet werden darf, vgl. auch Becker a. a. O. sub C I a S. 30 ff. und C 1 b S. 34 f. So ist wohl auch Eck I S. 197 zu verstehen („Nichtkennen aus irgendwelcher Fahrlässigkeit, sei es auch aus geringster").

Kombination zwischen Kennenmüssen einerseits und grober Fahrlässigkeit bezw. diligentia quam suis andererseits Platz greift. Denn

α) in den wegen der groben Fahrlässigkeit in Betracht kommenden Lehren vom Schuldnerverzug, von der Schenkung, der Leihe und dem Funde (§§ 300, 521, 599, 968, oben § 5 B I 1) begegnet zufällig keine mit dem Kennenmüssen[1]) operierende Norm und

β) betreffs der diligentia quam suis finden sich zwar beim Gesellschafter, Ehegatten, Inhaber der elterlichen Gewalt und Vorerben (§§ 708, 1359, 1664, 2131, oben § 9 sub II 1 b—e) Fälle[2]) eines Kennenmüssens verzeichnet (§§ 729, 1424 Abs. I Satz 1, 1682 Abs. I Satz 1 und 2140 Satz 1, oben § 7 sub II 5 b—d und f), jedesmal handelt es sich aber gerade hier darum, daß das betreffende Verhältnis bereits aufgelöst worden war, so daß also die Fortdauer des Haftungsprivilegiums nicht mehr anerkannt werden dürfte.

e) Immerhin wird man Beispiele für die erwähnte Komplikation bilden können, wenn man die Spezialvorschriften über bloße Haftung für grobe Fahrlässigkeit[3]) oder für diligentia quam suis mit allgemeineren vom Kennenmüssen handelnden Normen kombiniert. So wird nur wegen grobfahrlässiger Unkenntnis der Schenker haften, der ein auf etwas Unmögliches oder Gesetzwidriges gerichtetes Schenkungsversprechen abgab, wiewohl er die Unmöglichkeit (§ 307 Abs. I Satz 1, oben § 7 II 1 a)[4]) bezw. die Gesetzwidrigkeit (§ 309, ebenda) der Leistung kennen mußte, jene etwa deshalb, weil er brieflich erfahren hatte, daß seine Kunstsammlung, aus der er ein Originalgemälde zu schenken verspricht, durch eine Feuersbrunst arg beschädigt worden sei.

f) Wenn man übrigens zugleich das Erkennen-Müssen des § 678 (oben sub II 7) zu Hilfe nimmt, so platzen zwei zur Kombination geeignete

---

[1]) Denn §§ 523 Abs. II Satz 1 und 524 Abs. II Satz 1 (oben § 6 I 2 sub a β α' und sub b α β') sprechen ebenso wie § 521 (oben § 5 B I 1 b α) von der „groben" Fahrlässigkeit im besonderen.

[2]) Diesen Fällen hat Becker a. a. O. S. 35 nicht weiter nachgespürt; ebensowenig finden sich Aeußerungen zu der im Text aufgeworfenen Frage in der Literatur; vgl. z. B. Planck II S. 459, 476, IV S. 90, 180, 418, 434, V S. 309, 317; doch verweisen irrig z. B. Opet zu § 1424 S. 208 Anm. 1 einfach auf BGB. § 122 Abs. II und Ramdohr in Gruchots Beitr. 44 (1900) S. 140 z. B. zu § 1682 einfach auf § 1664; mit ihm Neumann Jahrb. I 2 S. 133.

[3]) Ein Kontakt zwischen diligentia quam suis und grobfahrlässiger Unkenntnis andererseits läßt sich nicht etwa zwischen den im Text bezw. in den Anmerkungen erwähnten §§ 1664, 523 und 524 durch Einschaltung des auf letztere Bezug nehmenden § 1624 (Abs. II) herstellen, da der verbindende Strom zwischen §§ 1664 und 1624 fehlt.

[4]) Zu diesem § 307 wirft Oertmann S. 58 Note 4 die Frage auf, ob, da sowohl Satz 1 wie Satz 2 des Abs. I zugleich das Kennen und Kennenmüssen erwähnen, „ein adäquates Verschulden des Beschädigten erfordert wird". Abgesehen davon, daß diese Formulierung der Frage nicht einwandfrei ist, weil das „Kennen" kein „Verschulden" (Vorsatz, vgl. unten sub 3) enthält, glaube ich, die Frage gegen Oertmann und mit Brock, das negative Vertragsinteresse, Berlin 1902, S. 132 Anm. 1 (vgl. auch Neumann, Jahrb. II S. 208 sub 3 a) verneinen zu müssen. Denn das Gesetz selber stellt beidemal Kennen und Kennenmüssen ohne Unterscheidung einfach gleich und die von Oertmann herangezogene Analogie des BGB. § 254 paßt nicht, weil dieser auf Seiten des Schadensurhebers kein Verschulden voraussetzt und auch (vgl. unten § 42 sub B II 1) auf Seiten des Beschädigten kein Verschulden im technischen Sinne. — Planck, welchen Oertmann als Gegner seiner Ansicht bezeichnet, drückt sich (S. 80/81 Anm. 2) nicht so strikt aus.

Gesetzesstellen, nämlich § 678 und § 680 (oben § 5 sub B I 1 c) ganz unmittelbar[1]) auseinander.

g) Etwas ganz anderes ist es, daß das Gesetz selber an den oben § 6 I 2 erwähnten Stellen nicht von der auf Fahrlässigkeit überhaupt, sondern von der auf grober Fahrlässigkeit im besondern beruhenden Unkenntnis redet und die Folgen nur an diese anknüpft. Dies interessiert im Rahmen der gegenwärtigen Erörterungen nicht weiter und wird erst an anderer Stelle (unten § 40 sub XI) wieder Erwähnung finden. Hier sei nur bemerkt, daß die Motive beides gelegentlich (in Bd. V S. 569 zu E. I § 2077, jetzt BGB. § 2366) durcheinanderwerfen, indem sie sagen, es sei „der für den Schutz des Dritten erforderliche gute Glaube .... im § 877 ... auf das subjektive Nichtwissen oder Nichtwissenkönnen, also unter Berücksichtigung grober Fahrlässigkeit" gestellt. Daß E. I § 877 — und ebenso der ihm entsprechende § 932 Abs. II des BGB. (vgl. unten sub 6) — die mala fides auf Kenntnis oder grobfahrlässige Unkenntnis abstellen, ist an sich richtig, aber unrichtig ist die mit einem „also" erfolgende Vergleichung des „Nichtwissenkönnens" und der groben Fahrlässigkeit; unrichtig[2]) auch schon für die Periode des I. Entwurfs (wie E. I § 146 a. E., oben sub II 1 und 5, lehrt).

3. Wenn von Liszt[3]) hinsichtlich des Vorsatzes eine Parallele dahin aufstellt: „Vorsatz ist das Kennen, Fahrlässigkeit das Kennenmüssen des zu vertretenden Umstandes", so muß man von Hippel[4]), der hiergegen opponiert, recht geben; die Bemerkung von Liszts ist, vom Standpunkte des BGB. und seiner Verwendung des Begriffes „Kennen" aus betrachtet, unrichtig, weil dieser Begriff viel weiter ist als der des Vorsatzes, zu dem er lediglich eine Voraussetzung bildet[5]) und den er darum stark überflügelt, weil er im BGB. sehr oft in Angelegenheiten begegnet, die garnichts[6]) mit Verschulden oder Haftung u. dgl.[7]) zu tun haben.[8]) — Die erwähnte Parallele[9]) kann auch darum nicht richtig sein, weil der Vorsatz ein Willensmangel[10]) ist, die fahrlässige Unkenntnis da-

---

[1]) Recht nahe bei einander stehen auch der von diligentia quam suis handelnde § 690 und der vom Kennenmüssen handelnde § 694; doch betrifft jener den Verwahrer, dieser seinen Vertragsgegner, den Hinterleger.

[2]) Unrichtig ist übrigens aus gleichem Grunde und in gleichem Maße die Bezugnahme der Mot. a. a. O. auf Bd. III S. 344 ff. (zu E. I § 877).

[3]) von Liszt S. 54 sub III; vgl. ähnlich Crome I § 109 S. 481 a. E., S. 484 sub 3 a, Isay, Geschäftsführung (oben S. 101 Anm. 3) S. 109, 376. Wegen Oertmann vgl. oben S. 179 Anm. 4.

[4]) von Hippel, Die Vorstellungstheorie (in der Göttinger Festgabe für Regelsberger, Leipzig 1901, aber auch mit Erweiterungen als Buch, Leipzig 1903, erschienen) S. 434 (82). Die Formulierung bei von Hippel (ob „das Kennen oder Kennenmüssen den Gegensatz von Vorsatz und Fahrlässigkeit" bezeichne) kann übrigens zu Mißverständnissen Anlaß geben. — Die Bemerkungen von Endemann § 130 (5. Aufl. sub II S. 581, 8. und 9. Aufl. sub 1 a. E. S. 745 Anm. 4), auf den sich von Hippel beruft, sind für die im Text behandelte Frage nicht von Belang.

[5]) Vgl. unten § 55 sub A IX 2 und 3.

[6]) Natürlich kann im Einzelfall ein Verschulden vorliegen, es braucht aber nicht vorzuliegen.

[7]) Vgl. z. B. wegen fingierter oder wirklicher Kenntnis des Registerinhalts § 1435 Abs. I a. E.; vgl. ferner die Zusammenstellung bei Becker C II S. 35 ff. und unsere eigene oben § 7 sub II 4 und 5.

[8]) Ueber das Verhältnis von Kennen und Vorsatz vgl. auch Becker a. a. O. S. 11.

[9]) Sie findet sich auch in der unten sub V 2 wiedergegebenen Stelle aus Prot. I S. 451, insofern dort von „Verschulden" betreffs der „Kenntnis" die Rede ist.

[10]) Vgl. unten § 55 sub A IX 1.

gegen ein Wissensmangel,[1]) ein Mangel der Vorstellung; es ergibt sich dies noch deutlicher als aus dem Worte „Kennenmüssen" aus dem Worte [2]) „Erkennen-Müssen" (oben II 6), das gleich der in § 828 Abs. II erwähnten „Erkenntnis der Verantwortlichkeit" auf die sog. Vorstellungstheorie hinweist. Dem gegenüber kann es auch nichts verschlagen, daß die Mot. I S. 227 (zu BGB. § 166, oben § 7 II 7) beim Kennenmüssen von einer „Willensentscheidung" und „Willenstat" reden, zumal die Prot. I Nr. 23 sub III S. 139—143 (gleichfalls zu § 166) offenbar[3]) gegenteilig das Kennen und Kennenmüssen aus dem Kreis der „Willensmängel" ausschließen[4]) und vor allem das BGB. selber in § 166 nachdrücklich zwischen Willensmängeln einerseits und Kenntnis oder Kennenmüssen andererseits unterscheidet.[5])

4. „Kennenmüssen" und „Vorsatz" gehen vollkommen auseinander und schließen einander aus. Eine vorsätzliche Unkenntnis ist undenkbar. Zwar scheinen dieser Behauptung Beispiele in der Art der oben § 31 sub C V 1 gebildeten zu widersprechen, wonach der Gutsinspektor sich vorsätzlich nicht darum kümmerte, ob der Pferdestall brennt, und die Witwe nicht darum, ob im Nebenzimmer Diebe hausen. Aber in dergleichen Fällen handelt es sich ja nicht um ein vorsätzliches Nichtkennen, sondern um ein vorsätzliches Nicht-Kennenwollen (Nicht-Erkennenwollen) der fraglichen Umstände;[6]) das Ergebnis ist auch in diesen Fällen eine Unkenntnis, welche kausale Folgen (den Verbrennungstod des fremden Pferdes, den Diebstahl der Brosche) nach sich zieht; das haftbar machende Verschulden besteht aber nicht sowohl in dieser Unkenntnis als vielmehr in der (groben) Fahrlässigkeit, welche darin liegt, daß man sich nicht genügende Information schafft.

5. Wie der Vorsatz das Kennen voraussetzt, so daß bloßes Kennenmüssen nicht genügt, so setzt natürlich — und viel offenbarer — auch das „arglistige Verschweigen"[7]) (oben § 10 sub II) die positive Kenntnis voraus. Dagegen läßt sich betreffs der im Gesetz mehrfach begegnenden wahrheitswidrigen Behauptungen (oben § 13 sub III) nicht ersehen, daß neben der objektiven Wahrheitswidrigkeit auch ein subjektives Kennen oder auch nur Kennenmüssen vorliegen braucht; im Gegenteil läßt eine der Stellen, nämlich § 824 Abs. I (oben a. a. O. sub 2), mit Deutlichkeit zweierlei entnehmen: daß der Gesetzgeber wegen der dort fixierten Schadensersatzpflicht das subjektive Moment zum besonderen Tatbestandsmerkmal erhebt, sich also getrennt von der objektiven Wahrheitswidrigkeit vorzustellen vermochte; und daß der Gesetzgeber bei Vorhandensein des subjektiven Momentes gleichfalls zwischen Kennen und Kennenmüssen (vorsätzlicher und fahrlässiger kreditgefährdender Verleumdung) unterscheidet.

---

[1]) Vgl. oben § 31 C VI 2; vgl. auch eine in dieser Richtung deutbare, in die 8. und 9. Aufl. (S. 638) aber nicht übernommene Bemerkung bei Endemann 5. Aufl. I § 112 a. E. S. 484 Anm. 8.

[2]) Daß in Wirklichkeit (vgl. oben sub II 7) hier wohl weniger an das subjektive Erkenntnisvermögen wie an die objektive Erkennbarkeit gedacht war, ist für das im Text Bemerkte belanglos.

[3]) Vgl. Prot. a. a. O. S. 139 Antrag 1 Abs. I und Antrag 2 Abs. I, wo beidemale „Willensmängel, Kennen und Kennenmüssen" nebengeordnet gedacht und unter jenen mehr die Fälle der §§ 116 ff. BGB. verstanden zu sein scheinen; vgl. noch deutlicher die zweiten Absätze der Anträge, ferner S. 140 ff. mehrere Stellen der Begründung.

[4]) Dabei enthalten Prot. I S. 140 Z. 10 v. u. einen (auch in den offiziellen Berichtigungen zu Bd. I übersehenen) Druckfehler; es soll in dem betreffenden, an sich schwer verständlichen Satze wohl „wird" statt „werden" heißen.

[5]) Eine derartige Unterscheidung ist in E. I § 117 (BGB. § 166 entsprechend) noch ganz zu vermissen.

[6]) Das Motiv (Unlust des Inspektors, seine Nachtruhe stören zu lassen; Furcht der Dame vor Dieben) bleibt außer Betracht.

[7]) Vgl. auch Becker S. 57.

6. Das Verhältnis zwischen Kennenmüssen und mala fides endlich geht dahin, daß letztere nicht schon[1]) durch fahrlässige Unkenntnis begründet wird, sondern erst durch grobfahrlässige. Es geht dies aus § 932 Abs. II (oben § 8 sub I) hervor, dessen Bestimmung jedesfalls[2]) auf alle diejenigen Gesetzesstellen ausgedehnt werden muß, in welchen von Abwesenheit des guten Glaubens die Rede ist.[3]) Dies war auch schon die Auffassung des E. I (§§ 877 f., 881 Abs. II) und der Mot. III S. 346 sub 2, S. 352, der gegenüber die ungenaue, den bösen Glauben anscheinend mit fahrlässiger Unkenntnis schlechthin identifizierenden[4]) Ausdrucksweise der Mot. IV S. 317, 318/19 und 553[5]) außer Betracht bleiben kann und mindestens unbeweisend ist, weil hier nicht sowohl von der ,bona fides' im technischen (sachenrechtlichen) Sinne, als von der ,publica fides' des Güterrechtsregisters die Rede ist.

V. Ueber die Verteilung der Beweislast,[6]) wenn ein Kennenmüssen in Frage steht, finden wir in den Materialien einige mit den Regeln von der Beweislast durchaus harmonierende Winke:

1. Die Bemerkungen der Motive Bd. I S. 194 f. beziehen sich zwar auf den Spezialfall des „Scherzes" (der „nicht ernstlich gemeinten Willenserklärung", BGB. § 118), sind aber nicht unwesentlich auch für das geltende Recht: einmal, weil der in Betracht kommende § 97 Abs. IV des I. Entwurfs als § 122 Abs. II (in Verbindung mit § 122 Abs. I und mit § 118) des BGB. im geltenden Rechte erhalten blieb, und zweitens, weil der Grundgedanke im BGB. § 122 auch auf die Fälle des Irrtums und analog im § 123 auf die Fälle der Täuschung und Drohung ausgedehnt worden ist, für welche ihn auch der I. Entwurf § 99 Abs. III, 101 und 103 Abs. II ähnlich behandelte. — Die Mot. a. a. O. bemerken (S. 194): „Die Beweislast verteilt sich, wie die Vorschrift erkennen läßt, dahin, daß der Urheber der Willenserklärung, welcher die Nichtigkeit geltend macht, den Mangel der Uebereinstimmung zwischen dem wirklichen Willen und dem erklärten Willen, und wenn ihm der Nachweis grober Fahrlässigkeit geführt wird, das Kennen und Kennenmüssen auf seiten des Erklärungsempfängers darzutun hat; umgekehrt hat der letztere, wenn er die Gültigkeit der Erklärung geltend macht, zunächst nur auf die Abgabe der Erklärung sich zu beziehen (§§ 193, 194),[7]) und erst dann, wenn der Gegenbeweis erbracht wird, daß Wille und Erklärung nicht übereinstimmen, den Nachweis einer dem Erklärenden zur Last fallenden groben Fahrlässigkeit zu führen, während es Aufgabe des Erklärenden ist, diesen Nachweis dadurch zu entkräften, daß er das Kennen oder Kennenmüssen auf seiten des Erklärungsempfängers beweist."

2. In Prot. I Nr. 61 sub V S. 451[8]) findet sich eine Andeutung über

---

[1]) Außer — selbstverständlich — durch positive Kenntnis; vgl. ebenfalls § 932 Abs. II.

[2]) Vgl. ebenso Kipp I S. 352, Planck I, 3. Aufl., S. 42 und auch Becker S. 32 sub 2. In untechnischem Sinne ist „bösgläubig" bei Gareis S. 148 Anm. 9 zu § 122 Abs. II zu verstehen; vgl. unten § 34 sub I 6.

[3]) Vgl. über die Gesetzesstellen oben § 8 sub II.

[4]) Eine solche Identifizierung scheint auch bei Fischer-Henle S. 62 Anm. 9 zu § 122 vorzuliegen.

[5]) Zu E. I §§ 1336 und 1435, denen jetzt BGB. § 1435 (Kenntnis oder fingierte Kenntnis wegen Registrierung) entspricht.

[6]) Vgl. auch wegen § 694 oben § 7 II 1 d Anm. 1. — Vgl. auch zu §§ 173 und 179 Rosenberg, Beweislast S. 120, 125 und Neumann, Jahrb. I 1 S. 111 Note 2, S. 114 Note 6; zu § 307 Titze (oben S. 123 Anm. 2) S. 227 f. und Neumann II S. 208 Note 2 c.

[7]) Es sind dies die Eingangsparagraphen des im BGB. nicht übernommenen X. Abschnittes („Beweis") im I. Buch des I. Entwurfs.

[8]) Vgl. oben S. 180 Anm. 9.

die Verteilung der Beweislast im Falle des BGB. § 307 (oben § 7 sub II 1 a und 2 b) dahin, es müsse „der den Schadensersatz Beanspruchende . . . den Nachweis führen, daß der andere Teil die Unmöglichkeit gekannt habe oder habe kennen müssen"; es solle aber „der Gegner . . . von aller Verantwortung frei werden, wenn er nachweisen kann, daß auch dem andern Vertragschließenden ein Verschulden hinsichtlich der Kenntnis der Unmöglichkeit zur Last falle".

VI. Das „Kennenmüssen" spielt eine wichtige Rolle auch im Handelsrecht[1]) und spielte sie auch bereits im Allg. HGB.[2]) Der Vergleich der einschlägigen Stellen[3]) mit der Behandlung des Kennenmüssens im BGB. ist nicht ohne Interesse.

1. Vom Kennenmüssen ist in folgenden Beziehungen die Rede:

a) Wer nachweislich gewisse Tatsachen nicht kannte oder auch nicht „kennen mußte", braucht sie nicht gegen sich gelten zu lassen; nämlich:

α) jeder Dritte wegen der ins Handelsregister eingetragenen und alsdann auch bekannt gemachten Tatsachen (HGB. § 15 Abs. II);[4])

β) gleichfalls jeder Dritte wegen gewillkürter Beschränkungen der Handlungsvollmacht (HGB. § 54 Abs. III).

b) Für den Geschäftsführer der offenen Handelsgesellschaft gilt, wenn die Gesellschaft anders als durch Kündigung aufgelöst wird, die Befugnis zur Geschäftsführung dennoch als fortbestehend, bis er „von der Auflösung Kenntnis erlangt oder die Auflösung kennen muß" (HGB. § 136): eine Bestimmung, die sich BGB. § 729 (oben § 7 II 5 b) aufs engste anschließt.

c) Der sog. Emittent haftet für Unrichtigkeit oder Unvollständigkeit der Angaben der Gründer oder für bösliche Schädigung der Gesellschaft durch Einlagen oder Uebernahmen, wenn er die Unrichtigkeit usw. kannte oder „bei Anwendung der Sorgfalt eines ordentlichen Geschäftsmannes kennen mußte" (HGB. § 203 a. E.).[5])

d) Wenn die gleichen subjektiven Voraussetzungen gegenteilig nicht vorliegen, ist ein Gründer von der Haftung befreit (HGB. § 202 Abs. II).[6])

e) Wenn ein Bankier oder Geldwechsler ein einem Andern gestohlenes (verloren gegangenes oder sonst abhanden gekommenes) Inhaberpapier von einem Dritten erwirbt, so wird durch die Veröffentlichung des Verlustes im Reichsanzeiger der gute Glaube des Erwerbers nicht ausgeschlossen (der Eigentumserwerb im Papier vollzieht sich also), wenn der Erwerber die Veröffentlichung „infolge besonderer Umstände weder kannte noch kennen mußte" (HGB. § 367 Abs. II).

2. Hierher werden wir auch folgende Bestimmungen stellen dürfen:

a) HGB. § 874 Abs. I,[7]) der von späterer Entdeckung solcher Schäden redet, die dem Versicherten ohne sein Verschulden unbekannt geblieben waren;

---

[1]) Ueber Kennenmüssen nach österreichischem Recht vgl. Herrmann, Die Verantwortlichkeit des Versicherers für seine Agenten, Berlin 1897, S. 91 ff.

[2]) Vgl. die nächstfolgenden Anmerkungen.

[3]) Vgl. die Bemerkung oben S. 99 Anm. 2. Uebrigens findet sich die Wendung „weder kannte noch kennen mußte" auch z. B. im Reichsgesetz vom 19. Juni 1901 über das Verlagsrecht (RGBl. S. 217) § 11 Abs. II Satz 2 (und dazu oben § 31 C IX 2).

[4]) Hierzu vgl. AHGB. Art. 25 Abs. III, 46 Abs. II (sowie Art. 115, 129 Abs. IV).

[5]) Vgl. hierzu AHGB. in der Fassung der II. Aktiennovelle (vom 18. Juli 1884) Art. 213 b a. E.

[6]) Vgl. ebenda Art. 213 a Abs. II.

[7]) Vgl. AHGB. Art. 878 Abs. I.

b) HGB. § 515 Abs. II,[1]) der davon spricht, daß der Schiffer Güter ladet, von denen er wußte oder wissen mußte,[2]) daß sie Kriegskontrebande seien;
c) HGB. § 653 Abs. II,[3]) der den Verfrachter von der Verantwortlichkeit für die Unrichtigkeit der Bezeichnung der übernommenen Güter im Konnossement befreit, wenn „ungeachtet der Sorgfalt eines ordentlichen Schiffers die Unrichtigkeit . . . nicht wahrgenommen werden konnte";
d) § 202 Abs. IV Nr. 1,[4]) der davon spricht, daß der Empfänger einer Vergütung mit den Gründern der Aktiengesellschaft zusammen der Gesellschaft schadensersatzpflichtig sei, wenn er zur Zeit des Empfanges „wußte oder nach den Umständen annehmen mußte", daß die Verheimlichung der Vergütung beabsichtigt oder erfolgt war.

3. Dagegen dürfte HGB. § 808 Abs. II[5]) nicht hierher zu stellen sein; denn wenn es dort heißt: die Unverbindlichkeit des Seeversicherungsvertrages für den Versicherer trete nicht ein, wenn der unangezeigte Umstand dem Versicherer bekannt war oder „als ihm bekannt vorausgesetzt werden durfte", so denkt der Gesetzgeber hier nicht sowohl an das intellektuelle Verhältnis des Versicherers zu dem unangezeigten Umstande wie an die Auffassung des Anzeigepflichtigen (Versicherungsnehmer bezw. Versicherter oder Zwischenbeauftragter, HGB. §§ 806 f.) über jenes Verhältnis, das sich als guter Glaube über die Information des Versicherers darstellt.

4. Zweimal, in den sub 1 c und 2 c angeführten Fällen, wird die Abwesenheit der Fahrlässigkeit ausdrücklich davon abhängig gemacht, daß die Unrichtigkeit „bei Anwendung" bezw. „ungeachtet" der „Sorgfalt eines ordentlichen Geschäftsmannes" bezw. „eines ordentlichen Schiffers" unerkennbar war; es wird also die fahrlässige Unkenntnis mit der Diligenz des „ordentlichen Geschäftsmannes" bezw. mit der des „ordentlichen Schiffers" in Verbindung gebracht. Das führt zu der Frage, ob auch in den andern sub 1 (a, b, d und e) und sub 2 (a, b und d) erwähnten Fällen die Fahrlässigkeit der Unkenntnis mit den Sondermaßstäben des HGB. zu messen ist.
a) Gegenstandslos bleibt diese Frage für den Fall 1 a (α und β), da der Dritte hier als Laie (Nichtkaufmann) gedacht werden darf und somit für ihn nur die Sorgfalt des BGB. (§ 276 Abs. I Satz 2, oben § 31) in Betracht kommt; das gleiche ist für die Fälle 1 b, 1 d, 2 a und 2 d zu bemerken.
b) Dagegen ist zu den Fällen 1 e und 2 b[6]) zu erwägen, daß der Bankier (als „Kaufmann", HGB. § 1 Abs. II Nr. 4) und der Schiffer besondere Diligenz anzuwenden haben (vgl. zu HGB. § 347 Abs. I[7]) und § 511 oben § 31 sub A IV 3 a α und ζ), so daß also dies Kennenmüssen in § 367 Abs. II mit dem Maßstab der Sorgfalt eines „ordentlichen Kaufmanns", das Wissenmüssen in § 515 Abs. II mit dem Maßstabe der Sorgfalt eines „ordentlichen Schiffers" zu messen wäre.
c) Darin liegt aber dennoch keine Abweichung von der generellen De-

[1]) Vgl. AHGB. Art. 482 Abs. II.
[2]) Ueber das „Wissenmüssen" vgl. oben S. 172 Anm. 3.
[3]) Vgl. AHGB. Art. 655 Abs. II.
[4]) Vgl. AHGB. (Aktiennovelle 1884) Art. 213 a Abs. IV Nr. 1.
[5]) Vgl. AHGB. Art. 812 Abs. II.
[6]) Wegen einer Eigentümlichkeit des § 653 Abs. II vgl. oben § 31 S. 126 Anm. 2.
[7]) Für die Kombination von HGB. § 367 Abs. II mit § 347 Abs. I könnte ein Bedenken darum entstehen, weil letzterer von Sorgfalt spricht, zu der man „einem Andern" verpflichtet ist, und ersterer von einem Verhalten gegen sich selbst (unten § 68) redet.

finition [1]) des BGB. § 122 Abs. II; denn wir wissen ja, daß die Maßstäbe, welche uns das HGB. in die Hand gibt, gar keine besonderen Maßstäbe sind, sondern daß nur eine spezialisierte Ausdrucksweise für dasselbe vorliegt, was sich aus dem Begriff der „im Verkehr erforderlichen Sorgfalt" (BGB. § 276) bei Anerkennung der im Verkehr gleichfalls erforderlichen Differenzierung nach Berufsarten schon von selbst ergibt (vgl. oben § 31 A IV 3 b). Mag man also zur Interpretation von §§ 367 und 515 HGB. auf §§ 347 und 511 ebenda oder auf BGB. § 276 zurückgreifen, so ist das Ergebnis doch dasselbe.

5. Die oben sub IV 2 erörterte Frage nach dem Verhältnis von „Kennenmüssen" und ‚diligentia quam suis' läßt sich auch im Gebiete des Handelsrechts aufwerfen, wenn man zu HGB. § 136 (oben 1 b) in Erwägung zieht, daß er seine Ergänzung nach HGB. § 105 Abs. II in BGB. § 708 (oben § 9 II 1 b) findet.

6. Zur Vervollständigung des Vergleiches zwischen HGB. und BGB. sei noch andeutungsweise vermerkt, daß auch das HGB. neben dem Kennenmüssen bezw. Wissenmüssen das Kennen bezw. Wissen sehr oft mit Rechtswirkung bekleidet. Die einschlägigen Wendungen [2]) sind aber reichhaltiger; vgl.

„bekannt": in §§ 15 Abs. I, 60 Abs. II, 112 Abs. II, 806 Abs. I und II, 807 Abs. I und II, 809 Abs. I;

„Kenntnis": in §§ 61 Abs. II, 113 Abs. III, 807 Abs. II und III, 818, 903 Nr. 2 und 3;

„wissen": in §§ 202 Abs. IV Nr. 1, 372 Abs. I und II, 785 Abs. III;

„wissentlich": in §§ 202 Abs. IV Nr. 1 und 2, 809 Abs. II;

„ohne Wissen": in § 807 Abs. III;

„mit Wissen aber ohne Einschreiten": in §§ 249 Abs. III, 306 Abs. VI;

„von dem Sachverhältnis unterrichtet": in § 785 Abs. II.

§ 33.

„Unverzüglich".

Eine Definition — oder richtiger Supposition eines bequemeren Wortes, wie beim Kennenmüssen; vgl. oben § 32 sub I — bietet das Gesetz ferner in § 121 Abs. I Satz 1 (oben § 4 a. A.), also in unmittelbarster Nähe der Bemerkung über das Kennenmüssen (§ 122 Abs. II), für den Ausdruck „unverzüglich", den es mit der Wendung „ohne schuldhaftes Zögern" identifiziert. Die Untersuchung dieses Begriffes wird fruchtbringend nur ausfallen, wenn wir ihr (B) vorerst (sub A) einige Bemerkungen zur sprachlichen Erklärung des „unverzüglich" und des „ohne (schuldhaftes) Zögern" voranschicken.

A. Sprachliches.

I. Rein sprachlich besagt das Wort „unverzüglich" nichts anderes wie die Wendung „ohne Verzug" besagen würde; und wie der „Verzug" sprachlich nichts von einem subjektiv-schuldhaften Verhalten verrät — vgl. einstweilen oben § 20 A —, so steckt auch in dem Wort „unverzüglich" an sich eine solche subjektive Beziehung keineswegs; wir erfahren vielmehr aus der Vokabel als solcher lediglich,

[1]) Für das Gebiet des HGB. ist sie zufolge Einführungsgesetz zum HGB. Art. 2 Abs. I anwendbar.

[2]) Vgl. gleichfalls die salvierende Bemerkung oben S. 99 Anm. 2 (und S. 183 Anm. 3).

daß bei einer „unverzüglichen" Maßnahme das objektive Moment der Verzögerung nicht gegeben sei.

II. Das Wort ist daher, vom sprachlichen Standpunkte aus betrachtet, synonym [1]) mit dem Adverb „sofort", das nebst dem Adjektiv „sofortig" [2]) im BGB. vielfach begegnet [3]) und lediglich soviel wie das lateinische ‚statim' [4]) bedeutet.[5]) — Das Wort „unverzüglich" besagt ferner sprachlich nichts anderes, als wenn wir an anderer Stelle erfahren, daß jemand einer Benachrichtigungs- [6]) oder Anzeigepflicht [7]) zu genügen hat, „sobald" [8]) ein gewisses Ereignis eingetreten sei; und weiter ist „unverzüglich" gleichbedeutend [9]) etwa mit den — im Gesetze selber nicht begegnenden — Ausdrücken „sogleich" [10]) oder „auf der Stelle", [11]) „ohne Aufschub", [12]), „eiligst", „schleunigst". [13])

---

[1]) Auch die Bemerkungen bei Enneccerus-Lehmann I S. 168 sub II 1 („Unverzüglich" heißt aber nicht „sofort") und Planck I S. 217 Anm. 1 („Unverzüglich" ist also nicht gleichbedeutend mit „sofort") widersprechen nicht, da sie das Wort unverzüglich hier eben im sprachlich ungenauen Sinne des BGB. nehmen. — Vgl. auch Erler (oben S. 135 Anm. 3) S. 20.

[2]) Beide finden sich innerhalb derselben Norm in §§ 634 (Abs. I Satz 2 und Abs. II) und 1238 (Abs. I und Abs. II Satz 2).

[3]) Vgl. Gradenwitz, Wort-Verzeichnis S. 132 und derselbe, Anfechtung und Reurecht (oben S. 17 Anm. 5) S. 39 (wo aber zu „sofort" nicht § 1228, sondern § 1238 zu lesen ist). „Sofort" findet sich in 10 Normen (darunter in § 271 zweimal), „sofortig" in 9 Normen.

[4]) Vgl. insbes. zu § 271 Abs. I die bekannte Parömie quod semel debetur, statim debetur.

[5]) Nähere Anhaltspunkte, wie sich der Gesetzgeber das „sofort" denkt, ergeben sich in einzelnen Fällen aus dem Zusammenhange; vgl. (außer § 271) §§ 60 Abs. II, 73 Abs. I Satz 3 („sofortige Beschwerde"), § 147 Abs. I Satz 1 (sofortige Annahme der Offerte inter praesentes), § 859 Abs. III (sofort nach der Besitzentziehung), § 912 Abs. I (sofort nach der Grenzüberschreitung), § 1238 (noch im Versteigerungstermin), § 1411 Abs. II (nicht erst nach Beendigung der Verwaltung und Nutznießung; § 1377 Abs. III Satz 2); vgl. dazu §§ 1086 Satz 2, 1657 Satz 1, 1659 Abs. II. — Unbestimmter in §§ 229, 634 1133 Satz 2, 1238 Abs. I, 1876, 2361 Abs. II Satz 1; mehr im Sinne von unbedingt, unbefristet in § 328 Abs. II.

[6]) §§ 416 Abs. III Satz 2, 1099 Abs. II.

[7]) § 681 Satz 1.

[8]) Sonst geht „sobald" im BGB. entweder auf Berechtigungen (§§ 387, 504, 1223 Abs. II, 1228 Abs. II Satz 1, 1249 Satz 1, 1946, 2142 Abs. I, 2340 Abs. II Satz 2), welche entstehen, bezw. auf sonstige Rechtsfolgen (§ 447 Abs. I: Gefahrübergang), welche eintreten, „sobald" etwas geschehen ist; oder zwar auf Pflichten, die nunmehr entstehen, aber nur als Ordnungsvorschriften für Behörden (§§ 489, 2260 Abs. I Satz 1).

[9]) Dagegen weisen „alsbald" („nach der Geburt" bezw. „nach dem Tode", §§ 1716 Abs. I Satz 1 und 2263; sonst nirgends) und „baldig" („wenn die baldige Aufhebung der Pflegschaft nicht zu erwarten ist", § 1418 Nr. 5) auf ein gewisses spatium hin.

[10]) Nicht hierher gehört das sehr häufig (Gradenwitz S. 81) sich findende „gleich", das nur adjektivisch und ebenso wie die Komposita „gleichartig" u. dgl. (Gradenwitz S. 81 f.) immer im Sinne von aequalis, idem vorkommt; vgl. z. B. § 278 Satz 1, oben § 2 VII 1, und §§ 823 Abs. II, 827 Satz 2, 831 Abs. II, 832 Abs. II, 838, 847 Abs. II aus der Lehre von den unerlaubten Handlungen, wonach jemanden eine „gleiche Verantwortlichkeit" trifft u. dgl.

[11]) „Stelle", sehr häufig, begegnet im Sinne von „an der" bezw. „an die" Stelle von etwas bezw. einem Andern; in Verbindung mit „auf" nur in § 1023 Abs. I Satz 1, aber auch hier lokal gemeint (Verlegung der Grunddienstbarkeit „auf eine andere Stelle").

[12]) Ueber „Aufschub" allein (19mal und „aufschieben" (18mal) vgl. die Angaben bei Gradenwitz S. 18. — „Aufschub" begegnet zunächst in der Wendung „wenn mit dem Aufschube Gefahr verbunden ist", aber auch sonst (§§ 1316, 2045, EG. z. BGB. Art. 46 § 55, nicht § 50, wie ein Druckfehler bei Gradenwitz a. a. O. besagt) in rein objektivem Sinne (ohne Zusammenhang mit Verschulden; vgl. zu § 2045 oben § 4 sub I 7 b). „Aufschieben" findet sich, abgesehen von demselben § 2045, stets nur in der Wendung „aufschiebende Bedingung". — „Verschieben" begegnet nur in § 1959 Abs. II.

[13]) Vgl. „schleuniges Handeln" bei Fischer-Henle S. 61 Anm. 1. Vgl. ferner „dringend" (Fall, Grund, Gefahr) im BGB. §§ 29, 447 Abs. II, 680 und „spätestens" in §§ 485 Satz 1, 565 (mehrfach), 595, 621 (zweimal) und 1996.

III. Dem in „unverzüglich" steckenden Sprachstamme begegnet man im BGB. noch in folgenden Worten:

1. „Verzug"[1]); hierüber vgl. eingehend[2]) oben § 20 und unten § 64.

2. „Zögern": dieser Ausdruck findet sich nur in dem bereits oben § 3 B II 3 b erwähnten und weiter unten sub B II 1 a noch zu besprechenden § 121 Abs. I Satz 1.

3. „Verzögern" und „Verzögerung". Hierzu ist in Ergänzung der Bemerkungen in § 4 II folgendes zu bemerken:

a) Von den Stellen, in welchen von „verzögern" die Rede ist (oben § 4 II 2), steht § 149 Satz 2 in Beziehung zu „unverzüglich", indem Satz 2 an den uns schon bekannten (oben § 7 II 6 a und § 32 II 6) Satz 1 desselben § 149 anknüpft; in noch engerer Verbindung steht die „Verzögerung" mit dem Worte „unverzüglich" in § 777 Abs. 1 Satz 1 (oben § 4 II 1), wo sie — mit der Wendung, daß der Bürgschaftsgläubiger das Verfahren gegen den Bürgschaftsschuldner „ohne wesentliche Verzögerung fortsetzt" — zwischen zweien von „unverzüglichen" Maßregeln handelnden Bemerkungen ihren Platz findet; ähnlich liegt der Fall in § 230 Abs. IV, der von „Verzögern" des Arrestantrages und zugleich von „unverzüglicher" Freilassung des Festgenommenen und nach Abs. III „unverzüglich" dem Gericht Vorgeführten (vgl. oben § 4 I 9 e und g) spricht.

b) Hieraus eine inhaltliche Beziehung zwischen „unverzüglich" und „Verzögern" bezw. „Verzögerung" zu folgern, dürfte für § 149 durch den Sinn geboten, für § 777 und § 230 aber durch den offenbar nicht absichtlosen Wechsel des Ausdrucks gegenteilig geradezu ausgeschlossen sein.[3])

c) In allen übrigen Stellen ist ein Zusammenhang zwischen dem „Verzögern" bezw. der „Verzögerung" einerseits und „unverzüglich" andererseits nicht ersichtlich; es wird also zur Unterstützung des zu § 777 Bemerkten eine gleichzeitige rechtliche Verwandtschaft der sprachlich verwandten Begriffe zu leugnen sein. Bei Aufzählung dieser übrigen Stellen soll eine Ordnung gleich in der Richtung erfolgen, daß zugleich die Frage nach etwaigem Zusammenhange mit einem „Verschulden" überhaupt geprüft wird.

---

[1]) Dazu das Kompositum „Verzugszinsen" in §§ 289 Satz 1, 522 und 1146.

[2]) Namentlich auch darüber, daß die Begriffe „Verzug" und „unverzüglich" mit einander nichts zu tun haben, zumal weil der Gläubigerverzug und m. E. auch der Schuldnerverzug kein schuldhaftes Zögern enthalten müssen. Ein Durcheinanderwerfen der Ausdrücke findet sich in dem auch in der Juristen-Zeitung IX Nr. 5 S. 266 (Nr. 20 a) mitgeteilten Urteil des Reichsgerichts vom 9. Dez. 1903 (V 251/03), Bd. 56 (1904) Nr. 71 S. 267 ff., insbes. S. 268 (Verklagter sei „im Verzug" der Rücknahme gewesen, bei „unverzüglicher Rücknahme" würde es keinesfalls zur Zwangsversteigerung gekommen sein, der „Verzug" sei die vorwiegende Ursache der letzteren). Vgl. auch oben S. 26 Anm. 1, S. 27 Anm. 2 und S. 75 Anm. 1.

[3]) Vgl. zu § 230 Planck I 1. Aufl. S. 285 Anm. 3 („Ohne Rücksicht auf sein Verschulden hat, wenn der Antrag auf Arrest verzögert wird, die Rückgabe ... zu erfolgen"); derselbe 3. Aufl. S. 385 sub c („Voraussetzung der hierdurch begründeten Verpflichtung ist nicht eine schuldhafte Verzögerung des Arrestantrags. Es kommt vielmehr lediglich darauf an, ob objektiv eine Verzögerung des Arrestantrags vorliegt"). Anders freilich, aber m. E. mit Unrecht, Hoelder S. 467 sub 4 a und c zu § 230 Abs. IV. — Zu § 777 könnte man sich vielleicht für das Gegenteil auf Prot. II Nr. 142 VIII S. 485 berufen wollen, wo es heißt, „der Gläubiger müsse die Ausklagung unverzüglich beginnen und ohne schuldhafte erhebliche Unterbrechung fortsetzen"; indessen findet sich für die jetzige Fassung, die bereits in E. II § 716 (Abs. 1 Satz 1) steht (vgl. auch Prot. VI Nr. 417 III S. 198) auch bereits in Prot. II S. 484 sub 1 ein entsprechender Unterantrag, dessen endgültige Annahme ebenda (S. 484) konstatiert wird.

α) Ganz unabhängig von jedem Verschulden erwähnt der Gesetzgeber:

α′) Das „Verzögern“: Zunächst in §§ 315 Abs. III Satz 2 und 319 Abs. I Satz 2, Abs. II, welche davon reden, daß die nähere Bestimmung der unbestimmten Leistung durch einen der Vertragschließenden bezw. durch einen Dritten erfolgen soll, daß sie aber „verzögert“ wird und daß sie daher durch Urteil erfolgt bezw. daß der ganze Vertrag unwirksam wird. Sodann in § 1778 Abs. I, wonach der an sich gesetzlich berufene Vormund auch ohne seine Zustimmung übergangen werden kann, wenn er die Uebernahme der Vormundschaft „verzögert“.

β′) Die „Verzögerung“: in §§ 1308 Abs. II Satz 1, 1673 Abs. II Satz 1, 1847 Abs. I Satz 1 und 2200 Abs. II, welche übereinstimmend dem Vormundschafts- bezw. Nachlaßgericht vorschreiben, vor gewissen Entscheidungen gewisse Verwandte usw. des Hauptbeteiligten bezw. die Beteiligten selber „zu hören, wenn es ohne erhebliche Verzögerung[1]) . . . geschehen kann“.

β) Ein Zusammenhang mit dem „Verschulden“ besteht in folgenden Normen:

α′) Betreffs des Verzögerns in § 42 Abs. II Satz 2, der diejenigen Vorstandsmitglieder eines Vereins, „denen ein Verschulden zur Last fällt“ (vgl. oben § 2 I 2 a), „den Gläubigern für den daraus entstehenden Schaden verantwortlich macht“, wenn die Stellung des Antrags auf Konkurseröffnung „verzögert“ wird; ferner in § 1787 Abs. I, welcher unter derselben Voraussetzung („wenn ihm ein Verschulden zur Last fällt“; vgl. oben § 2 I 2 h) ebenfalls eine Verantwortlichkeit für Schaden statuiert, der bei grundloser Ablehnung der Vormundschaft „dem Mündel dadurch entsteht, daß sich die Bestellung des Vormundes verzögert“. Endlich wird man hieher auch § 2005 Abs. I Satz 2 zu stellen haben, welcher dem Erben unbeschränkte Haftung für die Nachlaßverbindlichkeiten auferlegt, wenn er die zur Aufnahme des Inventars erforderliche Auskunft „absichtlich“ (vgl. oben § 14 IV 2 und unten § 56) in erheblichem Maße verzögert.

β′) Betreffs der „Verzögerung“ in § 839 Abs. II Satz 2, welcher die günstigere Stellung des Beamten bei Amtspflichtverletzung laut § 839 Abs. II Satz 1 (oben § 19 II 1) bei „pflichtwidriger Verweigerung oder Verzögerung der Ausübung des Amtes“ nicht Platz greifen, den Beamten hier also in normaler Weise (§ 839 Abs. I, oben § 19 sub I 2) für Vorsatz und Fahrlässigkeit haften läßt.

d) Es lassen diese sub c genannten Stellen erkennen, daß das „Verzögern“ und die „Verzögerung“ begrifflich gänzlich unabhängig sind von einem subjektiven Momente des Verschuldens;[2]) denn § 839 nennt die Verzögerung nur als einen möglichen Tatbestand der Amtspflichtverletzung,

---

[1]) „Und ohne unverhältnismäßige Kosten“.

[2]) Daß dies die natürliche Auffassung ist, lehrt auch eine hier nicht näher zu erörternde Bemerkung der Protokolle der Kommission zur Beratung eines deutschen Handelsgesetzbuchs, herausg. von Lutz, Bd. III (Würzburg 1858) S. 1363.

äußert sich aber nicht prinzipiell dahin, daß diese stets ein Verschulden enthalten müsse (oder umgekehrt); und §§ 42, 1787 und 2005 lassen durch die ausdrückliche Betonung des Verschuldens bezw. der Absicht aufs deutlichste erkennen, daß dem Gesetzgeber das „Verzögern" lediglich ein objektiver, von subjektivem Verschulden begrifflich verschiedener Vorgang ist. Wir beobachten also dieselbe Unabhängigkeit zwischen „Verzögern" und „Verschulden", wie wir sie oben sub 3 b zwischen „Verzögern" und „unverzüglich" beobachtet hatten.

IV. In einigen in unserer Materialssammlung zum Wort „unverzüglich" genannten Stellen wird diejenige Maßnahme, welche unverzüglich stattzufinden hatte und dann auch wirklich unverzüglich stattfand, als „rechtzeitig" erfolgt bezeichnet.

1. Es geschieht dies:

a) in § 121 Abs. I Satz 2 wegen der Anfechtung (einer Willenserklärung) inter absentes (die als „rechtzeitig erfolgt" „gilt" — vgl. oben § 4 sub III 2 d —, wenn die Anfechtungserklärung „unverzüglich" abgesendet worden ist);

b) in § 777 Abs. II, wonach sich die Haftung des Bürgen in bestimmter Weise einschränkt, wenn die in § 777 Abs. I (Satz 1 a. E. und Satz 2, oben § 4 sub I 1 b $\beta\,\beta'$) dem Gläubiger auferlegte Anzeige „rechtzeitig erfolgt".

2. Nicht hierher gehört dagegen § 146; er redet zwar vom Erlöschen der Offerte, welche „nicht rechtzeitig angenommen wird" und verweist dabei wegen der Rechtzeitigkeit auf §§ 147 bis 149; und ferner erklärt § 149 (oben § 4 sub I 1 a δ) die Annahme, wenn sie zwar dem Antragenden verspätet zugegangen war, dieser aber die in § 149 Satz 1 vorgesehene Absendung einer unverzüglichen Erklärung an den Akzeptanten verzögert hatte, für „nicht verspätet"; aber in § 146 und für dessen Erwähnung der Rechtzeitigkeit kommt es ja eben nicht auf die Rechtzeitigkeit, sondern auf die Verspätung der Annahme an.

3. Wir finden also in den Stellen sub 1 einen Zusammenhang [1]) zwischen „unverzüglich" und „rechtzeitig". Daraus aber eine Identität beider Begriffe zu folgern und demnach in allen Fällen, in denen von „rechtzeitig" die Rede ist, die Abwesenheit eines „Verschuldens" und bei nicht rechtzeitigem Handeln das Vorhandensein eines solchen Verschuldens ableiten zu wollen, wäre ein Fehlschluß. Das Wort begegnet vielmehr sonst stets ohne jegliche Beziehung auf ein subjektives Verhalten des Säumigen und weist nur ganz objektiv auf die Einhaltung einer Frist — insbesondere einer vom Gesetz [2]) vorgesehenen oder einer von einem Interessenten gesetzten [3]) („angemessenen") [4]) Frist — hin, [5]) so daß es in keinem andern begrifflichen Sinne zu verstehen ist, als z. B. die sprachlich verwandten Worte „gleichzeitig" [6]) und „unzeitig" (zur Unzeit). [7])

---

[1]) Innerhalb derselben Materie wie „unverzüglich", aber doch ohne Zusammenhang hiermit, werden „rechtzeitige" Maßnahmen erwähnt in §§ 974 Satz 1 und 2 und 980 Abs. I.

[2]) Vgl. §§ 415 Abs. III Satz 1, 542 Abs. I Satz 1 und III, 679, 1229, 1996 Abs. I Satz 1, 2009.

[3]) Vgl. §§ 250 Satz 2, 264 Abs. II Satz 2, 283 Abs. I Satz 2, 326 Abs. I Satz 2, 634 Abs. I Satz 3, 1003 Abs. I Satz 2 und Abs. II, 2193 Abs. II.

[4]) Von „angemessener Zeit vorher" ist die Rede in §§ 299 und 1716 Abs. I Satz 1; vgl. auch § 629.

[5]) Vgl. im übrigen § 296 Satz 1 (kalendermäßige Frist), §§ 1340, 1595 Abs. II Satz 2, 2283 Abs. III (rechtzeitige Anfechtung), § 2015 Abs. III (rechtzeitige Beschwerde); ferner §§ 229, 287 Satz 2, 636 Abs. I Satz 1 und Abs. II, 2166 Abs. I Satz 1. In § 1875 Abs. I ist von „rechtzeitiger", nicht von „unverzüglicher" Anzeige (vgl. oben § 4 I 1) die Rede.

[6]) Vgl. Gradenwitz S. 82.

[7]) Ebenda S. 145.

V. Liegt nun zwar nach dem sub I Bemerkten im Worte „unverzüglich" nicht der geringste grammatikalische Hinweis auf ein „Verschulden", so sind wir, wie schon in § 3 B II 3 b und III hervorgehoben wurde, dennoch durch die in § 122 Abs. II gegebene Begriffserklärung dazu gezwungen, dieses subjektive Moment auch außerhalb des § 122 selber in den Ausdruck hineinzuinterpretieren — Lex ita jubet! — Dies Vorgehen des Gesetzgebers [1]) ist aber nicht unbedenklich. Zunächst ist es sehr merkwürdig, daß er zwar dem Stammwort „Verzug" jene subjektive Beimischung ferngehalten, sie dem abgeleiteten Wort dagegen verliehen hat: wir kommen also bei Analyse von „Verzug" und „unverzüglich" zu der überraschenden Entdeckung, daß ein Grundelement, welches in der einfachen Substanz fehlt, im Derivat zu finden ist! Wahrlich ein wunderbares Ergebnis des Destillationsprozesses! Und um so bedenklicher ist hier die Methode, die Definition bezw. die zwingende Begriffsumschreibung an so versteckter Stelle — und nicht einmal bei erstmaligem Gebrauche des Wortes [2]) — zu bringen; es kann das allzuleicht dahin führen, daß der Richter oder wer sonst das Gesetzbuch handhabt, die versteckte Beimischung übersieht; [3]) es spricht dieser Umstand ferner Bände gegen die Anschauung, ein am grünen Tisch ersonnenes Gesetz könne heutzutage noch zum Volksbuche werden; und endlich wäre m. E. die ganze Einfügung des Ausdruckes „unverzüglich" durchaus entbehrlich gewesen, weil sie sich an allen einschlägigen Stellen frei von jedem Zwange [4]) durch den klareren Ausdruck „ohne schuldhaftes Zögern" hätte ersetzen lassen. — Die Sachlage ist also anders, wie beim Kennenmüssen (oben § 32), das einmal den sprachlichen Hinweis auf das subjektive Moment in sich trägt und sodann einen wirklich begrüßenswerten Ersatz für eine sehr schleppende Wendung bietet.

VI. Uebrigens ist die vom Gesetzgeber erfundene Umdeutung des Begriffs „unverzüglich" in „ohne schuldhaftes Zögern" ganz ohne jegliche historische Anknüpfung. [5])

B. Der Inhalt des Begriffes.

Die genauere Prüfung des vom Gesetzgeber nun einmal mit zwingender Kraft für „unverzüglich" untergelegten Ausdrucks „ohne schuldhaftes Zögern" regt im einzelnen zu einer Anzahl von Bemerkungen an.

I. Hiebei sei zunächst darauf hingewiesen, daß uns die Materialien, die Literatur und die Judikatur für die Hauptsache im Stiche lassen, indem sie größere, geschlossene Deduktionen nicht gerade bieten, sich vielmehr im wesentlichen einstweilen nur [6]) im Rahmen der Irrtumslehre (wegen der „unver-

[1]) Auch die Fülle verschiedener Worte („Anzeige", „Benachrichtigung", „Mitteilung"), welche wir gelegentlich der Materialssammlung zum Ausdruck „unverzüglich" oben § 4 sub I 1—3 antrafen, hätte sehr wohl eine Einschränkung und terminologische Festigung erlaubt.

[2]) Vgl. oben S. 17 Anm. 4. — Zu § 111 Satz 2 ein für die Begriffsbestimmung unerheblicher Beschluß des Reichsgerichts vom 23. Mai 1903 (B 124/03 V) in der Jur. Wochenschr. 32 (1903) Beilage 10 S. 85 f. Nr. 196 (vgl. Neumann, Jahrb. II S. 44 Note 3).

[3]) Vgl. die Bemerkung oben § 3 B II 3 b. Ein Durcheinanderwerfen beider Begriffe begegnet in der Tat bei Treitel, Unmöglichkeit der Leistung und Verzug bei Unterlassungsverbindlichkeiten, Berlin 1902, S. 61 und S. 63. — „Unverzüglich" und „sofort" (oben sub II) findet sich identifiziert in einem Erkenntnis des OLG. Dresden vom 13. Febr. 1902 bei Mugdan und Falkmann IV (1902) Nr. 74 S. 332 f. (vgl. auch Warneyer I S. 126 und II S. 91 Nr. 2) zu BGB. § 965 (oben § 4 I 1 a ζ).

[4]) Zumal das Wort stets adverbiell und nie adjektivisch (als „unverzügliche" Anzeige usw., wie ich es freilich oben § 4 oft gebraucht habe) erscheint.

[5]) Während man z. B. für „arglistig" an den Begriff ‚dolus' anknüpfen kann und muß; vgl. unten § 58.

[6]) Ebenso wie „Arglist" sich im wesentlichen nur in der Lehre von der Täuschung zu BGB. § 123 entwickelt findet; vgl. unten § 58.

züglichen" Anfechtung laut § 121, oben § 4 sub I 5 b α) und hier wiederum wegen einer für unser Thema minder wichtigen Unterfrage (vgl. unten sub II 10 d) mit dem Begriffe „unverzüglich" beschäftigen.

1. Die Materialien:

a) Es verdienen Mot. I S. 240 [1]) Erwähnung, weil sie (zum jetzigen § 174 Satz 1, oben § 4 I 4 a α β') den im Entwurf (§ 122) gewählten Ausdruck „unverzüglich" bereits mit „ohne schuldhaftes Zögern" wiedergeben, während bei anderer Gelegenheit — Bd. I S. 170 zu E. I § 85 (dem jetzigen § 149) — die natürliche, von einem subjektiven Verschulden abstrahierende (oben sub A I) Bedeutung des Wortes „unverzüglich" zum Durchbruch gelangt, indem die Motive unter Bezugnahme auf Allg. HGB. Art. 319 Abs. II,[2]) der von einer „ohne Verzug" abgegebenen Nachricht spricht, ihrerseits von einer dort statuierten „unverzüglichen Nachricht" reden. Umgekehrt reden Mot. II S. 530 zu E. I § 587, der gleich dem ihm entsprechenden § 663 Satz 1 BGB. (oben § 4 sub I b β α') bereits das Wort „unverzüglich" führt, von einem Handeln „ohne Verzug".

b) Dagegen sind die Aeußerungen der Protokolle [3]) nicht von prinzipieller Bedeutung.

2. Aus der Literatur lassen den Begriff ganz unerörtert z. B. Biermann S. 170 Anm. 2 a β (zu § 960) und S. 174 Anm. 3 c (zu § 965), Engelmann § 38 S. 106 a. E., Kipp Bd. I § 103 a. E. S. 466, Kober (2. Aufl., 1903) S. 223 sub b (zu § 960) und S. 228 sub 4 (zu § 965), Krückmann § 81 S. 343, Kuhlenbeck, Von den Pandekten I § 16 S. 409/410, Leonhard (Allg. Teil des BGB., Berlin 1900) S. 441 ff., Meisner II S. 45 (zu § 318), Müller und Meikel I S. 128 oben, Oertmann S. 66 Anm. 3 (zu § 318), Rehbein I S. 141 sub i und S. 198 Anm. 3, Schollmeyer S. 182 Anm. 2 c (zu § 318). Dagegen finden sich einschlägige Bemerkungen [4]) z. B. in den Lehrbüchern bezw. Vortragswerken von Cosack (I § 64 S. 222 sub 4 a), Crome I § 111 a. E. S. 498 (s. auch S. 426 sub 4, S. 499 Anm. 5), Dernburg I § 145 III S. 435, Eck [5]) § 30 S. 144 ff., Endemann [6]) I § 71 sub 4 S. 352, Enneccerus-Lehmann I § 64 II S. 168 f., Landsberg I § 56 S. 197 a. E., Matthiaß I § 52 B I c S. 213 und Weyl I § 48 S. 229, 234, in den Kommentaren von Fischer-Henle (S. 61 Anm. 1), Gareis (S. 145 Anm. 2), Hoelder [7]) (S. 267 f. Anm. 2 und 3), Landé (S. 29 Anm. 2), Neumann (S. 56),[8])

---

[1]) Wegen Mot. II S. 137 zu E. I § 308, der BGB. § 410 (oben § 4 I 4 a sub β α') entspricht, s. unten S. 195 Anm. 3. Bemerkt sei, daß BGB. § 121 im E. I überhaupt noch keinen Vorgänger hatte, und daß der dem BGB. § 111 (oben § 4 I 4 a sub α α') entsprechende § 65 E. I „unverzüglich" noch nicht bietet; auch Prot. I S. 59 f. enthalten hierzu noch nichts für uns Erhebliches.

[2]) Vgl. über ihn unten sub IV 9 f.

[3]) Vgl. außer den oben Anm. 1 und oben S. 187 Anm. 3 genannten Stellen noch Bd. I Nr. 19 sub III S. 113 (unten S. 195 Anm. 2 und 5 und S. 198 Anm. 5) und Bd. VI Nr. 411 sub I S. 123. — Das Register der Prot. verweist (S. 193) nur auf Bd. I S. 113, das der Mot. (S. 105) und bei Haidlen (S. 168) enthält das Wort „unverzüglich" überhaupt nicht, das bei Planck (VII S. 116) verweist nur auf Bd. I (1. u. 2. Aufl.) S. 171 (3. Aufl. S. 217). — Unvollständig Bernhardi S. 285.

[4]) Ueber diese Bemerkungen im einzelnen unten insbes sub II 10 d.

[5]) Ueber Eck, Sammlung von Vorträgen S. 49, s. unten S. 199 Anm. 6.

[6]) Unerheblich Endemann I § 10 S. 43 Anm. 6 der 5. Aufl. (in Aufl. 8 und 9 nicht übernommen).

[7]) Ueber Hölder im Archiv f. d. civilist. Praxis 80 (1893) S. 34 (zum Entwurf) vgl. unten S. 198 Anm. 2 und 9.

[8]) Ueber Neumann, Jahrbuch I 1 S. 71 f. (zu § 121) unten S. 193 Anm. 3, S. 199 Anm. 4 und 6.

Planck (I S. 217 f.)[1] und v. Staudinger[2] — bei allen diesen zu § 121. Dazu kommen gelegentliche Aeußerungen von Gradenwitz[3], Grüber[4], Habicht[5], Schlottmann[6], Steger[7] und Strohal[8][9].

3. Aus der Judikatur ist insbesondere eine Reichsgerichtsentscheidung vom 25. Sept. 1901 (V 163/01) in Bd. 49 (1902) Nr. 99 S. 392 ff.[10] zu erwähnen.[11]

II. Da der im „schuldhaften Zögern" steckende Begriff „Schuld" (Verschulden) nicht näher erklärt wird und das Wort „schuldhaft"[12] auch sonst nirgends im BGB. anzutreffen ist, so fragt es sich zunächst,[13] ob diese Schuld im eigentlichen, engen, technischen oder in einem weiteren Sinne — über diese zweifache Bedeutung des Begriffes vgl. einstweilen oben § 3 A — aufzufassen ist. Es wird aber keinem Zweifel unterliegen, daß hier an die engere und technische Bedeutung im Sinne des BGB. §§ 276 ff.[14] (vgl. einstweilen oben § 2) zu denken ist (schon weil sonst der ganze Begriff „unverzüglich" unbegrenzbar

---

[1]) Bei Planck 1. Aufl. I S. 171 fand sich Anm. 1 Zeile 10 v. u. ein Druckfehler („Anfechtungsberechtigter" statt „Anfechtungsgegner"), der in der 3. Aufl. (S. 217 Zeile 5 v. u.) beseitigt worden ist.

[2]) Riezler bei v. Staudinger I (1903) S. 304, 2. Aufl. S. 355/356.

[3]) Gradenwitz in der oben S 186 Anm. 3 genannten Schrift S. 39 ff.

[4]) Grüber in Seufferts Bl. f. RA. 63 (1898) S. 465.

[5]) Habicht in der Juristischen Wochenschrift (nicht „Wochenblatt", wie Gradenwitz a. a. O. S. 42 Anm. 48 zitiert) Jahrg. 30 (1901) Nr. 93/94 (11. Nov. 1901) S. 775.

[6]) Schlottmann, die Anfechtbarkeit nach römischem Recht und dem BGB., Rostocker Diss., Guben 1901, S. 77 Anm. 1 a.

[7]) Steger, die Anfechtbarkeit nach dem Rechte des BGB., Leipziger Diss. 1902, S. 71 Anm. 1 a.

[8]) Strohal in Jherings Jahrb. 34 (1895) S. 359.

[9]) Unklar ist mir die Bemerkung bei Bernhardi S. 356 sub „Verschulden" geblieben, Zögern ohne Verschulden schließe nicht die Unverzüglichkeit aus.

[10]) Auch abgedruckt in Seufferts Archiv 56 (3. Folge I), 1901, Nr. 243 S. 437 ff., in der Juristischen Wochenschr. 30 (1901) Nr. 93/94 S. 766 ff., in Puchelts Ztschr. f. deutsches bürgerliches Recht und französ. Zivilrecht Bd. 33 (Mannheim 1903) S. 65 ff., bei Scherer, Zweites Jahr des BGB. (Erlangen 1902) S. 336 f. Nr. 1369 (vgl. „Drittes Jahr", 1903, S. 121 Nr. 233); bei Soergel, Rechtsprechung 1900/1901, 2. Aufl., Stuttgart 1902, S. 22 sub 121 a; Spruchsammlung der Juristen-Zeitung I S. 6; vgl. auch Neumann, Jahrbuch Jahrg. I 1 (1903) S. 72 Note 3, Kuhlenbeck, BGB. 2. Aufl. Bd. I, 1903, S. 96 Note 2.

[11]) Ueber eine Entsch. des Reichsgerichts vom 21. Dez. 1901 (V 310/1901) — vgl. Juristische Wochenschr. 31 (1902) Nr. 16/20 S. 122 f., vgl. auch Neumann a. a. O. Note 3, wohin übrigens auch das Zitat der Anm. 2 betr. Puchelts Ztschr. gehört hätte — unten sub II 10 d ζ. Lediglich als Beispiele für unverzügliche Erklärungen sind zu erwähnen die Entscheidungen des Reichsgerichts vom 9. Mai 1902 (VII 85/02) und 5. Dez. 1902 (II 269/02) in Bd. 51 (N. F. Bd. 1), 1903, Nr. 68 S. 283 und Bd. 53 (N. F. Bd. 3), 1903, Nr. 36 a. E. S. 150, sowie vom 4. Juni 1901 (II 127/01) in Bd. 48 (1901) Nr. 47 S. 218 ff. und in der Juristischen Wochenschr. 30 (1901) S. 493 ff.; ferner die Entsch. des OLG. Königsberg vom 14. Febr. 1902 (Nr. 300/31) in Seufferts Archiv Bd. 57 (1902) Nr. 186 S. 345 ff., insbes. S. 347. — Ueber eine Entsch. desselben OLG. vom 19. Okt. 1901 bei Soergel a. a. O. S. 22 sub b und bei Mugdan und Falkmann III (1901) S. 350 vgl. unten sub II 10 d ζ, über ein Erkenntnis des OLG. Dresden vom 13. Febr. 1902 bereits oben S. 190 Anm. 3. — Nicht hieher gehörig, sondern auf den „Verzug" bezüglich ist die oben S. 187 Anm. 2 erwähnte Reichsgerichtsentscheidung vom 9. Dez. 1903.

[12]) Den Juristen erinnert „schuldhaft" an „handhaft" („handhafte Tat"); doch bedeutet jenes „Schuld habend", dieses „in der Hand habend".

[13]) Diese Frage habe ich bisher nirgends aufgeworfen gefunden (was auch als Bestätigung der Auffassung im Texte gelten mag).

[14]) Auf § 276 berufen sich z. B. auch Achilles S. 58 Anm. 1, Fischer-Henle a. a. O., Gareis a. a. O., Landé a. a. O. Anm. 1; vgl. auch Planck I S. 42. Gelegentlich identifizieren auch die Motive (II S. 606 zu E. I § 638, BGB. § 712) „schuldhaft" mit Verschulden im üblichen subjektiven Sinne.

in der Luft schweben würde). Alsdann setzt das „schuldhafte Zögern“ Vorsatz oder Fahrlässigkeit voraus,[1]) und die Definition für „unverzüglich“ läßt sich genauer auf „Handeln ohne vorsätzliches oder fahrlässiges Zögern“ abstellen. Im übrigen werden wir am besten vordringen, indem wir lieber den gegenteiligen Fall, den des schuldhaften — vorsätzlichen oder fahrlässigen — Zögerns unseren Betrachtungen zugrunde legen.

1. Zunächst ergibt sich aus der zuletzt erwähnten Begriffsbestimmung — des schuldhaften Zögerns —, daß der Begriff (ebenso wie der des Kennenmüssens und der der grobfahrlässigen Unkenntnis, oben § 32 und unten § 40 IX 1) eine Mischung aus einem objektiven und einem subjektiven Momente enthält:

a) Das objektive[2]) Moment ist angedeutet durch das Substantiv das „Zögern“, wie es sprachlich auch in „Verzug“, „verzögern“ und „Verzögerung“ — oben sub A III 1 und 3 — begegnet;

b) das subjektive Moment ist durch das Adjektiv „schuldhaft“ angedeutet (das diesen Hinweis auf jeden Fall enthält, gleichviel, ob man „schuldhaft“ als Verschulden im engeren oder im weiteren Sinne ausdeuten zu müssen annimmt).

2. Daher läßt sich das „schuldhafte Zögern“ mit demjenigen Falle des „Verzuges“ in Parallele bringen, in welchem es für diesen — nach der herrschenden Ansicht wenigstens (vgl. oben § 20 A) — gleichfalls des Hinzutrittes dieses subjektiven Momentes bedarf, also mit der mora debitoris im Gegensatze zur mora creditoris.

3. Daher muß ferner der Begriff „unverzüglich“, weil er eben seine Erklärung dem Begriffe „Verschulden“ entnimmt, als ein Rechtsbegriff betrachtet werden, mithin z. B. der Beurteilung des Revisionsgerichtes unterliegen.[3])

4. Im einzelnen kann das schuldhafte Zögern entweder ein vorsätzliches oder ein fahrlässiges sein. Hierzu ist zu bemerken:

a) „Vorsätzliches“ und „absichtliches“ Zögern sind keineswegs — wie Planck I S. 217 Anm. 1 (Mitte) anzunehmen scheint — identisch.[4])

b) Betreffs fahrlässigen Zögerns ist darauf aufmerksam zu machen, daß das Gesetz mehrere Arten der Fahrlässigkeit kennt (vgl. oben § 6) und daß es darum zweifelhaft sein kann, welche dieser Arten beim schuldhaften Zögern in Frage kommt. In der Literatur scheint man — es ergibt sich dies aus den Anspielungen auf § 276[5]) und auf das im Verkehr Erforderliche[6]) — nur an den Hauptfall der gewöhnlichen Fahrlässigkeit (oben § 6 II) zu denken und nur bei Neumann[7]) findet sich ein Hinweis auf die gesamten §§ 276 ff. sowie die Bemerkung: „ob ein Verschulden vorliegt, bestimmt sich nach dem Maße der im einzelnen Falle anzuwendenden Sorgfalt“. Ich teile die Neumannsche Auffassung, da das „Verschulden“ schlechthin eben alle Arten der Fahr-

---

[1]) Unrichtigerweise denkt Werner im „Recht“ VII (1903) Nr. 20 S. 500 (vgl. Neumann, Jahrb. II S. 56) lediglich an den Fall der Fahrlässigkeit.

[2]) Vgl. auch Reichsgericht a. a. O. Bd. 49 S. 395 Mitte (Seufferts Arch. a. a. O. S. 439, Jur. Wochenschr. a. a. O. S. 767, Puchelts Zeitschr. a. a. O. S. 69).

[3]) Vgl. Reichsgericht ebenda S. 395/396 (und dazu auch Warneyer I S. 16 Anm. 1, Neumann, Jahrbuch I 1 S. 72 Anm. 3): „Der Begriff des schuldhaften Zögerns ist ein Rechtsbegriff, weshalb dem Reichsgericht die Prüfung und Entscheidung darüber zusteht, ob aus den vom Berufungsgerichte festgestellten Tatsachen .... der Begriff des Verschuldens sich ergibt.“

[4]) Ueber den Unterschied von „Vorsatz“ und „Absicht“ vgl. unten § 56.

[5]) Vgl. oben S. 192 Anm. 14.

[6]) Vgl. Fischer-Henle a. a. O., Gareis a. a. O., Planck a. a. O., Reichsgericht Bd. 49 a. a. O., Warneyer S. 16 Anm. 2.

[7]) Neumann, Handausgabe 2. Aufl. S. 56 Anm. 6 zu § 121.

lässigkeit umfaßt und lege non distinguente nec nostrum est distinguere. Und wenn man sich — vgl. oben § 32 sub IV 2 — beim „Kennenmüssen" wegen des Hilfsbegriffes „fahrlässig" vielleicht an die authentische Interpretation im § 276 allein gebunden erachten kann, so ist eine analoge Folgerung bei der viel weiter gefaßten Wendung „schuldhaft" für die Unverzüglichkeit ausgeschlossen. — Immerhin bedarf es aber des Hinweises darauf, daß die beiden Spezialarten einer Haftung allein für grobe Fahrlässigkeit (oben § 6 I) und einer Haftung für diligentia quam suis (oben § 9 II) innerhalb derjenigen Fälle, welche von unverzüglichen Maßregeln reden, fast nirgends anwendbar werden können, so daß also die praktische Bedeutung der von Neumann hervorgehobenen Unterscheidung auf ein Minimum zusammenschrumpft und fast ausschließlich die reguläre Haftung für die im Verkehr erforderliche Sorgfalt allein in Frage kommt; denn nur an zwei Stellen ist eine Kombination zwischen „unverzüglich" und irregulärer Fahrlässigkeit denkbar,[1]) während sich alle übrigen Fälle im normalen Fahrwasser des § 276 bewegen. Diese beiden Fälle sind: § 2146 Abs. I Satz 1 — oben § 4 I sub a γ α' — wegen des Vorerben, der nach § 2131 (oben § 9 II 1 e) nur für diligentia quam suis haftet, und § 965 (§ 978) — oben § 4 I 1 sub 1 a ζ (sub 9 d α) — wegen des Finders, der nach § 968 (oben § 5 B I 1 b γ) nur Vorsatz und grobe Fahrlässigkeit zu vertreten hat.[2])

5. Wie in allen Fällen eines schuldhaften Verhaltens kommt es darauf an, sich in die Seele des Urhebers zu versetzen und die dortigen Vorgänge zu ermitteln. Das bedeutet aber (vgl. oben § 31):

a) daß es auch für das subjektive Moment, welches (vgl. oben 1 b) in der schuldhaften Zögerung steckt, objektive Grenzen — insbesondere die im Verkehr erforderliche Sorgfalt eines ordentlichen, vernünftigen Menschen, vgl. oben § 31 — gibt;

b) daß es nicht[3]) auf die besondere, individuelle Sorglosigkeit oder Torheit des Schuldigen ankommt,[4]) so daß darum der Begriff „unverzüglich" ein individuell-variabler wäre;

c) daß aber[5]) seine Einsichtsfähigkeit (Zurechnungsfähigkeit) berücksichtigt werden muß und daß daher „Kinder", weil sie garnicht, Personen zwischen dem 7. und 18. Jahr, weil sie nur beschränkt eines Verschuldens fähig sind (BGB. § 828), auch garnicht bezw. nur bedingt für ihr[6]) schuldhaftes Zögern zu büßen haben;

d) daß insbesondere im Falle der Anfechtung — aber auch in allen analogen Fällen — die Verhältnisse des Adressaten nicht maßgebend sind.[7])

---

[1]) Trotz Zugehörigkeit zu der gleichen Materie (Kauf bezw. Dienstvertrag bezw. Gesellschaft) beeinflussen einander nicht §§ 539 und 545 Abs. I Satz 1, §§ 617 Abs. I Satz 1 und 625, §§ 723 Abs. I Satz 2 und 727 Abs. II Satz 1.

[2]) Daß dies auch wegen der Schadensersatzpflicht des Finders der Fall sei, hebt auch Planck III S. 229 Note b und c hervor.

[3]) Oder doch nur in dem oben sub 4 erwähnten Ausnahmefalle des Vorerben.

[4]) Anders, aber m. E. mit Unrecht, meint Gradenwitz, Anfechtung und Reurecht S. 40 Anm. 44: „ein schwerfälliger Pedant kann allerdings ein längeres spatium beanspruchen, als ein taktfester Geschäftsmann, die celeritas quam in suis kommt hier in Betracht: bonus judex varie ex personis causisque constituet (Celsus, D. 6, 1, 38)".

[5]) Vgl. Planck I Einleitung sub III (3. Aufl. S. 42).

[6]) Dagegen kommt Verschulden ihres gesetzlichen Vertreters zu ihren Ungunsten in Betracht (§ 278 Satz 1).

[7]) Vgl. Hoelder S. 268 sub 2.

6. Jedoch ist hier, wie es bereits wegen des „Kennenmüssens“ in § 32 sub III 8 geschah, eine salvierende Bemerkung dahin nötig, daß es der späteren Untersuchung bedürfen wird, ob nicht das „Verschulden“ beim Mangel unverzüglichen Handelns als ein in seinen Folgen lediglich auf den Schuldigen selber zurückfallendes „Verschulden gegen sich selbst“ sich auch begrifflich sowie wegen der Konsequenzen (insbesondere wegen der „Deliktsfähigkeit“ des Schuldigen) von der regulären Erscheinungsform des Verschuldens abspaltet.

7. Die Dauer[1]) der Frist, welche in dem Worte „unverzüglich“ enthalten ist, hat der Gesetzgeber nicht genauer bestimmt;[2]) sie ist somit durchaus elastisch, und von der Lage des Einzelfalles wird der Richter sein Urteil darüber abhängig machen, ob die Frist eingehalten worden ist oder nicht. Es ist alles quaestio facti,[3]) und es wird, wie so oft im neuen bürgerlichen Recht,[4]) auch hier dem richterlichen Ermessen ein weiter Spielraum gewährt,[5]) um den unbestimmten Ausdruck des Gesetzes, die Unbestimmtheit der Frist,[6]) zu interpretieren.[7])

8. Daß das schuldhafte Zögern und die damit für den Zögernden verbundenen Rechtsfolgen unter Umständen auch als Anwendungsfälle des „mitwirkenden Verschuldens“ (BGB. § 254) bezw. als diesem ähnlich erscheinen können, ist selbstverständlich[8]) und wird besser in anderem Zusammenhange (unten § 79) zur Erörterung gelangen.

---

[1]) Ueber den Beginn der Frist vgl. die Bemerkungen unten sub 10 d.

[2]) Der Antrag, für die Anfechtungsfrist (§ 121) einen Monat zu bestimmen (Prot. I S. 112 sub III 3) wurde (vgl. ebenda S. 113) abgelehnt.

[3]) Vgl. Enneccerus-Lehmann S. 168 a. E., Riezler in v. Staudingers Kommentar a. a. O. und vor allem Planck I S. 171 Anm. 1: „Ob Fahrlässigkeit ... vorliegt, läßt sich nur nach den Umständen des Falles entscheiden. In dem einen Falle kann sie angenommen werden, wenn die Erklärung der Anfechtung nicht in derselben Stunde erfolgt ..., in anderen Fällen wird nach der Auffassung des Verkehrs eine Vernachlässigung der erforderlichen Sorgfalt nicht angenommen werden, wenn die Anfechtung auch erst nach mehreren Tagen erfolgt.“ — So wird die Rückgabe von Sachen am Sonntage zumeist nicht erforderlich sein; vgl. unten S. 196 Anm. 7. — Auf die Umstände des Falles nehmen auch Bezug Mot. II S. 137 („den konkreten Verhältnissen entsprechend“), Fischer-Henle S. 61 Anm. 2, Landé S. 29 Anm. 2, Reichsgericht Bd. 49 a. a. O. S. 395. Ebenda Bd. 51 und 53 a. a. O. (oben S. 192 Anm. 11) Beispiele der Fristeinhaltung.

[4]) Vgl. meine Vorträge Bd. I S. 73 ff.

[5]) Prot. I S. 113; vgl. auch Endemann, 5. Aufl., S. 310 Anm. 16 (in Aufl. 8 und 9 nicht übernommen), der darin ein ultimum refugium für den Richter erblickt, um Unbilligkeiten zu beseitigen.

[6]) Vgl. Crome S. 499 Anm. 5 und wegen „Rechtzeitigkeit“ bei „angemessener“ Frist oben sub A IV 3.

[7]) Vgl. insbes. auch — zu § 121 — Gareis a. a. O.: „Wie rasch dieses geschehen muß, hängt von der Verkehrssitte, dem ordnungsmäßigen Geschäftsgange, dem billiger Weise Eingebürgerten, Hergebrachten, Gewöhnlichen ab.“ Nur darf man — was wohl auch Gareis gerade durch den Zusatz „billiger Weise“ ausschließen will — nicht etwa an den hergebrachten Schlendrian (z. B. der Kaufleute bei Antwort auf Offerten) denken; vgl. oben § 31 sub A II 2. Vgl. ferner Enneccerus-Lehmann S. 168 a. E.: „Mußte der Anfechtungsberechtigte annehmen, daß der Gegner an einer möglichst schnellen Benachrichtigung Interesse habe, so wird selbst ein kurzer Aufschub schuldhaft sein; durfte er dagegen annehmen, daß es dem Gegner auf eine Verzögerung von einigen Tagen nicht ankomme, so liegt in einer solchen kein Verschulden.“ Ueber telegraphische Uebermittelung der Anfechtungserklärung vgl. eine Entsch. des OLG. Karlsruhe vom 9. Februar 1903 aus der Bad. Rechtspraxis 5 (Annalen 69) S. 301 bei Neumann, Jahrb. II S. 57 Note 2 d. — Auf die „Verkehrsanschauung“ nehmen (mit Recht) die beiden Dissertationen von Schlottmann und Steger a. a. O. Bezug, die aber übereinstimmend irrige Verweisungen auf Rehbein und auf meine Vorträge geben.

[8]) Vgl. einstweilen Crome I § 111 a. E. S. 498 und ähnlich wegen des Kennenmüssens oben § 32 III 8.

9. Die Beweislast regelt sich mangels besonderer Gesetzesvorschriften nach den allgemeinen Grundsätzen (unten § 83). Insbesondere kann es zweifelhaft werden, ob die im Begriff „unverzüglich" steckende Frist eingehalten worden sei; es wird Sache des Gegners [1]) sein, die Einhaltung der Frist zu bestreiten, da es sich ja um ein Verschulden handelt und ein solches des strikten Nachweises bedarf. Sache des angeblich Schuldigen, Zögernden bleibt es dann, den Exkulpationsbeweis zu führen, daß er gegen den Anschein doch die erforderliche Sorgfalt eingehalten habe und die Fristversäumnis daher im vorliegenden Falle nicht auf sein moralisches und rechtliches Konto kommt.[2])

10. Prüfen wir nunmehr, was die Literatur weiter Bemerkenswertes hervorhebt, so ist auf folgendes aufmerksam zu machen:

a) Ueber das Moment „schuldhaft" äußert sich am eingehendsten Hoelder S. 267 f. sub 2: „Dafür . . ., welche Verzögerung eine verschuldete ist, bietet uns das Gesetz keinen anderen Maßstab als den durch die Gleichstellung der Unverzüglichkeit und der Abwesenheit schuldhaften Zögerns gegebenen. Wie diese Gleichstellung einesteils ergibt, daß die Forderung unverzüglicher Anfechtung nicht buchstäblich[3]) gemeint ist, so ergibt sie auf der andern Seite, daß die Verzögerung schuldhaft ist, wenn die Anfechtung nicht sofort erfolgt, obgleich kein Grund für ihren Aufschub bestand, der aber nicht zu verstehen ist im Sinne eines zu ihrem Aufschube nötigenden, sondern im Sinne eines nach der Regel des Lebens ihren Aufschub rechtfertigenden Grundes, wogegen nicht ein denselben nur entschuldigender[4]) Grund genügt."

b) Ein Beispiel für verschuldetes Zögern bildet Hoelder S. 268 Nr. 3 (dem sich Enneccerus-Lehmann S. 170 Anm. 3 und Planck 3. Aufl. S. 218 Anm. 3 Abs. II anschließen) dahin, daß ein ungeeigneter Uebermittlungsweg gewählt (der Brief einem Fußreisenden mitgegeben worden) ist.[5])

c) Auch erläuternde Beispiele für unverschuldetes Zögern bietet die Literatur:

α) Hoelder S. 268 Nr. 2 sagt:[6]) „Es gibt Zeiten, zu denen wir Geschäfte, die nicht schlechthin unaufschieblich sind, überhaupt nicht zu vollziehen pflegen, z. B. am Sonntag[7]) oder zur Zeit der Nachtruhe.[8]) Sodann ist für jedes Geschäft das Maß von Auf-

---

[1]) Wegen der sich widersprechenden, den Spezialfall des § 121 behandelnden Judikatur vgl. unten sub 10 d ζ.

[2]) Vgl. unterstützend § 287 Satz 2 a. E. und vor allem §§ 542 Abs. III, 636 Abs. II.

[3]) Auch Endemann S. 352 will eine „angemessene Ueberlegungsfrist" betreffs der Frage zu § 121, ob man anfechten und Schadensersatz verlangen solle, zulassen.

[4]) S. 270 Ziff. 3, auf welche Hoelder hier (S. 268 oben) verweist, bezieht sich auf das „Kennenmüssen" (oben § 32).

[5]) Was Hoelder a. a. O. im Schlußsatz zur Rechtfertigung seines Beispiels anführt, interessiert nur im speziellen zu dem Falle des § 121 Abs. I Satz 2 (unverzügliche „Absendung" einer Anfechtungserklärung inter absentes), nicht generell zum Begriff der Unverzüglichkeit. — Darüber, daß unter Umständen die Form des Telegramms zu wählen sei, vgl. bereits oben S. 195 Anm. 7 sowie auch unten S. 207 Anm. 1.

[6]) Gleichfalls mit Zuspitzung auf die Frage der Anfechtung.

[7]) Sonntags wird man z. B. die Anfechtung wegen Irrtums vornehmen müssen, wenn in dem von mir Vorträge Bd. I S. 228 Anm. 4 (auf S. 229) geschilderten Falle die Aufführung des „travestierten" Tannhäuser am Sonntag stattfindet und man den Irrtum ebenfalls erst am Sonntag entdeckt. Ebenso aber auch, wenn die Entdeckung am Sonntag genügende Zeit vor Schluß der Theaterkasse erfolgt, die Aufführung aber am Montag stattfinden soll. Vgl. andererseits OLG. Karlsruhe a. a. O. (oben S. 195 Anm. 7).

[8]) Vgl. das gleiche Beispiel und das des reitenden Boten bei Riezler a. a. O.

schub gerechtfertigt, das die Ueberlegung darüber fordert, ob es vollzogen werden soll. Es versteht sich nicht von selbst, daß die Erkenntnis des Irrtums, der mich zu einer Willenserklärung bestimmt hat, mich zu ihrer Anfechtung bestimmt, und meine Entscheidung über diese kann eine längere Ueberlegung fordern. Endlich kann der Aufschub eines möglichst rasch zu vollziehenden Geschäftes begründet sein sowohl dadurch, daß ich der Besorgung von Geschäften zur Zeit nicht oder nur in geringem Grade fähig bin als auch durch die noch größere Unaufschiebbarkeit anderer Geschäfte."

β) Dernburg I S. 435 sub III betrachtet — gleichfalls betreffs der Anfechtung einer Willenserklärung wegen Irrtums und wohl in Anschluß an Prot. I S. 113 — das Zögern als unverschuldet (oder doch „keineswegs schlechthin als schuldhaft"), wenn der Anfechtungsberechtigte „nach Kenntnis des Irrtumes noch Versuche macht, vorerst noch eine nachträgliche Einigung über den Inhalt des Geschäftes herbeizuführen". Dem wird man beipflichten können; ebenso aber auch der Ansicht von Hoelder a. a. O., der es gegen Planck (3. Aufl. S. 217 Anm. 1) auch für verschuldetes Zögern hält,[1]) wenn „der Berechtigte annehmen durfte, daß es dem Anfechtungsgegner gleichgültig sei, ob er die Anfechtung etwas früher oder später erfahre"; denn „es kann die Eigenschaft der Verspätung als einer unverschuldeten nur den Verhältnissen desjenigen, um dessen Schuld es sich handelt, und nicht dem Umstande entnommen werden, daß der Andere an der vom Gesetze geforderten Beschleunigung der Anfechtung kein Interesse gehabt habe".

γ) Habicht[2]) meint in einem Aufsatze über „die Vorlegung der Legitimationsurkunden bei einseitigen Rechtsgeschäften": „Eine andere Frage ist es, ob der Andere, wenn ihm bei der Kündigung die demnächstige Vorlegung der Legitimationsurkunde in Aussicht gestellt ist, diese Frist abwarten darf, ehe er die Kündigung zurückweist. Das ist unbedenklich zu bejahen. Indem der Andere die Frist abwartet, entspricht er ja nur dem Wunsch des Gegners; von einem schuldhaften Zögern kann also keine Rede sein. Ebensowenig ist es ein schuldhaftes Zögern, wenn der Andere den Gegner, der das Geschäft ohne die Vorlegung der erforderlichen Urkunden vorgenommen hat, zunächst auffordert, diese Urkunden binnen bestimmter Frist vorzulegen, und erst nach deren fruchtlosem Ablauf das Geschäft zurückweist. Denn auch damit handelt ja der andere Teil gerade im Interesse des Gegners; gegenüber der unbedingten sofortigen Zurückweisung des einseitigen Geschäfts ist die auf Aufforderung zur Vorlegung der Urkunden ein minus, eine nur bedingte Zurückweisung, deren Unzulässigkeit aus dem Gesetz nicht zu entnehmen ist."

d) Insbesondere finden sich wegen der in der Unverzüglichkeit liegenden Frist[3]) (oben sub 7) und über deren Beginn Bemerkungen zu dem

---

[1]) Für Planck und gegen Hoelder erklären sich Enneccerus-Lehmann S. 168 Anm. 1.

[2]) Vgl. oben S. 192 Anm. 5.

[3]) Vgl. auch Werner im „Recht" VII (1903) Nr. 20 S. 500 (Neumann, Jahrb. II S. 56 Anm. 1); vgl. auch die gleichfalls im „Recht" VII Nr. 7 S. 179 (als Nr. 919) abgedruckte Entsch. des Reichsger. vom 30. Jan. 1903 (II 451/02), auch bei Neumann, Jahrb. II S. 57 sub 2 b.

in § 121 vom Gesetze gebotenen Musterbeispiel. Es sei wegen dieses Falles auf folgendes hingewiesen:

α) Wenn § 121 als Moment des Fristbeginns die Kenntnis vom Anfechtungsgrunde für maßgebend erklärt, so muß beim Handelnden positive Kenntnis entstanden sein; fahrlässige Unkenntnis („Kennenmüssen",[1]) oben § 32) genügt also nicht, und selbst grobfahrlässige Unkenntnis (oben § 6 sub I 2) ist unzureichend, um die Unverzüglichkeit in Bewegung zu setzen.[2]) Das hindert aber nicht, daß der Handlungspflichtige wegen dieser Fahrlässigkeit (daß er sich eben nicht Kenntnis vom Anfechtungsgrunde verschaffte) dem anderen Teil aus anderen Normen (z. B. BGB. § 823 Abs. I) ersatzpflichtig wird.

β) Er ist also in der Lage, den Fristbeginn hinauszuzögern und damit indirekt die Frist zu verlängern.[3])

γ) Es wird also auf seine Nachlässigkeit[4]) in der Information über Vorhandensein oder Nichtvorhandensein des Anfechtungsgrundes geradezu eine Prämie gesetzt und auf diese Weise die Möglichkeit allerdings eröffnet, „auf Kosten des Gegners zu spekulieren".[5]) Dafür hat es ja aber unter Umständen — allerdings nicht immer[6]) — der Gegner in der Hand, ihm die Kenntnis und dadurch sich selbst baldigst die erwünschte Klarheit darüber zu verschaffen, ob der Anfechtungsberechtigte anficht (rechtzeitig anficht) oder nicht.[7])

δ) Die Frist ist also für den anderen Teil ein ‚incertum ratione initii',[8]) da er ebensowenig, wie er zunächst weiß, ob der Anfechtungsberechtigte anfechten will, zunächst wissen kann, wie viel Zeit jener dazu hat.

ε) Aber auch in einem anderen Sinne ist die Frist darum ein incertum ratione initii und die Position des Anfechtungsgegners wird weiterhin verschlimmert, weil die Frage, wann der Anfechtungsberechtigte die Kenntnis erlangt hat, in den meisten Fällen mit einem unkontrollierbaren internen Vorgange beim Anfechtungsberechtigten zu rechnen hat und der andere Teil nur in den seltensten Fällen in der Lage sein wird, dem Anfechtungsberechtigten einen früheren als den von ihm geltend gemachten Zeitpunkt als maßgebend nachzuweisen.[9])

---

[1]) Ueber die verunglückte Ausdrucksweise des BGB. § 149 vgl. eingehend oben 32 I 7.

[2]) Vgl. Eck I S. 144, Endemann I S. 352 Anm. 37, Fischer-Henle a. a. O. Anm. 4, Gradenwitz a. a. O. S. 42 Anm. 47, Hoelder im Archiv f. d. civilist. Praxis a. a. O. (oben S. 191 Anm. 7), Matthiaß S. 213 Anm. 2.

[3]) Vgl. auch Hoelder, Kommentar S. 268 sub 1, Endemann a. a. O. zu Anm. 38.

[4]) Rein individuelle Momente wie Kurzsichtigkeit kommen hier also dem Anfechtungsberechtigten insofern zu Gute, als er sich auf sie wegen des objektiven Ergebnisses der Kenntniserlangung berufen kann, während er das bei Fahrlässigkeit nicht tun kann (vgl. oben § 31 A III 18).

[5]) Prot. I S. 113; vgl. auch Eck S. 114, Endemann a. a. O. Anm. 36, Matthiaß S. 213 Anm. 2.

[6]) Z. B. nicht, wenn ihm Adresse oder gar Person des Andern — dem Ladeninhaber die Person des Käufers — unbekannt ist. Vgl. auch Gradenwitz S. 42.

[7]) Vgl. auch Cosack a. a. O., Crome S. 426 Anm. 27.

[8]) Gradenwitz S. 42.

[9]) Vgl. Hoelder S. 268 Note 2 a. E. und im Archiv f. d. civilist. Praxis a. a. O., ferner Endemann S. 352 Anm. 37 sowie Gradenwitz a. a. O.

ζ) Wird die Beweislast [1]) alsdann de facto auf den Schultern des Anfechtungsgegners ruhen, so wird sie ihm auch, konform mit dem sub 9 Bemerkten, theoretisch und zwar generell für § 121 Abs. I zufallen. Der Gang ist folgender: X behauptet — zumeist wohl im Wege der Einwendung, wenn Y ihn auf Grund seiner Willenserklärung und des durch diese zustande gekommenen Rechtsgeschäftes verklagt; seltener (etwa bei negativer Feststellungsklage) im Klagewege — seine Erklärung angefochten zu haben; diese Tatsache der Abgabe einer Erklärung des X bestreitet Y wohl garnicht, er behauptet aber, es sei die Abgabe nicht unverzüglich geschehen; dann muß Y das schuldhafte Zögern des X beweisen, mithin das Uebermaß der Zwischenzeit zwischen Abgabe der Erklärung und Kenntnisnahme des X vom Anfechtungsgrunde, mithin auch den Zeitpunkt dieser Kenntnisnahme. — Hiergegen wird man X nur noch den Beweis gestatten, daß die Verspätung auch bei Anwendung der gehörigen (vgl. oben sub 5 a) Sorgfalt unabwendbar gewesen wäre.[2]) — Die gleiche Auffassung, daß nämlich die Beweislast den Anfechtungsgegner treffe, der dem Anfechtenden das Verschulden nachzuweisen habe, hat das OLG. Königsberg [3]) ausgesprochen, während das Reichsgericht [4]) und das OLG. Breslau,[5]) m. E. zu Unrecht, dem Anfechtenden den Exkulpationsbeweis, daß ihn kein Verschulden treffe, aufbürden.

e) Insbesondere ist eine lebhafte Kontroverse [6]) darüber entstanden, ob es im Falle des § 121 dem Anfechtungsberechtigten zu Gute kommt, wenn er, nachdem er den Irrtum bemerkt hat, glaubte, auch der Gegner habe den Irrtum bemerkt, und wenn er demzufolge die unverzügliche Erklärung der Anfechtung unterließ.

---

[1]) Ueber die Verteilung der Beweislast in § 149 (oben § 4 sub I 1 a δ) vgl. Rehbein I S. 220 und Planck I S. 265/266 übereinstimmend dahin, daß nicht Satz 2 sondern Satz 1 entscheidend ist und daß daher gemäß den allgemeinen Beweisregeln Offerent der beweispflichtige Teil dahin ist, daß er die Anzeige unverzüglich erstattet und dadurch die Perfektion des Vertrages zum Scheitern gebracht habe. — Ebenso halten zu BGB. § 1166 (oben § 4 sub I 2 c) den Gläubiger für beweispflichtig (betreffs der Unverzüglichkeit) Planck III S. 560/561 Anm. 4 a und Biermann S. 377 oben (während Kober S. 477 — vgl. Anm. 1 d — sich hierzu nicht deutlich äußert) sowie das Reichsgericht in der Entsch. vom 13. Mai 1903 (V 55/03) Bd 54 (1903) Nr. 96 S. 369 ff. (insbes. S. 327 f. unter Angabe weiterer Literatur), auch abgedruckt in der Jur. Wochenschrift 32 (1903) Beilage S. 81 Nr. 187; vgl. auch Warneyer II S. 101.

[2]) Vgl. auch Endemann S. 352 Anm. 36.

[3]) OLG. Königsberg vom 19. Okt. 1901 (vgl. oben S. 192 Anm. 11), entgegen dem Landgericht.

[4]) Reichsgericht vom 25. Sept. 1901 (oben S. 192 Anm. 10) und vom 21. Dez. 1901 (oben S. 192 Anm. 11). Ebenso Planck I S. 218 Anm. 4, Fischer-Henle S. 61 Anm. 1, Kuhlenbeck, BGB., 2. Aufl. 1903, Bd. I S. 96 Note 2, Neumann, Jahrb. I 1 S. 72 sub 3, Riezler a. a. O. S. 356 Note 3 a. E., Warneyer I S. 16 Anm. 2.

[5]) OLG. Breslau vom 28. Sept. 1903 im „Recht" VII (1903) Nr. 21 S. 525 Nr. 2620); vgl. Neumann, Jahrb. II S. 57 sub 2 c.

[6]) Vgl. über diese mit unserem Thema nur noch lose zusammenhängende Frage — und darüber, ob dem verspätet Anfechtenden eine exceptio doli zugebilligt werden darf, was m. E. zu verneinen ist — zuerst Eck in der Sammlung von Vorträgen über den Entwurf, Heft 1 (Berlin 1896) S. 49; nachher Strohal in Iherings Jahrb. 34 (1895) S. 359 f. und weiterhin Cosack a. a. O., Crome S. 426 Anm. 28, Eck, Vorträge S. 145 f. (etwas verändert), Endemann a. a. O. S. 352, insbes. Anm. 39, Enneccerus-Lehmann S. 169, Grüber a. a. O. (oben S. 192 Anm. 4) S. 465 (Neumann, Jahrb. a. a. O. S. 71 Anm. 2), Kisch in Grünhuts Zeitschr. Bd. 29 (1902) S. 347, Leonhard S. 477, Planck I S. 217 Anm. 1, Rehbein I S. 141 Anm. c, Riezler a. a. O.

α) Nach dem Wortlaute des § 121 Abs. II „muß" nun die Anfechtung „unverzüglich erfolgen, nachdem der Anfechtungsberechtigte von dem Anfechtungsgrunde Kenntnis erlangt hat"; es nützt ihm also gegen den Verlust des Anfechtungsrechts [1]) nicht das mindeste, ob auch der Gegner den Irrtum inzwischen erkannte oder erkennen mußte, und wenn der Anfechtungsberechtigte diesbezügliche Erwägungen bei Beurteilung der Frage, ob er anfechten solle oder nicht, einschaltet, so tut er dies lediglich auf seine eigene Gefahr. Die Pflicht der Sorgfalt (vgl. oben sub 5 a) diktiert ihm, sich selbst gegenüber, die Pflicht, wenn er überhaupt anzufechten gedenkt, dies unbedingt „unverzüglich" nach erlangter Kenntnis zu tun.

β) Höchstens wird man ihm gestatten, daß er sich erst durch mündliche oder schriftliche Anfrage beim Anfechtungsgegner informiert, ob dieser seinerseits den Anfechtungsgrund kennt; und man wird dann, wenn der Anfechtungsberechtigte mit dieser Anfrage nicht ohnehin eine ausreichende (eventuelle) Anfechtungserklärung verbunden hat, erst nunmehr, nach Eingang der gegnerischen Antwort, die Frist der „Unverzüglichkeit" beginnen lassen. Doch ist auch diese Vergünstigung bedenklich und besser wohl zu versagen, da es ja (vgl. oben sub 5 d) nur auf die Verhältnisse des Anfechtenden, nicht auf die des Adressaten ankommt.

f) Eine analoge Ausdehnung der im Gesetz und in der Literatur wegen der unverzüglichen Anfechtung aufgestellten Grundsätze und Folgen auf die andern Fälle, in denen das Gesetz unverzügliche Maßregeln erheischt, wird nicht zulässig sein, da die Fälle in ihren Grundlagen allzu verschieden sind, um einen parallelen Oberbau zu gestatten. [2])

III. Der Vergleich des Begriffes „unverzüglich" mit den bisher (in § 31 und 32) erörterten Begriffen läßt folgendes ersehen:

1. Zur Fahrlässigkeit steht das „schuldhafte Zögern" in dem schon oben sub II 4 b und 5 erörterten Verhältnisse, daß fahrlässiges Zögern neben dem vorsätzlichen einen der beiden Fälle der Verabsäumung unverzüglichen Handelns bildet; theoretisch und wohl auch praktisch dürfte er der interessantere sein.

2. Mit dem „Kennenmüssen" hat der Begriff „unverzüglich" das gemein, daß diese beiden (im Gesetzestext in so unmittelbarer Nähe begegnenden vgl. oben S. 185) Begriffe in Beziehung zur „Fahrlässigkeit" stehen; nur erschöpft sich das „Kennenmüssen" in fahrlässiger Unkenntnis, während das schuldhafte Zögern auch auf Vorsatz beruhen kann; als Anwendungsfälle des Verschuldensprinzips betrachtet, stehen sie daher in dem Verhältnisse, daß dem Begriffe „unverzüglich" größere Bedeutung zukommt als dem „Kennenmüssen".

IV. Ungemein überraschende Ergebnisse gewinnt man, wenn man das Handelsgesetzbuch vom 10. Mai 1897 auf den Gebrauch des Wortes „unverzüglich" untersucht und die dortigen Bestimmungen mit den oben sub I und II entwickelten Grundsätzen des BGB. zum gleichen Begriffe und ferner mit der Ausdrucksweise des Allgemeinen Handelsgesetzbuchs vergleicht.

---

[1]) Nur dieses kommt in Frage. Der naheliegende Gedanke an die sog. Kulpakompensation (BGB. § 254, unten § 79) ist nicht verwendbar, weil dies Institut nur auf Schadensersatzansprüche Anwendung findet.

[2]) Vgl. auch Gradenwitz a. a. O. S. 41.

1. Die einschlägigen Stellen des HGB.[1]), nach Maßgabe der Wirkungen geordnet, sind folgende.[2])

a) Schadensersatzpflichten:

α) Ausdrücklich knüpft sie das Gesetz daran, daß seiner Pflicht zu unverzüglicher Benachrichtigung einer anderen Person von einer bestimmten Tatsache nicht genügt hat:

α′) der Verkäufer gegenüber dem in Annahmeverzug befindlichen Käufer wegen des vollzogenen Selbsthilfeverkaufs (§ 373 Abs. V Satz 1 und 2);

β′) der Gläubiger gegenüber dem säumigen Schuldner wegen des Deckungsgeschäftes (Verkauf oder Kauf) beim Fixkauf (§ 376 Abs. IV Satz 2);

γ′) der Kommissionär gegenüber dem Kommittenten wegen äußerlich erkennbarer Beschädigungen oder Mängel des Gutes (§ 388 Abs. I);

δ′) der Lagerhalter gegenüber dem Einlagerer wegen Veränderungen am Gute, die dessen Entwertung befürchten lassen (§ 417 Abs. II);

ε′) der Frachtführer gegenüber dem Absender und dem Empfänger wegen der auf Grund gewisser Ablieferungshindernisse (§ 437 Abs. II) vorgenommenen Hinterlegung oder des Verkaufes des Gutes (§ 437 Abs. III).

β) Schadensersatzansprüche werden auch die Folge sein,[3]) wenn folgende unverzüglich vorzunehmende Maßregeln unterbleiben:

α′) seitens des Privathandelsmäklers: die Zustellung der Schlußnote an die Parteien (§ 94 Abs. I) und bei Weigerung einer Partei, die Schlußnote anzunehmen oder zu unterschreiben, die Anzeige an die andere Partei (§ 94 Abs. III);

β′) seitens des Kommissionärs: die Anzeige an den Kommittenten von der Ausführung der Kommission (§ 384 Abs. II);

γ′) seitens des Frachtführers: die Inkenntnissetzung des Absenders von gewissen Ablieferungshindernissen (§ 437 Abs. I).

b) Fiktionen:

α) Die Fiktion der Genehmigung tritt ein infolge unterbliebener unverzüglicher Maßnahmen:

α′) bezüglich des vom Handlungsagenten mit einem Dritten vermittelten Geschäftes, wenn der Geschäftsherr es nicht unverzüglich, nachdem er vom Abschlusse Kenntnis erlangte, dem Dritten gegenüber ablehnte (§ 85);

β′) bezüglich des Warenmangels, wenn (bei beiderseitigem Handelskauf) der Käufer die Ware nicht unverzüglich[4])

---

[1]) Vgl. auch hier die salvierende Klausel oben S. 99 Anm. 2. In den Registern der Kommentare zum BGB. von Staub (6. und 7. Aufl., Berlin 1900, Bd. II S. 1670) und Lehmann-Ring (Bd. I, Berlin 1902, S. 709, Bd. II, Berlin 1901, S. 439) fehlt das Wort „unverzüglich" ganz.

[2]) Vgl. auch, weil auf BGB. § 1241 (oben § 4 I 2 b) verweisend, HGB. § 623 Abs. IV Satz 1; vgl. ferner Einführungsges. zum HGB. Art. 12 Nr. III Abs. I Satz 1 und Abs. II sowie ebenda Nr. VII Abs. II Satz 1 und 2 zu §§ 52 bezw. 61 des Binnenschiffahrtsges. vom 15. Juni 1895 (RGBl. S. 301) und dazu die analogen Bestimmungen in HGB. § 437 (Abs. I und III) und § 438 Abs. III (vgl. im Text sub a α ε′ und sub c α).

[3]) Vgl. HGB. §§ 98 bezw. 384 Abs. I bezw. 429 Abs. I.

[4]) „Unverzüglich . . ., soweit dies nach ordnungsmäßigem Geschäftsgange tunlich ist", sagt § 377 cit. Zu ihm jetzt Reichsger. v. 29. Jan. 1904 (II 261/03) Bd. 57 Nr. 2 S. 7 ff.

nach der Ablieferung untersucht hatte und dem Verkäufer von dem Mangel, der sich zeigte, nicht unverzügliche Anzeige machte (§ 377 Abs. I und II); desgleichen, wenn er bei einem Mangel, der sich erst später zeigte, die Anzeige nicht unverzüglich nach der Entdeckung machte (§ 377 Abs. III);

γ') bezüglich der Abweichung vom Preislimito, wenn der Kommittent das vom Kommissionär abgeschlossene Geschäft nicht unverzüglich als nicht für seine Rechnung abgeschlossen zurückweist (§ 386 Abs. I).

β) Die Fiktion der Annahme des Antrags tritt ein, wenn im Spezialfalle des § 362 Abs. I (Satz 1 und 2) der Antragsempfänger nicht unverzüglich auf den Antrag antwortet.

c) Einzelfolgen sind:

α) Erhaltung von Rechten[1]) gegenüber dem Frachtführer: wenn im Falle des § 438 Abs. III Satz 1 bei äußerlich nicht erkennbarem Mangel des Gutes unverzüglich nach der Entdeckung (und spätestens binnen einer Woche nach der Annahme) die Feststellung des Mangels durch amtlich bestellte Sachverständige beantragt wurde oder wenn nach unverzüglicher[2]) Anzeige des Mangels an den Frachtführer die Feststellung unverzüglich nach dem Zeitpunkte beantragt wurde, bis zu welchem die Antwort des Frachtführers erwartet werden durfte (§ 438 Abs. III Satz 2);

β) Nichtentstehung eines Anspruchs, nämlich des Anspruchs der Partei gegen den Handelsmäkler selber (der die Schlußnote unter Vorbehalt der Bezeichnung der andern Partei zugestellt bezw. eine Partei bezeichnet hatte, gegen welche begründete Einwendungen zu erheben waren; § 95 Abs. III Satz 1): wenn sich die Partei auf Aufforderung des Mäklers nicht unverzüglich darüber erklärte, ob sie Erfüllung verlange (ebenda Satz 2);

γ) Außerkrafttreten des Seefrachtvertrages ohne gegenseitige Entschädigungsansprüche der Parteien: wenn das Schiff vor Antritt der Reise durch einen Zufall als reparaturunwürdig kondemniert und unverzüglich öffentlich verkauft wurde (§ 628 Abs. I Nr. 1);

δ) Bestehenbleiben des Seefrachtvertrages: wenn bei zufälligem Verlust der im Frachtvertrage nicht speziell bezeichneten Güter[3]) der Befrachter sich unverzüglich bereit erklärt, statt ihrer andere Güter zu liefern, und mit deren Ablieferung noch innerhalb der Wartezeit beginnt (§ 628 Abs. II Satz 1).

d) Keine Folgen[4]) knüpft das Gesetz an folgende Tatbestände:

α) Wenn der Erbe des verstorbenen offenen Handelsgesellschafters (bei Auflösung der Gesellschaft durch diesen Todesfall) den übrigen den Tod nicht unverzüglich anzeigt (§ 137 Abs. I Satz 1).

β) Wenn die unverzügliche Bekanntmachung (Veröffentlichung) der Bilanz in den Gesellschaftsblättern durch den Vorstand der Aktien-

---

[1]) Unter diesen Gesichtspunkt läßt sich auch der Fall des HGB. § 628 Abs. II (unten sub δ) bringen.

[2]) „Unverzüglich" hier wiederum „nach der Entdeckung und binnen der bezeichneten Frist".

[3]) Wegen der genaueren Voraussetzungen im Tatbestande vgl. § 628 cit. Abs. I Nr. 3 und Abs. II.

[4]) Wegen der im Gesetz nicht ausdrücklich a. a. O. genannten Folge der Schadensersatzpflicht vgl. über einige Fälle oben sub a β; wegen Ordnungsstrafen vgl. zu den Fällen der §§ 240 und 272 HGB. § 319 Abs. I, zu § 259 HGB. § 13.

bezw. Aktienkommanditgesellschaft in den Fällen des HGB. § 265 Abs. I und 334 Abs. I unterbleibt und wenn dasselbe bei der Aktiengesellschaft betreffs der Erhebung der Anfechtungsklage gegen einen Beschluß der Generalversammlung und betreffs des Termins zur mündlichen Verhandlung geschieht (§ 272 Abs. IV).

γ) Wenn der Vorstand der Aktiengesellschaft ferner bei einem die Hälfte des Grundkapitals erreichenden bilanzmäßigen Verluste die unverzügliche Einberufung der Generalversammlung unterläßt (§ 240 Abs. I) und wenn er es unterläßt, eine öffentlich beglaubigte Abschrift des Protokolls einer Generalversammlung unverzüglich zum Handelsregister einzureichen (§ 259 Abs. V); desgleichen, wenn er diese Einreichung bezüglich eines rechtskräftigen Urteils unterläßt, das einen Generalversammlungsbeschluß für nichtig erklärt (§ 273 Abs. I Satz 2).

δ) Wenn der Schiffer nicht unverzüglich nach Beendigung jeder einzelnen Abladung dem Ablader ein Konnossement ausstellt (§ 642 Abs. I).

2. Daneben verlangt das HGB. wiederholt — durchweg im seerechtlichen Buch IV —, daß etwas „ohne Verzug“ [1]) zu geschehen habe; so die Bewirkung der Verklarung und der Abladung (§ 522 Abs. II, § 588 Abs. I), die Abnahme der Stückgüter (§ 604 Abs. I), die Veranlassung der Aufmachung der Dispache (§ 728 Abs. I) und die Erklärung über ein gewisses Wahlrecht des Befrachters zwischen zweien Rechten (§ 636 Abs. I Satz 2).

3. Das Wort „Verzug“ begegnet sonst noch:

a) im Sinne von mora: in §§ 373 Abs. I, 374, 375 Abs. II Satz 1, 376 Abs. I Satz 1 sowie in dem Worte „Verzugszinsen“ in § 352 Abs. I Satz 1;

b) in der Wendung „Gefahr im Verzuge“ in §§ 137 Abs. I, 373 Abs. II Satz 2, 379 Abs. II und 437 Abs. II Satz 2;[2])

c) gleichbedeutend mit „verzögern“ in §§ 823 Abs. II und 824 Abs. II.

4. „Verzögerung“ findet sich — neben dem „ungebührlich verzögern“ in §§ 823 und 824, oben sub 3 c, und in § 814 Abs. I — als Verzögerung einer Reise: in §§ 587 Abs. I Nr. 2 und 821 Nr. 3, wo außerdem von „ungewöhnlich verzögern“ die Rede ist.

5. Der Ausdruck „rechtzeitig“ (vgl. oben A IV) deckt sich auch im HGB. gelegentlich, nämlich in § 377 Abs. IV (vgl. oben 1 b α β′) mit dem Begriff „unverzüglich“, begegnet aber andererseits auch als gleichbedeutend mit „ohne Verzug“ (in § 728 Abs. II; vgl. oben sub 2) und kommt [3]) auch sonst noch[4]) vor.

6. Auch im Handelsrecht kann eine „unverzüglich“ gebotene Maßnahme bisweilen unterbleiben, wenn sie „untunlich“ ist (§§ 373 Abs. V Satz 3, 377 Abs. I[5]) und 437 Abs. III; vgl. oben sub a α α′, b α β′ und a α ε′).[6])

---

[1]) Wegen der Auffassung des Prot. zum AHGB. über diesen Begriff vgl. die oben S. 188 Anm. 2 erwähnte Stelle.

[2]) Vgl. hier wiederum EHGB. Art. 12 Nr. III (Binnenschiffahrtsges. § 52 Abs. II Satz 3).

[3]) Einmal (§ 218 Abs. I und II) identisch mit „zur rechten Zeit“; vgl. hierzu auch § 111 Abs. I. Außerdem in §§ 637 Abs. I Satz 2, 666, 818.

[4]) Ohne Interesse für unsere Fragen sind die Ausdrücke „jederzeit“ (§§ 498 Satz 2, 499 Satz 1, 503 Abs. I), „sofort“ (§§ 376 Abs. I Satz 2 und Abs. III Satz 1 — hier begegnet in Abs. IV, oben sub 1 a α β′, „unverzüglich“ —, §§ 474, 750 Nr. 2, 870 Abs. II), „schleunigst“ (§ 577 Abs. I) und „binnen kürzester Frist“ (§ 636 Abs. I Satz 2; hier auch „ohne Verzug“; vgl. oben sub 2).

[5]) Vgl. oben S. 201 Anm. 4.

[6]) Zu § 437 vgl. wiederum EHGB. Art 12 Nr. III; „tunlichst“ und „wenn tunlich“ noch in HGB. § 819 Abs. I und II.

7. Die vorstehend (sub 1—6) zusammengestellten Normen des HGB. ergeben insbesondere folgendes:

a) daß die Buntheit der sich um den Begriff „unverzüglich" gruppierenden Rechtsfolgen (einschließlich der Folgenlosigkeit) eine ähnliche ist wie im BGB. (oben § 4 sub III);

b) daß der Ausdruck „Verzug" sich im HGB. in mannigfaltigerer Bedeutung findet wie im BGB. (oben A III 1) und insbesondere auch nicht genügend von dem Ausdrucke „verzögern" getrennt wird;

c) daß wegen der Gleichstellung von „rechtzeitig" sowohl mit „unverzüglich" wie mit „ohne Verzug" (oben sub 5) eine Konfundierung dieser beiden letzteren Ausdrücke dem Sprachgebrauch des HGB. nicht ganz fern gelegen zu haben scheint.

8. Beschränken wir aber unsere weiteren Betrachtungen zum HGB. auf den Ausdruck „unverzüglich", so werden wir wegen der bekannten Vorschrift des EG. z. HGB. Art. 2 Abs. I (vgl. oben § 31 C IX 3) behaupten müssen, daß er auch im Gebiete des Handelsrechts aus BGB. § 121 Abs. I Satz 1 (oben S. 185) zu interpretieren und auf Handeln „ohne schuldhaftes Zögern" zu deuten ist.[1]) Dadurch wird der Tadel, den wir (oben A V) gegen den versteckten Platz dieser Begriffserklärung aussprachen, nicht unerheblich verstärkt.

9. Dieser Tadel verwandelt sich aber in einen neuen und schlimmeren, wenn wir die von uns sub 1 zusammengestellten Normen des HGB. mit ihren Vorgängern[2]) im AHGB. vergleichen.

a) Denn von den entsprechenden Stellen des AHGB. hatten alle das Wort „unverzüglich" noch nicht enthalten, sondern es redeten:

α) von „ohne Verzug": Art. 347 Abs. I und III, 364 Abs. II, 365 Abs. I, 408 Abs. II, 630 Abs. I Nr. 1 und Abs. II Satz 1, 644 Abs. I, welchen jetzt HGB. §§ 377 Abs. I und III, 386 Abs. I, 388 Abs. I, 438 Abs. III Satz 1, 628 Abs. I Nr. 1 und Abs. II Satz 1 und 642 Abs. I entsprechen, sowie (in der Fassung der zweiten Aktiennovelle) Art. 190 a Abs. IV und Abs. V Satz 2, Art. 238 a Abs. II und Art. 185 c Abs. I, welchen jetzt HGB. §§ 272 Abs. IV, 273 Abs. I Satz 2, 259 Abs. V und 265 Abs. I entsprechen;

β) von „ohne Zögern" Art. 323 Abs. I (= HGB. § 362 Abs. I Satz 1 und 2);

γ) von „sofort"[3]) Art. 343 Abs. III, 347 Abs. I a. E. und II und

[1]) Vgl. in dieser Hinsicht Einzelbemerkungen zu obigen Stellen des HGB. bei Staub a. a O. S. 338 Anm. 3, 441 Anm. 1, 785 Anm. 9, 1151 Anm. 13, 1322 Anm. 22, 1437 Anm. 6, 1534 Anm. 2 (ungenau S. 1427 Anm. 11 zu HGB. § 384 Abs. II) und bei Lehmann-Ring a. a. O. I S. 479 Nr. 4, 511 Nr. 6, 527 Nr. 1, 663 Nr. 1; vgl. auch z. B. Cosack, Handelsrecht, 6. Aufl., Stuttgart 1903, S. 115 zu Anm. 6. — Aus der Judikatur wohl nur (im gleichen Sinne) Entsch. des OLG. Breslau vom 18. Juni 1903 im „Recht" VII (1903) S. 405 Nr. 2222, auch bei Warneyer II S. 199 Nr. 6, während ich bei Warneyer II S. 167 ff., insbesondere S. 232 ff., zu den andern einschlägigen Gesetzesstellen und ebenso bei Scherer I—III weiteres Material zu der im Text behandelten Frage ebensowenig gefunden habe, wie ich in den Gutachtensammlungen von Apt, 1. Folge, Berlin 1904 bezw. von Riesenfeld, Breslau 1900, Aeußerungen der Aeltesten der Kaufmannschaft von Berlin bezw. der Handelskammer zu Breslau über den Begriff „unverzüglich" bemerkt habe.

[2]) Keine Vorgänger haben dort HGB. §§ 85, 94, 95, 137, 417 und (oben S. 201 Anm. 2) 623 Abs. IV; ferner sind in der im Text behandelten Richtung ohne Vorgänger HGB. §§ 334 Abs. I 437 Abs. I und III und § 438 Abs. III Satz 2.

[3]) Dieser Ausdruck fand sich auch z. B. noch in AHGB. Art. 339 Abs. III und 346 Abs. II. — Zu ihm vgl. dahin, daß von einem Moment des schuldhaften Zögerns hier nicht die Rede ist, z. B. Staub, 2. Aufl., Berlin 1894, S. 870 § 15 zu Art. 357, S. 809 § 25 zu Art. 347.

Art. 361 (= HGB. § 373 Abs. V Satz 1, § 377 Abs. I a. E. und § 384 Abs. II);

δ) von „ungesäumt“ Art. 357 Abs. II Satz 3 (= HGB. § 376 Abs. IV Satz 2).

b) Somit ist das Moment des „schuldhaften“ Zögerns in viele Stellen des neuen HGB. eingefügt worden, in denen dies Moment im AHGB. gänzlich gefehlt hatte;[1]) das ist um so merkwürdiger, als die Materialien[2]) zum neuen HGB., insbesondere die I. Denkschrift,[3]) nicht den mindesten Anhalt dafür bieten, daß man die Beimischung dieses Ingredienz bewußt und wohlerwogen vorgenommen hat.

c) Umgekehrt ist wiederum in den wenigen Stellen, in welchen das AHGB. und auch noch der Entwurf zum HGB.[4]) den Ausdruck „unverzüglich“ gebraucht hatte,[5]) jetzt im HGB. lediglich der Ausdruck „sofort“ eingesetzt worden; vgl. AHGB. Art. 357 Abs. I Satz 3 und Abs. II Satz 1 mit HGB. § 376 Abs. I Satz 2 und Abs. III Satz 1; hier deckt sich also zwar wegen der Fortlassung des Momentes „schuldhaft“ das jetzige Recht mit dem früheren; eine Motivierung der Ausmerzung des Wortes „unverzüglich“ ist aber in den Materialien gleichfalls nicht zu beobachten.[6])

d) Da nun aber das Bestreben, das HGB. sprachlich dem BGB. anzupassen,[7]) keineswegs als genügende Motivierung für eine stillschweigende, dabei aber so erhebliche materielle Aenderung[8]) der gesetzlichen Tatbestandsmerkmale ausreicht, so wird man sich der Annahme kaum verschließen können, daß sich gerade schon bei der Neuredaktion des HGB. der versteckte Platz der Begriffsbestimmung für „unverzüglich“ (vgl. oben sub 8) verhängnisvoll erwiesen hat.

e) Auch das ist auffallend, daß durch die Einrückung des Begriffes „unverzüglich“ in die erwähnten Normen des Handelsrechts das Verschuldensprinzip eine — bei der praktischen Wichtigkeit einiger dieser Normen[9]) sehr bedeutsame — Ausdehnung seines Geltungsgebietes im modernen Zivilrecht erfahren hat, während doch im allge-

---

[1]) Das ergibt auch der Vergleich von HGB. § 334 Abs. I mit AHGB. Art. 206 a Abs. III Satz 2.

[2]) Die entsprechenden Paragraphen des Entwurfs zum HGB. 1897 enthalten schon alle das Wort „unverzüglich“ mit Ausnahme von § 249 Abs. I (= HGB. § 273, oben sub 1 d γ), der von Einreichung „ohne Verzug“ spricht.

[3]) Vgl. Denkschr. zum HGB. (Amtl. Ausgabe, Berlin, Guttentag, 1896) S. 144, 146 f., 149 ff., 214 f., 219 ff., 223 f., 234 ff., insbesondere aber auch die mit dem Worte „unverzüglich“ operierenden Bemerkungen S. 201, 221, 223 f., 235, 264.

[4]) Entwurf zum HGB. § 347 Abs. I Satz 2 und Abs. III Satz 1.

[5]) Die Literatur zum AHGB. hielt (was für jene Periode des Handelsrechts mangels einer dem BGB. § 121 Abs. I entsprechenden Anweisung zweifellos zutreffend war) die Worte „unverzüglich“ und „ohne Verzug“ bezw. „sofort“ für völlig gleichbedeutend. Vgl. Staub, 2. Aufl., S. 870 § 15 zu Art. 357 und Gareis und Fuchsberger, Berlin 1891, S. 742 Note 152 zu Art. 347. — Die Protokolle zum AHGB. äußern sich (Bd. IX, Würzburg 1861, S. 5082) lediglich dahin, daß „unverzüglich“ quaestio facti sei (vgl. auch Gareis und Fuchsberger S. 765 Anm. 2 zu Art. 357), deuten also auch nichts von subjektivem Verschulden an.

[6]) Denkschr. zum HGB. S. 221 f. Ebensowenig äußern sich der Kommentar von Lehmann-Ring Bd. II S. 140 f. Note 88 f. und 93 und zu Abs. III Satz 1 der Kommentar von Staub, 6. und 7. Aufl., Bd. II S. 1320 Anm. 15; dagegen zu Abs. II Satz 2 Staub ebenda S. 1322 Anm. 22.

[7]) Vgl. Denkschrift S. 3.

[8]) Aenderung im Sinne einer Einschränkung der Anwendungsfälle von denen einer bloß objektiven auf die einer zugleich subjektiv-schuldhaften Zögerung.

[9]) Vgl. insbes. oben 1 a α Nr. α′ und β′ und b α β′.

meinen die gegenwärtige Strömung in der Gesetzgebung eher gegenteilig auf die Erweiterung des Anwendungsfeldes der vom Verschulden abstrahierenden Prinzipien (Verursachungs-, Veranlassungsprinzip u. dgl.) gerichtet erscheint.[1])

f) Wenn man schließlich diejenigen Bestimmungen des AHGB. ins Auge faßt, welche nicht ins neue HGB., sondern ins BGB. übergegangen sind, so ist zu konstatieren, daß wegen des erkennbar rechtzeitig abgesendeten aber verspätet zugegangenen Antrags unter Abwesenden AHGB. Art. 319 Abs. II mit dem Ausdrucke „ohne Verzug"[2]) operierte, während BGB. § 149 Satz 1 (oben § 4 I 1 a δ) von „unverzüglich" spricht.[3]) Auch hier trifft der oben sub b und d erhobene Vorwurf zu.

10. Die Frage, ob da, wo das HGB. den Begriff „unverzüglich" verwertet, dieser im Sinne der „im Verkehr erforderlichen Sorgfalt" — oben § 31 — zu verstehen sei oder[4]) etwa im Sinne der „Sorgfalt eines ordentlichen Kaufmanns" bezw. der anderen im HGB. aufgestellten Sorgfaltsformen (oben § 31 sub A IV 3 a), ist hier ebenso zu beantworten — weil ebenso gegenstandslos — wie oben § 32 VI 4 wegen des „Kennenmüssen".

V. Während für das Gebiet des HGB. zufolge Art. 2 Abs. I seines Einführungsgesetzes (oben sub IV 8) der Ausdruck „unverzüglich" im Sinne einer schuldhaften Zögerung verstanden werden muß, wird dies zweifelhaft erscheinen bezüglich aller sonstigen Gesetze, in welchen der gleiche Ausdruck begegnet.

1. Beispiele einer Anwendung des Ausdrucks sind:

a) Reichsrechtlich: die Strandungsordnung[5]) vom 17. Mai 1874 (RGBl. S. 73) § 5 Satz 1, § 6 Abs. I Satz 1 sowie das Gesetz betr. die Bekämpfung der Reblaus vom 6. Juli 1904 (RGBl. S. 261) § 4 Abs. I Satz 1 (vgl. ebenda § 12).

b) Landesrechtlich: das preußische Gesetz betr. das Pfandleihgewerbe vom 17. März 1881 (Preuß. Ges.S. S. 265) § 15 Abs. I Satz 1.

2. Trotz des dem BGB. zugrunde liegenden „Kodifikationsprinzips"[6]) wird man mangels einer positiven Anweisung im BGB.[7]) nicht behaupten dürfen, daß terminologische Bemerkungen des BGB. über dessen eigenen Rahmen hinaus anwendbar sind. Man wird also außerhalb des BGB. selber (und außerhalb des HGB., vgl. das sub IV 8 Bemerkte) die Begriffe, welche in den Gesetzen begegnen, aus diesen bezw., wo auch sie schweigen, aus sich selbst erklären müssen. Und so wird es außerhalb des BGB. in den Gesetzen — ebenso wie bei der

---

[1]) Vgl. darüber Genaueres unten § 72.

[2]) Freilich Mot. I S. 170 zu E. I § 85 behaupten irrig, daß AHGB. a. a. O. von einer „unverzüglichen" Benachrichtigung gesprochen habe; vgl. oben sub I 1 a.

[3]) Eine materiell unerhebliche Veränderung ist es, wenn das „sogleich" des AHGB. Art. 318 im entsprechenden § 147 Abs. I Satz 1 BGB. in „sofort" verwandelt worden ist. „Sofort" begegnete im AHGB. z. B. noch in Art. 339 Abs. III und 346 Abs. II.

[4]) Diesbezüglichen Erörterungen in der Literatur bin ich nicht begegnet.

[5]) Die Strandungsordnung enthält noch folgende s. Z. (vgl. unten S. 207 Anm. 2) offenbar als synonym mit „unverzüglich" gedachte Ausdrücke: „sofort" (§§ 4 Satz 1, 14 Abs. I, 20 Satz 2, 29 Abs. II), „alsbald" (§ 23 Abs. II), „schleunigst" (§ 6 Abs. I Satz 2), „sobald als möglich" (§ 11 Satz 2), „sobald als tunlich" (§ 12 Abs. II).

[6]) Das zudem betreffs des Beispiels sub 1 b verlassen worden ist; vgl. EG. z. BGB. Art. 94.

[7]) Art. 4 und Art. 33 EG. z. BGB. nützen in dieser Richtung nichts, Art. 33 weist eher auf das im Text Behauptete.

Auslegung von Verträgen und z. B. von Versicherungsbedingungen [1]) — für den Ausdruck „unverzüglich“ sein Bewenden bei der natürlichen Wortdeutung behalten,[2]) die (vgl. oben sub A I) von einem auf subjektives Verschulden hinweisenden Ingredienz nichts weiß.

3. Gerade dadurch wird aber die Ueberraschung, welche sich für das Handelsrecht im besonderen ergab (oben sub IV 8 und 9), in doppelt helles Licht gesetzt, und die heimliche Vergewaltigung, welche dieser Rechtsmaterie widerfuhr (ebenda sub 9 b und d), wirkt um so erstaunlicher. Gleichzeitig wird aber bemerkbar, daß durch die eigentümliche Anweisung, welche BGB. § 121 Abs I enthält, ein Riß ins deutsche Zivilrecht gebracht worden ist.

4. Eine Nachprüfung des übrigen (zivilrechtlichen) Reichsrechts (außerhalb des BGB. und HGB.) und der wichtigsten Partikulargesetze auf den Gebrauch des Wortes „unverzüglich“ wäre eine immerhin nicht unlohnende Aufgabe, betreffs derer es hier jedoch (vgl. oben § 30 sub II und III) bei der Anregung zu ihrer Lösung sein Bewenden behalten mußte: eine Anregung, die zugleich in allgemeiner Richtung auf die Frage nach dem Verhältnis der modernen Gesetzgebung überhaupt zur authentischen Terminologie des BGB. [3]) — nicht nur wegen der Verschuldensbegriffe (vgl. oben § 30 I 1) — von Wert sein dürfte[4]) und eine Aufgabe, für deren Endergebnis stets die Vorfrage bedeutsam wäre, ob die authentische Begriffserklärung im BGB. inhaltlich als korrekt[5]) oder aber, wie betreffs des Ausdrucks „unverzüglich“, gegenteilig als inkorrekt zu betrachten ist.[6])

---

[1]) So die Allgem. Versicherungsbedingungen der Aachener-Münchener Feuer-Versicherungs-Gesellschaft, Versicherung gegen Einbruchs-Diebstahl § 11, wo für den Ausdruck „unverzüglich“ auf § 8 Abs. I verwiesen wird, wo wiederum nur gesagt ist, daß die Anzeige „unmittelbar nach Entdeckung eines Einbruchs .... auf schnellstem, nötigenfalls telegraphischem Wege“ zu geschehen habe. Die älteren Versicherungsbedingungen derselben Gesellschaft betr. Diebstahlsversicherung (1901) enthielten den Ausdruck „unverzüglich“ nicht und ebenso sprechen die Allg. Versicherungsbedingungen derselben Gesellschaft betr. Feuerversicherung § 10 nur von „rechtzeitiger“ Anzeige, die nach § 6 Abs. I als eine solche „binnen 24 Stunden“ bezw. „binnen 3 Tagen“ erscheint. Es ist kaum anzunehmen, daß die Gesellschaft selber in diesen verschiedenen Ausdrücken inhaltliche Unterschiede erblickt. — Ueber den Entwurf eines Reichsgesetzes über den Versicherungsvertrag vgl. folgende Anmerkung.

[2]) Also bei der Auffassung, welche s. Z. (vgl. S. 206 Anm. 5) die Gesetzgeber gehabt hatten. Zum gleichen Ergebnis würde ich auch gelangen, wenn Gesetze aus der Zeit nach dem 1. Januar 1900 von „unverzüglich“ reden; es sei denn, daß es sich gerade ausgesprochenermaßen um eine Novelle zum BGB. oder zum HGB. handeln würde, wie z. B. (vgl. EG. z. BGB. Art. 75) bei dem künftigen Reichsgesetz über den Versicherungsvertrag, dessen Entwurf (Amtliche Ausgabe, Berlin 1903) den Ausdruck „unverzüglich“ sehr oft gebraucht (vgl. §§ 7, 23 Abs. II, 37, 66 Abs. II, 98 Satz 1, 115 Abs. II Satz 1, 116, 142 Abs. I) und wohl gleich dem BGB. mit einem unverschuldeten Zögern identifizieren will; vgl. Entwurf §§ 7, 9 Satz 2, 15 Abs. II, 16 Abs. II, 91 Abs. II (Satz 1 und 2), 105 Abs. II (Satz 1 und 2), 115 Abs. I (Satz 1 und 2), 173 (Satz 1 und 2) und die Begründung S. 64 ff., 103, 193.

[3]) Vgl. über die positive Anordnung in EG. z. BGB. Art. 33 oben S. 206 Anm. 7.

[4]) Dabei würden wohl auch manche Winke beachtbar sein, die sich in Zitelmanns Rede „Zum Grenzstreit zwischen Reichs- und Landesrecht“, Bonn 1902, finden.

[5]) Dies nehme ich wegen der gesetzlichen Erklärung des Begriffes „Fahrlässigkeit“ an, vgl. oben § 31, weshalb die im Text behandelte Frage dort (sub C IX 2) viel schnellere Beantwortung finden konnte; vgl. auch ebenso oben § 32 S. 183 Anm. 3.

[6]) Beispiele gesetzlicher Definitionen (im weitesten Sinne) vgl. in meinen Vorträgen I S. 92 ff. Inkorrekt oder fragwürdig etwa BGB. §§ 94 f., 99 f., 183 f., 194 Abs. I, 383 Abs. III, 1589 Abs. II, 1590 Abs. II, 1621 Abs. I, 1624 Abs. I.

§ 34.

Die Bösgläubigkeit.

I. Die Bösgläubigkeit[1]) gehört insofern mit ihrer Definition in den Kreis unserer Erörterungen, als ein Teil der in die Tatbestandsmerkmale aufgenommenen Begriffe sie in das subjektive Verschulden hineinführt.

1. Die aus § 932 Abs. II (oben § 8 sub I) zu gewinnende Definition[2]) läßt nämlich die Bösgläubigkeit eintreten, wenn der Umstand, daß die fragliche Mobilie dem Veräußerer nicht gehört, dem Erwerber entweder „bekannt" oder „infolge grober Fahrlässigkeit unbekannt ist".

2. Von den zwei Gruppen, in welche somit die Fälle der mala fides zu zerlegen sind, interessiert uns die erste nicht, da sie lediglich mit einem objektiven Faktum, nicht mit einem subjektiven Verschuldensmomente[3]) operiert. Sie interessiert uns ebensowenig wie z. B. das neben dem Kennenmüssen begegnende wirkliche Kennen.[4])

3. Ebensowenig interessiert uns die sog. mala fides superveniens, von der das Gesetz[5]) unter der Wendung spricht, daß jemand den vorliegenden Rechtsmangel „später erfährt". Denn auch sie setzt ja voraus, daß ein positives, wenn auch nicht von Anfang an vorhanden gewesenes Kennen vorliegt, und geht somit über den Kreis des bloßen Kennenmüssens hinaus.

4. Da uns der Begriff der „Fahrlässigkeit" schon (oben § 31) an der Hand des Gesetzes (§ 276 Abs. I Satz 2) geläufig geworden ist, so können wir ihn in den uns interessierenden Teil des Begriffes der mala fides bereits einsetzen; wir gewinnen — wenn wir weiterhin die Unkenntnis vom Nichteigentum des Veräußerers auf Unkenntnis vom Rechtsmangel des Autors generalisieren[6]) — folgendes Ergebnis: Bösgläubigkeit liegt u. a.[7]) vor, wenn der Erwerber nur wegen grober[8]) Außerachtlassung der im Verkehr erforderlichen Sorgfalt den vorhandenen Rechtsmangel unbemerkt ließ. — Oder auch, mehr positiv formuliert: Bösgläubigkeit liegt u. a. vor, wenn

---

[1]) Oder vielmehr nach der Formulierung des BGB. der Mangel des guten Glaubens; vgl. unten sub II 6.

[2]) Ob § 932 Abs. II eine in jeder Hinsicht erschöpfende Begriffsbestimmung für den guten Glauben enthält (wie z. B. Endemann II § 81 S. 320 Anm. 21 annimmt) oder nur für den Hauptfall (vgl. Dernburg III § 97 S. 273 sub 4 und ebenso Eck II § 14 S. 105), können wir dahingestellt lassen, da uns ja nur ein Teil der Bestimmung des § 932 Abs. II interessiert.

[3]) Um Mißverständnissen vorzubeugen, sei ausdrücklich vermerkt, daß das wirkliche Kennen natürlich gleichfalls ein subjektives Moment insofern bildet, als es sich in der Seele des (bösgläubigen) Interessenten abspielt; aber Kenntnis ist (vgl. oben § 32 III sub 7 a) kein Verschuldensmoment. — Ebenso umfaßt der „gute Glaube" sowohl das subjektive wie das objektive Nichtwissen („Nichtwissenkönnen", Mot. V S. 569).

[4]) Wegen dieser Parallele vgl. z. B. auch einige Bemerkungen in Mot. IV S. 69 (zu BGB. § 1345), ferner Eck I § 41 S. 195 ff. und insbesondere Hachenburg, Vorträge, 2. Aufl. S. 130 ff., der die Idee eines Schutzes des guten Glaubens im weiteren Sinne auch sonst noch im BGB. beobachten zu können meint.

[5]) §§ 937 Abs. II, 945 Satz 1, 990 Abs. I Satz 2, 2024 Satz 2; vgl. §§ 955 Abs. I Satz 2, 957 a. E. — Aehnlich in anderem Zusammenhange §§ 819 Abs. I, 820 Abs. II. Das „erfahren" wird dann auch noch erwähnt, um den Beginn einer Anfechtungsfrist zu kennzeichnen (§§ 1350 Abs. I Satz 2, 1594 Abs II)

[6]) Dies ist eben wegen der generelleren Bedeutung des Begriffs im Sachenrecht notwendig.

[7]) Diese salvatorische Klausel soll darauf hinweisen, daß obige Definition den Begriff, der auch die positive Kenntnis des Mangels umfaßt, nicht erschöpft; vgl. oben sub 1 und 2.

[8]) Hierzu Genaueres unten § 40.

der Erwerber bei Anwendung einiger[1]) Sorgfalt den Rechtsmangel hätte bemerken müssen.

5. Uebrigens wird man den Motiven III S. 346[2]) recht zu geben haben, wenn sie aus der Verbindung der mala fides mit der groben Fahrlässigkeit folgern, daß das Gesetz dem Erwerber der Mobilie zwar nicht gerade „eine strenge Diligenzpflicht", aber „eine gewisse Nachforschungspflicht[3]) auferlegt", sofern im Einzelfall „Anlaß zu weiteren Nachforschungen vorliegt".[4]) Aber diese Diligenzpflicht besteht nur im Momente des Erwerbs, nicht, nachdem sich dieser vollzogen hat: das Gesetz verlangt nicht, daß der Erwerber seine einmal vorhanden gewesene bona fides selber in eine mala fides superveniens umzuwandeln bemüht sei;[5]) und eine noch so grobe Fahrlässigkeit in dieser Hinsicht ist für ihn unschädlich.

6. Daß die in BGB. § 932 Abs. II gegebene Definition der Bösgläubigkeit[6]) durchaus einwandfrei sei, wird sich nicht gerade behaupten lassen.

a) Für bösgläubig („nicht in gutem Glauben") wird man nach dem richtigen Sprachgebrauche doch wohl nur denjenigen halten dürfen, welcher positive Kenntnis hat von dem entgegenstehenden Mangel und Hindernis, nicht auch denjenigen, in dessen Seele sich die für unser Thema allein interessierende (oben sub 1 und 2) Tatsache des Kennenmüssens abspielt; er ist leichtfertig,[7]) unvorsichtig usw., aber nicht unredlich[8]) und bösgläubig, und es ist also eine aus legislatorischen Zweckmäßigkeitserwägungen allerdings durchaus gerechtfertigte, aber immerhin sprachlich nicht unbedenkliche Erweiterung des Ausdrucks, wenn dieser auch auf die grobfahrlässige Unkenntnis ausgedehnt wird; sprachlich hätte alsdann übrigens seiner Ausdehnung auf die gewöhnliche Fahrlässigkeit (oben § 31) kein stärkeres Hindernis entgegengestanden.[9])

b) Das Gesagte wird vollkommen bestätigt durch die Ausdrucksweise der Wechselordnung Art. 74, welche, gleichfalls im Rahmen der Frage

---

[1]) Vgl. hierzu gleichfalls unten § 40 sub III 3 und IV.

[2]) Hier wird versehentlich § 306 HGB. zitiert, während natürlich Art. 306 des AHGB. (vgl. dazu jetzt HGB. § 366) gemeint ist.

[3]) Vgl. zu diesem Punkt auch: aus der allgemeinen Literatur z. B. Cosack II § 198 S. 121 sub b, Dernburg III § 105 sub 4 S. 293, Engelmann S. 536 sub 3, Hachenburg S. 165, Kober S. 186 sub b, Planck III S. 186 Anm. 2; aus der Spezialliteratur: Wendt, Erwerb von einem Nichtberechtigten (im Archiv f. d. civilist. Praxis 89, 1899, S. 1 ff.), insb. S. 8; von Thur, Eigentumserwerb an Mobilien, in Puchelts Zeitschr. Bd. 30, Mannheim 1899, S. 527 ff.; auch Stahmer, Der gute Glaube bei der Eigentumsersitzung, Rostocker Dissertation, Blankenese 1903, S. 53; Jacobi, Wertpapiere (Fischers Abhandlungen zum Privatrecht und Zivilprozeß VIII, 1), Jena 1901, S. 223 ff. (vgl. auch S. 68 ff.). — Aus der Judikatur: Erkenntnis des OLG. Naumburg vom 26. Februar 1901 (im „Recht" V, 1901, S. 284 Nr. 1023; vgl. auch Scherer II S. 189 Nr. 824) und Erkenntnis des OLG. Dresden vom 24. April 1902 (im Sächsischen Archiv 12, 1902, S. 755); über eine Entsch. des Reichsger. v. 26. Mai 1904 unten § 40 VI a. E.

[4]) Hat man keine Gelegenheit, sich informieren zu können, so ist man auch nicht bösgläubig; vgl. Wendt a. a. O. S. 14 und Neumann, Jahrbuch I 1 S. 596 sub 4. Ebenso, wenn die ohne grobe Fahrlässigkeit angestellten Ermittelungen zu objektiv falschem Ergebnis führten; vgl. Neumann, Handausgabe I S. 486 Note 4 e. Vgl. ferner unten § 40 sub XV 1.

[5]) Vgl. auch Kipp I S. 352 f.

[6]) In ihrem zweiten Teile; vgl. oben sub 1 und 2.

[7]) Vgl. Kah, Der Eigentumserwerb durch Uebertragung (in den Annalen der großherz. Badischen Gerichte Jahrg. 55, Mannheim 1899, Nr. 21 S. 266 ff.) S. 328.

[8]) Das Wort „unredlich" (vgl. aus den älteren Quellen z. B. ALR. I, 7 §§ 10 ff. und AHGB. Art. 306, oben Anm. 2) begegnet im BGB. nur an einer einzigen Stelle (das Wort „redlich" garnicht), nämlich in § 716 Abs. II („unredliche Geschäftsführung"), der zu besonderen Betrachtungen in der Richtung unseres Problems keinen Anlaß gibt.

[9]) Vgl. auch zur Bestätigung unten sub III 1 a. E.

nach der Vindikation, den bösgläubigen und den grobfahrlässigen Erwerb des Wechsels als getrennte Tatbestände aufzählt.

c) Die Ungenauigkeit, welche die Legaldefinition des § 932 Abs. II enthält, ist aber weit weniger bedenklich, als die sprachliche Ungenauigkeit, welche wir im § 33 sub A I und V der Legaldefinition des Begriffes „unverzüglich" in BGB. § 121 Abs. I zum Vorwurfe machen mußten. Denn einmal bleibt der hier interessierende Ausdruck im wesentlichen auf die sachenrechtlichen Normen des Gesetzes [1]) beschränkt (vgl. oben § 8 sub II). Ferner wird er an auffallenderer Stelle sowie in auffallenderer Form (als besonderer Satz und Absatz) gebracht wie der Ausdruck „unverzüglich" (vgl. § 8 sub I). Sodann war er nicht so bequem vermeidbar [2]) und die Legaldefinition ist darum nicht so gänzlich entbehrlich wie (vgl. § 33 sub A V) die des § 121 Abs. I. Endlich ist der Fehler, wenn wir auch zu § 932 Abs. II von einem solchen sprechen wollen, ein minderer; denn die Definition der „Bösgläubigkeit" enthält doch wenigstens bezüglich der positiven Kenntnis des Erwerbers das richtige und ist nur wegen der Einbeziehung von (grober) Fahrlässigkeit inkorrekt, während die legale Ausdeutung der „Unverzüglichkeit" auf das subjektive Verschulden eine gänzliche Ungenauigkeit bietet; dort ist gewissermaßen durch bloßes Hinzuaddieren eines nicht hingehörigen Elementes der kleinere Rechenfehler $x = a + b$, hier durch Multiplizieren mit einem nicht hingehörigen (subjektiven) Elemente der größere Rechenfehler $x = a \times b$ gemacht worden und das Resultat bleibt hier — wegen der Unverzüglichkeit — also nicht einmal partiell richtig.

II. Wenden wir uns von der Betrachtung der Definition als solcher zum Inhalt des Begriffes (wiederum in seinem für unser Problem allein interessierenden Bestandteile, vgl. oben I 2) und zu seiner Bedeutung im Rahmen der Verschuldensbegriffe, so ist im einzelnen folgendes zu bemerken:

1. Das Verhältnis der Bösgläubigkeit zum Verschulden ist durch ihr Verhältnis zur groben Fahrlässigkeit und durch den Platz der letzteren in der Definition des § 932 dahin gegeben, daß sich Bösgläubigkeit und Verschulden ebensowenig decken wie Bösgläubigkeit und grobe Fahrlässigkeit. Da letztere nicht den alleinigen Fall der Bösgläubigkeit ausmacht und ebensowenig die Bösgläubigkeit den einzigen Fall der groben Fahrlässigkeit, so wird man das beiderseitige Verhältnis und somit auch das Verhältnis zwischen mala fides und Verschulden dahin charakterisieren können, daß sie zweien Kreisen gleichen, von denen keiner den andern einschließt, welche sich vielmehr schneiden: das beiden gemeinsame Stück umfaßt alle Fälle einer auf grober Fahrlässigkeit beruhenden Unkenntnis des kritischen Rechtsmangels: also eine Unkenntnis, die ihren Grund in einem Verschulden hat, und ein Verschulden, das gerade in der beschriebenen Unkenntnis besteht.

---

[1]) Der gewöhnliche Sprachgebrauch und auch der der Juristen, soweit sie sich nicht durch § 932 Abs. II Zwang auferlegen lassen, würde von Bösgläubigkeit auch z. B. in den Fällen des BGB §§ 1345 ff., 1699 ff. reden. Vgl. z. B. meine Vorträge II S. 276 f. (wo nur S. 277 Zeile 5 ein Druckfehler „Böswilligkeit" zu berichtigen ist) und Müller und Meikel II S. 288 sub b, Planck IV S. 453 ff. und auch bereits Mot. IV S. 843 ff., andererseits aber vorsichtiger (zu BGB. § 1345) Mot. IV S. 69 (oben S. 208 Anm. 4). — Vgl. ferner (zu BGB. § 122) über Gareis und Fischer-Henle oben § 32 IV 6 S. 182 Anm. 2 und 4. — Vgl. ferner unten sub III 2 und 3 sowie S. 212 Anm. 3.

[2]) Ein sowohl die Kenntnis wie die (grob-)fahrlässige Unkenntnis beim Erwerbe gemäß §§ 932 usw. (oben § 8 sub I) umfassender, sprachlich korrekter Gesamtausdruck wird sich kaum finden lassen; „unredlich" wäre ebensowenig einwandfrei gewesen.

2. Nur grobe Fahrlässigkeit erfüllt (neben der positiven Kenntnis) den Tatbestand der Bösgläubigkeit, culpa levis reicht dazu nicht aus.[1])

3. Die Bösgläubigkeit (wiederum auf den zweiten Tatbestand des § 932 Abs. II beschränkt) ist zugleich ein Fall des Kennenmüssens (oben § 32), aber nicht des Kennenmüssens schlechthin, sondern der grobfahrlässigen Unkenntnis im besonderen (§ 32 sub IV 2 g).

4. Auch das Verhältnis der Bösgläubigkeit zum Irrtum[2]) ist durch ihr Verhältnis zum Verschulden genügend klargestellt. Wenn der Irrtum — gleichviel ob einfacher oder Rechtsirrtum[3]) — auf Fahrlässigkeit beruht, ist er (vgl. oben § 31 sub C VII) unentschuldigt, und wenn die Fahrlässigkeit sich als eine grobe charakterisiert, enthält der unentschuldbare Irrtum eine Verneinung der bona fides; grober Irrtum also involviert Bösgläubigkeit, Irrtum (selbst Rechtsirrtum) schlechthin dagegen ruft noch nicht ohne weiteres mala fides hervor, es ist vielmehr jedesmal an der Hand des konkreten Falles zu prüfen, ob der Irrtum gröblich genug gewesen ist; dies ist er, wenn er (vgl. unten § 40) bei Anwendung der allergewöhnlichsten Sorgfalt vermeidbar gewesen wäre, während ein Irrtum, dem man nur bei Anwendung der Sorgfalt eines ordentlichen Durchschnittsmenschen (oben § 31 sub A IV 1) entgehen konnte, noch nicht grobe Fahrlässigkeit dokumentiert, also auch nicht bösgläubig macht.

5. Die vorstehenden Bemerkungen dürften sich durchaus in Einklang befinden mit der Auffassung der Literatur[4]) zum Begriff der Bösgläubigkeit und zu deren Bedeutung als Verschuldensmoment. Freilich an ausdrücklichen Bemerkungen in letzterer Richtung bietet die Literatur[5]) kaum[6]) etwas[7]) für unsern Gedankenkreis Erhebliches und der Erwähnung Wertes.

---

[1]) Vgl. insbes. Wendt a. a. O. S. 6. Wegen Schaps vgl. unten S. 213 Anm. 8 (214).

[2]) Vgl. zum Nachstehenden auch Bemerkungen bei Crome I S. 110 Anm. 7, Dernburg III § 97 S. 274 sub 5 (die dort erwähnte Aeußerung der Mot. I S. 281 — oben S. 134 Anm. 5 — bezieht sich aber auf Rechtsirrtum schlechthin, nicht etwa auf seine Bedeutung für die mala fides), Eck II § 14 S. 107 (mit guten Beispielen), Goldmann und Lilienthal S. 139 sub 5 d, Kipp I S. 831, Kober S. 186 sub b, Planck III S. 186 Anm. 2, Wendt a. a. O. S. 6, 12; vgl. auch Cohn in Gruchots Beitr. 43 (1899) S. 377 f.

[3]) Ueber das Ziel schießt Kuhlenbeck, wenn er, Von den Pandekten II S. 526, meint, daß der Rechtsirrtum „in der Regel" auf grober Fahrlässigkeit beruhe.

[4]) Die Judikatur hat sich mit dem Begriff der Bösgläubigkeit in Richtung auf unser Thema noch fast (vgl. oben S. 209 Anm. 3) gar nicht beschäftigt (vgl. Warneyer I S. 124 f., II S. 89, Spruchsammlung I S. 36, II S. 27, Scherer I S. 104, II S. 189 — oben S. 209 Anm. 3 —, III S. 312 ff.) — Ueber einzelne Bemerkungen der Materialien (dem § 932 Abs. II entspricht inhaltlich bereits E. I § 877 Satz 1) vgl. oben S. 208 Anm. 4, 210 Anm. 1.

[5]) Ganz ohne Ausbeute für uns bleiben z. B. Achilles S. 362 (Vorbemerkung 2), S. 364, Fischer-Henle S. 498, Biermann S. 140 Note 2, Planck I S. 42 sub III a. E., Endemann II § 81 S. 316 ff., Enneccerus-Lehmann II § 7 S. 26 ff., § 61 sub 3 S. 177, Krückmann S. 250 sub II 1, Matthiaß II § 19 I S. 62, Müller und Meikel I § 225 S. 753, Weyl II § 151 S. 43/44, Ebenso Ramdohr, Das Rechtsprinzip zum Schutze mangelhafter menschlicher Erkenntnisfähigkeit im BGB. (in Gruchots Beitr. 44, 1900, S. 115 ff., 324 ff., 658 ff., 801 ff.).

[6]) Ueber vereinzelte Bemerkungen vgl. oben. — Beispiele für Bösgläubigkeit wegen grober Fahrlässigkeit bei Cosack II § 207 S. 140/141, Eck II S. 104/105; doch wird das bloße „Uebersehen" des Stempels der Kgl. Bibliothek in dem Buche, das man einem Studenten abkauft, nicht unbedingt den Käufer als grobfahrlässigen Erwerber erscheinen lassen, z. B. sofern der Stempel nicht augenfällig — vielmehr verblaßt oder an versteckter Stelle befindlich — und gar dem Käufer die Eigenschaft des Verkäufers als Student nicht bekannt oder (z. B. weil ein buntes Farbenband unter dem Rock vorguckte) aus grober Fahrlässigkeit unbekannt war.

[7]) Den Zusammenhang der Bösgläubigkeit mit dem „Verschulden" habe ich nur bei Crome I S. 110 Anm. 7 kurz angedeutet gefunden.

6. Indem das Gesetz nicht von dem guten Glauben[1]) spricht und diesen zur Voraussetzung — z. B. des Eigentumserwerbs — erhebt, sondern davon, daß der Interessent „nicht in gutem Glauben ist", will es dem Gegner[2]) die Beweislast (betreffs der Bösgläubigkeit des andern Teils) auferlegen.[3]) Das ist für unser Thema bedeutsam als ein Fall bestimmter gesetzlicher Regelung der Beweisverteilung beim Verschulden: zu beweisen ist die grobe Fahrlässigkeit, nicht ihre Abwesenheit.

III. Das Handelsgesetzbuch enthält in §§ 366 f. für gewisse Spezialfälle einige Sonderbestimmungen über den guten Glauben, die von denen des BGB. abweichen.

1. Soweit sie lediglich die Umstände betreffen, auf welchen sich die Gutgläubigkeit zu richten hat — HGB. § 366 Abs. I und II sowie Abs. III —, sind sie für den Begriff der Bösgläubigkeit ohne Interesse und nuancieren diesen Begriff (Kenntnis oder grobfahrlässige Unkenntnis) selber nicht im mindesten. Eine Nuance des Begriffs zeigt aber HGB. § 367 Abs. I, indem er die rein objektive Tatsache, daß gewisse Umstände im Reichsanzeiger publiziert worden sind, in Verbindung mit der ebenso objektiven Tatsache, daß eine gewisse Frist noch nicht verstrichen ist, zu dem subjektiven Moment der Bösgläubigkeit verdichtet. Freilich nur — ein Weiteres käme auch auf eine allzugewaltsame Vermengung von subjektiven mit objektiven Momenten heraus — mit der Wirkung, daß eine Präsumtion der Bösgläubigkeit entsteht, die durch den in § 367 Abs. II angegebenen Gegenbeweis mangelnder Bösgläubigkeit widerlegbar ist. Betreffs dieses Gegenbeweises ist aber nicht nur hervorzuheben, daß er eine Umkehrung der Beweislast, wie sie § 932 regelt (oben sub II 6), bietet, sondern, was für uns wichtiger ist, daß hier der Begriff der Bösgläubigkeit (des Mangels guten Glaubens) nicht bloß — neben der positiven Kenntnis, vgl. oben sub I 1 und 2 — auf grobfahrlässige Unkenntnis im besonderen, vielmehr auf „Kennenmüssen" schlechthin, also (oben § 32 sub I und IV 2) auf fahrlässige Unkenntnis überhaupt[4]) abgestellt wird.[5])

2. Uebrigens scheint im HGB. § 367 bei dem Ausschlusse des guten Glaubens durch den Umstand der Publikation gewisser Tatsachen im Reichs-

[1]) Das Adjektivum „gut" (über „böse" vgl. oben S. 50 Anm. 2) begegnet im BGB. nur noch in der Verbindung „gute Sitten" (oben § 17 B), das Substantivum „Glauben" nur noch in der Wendung „Treu und Glauben" (BGB. §§ 157, 162 Abs. I und II, 320 Abs. II — vgl. oben § 18 C —, 815) und als „öffentlicher Glauben des Grundbuchs" (EGBGB. Art. 114, 187 Abs. I Satz 1 und Abs. II Satz 1, 188 Abs. I und II, 191 Abs. II Satz 1).

[2]) So auch z. B. Biermann S. 140 Note 2, Dernburg III S. 272 sub 3, S. 293 sub 4, Eck II S. 104, Endemann I § 87 c S. 486 Anm. 22, Neumann, Jahrb. I 1 S. 597 Note 7 a. E. — Aus der Judikatur vgl. Entsch. des OLG. Naumburg vom 26. September 1901, Mugdan und Falkmann IV (1902) Nr. 67 b β S. 296 (vgl. auch Warneyer I S. 124/125, II S. 89).

[3]) Ein Fall entgegengesetzter Regelung der Beweislast beim guten Glauben in einem weiteren Sinne des Begriffs (vgl. oben S 210 Anm. 1) ist in § 1979 gegeben, welcher die Nachlaßgläubiger zwingt, die Berichtigung einer Nachlaßverbindlichkeit durch den Erben als für Rechnung des Nachlasses erfolgt gelten zu lassen, wenn der Erbe „den Umständen nach annehmen durfte, daß der Nachlaß zur Berichtigung aller Nachlaßverbindlichkeiten ausreiche". Die Berechtigung dieser Annahme hat der Erbe darzutun, und die Gläubiger können höchstens den weiteren Gegenbeweis erbringen, daß er sich bei dieser Annahme einer Fahrlässigkeit (gleichviel, ob einer gewöhnlichen oder einer groben) schuldig gemacht habe.

[4]) Vgl. auch Wendt a. a. O. S. 15.

[5]) Das wird in der zweiten Denkschr. zum HGB. (Stenogr. Berichte über die Verhandlungen des Reichstages, 9. Legislaturperiode, IV. Session, 1895/1897, Anlagebd. VI Nr. 632 S. 3141 ff.), insbes. S. 3240/41 (zu § 359 der Reichstagsvorlage), sowie in dem Kommissionsbericht zum HGB. (ebenda Anlagebd. VII Nr. 735 S. 3869 ff.), insbesondere S. 3927 nicht weiter begründet.

anzeiger insofern ein gewisser Denkfehler des Gesetzgebers zu stecken,[1]) als sich hier die Idee des guten Glaubens mit der Idee des „öffentlichen Glaubens", die Idee der bona fides mit der Idee der publica fides vermengt, wie letztere das leitende Prinzip nicht bloß beim Grundbuchwesen, sondern weiterhin beim modernen Registerwesen überhaupt und auch gerade bei den Bekanntmachungen im Reichsanzeiger bildet. An sich sind natürlich guter Glaube und öffentlicher Glaube ganz heterogene Dinge; denn jener ist etwas Subjektives, dieser etwas Objektives, jener haftet der Person, dieser haftet gewissen Einrichtungen an; aber man begegnet auch in der Literatur[2]) solchen Vermengungen beider Begriffe (und ebenso übrigens Vermengungen[3]) von „gutem Glauben" einerseits und „Treu und Glauben" andererseits).[4])

3. Während es für HGB. §§ 366 f. wegen ihres offenbaren engen Zusammenhanges mit BGB. §§ 932 ff. zweifellos ist, daß hier der Begriff des guten bezw. bösen Glaubens — abgesehen von der Nuancierung eben durch §§ 366 f. selber — im Sinne der Legaldefinition des BGB. § 932 Abs. II (oben sub I) zu verstehen ist, kann dies für alle[5]) übrigen Stellen, in denen das HGB. den Ausdruck „guter Glaube" verwendet, ebenso zweifelhaft werden, wie es uns (in § 33 sub B IV) zweifelhaft erschien, ob „unverzüglich" auch im HGB. auf „schuldhaftes" Zögern gedeutet werden müsse. Der Zweifel wird betreffs des guten Glaubens aber noch erheblicher deshalb, weil hier ein althergebrachter, technischer Begriff in Frage kommt, der schon im bisherigen Handelsrecht offenbar eine bestimmtere[6]) Bedeutung und nicht die bisherige terminologische Harmlosigkeit des „unverzüglich" gezeigt hatte, so daß also das BGB. diesem Ausdruck in seiner Anwendung auf das Handelsrecht nicht bloß eine Neuprägung, sondern[7]) eine Umprägung (gerade etwa in der Richtung der grobfahrlässigen Unkenntnis) gegeben hätte. Auch die Verwertbarkeit von EG. z. HGB. Art. 2 (vgl. oben § 33 sub B IV 8) erscheint also hier noch bedenklicher. Des weiteren wird der Zweifel dadurch erhöht, daß zwar HGB. § 510 Abs. II, § 696 Abs. III und § 725 Satz 3 dem Gedankenkreise des § 932 BGB. insofern angehören, als sie von gut- bezw. bösgläubigem Erwerbe dinglicher Rechtspositionen (Besitz bezw. — § 755 Abs. 1 — gesetzliches Pfandrecht eines Schiffsgläubigers) handeln,[8]) während § 172 Abs. V an ganz andere Dinge, nämlich an gutgläu-

---

[1]) Hierauf wird, soweit ich sehe, nirgends aufmerksam gemacht; vgl. z. B. die Kommentare von Lehmann-Ring Bd. II (Berlin 1901) S. 80 ff. (insbes. Nr. 8) und von Staub (6. u. 7. Aufl., Berlin 1900) Bd. II S. 1188 ff., sowie das Lehrbuch von Cosack 6. Aufl. (Stuttgart 1903) S. 124 ff. und auch v. Thur a. a. O. (oben S. 209 Anm. 3) S. 542.

[2]) Vgl. z. B. Dernburg III S. 132 sub 1 und im Register S. 784.

[3]) Vgl. hierüber Crome II S. 23 Anm. 9, der aber selber im Register zu Bd. I S. 630 die Verweisungen nicht genügend getrennt hat.

[4]) Eine Parallele miteinander weisen diese Begriffe höchstens insofern auf, als die Gesetzgebung sowohl bei der „groben Fahrlässigkeit" wie bei „Treu und Glauben" ihre Zuflucht zu den Anschauungen des „Verkehrs" nimmt; vgl. BGB. § 276 (oben § 31 sub A III) einerseits und BGB. §§ 157, 242 andererseits, aber weiterhin das oben § 31 sub A II 2 und III 5 Bemerkte darüber, daß das „im Verkehr Erforderliche" und die „Verkehrssitte" keineswegs identisch sind.

[5]) Vgl. die salvierende Bemerkung oben § 31 S. 99 Anm. 2.

[6]) Nämlich die Bedeutung, welche sich mit „Bösgläubigkeit" (Unredlichkeit, vgl. oben S. 209 Anm. 8) in den Partikularrechten bezw. im gemeinen römischen oder gemeinen deutschen Privatrecht verband.

[7]) Die unten erwähnten Vorschriften des jetzigen HGB. stehen wörtlich ebenso bereits im AHGB. (Art. 165 Abs. VI, 477 Abs. II, 697 Abs. III und 727 Satz 3).

[8]) Auf BGB. § 932 Abs. II nimmt auch Loewe in Makowers Kommentar zum HGB. Buch IV, 12. Aufl., Berlin 1900, S. 30 Anm. 2 zu § 510 Bezug, während er S. 152/153 und S. 175 (zu §§ 696 und 725) nicht gerade auf jene Definition verweist.

bige Bilanzerrichtung und gutgläubigen Gewinnbezug bei der Kommanditgesellschaft denken.[1])

IV. Soweit sich außerhalb des HGB. und etwa seiner Extravaganten und außerhalb anderer Gesetze, die man (vgl. oben § 33 sub B V) als reichsrechtliche Ergänzungen zum BGB. zu betrachten hätte, die Ausdrücke „guter" bezw. „böser Glaube" u. dergl. finden, wird man außerstande sein, die Legaldefinition des § 932 Abs. II heranzuziehen. Insbesondere würde man solche Ausdrücke demnach in unberührt gebliebenen Partikularrechtsnormen[2]) aus sich selbst bezw. aus dem Zusammenhange des betreffenden Gesetzes zu interpretieren und daher etwa[3]) entweder nur auf positive Kenntnis zu beschränken oder über die grobe Fahrlässigkeit hinaus auf jede Fahrlässigkeit auszudehnen haben.

§ 35.

Die Ordnungswidrigkeit.

I. Als authentisch definiert darf auch der Ausdruck „Ordnungswidrigkeit" gelten, insofern wenigstens ein Anwendungsfall der Ordnungswidrigkeit, der ordnungswidrige „Fruchtbezug", die schon im § 27 sub I 2 erwähnte Erklärung (durch §§ 1039 und 2133) erfährt, daß ordnungswidrig sei, was „den Regeln einer ordnungsmäßigen Wirtschaft zuwider" ist.

1. Mit dieser Gleichung haben wir aber im Grunde nicht viel gewonnen, weil sie noch die weitere Frage offen läßt, was „ordnungsmäßig" sei und weil die vielen in § 27 sub II genannten Gesetzesstellen, welche das Wort „ordnungsmäßig" gebrauchen, uns wegen seiner Bedeutung ganz im Stiche lassen. Und wenngleich nach einer Bemerkung der Protokolle V Nr. 356 III S. 278, die zwar einen Spezialfall (§ 2216, vgl. oben § 27 sub II 5) betrifft, jedoch sehr wohl generell verwertbar ist,[4]) „die Mehrheit .... die Entscheidung der Frage nach der Bedeutung des Wortes „ordnungsmäßig" ... der Wissenschaft und der Praxis überließ", so haben sich, soweit ich sehe, einstweilen weder Wissenschaft[5]) noch Praxis[6]) hierüber irgendwie ausführlicher verbreitet.

2. Die Wissenschaft wird aber um eine Antwort nicht in Verlegenheit sein. Sie wird sich zunächst sagen, daß „ordnungsmäßig" soviel bedeutet wie „der Ordnung gemäß", und dann sofort fragen: welcher Ordnung?

Nichts näheres z. B. bei Cosack § 34 S. 137, § 72 S. 318 und § 143 S. 740 sowie bei Lewis-Boyens I (Leipzig 1897) S. 304, II (1901) S. 696, 726. Schaps, das deutsche Seerecht, Lieferung 1, Berlin 1897, S. 138 Anm. 7 sub β zu § 510 nimmt auf BGB. § 122 Abs. II Bezug, was nach dem oben sub II 2 und 3 Bemerkten sehr bedenklich ist.

[1]) Staub a. a. O. Bd. I S. 529/530 Anm. 9 verweist freilich auch hier auf BGB. § 932 Abs. II; ebenso Lehmann-Ring I S. 363 Nr. 6 c, während Cosack § 111 S. 541 sub 5 c hierüber schweigt.

[2]) Einschließlich insbes. auch des gem. Rechts und des preuß. Landrechts.

[3]) Ueber den Begriff der bona bezw. mala fides im gem. Recht vgl. z. B. Windscheid-Kipp Bd. I §§ 176 ff. S. 809 ff., über diese Begriffe im preuß. Recht z. B. Förster-Eccius Bd. III § 163, 7. Aufl., 1897, S. 104 ff.

[4]) Das bestätigt auch der Umstand, daß diese Stelle Aufnahme ins Register der Protokolle Bd. VII S. 168 gefunden hat.

[5]) Vgl. z. B. Biermann S. 242 f., Planck III S. 338 ff., V S. 309 f. Ueber die Bemerkungen der Literatur, welche Ordnungsgemäßheit und „im Verkehr erforderliche Sorgfalt" in Beziehung bringen, vgl. oben § 31 sub A IV 2.

[6]) Vgl. Neumann, Jahrb. I 1 S. 649 und I 2 S. 249, Warneyer I S. 132, 218, II S. 94, 144, Scherer I S. 106, 144, II S. 194, 268, III S. 322, 417, Spruchsammlung I S. 38, 58, II S. 27, 36.

a) Die Antwort „Rechtsordnung" wäre ungenügend, da sich die Rechtsordnung generell über das, was ihr gemäß sei, nicht äußert und da wir mit einer Verweisung auf die Einzelsätze der Rechtsordnung bei den einschlägigen Verhältnissen — z. B. Nießbrauch, Vorerbschaft, oben § 27 sub I — bei der Verschiedenheit in der Gestaltung dieser einzelnen Rechtsinstitute auch nicht weiter vorrücken.

b) Auch die Antwort „Wirtschaftsordnung", welche nahegelegt wird durch die besonders häufige Erwähnung einer „ordnungsmäßigen Wirtschaft" im BGB. (vgl. oben § 27 sub I 2 und II 2—4), wäre verfehlt, wenn man an eine allgemeine Wirtschaftsordnung z. B. im Sinne des Begriffes Nationalökonomie oder im Sinne von Landwirtschaft denken wollte.

c) Hingegen kann eine andere Ordnung in Betracht kommen, die wir — ohne eine Verwechselung mit einem bekannten eisenbahnrechtlichen Begriffe befürchten zu müssen — als die „Verkehrsordnung" bezeichnen können, indem wir dabei an diejenige Ordnung der konkreten Kategorie von Angelegenheiten (Nießbrauch, Vorerbschaft, vgl. sub a, und weiter z. B. eheliches Güterrecht, Vormundschaft, Nachlaßverwaltung, vgl. oben § 27 II 1—6) denken, welche die Verkehrsanschauung aufstellt.[1])

3. Damit taucht sofort eine Beziehung unseres Begriffes zu der „im Verkehr erforderlichen Sorgfalt" auf; eine Beziehung, welche uns schon einmal (§ 31 sub A IV 2) begegnete. In der Tat werden wir sagen können: ordnungsmäßig ist diejenige Wirtschaft, Verwaltung, Geschäftsführung usw. (vgl. § 27 sub II 5), wie sie ein ordentlicher Durchschnittsmensch handhaben würde. Es wird also, wie die Frage der Fahrlässigkeit nicht nach einem idealen „Mustermenschen", sondern nach einem Durchschnittsmenschen zu beurteilen ist (§ 31 sub A III 8 a), auch für die ordnungsmäßige Wirtschaft usw. nicht eine „Musterwirtschaft" als „Muster" genommen, aber natürlich ebensowenig eine „Lotterwirtschaft"; vielmehr ist auch hier die goldene Mittelstraße der allein gangbare Weg. Im einzelnen muß die Abmessung, gerade wie sie bei der „im Verkehr erforderlichen Sorgfalt" nach der Verschiedenheit der in Frage kommenden Verkehrskategorien stattzufinden hat (oben § 31 sub A III 22), hier nach der Verschiedenheit der in Frage kommenden Kategorien von Rechtangelegenheiten und weiterhin auch nach der Verschiedenheit der Wirtschaftsangelegenheiten (Verwaltung von Grundstücken und von Kapitalien, von Geldern und von Wertpapieren usw.) in differenzierter Weise erfolgen, wobei aber etwaige gesetzliche Einzelvorschriften selbstverständlich eine zwingende Berücksichtigung erheischen. Ein Beispiel in dieser Hinsicht bieten BGB. § 2119 und Prot. V Nr. 342 II S. 105 wegen Anlegung der zur Erbschaft gehörigen Gelder durch den Vorerben. Der im allgemeinen (nach § 2131, oben § 9 sub II 1 e) nur zur diligentia quam suis verpflichtete Vorerbe darf „Geld, das nach den Regeln einer ordnungsmäßigen Wirtschaft dauernd anzulegen ist", nur „nach den für die Anlegung von Mündelgeldern geltenden Vorschriften[2]) anlegen." Das Gesetz gibt hier also die Anweisung, daß zwar die Regeln der ordnungsmäßigen Wirtschaft an sich keineswegs pupillarisch sichere Anlegung der Gelder verlangen, daß aber beim Vorerben „die gehörige Sorgfalt nur dann angenommen werde, wenn die Gelder mündelsicher angelegt werden" (Prot. a. a. O. S. 105 a. E.); es ist somit eine besondere Anweisung ins Gesetz eingestellt worden und zwar (Prot. a. a. O.) aus der Erwägung, es

[1]) Vgl. Opet S. 131 Anm. 2 (zu § 1374 Abs. I): „Dem Manne liegt danach ob, mit dem eingebrachten Gute so zu verfahren, wie dies ein die im Verkehr anerkannten Grundsätze verständiger Wirtschaft befolgender Eigentümer tun würde."

[2]) Vgl. BGB. §§ 1806 ff.

würde „die bloße Verweisung des Vorerben auf eine „ordnungsmäßige" Anlegung der Gelder . . . den im Interesse des Nacherben gebotenen Satz nicht zum Ausdruck bringen, daß die Erhaltung des Kapitals der Erzielung einer Rente vorzugehen habe, da eine bei geringerer Sicherheit mehr Gewinn bringende Anlage nicht schlechthin als ordnungswidrig bezeichnet werden kann". Und „maßgebend müsse immer der Zweck der Verwaltung sein", meinen richtig Prot. V Nr. 356 III S. 278.[1])

4. Trotz solcher Differenzierung ist und bleibt aber dieser Maßstab zweifellos — ebenso wie bei der „im Verkehr erforderlichen Sorgfalt" (oben § 31 sub A III 8 b α), im Gegensatze zur diligentia quam suis (unten § 41 sub I 3 a) — ein lediglich objektiver.

II. Damit ist aber noch nicht gleichzeitig — wie ebenfalls ein Blick auf die „Fahrlässigkeit" (oben § 31 sub C VI 1) lehrt[2]) — die Frage beantwortet, ob die „Ordnungswidrigkeit" ihrerseits ein objektiver oder vielleicht ein subjektiver Begriff sei, ob m. a. W. die Ordnungswidrigkeit gleich der Fahrlässigkeit unter die subjektiven Schuldbegriffe gehört. Diese, durch die Beziehungen zwischen „Ordnungsmäßigkeit" und „im Verkehr erforderliche Sorgfalt" allerdings nahegelegte Annahme wäre jedoch irrig.[3])

1. Zunächst läßt sich in der Richtung eines lediglich objektiven Charakters des Begriffes „ordnungswidrig" der Sprachgebrauch des BGB. verwerten.

a) „Ordnungswidrig" ist das, was einer „Ordnung" zuwider ist. Das Wort „Ordnung" gebraucht das BGB. aber nicht etwa im Sinne einer Tugend der Ordentlichkeit, sondern lediglich im Sinne einer objektiven norma agendi (im Sinne eines ordo, einer Richtschnur) oder im Sinne von Regelung (in Ordnung bringen). Das Wort „Ordnung" findet sich nämlich nur in §§ 1924—1932 wegen der „Erben erster Ordnung", „Erben zweiter Ordnung" usw. — ebenso „Ordnung der Erbfolge" in EG. z. BGB. Art. 216 sowie das Kompositum[4]) „Erbfolgeordnung" in § 1606 Abs. I Satz 2 — und in EG. z. BGB. Art. 113 f. wegen der landesgesetzlichen Vorschriften über die „Ordnung der gutsherrlich-bäuerlichen Verhältnisse"; und ebenso spricht das Gesetz von „ordnen" nur im Sinne einer „geordneten Zusammenstellung der Einnahmen oder der Ausgaben" (§§ 259 Abs. I, 1841 Abs. I) und im Sinne einer Ordnung der Vereinsangelegenheiten in der Mitgliederversammlung (§ 32 Abs. I Satz 1).

b) Das Wort „zuwider" begegnet in den uns schon aus der Materialssammlung bekannten Wendungen „der Wahrheit zuwider"[5]) (vgl. oben § 13 sub II), „den Vorschriften (des Gesetzes) zuwider"[6]) (oben § 18 sub A II 4 d), „dem Verbote (des § 1310) zuwider"[7]) (oben § 18 sub A II 4 b), „den Regeln einer ordnungsmäßigen Wirtschaft zuwider"[8])

---

[1]) Vgl. auch Prot. V Nr. 375 III S. 528.

[2]) Der seinerseits objektive Begriff der „im Verkehr erforderlichen Sorgfalt" wird zu einem subjektiven Verschuldensbegriffe erst dadurch, daß die „Außerachtlassung" (oben § 31 sub B) hinzukommt.

[3]) Etwas anderes ist es, daß im Einzelfalle sehr wohl zugleich ein Verschulden vorliegen kann.

[4]) Die andern Komposita zu „Ordnung", welche das BGB. bietet (vgl. Gradenwitz pag. XVI), gehen auf ganze Gesetze (Zivilprozeß-, Gewerbe-, Grundbuch-, Konkurs-, Strafprozeß- und Vormundschaftsordnung).

[5]) §§ 109 Abs. II, 824 Abs. I, 1397 Abs. II, 1830.

[6]) §§ 458 Abs. I Satz 1, 723 Abs. III, 749 Abs. III, 1771 Abs. I, 2138 Abs. II.

[7]) § 1327.

[8]) §§ 1039 Abs. I Satz 1, 1135, 2133.

(oben § 27 sub I 2 und II 2) und „dem Inhalte des Vertrages zuwider“[1]) (oben § 16 sub II 4); ferner in den Zusammensetzungen „Zuwiderhandeln“[2]) und „Zuwiderhandlung“[3]); der Begriff „zuwider“[4]) steckt aber auch in einigen Worten, welche in sprachlicher Bildung dem Wort „ordnungswidrig“ (oben sub I 1) parallel gehen, nämlich in den uns gleichfalls bereits aus der Materialssammlung (vgl. insbes. § 16 sub I—III und § 26 sub I) geläufigen Worten „gesetzwidrig“[5]), „pflichtwidrig“[6]), „rechtswidrig“[7]) und „vertragswidrig“[8]).

c) Dieser Sprachgebrauch des BGB. läßt nun — was uns auch zur Erklärung der Begriffe gesetz-, pflicht-, rechts- und vertragswidrig (unten § 44) von Nutzen sein wird und auch zugleich mit Rücksicht auf diese Begriffe hier so ausführlich erörtert wurde — wohl keinen Zweifel daran aufkommen, daß das Gesetz lediglich an den objektiven Verstoß denkt und nicht an ein (vielleicht gleichzeitig obwaltendes) subjektives Verschulden.

2. Dafür lassen sich aber auch noch andere Beweise aus dem Gesetz zu Felde führen: In einen Gegensatz zum Verschulden stellt die Ordnungswidrigkeit mit großer Deutlichkeit § 1039, indem er einerseits in Abs. I Satz 1 (oben § 27 sub I 2) von einer Fruchtziehung spricht, die „den Regeln einer ordnungsmäßigen Wirtschaft zuwider“ ist, und in Abs. II vom „ordnungswidrigen Fruchtbezug“ und indem er andererseits in Abs. I Satz 2 (oben § 2 sub I 1 c) den Fall des „Verschuldens“ besonders heraushebt. Ferner stellt dieselbe Norm und ebenso § 2133 (vgl. gleichfalls oben § 27 I) den ordnungswidrigen Fruchtbezug auf dieselbe Stufe wie den übermäßigen und denkt bei diesem daran, daß er „infolge eines besonderen Ereignisses“, also rein kasuell notwendig geworden ist. Und ähnlich klingt die Gleichstellung der Ordnungswidrigkeit mit objektiven Vorgängen und der Gegensatz zum subjektiven Verschulden aus einigen Gesetzesstellen heraus, die von „ordnungsmäßigen“ Vorgängen handeln; vgl. § 917 Abs. I Satz 1 sowie § 987 Abs. II, ferner § 2216 Abs. I mit § 2219 Abs. I sowie §§ 27 Abs. II Satz 2, 712 Abs. I, 2227 Abs. I (oben § 19 sub I 3), welche von „grober Pflichtverletzung“ und von der bloßen „Unfähigkeit zur ordnungs-

---

[1]) § 654.

[2]) „Zuwiderhandeln“ (einer obligatorischen Verpflichtung zuwider) in § 790 Satz 2 (oben § 19 sub IV 3); ferner (substantivisch) „das Zuwiderhandeln“ (gegen ein zum Schutz von Grundstücken erlassenes Strafgesetz) im EG. z. BGB. Art. 107 (oben § 18 sub A II 4 c).

[3]) „Zuwiderhandlung“ gegen eine Unterlassungspflicht in §§ 198 Satz 2 und 339 Satz 2 (oben § 19 sub IV 4).

[4]) Der gegenteilige Begriff „gemäß“, welcher in „ordnungsmäßig“ (oben § 27 sub II) steckt, begegnet im BGB. sehr häufig; zwar selten allein (§ 99 Abs. I und II, § 2230 Abs. II: der Bestimmung bezw. dem Antrage gemäß); ziemlich oft aber in der Wendung „in Gemäßheit“ — gewisser Gesetzesparagraphen, auf welche hingewiesen wird — (§§ 645 Abs. I Satz 2, 731 Satz 1, 755 Abs. I, 878, 1011, 1287 Satz 1, 1288 Abs. I Satz 1 und Abs. II, 2188 f., 2356 Abs. I Satz 1) sowie in zahlreichen Zusammensetzungen (außer „ordnungsmäßig“ z. B. bestimmungs-, pflicht-, rechnungs-, recht-, regel-, standes-, taxen-, verhältnis-, unverhältnis-, verfassungs-, vertrags-, zweckmäßig; vgl. Gradenwitz pag. XVI; etwas anders die Richtung der Worte gewerbs-, gleich- und übermäßig, Gradenwitz ebenda); ferner „Rechtmäßigkeit“ (§ 1244) und „satzungsgemäß“ (§ 1115 Abs. II).

[5]) BGB. § 43 Abs. I (zweimal), oben § 16 sub I und § 18 sub A II 4 a.

[6]) §§ 839 Abs. II Satz 2, 1886 (oben § 19 sub II 1 und § 16 sub III); ferner „Pflichtwidrigkeit“ in §§ 1799 Abs. I Satz 2, 1837 Abs. I, 1850 Abs. I Satz 2 (oben § 19 sub IV 5).

[7]) § 227 Abs. 2 (oben § 26 sub I 1); wegen „widerrechtlich“, „Widerrechtlichkeit“ oben § 25; die andern mit „wider“ beginnenden Wortbildungen, Gradenwitz S. 172, sind für uns ganz ohne Interesse; ebenso „wider“ selbst (in §§ 162, 847, 2333 Nr. 5).

[8]) §§ 550, 553, 605 Nr. 2, 628 Abs. I Satz 2 (zweimal) und Abs. II (oben § 16 sub II 2).

mäßigen Geschäftsführung" als Gründen für Entziehung gewisser Vertrauensposten reden. — Gegenüber derartigen Stellen kann man sich auch nicht einmal darauf berufen, daß aus §§ 1050 und 2132 wegen des Nießbrauchs und der Vorerbschaft e contrario zu folgern sei, daß die durch ordnungswidrige Behandlung des Objekts herbeigeführten Veränderungen oder Verschlechterungen „zu vertreten" sind; denn daß Vertretungspflicht und Verschulden sich keineswegs decken, werden wir bei anderer Gelegenheit (unten § 64) sehen.

3. Auch die sehr dürftigen Bemerkungen der Literatur[1]) lauten im obenerwähnten Sinne.

III. Wir rekapitulieren: die Ordnungswidrigkeit ist ein lediglich objektiver Begriff; und wir folgern daraus: die Ordnungswidrigkeit ist für das System der subjektiven Schuldbegriffe[2]) interesselos.

IV. Darum ist es auch zugleich ausgeschlossen, die Ordnungswidrigkeit mit den in §§ 31—34 erörterten Begriffen genauer zu vergleichen; die nicht uninteressanten Beziehungen zwischen Ordnungswidrigkeit und Fahrlässigkeit, welche sich aber nicht auf die subjektive Seite der letzteren richten, wurden schon sub I 3 berührt.

V. Das Handelsgesetzbuch spricht nirgends von „Ordnungswidrigkeit", bietet aber mehrfach den Ausdruck „ordnungsmäßig" (Buchführung, §§ 38 Abs. I, 46 Satz 2; Geschäftsführung, § 117; Berufung der Generalversammlung, § 259 Abs. III Satz 1; Geschäftsgang, §§ 39 Abs. II Satz 2, 377 Abs. I; Vertretung, § 127; Verfahren, § 838). Diese Stellen sind ohne jedes weitere Interesse für unsere Erörterungen. Sofern sich übrigens in sonstigen Reichsgesetzen oder in partikularrechtlichen Normen[3]) der Ausdruck „ordnungswidrig" findet, wird man ihn auch hier im gleichen Sinne wie BGB. auffassen dürfen, da dessen authentische Definition (oben sub I) im Gegensatze zu der der Begriffe „unverzüglich" (oben § 33 sub A V) und „Bösgläubigkeit" (oben § 34 sub I 6) wohl den Anspruch erheben darf, als einwandfrei und allgemeingültig zu gelten.

---

[1]) Vgl. Planck III S. 340 Anm. 6 (wo jedoch die durchaus nicht zutreffende Bemerkung gemacht wird, daß bei schuldvoller Fruchtziehung im Uebermaß §§ 1051—1054 anwendbar seien); ferner Biermann S. 243 Note 2 c (wo offenbar statt der Verweisung auf Abs. II eine solche auf Abs. I Satz 2 gemeint ist) sowie Kober S. 310 Anm. 1 a. Nichts Genaueres z. B. bei Dernburg III, 4. Aufl. S. 546 f. Dagegen scheinen Fischer-Henle Ordnungswidrigkeit und Verschulden zu identifizieren, indem sie S. 543 Anm. 2 zu § 1039 auf § 1036 Abs. II und S. 542 Anm. 6 zu § 1036 Abs. II auf § 276 hinweisen.

[2]) Daß dem Begriff ein tadelndes Element in subjektiver Richtung nicht innewohnt, ergibt sich auch daraus, daß ordnungswidriger Fruchtbezug, ordnungswidrige Bewirtschaftung usw. (oben § 27, insbes. sub II 5) sich sehr wohl auf durchaus löbliche Ideen zurückführen lassen können. So, wenn sie ihren Anlaß darin haben, daß der Landwirt aus seiner Lektüre oder aus einem Vortrage eine mißverständliche Auffassung mitgenommen und eine für seinen Spezialfall unpraktische Regel zu experimenteller Anwendung gebracht hat.

[3]) Das Preuß. AG. zum BGB. Art. 15 § 3 spricht von „ordnungsmäßiger" Bewirtschaftung.

Zweiter Abschnitt.

Die im Gesetz selber durch Musterbeispiele erläuterten Begriffe.

§ 36.

Der Verstoß gegen die guten Sitten.

Wie schon oben § 30 sub I 1 angedeutet wurde, bietet uns das Gesetz zur Interpretation der für unser Thema interessierenden Begriffe bisweilen einen Anhalt dadurch, daß es einen Begriff durch ein Musterbeispiel[1]) erläutert[2]); das in § 1980 Abs. II Satz 2 gegebene besprachen wir schon oben § 31 sub C V 1 (vgl. auch § 32 sub III 4); an dieser Stelle ist ein anderes Musterbeispiel zu besprechen, nämlich das in § 138 Abs. II (oben § 18 sub B II 1) für den „Verstoß gegen die guten Sitten" aufgestellte.

I. Dieses Musterbeispiel bezieht sich auf die Rechtsgeschäfte, welche wegen des genannten Verstoßes nichtig sind; hierzu ist folgendes zu bemerken:

1. Die erwähnte Rechtsfolge knüpft sich nach § 138 a. a. O. („insbesondere"; vgl. unten sub 2 und 4) an den aus dem Wuchergesetz vom 24. Mai 1880 Art. 1 bekannten Tatbestand. Damit deutet der Gesetzgeber an, daß es an sich nicht sittenwidrig ist, wenn jemand bei Rechtsgeschäften auf seinen eigenen Vorteil bedacht ist, daß dieser gesunde Egoismus jedoch nicht mit „Ausbeutung der Notlage, des Leichtsinns oder der Unerfahrenheit eines Andern" arbeiten und sich nicht zur Entgegennahme unverhältnismäßiger Gegenleistungen steigern dürfe; der Gesetzgeber hat sehr wohl gewußt, daß er Altruismus — gar in der Art des christlichen Gebotes „Liebe deinen Nächsten wie dich selbst" — vergeblich predigen würde; er hat jedoch krassester Ausnutzung der Position des Stärkeren („denn ich bin groß und du bist klein") im wirtschaftlichen Kampfe ums Dasein vorbeugen wollen und erblickt in ihr bei Wahl der angedeuteten Mittel einen „Verstoß gegen die guten Sitten".

2. Zwischen dem Musterbeispiel des § 1980 Abs. II Satz 2 (vgl. oben und dem des § 138 Abs. II besteht insofern eine Gleichheit in der Erscheinungsform, als beide durch das Wort „insbesondere" sich eben als Musterbeispiele einführen. Es besteht aber insofern ein Unterschied, als § 1980 a. a. O. verkündet, daß der von ihm gegebene Fall „als Fahrlässigkeit gilt", während § 138 a. a. O. verkündet, daß das von ihm näher erklärte Rechtsgeschäft „nichtig ist"; es wird hier also das Musterbeispiel nicht sowohl für den Begriff des „Verstoßes gegen die guten Sitten", als für dessen Wirkung angegeben; indessen kann es keinem Zweifel unterliegen, daß damit indirekt auch für den Begriff selber ein Musterbeispiel geliefert worden ist.

3. Im I. Entwurf (§ 106) hatte dies Beispiel noch gefehlt, und die Motive erklärten (bei anderer Gelegenheit, Bd. II S. 178 zu E. I § 344, welchem jetzt BGB. §§ 306 und 309 entsprechen) eine „Exemplifikation" für „bedenklich". Abs. II des § 138 stammt erst aus der Reichstagskommission (vgl. daselbst S. 43 f.).

---

[1]) Das in § 254 Abs. II enthaltene Musterbeispiel („dies gilt auch dann, wenn . . . . .") kann hier (im 2. Abschnitt) noch nicht erörtert werden, weil es einen Sonderfall des vorerst (unten in § 42) zu entwickelnden allgemeineren Begriffes „Verschulden", nämlich das mitwirkende Verschulden des Beschädigten — unten § 79 — betrifft.

[2]) Eine Nachprüfung wie in §§ 31—35, ob das, was das BGB betreffs der Begriffe sagt, auch für andere Reichs- oder Landesgesetze als maßgebend zu betrachten sei (vgl. insbes. § 33 sub B V 2 und § 34 sub IV), kann hier (und in § 37) garnicht in Frage kommen.

4. Wir dürfen das gesetzliche Musterbeispiel getrost auf ähnliche Fälle ausdehnen und das Gesetz selber weist uns dazu sogar durch das Wort „insbesondere" ausdrücklich an. Aber mit dieser Befugnis ist nicht viel gewonnen, am wenigsten eine Begriffsbestimmung für den „Verstoß gegen die guten Sitten". Im Gegenteil: erst wenn dieser Begriff genauer umgrenzt ist, kann man mit hinreichender Sicherheit [1]) zur Einstellung der Beispiele [2]) schreiten.

II. Wir sind darum genötigt, uns unabhängig von diesem Musterbeispiel den Begriff des Verstoßes gegen die guten Sitten zu entwickeln.

1. Diesen Begriff zu definieren hat darum eine gewisse Schwierigkeit, weil das BGB. in der Verwertung der mit dem Substantivum „Sitte" sprachlich verwandten Ausdrücke (Substantiva, Adjektiva, Komposita) einen sehr verschwenderischen und, wie hier gleich beigefügt werden mag, allzu verschwenderischen und daher leider recht verwirrenden Gebrauch gemacht hat. [3])

2. Wir finden folgende Verbindungen:

a) „Sitte" allein und im Singular begegnet nirgends, sondern nur:

b) Die „Sitten" als die „guten Sitten", die, weil gegen sie „verstoßen" worden ist, den Gesetzgeber in den fünf oben § 18 sub B angegebenen Stellen (§§ 138 Abs. I, 817 Satz 1, 819 Abs. II, 826, EG. z. BGB. Art. 30) interessieren.

c) Der Singular Sitte in dem Kompositum „Verkehrssitte" und dieses in den drei oben § 31 sub A III 1 c erwähnten Normen (§§ 151 Satz 1, 157, 242).

d) Das Substantivum „Sittlichkeit" in § 618 Abs. II (wonach der Dienstberechtigte bei Haftung nach Maßgabe der Vorschriften über die unerlaubten Handlungen — vgl. oben § 28 sub V 3 — gewisse Einrichtungen und Anordnungen „mit Rücksicht auf die Gesundheit, die Sittlichkeit und die Religion" des Dienstpflichtigen zu treffen hat) und in § 847 Abs. II (wonach „Verbrechen oder Vergehen wider die Sittlichkeit" einer Frauensperson die Verpflichtung zum Ersatze auch des sog. immateriellen Schadens zur Folge haben; vgl. oben § 29 II 2 b).

e) Das Adjektivum „sittlich" in folgenden Verbindungen:

α) als „sittliches Verschulden" in dem uns schon bekannten § 1611 I (oben § 2 sub IX);

β) als „sittliches Verderben" in EG. z. BGB. Art. 135 Abs. I Satz 3, der die „Verhütung des völligen sittlichen Verderbens" neben den Gründen der §§ 1666, 1838 BGB. (vgl. unten sub f) als Veranlassung landesrechtlicher Einführung der Zwangserziehung Minderjähriger anerkennt;

γ) als „sittliche Pflicht" („oder auf den Anstand zu nehmende Rücksicht") wegen der Behandlung von Schenkungen (§§ 534,

---

[1]) Auch Lotmar S. 65 (unten sub II 8 c) hebt bereits hervor, daß das BGB. „in § 138 Abs. I gewissermaßen nur den Rohstoff liefert, der der Behauung und Gliederung harrt", und vermißt in § 138 Abs. I eine Definition.

[2]) Als Beispiel zu dem in § 138 Abs. II gegebenen Tatbestande läßt sich auch die Kurpfuscherei betrachten; vgl. die auf Strafgesetzbuch § 302 e zugeschnittenen Bemerkungen von Leo in der Juristen-Zeitung IX (Nr. 904) Nr. 8 S. 402 f. Ueber Beispiele zu Abs. I unten sub II 9.

[3]) Vgl. genaueres insb. bei Jacobi, Recht, Sitte und Sittlichkeit (in Jherings Jahrb. Bd. 41, 2. Folge Bd. 5, Jena 1900, S. 68—111), und derselbe, Die sittliche Pflicht im BGB. (in der Festgabe der Berliner Juristenfakultät für Dernburg, Berlin 1900, S. 151—172). — Ueber die weitere Literatur unten sub 8.

814, 1446 Abs. II, 1641 Satz 2, 1804 Satz 2, 2113 Abs. II Satz 2, 2205 Satz 3, 2330).[1])

f) Das Adjektivum „unsittlich" — durchweg in der Verbindung „ehrlos und unsittlich" — in zwei (uns schon aus § 16 sub VI geläufigen) Wendungen, nämlich als „unsittliches Verhalten" und „unsittlicher Lebenswandel" (§§ 1568 Satz 1, 1666 Abs. I Satz 1, 2333 Nr. 5 und 2336 Abs. IV).

3. Die angedeutete Begriffsverwirrung geht nun dahin, daß das BGB., gleichviel zunächst, ob wirklich oder nur anscheinend, in seiner Terminologie den Unterschied zwischen „Sitte" im Sinne von Gebrauch, Gepflogenheit, Gewohnheit, Ueblichem u. dergl. und „Sitte" im Sinne von Moral nicht scharf genug markiert hat.

4. Für die Zwecke unserer Spezialfrage nach dem Verschulden und den ihm verwandten Begriffen vereinfacht sich jedoch die Kritik des gesetzlichen Sprachgebrauchs insofern erheblich, als uns dafür einige der vorerwähnten Normen garnicht, andere hingegen unbedingt interessieren:

a) Garnicht (oder doch nur in sehr losem Zusammenhang wegen des Begriffes „Verkehr" als Bestandteil der Legaldefinition für die „Fahrlässigkeit", oben § 31 A III 1 c) interessiert uns die „Verkehrssitte". Dieser Ausdruck geht offenbar auf „Sitte" im Sinne von Gebrauch usw. und ist begrifflich unabhängig von der sittlichen Anschauung.

b) Umgekehrt gehen die Adjektiva „sittlich" (Verschulden, Verderben, Pflicht) und das Adjektivum „unsittlich" (Verhalten, Lebenswandel) zweifellos auf die moralische Seite;[2]) ebenso wird die „Sittlichkeit" als sittliche Integrität im moralischen Sinne zu verstehen sein, was zu § 618 die Koordination mit einer andern ethischen Macht, der Religion, und mit einem andern Gute, der Gesundheit, und zu § 847 die Zusammenstellung mit andern Angriffen auf die (weibliche) Geschlechtsehre[3]) erweist.

5. Als Erisapfel zwischen Gepflogenheit und Moral bleiben somit nur die Verstöße gegen die „guten Sitten", also gerade die uns an dieser Stelle interessierende Wendung, übrig, und hierbei wird, um das Streitobjekt für sich in Anspruch zu nehmen, die Gepflogenheit sich auf die Anwendung des Pluralis „Sitten", die Moral auf das Beiwort „gute"[4]) berufen wollen; und die Moral hat hier ein Mittel mehr zur Verdrängung der Gegnerin, sie kann behaupten, die „guten" Sitten seien nur eine Verdeutschung der guten alten boni mores.[5])

---

[1]) Vgl. zu diesen Begriffen Bemerkungen bei Stammler, Richtiges Recht S. 63, 463 ff. und über den Zusammenhang mit der „Verkehrsanschauung" meine Vorträge I S. 79.

[2]) Nur bei der „sittlichen Pflicht" spielt, wie die koordinierten Rücksichten auf den „Anstand" wahrscheinlich machen, wohl auch der Gedanke des Ueblichen hinein; ganz im Sinne von „Sitte" faßt diese Wendung Jacobi in Jherings Jahrb. a. a. O. S. 91 und in der Festgabe für Dernburg a. a. O. S. 153 ff. auf; vgl. auch derselbe in der Juristen-Zeitung IV, 1899, Nr. 24 S. 499; diese für unsere Erörterung unerhebliche Frage kann hier ununtersucht bleiben.

[3]) Also offenbar in der Richtung auf das sexuelle Gebiet, das in § 618 und in den übrigen Gesetzesstellen berührt sein kann, aber nicht muß. Vgl. auch Reichsger. v. 26. Nov. 1900 im „Recht" V (1901), S. 72 (und bei Soergel, Rechtsprechung 1900/1901, 2. Aufl., Stuttg. 1902, S. 28): „Der Begriff „Sittlichkeit" und „gute Sitten" decken sich nicht. Der Begriff „gute Sitten" geht weit über das Geschlechtliche hinaus."

[4]) Das Adjektivum „gut" (neben welchem sehr häufig das Substantivum „Gut" begegnet; vgl. Gradenwitz S. 84) findet sich außer in obigem Zusammenhange nur noch in Verbindung mit „Glauben" (bona fides); vgl. dazu oben S. 212 Anm. 1.

[5]) Vgl. in dieser Hinsicht Jacobi in Jherings Jahrb. a. a. O. S. 79 und in der Festgabe für Dernburg S. 154, 168/169; ferner z. B. Niemeyer, Recht und Sitte, Kiel 1902, S. 14 (wo allerdings unklar bleibt, ob auch die dort gleichfalls erwähnte „Verkehrssitte" eine Verdeutschung der ‚boni mores' oder der ‚bona fides' sein soll) und auch bereits

6. Das Wort „Verstoß" gibt uns zu folgenden Betrachtungen Anlaß:

a) Das Gesetz gebraucht die Worte „Verstoß" bezw. „verstoßen" außer in den hier interessierenden, von Verstößen gegen die guten Sitten handelnden Stellen (§§ 138, 817, 819, 826, EG. z. BGB. Art. 30, oben § 18 sub A I und B) nur noch, wie wir schon in § 18 A—C sahen, um zu sprechen:

α) von Verstößen gegen Rechtsnormen (Gesetze, Vorschriften): ebenfalls in §§ 817 und 819 und sodann in §§ 134, 135, 309, 823, 1243, 2171, EG. z. BGB. Art. 151, oben § 18 sub A);

β) von Verstößen gegen „Treu und Glauben" (§ 320 Abs. II, oben § 18 C).

b) Dabei sind die Subjekte, denen die Verstöße zur Last fallen, sehr verschieden:

α) Genannt werden als Subjekte:

α') physische[1]) Personen in §§ 817 (Satz 1 und 2), 819 und 823;

β') Begriffe in folgenden Fällen: in §§ 134 und 138 („Rechtsgeschäfte"), 135 („Verfügung"), 309 („Vertrag"), 2171 („Vermächtnis"); ferner in §§ 320 („Verweigerung" der Leistung), 826 („Weise") und EG. z. BGB. Art. 30 („Anwendung eines Gesetzes").

β) Kein Subjekt wird überhaupt genannt in § 1243 und EG. z. BGB. Art. 151; doch erlauben die Allegate des § 1243, als Subjekt eine physische Person[2]) einzuschieben, und ebenso weist EG. z. BGB. Art. 151 (Satz 1) auf physische Personen.[3])

c) Auch in den sub b αβ' erwähnten Fällen verstecken sich aber offenbar hinter den Begriffen die bei ihrer Handhabung beteiligten physischen Personen, nämlich:

α) die Parteien in §§ 134 f., 138, 309, 320;

β) der Testator in § 2171;

γ) der judizierende Richter in EG. z. BGB. Art. 30;

δ) der Täter in § 826.

d) Daß den Personen, welche somit durchweg als Urheber des Verstoßes begegnen, zugleich ein „Verschulden" im Sinne unserer Erörterungen (im Sinne eines subjektiven Schuldmomentes) zur Last fallen, ergeben die Gesetzesstellen — zunächst wenigstens; vgl. wegen § 826 unten sub 9 a, b, f—h — nicht im mindesten.

7. Die Ausbeute, welche die Materialien[4]) zur Interpretation des

---

Zitelmann, Die Rechtsgeschäfte im Entwurf, Teil 2 (Beitr. z. Erläuterung des Entwurfs, herausg. von Bekker und Fischer, Heft 9/10, Berlin 1889) S. 58, zugleich wegen des in dieser Verdeutschung liegenden Verstoßes gegen unser Sprachgefühl; ferner z. B. Hachenburg (unten sub 8 a) S. 51.

[1]) Hiermit soll an dieser Stelle nicht geleugnet werden, daß eventuell auch „juristische" Personen als Subjekte in Betracht kommen können; so als Parteien in den Fällen sub c α.

[2]) Der Pfandgläubiger laut §§ 1228 Abs. II, 1230 Satz 2; das Versteigerungsorgan (§ 383 Abs. III) laut §§ 1235, 1237 Satz 1, 1240.

[3]) Der bei der Testamentserrichtung tätige Richter, Notar usw. (BGB. §§ 2234 ff., 2276, EG. z. BGB. Art. 149).

[4]) Die Denkschrift bietet garnichts Einschlägiges; zur Entstehungsgeschichte des uns besonders interessierenden (vgl. unten sub 9a, b, f—h) § 826 bringen Abrisse insbesondere Jacobi in Jherings Jahrb. a. a. O. S. 105 ff., Jung S. 41 ff., von Liszt S. 42, Planck II S. 616/617 sowie auch Kiefe, Das Verhältnis der „unerlaubten Handlungen" des BGB. §§ 823—853 zum Strafrecht, Tübinger Dissertation, Stuttgart 1900, S. 25 ff.

Ausdrucks „Verstoß gegen die guten Sitten" gewähren, ist klein[1]) und unsicher:

a) die **Motive**:

α) Zunächst meinen sie[2]) in Bd. I S. 211 (zum jetzigen § 138): „Es müssen auch solche Rechtsgeschäfte, durch welche eine sittenwidrige Leistung nicht versprochen wird, deren Inhalt aber mit den guten Sitten sich in Widerspruch setzt, unter Umständen nichtig sein. Ein Grund, dies nur anzuerkennen, wenn die Sittenwidrigkeit in der Rechtsform der Bindung hervortritt, ist nicht vorhanden. Andererseits ist gewiß, daß das Gebiet der Sittenpflichten mit demjenigen der Rechtspflichten sich nicht deckt und daß nicht jedes vom Standpunkte der Sittlichkeit verwerfliche Rechtsgeschäft nichtig sein kann. Die Grenze ist dahin zu ziehen, daß Nichtigkeit eintritt, wenn der **Inhalt** eines Rechtsgeschäftes unmittelbar, in objektiver Hinsicht und unter Ausscheidung der subjektiven Seite, die guten Sitten verletzt."

β) Weiter sprechen **Mot.** II S. 849 (zum jetzigen § 817 Satz 1 wegen der sog. condictio ob turpem causam) von einer in der Annahme des Geleisteten „sich offenbarenden Auflehnung gegen die guten Sitten oder die öffentliche Ordnung"; es solle die „in der Annahme der Leistung sich kundgebende verwerfliche Gesinnung des Empfängers getroffen werden", „um im Volksleben den Sinn für gute Sitten und für das Interesse der öffentlichen Ordnung zu stärken", und es solle „dem Mißverständnisse vorgebeugt" werden, „als ob die Rückforderung auch dann stattfinde, wenn dem Empfänger die causa turpis nicht erkennbar gewesen oder nicht in sein Bewußtsein getreten ist." — **Ebenda** S. 850 wird dann gesagt, daß mala fides superveniens außer Betracht bleiben müsse, denn „nur der Empfang in verwerflicher Gesinnung begründet die condictio ob turpem causam" und „der tadelfreie Empfang kann durch eine solche nachträgliche Kenntnisnahme nicht rückwärts ein verwerflicher werden". — Was zum jetzigen § 817 Satz 2 den gleichzeitig gegen die guten Sitten verstoßenden Leistenden betrifft, so äußern sich **Mot.** a. a. O. (S. 850/851) darüber nicht expressis verbis.

b) Aus den **Protokollen**[3]) kommen folgende Stellen in Betracht:

α) **Prot.** I Nr. 21 III S. 123 f. sagen (zu BGB. § 138) nachstehendes:

„Zu § 106 lagen folgende Anträge vor:

1. Den § 106 zu fassen:
Ein Rechtsgeschäft, welches gegen die guten Sitten verstößt, ist nichtig;
2. statt „gegen die guten Sitten" zu setzen „gegen die Sittlichkeit".

Der Antrag 1 wurde gebilligt, der Antrag 2 abgelehnt und

---

[1]) Unerheblich zur Erklärung des Begriffes sind die Bemerkungen und Beispiele in **Mot.** Bd. II S. 755, Bd. V S. 447/448 sowie die näheren Ausführungen in Bd. II S. 726 f., wo von illoyalen Handlungen die Rede ist.

[2]) Unter der Randbemerkung: „Ein Rechtsgeschäft, dessen Inhalt gegen die guten Sitten oder die öffentliche Ordnung verstößt, ist nichtig."

[3]) Unerheblich ist die Erwähnung der „guten Sitten" in **Prot.** II Nr. 161 S. 686 ff. und in **Prot.** VI Nr. 408 IV S. 81 ff., Nr. 409 I S. 88, Nr. 417 XI S. 202.

die Frage, ob im Gesetz auf die gute Sitte oder auf die guten Sitten abgestellt werden solle, der Red.-Komm. zur Prüfung überwiesen.

Erwogen wurde:

Es genüge nicht mit dem Entw. die Nichtigkeit nur bezüglich solcher Rechtsgeschäfte zu bestimmen, deren Inhalt unmittelbar in objektiver Hinsicht und unter Ausscheidung der subjektiven Momente die guten Sitten verletze. Wenn auch auf die Motive der Parteien nicht in dem Maße Rücksicht genommen werden dürfe, daß ihre Handlungen einer sittenrichterlichen Kontrolle des Richters unterstellt würden, so sei es doch im einzelnen Falle unerläßlich, die verwerfliche Gesinnung der Beteiligten nicht außer acht zu lassen, weil erst durch die Hinzunahme des subjektiven Moments der Inhalt des Rechtsgeschäfts in das rechte Licht gesetzt werde."

β) Ebenda S. 124: „Der im Entw. gebrauchte Ausdruck „gegen die guten Sitten" oder der Ausdruck „gegen die gute Sitte" sei beizubehalten; er sichere gegenüber der beantragten Ersetzung dieser Ausdrücke durch die Worte „gegen die Sittlichkeit" der Vorschrift einen umfassenderen Geltungsbereich und enthalte den richtigen objektiven Maßstab für die Handhabung des Gesetzes."

γ) Ebenda Bd. I Nr. 43 I a. E. S. 281[1]) (zu BGB. § 241): „Es bedürfe keiner anderen Schranke, als daß die Uebernahme der Verbindlichkeit nicht gegen das Gesetz oder die guten Sitten verstoßen dürfe. Dabei sei zu beachten, daß ... die Frage aufgeworfen werden müsse, ob nicht in der Begründung einer Rechtspflicht zu einer Leistung, die man unter anständigen Menschen nur von dem freien Willen des Anderen erwarte, ein den guten Sitten widerstreitender Eingriff in die Freiheit des Versprechenden zu finden sei."

δ) Ebenda Bd. II Nr. 151 III S. 575 am Rande, S. 576 sub b und c und Bd. VI Nr. 417 XI S. 201 wird (zu BGB. § 826) von „illoyaler Handlung" gesprochen und S. 576 sub c wird gesagt: „Das fahrlässige Handeln sei nicht zu berücksichtigen, weil kein Bedürfnis bestehe, in dieser Hinsicht von dem geltenden Rechte abzuweichen. Die fahrlässige Verletzung einer fremden Interessensphäre durch eine illoyale Handlung werde selten vorkommen. Jedenfalls sei darin kein so schwerer Verstoß gegen die öffentliche Sittlichkeit zu finden, daß der Gesetzgeber einzuschreiten Veranlassung habe."

ε) Ebenda (II) S. 577 heißt es: „Eine solche Verwischung der Grenzen zwischen Recht und Moral führe zu der größten Unsicherheit" und „gewisse objektive Anhaltspunkte möge die Anlehnung an die im Leben wirklich geübten „guten Sitten" bilden." . . . „Im einzelnen verdienen allerdings die im Verkehrsleben herrschenden sittlichen Anschauungen Berücksichtigung.[2])

---

[1]) Ebenda wird vorher auch von der „Verkehrssitte" gesprochen. Ebenso Prot. II S. 578; vgl. aber die folgende Anmerkung.

[2]) Wie weit dies im Entwurfe geschehen sei, wird dann a. a. O. S. 577/578 an Beispielen aus Sachenrecht, allgemeinem Teil und Recht der Schuldverhältnisse illustriert. Wenn dabei auch auf die Wendung „Treu und Glauben mit Rücksicht auf die Verkehrs-

ζ) Ebenda (II) S. 578 (sub III a. E.): „Weiter zu gehen [1]) und ganz allgemein die Ausübung der Rechte durch die Rücksicht auf die guten Sitten zu beschränken, müsse . . bedenklich erscheinen."

η) In Prot. II Nr. 152 II S. 583 sub c (zu BGB. § 829) wird der Antrag (S. 581 Nr. 5), auch eine an sich nicht verantwortliche Person zum Schadensersatze zu verpflichten, „wenn und soweit nach den Umständen des Falles, insbesondere nach den Verhältnissen der Beteiligten, die Verweigerung der Ersatzleistung gegen die guten Sitten verstoßen würde", gemißbilligt und erklärt, es „sei . . richtiger, die Ersatzpflicht davon abhängig zu machen, daß die Verweigerung des Ersatzes der Billigkeit widerspreche. Man könne von demjenigen, der eine Leistung, zu der er gesetzlich nicht verpflichtet sei, verweigere, nicht sagen, er verstoße gegen die guten Sitten; dagegen könne es als eine Unbilligkeit erscheinen, wenn jemand sich einer Verpflichtung, die er aus Rücksicht auf die Moral und den Anstand erfüllen müsse, nur deswegen entziehe, weil er nach der strengen Konsequenz des Rechtes zu ihrer Erfüllung nicht angehalten werden könne. Die Verweisung auf die guten Sitten an dieser Stelle könne überdies leicht zu einer Verdunkelung und zu einer schiefen Auslegung des Begriffs der guten Sitten an anderen Stellen führen, in denen dieser Begriff Verwertung im Gesetzbuche gefunden habe."

ϑ) Ebenda (II) Nr. 162 S. 702 sub IV am Rande wird (zu BGB. § 817) vom „verwerflichen Zweck" der Leistung gesprochen, während der im Text erwähnte Antrag selber mit den Worten beginnt: „Verstößt die Zweckbestimmung gegen ein gesetzliches Verbot oder gegen die guten Sitten".

ι) Ebenda (II) Nr. 163 S. 712 sub B am Rande wird (zu BGB § 819) von „verwerflichem Empfang" gesprochen und im Texte gleichfalls vom „Verstoß gegen die guten Sitten".

c) Der Bericht der Reichstagskommission [2]) S. 40 ff. bringt die Wendungen „den guten Sitten widerstreitend", „unsittlich" und „gegen die guten Sitten" mehrfach (S. 40 a. E., S. 41 Abs. III Mitte, S. 42 Mitte); dabei bezeichnet er als gegen die guten Sitten verstoßend insbesondere [3]) (S. 42) Verträge, durch welche jemand „beispielsweise die Koalitionsfreiheit, die Gewissensfreiheit, die Ausübung oder Nichtausübung des Wahlrechtes beschränke". Ferner wird (S. 40 f.) auf Konfessionswechsel angespielt und (S. 41) gesagt, daß „wenn beispielsweise ein Angehöriger einer bestimmten Konfession seinem ältesten Sohn einen nur für diese Konfession wertvollen Gegenstand unter der Bedingung, daß er die Konfession nicht ändere, vermache", so könne gegen dies

---

sitte" angespielt wird, so ist der Verdacht nicht abzuweisen, daß die Prot. „Verkehrssitte" und „gute Sitten" durcheinanderwerfen, während umgekehrt Prot. I S. 281 (s. oben sub γ) beides doch wohl von einander zu trennen scheinen.

[1]) D. h. weiter als in den in der vorigen Anm. angedeuteten Spezialvorschriften.

[2]) Ueber eine andere Bemerkung der Reichstagskommission (S. 99) unten sub 9 f.

[3]) Von „Beschränkungen der Gewerbefreiheit" wird gemeint, sie seien, „sofern sie das durch das wirtschaftliche Interesse berechtigte Maß überschreiten, . . als den guten Sitten widerstreitend zu verwerfen". Es folgt ein Beispiel dahin, daß ein Hotelwirt ein an das Hotel angrenzendes Grundstück verkauft und Käufer dort kein Hotel errichten oder betreiben soll.

Rechtsgeschäft „vom sittlichen und rechtlichen Standpunkte aus nichts ... eingewendet werden".

d) Aus diesen Stellen (a—c) kann man für die Auffassung der Materialien folgendes entnehmen:

α) Die „Verstöße gegen die guten Sitten" involvieren eine „verwerfliche Gesinnung" (Mot. II S. 849 f. und Prot. I S. 123) und disharmonieren mit der Anschauung der „anständigen Menschen" (ebenda S. 281) sowie mit den „im Verkehrsleben herrschenden sittlichen Anschauungen" (Prot. II S. 577); sie sind „verwerflich" (Prot. II S. 702, 712) und „illoyal" (Prot. II S. 575, 576, VI S. 201; vgl. auch Mot. II S. 726 f.).

β) Sittliche Pflichten und Rechtspflichten sind nicht identisch[1]) (Mot. I S. 211, Prot. II S. 577, 583, Reichstagskommissionsbericht S. 41).[2])

γ) Zwischen „guten Sitten" und „Sittlichkeit" scheint ein Unterschied in Prot. I S. 124 dahin angedeutet zu werden, daß in jenen ein objektives, in diesen ein subjektives Moment zu finden wäre, während Prot. II S. 573 Verstöße gegen die „guten Sitten" und Verstöße gegen die „öffentliche Sittlichkeit" zu identifizieren scheinen und jedenfalls Mot. I S. 211 „Sittenwidrigkeit", Widersprüche mit den „guten Sitten" bezw. den „Sittenpflichten" und die Postulate der „Sittlichkeit" gleichstellen.

δ) Auf die Kenntnis (das Bewußtsein) des gegen die guten Sitten Verstoßenden legen nur Mot. II S. 849 (vgl. S. 850) im Sonderfalle der condictio ob turpem causam Gewicht; die übrigen Stellen der Materialien schweigen über diesen Punkt.

ε) Daß die Verstöße gegen die guten Sitten etwas lediglich objektives seien oder sein können, nehmen Mot. I S. 211 an; nur auf dies objektive Moment wollen sie deshalb die Nichtigkeit der Rechtsgeschäfte abgestellt wissen, während Prot. I S. 123 auch das subjektive Moment — die „Motive der Parteien" — hineinziehen wollen, wogegen Prot. II S. 577 sich auf Entnahme „objektiver Anhaltspunkte" aus den im Leben geübten „guten Sitten" beschränken wollen.

ζ) Ob „gute Sitten" und „gute Sitte" sich unterscheiden, bleibt nach den Bemerkungen der Prot. II S. 123 und 124 unklar.

η) Zwischen „guten Sitten" und „Verkehrssitte" (oben sub 2 c) scheinen die Prot. nicht mit genügender Sicherheit zu trennen. Diesen Eindruck gewinnt man aus der Bezugnahme auf die „im Leben wirklich geübten guten Sitten" (Prot. II S. 577), aus der Bezugnahme auf die „im Verkehrsleben herrschenden sittlichen Anschauungen" (ebenda) und aus der Bezugnahme auf die Verpflichtung, die jemand „aus Rücksicht auf die Moral und den Anstand erfüllen müsse" (Prot. II S. 583).[3])

e) Man sieht, auch die Materialien bieten uns nur sehr schwache und höchst unzuverlässige Krücken. Andererseits werden ihre Bemerkungen

---

[1]) Der eben erwähnte Ausdruck „illoyal" wird, obwohl von la loi herstammend, auch von der französischen Sprache mehr im Sinne von pflichtwidriger, moralwidriger Gesinnung gebraucht, widerspricht also nicht dem Satze im Text.

[2]) Weitere Aeußerungen der Materialien in dieser Richtung vgl. unten § 46 sub A II 1.

[3]) Vgl. dazu das oben S. 224/25 Anm. 2 zu Prot. II S. 577/578 Bemerkte; andererseits aber Prot. I S. 281 (ebenda).

nicht als eine geschlossene und siegreiche Gegnerschaft erscheinen, um den Gesamteindruck zu widerlegen, den wir aus der Ausdrucksweise des Gesetzes selber (oben sub 2) wohl dahin gewinnen können, daß die „guten Sitten“ identisch sind mit dem Sittengesetz, der Moral.

8. Auch die Literatur zu §§ 138, 817, 819, 826 nimmt fast[1]) durchweg dasselbe an; man vergleiche z. B.:

a) aus den Lehrbüchern:[2]) Cosack I § 58 sub V 1 S. 176, § 163 sub III 2 a S. 606, Crome I § 85 S. 373 f., II § 330 S. 1040 ff., Eck I § 29 S. 127, Endemann I § 103 S. 600 ff., § 200 sub 4 S. 1264 f., Enneccerus-Lehmann I § 98 S. 244 ff., § 363 S. 849 sub 2, Kipp I § 81 sub 2 S. 358, § 94 S. 424, II § 314 S. 265 f., Landsberg I § 53 S. 185 f., § 158 S. 559 sub 3, Leonhard, Allg. Teil S. 372 ff., Matthiaß I § 54 III C 1 S. 228; vgl. auch Hachenburg, Vorträge, 2. Aufl. (1900) S. 50 ff.

b) aus den Kommentaren:[3]) zu BGB. § 138: Planck I 3. Aufl. S. 248 ff., Kuhlenbeck I S. 111 Anm. 1, Rehbein I S. 180 ff. (III 1), insb. S. 182; zu § 826: Planck II S. 617 sub 2 b;

c) aus der Spezialliteratur zum Begriff der „guten Sitten“ — auch die Spezialliteratur zu den Deliktsobligationen[4]) u. dergl. bietet hier einige Ausbeute —: namentlich[5]) Lotmar, Der unmoralische Vertrag,[6]) insbes. S. 64 ff. und Steinbach, Die Moral als Schranke des Rechtserwerbs und der Rechtsausübung,[7]) insb. S. 39 ff., 52 ff. 84[8]) sowie Menzel, Die Kartelle und die Rechtsordnung, 2. Aufl., Leipzig 1902, insb. S. 42 f.

9. Doch ein genaueres Eingehen auf den Begriff „Verstoß gegen die guten Sitten“ und eine Nachprüfung der in der Literatur[9]) aufgestellten bezw.

---

[1]) Abweichend insb. z. B. Dernburg Bd. I § 125 S. 374, Bd. II 2 § 393 S. 640 sub II 2, Hoelder S. 304 ff.

[2]) Nichts Einschlägiges findet sich bei Zitelmann (S. 104). Für unser Thema auch wenig Material in den Erörterungen bei Stammler, Die Lehre vom richtigen Recht, Leipzig 1902, S. 410 ff., 447 ff., 474 ff., 491 ff.

[3]) Zum Begriff nichts Genaueres z. B. bei Fischer-Henle (S. 74, 425).

[4]) Vgl. z. B. (insbes. wegen BGB. § 826) bei Jung § 5 S. 41 ff., bei Linckelmann § 1 sub 3 S. 29 ff., bei von Liszt § 3 V S. 42 f., bei Lühl § 6 S. 26 f.; ferner z. B. die Leipziger Dissertation (1902) von Zieger, Der objektive Tatbestand der unerlaubten Handlung nach dem BGB., S. 31 ff. und die Göttinger Dissertation (Hamburg 1901) von Darboven, die actio doli im römischen und gemeinen Recht und ihr Verhältnis zu den Vorschriften des BGB., S. 51 ff.; ferner Meves in Goltdammers Archiv f. Strafrecht 46 (Berlin 1898) S. 82 f.

[5]) Neben Jacobi (oben S. 220 Anm. 3).

[6]) „Insbesondere nach gemeinem Recht“, Leipzig 1896.

[7]) Wien 1898. Der Titel ist nicht einwandfrei formuliert; denn „Schranke“ des Rechtserwerbs ist die Moralwidrigkeit. — Vgl. ebenfalls Steinbach, Die „guten Sitten“ im Rechte, in der Juristen-Zeitung IV (1899) Nr. 3 S. 47 ff.

[8]) Vgl. auch Oertmann, Sittenwidrige Handlungen, in der Juristen-Zeitung VIII (1903) Nr. 14 S. 325 ff.

[9]) Beispiele (zu §§ 138 und 826 bezw. auch zu § 817) — wegen der Raterteilung und des Plagiates vgl. unten sub h — vgl. z. B. bei Bendix I S. 537, Cosack I S. 606 sub 1 und 3, Crome II S. 1041/1042, Dernburg II 2 S. 640 Anm. 8, Enneccerus-Lehmann I S. 245, S. 849/50, Hoelder S. 305 sub c, Landsberg I S. 560, Matthiaß I S. 711 sub D, Oertmann S. 562 sub 2 a. E., Planck II S. 617 sub 2 b, Rehbein I S. 180 ff., Riezler S. 401 ff., insb. S. 403 sub 6. — Ferner z. B. wegen des Differenzeinwandes Heilborn in der Juristen-Zeitung VIII (1903) Nr. 21 S. 499, Fuld in Seufferts Bl. f. Rechtsanwendung 64 (1899) S. 173/174. — Wegen der Kartelle (Ringe, Syndikate) im besondern außer Menzel (oben sub 8 c) z. B. noch Bitta in der Juristen-Zeitung VII (1902) S. 253 ff. (vgl. auch Vossen im „Recht“ VIII, 1904, Nr. 9 S. 233 ff.) und neuestens die Schrift von Rundstein, Recht der Kartelle (Heft 4 von Kohlers

in der Judikatur [1]) bereits begegnenden sehr zahlreichen Beispiele ist hier um so weniger am Platze, als uns der Begriff ja nur in seinem Verhältnis zum „Verschulden" interessiert und dafür allerdings das Gesetz uns eine hinreichende Stütze gewährt:

a) §§ 138, 817 und 819 nämlich geben uns nicht den mindesten Anhalt, beide Begriffe in notwendige Verbindung mit einander zu bringen. Die in ihnen besprochenen Rechtsfolgen — Nichtigkeit eines Rechtsgeschäfts und Herausgabe- bezw. Verzinsungspflicht der „ungerechtfertigten Bereicherung" — berühren sich nirgends mit den Folgen eines Verschuldens. Und ebensowenig § 826; denn das subjektive Moment des Verschuldens wird innerhalb der „unerlaubten Handlungen", unter denen § 826 figuriert, erstens nicht unbedingt zur Voraussetzung einer Schadensersatzpflicht gemacht — vgl. unten § 39 sub I 5 und 9 — und wird zweitens, da es allerdings in § 826 anzutreffen ist, weil hier von „vorsätzlichem" Tun die Rede ist, nicht auf den Verstoß gegen die guten Sitten bezogen, sondern auf die Schadenszufügung.[2]) Auch § 826 kann daher so verstanden werden: schadensersatzpflichtig ist, wer subjektiv-rechtswidrig, nämlich „vorsätzlich", einen Schaden zufügt, wenn zugleich seine Handlungsweise sich objektiv betrachtet als „Verstoß gegen die guten Sitten" charakterisiert.

b) Nichts steht also im Wege, den Verstoß gegen die „guten Sitten" begrifflich — mit einigen Aeußerungen der Materialien; vgl. oben 7 d ε — als etwas rein objektives [3]) aufzufassen, und es daher für ganz irrelevant

Berliner Juristischen Beiträgen), Berlin 1904, S. 112, 157, während aus den Verhandlungen des 26. deutschen Juristentages (vgl. die Gutachten von Wäntig Bd. I S. 63 ff. und Landesberger Bd. II S. 294 ff., sowie das Referat von Menzel Bd. III S. 277 ff.; sodann lebhafte Debatten in der 2. Sitzung der 3. Abteilung, Bd. III S. 290—375, und im Plenum, ebenda S. 616—636) für unser Thema nur Bemerkungen von Veit-Simon Bd. III S. 625 in Betracht kommen. — Ueber Drohung (widerrechtliche) als Beispiel zu BGB. § 138 vgl. Eck I S. 152 Anm. 2, Hoelder S. 274 Anm. 4 und Planck I S. 221 Anm. 3 a (sowie unten § 51).

[1]) Beispiele aus der (neueren) Judikatur z. B. bei Fischer-Henle S. 74 Note 1 a, S. 416 Note 4, S. 425 Note 1, bei Warneyer I S. 21 ff., 91, 98 f., II S. 14 ff., 69, 73, Spruchsammlung I S. 7, 25, 27, II S. 5, 22 f., Scherer I S. 69, II S. 123 f., III S. 128 ff., 284, Neumann, Jahrbuch I 1 S. 84 ff., 457 f., 478 ff., II S. 66 ff. — Weitere Beispiele etwa in der Juristen-Zeitung VIII (1903) Nr. 4 S. 105 sub 18, Nr. 10 S 252 sub 4, Nr. 18 S. 429 sub 86; ebenda IX (1904) Nr. 8 S. 415 sub 4, S. 416 sub 2, Nr. 19 S. 945 — Reichsgericht vom 17. Juni 1904 (II 84/04) über Kartelle —; ferner z. B. bei Soergel, Rechtsprechung 1900/1901 (2. Aufl., Stuttgart 1902) S. 28 ff. und vor allem vielfach bei Mugdan und Falkmann (z. B. Bd. V, 1902, Nr. 21 b—f S. 103 ff., Bd. VII, 1903, S. 184 ff. Nr. 18 k, S. 457 ff. Nr. 46 a—e); vgl. auch ebenda Nr. 3 a β S. 11 sowie Bd. IV (1902) Nr. 57 a S. 238 f. (Nr. 47 b S. 205). — Aus den Entscheidungen des Reichsgerichts z. B. Bd. 48 (1901) Nr. 29 S. 114 ff., Bd. 53 (1903) Nr. 43 S. 171 ff., Bd. 56 (1904) Nr. 72 S. 271 ff. Bd. 57 (1904) Nr. 56 S. 239 ff. und Nr. 96 S. 418 ff. (alle zu BGB. § 826). — Wegen der falschen Auskunft und des Plagiates vgl. gleichfalls unten sub h. — Zu einem Teil der Entscheidungen (welche insb. §§ 138 und 826 geradezu als gefährliche „Kautschukparagraphen" erscheinen lassen). vgl. bereits kritisch Planck I, 3. Aufl. S. 249. — Als Beispiel zu EBGB. Art. 30 (oben sub 2 b) im besondern wäre der Plenarbeschluß des Reichsgerichts vom 12. Okt. 1903 (VI 226/02) Bd. 55 (1904) Nr. 87 S. 345 ff. (vgl. auch Juristen-Zeitung IX Nr. 2 S. 121) brauchbar.

[2]) Vgl. unten S. 229 Anm. 1. Es kommt nur auf den „Vorsatz" (unten § 55), nicht etwa auf den „Zweck" an; vgl. Hachenburg S. 63 sowie unten S. 229 Anm. 1. a. E.

[3]) Vgl. insb. auch Planck I, 3. Aufl. S. 248 Note 1; ferner z. B. Stammler, Schuldverhältnisse S. 30 ff. und Menzel a. a. O. (oben sub 8 c) S. 37 ff., 42 f. — Damit soll nicht gerade gesagt sein, daß eine objektive Rechtswidrigkeit vorliegt, wie Cosack I S. 606 III 2 a und Crome II S. 1041 Anm. 8 annehmen, während dies Oertmann S. 563 sub 4 und sehr ausführlich in der Juristen-Zeitung VIII (1903) Nr. 14

— und nur wegen der Ausfüllung des gesamten Tatbestandes zu § 826 erheblich — zu erklären, ob sich in die objektive Sittenwidrigkeit auch ein subjektiver Tadel einmischt[1]) und ob der Täter selber seine Handlungsweise für einen Verstoß gegen die guten Sitten hielt.[2])

c) Dem widerspricht es auch nicht, daß für § 817 (und § 819 Abs. II) allerdings — mit den Motiven (oben sub 7 a β) und mit der Literatur, soweit sie sich[3]) darüber äußert[4]) — die Einmischung des subjektiven Momentes einer Kenntnis des Empfängers (bezw. des Leistenden) von der Moralwidrigkeit des Vorganges, das Bewußtsein des objektiven Verstoßes gegen die guten Sitten, zugegeben werden muß. Denn auch hier berührt sich dies Bewußtsein nicht mit einem „Verschulden", und seine Hineinmischung erklärt sich[5]) aus dem Sonderbedarfe, zu dessen Deckung § 817 bestimmt war: nämlich, wie bei der römisch-rechtlichen condictio ob turpem causam, die Leistung nicht sowohl um der objektiven Moralwidrigkeit willen, sondern wegen der Verwerflichkeit der Gesinnung des Empfängers rückgängig werden zu lassen, sodaß also auch diejenigen Leistungen kondizierbar sind, bei

---

S. 325 ff. (insb. S. 327/328) und Planck II S. 617 sub 2 c bestreiten. Neutral verhält sich Kiefe S. 29 (der übrigens ein Zitat aus meinen Erörterungen im Archiv f. bürgerl. Recht Bd. 14 als auf S. 135 stehend heranzieht, das sich auf Seite 134 findet). — Etwas objektives und subjektives sieht im Verstoß gegen die guten Sitten Jacobi in der Festgabe für Dernburg S. 172 Anm. 59.

[1]) Jedenfalls richtet sich der Vorsatz des § 826 nicht auf den „Verstoß gegen die guten Sitten", sondern auf die Schädigung; vgl. z. B. Cosack I S. 606 sub 3 (daselbst ein sehr gutes Beispiel), Hachenburg S. 63, Kipp II S. 888 oben, von Liszt S. 43 sub 2, Dernburg II 2 S. 640 sub 1, Planck II S. 617 sub 2 a, Neumann, Jahrbuch I 1 S. 478 Note 1 b, Friedrichs im „Recht" V (1901) S. 587, Meyer ebenda S. 533, Cohn in Gruchots Beitr. 43 (1899) S. 395. Der Vorsatz hat hier „selbständig rechtserzeugende Kraft" (Crome II S. 1040). — Gänzlich unerheblich ist es m. E. für den Begriff des „Verstoßes gegen die guten Sitten" und für dessen objektiven Charakter, ob das Motiv ein unsittliches ist; vgl. analog das von Rehbein I S. 181/182 und Planck a. a. O. zu § 138 Bemerkte und ferner die Entscheidung des OLG Köln vom 14. Mai 1902 bei Mugdan und Falkmann V (1902) Nr. 21 e S. 109 f.; abweichend freilich OLG Frankfurt vom 24. Okt. 1902, ebenda VI (1903) Nr. 34 c S. 221, sowie OLG Dresden vom 24. Sept. 1902, ebenda VII (1903) Nr. 18 k S. 184 ff., und eine Entsch. des Reichsgerichts vom 21. Januar 1903 (I 481/02) in der Jur. Wochenschr. 32 (1903) Beilage 5 S. 41 Nr. 86. Vgl. auch OLG. Hamburg vom 9. Okt. 1903 in der Hanseat. Gerichtszeitung 1903 Beilage 48 Nr. 165 S. 288 (vgl. auch „Recht" VIII, 1904, Nr. 2 S. 44) sowie Entsch. des Kammergerichts vom 30. März 1903 bei Mugdan und Falkmann VIII (1904) Nr. 36 l S. 425. Wie dem aber auch sei, selbst die Anerkennung eines notwendigen Zusammentreffens von „objektiven und subjektiven Momenten", von „Inhalt, Motiv und Zweck" (Reichsger. a. a. O.) würde noch nicht geeignet sein, den „Verstoß gegen die guten Sitten" zu einem „Verschulden" zu stempeln.

[2]) Vgl. Crome II S. 1041 Anm. 9, Dernburg II 2 S. 640 Anm. 5, Enneccerus-Lehmann I S. 849 sub 2, Kipp II S. 888 sub c sowie zu § 138 Rehbein I S. 181/182.

[3]) Ueber die Frage schweigen z. B. Cosack I § 167 III 3 S. 628, Dernburg II 2 § 379 S. 600 ff., Engelmann § 159 IV S. 469/470, Enneccerus-Lehmann I § 355 S. 831, Kipp II § 424 S. 827 sub 1 und S. 832 sub c, Krückmann S. 152 f., Kuhlenbeck, Von den Pandekten II S. 348 sub 1 a, Müller und Meikel I § 194 S. 656 sub 2, Weyl I S. 517, 519 und z. B. auch Achilles S. 301.

[4]) Vgl. Crome II § 322 S. 1003 sub 1 b und Anm 27, § 323 S. 1007 sub d, Endemann I § 198 S. 1244 Anm. 44, Fischer-Henle S. 416 Anm. 2, Landé S. 219 und am eingehendsten Matthiaß I § 141 D 1 und 2 S. 702 f. sowie auch (sehr im Anschluß an die Motive) Planck II S. 589 f.; indirekt, durch die Bezugnahme auf ALR I, 16 §§ 205 f., 209, scheint sich auch Meisner S. 284 als Vertreter obiger Ansicht zu bekennen.

[5]) Vgl. Matthiaß a. a. O. (insb. S. 703) und Oertmann S. 546 Anm. 3 und auch in der Juristen-Zeitung VII (1902) Nr. 5 S. 105 ff., wo insb. S. 106 die Möglichkeit eines Zusammentreffens bezw. eines Nichtzusammentreffens objektiver und subjektiver Unsittlichkeit erörtert wird.

denen im konkreten Falle nur die subjektive, nicht aber auch zugleich die objektive Moralwidrigkeit — aus welcher nach § 138 ja die Nichtigkeit und daher schon nach § 812 die Rückforderungsbefugnis folgen würde — feststeht. — Uebrigens sei ausdrücklich bemerkt, daß ich nur, um die Existenzberechtigung des § 817 zu retten, mich genötigt sehe, in ihn das subjektive Moment als die legislatorische Grundidee hineinzuinterpretieren, daß ich in den Gesetzesworten an sich aber lediglich das objektive Moment zum Ausdruck gebracht finde.[1])

d) Die Auffassung, daß der „Verstoß gegen die guten Sitten" nicht notwendig zugleich ein subjektives Verschulden involviert, wird ferner durch das Gesetz selber in deutlichster Weise dadurch bestätigt, daß es, wie bereits oben sub 6 b $\alpha \beta'$ vermerkt wurde, keineswegs immer ein physisches Rechtssubjekt als den den Verstoß begehenden Faktor bezeichnet, sondern mehrfach auch einen abstrakten Begriff. Und eine Erschütterung dieser Auffassung des Gesetzgebers liegt m. E. auch nicht etwa in dem Umstande, daß in dem Musterbeispiel des § 138 Abs. II (oben sub I) ein subjektives Moment hindurchschimmert, nämlich die Kenntnis von der Notlage, dem Leichtsinn oder der Unerfahrenheit des andern.[2])

e) Natürlich ist der Täter, auf dessen eigene Auffassung es nach dem sub c Gesagten garnicht ankommt, auch insofern nicht die Instanz, welche über die Sittenwidrigkeit oder Sittengemäßheit zu urteilen[3]) hat, daß von seiner Auffassung[4]) irgendwie die Bewilligung des Ersatzanspruches abhinge; aber im letzten Grunde ist auch nicht der Richter,[5]) der freilich jene schwierige Frage zu entscheiden hat, der eigentliche urteilende Faktor, sondern auch er hat einen andern Faktor über sich,[6]) die geläuterte Anschauung der Allgemeinheit.[7])

---

[1]) Anders wohl Endemann a. a. O.

[2]) Eine Entsch. des OLG. Hamburg vom 9. Dez. 1903 bei Mugdan und Falkmann VIII (1904) Nr. 36 h S. 422 („Recht" VIII, 1904, Nr. 13 S. 360 Nr. 1618) leugnet übrigens sogar, daß § 138 Abs. II eine bewußte Ausbeutung voraussetze. Anderer Ansicht z. B. Dernburg I S. 382; vgl. auch Planck I S. 250 Note 3.

[3]) Natürlich ist die Frage, ob ein Verstoß gegen die guten Sitten vorliege, eine der Revision unterliegende Rechtsfrage (vgl. oben § 33 sub B II 3, § 32 sub III 5); vgl. Reichsgericht vom 29. Mai 1902 (VI 50/02) Bd. 51 (1903) Nr. 86 S. 369 ff. (insb. S. 383), auch (verkürzt) in der Jur. Wochenschr. 31 (1902) Beilage S. 256.

[4]) Oder gar von seiner Bildung, wie Zieger (oben S. 227 Anm. 4) S. 33 annimmt.

[5]) Zu seinen Gunsten am energischsten Hoelder, Kommentar S. 305 sub b sowie schon im Archiv f. d. civilist. Praxis Bd. 73 (1888) S. 102; dagegen aber Riezler in v. Staudingers Kommentar I (2. Aufl. 1904) S. 402 sub 2.

[6]) Vgl. Crome II S. 1041 Anm. 9, Dernburg II 2 S. 640 sub 2 (und Bd. I § 125 S. 374/375), Jacobi in Iherings Jahrb. 41 S. 104, 106; etwas abweichend Oertmann S. 562 sub 2 b. Ebenso zu BGB. § 138 z. B. Crome I S. 373, Cosack I S. 176, Kuhlenbeck, BGB. I S. 110.

[7]) Also die korrekte Verkehrsanschauung — „die im deutschen Volke überhaupt anerkannte und geübte Moral", Entsch. des Reichsger. vom 11. April 1904 (372/03) in der Jur. Wochenschr. 33 (1904) S. 257 und im „Recht" VIII (1904) Nr. 12 S. 333 — und nicht die Verkehrssitte (vgl. oben sub 2 c); mithin genau wie bei der „Fahrlässigkeit", oben § 31 sub A III 5. Vgl. auch die schon oben S. 221 Anm. 3 erwähnte Entsch. des Reichsgerichts vom 26. Nov. 1900 im „Recht" V (1901) S. 72 („was nach den Regeln eines anständigen, ehrbaren, die Anschauungen und Gebräuche der allgemein herrschenden Lebensführung befolgenden Verhaltens von dem Einzelnen gefordert wird" [hiebei ist nur der Zusatz „und Gebräuche" nicht einwandfrei]). Ferner Entsch. des Reichsgerichts vom 11. April 1901 (VI 443/00) in Bd. 48 (1901) Nr. 29 S. 114 ff., insbes. S. 124/125, und in der Jur. Wochenschr. 30 (1901) S. 349 ff., insbes. S. 351 („dem herrschenden Volksbewußtsein zu entnehmen", „dem Anstandsgefühl aller billig und gerecht Denkenden", wobei aber nicht zu übersehen sei, daß „eine tatsächlich

f) Die Handlung, die übrigens auch in einer Unterlassung bestehen kann,[1]) ist sittenwidrig unter Umständen auch dann, wenn die „Ausübung eines formalen Rechts“ vorliegt, wie der Reichstagskommissionsbericht S. 99 betont.[2]) Dadurch tritt § 826 in Beziehungen zum „Chikaneparagraphen“ 226, indem es sich fragt, ob uns letzterer zwingt, ersteren einschränkend zu interpretieren.[3])

g) Mit vorstehenden Bemerkungen ist unser Interesse auch an § 826 erschöpft. Darum soll dieser Norm aber nicht etwa die ihr innewohnende erhebliche — und sogar bedenkliche — Tragweite innerhalb der „unerlaubten Handlungen“ bestritten werden, die um so bedeutsamer ist, als § 826 seine Hauptfunktion in einer Ergänzung des § 823 hat[4]) und übrigens sogar dem bloß mittelbar Geschädigten zugute kommt.[5])

h) Nur zwei Beispiele[6]) zu § 826 seien aus besonderen Gründen zum Schlusse erwähnt:

α) Das erste Beispiel, das uns im anderen Zusammenhange, nämlich bei Besprechung des Begriffes „Arglist“ (unten § 58), wieder beschäftigen wird, ist die arglistige Erteilung eines Rates oder einer Empfehlung. An sich ist sie nach § 676 nicht geeignet, eine Schadensersatzpflicht nach sich zu ziehen; wohl aber kann diese Folge eintreten, wenn der Ratgeber den Vorsatz hatte, dem Ratempfänger Schaden zuzufügen; denn dann sind alle

---

aufgekommene Geschäftspraktik . . . nicht sowohl eine Sitte, als vielmehr eine Unsitte sein kann“, und wobei andererseits „auf die Sittenanschauung eines bestimmten Volkskreises, wenn sich in ihr die herrschende Sitte ausprägt, Rücksicht genommen“ werden kann, beispielsweise „auf die Anschauung des ehrbaren Kaufmanns im Handelsverkehr“). Etwas abweichend hingegen OLG. Posen vom 26. Sept. 1902 bei Mugdan und Falkmann VI (1903) Nr. 6 c S. 33 f., OLG. Karlsruhe vom 1. Mai 1903 in der Jur.=Ztg. IX, 1904, Nr. 23 S. 1144 und die unten Anm. 2 erwähnte Entsch. des Reichsgerichts vom 16. Oktober 1903. — Wie zweifelhaft aber die Volksauffassung sein kann, ergeben z. B. die Bemerkungen von Heymann und Heller in der Juristen=Zeitung VII (1902) Nr. 5 S. 113 und Nr. 10 S. 246 über Geschlechtsverkehr und Anzeigepflicht bei Geschlechtskrankheit.

[1]) Vgl. Crome II S. 1040 Anm. 3, Dernburg II 2 S. 640 und ebenda Anm. 4, von Liszt S. 42/43, S. 73 f., Oertmann a. a. O., Planck II S. 617 sub 2 a.

[2]) Vgl. dazu auch Oertmann in der Juristen=Zeitung VIII (oben S. 227 Anm. 8) S. 326 sowie in der Festgabe für Dernburg (vgl. oben S. 220 Anm. 3) S. 85; ferner Menzel a. a. O. S. 43 (zu §§ 138 und 826), Jung S. 44, Hachenburg S. 62, 70, Kipp II S. 888 oben, Kuhlenbeck, BGB. I S. 680 Anm. 1; abweichend OLG. Celle vom 26. Februar 1901 in Seuff. Arch. Bd 56 (1901) Nr. 147 S. 264. — Wie im Texte auch Entsch. des Reichsgerichts vom 16. Okt. 1903 (II 88/03) in der Jur. Wochenschrift 32 (1903) Beilage 14 S. 120 Nr. 265, im „Recht“ VIII (1904) Nr. 1 S. 18 und in der Juristen-Zeitung IX (1904) Nr. 1 S. 70 (vgl. auch Spruchsammlung II S. 22/23).

[3]) Zu dieser hier nicht näher interessierenden, weil nur die objektive, nicht die subjektive Seite im Tatbestand des § 826 treffenden Frage insbesondere Oertmann in der Juristen=Zeitung a. a. O. (VIII S. 325 ff.). — Auch der erwähnte § 226 interessiert uns nicht, weil er nichts über die subjektive Seite äußert, sondern nur darüber, ob die Ausübung des Rechts, objektiv betrachtet, nur den Zweck haben kann, einem Andern Schaden zuzufügen. Vgl. namentlich Planck I, 3. Aufl. S. 374/375.

[4]) Vgl. darüber und über die Parallele mit der actio doli z. B. Crome II S. 1040 f., Dernburg II 2 S. 639/640, Endemann I S. 1264 sub 4, Enneccerus=Lehmann S. 849, Oertmann S. 562 sub 2 b und in der Juristen=Zeitung a. a. O. S. 325, Planck II S. 616 sub 1.

[5]) Vgl. Dernburg S. 641 sub 3.

[6]) Von den oben S. 227 Anm. 9 erwähnten Beispielen aus der Literatur betrifft ein Teil gerade auch den § 826. Vgl. auch noch z. B. über Lizitationsvereinigungen Entsch. des Kammergerichts vom 18. Febr. 1902 bei Mugdan und Falkmann IV (1902) Nr. 58 b S. 243 f. und (anderer Ansicht) OLG. Kolmar vom 26. April 1901 in der Juristen=Zeitung VII, 1902, Nr. 6 S. 156 sowie Cohn ebenda VI, 1901, Nr. 1 S. 24.

Begriffsmerkmale zu § 826 erfüllt, da kein Zweifel obwalten kann, daß in der arglistigen Erteilung eines falschen Rates ein „Verstoß gegen die guten Sitten" enthalten ist.[1])

β) Das andere Beispiel ist das „Plagiat".[2]) Der Rechtsschutz gegen die bewußte, ohne Nennung des Autors erfolgende Verwertung fremder Ideen, war, wie ich bei anderer Gelegenheit[3]) nachgewiesen zu haben glaube, lange Zeit höchst mangelhaft gewesen; jetzt kommt das neue Urhebergesetz[4]) (§§ 25 und 36 sowie wegen der Strafsanktion § 44) zur Anwendung;[5]) aber da dieses erst am 1. Januar 1902 in Kraft getreten ist,[6]) so ist man für einschlägige Vorgänge, die aus den beiden Jahren 1900 und

---

[1]) Vgl. Crome II S. 1041 Anm. 13, Enneccerus-Lehmann I S. 849/850, Kipp II S. 765 oben; ferner Sontag in Holdheims Monatsschrift für Handelsrecht und Bankwesen Jahrg. 12 (1903) Nr. 6 S. 141 ff., insbes. S. 143 und Brückner, Die rechtliche Stellung und Haftverbindlichkeit der kaufmännischen Auskunftsbureaus (Auskunfteien) im „Recht" Jahrg. VII (1903) Nr. 10 S. 245 ff., Nr. 11 S. 273 ff., insbes. S. 245 (und wegen der Haftung gegenüber demjenigen, über welchen die Auskunft vom Bureau erteilt wurde, S. 275/276); Priester, Die zivilrechtliche Haftpflicht des Rechtsanwalts und Notars (Köln 1904). Vgl. auch Staub, Kommentar zum HGB., 6. und 7. Aufl. Bd. II (Berlin 1900) S. 1079 Anm. 6 u. 7. — Vgl auch schon Mot. II S. 554 f. und Prot. II Nr. 159 III S. 664. — Aus der Judikatur Entsch. des Reichsgerichts vom 6. Okt. 1902, VI 175/02 (in der Jur. Wochenschr. 31, 1902, Beilage S. 276 Nr. 219, Juristen-Zeitung VII, 1902, Nr. 24 S. 581 Nr. 70, Seufferts Bl. f. RA. 67, 1902, S. 504, „Recht" VII, 1903, Nr. 328 S. 79, Sächs. Arch. 13, 1903, S. 209, Gruchots Beitr. 47, 1903, S. 105 ff., Spruchsammlung I S. 27, Warneyer II S. 60 Nr. 1, S. 73 Note 4, Neumann, Jahrb. I 1 S. 409 Note 1 a und S. 484 Note f). — Ferner Entsch. des OLG. Jena vom 12. Nov. 1900 bei Mugdan und Falkmann II, 1901, Nr. 2 S. 2 ff. (Spruchsammlung a. a. O., Warneyer I S. 98 Note 2, Neumann, Jahrb. I 1 S. 488 Note f, Juristen-Zeitung VI, 1901, Nr. 1 S. 32). — Auf bloß fahrlässige Erteilung falschen Rates beziehen sich, unter BGB. § 826 gehören also nicht z. B. Entsch. des Reichsgerichts vom 27. Okt. 1902 (VI 201/02) Bd. 52 (1903) Nr. 95 S. 365 ff. (vgl. auch Warneyer II S. 60 Nr. 3, ferner zweifelnd Staub — und nach ihm auch Endemann — in der Juristen-Zeitung IX, 1904, Nr. 1 S. 49) und vom 27. Febr. 1903 in Bad. Rechtspraxis 69, 1903, (Annalen Bd. 69) S. 241 ff. (vgl. auch Warneyer II S. 60 Nr. 2) sowie Entsch. des OLG. Dresden vom 30. Juni 1903 bei Mugdan und Falkmann VII (1903) Nr. 48 f. S. 477 und auch die Bemerkungen von Josef in Gruchots Beitr. 44 (1900) S. 419 Anm. 7 (vgl. auch Neumann, Jahrb. I 1 S. 188). — Nachträgliche Aenderungen braucht man im allgemeinen dem Auftragenden nicht mitzuteilen; vgl. Entsch. des Reichsgerichts vom 20. Okt. 1900 (I 130/00) im Sächs. Arch. 11 (1901) S. 466, Neumann, Jahrb. I 1 S. 409 Anm. 2 a (und b und daselbst auch weitere Literatur und Judikatur).

[2]) Aus der Judikatur läßt sich hier das im „Recht" VI (1902) S. 323 Nr. 1573, in der Hanseat. Gerichts-Zeitung Jahrg. 23 (1902) Beibl. Nr. 20 S. 119 und bei Neumann, Jahrb. I 1 S. 484 Note k (zu § 826) mitgeteilte Erkenntnis des OLG. Hamburg vom 25. Jan. 1902 heranziehen.

[3]) Weyl, Das Plagiat und seine Rechtsfolgen, in den „Beiträgen zum Urheberrecht", Festgabe für den XVII. Kongreß der Association internationale litéraire et artistique, Dresden 1895, S. 84 ff.

[4]) Reichsges. vom 19. Juni 1901 betr. das Urheberrecht an Werken der Literatur und Tonkunst (RGBl. S. 227 ff.).

[5]) Vgl. ebenso Allfeld, Kommentar zum Ges. vom 19. Juni 1901, München 1902, S. 262 ff., wenigstens wegen § 44, während sich das „Plagiat" trotz seiner Wesensverschiedenheit vom eigentlichen Nachdruck (vgl. Weyl a. a. O.) garnicht rubriziert findet in den einschlägigen Werken von Kuhlenbeck (Leipzig 1901) S. 158 f., 186 f. (vgl. auch S. 2 a. E.), Ernst Müller (München 1901) S. 97 f., Stenglein (Berlin 1902) S. 147, 152, 158 und Voigtländer (Leipzig 1901) S. 114 f., 145 (vgl. S. 27, 78, 191).

[6]) § 64 des Gesetzes. Darüber, daß dies Gesetz als lex specialis den Vorrang vor BGB. § 826 zu beanspruchen hat, vgl. auch Oertmann in der Juristen-Zeitung a. a. O. S. 328, während Stenglein a. a. O. S. 153 Note 1 das gegenseitige Verhältnis der Normen ungeprüft läßt.

1901 stammen, auf BGB. § 826 angewiesen, aus dessen Tatbestand allerdings gerade beim Plagiat nicht selten das Moment der vorsätzlichen Schadenszufügung[1]) unnachweislich sein wird, während darüber, daß das Plagiat einen sehr schweren „Verstoß gegen die guten Sitten" enthält, kein Zweifel bestehen kann,[2]) zumal schon die Etymologie des Ausdrucks[3]) die moralische Verwerflichkeit der Handlungsweise charakterisiert.

III. Endlich ist zu bemerken, daß, da der „Verstoß gegen die guten Sitten" etwas wesentlich objektives ist (oben sub 7 d ε, 9 a—d) und, sofern er als subjektiver erscheint (oben sub 9 a), ein wirkliches Kennen voraussetzt (vgl. oben sub 9 c), zu einem Vergleiche dieses Begriffes mit den bisher erörterten — „Fahrlässigkeit", „Kennenmüssen", „unverzüglich", „Bösgläubigkeit", „Ordnungswidrigkeit" (oben §§ 31—35) — jede Möglichkeit bezw. jede dringendere Veranlassung fortfällt. Zwischen dem „Verstoß gegen die guten Sitten" und den in §§ 31—34 besprochenen, durchweg[4]) subjektiv gearteten Begriffen („Fahrlässigkeit", „Kennenmüssen", „unverzüglich", „Bösgläubigkeit") bestehen überhaupt keine Beziehungen; aber auch zu der gleichfalls objektiv gearteten „Ordnungswidrigkeit" (§ 35) fehlt es an jeglicher näheren Relation.

IV. Das HGB. bietet zum Begriff der „Verstöße gegen die guten Sitten" kein Material; der Begriff der „guten Sitten" selber[5]) ist ihm freilich nicht fremd (vgl. § 62 Abs. I und § 76 Abs. III).[6])

§ 37.

Die (schwere) Pflichtverletzung.

Auch in § 1568 Satz 2 begegnen wir einem Musterbeispiel. Denn das Gesetz sagt:

„Als schwere Verletzung der Pflichten gilt auch grobe Mißhandlung."

I Zu diesem Musterbeispiel ist folgendes zu bemerken:

1. Gedacht ist bei der Exemplifikation an die in § 1568 Satz 1 (oben § 19 sub I 5) genannte, einen Ehescheidungsgrund bildende „schwere Verletzung

---

[1]) Allerdings würde als Schaden ein lucrum cessans des Autors genügen, und ferner (vgl. unten § 55) bloßer dolus eventualis; der Zweck (über ihn z. B. von Calker, Urheberrecht, Halle 1904, S. 114 ff.) ist gleichgültig; (vgl. oben S. 228 Anm. 2, S. 229 Anm. 1 a. E.).

[2]) Vgl. Weyl a. a. O. und die dort S. 90 Anm. 8 zitierten Bemerkungen des Philosophen Karl Rosenkranz

[3]) ‚Plagium' bedeutet „Menschenraub"; vgl. Du Cange, Glossarium mediae et infimae latinitatis (editio nova, Niort 1886) tom. VI p. 350 sub 2, Oskar Wächter, Verlagsrecht (Stuttgart 1857 f.) S. 502 Anm. 12, Kohler in Iherings Jahrb. Bd. 18 (1880) S. 457 und im Archiv f. d. civilist. Praxis Bd. 82 (1894) S. 167, 170, Weyl a. a. O. S. 90 Anm. 7. Vgl. auch ‚plagiare' und ‚plagiator' (bezw. plagitura) in der Lex Salica 39 nebst add. 1—3 (Behrend, 2. Aufl, Weimar 1897, S. 71 ff.).

[4]) Nur die Bösgläubigkeit ermangelt bei Berücksichtigung der ganzen Definition des § 932 Abs. II, soweit diese die positive Kenntnis umspannt, auch der subjektiven Bestandteile.

[5]) Auch die oben sub II 2 d und 2 f erwähnten Worte „Sittlichkeit" und „unsittlich" finden sich im HGB. (§§ 62 Abs. II, 77 Abs. III, 82 Abs. I, § 71 Nr. 4); alle diese Normen (auch die im Text genannten) stehen innerhalb des unter Berücksichtigung sozialpolitischer Momente wesentlich neu geregelten 6. Abschnittes (§§ 59—83) über die Handlungsgehilfen und -lehrlinge.

[6]) Ueber die Bedeutungslosigkeit des Musterbeispiels in BGB. § 138 Abs. II für HGB. und sonstige Reichs- oder Landesgesetze vgl. oben S. 219 Anm. 2.

der durch die Ehe begründeten Pflichten". Nicht dagegen ist dabei etwa an die folgenden ebenfalls in Satz 1 erwähnten Begriffe gedacht: an das „ehrlose oder unsittliche Verhalten" (oben § 16 sub VI) oder an die „tiefe Zerrüttung des ehelichen Verhältnisses" oder an das „Verschulden" (oben § 2 sub III 3), welches in jener Pflichtverletzung bezw. in jenem Verhalten liegt und kausal diese Zerrüttung herbeigeführt hat; für alle diese Begriffe hat vielmehr das Musterbeispiel nur mittelbare Bedeutung.

2. Ein Vergleich unseres Musterbeispiels mit den andern bisher (oben (§ 31 sub C V 1, § 32 sub III 4 und § 36) erwähnten Musterbeispielen ergibt zweierlei:

a) § 1568 Satz 2 sagt zwar in derselben Weise wie § 1980 Abs. II Satz 2, daß die grobe Mißhandlung als schwere Pflichtverletzung „gilt", und er bietet das Musterbeispiel also (vgl. oben § 36 sub I 2) viel direkter als § 138 Abs. II;

b) andererseits sagt aber § 1568 Satz 2 nicht, wie jene beiden Normen übereinstimmend (vgl. gleichfalls oben § 36 sub I 2), daß der von ihm angegebene Tatbestand „insbesondere" als ein Fall des Hauptbegriffs zu betrachten sei, sondern daß er „auch" als ein solcher Fall aufgefaßt werden müsse. Damit wird das Beispiel nicht als ein für den Hauptfall „besonders" charakteristisches im Interesse dieses Hauptfalles eingeführt, dessen Anwendbarkeit auf andere Tatbestände also an diesem Beispiele mehr oder weniger zuverlässig gemessen werden kann; vielmehr scheint es des Gesetzgebers Absicht gewesen zu sein, den Sonderfall um seiner selbst willen, wegen des in ihm angegebenen Tatbestandes, hervorzuheben.

3. Wenn das eben Gesagte richtig ist, so folgt daraus weiter mehreres:

a) Unser Musterbeispiel gibt uns noch weniger als die beiden anderen ein wirklich brauchbares Hilfsmittel zur Interpretation des Hauptfalles in die Hand; wir müssen uns also, um diese zu erreichen, noch mehr als dort auf die eigenen Füße stellen.

b) Die „grobe Mißhandlung" ist **unbedingt** eine „schwere Pflichtverletzung", die „nicht grobe" hingegen nicht unbedingt.

c) Bei beiden Arten der Mißhandlung ist durch die absolute bezw. nur relative Qualifikation als schwere **Pflichtverletzung** noch nichts über die Qualifikation als **Ehescheidungsgrund** verraten; einen Ehescheidungsgrund geben sie vielmehr erst dann ab, wenn — entsprechend dem Charakter der ‚generalis clausula' des § 1568 als bloß „relativer" Ehescheidungsgrund — außerdem die Mißhandlung die im § 1568 Satz 1 verlangte kausale Bedeutung gehabt hat, die dort näher bezeichnete Zerrüttung des ehelichen Verhältnisses herbeizuführen; in ihrer Eigenschaft als Ehescheidungsgrund kann man somit die „grobe" Mißhandlung einen **absolut-relativen**, die nicht grobe einen bloß **relativ-relativen** Grund bezeichnen. Oder — m. a. W. — das im § 1568 so bedeutsame richterliche Ermessen hat sich, wenn die Mißhandlung eine grobe ist, nur noch auf den angedeuteten Kausalzusammenhang zu erstrecken, wenn sie dagegen eine nicht grobe — nennen wir diese eine „einfache" — ist, vorher noch darauf, ob in casu concreto die Mißhandlung überhaupt als „schwere Pflichtverletzung" erscheinen muß.

d) Das Resultat dieser zuletzt angestellten Erwägung wird z. B. dahin gehen, daß auch der heutige Richter ähnlich wie der landrechtliche [1]) bei

---

[1]) Vgl. ALR. II, 1 § 701: „Wegen geringerer Tätlichkeiten sollen **Eheleute gemeinen Standes** nicht geschieden werden."

Eheleuten aus den unteren Volksschichten die einfache Mißhandlung im allgemeinen garnicht als schwere Pflichtverletzung zu betrachten, mithin die kausale Wirkung einer Ehezerrüttung garnicht nachzuprüfen genötigt sein wird, während er diese Frage im Falle einer wirklich groben Mißhandlung auch bei solchen Eheleuten stets nachprüfen muß.

e) Nicht damit verwechselt werden darf der Umstand, daß auch die Begriffe der groben und der einfachen Mißhandlung ihrerseits Gegenstand des richterlichen Prüfungsrechts und der Prüfungspflicht sind; das ist nicht etwa eine Folge, die sich aus dem Inhalte des § 1568 Satz 1 und aus der relativen Natur seines Scheidungsgrundes ergäbe, sondern eine Folge des Umstandes, daß § 1568 Satz 2 den Ausdruck „grob" unerklärt gelassen und daher der richterlichen Abwägung nach Maßgabe der Begleitumstände des Einzelfalls anheimgestellt hat. — Die Nachprüfung der unter diese Frage gehörigen Details gehört in unser Thema von den „Verschuldensbegriffen" wohl kaum; mindestens würde sie uns allzutief in einen Spezialpunkt führen. Nur das sei bemerkt, daß sich m. E. die Gröblichkeit der Mißhandlung lediglich nach absoluten (objektiven) Gesichtspunkten in einer für alle Ehepaare gleichbleibenden Weise beurteilen läßt, während bezüglich der kausalen Herbeiführung der Zerrüttung allerdings mit verschiedenem Maße gemessen werden darf, so daß Standesanschauungen, Temperament, bisherige Verträglichkeit der Ehegatten u. dgl. sonstige Umstände sehr wohl in die Wagschale gelegt werden können.

4. Zur Erklärung des Begriffes „grobe Mißhandlung" durch das BGB. selber ist wenig zu sagen:

a) Das Wort „Mißhandlung" finden wir nur noch im § 2333 Nr. 2 (oben § 5 sub A II 4) und zwar als „vorsätzliche körperliche Mißhandlung" des Erblassers bezw. seines Ehegatten durch einen Abkömmling. Im § 1568 ist weder gesagt, daß die Mißhandlung eine „vorsätzliche" noch daß sie eine „körperliche" sein muß. Dennoch wird es dem Sprachgefühl widersprechen, auch eine unkörperliche Kränkung — durch Einwirkung auf das Gemüt — unter § 1568 Satz 2 zu stellen[1]) und ebensowenig wird man von dem Vorhandensein eines Vorsatzes abstrahieren dürfen; denn man kann sich eine „Mißhandlung" — zum Unterschiede von der „Körperverletzung" des Strafrechts[2]) — nicht gut als etwas Fahrlässiges oder gar als etwas rein Zufälliges vorstellen; im Worte selber dürfte vielmehr die Idee des bewußten (vorsätzlichen)[3]) „mis-Handelns"[4]) liegen.

b) Das Wort „grob" begegnet noch als Epitheton zu folgenden Begriffen:

α) zu „Undank" in § 530 Abs. I (oben § 23);[5])

β) zu „Pflichtverletzung" in den oben § 19 sub I 3 schon erwähnten §§ 27 Abs. II Satz 2, 712 Abs. I und 2227 Abs. I.

---

[1]) Daß diese Einwirkung auf das Gemüt nach dem allgemeinen Tatbestande in Satz 1 des § 1568 sehr wohl eine „schwere Verfehlung" und einen Ehescheidungsgrund bilden kann, ist eine ganz andere, hierher nicht gehörige Frage.

[2]) Vgl. Strafgesetzbuch §§ 223 ff.

[3]) bezw. absichtlichen; vgl. über diesen Unterschied, der hier gleichfalls nicht interessiert, weiter unten § 56.

[4]) Einschließlich natürlich eines Unterlassens (z. B. der Verabfolgung von Speise und Trank oder des Heizens der Wohnung).

[5]) Uebrigens bietet § 530 ebenso wie § 1568 gleichzeitig auch den Begriff „schwer" (Verfehlung); vgl. unten sub d.

γ) zu „Fahrlässigkeit" in den 16 Stellen, welche oben § 6 sub I und § 5 sub B I aufgeführt worden sind.

c) Auch dies Wort wird, da uns das BGB. zu seiner Deutung nirgends einen näheren Anhalt bietet, ebenso wie das Wort „Mißhandlung", lediglich aus sich selbst interpretiert werden müssen und wir werden in der „groben" Mißhandlung diejenigen zu erblicken haben, welche durch ihre Stärke oder durch die angewendeten Mittel einen erheblicheren Grad einnimmt, eine höhere Stufe erreicht. Die Mißhandlung muß also besonders „stark", besonders „schwer"[1]) erscheinen.

d) Es wird also aus dem Wechsel der Ausdrücke „grob" und „schwer" innerhalb des § 1568 — der ebenso innerhalb des § 530 Abs. I, oben sub b α stattfindet — eine besondere Folgerung nicht zu ziehen sein.

5. Das bisher Bemerkte wird durch die Entstehungsgeschichte der Norm[2]) und durch die Materialien[3]) im wesentlichen bestätigt.

a) Schon E. I § 1444 Abs. I exemplifizierte wegen des auch dort bereits lediglich relativen und der Probe auf erhebliche Zerüttung des ehelichen Verhältnisses bedürftigen Scheidungsgrundes einer schweren Verletzung der ehelichen Pflichten auf die Mißhandlung; ein Unterschied gegenüber dem jetzigen § 1568 lag jedoch einmal darin, daß E. I a. a. O. von „schwerer" Mißhandlung redete, und zweitens darin, daß er das Musterbeispiel mit der Wendung „insbesondere" einführte.

b) Mot. IV S. 596 bemerken dazu, daß die schweren Mißhandlungen im Entwurf „mit Rücksicht auf das bestehende Recht und auf die praktische Wichtigkeit als besonders bezeichnende Fälle" hervorgehoben seien, und sagen weiter: „Selbstverständlich ist dadurch nicht ausgeschlossen, daß unter Umständen die Scheidung nach Maßgabe des § 1444 auch wegen einer nicht schweren Mißhandlung . . . zulässig sein kann".

c) Prot. IV Nr. 293 S. 413 sub b gehen auf die Betrachtung unseres Musterbeispiels nicht weiter ein, sondern lehnen nur einen anderen Antrag (Nr. 11 c S. 408) ab, der nur die „fortgesetzte" und „gesundheitsgefährliche" Mißhandlung als Beispiel der eventuellen Ehezerrüttung ins Gesetz eingestellt wissen wollte.

d) Die Reichstagsvorlage (§ 1551) hatte im Gegensatz zu E. I und E. II (§ 1463) das „insbesondere" bereits in ein „auch" und die „schwere" Mißhandlung in eine „grobe" umgewandelt.

e) Die Reichstagskommission[4]) äußerte sich zu unserer Angelegenheit mehrfach:

α) Zum jetzigen § 1566 (§ 1549 der Reichstagsvorlage) war (S. 196) beantragt gewesen, als Scheidungsgrund neben dem „Trachten nach dem Leben" auch eine das Leben gefährdende Behandlung und die grobe Mißhandlung aufzunehmen; dem gegenüber wurde,

---

[1]) Dies „schwer" ist aber nicht etwa nur im Sinne der „schweren Körperverletzung" des StGB. §§ 227 Abs. I (§ 224), 229 Abs. II — vgl. §§ 232 Abs. I und 233 („leichte Körperverletzung") — zu verstehen; vgl. auch unten sub 6 b.

[2]) Sie wird im nachstehenden nur soweit geschildert werden, als sie die Worte „grobe Mißhandlung" betrifft, nicht dagegen, was gleichzeitige Versuche anlangt, auch die Beleidigungen, Verleumdungen, Bedrohungen usw. in die Exemplifikation hineinzuziehen.

[3]) Die Denkschrift (S. 314) bietet nichts Hervorhebenswertes; höchstens, daß sie (S. 315) bereits von „grober" Mißhandlung spricht. Vgl. dazu Reichstagskommissionsbericht S. 205, Zweite Beratung S. 590, 598 f., 601 f.

[4]) Vgl. auch daselbst S. 191 a. f.

was letzteren Punkt betrifft, entgegnet: „es sei richtiger, die grobe Mißhandlung nicht als absoluten Scheidungsgrund aufzunehmen, sondern als relativen Scheidungsgrund, insoweit sie nämlich den Anforderungen des § 1551 entspreche. Dort sei sie deshalb auch erwähnt; denn der Grad der groben (S. 197) Mißhandlung und die Umstände, unter denen sie vorkomme, könnten sehr verschiedene sein. Es gebe eine Masse von groben Mißhandlungen, die entfernt nicht dem Trachten nach dem Leben gleich zu stellen seien; auch kämen grobe Mißhandlungen unter Umständen vor, unter denen sie nicht einmal den Anforderungen des § 1551 entsprächen".

β) Zum jetzigen § 1568 (§ 1551 der Reichstagsvorlage) wurde trotz eines auf Streichung gerichteten Gegenwunsches (S. 204) der Antrag angenommen (S. 204/5), als zweiten Satz die Worte zuzufügen: „Als schwere Verletzung der Pflichten gilt auch grobe Mißhandlung". Es geschah dies, um (S. 204) „Zweifel[1]) auszuschließen und weil nach bisherigen Erfahrungen Mißhandlungen sehr häufig zu Klagen auf Scheidung Veranlassung geben". Der zweite Satz „solle natürlich nicht besagen, daß jede grobe Mißhandlung die Scheidung rechtfertige: es (S. 205) müssen, wenn die Scheidung gerechtfertigt sein solle, in bezug auf solche die allgemeinen Voraussetzungen des Satz 1 zutreffen, was bei groben Mißhandlungen, die aus Jähzorn, in Uebereilung u. ä. begangen seien, durchaus nicht immer der Fall ist".

f) Bei der zweiten Beratung im Reichstage fielen mehrere einschlägige Bemerkungen:

α) Der Abgeordnete Munckel begründete den auf Streichung des Wortes „grobe" gerichteten Antrag Lenzmann (Nr. 472 ad 1) damit, daß (S. 590) durch Hervorhebung der groben Mißhandlung „jedenfalls die einfache Mißhandlung unter allen Umständen ausgeschlossen" würde, und ferner (S. 591) damit, „daß auch eine leichte Tätlichkeit unter Umständen, einer Frau gegenüber verübt, eine so tiefe Mißstimmung verursachen kann, daß die Frau, die dergleichen von ihrem für gebildet und anständig geachteten Gemahl nicht erwartet, fortan einen tiefen Widerwillen gegen ihn empfindet".

β) Der Abgeordnete Bebel bemerkte (S. 597 f.): „Grobe Mißhandlung soll unter anderm entscheiden, damit eine Ehescheidung möglich ist. Was ist grobe Mißhandlung? Ich gebe zu, das wird in einer ganzen Reihe von Fällen außerordentlich leicht zu entscheiden sein, in einer anderen Reihe von Fällen aber sehr schwer, denn da kommt es außerordentlich auf die individuelle Auffassung des Richters an. Der Richter wird aber in seiner individuellen Auffassung nur gar zu leicht geneigt sein, nicht an die Klagenden ihren individuellen Maßstab anzulegen, sondern er wird nur gar zu geneigt sein, daran seinen eigenen sozialen Standpunkt anzulegen (sic!), die Auffassung der sozialen Schicht, der er angehört und die diese in bezug auf diejenigen haben (sic!), denen die auf die Ehescheidung Klagenden

---

[1]) Ueber die Richtungen, in welchen man die Zweifel für möglich erachtete, vgl. genauer a. a. O.

angehören. Er wird z. B. geneigt sein, ein ganz bedeutendes Maß von Mißhandlungen, wenn es sich um eine Ehe aus der Arbeiterklasse handelt, nicht als ein solches Maß von Mißhandlungen zu betrachten, daß man es als grobe Mißhandlung ansehen könne, während er, wenn es sich um einen Mann oder eine Frau aus einer anderen höheren Klasse handelt, leicht geneigt ist, dieselbe Sache anders zu beurteilen, obgleich ich mir leicht vorstellen kann, daß der klagende Teil aus dem Arbeiterstande in bezug auf sein Ehrgefühl einen weit höheren Standpunkt einnimmt als der klagende Teil aus einem höheren Stande."

γ) Weiterhin (S. 598 f.) wendet der Abgeordnete Bebel ein: daß „eine grobe Mißhandlung im Affekt begangen" wird, sei „bei weitem nicht so schlimm, wie die permanente moralische Tortur, die in einem Eheverhältnis Tag für Tag an Dutzenden und Hunderten der kleinsten und unbedeutendsten Dinge sich immer wiederholt und die denjenigen, der dieser Tortur ausgesetzt ist, zur Verzweiflung treibt, ihn dem Wahnsinn nahe bringt". — (S. 599) „Dasselbe ist mit fortgesetzter roher Behandlung der Fall, die gar nicht einmal in eigentliche Mißhandlung auszuarten braucht, nein, die nur . . . in schlechten Redensarten zu bestehen braucht . . ., die fortgesetzt das bessere Gefühl des anderen Teils verletzen — eine grobe Mißhandlung liegt da nicht vor, kein einziger Akt, aus dem eine grobe Mißhandlung abgeleitet werden könnte, — und doch" rechtfertigten „jene sogenannten Nadelstiche" nach der Vorlage die Scheidungsklage nicht.

δ) Ferner bemerkte der Abgeordnete von Mandry (S. 602) bezüglich des Antrags Lenzmann: „Es ist nicht zu bezweifeln, daß auch Mißhandlungen, die nicht grobe Mißhandlungen sind, . . . Verletzungen der Pflichten sein können, wie sie im § 1551 gemeint sind; aber es kann nicht zugegeben werden, daß sie unter allen Umständen schwere Verletzungen solcher Pflichten sind." — „Es ist ferner nicht zu beanstanden, daß auf Grund nicht bloß grober Mißhandlungen sondern anderer Mißhandlungen . . . die Scheidung nach § 1551 erfolgen kann", wenn sie „nämlich einmal . . . nach der Gestaltung des konkreten Verhältnisses als schwere Pflichtverletzungen erscheinen, und wenn sie daneben so zerrüttend auf die Ehe eingewirkt haben, daß dem anderen Ehegatten die Fortsetzung der Ehe nicht zugemutet werden kann. In dieser Richtung bin ich also mit den Ausführungen, die der Herr Abgeordnete Munckel gegeben hat, einverstanden, nur nicht in der Richtung, daß die Mißhandlungen . . . von vornherein als schwere Verletzungen der Pflicht erklärt werden".

ε) Die Beratung endete damit, daß (S. 605) der Antrag Lenzmann abgelehnt und der Kommissionsvorschlag zu § 1551 angenommen wurde.

g) Eine Bestätigung unserer Ausführungen sub 1—4 enthalten diese Aeußerungen der Materialien namentlich bezüglich folgender Punkte: Einführung des Beispiels um seiner selbst willen (vgl. 2 b mit 5 e β); eventuelle Subsumierbarkeit[1]) der einfachen Mißhandlung unter die

[1]) Der Leugnung dieser Einbeziehung durch den Abgeordneten Munckel (5 f α) steht die richtigere Auffassung durch den Abgeordneten von Mandry (5 f δ) gegenüber, so daß es irrig war, wenn letzterer eine Harmonie mit der Munckelschen Auffassung annahm.

„schweren Pflichtverletzungen“ und damit unter die relativen Scheidungsgründe (vgl. 3 b mit 5 b und 5 f δ); aber auch Qualifikation der „groben“ Mißhandlung lediglich als relativer Scheidungsgrund (vgl. 3 c mit 5 e α); Ausschließung der bloßen Gemütsverletzung aus der groben „Mißhandlung“ (vgl. 4 a mit 5 f γ); mangelnde Bestimmtheit des Begriffes „grobe Mißhandlung“ (vgl. 4 c mit 5 f β). — Dagegen verraten uns die Materialien nichts über die Gründe für den Wechsel der Ausdrucksweise „auch“ statt „insbesondere“ und „grobe“ Mißhandlung statt „schwere“ (vgl. 2 b mit 5 d), wogegen sie andererseits (5 c) richtig erkennen lassen, daß die Mißhandlung nicht eine fortgesetzte oder gesundheitsgefährliche sein müsse. — In Widerspruch tritt unsere Auffassung jedoch mit derjenigen des Abgeordneten Bebel über die Würdigung der sozialen Stellung des Ehepaars durch den Richter (vgl. 3 e mit 5 f β); aber dieser Widerspruch wird zu Gunsten unserer Auffassung geschlichtet werden müssen, weil der Abgeordnete Bebel die Eigenschaft der groben Mißhandlung als Fall der schweren Verfehlung mit der bloß indirekten Bedeutung der groben Mißhandlung als Ehescheidungsgrund verwechselt hat (vgl. 5 f γ).

6. Auch die Literatur[1]) zu § 1568,[2]) soweit sie sich überhaupt betreffs der hier besprochenen Fragen äußert,[3]) ist im wesentlichen zu unsern Gunsten zu verwerten.

a) Es erhellt dies im einzelnen:

α) wegen der absoluten Bedeutung der groben Mißhandlung als schwere Pflichtverletzung[4]) und wegen ihrer bloß relativen Bedeutung als Ehescheidungsgrund, sowie wegen der relativen Bedeutung der leichten Mißhandlung als schwere Pflichtverletzung: aus einzelnen Bemerkungen von Albrecht[5]), Davidson[6]), Th. Engelmann[7]), Erler[8]), Fischer-Henle[9]), Hollweck[10]), F. Kohler[11]), Landé[12]), Landsberg[13]), Neumann[14]), Planck[15]) und Weyl[16]);

---

[1]) Referierende Bemerkungen über die Literatur zu § 1568 insbes. bei Neumann, Jahrb. I 2 S. 66 f.

[2]) Aus der — wegen der Veränderungen des Wortlautes der Norm nicht mehr ganz stichhaltigen — älteren Literatur aus der Zeit der Entwürfe vgl. z. B. Hubrich, Das Recht der Ehescheidung in Deutschland, Berlin 1891 (insbes. S. 234 f.).

[3]) Nichts hier Erwähnenswertes findet sich z. B. bei Cosack (II § 289 S. 486), Endemann (II § 166 S. 681 sub 2), Jacobi, persönliches Eherecht (2. Aufl., 1899, S. 97/98), Kipp (III S. 1 Anm. 1), Krückmann (S. 444/445), Kuhlenbeck (BGB. II S. 556), Matthiaß (II § 97 S. 311 sub b), Opet (S. 398 ff.), Achilles (S. 581 Anm. 4); ferner z. B. bei Mayer und Reis, Grundzüge des Familien- und Erbrechts, Stuttgart 1899 (S. 11) und bei Rocholl, Das Eherecht des BGB., Berlin 1900 (S. 316 f.).

[4]) Ein böser Fehler ist es, daß Fränkel, Familienrecht, Hannover 1898, S. 94 Anm. 2 die grobe Mißhandlung als gesetzliches Beispiel des „ehrlosen und unsittlichen Verhaltens“ erscheinen läßt.

[5]) Albrecht, Die Ehescheidungsgründe des deutschen bürgerlichen Rechts, Erlanger Diss., Deggendorf 1902, S. 51.

[6]) Davidson, Das Recht der Ehescheidung des BGB., Berlin 1900, S. 66.

[7]) Engelmann, Th., in von Staudingers Kommentar IV S. 533 sub 2 a.

[8]) Erler, Ehescheidungsrecht und Ehescheidungsprozeß, 2. Aufl., Berlin 1900, S. 114.

[9]) Fischer-Henle S. 794 Anm. 5.

[10]) Hollweck, Das Zivileherecht des BGB., Mainz 1900, S. 223.

[11]) F. Kohler, Eherecht des BGB., Stuttgart 1898, S. 45.

[12]) Landé S. 401 Anm. 3.

[13]) Landsberg Bd. II S. 874 oben.

[14]) Neumann, Handausgabe II S. 866 sub γ.

[15]) Planck IV S. 321.

[16]) Weyl, Vorträge II S. 239.

β) wegen des Ausschlusses[1]) bloßer Einwirkungen auf das Gemüt[2]): aus Bemerkungen von Dernburg[3]), Engelmann[4]) und Schmidt[5]);

γ) wegen des Zweckes des Satz 2, Zweifel auszuschließen: aus Bemerkungen von Engelmann[6]), Enneccerus-Lehmann[7]) und Schmidt[8]);

δ) wegen der Unmöglichkeit einer allgemeinen Begriffsbestimmung für die „grobe Mißhandlung": aus einer Bemerkung von Schmidt[9]), der auch einige Kriterien angibt.[10])

b) Billigenswert erscheint mir auch der Erklärungsversuch bei Albrecht, Fischer-Henle und Schmidt[11]) für die Umwandlung des Epitheton „schwer" in „grob", daß nämlich einer Verwechselung mit dem technischen Begriff der „schweren Körperverletzung" im StGB.[12]) vorgebeugt werden sollte; eine Erklärung für die Umwandlung des „insbesondere" in ein „auch" habe ich jedoch nirgends gefunden.

c) Widersprechen muß ich nur einigen Bemerkungen bei Schmidt und bei Kuhlenbeck, sowie vor allem bei Davidson:

α) Schmidt S. 26 Anm. 2 sagt: „Eine „grobe" Mißhandlung" muß stets vorliegen; andernfalls ist die Scheidung ausgeschlossen. Weil sich aber der Begriff „grobe Mißhandlung" nur nach den Umständen des Einzelfalls feststellen läßt, ist es möglich ....[13],) daß eine Mißhandlung, die in einem anderen Falle eine nicht grobe sein würde, in dem zur Entscheidung stehenden Falle als grobe Mißhandlung und deshalb als hinreichender Scheidungsgrund angesehen werden muß." — So richtig diese Bemerkung sein würde, wenn sie nicht von der „groben Mißhandlung",

---

[1]) Irrigerweise rechnet Hollweck a. a. O. „schwere Verleumdung und Ehrenkränkung" unter die grobe Mißhandlung.

[2]) Daß Lebens- oder Gesundheitsgefährdung bezw. fortgesetzte Mißhandlung nicht erforderlich seien, betonen z. B. Albrecht a. a. O., Davidson S. 65, Erler a. a. O., Kohler a. a. O., Landé a. a. O., Schmidt (unten Anm. 5) S. 24/25, Dernburg IV S. 83 Anm. 28.

[3]) Dernburg IV § 26 S. 83 (im Anschluß an Schmidt).

[4]) Engelmann a. a. O. (oben S. 239 Anm. 7).

[5]) Schmidt, Arthur Benno, in der Schrift: Ehescheidung und richterliches Ermessen (Sonderabdruck aus der Giessener Festgabe für Dernburg, Berlin 1900 S. 349—395) S. 25.

[6]) Engelmann a. a. O.

[7]) Enneccerus-Lehmann II § 196 S. 498 Anm. 2: „lediglich um einer zu engen Auslegung entgegenzutreten, nicht etwa um das Mindestmaß von Verfehlung anzugeben, um dessentwillen Scheidung verlangt werden kann".

[8]) Schmidt a. a. O. S. 25 (vgl. auch S. 24, daß der Zusatz, genau genommen, überflüssig sei). Ungenau Erler S. 114, der Schlußsatz sei nicht etwa zugefügt, „weil man es für zweifelhaft gehalten hat, ob grobe Mißhandlung einen Scheidungsgrund im Sinne des § 1568 abgeben könne, sondern um einen wichtigen und bezeichnenden Fall beispielsweise hervorzuheben".

[9]) Schmidt a. a. O S. 25.

[10]) Schmidt a. a. O. S. 27 nennt „die Stärke der Mißhandlung" und die „Verwendung eines Werkzeugs (z. B. einer Peitsche)", außerdem aber auch (vgl. unten sub c α) „die Roheit, mit der sie ausgeführt wurde" und „die Verhältnisse, unter denen sie erfolgte (z. B. Oeffentlichkeit)".

[11]) Albrecht a. a. O. S. 50, Fischer-Henle a. a. O. und Schmidt a. a. O. S. 25.

[12]) Vgl. oben S. 236 Anm. 1.

[13]) Wenn sich Schmidt hier auf seine Bemerkungen im Text und zu diesem in Anm. a. a. O. auf Planck (a. a. O.) und auf meine Vorträge (a. a. O.) beruft, so ist zu sagen, daß Planck und ich a. a. O. nicht die „grobe Mißhandlung", sondern die „schwere Pflichtverletzung" besprechen.

sondern von der „schweren Pflichtverletzung" handelte und letzterer den variabeln Charakter zuspräche, je nach der Lage des Einzelfalls bald hinreichender Scheidungsgrund zu sein, bald nicht; und so sehr ich die Bemerkung billigen würde, wenn sie gleiches von der leichten Mißhandlung sagen würde: so wenig kann ich eine solche nach Lage des Einzelfalls variable Natur der „groben" Mißhandlung zugeben [1]); ich glaube vielmehr, diese lediglich nach objektiven Momenten ganz generell abmessen zu dürfen, und gebe nur zu, daß durch den weiteren Umstand, daß nicht jedwede „schwere Pflichtverletzung" ohne weiteres einen Scheidungsgrund ausmacht (§ 1568 Satz 1), im Effekt [2]) die von Schmidt angenommene Berücksichtigung der Lage des Einzelfalls allerdings mittelbar auch wegen der „groben Mißhandlung" zulässig und erforderlich gemacht worden ist. Und daß dann ebensogut eine nicht grobe Mißhandlung, mit demselben Maße gemessen, wegen der Elastizität des Ausdrucks „schwere Pflichtverletzung" nach Lage der Begleitumstände einen Scheidungsgrund abgeben kann, unterliegt mir ebenfalls keinem Zweifel. Daher möchte ich auch von den bei Schmidt S. 27 angegebenen „Kriterien" das eine — nämlich „die Verhältnisse, unter denen die Mißhandlung erfolgte, z. B. die Oeffentlichkeit — unter Umständen, etwa bei Eheleuten der besseren Stände, ebensogut für Fälle leichter Mißhandlung als ausreichend betrachten, um daraus eine schwere Pflichtverletzung und daraus einen Scheidungsgrund zu folgern; und „die Roheit, mit der sie ausgeführt wurde" (Schmidt ebenda) scheint mir ein geeignetes Beispiel für „grobe" Mißhandlung nur dann zu sein, wenn man dabei, wie es Schmidt wohl auch tut, an die Roheit des objektiven Ausführungsmodus, nicht an die Roheit der Gesinnung des Täters denken soll; ferner würde auch der „Gesundheitszustand des mißhandelten Teils", auf den Schmidt S. 26 oben exemplifiziert, m. E. besser unter die objektiven Kriterien (S. 27) zu stellen sein.

β) Kuhlenbeck sagt Bd. III S. 55 f.: „Wertvoll ist dieses Beispiel nur deshalb, weil daraus hervorgeht, daß nicht mehrere Pflichten verletzt zu sein brauchen, sondern daß auch schon die schwere Verletzung einer einzigen Pflicht unter Umständen genügt; keineswegs aber soll damit das Mindestmaß von relativer Verschuldung angedeutet werden, um dessentwillen Scheidung beansprucht werden kann. Die grobe Mißhandlung braucht keine körperliche zu sein, es sind geistige Mißhandlungen, fortgesetzte Quälereien, schwere Beleidigungen, Schikanen, unbegründete Eifersüchteleien denkbar, die das Leben unerträglicher machen als körperliche Angriffe." Gegenüber diesen Bemerkungen verweise ich, was den zweiten Satz betrifft, auf das oben sub 4 a, 5 f γ und 6 a β Ausgeführte; was den Anfang des ersten Satzes betrifft, so muß ich gestehen, daß mir Sinn und Tragweite der Behauptung unklar geblieben sind.

---

[1]) Gegen Schmidt übrigens auch Engelmann a. a. O.

[2]) Darum kann es sich die forensische Praxis bequem machen, indem sie in beliebter Manier erklärt, es dürfe „dahingestellt bleiben", ob die Mißhandlung eine grobe oder leichte sei, da sie in casu concreto jedenfalls eine „schwere Pflichtverletzung" enthalte.

γ) Wenn Davidson S. 65 meint:[1]) „Als grobe Mißhandlung muß eine solche angesehen werden, welche infolge der darin zutage tretenden Lieblosigkeit und Feindseligkeit einen gänzlichen Mangel an ehelicher Gesinnung auf seiten des Täters erkennen läßt oder doch die eheliche Gesinnung in dem anderen Teile dauernd zu zerstören geeignet ist," so liegt in dieser Auffassung eine schlimme Durcheinanderwerfung des objektiven Begriffes „grobe Mißhandlung" mit seiner relativen Bedeutung als schwere Verletzung der durch die Ehe begründeten Pflichten und mit der relativen Bedeutung dieser Pflichtverletzung als Scheidungsgrund. — Wenn er weiter S. 66 sagt: „Auch eine leichte Körperverletzung (§ 223 StGB.) kann sich demgemäß als eine „grobe" darstellen" und eine solche werde „z. B. vorliegen, wenn der Mann seiner Frau mit der geballten Faust heftige Schläge auf den Kopf versetzt,[2]) ihr den Hals würgt oder sie mit einer Peitsche mißhandelt", so kann ich diese Fälle als Beispiele einer leichten Körperverletzung im Gegensatze zu der groben des § 1568 Satz 2 nicht anerkennen, und müßte, wenn Davidson den Begriff, wie die Klammer andeutet, hier im strafrechtlichen Sinne aufgefaßt wissen will, mein Erstaunen aussprechen, daß er an dieser Stelle strafrechtliche Terminologie heranzieht, während er S. 65 ausdrücklich betreffs der „groben" Mißhandlung die Erklärung im Sinne des Strafrechts (der schweren Körperverletzung; vgl. oben sub 6 b) ablehnt. — Und wenn er endlich ebenda (S. 66) fortfährt: „Andererseits ist eine einzelne sogar objektiv lebens- oder gesundheitsgefährliche Mißhandlung, im Zustande äußersten Affektes geschehen, keine „grobe" im Sinne des Gesetzes, weil sie weder einen gänzlichen Mangel an ehelicher Gesinnung bekundet, noch einen solchen bei dem Verletzten zu bewirken geeignet erscheint," so liegt dieser Bemerkung die gleiche Begriffsverwirrung zu Grunde, wie der vorher gerügten Bemerkung Davidsons S. 65.

7. Die Judikatur zum zweiten Satze des § 1568 ist noch dürftig. Zu nennen ist zunächst ein Erkenntnis des Reichsgerichts vom 9. Oktober 1900,[3]) welches folgendes bemerkt:[4]) Das Gesetz erwähne die grobe Mißhandlung nur, „um ihre Würdigung als schwere Verletzung vorzuschreiben, und nicht in der Absicht, andern Mißhandlungen, die ihrer objektiven Beschaffenheit nach nicht als grobe gelten können, den Charakter schwerer Verletzung ehelicher Pflichten ein für alle Mal abzusprechen. Das ergibt sich ebenso aus dem Wortlaut des Gesetzes als aus seinen Motiven".[5]) Ein anderes Erkenntnis des Reichs-

[1]) Er nimmt dabei Bezug auf eine in Seufferts Archiv 24 Nr. 121 S. 189 abgedruckte Entscheidung; doch stammt diese erstens aus dem Jahre 1868, paßt also nicht mehr ohne weiteres zum BGB., und zweitens besagt sie garnicht gerade das von Davidson Behauptete.

[2]) Daß hierin eine „grobe" Mißhandlung zu erblicken sei, bestätigt auch ein Erkenntnis des OLG. Dresden vom 1. März 1902 („Recht" VI S. 209 Nr. 983, Warneyer I S. 171 sub 3 c, Scherer III S. 365/366 sub VI); ebenso heftige Ohrfeigen im Gegensatze zu bloßen „Backenstreichen" (vgl. ebenda).

[3]) Abgedruckt in den Entscheidungen in Zivilsachen Bd. 47 (1901) Nr. 10 S. 31 ff. (III 182/00) und auch in der Jurist. Wochenschr. 29 (1900) Nr. 82/85 S. 741 (vgl. auch Warneyer I S. 171 sub 3 b, Juristen-Zeitung VI (1901) Nr. 1 S. 27, Fischer-Henle S. 794 Anm. 5, Scherer I S. 123 III.

[4]) a. a. O. S. 32/33.

[5]) Weiter wird hervorgehoben, es könne (vgl. oben S. 240 Anm. 2) eine schwere Verletzung der ehelichen Pflichten auch in solchen Mißhandlungen gefunden werden, welche

gerichts vom 17. März 1904 [1]) meint, eine Mißhandlung könne sich dadurch „als grobe kennzeichnen, daß sie unter Umständen [2]) vorgenommen wird, welche den Verletzten durch die ihm zu teil gewordene Behandlung besonders tief heruntersetzen, möchten auch die objektiven Folgen im übrigen nicht erhebliche sein".

II. Die unter I besprochene „grobe Mißhandlung" interessierte uns zwar auch um ihrer selbst willen; den Ausgangspunkt bildete aber ihre Eigenschaft als Musterbeispiel der „schweren Pflichtverletzung". In dieser Hinsicht mußten wir aber bereits (sub I 3 a) feststellen, daß das Beispiel uns zur Erklärung der „schweren Pflichtverletzung" von sehr geringem Nutzen ist. Wir müssen diesem Begriffe daher auf anderem Wege näher zu kommen suchen, um vielleicht so auch schon für die Frage nach der Bedeutung der Pflichtverletzung im BGB. überhaupt (vgl. oben § 19) Anhalt zu gewinnen.

1. § 1568 Satz 1 handelt nicht sowohl von einer Pflichtverletzung schlechthin, als vielmehr von „Verletzung der durch die Ehe begründeten Pflichten,[3]) und dieser Spezialisierung entspricht es, daß die Pflichtverletzung nur dann einen Ehescheidungsgrund bildet, wenn durch sie „eine so tiefe Zerrüttung des ehelichen Verhältnisses verschuldet" wurde, daß dem andern Ehegatten „die Fortsetzung der Ehe nicht zugemutet werden kann". Man sieht also, daß offenbar ein nachhaltig wirksamer Verstoß gegen das Wesen der Ehe und das diesem entsprechende Verhalten der Eheleute vorgelegen haben muß, und darum wird als die im § 1568 Satz 1 gemeinte Pflichtverletzung alles in Betracht kommen, was gegen die Idee des § 1353 Abs. I verstößt, wonach „die Ehegatten einander zur ehelichen Lebensgemeinschaft verpflichtet" sind; nur was gegen diese weitgefaßte „Verpflichtung" verstößt, nur das, aber auch alles das, ist eine „Pflichtverletzung" im Sinne des § 1568 Satz 1.

2. Diese Pflichtverletzung muß zugleich eine „schwere" sein. Dadurch wird zwar die unendliche Fülle der Anwendungsfälle des sub 1 besprochenen Prinzips nicht unerheblich eingeschränkt, eine brauchbare Direktive zur Interpretation des Begriffes „Pflichtverletzung" gewährt aber der Zusatz keineswegs. Denn das Wort „schwer" ist hierfür allzu unbestimmt und unfest.

a) Im Gesetzbuch begegnet „schwer" in Verbindung mit „Pflichtverletzung" nirgends weiter und in anderen Verbindungen nur noch zweimal, nämlich zusammen mit „Verfehlung" in § 530 Abs. I[4]) (oben § 17 sub I) und zusammen mit „vorsätzlichem Vergehen" in § 2333 Nr. 3 (ebenda sub II 1 b); auch hier läßt sich aber das Wort nicht fest abgrenzen, die Schwere der Verfehlung oder des Vergehens zu bejahen oder zu leugnen ist vielmehr — wie auch die dürftigen Bemerkungen[5])

an sich nicht als lebens- und gesundheitsgefährliche erscheinen. Ferner wird als Beispiel eine Mißhandlung erwähnt (S. 33), welche die Klägerin kurz vor ihrer Niederkunft erlitten habe (haben wolle); dies Beispiel paßt unter die oben sub 3 e hervorgehobenen Begleitumstände.

[1]) Abgedruckt (als IV 539/03) in der Jurist. Wochenschr. Jahrg. 33 (1904) S. 204; vgl. auch „Recht" VIII (1904) Nr. 10 S. 283 (Nr. 1285).

[2]) Vorliegenden Falles im Beisein des Dienstboten.

[3]) Beispiele dieser Pflichten u. A. bei Davidson S. 61 ff.

[4]) Hier findet sich übrigens auch gerade wie im § 1568 gleichzeitig das Wort „grob" (Undank); vgl. oben sub I 4 b α.

[5]) Keinerlei Aeußerungen zum Begriffe „schwer" finden wir (wegen der wesentlich anderen Fassung der entsprechenden §§ 449 und 2001 des E. I) in den Motiven (II S. 302 f. und V S. 430 ff.); in der Literatur bleibt der Begriff unerörtert z. B. bei Cosack (I § 139 S. 502 und II § 412 S. 861, wo sub a $\gamma\gamma$ ungenau von schwerer vorsätzlicher „Straftat" die Rede ist), Engelmann (S. 307, 795), Enneccerus-Lehmann (I § 258 S. 630 und II § 342 S. 865), Kipp (II § 367 S. 522 und III § 593 S. 408), Kuhlenbeck (BGB. II S. 554 f.); ferner z. B. zu § 530 bei Weyl, Vorträge I S. 424 und z. B. bei Schreiber, Widerruf der Schenkung, Rostocker Diss. 1903, S. 54 ff.; zu § 2333 bei Boehm, Erbrecht S. 472.

der Materialien[1]) und der Literatur[2])[3]) zu §§ 530 Abs. I und 2333 Nr. 3 bestätigen — Sache des uneingeschränktesten richterlichen Ermessens, wobei insbesondere zu § 530 allerdings die im I. Entwurf (§ 449) und in den älteren Rechtsquellen aufgezählten Beispiele einen Wink zu geben vermögen. — Uebrigens sei gleich hier festgestellt, daß weder das Gesetz noch die Materialien oder die Literatur einen Anhalt in der Richtung bieten, dem Ausdrucke „schwere Verfehlung" oder „schweres Vergehen" in unmittelbare[4]) Verbindung mit der für unser Thema interessierenden Frage nach einem „Verschulden" zu bringen.[5])[6])

b) Auch die Bemerkungen, welche sich in den Materialien und in der Literatur zu § 1568 Satz 1 finden, sind zu dem Ausdruck „schwer" mehr als dürftig ausgefallen. Abgesehen davon, daß dieser Ausdruck schon in E. I § 1444 Abs. I vorgelegen hatte,[7]) und abgesehen davon, daß wir eine Fülle von Beispielen[8]) — zum Teil im Anschluß an die Kasuistik älterer Gesetzgebungen — aufgezählt[9]) bezw. diskutiert finden,[10])

---

[1]) Vgl. Prot. Bd. II Nr. 97 IX S. 35 f. und Bd. V Nr. 376 VIII S. 553 sub 2 b 3, S. 558, 560.

[2]) Vgl. Endemann I § 166 S. 1036 sub 3 und III § 134 S. 618 sub 3, Matthiaß I § 112 S. 537 und II § 161 S. 520, Neumann, Handausgabe I S. 246 Anm. 1 und 2, Planck II S. 293 und V S. 614 (3 c), Fischer-Henle S. 272 Anm. 3 und S. 1182 Anm. 4 (hier sehr im Anschluß an Prot. V S. 560, vgl. unten Anm. 5), Achilles S. 200 und S. 825 Anm. 4. Ferner zu § 530: Crome II § 233 S. 526, Dernburg II 2 § 209 S. 132, Meisner S. 147, Oertmann S. 251; zu § 2333 Frommhold S. 302 Note 3 b, Weyl II S. 405 Anm. 5. — Beispiele auch bei Müller und Meikel I § 123 S. 430, II § 528 S. 780.

[3]) Judikatur zu unserer Frage ist z. B. bei Warneyer (I und II), Scherer (I—III) und in der Spruchsammlung der Juristen-Zeitung (I—III) noch nicht verzeichnet.

[4]) Wie weit das Moment des Verschuldens beide Male durch den Ausdruck „sich schuldig machen" und speziell in § 2333 auch noch durch die Begriffe „vorsätzliches" Vergehen in den Tatbestand gelangt, ist hier nicht zu erörtern; vgl. vielmehr unten §§ 43 u. 55.

[5]) Wenn Prot. V S. 560 (und ähnlich Fischer-Henle S. 1182 Anm. 4) sagen: „unter einem schweren Vergehen im Sinne dieser Vorschrift sei nicht ein objektiv schweres Vergehen zu verstehen, sondern ein solches Vergehen, welches in concreto unter Berücksichtigung der besonderen Tatumstände als ein schweres anzusehen sei", so ist in dieser leicht mißzuverstehenden Wendung unter einem „objektiv schweren Vergehen" nicht der Gegensatz zu einem solchen gemeint, das ein schweres subjektives Verschulden des Täters dokumentiert, sondern es soll gesagt sein, daß der Begriff kein absoluter, sondern ein nach Lage des Einzelfalles relativer sei.

[6]) Eine ganz andere Frage ist die, ob die Verfehlung des § 530 eine rechtswidrige sein müsse. Während Planck II S. 293 sub 1 a dies annimmt, verneint es Oertmann S. 251 sub 1 (und mit ihm Schreiber a. a. O. S. 57), m. E. mit Recht, da das Gesetz darüber nichts verlauten läßt. Anders liegt die Sache selbstverständlich bei den strafbaren Handlungen des § 2333 Nr. 3 (vgl. auch Mot. V S. 431). Auch hinsichtlich der Frage, ob der „Undank" in § 530 vorsätzlich sein muß, schließe ich mich Oertmann a. a. O. (anders Schreiber a. a. O.) an, der sich dahin äußert: „unterschiedslos wird das wohl nicht behauptet werden können", der dabei aber freilich in seinem Beispiel (der Beschenkte hat sich nicht „vor unabsichtlicher Verletzung des Schenkers besonders in acht genommen", vielmehr „den Ermatteten auf einer anstrengenden Hochtour seinem Schicksal überlassen") „Vorsatz" und „Absicht" durcheinanderwirft (vgl. unten § 56).

[7]) Dies verdient wegen des Wechsels des Epithetons zur „Mißhandlung" (oben sub I 5 d) hervorgehoben zu werden.

[8]) Die Besprechung dieser Beispiele dürfte für die Zwecke unserer Untersuchung entbehrlich sein. Darüber, ob die „bösliche Verlassung" des BGB. § 1567 zugleich unter § 1568 gehöre, vgl. unten § 57.

[9]) Bisweilen übrigens promiscue mit den Beispielen für das „ehrlose und unsittliche Verhalten" (oben § 16 sub VI); so bei Cosack II § 289 S. 486 f., Dernburg IV § 26 S. 82 f., Endemann II § 166 S. 681 Anm. 26, Kuhlenbeck, Von den Pandekten III S. 55 a. E., Weyl, Vortr. II § 235 S. 239/240, Achilles S. 580 Anm. 2.

[10]) Vgl. z. B. Enneccerus-Lehmann II S. 498 Anm. 2, Müller und Meikel II S. 192 f., Fischer-Henle S. 793 Anm. 2, Planck IV S. 321; ferner Albrecht a. a. O.

begegnen wir zum Ausdruck „schwer" nur der richtigen Hervorhebung,[1]) daß die Schwere der Pflichtverletzung an sich objektiv zu bemessen ist (wobei dann noch immer die weitere schon oben sub I 3 c erwähnte Nachprüfung hinzukommt, ob in casu concreto dieser schweren Pflichtverletzung die relative Bedeutung einer die Ehe zerrüttenden Einwirkung beizumessen ist). — Unklar und jedenfalls der Auffassung, daß das Kriterium „schwer" objektiv zu bemessen sei, widersprechend ist freilich die Ansicht von Erler S. 112, daß eine schwere Pflichtverletzung vorliegt, werde „regelmäßig" der Fall sein, „wenn der Ehegatte die betreffende Pflicht unmittelbar und mit einer gänzlichen Mangel an ehelicher Gesinnung bekundenden Rücksichtslosigkeit verletzt".

c) Nicht zustimmen kann ich einer Entsch. des Reichsgerichts vom 24. September 1900,[2]) welche gleichfalls gegen die rein objektive Beurteilung des Begriffes der schweren Pflichtverletzung verstößt, wenn sie meint, ob letztere gegeben ist, „bestimmt sich nach der Belegenheit des einzelnen Falles und unterliegt, auf der Grundlage des sittlichen Wesens der Ehe und der durch dieselbe begründeten rechtlichen Verpflichtungen der Ehegatten zur ehelichen Lebensgemeinschaft miteinander.., bei Inbetrachtziehung der für die Tragweite der geltend gemachten Verfehlungen ins Gewicht fallenden persönlichen Verhältnisse und sonstigen begleitenden Umstände, der Prüfung und Feststellung durch den erkennenden Richter".

3. Was die für unser Thema bedeutsamste Frage betrifft, ob nämlich die „schwere Pflichtverletzung" zugleich ein subjektives Verschulden involviert, so wird die Antwort verneinend lauten müssen. Der Ausdruck selber wenigstens bietet keinen Anhalt, ein Verschulden des Täters anzunehmen, und etwas anderes ist es, daß wir freilich für das Musterbeispiel in § 1568 Satz 2 wegen des dortigen Ausdrucks „Mißhandlung" ein Verschulden (Vorsatz) anerkennen mußten (oben sub I 4 a); etwas anderes ist es auch und wird später (unten § 42) besprochen werden, ob § 1568 Satz 1 als ganze Norm[3]) vom Verschuldensprinzip beherrscht wird.[4]) An dieser Stelle, wo es

S. 47 ff., Schmidt a. a. O. S. 23 f., Davidson S. 61 ff., Erler S. 112, Kohler S. 45. Ueber die Frage, ob geschlechtlicher Verkehr mit dem andern Ehegatten unter Verletzung der Offenbarungspflicht betreffs einer Geschlechtskrankheit hierher zu stellen sei, vgl. (bejahend) Heymann in der Juristen-Zeitung VII Nr. 5 S. 113 (vgl. oben S. 230 Anm 7 a. E.).

[1]) Vgl. Mot. IV S. 596 (unten Anm. 3 sowie Albrecht S. 52 und Davidson S. 57, 71, aber auch bereits Hubrich a. a. O. (oben S. 239 Anm. 2) S. 263 (wo nur Anm. 4 das Zitat aus Mot. IV nicht auf S. 374, sondern auf S. 574 lauten muß).

[2]) Jur. Wochenschr. Jahrg. 29 (1900) S. 726 (IV 151/00).

[3]) Auf die ganze Norm beziehen sich auch die das Moment des Verschuldens konstatierenden Bemerkungen der Mot. IV S. 594 ff. (insb. S. 596: „die objektive Schwere des Scheidungsgrundes und das bei demselben zu tage tretende Maß des subjektiven Verschuldens") und der Literatur, z. B. Dernburg IV S. 82 (vgl. ebenda Anm. 26 sowie S. 83 f. Anm. 31 und 36), Fischer-Henle S. 794 Anm. 4, Cosack II S. 486 in den Beispielen I und II bezw. auch („Schuld") III; wohl auch Opet (Kommentar) S. 399 oben. — Unrichtig ist es, wenn Albrecht a. a. O. S. 47 (wie es scheint) annimmt, daß jede schwere Pflichtverletzung „in böser Absicht begangen" sein muß. — Auf die schwere Pflichtverletzung im besondern gerichtet habe ich nur noch eine Bemerkung bei Endemann II S. 681 Anm. 26 angetroffen, die ich aber von meiner im Text betonten Auffassung aus nicht billigen bezw. nicht für ganz glücklich formuliert erklären kann; Endemann meint nämlich wegen der Verweigerung der ausdrücklich vereinbarten kirchlichen Trauung (über dieses Beispiel vgl. auch Neumann, Jahrb I 2 S. 67/68), es werde „in einer solchen Handlungsweise, wenn sie tückisch oder frivol begangen wird, eine schwere Pflichtverletzung und ein unsittliches Verhalten zu erkennen sein".

[4]) Deshalb wird es auch erst unten § 42 nachgeprüft werden können, ob Davidson S. 57, Dernburg S. 82 Anm. 26 und Fischer-Henle a. a. O. mit Recht einen Scheidungsgrund leugnen, wenn die Handlung in einem Zustande krankhafter Störung der Geistestätigkeit erfolgte.

sich nur um die Prüfung des Ausdrucks „schwere Pflichtverletzung" handelt,[1]) gelangen wir also zu dem Ergebnisse, daß der Ausdruck an sich für unser Thema nicht interessiert; und auch in der Literatur und in der Judikatur begegnet bisweilen eine erfreuliche Auseinanderhaltung von „schwerer Pflichtverletzung" — im objektiven Sinne — einerseits und „Verschulden" — im subjektiven Sinne — andererseits. So bei Davidson[2]) und Erler[3]), sowie in einer Entsch. des Reichsgerichts vom 5. Mai 1902.[4]) — Uebrigens ist schon hier auf zweierlei hinzuweisen, was erst später eingehender besprochen werden kann: daß § 1568 gerade den Ausdruck „verschulden" gebraucht hat, ist (vgl. unten § 42) keineswegs ein unbedingter Beweis dafür, daß der Ausdruck im technischen Sinne (BGB. §§ 276 ff., 823) zu verstehen sei; und andererseits ist es, wenn wir den Ausdruck auch nicht im technischen Sinne zu verstehen brauchen, nicht ausgeschlossen, daß wir es dann mit einem Falle untechnischen Verschuldens in einem weiteren Sinn (unten § 43) zu tun haben.

III. Von den sonstigen[5]) Epitheta, mit denen das BGB. die „Pflichtverletzung" gelegentlich versieht (oben § 19 I), ist nur noch das dreimal (in §§ 27 Abs. II Satz 2, 712 Abs. I und 2227 Abs. I, oben § 19 sub I 3) begegnende Epitheton „grob" zu untersuchen. Denn die Epitheta „vorsätzlich oder grobfahrlässig", „vorsätzlich oder fahrlässig" und „böswillig" (§ 19 sub I 1, 2 und 4) hängen mit Begriffen zusammen, denen wir bei anderer Gelegenheit eine sehr viel eingehendere und selbständige Untersuchung (unten §§ 55, 40 und 57) zu widmen haben bezw., was die „fahrlässige" Pflichtverletzung betrifft, bereits (in § 31) gewidmet hatten.

1. Daß das Wort „grob" im BGB. außer in den erwähnten Stellen

---

[1]) Im Prozeß gehört die Gesamtfrage unter die tatsächlichen Feststellungen, es liegt hier also nicht (wie z. B. betreffs der oben § 32 sub III 5 und § 33 sub B II 3 sowie § 36 S. 230 Anm. 3 besprochenen Fragen) ein Revisionsgrund vor; vgl. die Entscheidungen des Reichsgerichts vom 24. September 1900 (oben sub 2 c), 6. Dezember 1900 (VI 284/00) und 24. Juni 1901 (IV 129/01) in der Jur. Wochenschr. Jahrg. 29 (1900) S. 726 und 892 (vgl. hierzu auch Gruchots Beitr. 45, 1901, Nr. 99 S. 1028 ff., übrigens mit ungenauer Angabe des Aktenzeichens) und Jahrg. 30 (1901) S. 596 sowie Neumann, Jahrb. I 2 S. 70 Note h.

[2]) Davidson S. 57: „Fehlt es an einem subjektiven Verschulden, so darf die Scheidung nicht ausgesprochen werden, wenn auch objektiv eine schwere Verletzung der durch die Ehe begründeten Pflichten oder ein unsittliches Verhalten vorliegt."

[3]) Erler S. 112: „Ist nun eine solche schwere Pflichtverletzung in böser Absicht begangen worden, so muß der Ehegatte auch die Verantwortlichkeit für die infolgedessen etwa eintretende Zerrüttung des ehelichen Verhältnisses tragen. Er hat diese Zerrüttung verschuldet." — Aehnlich, auf „bösen Willen" abstellend, Kohler S. 45. — Ob es freilich statt der Worte „böse Absicht" und „böser Willen" besser „Vorsatz" heißen müßte, ist eine erst später (unten § 56 und § 57) zu besprechende Frage.

[4]) Jur. Wochenschr. 31, 1902, Beilage 8 Nr. 131 S. 242 f. (IV 42/02): „Objektiv" sei eine grobe Mißhandlung vorhanden, aber „das Berufungsgericht . . . nimmt . . . weiter an, daß nach Lage des Falles eine schwere Pflichtverletzung im Sinne des § 1568, mit der dort bezeichneten Wirkung, wegen Mangels des subjektiven Tatbestandsmerkmals nicht vorliege. . . Der Tatbestand der schweren Pflichtverletzung im Sinne des § 1568 erfordert auch das subjektive Verschulden des Ehegatten als eine (sic!) solche und ist daher nicht gegeben, wenn es an diesem subjektiven Tatbestandsmerkmale, wie hier vom Berufungsrichter in bedenkenfreier Begründung angenommen ist, mangelt". — Etwas ganz anderes ist es, daß bei objektivem Vorhandensein einer schweren Pflichtverletzung der Scheidungsgrund des § 1568 dennoch in Fortfall kommen kann, weil im Einzelfall wegen Aufgeregtheit bezw. überreizter Gemütsverfassung der beklagten Partei ihr der Vorgang nicht in voller Schwere angerechnet werden kann; vgl. Entsch. des Reichsgerichts vom 13. Dez. 1900 (IV 239/00) und vom 18. Dez. 1902 (IV 271/02) in der Jur. Wochenschr. 30 (1901) S. 53 bezw. 32 (1903) Beilage 3 S. 27 Nr. 56 (und Warneyer II S. 119). Auf diese Frage kann aber erst später (unten § 75) eingegangen werden.

[5]) Nicht die Art der Pflichtverletzung sondern die der verletzten Pflicht wird in § 723 Abs. I Satz 2 (oben § 19 sub I 1) durch das Wort „wesentlich" charakterisiert.

nur noch in Verbindung mit den Begriffen „Undank", „Fahrlässigkeit" und „Mißhandlung" zu finden ist, wurde bereits oben sub I (4 b) bemerkt.

2. Dort haben wir auch bereits (insbes. sub I 4 c sowie sub I 6 a δ) festgestellt, daß das Adjektivum „grob" — in Verbindung mit „Mißhandlung" wenigstens — höchst unfest ist; ob das gleiche für seine Verbindung mit „Fahrlässigkeit" der Fall ist, wird in anderem Zusammenhange (unten § 40) erörtert werden; es bleibt also an dieser Stelle seine Nachprüfung nur in der Verbindung mit „Undank" und mit „Pflichtverletzung" erforderlich.

3. Der „grobe" Undank im § 530 Abs. I ist nun ein genau ebenso unfester Begriff, wie die in derselben Norm begegnende, von uns schon sub II 2 a ins Auge gefaßte „schwere" Verfehlung, welche die gesetzliche Voraussetzung des groben Undanks bildet; dies bestätigen sowohl die Materialien[1]) wie die Literatur.[2])

4. Was die Materialien und die Literatur zu den von der „groben Pflichtverletzung" handelnden Stellen[3]) betrifft, so ist folgendes zu bemerken:

a) Aus den Materialien[4]) ist hervorzuheben, daß zu BGB. § 712 Mot. II S. 606 davon sprechen, daß der Gesellschafter „bei der objektiven Pflichtverletzung schuldhaft handelte". Indessen beweist diese Aeußerung[5]) nichts in der Richtung, daß § 712 auf ein Verschulden zu deuten sei. Denn diese Aeußerung ist nichts weiter, als eine Paraphrase dessen, was der dem § 712 entsprechende § 638 des I. Entwurfs Abs. I Satz 2 dahin formuliert hatte: „wenn der Gesellschafter sich einer groben Pflichtverletzung schuldig gemacht hat". Da nun aber in der weiteren Entwicklungsgeschichte dieser Norm — und ebenso in der Entwicklungsgeschichte des dem § 2227 BGB. entsprechenden § 1896 E. I, welcher die gleiche Wendung enthalten hatte — der Ausdruck „sich schuldig gemacht hat" gänzlich verschwunden ist, ohne daß sich dafür genauere Gründe ermitteln lassen,[6]) so kann uns nunmehr die erwähnte Bemerkung der Motive eher als Beweis dafür dienen, daß nur noch die „objektive Pflichtverletzung" übrig geblieben ist.

b) Aus der Literatur[7]) ist es für uns von minderem Interesse, wenn darauf aufmerksam gemacht wird, daß die „grobe Pflichtverletzung"

---

[1]) Vgl Prot. II Nr. 97 IX S. 35 f., insbes. S. 36 (wo sehr zutreffend das freie richterliche Ermessen für entscheidend erklärt wird). — Die Mot. (II S. 302 ff.) bleiben außer Betracht, da sie ebenso wie E. I § 449 lediglich von „Undank" schlechtweg reden; der Zusatz findet sich erst in der II. Lesung § 475; die Denkschrift schweigt überhaupt wegen der Schenkung.

[2]) Vgl. die Nachweisungen oben S. 244 Anm. 2. — Judikatur zu unserer Frage ist im Druck noch nicht erschienen.

[3]) Judikatur fehlt auch hier; die bei Warneyer I S. 222 angegebene Entscheidung stammt aus dem Jahre 1889 und auch der bei Warneyer II S. 146 erwähnte Beschluß des Kammergerichts vom 27. April 1903, Seufferts Arch. 58 (1903) Nr. 241 S. 461 ff. (zu BGB. §§ 2215 ff.), ist für die im Text besprochene Frage interesselos.

[4]) Außer den unten erwähnten Stellen kommt nichts weiter in Betracht, da der dem § 27 BGB. entsprechende Ausdruck in E. I § 44 noch fehlte (mithin Mot. I S. 97 belanglos bleiben) und zu § 26 der II. Lesung Prot. I Nr. 66 IV S. 507 ff. nichts wesentliches sagen.

[5]) Auf sie beruft sich aber Landé S. 186 Anm. 7 und sie gibt wörtlich auch Mayring S. 553 sub II 1 a wieder.

[6]) Vgl. Prot. II Nr. 136 VII S. 421 f. und V Nr. 355 IV S. 260 f. — Mot. V S. 224 zu E. I § 1896 sind ohne Belang.

[7]) Nichts Einschlägiges bieten z. B. Cosack (I § 31 S. 97, II S. 439 und 808), Endemann (I S. 198 und S. 1136 Anm. 19 sowie III S. 228), Engelmann (S. 64, 399, 778), Enneccerus-Lehmann (I S. 95 und 730, II S. 813), Kipp (I S. 237, II S. 734, III S. 307), Krückmann (S. 48, 129, 547 f.), Kuhlenbeck, Von den Pandekten (I S. 205/206, II S. 323, III S. 299), Kuhlenbeck BGB. I S. 455, 581, II S. 663),

nur „insbesondere", aber nicht unbedingt[1]) als „wichtiger Grund" (für Widerruf der Bestellung als Vorstandsmitglied des Vereins, für Entziehung der Befugnis des Gesellschafters zur Geschäftsführung und für Entlassung des Testamentsvollstreckers) aufgeführt wird (vgl. bereits oben § 19 sub I3) und wenn noch andere dafür in Betracht kommende Beispiele aufgezählt werden.[2]) Von erheblicherem, für unser Thema sogar erheblichstem Interesse ist es dagegen, daß die wenigen Schriftsteller, welche sich mit der Frage beschäftigen, ob die grobe Pflichtverletzung eine schuldhafte sein müsse, nämlich Hoelder[3]) und Planck,[4]) diese Frage übereinstimmend verneinen;[5]) daß sie damit im Recht sind, ist nicht zu bezweifeln.

IV. Wir sind also auch wegen der „groben" Pflichtverletzung ebenso wie wegen der „schweren" zur Leugnung eines prinzipiellen begrifflichen Zusammenhanges mit subjektivem Verschulden gelangt; dasselbe wird grundsätzlich zu behaupten sein sowohl erstens für diejenigen Gesetzesstellen, in welchen nur das Wort „Pflichtverletzung" (bezw. eine ihm entsprechende Wendung) — oben § 19 sub IV — oder eine spezielle Kategorie von Pflichten – Amtspflicht usw.; oben § 19 sub II — und deren Verletzung begegnet, wie zweitens für diejenigen Stellen, in denen von „Pflichtwidrigkeiten"[6]) die Rede ist (oben § 19 sub IV 5); denn auch hier wird (wie der Vergleich des zweiten und des ersten Satzes von § 1799 Abs. I[7]) lehrt) lediglich an den Gegensatz zum „objektiv-

---

Landsberg I S. 119 (über S. 476 unten Anm. 5), II S. 1214, Matthiaß (I S. 114 und 625, II S. 526) und ferner z. B. Crome (I S. 243 und II S. 779 Anm. 84), Dernburg (I S. 213, II 2 S. 541) und von den Kommentaren z. B. Gareis S. 45 Anm. 4, Loewenfeld S. 150 Anm. 7, Planck I S. 100 Anm. 4, Frommhold S. 212; wegen Mayring oben S. 247 Anm. 5.

[1]) Also ebenso wie die „grobe Mißhandlung" als „schwere Pflichtverletzung"; vgl. oben sub I 3 b.

[2]) Vgl. zu im Text Bemerkten z. B. Fischer-Henle S. 1127 Anm. 2, Hoelder S. 143 Anm. 4 c, Müller und Meikel II S. 498 sowie Oertmann S. 449 Anm. 2 a, Planck V S. 428 Anm., letztere beide unter Hinweis auf das jetzige HGB. § 117; vgl. aber auch noch HGB. § 127; im übrigen spricht HGB. nur noch von Verletzung einer bestimmten Verpflichtung (§§ 61 Abs. I, 72 Nr. 1, 113 Abs. I, 433 Abs. II) bezw. überhaupt allgemein von Verletzung ganzer Pflichtenkomplexe (§§ 82 Abs. 1, § 511) bezw. von Anwendung pflichtmäßiger Sorgfalt (§ 401 Abs. I); vgl. hiezu unten § 41 sub IV.

[3]) Hoelder S. 142 Anm. 4 a: „Grobe Pflichtverletzung" könne „vorliegen ... durch die Bedeutung des verletzten oder gefährdeten Interesses ..., durch das Maß der erfolgten Verletzung oder Gefährdung oder durch Art und Grad der subjektiven Verschuldung. Diese Momente ergänzen einander; eine durch das verletzte Interesse oder durch das Maß seiner Verletzung nicht bedeutende Pflichtwidrigkeit kann eine bedeutende sein durch die Schwere der Schuld, und eine leichte Fahrlässigkeit kann eine grobe Pflichtverletzung sein durch die Schwere ihrer Folgen". — Ebenda Anm. 4 b: „Grobe Vernachlässigung seiner Obliegenheiten ist ... ein wichtiger Grund seiner Entfernung gleichmäßig als eine auf seinem Verschulden und als eine auf seiner Unfähigkeit beruhende".

[4]) Planck II S. 462 Anm. 1: „Der Grund kann in den objektiven und subjektiven Verhältnissen der Beteiligten gefunden werden; daß dem geschäftsführenden Gesellschafter ein Verschulden zur Last fällt, ist nicht erforderlich". Wenn Planck V a. a. O. sagt, „die Unfähigkeit zur Geschäftsführung braucht nicht verschuldet zu sein", und wenn sich ganz ähnlich Staub, Kommentar zu HGB. (§ 117) S. 371 Anm. 3 äußert, so meinen beide aber doch wohl nicht, daß der andere Entlassungsgrund, die grobe Pflichtverletzung, unbedingt verschuldet sein müsse.

[5]) Nur Landsberg I S. 476 Anm. 2 scheint Verschulden anzunehmen.

[6]) Auch die Materialien fassen „pflichtwidrig" und „Pflichtwidrigkeit" durchaus im bloß objektiven Sinne auf; vgl. Mot. IV S. 414 (zu E. I § 1377) und S. 1108 (zu E. I § 1662).

[7]) Dagegen sind es in § 1850 Abs. I Satz 1 und Satz 2 verschiedene Personen, hinsichtlich derer ein pflichtgemäßes Handeln bezw. aber eine Pflichtwidrigkeit Erwähnung findet.

pflichtmäßigen" Verhalten zu denken sein.[1]) Dazu ist noch folgendes zu bemerken:

1. Selbstverständlich ist es keine Widerlegung, im Gegenteil eine Bestätigung des Gesagten, wenn das Gesetz an einigen Stellen — teils durch besondere Nüancierung der Pflichtverletzung, teils durch den sonstigen Inhalt der Norm[2]) — das Moment des subjektiven Verschuldens ausdrücklich hereinbringt; vgl. dieserhalb die Zusammenstellung oben § 19 sub I 1, 2 und 4 und vor allem wegen §§ 53, 1833 Abs. I und 2219 oben § 19 sub IV 1 und 2 a und sub V 1 a.

2. Wie sehr das Gesetz selber von der Einmischung des subjektiven Momentes absieht und den Begriff der Pflichtverletzung lediglich vom objektiven Gesichtspunkte betrachtet, ergibt eklatant § 1418 Abs. I Nr. 2, wo wir wörtlich folgendes erfahren: „Eine Verletzung der Unterhaltspflicht liegt schon dann vor, wenn . . . nicht mindestens der Unterhalt gewährt wird, welcher ihnen bei ordnungsmäßiger Verwaltung und Nutznießung des eingebrachten Gutes zukommen würde". Zwar steht dies Minimalmaß mit dem Verschulden insofern in indirektem Zusammenhange, als zwischen den Begriffen „ordnungsmäßig" und „Sorgfalt" gewisse Beziehungen obwalten (vgl. oben § 35 sub I 3 und II); doch denkt das Gesetz [3]) im § 1418 offenbar nur an das rechnerische Durchschnittsmaß und sieht davon ab, auf welchen Umständen seine Nichterzielung beruht.

3. Es fragt sich noch, ob nicht vielleicht in dem Ausdrucke „verletzen" an sich unbedingt und ohne weiteres das Moment des Verschuldens enthalten ist. Diese Frage hat um so mehr Berechtigung, als die Motive gelegentlich (IV S. 296 zu E. I § 1328 Nr. 1) wörtlich folgendes sagen: „Durch den Ausdruck „verletzt hat" wird . . . nach dem Sprachgebrauche des Entwurfes (vgl. §§ 56, 710 bis 712, 734—736, 1006)[4]) zum klaren Ausdrucke gebracht, daß die Pflichtverletzung auf einem Verschulden des Ehemannes beruhen muß".

a) Das Wort „verletzen" — bezw. das Wort „Verletzung"[5]) — findet sich im BGB. außer in den von einer Pflichtverletzung redenden Normen (oben § 19) nur noch in folgenden Zusammenhängen:

α) indem von „verletzendem Verhalten" die Rede ist; vgl. die oben § 16 sub V angegebenen Stellen;

β) indem das Gesetz von Verletzung gewisser „Vorschriften" spricht: in § 1243 Abs. II (vgl. oben § 2 sub I 2 g);

γ) endlich, indem das Gesetz nicht an Verletzung eigener Pflichten, sondern an Verletzung fremder Rechte denkt; als verletzt erscheinen:

α') „die Rechte" bezw. „ein Recht" ganz allgemein: in § 553 (oben § 16 sub II 2 a), § 823 Abs. I (oben § 5 B II 2 a) und §§ 1391 Abs. I, 2127;

---

[1]) Freilich nimmt z. B. Planck IV S. 587 Anm. 1 (zu § 1837) und S. 603 Anm. 2 (zu § 1850) sowie S. 626 Anm. 1a (zu § 1886) an, daß die Pflichtwidrigkeit eine schuldhafte Pflichtverletzung sein müsse; die Begründung (a. a. O. S. 587) dadurch, daß der Vormund für jedes Verschulden (nach § 1833) haftet, scheint mir aber unzutreffend, da §§ 1837 und 1850 (sowie auch § 1839) ja keine speziellen Verschuldensfolgen normieren, sondern (vgl. insbes. § 1837) mehr der kautelarischen Rechtspflege angehören, die auch gegenüber unbeabsichtigten Maßnahmen (bloßen Torheiten) am Platz ist, welche objektiv dem Wohle des Mündels zuwiderlaufen. Gegen Planck auf Dernburg IV S. 387 und v. Blume S. 86 sub 2, S. 87 sub 2.

[2]) Dahin gehört insbesondere der oben sub II genauer besprochene § 1568 Satz 1 (und dazu auch § 1574 Abs. I, oben § 3 B II).

[3]) Vgl. auch Mot. IV S. 298 f., wo zwar von „Verschulden", „Schuld" und „schuldvoller Weise" die Rede ist, aber S. 298 wenigstens nicht in unmittelbarer Beziehung zu der im Text behandelten Frage.

[4]) Wegen der entsprechenden Paragraphen des BGB. vgl. unten sub c.

[5]) Das Kompositum „Körperverletzung" steht nur in EG. z. BGB. Art. 42 (dreimal); zu diesem vgl. die nächste Anmerkung.

β') näher spezialisierte Rechte bezw. Rechtsgüter in § 1666 Abs. II („Recht auf Gewährung des Unterhalts"), § 958 Abs. II („Aneignungsrecht"), §§ 833, 836 Abs. I Satz 1, 843 Abs. I, 845 Abs. I, 847 Abs. I Satz 1 („Körper" oder „Gesundheit"), § 825 Abs. I („Leben", „Körper", „Gesundheit", „Freiheit" und „Eigentum");

γ') das „Interesse" einer anderen Person: in § 12 Satz 1;

δ') eine Person selber: in § 249 Satz 2.

b) Alle diese Stellen — über Gruppe a α vgl. genauer unten § 46 — bieten nun nicht den geringsten Anhalt, das Vorhandensein eines „Verschuldens" dem Wort „verletzen" als solchem zu entnehmen; selbst die in die Lehre von den „unerlaubten Handlungen" — innerhalb dieser Lehre allein treffen wir im BGB.[1]) auch das Wort „Verletzter"[2]) an — gehörigen Stellen (vgl oben a γ sub β' und auch sub α') sind gegen die Notwendigkeit, ein gleichzeitiges subjektives Verschulden anzunehmen, insofern beweisend, als auch die unerlaubten Handlungen nicht unbedingt auf dem Verschuldensprinzipe aufgebaut sind (vgl. unten § 39 sub I 5 b und c).

c) Auch die zitierte Bemerkung der Motive darf uns nicht irre führen. Denn die Bezugnahme auf die anderen Stellen des E. I versagt ihren Dienst, weil in den entsprechenden Stellen des BGB. — §§ 53, 831 f., 833 ff.[3]) — das Verschulden teils (§ 53, oben sub 1) als etwas, was noch besonders hinzukommen muß, bezeichnet wird, teils jetzt ganz als Grundlage der Haftung gestrichen (§§ 833 ff., unten § 39 sub I 5 a β), teils wenigstens zum bloßen Gegenstande des Exkulpationsbeweises herabgedrückt (§§ 831 f., oben § 28 sub III 3) worden ist, ohne daß der Gesetzgeber es für nötig befunden hat, das Wort „verletzen" nunmehr zu vermeiden.[4]) — Noch beredter ist aber das Zeugnis der Protokolle gerade zu derjenigen Norm (BGB. § 1418 Nr. 2, entsprechend E. I § 1328 Nr. 1), bei deren Erörterung die Motive jene Bemerkung bringen. Denn in Prot. Bd. IV Nr. 275 S. 136 a. E. finden wir einen Antrag, der das (in E. I a. a. O. nach fehlende) Wort „schuldhaft" ausdrücklich eingerückt wissen will[5]); dagegen wurde ein von diesem Moment absehender, in Prot. IV Nr. 278 II sub 4 S. 210 abgedruckter Gegenantrag nach Prot. ebenda sub E S. 213 ausdrücklich damit motiviert, „auf ein Verschulden des Mannes könne es dabei nicht ankommen", und dieser Antrag erhielt gerade darum Annahme, das Gesetz selber hat aber das Wort „verletzen" nicht etwa durch einen anderen — sozusagen harmloseren — Ausdruck ersetzt.[6])

---

[1]) Außerdem im EG. z. BGB. Art. 34 Nr. III sowie Art. 42 Nr. I § 3 a und Nr. III § 7 Abs. I und Abs. II Satz 2.

[2]) Vgl. die 17 bei Gradenwitz S. 151 angegebenen Stellen, zu denen aber noch der irrtümlich unter „verletzen" gestellte § 835 Abs. I Satz 1 gehört.

[3]) Nur zu E. I § 1006 und dem entsprechenden § 1052 BGB. läßt sich eine derartige Argumentation nicht erbringen; vgl. zu E. I §§ 1005 f. auch Mot. III S. 519 sub 2, während die entsprechenden Stellen der Mot. (I S. 117 und II S. 734 ff. und 809 ff.) zu E. I §§ 56, 710 ff. und 734 ff. keine ausdrückliche Wiederholung der im Text mitgeteilten Auffassung der Motive zum Begriff „verletzen" enthalten. — Wegen BGB. § 1052 vgl. indessen unten § 46 über „verletzendes Verhalten".

[4]) „Verletzen" (bezw. „Verletzter") findet sich vielmehr nach wie vor in §§ 53, 833, 835 f., 839.

[5]) Vgl. auch Prot. IV Nr. 275 S. 184 oben.

[6]) Vgl. zur Entwicklungsgeschichte des § 1418 auch Schmidt im Beckschen Kommentar Bd. IV S. 318 Anm. 3 b und Planck IV S. 175 sub b (durchaus in dem im Text vertretenen Sinne); der dortige Hinweis auf Bemerkungen in Bd. I S. 102 Erl. zu § 53

d) In der Literatur habe ich generelle Bemerkungen zu der Frage, ob die Pflichtverletzung überhaupt — wegen der „schweren" und der „groben" Pflichtverletzung vgl. oben sub I 6 und sub II 2 b — ein Verschulden enthalte oder voraussetze, nur in sehr geringem Maße gefunden. Eine Aeußerung von Opet [1]) bezieht sich, die Frage (m. E. mit Unrecht) bejahend, lediglich auf den Fall des BGB. § 1667 und generell ist nur die m. E. richtige Annahme von Goldmann und Lilienthal [2]): „Wo das Gesetz von der Verletzung einer Pflicht spricht, ist nur objektiv, ohne Rücksicht auf ein Verschulden, Nichterfüllung gemeint".

e) Die Judikatur beschränkt sich auf die Erörterung von Beispielen zu Pflichtverletzungen und höchstens von einem Beschluß des Kammergerichts vom 30. Dezember 1901 [3]) läßt sich sagen, daß er betreffs BGB. §§ 1667, 1642 in den Pflichtverletzungen ein Verschulden zu erblicken scheint.

V. Im einzelnen wird sich das Verhältnis von Pflichtverletzung und Verschulden folgendermaßen präzisieren lassen:

1. Im Prinzip sind beides verschiedene Dinge und stehen außer Berührung miteinander.

a) Man kann sich sehr wohl Pflichtverletzungen denken, ohne daß gleichzeitig ein rechtlich relevantes Verschulden vorliegt; so, wenn, objektiv betrachtet, der Täter seine Pflicht nicht erfüllt hat, aber nur, weil er an dieser Erfüllung durch eine notwendige Reise oder durch eine Krankheit verhindert war; diese in BGB. § 1846 ohne jede Anspielung auf ein Verschulden erwähnte Möglichkeit [4]) kann man auch in allen andern oben in § 19 aufgezählten Tatbeständen — mit Ausnahme natürlich der oben sub IV 1 hervorgehobenen — annehmen, ohne daß sich darum das geringste an den Rechtsfolgen ändert. So sagen auch z. B. Mot. V S. 387/88 (zum jetzigen § 2303): „Der Eintritt der Wirkungen und damit die Entstehung eines gegenwärtigen Rechtes für den Pflichtteilsberechtigten knüpfen sich lediglich an die objektive Nichterfüllung der vorgeschriebenen Rechtspflicht". Und wenn z. B. Prot. V S. 669 Nr. 385 sub VII (zu § 2012) meinen, daß nur die „schuldhafte" Pflichtverletzung haftbar macht, so bestätigen auch sie, daß nicht jede Pflichtverletzung unbedingt schuldhaft ist.

Nr. 1 stimmt zur 3. Aufl. (1903) nicht mehr, die (S. 125) wohl genauere Ausführungen über die abweichende Auffassung des E. I und des BGB. vom Wort „verletzen" für entbehrlich hielt. — Was die Literatur zu § 1418 Nr. 2 betrifft, findet sich eine Bemerkung, daß ein Verschulden nicht nötig sei, bei Schmidt a. a. O., während z. B. die familien- bezw. eherechtlichen (vgl. oben S. 239 Anm. 3, 4 und 11) Schriften von Fränkel (S. 54), Mayer und Reis (S. 28), J. Kohler (S. 131), Opet (S. 201 Note 3 a) und Rocholl (S. 168) über die Frage schweigen.

[1]) Opet, Verwandtschaftsrecht (Berlin 1899) S. 248: „Eine Pflichtverletzung bilden diese Handlungen und Unterlassungen jedoch nur, wenn sie auf einem Verschulden des Vaters beruhen, nicht also, wenn sie durch einen nicht vertretbaren Umstand, etwa Eintritt einer die Handlungsfähigkeit des Vaters lähmenden Krankheit, veranlaßt waren."

[2]) Goldmann und Lilienthal, Das BGB., Bd. I, 2. Aufl. (Berlin 1903) S. 139 sub 5 b (an exponierter Stelle, nämlich bei Besprechung des Verschuldens überhaupt). Die Bemerkung exemplifiziert auf BGB. §§ 53, 971 Abs. II, 1054, 1217.

[3]) Bei Mugdan und Falkmann IV (1902) Nr. 82 b S. 359 ff. (vgl. auch Scherer III S. 383 sub VI b und, nicht ganz genau hierauf verweisend, S. 163 sub 6 a), insb. S. 361: Die vorschriftswidrige Anlegung des Vermögens des Kindes sei eine „grobe Fahrlässigkeit", ein „grober Verstoß" und eine „Pflichtverletzung".

[4]) Ihre Folgen spielen auch ins Ges. über die Angelegenheiten der freiwilligen Gerichtsbarkeit § 44 hinein.

b) Umgekehrt kann ein Verschulden vorliegen, ohne daß eine Pflichtverletzung gegeben ist. So, wenn junge Leute aus Uebermut eine Laterne einschlagen, und überhaupt wohl in den meisten Fällen der Deliktsobligationen (wieder mit Ausnahme der Fälle oben sub IV 1). Denn wollte man hier von „Pflichtverletzungen" reden, so müßte man wenigstens weit über den Rahmen der im BGB. ausdrücklich anerkannten Formen und Fälle hinausgehen und würde damit seine Zuflucht zu einer Identifizierung der Pflichtverletzungen mit den Verstößen gegen die guten Sitten (also mit Verletzung der Moralpflichten — § 826, oben § 36, insbes. sub II 9 —) oder mit Verstößen gegen die Schutzgesetze des § 823 Abs. II (oben § 18 sub A II 2) oder mit den Rechtsverletzungen des § 823 Abs. I (oben sub IV 3 a γ α') nehmen, m. a. W., es würde der Begriff der Pflichtverletzung völlig verblassen und man würde in gänzlich uferloses Fahrwasser geraten. Nur wenn man dieser Gefahr sich aussetzen wollte, dürfte man sagen, daß zwar nicht jede Pflichtverletzung ein Verschulden, wohl aber jedes Verschulden eine Pflichtverletzung enthalte.

c) Natürlich kann aber sehr wohl ein und derselbe Tatbestand zugleich eine Pflichtverletzung und ein Verschulden involvieren; es wird hierauf vom Gesetz selber mit großer Deutlichkeit durch die Wendung angespielt „wenn ihm ein Verschulden zur Last fällt"; vgl. die oben § 19 sub IV 1 und 2 a genannten Fälle. — Ein Beispiel aus dem Gedankenzusammenhange meines oben § 31 sub D mitgeteilten Gutachtens würde dahin gehen, daß das mit der sachlichen Fürsorge für die Turngeräte betraute Vorstandsmitglied[1]) eines Turnvereins es unterlassen hatte, eine defekte Leiter reparieren zu lassen (bezw. aber ihre Benutzung zu untersagen) und daß nunmehr am nächsten Turnabend ein Vereinsmitglied infolge Zusammenbrechens der Leiter zu Schaden kommt: hierin wäre sowohl eine „grobe Pflichtverletzung", die die Entziehung des Amtes als Vorstandsmitglied rechtfertigen[2]) würde, zu erblicken, wie eine zum Schadensersatz gegenüber dem Verunglückten verpflichtende Fahrlässigkeit.

d) Unrichtig ist es nach dem Gesagten, wenn Kuhlenbeck, Von den Pandekten II S. 52 Anm. 2 meint, „die grobe oder schwere Pflichtverletzung ist offenbar identisch mit grober Fahrlässigkeit"; [3]) richtig ist es dagegen, wenn sich Matthiaß I S. 273 Anm. 1 zu §§ 27 und 712[4]) dahin ausspricht, die „grobe Pflichtverletzung" sei „keine Bezeichnung für die Schuldform der groben Fahrlässigkeit".[5]) [6]) — Ebenso ist eine Be-

---

[1]) Handelt es sich um einen Vorgang beim Schulturnen, so liegt Verletzung der „Amtspflicht" im besonderen (oben § 19 sub II 1) vor, sofern die Schule nicht gerade eine Privatschule oder der Lehrer ein noch nicht endgültig angestellter war; vgl. oben § 31 sub D I 3 c ε S. 154 (und daselbst Anm. 2).

[2]) Nach BGB. § 27 oder nach § 712 (oben sub III a. A.), je nachdem (vgl. BGB. § 54 Satz 1) der Verein eingetragen ist oder nicht; vgl. oben § 31 sub D IV 7.

[3]) Kuhlenbeck nimmt dabei Bezug auf §§ 723, 1568 und 2227, übersieht also § 712.

[4]) Matthiaß nennt hierbei §§ 27 und 712, läßt also § 2227 unerwähnt, für den natürlich Gleiches gilt.

[5]) Nicht glücklich dagegen ist die Schlußbemerkung bei Matthiaß a. a. O., die grobe Pflichtverletzung sei „eine Bezeichnung der Art, wie sich die Schuld bemerkbar gemacht haben muß"; denn eine „Schuld" im engeren Sinne des „Verschuldens" (oben § 2) müßte ebenso geleugnet werden, wie die Fahrlässigkeit.

[6]) Unklar gefaßt und bedenklich ist auch die Bemerkung bei Cosack II § 289 S. 486 sub 2 a zu § 1568, es setze dieser Fall „eine vorsätzliche oder grobfahrlässige („schwere") Verschuldung des Beklagten voraus."

merkung bei Endemann I § 130 sub 1 S. 744 zu eng gefaßt: „Schuld ist . . . die mit Schadenhaftung belegte Pflichtverletzung“[1]) und „Pflichtverletzung liegt vor, wenn das Handeln eines verkehrsfähigen Menschen der im einzelnen Fall von ihm zu beanspruchenden Sorgfalt nicht genügt“; diese Bemerkung, gegen die sich auch von Liszt S. 46/47 Anm. 1 wendet, kann aber für unsere gegenwärtige Frage wohl deshalb außer Betracht bleiben, weil Endemann, wie es scheint, nicht gerade an die Bedeutung des Wortes „Pflichtverletzung“ im Sinne des BGB. denkt; täte er es, so wäre wiederum die Ansicht von Liszts, die Angelegenheit sei „ohne praktische Bedeutung“, angesichts des Umstandes zu bestreiten, daß bei Identität von Pflichtverletzung und Verschulden auch für jene dem Täter die exkulpierenden Momente der §§ 827 f. zugute zu rechnen seien (vgl. darüber einstweilen oben § 31 sub C VI 1).

2. Das sub 1 d Bemerkte gibt gleichzeitig zum Teil die Antwort auf die Frage, wie sich, wenn im Einzelfalle zugleich Pflichtverletzung und Verschulden vorliegen, die einzelnen Grade der Pflichtverletzung und die einzelnen Grade des Verschuldens zu einander verhalten:

a) Die grobe — und daher wohl auch die schwere — Pflichtverletzung deckt sich nicht nur nicht unbedingt mit der groben Fahrlässigkeit,[2]) sondern kann ihr sehr wohl im Einzelfalle geradezu widersprechen, indem sie einen Vorsatz[3]) einschließt. So, wenn der Ehegatte oder das Vorstandsmitglied bezw. der Gesellschafter bezw. der Testamentsvollstrecker mit Willen (vorsätzlich, absichtlich, bewußt) die Pflichtverletzung begeht, etwa um so im Wege der Ehescheidung von dem andern Ehegatten bezw. im Wege der Entlassung von dem ihm lästig gewordenen Amte loszukommen.

b) Falls nicht Vorsatz, sondern nur Fahrlässigkeit in der Pflichtverletzung liegt, kann die Pflichtverletzung im Einzelfall sehr wohl eine grobe, die Fahrlässigkeit eine einfache sein; so, wenn in dem oben sub 1 c gebildeten Beispiel das Vorstandsmitglied des Turnvereins sich mit einiger Sicherheit darauf verlassen durfte, daß der Turnwart des Vereins, welcher von dem Defekt am Gerät Kenntnis hatte, dessen Außergebrauchstellung anordnen würde, und wenn es nun das Unglück will, daß beide Personen durch Unwohlsein am Besuche des nächsten Turnabends verhindert werden.[4])

c) Für die „vorsätzliche oder grobfahrlässige“ und die „vorsätzliche oder fahrlässige“ Pflichtverletzung (oben sub III) ergibt sich das Verhältnis zum Verschulden von selbst; wegen der „böswilligen“ Pflichtverletzung

---

[1]) „Schuld“ und Pflichtwidrigkeit“ finden sich identifiziert in dem Aufsatze von Litten, die Wirkung geistiger Störungen auf den rechtlichen Bestand der Ehe (Monatsschr. f. Kriminalpsychologie und Strafrechtsreform, herausg. von Aschaffenburg, Jahrg. I Heidelberg 1904, S. 397 ff.) S. 403, 406, auf den ich während der Drucklegung nicht mehr genauer eingehen konnte; ferner bei Eßlinger in Seufferts Bl. f. RA. 69 (1904) Nr. 9 (vgl. oben S. 108 Anm. 1) S. 174, 179 f. Vgl. Genaueres unten § 44 sub A II.

[2]) Die Divergenz besteht aber nicht etwa deshalb, weil das Epitheton „grob“ beidemal ein verschiedenes wäre, sondern wegen der begrifflichen Verschiedenheit von „Fahrlässigkeit“ und „Pflichtverletzung“.

[3]) Daß zwischen Vorsatz und Fahrlässigkeit ein gewisser Gegensatz besteht, vgl. unten § 55.

[4]) Im Schulleben wird die Pflichtverletzung, welche der Lehrer dadurch begeht, daß er die Klasse verläßt, um ein Glas Bier zu trinken, immer eine grobe sein; als Fahrlässigkeit dagegen nur eine gewöhnliche, wenn es sich nicht um eine Turnstunde, sondern um eine wissenschaftliche Stunde handelt, bei welcher Verletzungen der Schüler etwa noch die Entstehung einer argen Prügelei voraussetzen.

muß auch hier auf spätere Erörterungen (unten § 57) verwiesen werden; nur soviel ist gleich an dieser Stelle zu konstatieren, daß, wenn man die sämtlichen vom Gesetz mit besonderen Graden charakterisierten Fälle der Pflichtverletzung (also die Fälle des § 19 sub I 1—6) in Gruppen ordnen will, die „böswillige" Pflichtverletzung, weil auch sie den Akzent auf die Vorgänge in der Seele des Täters legt, mit der vorsätzlichen und fahrlässigen Pflichtverletzung in dieselbe Gruppe gehört, während die „grobe" und die „schwere" Pflichtverletzung nur an den Charakter der Tat denken. In jene Gruppe gehört auch die von uns § 19 sub I 6 als „kriminell rügbare" bezeichnete Pflichtverletzung aus § 839 Abs. II, weil sie indirekt ebenfalls mit dem Moment des Verschuldens [1]) operiert.

d) Diese Beobachtung regt schließlich zu folgenden weiteren Bemerkungen an:

α) Die unter c angedeutete Zusammengehörigkeit der „groben" und der „schweren" Pflichtverletzung legt den Gedanken nahe, daß diese Zusammengehörigkeit nicht auf bloßer Verwandtschaft, sondern auf Wesensgleichheit beider Epitheta beruht; es wird dadurch der Gesamteindruck, welchen die Erörterungen sub I 4 d, 5 g und 6 b uns boten, erheblich verstärkt; und auch eine Probe dahin, daß man die Ausdrucksweise des Gesetzes in § 1568 einerseits und §§ 27, 712 und 2227 andererseits getrost vertauschen kann, ohne den Inhalt der Normen irgendwie zu verändern, unterstützt diese Beobachtung.

β) Darnach wäre die Ungleichmäßigkeit der Epitheta als ganz überflüssig zu bezeichnen, und es wird sich annehmen lassen, daß sie nur den auch in § 530 Abs. I (oben sub III 3) und in § 1568 Satz 1 und Satz 2 (oben sub I 4 d) zutage tretenden [2]) Zweck eines stilistischen Wechsels im Ausdrucke verfolgt hat. Dieser Zweck ist aber für ein Gesetzgebungswerk durchaus ungerechtfertigt, und verdient, weil die nunmehrige Ausdrucksweise irreführend wirkt, entschiedene Mißbilligung.[3])

γ) Ein auffallender und keineswegs billigenswerter Wechsel im Ausdruck zeigt sich schließlich innerhalb der Lehre von der Gesellschaft, wenn man den § 712 mit § 723 Abs. I Satz 2 (oben § 19 sub I 1) vergleicht: denn die hier [4]) erfolgende Abmessung der Pflichtverletzung auf Vorsatz und grobe Fahrlässigkeit ist aus zwei Gründen überraschend [5]): einmal, weil es sich auch hier um denselben Effekt, nämlich um eine Aufhebung der bisherigen Sachlage aus einem „wichtigen Grunde" und „insbesondere" wegen einer schlimmen

---

[1]) Hier freilich in dem strafrechtlichen Sinne, über dessen Verhältnis zum zivilrechtlichen Verschulden erst an anderer Stelle (vgl. unten § 47) gehandelt werden kann.

[2]) Eine Motivierung der Ausdrücke selber findet sich in den Materialien, wie oben sub I 5 und II 2 b angedeutet, ebensowenig, wie eine Motivierung des späteren Ausdruckswechsels innerhalb des § 1568, der (vgl. oben sub I 5 a) in E. I (§ 1444) sowohl wegen der Verfehlung wie wegen der Mißhandlung das Epitheton „schwer" gebraucht hatte.

[3]) Vgl. wegen eines auffallenden Wechsels gewisser anderer Ausdrücke im BGB. § 777 und § 230 oben § 33 sub A III 3 a.

[4]) Und auch schon im entsprechenden § 648 (Abs. II Satz 2) des I. Entwurfs.

[5]) Ueberraschend ist es aber auch, daß, soweit ich sehe, der Literatur zu § 723 dies bisher nicht aufgefallen ist (vgl. Oertmann S. 459 Anm. 2a, Planck II S. 471 Anm. 1 b, Mayring S. 568 oben, Endemann I § 181 S. 1140 Anm. 42; über Crome unten S. 255 Anm. 3).

Pflichtverletzung handelt; und sodann, weil § 723 ja gar keine spezifische Verschuldensfrage (Schadensersatz) sanktioniert [1]) und es demnach legislatorisch weniger auf die Betonung des subjektiven Momentes in der Seele des Täters als (wie in §§ 27, 712 und 2227) auf die Hervorhebung der objektiven Tatsache der Pflichtverletzung [2]) und ihres Grades ankommen mußte. Darum wäre es sachlich korrekter gewesen, wenn ein in den Prot. II Nr. 138 V S. 437 erwähnter Antrag durchgedrungen wäre, die Norm dahin zu fassen, daß ein wichtiger Kündigungsgrund vorliege, wenn der Gesellschafter „eine nach dem Gesellschaftsvertrag ihm obliegende wesentliche Verpflichtung gröblich verletzt hat." [3])

VI. Wenn schon die „Pflichtverletzung" begrifflich nichts mit dem Verschulden zu tun hat, so wird das gleiche — mit dem mittelbaren Ergebnis, daß sie für unser Thema mangels besonderer, im Einzelfall ersichtlicher, Hereinziehung des Verschuldens [4]) ohne Interesse bleiben — betreffs der zahllosen Stellen zu behaupten sein, in denen das BGB. von bloßer Nichterfüllung [5]) von Pflichten [6]) (bezw. „Verpflichtungen") [7]) spricht. Anderenfalls müßten wir übrigens auch noch alle diejenigen Normen in den Kreis unserer Betrachtungen hineinziehen, in welchen sich z. B. die Worte „verpflichtet" [8]) und „Verpflichteter" [9]) finden; denn nichts wäre leichter [10]), als sie zu Wortverbindungen in der Art der in § 19 sub III aufgeführten (Anzeigepflicht, Gewährleistungspflicht usw.) umzuprägen. — Zum Ueberfluß läßt sich aber die Unabhängigkeit der bloßen Nichterfüllung einer Pflicht von einem subjektiven Verschulden auch aus dem Gesetze selber nachweisen; z. B. aus § 1846, wo nur von objektiver Verhinderung des

---

[1]) Anders in § 839 Abs. I Satz 1 („vorsätzliche oder fahrlässige Pflichtverletzung"), oben § 19 sub I 2.

[2]) Hiemit haben sich auch die Rechtsquellen, auf welche sich Mot. II S. 619 berufen, begnügt, nämlich Code civil a. 1871 und ÅHGB. Art. 125 (Nr. 3); noch weiter gefaßt Schweizer. Bundesges. über das Obligationenrecht Art. 547.

[3]) Die Gründe der Nichtannahme dieses Antrags werden in den Prot. a. a. O. nicht weiter ausgeführt. Sofern übrigens die grobe Pflichtverletzung nach dem oben sub 2 b Bemerkten vom Standpunkt des Verschuldens aus betrachtet auch die einfache Fahrlässigkeit umfassen kann, ist es unrichtig, wenn Prot. a. a. O. den Antrag als „sachlich nicht abweichend" von E. I § 648 bezeichnen; ebenso ist diese Bemerkung unrichtig, wenn (vgl. oben sub 1) dies „gröbliche" Verhalten an sich mit einem Verschulden garnichts zu tun hat. — Freilich meint auch Crome II S. 794 Anm. 36 „dies" — die Abstellung auf Vorsatz und grober Fahrlässigkeit — „umfaßt alle Fälle gröberen Kontraktbruchs".

[4]) Das geschieht allerdings in besonders erheblicher, freilich aber auch sehr versteckter Weise durch die Einschaltung des Begriffes „unverzüglich"; vgl. oben § 33, namentlich sub A V.

[5]) „Nichterfüllung" findet sich im BGB. 23 Mal (vgl. Gradenwitz S. 116); es wären aber auch alle Stellen nachzuprüfen, in denen die Worte „erfüllen" und „Erfüllung" (Gradenwitz S 56/57) stehen.

[6]) Das Wort „Pflicht" steht im BGB. 40 Mal, im EG. z. BGB. 7 Mal; vgl. Gradenwitz S. 122.

[7]) „Verpflichtung" über 130 Mal, dazu im EG. z. BGB. 8 Mal (Gradenwitz S. 153/154).

[8]) „Verpflichten" rund 300 Mal, im EG. z. BGB. 9 Mal (Gradenwitz S. 153/154).

[9]) „Verpflichteter" im BGB. 70 Mal, im EG. z. BGB. 3 Mal (Gradenwitz S. 153).

[10]) Vgl. zur Probe § 2146 Abs. I Satz 1 und § 2384 Abs. I Satz 1 (Anzeigepflicht) und z. B. besonders deutlich § 1624 Abs. II („die Verpflichtung zur Gewährleistung" — „Gewährleistungspflicht"), sowie § 1468 Nr. 3 („Verpflichtung, Unterhalt zu gewähren") im Vergleich mit den in § 19 sub III genannten Stellen („Unterhaltspflicht"). Ein Beispiel für Neubildung einer im Gesetze selber gar nicht vorhandenen Zusammensetzung wäre die „Ablieferungspflicht" aus § 967.

Vormundes an Erfüllung seiner Pflichten die Rede ist; oder aus § 618 Abs. III (oben § 28 sub V 3), der, wenn der Dienstberechtigte die Fürsorgepflicht für den Dienstpflichtigen nicht erfüllt, auf seine Schadensersatzpflicht rücksichtlich des Gegenstandes und der Art die Vorschriften der §§ 842—846 über die „unerlaubten Handlungen" für anwendbar erklärt, aber [1]) eben damit die Frage nach dem Grunde der Ersatzpflicht (ob überhaupt eine unerlaubte Handlung vorliegt) durchaus nicht bejaht, sondern von den näheren Voraussetzungen der §§ 823 ff. — mithin auch von etwaigem Verschulden [2]) — abhängig bleiben läßt. [3])

VII. Die prinzipielle Verschiedenheit von „Pflichtverletzung" und „Verschulden" enthebt uns der Notwendigkeit, die „Pflichtverletzung" mit den in §§ 31—36 erörterten Begriffen (von denen die in § 35 besprochene „Ordnungswidrigkeit" sowie der in § 36 besprochene „Verstoß gegen die guten Sitten" ebenfalls nicht unter die Verschuldensbegriffe gehört; vgl. § 35 sub III und § 36 sub II 9) zu vergleichen.

VIII. Auch die verhältnismäßig seltenen Bemerkungen des Handelsgesetzbuchs, in denen von Pflichtverletzungen u. dergl. die Rede ist (z. B. [4]) HGB. §§ 61 Abs. I, 72 Nr. 1, 82 Abs. I, 113 Abs. I, 117, 127, 401 Abs. I, 433 Abs. II Satz 2, 511 Satz 2) geben kaum zu Betrachtungen in der Richtung unseres Themas Anlaß. [5])

Dritter Abschnitt.

Die im Gesetz abgegrenzten Tatbestände.

§ 38.

Vorbemerkung (Die „bösliche Verlassung").

Bisweilen gibt uns der Gesetzgeber Winke zur Interpretation der von ihm gehandhabten Begriffe zwar nicht in Form einer Definition bezw. in Form der Supposition eines bequemeren Ausdruckes (oben §§ 31—35), auch nicht in Form eines Musterbeispiels (oben §§ 36 und 37), wohl aber dadurch, daß er die Tatbestände genauer abgrenzt, die er unter den Begriff gestellt wissen will. [6]) Es ist dies zweimal der Fall, wegen der „unerlaubten Handlungen" und wegen der „böslichen Verlassung". Da uns aber für unser Thema nicht sowohl die „bösliche Verlassung", als vielmehr die bei ihrer Abgrenzung im Gesetze (§ 1567 Abs. II,

---

[1]) Dies lehrt gleichzeitig, daß in Beurteilung der Frage, ob die Nichterfüllung der Pflicht zugleich schuldhaft sei, Vorsicht geboten ist.

[2]) Der Fall gehört nicht zu denen, in welchen Titel VII §§ 823 ff. ausnahmsweise nicht auf dem Verschuldungsprinzip aufgebaut ist (vgl. unten § 39 sub I 5 b und c).

[3]) Vgl. auch Oertmann S. 340 sub 4 c (wo ein Druckfehler § 861 statt § 618 nennt), Planck II S. 359/360 Anm. 5 a, Mayring S. 426 oben.

[4]) Nicht hierher gehören die Vorschriften des HGB., nach welchen jemand für „persönlich verpflichtet", d. h. (vgl. HGB. § 731 Abs. I) für verantwortlich, haftbar erklärt wird (HGB. §§ 694 Abs. I, 697, 726 Abs. I und II, 734 Abs. III, 752, 762 Abs. I); nicht hierher gehört ferner die „Beitragspflicht" in HGB. § 731 Abs. III Satz 1, und „Haftpflicht" in HGB. § 459 Abs. III und § 460 Abs. I und III.

[5]) Zu HGB. §§ 117 und 127 („grobe Pflichtverletzung"), im besonderen vgl. oben S. 248 Anm. 2.

[6]) Für derartige Abgrenzungen kann ebensowenig wie (vgl. oben S. 219 Anm. 2) für die Musterbeispiele des BGB. die wegen der Definitionen aufgetauchte Frage nach einer Bedeutung außerhalb des BGB. selber in Erwägung kommen.

oben § 14 B III 1, § 15 I) hervorgehobene „bösliche Absicht" interessiert und wir deshalb den Begriff „böslich" besser im Zusammenhange mit dem Begriffe „Absicht" (unten § 56) — als Spezialfall desselben (in § 57) — behandeln werden,[1]) so bleiben aus den vorher angedeuteten Gesichtspunkten eines gesetzlichen Winkes nur noch die „unerlaubten Handlungen" zu besprechen, was im nächsten § 39 geschehen soll.

§ 39.

Die unerlaubten Handlungen.

I. Unter die im Gesetz selber abgegrenzten und uns daher (§ 38) durch diese Abgrenzung erläuterten Begriffe gehören die „unerlaubten Handlungen", welche der Gesetzgeber bekanntlich in einem besonderen Titel (25) des Buches II Abschnitt 7 zur Darstellung bringt. Wir werden jedoch sehen, daß in Wirklichkeit weder eine genaue Abgrenzung noch eine für uns brauchbare Erläuterung des Begriffes vorliegt.

1. Die Normen des Titel 25 lassen sich nämlich, von dem uns interessierenden Standpunkte betrachtet, in folgende Gruppen zerlegen:

a) §§ 823—826, 833, 835 f., 839 enthalten die einzelnen Tatbestände;

b) §§ 827—832, 834, 837 f., 840 f. sprechen von der persönlichen Haftung bezw. Haftungsfreiheit des Täters und von der Haftung für unerlaubte Handlungen Anderer;

c) §§ 842—855 regeln Maß und Art der Haftung.

2. Eine Abgrenzung des Begriffes, also eine Antwort auf die uns an dieser Stelle beschäftigende Frage, bietet mithin lediglich die Gruppe a.[2]) Denn auch soweit innerhalb der Gruppen 1 b und c der Ausdruck „unerlaubte Handlung" begegnet (nämlich in §§ 830 Abs. I Satz 1, 840 Abs. I, 842, 848, 852 Abs. I und II, 853), ist dieser Ausdruck im Sinne der Tatbestände der Gruppe 1 a zu verstehen. Und ebenso sind die übrigen Stellen, in denen außerhalb des Titels 25 der „unerlaubten Handlungen" gedacht wird (nämlich in §§ 273 Abs. II, 393, 618 Abs. III, 676, 682, 951 Abs. II Satz 1, 992, 1000 Satz 2, 1415 Nr. 1, 1463 Nr. 1, 1536 Nr. 3, 2025 Satz 1, EG. z. BGB. Art. 12; vgl. oben § 28 V 1—3, VI, VII 1 und VIII 1—3), für den Begriff der unerlaubten Handlungen unerheblich und der Ausdruck ist auch hier auf die Tatbestände der ersten Gruppe (1 a) zu verstehen; denn alle diese insgesamt 13 Stellen sagen uns[3]) entweder (§§ 618 Abs. III, 682, 992, 2025 Satz 1; oben § 28 sub V 3, 1 und 2), daß wegen gewisser Vorgänge die Vorschriften über die Wirkung unerlaubter Handlungen (also die Bestimmungen der Gruppe 1 c) zur Anwendung kommen (mit anderen Worten, daß diese Folgen hiernach zu beurteilen sind, gleichviel ob wirklich oder nur fiktiv ein Delikt vorliegt); oder sie (§§ 951 Abs. II Satz 1, 676; oben § 28 sub VI) sagen, die Vorschriften über die unerlaubten Handlungen bleiben unberührt bezw. es tritt eine Ersatzpflicht ein unbeschadet der aus einer unerlaubten Handlung sich ergebenden Verbindlichkeit (so daß also auch hier lediglich ein Tatbestand aus der Gruppe 1 a vorausgesetzt

[1]) Darum wird bei dem Vergleiche der Einzelbegriffe mit einander (vgl. oben § 30 sub I 3) die bösliche Verlassung zunächst außer Betracht bleiben. — Uebrigens sei bemerkt, daß die Aufzählung, welche § 1567 Abs. II in Nr. 1 und Nr. 2 bietet, teils auf das Konto „böslich", teils auf das Konto „verlassen" kommt.

[2]) Gruppe c bleibt für unsere Gesamtaufgabe ganz außer Betracht, Gruppe b wird uns nur in einzelnen Richtungen beschäftigen (unten §§ 75, 77, 83).

[3]) Wegen § 618 Abs. III vgl. oben § 37 sub VI.

wird); oder sie (§§ 1415 Nr. 1, 1463 Nr. 1, 1536 Nr. 3; oben § 28 sub VIII 3) sprechen von Verbindlichkeiten aus einer von einem Ehegatten „begangenen" bezw. (§§ 273 Abs. II, 393, 1000 Satz 2; oben § 28 sub VII 1 und VIII 2) von einer vorsätzlich „begangenen" unerlaubten Handlung, setzen also wiederum die Tatbestände der Gruppe 1 a voraus. Nur EG. z. BGB. Art. 12 (oben § 28 sub VIII 1), der von den im Auslande begangenen unerlaubten Handlungen redet, würde es zweifelhaft lassen, ob hier der Begriff selber nach deutschem Reichsrecht (also nach Titel 25) oder nach dem betreffenden ausländischen Recht, dann also vielleicht, anders — sei es enger, sei es weiter — zu beurteilen sei.[1])

3. Aber auch die Abgrenzung, welche die in Gruppe 1a zusammengestellten Normen geben, kann uns schwerlich zu einer Definition des Begriffes der „unerlaubten Handlungen" führen. Insbesondere deshalb nicht, weil innerhalb dieser Normen zwar die einen — §§ 824, 825, 833, 835, 836 und 839 (oben § 28 II 1 b, 1 c, 2 a, b und c, 1 d) — ziemlich scharf umrissene Tatbestände bieten, hingegen die anderen — §§ 823 (oben § 28 II 1 a und e), und zwar sowohl im ersten Absatz („ein sonstiges Recht eines Andern") wie im zweiten Absatz („ein den Schutz eines Anderen bezweckendes Gesetz"), und § 826 („in einer gegen die guten Sitten verstoßenden Weise"; vgl. oben § 28 II 1 f) — dagegen sich als wahre „Kautschukparagraphen"[2]) und generales clausulae darstellen; ferner deshalb, weil (wie schon oben § 28 II 1 und 2 hervorgehoben wurde) die einen (§§ 823 bis 826 und 839) ein menschliches Handeln (eine wirkliche „Handlung") voraussetzen, die andern (§§ 833, 835, 836) dagegen nicht. Solche disjecta membra zu einem einheitlichen Körper zusammenzufügen, dürfte also von vornherein aussichtslos erscheinen.

4. Der Ausdruck „unerlaubte Handlungen" selber, den das Gesetz auch als Ueberschrift des ganzen Titels benutzt[3]) — es ist dies der einzige Fall, in welchem für unser Thema eine der Ueberschriften des Gesetzes Erwähnung erheischt —, verhilft uns zu einer Begriffsbestimmung ebensowenig, bringt uns aber immerhin der Definition und der Abgrenzung des fraglichen Begriffes gegen einige andere in dieser Abhandlung zu prüfende Begriffe um ein paar Schritte näher:

a) Unter „unerlaubten[4]) Handlungen"[5]) wären zunächst — rein sprachlich — alle Handlungen zu verstehen, die „nicht erlaubt" sind. Diese Erklärung würde aber darum unzulänglich sein, weil sie zu weit gefaßt wäre. Denn das Verbot, welches einer Handlung entgegensteht, kann

---

[1]) Meines Erachtens ist die Frage zu Gunsten des deutschen Rechts zu entscheiden; unerörtert bleibt sie z. B. bei Planck VI S. 43 f., Niedner, Einführungsgesetz, 2. Aufl., Berlin 1901, S. 37 und bei Niemeyer, Das Internationale Privatrecht des BGB. (Berlin 1901).

[2]) Vgl. wegen § 826 bereits oben § 36 sub II 9 S. 228 Anm. 1.

[3]) Diese Ueberschrift wird (wie die Ueberschriften überhaupt) in dem Gradenwitzschen Wort-Verzeichnis — vgl. oben S. 3 Anm. 2 — S. 143 nicht verwertet.

[4]) Ohne Verbindung gerade mit dem Worte „Handlung" begegnet „unerlaubt" nur in BGB. § 61 Abs. II („wenn der Verein nach dem öffentlichen Vereinsrecht unerlaubt ist"). — Ohne Interesse für unsere Fragen ist das Wort „Erlaubnis" („erlauben" fehlt im BGB. gänzlich), das auf die des Gegenkontrahenten (Vermieter, § 549 mehrfach, Verpächter, § 583, Verleiher, § 603 Satz 2) bezw. auf behördliche (staatsrechtliche) Erlaubnis zur Eheschließung (§ 1315 mehrfach) oder zur Vormundschaftsführung (§§ 1784, 1888) geht. — Den Gegensatz zu „Erlaubnis" bildet „Verbot"; über die einschlägigen Gesetzesstellen vgl. bereits oben § 18 A I und II 1 a—d sowie unten § 45 (daselbst sub A I 6 auch über die zahlreichen, hier nicht interessierenden Stellen, in denen das Wort „verbieten" zu finden ist; wegen der „verbotenen Eigenmacht" übrigens unten sub II 3).

[5]) „Handlung" ohne „unerlaubt" begegnet noch (vgl. Gradenwitz S. 85) über 30 Mal; vgl. wegen der „strafbaren" Handlungen oben § 29 und im übrigen z. B. „störende" Handlung in § 863, „willkürliche" in § 918 Abs. I; Genaueres unten § 46 sub C II.

von verschiedenen „Kulturmächten" ausgehen; nicht bloß vom Recht, sondern auch insbesondere von der Religion oder von der Moral. Es bedarf aber der bekannte Satz nicht des erneuten Beweises, daß Religion oder Moral nur soweit für das Rechtsleben inbetracht kommen, als ihre Postulate vom positiven Rechte anerkannt sind und als die ihnen entspringenden Interessen vom Gesetz des rechtlichen Schutzes bedürftig und würdig erklärt worden sind.[1])

b) Danach können wir, ohne Widerspruch befürchten zu müssen, bereits sagen: Unerlaubte Handlungen[2]) sind diejenigen, die vom Recht (im objektiven Sinne) nicht erlaubt sind.

c) Nun erlaubt z. B. das Recht dem Mieter und dem Entleiher nicht, das Miet- oder Leihobjekt über die Dauer des Miets- oder Leihverhältnisses hinaus zu behalten oder innerhalb dieser Periode zu devastieren. Aber auch das darf als bekannt und unbestritten gelten, wird aber weiter unten[3]) noch einmal betont werden, daß man die Verstöße gegen derartige Vertragspflichten (in den angeführten Beispielen die Rückgabepflicht und die Pflicht zu sorgsamer Behandlung) nicht unter die „unerlaubten Handlungen" stellt, daß man diese vielmehr erst da einsetzen läßt, wo die Vertragsverbindlichkeiten aufhören, und daß man sie gerade darum im Gegensatz zu den Kontraktsobligationen als Deliktsobligationen[4]) bezeichnet. Deshalb ist die in der Denkschrift[5]) und in den Protokollen[6]) begegnende Wendung: „Eingriff in fremden Rechtsbereich (Rechtskreis)" auch nur auf außerkontraktliche Eingriffe zu verstehen.

d) Der Ausdruck „Rechtsbereich", „Rechtskreis" deutet ferner richtig an, daß es sich zugleich handeln muß um eine Verletzung (zu Schadensersatz verpflichtende Schädigung) eines subjektiven Rechts[7]) und nicht bloß um einen Verstoß gegen objektives Recht (das freilich stets die Grundlage der subjektiven Rechte, der Berechtigungen, ist), also nicht bloß um eine reine „Rechtswidrigkeit" oder „Widerrechtlichkeit" (oben §§ 25 f.), von denen wir zwar erst später (§§ 44 und 48) sehen werden, daß sie in bloßen Verstößen gegen das objektive Recht bestehen

---

[1]) Das ist nun freilich gerade im Kapitel „Unerlaubte Handlungen" vermöge des § 826 in weitestem Maße, wenigstens für die Moralvorschriften, geschehen; vgl. oben § 36.

[2]) „Handlungen" einschließlich Unterlassungen; vgl. wegen E. I § 704 Abs. I unten sub 6; vgl. auch z. B. Enneccerus-Lehmann I S. 287 sub II 1 und 2, Engelmann S. 128, Cosack I S. 601, Matthiaß I S. 709 sub I, Fischer-Henle S. 419.

[3]) Vgl. über das Verhältnis zwischen kontraktlichem und außerkontraktlichem Verschulden auch unten § 42 sub B VI 6 und C I 2.

[4]) Dieser Ausdruck bezw. ähnliche Wendungen („zivilrechtliche Delikte" u. dgl.) begegnet nicht nur in den Materialien vielfach (vgl. z. B. Mot. II S. 724 a. A., S. 725 gegen Ende, S. 730 zu E. I § 706, und Prot. Bd. I S. 374 zu IV am Rande, Bd. III S. 347), sondern ebenso in der Literatur zum BGB., z. B. bei Enneccerus-Lehmann I S. 287 sub II und Cosack I S. 600/601 („Das Bürgerliche Gesetzbuch stellt drei große Gruppen von Delikten oder — wie es sich schwerfällig ausdrückt — von unerlaubten Handlungen auf"), ferner bei Oertmann S. 552 Anm. 1, Zitelmann S. 165 sub a.

[5]) Denkschr. S. 149 (zweimal).

[6]) Prot. II S. 567 f., 668.

[7]) Enneccerus-Lehmann S. 287/88 bestreitet dieses für die Fälle des § 823 Abs. II und 826; ich meine aber, mit Unrecht, denn auch hier setzt die unerlaubte Handlung eine Schadenszufügung voraus, und ein Schaden kann doch nur vorliegen, wenn ein Recht, insbesondere die Vermögenssphäre, beschädigt worden ist.

können, gegen deren z. B. bei Engelmann[1]), Linckelmann[2]) und Müller[3]) begegnende Identifizierung[4]) mit den „unerlaubten Handlungen" aber gleich hier protestiert werden soll.[5])

e) Daß ferner Eingriffe in den fremden Rechtsbereich dann aus dem Rahmen der unerlaubten Handlungen heraustreten und erlaubt (und von einer Schadensersatzpflicht nicht begleitet) sind, wenn sie zum Zwecke der Selbsthilfe vorgenommen werden,[6]) ist auch genügend bekannt und wird uns bei anderer Gelegenheit (unten sub II 4) genauer beschäftigen.

f) Die sowohl für die Definition wie zugleich und insbesondere auch für unsere Untersuchung ungemein wichtige Frage, ob die unerlaubten Handlungen als begrifflichen Bestandteil ein „Verschulden" voraussetzen, läßt sich aus dem Ausdrucke selber und somit aus der Ueberschrift des 25. Titels nicht beantworten. Wir müssen ihr also unabhängig von dem Ausdrucke und von der Ueberschrift näher zu treten suchen.

5. Ob die „unerlaubten Handlungen" ein „Verschulden" voraussetzen und ob demnach das Verschulden als Begriffsmerkmal in die Definition aufzunehmen ist (oben sub 4 f), hängt davon ab, ob man dies für die oben sub I 1 a aufgezählten Normen des 25. Titels bejahen muß; denn alle anderen Normen des Titels bauen sich auf diesen Tatbeständen auf.

a) Nun lassen sich diese Tatbestände wiederum in Gruppen teilen:

α) Von den ein menschliches Handeln voraussetzenden Tatbeständen der §§ 823 bis 826 und 839 (oben sub 3) operieren, abgesehen von dem § 825, alle ausdrücklich mit den Verschuldensbegriffen des „Verschuldens" schlechthin (§ 823 Abs. II Satz 2, oben § 28 sub II 1 e), des „Vorsatzes" (§ 826, ebenda sub f), des „Vorsatzes" und der „Fahrlässigkeit" (§ 823 Abs. I, ebenda sub a, § 839 Abs. I, ebenda sub d) und des „Kennenmüssens" (§ 824 Abs. I, ebenda sub b); und auch die in § 825 genannten Tatbestände der Bestimmung fremden Willens durch „Hinterlist", durch „Drohung" oder durch „Mißbrauch eines Abhängigkeitsverhältnisses" dürften sich jenen Verschuldensbegriffen mindestens soweit annähern, daß wir vorbehaltlich genauerer Nachprüfung an späterer Stelle[7]) den Tatbestand des § 825 hier getrost den Tatbeständen der §§ 823 bis 826 und 839 zur Seite stellen können.

β) Dagegen lassen die nicht von einem menschlichen Handeln sprechenden

---

[1]) Engelmann S. 128: „unerlaubt oder rechtswidrig sind . . . auch diejenigen Handlungen, welche . . ."; vgl. ebenda und S. 129 den häufig wiederkehrenden Ausdruck „Rechtswidrigkeit"; vgl. aber andererseits wegen Engelmann S. 446 unten S. 263 Anm. 4.

[2]) Linckelmann S. 17.

[3]) Müller, Wilhelm, Der Begriff der unerlaubten Handlung nach dem BGB., Hallenser Diss. 1900 (nicht zu verwechseln mit dem sehr ähnlich titulierten Aufsatze von Gustav Müller in den Blättern für Rechtsanwendung Jahrg. 65, 1900, Nr. 22 S. 373 ff.; vgl. oben S. 93 Anm. 2) widerspricht zwar S. 40 der Behauptung „Unerlaubtheit sei identisch mit der Rechtswidrigkeit und zwar mit der sogen. objektiven Rechtswidrigkeit", meint aber S. 44: „Unerlaubt ist demnach nicht identisch mit objektiv rechtswidrig, sondern nur mit subjektiv d. h. schuldhaft rechtswidrig" und tritt damit wenigstens nicht ausdrücklich dem Verdacht entgegen, daß er neben subjektiver Rechtswidrigkeit nicht auch Verstoß gegen subjektive Rechte verlange.

[4]) Gegen die unbedingte Identität von unerlaubtem und rechtswidrigem Tun auch z. B. Oertmann in der Juristen-Zeitung VIII (1903) Nr. 14 S. 327.

[5]) Genaueres über das Verhältnis der Begriffe vgl. unten § 44 sub A III u. § 48.

[6]) Vgl. Mot. I S. 353.

[7]) Unten §§ 50 f., 59.

Tatbestände der §§ 833, 835 und 836 (gleichfalls oben sub 3) naturgemäß auch nichts von einem Verschulden des Ersatzpflichtigen verlauten [1]) und zwar §§ 833 und 835 überhaupts nichts, § 836 wenigstens nur in der Form des auch sonst im 25. Titel wiederholt begegnenden (vgl. oben § 28 sub III 3) Entlastungsbeweises, welchen man allenfalls dahin ausbeuten kann, daß § 836 überhaupt auf einem Verschulden aufgebaut sei, das nur durch Umkehrung der Beweislast nicht in den Vordergrund gestellt würde.

b) Wenn es auch hier [2]) noch nicht der geeignete Ort ist, die sub a erfolgte Gruppierung zu einer Nachprüfung darüber zu verwerten, ob und wie weit das BGB. dem Verschuldensprinzipe [3]) oder anderen Prinzipien [4]) huldigt [5]), so darf jener Angelegenheit doch immerhin insoweit vorgegriffen werden, daß bereits hier festgestellt werden kann, das Verschuldensprinzip sei nicht die alleinige und ausschließliche Basis, auf welcher Titel 25 seine Tatbestände aufbaut; denn § 836 ist ja höchstens ein verkappter Anhänger des Verschuldensprinzips und §§ 833 und 835 kämpfen mit offenem Visir gegen dieses Prinzip. [6])

c) Daraus würde dann sofort zu folgern sein, daß das „Verschulden" nicht in den Tatbestand der „unerlaubten Handlungen" im Sinne des BGB. gehört: denn unter diesem in der Ueberschrift sichtbaren Banner haben sich eben nicht bloß Parteigänger des Verschuldensprinzips zusammengeschart. Indessen darf man sehr wohl sagen, daß bei dem harten Streite, welchen die Entstehungsgeschichte gerade des 25. Titels aufweist, sich eben auch Flüchtlinge und Ueberläufer aus fremdem Lager in den 25. Titel verirrt oder eingeschlichen haben und daß auch sie nunmehr durch die Fahne des Verschuldensprinzips gedeckt werden. Und der Gesetzgeber selber ist eben im Laufe des Kampfes ein wenig von der Marschroute abgewichen, welche er sich ursprünglich durch die Ueberschrift [7]) „unerlaubte Handlungen" gegeben hatte; diese Ueberschrift ist jetzt also nicht ganz zutreffend, und wenn das Gesetz nicht gern die fremden Lehnworte vermieden hätte, [8]) so würde man vielleicht später in der Devise „Delikte und Quasidelikte" [9]) die richtigen Bannerworte ge-

---

[1]) Ueber den gleichfalls von einem Verschulden schweigenden § 829 vgl. bereits oben § 28 I 1; er baut sich auf den Tatbeständen der §§ 823—826 (oben sub α) auf.

[2]) Vgl. vielmehr erst unten § 72. Die Frage gehört nicht allein in die Lehre von den unerlaubten Handlungen, sondern in die Lehre von der Haftung für Schadensersatz.

[3]) Weshalb ich den Ausdruck „Verschuld*ens*prinzip" statt des üblichen Ausdrucks „Verschuld*ungs*prinzip" wähle, vgl. unten § 42 sub B VI 9.

[4]) Veranlassungsprinzip, Gefährdungsprinzip u. dergl. mehr; vgl. unten § 72.

[5]) Man hat scharf zu scheiden, ob das BGB. überhaupt oder ob unser Titel 25 im besonderen das eine oder das andere Prinzip befolgt habe.

[6]) Aeußerst gezwungen ist es, wenn *Neumann*, Handausg. I S. 387 in den Vorbemerkungen zu Tit. 25 sub A die §§ 833, 835—837 dem Verschuldensprinzip dadurch einzugliedern sucht, daß er es für eine unerlaubte Handlung ansieht, „ein Tier zu halten, ein Jagdrecht zu haben, ein Gebäude zu besitzen, ohne die hiermit verbundenen Gefahren von Anderen fernzuhalten".

[7]) Gegen die Verwertung dieser Ueberschrift erklärt sich insbes. auch Wilh. *Müller* § 4 S. 27 f. Auch *Oertmann* S. 554 Abs. 2 und Eck I S. 600 rügen sie als „nicht besonders passend" bezw. „zu enge"; vgl. auch z. B. *Eltzbacher*, Die Handlungsfähigkeit nach deutschem bürgerlichem Recht Bd. I, Berlin 1903, S. 291 ff. und *Litten*, Ersatzpflicht des Tierhalters, Berlin 1905, S. 133 ff. Aus der Judikatur ebenso *Entsch. des Reichsgerichts* vom 13. Februar 1902 (VI 402/01) in Bd. 50, 1902, Nr. 102 S. 408 ff. auf S. 410 (vgl. auch *Neumann*, Jahrb. I 1 S. 459 Note 3 a).

[8]) Vgl. *meine* Vorträge Bd. I S. 88/89.

[9]) Eine den Quasidelikten (und den Zustandsobligationen schlechthin) entsprechende, in den systematischen Schriften zumeist übliche Rubrik findet sich im BGB. bekanntlich

funden haben. Der nunmehr in der Ueberschrift steckende Fehler ist aber weiterhin für unsere Ausgangsfrage, ob zum Begriffe der „unerlaubten Handlungen" ein Verschulden gehört, um so bedeutungsloser und führt mit um so geringerer Notwendigkeit zur Verneinung der Frage, als bekanntlich Ueberschriften ebensowenig bindend sind wie z. B.[1]) die Marginalbemerkungen zum Preußischen Allgemeinen Landrecht oder auch zu ganz modernen Gesetzen, beispielsweise zu den Ausführungsgesetzen zum BGB.[2]) Und auch an anderer Stelle finden wir innerhalb des BGB. selber, daß es unter der Ueberschrift auch Dinge mitbehandelt, die genau genommen dort nicht hineingehören: so[3]) unter der Ueberschrift „Fund" zu BGB. §§ 965—984 den im Schlußparagraphen besprochenen „Schatzfund" und ferner im „Familienrecht" die Ansprüche des unehelichen Kindes[4]) und seiner Mutter gegen den unehelichen Vater (BGB. §§ 1708 ff.). Auch im 25. Titel hat der Gesetzgeber lediglich den eigentlichen unerlaubten Handlungen (Delikten) zugleich gewisse Tatbestände, die sog. Quasidelikte,[5]) angegliedert und mit jenen — die ja auch äußerlich den Ausgangspunkt des gesamten Titels bilden — zusammen erledigt, da sie in den Voraussetzungen immerhin eine ungefähre Aehnlichkeit aufweisen und in den Folgen genau ebenso geregelt werden sollten.

d) Glaubt man jedoch — trotz Anerkennung des unleugbaren Umstandes, daß der Gesetzgeber bei Einstellung der einzelnen Tatbestände in den 25. Titel sich, vom Standpunkte des Verschuldensprinzips betrachtet, einer Inkonsequenz schuldig gemacht hat — durchaus, die Frage, ob die „unerlaubten Handlungen" im Sinne des BGB. ein „Verschulden" voraussetzen, einheitlich beantworten zu sollen, so wird man nicht zweifeln dürfen, daß man die Antwort zu Gunsten des Verschuldensprinzips[6]) erteilen und die §§ 833 und 835 als leges fugitivae bezeichnen muß.[7])

6. Diese Auffassung stimmt mit der des I. Entwurfs jedenfalls überein. Denn dieser sagt in dem 1., die „Allgemeinen Vorschriften" enthaltenden Titel des dritten Abschnittes (der die Ueberschrift „Schuldverhältnisse aus unerlaubten Handlungen" trägt) § 704 Abs. I: „Hat jemand durch eine aus Vorsatz oder

---

nicht. Ob man (vgl. Enneccerus-Lehmann I § 116 sub III S. 288/289) richtiger für das jetzige Recht auch den Begriff der Quasidelikte ganz zu Gunsten des Begriffes der gesetzlichen Obligationen überhaupt fallen läßt, kann hier unerörtert bleiben.

[1]) Vgl. Foerster-Eccius Bd. I § 12 (7. Aufl., Berlin 1896, S. 72).

[2]) Beispiele aus den zum BGB. ergangenen Ausführungsgesetzen für Sachsen-Meiningen (Art. 25) und Sachsen-Koburg-Gotha (Art. 3) vgl. in meinem Aufsatz „Der Name der Findelkinder und anderen Namenlosen" (in der Zeitschrift „Das Standesamt", herausg. von Schmitz, Jahrg. 2 Nr. 8, Meiderich 15. April 1903, S. 91; Sonderabdruck, Meiderich und Leipzig 1903, S. 30) Anm. 95.

[3]) Vgl. ebenda Anm. 119 („Standesamt" Nr. 9, 1. Mai 1903, S. 106, Sonderabdruck S. 38) und Weyl, Vorträge Bd. II S. 56. — Ein weiteres Beispiel ist die Ueberschrift zu Buch IV Abschnitt I Titel 4; vgl. Opet S. 84 Note 1.

[4]) Vgl. wegen des unehelichen Kindes den sich aus BGB. § 1589 Abs. II ergebenden Beweis.

[5]) Als solche behandelt die §§ 833 usw. auch z. B. Kuhlenbeck, Von den Pandekten II § 60 ff. S. 371 ff.

[6]) Vgl. ebenso z. B. Planck II S. 600, Oertmann S. 553 sub 3, Meisner S. 291 sub 5, Endemann I S. 1261 Anm. 19, S. 1273 Anm. 10. Gegenteilig (zu Gunsten des Veranlassungsprinzips) z. B. Dittenberger, Der Schutz des Kindes gegen die Folgen eigener Handlungen im BGB. (Berlin 1903) S. 77 ff.

[7]) Auch eine Entsch. des Reichsgerichts vom 24. Nov. 1902 (VI 112/02) in Bd. 53 (1903) Nr. 31 S. 114 ff. nimmt S. 121 an, daß der Ausdruck mehr umfaßt als nach bisherigem Sprachgebrauche; vgl. auch Eck I S. 600 Anm. 1.

Fahrlässigkeit begangene widerrechtliche Handlung — Tun oder Unterlassen — einem andern einen Schaden zugefügt . . ." Danach wäre „unerlaubte Handlung" die vorsätzlich oder fahrlässig, m. a. W. (vgl. genauer unten § 42) schuldhaft begangene widerrechtliche Handlung, durch die einem Andern (außerhalb eines bestehenden Vertragsverhältnisses, vgl. unten sub II 2 c γ) ein Schaden zugefügt wird.]

7. Bei dieser Definition befinden wir uns in Uebereinstimmung mit der durchaus vorherrschenden[1]) Auffassung der Literatur[2]) zum BGB., soweit sie überhaupt den Begriff der unerlaubten Handlungen definiert, was z. B.[3]) nicht der Fall ist bei Cosack (I S. 600 ff.), Dernburg (II 2 S. 608 ff.), Kipp (II S. 886 ff.), Matthiaß I S. 707 ff.), Meisner (II S. 287 ff.), Planck (II S. 599 ff.). — von Liszt, Deliktsobl. S. 3, definiert den Begriff dahin: „Delikt ist jede schuldhafte, rechtswidrige Verletzung fremder rechtlich geschützter Interessen". Dieser Definition schließt sich — unter ausdrücklicher Berufung auf von Liszt — auch Oertmann S. 553 sub 2 an; ebenso z. B. Engelmann,[4]) Kuhlenbeck[5]) und Wilh. Müller.[6]) — Aehnlich heißt es bei Enneccerus-Lehmann Bd. I § 116 S. 287 sub II: „Delikt oder unerlaubte Handlung ist . . . ein verschuldetes Unrecht,[7]) an welches die Rechtsordnung als selbständige Folge eine Schadensersatzpflicht knüpft". Vgl. ähnlich auch Landsberg I § 157 S. 554 sub 3.

8. Es ist in der Literatur übrigens streitig, ob das BGB. selber[8]) diesen allgemeinen Deliktsbegriff kenne und seinen Bestimmungen zu Grunde lege. Diese Frage darf aber nicht etwa dahin verstanden werden, ob es den Ausdruck als solchen an die Spitze stellt — das tut es in der Ueberschrift zweifellos, diese ist aber ebenso zweifellos, wie schon (sub 5 c) bemerkt, unverbindlich —; sondern die Frage ist die, ob es ihn inhaltlich in seinen §§ 823 ff. anerkennt und etwa in

[1]) Anderer Ansicht, soweit ich sehe, nur Dittenberger a. a. O. S. 75 ff. Vgl. aber etwa noch Liepmann (oben S. 137 Anm. 1) S. 17, Henrici in Gruchots Beitr. 42 (1898) S. 625 ff.

[2]) Wegen der Spezialliteratur zu den „unerlaubten Handlungen" vgl. die Anmerkungen in diesem Paragraphen und im übrigen die Maassche Bibliographie. Erst während der Drucklegung war mir die Dissertation von Pürschel, Begriff und Verjährung der Ansprüche aus unerlaubten Handlungen (Breslau 1903) zugänglich, garnicht die Göttinger Dissertation (Oldenburg 1904) von Rumpf, die Teilnahme an unerlaubten Handlungen.

[3]) Ebenso z. B. nicht bei Jung und Lühl sowie bei Schollmeyer, Recht der einzelnen Schuldverhältnisse (S. 109 ff.) und bei Rümelin, Culpahaftung und Causalhaftung, im Archiv. f. civilist. Praxis, Bd. 88, 1898, S. 285 ff. und derselbe, Verwendung der Causalbegriffe, ebenda Bd. 90, 1900, S. 171 ff.; ferner nicht bei Lenel, Zum Begriffe der unerlaubten Handlung im BGB., in der Juristen-Zeitung II (1897) S. 409 ff. und bei Mittweg, Die unerlaubten Handlungen nach BGB., Erlanger Dissertation, Trier 1899.

[4]) Engelmann sagt S. 446 (oben), auch nach BGB. sei trotz seines Schweigens Delikt „die rechtswidrige und schuldhafte Verletzung fremder rechtlich geschützter Interessen"; vgl. auch ebenda (S. 446 a. E.): „Eine unerlaubte Handlung ist nach dem BGB. . . . nur die verschuldete rechtswidrige Verletzung eines fremden Rechtsgutes."

[5]) Kuhlenbeck, Von den Pandekten II § 54 S. 354.

[6]) Müller, Wilh. (oben S. 260 Anm. 3) faßt seine detaillierte Untersuchung S. 45 dahin zusammen: „Auch im Sinne des BGB. ist unerlaubte Handlung nur die schuldhaft rechtswidrige Handlung".

[7]) Verschuldet, schuldhaft muß die Rechtsverletzung sein, nicht die Schadenszufügung; vgl. Kipp II S. 887.

[8]) Der Entwurf hatte in § 704 zweifellos einen solchen allgemeinen Deliktsbegriff; vgl. auch Mot. II S. 725: „Soll ein in allen Fällen ausreichender Schutz gegen unerlaubte Handlungen gewährt werden, so ist die Schadensersatzpflicht nicht an einzelne bestimmte, möglicherweise nicht erschöpfend gestaltete Delikte zu knüpfen, sondern allgemein als die mögliche Folge einer jeden unerlaubten Handlung hinzustellen".

der Eingangsnorm des § 823 Abs. I „an die Spitze" stellt".[1]) Dies bejahen Oertmann[2]) im Anschluß an die Denkschrift[3]), Planck,[4]) Kuhlenbeck[5]) und Müller,[6]) während es Crome,[7]) von Liszt,[8]) Engelmann,[9]) Matthiaß,[10]) und Zitelmann[11]) mit gutem Grunde leugnen[12]). Dabei wird aber allseits und auch von Oertmann und Planck a. a. O. zugegeben, daß das BGB. den allgemeineren Begriff, sofern es ihn aufgestellt hat, sofort wieder opferte und auf bestimmte Tatbestände[13]) (nämlich auf die in §§ 823—826, 833, 835, 836 und 839 angegebenen), beschränkte[14]) — und zwar „in kasuistischer, nicht immer einwandfreier Weise" [15]) — und andererseits über die schuldhafte Rechtsverletzung hinaus durch Aufnahme der Haftung für Tier- und Gebäudeschaden (§§ 833 ff.) ausdehnte. Wir stoßen also auch hier abermals auf den Widerspruch zwischen der Ueberschrift des Titels 25 und seinem Inhalt und finden letzteren teils eingedämmt, teils durch Auffsaugung gewisser Zustandsobligationen verwässert. Da nun aber diese Eindämmung und Verwässerung zugleich eine Trübung verursacht haben, wird man im Grunde lieber mit Endemann[16])

---

[1]) Ob Crome II S. 1013 (vgl. unten Anm. 7), dem ich diese Wendung entnehme, dabei meint: als Ueberschrift des 25. Titels oder als Eingangsnorm (§ 823 bezw. § 823 Abs. I), erhellt nicht.

[2]) Oertmann S. 553 sub 2: „Auch das BGB. kennt, wie sich gleich aus der allgemeinen Norm des § 823 ergibt, einen allgemeinen Deliktsbegriff, s. auch Denkschr. S. 148."

[3]) Denkschr. S. 148: „Nach dem Vorbilde der meisten neueren Gesetzgebungen (vergl. Preuß. ALR. I, 6 §§ 10 ff., Code civ. Art. 1382, 1383; Sächs. Gesetzbuch §§ 116, 117, 773 ff., 1483 ff.) erkennt der Entwurf nicht, wie das Röm. R., eine Schadensersatzpflicht nur für bestimmte unerlaubte Handlungen an, sondern er regelt die Voraussetzungen der Haftung aus solchen Handlungen auf allgemeiner Grundlage".

[4]) Planck II S. 599.

[5]) Kuhlenbeck a. a. O. S. 357.

[6]) Müller a. a. O. S. 45: „Es liegt deshalb auch nicht der mindeste Grund vor, für das BGB. einen anderen Deliktsbegriff aufzustellen, als für das seitherige Recht".

[7]) Crome II S. 1013: „Indessen scheute man sich, einen allgemeinen Deliktsbegriff . . . an die Spitze zu stellen und beschränkte die einheitliche Regelung im wesentlichen auf die Folgen."

[8]) von Liszt S. 3 meint, „daß dem BGB. der einheitliche Deliktsbegriff fehlt, wie ihn das preußische Landrecht und der code civil sowie die meisten übrigen neuen Gesetze und Entwürfe aufgestellt haben" und S. 6: „Das BGB. hat sich auf einen vermittelnden Standpunkt gestellt. Ihm ist der einheitliche Deliktsbegriff nicht fremd. Aber es hat ihn in demselben Augenblick wieder preisgegeben, in dem es ihn aufgenommen hatte".

[9]) Engelmann S. 445/446 und S. 446 am Schluß des § 149.

[10]) Matthiaß I S. 709 sub I.

[11]) Zitelmann S. 165 sub a.

[12]) Vgl. auch Dernburg II 2 S. 610/611 und auch Endemann I S. 1261 Anm. 19.

[13]) Daß diese Tatbestände in ihren einzelnen Bestandteilen für unser Thema nicht interessieren, wurde bereits oben § 1 sub II bemerkt.

[14]) Vgl. über von Liszt S. 6 oben Anm. 8; mit ihm Oertmann a. a. O.; ferner Denkschrift S. 148 f.: „Andererseits begnügt er (der Gesetzgeber) sich aber auch nicht nach dem Vorgange des Französischen Rechtes mit der Aufstellung des unbestimmten Grundsatzes, daß, wer widerrechtlich aus Vorsatz oder Fahrlässigkeit einem Anderen Schaden zufügt, diesem zum Ersatze des Schadens verpflichtet ist. Vielmehr begrenzt er die Voraussetzungen der Schadensersatzpflicht schärfer, um dadurch eine feste gesetzliche Grundlage für die richterliche Entscheidung zu schaffen." — Vgl. ferner Engelmann S. 446.

[15]) Crome II S. 1014 oben.

[16]) Endemann in der 5. Aufl. (1899) I § 200 a. E. S. 911: „Aus alledem ergibt sich, daß sich eine einheitliche Definition der unerlaubten Handlungen nicht geben läßt. Alle gegebenen Bestimmungen müssen hierfür zusammengehalten werden."

und mit Enneccerus-Lehmann[1]) auf eine Begriffsbestimmung für unerlaubte Handlungen verzichten mögen.[2]) Dazu kommt, daß diese zu keinen praktischen Folgen führt, und daß nur ein terminologischer Streit gegeben ist, der uns um so weniger interessiert, als wir ja über das Verhältnis der unerlaubten Handlungen zum Verschulden bereits (oben sub 5) Klarheit gewonnen haben.

9. Dies Verhältnis der unerlaubten Handlungen zum Verschulden — wobei vorsichtshalber daran erinnert sein mag, daß wir die „unerlaubten Handlungen" hier im Sinne der Mehrzahl der Tatbestände aus Titel 25 verstehen (oben sub 5 d) — geht nun des genaueren dahin, daß die unerlaubten Handlungen spezielle Anwendungsfälle des Verschuldens oder, richtiger gesagt, Spezialfälle der auf Verschulden aufgebauten, ein Verschulden voraussetzenden Tatbestände sind. Daß dabei die einzelnen in Titel 25 besprochenen Delikte eine verschiedene Art von Verschulden aufweisen — teils Vorsatz allein, teils Fahrlässigkeit allein, teils beides zusammen; vgl. oben sub 5 a α — macht für die systematische Eingliederung der „unerlaubten Handlungen" in das „Verschulden" ebensowenig aus, wie der Umstand, daß vereinzelte sonstige Gesetzesstellen (vgl. oben § 5 sub A II 2 und 3) lediglich die vorsätzlichen Delikte als Grundlage ihrer Anordnungen verwerten.

II. Nicht bloß das Verhältnis, in welchem die „unerlaubten Handlungen" zum „Verschulden" stehen (oben sub I 5 und 9), ist von prinzipiellem Interesse und für die volle Erkenntnis des Begriffes von großem Wert, sondern auch das Verhältnis der unerlaubten Handlungen zu manchen anderen Rechtsbegriffen[3]) oder Rechtsvorgängen verdient beleuchtet zu werden:

1. Das schon (sub I 4 d) gestreifte Verhältnis zur „Widerrechtlichkeit" und desgleichen das Verhältnis zu den „strafbaren Handlungen"[4]) wird zweckmäßiger erst zur Erörterung gelangen, nachdem wir uns über diese Begriffe selber (in § 48 und § 47) orientiert haben.

2. Wegen der bisher (in §§ 31—37) genauer besprochenen Begriffe ist folgendes zu bemerken:

a) Mit „Fahrlässigkeit" (§ 31) und dem ihr vrwandten „Kennenmüssen" (§ 32) sowie mit „unverzüglich" (§ 33) stehen die unerlaubten Handlungen in derjenigen Beziehung, die sich durch die gemeinschaftliche Verwandtschaft mit dem „Verschulden" überhaupt ergibt; dabei befinden sich Mangel unverzüglichen Handelns und unerlaubte Handlungen als Tatbestände, die sowohl Vorsatz wie Fahrlässigkeit umfassen,

---

[1]) Enneccerus-Lehmann I § 116 S. 288 sub III sagt wegen der „Quasidelikte", worunter er die Tatbestände der §§ 833 und 835 versteht: „Wollte man sie zu den Deliktsobligationen rechnen, so könnte der Deliktsbegriff nur in ganz formaler und nahezu wertloser Weise dahin bestimmt werden: Delikte sind die im Titel 25 des zweiten Buches des BGB. geregelten Tatbestände."

[2]) Vgl. auch Gustav Müller a. a. O. (oben S. 260 Anm. 3) S. 373, dem der Ausdruck als „weder ein rein technischer noch ein wissenschaftlicher" erscheint und der ihn, was aber wohl zu weit geht, nur als „eine Art Abbreviatur" betrachtet.

[3]) In gar keinem Zusammenhang, nicht einmal in einem so äußerlichen wie mit der unerlaubten Eigenmacht und der unerlaubten Selbsthilfe (unten sub 3 und 4) stehen die unerlaubten Handlungen mit den sog. „unerlaubten Bedingungen", deren z. B. Mot. I S. 267 f. und V S. 19 ff. gedenken, und mit den sog. „unerlaubten Rechtsgeschäften", deren z. B. die Ueberschrift zu E. I Buch I Tit. 6 (§§ 105—106) und die Ueberschrift zur entsprechenden Stelle der Motive (I S. 210) sowie die Marginalbemerkung der Prot. I Nr. 21 II S. 122 Erwähnung tun. — Im Gesetz begegnet weder der Ausdruck „unerlaubte Bedingungen" noch der Ausdruck „unerlaubte Rechtsgeschäfte". „Unerlaubt" findet sich außer in Verbindung mit „Handlung" lediglich noch in § 61 Abs. II; vgl. oben S. 258 Anm 4.

[4]) Vgl. zu diesem Punkte einstweilen Meves in Goltdammers Arch. f. Strafrecht Jahrg. 46 (Berlin 1898/99) S. 81 ff.

auf gleicher Linie, während Fahrlässigkeit und Kennenmüssen in einen engeren Sonderkreis gehören; durch Vermittlung der (groben) Fahrlässigkeit endlich ergeben sich Beziehungen auch zwischen den unerlaubten Handlungen und der „Bösgläubigkeit" (§ 34).[1])

b) Keine Beziehungen begrifflicher Art bestehen dagegen zwischen den „unerlaubten Handlungen" und der — rein objektiv gestalteten — „Ordnungswidrigkeit" (§ 35).

c) Keine Beziehungen begrifflicher Art bestehen ferner zwischen den „unerlaubten Handlungen" einerseits und den „Verstößen gegen die guten Sitten" (§ 36) bezw. der „Pflichtverletzung" (§ 37) andererseits, da diese Begriffe prinzipiell[2]) unabhängig von subjektivem Verschulden sind.[3]) Das hindert aber nicht, daß gegebenen Falles ein und derselbe Tatbestand unter beide Begriffe fallen kann, und wie leicht dies möglich ist, lehren BGB. § 826 (oben § 36 sub II 9) sowie BGB. §§ 839, 841 und 832 (oben § 19 sub II 1 und 2). Deshalb bedarf das angedeutete Verhältnis denn doch auch aus praktischen Gründen noch der genaueren Untersuchung.

α) Unerlaubte Handlungen und unsittliche brauchen nicht zusammenzufallen. Man kann hierfür als Beispiel die außereheliche Schwängerung und die aus ihr resultierenden Verpflichtungen des Schwängerers gegen die Geschwängerte (BGB. § 1715 f.) und gegen das uneheliche Kind (BGB. §§ 1708 ff.) anführen, die, wie Mot. IV S. 788 (vgl. S. 907) mit Recht annehmen, zwar „materiell aus einer unsittlichen Handlung entspringen", aber keine Deliktsobligationen sind; und umgekehrt wäre z. B. eine fahrlässige Sachbeschädigung (BGB. § 823 Abs. I) zwar eine unerlaubte, aber keine unsittliche Handlung. Andererseits aber kann beides zusammenfallen, so, wenn gerade ein Tatbestand des § 825 (oben § 28 sub II 1 c) zu einer Schwängerung geführt hat, und vor allem, weil über das gewählte Beispiel der außerehelichen Beiwohnung hinaus und ganz generell § 826, wie schon sub c angedeutet wurde, die unsittlichen Handlungen, sofern sie eine Schadenszufügung ergeben, die auf Vorsatz beruht, in den Kreis der Deliktsobligationen aufgenommen hat; aber einer derartigen ausdrücklichen Aufnahme in den Kreis der unerlaubten Handlungen bedurfte es; denn „das, was nur gegen die Sitte verstößt, wird zur unerlaubten Handlung" erst dann, „wenn das Recht an die unsittliche Handlung Folgen knüpft".[4])

β) Unerlaubte Handlungen und Pflichtverletzungen gehen nicht nur in ihren Voraussetzungen (oben sub c), sondern auch in ihren Rechtsfolgen weit auseinander, da die Rechtsfolgen der

---

[1]) Eine Parallele besteht auch darin, daß beide Begriffe in ihrem weitesten, umfassendsten Sinne neben den Fällen eines Verschuldens auch Fälle umfassen, in denen Verschulden nicht vorliegt; vgl. wegen der unerlaubten Handlungen das oben sub I 5 a β, wegen der Bösgläubigkeit das in § 34 sub I 2 Bemerkte.

[2]) Das Verhältnis von Regel (kein Verschulden) und Ausnahme (Verschulden) ist also bei ihnen gerade umgekehrt wie bei den unerlaubten Handlungen, bei denen (vgl. oben sub I 5) das Verschulden die Regel, der Mangel des Verschuldens die Ausnahme bildet.

[3]) Näheres oben § 36 sub II 9 a, b, f, g und h und § 37 sub IV 1.

[4]) Engelmann S. 442 § 147; vgl. auch z. B. Cosack I § 163 S. 606 sub 2 a.

unerlaubten Handlungen fast (vgl. oben § 28 VII) ausschließlich[1]) in Schadensersatzpflicht bestehen, die der Pflichtverletzungen dagegen (vgl. oben § 19 V 2) sich auch nach allerhand anderen Richtungen äußern.

γ) Von ganz besonderem Interesse ist das Verhältnis zwischen unerlaubten Handlungen und Verletzung einer Vertragspflicht. Daß auch hier die Folgen prinzipiell durchaus verschieden sind, zeigt z. B. ein Blick auf die Zusammenstellung, die wegen des „vertragswidrigen Verhaltens" in § 16 II Nr. 1—4 gegeben wurde; allerdings können und werden die Folgen — ebenso wie die Voraussetzungen (vgl. BGB. § 276 Abs. I mit BGB. §§ 823 ff., insbes. § 823 Abs. I) — sehr oft die gleichen sein, nämlich in Verantwortlichkeit (Vertretungspflicht) des Urhebers der Verletzung bestehen. Die Begriffe selber aber sind und bleiben verschieden von einander, wennschon sie beide unter den weiteren Begriff des subjektiv rechtswidrigen Verhaltens einzustellen sind, der sich eben in außerkontraktliches und kontraktliches Verschulden spaltet. Daß Kontraktsverletzung und Delikt einander begrifflich ausschließen, nehmen auch die Materialien[2]) und die Literatur[3])[4]) an, und als positive Gesetzesvorschrift, die dieselbe Auffassung an den Tag legt, sei Art. 14 § 1 Abs. III[5]) des Preußischen Ausführungsgesetzes zum BGB. erwähnt. — Trotz der begrifflichen Verschiedenheit können nun aber gerade wegen der in dem Verschulden liegenden Identität der Voraussetzungen sehr wohl beide Begriffe mit einander im Einzelfall konkurrieren (wie auch schon sub I 4 c angedeutet wurde); für solche in der Literatur[6]) bereits aufs lebhafteste diskutierte

---

[1]) Auf die Frage, ob es auch Unterlassungsansprüche aus unerlaubten Handlungen gibt (vgl. neuestens Oertmann in der Juristen-Zeitung IX, 1904, Nr. 13 S. 616 ff.; aus der Judikatur vgl. z. B. Erkenntnis des OLG. Celle vom 5. Mai 1902 bei Mugdan und Falkmann V, 1902, Nr. 49 a S. 239 f.), kann hier nicht eingegangen werden.

[2]) Vgl. Mot. II S. 727.

[3]) Vgl. (zugleich zum Weiteren) aus der Literatur z. B. Crome II § 324 S. 1011 f. und derselbe in der Juristen-Zeitung IX, 1904, Nr. 1 S. 14 ff., Dernburg II 1 § 64 S. 138 f. (II 2 S. 614 Anm. 11), Endemann I § 200, 8. u. 9. Aufl. S. 1255 ff. (gegen seine früheren Ausführungen sehr modifiziert), Engelmann S. 128, 442, Enneccerus-Lehmann I § 358 sub II S. 836 f. (auch S. 287 Anm. 1), Kipp II S. 888 sub e, Linckelmann S. 20 f., von Liszt S. 10 ff., Mayring S. 706 f. sub III, Oertmann S. 37 sub 3, S. 557 sub c, Planck II S. 602 f., Zitelmann S. 165 sub B 1, auch Pürschel a. a. O. S. 21 f.; vgl. auch Neumann, Jahrb. I 1 S. 460 Note 3 b; etwas abweichend z. B. Cosack I § 163 S. 603 c (anders und gleich dem im Text Gesagten aber S. 605 sub b, S. 606 sub 2 b); anscheinend anders auch Fischer-Henle S. 154 Note 1 und S. 419.

[4]) Als Beispiel von einschlägiger Judikatur vgl. Entsch. des OLG. Dresden vom 27. März 1902, mitgeteilt von Warneyer im „Recht" VI (1902) S. 236 Nr. 1137 (vgl. Neumann, Jahrb. I 1 S. 460 Note 3 b).

[5]) Hier heißt es: „Der Dienstberechtigte kann seine Entschädigungsansprüche wegen Verletzung der dem Gesinde aus dem Dienstverhältnis obliegenden Verpflichtungen gegen dessen Lohnforderung aufrechnen." Diese Vorschrift würde zweifellos bei begrifflichem Zusammenfallen von Kontraktsverletzung und Deliktsobligation einen dem Verhältnis des Reichsrechts zum Partikularrecht (EG. z. BGB. Art. 55, Art. 3) widersprechenden Verstoß gegen BGB. § 393 (oben § 28 VIII 2) enthalten. Vgl. freilich zur Möglichkeit von unbeabsichtigten Widersprüchen zwischen den Ausführungsgesetzen zum BGB. und dem BGB. selber meine oben S. 262 Anm. 2 und 3 angedeuteten Beobachtungen.

[6]) Vgl. außer den Angaben oben Anm. 3 noch z. B. die Greifswalder Dissertationen von Behrend und von Stipanski, Konkurrenz der Kontraktsklage mit der Delikts-

Fälle wird man nun wohl sagen müssen: wenn eben ein und dieselbe schuldhafte Handlung sowohl ein Delikt wie eine Vertragsverletzung enthält, löst der gemeinsame Tatbestand auch beide Rechtsfolgen aus; und zwar — abgesehen von der Folge, daß, soweit beide Ansprüche sich decken, mit Befriedigung des einen auch der andere getilgt wird [1]) — jede der beiden Rechtsfolgen selbständig für sich und ohne Beeinflussung der anderen, so daß also z. B. die Haftung aus dem Gesichtspunkte der unerlaubten Handlung keineswegs beeinträchtigt wird [2]) durch den Umstand, daß die Folgen der Kontraktsverletzung im Einzelfall auf Vorsatz allein oder Vorsatz und grobe Fahrlässigkeit abgestellt sind, sei es durch das Gesetz (vgl. z. B. § 521, oben § 5 sub B I 1 b α), sei es durch Abrede (§ 276 Abs. II, oben § 5 sub A II 1). [3])

3. Die „unerlaubten Handlungen" und die „verbotene Eigenmacht", welche in §§ 992 und 2025 Satz 1 (oben § 28 sub V 2) gleichzeitig erwähnt werden, indem der Besitzer (Erbschaftsbesitzer), der „sich durch verbotene Eigenmacht . . . den Besitz verschafft . . , dem Eigentümer nach den Vorschriften über den Schadensersatz wegen unerlaubter Handlungen" haften soll, stehen zunächst in keiner begrifflichen Beziehung zu einander. Daß sie nicht identisch sind, würde schon aus der Aufstellung der Normen selber, die ja sonst überflüssig wären, folgen. Auch ergibt § 858 Abs. I, daß die verbotene Eigenmacht etwas lediglich objektives [4]) ist; §§ 992 und 2025 wollen also offenbar sagen: [5]) der Besitzer haftet in der in Buch II Abschn. 7 Titel 25 angegebenen Art, falls zu dem objektiven Moment der verbotenen Eigenmacht die subjektiven Voraussetzungen und auch die objektiven Tatbestandsmomente der §§ 823 ff. hinzutreten. Es wird dies auch durch einen Blick auf den entsprechenden § 935 des I. Entwurfs bestätigt, der — allerdings ohne Rücksichtnahme auf Fahrlässigkeit — gleichfalls die „Verpflichtung zum Schadensersatze nach den Vorschriften über die Haftung aus unerlaubten Handlungen" davon abhängig macht, daß sich der Besitzer den Besitz „durch eine vorsätzlich begangene unerlaubte Handlung" verschafft habe. [6]) — Auch Prot. V Nr. 390 II S. 721 (zu § 2025) bemerken ausdrücklich:

---

klage (1900 S. 16 ff. bezw. 1901 S. 10 ff.), Mittweg (oben S. 263 Anm. 3) S. 5, Wilh. Müller (oben S. 260 Anm. 3) S. 12/13, Josef, Rechtserwerb aus unerlaubten Handlungen (im Archiv für Bürgerliches Recht Bd. 20, Berlin 1902, S. 44 ff.) S. 46, Neumann, Jahrbuch I 1 S. 460 Note 3 b, Isay (oben S. 101 Anm. 3 a. E.) S. 398 ff., Crome in der Juristen-Zeitung a. a. O. S. 20 sub IV.

[1]) Vgl. insbes. Enneccerus-Lehmann a. a. O. S. 837.

[2]) a. A. z. B. Gustav Müller a. a. O. S. 375 und schon v. Liszt S. 13, den aber Enneccerus-Lehmann a. a. O. S. 837 Anm. 3 sub b und Planck II S. 603 (unter irrigem Zitat von Liszt S. 201), sowie betreffs der gesetzlichen Schranken Crome a. a. O. S. 1015 Anm. 32 m. E. genügend widerlegt haben.

[3]) Weiter kann auf die interessante Frage — interessant wäre es auch, die Parallele mit der strafrechtlichen Gesetzes- bezw. Verbrechenskonkurrenz zu prüfen — und ihre Einzelheiten an dieser Stelle und überhaupt in dieser Abhandlung nicht eingegangen werden. Für uns genügt es ja, daß das „Verschulden" beidemal begrifflich dasselbe ist.

[4]) Vgl. z. B. Fischer-Henle S. 451 Anm. 6 und Prot. III Nr. 216 II S. 348: „Handlungen . . ., die objektiv sich als verbotene Eigenmacht darstellen. . . . . . Denn die eigenmächtige widerrechtliche Entziehung des Besitzes enthalte ein objektives Unrecht".

[5]) Vgl. in diesem Sinne auch Planck III S. 262 sub 2 a, V S. 169 sub 3, Biermann S. 197, Kober S. 254 sub b; vgl. auch Cosack II § 211 S. 164 sub V 3 a. E.

[6]) Sowohl E. I § 935 wie BGB. §§ 992 und 2095 (und — durch Hinweis auf E. I § 935 — der entsprechende § 2086 E. I) statuieren die gleiche Haftung, auch wenn die Be-

„Allerdings trete die Haftung nur ein, wenn den Erbschaftsbesitzer ein Verschulden treffe" d. h. also, wenn außer dem objektiven Moment der verbotenen Eigenmacht das subjektive Moment des Verschuldens obwaltet; und nicht minder deutlich sagen die Prot. III Nr. 316 II S. 348: „Aus der Anwendung der Vorschriften über unerlaubte Handlungen folge, daß die Verpflichtung zum Schadensersatze nur eintrete, wenn dem Täter ein Verschulden zur Last falle, wenn er also gewußt habe oder habe wissen müssen, daß er unerlaubte Eigenmacht begehe. Eine solche Spezialisierung der Voraussetzungen, unter welchen eine weitergehende Haftung des Besitzers nach den Grundsätzen über die Haftung aus unerlaubten Handlungen eintreten solle, verdiene den Vorzug vor einem allgemeinen Vorbehalte, wie ihn" . . . . . usw.

4. Wie die eben erwähnte Bemerkung der Prot. III S. 348 von „unerlaubter" Eigenmacht spricht, so ist mehrfach in den Materialien — aber nicht im BGB. selber — auch die Rede von „unerlaubter Selbsthilfe".[1]) Zunächst hatte E. I § 188 gesagt: „Selbsthilfe mittels Handlungen, welche an sich unerlaubt sind, ist unerlaubt, soweit nicht das Gesetz ein Anderes bestimmt." Diese Vorschrift ist aber gestrichen worden, was laut Prot. I Nr. 36 II S. 241 (unter der Marginalbemerkung „Unerlaubte Selbsthilfe") damit begründet wurde: „Man war der Ansicht, die Bestimmung sei doktrinärer Natur und um so mehr entbehrlich, als der § 189 [2]) die Fälle der erlaubten Selbsthilfe im einzelnen aufführe." — Ferner enthielten Mot. I S. 353 (zu E. I § 188) Bemerkungen, die für den ihnen wohl bewußten Unterschied zwischen „unerlaubter Selbsthilfe" und „unerlaubten Handlungen" charakteristisch und noch jetzt zutreffend sind. Sie reden von „Fällen der erlaubten Selbsthilfe in dem Sinne, daß zu ihrer Verwirklichung auch eine an sich unerlaubte Handlung vorgenommen werden darf",[3]) und sagen ferner: „Uebt jemand Selbsthilfe in einem Falle, in welchem sie ausnahmsweise auch mittels einer an sich unerlaubten Handlung gestattet ist, auf Grund eines vermeintlichen Rechtes, so bleibt die an sich unerlaubte Handlung unerlaubt, die Frage dagegen, ob Schadensersatz zu leisten sei, bestimmt sich nach den Vorschriften über die Vertretung unerlaubter Handlungen."

5. Vorgreifend, weil für die „unerlaubten Handlungen" selber am wichtigsten, muß hier schon ihr Verhältnis zu einem der erst später zu besprechenden Begriffe, nämlich zum „Vorsatz" (unten § 55), gestreift werden. Da nämlich der „Vorsatz" eine Willensbestimmung enthält (vgl. ebenfalls unten § 55) und da einer solchen Willensbestimmung zweifellos für das Rechtsleben nur menschliche Wesen fähig sind, so ergibt sich hieraus folgendes für die Praxis des BGB. wichtige Resultat:[4]) Alle diejenigen unerlaubten Handlungen, welche nicht gerade ein menschliches Handeln voraussetzen (vgl. oben sub I 3), bleiben für den Begriff des „Vorsatzes" ohne Interesse; und wenn daher mehrfach das Gesetz ausdrücklich nur von den „vorsätzlich begangenen unerlaubten Handlungen" spricht (oben § 5 sub A II 2 und 3), so rangieren hier z. B. die Fälle des

sitzerlangung „durch eine strafbare Handlung" verschafft worden war; und daß strafbare und unerlaubte Handlung möglichenfalls etwas Verschiedenes sind, wurde schon oben sub 1 angedeutet; Genaueres unten § 47 sub II 2.

[1]) Vgl. bereits oben sub I 4 e S. 260 Anm. 6.

[2]) Ihm entsprechen BGB. §§ 229 f.

[3]) Als Beispiele nennen Mot. a. a. O. außer E. I § 189 noch E. I § 521 Abs. II und § 861, denen BGB. § 561 Abs. I und § 910 entsprechen, die sich auf Verhinderung der Wegnahme der Illaten des Mieters und auf Abschneiden der vom Nachbargrundstück eingedrungenen Wurzeln beziehen.

[4]) Dies hat Endemann übersehen, wenn er S. 1261 Anm. 19 meint, wo das BGB. von „unerlaubten Handlungen" redet, umfasse es alle Tatbestände des Tit. 25.

Tierschadens (§ 833) oder Gebäudeeinsturzes (§ 836) naturgemäß aus, was insbesondere [1]) zu Folge hat, daß das in § 393 (oben § 5 sub A II 2) ausgesprochene Verbot der Kompensation auf solche Vorgänge nicht platzgreift. — Und ebenso wird man, wenn gewisse Normen aus dem ehelichen Güterrecht (§§ 1415 Nr. 1, 1463 Nr. 1, 1536 Nr. 3; vgl. oben § 28 sub VIII 3) von „unerlaubten Handlungen“ reden, die einer der Ehegatten „begeht“, hierunter nicht die Fälle subsumieren dürfen,[2]) in welchen ein Tier oder ein herunterfallendes Gesims den Schaden verursachte; denn „Begehen“ setzt Vorsatz oder doch Fahrlässigkeit eines Menschen voraus. — Diese Ergebnisse sind, wie zugestanden werden muß, allerdings in hohem Maß frappierend, zumal sich eine innere ratio legis für die Verschiedenheit des Resultates schwerlich entdecken läßt. Aber ganz unerklärlich ist das Resultat nicht; es erklärt sich vielmehr — ebenso wie die Tautologie im BGB. § 839 Abs. II und §§ 1674 und 1848, von der oben in § 5 sub B II 2 b die Rede war — aus dem Mangel einer die Widersprüche im Gesetz ausgleichenden Schlußrevision; denn auch die Erweiterung der „unerlaubten Handlungen“ auf gewisse Quasideliktsobligationen stammt ja (vgl. oben sub I 5 c) aus einem der späteren Stadien des Gesetzes.

III. Das Handelsgesetzbuch spricht von „unerlaubten Handlungen“ nur in § 62 Abs. III [3]) und denkt dabei, wie die Vorschrift selber aufs deutlichste[4]) ergibt, an die unerlaubten Handlungen des BGB. Buch II Abschn. VII Tit. 25; doch werden nur gewisse nähere Ausführungsvorschriften dieses Titels (§§ 842—846, vgl. oben sub I 1 c) herangezogen, nicht hingegen die Tatbestände und damit der Begriff der unerlaubten Handlungen, wie er dem BGB. vorschwebt. Dasselbe wie „unerlaubte Handlungen“ dürften aber auch die „rechtswidrigen Handlungen“ in HGB. §§ 775 Abs. II und 777 Abs. II sowie im wesentlichen die in § 695 erwähnte „Handlungsweise“ bedeuten sollen.[5])

Vierter Abschnitt.

Die im Gesetz nicht näher bestimmten Begriffe.

Wenn wir nunmehr dem in § 30 sub I 2 angedeuteten Plane gemäß bei der Darstellung der im I. Teil aufgeführten Begriffe in der Weise fortfahren, daß wir Anknüpfungen an die bereits in Abschnitt I bis III entwickelten Begriffe zu finden suchen, so wird uns z. B. der Begriff „unverzüglich“ zu dem

---

[1]) Auch für die Fälle der §§ 273 Abs. II und 1000 Satz 2 ist obiges nicht gegenstandslos, wenn man z. B. an die Möglichkeit denkt, daß der Herausgabepflichtige den Gegenstand dadurch „erlangt“ hat, daß sein diebischer Hund ihn ihm aus freien Stücken zugetragen hatte.

[2]) In der Literatur finde ich allerdings keine Bemerkungen, auf die ich mich berufen könnte; vgl. Th. Engelmann S. 249 Anm. 2 a, der sogar S. 242 sub f ausdrücklich §§ 833, 835 erwähnt, Opet S. 195 Note 2 a, Planck IV S. 169 Note 2, Schmidt S. 309 Note 2. — EG. z. BGB. Art. 12 (vgl. oben sub I 2 a. E.) freilich wird sich genereller auch auf die Quasidelikte verstehen lassen.

[3]) Zu ihm vgl. weiterhin HGB. §§ 71 Nr. 3, 76 Abs. I, 82 Abs. I und zu § 71 wiederum §§ 75 Abs. I Satz 1 und 77 Abs. III Satz 1.

[4]) Nicht so deutlich ist es z. B. für CPO. § 32; vgl. die oben S. 261 Anm. 7 erwähnte Entsch. des Reichsgerichts vom 13. Februar 1902 und dazu Eck I S. 600 Anm. 1, Endemann I S. 1261 Anm. 19.

[5]) Nichts Näheres hierzu in der einschlägigen Literatur (vgl. oben S. 213/214 Anm. 8), z. B. bei Loewe (S. 152, 206 f.) und Cosack (S. 137 ff., 318). Noch nicht äußerte sich Schaps und zu §§ 775, 777 Lewis-Boyens, der zu § 695 subjektives Verschulden anzunehmen scheint (vgl. Bd. II S. 451 mit Bd. I S. 319 Note 4).

Begriffe „Verschulden“ und z. B. ferner der „Verstoß gegen die guten Sitten“ zum „Verstoß gegen Gesetze“ bezw. „gegen Treu und Glauben“ hinüberleiten; die „Fahrlässigkeit“ nimmt aber noch eine Sonderstellung insofern ein, als die an ihre Darstellung anknüpfende Betrachtung der „groben Fahrlässigkeit“ uns nicht eigentlich einen ganz neuen Begriff sondern nur einen Unterbegriff vorzuführen hat, dessen Erörterung im § 31 noch unzweckmäßig erschien, aber nunmehr zweckmäßigerweise den Anfang dieses vierten Abschnittes bilden wird, um die Bemerkungen des § 31 zu vervollständigen.

§ 40.

Die grobe Fahrlässigkeit.

Innerhalb des Begriffes „Fahrlässigkeit“, den wir an der Hand der Legaldefinition bereits genau kennen gelernt haben (oben § 31), begegnet in 16 Gesetzesstellen (oben § 6 sub I) die „grobe Fahrlässigkeit“ als ein besonders gearteter Unterbegriff, zu dessen Betrachtung uns übrigens auch der Begriff der „Bösgläubigkeit“ (oben § 34 sub I 1) herüberleiten würde.

I. Der in der „groben Fahrlässigkeit“ steckende Begriff der „Fahrlässigkeit“ ist uns zur Genüge aus § 31 geläufig. Es sei nur bemerkt, daß er auch hier, ebenso wie dort, durchaus technische Bedeutung hat, so daß es der gesetzlichen Ausdrucksweise widerspricht, wenn wir bisweilen von „grobem Verschulden“ [1]) oder — vermutlich in Reminiszenz an die Terminologie des Preußischen Landrechts [2]) — von „grobem Versehen“ [3]) lesen.

II. Das Wort „grob“ hat uns schon mehrfach beschäftigt; wir lernten es in Verbindung mit den Begriffen „Mißhandlung“, „Pflichtverletzung“ und „Undank“ oben § 37 sub I 4 b und sub III kennen und wir wissen ferner, daß es in allen diesen Fällen — ebenso wie das Wort „schwer“ — ein unfester, dem richterlichen Ermessen unterbreiteter Terminus [4]) ist.

III. Ferner wird, wie das oben § 37 sub III 2 und 3 Bemerkte ergeben dürfte, ein Unterschied zwischen „grob“ und „schwer“ in Verbindung mit den sub II erwähnten Begriffen so wenig bestehen, daß es nahe liegt, auch die „grobe Fahrlässigkeit“ als einen „schweren“ Verstoß gegen diejenigen Regeln aufzufassen, die uns wegen der Fahrlässigkeit die Begrenzung des Begriffes geben. Wir werden also geneigt sein, die „grobe Fahrlässigkeit“ dahin zu

---

[1]) Ueber Dernburg vgl. unten sub V 1 b; vgl. auch schon Prot. III Nr. 192 V S. 135 (unten sub XIII). Unter einem „groben Verschulden“ könnte man aber auch den „Vorsatz“ verstehen.

[2]) Vgl. ALR. I, 6 §§ 10 ff. und dazu die oben S. 170 Anm. 4 erwähnte Entscheidung des Reichsgerichts vom 21. März 1901.

[3]) Vgl. Engelmann S. 129 sub a a; ferner nach Warneyer II S. 70 sub 9 c ein mir nicht zugänglich gewesenes Reichsgerichtserkenntnis vom 23. Jan. 1902 aus Fischers Zeitschr. f. Praxis und Gesetzgebung der Verwaltung, zunächst für das Königreich Sachsen (26 S. 120) und aus dem Preuß. Verwaltungsbl. (24 S. 377); weiter auch eine Entsch. des Reichsgerichts vom 17. Febr. 1902 (VI 394/01) — in Gruchots Beitr. 46 (1902) S. 900 f. und in der Jur. Wochenschr. 31 (1902) Beilage 1 S. 194; vgl. auch Neumann, Jahrb. I 1 S. 187 Note 5 und (nicht ganz korrekt zitierend) Scherer III S. 162 Nr. 295 a Note 1 a — sowie die unten sub XIII erwähnte Entscheidung vom 5. Dez. 1900 S. 117.

[4]) Der Dritte im Bunde wäre der Ausdruck „hoch“, welcher in folgenden Verbindungen begegnet: „ungewöhnlich hoher Schaden“ (§§ 254 Abs. II Satz 1) und „unverhältnismäßig hohe Strafe“ bezw. „unverhältnismäßig hoher Maklerlohn“ (§§ 343 Abs. I Satz 1 und 655 Satz 1), also stets bei Abmessung von Beträgen; in demselben Sinne — von unverhältnismäßig großem Schaden bezw. Kosten — begegnet „groß“ in § 904 Satz 1 und §§ 1965 Abs. I Satz 2, 1980 Abs. II Satz 2 (und ohne übertragene Bedeutung nur in § 920 Abs. I Satz 2: „gleich große Stücke“).

definieren, daß sie „die besonders schwere Außerachtlassung der im Verkehr erforderlichen Sorgfalt" sei.

IV. Bei dieser Definition befinden wir uns auch in Uebereinstimmung mit den Materialien, deren dürftige Bemerkungen sich ganz in unserm Sinne äußern:

1. E. I § 144 Abs. II hatte eine Definition dahin gegeben: „Grobe Fahrlässigkeit liegt vor, wenn die Sorgfalt eines ordentlichen Hausvaters in besonders schwerer Weise verletzt wird." Diese Definition, welche immerhin schon wegen der Abstellung auf die Sorgfalt des diligens pater familias für das geltende Recht von fragwürdigem Werte gewesen wäre,[1]) ist ins BGB. selber nicht aufgenommen, das die grobe Fahrlässigkeit ganz undefiniert läßt.

2. Die Prot. I Nr. 29 XI S. 187 sub B erklären diese Oekonomie des Gesetzes damit: „Einer Kennzeichnung der groben Fahrlässigkeit bedürfe es im Gesetze nicht: die Bestimmung des Abs. 2 habe im Entw. Aufnahme gefunden, um einen die Gesetzessprache vereinfachenden, Wiederholungen ersparenden Ausdruck für die Fälle zu gewinnen, in welchem (sic!) die Fahrlässigkeit nur in Betracht komme, wenn sie von besonderer Schwere sei. Nachdem der Abs. 1 gestrichen worden,[2]) könne auch der Abs. 2 ersatzlos in Wegfall kommen". Wenngleich nun der Schlußsatz dieser Motivierung darum nicht mehr zutrifft, weil E. I § 144 Abs. 1 jetzt (in veränderter Fassung in § 276 Abs. 1 Satz 2) doch wiedererschienen ist, wird man auch die Aeußerung der Protokolle als Bestätigung für die Annehmbarkeit[3]) der obigen Definition der groben Fahrlässigkeit in den Motiven verwerten können.

3. Richtig ist es aber auch jetzt noch, was Mot. 1 S. 280 sagen: „Eine schärfere Kennzeichnung ist nicht wohl möglich. .. Es erübrigt nichts, als darauf hinzuweisen, daß der Richter[4]) im einzelnen Falle[5]) zu prüfen habe, ob mit ausnehmender Sorglosigkeit verfahren worden sei".

V. Auch in der Literatur[6]) begegnen wir obiger Definition — z. B. bei Oertmann S. 36 sub 1 b β und bei Weyl I S. 341 — oder im wesentlichen ähnlichen Begriffsbestimmungen.[7]) Indessen ist hierzu noch einiges zu bemerken:

---

[1]) Vgl. über die Frage, ob der ordentliche Hausvater jetzt wirklich verschwunden ist, oben 31 sub A III 8 b γ.

[2]) Wegen dieses Streichungsbeschlusses der Kommission vgl. Prot. ebenda vor A.

[3]) Etwas anderes ist es, daß im Grunde genommen eine Definition des Begriffes der groben Fahrlässigkeit, wie die Prot. a. a. O. andeuten, entbehrlich und höchstens für die Doktrin von Interesse ist. Vgl. auch Wendt (unten Anm. 6) S. 448 f., Kipp I S. 453, Planck I S. 40. Wegen Titze unten sub XI.

[4]) Auf das richterliche Ermessen verweisen auch Wendt (unten Anm. 6) S. 450, Enneccerus-Lehmann S. 292 sub I, 1, Landsberg I S. 254 a. E. und Schollmeyer S. 101 sub β; auf die „Umstände des Falles" auch Oertmann S. 36 sub 1 b β und Planck I S. 41.

[5]) Beispiele bei Endemann S. 645/646 Anm. 11. Wegen Planck I S. 41 vgl. unten sub VIII.

[6]) Nichts Näheres findet sich z. B. bei Engelmann (S. 129, 204), Fischer-Henle (S. 155 Anm. 2), Jung (Delikt und Schadensverursachung), Krückmann (S. 158), Kuhlenbeck (BGB. I S. 231), Linckelmann (S. 35 ff.), von Liszt (S. 55 ff.), Lühl (S. 13 ff.), Mayring (S. 40), Meisner (S. 23), Neumann Handausgabe (I S. 149), Neumann, Jahrb. (I 1 S. 189; vgl. S. 200 f., 359, 379), Stammler (Recht der Schuldverhältnisse S. 112 Anm. 2), von Weinrich (S. 27 f.), Zitelmann (S. 158 sub β). — Am eingehendsten äußern sich Endemann I § 114 sub 2 S. 645 f., Enneccerus-Lehmann I § 118 I S. 292 f. und Wendt in der oben § 31 S. 100 Anm. 6 erwähnten Abhandlung S. 448 ff.

[7]) Vgl. Endemann S. 645 („Wer die im Verkehr erforderliche Sorgfaltspflicht in besonders starkem Grade verletzt") und dazu unten S. 273 Anm. 4. Aehnlich Müller und Meikel I S. 257, Schollmeyer S. 101 sub β und (freilich noch zu sehr in Anlehnung an die Motive) Landé S. 76 Anm. 2, auch schon Rocholl, Vorschläge

1. Einige Autoren geben etwas abweichende Begriffserklärungen. Diese haben folgenden, genauerer Nachprüfung bedürftigen Wortlaut:

a) Nach Crome I S. 487 (oben) verlangt bei der groben Fahrlässigkeit das Gesetz „nur eine Sorgfalt allergewöhnlichster Art, so daß also leichte Verfehlungen gegen die . . . verkehrsmäßige Diligenz nicht in Betracht kommen".

b) Dernburg sagt II 1 S. 137 sub III 1 — indem er übrigens hier und S. 140 sub 3 ungenau [1]) von „grobem Verschulden" spricht,[2]) aber grobe Fahrlässigkeit meint —, es sei das grobe Verschulden „Nichtbeachtung dessen, was jedem einleuchten mußte, also totale Gleichgültigkeit gegen das, was offenbar unter den gegebenen Umständen hätte geschehen müssen".

c) Eck behauptet I S. 195 sub α, die grobe Fahrlässigkeit sei „Außerachtlassung der Sorgfalt, die selbst noch von solchen Menschen beobachtet wird, die den Verkehr außer Acht lassen" (homines dissoluti).[3])

d) Endemann meint S. 645:[4]) „Grob fahrlässig handelt . . . . wer darauflos handelt, ohne zu beachten, was jedermann auch bei geringster Aufmerksamkeit kennen mußte."

e) Matthiaß I S. 272 nimmt an, grobe Fahrlässigkeit liege vor, „wenn auch dem vom Verkehr gegebenen geringeren Maßstabe (Sorgfalt eines Durchschnittsmenschen) nicht genügt ist".

f) Rehbein II S. 101 Note 88 definiert die grobe Fahrlässigkeit als „Außerachtlassung der Sorgfalt, die jeder anwendet, selbst wenn er in seinen eigenen Angelegenheiten die im Verkehr erforderliche Sorgfalt nicht anwendet".

g) Achilles S. 119 Anm. 2 c zu § 276 äußert: „Grob fahrlässig handelt, wer jede Vorsicht außer Acht läßt".

h) Siméon I S. 240 glaubt, die grobe Fahrlässigkeit sei die „Außerachtlassung auch der geringsten Sorgfalt".

i) Bendix I S. 308 sub β erklärt für grobe Fahrlässigkeit „ein solches Versehen . . ., welches ohne jede Anstrengung der Aufmerksamkeit vermieden werden konnte".

k) Bei Liebe heißt es I S. 231 sub 1: „Grob fahrlässig handelt, wer die im Verkehr erforderliche Sorgfalt in besonders augenfälliger und leichtsinniger Weise außer acht läßt. Die Handlungsweise muß nach der

---

(Berlin 1890) S. 67. — Von „Stärke und Schwere" der Verletzung spricht auch Wendt a. a. O. S. 450. — Vgl. auch die Umschreibung bei Cosack I S. 250 sub γ): „grobe Verletzung der verkehrsüblichen Sorgfalt". — Ueber Kuhlenbeck, Von den Pandekten (II S. 52) bereits oben § 37 sub V 1 d. — Sehr ansprechend ist auch die Formulierung bei Piper (oben S. 101 Anm. 3) S. 40/41: „wenn der Unterschied zwischen dem, was der Verkehr erfordert, und dem, was man getan hat, besonders groß ist".

[1]) Ungenau, weil das „Verschulden", im Sinne des BGB. wenigstens, drei (bezw., wenn man die diligentia quam suis, unten § 41 sub I 9, hinzurechnet, vier) Arten (Hauptarten) des „Verschuldens" kennt; geringes (nämlich gewöhnliche Fahrlässigkeit), grobes (nämlich grobe Fahrlässigkeit) und noch gröberes (nämlich Vorsatz); vgl. unten § 66.

[2]) Vgl. oben sub I.

[3]) Zum Ausdruck ‚homines dissoluti' vgl. eine Bemerkung des Herausgebers der 2. Lieferung der Eckschen Vorträge, R. Leonhard, S. 194 Anm. 3: „M. E. sind auch die homines dissoluti oben im Texte (S. 195 Z. 3) kaum etwas anderes als die römischen minder sorgfältigen filiifamilias. Vgl. des Herausgebers Schrift „Der Entwurf eines BGB.", Marburg 1891. S. 34 ff."

[4]) Endemann selbst hält (a. a. O. Anm. 9; hierzu genauer unten S. 275 Anm. 1) obige Definition für besser, als die von ihm gleichzeitig im Text gegebene und bereits oben S. 272 Anm. 7 erwähnte erste Fassung.

Verkehrssitte, nicht nach den subjektiven Verhältnissen des Handelnden, als besonders leichtsinnig sich darstellen".

2. Zu diesen Begriffserklärungen der genannten Autoren ist folgendes auszuführen:

a) Während die Definition von Crome sich mit der von uns oben sub III gegebenen deckt — indem sie bei Vertauschung der Negation dahin lauten würde: in Betracht käme nur eine nicht leichte, also eine schwere Verfehlung gegen die verkehrsmäßige Diligenz, und die Sorgfalt gewöhnlicher Art sei genügend, um grobe Fahrlässigkeit auszuschließen —, so erregen andere Definitionen Bedenken.

b) Die Definition von Matthiaß kann mindestens mißverstanden werden, wenn sie nicht sogar mißverständlich ist: es liegt nicht ein geringerer Maßstab vor; sondern der vom Gesetz für die Fahrlässigkeit überhaupt aufgestellte Maßstab, den Matthiaß richtig als Sorgfalt eines Durchschnittsmenschen bezeichnet und der auch hier anzulegen ist, versagt, weil der Täter nur geringere Sorgfalt angewendet hat, als in diesem Falle dieser Maßstab erfordert; das tadelnde Beiwort „geringer" betrifft also die Diligenz; deutlicher wäre die m. E. richtige Ansicht mithin etwa durch die Formulierung zutage getreten: grobe Fahrlässigkeit liege vor, wenn die Sorgfalt so gering war, daß nicht einmal dem vom Verkehr gegebenen Maßstabe des Durchschnittsmenschen genügt ist.[1] — Die Definition von Eck spricht zunächst mindestens ungeschickt davon, daß der Verkehr außer Acht gelassen sei, während es sich um Außerachtlassung der im Verkehr erforderlichen Sorgfalt handelt, und stellt die Fahrlässigkeit auf das Verhalten achtloser Menschen ab, das bei grober Fahrlässigkeit noch nach unten hin gemindert sei, während es sich doch um die Minderung der Sorgfalt normal achtsamer Menschen handelt; denn sorgloser als ein achtloser Mensch kann doch überhaupt niemand sein.

c) Gegen die Dernburgsche Definition wenden sich, ohne ausdrückliche Nennung des Gegners,[2] Enneccerus-Lehmann S. 292 sub I 1 mit der Bemerkung: „Würde es mit dieser Erklärung streng genommen, so würde grobe Fahrlässigkeit kaum vorkommen können." Abgesehen von dieser Erwägung, die mir nicht ausschlaggebend erscheint, glaube ich aber, daß die Dernburgsche Definition gleich der von Endemann und Rehbein[3]) den Fehler hat, sich in ihrem ersten Teil mit den Worten „was jedem einleuchten muß" mehr um das Durchschnittsmaß der Menschen und der bei ihnen erforderlichen und üblichen Fähigkeiten als um das Durchschnittsmaß der erforderlichen Kraftanspannung (Sorgfalt, vgl. oben sub b) als solcher[4]) zu gruppieren;

---

[1]) Ob sich Matthiaß' eigene Polemik gegen eine Umschreibung der groben Fahrlässigkeit mit „unverantwortlichem Außerachtlassen der gebotenen Fürsorge" gegen einen bestimmten Autor (Dernburg?) richtet, habe ich nicht ermitteln können. Der Ausdruck „unverantwortlich" könnte übrigens irreführen, weil der grob Fahrlässige gerade „verantwortlich" ist.

[2]) Bei der Polemik von Enneccerus-Lehmann S. 292 sub I 1 am Anfang (gegen die Ansicht — „wie Manche wollen" —, grobe Fahrlässigkeit sei die Vernachlässigung der Sorgfalt „gewöhnlicher Menschen") weiß ich gleichfalls nicht, wer gemeint ist; die bekämpfte Ansicht wäre wohl ungefähr gleich der Eckschen, die aber erst später (1902) im Drucke erschien.

[3]) Vgl. auch Matthiaß: „Maß der Sorgfalt, das .. Jedem zugemutet werden kann".

[4]) Es wird dies Moment bei Dernburg und Endemann allerdings durch das (bei Rehbein fehlende) Wort „müssen" in die Definition hineingebracht, aber doch m. E. nicht mit genügender Plastik.

diesen Fehler vermeidet der — dem ersten durchaus nicht parallel laufende — zweite Teil der Dernburgschen Definition, der mir aber auch nicht einwandfrei erscheint, weil er mit dem Wort „total" übers Ziel hinausschießt.

d) Die Rehbeinsche Definition teilt mit § 277 des BGB. selber [1]) den Fehler, daß sie die grobe Fahrlässigkeit an einem ihr sehr fernstehenden Begriffe, der diligentia quam suis, abmißt, statt an dem weitaus näherstehenden Begriffe der gewöhnlichen Fahrlässigkeit.

e) Die Definition von Achilles, Bendix und Siméon ist zu eng: es ist nicht nötig, daß jede Vorsicht und Aufmerksamkeit und damit die im Verkehr erforderliche Sorgfalt ganz außer Acht gelassen sei, sondern es genügt, daß sie in gröblicher Weise außer Acht gelassen wurde, indem also immerhin etwas Sorgfalt an den Tag gelegt worden ist, das in der Tat angewendete Maß jedoch ein auffallend geringes war.

f) Die Liebesche Definition enthält mehrere Fehler: sie spricht von Verkehrssitte statt (vgl. oben § 31 sub A III 5) von Verkehrsanschauung und sie imputiert dem Täter „Leichtsinn"; dies ist aber erstens eine Eigenschaft, bei der man (vgl. auch über das BGB. selber oben § 36 sub I 1 zu § 138 Abs. II) doch in erster Linie an das Verhältnis zu den eigenen Angelegenheiten denkt, während es sich hier um das zu Angelegenheiten Anderer handelt; und der „Leichtsinn" ist ferner eine Eigenschaft, welche zwar sehr oft die Wurzel des Uebels der groben Fahrlässigkeit sein wird, aber nicht unbedingt, weil diese ihrerseits auch z. B. aus Intelligenzfehlern erwachsen kann (vgl. oben § 31 sub A III 18 a und C VI 1).

VI. Die Judikatur [2]) hat sich — entsprechend der geringeren praktischen Bedeutung des Begriffes im Vergleiche zur „Fahrlässigkeit" schlechthin (oben § 31 sub C V 2 b und ebenda sub IX 1) — mit der groben Fahrlässigkeit bisher nur wenig beschäftigt. Ich kenne nur sechs einschlägige,[3]) aber für den in Rede stehenden Begriff ziemlich belanglose und größtenteils schon bei anderer Gelegenheit von uns erwähnte Entscheidungen: zwei solche des Reichsgerichts (vom 1. Oktober 1903 [4]) und vom 20. Mai 1904),[5]) zwei des Kammer-

---

[1]) Wegen des § 277 macht darauf Endemann S. 645 Anm. 9 aufmerksam: „Die beiden zu vergleichenden Objekte werden von zwei verschiedenen Standpunkten eingeschätzt." Vgl. über das Verhältnis der groben Fahrlässigkeit und der diligentia quam suis genauer unten § 41 sub I 9 b.

[2]) Außer den in den folgenden Anmerkungen genannten Stellen bringen die Sammlungen von Warneyer (I und II) und Scherer (I—III), die Spruchsammlung der Juristen-Zeitung (I und II) sowie Neumann, Jahrb. I 1—3 und II (Lieferung 1—3) keine Beispiele.

[3]) Nicht von grober „Fahrlässigkeit" sondern von grobem „Versehen" spricht die oben sub I erwähnte Entsch. des Reichsgerichts vom 23. Jan. 1902 und nicht auf BGB., sondern auf gemeines Recht und bayerisches Landrecht bezieht sich eine viel (vgl. Scherer III S. 162 Nr. 295 sub 1 b, Neumann, Jahrb. I 1 S. 187 Note 6, Achilles S. 119 Note 2 c, auch im „Recht" VI, 1902, S. 125 Nr. 532) zitierte Entsch. des Bayerischen Obersten Landesgerichts vom 23. Oktober 1901 (Bayr. Oberst. LG. Bd. II, Erlangen 1902, S. 636 ff.).

[4]) Vgl. bereits oben S. 170/171 Anm. 4: Der Leiter des Tandems hat in grobfahrlässiger Weise in geringer Entfernung vor dem Motorwagen mit dem Tandem die Schienen zu kreuzen versucht.

[5]) Mitgeteilt (als VII 610/03) von Boyens in der Juristen-Zeitung IX (1904) Nr. 16/17 S. 814, zur Ergänzung des oben § 34 sub I 5 Bemerkten dienend. Vgl. zu diesem Falle auch bereits Endemann I S. 645 Anm. 11 auf S. 646.

gerichts (Beschluß vom 30. Dezember 1901 [1]) und Erkenntnis vom 26. März 1903)[2]) und je ein Erkenntnis des Oberlandesgerichts Dresden (vom 24. September 1901)[3]) und des Oberlandesgerichts Naumburg (vom 26. Februar 1901).[4])

VII. An Beispielen für grobe Fahrlässigkeit wird man nicht in Verlegenheit sein; ein Blick auf mein in § 31 sub D abgedrucktes Gutachten über die Haftung für Unfälle bei Leibesübungen genügt, um eine Fülle von Möglichkeiten einer gröblichen Vernachlässigung der im Turn- und Sportwesen erforderlichen und gerade hier aufs dringendste gebotenen Sorgfalt zu ergeben.[5])

VIII. Ob „grobe Fahrlässigkeit" vorliegt, ist also ebenso quaestio facti,[6]) wie das Vorhandensein der Fahrlässigkeit überhaupt; denn der Tatbestand des Einzelfalls ist auch hier an dem Maßstabe der Definition zu messen, und wie dort, so ist auch hier der Maßstab selber ein durchaus abstrakter und objektiver,[7]) d. h. als solcher ein für alle Mal gleich und nicht etwa nach der individuellen Beschaffenheit des Täters jedesmal ein verschiedener.

IX. Gegen die Abstellung der groben Fahrlässigkeit auf das Maß der Sorgfalt, das jedermann anzuwenden hat — vgl. oben sub V 2 c —, läßt sich noch geltend machen, daß eine derartige Definition leicht irreführen kann; sie könnte in dem Sinne gedeutet werden, als sei das zur Vermeidung des Vorwurfs grober Fahrlässigkeit erforderliche Verhalten der Menschen auch in dem Sinne ein objektives (vgl. oben sub VIII), daß es eine absolut-abstrakte Norm des Verhaltens gäbe, die unbedingt und immer eingehalten werden muß. Ebensogut aber, wie wir bei der gewöhnlichen Fahrlässigkeit — trotz Leugnung des individuellen Maßstabes für jedes Einzelindividuum — zu dem Ergebnisse gelangten, daß [8]) gewisse Kategorien der Menschen nach Maßgabe der Berufssorgfalt jeder dieser Kategorien anerkannt werden müssen, und daß demzufolge die „im Verkehr erforderliche Sorgfalt" doch jeweilig eine sehr verschiedene sein kann, wird man dies für die „grobe" Fahrlässigkeit behaupten müssen. Was seitens eines Laien nur gewöhnliche Fahrlässigkeit ist, kann seitens des Fachmanns bereits „grobe" Fahrlässigkeit sein. Auch zu den verhältnismäßig wenigen Gesetzesbestimmungen, welche mit der „groben Fahrlässigkeit" operieren, lassen sich Beispiele unschwer bilden. Die von den Folgen des § 617 Abs. I Satz 1 (oben § 5 sub B I 2 b) begleitete Naschhaftigkeit des Dienstpflichtigen wird sich als grobe Fahrlässigkeit darstellen, wenn er Lehrling in einer Apotheke ist, dagegen als

---

[1]) Vgl. bereits oben § 37 sub IV 3 e S. 251.

[2]) Vgl. bereits oben S. 175 Anm. 4.

[3]) Mugdan und Falkmann IV (1902) Nr. 11 c S. 32 (nicht S. 42, wie Neumann, Jahrb. I 1 S. 346 zu BGB. § 460 zitiert): Dem Käufer eines Grundstücks blieb ein offenkundiger Mangel darum unbekannt, weil er es garnicht besichtigt hat.

[4]) Vgl. bereits oben S. 209 Anm. 3: es sei die im Verkehr erforderliche Sorgfalt „in besonders schwerer Weise" (vgl oben sub III) verletzt, wenn Nachforschungen nach dem Verfügungsrecht des Besitzers in dem Falle unterblieben, daß Wertpapiere ohne die zugehörigen Erneuerungs- und Zinsscheine als Pfand angeboten wurden.

[5]) Vgl. ferner wegen das unten sub XV 1 und 2 Bemerkten oben § 34 S. 209 Anm. 3 und 4, S. 211 Anm. 6. Sodann Beispiele grober Fahrlässigkeit bei Samter in der Juristen-Zeitung X (1904) Nr. 21 S. 1020 f.

[6]) Vgl auch Wendt a. a. O. S. 449 ff.

[7]) „Objektiv" (vgl. Planck I S. 41 und auch Endemann S. 645) ist dann aber nicht im Gegensatz zu „subjektiv" und dies als gleichbedeutend mit „individuell" zu verstehen, wie man aus der Bemerkung, wie sie bei Planck gefaßt ist, leicht herauslesen könnte, zumal wenn man sie im Anschluß an die Bemerkungen S. 40/41 über die Fahrlässigkeit liest; Planck selber scheint (alsdann irrig, vgl. oben sub IV 3) an einen absoluten, für alle Einzelfälle gleichen Maßstab zu denken.

[8]) Vgl. oben § 31 sub A III 9 ff.

gewöhnliche Fahrlässigkeit — oder nicht einmal als diese [1]) —, wenn er Lehrling in einer Konditorei ist. Um auch aus dem Gedankenkreise meines in § 31 sub D mitgeteilten Gutachtens Beispiele anzudeuten, so werden die eintretenden Wirkungen verschieden sein, je nachdem ein geprüfter Turnlehrer bezw. ein geübter Vereinsturnwart einerseits oder der Klassenlehrer, der Direktor, der Vereinskassierer andererseits es ist, welcher ein defektes Turngerät kauft, mietet oder an einen befreundeten Verein zu dessen Schauturnen verleiht (§§ 460, 539, 599, oben § 6 I 2 sub a α und § 5 B I sub 1 b β).[2]) — Die Abstellung der groben Fahrlässigkeit auf die Sorgfalt, welche jedermann anzuwenden habe, scheint mir nichts anderes zu sein, als eine unangebrachte Verdeutschung der bekannten [3]) L. 213 § 2 Dig. de verb. sign. 50, 16: ‚lata culpa' est nimia neglegentia, id est non intellegere, quod omnes intellegunt.

X. Wenn die obige Definition der groben Fahrlässigkeit — als besonders schwere Außerachtlassung der im Verkehr erforderlichen Sorgfalt — zutreffend ist und wenn darnach ein besonders arger Verstoß gegen das nach der Verkehrsauffassung Gebotene obwalten muß, nicht eine besonders arge Abweichung vom Verhalten der Durchschnittsmenschen, so ist damit sofort die Richtigkeit der Formulierung bei Kipp I S. 453 sub 2 dargetan, daß im Grunde nur eine „graduelle Steigerung gegenüber der leichten Fahrlässigkeit" vorliegt. Aehnlich spricht Matthiaß I S. 272[4]) von einem zwar abstrakten aber „wechselnden" Maßstab bei der Sorgfalt, und daß sich den Abstufungen dieses Maßstabes entsprechend verschiedene Grade der Fahrlässigkeit ergeben", als deren einen er dann sub β die grobe Fahrlässigkeit aufzählt. Aehnlich erinnert auch Wendt S. 449 an den Ausdruck ‚nimia neglegentia' des römischen Rechts, den bereits auch die Motive (I S. 280, oben sub IV 3) in der Verdeutschung „ausnehmende Sorglosigkeit" wiedergeben; und auf den Zusammenhang zwischen der gewöhnlichen und der groben Fahrlässigkeit deuten die Motive auch an anderer Stelle, I S. 194, hin, indem sie bemerken, es sei „anzuerkennen, daß die Grenzlinie zwischen den beiden Graden der Fahrlässigkeit [5]) nicht selten schwer zu ziehen ist": eine sachlich sehr richtige Bemerkung, die sich auch in den Prot. I Nr. 44 VII S. 292/293 wiederfindet.

XI. Zum Begriff der groben Fahrlässigkeit (und zugleich wegen der sog. diligentia quam suis, unten § 41 sub I 8) bemerkt Titze[6]): „Genau besehen, handelt es sich auch hier nur um „die im Verkehr erforderliche Sorgfalt". Denn überall da, wo die geminderte Haftung Platz greift, geschieht es eben deshalb, weil in den betreffenden Fällen die Bedürfnisse des Verkehrs sich mit einer geringeren Sorgfalt des Schuldners begnügen. Das Gesetzbuch hätte also mit dem einen Begriff „Fahrlässigkeit" = „Außerachtlassung der im Verkehr erforder-

---

[1]) Auch dieses Ergebnis kann die Anlegung des Berufsmaßstabes nach sich ziehen: so, wenn der Konditorlehrling, welchem gestattet war, beliebig von den Vorräten zu essen, unmöglich ahnen konnte, daß sein Chef auch mit giftigen Substanzen (z. B. zum Färben der Lockstücke im Schaufenster) umgeht, während der Apothekergehilfe sich sagen muß, daß auch außerhalb des streng verschlossenen „Giftschrankes" sich alle möglichen Dinge in der Apotheke befinden, deren unvorsichtiges Hinunterschlucken oder Einatmen Gesundheitsstörungen nach sich ziehen kann.

[2]) Der im Text erörterte Gesichtspunkt findet sich in der Literatur nirgends hervorgehoben und höchstens bei Endemann S. 645 Anm. 11 auf S. 646 durch die Wahl des Beispiels vom Bankier (vgl. oben S. 275 Anm. 5) angedeutet.

[3]) Auf diese Stelle wird auch bisweilen ausdrücklich Bezug genommen. So bei Rehbein a. a. O. und von Hagen (oben § 31 S. 113 Anm. 1) S. 12; vgl. auch Wendt a. a. O. S. 450.

[4]) Vgl. bereits oben § 31 sub C II.

[5]) Hier verweisen Mot. a. a. O. in Klammer auf E. I § 144 (oben sub IV 1).

[6]) Titze, Die Unmöglichkeit der Leistung, Leipzig 1900, S. 81/82; vgl. oben § 31 sub A III 21.

lichen Sorgfalt" sehr wohl auskommen können. Es hätte dieses ... den theoretischen Vorteil gehabt, daß damit die alten Schulbegriffe ‚culpa lata' und ‚diligentia quam suis' verschwunden wären". — Dieser Behauptung würde man beistimmen müssen, sofern Titze außerdem einen genaueren Beweis erbracht hätte, daß sich in der Tat die vom Gesetz für die Beschränkung der Haftung auf grobe Fahrlässigkeit (und entsprechend auf diligentia quam suis) gezogene Abgrenzung (oben § 5 sub B I und § 6 sub I 2) mit der von dem Verkehrsbedürfnis und der ihm entsprechenden Verkehrsanschauung (oben § 31 sub A III) anerkannten Grenze für ein minderes Sorgfaltsmaß deckt; ebenso nämlich, wie Verkehrsbedürfnis und Verkehrsanschauung disharmonieren können (oben § 31 A II 2 und III 5 und 6), ist es ja denkbar, daß der Gesetzgeber trotz eingehender legislatorischer Erwägungen [1]) die Aufgabe, ein Wortführer der Volksauffassung [2]) zu sein, verfehlt hätte.

XII. Daß die Haftung für grobe Fahrlässigkeit ebenso wie die für Fahrlässigkeit schlechthin und im Gegensatz zu der für Vorsatz sehr wohl im voraus erlassen werden darf [3]) (§ 276 Abs. II, oben § 5 sub A II 1), gibt zu besonderen Erörterungen nicht Anlaß.

XIII. Auch betreffs der Beweislast ist hinsichtlich der groben Fahrlässigkeit nichts von den allgemeinen Regeln Abweichendes zu verzeichnen.[4])

XIV. Die „grobe Fahrlässigkeit" wird im wesentlichen der culpa lata des römischen Rechts entsprechen.[5]) Das war schon die Auffassung der Protokolle. Gelegentlich, nämlich zu BGB. §§ 1699 ff. („rechtliche Stellung der Kinder aus nichtigen Ehen") sagen sie (Bd. IV Nr. 313 VIII S. 664 sub C): „Der Entw. stellt in den §§ 1563 bis 1567 grobe Fahrlässigkeit in Unkenntnis der Nichtigkeit der Ehe dem bösen Glauben gleich. Beide Anträge [6]) sprechen nur von bösem Glauben [7]) und verwerfen damit die Gleichstellung der lata culpa mit dem dolus. Dies entspricht dem zu § 1258 (S. 71) eingenommenen Standpunkt und wurde von der Komm. gebilligt." — Und an der hier erwähnten Stelle, Prot. IV Nr. 270 XI S. 71 sub C (zu E. I § 1258, BGB. 1345), heißt es: „Der Antrag 1 [8]) ... weicht vom Entw. noch darin ab, daß nach ihm die auf grober Fahrlässigkeit beruhende Unkenntnis des gutgläubigen Ehegatten das im § 1258 bestimmte Wahlrecht nicht ausschließen soll. Diese Aenderung erschien nach dem Grundsatze „dolus culpa lata pejor est" gerechtfertigt." [9])

---

[1]) Vgl. unten sub XVII.

[2]) Maßgebend ist — selbstverständlich wohl auch nach Titzes Meinung — die gegenwärtige Auffassung zur Zeit der Entstehung des Gesetzes (vgl. oben § 31 sub A III 7). Aber auch in dieser Hinsicht kann der Gesetzgeber zurückbleiben oder vorauseilen, mithin Abweichungen belieben. Daß ein Teil der Einzelfälle derselbe geblieben ist, wie im Röm. R., wäre bei dem zeitlich variabeln Charakter der Verhältnisse und Anschauungen (vgl. § 31 a. a. O.) kein Beweis zu Gunsten der Titzeschen Theorie.

[3]) Vgl. die bereits oben S. 271 Anm. 3 erwähnte Entsch. des Reichsgerichts vom 17. Februar 1902.

[4]) Vgl. aus der Judikatur nur die Entsch. des Reichsgerichts vom 5. Dezember 1900 (V 232/00) Bd. 47 (1901) Nr. 26 S. 114 ff., insbes. S. 117 f., auch in der Jur. Wochenschr. 30 (1901) S. 52; ferner bereits Prot. III Nr. 192 V S. 135 sowie z. B. Turnau-Foerster, Liegenschaftsrecht I (2. Aufl., Paderborn 1902) S. 312 Anm. 3, wonach im Falle des BGB. § 912 (oben § 5 sub B I 4) derjenige die Abwesenheit von Vorsatz und grober Fahrlässigkeit zu beweisen hat, welcher sich auf die Begünstigung des § 912 beruft.

[5]) Vgl. in diesem Sinne auch Dernburg II 1 S. 137 III 1, Eck I S. 195 oben, Enneccerus-Lehmann a. a. O. sub 1, Kuhlenbeck, BGB. I S. 231 oben.

[6]) Gemeint sind die in Prot. IV Nr. 313 S. 662 f. sub VIII 1 und 2 abgedruckten Anträge.

[7]) Genau genommen von „Kenntnis" der Nichtigkeit.

[8]) Antrag 1 ist abgedruckt in Prot. a. a. O. S. 69 sub XI 1.

[9]) Daß andererseits die culpa lata pejor est als die Vernachlässigung der diligentia quam suis, vgl. unten § 41 sub I 4 c.

XV. Es leiten uns diese Bemerkungen auf einige andere Fragen über, auf das Verhältnis der groben Fahrlässigkeit zur „Unkenntnis“, zum „bösen Glauben“, zum „dolus“ und zum „Irrtum“.

1. Grobe Fahrlässigkeit und Unkenntnis stehen schon deshalb in naher Berührung mit einander, weil das Gesetz an mehreren Stellen davon redet, daß jene die Ursache zu dieser gewesen ist (vgl. oben § 6 sub I 2 zu §§ 460 Satz 2, 523 Abs. II Satz 1, 524 Abs. II Satz 1, 539 Satz 2, 851 und 932 Abs. I Satz 1), und weil es alsdann und darum die ungünstigen Folgen für den Grobfahrlässigen eintreten läßt. Hiebei wird in der Mehrzahl der Fälle, nämlich nur nicht in § 460,[1]) der grobfahrlässigen Unkenntnis hinsichtlich der Folgen die Kenntnis des betreffenden Umstandes gleich gesetzt, und indem insbesondere § 932 Abs. II — der genereller angewendet werden muß, oben § 34 sub I 4 — sowohl bei Kenntnis wie bei grobfahrlässiger Unkenntnis den guten Glauben (für den Erwerb vom Nichteigentümer) als ausgeschlossen erklärt, wird die Brücke zwischen grober Fahrlässigkeit und mala fides geschlagen. Fahrlässige Unkenntnis verursacht mithin mala fides nur, wenn die Fahrlässigkeit eine grobe war; bei einfacher Fahrlässigkeit — beim bloßen „Kennenmüssen“; oben 32 sub I — liegt immer noch bona fides vor.[2]) Daraus ergibt sich aber keineswegs[3]) eine begriffliche Identität der groben Fahrlässigkeit mit dem bösen Glauben[4]) oder gar eine unbedingte Gleichstellung des bei der grobfahrlässigen Unkenntnis vorliegenden subjektiven Nichtwissens mit der objektiven Tatsache der Unkenntnis.[5])

2. Das Verhältnis der groben Fahrlässigkeit zum ‚dolus‘ wird sich besser erst erörtern lassen, nachdem wir diesen vieldeutigen Begriff selber in anderem Zusammenhange (unten § 55 und § 58) geprüft haben.

3. Wegen des Verhältnisses zum (entschuldbaren) Irrtum ist für die „grobe“ Fahrlässigkeit nichts anderes zu bemerken, als wegen des Verhältnisses von Irrtum einerseits und Fahrlässigkeit überhaupt (oben § 31 sub C VII)[6]) oder Bösgläubigkeit (oben § 34 sub II 4).

XVI. Wenn wir die „grobe Fahrlässigkeit“ mit den bisher von uns erörterten Begriffen vergleichen, so ergibt sich folgendes:

1. Das Verhältnis zur einfachen „Fahrlässigkeit“ (§ oben 31) und zu

---

[1]) Aber auch in § 460 wird grobfahrlässige Unkenntnis mit Kenntnis gleichbehandelt, nur mit dem Unterschiede, daß der Gewährleistungsanspruch des grobfahrlässig kenntnislosen Käufers dann ausnahmsweise bestehen bleibt, wenn Verkäufer die Abwesenheit des Fehlers versichert oder den Fehler arglistig verschwiegen (also ein stärkeres Verschulden, vgl. BGB. § 254, begangen hatte).

[2]) Vgl. auch Planck I S. 42. — Daß in §§ 1699 Abs. I und 1345 Abs. I entgegen E. I §§ 1563 und 1258 Abs. I Satz 1 die Einbeziehung der groben Fahrlässigkeit gestrichen worden ist, vgl. bereits oben sub XIV.

[3]) Vgl. auch über die Bemerkungen der Prot. IV S. 664 und 71 oben sub XIV.

[4]) Als Beispiel, daß beide nicht überall gleichgestellt sind, führen Enneccerus-Lehmann S. 293 sub 3 den § 892 an. — Zu § 937 Abs. II nimmt Biermann S. 149 sub d an, daß die Begriffsbestimmung des § 932 Abs. II (oben § 34 sub I 1 und 6) zu eng sei.

[5]) Vgl. auch genauer Mot. V S. 569 (zum jetzigen § 2366) im Gegensatz zu Mot. III S. 346 sub 2 (zum jetzigen § 932), wo denn auch eine Nachforschungs- und Diligenzpflicht nicht so unbedingt geleugnet wird, wie in Mot. V S. 569. Wegen dieser Diligenzpflicht vgl. auch Prot. III S. 233 (zu BGB. § 937 Abs. II) und Nr. 203 II Nr. 231 VIII S. 493 (zu BGB. § 1248) sowie Hachenburg, 2. Aufl. S. 165: „Wird er nur für grobe Fahrlässigkeit haftbar gemacht, so ist ihm die Pflicht zur Prüfung der Sachlage leicht gemacht. Er braucht jedenfalls keinerlei Erkundigungen einzuziehen. Nur das, was sich ihm von selbst aufdrängt, darf er nicht ignorieren.“ Vgl. auch oben § 34 sub I 5.

[6]) Vgl. auch (ohne weiteres Interesse) z. B. Mot. II S. 52 oben und Oertmann in Seufferts Blättern für Rechtsanwendung 67 (1902) S. 26.

dem einen Unterfall der einfachen Fahrlässigkeit bildenden „Kennenmüssen" schlechthin (oben § 32) ist bereits sub I, IX und X besprochen worden.

2. „Unverzügliches" Handeln (oben § 33) involviert natürlich auch die Vermeidung von grober Fahrlässigkeit und umgekehrt zieht grobfahrlässige Säumnis ebenso die vom Gesetz vorgesehenen Folgen nach sich, wie vorsätzliche oder schlechthin fahrlässige Säumnis (vgl. oben § 33 sub B II 4 b).

3. Ueber das Verhältnis zwischen grober Fahrlässigkeit und „Bösgläubigkeit" vgl. oben sub XV 1 sowie oben § 34 sub I 1, 4, 6 a u. II 2.

4. Die „Verstöße gegen die guten Sitten" (oben § 36) können natürlich auch grobfahrlässiges Handeln involvieren; doch ist dies, da sie (im allgemeinen) einen objektiven Begriff bilden, der unabhängig ist vom subjektiven Verhalten, bedeutungslos.

5. Das gleiche gilt im Verhältnis von grober Fahrlässigkeit und „Pflichtverletzung" überhaupt oder „grober Pflichtverletzung" im besondern; daß sie mit einander im Prinzip nichts zu tun haben, wurde unter Bekämpfung gegenteiliger Bemerkungen [1]) der Literatur bereits oben § 37 sub III, V 1 d hervorgehoben.

6. Ueber das Verhältnis zwischen grober Fahrlässigkeit einerseits und „Ordnungswidrigkeit" sowie „unerlaubten Handlungen" andererseits (oben §§ 35 und 39) ist nichts zu bemerken; zu jener bestehen überhaupt keine, zu dieser keine irgendwie interessanteren, prinzipiell bedeutsameren [2]) Beziehungen.

XVII. Zum Abschluß unserer Erörterungen über die grobe Fahrlässigkeit mag auf die ratio legis der von ihr (einschließlich der grobfahrlässigen Unkenntnis) handelnden Normen hingewiesen werden.

1. Daß die Beschränkung des Tatbestandes auf die Fälle grober Fahrlässigkeit die Tendenz einer Begünstigung gewisser Schuldner gegenüber ihren an sich schon besonders günstig gestellten Gläubigern [3]) zeigt, wie Wendt S. 452 und Endemann S. 646 hervorheben, ist richtig, paßt aber zunächst wenigstens nur auf die von Wendt und Endemann a. a. O. genannten und auch von uns schon oben § 5 sub B I 1 zu einer Sondergruppe zusammengestellten Bestimmungen der §§ 300, 521, 599, 680 [4]) und 968. [5]) Damit ist

---

[1]) Wenn Endemann I S. 645/646 sagt: „In diesem Sinne läßt das BGB. eine Haftung nur bei grober Pflichtverletzung eintreten", so ist letztere nicht in dem von uns in § 37 besprochenen technischen Sinne zu verstehen, sondern im Sinne der von Endemann kurz vorher (S. 645) erwähnten „Sorgfaltspflicht" (vgl. hierzu genauer unten § 69 sub B). Deshalb habe ich diese Bemerkung Endemanns oben § 37 überhaupt nicht vorgeführt.

[2]) Unter die „unerlaubten Handlungen" gehören allerdings auch Tatbestände, die neben dem Vorsatz die Fahrlässigkeit genügend erscheinen lassen (vgl. oben § 5 B II 2 a und b), aber eben jede Fahrlässigkeit, also auch die grobe. Der die letztere allein erwähnende § 851 (oben § 6 I 2 a $\beta\beta'$) interessiert wegen des Begriffes der „unerlaubten Handlungen" gar nicht.

[3]) Es sei auf die äußerliche Tatsache aufmerksam gemacht, daß von unsern 12 Stellen nur 3 (nämlich §§ 912 Abs. I, 932 Abs. II, 968) nicht in Buch II stehen; daß aber § 968 ein obligatorisches Verhältnis (gesetzliche Schuldverbindlichkeit) betrifft, wurde schon in meinem oben S. 2 Anm. 5 erwähnten Aufsatze § 3 B I 1 S. 92 (vgl. jetzt § 5 sub B I 1) durch die Gruppierung angedeutet und habe ich inzwischen auch z. B. bei Kipp I S. 452 oben bestätigt gefunden.

[4]) Hier kann man auch noch im besondern den Gesichtspunkt der „Menschenhilfe" angewendet finden; vgl. Kohler in Iherings Jahrb. 25 (N. F. 13), 1887, insbes. S. 42 ff. und Isay, Geschäftsführung (oben S. 101 Anm. 3) S. 112.

[5]) Zu diesen Bestimmungen vgl. aus den Materialien außer Mot. II S. 73 f. (zu § 300 BGB., E. I § 257), oben im Text, noch ebenda S. 858 (zu BGB. § 680, E. I § 750), wo auch die Tendenz, Dritte zum helfenden Eingreifen zu vermögen, betont wird, und Prot. III Nr. 206 II S. 258/259 zu BGB. § 968. — Ferner vgl. auch Mot. II S. 296

also die ratio legis für die übrigen 11 Gesetzesstellen [1]), die von grober Fahrlässigkeit reden, nicht miterklärt. — Das gleiche Prinzip einer „Abschwächung des Schuldverhältnisses" — wie sich Mot. II S. 74 zu BGB. § 300 ausdrücken — und einer Minderung der Haftung dessen, der dem andern Teile ein wohlwollendes Entgegenkommen gezeigt hat, liegt aber offenbar auch §§ 523 Abs. II Satz 1 und 524 Abs. II Satz 1 (oben § 6 I 2 sub a $\beta\,\alpha'$ und b $\alpha\,\beta'$) zu Grunde.

2. Es ist dieses Alles zugleich Ausfluß eines höheren Prinzipes, das wir auch sonst im BGB. oft genug antreffen,[2]) nämlich des Prinzipes der Ausgleichung kollidierender Interessen, und von dieser höheren Warte aus umfaßt unser Blick ferner die legislatorische Basis der Bestimmungen in §§ 460 Satz 2, 529 Abs. I,[3]) 539 Satz 2, 617 Abs. I Satz 1 und 912 Abs. I[4]) (oben § 5 sub B I 2 und 4 bezw. § 6 I 2 sub a $\alpha\,\alpha'$ und β'). Dabei wird unser Augenmerk bei Betrachtung der zuletzt genannten Normen gleichzeitig zu der Beobachtung geführt, daß dem Grobfahrlässigen Vorteile, die er ohne sein schuldhaftes Verhalten genießen würde, nicht zuteil werden sollen. Dies ist auch der Fall in § 851 (oben § 6 I 2 a sub b $\beta\,\beta'$). Darin liegt ein Strafmoment, das als alleiniger Grund durch § 723 Abs. I Satz 2 (oben § 5 sub B I 3 a) hindurchschimmert. — Der schon erwähnte § 851, welcher von Kenntnis oder grobfahrlässiger Unkenntnis eines dinglichen Rechtes eines Dritten redet, führt zugleich auf den bereits oben sub XVI 3 genauer ins Auge gefaßten Gesichtspunkt der mala fides, und dies ist namentlich auch der Fall in § 932 Abs. II (oben § 6 I 2 sub b $\beta\,\gamma'$ und § 8 sub I, § 34).[5]) Eine ganz isolierte Stellung endlich nimmt § 277 (oben § 6 sub I 1) ein; vgl. darüber unten sub 3.

3. Eine Gruppierung der Normen über die grobe Fahrlässigkeit gibt Endemann S. 646 dahin, daß er den §§ 300, 521, 523 f., 599, 680, 912 und 968 einerseits die §§ 460, 529, 539, 617,[6]) 851 und 932[7]) andererseits gegenüberstellt und hier wieder zwischen §§ 460, 529, 539, 617 und §§ 851 und 932 unterscheidet. In der letzteren Untergruppe sieht er Fälle des fehlenden guten Glaubens, in der ersteren Fälle der Unzulässigkeit der Geltendmachung eines Sachmangels; beide Gruppen erscheinen ihm beherrscht von der Unentschuldbarkeit einer auf grober Fahrlässigkeit beruhenden Unkenntnis der Sachlage. Und weiter erblickt er (a. a. O. Anm. 13) in diesen beiden Untergruppen zusammen im Gegensatz zur ersten Hauptgruppe nicht den höchsten Grad der culpa („höchstes Maß der un-

---

und 446 (zu BGB. §§ 521, 599, E. I §§ 442, 550) darüber, daß diese Bestimmungen dem bisherigen Recht entsprechen (wobei aber Mot. II S. 296 entgegen E. I § 442 nur von „Fahrlässigkeit" reden).

[1]) Die Materialien lassen uns für folgende 7 Stellen ganz im Stiche: §§ 277, 460 Satz 2, 523 Abs. II Satz 1, 524 Abs. II Satz 1, 529 Abs. I, 617 Abs. I Satz 1, 723 Abs. 1 Satz 2.

[2]) Vgl. meine Vorträge Bd. I S. 59—76.

[3]) § 529 läßt sich auch mit dem Spezialprinzip sub 1 insofern in besondere Beziehung bringen, als die Stellung des herausgabepflichtigen Beschenkten verbessert wird.

[4]) Zu § 912 Abs. I vgl. auch Prot. III Nr. 192 V S. 135. — Uebrigens stammt die Hervorhebung der groben Fahrlässigkeit hier und in § 968 erst von der Kommission zur zweiten Lesung; vgl. Prot. III a. a. O. S. 133 ff. und Nr. 206 II S. 258 f.

[5]) Dieser Gesichtspunkt begegnet auch in den einschlägigen Bemerkungen der Prot. II Nr. 154 IX S. 608 und Mot. III S. 346 sub 2; er läßt sich auch für BGB. § 912 (oben § 5 sub B I 4) geltend machen.

[6]) Nur irrt sich Endemann S. 646 Anm. 14, wenn er die grobe Fahrlässigkeit auf Seiten des Dienstberechtigten sucht und darum in § 617 einen vereinzelten Fall der Haftungssteigerung erblickt.

[7]) Zu diesem zieht Endemann a. a. O. Anm. 15 dann noch die vom Mangel des guten Glaubens handelnden §§ 937, 955, 990 und 2024 heran; vgl. eine vollständigere Aufzählung oben § 8 sub II.

wissentlichen Pflichtverletzung dem Gläubiger gegenüber"), sondern den geringsten Grad der diligentia („Verletzung des Mindestmaßes der im Verkehr erforderlichen Aufmerksamkeit für die eigenen Rechtsbeziehungen"). — Diese Gruppierung ist sehr annehmbar; sie findet sich ähnlich schon in meiner Materialssammlung § 5 sub B I und § 6 sub I [1]) insofern angedeutet, als ich dort (§ 5 sub B I 2) von den Rechtsfolgen „selbstverschuldeter" Tatsachen und in § 6 sub I 2 von den Rechtsfolgen einer grobfahrlässigen Unkenntnis von Mängeln für die grobfahrlässige Person selber gesprochen habe und bereits für die Fälle des § 6 I 2 und für die eintretenden Folgen in § 6 I 2 sub d eine systematische Gruppierung geboten habe, die ich hier nicht wiederholen will, betreffs deren ich aber noch bemerke, daß sie ebensowenig wie die Endemannsche Gruppierung für die isoliert dastehenden und von Endemann unerwähnt gelassenen Fälle der §§ 723 und 277 (oben sub 2) ein Obdach zu bieten vermochte. — Aber diese Obdachlosigkeit der §§ 723 und 277 ist nicht weiter verwunderbar und darf nicht als Grund zur Bemängelung der Endemannschen oder meiner Gruppierung ins Feld geführt werden. Denn daß § 723 gerade durch die Hereinziehung des Verschuldens bedenklich aus dem Rahmen der analogen Gesetzesbestimmungen herausfällt, wissen wir schon aus den Erörterungen über die „Pflichtverletzung" (oben § 37 sub V 2 d γ); und daß § 277 mehr in die Lehre von der diligentia quam suis als in die Lehre von der groben Fahrlässigkeit gravitiert, liegt auf der Hand; [2]) für die Endemannsche Gruppierung hätte er aber allenfalls insofern ein Interesse, als er eine — freilich ziemlich unfeste — Brücke zwischen der culpa in fremden und der diligentia in eigenen Angelegenheiten [3]) schlägt. — Immerhin lassen sich gegen die Endemannsche Gruppierung Bedenken geltend machen. Zunächst sind höchstes Maß von culpa [4]) und geringstes Maß von diligentia doch identisch — beides nämlich ärgstes Außerachtlassen der im Verkehr erforderlichen Sorgfalt — und der Unterschied für die Untergruppen betrifft daher nur den Umstand, daß einmal fremde, das andere Mal eigene Angelegenheiten in Frage stehen. Sodann zeigt sich, wie wenig parallel die Linien des Endemannschen Vergleiches laufen, am besten, wenn man die Probe auf korrekteres Verhalten des Grobfahrlässigen zieht: ist seine culpa dem Gläubiger gegenüber geringeren Grades gewesen, so ist er haftungsfrei; ist dagegen seine diligentia in eigenen Rechtsbeziehungen höher gewesen, so ist doch das Resultat, daß die schärfere Anspannung der Aufmerksamkeit ihn zur Entdeckung des Mangels der Sache bezw. zur Entdeckung des Mangels in der Veräußerungsbefugnis seines Auktors geführt hat und daß er somit wegen positiver Kenntnis des Mangels erst recht nicht den Gewährleistungsanspruch besitzt bezw. Eigentum erwirbt: der Erfolg korrekten Verhaltens (genügender Achtsamkeit) ist also, daß es dem zur Sorgfalt Verpflichteten nützt, wenn er es dem Gläubiger gegenüber bewiesen hatte, daß es ihm aber keinen Vorteil bringt, wenn er es in eigenen Rechtsbeziehungen an den Tag legte.

XVIII. Im Handelsgesetzbuch endlich, um auch auf dieses einen Blick zu werfen, findet sich die grobe Fahrlässigkeit — das Wort „Fahrlässig-

---

[1]) In meinem oben S. 2 Anm. 5 erwähnten Aufsatze waren es die gleichen Ziffern der §§ 3 und 4 gewesen.

[2]) Vgl. auch oben S. 275 Anm. 1.

[3]) Noch mehr freilich nach der — auch in manchen andern Einzelheiten noch nicht ganz korrekten — Formulierung bei Endemann 5. Aufl. (1899) § 114 S. 489, wo es in Anm. 4 (statt der jetzigen Anm. 13, oben im Text) noch geheißen hatte „Mindestmaß der . . . Aufmerksamkeit in eigenen Angelegenheiten."

[4]) Im technischen Sinne der gemeinrechtlichen Terminologie (gleich „Fahrlässigkeit" im Besonderen), nicht etwa in dem der wörtlichen Uebersetzung entsprechenden und zugleich den „Vorsatz" (‚dolus', unten § 55) umfassenden Sinne des „Verschuldens" (unten § 42) überhaupt.

keit" schlechthin begegnet im HGB. nirgends; oben § 31 C IX 3 — ziemlich häufig erwähnt, ohne daß die einschlägigen Stellen jedoch Besonderheiten für den Begriff ergeben. Die meisten dieser Stellen gehören dem Frachtrecht an, Haftungsverschärfungen statuierend, und hier wiederum (HGB. §§ 430 Abs. III, 438 Abs. V, 457 Abs. III, 461 Abs. II, 464 Abs. II, 465 Abs. II Satz 2, 466 Abs. IV) größtenteils dem Landfrachtrecht, vereinzelt (HGB. § 609 Abs. II und EG. z. HGB. Art. 12 Nr. VII Abs. IV und Nr. VIII Abs. II) dem Binnenschiffahrtsfrachtrecht; je eine Stelle befindet sich in der Lehre von der offenen Handelsgesellschaft (HGB. § 133 Abs. II) und in den allgemeinen Vorschriften über die Handelsgeschäfte (§ 347 Abs. II).

§ 41.

Die Außerachtlassung der Sorgfalt.

Auch zu diesem Begriffe leiten uns unsere Betrachtungen über die „Fahrlässigkeit" (§ 31) — und über das mit ihr identische „Kennenmüssen" (§ 32) — hinüber, da ja (oben § 31, insbes. sub C) die „Fahrlässigkeit" laut gesetzlicher Definition in „Außerachtlassung der Sorgfalt" — und zwar der „im Verkehr erforderlichen" — besteht. Diesen Spezialfall (Materialsammlung § 9 sub I) kennen wir aus § 31 zur Genüge; seiner abermaligen Besprechung an dieser Stelle bedarf es also nicht (und auch manche Einzelheiten, welche wir im § 31 erörterten, kommen uns für die nachstehende Untersuchung zu Gute); uns werden jetzt also nur noch die andern in der Materialsammlung (§ 9) genannten Begriffe beschäftigen, wobei wir (sub I) die „Sorgfalt, welche man in eigenen Angelegenheiten anzuwenden pflegt" (§ 9 sub II), voranstellen und (sub II) die übrigen beiden Formen (§ 9 sub III und IV) nachfolgen lassen werden.

I. Die Sorgfalt, welche man in eigenen Angelegenheiten anzuwenden pflegt.[1])

1. Die Ausdrucksweise des Gesetzes ergibt folgendes:

a) Zunächst handelt es sich bei diesem Begriffe um eine „Sorgfalt"; mit diesem Bestandteil des Legalbegriffes aus BGB. § 276 haben wir uns schon in § 31 sub A I zur Genüge vertraut gemacht.

---

[1]) Zu diesem Begriff (und noch mehr zu den sub II zu besprechenden) ist die Literatur ziemlich spärlich. Nichts bezw. nichts für unsern Bedarf Erhebliches findet sich z. B. an den einschlägigen Stellen bei Achilles (S. 119), Hellmann (S. 178), Krückmann (S. 386, 401, 460), Kuhlenbeck, Von den Pandekten (II S. 52), Müller und Meikel (I S. 257), Neumann, Handausgabe (I S. 149), Neumann, Jahrbuch (I 1 S. 189, 414, 420, I 2 S. 33, 122, II S. 190), Weyl (I S. 341), und auch z. B. nicht in den allgemeinen Erörterungen bei Planck I S. 40 f.; ebensowenig z. B. bei Stammler, Schuldverhältnisse (S. 112), wo übrigens am Ende der Anm. 2 BGB. § 690 übersehen ist und ferner ein Druckfehler statt des § 277 den § 777 BGB. nennt. — Wegen vereinzelter Bemerkungen in der allgemeinen Literatur sowie in der Spezialliteratur z. B. zu den unerlaubten Handlungen vgl. unten S. 286 ff. — Lediglich das gemeine Recht behandeln die Erlanger Dissertationen von Sander, Ein Beitrag zur Lehre von der diligentia quam suis (Berlin 1898) und von Mutzenbecher, Beiträge zur Lehre von der culpa in concreto (Berlin 1896), während die Jenenser Dissertation von von Hagen, die sog. culpa in concreto (Berlin 1901) — vgl. bereits oben § 31 S. 113 Anm. 1 u. § 40 S. 277 Anm. 3 — unser Thema trifft. — Keine prinzipiellen Erörterungen bringt z. B. zu § 1359 die eherechtliche Spezialliteratur (z. B. — vgl. oben S. 239 f. — Rocholl S. 92 f., Fränkel S. 27, Kohler S. 35). — Zu § 1664 vgl. einige Bemerkungen bei Opet, Verwandtschaftsrecht (Berlin 1899) S. 297 f. — Judikatur zu obigem Begriff ist in den Sammlungen von Scherer (I—III), Warneyer (I und II), Neumann (Jahrbuch I und II, Lieferung 1—3) und in der Spruchsammlung der Juristen-Zeitung I und II nicht angegeben, weder zu § 277 noch zu den §§ 690, 708, 1359, 1664, 2131.

b) Sodann handelt es sich um eine Sorgfalt, welche man anzuwenden pflegt.

α) Der Jemand,[1]) welcher diese Sorgfalt „anzuwenden pflegt", ist der bei einem konkreten Rechtsverhältnisse (das seinerseits einem der Kapitel: Verwahrung, Gesellschaft,[2]) Verhältnis der Ehegatten zu einander, elterliche Gewalt oder Vorerbschaft angehören muß, oben § 9 sub II 1) beteiligte Schuldner; es wird also hier die Sorgfalt nicht bemessen (wie in § 276, oben § 31, insbes. sub A I) nach dem durchschnittlichen (durchschnittlich erforderlichen) Verhalten obligatorischer Schuldner überhaupt und darum nach dem Maßstabe dessen, was ordentliche Menschen zu tun pflegen, weil sie es zu tun verpflichtet sind (oben § 31 sub A II, insbes. sub 4), sondern sie wird hier bemessen nach dem Verhalten einer bestimmten, individuellen Person.

β) Die Worte „anwenden" und „pflegen", im BGB. noch vereinzelt vorkommend,[3]) geben sprachlich zu Bemerkungen wenig Anlaß; das „pflegen" deutet in Verbindung mit dem sub α Gesagten auf die persönlichen, individuellen Gepflogenheiten[4]) des betreffenden Schuldners im Gegensatz zu den Gepflogenheiten der Allgemeinheit, von denen bei Besprechung der „im Verkehr erforderlichen Sorgfalt" die Rede war (§ 31 sub A II 2), und es ist somit hier (im Gegensatze zu dem in § 31 a. a. O. Gesagten) den mißbräuchlichen Gewohnheiten, dem Schlendrian und den sonstigen Untugenden des Einzelnen vom Gesetze Zutritt gewährt.

c) Endlich handelt es sich um die Sorgfalt, welche der Betreffende „in eigenen Angelegenheiten" anzuwenden pflegt. Dabei kommen einerseits „Angelegenheiten"[5]) aller Art — nicht bloß Rechtsangelegenheiten im besondern, sondern allerhand, z. B. wirtschaftliche, geschäftliche, persönliche Angelegenheiten, kurz die ganze Interessensphäre — in Betracht; andererseits aber spricht der Gesetzgeber nicht von „den" Angelegenheiten des Betreffenden, von „seinen" Angelegenheiten insgesamt; gemeint dürfte also nicht das Gesamtverhalten des Schuldners sein, sondern sein durchschnittliches, gewöhnliches Gebahren, das vorbehaltlich von Ausnahmen für gewisse einzelne Angelegenheiten

---

[1]) Das BGB. sagt in den einschlägigen Stellen (oben § 9 sub II 1) durchweg „er".

[2]) Die Leipziger Dissertation (1903) von O. Müller, Die Haftung der Gesellschafter nach dem BGB., bezieht sich nicht, wie man auch annehmen könnte, auf die gegenseitige Verantwortlichkeit der Gesellschafter für ihr Verschulden, sondern auf ihre Pflicht, für Passiva der Gesellschaft aufzukommen.

[3]) Von „anwenden" ist noch die Rede in §§ 1631 Abs. II Satz 1 (Zuchtmittel) und 2196 Abs. II (Zwangsmittel) sowie in EG. z. BGB. Art. 27 (deutsche Gesetze). Sehr oft begegnet „Anwendung"; vgl. Gradenwitz S. 12 f. — „Pflegen" in obigem aktivem Sinne (gewöhnlich tun) findet sich im BGB. nirgends weiter, wohl aber im passiven Sinne (gewöhnlich getan werden) fünfmal (§§ 91, 259 Abs. I, 627 Abs. I, 1841 Abs. I, § 2255 Abs. I); ferner im Sinne von Verhandlungen bezw. von Geschlechtsgemeinschaft, die zwischen zweien Personen „gepflogen" sind (§§ 810, 1310 Abs. II); aber nie — wie die Substantiva Pflege, Pfleger, Pflegebefohlener, Pflegling, Pflegschaft (Gradenwitz S. 121 f.; dazu einige Komposita ebenda pag. XVI) — im Sinne von „warten", „Fürsorge (vgl. oben § 31 S. 100 Anm. 3) üben".

[4]) Das Wort „Gepflogenheit" ist im BGB. nicht vorhanden.

[5]) Das Wort befindet sich im BGB. (Gradenwitz S. 9) noch in 27 anderen Normen, darunter in einigen mehrfach; als Kompositum begegnet nur „Vermögensangelegenheit (8 mal, Gradenwitz S. 152); das Simplex „Gelegenheit" findet sich (Gradenwitz S. 74) 3 mal (§§ 652, 655 f).

oder für einzelne Arten von Angelegenheiten im großen und ganzen einen bestimmten Charakter zeigt. — Die „eigenen“ Angelegenheiten stehen in offenbarem Gegensatz zu fremden, wie dies auch der Fall ist bei den gesetzlichen Wendungen [1]) „im eigenen Namen“,[2]) „zur eigenen Verwendung“,[3]) „eigener Pflichtteil“,[4]) und [5]) „eigenes Verschulden“.[6])

2. Es wird sich empfehlen, statt der recht schleppenden Ausdrucksweise des Gesetzes (sub 1) sich im folgenden einer bequemeren zu bedienen, und hier wird es nach dem sub 1 Bemerkten keinem Mißverständnis unterliegen (insbesondere keiner Verwechselung mit der im Verkehr erforderlichen — oder auch mißbräuchlich üblichen, oben sub 1 b β — Sorgfalt), wenn wir von der gewohnten, der individuell-üblichen Sorgfalt dieses betreffenden Schuldners reden oder wenn wir die gemeinrechtliche Bezeichnung ‚diligentia quam suis‘ anwenden. Und da wir im Verlaufe vielfach weniger von der eigenen Sorgfalt selber als vielmehr von ihrer Außerachtlassung zu sprechen haben, so kann diese kurzweg als die individuelle Sorglosigkeit (Nachlässigkeit) oder als die ‚negligentia quam suis‘ bezeichnet werden.

3. Aus unsern Feststellungen sub 1 sind sofort einige wichtige Folgerungen abzuleiten:

a) Zunächst ist zu konstatieren, daß der bei der diligentia (negligentia) quam suis angelegte Maßstab, weil er der Individualität gerade des einzelnen in die Rechtsfrage verwickelten Schuldners Rechnung trägt, nicht etwa ein abstrakter und objektiver (vgl. oben § 31 sub A III 8 b α), sondern ein konkreter (‚culpa in concreto‘) und subjektiver ist. Hierin sind sich Materialien und Literatur vollkommen einig;[7]) nur Matthiaß I S. 273 sub γ meint von dem angelegten Maßstab — meines Erachtens mit Recht —, er sei im Grunde „kein rein konkreter, sondern gleichfalls ein abstrakter, aber beschränkt abstrakter“, weil — vgl. oben sub 1 b β und c — „das durchschnittliche[8]) Verhalten des Handelnden in seinen Angelegenheiten in Frage kommt“. Man wird also das Verhältnis dahin formulieren können, es liege hier ein relativ-abstrakter Maßstab[9]) vor, in § 276 (oben § 31 a. a. O.)

---

[1]) Die Komposita: Eigenbesitz, -besitzer, -händig, -macht, -schaft, -tum (und dessen Komposita, vgl. Gradenwitz pag. XIV, bezw. Ableitungen, vgl. Gradenwitz S. 45 f.) sind für uns interesselos; nur wegen „Eigenmacht“ vgl. oben § 39 sub II 3.

[2]) §§ 164 Abs. II, 181, 778, 783, 1380 Satz 1, 1443 Abs. I Satz 2, 1450.

[3]) §§ 1428 Abs. I, 1585 Abs. II.

[4]) Des Erben: §§ 2318 Abs. III, 2319 Satz 1, 2328.

[5]) Im übrigen noch: Geschäft (§ 687 Abs. I und II Satz 1), Rechnung (§ 778); Grundstück (§ 1173 Abs. II), Unterhalt (§ 1389 Abs. II), eingebrachtes Gut (§ 1528 Abs. I Satz 1), Befugnis (EG. z. BGB. Art. 34 Nr. III).

[6]) §§ 278 Satz 1, 351 Satz 2, EG. zu BGB. Art. 42 Nr. III § 9; hierzu eingehend unten § 42 sub B VI 3.

[7]) Aus den Materialien vgl. Prot. II Nr. 136 V S. 419 f., Nr. 168 VI 768; aus der Literatur z. B. Crome I S. 487 sub β, Dernburg II 1 S. 140 sub 2, Eck I S. 195 sub β, Endemann I § 114 sub 1 S. 643 ff., insbes. S. 643 Anm. 1, S. 644 oben und S. 645 Anm. 6, Engelmann S. 129, 204, Enneccerus-Lehmann I S. 293 sub II, Kuhlenbeck, BGB. I S. 230/31, Wendt S. 439, Zitelmann S. 158 sub b, Piper, Verursachung und Verschulden (oben S. 101 Anm. 3) S. 42, v. Hagen a. a. O. S. 10.

[8]) Vgl. unten S. 286 Anm. 3. Augenblickliche Bestürzung, Krankheit, Betrunkenheit u. dergl. kommen höchstens auf Grund der §§ 827 ff. zur Berücksichtigung; vgl. unten § 75.

[9]) So findet sich in Prot. I Nr. 29 S. 187 sub XII am Rande wegen der diligentia quam suis der Ausdruck „relative Sorgfalt“; vgl. auch Beer in der Juristen-Zeitung VI (1901) Nr. 19 S. 432.

dagegen ein absolut-abstrakter; oder man kann sagen, in § 276 sei der Maßstab ein abstrahierend abstrakter, in § 277 ein abstrahierend konkreter. — Und Crome macht I S. 487 Anm. 28 darauf aufmerksam, daß, indem durch § 277 — den ich als Sicherheitsventil gegen Ueberspannung der negligentia quam suis bezeichnen möchte — einer „abnormen Nachlässigkeit" vorgebeugt wird, durch welche „die fremden Angelegenheiten . . . in Mitleidenschaft gezogen werden" würden, doch „der objektive Maßstab wieder eintritt".[1]) Ferner betont Crome ebenda Anm. 27 mit Recht,[2]) daß auch der Maßstab der diligentia quam suis „nicht schematisch" zu handhaben sei, sondern, wie bei der „Fahrlässigkeit" überhaupt (vgl. oben § 31 sub A III 22), „unter Berücksichtigung der individuellen Umstände (der gestellten Aufgabe und der persönlichen Fähigkeit zur Zeit der Handlung, z. B. nach eingetretener Krankheit").[3])

b) Sodann leuchtet es ein, daß der Maßstab nicht etwa unangewendet bleiben kann, wenn in einer der fraglichen Angelegenheiten (Verwahrung, Gesellschaft usw.; vgl. oben sub 1 b α) für den in Frage kommenden Tatbestand keine ganz genauen Analogien aus dem Vorleben des Täters zu Gebote stehen. So wird derjenige, welcher einen fremden Kanarienvogel, während der Eigentümer verreist ist, unentgeltlich in Pflege genommen hat, sich wohl darauf berufen können, daß er zwar selber noch nie einen Kanarienvogel gehalten habe, aber mit seinem Papagei bezw. auch mit seinem Hunde nicht sorgsamer umgehe; und wenn er sich überhaupt niemals ein Tier gehalten hatte, kann er sich sehr wohl auf seine Sorglosigkeit in Aufbewahrung lebloser Dinge berufen. Kurz, es wird sich, entsprechend auch der sub 1 c erörterten Ausdrucksweise des Gesetzes, der Vergleich, auf den uns § 277 hinweist, auf das Verhältnis der konkreten Angelegenheit zu den Gepflogenheiten des Täters[4]) überhaupt erstrecken und nicht bei genau denselben Sachen oder Geschäftszweigen[5]) haften bleiben.

4. Dieser Maßstab der diligentia quam suis soll aber — wie aufs deutlichste das Wort „nur" in allen fünf Gesetzesstellen beweist[6]) — ein für den Täter günstigerer sein als der der im Verkehr erforderlichen Sorgfalt. Es soll — wie gleichfalls Materialien[7]) und Literatur[8]) als ihre überein-

---

[1]) Ebenso Piper S. 42/43 (sofern Schuldner in seinen eigenen Angelegenheiten sorgfältiger zu sein pflegt).

[2]) Vgl. auch Beer a. a. O.

[3]) Letzteres widerspricht keineswegs dem im Texte behaupteten relativ-abstrakten Maßstabe, da dieser sich zwar nicht mit momentaner Variabilität, wohl aber mit periodischen Verschiedenheiten in der individuell-üblichen Sorgfalt z. B. bei Quartalstrinkern verträgt und insofern eine weitere Abweichung gegenüber der gewöhnlichen Sorgfalt (§ 31, insbes. sub A III 18 b—d) Platz greift. — Bei Zitelmann, der S. 159 sub β dieselben Fragen streift, ist nicht ganz klar, ob die Worte „gerade in dem gegebenen Augenblick" zum Vorangehenden („bei seinem individuellen Zustande") oder zum Nachfolgenden („sorgfältiger hätte handeln können") gehören sollen; nur wenn letzteres gemeint ist, kann ich Zitelmann zustimmen, dessen Bezugnahme auf die Bemerkungen S. 158 sub 1 a γ aber jedenfalls nicht parallel läuft, weil dort der verschiedenen Situationsgruppen nicht gedacht wird.

[4]) Vgl. Schollmeyer S. 101 sub γ.

[5]) Vgl. Endemann S. 644 Anm. 2.

[6]) Auf dies Argument stützen sich insbes. Kipp I S. 453 a. E., Fischer-Henle S. 155 Anm. 1, Oertmann S. 37, v. Hagen S. 10; vgl. auch Prot. V Nr. 342 II S. 105 (wegen des Vorerben).

[7]) Prot. II Nr. 136 V S. 419, V Nr. 341 V S. 96, während Mot. II S. 601 a. E. nur von einer „eigentümlich modifizierten Haftung" reden. Vgl. ferner die folgenden Anmerkungen.

[8]) Vgl. z. B. Dernburg a. a. O., Eck a. a. O., Endemann S. 644 Anm. 3,

stimmende Auffassung erkennen lassen — eine „Rücksichtnahme" auf den Schuldner, eine „Begünstigung" desselben, eine „mildere" Behandlung des Schuldners und eine „Milderung" („Minderung"), „Ermäßigung", „Beschränkung", „Einschränkung", „Erleichterung", „Abschwächung" der Sorgfalt bezw. der Haftung eintreten, die nur in diesen gesetzlichen „Ausnahmefällen" [1]) vorgesehen (und, wie wir gleich hinzusetzen wollen, durch die ‚ratio legis' [2]) nur hier gerechtfertigt und demnach insbesondere der Analogie nicht fähig) ist; es soll also umgekehrt keineswegs eine „Erweiterung", „Steigerung" oder „Verschärfung" [3]) der Sorgfalt und der Haftung Platz greifen, wenn der betreffende Schuldner in seinen eigenen Angelegenheiten eine besondere Sorgsamkeit an den Tag zu legen pflegt.[4]) Mit anderen Worten: die Individualität soll nicht zum Damoklesschwert werden und zum Danaergeschenk der Natur.

a) Daraus ergibt sich sofort, daß die Bezugnahme auf diligentia quam suis Sache des Schuldners ist und daß er den Exkulpationsbeweis zu führen hat.[5])

b) Daraus ergibt sich aber auch, daß in der Skala der Haftungsgründe die in eigenen Angelegenheiten gewohnte Sorglosigkeit als etwas schlimmeres erscheint wie die durchschnittliche Sorglosigkeit im Verkehr, m. a. W., daß die Außerachtlassung der diligentia quam suis ein gröberer Grad ist als die culpa levis.

c) Daß dagegen im Verhältnis der negligentia quam suis und der groben Fahrlässigkeit jene der geringere Grad ist, folgt aus BGB. § 277, der demjenigen, welcher zwar „nur" für diligentia quam suis einzustehen hat, nichtsdestoweniger den Freibrief für grobe Fahrlässigkeit [6]) versagt.[7])

Fischer-Henle a. a. O., Kipp a. a. O., Mayring S. 40 oben, Meisner S. 23, Oertmann a. a. O., Planck II S. 50, Wendt S. 439, Piper a. a. O., von Hagen a. a. O. S. 3, 10, 19, 31, Bendix I S. 309. Von „Beschränkung der Haftung" sprechen auch Prot. V a. a. O.

[1]) Wendt a. a. O. Vgl. auch Prot. II S. 769, daß dieser Maßstab schon wegen seiner Mißlichkeit exzeptionell sein muß.

[2]) Ueber die ratio legis der Normen vgl. aus den Materialien insbes. Mot. II S. 571 ff. (zu BGB. § 690), ferner Mot. II S. 601 f. und Prot. II Nr. 136 sub V S. 418 ff. (sehr ausführliche Angabe der Gründe und Gegengründe betr. § 708); ebenda Nr. 168 VI S. 768 f. (Gesellschaft im Vergleich zur Gemeinschaft, bei der dieser individuelle Maßstab abgelehnt wurde ebenso wie — Prot. III Nr. 206 S. 258 sub II 2 — wegen des Finders); ferner Prot. IV Nr. 274 III S. 108 f. (zu BGB. § 1359) und Nr. 305 I F S. 561 (zu BGB. § 1664), Prot. V a. a. O. (zu BGB. § 2131). — Aus der Literatur z. B. Crome a. a. O., Endemann S. 644 Anm. 5 und S. 645 Anm. 6, Engelmann S. 129, Piper S. 43 und besonders eingehend von Hagen S. 38 ff. — Ueber das Verhältnis der einschlägigen Normen des BGB. zum Gemeinen Recht vgl. Eck a. a. O. und Enneccerus-Lehmann a. a. O.

[3]) Vgl. Dernburg, Oertmann, Planck und Schollmeyer a. a. O.; irrig Bendix a. a. O.

[4]) Vgl. auch Endemann S. 644 Anm. 3 und 4, von Hagen S. 10, 18, Rehbein II S. 103 Note 89 b. Unzutreffend ist es also, wenn Cosack I S. 250 sub γ — durch die Bemerkung, daß, sofern das Gesetz nur für grobe Fahrlässigkeit haftbar macht, „ein leichtes Versehen selbst dann entschuldigt ist, wenn der Urheber in eigenen Angelegenheiten sorgfältiger zu sein pflegt" — seine Auffassung dahin zu erkennen gibt, in der Regel sei ein leichtes Versehen unentschuldigt, wenn des Urhebers diligentia quam suis eine besonders hohe ist.

[5]) Vgl. auch Enneccerus-Lehmann, Mayring, Oertmann, Planck und Rehbein a. a. O., Endemann S. 644, von Hagen S. 14 ff.

[6]) Betreffs ihrer würde die Beweislast dem Gegner obliegen; vgl. auch oben § 40 sub XIII.

[7]) Der Täter ist also zwar wegen „unverständiger Gepflogenheiten", jedoch nicht wegen „schwerer Mißbräuche" von Haftung frei (Cosack S. 250 sub β) und fremden Angelegenheiten schuldet „auch der in eigenen Angelegenheiten gleichgültigste Mensch gewisse Aufmerksamkeit" (Endemann S. 644). — Vgl. auch Mot. I S. 280.

d) Es nimmt mithin die negligentia quam suis die Zwischenstufe[1]) zwischen einfacher und grober Fahrlässigkeit ein.[2])

5. Aus der exzeptionellen Natur unserer Normen folgt, daß sie aufs engste Anwendungsgebiet zu beschränken sind. Nur wenn es sich wirklich um eine Pflicht des Verwahrers aus der (unentgeltlichen) Verwahrung, um Erfüllung einer sich aus dem Gesellschaftsverhältnis oder dem ehelichen Verhältnisse ergebenden Verpflichtung[3]) oder um Ausübung der elterlichen Gewalt[4]) oder um die Verwaltung der Erbschaft seitens der Nacherben handelt, darf Schuldner sich auf seine individuellen Gepflogenheiten berufen;[5]) daher kann, um ein Beispiel aus dem Gedankenkreise unseres in § 31 sub D eingefügten Gutachtens zu geben, dasjenige Vorstandsmitglied eines Turnvereins,[6]) welches Kassenwart des Vereins und zugleich besoldeter Turnlehrer für die Turnabende ist, sich zwar wegen unordentlicher Kassenführung darauf berufen, daß es seine eigene Kasse ebenso unübersichtlich führe, aber nicht wegen Beschädigung eines Turners darauf, daß er selber in seinem Garten gleichfalls an einem defekten Barren turne.

6. Und ebensowenig ist, wofür das gleiche Beispiel zutreffend wäre, die Bezugnahme auf die negligentia quam suis statthaft,[7]) wenn der Vorgang das Gebiet des kontraktlichen Verschuldens verlassen und das Gebiet der Deliktsobligationen beschritten hat;[8]) denn hier bleibt, selbst wenn das Gesetz für Nichterfüllung der betreffenden Art von Verbindlichkeiten eine mildere Haftung vorsieht (beispielsweise eben nur Haftung für diligentia quam suis), ein unerlaubtes Verhalten immer den allgemeinen Normen der §§ 823 ff. unterworfen.[9])

7. Während wir sahen, daß für die „Fahrlässigkeit" (und zwar sowohl für die gewöhnliche wie für die grobe, oben § 31, insbes. sub A III 9—17 und oben § 40 sub IX) eine Berücksichtigung desjenigen Berufes, dem der Sorglose angehört,

---

[1]) Es ist m. E. noch nicht spezialisiert genug, wenn Endemann S. 643 sowohl die diligentia quam suis wie die grobe Fahrlässigkeit als „Zwischenstufen" bezeichnet; zum Ausdruck „Zwischenstufe" auch unten sub 9 b.

[2]) Ein „Mittelgebilde", das „in der Mitte zwischen der Haftung für die allgemeine Verkehrssorgfalt und grobe Fahrlässigkeit steht", sagt mit Recht v. Hagen S. 11/12. Vgl. auch die Gruppierung bei Cosack I § 71 sub II 2 b α—γ S. 249 f.

[3]) Wegen dieser Verpflichtungen vgl. eine Aufzählung bei Opet S. 107 Anm. 1.

[4]) Ein Beispiel vgl. in Prot. IV Nr. 303 S. 580 (sub M).

[5]) Vgl. Mot. II S. 602 oben (wegen des Gesellschafters), Prot. IV Nr. 274 III S. 109 (wegen des Ehegatten) und auch z. B. Wendt S 440. — Auch diese Berufung auf die diligentia quam suis fällt fort, wenn das Gesetz innerhalb der betreffenden Lehre für einen bestimmten Punkt eine strengere Diligenz (nämlich die allgemeine Diligenzpflicht des § 276) erheischt; dies ist der Fall für den Vorerben laut § 2119; vgl. Prot. V Nr. 342 II S. 105 und oben § 35 sub I 3. Vgl. ferner § 691 Satz 2, § 1374 Satz 1, § 1472 Abs. II. Anderer Ansicht freilich Opet (Kommentar) S. 107 Anm. 3 (zu § 1359) wegen § 1374 Satz 1.

[6]) Man muß hier an einen uneingetragenen Verein denken, weil nur dieser (vgl. BGB. § 54 Satz 1) als „Gesellschaft" zu behandeln ist; vgl. oben § 9 sub II 1 b S. 53 Anm. 4 und oben § 31 sub D IV 7 b.

[7]) Darum findet sich z. B. bei von Liszt, Deliktsobligationen (S. 54 ff.), Linckelmann, Schadensersatzpflicht aus unerlaubten Handlungen (S. 34 ff.), Lühl, Deliktshaftung (S. 13 ff.) und v. Weinrich, Haftpflicht wegen Körperverletzung (S. 27 f.) die diligentia quam suis gar nicht erwähnt.

[8]) Vgl. Wendt S. 440, Endemann S. 645. — Dem widerspricht auch nicht, was Kipp in der Juristen-Zeitung VIII (1903) Nr. 11 S. 256 bemerkt, da er zwar gegen eine Beiseiteschiebung der Sonderbestimmungen des Gesetzes über die Haftung zu Gunsten der Grundsätze von den unerlaubten Handlungen Front macht, jene Sonderbestimmungen aber in seinem Beispiele vom Verwahrungsvertrage auch nur gerettet wissen will, wenn der Verwahrer „in Ausführung einer zu den Funktionen des Verwahrers gehörigen Handlung die Sache beschädigt".

[9]) Hiezu vgl. auch ein gutes Beispiel bei Endemann S. 645 Anm. 7, dahin gehend, daß der Ehemann durch das in seinem Zimmer von ihm gewöhnlich vorgenommene unbekümmerte Fortwerfen brennender Zigaretten den Teppich seiner Frau anbrennt.

erfolgen muß, ist eine solche bei der diligentia quam suis nicht angebracht. Sie ist erstens nicht nötig, da ja die Berufssorgfalt nur eine Sonderform der „im Verkehr“ erforderlichen Sorgfalt überhaupt, eine Unterteilung auf der Skala des objektiven und abstrakten Maßstabes bildet (vgl. oben § 31 sub A III 17) und da wir es hier mit einem sehr subjektiven und konkreten Maßstabe zu tun haben; und sie wäre zweitens falsch, da es bei Beurteilung der subjektiven Eigentümlichkeiten des Schuldners nicht auf dessen Berufsleben, sondern auf seine Privatangelegenheiten und die von ihm bei diesen an den Tag gelegten Eigenart seiner Gepflogenheiten ankommt.

8. Die „im Verkehr erforderliche Sorgfalt“ und die diligentia quam suis sind demnach Begriffe, die sich eher ausschließen, als daß sie sich berühren oder gar zu einander im Verhältnis konzentrischer Kreise stehen; der Mittelpunkt ist eben ein ganz anderer: dort das, was allgemein als erforderlich gilt, hier das, was individuell üblich ist. Schon aus diesem Grunde, wegen der Verschiedenheit der Konstruktion, wäre der Auffassung von Titze[1]) zu widersprechen, daß es sich „genau besehen“ auch bei der diligentia quam suis nur um die im Verkehr erforderliche Sorgfalt handle; dazu kommen aber auch hier noch die schon oben § 31 sub A III 21 und § 40 sub XI geltend gemachten weiteren Erwägungen, um Titzes Auffassung von der Entbehrlichkeit der Sondervorschriften über bloße Haftung für diligentia quam suis unhaltbar erscheinen zu lassen.

9. Was das Verhältnis der diligentia quam suis zu den andern bisher (in §§ 31—40) erörterten Begriffen betrifft, ist folgendes zu bemerken:

a) Das Verhältnis zwischen diligentia (negligentia) quam suis und Fahrlässigkeit schlechthin ist bereits zur Genüge charakterisiert worden. Vgl. oben sub 1 b β, 3 a, 4, 4 b und d, 7 und 8. Es sei nur noch hervorgehoben, daß, vom Standpunkte des „Verschuldens“ aus betrachtet, zwar auch die diligentia quam suis ebenso wie die Fahrlässigkeit in diesen ihnen beiden (und dem „Vorsatz“, vgl. unten § 55) übergeordneten Begriff gehört; aber nicht etwa so, daß gleich der „groben Fahrlässigkeit“ und dieser koordiniert auch die negligentia quam suis ein Unterbegriff der Fahrlässigkeit wäre; sondern so, daß die Fahrlässigkeit einerseits (mit ihrem Hauptfall der gewöhnlichen und ihrem Unterfall der groben) und die negligentia quam suis andererseits nebengeordnete Begriffe und beide Unterfälle der „Außerachtlassung der Sorgfalt“ sind. Das Bemerkte ist von größter Bedeutung nicht nur für das Verständnis der diligentia bezw. negligentia quam suis selber und für die Anschauung des BGB. über diesen Begriff, sondern auch für die ganze Systematik und den Aufbau der Verschuldensbegriffe überhaupt (vgl. daher nochmals unten § 66): ein Punkt, betreffs dessen sich in der Literatur[2]) manche Ungenauigkeiten und sogar manche Unrichtigkeiten finden. Denn als unrichtig ist es nach dem Gesagten zu be-

---

[1]) Titze, Unmöglichkeit, S. 81/82; oben S. 123 Anm. 2.

[2]) Nichts bezw. nicht Deutliches verraten über ihre Ansicht betr. der systematischen Stellung der diligentia quam suis z. B. Dernburg II 1 §§ 63 ff. S. 134 ff. (vgl. aber unten S. 290 zu Anm. 13), Engelmann S. 203 f. (vgl. aber ebenda zu Anm. 14), Enneccerus-Lehmann I § 118 S. 292 ff., Kipp I S. 453 f., Planck I S. 40 ff., II S. 49 f., Rehbein II S. 102 f., Weyl, Vortr. I S. 339 ff., Wendt a. a. O. — Mehr eine Koordination von Vorsatz, Fahrlässigkeit und negligentia quam suis, also eine Dreiteilung (statt der Zweiteilung in Vorsatz einerseits und die Gesamtheit der sonstigen Begriffe andererseits, vgl. oben sub a) bietet Oertmann S. 36 sub 1 a—c, der dabei aber vom römischen System ausgeht und nur nebenher die Systematik des BGB. erwähnt, bezüglich dieser also seine Auffassung nicht mit ganzer Deutlichkeit zu erkennen giebt.

zeichnen (vgl. sub a), wenn die diligentia quam suis bei Eck,[1]) Endemann[2]) und von Hagen[3]) als[4]) „Unterart", als[5]) „Zwischenstufe", als[6]) „Nebenart", „Spezies" oder „Modifikation" der Fahrlässigkeit im besonderen bezeichnet wird. Und ungenau ist es, wenn Cosack,[7]) Crome[8]) und Matthiaß[9]) — bei an sich richtiger Rubrizierung unter die Verletzung der Sorgfaltspflicht im allgemeinen und bei nur zum Teil nicht einwandfreier Gruppierung[10]) der Begriffe Fahrlässigkeit schlechthin, grobe Fahrlässigkeit und diligentia quam suis unter einander — von der diligentia quam suis als einem „Grad",[11]) einer „Stufe"[12]) der Fahrlässigkeit sprechen, während sie offenbar einen Grad, eine Stufe der „Sorgfalt" meinen. Allein richtig ist es, wenn man entweder, wie es oben sub a geschah, die negligentia quam suis ins Auge faßt und sie als Unterart der Außerachtlassung der Sorgfalt betrachtet, oder wenn man mit Dernburg[13]) von verschiedenen Graden der „Verhaftung" spricht oder wenn man mit Engelmann[14]) und Zitelmann[15]) als das für die Einteilung Wichtige den für Beurteilung der Sorgfalt angewendeten Maßstab zugrunde legt, der (vgl. oben sub 3 a) bei der Fahrlässigkeit schlechthin und bei der groben Fahrlässigkeit im besonderen ein objektiver, bei der diligentia bezw. negligentia quam suis ein subjektiver ist. — Das Gesagte ist keineswegs ein bloßes Spiel mit Worten,[16]) dem entgegenzuhalten wäre, daß es ja gleichgültig sei, wie und wo man die negligentia quam suis rubriziere, da sie ja auch von uns als Außerachtlassung der Sorgfalt bezeichnet worden sei (oben sub 2); der springende Punkt ist eben, daß die Fahrlässigkeit selber nicht identisch ist mit Außerachtlassung der Sorgfalt überhaupt, sondern nur mit Außerachtlassung der „im Verkehr erforderlichen" Sorgfalt im besonderen, so daß es also für die Systematik allerdings einen Unterschied ausmacht, ob man die negligentia quam suis als einen Unterfall der Außerachtlassung dieser speziellen Sorgfalt oder als einen Unterfall der Außerachtlassung von irgend einer Sorgfalt und damit als einen direkt

---

[1]) Eck I § 40 S. 194 f.

[2]) Endemann I § 114 a. A. S. 643.

[3]) von Hagen S. 3, 9, 10.

[4]) Eck a. a. O.

[5]) Endemann a. a. O.

[6]) von Hagen a. a. O. Dies hängt bei ihm freilich damit zusammen, daß er bei der „Verkehrssorgfalt" selber die Berücksichtigung der individuellen Momente unrichtig würdigt; vgl. oben § 31 S. 118 Anm. 8.

[7]) Cosack I § 71 Ueberschrift zu S. 251.

[8]) Crome I § 109 S. 486.

[9]) Matthiaß I § 61 S. 272.

[10]) Zwischen der im Verkehr erforderlichen Sorgfalt und der groben Fahrlässigkeit gruppiert die diligentia (negligentia) quam suis nur Cosack (S. 250), während Crome und Matthiaß sie erst an dritter Stelle nennen.

[11]) Crome a. a. O., Matthiaß a. a. O.

[12]) Cosack a. a. O.; wenn der Ausdruck „Zwischenstufe" oben sub 4 d auch von uns gebraucht worden war, so war er dort in der Richtung auf die Intensität der Sorgfaltsverletzung einwandfrei.

[13]) Dernburg a. a. O. S. 139 Ueberschrift zu § 65; er zerlegt S. 137 die Fahrlässigkeit in schwere und leichte und gliedert ihr S. 140 sub 2 die negligentia quam suis nur an, nicht ein.

[14]) Engelmann § 46 S. 129.

[15]) Zitelmann S. 158 sub 1 a und b.

[16]) Nur muß zugegeben werden, daß praktische (forensische) Konsequenzen sich aus dieser theoretischen Frage nicht ableiten lassen.

von der Sorglosigkeit im allgemeinen ressortierenden Sonderfall betrachtet.

b) Aus dem sub a Ausgeführten folgt ferner für den Vergleich der negligentia quam suis mit der groben Fahrlässigkeit (oben § 40) — und darum ebenfalls mit der Bösgläubigkeit (oben § 34) —, daß sie nur in ziemlich entfernten begrifflichen Beziehungen und nicht etwa im Verhältnis unmittelbarer Koordination stehen. Im einzelnen vgl. wegen dieses Verhältnisses auch das oben sub 4 d Hervorgehobene sowie ferner oben § 40 sub XI.[1])

c) Was vom Verhältnis der negligentia quam suis zur Fahrlässigkeit gilt, gilt weiter ebenso von ihrem Verhältnis zum „Kennenmüssen"; vgl. auch hier noch Genaueres oben § 32 sub IV 2.

d) Ferner ist das vom Verhältnis der negligentia quam suis zum „Verschulden" (oben sub a) Gesagte ohne weiteres auf das Verhältnis zu „unverzüglichen" Maßnahmen (oben § 33) — bezw. richtiger zum schuldhaften Zögern — auszudehnen (vgl. aber auch hier Einzelbemerkungen oben § 33 sub B II 4 b) und desgleichen auf das Verhältnis zwischen negligentia quam suis und „unerlaubten Handlungen" (oben § 39), unter deren Tatbeständen sich kein einziger findet, der die negligentia bezw. diligentia quam suis berücksichtigt,[2]) sondern nur solche, die die gewöhnliche („im Verkehr erforderliche") Sorgfalt und ihre Außerachtlassung ins Auge fassen.

e) Zwischen der diligentia bezw. negligentia quam suis einerseits und den im allgemeinen rein objektiven Tatbeständen der „Ordnungswidrigkeit" (oben § 35), des „Verstoßes gegen die guten Sitten" (oben § 36) und der „Pflichtverletzung" (oben § 37) andererseits sind Beziehungen nicht vorhanden; wo sich in diese Begriffe zugleich ein subjektives Verschulden einmischt,[3]) besteht letzteres lediglich in Vorsatz oder gewöhnlicher Fahrlässigkeit, und es hat also auch dort eine Herabminderung auf negligentia quam suis keine Existenzberechtigung.

II. **Die Tatbestände aus § 9 sub III und IV der Materialsammlung.**

1. Für die oben § 9 sub III erwähnten drei Fälle,[4]) in denen das Gesetz von der „erforderlichen Sorgfalt" spricht, nämlich §§ 259 Abs. II, 260 Abs. II und 2028 Abs. II, bedarf es einer Definition des Begriffes „erforderliche Sorgfalt" nicht, weil in diesen Fällen das Maß dessen, was an Sorgfalt erforderlich ist, durch die ersten Absätze der betreffenden Paragraphen jedesmal genau abgegrenzt worden ist; auch interessieren diese Fälle für die Lehre vom Verschulden

---

[1]) Schollmeyer sagt S. 101 sub β (unter Bezugnahme auf l. 32 D. depositi vel contra 16, 3), es werde „wer in fremden Angelegenheiten nicht einmal die Sorgfalt anwendet, die er in eigenen Angelegenheiten anzuwenden pflegt, stets in grober Fahrlässigkeit sein". Diese Bemerkung ist m. E. aber nur zutreffend, sofern die individuelle diligentia quam suis des X hinter der im Verkehr erforderlichen Sorgfalt zurückbleibt, nicht, sofern (vgl. oben sub 4) dieser X in eigenen Angelegenheiten ein besonders sorgfältiger, gewissenhafter, den Durchschnitt übertreffender Mensch ist.

[2]) Ein — wie sich aber später (unten § 75) ergeben wird — hinkender Vergleich zwischen der diligentia quam suis und den „unerlaubten Handlungen" würde dahin gehen, daß der Gesetzgeber bei beiden Rücksicht auf die Individualität des Schuldigen nimmt: bei der diligentia quam suis von Begriffes wegen (oben sub 1 c und 3), bei den unerlaubten Handlungen mittels der §§ 827 f.

[3]) Vgl. oben § 36 sub II 9 a und b, § 37 sub IV 1.

[4]) Judikatur wegen des Begriffes „Sorgfalt" in obigen Gesetzesstellen findet sich in den oben S. 283 Anm. 1 a. E. erwähnten Sammlungen nicht.

schon darum nicht, weil die Normen weder ein — natürlich durchaus denkbares, dann aber nach den allgemeinen Grundsätzen zu beurteilendes — subjektives Verschulden voraussetzen, noch dessen Folgen ins Auge fassen, sondern lediglich die Folge einer Pflicht zur Leistung des Offenbarungseides an das Vorhandensein eines objektiven Tatbestandes knüpfen.

2. Ebenso greifen die oben § 9 sub IV erwähnten §§ 553 a. E. und 605 Nr. 2 des BGB.[1]) nicht in die Lehre vom Verschulden über; und auch sie entnehmen ihre Voraussetzungen nicht aus einem allgemeineren Begriffe der „Sorgfalt" überhaupt, sondern aus der Lehre von der Miete (Pacht) und Leihe im besonderen; übrigens bezieht sich hier die Sorgfalt im besonderen auf vertragsmäßige Behandlung des Vertragsobjektes und Vermeidung erheblicher Gefährdung dieses Objektes, und daß diese Umstände auf ein subjektives Verschulden des Mieters bezw. Leihers zurückführbar sein müssen, erhellt aus dem Gesetze nicht im mindesten.[2])

3. Im übrigen ist für beide Gruppen (1 und 2) lediglich auf die Definition des § 276 (oben § 31 sub A) zu rekurrieren und die „im Verkehr erforderliche Sorgfalt", welche ja das Normalmaß des in kontraktlichen und gesetzlichen Schuldenverhältnissen „Erforderlichen" bietet, zu Rate zu ziehen.

III. Für alle Fälle sei noch bemerkt, daß die sog. diligentia in eligendo und diligentia in custodiendo — sowie die bei ihrer Vernachlässigung vorliegende culpa in eligendo[3]) bezw. in custodiendo[4]) —, für welche sich in der gemeinrechtlichen Doktrin die genannten Kunstausdrücke besonderer Beliebtheit erfreuten, im BGB. zweifellos als besondere Sorgfalts- (und Verschuldens-)begriffe keine Existenzberechtigung haben (vgl. auch oben § 31 sub C IV). Zwar spielt auch das BGB. in §§ 831 Abs. I Satz 2 und Abs. II, 832 Abs. I Satz 2 und Abs. II nebst § 840 Abs. II und EG. z. BGB. Art. 95 Abs. II — oben § 9 sub I 2 a und § 19 sub II 2 — auf sie an; jedoch handelt es sich hier und ebenso in den Fällen der §§ 834 Satz 2 und 836 Abs. I Satz 2, Abs. II, 837 f. (oben § 9 sub I 2 b—e), wie der Wortlaut der Gesetzesstellen aufs deutlichste lehrt, auch nur um „die im Verkehr erforderliche Sorgfalt" (oben § 31 sub A), und die Besonderheit der betreffenden Stellen geht nur dahin, daß die Richtung, auf welche sich die anzuwendende gewöhnliche Sorgfaltspflicht zu erstrecken hat, eine Andeutung erfahren hat. — Es ergibt sich daraus für

---

[1]) Vgl. die vorige Anmerkung.

[2]) A. A. freilich, im Anschluß an Prot. II Nr. 125 I S. 305, Oertmann S. 275 und Planck S. 307 Anm. 1, beide zu BGB. § 553. Dieser ganz ohne Begründung, jener ohne zwingende Argumente. Auch bezieht sich die Aeußerung der Prot. a. a. O. nicht auf § 553 sondern auf BGB. § 628 Abs. I Satz 2 (oben § 16 sub II 1 b) und die Bemerkungen von Oertmann und Planck gehen nicht gerade auf die uns interessierenden Schlußworte des § 553. Im übrigen vgl. Genaueres unten § 44 sub A IV.

[3]) Die culpa in eligendo wird direkt nur in § 664 Abs. I Satz 2 erwähnt; vgl. oben § 2 sub I 2 c (und dazu ebenda sub d; aber auch der ebenda sub e aufgeführte § 691 Satz 2 wird oft mit dem Falle des § 664 zusammentreffen). Aus den Materialien vgl. insbes. Prot. II Nr. 129 IX S. 354 ff. — Wegen des Verhältnisses des Geschäftsherrn zum Beauftragten oder Beaufsichtigten vgl. einstweilen oben § 28 sub III 4 c α. — Beispiele der culpa in eligendo bezw. custodiendo vgl. namentlich auch in meinem oben § 31 sub D mitgeteilten Gutachten S. 151, 154, 163 (und daselbst Anm. 4), 167. — Ein sehr aktuelles Beispiel zu BGB. § 831, Auswahl des Führers eines Automobils betreffend, Entsch. des Reichsgerichts vom 28. März 1904 (VI 564/03), teilt Boyens in der Juristen-Zeitung IX, 1904, Nr. 12 S. 602/603 (Nr. 53) mit; ein anderes Beispiel, Erkenntnis des OLG. Kiel vom 11. Juli 1902, vgl. in Schlesw.-Holst. Anzeigen (vgl. oben S. 107 Anm. 5) 66, 1902, S. 312 und bei Neumann, Jahrb. I 1 S. 467 Note 9 b.

[4]) Ueber die sog. ‚culpa in contrahendo' und über einige sonstige Sonderfälle (nicht -formen) der culpa vgl. unten § 42 sub B VI 5.

unser Thema, daß es weiterhin einer besonderen Berücksichtigung dieser Fälle — namentlich auch im systematischen Aufbau, unten § 66 [1]) — nicht bedarf.

IV. Das Handelsgesetzbuch bietet eine besonders reiche Musterkarte von Sorgfaltsbegriffen: „Sorgfalt eines ordentlichen Kaufmanns", „eines ordentlichen Reeders" usw. usw.[2]) Doch haben wir ja schon bei anderer Gelegenheit (oben § 31 sub A IV 3) gesehen, daß dies bunte Farbenspiel lediglich Nuancen darstellt, in welchen ein und derselbe Begriff, nämlich die „im Verkehr erforderliche Sorgfalt" des bürgerlichen Rechts, schillert. Und auch die „pflichtmäßige Sorgfalt", von deren Anwendung durch den Kommissionär in HGB. § 401 Abs. I die Rede ist, bedeutet nichts anderes.[3]) [4])

§ 42.

Das Verschulden.

A. Vorbemerkung.

Der in § 33 erörterte Begriff „unverzüglich" leitet uns durch Vermittelung des kraft positiver Gesetzesbestimmung (BGB. § 121 Abs. I Satz 1, oben § 3 sub B II 3 b und III, § 4 a. A., § 33 a. A.) mit ihm identischen Begriffes „ohne schuldhaftes Zögern" zu mehreren anderen mit ihm sprachlich verwandten Begriffen über, nämlich zum „Verschulden" (oben § 2) einerseits und zu „schuldig" und „Schuld" (oben § 3 sub B I und II) andererseits. Es wird zweckmäßig sein, diese Begriffe getrennt von einander zu betrachten, und es soll dabei das „Verschulden" den Vortritt erhalten und gleich in diesem Paragraphen besprochen werden, während „schuldig" und „Schuld" erst in § 43 zur Erörterung gelangen sollen;[5]) den Vortritt verdient das „Verschulden" darum, weil es — wie einstweilen als selbstverständlich vorausgesetzt werden kann, aber später (unten sub B I 2 und unten § 66) genauer begründet werden soll — den Mittelpunkt für unser Gesamtthema und den Brennpunkt für die übrigen Termini der „Verschuldensbegriffe" und für ihre Systematik bildet.

B. Der Begriff „Verschulden".

I. Da das BGB. eine Begriffsbestimmung für „Verschulden" nicht bietet, müssen wir sie selber zu ermitteln suchen.

1. Dabei läßt uns zunächst das rein sprachliche Element im Stiche:

a) Der substantivische Ausdruck „Verschulden", der im BGB. (bezw., oben § 2 sub I 3 d, im EG. z. BGB.) 41 mal[6]) anzutreffen ist (nämlich in

---

[1]) Ueber das Verhältnis der culpa in eligendo bezw. in custodiendo zur „Haftung für fremdes Verschulden" vgl. unten § 77.

[2]) Die diligentia quam suis wird im HGB. § 347 Abs. II ausdrücklich erwähnt und kann auch im Handelsrecht z. B. zufolge BGB. § 690 (oben § 9 sub II 1 a) und namentlich zufolge BGB. § 708 (ebenda sub b) wichtig werden für Beziehungen von Gesellschaftern untereinander; vgl. HGB. § 105 Abs. II, §§ 335 ff. (und auch EG. zu HGB. Art. 2 Abs. I).

[3]) Es ergibt sich aus den §§ 401 Abs. I und 384 Abs. I und BGB. § 276 Abs. I die Gleichung: pflichtmäßige Sorgfalt = Sorgfalt eines ordentlichen Kaufmanns = im Verkehr erforderliche Sorgfalt; das Gesetz hätte also in § 401 auch einfach von der „erforderlichen" Sorgfalt reden können, ohne daß dadurch der Bestimmung auch nur im geringsten einen anderen Inhalt als jetzt haben würde; ja es hätte der ganze Passus „bei Anwendung pflichtmäßiger Sorgfalt" getrost fortbleiben können, da er sich aus HGB. § 401 in Verbindung mit HGB. § 347 Abs. I (§ 1 Abs. II Nr. 6), EG. z. HGB. Art. 2 und BGB. § 276 von selbst verstanden haben würde. Zu HGB. § 401 Abs. I vgl. übrigens bereits oben S. 248 Anm. 2.

[4]) Wegen diligentia bezw. culpa in eligendo vgl. HGB. § 516 Abs. II Satz 2.

[5]) Dabei ist dann nochmals kurz auch auf das Wort „schuldhaft" (oben § 3 sub B II 3 b und III) zurückzugehen.

[6]) Darunter je zweimal in §§ 254, 278, 351, 664, 691, 823 und 2219.

allen oben § 2 aufgezählten Fällen mit Ausnahme der unten sub b genannten), enthält nach dem richtigen Sprachgebrauche [1]) überhaupt und auch nach dem des BGB. im besonderen allerdings offenbar zugleich eine abfällige Kritik gegen den Schuldigen: [2]) durch seine Schuld ist einem andern (oder auch ihm selbst; vgl. unten sub VI 7) etwas Unangenehmes begegnet, das eine rechtliche (zivilrechtliche) Sühne erheischt.

b) Das Gleiche ist der Fall beim Zeitwort „verschulden", das im BGB. sechsmal, nämlich in §§ 228 Satz 2, 338 Satz 1, 351 Satz 1, 498 Abs. II Satz 1, 702 und 1568 Satz 1 (oben § 2 sub I 3 b, e und f sowie sub III 1—3) erscheint.

c) In beiden Worten steckt der Sprachstamm „Schuld", wie z. B. [3]) in der fünften Bitte des Vaterunsers: „Und vergib uns unsere Schuld". Aber für das Zivilrecht muß man hier besonders vorsichtig sein. Denn „Schuld" weist ebenso — oder sogar bekanntlich im Zivilrecht [4]) vorzugsweise — auf das ‚debitum'; und daß das BGB. betreffs des Stammwortes „Schuld" und zahlreicher Ableitungen bezw. Zusammensetzungen dem gleichen Sprachgebrauche in vollem Maße huldigt, stellten wir bereits bei anderer Gelegenheit (oben § 3 sub B II 2) fest.

2. Trotz dieses Mangels einer Brücke, welche das sprachliche Element bieten könnte, befindet man sich — zunächst und anscheinend wenigstens; vgl. Genaueres unten sub II und sub C I 4 b α — auf festem Boden, wenn man den Begriff „Verschulden" dahin auffaßt, [5]) daß er die Zusammensetzung der beiden großen Begriffe des „Vorsatzes" und der „Fahrlässigkeit" enthält, von denen wir diesen nebst gewissen Verwandten [6]) bereits kennen (oben § 31 nebst §§ 32, 34, 40 und § 41), während wir jenen erst später (unten § 55) zu erörtern Gelegenheit finden werden. Daß das „Verschulden" gleich Vorsatz und Fahrlässigkeit ist, wird sich aber wegen einer Reihe von Gesetzesstellen (unten sub II) als ein so zweifelhaftes Axiom dartun, daß es keineswegs einem Einrennen offener Türen gleichkommt, wenn wir vor Prüfung der angedeuteten Zweifel in die Prüfung des Axioms selber an der Hand des Gesetzes und seiner Materialien sowie an der Hand der Literatur eintreten und damit zugleich eine auffallende Lücke in den bisherigen literarischen Erörterungen aufdecken und auszufüllen versuchen.

a) Zunächst weist auf die Identität des Verschuldens mit Vorsatz und Fahrlässigkeit schon der I. Entwurf, weil er in § 224 Abs. I Satz 2 vom Schuldner sagt: „Er haftet nicht bloß wegen vorsätzlicher,

---

[1]) Man hört zwar bisweilen Wendungen wie: „ich bin schuld", daß du dieses Geschenk, diese Einladung erhalten hast; aber gebildete Menschen mit richtigem Sprachgefühl werden sich kaum so ausdrücken oder nur, wenn sie gerade zur Kennzeichnung bringen wollen, das dem andern dadurch eher etwas Unangenehmes (z. B. Peinliches) begegnet sei.

[2]) Ein „mißbilligendes Werturteil", wie Zitelmann S. 151 sagt.

[3]) Vgl. auch die Dichterworte: „Der Uebel größtes aber ist die Schuld"; „denn alle Schuld rächt sich auf Erden".

[4]) Wegen des nichtjuristischen Sprachgebrauchs vgl. z. B. „Der Mohr hat seine Schuldigkeit getan", und andererseits (für das Verschulden) die Fortsetzung der fünften Bitte „wie wir vergeben unseren Schuldigern".

[5]) Eine vollkommene Definition des „Verschuldens" ist das noch nicht; diese kann aber auch, da wir den Begriff des „Vorsatzes" noch nicht kennen, erst später gegeben werden; vgl. unten § 55 sub B II 3.

[6]) Ueber die genauere Gruppierung der Begriffe „Fahrlässigkeit", „grobe Fahrlässigkeit" und ‚negligentia quam suis' sowie „Kennenmüssen" und „Bösgläubigkeit" vgl. bereits oben §§ 32, 34, 40, 41.

sondern auch wegen fahrlässiger Nichterfüllung seiner Verbindlichkeit", und weil er ebenda Abs. II fortfährt: „Der Schuldner haftet in Ansehung der Erfüllung wegen des Verschuldens seines gesetzlichen Vertreters sowie wegen des Verschuldens derjenigen Personen ..."

b) Vor allem aber äußern sich die Motive an sehr maßgebenden Stellen in gleicher Richtung. In Mot. I S. 281 [1]) zu den die Arten der „Fahrlässigkeit" definierenden §§ 144 f. E. I lesen wir: „Unter „Verschulden" wird ein auf Vorsatz und Fahrlässigkeit beruhendes Verhalten verstanden. Der Regel nach ist dabei Voraussetzung, daß gegen eine einer anderen Person gegenüber bestehende Verpflichtung zur Aufwendung von Sorgfalt verstoßen wird. Der Kürze halber ist aber der Ausdruck mitunter auch da gebraucht, wo diese Voraussetzung nicht zutrifft, gleichwohl aber an ein vorsätzliches oder fahrlässiges Gebahren Rechtsfolgen geknüpft werden." [2]) — Und in Mot. II S. 727, wo die allgemeinen Grundgedanken wegen der „unerlaubten Handlungen" besprochen werden, heißt es zu der Randbemerkung „Verschulden" im Text: „In allen Fällen aber entsteht keine Verbindlichkeit, wenn die Handlung ohne Vorsatz und ohne Fahrlässigkeit begangen ist."

c) Desgleichen teilen die Protokolle, wie aus einigen versteckten Stellen hervorgeht, unzweifelhaft die Auffassung, daß das Verschulden in Vorsatz und Fahrlässigkeit zerfällt. So [3]) zunächst in Bd. I Nr. 46 II S. 302 in gleichem Zusammenhange und mit ähnlichen Wendungen wie die Motive in den sub b zitierten Stellen. Ferner begegnet Bd. I Nr. 45 V 3 S. 300 ein Antrag zu § 222 des I. Entwurfs (jetzt § 254 BGB.) wegen des konkurrierenden Verschuldens: „das Wort „Fahrlässigkeit" durch „Schuld" oder „Verschulden" zu ersetzen, damit auch der nicht ganz seltene Fall der vorsätzlichen Vergrößerung eines Schadens durch den Beschädigten mitbetroffen werde"; die Kommission beschloß, diesen Antrag, den sie als Verdeutlichung des Grundgedankens der Kulpakompensation ansah, anzunehmen.

d) Aber auch das Gesetz selber kann mit Fug herangezogen werden.

α) Vor allem ist der Zusammenhang der §§ 276 bis 278 beweisend, deren letzter den Begriff des „Verschuldens" erwähnt und damit offenbar die in §§ 276 und 277 genannten Einzelbegriffe des Vorsatzes und der Fahrlässigkeit (bezw. der diligentia quam suis; vgl. zu diesem Punkte im besonderen unten sub C I 4 b) meint.

β) Beweisend ist es aber auch, daß das Gesetz vielfach schlechthin von „Verschulden" oder „verschulden" redet, während E. I an den entsprechenden Stellen noch immer ausdrücklich von „Vorsatz"

---

[1]) Haidlen I S. 337 ff. hat diese Stelle merkwürdigerweise nicht zum Abdruck gebracht.

[2]) In einer Anmerkung werden Belege aus E. I gegeben, die jedoch zum Teil nicht zutreffen. So passen E. I §§ 334 Abs. II und 672 Abs. II — Satz 1 — (denen jetzt BGB. §§ 425 Abs. II und 767 Abs. I Satz 2 entsprechen) sehr wohl zum zweiten, aber nicht zum dritten Satze der im Text wiedergegebenen Bemerkung der Motive und eine einschlägige Bestimmung E. I § 223 Abs. II gibt es gar nicht (vielleicht ist E. I § 222 Satz 2 oder vielleicht auch E. I § 224 Abs. II gemeint). Im BGB. selber fehlen (wörtliche) Analoga mit dem Ausdruck „Verschulden" zu E. I §§ 211 Abs. II, 319 Abs. I, 851 Abs. II, 1148 (vgl. BGB. §§ 265, 419, 919, 1210). Zu E. I §§ 222, 1228 Abs. II und 1490 Abs. I vgl., weil ihnen die jetzigen §§ 254, 1299 und 1611 entsprechen, unten sub II 1, 3 und 5.

[3]) Vgl. ferner Prot. I Nr. 71 VII S. 551 mit dem jetzigen § 53 BGB. und auch in Prot. IV Nr. 327 I S. 816 die Wendung „Vorsatz" und „Fahrlässigkeit zu vertreten".

und „Fahrlässigkeit" bezw. „vorsätzlich" und „fahrlässig" gesprochen hatte. Vgl. BGB. §§ 53, 160, 228, 351, 989 mit E. I §§ 56, 134 (Satz 1), 187, 430 Nr. 1, §§ 933, 931 Abs. I.

γ) Dagegen ist das gesetzliche Beispiel eines Verschuldens, welches § 254 Abs. II Satz 1 (oben § 2 sub II 1) bietet, nicht von Belang, da es nur einen — außerdem sehr problematischen (vgl. unten sub II 1) — Spezialfall des Verschuldens, das mitwirkende Verschulden des Beschädigten selber, betrifft. Von Wert bleibt es allerdings insofern, als es beweist, daß auch der Gesetzgeber Unterlassungen als genügende Grundlage eines Verschuldens betrachtet.

e) Auch die gesamte Literatur[1]) spricht sich, soweit sie überhaupt[2]) eine nähere Erklärung für „Verschulden" gibt,[3]) in dem Sinne aus, daß Verschulden diejenige Handlungsweise ist, welche sich als Vorsatz oder Fahrlässigkeit darstellt.

II. Es ist nicht zweifellos, ob das Wort „Verschulden" (bezw. „verschulden") im BGB. stets die sub I erwähnte technische Bedeutung hat.[4]) Diejenigen Normen des Gesetzes, wegen derer Bedenken über die Verwendung des Wortes „Verschulden" bezw. „verschulden" in dem sub I erörterten Sinne auftauchen,[5]) sind §§ 254, 846, 1299, 1568, 1611, 1933 und 2077. Wir müssen sie gesondert unter die Lupe nehmen.

1. Das „Verschulden des Beschädigten" in § 254 (Abs. I und Abs. II Satz 1; vgl. oben § 2 sub II 1):

a) Die Materialien zu § 254 geben keinerlei Anhalt gegen eine Subsumtion des in diesen Normen erwähnten Verschuldens unter den oben sub I erwähnten Begriff. Im Gegenteil lassen sie erkennen, daß man an die Fälle des Vorsatzes und der Fahrlässigkeit dachte. So

---

[1]) Vgl. Cosack I § 71 S. 248 f. sub II 1 und 2, Crome I § 109 S. 481, 484 f. sub 3 (a und b), Dernburg II 1 § 63 II S. 135, Engelmann § 46 S. 129 und § 75 S. 202 f., Enneccerus-Lehmann I § 117 S. 289 a. E., Matthiaß I § 61 S. 271 sub II B (aber die Klammer, welche auf §§ „53, 160, 228 u." verweist, ist nicht dahin zu verstehen, daß dies Belegstellen für die Identität von Verschulden mit Vorsatz und Fahrlässigkeit seien, sondern diese Paragraphen verwerten nur den Begriff „Verschulden" bezw. „verschulden"), ferner Oertmann S. 36 Anm. 1 (a und b) in Verbindung mit Anm. 2, Planck I S. 41, Schollmeyer S. 101 Anm. 2, Zitelmann S. 151, 156; vgl. auch Landé S. 75 Anm. 3. Ebenso Hellmann S. 178, der jedoch als Belege nicht gerade die lediglich durch Verweisungen hergehörigen §§ 86 und 89 BGB. hätte zitieren sollen. — Belege aus der Judikatur unten S. 298 Anm. 19.

[2]) Auch Endemann, der (I §§ 110 ff. S. 632 ff. und § 130 S. 743 ff.) nicht sowohl vom Begriffe des Verschuldens als vom Begriffe der Sorgfaltspflicht den Ausgang der Konstruktion nehmen zu müssen glaubt (vgl. insbes. S. 634 Anm. 1 und S. 744 Anm. 3), unterscheidet natürlich im Einzelnen (vgl. insbes. §§ 112 f.) zwischen Vorsatz und Fahrlässigkeit aufs schärfste und kann nicht etwa als Gegner des im Texte Gesagten betrachtet werden. Der dem „Verschulden" gewidmete § 130 kommt übrigens weniger für die oben behandelten Fragen in Betracht, als für die Fragen nach dem Verschuldensprinzip als Grundlage der Schadensersatzpflicht.

[3]) Nichts darüber bieten z. B. Stammler, Recht der Schuldverhältnisse S. 14 ff., 111/112, Neumann, Handausgabe I S. 148 ff.

[4]) Ueber die gegenteilige Frage, ob es im BGB. Stellen gibt, in denen ein Verschulden begegnet, ohne daß dies Wort ausdrücklich vorkommt, vgl. (natürlich innerhalb dieses Paragraphen nicht erschöpfend) unten sub C II 9; sie ist z. B. überall da zu bejahen, wo der Gesetzgeber Unterbegriffe des Verschuldens (etwa: Vorsatz, Fahrlässigkeit, Kennenmüssen) gebraucht; zweifelhaft z. B. ob (wie Fischer-Henle S. 745 Anm. 8 annimmt) die „Verschwendung" des Mannes im BGB. § 1468 Nr. 4 „schuldhaftes Verhalten" involviert; vgl. unten § 54.

[5]) Wegen der Bemerkung, welche die Mot. I S. 281 erste Anm. zu E. I §§ 222, 1228 und 1490 machen vgl. oben S. 295 Anm. 2.

reden zu dem dem § 254 entsprechenden § 222 [1]) des E. I die Mot. II S. 23 gerade so, wie dieser § 222 selber, ausdrücklich von einer (eigenen) „Fahrlässigkeit" des Beschädigten, die sie der „Verschuldung (Vorsatz oder Fahrlässigkeit)" des Schadensurhebers gegenüberstellen, und meinen S. 24, es könne „die Abwägung des beiderseitigen Verschuldens . . . unter Umständen zumal bei doloser Beschädigung zum Ignorieren einer mitunterlaufenden Fahrlässigkeit des Beschädigten führen. Die Vorschrift des Entwurfes gilt aber grundsätzlich auch zu den Fällen vorsätzlicher Beschädigung." Und Prot. I S. 300 [2]) erwähnen, wie schon sub I 2 c bemerkt, einen Antrag, „das Wort „Fahrlässigkeit" durch „Schuld" oder „Verschulden" zu ersetzen, damit auch der nicht ganz seltene Fall der vorsätzlichen Vergrößerung eines Schadens durch den Beschädigten mitgetroffen werde", und konstatieren (vgl. ebenda), daß die Kommission diesen Antrag anzunehmen beschloß. Und auch Prot. II Nr. 175 III S. 837 erblicken (zu § 217 der II. Lesung) in dem Verhalten des Beschädigten schlechthin ein „Verschulden", ein „schuldhaftes Handeln". — Ebenso spricht die Reichstagskommission S. 57 von dem „Schuldner, durch dessen Fahrlässigkeit der Schaden verursacht sei".

b) In der Literatur zu § 254 bleibt die Möglichkeit, das „Verschulden" hier nicht im gewöhnlichen Sinne zu verstehen, zwar vielfach unerörtert; [3]) es findet sich aber auch eine große Anzahl von Schriftstellern, welche zu der Frage ausdrücklich Stellung nehmen:

α) In dem sub I entwickelten Sinne der Zusammenfassung von Vorsatz und Fahrlässigkeit wollen das „Verschulden" in § 254 verstanden wissen: Berner, [4]) Cohn [5]) Cosack, [6]) Engelmann, [7]) Fischer-Henle, [8]) Gottschalk, [9]) Kipp, [10]) Kuhlenbeck, [11]) Landé, [12]) Linckelmann, [13]) von Liszt, [14])

---

[1]) Vgl. die vorige Anmerkung.

[2]) Zu Unrecht werden bei Fischer-Henle S. 139 zu § 254 auch Prot. I S. 292 (Nr. 44 VII) zitiert, die zu BGB. § 252 gehören.

[3]) So bei Dernburg II 1 § 32 S. 75 ff., Eck I S. 253 f., Krückmann S. 173, Labowsky (Eigenes Verschulden, Berlin 1899) S. 41 ff., Liebe I § 68 IV S. 212 f., Lühl S. 57, Müller und Meikel I § 80 S. 240, Neumann, Handausgabe I S. 134, Oertmann S. 17, Planck (I S. 41) II S. 25 ff., Stammler, Schuldverhältnisse S. 125, Weyl I S. 327/328, Zitelmann S. 169 (der von Crome I S. 497 Anm. 15 zu Unrecht zitiert wird, da er zu § 254 des Näheren auf das Obligationenrecht verweist). — Ferner Wendt in der oben § 31 S. 100 Anm. 6 erwähnten Abhandlung, Archiv f. d. civilist. Praxis Bd. 87, S. 441 ff. — Nicht rechtzeitig zugänglich war mir das Schriftchen von v. Königslöw, Unzulässigkeit der Schadensteilung gemäß § 254 Abs. I BGB. in den Fällen des § 1 des Reichshaftpflichtgesetzes, Berlin 1905.

[4]) Berner, Eigenes Verschulden des Beschädigten, Leipziger Dissertation, Leipzig-Borna 1902, insbes. S. 36 ff.

[5]) Cohn, Untersuchungen zu § 254 BGB. (in Gruchots Beitr. 43, 1899, S. 96—133, S. 376—427) S. 110.

[6]) Cosack I § 90 S. 329 sub V 2 b.

[7]) Engelmann S. 191.

[8]) Fischer-Henle S. 139 Anm. 2.

[9]) Gottschalk, Das mitwirkende Verschulden des Beschädigten bei Schadensersatzansprüchen nach dem BGB., Berlin 1903, S. 44, 78 f.

[10]) Kipp I S. 452 (wogegen er II S. 62 diesen Punkt unerwähnt läßt); vgl. auch II S. 208 sub 3.

[11]) Kuhlenbeck, Von den Pandekten, II S. 126.

[12]) Landé S. 68 Anm. 1 (indem er auf §§ 276 ff. verweist).

[13]) Linckelmann S. 58.

[14]) von Liszt S. 81; vgl. jedoch unten S. 299 Anm. 2; auch gibt von Liszt S. 82 wenigstens soviel zu, daß § 254 den Ausdruck „Verschulden" zwar im technischen Sinne, aber „mit abgeschwächtem Inhalt" gebraucht.

Matthiaß,[1]) Meisner,[2]) Mayring,[3]) Rehbein,[4]) Rümelin,[5]) Schmidt (Richard),[6]) Schollmeyer,[7]) Titze,[8]) von Weinrich.[9])

β) In einem anderen, nämlich weiteren (untechnischen) Sinne verstehen das „Verschulden": Bienenfeld,[10]) Crome,[11]) Endemann,[12]) Enneccerus-Lehmann,[13]) Landsberg,[14]) von Leyden,[15]) Piper[16]) und Träger.[17])[18])

c) Die Judikatur gibt ein abgeklärtes Bild einstweilen nicht, dürfte aber doch noch durchaus zu der Auffassung hinneigen,[19]) daß das Verschulden im § 254 im technischen Sinne aufzufassen sei.

d) Die Argumentation der sub b β genannten Schriftsteller hängt mit zwei anderen Fragen zusammen, deren erste — die nach dem sog. „Verschulden gegen sich selbst" — erst weiter unten (§ 68) genauer zu erörtern sein wird, während die andere, weil sie (wie § 254 selber) weniger in die Lehre vom Verschulden als in die Lehre vom Schadensersatze gehört und daher (vgl. oben § 1 sub II) für uns nur von mittelbarem Interesse ist, gleich hier erledigt werden soll.

---

[1]) Matthiaß I S. 347 (Mitte).

[2]) Meisner S. 10 Anm. 1 a. E.

[3]) Mayring S. 17 Note 2, S. 18 Note 4, 5, 8.

[4]) Rehbein II S. 61 a. E. sowie II S. 100 Note 86 (unten sub III S. 312 Anm. 6).

[5]) Rümelin im Archiv f. d. civilist. Praxis Bd. 90 (1900) S. 308, 310 ff., 315 f.

[6]) Schmidt, Richard, Die sog. Culpacompensation nach dem Rechte des BGB., Jenenser Dissertation 1902, S. 23 f., 29.

[7]) Schollmeyer S. 42 Note 3.

[8]) Titze (oben S. 123 Anm. 2) S. 137.

[9]) von Weinrich S. 85. — Vgl. auch die Greifswalder Diss. (1898) von Ruhm, Das eigene Verschulden des Verletzten im Gem. R., S. 55 und die Rostocker Diss. (1900) von Süßmann, Welchen Einfluß hat usw., S. 67, 77, 81 f.

[10]) Bienenfeld, Eigenes Verschulden oder Mitverschulden des Verletzten usw., in Seufferts Bl. f. RA. Jahrg. 68 (1903) Nr. 26 S. 489 ff., insbes. S. 491 ff.

[11]) Crome I § 111 S. 496 f., insbes. auch S. 497 Anm. 15. Nur ist es ohne Beweiskraft, wenn Crome S. 496 auf die „unerlaubten Handlungen" anspielt, da sich diese (vgl. oben § 39 sub I 5) nicht mit „Verschulden" decken.

[12]) Endemann I § 132 sub I b S. 756/757; vgl. auch unten sub III 1 a.

[13]) Enneccerus-Lehmann I § 160 S. 405 sub III 1 b.

[14]) Landsberg I S. 259.

[15]) von Leyden, Die sogen. Culpa-Compensation (Berlin 1902) S. 62 ff., insbes. S. 67 Anm 1.

[16]) Piper, Verursachung und Verschulden (vgl. oben S. 101 Anm. 3) S. 44 f. (S. 44 wird unrichtig behauptet, das Gesetz selber rede in § 254 von „eigenem" Verschulden).

[17]) Träger, Der Kausalbegriff im Straf- und Civilrecht, Marburg 1904, S. 329 f.

[18]) Auch Bendix ist wohl unter die Obigen zu stellen, da er S. 273 sub 2 a wiederholt vom „beiderseitigen Verhalten" spricht.

[19]) Wegen der Entscheidung des Reichsgerichts vom 14. Februar 1903 unten S. 299 Anm. 5. Ferner spricht eine Entscheidung des Reichsgerichts vom 23. Februar 1900 (III 346/99) bei Seuffert 55 (1900) Nr. 202 S. 401 (vgl. auch „Recht" IV, 1900, S. 514 Nr. 758) zu § 254 vom (eigenen) „Verhalten" des Beschädigten. — Dagegen deutet im technischen Sinne des BGB. § 276 (Vorsatz und Fahrlässigkeit) das Wort „Verschulden" im § 254 die Entsch. des Reichsgerichts vom 11. Mai 1903 (unten sub III 1 a) und die vom 12. Oktober 1903 (VI 176/03) in der Jur. Wochenschr. 32 (1903) Beilage Nr. 14 S. 122 Nr. 270. Ferner vgl. (minder ausgeprägt) die Entscheidungen des Reichsgerichts vom 5. Mai 1902 (VI 25/02), 9. Dezember 1903 (oben S. 187 Anm. 2) und 19. Februar 1904 (II 254/03) in Bd. 51 (1903) Nr. 66 S. 275 ff. (insbes. S. 277 ff.), in Bd. 56 (1904) Nr. 71 S. 267 ff. (auch in der Juristen-Zeitung IX, 1904, Nr. 5 S. 266), insbes. S. 268, 270 und in Bd. 57 (1904) Nr. 19 S. 87 ff., insbes. S. 89 sowie die Entsch. des Reichsger. vom 5. und 15. Okt. 1903 (VI 68/03 und VI 252/03) in der Jur. Wochenschr. 32 (1903) Beil. 14 S. 121 f. (Nr. 268) und S. 122 (Nr. 269).

α) Es ist dies die Behauptung, daß BGB. § 254 nicht mehr im Lichte der eigentlichen compensatio culpae des römischen Rechts zu betrachten sei, sondern als eine Kompensation bezw. richterliche Berücksichtigung der Verursachung (causa), so daß also der Ausdruck „Verschulden" im § 254 mehr im volkstümlichen Sinne von „schuld sein an etwas"[1]) verstanden werden muß.[2]) Daß dies auch die Auffassung des Gesetzgebers selber gewesen ist, folgt mit Deutlichkeit aus Prot.[3]) I Nr. 45 V S. 300, die im Gegensatze zu E. I § 222 „nicht die Schwere des beiderseitigen Verschuldens, sondern das Kausalverhältnis" als den „für die Abgrenzung der Ersatzpflicht vorzugsweise maßgebenden Umstand" fixiert wissen wollen. Und da der Wortlaut des Gesetzes dieser Auffassung nicht widerspricht, sie im Gegenteil durch die Schlußworte des Abs. I energisch unterstützt, so zaudere ich nicht, mich mit der in der Literatur[4]) herrschenden Ansicht und einer vereinzelten Aeußerung in der Judikatur[5]) dieser Deutung des § 254 anzuschließen.

β) Die Argumentation der erwähnten Literatur geht nun dahin: weil § 254 keine eigentliche Kulpakompensation statuieren will, so sei die Ausdrucksweise des Gesetzes eben inkorrekt; gemeint sei nicht ein „Verschulden" im eigentlichen technischen Sinne, sondern lediglich das „Verhalten" des Beschädigten, das auf seinen eigenen Ersatzanspruch schmälernd einwirkt. Diese Argumentation, gegen welche von anderer Seite keine stichhaltigen Gegengründe beigebracht worden sind, billige ich durchaus. Zur Unterstützung dieses Ergebnisses kommt noch ein weiteres in meinen Augen sehr wichtiges Moment hinzu: da § 254 auf Seiten des eigentlichen Schadenurhebers, dem das Verhalten des Beschädigten zu Gute gerechnet werden soll, ein Verschulden nicht unbedingt voraussetzt — § 254 steht ja in der Lehre vom Schadenersatz (§§ 249—255; vgl. unten sub e α) und dieser greift im gegenwärtigen Recht bekanntlich ungemein oft auch da Platz, wo der Schaden sich nicht auf einem Verschulden seines Urhebers aufbaut (vgl. unten sub e β) —, so würde uns § 254, wenn

---

1) Vgl. insbes. Crome I § 111 S. 496 f.

2) Die Ausdrucksweise des § 254 rügt auch schon v. Liszt S. 81, aber in anderer Richtung, indem er nämlich statt „Verschulden" lieber „schuldhafte Handlung" (aber im Sinne von Vorsatz und Fahrlässigkeit) substituiert wissen will, weil „das „Verschulden" niemals kausal ist".

3) Nicht Mot., wie Labowsky S 43 irrig zitiert.

4) Daß § 254 keine Kulpakompensation bietet, wie sie die Römer beliebten, kann durchaus als herrschende Ansicht gelten. Vgl. auch gerade von den oben sub b α genannten Autoren: Fischer-Henle S. 140 Anm. 5, Gottschalk S. 60, Kipp II S. 62 sub 5, Matthiaß I S. 347, Schollmeyer S. 43 Note 5, von Weinrich S. 87; ebenso von den S. 297 Anm. 3 Erwähnten Eck S. 253, Labowsky S. 43, Oertmann S. 18 oben, Wendt S. 442, nicht aber Planck (II S. 25 sub 1). Von den oben sub b β Aufgezählten auch in obiger Frage zustimmend Crome I S. 495, Endemann I § 132 S. 755 ff., Enneccerus-Lehmann I S. 405; vgl. auch Traeger S. 374 Anm. 1. — Eine mechanische Abwägung der Verschuldensgrade hält für erforderlich Linckelmann S. 57/58; auch Kuhlenbeck, Von den Pandekten II S. 126 spricht von den „Verschuldungsgraden"; von einer „Kulpakompensation" ohne Kritik des Ausdrucks spricht auch Lühl S. 57 sowie Arnoldi, Ablehnung einer Operation, Erlanger Diss. 1899, S. 96 f., von „Verschuldungskonkurrenz" Krückmann S. 173.

5) Entsch. des Reichsgerichts I 328, 333/02 vom 14. Februar 1903 Bd. 54 Nr. 5 S. 13 ff., auch mitgeteilt von Boyens in der Juristen-Zeitung VIII (1903) Nr. 9 S. 223/224 (Nr. 45); vgl. auch Warneyer II S. 25 und Soergel, Rechtsprechung 1904 S. 55.

er auf Seiten des Beschädigten ein „Verschulden" im eigentlichen Sinne voraussetzte, zu einem Vergleiche inkommensurabler Größe zwingen.[1]) Deshalb halte ich es auch für unrichtig — für einen Rückfall in die ältere Theorie von der Kulpakompensation und für eine Art unzulässiger Geltendmachung mildernder Umstände im strafrechtlichen Sinne —, wenn man [2]) trotz des Ausdruckes „verursachen" dennoch versucht (gestützt auf die Worte „es hänge von den „Umständen" ab und „insbesondere" davon, inwieweit „vorwiegend"), die Abwägung der Verschuldensgrade in § 254 hineinzuinterpretieren;[3]) ich würde dem Richter vielmehr eine derartige Abwägung der Schwere des beiderseitigen Verschuldens — sofern ein solches überhaupt vorliegt — nur gestatten, wenn dafür im Einzelfall eine besondere anderweitige Ermächtigung durch das Gesetz, etwa durch BGB. § 829, zu Gebote steht;

e) Danach muß man also den Akzent in § 254 (Abs. I) nicht sowohl auf das Wort „Verschulden" legen, als auf das Wort „verursachen". Daß wir hierzu berechtigt sind, wird aber auch[4]) noch durch einige weitere Erwägungen erhärtet:

α) Gerade die Redaktion des § 254 läßt in mancher Richtung zu wünschen übrig und ist auch sonst nicht über Zweifel erhaben, vielmehr arg verunglückt.[5]) Ein terminologischer Mißgriff[6]) des Gesetzgebers würde auch darum nicht allzu unbegreiflich sein, weil § 254 ja, wie bereits sub d β hervorgehoben wurde, nicht innerhalb der Lehre vom Verschulden (BGB. §§ 276 ff. bezw. auch §§ 823 ff.), sondern innerhalb der Lehre vom Schadensersatze steht.

β) Der Ausdruck „verursachen"[7]) in § 254 Abs. I a. E. begegnet keineswegs ausschließlich zur Bezeichnung einer schuldhaften Verursachung eines Schadens durch einen Menschen, sondern er geht auch auf Verursachung des Schadens durch einen Gegenstand (§ 273 Abs. II, eventuell auch § 838 und EG. zu BGB. Art. 106) und auch da, wo er ein menschliches Handeln voraussetzt (in allen übrigen einschlägigen Gesetzesstellen) geht er entweder auf eine — unverschuldete — Verursachung von „Aufwendungen" bezw. „Kosten" (in §§ 526 Satz 2 und 1875 Abs. I) oder zwar

---

[1]) Vgl. Labowsky S. 44 a. E. und auch Crome I S. 497 Anm. 15 a. E.

[2]) So Enneccerus-Lehmann a. a. O. sub a sowie Dernburg II 1 S. 75 sub II 1 a. E., Kuhlenbeck a. a. O., von Leyden S. 43 zu Anm. 1 und Planck S. 26 sub 2 und auch das Reichsgerichtserkenntnis vom 14. Februar 1903 (S. 14 f.). Dagegen (und wie im Text) Endemann S. 756 Anm. 4, Mayring S. 18 und Schollmeyer S. 43/44.

[3]) Ich kann auch nicht mit dem Reichsgericht a. a. O. S. 14/15 (vgl. Crome S. 496 Anm. 13 a. E.) zugeben, es werde „regelmäßig die Frage nach dem Maße der beiderseitigen Verursachung des Schadens mit der Frage nach der Schwere des beiderseitigen Verschuldens zusammenfallen".

[4]) Ueber gewisse Gründe, die für alle oben sub II zu prüfenden Stellen zugleich in Betracht zu ziehen sind, vgl. erst unten sub V 1.

[5]) Vgl. wegen des Abs. II Satz 2 Genaueres unten § 79 sub IV; vgl. ferner z. B. Cohn a. a. O. S. 96, 124, Labowsky S. 42, von Liszt S. 81 (oben S. 299 Anm. 2), Oertmann S. 17 sub 1, Wendt S. 443.

[6]) Der Vorwurf der Disharmonie, den Wendt a. a. O. dem § 254 macht, indem erst von Verschulden, dann von Verursachung und dann, in Abs. II, wieder von Verschulden die Rede ist, trifft nicht allein gegen § 254 zu, sondern auch gegen § 1833 (S. 301 Anm. 1).

[7]) „Ursache" oder Komposita dazu bezw. „ursächlich" finden sich im BGB. nirgends; vgl. Gradenwitz S. 145/146 und Einleitung pag. XVIII.

auf Verursachung eines „Schadens", aber nicht notwendig auf eine schuldhafte Verursachung:[1]) so in §§ 701 Abs. I Satz 2, 795 Abs. III, 840 Abs. II, EG. z. BGB. Art. 107 f.; vgl. eventuell auch Art. 106 und § 838.

f) Aus dem Umstande, daß § 254 vom „Mitwirken"[2]) eines Verschuldens spricht, läßt sich übrigens nichts zur Interpretation des Ausdrucks „Verschulden" folgern. Denn „Mitwirken" begegnet außer in § 254 cit. in möglicher Beziehung auf ein Verschulden nur[3]) noch in § 846 (der mit Bezugnahme auf die Tatbestände der §§ 844 f. auf § 254 direkt verweist; vgl. unten sub 2) sowie in § 645 Abs. I Satz 1 (der davon spricht, daß das bestellte Werk untergegangen, verschlechtert oder unausführbar geworden ist, „ohne daß ein Umstand mitgewirkt hat, den der Unternehmer zu vertreten hat"; vgl. aber unten § 64 sub A IV). In allen übrigen Fällen, in denen sich das Wort „mitwirken" oder „Mitwirkung" findet,[4]) ist von ganz andern Tatbeständen die Rede, welche mit einem „Verschulden" nichts zu tun haben, nämlich: von Testamentserrichtung[5]); von gewissen Verwaltungsmaßregeln beim Nießbrauch[6]) oder beim Forderungspfandrecht[7]) bezw. innerhalb des ehelichen Güterrechts[8]) oder unter den Miterben;[9]) endlich von vereinzelten anderen Maßregeln oder Handlungen.[10]) Man wird durch den Ausdruck an sich deshalb eher auf den bloßen Gegensatz von „Wirkung" und Ursache, also eher auf das bloße Kausalitätsverhältnis als auf das Kulpaprinzip (vgl. oben sub d α) hingewiesen.

g) Selbstverständlich dürfen wir nun nicht aber etwa die Worte „ein Verschulden" in § 254 Abs. I a. A. ganz eliminieren wollen und die Norm so zu lesen suchen, als laute sie „Hat bei der Entstehung des Schadens der Beschädigte mitgewirkt". Dies hieße nicht nur dem Wortlaut der Norm sondern auch ihrer historischen Anknüpfung an die Kulpakompensation im eigentlichen, älteren Sinne Gewalt antun und würde auch die Anwendungsfälle des § 254 ganz gegen die legislatorische Tendenz[11]) ins Ungemessene, bis ins Gebiet der bloßen Reflexbewegungen hinein und bis hart ans Gebiet des rein äußerlichen Zufalles, der Naturereignisse heran steigern. Es soll also mit der von uns verfochtenen Anschauung nur gesagt sein, daß von der streng technischen Auffassung des Begriffes Verschulden hier (ausnahmsweise) abzusehen ist, daß aber immerhin ein der Mißbilligung unterworfenes Verhalten des Beschädigten vorliegen muß, das, wennschon es nicht ganz genau

[1]) In den übrigen Stellen (§§ 827 Satz 2, 829, 830 Abs. I Satz 1 und 2, 841, 1833 Abs. II Satz 2) ist (vgl. oben § 39 sub I 5 und 9) ein „Verschulden" teils bestimmt, teils möglichenfalls anzunehmen, sie eignen sich also nicht als Belege zu der Behauptung im Texte.

[2]) Zu diesem „Mitwirken", dessen Bedeutung in die Lehre vom Kausalzusammenhang beim Schadensersatz (vgl. also oben § 1 sub II und oben sub d) gehört, vgl. z. B. Gottschalk S. 65 ff., Rümelin a. a. O. S. 309 f., 333.

[3]) Wegen § 841 vgl. unten Anm. 10.

[4]) Von genauerer Angabe der Absätze und Sätze kann füglich Abstand genommen werden.

[5]) §§ 2234 bis 2246 mit Ausnahme von §§ 2238, 2240 und 2243 f.

[6]) §§ 1035, 1078 f., 1083.

[7]) §§ 1285, 1288.

[8]) §§ 1472, 1438, 1449, 1472, 1528, 1561.

[9]) § 2038.

[10]) §§ 660, 919, 1672, 1768, 1844, 2076. Hierher (bezw. in die die Verwaltungsmaßregeln betreffende Gruppe) gehört auch trotz seiner Stellung in der Lehre von den unerlaubten Handlungen § 841.

[11]) Soweit müssen die Materialien (oben sub d α) Berücksichtigung finden.

unter die Begriffe „Vorsatz" und „Fahrlässigkeit"[1]) paßt oder zu passen braucht, sich seinerseits aber doch in einer Parallele zu diesen Begriffen bewegen müßte, indem entweder eine bewußte und beabsichtigte Vergrößerung[2]) der eigenen Beschädigung oder ein Verhalten vorliegt, dessen schädigenden Einfluß ein vernünftiger Mensch voraussetzen mußte.[3])

h) Endlich ist zu konstatieren, daß § 254 sehr wohl und selbstverständlich solche Fälle umfassen **kann**, in denen das Verhalten des Beschädigten sich als ein wirkliches „Verschulden" darstellt, genau so wie auf Seiten des Haupturhebers des Schadens ein Verschulden vorliegen **kann** (oben sub d β). Vorsatz[4]) des Beschädigten läge z. B. vor, wenn er seinem Hunde, der von einem feindlichen Nachbar angeschossen worden ist, „nachhilft", um so den Nachbar zum Ersatz des vollen Wertes für das tote Tier zu zwingen. Fahrlässigkeit läge vor, wenn er sich um das verletzte Tier so wenig kümmert, daß dieses eingeht.[5]) Dagegen wird ein „Verschulden" im echten Sinne nicht vorliegen, die Norm des § 254 aber dennoch anwendbar sein, wenn der Eigentümer des angeschossenen Hundes dem Tiere z. B. durch Abreißen des Verbandes „nachhilft", lediglich um das für seine Zwecke (z. B. als Jagdhund) nicht mehr brauchbare Tier loszuwerden oder gar aus dem edlen Motive des Mitleids. — Aber in den zuletzt geschilderten Fällen kann sich auch sehr wohl ein ‚dolus eventualis'[6]) gegen den Nachbar verstecken, ebenso wie die Fälle zweifellosen Vorsatzes sich zur qualifizierten Absicht (unten § 56) oder zur Arglist (unten § 58) verdichten können. Für die Frage nach der Anwendbarkeit des § 254 bleiben jedoch alle diese Nuancen gleichgültig.

i) An dieser Stelle galt es nur, zu konstatieren, daß § 254 das Wort „Verschulden" in untechnischem Sinne gebraucht. Weitere Bemerkungen zum Thema „konkurrierendes Verschulden" und damit zugleich weitere Nachprüfung des Ausdrucks „Verschulden" in BGB. § 254 werden an anderer Stelle (unten § 79 und auch § 68) erfolgen.

2. Zu § 846 (oben § 2 sub II 2), welcher von einem „Verschulden des Verletzten" redet und auf den eben (sub 1) besprochenen § 254 Bezug nimmt, ist folgendes zu bemerken:[7])

[1]) Auf diesen Begriff stellt das Verhalten des Beschädigten m. E. zu Unrecht **Enneccerus-Lehmann** S. 405 sub b ab („Verschulden in diesem Sinne ist anzunehmen, wenn er nicht die im Verkehr erforderliche Sorgfalt angewendet hat, durch welche der Schaden abgewandt, verringert oder wieder aufgehoben werden konnte"); ebenso **Piper** S. 45.

[2]) Durch ein Tun (Aufreißen der Wunde) oder Unterlassen (Nichtverbinden).

[3]) So **Crome** S. 406; vgl. **Piper** S. 44 a. E. Ferner die oben sub c erwähnte **Entsch. des Reichsger.** vom 23. Februar 1900 S. 399; ferner **Entsch. des Reichsger.** 10. März 1903 (II 383/02), von **Boyens** in der **Juristen-Zeitung** VIII Nr. 12 S. 297 (Nr. 57) mitgeteilt. Auch **Prot.** I Nr. 45 V S. 300/301 (oben sub a) sprechen nur in unbestimmteren Ausdrücken von einer „gewissen" bezw. „nötigen" Sorgfalt und den „gerechten Anforderungen an die Sorgfalt".

[4]) Ueber eine Aeußerung der **Prot.** I Nr. 45 sub V 3 S. 300 vgl. oben sub a.

[5]) Ebenso wäre es eine Fahrlässigkeit, wenn der selber Verwundete seine Verletzung nicht beachtet oder wenn er sich zu einem auch ihm als notorischer Kurpfuscher bezeichneten „Heilkünstler" begibt.

[6]) Ueber den ‚dolus eventualis' — im **zivil**rechtlichen Sinne — unten § 55.

[7]) **Judikatur** (vgl. **Warneyer** I S. 103, 104, II S. 77, **Scherer** I S. 99, II S. 177, III S. 294, **Spruchsammlung** I S. 30 und die dortigen Verweisungen, sowie II S. 24) fehlt im allgemeinen. Auch das Erkenntnis des **OLG. Stuttgart** vom 11. April 1901 bei **Mugdan** und **Falkmann** II (1901) S. 440 Nr. 172 (vgl. auch **Neumann**, Jahrbuch I 1 S. 505) nimmt zu dem Ausdruck nicht weiter Stellung.

a) Die Materialien sind betreffs der Frage, wie hier der Begriff „Verschulden" zu verstehen sei, belanglos; die Motive, weil E. I eine entsprechende Norm noch überhaupt nicht bot, und Prot. II Nr. 157 III S. 639 f., weil sie nichts Einschlägiges äußern.

b) In der Literatur[1]) zu § 846 begegnet man nirgends einer Erörterung des Begriffes „Verschulden", es findet sich also auch nicht der mindeste Zweifel daran, daß er hier dieselbe Bedeutung hat, wie im allgemeinen.[2]) Höchstens wäre auf die vorsichtige Ausdrucksweise bei Crome[3]) II § 339 S. 1080 aufmerksam zu machen, der den Fall dahin formuliert, daß „der Getötete sich den Unfall nach allgemeinen Grundsätzen ganz oder zum Teil selbst zuzuschreiben hatte" und ebenda (Anm. 67) „ganz oder zum Teil mit verursacht hat".

c) Die Antwort auf unsere Frage wird wegen des engen Zusammenhanges des § 846 mit dem § 254 und wegen der auch im übrigen parallelen Sachlage vollständig mit der dortigen Antwort zusammenfallen müssen, d. h. auch für § 846 werden wir zugeben, daß das Wort „Verschulden" hier nicht im technischen Sinne steht.

3. Zu § 1299 (oben § 2 sub I 4) ist zu bemerken:

a) Zu dem Ausdruck „Verschulden", den schon E. I § 1228[4]) Abs. II hatte, schweigen Mot. IV S. 5.[5]) Hingegen beschäftigen sich die Prot. IV Nr. 265 II S. 4 ff. mit ihm eingehender; sie erwähnen S. 4 sub 4 b einen Antrag, der für „Verschulden" „schwere Verfehlung" und S. 7 sub C einen Antrag, der „Verfehlung" schlechthin eingesetzt wissen will; beide Anträge wurden aber (vgl. gleichfalls S. 7 sub C) abgelehnt und nicht minder ein ebenda S. 4 sub 6 erwähnter, „grobes Verschulden" verlangender Antrag; sodann finden sich (S. 7 sub C) Bedenken, daß ein „leichtes Verschulden" des andern Verlobten dem Zurücktretenden schon Ersatzansprüche gewähren könnte, und vor allem wird ebenda (S. 7 sub C) folgendes ausgeführt: Wenn „ein den Rücktritt rechtfertigendes Verschulden des andern Verlobten Voraussetzung des Ersatzanspruchs sei", so werde „danach . . . je nach den Umständen, insbesondere den Verhältnissen der Verlobten, ein mehr oder weniger hoher Grad des Verschuldens erforderlich sein, um den Rücktritt zu rechtfertigen. Im übrigen aber drücke das Wort „Verschulden", wenn es auch freilich nicht in dem sonst angenommenen technischen Sinne

---

[1]) Vgl. Cosack I § 165 S. 612 sub 2 e (wo das „Verschulden" des Verletzten und der Hinterbliebenen selber gleichgestellt werden), Dernburg II 2 § 388 S. 628 Anm. 8, § 391 S. 636 sub 6, Eck I § 103 S. 611/612, Endemann I § 201 S. 1268 oben, Engelmann S. 450, Enneccerus-Lehmann I § 369 S. 860/861, Kipp II S. 894 sub δδ, Kuhlenbeck, Von den Pandekten II § 58 S. 368 ff., Landsberg I S. 568 Anm. 2, Liebe I S. 648 sub d, Matthiaß I § 142 VI 2 S. 718, Mayring S. 754 f., Meisner S. 305, Müller und Meikel I § 202 S. 684, Neumann, Handausgabe I S. 407, Jahrbuch I 1 S. 505, Oertmann S. 584 f., Planck II S. 647, Weyl I § 131 S. 532. — Aus der Literatur über Deliktsobligationen usw. vgl. Linckelmann S. 60, v. Liszt S. 81, Lühl S. 57, Piper S. 46, v. Weinrich S. 88 Anm. 10, S. 91, aus der Literatur über konkurrierendes Verschulden (unten § 79) z. B. Labowsky, der § 846 ganz unerwähnt läßt, Gottschalk S. 105, v. Leyden S. 95 f., Schmidt (R.) S. 28. — Wegen Endemann S. 744 Anm. 1 vgl. unten sub III 1 a.

[2]) Positiv äußert sich allerdings nur Landé, indem er (S. 230) auf §§ 276 ff. verweist (wie auch zu § 254, vgl. oben S. 297 Anm. 12).

[3]) S. 1082 oben spricht Crome lediglich von „konkurrierendem Verschulden" — Krückmann S. 159 sagt: „Wenn . . . der Beschädigte ebenfalls in Schuld ist", vermeidet also, vielleicht bewußt, den technischen Ausdruck „Verschulden".

[4]) Vgl. wegen der Anmerkung zu Mot. I S. 281 oben S. 295 Anm. 2 und S. 296 Anm. 5.

[5]) Sie sprechen übrigens a. a. O. (im Text und am Rande) vom „Verhalten".

gebraucht werde, den Gedanken am zutreffendsten aus. Würde man... statt von einem „Verschulden" von einem „Verhalten" des andern Verlobten sprechen, so wäre damit die Voraussetzung zu weit gefaßt."

b) Die Literatur, [1]) soweit sie sich überhaupt äußert,[2]) ist geteilter Ansicht:

α) Im technischen Sinne verstehen den Ausdruck „Verschulden" Dernburg,[3]) Endemann,[4]) Fischer-Henle,[5]) Kipp,[6]) Kuhlenbeck,[7]) Landé,[8]) Matthiaß,[9]) Müller und Meikel,[10]) Opet,[11]) Planck,[12]) Arthur B. Schmidt[13]) und aus der Spezialliteratur zum Verlöbnisrecht Dittenberger,[14]) Mohr[15]) und Stutz.[16])

β) Dagegen scheint Cosack den Ausdruck nicht im technischen Sinne zu verstehen; denn er spricht (II § 284 S. 467 sub 3) nicht, wie das Gesetz, vom „Verschulden", sondern davon, daß einer der Verlobten die aus dem Verlöbnis entspringenden „Pflichten gröblich[17]) verletzt und dadurch den andern Verlobten zum Rücktritt vom Verlöbnis bestimmt", und ebenso bezeichnet er es (in den Beispielen) als eine „schwere Verletzung der Verlobtenpflichten",

---

[1]) Judikatur findet sich weder bei Warneyer (I S. 151, II S. 106) noch in der Spruchsammlung (I S. 44, II S. 30) noch bei Scherer (I S. 113, II S. 211, III S. 341 f.) noch auch bei Neumann (vgl. unten S. 305 Anm. 5) vermerkt.

[2]) Keine ausdrückliche Stellungnahme überhaupt bei Achilles (S. 500), Engelmann (der S. 653/654 den Fall des § 1299 unerwähnt läßt), Enneccerus-Lehmann II § 143 S. 399, Krückmann S. 364, Weyl II § 193 S. 146 sowie in den Schriften zum Familienrecht (vgl. oben § 37 S. 239 Anm 3 ff.), von Fränkel (S. 3), F. Kohler (S. 3) und Rocholl (S. 9); ebenso lassen Hellmann und Goldmann in der Juristen-Zeitung VI (1901) Nr. 10 S. 217 ff. und Nr. 19 S. 432 f. sowie Mumm in den Bl. f. RA. Bd. 65 (1900) S. 163 die Frage unerörtert, desgleichen die Schrift von Glaser, Die rechtliche Natur des Verlöbnisses, Halle 1904 (S. 66) und die Rostocker Diss. (Berlin 1902) von Nathan, Die juristische Konstruktion des Verlöbnisses.

[3]) Bei Dernburg IV § 8 S. 28 oben steht das Wort „Verschulden" gesperrt; vgl. ebenso Kuhlenbeck, Von den Pandekten III S. 13 und Müller und Meikel II S. 5. Hierher ist wohl auch Liebe II S. 204 zu stellen.

[4]) Endemann II § 153 S. 608 Anm. 6 meint (zu der Wendung im Text „eigenes schuldhaftes Verhalten") „dies umfaßt Vorsatz wie Fahrlässigkeit". Dabei ist aber die Berufung auf Prot. IV S. 7 (oben sub a) verfehlt. — Zu Endemann I S. 744 Anm. 1 vgl. unten sub III 1.

[5]) Fischer-Henle S. 653 Anm. 2.

[6]) Kipp III § 489 S. 2 Anm. 3, insbes. a. E. (auf S. 3).

[7]) Ueber Kuhlenbeck vgl. oben Anm. 3.

[8]) Landé S. 338 Anm. 2 verweist (vgl. oben S. 297 Anm. 12 und S. 303 Anm. 2) auf §§ 276 ff.

[9]) Matthiaß II § 79 S. 226/227.

[10]) Ueber Müller und Meikel vgl. oben Anm. 3.

[11]) Opet S. 13 Anm. 1 b „Verschulden bezeichnet ein der Verlöbnistreue widersprechendes, vorsätzliches oder fahrlässiges Verhalten des vertragstreuen Verlobten".

[12]) Planck IV S. 14: „Der Begriff des Verschuldens bestimmt sich nach den allgemeinen Grundsätzen (s. Bd. I S. 37). Die Absicht, den anderen Teil zum Rücktritte zu veranlassen, ist nicht erforderlich; vielmehr genügt jedes vorsätzliche oder fahrlässige Verhalten, welches von solcher Art ist, daß es den anderen Teil zum Rücktritte berechtigt."

[13]) Schmidt, Kommentar S. 22 Anm. 2 a.

[14]) Dittenberger, Das Verlöbnisrecht im BGB., Halle 1901, S. 164.

[15]) Mohr, Das Verlöbnis in seiner juristischen Konstruktion und praktischen Bedeutung nach dem BGB., Rostocker Dissert. 1903, S. 79.

[16]) Stutz, Die Rechtsnatur des Verlöbnisses (Tübingen, Freiburg und Leipzig 1900) S. 79 Anm. 4 mit der unzulänglichen Begründung, daß es sich hier „um ein Rechtsverhältnis handelt", sowie unter Berufung auf Dernburg II 1 S. 138 ff. und, was nicht recht klar ist, auf BGB. § 1359.

[17]) Das „schwer" wäre aber nicht in gerade demselben Sinne wie in § 1568 (oben § 37 sub II 2) zu verstehen und das „gröblich" nicht in dem oben § 40 besprochenen Sinne.

wenn der Bräutigam „den Verkehr mit Dirnen noch kurz vor seiner Verlobung betrieben und trotzdem der Braut bei seiner Verlobung oder später ausdrücklich und ernstlich seine Tugendhaftigkeit beteuert hat".[1])

γ) Eine Mittelstellung nimmt wohl Neumann (Handausgabe II S. 705 Anm. 1) ein mit folgender nicht vollkommen klar verständlichen[2]) Bemerkung: „Verschulden ist eine vorsätzliche oder fahrlässige (vgl. Bd. I S. 388 Note II 1) Verletzung der durch das Verlöbnis begründeten sittlichen Pflichten. Die Natur des Verlöbnisses schließt eine unmittelbare Anwendung der §§ 276 ff. aus."

δ) Wenn Jacobi[3]) S. 17/18 von dem Verlobten spricht, „durch dessen Schuld" der andere Verlobte zum Rücktritt veranlaßt wurde, und wenn Hollweck[4]) S. 91 von „schuldbarem Verhalten" redet und (Anm. 2) als Beispiel auch begründeten Verdacht auf Untreue sowie Irreligiosität nennt, so scheinen auch diese Autoren das Wort „Verschulden" im § 1299 nicht im technischen Sinne zu begreifen.

ε) Eine ausgesprochene Leugnung der technischen Bedeutung findet sich nur in der Dissertation von Cramer,[5]) sowie bei von Leyden[6]) und bei Landsberg.[7])

c) Die Entscheidung der Frage muß m. E. mit der — merkwürdigerweise in der Literatur so wenig beachteten[8]) — Aeußerung der Protokolle (oben sub a) und mit der Auffassung der sub b ε (bezw. auch sub b β—δ) genannten Autoren zu Ungunsten der technischen Bedeutung des Wortes „Verschulden" im § 1299 lauten. Zwar nicht deshalb, weil durch den Relativsatz das Verschulden eine besondere Nuance erhält; denn diese Nuancierung würde sich sehr wohl als konkrete Einschränkung des dennoch im technischen Sinne verstandenen Begriffes „Verschulden" deuten lassen. Wohl aber sprechen andere Erwägungen gegen die technische Bedeutung:

α) Zunächst kommt die sonstige Formulierung des Paragraphen in Betracht. Indem dieser — statt einfach zu sagen „verschuldet ein Verlobter den Rücktritt des andern"[9]) — von einem „veran-

[1]) Andererseits freilich spricht Cosack S. 468 sub a im zweiten Beispiel von (schwerem) „Verschulden".

[2]) Sofern Neumann an die Kontroverse über die Vertragsnatur des Verlöbnisses denkt, so würde sich trotzdem vielleicht die Anwendbarkeit der §§ 276 ff. aus ihrer generellen Bedeutung für das BGB. (vgl. einstweilen oben sub I 2) ergeben.

[3]) Jacobi, Das persönliche Eherecht des BGB., 2. Aufl. (Berlin 1899).

[4]) Hollweck, Das Civileherecht des BGB., Mainz 1900.

[5]) Cramer, Das Verlöbnis nach dem BGB., Erlanger Dissertation, Würzburg 1902, meint S. 64 (unter Berufung auf Prot. IV S. 7): „Der Begriff des „Verschuldens" ist hier nicht in dem sonst angenommenen technischen Sinne aufzufassen, sondern es ist darunter das schuldhafte Verhalten zu verstehen, durch welches sich ein Verlobter mit den sittlichen Grundlagen des Verlöbnisses in Widerspruch setzt." Ob das der Fall sei, wäre quaestio facti. — Zu Cramer auch Neumann, Jahrb. I 2 S. 5.

[6]) von Leyden, Culpa-Compensation (oben S. 298 Anm 15) S. 67 Anm. 1; vgl. unten sub III 2.

[7]) Landsberg I S. 259 Anm. 2 (wo übrigens statt von „Verschulden" von „Schuld" gesprochen wird; vgl. jedoch unten sub c γ und sub V 2), II S. 833 Anm. 1, beide Male mit der Begründung, daß eine Rechtswidrigkeit nicht vorliege.

[8]) Wegen Cramer vgl. oben Anm. 5, wegen und gegen Endemann oben S. 304 Anm. 4.

[9]) Man darf nicht einwenden, daß bei derartiger Formulierung die Erwähnung des „wichtigen Grundes" gefehlt haben würde; denn ob ein solcher für den andern Ver-

lassen" redet, scheint doch die Norm weniger vom Geiste des „Verschuldensprinzips" als vom Geiste des „Veranlassungsprinzips[1]) diktiert zu sein, und man gewinnt den Eindruck, als würde nach der legislatorischen Idee nichts in der Norm geändert worden sein, wenn sie lediglich dahin lautete: „Veranlaßt ein Verlobter den Rücktritt des andern durch ein Verhalten,[2]) das einen wichtigen Grund für den Rücktritt bildet". § 1299 will nicht sowohl den Vorsatz oder die Fahrlässigkeit des wahren Urhebers der Entlobung betonen, als die Provokation des andern Teiles durch ihn; daß diese aber außer in einem objektiv wichtigen Grunde für den Provozierten zugleich auf ein Verhalten abgestellt wird, durch welches das moralische Schuldkonto des provozierenden Teiles belastet erscheinen muß, ist nur die sekundäre Idee des Gesetzgebers. Eine derartige legislatorische Auffassung — die eben nur eine irreführende Formulierung erhalten hätte — würde sich durchaus verstehen lassen und würde z. B. mit der Grundauffassung des § 628 Abs. II[3]) — oben § 16 sub II 1 a — auffallend gut harmonieren, der gleichfalls die Schadensersatzpflicht an das — ebenfalls mit dem Worte „veranlassen"[4]) gekennzeichnete — provokatorische Verhalten und den Rücktritt des andern Vertragsteils knüpft und das provokatorische Verhalten seinerseits lediglich als objektiv „vertragswidriges"[5]) charakterisiert.

β) **Gerade diese Parallele lehrt zugleich, daß aus dem Umstande, daß § 1299 in einer Schadensersatzpflicht[6]) gipfelt, nichts in der Richtung auf die technische Bedeutung des Begriffes „Verschulden" zu folgern ist.**

γ) **Faßt man § 1299 in der sub α angedeuteten Weise so auf, als laute er einfach „verschuldet ein Verlobter den Rücktritt des andern", so würde sich die untechnische Bedeutung des „Verschuldens" auch daraus ergeben, daß dasjenige, was verschuldet wird, hier eine Handlung (Willenserklärung) eines anderen Menschen ist,** während das Gesetzbuch selber, wenn es das Verbum „verschulden" gebraucht, als Objekt[7]) reine Tatsachen nennt, nämlich

---

lobten (den Zurücktretenden) vorlag, hätte der Richter schon durch Feststellung, ob der Kausalzusammenhang zwischen dem Verschulden des einen und dem Rücktritt des andern Teiles vorliegt, mitgeprüft.

[1]) Ueber diese beiden Prinzipien vgl. genauer unter § 72.

[2]) Vgl. wegen der Mot. IV S. 5 oben S. 303 Anm. 5, wegen Endemann oben S. 304 Anm. 4.

[3]) Auf diese Parallele macht auch Neumann, Handausgabe II S. 705 Anm. 2 aufmerksam.

[4]) „Veranlassen" begegnet sonst nur noch in § 628 Abs. I Satz 2 (zweimal), oben § 16 sub II 1 b, sowie in § 2259 Abs. II Satz 2 und zwar hier in ganz anderem Zusammenhange.

[5]) Daß „vertragswidrig" lediglich etwas objektiv bezeichnet, vgl. genauer unten § 44 sub IV.

[6]) Ueber das Verhältnis von Schadensersatzpflicht und Verschulden vgl. genauer unten sub C II 3.

[7]) Mit dem Substantivum „das Verschulden" verbindet sich ein Objekt in unmittelbarer Weise natürlich nie; aber wo sich ein solches Objekt aus dem Zusammenhang herauslesen läßt, handelt es sich auch hier stets nur um Tatsachen, nie um gegnerische Handlungen, welche „verschuldet" werden; vgl. §§ 254 Abs. I, 846 (Entstehung eines Schadens), § 989 (Verschlechterung usw. einer Sache, wie in §§ 351 und 498), § 767 Abs. I Satz 2 (Aenderung der Verbindlichkeit), § 160 Abs. I (Vereitelung oder Beeinträchtigung eines Rechts); vgl. ebenso §§ 42, 53, 279, 691, 987, 1243, 1787, 1833, 2219 wegen der Umstände, bei welchen ein Verschulden „zur Last fällt" (oben § 2 sub I 2).

eine Gefahr (§ 228 Satz 2), der Wiederuntergang eines Vertrages (§ 338 Satz 1), eine Verschlechterung, den Untergang oder die Unmöglichkeit der Herausgabe (§§ 351 Satz 1, 498 Abs. II Satz 1), einen Schaden (§ 702) oder die Zerrüttung einer Ehe (§ 1568 Satz 1). Fremde Handlungen kann man nun aber nicht gut vorsätzlich oder fahrlässig „verschulden", man kann an ihnen nur im Sinne des vulgären Sprachgebrauches (vgl. oben sub 1 d α) „schuld sein".

d) Natürlich sind für § 1299 ebenso wie für § 254 (vgl. oben sub 1 h) Fälle denkbar, in denen die Handlungsweise des Provokanten sich in der Tat als „Vorsatz[1])" (in dem unten § 55 zu erörterndem Sinne) oder als „Fahrlässigkeit" (oben § 31) darstellt; letzteres, indem „die im Verkehr erforderliche Sorgfalt" hier als der Inbegriff desjenigen Verhaltens zu verstehen wäre, das Verlobte[2]) nach der herrschenden Auffassung[3]) an den Tag zu legen haben.[4])

e) Da nun dies Verhalten gerade in diesem Gebiete sehr stark von sittlichen Rücksichten beherrscht wird,[5]) so würde, selbst wenn das „Verschulden" im Einzelfall auch wirklich im technischen Sinne gedeutet werden kann, und ebenso, wenn es gemäß der herrschenden Ansicht in diesem Sinne gedeutet werden muß, immerhin der Hauptakzent auf die Belastung des moralischen Kontos zu legen sein. Es ergibt sich daraus zugleich eine enge Verwandtschaft des in § 1299 erwähnten Verschuldens mit dem „sittlichen Verschulden" in § 1611 (unten sub 5).

4. Weiterhin fragt es sich, ob der Ausdruck „verschulden" im technischen Sinne zu verstehen ist in § 1568 Satz 1. Diese Norm, welche wir schon in anderem Zusammenhange (oben § 37 sub I 1 und II) genauer ins Auge gefaßt hatten, gibt einen Scheidungsgrund, wenn ein Ehegatte „durch schwere Verletzung der durch die Ehe begründeten Pflichten oder durch ehrloses oder unsittliches Verhalten eine so tiefe Zerrüttung des ehelichen Verhältnisses verschuldet hat", daß dem andern Ehegatten „die Fortsetzung der Ehe nicht zugemutet werden kann". Hier ist nun folgendes zu bemerken:

a) Die Materialien[6]) und die Literatur[7]) zu § 1568 lassen den dortigen Ausdruck „verschulden" im allgemeinen gänzlich unerörtert.

---

[1]) Richtig spielt für den Fall eines „den Rücktritt des andern bewußt bezweckenden Verhaltens" Dittenberger S. 164 Anm. 2 (auf S. 165) auch auf BGB. § 826 (oben 36 sub II 9 a, b, f—h) an.

[2]) Nicht bloß im „Verkehr" mit einander sondern auch im Verkehr mit der Außenwelt (vgl. das Cosacksche Beispiel oben sub b β).

[3]) Gerade hier aber werden die in § 31 sub A III 5 und IV 4 erwähnten Verschiedenheiten in der Auffassung der einzelnen Volks- und Gesellschaftskreise deutlich zu Tage treten.

[4]) Vgl. Endemann a. a. O. „Maßgebend ist das von der Sitte geforderte Verhalten des im Verlöbnis Stehenden".

[5]) Vgl. Planck IV S. 14 a. E. der Bemerkungen zu § 1299 und Neumann a. a. O. sowie insbesondere Landsberg a. a. O.

[6]) Mot. IV S. 593 ff., Prot. IV Nr. 293 S. 405 ff., Denkschr. S. 315.

[7]) Vgl. Achilles S. 580, Cosack II § 289 S. 486, Dernburg IV § 26 S. 82 ff., Endemann II § 166 S. 681, A. Engelmann S. 667/668 (über Th. Engelmann vgl. im Text), Fischer-Henle S. 794 Anm. 4, Kipp III S. 1 Anm. 2, Krückmann S. 444/445, Kuhlenbeck, Von den Pandekten III S. 55 f., Landé S. 400/401, Landsberg II § 227 S. 873 f., Liebe II § 323 S. 311, Neumann, Jahrbuch I 2 S. 66 ff., Planck IV S. 320 f., Weyl II S. 239. — Ebensowenig finden sich einschlägige Bemerkungen in der oben § 37 S. 239 f. aufgezählten Spezialliteratur (Albrecht S. 45 ff., Fränkel S. 93/94, Hollweck S. 220 ff., Jacobi S. 96, F. Kohler S. 44 f., Mayer und Reis S. 11, Rocholl S. 316, Arthur Benno Schmidt S. 22, 16); ferner nicht bei Stammler, Richtiges Recht S. 576 ff. Ueber die Aeußerungen der Literatur zum „Verschulden" als Grundlage der Ehescheidungsgründe überhaupt vgl. unten sub VI 9 c.

Nur von Leyden,[1]) Litten,[2]) Neumann[3]) und Opet[4]) äußern sich und zwar jener zu Ungunsten, diese drei zu Gunsten technischer Bedeutung; im übrigen wäre höchstens hervorzuheben, daß zu dem schon im E. I (§ 1444 Abs. I) vorhandenen Ausdrucke Prot. IV Nr. 293 S. 413/414 lediglich vom „Herbeiführen" der Zerrüttung reden, und daß Davidson S. 57 von einem „subjektiven Verschulden", Th. Engelmann S. 532 Anm. 1 von „Schuld" des Ehegatten und S. 536 Anm. 5 von „schuldhafterweise verursachen" und Enneccerus-Lehmann II § 196 S. 497 f. gleich den Prot. von „herbeiführen" bezw. „verursachen" sprechen, während wiederum Matthiaß II § 97 S. 311 a. E. und Müller und Meikel II § 356 S. 193 a. E. das Wort „verschulden" durch gesperrten Druck hervorheben, also[5]) vielleicht als technisch gemeint bezeichnen wollen.

b) Die Judikatur[6]), so reichlich sie[7]) zu § 1568 bereits ergangen ist,[8]) läßt gerade den Ausdruck „verschulden" gleichfalls zumeist[9]) unerörtert; nur die Erkenntnisse des Reichsgerichts vom 21. März 1901 und 5. Mai 1902[10])[11]) geben wohl zu erkennen, daß sie das Wort im technischen Sinne verstanden wissen wollen, indem sie schlechthin von „subjektivem[12]) Verschulden" reden; ebenso das Erkenntnis vom 23. Dezember 1901,[13]) indem es das Wort „verschuldet" gesperrt bringt, wogegen die Erkenntnisse des Reichsgerichts vom 12. Juli und 6. Dezember 1900[14]) die wesentlich blasseren Wendungen „herbeiführen" bezw. „verursachen"[15]) gebrauchen.

---

[1]) v. Leyden a. a. O. (oben S. 305 Anm. 6).

[2]) Litten in dem oben S. 253 Anm. 1 erwähnten Aufsatze S. 398 und 406.

[3]) Neumann, Handausgabe II S. 866 Note 2: „Die ... Handlung muß also dem ... Ehegatten zugerechnet werden können, mag sie im übrigen auf Vorsatz oder Fahrlässigkeit beruhen.) Vgl. § 1359, Bd. I § 388 C II" (an dieser Stelle behandelt Neumann zu §§ 823 ff. den Begriff „Verschulden" im technischen Sinne).

[4]) Opet, Kommentar S. 398 Anm. 2: „Wo die Zerrüttung nicht auf ein Verschulden, ein vorsätzliches oder fahrlässiges Handeln oder Unterlassen, zurückgeführt werden kann, ist sie, ohne Rücksicht auf ihren Grad, kein Scheidungsgrund.

[5]) Vgl. oben S. 304 Anm. 3 (zu § 1299).

[6]) Nicht zugänglich war mir das möglichenfalls einschlägige, bei Dernburg IV S. 82 Anm. 26 und Opet S. 398 Anm. 2 erwähnte Erkenntnis des Landgerichts Mainz vom 31. Oktober 1901 aus der Hessischen Rechtsprechung II, 1901, S. 118.

[7]) Es ist dies nicht nur Folge des Umstandes, daß sich § 1568 als ultimum refugium für Ehescheidungslustige einer gewissen Beliebtheit erfreut, sondern insbesondere wohl auch darauf zurückzuführen, daß gerade diese kautschukartige generalis clausula besonders viele überaus elastische und daher der Kognition der höheren Gerichtshöfe besonders zugängliche Ausdrücke bietet; vgl. oben § 37 sub II.

[8]) Vgl. Warneyer I S. 170 ff., II S. 119 f., Scherer I S. 122 ff., II S. 227 ff., III S. 363 ff., Spruchsammlung I S. 48 f., II S. 32, Neumann, Jahrb. I 2 S. 66 ff.

[9]) Vgl. z. B. das Reichsgerichtserkenntnis vom 22. Juni 1900 (III 116/00) in Bd. 46 (1901) Nr. 40 S. 155 der Entscheidungen sowie die Erkenntnisse vom 28. Mai 1900 (IV 85/00) und 11. Juli 1901 (VI 157/01) in der Jur. Wochenschr. 29 (1900) S. 550 und 30 (1901) S. 648 (auch Neumann, Jahrb. a. a. O. S. 69 Anm. 7 c).

[10]) IV 8/01, Jur. Wochenschr. 30 (1901) S. 296 f. (insbes. S. 297) und IV 42/02, Jur. Wochenschr. 31 (1902) Beilage 8 S. 242 f. (Nr. 131), vgl. oben S. 246 Anm. 4.

[11]) Vgl. ferner etwa noch Entsch. des Reichsgerichts vom 9. Juli 1900 (IV 135/00) in der Jur. Wochenschr. 29 (1900) S. 645.

[12]) Als „subjektives Moment" bezeichnet andererseits das Reichsgerichtserkenntnis vom 13. Dezember 1900 (IV 239/00) in Jur. Wochenschr. 30 (1901) S. 53 (vgl. bereits oben S. 246 Anm. 4) „die Aufgeregtheit des Beklagten und die demzufolge fehlende bösliche Absicht".

[13]) IV 287/01, Jurist. Wochenschrift 31 (1902) Beilage S. 205.

[14]) VI 163/00 in Jur. Wochenschr. 29 (1900) S. 645 u. VI 284/00, oben S. 246 Anm. 1.

[15]) Von „schuldvoller Weise durch unsittliches Verhalten verursacht" redet ein gleichfalls (oben Anm. 12) vom 13. Dezember 1900 stammendes Reichsgerichtserkenntnis (IV 262/00) in Jur. Wochenschr. 30 (1901) S. 54.

c) Man wird für § 1568 wohl annehmen müssen, daß es nicht nötig ist, an ein Verschulden im technischen Sinne zu denken: Substituiert man für „verschulden" Worte wie „verursachen", „veranlassen" oder „herbeiführen", so bleibt der Sinn der Stelle der gleiche; der Gesetzgeber hat wohl lediglich an den Kausalzusammenhang zwischen dem Verhalten des schuldigen Ehegatten und der Ehezerrüttung gedacht und daneben, wie im § 1299 (oben sub 3), die Belastung des moralischen Schuldkontos durch die Wahl eines minder blassen Ausdrucks betonen wollen, zumal doch von den beiden Gründen der Zerrüttung zwar nicht das „ehrlose und unsittliche Verhalten", wohl aber die „Pflichtverletzung" als lediglich objektive Tatsache (oben § 37, insbes. sub IV) zur Andeutung dieser moralischen Rügung nicht ausgereicht hätte. — Auch der Umstand, daß § 1568 unstreitig[1]) auf dem „Verschuldensprinzipe" beruht, beweist nichts gegen das eben Gesagte und gegen die Substitution eines blasseren Ausdruckes; denn hinsichtlich der Ehescheidungsgründe ist vielleicht doch (vgl. Genaueres unten § 72) der Begriff des Verschuldensprinzips nicht in derselben Bedeutung wie betreffs der Schadensersatzpflicht zu nehmen; auch fehlt bei zwei anderen, gleichfalls auf dem Verschuldensprinzipe aufgebauten Scheidungsgründen, nämlich bei denen der §§ 1566 und 1567, der wörtliche Hinweis auf das Verschulden gänzlich, und bei einigen weiteren Scheidungsgründen, nämlich bei denen des § 1565, wird dieser Hinweis nicht durch das Wort „verschulden", sondern durch die Wendung „sich schuldig machen" gegeben, die etymologisch zwar mit dem Verbum „verschulden" verwandt ist, für die aber — und das genügt an dieser Stelle, zur Beleuchtung des Wortes „verschulden" in § 1568 — der Beweis der Identität mit „verschulden" im technischen Sinne erst erbracht werden müßte (vgl. dieserhalb Genaueres unten § 43 sub B).

5. In § 1611 (oben § 2 sub IX) redet das Gesetz nicht von „Verschulden" schlechthin, sondern von „sittlichem Verschulden".

a) Zu diesem schon in E. I § 1490 Abs. I[2]) enthaltenen Ausdrucke bemerken die Materialien[3]) folgendes:

α) Mot. IV S. 700 meinen, „es entspricht . . . der sittlichen Grundlage der Unterhaltspflicht, daß diese Beschränkung ganz allgemein eintritt, wenn die Bedürftigkeit des Berechtigten auf eigenem sittlichen Verschulden des Berechtigten beruht. In solchen Fällen ist die auf der Verwandtschaft beruhende sittliche Pflicht, wenn auch nicht aufgehoben, so doch eine weniger intensive. Dies muß auch auf den Inhalt der Unterhaltspflicht zurückwirken. Zugleich erweist die Beschränkung auf die Gewährung des Unterhalts in Fällen der hier fraglichen Art sich als eine heilsame, im allgemeinen Interesse liegende Mahnung gegen Trägheit und Ausschweifungen". — Ebenda S. 701: „Nur sittliches Verschulden des Bedürftigen vermag eine solche Beschränkung zu rechtfertigen. Auf der anderen Seite ist es jedoch als bedenklich erachtet, die Beschränkung von einem schweren sittlichen Verschulden abhängig zu machen, da diese Qualifikation

---

[1]) Vgl. unten sub VI 9 c.

[2]) Wegen der Anmerkung zu Mot. I S. 281 vgl. oben S. 295 Anm. 2, S. 296 Anm. 5, S. 297 Anm. 1 und S. 303 Anm. 4.

[3]) Unerheblich sind die Bemerkungen der Prot. Bd. IV Nr. 300 XIII S. 483 § 1 und Bd. VI Nr. 424 XXVIII S. 297. — Von „sittlichen Verfehlungen" sprechen Prot. II Nr. 97 IX S. 36 zu BGB. § 530 (oben § 23 und unten § 53).

des Verschuldens zu unbestimmt ist und die Anwendbarkeit der hier fraglichen Bestimmung zu sehr zu beengen droht."

β) Prot. IV Nr. 301 IX S. 494 f. erklären: „Es sei ein gesunder Gedanke, daß derjenige, welchem ein schweres sittliches Verschulden gegenüber dem Unterhaltspflichtigen zur Last falle, den Unterhaltsanspruch ganz oder teilweise verliere, da durch dieses Verschulden die Grundlage der Unterhaltspflicht, die durch das Familienband begründete Zuneigung, zerstört werde." In Erwägung, daß (S. 495) „durch jedes sittliche Verschulden die Liebe und Zuneigung, welche durch die Familienangehörigkeit erzeugt werde, verlustig gehe", müsse dieses und nicht bloß „eine dem Unterhaltspflichtigen gegenüber begangene Verfehlung" (S. 494 a. E.) zur Minderung des Unterhaltsanspruchs führen. — Ferner heißt es a. a. O. (S. 495): „Klar sei, daß nur das sittliche Verschulden in Betracht kommen könne, welches als Ursache der Hilfsbedürftigkeit anzusehen sei. Im übrigen aber setze die Forderung eines standesgemäßen Unterhalts voraus, daß man des Standes, nach dessen Verhältnissen man den Unterhalt verlange, auch würdig sei. Sittliches Verschulden des Unterhaltsberechtigten werde aber regelmäßig zur Folge haben, daß der Berechtigte in den Augen seiner Standesgenossen sinke."

b) Die Literatur[1]) nimmt im allgemeinen zu dem Begriffe nicht Stellung, sondern begnügt sich[2]) mit Anführung von Beispielen (Spiel, Trunksucht[3]) usw.); nur bei von Leyden,[4]) Matthiaß,[5]) Müller und Meikel[6]) und Opet[7]) finden sich (des Genaueren nicht begründete) Bemerkungen in der Richtung, daß das sittliche Verschulden nicht gleichbedeutend sei mit dem Verschulden im technischen Sinne (Vorsatz und Fahrlässigkeit).

c) Die Judikatur[8]) enthält noch keine einschlägige Aeußerung.

d) Es wird kein Zweifel obwalten können, daß das „sittliche Verschulden" durchaus nichts zu tun hat mit dem Verschulden im technischen Sinne, nämlich im rechtsgeschäftlichen der §§ 276 ff. oder im deliktischen der §§ 823 ff.; handelt es sich doch nicht sowohl um Verletzung allgemeiner Rechtspflichten, sondern, wie die Materialien (oben sub a) richtig

---

[1]) Nichts Einschlägiges findet sich bei Achilles (S. 594 Anm. 1), Endemann II § 157 S. 852/853, A. Engelmann (S. 476), Kipp II § 475 S. 1008 sub 5, Krückmann S. 454, Kuhlenbeck, Von den Pandekten III S. 156 Anm. 1, Landé S. 411 Anm. 2, Landsberg II § 252 S. 989, Liebe II § 330 S. 336, Neumann, Jahrb. I 2 S. 92 f., Weyl II § 243 S. 258/259, Knitschky, Rechtsverhältnis zwischen Eltern und Kindern, Berlin 1899, S. 126 f. — Wegen Endemann I S. 744 unten sub III 1 a.

[2]) Cosack sprach in der 3. Aufl. (1901) II § 314 S. 543/544 tautologisch von „unsittlicher Verschwendung", was in der 4. Aufl. (1904) S. 581 nicht mehr geschieht; vgl. im übrigen Dernburg IV § 70 S. 231 sub 1 (Trunksucht, Verschwendung), Enneccerus-Lehmann II § 304 S. 523 (Spiel, Trunk, Morphium), Fischer-Henle S. 818 Anm. 1 (Spiel und Trunk), Matthiaß II § 102 S. 332 sub 2 a (ebenso), Neumann, Handausg. II S. 899 (Trägheit, Ausschweifungen, Trunksucht), Planck IV S. 366 Anm. 1 a (Spiel). Ferner Fränkel, Familienrecht (Hannover 1898) S. 116 Anm. 1 (ausschweifender Lebenswandel).

[3]) Die Beispiele Spiel und Trunk deuten schon Prot. IV S. 494 a. E. an.

[4]) von Leyden a. a. O. (oben S. 305 Anm. 6 und S. 308 Anm. 1).

[5]) Matthiaß I S. 271 Anm. 1.

[6]) Müller und Meikel II § 364 S. 233/234: „Ist dagegen Jemand z. B. dadurch, daß er bei seinen Unternehmungen nicht die im Verkehr erforderliche Sorgfalt beobachtet oder sogar grob fahrlässig gehandelt hat, um sein Vermögen gekommen bezw. erwerbsunfähig geworden, so geht er des Anspruchs auf standesgemäßen Unterhalt nicht verlustig."

[7]) Opet, Verwandtschaftsrecht (Berlin 1899) S. 90: „Tatsachen, die durchaus nicht etwa ein Verschulden im Rechtssinne begründen müssen."

[8]) Vgl. Warneyer I S. 179, II S. 123, Scherer I S. 124/125, II S. 236/237, III S. 372 ff., Spruchsammlung I S. 50, II S. 23, Neumann, Jahrb. a. a. O.

andeuten, um Verstöße gegen die Moralpflichten, welche das Familienleben und die Standesrücksichten erheischen; auch käme eventuell, wie für §§ 254 und 846 (oben sub 1 und 2), hinzu, daß hier ein „Verschulden gegen sich selbst“ (vgl. oben sub 1 d) vorliegt.

6. Endlich sind §§ 1933 und 2077 Abs. I Satz 2 (oben § 2 sub III 4 a und b) zu prüfen, welche dem Ehegatten das Intestaterbrecht nebst dem Recht auf den Voraus bezw. einen Erwerb aus letztwilliger Verfügung des andern Ehegatten versagen, wenn der andere Ehegatte „zur Zeit seines Todes auf Scheidung wegen Verschuldens des Ehegatten zu klagen berechtigt war“.[1]) Hier genügt es aber zu konstatieren, daß weder die Materialien[2]) noch die Literatur[3])[4]) den geringsten Anhalt[5]) bieten, das Wort „Verschulden“ auf „Vorsatz“ und „Fahrlässigkeit“ zu deuten, und daß offenbar[6]) an den innerhalb der Scheidungsgründe obwaltenden Gegensatz zwischen den auf dem Verschuldensprinzip einerseits aufgebauten Gründen und der Geisteskrankheit andererseits zu denken ist, die einen Verlust der angedeuteten erbrechtlichen Vorteile nicht zur Folge haben soll; daß aber der im Ehescheidungsrecht begegnende Begriff „Verschulden“ sich mit dem oben sub I besprochenen nicht deckt, wurde schon zu § 1568 (oben sub 4 c), einstweilen allerdings nur hypothetisch, angedeutet.

III. Eine zusammenfassende, wennschon auch ihrerseits nur recht knappe Bemerkung über die Frage, ob das Wort „Verschulden“ im ganzen Gesetze in demselben Sinne angewendet wird oder nicht, begegnet lediglich bei Endemann I § 130 Anm. 1 auf S. 744 und bei von Leyden, Culpa-Compensation S. 67 Anm. 1.

1. Endemann[7]) zählt einige Gesetzesstellen auf,[8]) in denen das Sub-

---

[1]) Und die Klage erhoben hatte, vgl. oben § 2 a. a. O.

[2]) Die Mot. kommen überhaupt nicht in Betracht, da zu § 1933 E I noch keine analoge Bestimmung und zu § 2077 a. a. O. E I § 1783 (dazu Mot. V S. 53) noch nicht den Ausdruck „Verschulden“ bot. Aus den Prot. vgl. Bd. V Nr. 337 III S. 58 f., Nr. 370 XI S. 471 ff., Nr. 371 I S. 480 f., ferner zu § 1933 auch Denkschr. S. 379.

[3]) Außer den unten Anm. 5 Erwähnten vgl. z. B. noch Dernburg V (1905) § 19 S. 49, § 44 S. 130, § 92 S. 256, Endemann III § 18 S. 74 und § 47 S. 202, Matthiaß II § 146 S. 461 sub b, § 131 S. 418 sub 4, Planck V S. 23 Note 2 a, S. 242 Note 2 a γ, Th. Engelmann S. 745, 770 sub 5, Krückmann S. 500, Kuhlenbeck, Von den Pandekten II S. 233, 351, Weyl II S. 246, Cosack II S. 723, 734, Landsberg II S. 1076, 1102, Strohal, Erbrecht, 3. Aufl. (1903) S. 52 II 2, S. 309, Boehm S. 31.

[4]) Die Judikatur — vgl. Warneyer I S. 207, 216, II S. 137, 142, Spruchsammlung I S. 56 f., II S. 35 f., Scherer I S. 139, 144, II, 261, 267, III S. 400 f., 416 — enthält nichts Einschlägiges.

[5]) Höchstens wäre daraus, daß Kuhlenbeck, Von den Pandekten III S. 351 zu BGB. § 1933 und Müller und Meikel II § 431 S. 419 sowie Liebe II S. 451 das Wort Verschulden gesperrt bringen, vielleicht zu entnehmen, daß sie (vgl. oben S. 304 Anm. 3 und S. 308 Anm. 5) das Wort technisch meinen; ausdrücklich für untechnisch erklärt es von Leyden a. a. O. (oben S. 305 Anm. 6, S. 308 Anm. 1, S. 310 Anm. 4). Wegen Endemann unten III 1 d.

[6]) Vgl. in dieser Hinsicht ausdrückliche Bemerkungen z. B. bei Achilles S. 690, 744 Anm. 3, Fischer-Henle S. 992 Anm. 1, S. 1064 Anm. 2, Frommhold S. 18 Note 2 a (S. 119 Note 2 c), Enneccerus-Lehmann II S. 774 sub 8, Kipp III S. 240 sub 1, S. 351 sub 4, Landé S. 478 Anm. 2 und S. 509 Anm. 5, Neumann, Handausg. II S. 1080 Anm. 2 a.

[7]) Auf die Endemannschen Bemerkungen beruft sich auch (für die untechnische Bedeutung des „Verschuldens“ in BGB. § 254) Bienenfeld (oben S. 298 Anm. 10) S. 493. Gegen Endemann (außer dem Reichsgericht, unten S. 312 Anm. 1) auch Träger (oben S. 298 Anm. 17 S. 338 f., aber nicht der von diesem als Gegner Endemanns genannte Gottschalk (oben S. 297 Anm. 9) S. 78 f.

[8]) Die gesamte Aufzählung ist nicht völlig erschöpfend, da sie §§ 278, 351, 549, 664 und EG. z. BGB. Art. 42 § 9, sowie die sämtlichen das Verbum „verschulden“ gebrauchenden Stellen (oben sub I 1 b) unerwähnt läßt; wegen § 823 Abs. II vgl. unten S. 312 Anm. 3. — Mehrfach widersprechen aber diese allgemeinen Bemerkungen Endemanns seinen spezielleren an anderer Stelle; vgl. wegen §§ 1933, 2077 oben Anm. 5 und wegen §§ 1299, 1611 oben S. 304 Anm. 4, S. 310 Anm. 1.

stantivum „Verschulden" — über das Verbum „verschulden" (vgl. oben sub I 1 b) äußert er sich nicht — im Sinne von „verursachen" gebraucht sei, und da seine weitere Aufzählung anderer Stellen, in denen das Wort „im Sinne von Schuld, Pflichtverletzung" stehe, erkennen läßt, daß er in jenen Stellen das subjektive Moment des Verschuldens (gleich Vorsatz und Fahrlässigkeit) vermißt, so müssen wir seine Aufzählung nachprüfen.

a) Wegen der von Endemann a. a. O. genannten §§ 1299, 1611, 254 und 846 haben wir die Zweifel, ob hier die technische Bedeutung vorliegt, bereits im verneinenden Sinne[1]) entschieden (oben sub I 3, 5, 1 und 2).

b) §§ 240, 498 [2]) und 616, die Endemann nur anhangsweise erwähnt,[3]) sprechen davon, daß etwas „ohne Verschulden" geschehen sei; sie können also, da sie das Verschulden aus dem Tatbestande streichen, auch von uns ungeprüft bei Seite gestellt werden (ebenso wie die von Endemann an dieser Stelle unerwähnt gelassenen, gleichfalls das Verschulden aus dem Tatbestande streichenden §§ 827 und 1996).[4])

c) Zu §§ 42, 53, 160, 767 und 989 ist kein Grund ersichtlich, das „Verschulden" hier nicht im technischen Sinne zu verstehen, zumal §§ 42, 53, 160 und 989 eine Schadensersatzpflicht[5]) sanktionieren und § 767 durch die Nebeneinanderstellung von Verschulden und Verzug wegen des „Verschuldens" offenbar an das im Verzug nicht notwendig (vgl. unten § 64) liegende subjektive Schuldmoment denkt.[6])

d) Ist somit die Endemannsche Scheidung nicht zu akzeptieren, so ist sie übrigens auch insofern gerade für die dem Verschulden im technischen Sinne gewidmete zweite Gruppe unrichtig, als §§ 1933 und 2077, welche Endemann als Anwendungsfälle einer „Haftung wegen Verschuldens" „im Sinne von Schuld, Pflichtverletzung" anführt, erstens gar nichts von einer solchen „Haftung" sagen (vgl. oben § 2 sub III 4) und zweitens auf das „Verschulden" als Basis der Ehescheidung gehen, also auf einen Fall, in welchem Zweifel an der technischen Bedeutung des Wortes durchaus angebracht sind (vgl. oben sub I 4 c).

2. Was die Bemerkungen von Leydens[7]) betrifft, der — neben §§ 1299,

---

[1]) Darum muß ich wegen dieser Normen Endemann gegen das Reichsgericht in Schutz nehmen, das in der Entsch. vom 11. Mai 1903 (VI 485/02) Bd. 54 (1903) Nr. 104 S. 407 ff. — vgl. auch (stark abgekürzt) Jur. Wochenschr. 33 (1902) Beil. S. 90, Warneyer II S. 25 Nr. 4. — auf S. 410 meint, die von Endemann zitierten Paragraphen „lassen in keinem Falle eine solche Auslegung zu".

[2]) Wegen § 498 muß es statt Satz 2 heißen Abs. II Satz 2; wegen Satz 1 unten sub IV 1.

[3]) § 823 Abs. II, der auch von einem „ohne Verschulden" erfolgenden Vorgange (Verstoß gegen ein Gesetz) redet und für diesen Fall die Schadensersatzpflicht vom Vorhandensein eines Verschuldens abhängig macht, wird von Endemann nur in der zweiten Gruppe erwähnt.

[4]) Oben § 2 sub IV 2 und IV 3 b. Die Materialien sprechen eher zu Gunsten unserer Ansicht; vgl. zu § 498 E. I § 478 und Mot. II S. 343, zu § 616 Mot. II S. 463.

[5]) Vgl. aber das unten sub C II 3 Bemerkte.

[6]) So zitiert z. B. auch Rehbein II S. 100 Note 86 gerade auch §§ 53, 160 und 989 (zusammen mit §§ 228, 254, 278, 351, 823 Abs. II) als Beispiele, in denen „Vorsatz und Fahrlässigkeit das Verschulden" sei, „von dem das BGB." in diesen Normen „spricht" (was aber für § 254 nach dem sub II 1 Bemerkten nicht zugegeben werden kann). — Zu §§ 42 und 767 vgl. als Beleg zu unsern Gunsten, daß z. B. Planck I S. 114 Anm. 3 und Hölder S. 159 Anm. 3 sowie Dernburg II 2 S. 347 sub 1 den Ausdruck „Verschulden" gänzlich unerörtert lassen. — Aus den Materialien vgl. zu unsern Gunsten: zu § 42 Mot. I S. 105; zu § 53 E. I § 56 und Prot. I Nr. 71 VII S. 551; zu § 160 E. I § 134 und Mot. I S. 258; zu § 989 E. I § 933 nebst E. I § 931 Abs. I und Prot. III Nr. 215 sub II 4 S. 342/343.

[7]) Gegen ihn ist bisher noch Niemand aufgetreten, auch nicht z. B. Träger a. a. O.

1568, 1611, 1933 und 2077 (oben sub I 3—6) — auch § 228 Satz 2 und § 702 als solche Stellen bezeichnet, „in denen das Wort „Verschulden" nicht die technische Bedeutung, ebensowenig den Sinn einer bloßen Verursachung", habe, sondern „ein vom objektiv-sittlichen Standpunkt als ordnungswidrig gemißbilligtes Verhalten bezeichnet", so ist eine Rechtfertigung für diese Behauptung bezüglich der §§ 228 und 702 nicht gegeben und nicht zu entdecken. Die übrige Literatur scheint an der technischen Bedeutung des Wortes in §§ 228 und 702 nicht zu zweifeln.[1])

IV. Die sonstigen Gesetzesstellen:

1. Bei allen übrigen sub II und III nicht erwähnten — insgesamt 26[2]) — Gesetzesstellen, ist ein Zweifel an der technischen Bedeutung des Begriffes „Verschulden" (bezw. „verschulden") bisher meines Wissens nicht aufgetaucht, aber auch wohl kaum möglich. Die technische Bedeutung des Wortes dürfte sich in allen diesen Stellen[3]) aus ihrer Formulierung mit genügender Deutlichkeit ergeben; vgl. aus der oben § 2 gegebenen Zusammenstellung die Gruppen I 1 a—c (§§ 645 Abs. II, 2134 Satz 2, 1039 Abs. I Satz 2), 2 c, e—k (§§ 664 Abs. I Satz 2, 691 Satz 2, 987 Abs. II, 1243 Abs. II, 1787 Abs. I, 1833 Abs. I Satz 1, 2219 Abs. I), 3 d und f (EG. z. BGB. Art. 42 Nr. III § 9, BGB. § 498 Abs. II Satz 1), III 1 und 2 (§§ 351 Satz 1, 338 Satz 1), IV 1, 2 und 3 b (§§ 823 Abs. II Satz 2, 827 Satz 2, 1996 Abs. I Satz 2), V (§§ 279, 678), VI (§ 425 Abs. II), VII 1, 2 b—d und 3 a (§§ 278 Satz 1, 351 Satz 2, 664 Abs. I Satz 3, 691 Satz 3, 549 Abs. II) und VIII (§ 2219 Abs. II).

2. Auch aus dem Umstande, daß das Gesetz bisweilen (vgl. oben sub I 1 b) nicht das Substantivum „Verschulden" sondern das Verbum „verschulden" gebraucht, in Verbindung mit dem Umstande, daß wir dies Verbum im § 1568 Satz 1, oben sub II 4 c, lediglich mit „herbeiführen" vertauschen zu dürfen glauben, läßt sich für die anderen Stellen,[4]) die sich gerade des Verbums bedienen, nicht etwa gleichfalls eine Absicht des Gesetzgebers dahin ableiten, nur einfach die Kausalität betonen zu wollen.

V. Fassen wir die Erörterungen sub II—IV zusammen, so geht das Ergebnis dahin:

1. Es findet sich zwar nur in den sub II 1—6 erwähnten Stellen, mithin aber doch in einer nicht unerheblichen Zahl[5]) von Gesetzesnormen, der Ausdruck

---

[1]) Zu § 228 vgl. z. B. Hölder S. 463 Anm. 2, Planck I S. 381 Anm. 4, Rehbein I S. 342 sub e, die alle an dem Ausdrucke keinen Anstoß nehmen; zu § 702 vgl. z. B. (positiver) Oertmann S. 439 Anm. 2 c und Planck II S. 449 sub 3 c. In beiden Stellen spricht zu Gunsten der technischen Bedeutung wohl (vgl. unten sub C II 3) auch der Umstand, daß jene gerade von einer Schadensersatzpflicht und diese vom Fortfall einer Haftung wegen Verschuldens des Beschädigten bezw. seiner Leute (vgl. BGB. §§ 254, 278) handelt; daß in § 228 nicht gerade die schuldhafte Herbeiführung des Schadens selber, sondern die der ihn vermittelnden „Gefahr" erwähnt wird, hindert an der Auffassung des Begriffes im technischen Sinne nicht, da lediglich eine Breviloquenz vorliegen dürfte. — Aus den Materialien vgl. zu unsern Gunsten zu § 228 Satz 2 E. I § 187 und Mot. I S. 350, zu § 702 Prot. II Nr. 134 VIII S. 403/404.

[2]) Sofern man §§ 278, 351 Satz 2 und 823 (vgl. oben § 2 S. 4 Anm. 1) nur einfach zählt.

[3]) Wegen §§ 827 und 1996 vgl. auch oben sub III 1 b.

[4]) Also für §§ 228 Satz 2 (oben sub III 2), 338 Satz 1 (oben § 2 sub III 2), 351 Satz 1 (ebenda sub III 1), 498 Abs. II Satz 1 (oben § 2 sub I 3 f) und 702 (oben sub III 2); vgl. auch hier zu §§ 338, 351, 498 die Materialien (insbes. E. I §§ 419, 430 Nr. 1, 478, Mot. II S. 274 zu E. I § 419, Prot. Bd. I Nr. 92 IV S. 774 zu demselben Fall, ebenda Nr. 94 II S. 794 und Bd. VI Nr. 414 III S. 160 ff. zu BGB. § 351).

[5]) Rein äußerlich betrachtet ist das Verhältnis, wenn man die 8 Stellen, in welchen das Wort mehrere Male begegnet (§§ 254, 278, 351, 498, 664, 691, 823, 2219, vgl. oben S. 4 Anm. 1) nur einfach zählt, gleich 32 : 7; wenn man die Stellen mehrmals zählt, gleich 40 : 8; mithin in beiden Fällen ungefähr gleich 5 : 1.

„Verschulden" bezw. „verschulden" in einem andern als dem technischen Sinne (der §§ 276 ff. und 823 ff.); indem dies verhältnismäßig oft der Fall ist, unterstützen sich die Stellen übrigens auch gegenseitig, so daß der Rest von Bedenken, der noch — etwa für § 1299, oben sub II 3 — verblieben sein mag, dadurch vollkommen ausgetilgt wird. Nicht unerheblich scheint es mir schließlich zu sein, daß die Mehrzahl der fraglichen Paragraphen, nämlich §§ 1299, 1568, 1611, 1933 und 2077, nicht innerhalb des den Schuldverhältnissen im besonderen gewidmeten zweiten Buches stehen, und daß auch § 254 und mit ihm § 846 nach einer anderen Lehre hin (vgl. oben sub II 1 e α) gravitieren. Dies bestärkt in Verbindung mit dem Umstande, daß die Terminologie des Gesetzes wegen der in dieser Abhandlung besprochenen Begriffe auch sonst vielfach unfest ist (vgl. die Zusammenstellung unten § 84), die Möglichkeit, auch innerhalb des Begriffes „Verschulden" einen solchen im rein technischen und einen solchen im untechnischen Sinne anzuerkennen. Uebrigens widerspricht der vorstehend behaupteten Doppelbedeutung, in welcher der Begriff im BGB. begegne, das Gesetz selber nicht: insbesondere kann man sich m. E. auf §§ 276 ff. BGB., die gemeinhin als ‚sedes materiae' für den Begriff „Verschulden" gelten (vgl. auch oben sub I 2 d α sowie unten sub C I 4 b γ), insofern nicht mit Entschiedenheit berufen, als sie erstens die Angelegenheit doch nur sozusagen en passant und nicht ex professo und an gebührender Stelle (vgl. unten § 67) behandeln und zweitens gerade den terminus „Verschulden" recht stark in den Hintergrund stellen.

2. Einen einheitlichen Begriff bildet das „Verschulden" in den sub II 1—6 aufgezählten Stellen zunächst insofern nicht, als nur § 1611 (oben sub II 5) in ausgesprochener Weise das sittliche Moment, welches in dem Verschulden liegt, betont; aber auch für die von der Ehescheidung handelnden §§ 1568, 1933 und 2077 (oben sub II 4 und 6) wird sich (vgl. genauer unten §§ 43, 66, 72) das sittliche Moment — die vom Gesetzgeber gegenüber dem Verhalten des Schuldigen ausgesprochene Rüge — nicht verkennen lassen; und ebenso wird man wegen des dem Verlöbnisrecht angehörigen § 1299 (oben sub II 3) das gleiche sagen dürfen;[1]) dagegen hat der Ausdruck in §§ 254 und 846 (oben sub II 1 und 2) keine derartige Nebenbedeutung, wenigstens soweit er, der Fahrlässigkeit parallel laufend, nur das Verhalten kennzeichnet, das ein vernünftiger Mensch nicht an den Tag legen würde (oben sub II 1 g). Nur dahin werden wir auch diese Stellen mit den andern, das sittliche Moment andeutenden Stellen vereinigen können, daß sie alle zusammen den Ausdruck mehr in der Richtung des vulgären Sprachgebrauches „an etwas Schuld sein" (vgl. oben sub II 1 d α)[2]) verwenden. Und auch darin kommen die meisten Stellen, nämlich alle mit einziger Ausnahme der §§ 1299 und 1568, überein, daß das vom Gesetzgeber mit Rechtsfolgen verknüpfte „Verschulden" ein „Verschulden gegen sich selbst" in dem oben sub II 1 d erwähnten Sinne enthält, weil der Schuldige sich auch nach §§ 1611, 1933 und 2077 ebenso wie nach §§ 254 und 846 einer ungünstigen Folge für seine Rechtstellung aussetzt; denn er verliert durch die eigene Schuld laut §§ 1611, 1933 und 2077 die ihm sonst von Gesetzes wegen gebührenden Rechtsvorteile (Anspruch auf Alimentation und erbrechtliche Ansprüche).

3. Die vorstehend erörterte Frage ist nicht nur in der Richtung auf Abklärung der Terminologie unseres zivilrechtlichen Reichsgrundgesetzes bedeutsam, sondern ihre Beantwortung ist auch von praktischen Folgen begleitet. Denn sobald man die technische Bedeutung des Begriffes leugnet, muß man gleichzeitig

[1]) Vgl. auch wegen Landsberg die oben S. 305 Anm. 7 angegebenen Stellen.
[2]) Vgl. auch oben sub II 3 c γ.

die Zulässigkeit einer Berücksichtigung der §§ 827 f. BGB. in den in Rede stehenden Rechtsfällen bestreiten.[1]) Sowohl beim „konkurrierenden Verschulden" (§§ 254, 846) wie wegen der Auflösung eines Verlöbnisses (§ 1299), wegen der Ehescheidung aus § 1568 und wegen der Rechtsverluste aus §§ 1611, 1933 und 2077 ist daher die Altersstufe des Schuldigen (§ 828 Abs. I und Abs. II Satz 1), seine Taubstummheit (§ 828 Abs. II Satz 2) und eine Trübung des Bewußtseins usw. (§ 827) nicht (nicht lediglich) aus den gesetzlich fixierten Gesichtspunkten jener §§ 827 f. zu beurteilen, sondern der Richter kann die dort gezogene Grenzlinie überschreiten oder auch seiner Entscheidung engere Grenzen anlegen (natürlich aber auch vorkommenden Falles dieselben Grenzen für maßgebend erachten), wenn er die Frage prüft, ob der Täter in der Tat ein „Verschulden" begangen hat, wie es die gesetzliche Voraussetzung der in §§ 254, 846, 1299, 1568, 1611, 1933 und 2077 normierten Rechtsfolgen bildet. Er wird daher z. B. unter Umständen ohne weitere Untersuchung über ihr Erkenntnisvermögen die 17 jährige Braut für ersatzpflichtig nach § 1299 erklären oder der taubstummen Witwe, welche Ehebruch begangen hatte, die erbrechtlichen Vorteile nach §§ 1933 und 2077 absprechen oder auch außerhalb des Bereiches von § 1569 trotz der Bestimmung in § 827[2]) Satz 1 einer auf § 1568 aufgebauten Scheidungsklage gegen einen geistig nicht völlig Normalen stattzugeben vermögen.

VI. Wir kehren nunmehr zu dem Begriffe „Verschulden" im (regulären) technischen Sinne (oben sub I) zurück und haben dazu noch eine Reihe Bemerkungen zu geben.

1. Das Gesetz unterscheidet innerhalb des Begriffes „Verschulden" im allgemeinen nicht weiter, sondern spricht gewöhnlich vom „Verschulden" schlechthin, ohne es durch Epitheta zu nuancieren. Der Sprachgebrauch des BGB. ist im einzelnen folgender:

a) „Verschulden" schlechthin, sogar ohne den bestimmten oder unbestimmten Artikel, begegnet in §§ 240, 498 Abs. II Satz 2, 823 Abs. II Satz 2, 827 Satz 2 („ohne Verschulden"), § 767 Abs. I Satz 2 („durch Verschulden des Hauptschuldners"), §§ 645 Abs. II, 1933, 2134 Satz 2 („wegen Verschuldens");

b) „Verschulden" mit dem Artikel begegnet an nachbenannten Stellen:

α) mit dem bestimmten Artikel („das Verschulden") in §§ 425 Abs. II, 823 Abs. II Satz 2, sowie in § 254 Abs. II Satz 1 („das Verschulden des Beschädigten") und §§ 664 Abs. I Satz 2, 691 Satz 2 („das Verschulden des Gehülfen");

β) mit dem unbestimmten Artikel („ein Verschulden") in §§ 42 Abs. II Satz 2, 53, 278, 279 Satz 1, 987 Abs. II, 1039 Abs. I Satz 2, 1243 Abs. II, 1787 Abs. I, 1833 Abs. I Satz 1, 2219 Abs. I und II („ein Verschulden" schlechtweg), § 254 Abs. I („ein Verschulden des Beschädigten"), § 846 („ein Verschulden des Verletzten"), § 278 Satz 1 („ein Verschulden seines gesetzlichen Vertreters" usw.);

c) „Verschulden" mit einem Epitheton (Adjektiv, Pronomen oder dgl.) begegnet:

---

[1]) Deshalb muß ich auch gegen die Bemerkung protestieren, die Linckelmann in der Besprechung meines Gutachtens (oben S. 168 Anm. 2) im Jur. Literaturbl. XIII Nr. 9 vom 1. Nov. 1901 S. 200 f. auf S. 201 macht, es erscheine nicht angängig, daß ich die Berücksichtigung des eigenen Verschuldens des Verletzten zulasse, „ohne die Altersunterschiede der Schüler zu beachten". Im übrigen wegen der einschlägigen Literatur unten §§ 75, 79.

[2]) Nur ihn hält für unbedingt maßgebend z. B. Litten a. a. O. S. 402 ff.

α) in §§ 664 Abs. I Satz 1, 691 Satz 2 („ein ihm zur Last fallendes Verschulden") und in § 549 Abs. II („ein dem Dritten zur Last fallendes Verschulden");

β) in § 351 Satz 2 („das zu vertretende Verschulden eines Anderen");

γ) in §§ 160 Abs. I, 989 („sein Verschulden") und §§ 616 Satz 1, 1996 Abs. I Satz 2 („ohne sein Verschulden"); über § 1611 Abs. I vgl. unten sub ε;

δ) in § 678 („ein sonstiges Verschulden");

ε) in § 1611 Abs. I („sein sittliches Verschulden");[1])

ζ) in §§ 278 Satz 1, 351 Satz 2 und EG. z. BGB. Art. 42 Nr. III § 9 („eigenes Verschulden", „das eigene Verschulden", „wegen eines eigenen Verschuldens").

η) in § 1299 („ein Verschulden, das einen wichtigen Grund für den Rücktritt bildet").

2. Von diesen Stellen regen wegen der Zusätze zu weiteren Erörterungen nur die zuletzt, sub 1 c δ—η, genannten an:

a) § 678 erblickt in dem „sonstigen" Verschulden offenbar dasjenige, welches zu dem „Erkennenmüssen" (oben § 32 sub II 7), also zu der im Nichterkennen liegenden „Fahrlässigkeit" im Einzelfall als der die Schadensersatzpflicht noch verstärkt rechtfertigende Grund hinzukommen könnte, dem Gesetzgeber aber neben jener Fahrlässigkeit als weiterer Grund der Schadensersatzpflicht entbehrlich erscheint;

b) Das „sittliche" Verschulden des § 1611 wurde schon oben sub II 5 besprochen; desgleichen das einen wichtigen Rücktrittsgrund vom Verlöbnisse bildende Verschulden des § 1299 oben sub II 3; jenes ist im Charakter, dies in den Wirkungen qualifiziert.

c) Genauerer, zunächst terminologischer Besprechung (im übrigen vgl. unten § 77) bedarf

3. Das „eigene" Verschulden in §§ 278 (Satz 1) und 351 (Satz 2) BGB. und EG. zu BGB. Art. 42 (Nr. III § 9):

a) Dieses „eigene" Verschulden bildet den Gegensatz zu dem vom Schuldner zu vertretenden „Verschulden seines gesetzlichen Vertreters und der Personen, deren er sich zur Erfüllung seiner Verbindlichkeiten bedient" (§ 278),[2]) mithin zum „Verschulden eines Andern" (§ 351); und auch in EG. z. BGB. Art. 42 § 9 ist das „eigene Verschulden" des „Unternehmers" der haftpflichtigen Anlage (bezw. das „eigene Verschulden" einer „anderen Person") zu verstehen im Gegensatze zu dem in § 2 des Haftpflichtgesetzes vom 7. Juni 1871 erwähnten, den Unternehmer schadensersatzpflichtig machenden Verschulden eines Bevollmächtigten, Repräsentanten usw., nicht etwa in demjenigen Sinne, in welchem § 1 des Haftpflichtgesetzes[3]) den gleichen Ausdruck allerdings auch gebraucht, nämlich im Sinne eines „eigenen Verschuldens des Getöteten oder Verletzten" selber.[4])

---

[1]) Hier sprach E. I § 1490 Abs. 1 von „eigenem sittlichen Verschulden"; vgl. unten S. 317 Anm. 1.

[2]) Vgl. den in Diktion und Inhalt etwas abweichenden § 431 HGB. (unten sub D 2).

[3]) Und ähnlich („durch die eigene Schuld des Beschädigten") auch bereits sein Vorgänger, § 25 des Preuß. Ges. vom 3. Nov. 1838 über die Eisenbahn-Unternehmungen (Ges.-Samml. S. 505). Ferner redet von „eigener Fahrlässigkeit" des Absenders bezw. des Reisenden das Reichspostgesetz vom 28. Okt. 1871 § 6 Abs. III Ziff. a und § 11 Abs. II Ziff. 2 (ungenau Gottschalk S. 70 Anm. 3).

[4]) Aehnlich sprechen Mot. IV S. 585 ff. und 596 (allerdings wegen der Ehescheidung, also nicht wegen eines unter BGB. § 254 fallenden Punktes) vom „eigenen" schuld-

b) In dem zuletzt erwähnten Sinne einer Selbstverschuldung des betreffenden Umstandes begegnet das „eigene Verschulden" im BGB.[1]) überhaupt nicht[2]), so geläufig der in der Wendung enthaltene Gedankengegensatz dem Gesetze an sich ist wie — namentlich[3]) die schon sub II 1 und 2 besprochenen — §§ 254 und 846 lehren und so häufig sich in der Literatur, speziell auch in der zum BGB.[4]) sowie in der Judikatur[5]) die Verwertung des Ausdruckes zur Andeutung gerade dieses Gegensatzes findet.

c) Da nun aber die beiden Gegensätze auf grundverschiedene Fragen hinweisen — der eine darauf, ob man für fremdes Verschulden einem Dritten haftbar ist, der andere darauf, ob man den eigenen Ersatz-

vollen bezw. rechtswidrigen, unsittlichen „Verhalten" des Klägers und ebenda S. 586 und 680 (zweimal) vom „eigenen Verschulden" des Klägers bezw. des Alimentationsberechtigten (BGB. §§ 1601 ff.).

[1]) Wohl aber im Preuß. AG. z. BGB. vom 20. September 1899 (Ges.-S. S. 177) Art. 15 (Leibgedingsvertrag) § 9 Abs. III: „wenn der Berechtigte durch andere Umstände als durch ein Verhalten des Verpflichteten ohne eigenes Verschulden genötigt ist, das Grundstück dauernd zu verlassen". — Wegen E. I § 1490 Abs. I vgl. oben S. 316 Anm. 1.

[2]) Unrichtig ist daher die Bemerkung bei Piper S. 44 a. E.: „Indem das Gesetz sich auf den eigenen Interessenstandpunkt des Beschädigten stellt, redet es in diesem Sinne von einem eigenen Verschulden."

[3]) Vgl. eingehender unten § 79.

[4]) Vgl. die Titel folgender Schriften: der Dissertationen von Berner (oben S. 297 Anm. 4) und Ruhm (oben S. 298 Anm. 9), der Schrift von Labowsky, Eigenes Verschulden bei Schadensersatzansprüchen nach Gem. R. und BGB., Berlin 1899; ebenso bereits Croissant, Eigenes Verschulden und Handlungsunfähigkeit, Straßburg i. E. 1893; ferner die Ueberschrift des Aufsatzes von Wendt in Jherings Jahrb. Bd. 31 (1892) S. 137 ff. („Eigenes Verschulden") und — vorsichtiger gewählt — die Ueberschrift des oben S. 298 Anm. 10 erwähnten Aufsatzes von Bienenfeld in Seuff. Bl. f. RA. Jahrg. 68. — Vgl. ferner die Paragraphenüberschriften bei Crome I § 111 (S. 494), Dernburg II 1 § 32 (S. 75), Endemann I § 132 (S. 755), Linckelmann S. 50 zu § 4, von Liszt pag. VII (Inhaltsübersicht) zu § 5 II a. E.; ferner bei Achilles S. 107 zu BGB § 254 (vgl. ebenda Note 1 b). — Vgl. ferner z. B. Kipp I S. 452 (Mitte), Labowsky a. a. O. S. 42 ff., Landé S. 68 Anm. 3, von Leyden (oben S. 298 Anm. 15) S. 62, Lühl S. 57, Schollmeyer S. 105 Anm. 3 a. E. und auch Gottschalk (oben S. 297 Anm. 9) S. 70 ff., 77, 83, andererseits aber S. 70, Süßmann (oben S. 298 Anm. 9) S. 80. Den Ausdruck „eigenes Verschulden" gebraucht zu BGB. § 254 auch mehrfach Pfizer in der Juristen-Ztg. IX (1904) Nr. 15 S. 712 ff. — Für Anwendbarkeit des Ausdrucks „eigenes Verschulden" auch Rümelin (oben S. 298 Anm. 5) S. 311, weil er meint, daß „zu Verwechselungen mit dem eigenen Verschulden des Schädigers im Gegensatz zur Haftung für fremdes Verschulden (§ 278) keine Gelegenheit" sei, was aber schon darum nicht zugegeben werden kann, weil Titel und Ueberschriften, wie die eben aufgeführten, irreleitend wirken.

[5]) Vgl. Entsch. des Reichsger. vom 23. Februar 1900 (III 346/99) bei Seuffert 55, 1900, Nr. 202 S. 401 — „eigenes Verhalten" —; vom 15. Februar 1904 (VI 264/03) in der Juristen-Ztg. IX (1904) Nr. 9 S. 459; vom 19. Februar und 28. März 1904 (oben S. 292 Anm. 3 und S. 298 Anm. 19) und vom 13. Juli 1904 (V 48/04) ebenda Nr. 22 S. 1091; vom 26. Januar 1903 (VI 237/02) in Gruchots Beitr. 47 (1903) S. 405 f. (vgl. auch Schlesw.-Holst. Anzeigen Jahrg. 67, 1903, S. 99, Warneyer II S. 75); auch OLG. Dresden vom 22. Jan. 1901, unten S. 328 Anm. 9. — Ferner spricht von „eigener Fahrlässigkeit" Reichsger. vom 22. Januar 1903 (VI 437/02) in Jur. Wochenschr. 32 (1903) S. 103; doch bezieht sich dies Erkenntnis nicht auf BGB., sondern auf das Reichshaftpflichtgesetz (vgl. oben sub a) und ebenso die Erkenntnisse des Reichsger. vom 12. und 5. Februar (VI 290/02 und 335/02) und 1. Oktober 1903 in Jur. Wochenschr. ebenda S. 157 f. Nr. 19 f. und S. 403 Nr. 19 (hiezu bereits oben S. 170 Anm. 4 auf S. 171 sowie S. 275 Anm. 4); das Erkenntnis vom 5. Februar 1903 spricht dabei zu BGB. § 254 nicht von „eigenem Verschulden", sondern von „Mitschuld" und „mitwirkendem Verschulden"; ebenso bezieht sich das in einem Erkenntnis des OLG. Stettin vom 18. März 1902 bei Mugdan und Falkmann VI (1903) Nr. 14 a S. 81 erwähnte „eigene Verschulden" auf den Gegensatz zu dem zu vertretenden Verschulden eines Andern, während ebenda zu § 254 von „konkurrierendem" Verschulden die Rede ist.

anspruch ganz oder teilweise verliert —; da somit dort der Haftungsgrund, hier das Haftungsmaß (des Gegners) ins Auge gefaßt wird und da also nur jener Fall das Verschulden, dieser lediglich den Schadensersatz betrifft, so kann es nicht dringend genug empfohlen werden, zur Vermeidung von Mißverständnissen und Verwechselungen den Ausdruck „eigenes Verschulden" nur für einen der beiden Fälle [1]) zu gebrauchen. Und daß man sich dann weiter zur besseren Festigung des Sprachgebrauches der Ausdrucksweise des Gesetzes selber [2]) anzuschließen hat, [3]) wird um so weniger zweifelhaft sein, als wir ja schon wissen (oben sub II 1), daß für § 254 der Begriff „Verschulden" bestritten und ungenau ist. Auch stehen ja für den Fall des § 254 (und § 846) andere durchaus charakteristische [4]) Bezeichnungen zu Gebot und sind in der Literatur üblich, insbesondere die Bezeichnungen „mitwirkendes" [5]) oder „konkurrierendes" [6]) Verschulden, an deren Stelle ich allerdings entsprechend dem oben sub II 1 d α Bemerkten den Ausdruck mitwirkende bezw. konkurrierende „Schuld" oder noch einfacher „Mitschuld" [7]) [8]) zu setzen vorschlage. [9])

d) Jedenfalls wird der Ausdruck „eigenes Verschulden" in dieser Schrift fortab nur in dem Gegensatze zum fremden Verschulden gebraucht werden, also im Sinne des BGB. § 278, nicht des § 254. Dabei ist nur zur Vervollständigung unserer Bemerkungen über die gesetzliche Terminologie hinzuzufügen, daß dieser in der Literatur [10])

---

[1]) Für beide Fälle verwendet ihn Crome (vgl. einerseits das Zitat oben S. 317 Anm. 4 und andererseits Crome II S. 117 Anm. 10, S. 118 Anm. 19, S. 119 a. E.) sowie Achilles (a. a. O. und andererseits derselbe S. 119 Anm. 1).

[2]) Gelegentlich, nämlich in 254 Abs. II Satz 2 (unten § 79) treten beide Fälle in unmittelbare Beziehung zu einander.

[3]) Dafür plädiert auch Zitelmann S. 152. In der Literatur findet sich der Ausdruck „eigenes Verschulden" (bezw. Verhalten, Handlungen, culpa, Schuld) in obigem Sinne — zu § 278 — außer bei Achilles und Crome a. a. O. z. B. bei Cosack I § 71 VI S. 254 sub 2 und § 90 V 2 b S. 229/330, Eck I S. 600 sub I (vgl. S. 255), Engelmann S. 204, Enneccerus-Lehmann I S. 475 (Ueberschrift zu § 194), Landsberg I § 76 S. 257 sub 5, Matthiaß I § 36 S. 348, § 83 S. 376 sub IV, § 142 S. 707 (Ueberschrift), Müller und Meikel I § 84 S. 258, S. 658 (Ueberschrift zu § 196), Zitelmann a. a. O.

[4]) Daß der Ausdruck „Kulpakompensation" für § 254 nicht charakteristisch ist, vgl. oben sub II 1 d α.

[5]) Vgl. Prot. Bd. II Nr. 134 VIII S. 403, Nr. 157 III S. 639 (oben sub II 2), Nr. 175 III S. 837 und Bd. VI Nr. 446 VI S. 594 f. sowie aus der Literatur der Titel der Gottschalkschen Schrift (oben S. 297 Anm. 9) und ferner des Bienenfeldschen Aufsatzes (oben S. 298 Anm. 10) sowie z. B. Cosack I § 90 sub V 2 S. 329, Engelmann S. 191, Müller und Meikel I S. 240.

[6]) Vgl. Mot. II S. 23, Prot. III Nr. 192 V S. 135 und aus der Literatur z. B. Achilles S. 107 Note 1 c, Dernburg II 1 S. 77, Eck I S. 253, Müller und Meikel a. a. O., Oertmann S. 18 Anm. 7, Rehbein II Note 51 S. 61, Weyl I S. 328, aus der Judikatur z. B. OLG. Stettin vom 18. März 1902, oben S. 317 Anm 5.

[7]) Von „Mitschuld" spricht außer dem oben S. 317 Anm. 5 erwähnten Erkenntnis vom 5. Febr. 1903 z. B. Cosack I S. 329 Ueberschrift, Neumann, Handausg. I S. 134 Anm. 3; „Mitverschulden" in den Prot. II S. 639 (oben sub II 2 a).

[8]) Mitschuld des Beschädigten bezw. Verletzten, nicht etwa Mittäterschaft eines zweiten Schadensurhebers (BGB. § 830 Abs. II) oder Gesamtschuldverhältnis (BGB. §§ 420 ff.).

[9]) Der Ausdruck „gleichzeitiges" Verschulden bei Matthiaß I § 76 S. 347 wäre nicht unmißverständlich; der Ausdruck „vorwiegende Verursachung" bei Rümelin a. a. O. S. 307 ist empfehlenswert, wenn man auch in § 254 einen Ausfluß der Kausalitätstheorie erblickt.

[10]) Vgl. z. B. Dernburg II 1 S. 143 Ueberschrift zu § 67, Fischer-Henle S. 155 Ueberschrift zu BGB. § 278, von Liszt S. 102, Piper S. 33, Weyl I S. 342.

sehr übliche und durchaus herrschende Ausdruck „fremdes Verschulden"[1]) im BGB. selber nicht anzutreffen ist, obwohl das Wort „fremd" dem BGB. behufs Kennzeichnung des Gegensatzes zu „eigen" durchaus nicht unbekannt ist, vielmehr — zum Teil in Verbindung mit gleichen Begriffen[2]) wie das Wort „eigen" und bisweilen innerhalb derselben Norm[3]) — ziemlich oft[4]) anzutreffen[5]) ist. Das Wort „eigen" seinerseits ist uns schon in der Wendung „die Sorgfalt, welche man in eigenen Angelegenheiten anzuwenden pflegt" (oben §§ 9 sub II und 41 sub 1) entgegengetreten; wo es sonst vorkommt — vgl. oben § 41 sub 1 1 c —, fehlt jegliche innere Beziehung zum „Verschulden".

4. Während das Gesetz innerhalb der Vokabel „Verschulden" immerhin an vereinzelten Stellen (oben sub 2 und 3) einzelne Sonderarten unterscheidet, kennt es innerhalb dieser Vokabel[6]) verschiedene Grade und Abstufungen nicht,[7]) wogegen sich doch innerhalb der Vokabel „Fahrlässigkeit" der Spezialfall der „groben" Fahrlässigkeit[8]) vom Falle der gewöhnlichen, einfachen abhebt (vgl. oben § 6 sub I und § 40). — Es ist dies deshalb hervorzuheben, weil bekanntlich die gemeinrechtliche Theorie[9]) zwischen culpa lata, levis und levissima und ähnlich das Preußische ALR.[10]) zwischen grobem, mäßigem und geringem Versehen unterschied.[11]) So ist es denn auch durchaus untechnisch, wenn gelegentlich Prot. IV S. 7[12]) von einem „leichten Verschulden"[13]) und

---

[1]) Oder analoge Ausdrücke: fremde Handlungen (Eck I S. 606 II, Jung § 12 S. 127 ff., Matthiaß I S. 720 a. E., Müller und Meikel I S. 666 Ueberschrift zu § 197), fremde Schuld (Cosack I § 71 S. 254 a. E., Rehbein II Anm. 51 a. E. S. 65), fremde Delikte (Cosack I § 164 S. 608). — Daneben nur verhältnismäßig selten „Verschulden Anderer", „Haftung für Andere", z. B. bei Rehbein II S. 103 Anm. 90, Lindelmann § 3 S. 46 Ueberschrift.

[2]) In Verbindung mit „Namen" in § 164 Abs. II; mit „Geschäft" in § 196 Nr. 1 und 7 und § 687 Abs. I, Abs. II Satz 1; mit „Grundstück" in §§ 95 Abs. I Satz 2, 837, 889, 901 Satz 1 und 2, 962 Satz 1.

[3]) §§ 164 („Namen") und 687 („Geschäft") a. a. O.

[4]) Sonst noch in Verbindung mit „Sache" (§§ 228 Satz 1, 954) „Besitz" (§ 810), „Bienenwohnung" (§§ 962 Satz 2, 964 Satz 1), „Schuld" (§ 1239 Abs. II Satz 2), „Verbindlichkeit" (§ 1822 Nr. 10), „Sprache" (§ 2245 Abs. II Satz 1, zweimal), „Staat" (EG. z. BGB. Art. 9 Abs. 2, 10 Satz 1, 22 Abs. II, 27). — Der Gegensatz zu „eigen" wird in § 1528 (Abs. I Satz 1) mit „dem anderen Ehegatten gehörend" wiedergegeben; den Gegensatz zum „fremden" Besitz in § 810 bildet nicht etwa der Begriff „Eigenbesitz", dem § 872 eine ganz andere Bedeutung verleiht.

[5]) Das Substantivum „Fremder" findet sich nur einmal, in § 701 Abs. I a. A. im Sinne von „Hotelgast".

[6]) Etwas ganz anderes ist es, daß im Gegensatze zu der bloßen Vokabel der Rechtsbegriff „Verschulden" seinem juristischen Inhalte nach in „Vorsatz" und „Fahrlässigkeit" (und einige weitere Unterarten) zerfällt; hierzu vgl. die Uebersicht unten § 66.

[7]) Irreführend ist es daher, wenn Kuhlenbeck, Von den Pandekten II S. 126 nur zu § 254 BGB. bemerkt, das BGB. mache „keinen Unterschied in Ansehung der Verschuldungsgrade".

[8]) Sie meint Dernburg II 1 S. 137 sub II 1 und S. 140 sub 3, indem er (vgl. oben § 40 sub I und V 1 b) von „grobem Verschulden" spricht, eine wenig glückliche, weil zur Irreführung geeignete Ausdrucksweise, die damit zusammenhängt, daß Dernburg (vgl. unten S. 320 Anm. 3) die Fahrlässigkeit als „Verschulden im engeren Sinne" bezeichnet.

[9]) Vgl. statt aller weiteren Belege z. B. Windscheid-Kipp I § 101 Anm. 10 und 10 b S. 450 f. II § 265 Anm. 6, 8, 10 S. 90.

[10]) Vgl. ALR. I, 3 §§ 17—23; ebenda I, 6 §§ 99 ff., 103 ff., 110.

[11]) Insbesondere behufs Abmessung des Schadensersatzes; ALR. I, 6 a. a. O.

[12]) Zu BGB. § 1299; vgl. oben sub II 3.

[13]) Ebenso spricht übrigens Dernburg II 1 S. 69 a. E. von „leichter Schuld" und (zu BGB. § 254, inhaltlich für diesen Sonderfall nicht unrichtig) S. 75 davon, „ob der Schädiger vorsätzlich, ob frivol oder aus leichter Fahrlässigkeit Schaden stiftete".

Mot. IV S. 582 und V S. 433[1])[2]) von einer „schweren Verschuldung" reden.

5. Auch für die übrigen, aus der gemeinrechtlichen Terminologie geläufigen Unterscheidungen, die mit den Schlagworten culpa[3]) in faciendo bezw. in non faciendo, culpa in abstracto bezw. in concreto, culpa in contrahendo, culpa in eligendo, culpa in custodiendo bezeichnet zu werden pflegen,[4]) hat das BGB. keine entsprechenden Ausdrücke beliebt, obwohl es diese Unterscheidungen an sich durchaus nicht etwa abschaffen wollte. Zwischen den Zeilen des Gesetzestextes kann man sie vielmehr sehr wohl herauslesen und zum Teil sind sie uns schon begegnet (vgl. oben § 41 sub III), zum Teil werden wir sie auch noch gelegentlich wieder antreffen (vgl. unten § 77). Sie alle enthalten aber nicht etwa besondere Unterfälle und -formen des „Verschuldens" als solche, sondern lediglich Unterfälle oder, richtiger gesagt, spezielle Anwendungsfälle des allgemeinen Verschuldensbegriffs für eigenartige mit eigenartigen Rechtsfolgen umkleidete Zivilrechtstatbestände. Mithin sind sie sowohl an dieser Stelle wie überhaupt für den Gedankenkreis unseres Themas ohne weiteres Interesse.

6. Ebensowenig findet sich im BGB. eine wörtliche Anerkennung des Unterschieds zwischen kontraktlichem und außerkontraktlichem Verschulden; auch dieser Unterschied ist nicht sowohl ein wegen des Verschuldens selber begrifflicher, wie lediglich ein sich in den Einzelfolgen markierender und darum für uns, an dieser Stelle wenigstens,[5]) interesselos.[6])

7. Eine dem Gesetze selber fremde, erst neuerdings aufgestellte Bezeichnung ist das „Verschulden gegen sich selbst". Ob und wieweit dieser (von uns schon oben sub II 1 d und sub V 2) gestreifte Begriff aber seinem Wesen nach im BGB. zu finden ist und darum theoretische Existenzberechtigung für das neue Reichszivilrecht beanspruchen darf, soll, um Verwirrungen zu vermeiden, hier noch nicht nachgeprüft, sondern erst im zweiten Kapitel (§ 68) erörtert werden.

---

[1]) Zu BGB. § 1565 bezw. § 2333.

[2]) Vgl. ferner Prot. IV S. 78 (oben § 32 S. 174 sub b) und Stenogr. Berichte des Reichstags S. 602 (vgl. oben § 37 S. 238 sub δ und unten S. 322 sub b).

[3]) Wenn auch die römischrechtlichen Quellen und die Doktrin unter ‚culpa' in einem engeren Sinne die Fahrlässigkeit im Gegensatz zum Vorsatz (dolus, unten § 55, aber auch § 56) verstehen, so ist es für das jetzige Recht nicht eine glückliche Terminologie zu nennen, wenn Dernburg II 1 S. 137 die Fahrlässigkeit als „Verschulden im engeren Sinne" bezeichnet. Unsererseits werden wir diesen Ausdruck in anderer Richtung verwerten, vgl. unten § 43 sub B II 1. Wegen des „groben Verschuldens" bei Dernburg a. a. O. und sonst vgl. oben S. 319 Anm. 8; Eck II S. 443 gebraucht diese Wendung auch, aber nicht irgendwie technisch.

[4]) Es scheint mir ausreichend z. B. auf das Register bei Windscheid-Kipp Bd. III S. 730 zu verweisen und etwa namentlich wegen der ‚culpa in contrahendo' noch auf die Register bei Crome I S. 626, II S. 1123, Dernburg I S. 541, Oertmann S. 594, Planck (Registerband VII) S. 25, Rehbein I S. 359, II S. 476. In den Motiven findet sie sich außer an den im Register S. 20 angegebenen Stellen (I S. 195 f., 217, 228, II S. 745; das Register der Prot. S. 111 läßt sie unerwähnt) noch z. B. in Bd. IV S. 1084. — Spezialliteratur z. B. Melliger, culpa in contrahendo oder Schadensersatz bei nichtigen Verträgen, 2. Aufl., Zürich 1898 (zu BGB. insbes. S. 165 ff.) und Franz Leonhard, die Haftung des Verkäufers für sein Verschulden beim Vertragsschlusse, Göttingen 1896.

[5]) Vgl. nächste Anmerkung.

[6]) Wegen der praktischen Wichtigkeit des Unterschieds betreffs der Folgen vgl. — beispielsweise — Kipp in der Juristen-Ztg. VIII (1903) Nr. 11 S. 256 Spalte 1 a. E. Daß sich „unerlaubte Handlungen" und außerkontraktliches „Verschulden" nicht völlig decken, wurde schon in § 39 sub I 5 ausgeführt, desgleichen ebenda sub II 2 a γ, daß kontraktliches und außerkontraktliches Verschulden miteinander konkurrieren können und wie dieser Fall zu beurteilen ist.

8. Das zuletzt Bemerkte gilt auch von der Frage, ob uns der Inhalt des BGB. berechtigt oder gar zwingt, neben dem Verschulden im bekannten technischen Sinne (gleich Vorsatz und Fahrlässigkeit, oben sub I 2) auch noch einen anderen und weiteren Begriff des Verschuldens aufzustellen; vgl. hierüber also gleichfalls erst an gegebener Stelle (unten § 66; aber auch bereits unten § 43).

9. Zur Vokabel „Verschulden" ist schließlich noch auf folgendes aufmerksam zu machen: Das BGB. befleißigt sich einer sehr konsequenten Ausdrucksweise; dagegen gehen in Materialien, Literatur und Judikatur die Vokabeln „Verschulden" und „Verschuldung" oftmals aufs wildeste durcheinander. Auch dieser Angelegenheit müssen einige Bemerkungen gewidmet werden:

a) An sich kann das, was das BGB. mit dem Substantivum „das Verschulden" verstanden wissen will, nämlich die schuldhafte (vorsätzliche oder fahrlässige) Handlungsweise, sehr wohl auch mit dem Worte „die Verschuldung" zum sprachlichen Ausdrucke gelangen.[1]) Immerhin aber wäre dieses Wort mißverständlicher Deutung in der andern oben § 3 sub B II erwähnten Richtung des Grundwortes „Schuld", nämlich in der Richtung auf ein debitum (statt auf ein delictum, peccatum u. dgl.) sehr leicht und jedenfalls viel leichter als das Wort „Verschulden" ausgesetzt, indem man „Verschuldung" mit der — auch im BGB. begegnenden — „Ueberschuldung"[2]) verwechseln[3]) könnte;[4]) man denke z. B. auch an die Wendung von der „Verschuldung des ländlichen Grundbesitzes" und an das Wort „Verschuldungsgrenze".[5])

---

[1]) Als Beweis kann das unten sub b—d Bemerkte dienen.

[2]) BGB. § 42 (Abs. II Satz 1) und § 1980 (Abs. I Satz 1 und Abs. II Satz 1), beide Male in nächster Verbindung mit Begriffen, die für unser Thema interessieren; ferner §§ 1992 (Satz 1) und 2338 (Abs. II Satz 2); vgl. auch HGB. § 241 Abs. III Nr. 6.

[3]) In Prot. VI Nr. 428 I S. 352 oben findet sich das Wort „Verschuldung" mit „Verschwendung" zusammen von einem in einem Erbvertrage Bedachten gebraucht, der „ein solcher Verschwender oder so verschuldet ist, daß sein späterer Erwerb erheblich gefährdet ist". Aehnlich Planck VI S. 100 Anm. 3 a (zu § 1981): „Verschuldung und unwirtschaftliches Umgehen des Erben. „Verschuldet" gleich „überschuldet" auch in Prot. V Nr. 378 IV S. 576 f.

[4]) Eine Verwechselung zwischen „verschuldet" in unserem aktiven Sinne (wie er im BGB. durchweg, in §§ 228, 338, 351, 498, 702 und 1568, oben sub I 1 b, zu finden ist) und „überschuldet" — BGB. §§ 1468 (Nr. 5), 1469, 2338 (Abs. I Satz 1) — im passiven Sinne wäre allerdings nicht zu befürchten. — Vereinzelt ist von der „verschuldeten" (statt von der „geschuldeten") „Leistung" die Rede in einer Entsch. des OLG. Breslau vom 1. Okt. 1903, die im „Recht" VII (1903) S. 526 Nr. 2632 (vgl. auch Neumann, Jahrb. II S. 156 Note 3 zu BGB. § 259 Abs. II) abgedruckt ist.

[5]) Dieser Ausdruck findet sich z. B. im Register zu den Prot. Bd. VII S. 200 (jedoch nicht in der dort angegebenen Stelle der Prot. VI S. 433) und bei Planck VI S. 206 Anm. 1 (zu EG. z. BGB. Art. 117). Vgl. ferner den Titel eines Aufsatzes von Krückmann im Arch. f. bürgerl. R. Bd. 23, Berlin 1904, S. 181 und den einer Münchener Dissertation (Coeslin 1901) von Rubow; ferner die Fragestellung zu den Gutachten von v. Hattingberg und Dade für den 27. Deutschen Juristentag Bd. II S. 201, Bd. III S. 3. Ferner weist der Katalog der Bibliothek des Reichstages Zugangsverzeichnis 4, Berlin 1903, S. 1062, nachdem s. v. „Verschulden" auf die Schrift von Rhomberg über körperschaftliches Verschulden aufmerksam gemacht worden ist, s. v. „Verschuldung" mittels der Hilfswörter „Landgüter" bezw. „strafrechtliche" auf die Dissertationen von Eckert, „Die Wirkung der Verschuldung von Landgütern" (Jena 1888) bezw. von Basedow (Erlangen-Hamburg 1898) und Sturm (Breslau 1902) über „Die strafrechtliche Verschuldung". — Vgl. ferner die Titel der Aufsätze von Ferd. Schmid, „Oesterreichische Streiflichter auf die Frage der landwirtschaftlichen Bodenverschuldung" und Klein, „Die Entschuldungsfrage auf dem Juristentage" in der Festschrift der Allg. Oesterr. Gerichts-Zeitung für den 27. Deutschen Juristentag, Wien 1904, S. 33 bezw. S. 21, sowie die Seitenüberschriften „Zur Frage der Bodenentschuldung" in den Verhandlungen des Juristentages a. a. O.

b) Der Gesetzgeber hätte sich sogar auf andere gesetzgeberische Vorgänge berufen können, namentlich auf das **Sächsische** BGB. (§§ 116, 119—121, 615, 618, 686, 688, 721—724, 726—728, 731 f., 745, 776, 781, 895, 935, 1009 f., 1088, 1177, 1193, 1197, 1236 f. usw., z. B. noch §§ 1484, 1489, 1491) und auch auf ein erst im Zusammenhange mit dem BGB. neuerdings revidiertes Reichsgesetz, nämlich **Gerichtsverfassungsgesetz** § 70 Abs. III („Ansprüche gegen den Staat . . . wegen Verschuldung von Staatsbeamten"); [1]) und auch in den **Materialien zum BGB.** selber tritt der erwähnte Sprachgebrauch hervor; vgl. **Mot.** II S. 23, 68, 729, IV S. 567, 582, 595 und V S. 432, **Denkschrift** S. 311 ff., **Kommissionsber.** S. 199, **Prot.** IV S. 78 (vgl. bereits oben S. 174 sub b) sowie **Prot.** V Nr. 337 III S. 59, Nr. 376 III S. 555 a. E. und — seitens der Abgeordneten **Munckel** und **von Mandry** gebraucht — in den **Stenogr. Berichten** zur Beratung des Entwurfes im Reichstage S. 591 und S. 602 (vgl. oben § 37 sub I 5 f S. 237 f.).

c) Das Bild, welches die Literatur [2]) zum BGB. [3]) bietet, ist ein sehr buntes: Während einige Schriftsteller — z. B. **Dernburg**, [4]) **Endemann**, [5]) **Enneccerus-Lehmann**, [6]) **Matthiaß**, [7]) **Müller** und **Meikel**, [8]) **Weyl** [9]) sowie die meisten Kommentatoren [10]) — sich dem Sprachgebrauche des BGB. im wesentlichen [11]) anschließen, sprechen andere — z. B. [12]) **Jacobi** [13]) und **Stammler** [14]) — von „Verschuldung" [15]) und noch andere [16]) — am meisten fällt es etwa bei

---

[1]) Derselbe Wortlaut im **Preuß. AG. zum GVG.** (vom 21. Sept. 1899, Ges.-S. S. 249 ff.) § 39 Abs. I Nr. 2.

[2]) Auf absolute Vollständigkeit erheben die nachstehenden (aus gelegentlichen Analekten stammenden) Proben keinen Anspruch, weder betreffs der ganzen Literatur (zum BGB.; vgl. die folgende Anmerkung) noch betreffs der für die einzelnen Werke angegebenen Belege.

[3]) Vgl. wegen der Literatur über „eigenes Verschulden" (BGB. § 254) oben S. 297 Anm. 4, 9, S. 298 Anm. 9, 10, 16; promiscue insbes. **Süßmann** a. a. O. S. 67 f., 81. Die Ausdrucksweise der älteren Literatur, insbes. zum „Verschuldungsprinzip" beim Schadensersatz interessiert hier nicht weiter.

[4]) Vgl. **Dernburg** II 1 S. 134 ff. (vgl. aber andererseits unten S. 323 Anm. 7, sowie **Dernburg** III, 4. Aufl., 1903, S. 553 Anm. 22).

[5]) Vgl. **Endemann** I § 130 S. 743 ff., § 116 S. 651 ff. (vgl. aber unten S. 323 Anm. 7).

[6]) **Enneccerus-Lehmann** I § 358 S. 835 ff. (vgl. aber unten S. 323 Anm. 9).

[7]) **Matthiaß** I S. 271 (vgl. aber unten S. 323 Anm. 10).

[8]) Vgl. **Müller** und **Meikel** I § 84 S. 256 ff.

[9]) **Weyl**, Vorträge I § 74 S. 338 f.

[10]) Vgl. **Achilles** S. 118, **Fischer-Henle** S. 154, **Planck** I S. 41, II S. 50 Anm. 2, S. 600 ff., IV S. 313 a. E., 320 a. E., **Th. Engelmann** S. 515, 536 Anm. 4. Ueber **Hoelder** und **Rehbein** unten Anm. 16.

[11]) Für alle Fälle will ich auch hier (vgl. oben Anm. 2) die Möglichkeit nicht für ausgeschlossen erklären, daß die oben genannten Autoren auch außerhalb der von mir in den folgenden Anmerkungen notierten Stellen gelegentlich von „Verschuldung" sprechen.

[12]) Vgl. auch noch **Meves** in **Goltdammers** Archiv für Strafrecht 46 S. 86.

[13]) **Jacobi**, Persönliches Eherecht S. 89 f., 96, 99.

[14]) **Stammler**, Schuldverhältnisse S. 113, 125.

[15]) Vgl. auch aus der älteren zivilrechtlichen bezw. aus der strafrechtlichen Literatur z. B. die Titel zweier Tübinger Dissertationen: **Rupp**, Modernes Recht und Verschuldung (1880), und **Groß**, Die Verschuldung des Notstandes und ihre strafrechtliche Bedeutung (1899).

[16]) Von den Kommentatoren **Hoelder** S. 142 Anm. 4 a und b, **Rehbein** II S. 100 Note 86, S. 103 Note 90, S. 121 Note 112 (Zeile 2, Zeile 5/6) und Note 113 (Zeile 4) einerseits und S. 121 Note 112 (Zeile 9), Note 113 (Zeile 1) andererseits. Aus den Lehrbüchern z. B. **Cosack** I S. 248 ff. einerseits und I S. 255 sub VII 2, II S. 486 sub 2 a andererseits; **Eck** I S. 306 (vgl. S. 194); **A. Engelmann** S. 202, 447 einerseits, S. 33,

Crome[1]) und Meischeider[2]) auf — verwenden (ebenso wie gelegentlich die Materialien)[3]) beide Worte promiscue. Aber auch diejenigen Autoren, welche als Anhänger der gesetzlichen Terminologie zu bezeichnen sind, werden durchweg wieder inkonsequent, sobald sie — insbesondere betreffs der „unerlaubten Handlungen" [4]), betreffs der Schadensersatzpflicht überhaupt und betreffs der Ehescheidungsgründe[5]) — das sog. „Verschuldungsprinzip" [6]) erwähnen,[7]) und einige — z. B. Dernburg,[8]) Enneccerus-Lehmann,[9]) Matthiaß,[10]) Opet[11]) — geben bei dieser Gelegenheit auch das unzusammengesetzte Wort „Verschulden" zu Gunsten des Wortes „Verschuldung" auf, während andere Schriftsteller — z. B. Albrecht,[12]) Th. Engelmann[13]) und

191, 447 andererseits; Kipp I S. 451, III S. 2 Anm. 3 auf S. 3 einerseits, II S. 88 (Ueberschrift zu § 265) andererseits; Krückmann S. 158 f. einerseits, S. 159 und 459 andererseits. — Ferner z. B. Schmidt, Ehescheidung und richterliches Ermessen S. 16, Davidson, Ehescheidung S. 57, Titze, Unmöglichkeit S. 76, Treitel, Unmöglichkeit S. 53 f., Brock, Das negative Vertragsinteresse (Berlin 1902) S. 198, 199 Anm. 16, Hubrich, Ehescheidung S. 257, Heymann in der Juristen-Ztg. VII (1902) S. 113; daselbst auch „Verschuldungsfrage"; ähnlich bei Krückmann S. 173 „Verschuldungskonkurrenz"; bei Kuhlenbeck, Von den Pandekten Bd. II S. 126 (oben S. 319 Anm. 7) „Verschuldungsgrade" (vgl. auch Bd. III S. 55, oben S. 241 sub β); bei Rümelin a. a. O. S. 335 „Verschuldungsbegriff" (während sonst durchweg von „Verschulden" die Rede ist).

[1]) Crome überschreibt den § 109 (Bd. I S. 481 ff.) „Die Verschuldung"; dagegen den § 111 (ebenda S. 494 ff.) „Eigenes Verschulden des Verletzten"; ferner „Verschulden" in Bd. II S. 116 ff. und im Register Bd. I S. 642, Bd. II S. 1157, dagegen „Verschuldung" in Bd. II S. 65 sub c, S. 1012 sub 2; promiscue Bd. II S. 1013 oben.

[2]) Meischeider, Die alten Streitfragen (Heft 3 der Beiträge von Bekker und Fischer, Berlin und Leipzig 1889): „Verschuldung" in der Gesamtüberschrift zu IV S. 34 bis 54 und in den Einzelüberschriften zu § 15 S. 49, § 16 S. 51 sowie vielfach im Text, so S. 41 a. E., S. 42 Mitte, S. 44, S. 49 f., S. 52 oben („Verschuldungen"); dagegen „Verschulden" in den Ueberschriften zu § 12 S. 38 und § 13 S. 41 und gleichfalls bisweilen (z. B. S. 38) im Text; beides promiscue auch z. B. S. 56.

[3]) Insbes. vgl. Denkschr. S. 311 ff., Mot. II S. 68, 727, 729, IV S. 567.

[4]) Ueber das sog. „Verschuldungsprinzip" innerhalb der Lehre von den unerlaubten Handlungen vgl. oben § 39 sub I 5 b—d.

[5]) Ueber das sog. „Verschuldungsprinzip" im Ehescheidungsrecht unten § 72.

[6]) Vom „Prinzip der Verschuldung" reden Mot. II S. 567 am Rande, Prot. II Nr. 158 III S. 655 (zweimal) sowie Hollweck Civileherecht S. 214, Voigt, Fälle der Kausalhaftung, Jenenser Dissertation, Weimar 1902, S. 1, Hachenburg, Vorträge S. 123 a. E.

[7]) Das geschieht z. B. bei Dernburg II 2 S. 646 sub I, S. 647 sub VI (dagegen ebenda S. 648 a. E. und II 1 S. 61 a. E. „Schuldprinzip"), IV S. 82 Anm. 26, bei Eck I S. 599 (andererseits II S. 385 „Scheidung wegen Verschuldens"), Endemann I S. 744 (vgl. auch S. 740 Anm. 23), Matthiaß I S. 719 f., II S. 310 sub B 1, Weyl I S. 304, 524, II S. 239, Stammler, Richtiges Recht S. 576 ff.; dagegen, soviel ich sehe, nirgends z. B. bei Cosack, Kipp, Müller und Meikel. — Sehr oft ferner in den Prot. II Nr. 150 IV und 152 II S. 566 ff. (S. 568 f., 583, 585 f.) betreffs der unerlaubten Handlungen; vgl. auch Bd. VI Nr. 434 I S. 433. — Aus der Judikatur Entsch. d. Reichsger. vom 12. Okt. 1903 (oben S. 298 Anm. 19) und Beschl. d. Kammergerichts vom 29. Mai 1901 bei Mugdan und Falkmann III Nr. 1 b S. 2.

[8]) Dernburg II 1 § 25 S. 60 f., IV § 27 S. 85 a. E. (dagegen II 1 S. 61 a. E. und IV S. 78 „Verschulden").

[9]) Enneccerus-Lehmann II S. 494 sub 2.

[10]) Matthiaß I S. 714 sub V.

[11]) Opet (Kommentar) spricht S. 401 Anm. 5 von „Verschuldung", Anm. 6 (und ebenso z. B. S. 398 Anm. 2, 399 Anm. 3, 401 Anm. 6 und 7, 402) von „Verschulden"; der in Anm. 5 und 6 ferner begegnende Plural „Verschuldungen" (vgl. z. B. auch bei Cosack I S. 253 vor VI und über Meischeider oben Anm. 2) ist sprachlich natürlich durchaus gerechtfertigt und der oben erwähnten Verwechselung nicht ausgesetzt und auch jedenfalls der Pluralbildung „die (beiderseitigen) Verschulden" vorzuziehen, welche sich bei Ruhm (oben S. 298 Anm. 9) S. 55 findet.

[12]) Albrecht, Ehescheidungsgründe S. 24 f., 45 f., einerseits, S. 59 andererseits.

[13]) Engelmann, Th. S. 515, 536 Anm. 4, 539 Anm. 2.

Planck[1]) — trotz des „Verschuldungsprinzips"[2]) wenigstens beim „Verschulden" bleiben.

d) Auch in der Judikatur finden sich „Verschulden" und „Verschuldung" promiscue gebraucht; so sagt z. B. eine sich auf BGB. §§ 254 und 846 (oben sub II 1 und 2) beziehende Entscheidung des Reichsgerichts vom 5. Mai 1902 (VI 25/02) Bd. 51 (1903) Nr. 66 S. 275 ff.[3]) auf S. 278, es könne zwar „eine Vergleichung von beiderseitigem Verschulden nicht stattfinden, wohl aber das Maß der Verschuldung auf seiten des Verletzten von Bedeutung sein".

e) Angesichts dieses unfesten Sprachgebrauchs und mit Rücksicht auf die sub a angedeutete Möglichkeit von Verwechselungen halte ich es für durchaus empfehlenswert, wenn sich Literatur und Judikatur fortab einer einheitlichen Terminologie befleißigen würden; die Wahl müßte natürlich zu Gunsten der gesetzlichen Ausdrucksweise „Verschulden" ausfallen. Ich nehme aber auch keinen Anstand, diesen Wunsch zugleich auf das Wort „Verschuldungsprinzip" auszudehnen, für welches ich lieber das Wort „Verschuldensprinzip"[4]) eingeführt wissen möchte, dessen ich mich auch schon bisher in dieser Schrift bedient habe; denn für die gegenwärtig übliche Bezeichnung dieses Prinzips wäre — außer etwa ihrer bisherigen, immerhin noch recht jungen und durchaus nicht ungeteilten[5]) Herrschaft[6]) — kein Grund ersichtlich.

C. Wenn wir das sub B besprochene „Verschulden" (im technischen Sinne, oben sub B I und VI) nunmehr mit den andern uns schon aus §§ 31—41 geläufigen Begriffen vergleichen und daran zugleich weitere auf die Erfassung des Begriffes innerhalb der Systematik des Zivilrechts erhebliche Fragen anschließen, so haben wir es in dem ersteren Punkte hier besonders leicht, weil wir die nötigen Vorarbeiten bereits an früheren Stellen gewonnen hatten und weil sich sogar dort, entsprechend dem Zwecke unserer Aufgabe, die Untersuchungen immer gerade auf das Verhältnis zum Verschulden zuspitzten.

I. Vergleich mit den anderen Begriffen.

1. Nicht stehen begrifflich[7]) im Zusammenhang mit dem „Verschulden":

a) die „Ordnungswidrigkeit" (oben § 35; vgl. insbes. sub I 4, III und IV);

b) der „Verstoß gegen die guten Sitten" (oben § 36, insbes. sub III);

c) die „Pflichtverletzung" (oben § 37, insbes. sub II 3, IV und V).

---

[1]) Planck II S. 600 (Mitte) und IV S. 313 sub II einerseits und die oben S. 322 Anm. 10 notierten Stellen andererseits.

[2]) Auch Litten (vgl. oben S. 253 Anm. 1) spricht zwar S. 398 vom „Verschuldungsprinzip", aber S. 404 von der „Verschuldensfrage".

[3]) Vgl. ferner Entsch. des Reichsger. vom 28. Mai 1900 (oben S. 308 Anm. 9) und vom 23. Dez. 1901 (oben S. 308), des OLG. Dresden vom 22. Januar 1901 (oben S. 317 Anm 5), des Kammergerichts vom 29. Mai 1901 (oben S. 323 Anm. 7), des OLG. Stuttgart vom 18. Mai 1900 (in den Bl. für württemb. Rechtspfl. 13 S. 158 ff.).

[4]) Zwar nicht vom Verschuldensprinzip, wohl aber vom „Verschuldensbegriff" spricht Zitelmann S. 167 Nr. 1 a. E., von „Verschuldensgründen" Gareis in der Juristen-Ztg. IX (1903) Nr. 12 S. 574; über Litten („Verschuldensfrage") oben Anm. 2.

[5]) So reden z. B. Dernburg (vgl. oben 323 Anm. 7), Jung (S. 94, vgl. daselbst Anm. 247) und insbes. Linckelmann (S. 1, 7, 9) vom „Schuldprinzip".

[6]) Ich meine damit, was ich für alle Fälle ausdrücklich konstatieren will, die rein sprachliche Herrschaft; daß und wielange sich die Idee (vgl. unten § 72) schon vor Prägung des Schlagworts im Zivilrecht gefunden hatte, kann hier gleichgültig bleiben.

[7]) Ueber akzidentielle Beziehungen der „Verstöße gegen die guten Sitten" und der „Pflichtverletzungen" zum „Verschulden" vgl. oben § 36 sub II 9 a und b und § 37 sub V 1 a und c, V 2.

2. Nicht unbedingt, aber doch im wesentlichen stehen in Zusammenhang mit dem „Verschulden" die „unerlaubten Handlungen"; dieser Zusammenhang geht, soweit er vorhanden ist (oben § 39 sub I 5), dahin, daß[1]) das „Verschulden" eine der Voraussetzungen im Tatbestande der betreffenden Deliktsobligationen ist (vgl. oben § 39 sub I 9).

3. Nicht unbedingt steht das „Verschulden" ferner in Zusammenhang mit der „Bösgläubigkeit", da ja die grobfahrlässige Unkenntnis nicht den einzigen Fall der mala fides bildet (vgl. oben § 34 sub I 2).

4. Unbedingt dagegen steht das Verschulden in Zusammenhang mit „Fahrlässigkeit" (§ 31; vgl. insbes. sub C XI), „Kennenmüssen" (§ 32; vgl. insbes. sub III 7 b), „unverzüglich" (§ 33, insbes. sub B II 1 b), „grober Fahrlässigkeit" (§ 40, insbes. sub XV und XVI) und „Außerachtlassung der Sorgfalt" (§ 41, insbes. sub I). Dies Verhältnis läßt sich so ordnen:

a) Am intensivsten ist es zu dem Begriff „unverzüglich"[2]), da sich die Grenzen eines nicht unverzüglichen Handelns — eines „schuldhaften Zögerns", oben § 33, insbes. sub B II — mit den Grenzen des „Verschuldens" völlig decken.

b) Dagegen bilden die „Fahrlässigkeit" — mit ihrem Unterfall der groben Fahrlässigkeit (und insofern mit der Bösgläubigkeit, oben sub 3) und mit ihrem Nebenfall des Kennenmüssens (oben sub 4) — sowie die „Außerachtlassung der Sorgfalt" Unterfälle des Verschuldens, das seinerseits von ihnen und von dem Vorsatze (unten § 55) gänzlich ausgefüllt wird; vgl. oben § 31 sub C IX a. A., § 32 sub IV 4, § 40 sub XVI 1, § 41 sub I 9. Dazu ist noch folgendes zu bemerken:

α) Da es nicht die Fahrlässigkeit schlechthin, sondern die Fahrlässigkeit und die Vernachlässigung der diligentia quam suis — als einander koordinierte Unterbegriffe der Außerachtlassung von Sorgfalt, vgl. oben § 41 sub I 9 — zusammen sind, welche sich im Verein mit dem Vorsatz (oben sub b) zum Verschulden seinerseits zusammensetzen, so war unsere oben sub B I 2 an der Hand des Gesetzes, der Materialien und der Literatur gewonnene Begriffsbestimmung ungenau und wir müssen korrekter sagen: Verschulden ist die Zusammenfassung von Vorsatz und Sorgfaltsvernachlässigung. Es ist also in dieser Richtung durch Einbeziehung der negligentia quam suis in Zukunft von der Doktrin eine Neuprägung und „Umwertung" des Verschuldensbegriffs[3]) vorzunehmen und der bisherige Fehler dahin zu verbessern, daß neben dem Vorsatz statt der Außerachtlassung der „im Verkehr erforderlichen" Sorgfalt allein die Außerachtlassung der (gebotenen) Sorgfalt überhaupt als Bestandteil des Verschuldens anerkannt wird.

β) Indem ich dies behaupte, trete ich allerdings in Widerspruch mit

---

[1]) Daß nicht jedes Verschulden deliktischer Natur ist, lehren schon BGB. §§ 276 ff. zur Genüge und hebt z. B. Cosack I S. 248 sub I a. E. hervor, indem er darauf exemplifiziert, daß Jemand „schuldhaft sein eigenes Vermögen verliert" (vgl. auch § 1611 Abs. I).

[2]) Zu diesem Begriff selber („ohne schuldhaftes Zögern") sind genau genommen die Beziehungen die mindest intensiven, da „unverzüglich" und „Verschulden" sich gegenseitig verneinen (ausschließen). Zu „unverzüglich" stehen in vollständiger Parallele nur diejenigen Gesetzesstellen, die von Abwesenheit des Verschuldens sprechen (oben § 2 sub IV).

[3]) Mittelbar wird dadurch auch der Begriff „unverzüglich", oben § 33, betroffen.

der fast in der gesamten Literatur[1]) gegebenen Formulierung, und höchstens Endemann[2]) und Hellmann[3]) kann ich als Parteigänger bezeichnen; Endemann insofern, als bei ihm eine strikte Einordnung der „Fahrlässigkeit" unter das Verschulden unterblieben ist und seine Ausführungen sich auf der Basis der Sorgfaltverletzung aufbauen; Hellmann insofern, als er[4]) sagt: „Der alle Schuldformen umfassende gemeinsame Ausdruck des Gesetzes ist „Verschulden"". — Der Widerspruch mit der Literatur[5]) wird jedoch dadurch gemildert, daß auch sie im wesentlichen (vgl. oben § 41 sub I 9 a) anerkennt, daß sowohl die Fahrlässigkeit wie die Vernachlässigung der diligentia quam suis Verletzungen der vom Gesetz erheischten Sorgfalt sind, die nur mit einem verschiedenen Maßstabe gemessen wird, und daß auch die Ueberschreitung der negligentia quam suis einen Unterfall des Verschuldens bildet: nur im systematischen Aufbau und in der Beurteilung des Verhältnisses der gewöhnlichen culpa und diligentia quam suis gehen eben die Auffassungen auseinander; aber daß für die gesamte Systematik des Verschuldens (der Verschuldensbegriffe) hieraus Folgerungen zu entnehmen sind, hat man übersehen, und man ist eben mit der Beibehaltung des Wortes „Fahrlässigkeit" auf einen Irrweg geraten.[6])

γ) Das Gesetz selber kann man gegen meine Theorie nicht gut zu Felde führen. Denn die Andeutungen, welche man über die Auffassung des Gesetzgebers in der in Rede stehenden Frage zwischen den Zeilen der §§ 276—278 (oben sub B I 2 d α) herauslesen kann, sind erstens sehr dürftig und einigermaßen rätselhaft ausgefallen und beziehen sich zweitens ihrer Stellung nach zunächst nur auf das

---

[1]) Vgl. aus den Lehrbüchern: Bendix I S. 307 sub c 1, Cosack I S. 248 ff., Crome I S. 481, 484 ff., Dernburg II 1 S. 135, Eck I S. 194, Engelmann S. 129, 203, Enneccerus-Lehmann I S. 289 a. E., Kipp I S. 452 ff., Kuhlenbeck, Von den Pandekten II S. 42 ff., Landsberg I S. 254 ff., Liebe I S. 230 ff., Matthiaß I S. 271, Müller und Meikel I S. 256, Stammler, Schuldverhältnisse S. 111 a. E., Weyl I S. 339, Zitelmann S. 151, 156; aus den Kommentaren: Achilles S. 118 Anm. 1, Fischer-Henle S. 154 oben sub a und Anm. 1, Landé S. 75 Anm. 3, Meisner S. 23 Note 2 a. E, Neumann Handausg. I S. 148 am Rande. Oertmann S. 36 Anm. 1, Planck I S. 41, Rehbein II S. 98 sub X, Schollmeyer S. 99 sub a und S. 100 sub b α—γ. — Ebenso auch z. B. die Spezialliteratur zu den Deliktsobligationen u. dgl. (z. B. Linckelmann S. 34 ff., von Liszt S. 54 ff., Lühl S. 11 ff., von Weinrich S. 25 ff.), wobei jedoch daran erinnert sein mag, daß (vgl. oben § 41 sub I 9 d) die negligentia quam suis für diese Lehren bedeutungslos ist.

[2]) Endemann I §§ 110 ff. S. 632 ff., §§ 130 S. 743 ff. Dabei schießt Endemann m. E. übers Ziel hinaus, indem er auch den Vorsatz unter die Verletzung der Sorgfaltspflicht stellt; vgl. unten § 55 sub B II 3 b.

[3]) Hellmann, Vortr. S. 178.

[4]) Nach Erwähnung von „vorsätzlich" und „Vorsatz", „grober Fahrlässigkeit", „Fahrlässigkeit" und ‚levis culpa in concreto'.

[5]) Auch die Judikatur zerlegt wohl durchweg das „Verschulden" in „Vorsatz" und „Fahrlässigkeit". Vgl. z. B. Entsch. des Reichsger. vom 11. Mai 1903 (oben S. 298 Anm. 19, S. 311 Anm. 7, S. 312 Anm. 1; vgl. auch Jur. Wochenschr. 32, 1903, Beil. 11 S. 90 Nr. 208, Neumann, Jahrb. II S. 185 a. E.) auf S. 411; ferner die Entsch. des Reichsger. vom 12. Oktober 1903 (gleichfalls oben S. 298 Anm. 19).

[6]) Dies erklärt und entschuldigt sich aber hinreichend dadurch, daß man sich von vornherein durch den Eingangssatz des § 276 (vgl. auch bereits E. I § 224 Abs. I Satz 2) und auch durch den Vorgang des Strafrechts ins Schlepptau nehmen ließ, dem eine diligentia quam suis und deren Außerachtlassung unbekannt ist; vgl. auch das in der folgenden Anmerkung Gesagte.

kontraktliche Verschulden, nicht auf das Verschulden überhaupt.[1]) Vor allem aber kann man aus dem Wortlaut des § 276 Abs. I Satz 2 und des § 277 entnehmen, daß auch dem Gesetzgeber die Sorgfaltsvernachlässigung als der übergeordnete, mithin als der dem „Verschulden" neben dem Vorsatze zunächst untergeordnete Rechtsbegriff erschienen ist, und sodann, daß der Gesetzgeber dem Begriffe „Fahrlässigkeit" eine gewisse engere, durch die Legaldefinition des § 276 Abs. I Satz 2 begrenzte und die Ueberschreitung der negligentia quam suis, § 277, ausschließende technische Bedeutung (innerhalb des gemeinsamen Oberbegriffes der Sorgfaltsvernachlässigung) aufprägen wollte. Dem hat denn auch mangels ausreichender Gegengründe die Doktrin[2]) Rechnung zu tragen.

δ) Gegen meine Theorie verschlägt es auch nichts, daß der Begriff der diligentia quam suis nur so verhältnismäßig selten im BGB. begegnet; denn, wenn er statt sechs Mal (vgl. oben § 9 sub II) auch nur ein einziges Mal anzutreffen wäre, so würde dies genügen, um für ihn vollen Sitz und Stimme und Gleichberechtigung im System zu beanspruchen; und im Rechtsleben werden ja die Paragraphenzahlen nicht gezählt sondern gewogen, und hier muß gerade § 277 wegen seines auffallenden Platzes innerhalb der §§ 276--278 besonders gewichtig erscheinen.

II. Sonstige Bemerkungen von prinzipieller Natur:

1. Daß das zivilrechtliche Gegenstück zum „Verschulden" der „Zufall" ist,[3]) bedarf nicht weiter des Beweises.[4]) Was des Genaueren rechtsphilosophisch und nach Lage der konkreten Gesetzgebung[5]) als „Zufall" erscheint, braucht hier wohl auch nicht näher ausgeführt zu werden, und ebensowenig, daß die erwähnte Grenzziehung höchstens erschwert, die Grenze selber aber nicht verwischt wird durch den Umstand, daß das Zivilrecht auch viele Fälle kennt, in denen man selbst den Zufall zu vertreten hat.

2. Daß die eben erwähnte Pflicht, einen Umstand, aus welchem einem Andern ein Schaden erwachsen ist, zu „vertreten", keinen zuverlässigen Prüfstein dahin bildet, daß jener Umstand sich als „Verschulden" darstellt, ergibt sich vice versa aus dem sub 1 Bemerkten, wird uns aber noch bei anderer Gelegenheit[6]) genauer beschäftigen.

---

[1]) Andererseits spielt (vgl. oben S. 326 Anm. 1) im außerkontraktlichen Verschulden die Vernachlässigung der diligentia quam suis überhaupt keine Rolle. Dieser vom Standpunkt der Systematik nur zufällige und bedeutungslose Umstand kann also nicht dahin verwertet werden, nur die Fahrlässigkeit im engeren Sinne, wie sie z. B. in § 823 Abs. I begegnet, als Bestandteil des Verschuldens überhaupt neben den Vorsatz zu stellen.

[2]) Für die Praxis ergeben sich allerdings aus dieser veränderten systematischen Gruppierung keine Konsequenzen (etwa in der Art der oben sub B V 3 besprochenen).

[3]) Als allerdings nur im Gegensatz zur „Fahrlässigkeit" redendes gesetzliches Argument vgl. BGB. § 287 Satz 2; vgl. auch über BGB. § 848 unten Anm. 5.

[4]) Vgl. z. B. Cosack I § 72 S. 256 ff., Crome I § 110 S. 489 ff., Eck I § 42 S. 198, Endemann I § 115 S. 646 ff., Matthiaß I § 61 S. 273 f., Zitelmann S. 170 ff., Hellmann S. 178.

[5]) Das BGB. spricht vom „Zufall" außer in § 287 Satz 2 (oben Anm. 3) nur noch in §§ 350 und 732 Satz 2; das Wort „zufällig" wird in §§ 644 Abs. I Satz 3 und 848 (im Gegensatz zu „Verzug" und zu „unerlaubten Handlungen") sowie in §§ 446 Abs. I Satz 1, 588 Abs. I Satz 1, 2380 Satz 1, in allen diesen Stellen mehrfach, gebraucht. Die Aufzählung bei Hellmann a. a. O. ist nicht erschöpfend.

[6]) Unten § 64 als Argument gegen die herrschende Auffassung, daß der Schuldnerverzug ein „Verschulden" voraussetze.

3. Daß die Schadenersatzpflicht als solche ebensowenig einen Rückschluß (etwa in Form einer Vermutung) auf vorhandenes Verschulden erlaubt, ist zwar auch eine der trivialsten Wahrheiten des Zivilrechts [1]) — die übrigens aufs deutlichste durch unsere Zusammenstellung in § 2 sub I bis III bewiesen wird —, muß aber gleichfalls hervorgehoben werden, und zwar hier an prononzierter Stelle, um als Warnung vor irrigen Folgerungen zu dienen.

4. Wieweit das Verschulden der „Dispositivmaxime" unterliegt, läßt BGB. in § 276 Abs. II (oben § 5 sub A II 1) erkennen. Der positive Inhalt [2]) der Norm wird uns noch in der Lehre vom Vorsatz beschäftigen (unten § 55), der übrige Inhalt der Norm ist uns schon dahin bekannt (oben § 31 sub C X), daß die Haftung für Fahrlässigkeit — oder richtiger auch hier, vgl. oben sub I 4 b, für Sorgfaltsvernachlässigung — dem Schuldner auch schon im Voraus erlassen werden darf; dabei müssen aber bereits Vertragsbeziehungen zwischen den Parteien vorliegen und wegen außerkontraktlichen Verschuldens kommt höchstens nachträglicher Erlaß der Haftung in Frage.

5. Ob das „Verschulden" eine „Rechtswidrigkeit" voraussetzt, ist eine sehr wichtige Frage, der wir jedoch besser erst bei Betrachtung der „Rechtswidrigkeit" selber (unten § 44 sub A III 2; vgl. auch § 48 sub A) näher treten werden; immerhin mag schon hier bemerkt werden, daß die vom „Verschulden" handelnden Normen des BGB. zu einer Bejahung der Frage keinerlei Anhalt bieten.

6. Ob das „Verschulden" durch einen Irrtum ausgeschlossen wird,[3]) wurde betreffs der „Fahrlässigkeit"[4]) schon oben (§ 31 sub C VII) geprüft; da wir aber das Verhältnis von Irrtum und Vorsatz noch nicht kennen, so kann die Gesamtantwort erst an anderer Stelle gegeben werden; vgl. unten § 55 sub A VII 2 d.

7. Desgleichen müssen wir es gegenwärtig noch dahingestellt lassen (vgl. ebenfalls unten § 55 sowie § 69), ob das „Verschulden" einen „Willensfehler",[5]) einen „Wissensfehler", einen „Vorstellungsfehler", einen „Handlungsfehler" bildet. Nur sei in letzterer Hinsicht gleich hier zweierlei bemerkt: einmal, daß der Begriff der „Handlungen" zweifellos[6]) einschließlich von Unterlassungen zu verstehen ist; und ferner, daß gerade wegen des Verschuldens die Anschauung des Gesetzgebers selber, daß ein solches Handeln vorliegen muß und daß also bloßes Wollen und Wünschen ebensowenig genügen würde, wie etwa das bloße Gebet oder der bloße Fluch, mit genügender Deutlichkeit aus den Wendungen (oben § 2 I 3) erhellt: „durch" das Verschulden Jemandes, „infolge" seines Verschuldens oder „von ihm verschuldet" sei ein Schaden eingetreten.

8. Wegen der Beweislast[7]) beim Verschulden[8]) im allgemeinen Sinne bietet sich, einstweilen wenigstens, auch noch keine Veranlassung zu Erörterungen.[9])

---

[1]) Vgl. z. B. Kipp I S. 455.

[2]) Die Fassung des § 276 Abs. II ist negativ gewählt worden.

[3]) Vgl. insbesondere Crome I § 22 S. 109 ff., § 109 S. 485.

[4]) Vgl. auch wegen der Bösgläubigkeit oben § 34 sub II 4.

[5]) Vgl. z. B. Dernburg II 1 § 63 sub I S. 134, § 66 S. 141 sub 1, Enneccerus-Lehmann I § 117 S. 289 a. E. — Als „Willensschuld" bezeichnet das „Verschulden" Oertmann S. 36 Anm. 1.

[6]) Vgl. das bereits oben sub B I 2 d γ zu § 254 Abs. II Satz 1 Bemerkte. Ferner enthalten die Fälle des „schuldhaften Zögerns" durchweg Unterlassungen (einer Anzeige usw.); vgl. oben § 3 sub I 1—9, sub III 1 und 3.

[7]) Generelle, allerdings kurze Bemerkungen z. B. bei Endemann I S. 745 oben und daselbst Anm. 4.

[8]) Ueber die Beweislast bei der „Fahrlässigkeit" und beim „Vorsatz" im besonderen vgl. oben § 31 sub C XII und unten § 55 sub A XI.

[9]) Auch die Judikatur hat sich zur Frage der Beweislast beim Verschulden im allgemeinen noch nicht geäußert. Von den bei Warneyer I S. 92 sub 6 angegebenen Entscheidungen gehören die sub b a. E. und sub c erwähnten in die Zeit vor 1900; die

9. Fälle eines „Verschuldens“ im technischen Sinne (oben sub B I und VI) sind natürlich nicht nur dann gegeben, wenn eine der in § 2 aufgezählten (und nicht nach dem oben sub B II 1—6 Bemerkten aus dem Kreise des eigentlichen Verschuldens auszuscheidenden) Normen eingreift, sondern auch sonst vielfach; insbesondere dann, wenn das Gesetz von „Vorsatz“ oder von „Fahrlässigkeit“ redet oder von einem anderen Begriffe, der nach unsern bisherigen [1]) bezw. späteren Feststellungen unter das Verschulden im engeren Sinne zu subsumieren wäre. Umgekehrt ist überall da, wo eine solche Spezialnorm [2]) nicht Platz greift, der Tatbestand von dem Vorhandensein eines Verschuldens unabhängig, und der Versuch, ein Verschulden als Tatbestandselement in sonstige Gesetzesvorschriften — z. B. BGB. § 909 [3]) — hineinzuinterpretieren, müßte zurückgewiesen werden.

D. Im Handelsgesetzbuch finden sich die Worte [4]) „Verschulden“ und „verschulden“ sehr oft, [5]) ohne daß jedoch diese Stellen im Allgemeinen zu besonderen Erörterungen Anlaß geben.

1. Anzutreffen ist:

a) Das „Verschulden“: des Handelsmäklers in § 98; des Frachtführers in §§ 427 Satz 2, 428 Abs. II Satz 1; des Verfügungsberechtigten in § 456 Abs. I; der Eisenbahn in § 465 Abs. III; des Rheders in § 486 Abs. II; des Schiffers in § 511 Satz 2; des Befrachters oder Abladers in § 563 Abs. I; des Schiffers oder einer Person, für die der Verfrachter verantwortlich ist, in § 657; eines Dritten oder eines Beteiligten in § 702 Abs. I; eines Beteiligten in § 702 Abs. II; einer Person der Schiffsbesatzung in §§ 485, 702 Abs. III, 734 Abs. I und III, 735 Abs. I, 903 Nr. 3, EG. z. HGB. Art. 7; des Versicherten, des Abladers oder Empfängers oder Kargadeurs in § 821 Nr. 4;

b) das Verbum „verschulden“: in § 75 Abs. I Satz 2 (Prinzipal); 432 Abs. III Satz 1 (Frachtführer); 456 Abs. I (Eisenbahn); 486 Abs. I Nr. 2, 702 Abs. III, 739 Abs. II (Person der Schiffsbesatzung); 738 (Lotse); 837 Abs. I (Versicherter);

c) insbesondere: die Wendung „mit oder ohne Verschulden“ in § 809 Abs. II; die Wendung „ohne Verschulden“ in §§ 315 Abs. III (Organe

---

sub b erwähnte Entsch. des OLG. Dresden vom 22. Januar 1901 bei Mugdan und Falkmann II (1901) S. 483 Nr. 188 b und in den Annalen des Kgl. Sächs. Oberlandesgerichts zu Dresden Bd. 24, 1903, S. 44 ff. betrifft nicht sowohl den Beweis des Verschuldens wie den des Kausalzusammenhanges zwischen (feststehendem) Verschulden und Schaden; die sub a erwähnte Entsch. des Reichsger. vom 27. Juni 1900 (I 142/00), Jur. Wochenschr. 29 (1900) S. 665 f. Nr. 23 operiert nicht gerade mit den Normen des BGB., wäre aber inhaltlich auch für sie als zutreffend zu betrachten, jedoch kaum besonders erheblich.

[1]) Vgl. zu den Ausdrücken „unverzüglich“, „Kennenmüssen“ und „Bösgläubigkeit“ das oben sub I 3 und 4 Bemerkte.

[2]) Einige von ihnen (namentlich §§ 276 ff. und §§ 823 ff.) sind aber von so eminenter Tragweite, daß sie einer Unzahl von praktischen Fällen Aufnahme gestatten; vgl. oben 39 sub I 3.

[3]) Vgl. zu ihm die Entsch. des OLG. Kassel v. 5. Mai 1902 in den Schleswig-Holsteinischen Anzeigen Jahrg. 66 (1902) S. 243 ff. und Jur. Wochenschr. 31 (1902) S. 390 f. Irrig ist z. B. auch die Annahme, daß zu BGB. § 1666 Abs. I Satz 1 der Ausdruck „vernachlässigen“ auf ein Verschulden hinweise, wie die bei Neumann Jahrb. I 2 S. 123 Note 3a und d angegebene, mir im Augenblick nicht zugängliche Literatur und Judikatur zu behaupten scheint. — Wegen des „Trachten nach dem Leben“ vgl. unten § 55 sub B VIII; wegen der „Verschwendung“ oben S. 296 Anm. 4.

[4]) Vom gleichen Sprachstamm z. B. „Schuld“ in § 482 Abs. II, „Ueberschuldung“ in § 241 Abs. III Nr. 6 (oben S. 321 Anm. 2).

[5]) Die Mehrzahl der Stellen gehört dem Land- und Seefrachtrecht, demnächst dem Seeversicherungsrecht an.

der Aktiengesellschaft), 428 Abs. II Satz 1 (Absender), 602 (Schiffer), 669 Abs. II (Verfrachter), 839, 874 Abs. II (Versicherter); ferner: „unverschuldetes[1]) Unglück" in § 63 Abs. I.

2. Außerdem ist die Rede vom „eigenen Verschulden" — wie oben sub B VI 3 im Gegensatze zum Verschulden der Leute — in HGB. § 431 und von „beiderseitigem Verschulden" — im Sinne des mitwirkenden Verschuldens, oben sub B II 1[2]) — in HGB. § 735 Abs. II.

3. Daß „verschulden" und „verursachen" auch nach der Auffassung des HGB. verschiedene Dinge sind, lehrt insbes. § 739 Abs. II; vgl. auch § 735 Abs. II, § 700 Abs. I.

4. Auch das „Verschulden" und das „wissentliche" sowie das irrtümliche Handeln erscheinen als verschiedene Dinge in § 809 Abs. II.

5. Ohne jede Begründung und ohne ersichtlichen Grund[3]) behauptet Isay[4]) für HGB. §§ 485, 702 Abs. III und 734 Abs. I[5]), man werde dort das „Verschulden" „nicht als juristischen Terminus, sondern als einen dem Sprachgebrauch des Volkes angehörenden Ausdruck nehmen müssen und sonach darunter einfach die zum Schadensersatz verpflichtende Handlung im Sinne des § 31 BGB.[6]) zu verstehen haben".

§ 43.

Schuldig; die Schuld; schuldhaft.

Wie schon in § 42 sub A bemerkt wurde, führen auch zu diesen Worten die Betrachtungen über den Begriff „unverzüglich" hinüber. Dabei wird es insbesondere von Interesse sein, zu prüfen,[7]) ob diese Worte ebenso wie der Begriff des „Verschuldens" (in seinen Regelfällen wenigstens, vgl. § 42 sub B I 2 und VI, C) auf die Summe der Begriffe „Vorsatz" und „Außerachtlassung der Sorgfalt" (oben § 42 sub C I 4 b) geht.

A. Zunächst sollen die Worte[8]) isoliert, jedes für sich, ins Auge gefaßt werden.

---

[1]) Im BGB. findet sich das Wort „unverschuldet" nirgends.

[2]) Vgl. auch noch unten § 79; einschlägige Fälle sind noch z. B. HGB. §§ 427 Satz 2, 456 Abs. I, 702 Abs. I und II (oben sub 1 a).

[3]) Vgl. vielmehr EG. z. BGB. Art. 2 Abs. I und z. B. zu HGB. § 734 den Kommentar von Loewe S. 183 Anm. 1 a.

[4]) Isay, Die Geschäftsführung (oben S. 101 Anm. 3), S. 397 f.

[5]) Und ebenso für § 2 des Reichs-Haftpflicht-Ges. vom 7. Juni 1871 (oben sub B VI 3 a).

[6]) § 31 BGB., der nicht vom Verschulden, sondern nur von einer „zum Schadensersatze verpflichtenden Handlung" spricht, interessiert für unser Thema nur ganz mittelbar; vgl. unten § 76.

[7]) Wegen der Materialien, der Literatur und der Judikatur vgl. unten S. 332 Anm. 2, S. 333 Anm. 1 und S. 335 Anm. 1.

[8]) Im HGB. habe ich keine Stellen gefunden, in welchen die in diesem Paragraphen behandelten Worte überhaupt bezw. doch im Sinne subjektiven Verschuldens gebraucht werden; denn „Schuld" (unten sub II) begegnet im HGB. nur (vgl. HGB. § 482 Abs. II) im Sinne von ‚debitum' (oben § 3 sub B II 2) und die in HGB. § 71 Nr. 4 und § 72 Abs. I Nr. 4 gebrauchte Wendung „sich zu Schulden kommen lassen" (Tätlichkeiten, Ehrverletzungen, unsittliche Zumutungen) ist wiederum im BGB. nicht anzutreffen; zur Erläuterung dieser, ein „Verschulden" im technischen Sinne (unten sub B I 1) offenbar nicht andeutenden Wendung nichts Genaueres bei Staub I S. 282 Anm. 5, S. 286 Anm. 9, Lehmann-Ring I S. 174 Nr. 5, S. 177 Nr. 5, Cosack, Handelsrecht S. 94/95.

I. „Schuldig." Daß dieser Begriff in zwei verschiedenen Verbindungen begegnet — „sich schuldig machen" und „für schuldig erklären" —, wissen wir bereits aus § 3 B I der Materialssammlung.

1. „Sich schuldig machen." Hier dürfte sofort ein Gegensatz zum Ausdrucke „Verschulden" im technischen Sinne seiner Regelfälle festzustellen sein. Denn während „Verschulden" auf die schuldhafte Herbeiführung und Veranlassung des in Rede stehenden Ereignisses (z. B. des eingetretenen Schadens) hinweist und somit die Antwort auf die Frage der Kausalität bietet — und zwar dahin, daß sich in die reine Kausalität noch das subjektive Moment eben des Verschuldens hineinwebt —, scheint der Ausdruck „sich schuldig machen" mehr darauf hinzuweisen, daß jemand sich die moralische Verantwortlichkeit für einen gewissen Umstand aufbürden lassen muß und daß dieser Umstand also auf sein sittliches Konto kommt, während es sich beim Verschulden[1] um Belastung des intellektuellen Kontos[2] handelt. Und während sich beim „Verschulden" diese Belastung des intellektuellen Kontos irgendwie in Handlungen umgesetzt haben muß,[3] ist solches beim „sich schuldig machen" durchaus nicht notwendig der Fall. Denn der „Undank", das „ehrlose oder unsittliche Verhalten" und die „Verfehlungen" sind doch offenbar[4] Mängel der Gesinnung, die sich nicht unbedingt gerade in Handlungen äußern, sondern auch in einem allgemeinen Sichverhalten dessen bestehen können, der sich dieser Gesinnung „schuldig macht". Daß er dabei vorsätzlich oder ohne die erforderliche Sorgfalt zu Werke gegangen ist, wird weder durch die Wendung „sich schuldig machen" angedeutet noch sonst durch irgend einen im Gesetz enthaltenen Wink.

2. „Für schuldig erklären". Diese lediglich dem Ehescheidungsrecht des BGB. angehörige Wendung will auch nur sagen, daß der im Urteil für schuldig Erklärte (vgl. oben § 3 sub B I 2 a) der verurteilte Teil des Ehepaares sei, und die Wendung könnte in allen einschlägigen Gesetzesstellen ohne weiteres und ohne Schaden für den Sinn durch die Worte „der Verurteilte" ersetzt werden: eine Möglichkeit, die in den Fällen des „Verschuldens" (§ 2 und § 42) nicht gegeben ist. Die Feststellung im Urteil, daß der eine bezw. gegebenen Falles zugleich auch der andere Ehegatte „für schuldig erklärt" worden sei, hat wesentlich formale Zwecke, um die Voraussetzungen für die sekundären materiellen Wirkungen[5] der Verurteilung ein für alle Mal zweifellos festzustellen. Also auch hier werden wir konstatieren müssen, daß die Spezialrichtung auf ein „Verschulden" im technischen Sinne (Vorsatz und Außerachtlassung der gebotenen Sorgfalt) gänzlich fehlt oder mindestens im Gesetz unausgesprochen bleibt.

II. Das Gleiche ist der Fall betreffs des Wortes „Schuld" im § 1574 Abs. 1 (oben § 3 B II 1): auch hier ist nicht an Vorsatz und Außerachtlassung der Sorgfalt, sondern an die Erklärung für den schuldigen Teil (oben sub I 2) zu denken und auch hier schimmert die Belastung des moralischen Kontos (oben sub I 1) stärker hindurch als die des intellektuellen.

III. Dagegen ist bereits zur Genüge festgestellt worden (oben § 33; insbes. sub B II), daß umgekehrt[6] die Vokabel „schuldhaft" (oben § 3 B II 3 b

---

[1]) Vgl. (einstweilen) das oben § 42 sub C II 7 Bemerkte.

[2]) Und dadurch weiterhin zumeist (und größtenteils, vgl. oben § 42 sub C II 3, in Form einer Schadensersatzpflicht) Belastung des wirtschaftlichen Kontos, wogegen die Rechtsfragen in dem oben § 3 sub B I und II 1 angegebenen Fällen sich großenteils (vgl. a. a. O. sub I 1 b α, β und c β, γ sowie sub 2 e) auf anderem Gebiete bewegen.

[3]) Vgl. gleichfalls (und ebenfalls einstweilen wenigstens) oben § 42 sub C II 7.

[4]) Genaueres unten §§ 53, 46 und 49.

[5]) Vgl. oben § 3 sub B I 2 e.

[6]) „Schuldhaft" und „sich schuldig machen" haben darnach nichts oder wenig mit einander zu tun; daß ein aus E. I § 638 und Mot. II S. 606 abzuleitender Identitäts-

und III) im § 121 Abs. I Satz 1 BGB. auf das intellektuelle Konto und zugleich auf den Kausalzusammenhang (oben I 1) hinweist. Das „schuldhafte Zögern" ist ein Zögern, welches „Schuld hat", und wenn man in den von „unverzüglich" redenden Normen (oben § 2 und § 33) an Stelle des seinerseits allerdings ganz blassen (oben § 33 sub A V) Wortes „unverzüglich" das Wort „ohne schuldhaftes Zögern" einsetzt, so kann man (vgl. oben § 33 sub B II) bequemlichst weiterhin hierfür die Worte „ohne vorsätzliches oder fahrlässiges[1]) Zögern" substituieren.

B. Faßt man das sub A Bemerkte zusammen und sucht man daraus weitere Folgerungen für die kritischen Begriffe zu gewinnen, so ergibt sich nachstehendes:

I. Der Sprachstamm „Schuld" äußert sich im BGB. — soweit er nicht auf das bloße obligatorische ‚debitum' geht; vgl. oben § 3 sub B II 2 — in zwei verschiedenen Erscheinungsformen:

1. Die eine umfaßt die sämtlichen Fälle, in denen von einem „Verschulden" im regulären technischen Sinne (oben § 42 sub B I 2 und VI und sub C) und (oben sub A III) mittels des Zwischenbegriffs „schuldhaft" von Mangel unverzüglichen Tuns die Rede ist: hier handelt es sich um eine Charakterisierung der Kausalität zwischen menschlicher Tat und ihren Folgen.

2. Die andere umfaßt die sämtlichen Fälle, in denen von „schuldig" oder von „Schuld" die Rede ist (oben A I und II): hier handelt es sich mehr um eine Brandmarkung der „schuldigen" Person.

II. Gibt man die Richtigkeit der Folgerung sub I zu, so kann man ferner zwei Gruppen der Schuldbegriffe im BGB. scheiden, nämlich:

1. Das Verschulden im engeren Sinne, die Fälle sub I 1 umspannend, und

2. Das Verschulden im weiteren Sinne, die Fälle sub I 2, zugleich aber auch die Fälle sub I 1 insofern umspannend, als neben der Antwort auf die Frage der Kausalität ja auch diese Fälle (sub I 1) die Brandmarkung des Täters und einen, wenn schon nicht scharf ausgeprägten, Hinweis auf die Belastung des „moralischen Kontos" enthalten, wie auch umgekehrt den Fällen der Gruppe I 2 nicht abzustreiten ist, daß aus ihnen ein gleichzeitiger, allerdings aber nur sehr schwacher Hinweis auf die Kausalität hindurchschimmert.

III. Wir sind nun in der angenehmen Lage, die oben aufgestellte Zweiteilung, die sich in der bisherigen Literatur zum BGB. nirgends[2]) angedeutet

---

nachweis nicht zwingend wäre, vgl. unten S. 335 Anm. 1. Ueber „schuldvolles Verhalten eine Bemerkung in Mot. IV S. 596, oben § 42 sub B II 4; vgl. auch das oben S. 308 Anm. 15 erwähnte Erkenntnis des Reichsgerichts vom 13. Dez. 1900.

[1]) Ich weiche hier einen Augenblick von der von mir oben § 42 sub C I 4 b α gegebenen Begriffserklärung für „Verschulden" ab, weil die „Außerachtlassung der Sorgfalt" sich nicht so bequem für die Bildung eines Adjektivums verwenden läßt, wie die „Fahrlässigkeit".

[2]) Ueberhaupt versagt zu den von uns in diesem Paragraphen erörterten Fragen, insbesondere zu der Frage nach der Bedeutung des Wortstammes „Schuld" in den sub A I und II besprochenen Gesetzesstellen, die Literatur vollständig; vgl. z. B. Neumann Jahrb. I 1 S. 360, I 2 S. 62 ff., 77 f., 92/93, 98/99, 122 ff., 139, 288 f., 289 ff., 436 ff. und etwa Zitelmann S. 153 sub 4 („Terminologie") sowie Endemann I S. 743, 744 Anm. 1 (oben § 42 sub B III 1). Nur wegen eines Spezialpunktes vgl. einige Notizen unten sub VIII. Das Einzige, was ich sonst noch angetroffen habe, sind Bemerkungen der Mot. II S. 303 und V S. 431 sowie bei Strohal Erbr. S. 497 Anm. 11 über „sich schuldig machen" und das Verhältnis dieses Begriffes zu Widerrechtlichkeit und Notwehr (bei deren Vorhandensein ein „sich schuldig machen" ausgeschlossen sei; vgl. gleichfalls unten sub VIII sowie unten § 48 sub A IV a. E.) sowie die völlige, m. E. aber eben verfehlte Identifizierung von „sich schuldig machen" und „Schuld" im Ehescheidungsrecht mit dem „Verschulden" im technischen Sinne (insbes. auch der §§ 827 f. BGB.) bei Litten (oben 253 Anm. 1) S. 398 ff. (namentlich S. 398/99).

findet, auch durch weitere Belege aus dem Gesetz zu unterstützen und dabei bereits von den Früchten unserer bisherigen Erörterungen zehren zu können:

1. Vor allem ist hier des „sittlichen Verschuldens" zu gedenken, das in § 1611 Abs. I des BGB. Erwähnung findet und (wie wir schon in § 42 sub B II 5 sahen) mit dem Verschulden im engeren Sinne (oben II 1) nichts zu tun hat, welches so recht auf das hindeutet, was wir vorstehend mit „Belastung des moralischen Kontos" bezeichneten, und welches zugleich die Brücke zwischen den beiden Gruppen des Verschuldens (im engeren und im weiteren Sinne) schlägt.

2. Sodann finden aber neben und mit dem „sittlichen Verschulden" zugleich in der Gruppe II 2 die geeignetste Unterkunft alle die andern im § 42 sub B II 1—4 und 6 besprochenen Gesetzesstellen, welche zwar vom Verschulden sprechen, welche wir aber trotzdem unter das Verschulden im technischen Sinne nicht einordnen zu dürfen glaubten. Es waren dies BGB. §§ 254, 846, 1299, 1568, 1933 und 2077.

3. Daß es sich, wenn man einen Gesamtblick auf die sub 1 und 2 erwähnten Normen wirft, dabei wohl nicht um isolierte Erscheinungen, sondern wohl um Ausflüsse eines gleichen Grundprinzips handelt, konnte in hypothetischer Form schon in § 42 sub B V 1 angedeutet werden.

IV. Einen noch strikteren Nachweis für die Richtigkeit unserer Beobachtungen zu erbringen, als den in den Bemerkungen sub I—III enthaltenen, sind wir leider nicht in der Lage. Das Gesetz läßt uns hier völlig im Stich und auch die Materialien, die Literatur und die Judikatur bieten kaum eine Unterstützung.[1]) Aber ebensowenig finden sich irgendwelche Gegenargumente angedeutet. Namentlich darf man auch das Gesetz selber nicht zu Felde führen: denn selbst wenn man die §§ 276 ff. als ‚sedes materiae' der Lehre vom Verschulden betrachtet (oben § 42 sub B I 2 d α, sub B V 1 und sub C I 4 b γ), so widersprechen auch sie nicht der Möglichkeit einer zwiefachen Bedeutung und mehrfachen Rolle des Begriffes, innerhalb des ganzen Gesetzbuches, weil sie nicht im allgemeinen Teile (Buch I) stehen, sondern lediglich innerhalb eines Spezialabschnittes[2]) des zweiten Buches, wo sie wiederum lediglich auf die Spezialfrage nach der „Vertretung" eines Verschuldens (§ 276 Abs. I Satz 1, § 278 Satz 1, 279), nach der „Haftung" für das Verschulden (§ 276 Abs. II, § 277) und nach der gesetzlichen Pflicht, für das Verschulden „einzustehen" (§ 277), antworten und alle sonstigen zahlreichen Folgen eines Verschuldens unerwähnt lassen.

V. Wir bezeichneten den durch die beiden Gruppen markierten Gegensatz mit den Worten „Verschulden im engeren Sinne" und „Verschulden im weiteren Sinne". Andere Ausdrücke, die den Unterschied aber kaum zu schärferer Ausprägung brächten, wären etwa „Verschulden im technischen Sinne" bezw. „echtes", „eigentliches" Verschulden einerseits und „Verschulden im untechnischen Sinne", „unechtes", „uneigentliches" Verschulden andererseits.[3]) — Wollte

---

[1]) Höchstens können einige Erkenntnisse angeführt werden, die durch den Gebrauch des Begriffes „Schuld" statt „sich schuldig machen" in § 1666 (oben § 3 sub B I 1 c δ) die Brücke (oben sub III 1) zwischen diesen beiden Termini befestigen helfen. Vgl. die Entsch. d. Kammerger. vom 29. Mai 1901 und 21. April 1902 bei Mugdan und Falkmann III (1901) S. 2 Nr. 1 b und IV (1902) S. 411 f. Nr. 96 b (vgl. auch Warneyer I S. 187 Nr. 8, Spruchsamml. I S. 52). — Ueber einzelne besonders charakteristische Bemerkungen bei Landsberg und Matthiaß vgl. oben § 42 sub B II 3 und 5 S. 305 Anm. 7 und S. 310 Anm. 5.

[2]) Der allerdings sozusagen den „allgemeinen Teil" des II. Buches repräsentiert.

[3]) Man könnte geneigt sein, die Ausdrücke „obligationenrechtliches Verschulden" einerseits und „familienrechtliches Verschulden" andererseits vorzuschlagen. Denn von den Normen, die in jene Gruppe fallen, gehört der größere Teil an sich schon dem II. Buche an und auch die übrigen — vgl. die Zusammenstellung oben § 2 sub I 5 c;

man versuchen, für beide Fälle einen übergeordneten Begriff von anderer Bezeichnung als „Verschulden" zu suchen, so würde man in Verlegenheit geraten. Und ebenso, wenn man, das „Verschulden im weiteren Sinne" als den übergeordneten Begriff betrachtend, versuchen wollte, hier eine andere Vokabel einzuführen. Denn „Schuld"[1]) — ein Wort,[2]) das man dem sub A II besprochenen Falle zu Liebe zu wählen geneigt sein möchte — weist sowohl im Zivilrecht wie gerade auch im BGB. (vgl. oben sub I) allzusehr auf das ‚debitum', und gegen die Wahl des Wortes „Verschuldung" — das, richtig verstanden, nicht unangebracht erscheinen dürfte — lassen sich auch hier die oben § 42 sub B VI 9 hervorgehobenen Bedenken geltend machen.

VI. Dies führt uns hinüber zu der Beobachtung, daß ja auch die bisherige Literatur die Verwandtschaft unserer beiden Gruppen offenbar dadurch schon unwillkürlich angedeutet hat, daß sie (vgl. oben § 42 sub B VI 9 c) auch wegen der ins Ehescheidungsrecht gehörigen Fälle (oben sub A I 2) bereits vom „Verschuldungsprinzip"[3]) sprach. Mit der Modifikation, daß hier der Ausdruck „Verschuldensprinzip" unseres Erachtens gleichfalls den Vorzug verdient, können wir dies Prinzip auch für die Gruppe II 2 getrost anerkennen; und hier dürfte übrigens — wie wegen der „Mitschuld" des Beschädigten (oben § 42 sub B VI 3 c) — nichts gegen die abgekürzte Benennung als „Schuldprinzip"[4]) einzuwenden sein.

VII. Ob und wieweit sich unsere Zweiteilung auch sonst noch im BGB. bemerkbar macht, wird sich bei Prüfung der übrigen in den Rahmen unserer Erörterungen gehörigen Begriffe herausstellen. Wegen der bisher — in den §§ 31 bis 42 — besprochenen ist nichts weiter hinzuzufügen; soweit sie nämlich Beziehungen zum „Verschulden" im engeren Sinne enthalten — oben § 42 sub C I (2—4) — gehören sie als Mitglieder der Gruppe II 1 in die Gesamttabelle; soweit sie dagegen als lediglich objektive Begriffe (Ordnungswidrigkeit, Verstoß

---

dazu kommen §§ 240 und 1996, ebenda sub IV 3 a und b — bieten Fälle gesetzlicher Obligationen. Und wiederum stehen die zu der andern Gruppe gehörigen Normen (einschließlich §§ 1299, 1568 und 1611, oben § 42 sub B II 3—5) größtenteils in Buch IV (inhaltlich gehört hieher auch EG. z. BGB. Art. 201, oben § 3 sub B I 1 c β) oder ragen doch (§§ 1933, 2077, oben § 42 sub B II 6) ins Ehescheidungsrecht hinein oder handeln von erbrechtlichen Angelegenheiten der Familienmitglieder. Dennoch würde auf Seite der zweiten Gruppe ein erheblicher Rest verbleiben, der durch §§ 254 und 846 (oben § 42 sub B II 1 und 2) sowie durch die von der Voraussetzung eines Familienverbandes abstrahierenden (aber immerhin ein gewisses intimeres Verhältnis voraussetzenden) §§ 2294, 2334 f. und 2345 (oben § 3 sub B I 1 c α—γ) repräsentiert wäre, und in die Gruppe des „obligationenrechtlichen" Verschuldens würde auch § 160 (oben § 2 sub I 3 a) nicht aufgehen. — Immerhin aber kann es als charakteristisches Merkmal für die Richtigkeit unserer Zweiteilung gelten, daß sie im wesentlichen mit der erwähnten Bezeichnung harmonieren würde und daß gerade das Familienrecht bekanntlich im Vergleiche zu den andern Teilen des Bürgerlichen Rechts den Postulaten der Moralauffassung auch in seinen positiven Normen häufigeren und deutlicheren Ausdruck verleiht, so daß auch hier gerade der Verschuldensbegriff mit dieser Rücksicht stärker durchtränkt ist.

[1]) „Schuld" schlechthin ohne einen präzisierenden Zusatz (über „Mitschuld" vgl. unten sub VI). Freilich bei Landsberg a. a. O. (oben S. 305 Anm. 7) findet sich das Wort „Schuld" (und „schuldhaft") offenbar absichtlich gewählt, und die Prot. I Nr. 45 V 3 S. 300 (oben § 42 sub B I 2 c und II 1 a) identifizieren „Schuld" und „Verschulden", Mot. II S. 303 „sich schuldig machen" und „Vorsatz" (vgl. hierüber unten §§ 53 und 55).

[2]) Wegen der rein sprachlichen Beziehungen (Identität) zwischen „Schuld" und „schuldig" vgl. zu dem Zitat oben S. 294 Anm. 3 a. E. den Goetheschen Vers: „Ihr laßt den Armen schuldig werden".

[3]) Wenn Kuhlenbeck, Von den Pandekten III S. 53 statt dessen vom „schuldhaften Verhalten" spricht, so kommt das, insofern „schuldhaft" und „Verschulden" sich ja decken (oben sub A III), auf dasselbe heraus und würde dahin zu verwenden sein, daß Kuhlenbeck irrig annimmt, die Fälle des Ehescheidungsrechts gehörten unter das Verschulden im engeren Sinne.

[4]) Vgl oben S. 323 Anm. 7.

gegen die guten Sitten, Pflichtverletzung, vgl. oben § 42 sub C I 1) außerhalb der Gruppe II 1 stehen, fehlt ihnen auch die Eintrittsberechtigung in Gruppe II 2 und in die Gesamttabelle.

VIII. Schließlich sei bemerkt, daß die von uns aufgestellte Trennung von Fällen des Verschuldens im engeren und im weiteren Sinne nicht lediglich für die theoretische Systematik bedeutsam ist, sondern daß sie auch wichtige praktische Folgen nach sich zieht. Auch wo nämlich ein Verschulden im engeren Sinne nicht vorliegt (Gruppe II 2), ist zwar einerseits daran nicht zu zweifeln,[1]) daß dieses „Verschulden im weiteren Sinne" ein subjektiv schuldhaftes Verhalten des Täters einschließt, aber auch diese subjektive Schuldhaftigkeit seinerseits ist hier im weiteren Sinne zu verstehen, und somit ist der Richter über die Anweisungen, welche das Gesetz im § 827 f., 276 Abs. I Satz 3 gibt, in den Fällen des Verschuldens im weiteren Sinne ebenso erhaben,[2]) wie dies bereits zu den oben sub III 1 und 2 erwähnten Gesetzesstellen im § 42 sub B V 3 angedeutet worden war. Und wenn schon die forensische Tragweite dieser Folgerung dadurch nicht unerheblich eingeschränkt wird, daß Personen unter 7 Jahren (BGB. § 828 Abs. I) gar nicht, Personen unter 18 Jahren (§ 828 Abs. II Satz 1) nur zu geringem Prozentsatze[3]) für die dem Ehescheidungsrechte (oben A I 2 und II) angehörigen Fälle des „Verschuldens im weiteren Sinne" in Betracht kommen, so würden auch für das Ehescheidungsrecht die Tatbestände aus § 827 und § 828 Abs. II Satz 2 ein erhebliches Kontingent stellen können, und selbst die Personen unter 18 und unter 7 Jahren würden für die Fälle des „Verschuldens im weiteren Sinne", welche außerhalb des Ehescheidungsrechtes liegen (oben A I 1), noch immer in genügendem Maße interessieren, so z. B. weil sie wegen

[1]) Hierfür ist man ausnahmsweise (vgl. oben S. 332 Anm. 2) in der Lage, ein wenig Literatur und Judikatur heranzuziehen. Davidson, Das Recht der Ehescheidung nach dem BGB., Berlin 1900, bemerkt nämlich zu BGB. § 1568 S. 57: „Fehlt es an einem subjektiven Verschulden, so darf die Scheidung nicht ausgesprochen werden, wenn auch objektiv eine schwere Verletzung der durch die Ehe begründeten Pflichten oder ein unsittliches Verhalten vorliegt. Die Scheidung ist beispielsweise ausgeschlossen, wenn ein Ehegatte in einem nicht selbstverschuldeten unzurechnungsfähigen Zustande die nächsten Blutsverwandten des andern Ehegatten getötet hat, obgleich anerkannt werden muß, daß es dem letzteren nicht zuzumuten ist, mit der Person, an deren Händen das Blut seiner nächsten Verwandten klebt, das eheliche Zusammenleben fortzusetzen." — Ferner betont eine Entscheidung des Reichsgerichts vom 18. Dezember 1902 (IV 271/02), Jur. Wochenschr. Jahrg. 32 (1903) Beil. 3 S. 27 f. Nr. 56 (vgl. auch oben § 37 sub III S. 246 Anm. 4), daß § 1568 BGB. unanwendbar sei, wenn das Verhalten des beklagten Ehegatten zwar den objektiven Tatbestand schwerer Pflichtverletzung erfüllt, dies dem beklagten Teile aber wegen seines krankhaften Zustandes in subjektiver Hinsicht nicht mit aller Schwere angerechnet werden könne. Dies Erkenntnis wird richtig auch bei Müller und Meikel II S. 193 Anm. 6 herangezogen, während das vom 26. Mai 1902 (IV 61/02) Bd. 51 (1903) der Entsch. des Reichsgerichts in Civilsachen, Nr. 79 S. 340 ff. nicht hinpaßt. — Vgl. ähnlich auch Mot. II S. 606 (zu E. I § 638, BGB. § 712): „bei objektiver Pflichtverletzung schuldhaft handeln"; zu dieser Stelle ist nur zu bemerken, daß sie für das BGB. selber nicht mehr von Wert ist, weil sich zwar in E. I § 638 Abs. I Satz 2, nicht aber jetzt in BGB. § 712 die Wendung findet „sich einer groben Pflichtverletzung schuldig machen" und weil außerdem die Auffassung der Motive über den Begriff „Pflichtverletzung" für das BGB. nicht mehr zutrifft (vgl. oben § 37 sub IV 3). Aus diesen Gründen ist die aus E. I § 638 und Mot. a. a. O. zu folgernde Identität von „sich schuldig machen" und „schuldhaft" auch nicht für das geltend gewordene Recht beweisend. — Auch Schiffner, Pflichtteil, Erbenausgleichung und die sonstigen gesetzlichen Vermächtnisse, Jena 1897 (Bd. I Heft 3 von Fischers Abhandlungen zum Privatrecht und Civilprozeß) S. 73 scheint (zu BGB. §§ 2333 ff.) eine „Schuld" im technischen Sinne des Verschuldens anzunehmen.

[2]) Dies scheint Davidson a. a. O. zu verkennen, indem er doch wohl mit der Bemerkung von dem nicht selbstverschuldeten unzurechnungsfähigen Zustand auf BGB. § 827 Satz 2 anspielen will.

[3]) Vgl. BGB. § 1303 (Abs. I a. E., Abs. II).

Verfehlungen, deren sie „sich schuldig machten“, erbunwürdig geworden sind oder des Pflichtteils verlustig gingen (oben § 3 B I 1 c α und γ), oder weil wegen groben Undankes, dessen sie „sich schuldig machten“, eine ihnen gemachte Schenkung widerrufen wurde (ebenda sub B I 1 a).[1])

§ 44.

Die Gesetz-, Pflicht-, Rechts- und Vertragswidrigkeit.

A. Der Begriff „ordnungswidrig“, den wir im § 35 besprachen, vermag uns zu einer Anzahl anderer in der Materialsammlung erwähnter Begriffe darum herüberzuleiten, weil auch sie den Sprachstamm (vgl. oben § 35 sub II 1 b) „-widrig“ teilen. Es sind dies die Begriffe „gesetzwidrig“, „pflichtwidrig“, „rechtswidrig“ und „vertragswidrig“ nebst ihren Substantiva, von denen jedoch das Gesetz selber lediglich das Substantivum „Pflichtwidrigkeit“ enthält (vgl. oben § 19 sub IV 5). Für sie alle mag von vornherein konstatiert werden, daß auch hier, wie bei der „Ordnungswidrigkeit“, der Sprachstamm „-widrig“ auf ein subjektives Verschulden nicht hinweist, so daß wir also ein solches nur dann anzuerkennen haben werden, wenn sich dies subjektive Verschulden betreffs eines einzelnen Begriffes aus sonstigen sprachlichen oder rechtlichen Erwägungen herleiten läßt.

I. „Gesetzwidrig“ (oben § 16 sub I) — nur in § 43 Abs. I (zweimal) enthalten als „gesetzwidriger Beschluß der Mitgliederversammlung“ oder als „gesetzwidriges Verhalten des Vorstandes“ — bietet keinen Anhalt,[2]) ein subjektives Moment hineinzugeheimnissen; es weist lediglich auf dasjenige hin, was gegen das objektive Recht[3]) tatsächlich verstößt.

II. „Pflichtwidrig“ und „Pflichtwidrigkeit“ (§§ 839 Abs. II Satz 2, 1886; §§ 1799 Abs. I Satz 2, 1837 Abs. I Satz 2, 1850 Abs. I Satz 2; oben § 16 sub III und § 19 sub I 6 und IV 5) bietet solchen Anhalt ebensowenig;[4]) und daß im Falle des § 839 a. a. O. das subjektive Moment aus der Eingangsbestimmung in Abs. I der Norm hineingezogen werden darf und muß, beweist gegen die rein objektive Bedeutung, die das Wort „pflichtwidrig“ als solches hat, gar nichts.[5]) Im übrigen wäre es ja auch kaum denkbar, daß die „Pflichtwidrigkeit“ auf ein subjektives Verschulden hindeuten sollte, während wir

---

[1]) Wegen des Handelsgesetzbuchs vgl. oben S. 330 Anm. 8.

[2]) Ebensowenig die Materialien (vgl. Prot. I Nr. 73 VIII S. 573 ff., VI Nr. 410 XVII S. 116 und Reichstagskommissionsber. S. 14 ff., wo sich ein Antrag diskutiert findet, die Entziehung der Rechtsfähigkeit auf Verstöße gegen gesetzliche Verbote oder gegen die guten Sitten abzustellen) und die Literatur; vgl. z. B. Gareis S. 56 Note 1, S. 57 Note 4, Loewenfeld (v. Staudingers Kommentar) S. 172 Note 2, Rehbein I S. 53 sub c, Endemann I S. 184, S. 198 Anm. 26; nur Planck I S. 115 Anm. 2 a betont die Entbehrlichkeit des Verschuldens und Hoelder S. 160 sub 2 β spricht vom Verschulden in der Richtung auf die Gefährdung des Gemeinwohls, ohne jedoch, wie es scheint, dies Verschulden für essentiell zu halten.

[3]) Gebote (vgl. z. B. BGB. §§ 59 Abs. I, 67 Abs. I) und auch (wie bei den „Verstößen gegen Gesetze“, oben § 18 A) Verbote (vgl. z. B. BGB. §§ 35, 38).

[4]) Freilich behauptet Planck IV S. 626 Anm. 1 a zu § 1886 (nicht dagegen z. B. v. Blume S. 131): „Begriffsmäßig setzt die Pflichtwidrigkeit ein Verschulden voraus“ und „pflichtwidrig ist jedes, wenn auch nur geringe Verschulden“. Daß Eßlinger und Litten „Pflichtwidrigkeit“ und „Verschulden“ identifizieren, wurde bereits oben § 37 sub V 1 d S. 153 Anm. 1 vermerkt. Nichts von einem subjektiven Verschulden verlautet z. B. zu den im Text erwähnten Normen bei Endemann II S. 928, 946, 948.

[5]) Die Sachlage ist dieselbe wie z. B. wegen der Verstöße gegen die guten Sitten im § 826, wo (vgl. oben § 36 sub II 9 a) der „Vorsatz“ noch ausdrücklich erwähnt wird.

solches bei dem Synonymon „Pflichtverletzung“ oben in § 37 (sub V 1) leugnen mußten.

III. „Rechtswidrig“, nur in § 227 Abs. II (oben § 26 sub I 1) begegnend.

1. An sich pflegt man diesen Begriff in doppeltem Sinne aufzufassen — und so tut es insbesondere auch die Literatur[1]) zum BGB.[2]) —, indem man ihn sowohl auf eine lediglich objektive Rechtswidrigkeit als auch auf eine subjektive deutet, die ihrerseits gleichbedeutend mit Verschulden (im engeren Sinne) wäre.

2. Da es uns aber auf den Sprachgebrauch des BGB. ankommt (über das theoretische Verhältnis zwischen Verschulden und Rechtswidrigkeit vgl. erst unten § 48 sub C), so ist zu konstatieren, daß § 227 Abs. II zweifellos[3]) das Wort im lediglich objektiven Sinne versteht. Und gleiches ist der Fall in den wenigen Stellen[4]) der Materialien[5]), welche sich, soweit ich gesehen habe, mit dem Begriffe „rechtswidrig“ etwas genauer beschäftigen: In Mot. IV S. 660 begegnet nämlich (zu § 1471 des I. Entw., dem jetzigen § 1593) bei einer Anspielung auf Strafgesetzbuch § 169 die Bemerkung, dieser setze voraus, „daß die Veränderung des Personenstandes rechtswidrig erfolgt, mithin ein dem bestehenden Rechte widerstreitender Zustand herbeigeführt wird“; darnach scheinen die Mot. a. a. O. Rechtswidrigkeit mit Zuwiderlaufen gegen objektives Recht zu identifizieren. Und in Prot. II Nr. 153 I S. 592 (zu § 829 BGB.) ist die Rede von einem „objektiven Momente“, nach welchem die Ersatzpflicht zu bestimmen sei; „dieses Moment sei in der objektiven Rechtswidrigkeit der zugefügten Beschädigung zu finden“ und „eine solche liege bei der Verletzung eines absoluten Rechtes vor, das gegen jeden verschuldeten wie unverschuldeten Eingriff geschützt werde“.

IV. „Vertragswidrig“ (§§ 550, 553, 605 Nr. 2, 628 Abs. I Satz 2 — zweimal — und § 628 Abs. II, oben § 16 sub II 1). Hier können über die Bedeutung des Begriffes viel leichter, als sub I—III, Zweifel entstehen:

1. Zunächst werden wir auch die Vertragswidrigkeit als etwas lediglich Objektives, was „dem Inhalte des Vertrages zuwider“ (BGB. § 654, oben § 16 sub II 4 und § 35 II 1 b) ist, aufzufassen geneigt sein; umsomehr, als betreffs des vertragswidrigen Gebrauches §§ 553 und 605 selber daneben noch die Fahrlässigkeit (Vernachlässigung der dem Mieter bezw. Entleiher obliegenden Sorgfalt, vgl.

---

[1]) Vgl. z. B. Enneccerus-Lehmann I S. 359 sub 2, Matthiaß I S. 270 sub D, Zitelmann S. 155 γ, 162 γ, 164 sub 3, 168 sub 2 einerseits und S. 157 sub 3 andererseits; ferner z. B. Müller, Wilh. a. a. O. (oben S. 260 Anm. 3) S. 44, Schollmeyer, Das Recht der Notwehr nach dem BGB., Würzburger Festrede 1899, S. 9.

[2]) Noch nicht in die Aera des BGB. gehört die von „rechtswidriger Gesinnung“ sprechende, auch in der Juristen-Zeitg. V, 1900, Nr. 3 S. 73 und bei Neumann Jahrb. I 1 S. 409 Note 3a erwähnte Entsch. des Reichsgerichts vom 10. Okt./7. Nov. 1899 (III 134/99) in Seufferts Archiv 55 (1900) Nr. 83 S. 168 ff

[3]) Vgl. z. B. Crome I S. 535/536, Enneccerus-Lehmann a. a. O., Planck I S. 378 sub 1 c; ferner aus der Spezialliteratur zu § 227 (vgl. unten Anm. 5) etwa die Erlanger Dissertationen von Allonas, Notwehr und Notstand, Straßburg 1902, S. 16 und von Münz, Voraussetzungen und Wirkungen der Notwehr, des Notstandes und der Nothilfe, München 1903, S. 21.

[4]) Die Register der Motive (S. 88) und der Protokolle (Bd. VII S. 175) enthalten das Wort „rechtswidrig“ überhaupt nicht; wohl vielfach aber der Text und zwar (vgl. unten § 48 sub B I) promiscue mit dem Wort „widerrechtlich“; vgl. Prot. II S. 306, unten sub IV.

[5]) Die Literatur zum Zivilrecht beschäftigt sich mit dem Begriffe nicht eingehender (vgl. wegen der Literatur zu §§ 227 ff. BGB. unten § 48). Lediglich dem Strafrecht gewidmet ist die Schrift von Ferneck, die Rechtswidrigkeit, Jena 1903.

oben § 9 sub IV und § 41 sub II 2) besonders hervorheben. Dazu kommt unterstützend, daß § 628 (Abs. II) die Schadensersatzpflicht recht deutlich auf dem bloßen „Veranlassungsprinzip" [1]) aufbauen zu wollen scheint, noch deutlicher als § 1299 (oben § 42 sub B II 3), bei welchem wir trotz der Fassung ein Verschulden im echten Sinne leugneten.

2. Doch ist diese einfache Beweisführung nicht ausreichend angesichts des Umstandes, daß in den Materialien eine entgegengesetzte Ansicht sehr scharf betont wird. In den Prot. II Nr. 125 I S. 305 f.[2]) zu BGB. § 628 findet sich nämlich folgendes ausgeführt. Es wird zunächst (S. 305) gesagt, daß „die Mehrheit unter dem „vertragswidrigen Verhalten" .... nicht ein lediglich objektiv vertragswidriges, sondern ein subjektiv schuldhaftes Verhalten verstanden wissen wollte" und dann genauer S. 306 sub C folgendes bemerkt: „Eine Meinungsverschiedenheit ergab sich über den Sinn der Worte „vertragswidriges Verhalten" in dem Abs. 1 des § 566 a.[3]) Von einer Seite wurde behauptet, daß hier ein Gegensatz zu dem „schuldhaften Verhalten" in dem Abs. 2[4]) vorliege. Bei letzterem sei an ein subjektives Verschulden des Beteiligten zu denken, während das „vertragswidrige Verhalten" als ein nur objektiv widerrechtliches angesehen werden müsse. Die Mehrheit war hierüber anderer Ansicht; man beschloß festzustellen, daß auch in Abs. 1 ein subjektiv rechtswidriges Verhalten gemeint sei. Dies entspreche durchaus dem Sprachgebrauche des Entw.; insbesondere müsse in den §§ 528 und 557 das „rechtswidrige" Verhalten des Mieters bezw. des Entleihers als ein subjektiv widerrechtliches aufgefaßt werden, da sich sonst das in jenen Paragraphen festgestellte ganz anormale Rücktrittsrecht des Vermieters und des Verleihers nicht rechtfertigen lasse".

3. Aber diese Ausführungen der Protokolle sind kein Beweis für die Identität von „Vertragswidrigkeit" und „Verschulden". Zunächst bekennen sich diese Ausführungen lediglich als „Ansicht" der Mehrheit, und bloße „Ansichten" innerhalb der gesetzgebenden Körperschaften sind bekanntlich noch durchaus nicht dasselbe wie Beschlüsse und fertiges Gesetz; auch erfahren wir nicht im mindesten, ob nicht diese „Ansicht" später fallen gelassen worden ist. Ferner erhellt auch zu den von den Protokollen herangezogenen §§ 528 und 557 E. I, den jetzigen §§ 553, 605 (oben § 16 sub II 2 a und b), keineswegs die Richtigkeit der Annahme der Protokolle,[5]) daß auch hier vertragswidrig soviel wie subjektiv widerrechtlich bedeute.[6])

4. Mit allem Nachdruck muß aber die Richtigkeit der in den Prot. a. a. O. geäußerten Ansicht bestritten werden, daß überhaupt der Sprachgebrauch des Gesetzes in vertragswidrigem Verhalten ein subjektiv widerrechtliches erblicke. Wie zu §§ 553 und 605 ergeben auch zu § 550 die Materialien[7]) dafür nicht den geringsten Anhalt und das Gesetz auch nicht. Im Gegenteil kann man allenfalls

---

[1]) Ueber die dritte von „veranlassen" redende Stelle im BGB., § 2259 Abs. II Satz 2, vgl. bereits oben S. 306 Anm. 4; daß die Schadenersatzpflicht, welche § 628 aufstellt, als solche allerdings nichts betreffs eines Verschuldens beweist, vgl. oben § 42 sub C II 3.

[2]) Vgl. oben § 41 sub II 2 S. 292 Anm. 2.

[3]) Dieser § 566 a (Antrag) ist ebenda Nr. 124 V S. 301 abgedruckt.

[4]) Wegen dieses Vorschlags in § 566 a Abs. 2 meinen Prot. a. a. O. S. 306 sub D, daß er „sich inhaltlich mit dem Entw. § 566 Abs. 1 Satz 2 deckt", was aber keineswegs der Fall, mindestens jedoch unbewiesen geblieben ist.

[5]) Auch Haidlen I S. 694 druckt freilich die Ansicht der Protokolle „vertragswidriges — subjektiv widerrechtliches (Komm. Prot.) — Verhalten" ab.

[6]) In dieser Hinsicht findet sich nicht der geringste Anhalt in Mot. II S. 417, 452 und Prot. II Nr. 117 IV S. 229, Nr. 122 IV S. 275, Nr. 145 V S. 513 f., Prot. VI Nr. 415 S. 184 ff.

[7]) Da in E. I eine entsprechende Norm noch nicht enthalten war, kommen nur Prot. II S. 187 f. Nr. 114 II in Betracht.

einen Umstand als beweisend gegen die Notwendigkeit gleichzeitigen Platzgreifens eines subjektiven Verschuldens anführen. § 550 spricht nämlich von einer „Abmahnung[1]) des Vermieters" gegenüber dem Mieter, der von der gemieteten Sache „vertragswidrigen Gebrauch" macht. Man kann sagen, daß hier der Mieter mala fide ist,[2]) daß er sich der Vertragswidrigkeit und objektiven Widerrechtlichkeit subjektiv bewußt sei. Aber einmal führt das Gesetz diese Abmahnung in den Tatbestand erst ein, nachdem der Mieter bereits den vertragswidrigen Gebrauch — vielleicht eben vorläufig noch bona fide — gemacht hatte, und sodann fehlt dies zusätzliche Merkmal, das nur noch in § 553 begegnet, in §§ 605 und 628 gänzlich.[3]) Uebrigens ist auch nicht einzusehen, warum, wenn die „Rechtswidrigkeit", die „Pflichtwidrigkeit" und die „Gesetzwidrigkeit" nach dem Sprachgebrauche des BGB. etwas lediglich Objektives bezeichnen kann (vgl. oben sub I—III), von der „Vertragswidrigkeit" nichts gleiches gelten soll.

5. Wiewohl insbesondere[4]) zum Falle des § 628 viele Autoren[5]) — Cosack,[6]) Crome,[7]) Dernburg,[8]) Fischer-Henle,[9]) Liebe,[10])

---

[1]) Die „Abmahnung" begegnet außer in §§ 550 und 553 noch in §§ 1053, 1054, 1217 Abs. I, von denen die drei letzteren schon oben § 16 sub II 3 und V 2 erwähnt worden sind; sie hat nichts zu tun mit der in §§ 284, 410 Abs. I Satz 2 und 1160 Abs. II in technischem Sinne begegnenden „Mahnung" („Mahnverfahren" in §§ 209 Abs. II Nr. 1, 213, 284 Abs. I Satz 2).

[2]) Hier nicht im technischen Sinne (BGB. § 932 Abs. II, oben § 34) gemeint; vgl. oben S. 210 Anm. 1 und die dortigen Verweisungen.

[3]) Ich kann daher diesem Moment nicht soviel Bedeutung beilegen, wie Oertmann S. 275 a. E. zu § 553.

[4]) Zu den anderen Fällen (§§ 550, 553, 605) äußern sich von den wegen ihrer Stellungnahme zu § 628 in den folgenden Anmerkungen erwähnten Schriftstellern nicht: Achilles S. 207 f., 221, Cosack (I S. 481 Note 44 a und 46, S. 506 sub 4 a), Dernburg (II 2 S. 166 sub II, 167 sub IV 2, 202 sub II 2), Eck (I S. 486 f., 506), Engelmann (S. 314, 356), Endemann (I S. 1055 Anm. 11 und 12, S. 1154 Anm. 19), Fischer-Henle (S. 282 Anm. 2, 283 Anm. 5, 302), Matthiaß (I S. 549 Nr. 2, 551, 574 sub β). Zu allen einschlägigen Fällen nichts für uns Erhebliches bei Schollmeyer, Einzelne Schuldverhältnisse S. 41 ff., 54 ff., 60 ff., Landsberg I S. 449 sub d, 496 sub a, 461, Müller und Meikel I S. 472, 490, 511. — Ueber Oertmann, der (S. 272) zu § 550, Planck, der (II S. 305/6 und 339/40) zu §§ 550 und 605, und Crome, der (II S. 549 f., 585) zu §§ 550 und 553 schweigt, vgl. wegen ihrer Bemerkungen zu den anderen Normen unten Anm. 7 und S. 340 Anm. 3 und 5. Zu § 553 äußert sich Neumann, Jahrb. I 1 S. 368 mit ungenauen Zitaten betr. Planck und Cosack im Sinne subjektiver Widerrechtlichkeit (im übrigen bei Neumann a. a. O. S. 368, 379, 391 f. nichts Einschlägiges). In gleichem Sinne durchweg Mayring (S. 318 sub II 1 a, S. 324 sub II 1, S. 398 Anm. 6).

[5]) Es äußern sich nicht weiter zu § 628 z. B. Achilles (S. 231), Eck (I S. 516 f.), Engelmann (S. 367 ff.), Kipp (II S. 712, 827), Meisner (S. 186), Weyl (I S. 453). — Müller und Meikel 1. Aufl. (1899) I S. 331 wollten durch den gesperrten Druck des Wortes „vertragswidrig" vielleicht ihren Beitritt zur communis opinio erklären (jetzt, 2. Aufl., 1904, S. 511 kein gesperrter Druck); nicht deutlich, also vielleicht in unserem Sinne, Enneccerus-Lehmann I § 281 IV S. 676 sub 3 verglichen mit S. 675 sub 1. — Auch Schöller in Gruchots Beitr. 46 (1902) S. 281 scheint „vertragswidriges" Verhalten des Mieters und „zu vertretendes (schuldhaftes) Zuwiderhandeln oder Unterlassen" zu scheiden.

[6]) Cosack I § 145 IV 2 S. 529 („schuldhaft vertragswidrig"), S. 530 oben („schuldhaftes Verhalten").

[7]) Crome II § 260 S. 659 Anm. 38 („Vertragswidriges Verhalten ist hier immer nur unter der Voraussetzung eines Verschuldens zu verstehen"). Dem widerspricht aber andererseits die Bemerkung S. 659/660 zu Abs. I Satz 2 („wer als Dienstpflichtiger in dieser Weise, wenn auch ohne Verschulden, die vorzeitige Aufhebung des Kontrakts herbeiführt"). Ferner Crome II § 246 S. 589 (vgl. ebenda S. 593 Anm. 61) zu § 605 („wegen vertragswidrigen Gebrauchs sowie wegen sonstiger schuldhafter Behandlung der Sache").

[8]) Dernburg II 2 § 308 S. 399 sub 3 („der Teil, welcher durch vertragswidriges Benehmen die Kündigung verschuldet hat").

[9]) Fischer-Henle S. 314 Anm. 1 („subjektiv und objektiv widerrechtlich").

[10]) Liebe I S. 461 sub 2 a, S. 463 sub c β.

Matthiaß,[1]) Mayring[2]) und Planck[3]) — sich im Sinne der Prot. a. a. O.[4]) aussprechen bezw. — wie Oertmann[5]) — wenigstens stark dieser Ansicht zuneigen, wird man nach dem sub 1—4 Bemerkten dennoch an der auch bei Endemann und von Liszt durchschimmernden Auffassung[6]) festhalten müssen, daß die „Vertragswidrigkeit" an sich nicht schuldhaft ist. Hiergegen beweist auch nichts das einzige Erkenntnis, welches zu den einschlägigen Normen[7]) bisher erschienen ist, eine Entscheidung des Reichsgerichts vom 9/16. November 1900,[8]) in welcher streikende Arbeiter nach § 628 Abs. II für ersatzpflichtig gegenüber dem Arbeitgeber erklärt werden, weil eine von den Arbeitern verschuldete vorzeitige Auflösung des Arbeitsvertrages vorliege; denn zu demselben Ergebnisse konnte bei dieser Sachlage, bei welcher ein Verschulden unzweifelhaft anzunehmen ist, das erkennende Gericht schon nach der allgemeinen Regel des BGB. § 276 Abs. I Satz 1 gelangen.[9])

6. Die Antwort ist praktisch nicht unwichtig wegen der Folgen;[10]) so, was den Einfluß entschuldbaren Irrtums betrifft, vor Allem aber auch für die Fragen, ob Vertragsverletzung sich unbedingt mit unerlaubter Handlung deckt[11]) und ob auch hier wegen Einmischung eines subjektiven Elementes Berücksichtigung der §§ 827 ff. BGB. (vgl. oben § 28 sub IV und § 39 sub I 1 b) in Frage kommt. Auch würde es wohl schwer fallen, eine Abgrenzung des „vertragswidrigen Ver-

[1]) Matthiaß I § 122 S. 590 („schuldhaft"). Er beruft sich auf den das Recht des BGB. nur flüchtig streifenden Aufsatz von Reinhard im Sächs. Arch. Bd. 7 (1897, S. 33 ff.) S. 48.

[2]) Mayring S. 435/436 (vgl. dazu auch unten § 46 sub B S. 353 Anm. 4).

[3]) Planck S. 307 sub 1 (zu § 553), S. 367 sub 3 b (zu § 628), unter Berufung dort auf die Prot., hier auf den Sprachgebrauch des BGB.

[4]) Auf sie beruft sich außer Planck (vorige Anm.) auch Matthiaß a. a. O.

[5]) Oertmann S. 275 sub 1 (zu § 553) und S. 347 sub 2 a (zu § 628), wogegen er S. 318/19 (Anm. 1 b zu § 603; vgl. auch S. 321 Anm. 4 zu § 605) die Möglichkeit vertragswidrigen Gebrauches ohne Verschulden „etwa bei entschuldbarem Irrtum über die Grenzen des zulässigen Gebrauchs" zugibt; anderer Ansicht Fischer-Henle S. 283 Anm. 5.

[6]) Vgl. zu dieser Auffassung, wenn freilich nicht gerade zu obigen Gesetzesstellen und nur wegen der Deliktsfolgen, von Liszt S. 10 ff., 43 a. E. — Insbesondere aber Endemann I § 174 S. 1096 Anm. 46.

[7]) Keine bezw. keine auf unsere Frage bezügliche Judikatur findet sich zu §§ 550, 553 und 605 bei Warneyer (I S. 67 f., 71, II S. 49 f., 52), in der Spruchsamml. (I S. 20 f. und II S. 17) und bei Scherer (I S. 90, 93, II S. 156 f., 159, 160 f., III S. 220, 228). — Die Entsch. des Reichsger. vom 27. Dezember 1900 (VI 316/00) in Bd. 47 (1901) Nr. 37 S. 162 ff. (vgl. auch Jur. Wochenschr. 30, 1901, S. 51, Neumann, Jahrb. I 1 S. 368, Fischer-Henle S. 282 Anm. 2) zu BGB. § 550 läßt es unerörtert, ob die „Vertragswidrigkeit" ein Verschulden enthält; ebenso das bei Warneyer I S. 75 zu § 628 erwähnte Erkenntnis des OLG. Stuttgart vom 18. Mai 1900 in den Bl. f. württemb. Rechtspflege 13 S. 158 ff. Das Erkenntnis des Bayr. Oberst. LG. vom 2. Januar 1901 (I 146/00) in Seuff. Arch. Bd. 56 (3. Folge Bd. I), 1901, S. 467 ff. (vgl. Warneyer I S. 91 Note A 1 b) identifiziert zwar (S. 467 a. E.) „vertragswidriges Handeln" und „vertragliches Verschulden" (im Gegensatze zum „außervertraglichen"), bezieht sich aber auf Gew.O. § 127 und nimmt nicht (oder doch nur in der Ueberschrift) auf Normen des BGB. Bezug.

[8]) Bd. 47 Nr. 56 S. 246 ff. (III 221/00) der Entsch.; vgl. Warneyer I S. 75, Achilles S. 231, Fischer-Henle S. 314 Anm. 3, Spruchsamml. I S. 21 a. E. und in extenso auch in der Juristen-Ztg. VI (1901) Nr. 3 S. 73/74.

[9]) Dies scheint auch die Auffassung des Reichsgerichts selber a. a. O. S. 248 zu sein. — In Erwägung käme auch BGB. § 826; vgl. oben § 36 sub II 9.

[10]) Vgl. Planck II S. 307 sub 1, Oertmann S. 275 sub 1 (oben Anm. 5), vgl. oben § 41 sub II S. 292 Anm. 2; Fischer-Henle S. 283 Anm. 5, der sich dadurch aber mit der Bemerkung S. 314 Anm. 1 (oben S. 339 Anm. 9) in Widerspruch setzt, während Planck und Oertmann in Konsequenz ihrer Anschauung von der subjektiven Widerrechtlichkeit der Vertragswidrigkeit bei entschuldbarem Irrtum des Mieters das Kündigungsrecht des Vermieters aus § 553 leugnen.

[11]) Näheres vgl. auch oben § 39 sub II 2 c γ.

haltens" gegenüber der einfachen Nichterfüllung der Vertragspflichten zu finden (von der wir oben § 37 sub VI sahen, daß sie jedenfalls ein Verschulden nicht involviert) und eine innere Rechtfertigung für verschiedene Behandlung beider Tatbestände aufzustellen.

B. Wie zum Begriff „ordnungswidrig" den Gegensatz der Begriff „ordnungsmäßig" (oben § 35 sub I 1 und 2) bildet, so können wir den entsprechenden Gegensatz auch zu den andern sub A besprochenen Ausdrücken mit einziger Ausnahme von „gesetzmäßig" im BGB. konstatieren.

I. Wir finden: [1])

1. „pflichtmäßig" 2 Mal (nämlich in §§ 1799 Abs. I Satz 1 und 1850 Abs. I Satz 1);

2. „rechtmäßig"[2]) 5 Mal (nämlich in §§ 376 Nr. 3, 1242 Abs. I Satz 1, 1243 Abs. I, 1318 Abs. I und EG. z. BGB. Art. 40 Nr. II § 7 a Abs. I); dazu „Rechtmäßigkeit" in § 1244.

3. „vertragsmäßig"[3]) 34 Mal und zwar:

a) als vertragsmäßigen Gebrauch in den bereits oben § 16 sub II 2 genannten 11 Stellen;

b) als vertragsmäßige Vergütung, Leistung bezw. hergestelltes Werk in §§ 27 Abs. II, 110 und 640 Abs. I;

c) im übrigen[4]) nicht in dem hier allein interessierendem Sinne dessen, was dem — konkreten — Vertrage gemäß ist, sondern in dem Sinne: auf einem Vertrage beruhend, im Wege eines Vertrages zustande gekommen u. dgl.

II. Diese Ausdrücke geben zur Interpretation ihrer Gegensätze kein weiteres Material und können am wenigsten dazu dienen, eine subjektive Bedeutung jener Begriffe in der Richtung auf ein Verschulden zu erhärten.

C. Zusammenfassend sei betont, daß die Gesetzwidrigkeit, Pflichtwidrigkeit, Rechtswidrigkeit und Vertragswidrigkeit[5]) für den Kreis unserer weiteren Betrachtungen, insbes. also für die Systematik der subjektiven Schuldbegriffe des BGB., ebenso interesselos sind, wie (oben § 35 sub III) die Ordnungswidrigkeit. Das Verhältnis dieser Begriffe zu einander oder zu den bisher besprochenen wirklichen Verschuldensbegriffen genauer nachzuprüfen, fehlt uns daher auch jegliche Veranlassung.[6])

---

[1]) Vgl. auch oben § 35 S. 217 Anm. 4.

[2]) Darüber, daß rechtmäßig und -widrig ineinander ausschließen, vgl. auch Titze in der Juristen-Ztg. IX (1904) Nr. 6 S. 286. Ueber ein Erkenntnis des OLG. Dresden vom 10. Oktober 1902 unten § 45 sub A I 4.

[3]) Das Wort steht in §§ 640 (Abs. I), 1951 (Abs. II Satz 2), 2288 (Abs. I) und 2289 (Abs. I Satz 1) adverbiell, sonst stets adjektivisch.

[4]) In Verbindung mit „Verfügung" (von Todes wegen) in §§ 2278 (zweimal), 2290 f., 2294 f., 2297—2299; in Verbindung mit „Rücktrittsrecht" in §§ 280, 286, 327, 467; ferner in §§ 222 (Anerkenntnis) und 2279 (Zuwendungen und Auflagen) sowie in EG. z. BGB. Art. 16 (Güterstand) und 39 (Zinsen). Ferner in der (bei Gradenwitz nicht notierten) Ueberschrift zu Buch IV Erster Abschnitt Sechster Titel II („vertragsmäßiges Güterrecht"). Ebenso das Adverbium in §§ 1951 und 2288 f.

[5]) Alle 4 Ausdrücke können in Beziehung treten zu „unbefugtem" Handeln; über den Gebrauch des Wortes „unbefugt" („nicht befugt") im BGB. vgl. oben § 16 sub II 3 S. 63 Anm. 2.

[6]) Eine mit der Terminologie des BGB. selber wohl nicht völlig in Einklang stehende Bemerkung (das vertrags-, pflicht- oder gesetzwidrige Verhalten des Schuldners gegenüber seinem Gläubiger sei nicht rechtswidrig im Sinne des § 823 Abs. I) gibt z. B. Cosack I § 163 S. 603 sub c; derselbe äußert sich § 167 S. 624 oben über den Unterschied zwischen „rechtswidrig" und „rechtlos"; letzteres Wort ist im BGB. nicht vorhanden. Ueber das Verhältnis der Rechtswidrigkeit zur „schweren Verfehlung" in § 530 vgl. eine kurze Bemerkung oben S. 244 Anm. 6.

D. Im Handelsgesetzbuch begegnen die Ausdrücke „gesetzwidrig" und „pflichtwidrig" garnicht; hingegen findet sich „rechtswidrig" zweimal (in §§ 775 Abs. II und 777 Abs. II wegen Beschädigungen durch „rechtswidrige Handlungen")[1]) und „vertragswidrig" gleichfalls zweimal (in § 70 Abs. II wegen vertragswidrigen Verhaltens des einen Teils als Veranlassung zur Kündigung für den andern Teil und in § 75 Abs. I Satz 1 wegen vertragswidrigen Verhaltens des Prinzipals als Kündigungsgrund für den Handlungsgehilfen). Synonyme Wendungen zu den erwähnten Worten, insbesondere zu „gesetzwidrig" sind: „Zuwiderhandlung", „zuwiderhandeln" bezw. „zuwiderlaufen", „in Widerspruch stehen" mit gewissen Vorschriften (§§ 453 Abs. IV, 565 Abs. I Satz 2, 471 Abs. II Satz 1 und 2) sowie gewissen Vorschriften „entgegen" (§§ 217 Abs. I Satz 1, 241 Abs. III).[2]) Zu weiteren Bemerkungen regen diese Wendungen des HGB. kaum an; höchstens wäre hervorzuheben, daß §§ 70 und 75 HGB. eine besondere Aehnlichkeit mit BGB. § 628 (oben sub A IV 5) aufweisen und daß auch betreffs ihrer in der Literatur[3]) behauptet wird,[4]) die Vertragswidrigkeit sei gleichbedeutend mit „Verschulden".[5])

§ 45.

Die Verstöße gegen Gesetze und die Verstöße gegen Treu und Glauben.

A. Unsere Beobachtungen über „Verstöße gegen die guten Sitten" (§ 36) leiten uns zur Prüfung der anderen im Gesetz erwähnten und in der Ueberschrift genannten „Verstöße" hinüber, in betreffs derer wir das gesetzliche Material schon in § 18 sub A und C zusammengestellt hatten.

I. Die Verstöße gegen Gesetze (§ 18 A I und II).

1. Wenn schon die „Verstöße gegen die guten Sitten" begrifflich etwas rein Objektives sind, so ist dies ebenso, nur vielleicht noch offensichtlicher der Fall betreffs der Verstöße gegen Gesetzesnormen, und wir können darum von der Frage, ob daneben im Einzelfall gleichzeitig ein subjektives Moment vorliegt, das die Brücke zum „Verschulden" bildet, ganz absehen. Nur ist zu konstatieren, daß in dreien Fällen gewisse Beziehungen zwischen Verstoß gegen ein Gesetz und Verschulden deutlicher zu tage treten. Es ist dies der Fall:

a) In BGB. § 823 Abs. II (oben § 18 A II sub 2), wo in Abs. II auf nachdrücklichste Weise die Schadensersatzpflicht vom Verschulden abhängig gemacht, mithin das Verschuldensprinzip zur Anerkennung gebracht, aber andererseits gerade durch die Fassung der Norm klargestellt wird, daß Verstöße gegen Gesetze auch „ohne Verschulden möglich" sind.

---

[1]) Vgl. oben § 39 („unerlaubte Handlungen") sub III.

[2]) Vgl. auch § 213 („nach dem Gesetz ausgeschlossen"), § 78 Abs. II („der abgegebenen Erklärung zuwider").

[3]) Nicht äußert sich z. B. Cosack, Handelsrecht, 6. Aufl. (1903) S. 94 f. sub VI, S. 98 sub 4.

[4]) So Staub, Kommentar Bd. I Anm. 14 zu § 70 S. 277 c (während er zu § 75 Anm. 1 S. 293 sub 1 a darüber schweigt) und anscheinend auch Lehmann-Ring Bd. I S. 182 sub a Nr. 2 zu § 75, während sich wiederum S. 170 ff. zu § 70 über die Angelegenheit nichts findet. — Zu AHGB. (Art. 61 ff.) vgl. Reinhard (oben S. 340 Anm. 1) S. 33 ff.

[5]) Einen gewissen Rückschluß auf die Auffassung des Gesetzgebers erlaubt der Vergleich des Wortlauts von HGB. § 75 Abs. I Satz 1 einerseits und Satz 2 andererseits dahin, daß beide Begriffe verschieden sind.

b) In EG. z. BGB. Art. 107 (ebenda sub 4 c): indem hier die Konservierung derjenigen Partikularrechtsnormen[1]) proklamiert wird, welche eine Pflicht zum Ersatze des Schadens aufstellen, der durch den Verstoß (Zuwiderhandeln) gegen eine Gesetzesnorm „verursacht wird", wird im Gegensatze zu Fall a das „Verursachungsprinzip" maßgebend gemacht.

c) In BGB. § 309 (ebenda sub 1 c): dieser will auf Verträge, die gegen ein gesetzliches Verbot verstoßen, § 308 angewendet wissen, welcher seinerseits zwar eine Schadensersatzpflicht statuiert, diese aber (ähnlich wie § 823 Abs. II, oben sub a) von Kenntnis oder schuldhafter Unkenntnis (Kennenmüssen, oben § 32) der Verbotswidrigkeit abhängig macht (§ 307 Abs. I Satz 1) — und dabei Kulpakompensation eingreifen läßt, ebenda Satz 2 —, so daß der Verstoß gegen das Veräußerungsverbot als solcher die typische Folge des Verschuldens noch nicht nach sich zieht.

2. Auch die andern von Verstößen gegen Gesetze redenden Stellen (oben § 18 A II 1 a, b und d, 3 a und b) sprechen sich durchaus nur in der Richtung eines objektiven Geschehnisses aus. So[2]) §§ 134 f. und 2171, indem sie lediglich die Folge der absoluten Nichtigkeit bezw. der relativen Unwirksamkeit der verbotswidrigen Rechtsgeschäfte sanktionieren; § 1243, indem er die Verstöße gegen die gesetzlichen Vorschriften als „nicht rechtmäßig" bezeichnet; EG. z. BGB. Art. 151, indem er den Verstoß gegen gewisse Partikularrechtsnormen für einflußlos auf die Gültigkeit einer Verfügung von Todeswegen erklärt; EG. z. BGB. Art. 30 (ebenda sub B II 3), indem er lediglich davon spricht, daß die Anwendung eines ausländischen Gesetzes gegen den Zweck eines deutschen Gesetzes verstoßen würde.

3. Angesichts dieses Inhaltes der einschlägigen Vorschriften wird es nicht Wunder nehmen, wenn sich in den Materialien[3]) im allgemeinen keinerlei Aeußerungen entdecken lassen, welche auf Beziehungen der Verstöße gegen die Gesetze zu einem subjektiven schuldhaften Verhalten hinweisen, und wenn die einzige diesbezügliche Aeußerung, enthalten in Prot. II Nr. 150 a. E. S. 572 zu § 823 Abs. II (oben sub 1 a), gerade umgekehrt die Möglichkeit betont, daß die Gesetze „das Zuwiderhandeln gegen ein Gebot oder Verbot unabhängig von einem Verschulden des Täters" mit Rechtsfolgen umkleiden.

4. Ebenso schweigt die Literatur[4]) und Judikatur[5]) zu den ein=

---

[1]) Z. B. Preuß. Feld= und Forstpolizeigesetz vom 1. April 1880 (Ges.=Samml. S. 230) §§ 67 ff. Andere Beispiele bei Weißler, Preußisches Landesprivatrecht Bd. I (Leipzig 1900) S. 182 E, Bd. II (1901) S. 579, 584.

[2]) Ueber die in § 18 A II sub 4 zusammengestellten Normen einschließlich des bereits sub 1 b erwähnten Art. 107 EG. zu BGB. vgl. unten sub 7.

[3]) In Betracht kommen: Mot. I S. 210 ff., II S. 178, 726, 849 f. (oben § 36 sub II 7 a β), III S. 831, V S. 153 f., Prot. I S. 122 f., 455, II S. 569 ff., III S. 482, V S. 342 f., VI S. 81 ff., 200 f., 212 f, 458.

[4]) Vgl. z. B. zu §§ 134 f. z. B. Gareis S. 165 ff. Hölder S. 302 f., Kuhlenbeck, BGB. I S. 108, Planck I S. 243 ff., Riezler S. 391 ff., Rehbein I S. 164 ff., auch Stammler, Richtiges Recht S. 401 ff., Josef im Arch. f. bürgerl. R. 20 (1902) S. 48 f.; zu § 309 Oertmann S. 60, Planck II S. 82, Rehbein II S. 151 ff.; zu §§ 817, 819 und 823 Kuhlenbeck a. a. O. S. 667 f., 676 f., Oertmann S 546, 550, 558; zu § 1243 Planck III S. 693 Anm. 1, Biermann S. 463 f., Kober S. 583 f.; zu § 2171 Planck V S 349 (vgl. daselbst Anm. 2); zu EG. z. BGB. Art. 30 und 151 Planck VI S. 97/98 Note 3 und S. 244/245, Niedner S. 85 ff., 283 ff. Ferner z. B. nichts bei Neumann, Jahrb. I 1 S. 34 f., 80 ff., 215, 457 f., 472 ff., 716, I 2 S. 13, 253, II S. 20, 64 f., 209.

[5]) Nichts Einschlägiges findet sich zu den erwähnten Normen in der Spruchsammlung (I und II), bei Scherer (I—III), bei Neumann I u. II (1.—3. Lieferung) und bei Warneyer I und II; höchstens wäre auf das (auch bei Warneyer II S. 104

schlägigen Normen über eine etwaige Beziehung der objektiven Verstöße gegen die Gesetze zu einem subjektiven Verschulden des Beteiligten.

5. Damit soll es aber keineswegs geleugnet werden, daß neben dem objektiven Tatbestande ein subjektives Verschulden sehr wohl vorhanden sein kann, und daß § 823 Abs. II sowie § 309 in Verbindung mit § 307 gerade mit diesem Falle operieren, wurde schon (oben sub 1 a und c) hervorgehoben.[1])

6. Was übrigens den Charakter der Normen betrifft, gegen welche die erwähnten Verstöße in Betracht kommen, so kann es sich sowohl um Verbotsnormen[2]) (vgl. insbes. die in § 18 A I und A II 1) wie (vgl. ebenda sub II 2 und 3) auch etwa — soweit eben nicht das Gesetz ausdrücklich nur von Verstößen gegen „Verbote" redet — um Gebotsnormen[3]) handeln, und ferner nicht bloß um Gesetze im engeren Sinne, sondern[4]) (vgl. ebenda sub II 3, 4 c) um Rechtsvorschriften im weitesten Sinne.

7. Das sub 1—6 Bemerkte, insbesondere der lediglich objektive Charakter des Verstoßes, trifft genau ebenso zu für die von uns in der Materialsammlung (§ 18 sub A II 4) den bisher besprochenen Gesetzesstellen gleichgestellten Normen, in denen wir ebenfalls von einem subjektiven Verschulden der Beteiligten garnichts erfahren[5]) und in denen übrigens auch die Schadenersatzpflicht[6]) nur verhältnismäßig selten (in dem schon sub 1 b gestreiften Falle 4 c und im Falle 4 d δ) die Folge des Zuwiderhandelns bildet.

8. Wegen des nach § 823 Abs. II Satz 2 im besonderen erforderlichen

---

erwähnte) Erkenntnis des OLG. Dresden vom 10. Oktober 1902 (Mugdan und Falkmann VI, 1903, Nr. 19 k S. 126) hinzuweisen, worin zu BGB. § 1243 (oben sub 2) betont wird, daß es nur wesentlich ist, ob der Pfandverkauf rechtmäßig oder nicht rechtmäßig erfolgte, daß dagegen Kenntnis oder Nichtkenntnis des Eigentumsverhältnisses an sich nicht entscheidend sei.

[1]) Aus der Literatur vgl. zu diesen Normen in dem im Texte angedeuteten Sinne z. B. Planck II S. 611 ff. zu § 823. Ferner zu §§ 817 und 819 Planck II S. 589 und S. 594/595 Note 1, ebenso übrigens zu BGB. § 458 Abs. I Satz 1 (unten sub 7) Planck II S. 245 Anm. 2.

[2]) Das Wort „Verbot" findet sich außer in §§ 134, 309, 817, 819, 1327 und 2171 (oben § 18 sub A I und II 1 a, c und d sowie II 4 b) nur noch in § 1837 Abs. I, der oben § 19 sub IV 5 a erwähnt worden ist, jedoch in diesen Zusammenhang nicht gehört. Von Komposita findet sich nur „Veräußerungsverbot" in §§ 135 f. (oben § 18 sub A II 1 b) und in dem uns nicht interessierenden § 888 II. — Das Verbum „verbieten" (über den Gegensatz „erlauben" vgl. oben § 39 sub I 4 a S. 258 Anm. 4) weist zunächst auf Verbote von Gesetzes wegen (vgl. §§ 858 f., 861—864, 869, 992, 2025 wegen „verbotener Eigenmacht", §§ 1328 Abs. I und 1732 wegen verbotener Ehen, § 958 Abs II wegen verbotener Aneignung, vgl. auch § 61 Abs. II wegen verbotener Vereine) und nur seltener auf Verbote, die von privater Seite (Eigentümer, §§ 904 ff., oder Erblasser, § 2263) ausgehen.

[3]) „Gebot" im Sinne einer gebietenden Norm begegnet nirgends, vielmehr nur als Gebot des Vormundschaftsgerichts in § 1837 (vorige Anm.), während es in §§ 156 Satz 2, 1239 Abs. II Satz 1 und 2 und 1240 Abs. II ebenso wie die bei Gradenwitz pag. XIV übersehenen Komposita „Angebot" und „Uebergebot" (§§ 156, 295 ff., 304) nicht von „gebieten" sondern von „bieten" abzuleiten ist. Das Partizip „geboten" im Sinne von „angebracht" begegnet in §§ 227, 1078, 1286, 1360, 1387, 1416 und 1635. Vgl. übrigens „Gebote der Menschlichkeit" in HGB. § 814 Nr. 3. „Gebieten" im Sinne von „befehlen" ist im BGB. überhaupt nicht zu finden.

[4]) Vgl. auch EG. z. BGB. Art. 2.

[5]) Ebenso nicht in den Materialien (vgl. Mot. II S. 332, 620 f., 879 f., IV S. 53, 1001 f., V S. 130, Prot. II S. 72 ff., 438, 750 ff., IV S. 53 ff., 740, V S. 150 ff.) und in der Literatur; vgl. Oertmann S. 460 Note 6, 477 Note 3, Planck II S. 472 Note f, S. 491 Note 2, IV S. 511, V S. 315 Note 4; über Planck II S. 245 Note 2 zum BGB. § 458 Abs. I vgl. bereits oben Anm. 1; als argumentum e contrario vgl. auch die Bemerkung von Oertmann S. 180 Anm. 5 zu § 458 Abs. II.

[6]) Ueber ihre nur sehr problematische Bedeutung als Anhaltspunkt für ein Verschulden vgl. oben § 42 sub C II 3.

gleichzeitigen Verschuldens[1]) sei noch folgendes bemerkt: Es kann in Vorsatz oder Fahrlässigkeit bestehen;[2]) das in ihm liegende[3]) Voraussehen oder Voraussehenkönnen braucht sich lediglich auf den „Verstoß" (die Uebertretung der Vorschrift) zu beziehen, nicht auch[4]) auf den Erfolg der Handlung (die kausal herbeigeführte Schadenzufügung), betreffs derer vielmehr die Verursachung genügt.[5]) Von einer Schadenzufügung des bloß mittelbar Geschädigten kann hier (im Gegensatz zu § 826, oben § 36 sub II 9 g) nicht die Rede[6]) sein, und das Verschulden ist hier[7]) zweifellos zugleich dann ein Delikt, wenn es an sich nichts weiter als eine Verletzung der kontraktlichen Verpflichtungen des Schuldners gegen den Gläubiger enthält.[8])

II. Verstoß gegen Treu und Glauben.

1. Auch dieser, nur einmal (§ 320 Abs. II, oben § 18 C) begegnende „Verstoß" ist lediglich objektiv zu verstehen.

2. Zu gegenteiliger Auffassung, daß nämlich derjenige, welcher sich durch Verweigerung der Gegenleistung den Verstoß gegen Treu und Glauben zu Schulden kommen läßt,[9]) dabei notwendigerweise ein subjektives Verschulden begeht, liegt nicht der mindeste Anlaß vor.

a) Der Zusammenhang, in welchem die Wendung im Gesetze begegnet — namentlich der Umstand, daß der Verstoß gegen Treu und Glauben von den äußeren Umständen, insbesondere der „verhältnismäßigen Geringfügigkeit" des rückständigen Teils der gegnerischen Leistung abhängig gemacht wird —, spricht entschieden dafür, daß der Gesetzgeber nur beabsichtigte, ein möglichst objektives Kriterium zu bieten; und auch sonst wird ja der Maßstab von „Treu und Glauben", der sich noch in §§ 157, 242 einerseits[10]) und §§ 162, 815 andererseits[11]) findet, ebenso wie der Maßstab des „Verhältnismäßigen"[12]) bezw. des „Unverhältnismäßigen"[13]) im Gesetz[14]) als ein objektiver betrachtet werden müssen.

b) Die Materialien geben ebenfalls keinen Anhalt, diesen „Verstoß" als ein subjektives Verschulden des Verstoßenden selber zu betrachten:

---

[1]) Wegen der ungemein streitigen Frage, was unter dem „Schutzgesetz" des § 823 Abs. II zu verstehen sei, vgl. bereits oben § 1 (Einleitung) S. 2 sub II. Ein Beispiel würde auch das oben § 36 sub II 9 h β erwähnte „Plagiat" bilden.

[2]) Ferner sowohl in einem Tun wie in einem Unterlassen (vgl. Oertmann S. 559 sub b, Kuhlenbeck, BGB. S. 677, Enneccerus-Lehmann I S. 846 sub II).

[3]) Vgl. oben § 31 sub C VI und unten § 55 sub A VII 1 d.

[4]) Vgl. Cosack I S. 605 sub 3 b, Crome II S. 1024, Enneccerus-Lehmann a. a. O., Kipp II S. 887 sub b, von Liszt S. 35, Matthiaß I S. 710 B, Oertmann S. 559 sub c, Planck II S. 613 sub d.

[5]) Vgl. Crome S. 1024 Anm. 11.

[6]) Vgl. Endemann I S. 1264 Anm. 33 a. E., Enneccerus-Lehmann S. 487 sub V.

[7]) Vgl. über das Verhältnis von kontraktlichem und außerkontraktlichem Verschulden im allgemeinen oben § 39 sub II 2 c γ und § 42 sub B VI 6.

[8]) Vgl. Cosack S. 605 sub 2 b.

[9]) Es ist zu beachten, daß das Gesetz nicht sowohl den zur Gegenleistung Verpflichteten als vielmehr die Leistungsweigerung zum Subjekte des Satzes macht (vgl. oben § 36 sub II 6 b α β').

[10]) Sie handeln von dem, was „Treu und Glauben mit Rücksicht auf die Verkehrssitte erfordern"; vgl. oben § 31 sub A III 1 c.

[11]) Sie sprechen von verhindern (§ 162 Abs. I, § 815) bezw. herbeiführen (§ 162 Abs. II) des Eintrittes einer Bedingung bezw. (§ 815) eines Erfolges „wider Treu und Glauben".

[12]) Vgl. die 9 bei Gradenwitz S. 149 angegebenen Stellen.

[13]) Vgl. die 18 bei Gradenwitz S. 145 angegebenen Stellen.

[14]) Vgl. über die einschlägigen Kardinalgrundsätze des BGB. Weyl, Vorträge, I § 8 S. 66 ff., insbes. S. 75 zu Anm. 1.

die Motive (II S. 200 ff.) schweigen zu der Frage, da die dem § 320 entsprechenden §§ 362 ff. des E. I diese Wendung noch nicht boten; die Prot. I Nr. 78 IV—VIII S. 626—631 und Nr. 79 I S. 633—636 sprechen auch mit Deutlichkeit[1]) nur davon (S. 633 a. E., 634 a. E.), daß „es" den Grundsätzen von Treu und Glauben widersprechen würde, wenn in dem fraglichen Falle die Gegenleistung unterbliebe (S. 633 a. E.); ferner (S. 635) davon, daß das Recht, die Leistung bis zur Bewirkung der Gegenleistung zu verweigern, „seine Grenze in dem höheren und allgemeinen Grundsatze der Herrschaft von Treu und Glauben finde"; und endlich meinen sie (S. 635), die gegenteilige Norm „entspreche . . . der Billigkeit nicht". Offenbar also objektivieren auch die Protokolle den Vorgang.

c) Ebenso läßt die Literatur[2]) zu § 320 Abs. II über die Möglichkeit bezw. Notwendigkeit eines Verschuldens des die Leistung Weigernden nichts[3]) verlauten und ebensowenig die Judikatur.[4])

III. So sehen wir, daß der Ausdruck „Verstoß" in allen seinen gesetzlichen Anwendungsfällen — einschließlich des „Verstoßes gegen die guten Sitten", bei welchem wir in § 36 zu gleichem Ergebnisse gelangten — prinzipiell mit einem Verschulden nichts zu tun hat. Auch hier können wir also auf weiteres Verweilen bei diesem Begriffe, insbesondere auf Gewinnung einer Definition und auf Vergleich der in Rede stehenden Einzelbegriffe untereinander und mit den andern bisher[5]) besprochenen Begriffen verzichten; nur das interessiert, daß der Ausdruck „gegen (etwas) verstoßen" und die mit „wider" operierenden Ausdrücke (§ 44) den Umstand gemeinsam haben, daß sie auf subjektives Verschulden einen prinzipiellen Hinweis nicht enthalten.[6])

B. Das Handelsgesetzbuch bietet zu einschlägigen Erörterungen kaum einen Anlaß.[7])

---

[1]) Allerdings wird a. a. O. S. 630 darauf angespielt, daß ein Teil die Situation „dazu benütze, das Empfangene zu behalten und doch die ganze ihm obliegende Leistung zu verweigern", und S. 634 wird gesagt, in diesem Falle „handele er wider Treu und Glauben". Von einem Verschulden lassen aber Prot. a. a. O. nichts verlauten.

[2]) Vgl. z. B. Oertmann (S. 68 Anm. 7 b), Planck (II S. 93 Anm. 4), Rehbein (II S. 177 ff. Anm. 7 und 8; dort sehr ausführliche Erörterungen und viele Beispiele aus der älteren Judikatur), Mayring (S. 71 Note 6), Meisner (S. 47 Anm. 5), Achilles (S. 133), Fischer-Henle (S. 175 Anm. 5); ferner Cosack (I S. 319 a. E.), Crome (II § 169 S. 176 sub II 2), Dernburg (II 1 S. 205 II 2), Eck (I S. 299 f.), Endemann (I § 125 S. 703 sub 2 a), Engelmann (S. 221/222), Enneccerus-Lehmann (I § 182 II S. 448), Landsberg (I § 121 S. 402), Matthiaß (I § 86 S. 389 sub b), Kipp (II S. 17, S. 654 sub β, S. 655 oben, S. 700 sub a), Neumann, Jahrb. I 1 S. 224 ff., II S. 214 f., Kuhlenbeck, BGB. I S. 265, Stammler, Richtiges Recht S. 173, 334, 358.

[3]) Als indirekte Bestätigung des im Text Gesagten kann man es betrachten, wenn Prot. a. a. O. S. 635 und z. B. auch Crome a. a. O. Anm. 35 und Fischer-Henle a. a. O. der Möglichkeit eines Verschuldens des Gegners — der nur teilweise geleistet hatte — gedenken. Deutlich spricht sich gegen die Erheblichkeit einer „Schuld" Hachenburg S. 16 a. E. aus; vgl. auch ebenda S. 21 (zu § 162).

[4]) Vgl. Spruchsamml. I S. 14, II S. 10/11, Warneyer I S. 46, II S. 33, Scherer I S. 80, II S. 139, III S. 170, Neumann, Jahrb. a. a. O. Auch die oben S. 317 Anm. 5 erwähnte Entsch. des Reichsgerichts vom 13. Juli 1904, welche zugleich Verstöße gegen Treu und Glauben und Verschulden erwähnt, liegt anders.

[5]) Ebenso können wir des weiteren die sich später (§§ 46 ff.) ergebenden Verschuldensbegriffe mit den Verstößen gegen Gesetze bezw. gegen Treu und Glauben unverglichen lassen; vgl. nur einen Sonderpunkt (exceptio doli generalis) unten § 58.

[6]) Damit stützen sich wiederum die dortigen und die obigen Ergebnisse gegenseitig.

[7]) Ueber einige Bestimmungen des HGB., welche von Zuwiderhandeln gegen Gesetze sprechen, vgl. bereits oben § 44 sub D; vgl. ferner HGB. §§ 266 Abs. III Satz 1, 515 Abs. I, 563 Abs. I, EG. z. HGB. Art. 10 Nr. V (§ 49 Abs. I des Ges., betr. die Erwerbs- und Wirtschaftsgenossenschaften).

§ 46.

Das tadelnswerte Verhalten.

A. Die im § 37 besprochene „Pflichtverletzung“ erinnert uns an das im § 16 sub V erwähnte „verletzende Verhalten“ und damit zugleich an die unter obiger Ueberschrift [1]) im § 16 zusammengestellten sonstigen Einzelbegriffe eines der Probe auf das subjektive Verschuldenselement bedürftigen „Verhaltens“; von diesen Einzelbegriffen haben wir mehrere jedoch schon bei anderer Gelegenheit eingehender Erörterung unterworfen, nämlich (§ 44 sub A I, II und IV) das „gesetzwidrige“, das pflichtwidrige“ und das „vertragswidrige“ Verhalten — bei allen dreien gelangten wir (vgl. § 44 sub C) zu dem Ergebnisse, daß ihnen das subjektive Verschuldensmoment nicht innewohnt —; es bleiben also noch nachzuprüfen [2]): das „gefährdende“, das „verletzende“ und das „ehrlose oder unsittliche“ Verhalten, wovon die beiden zuletzt genannten sich an die uns schon bekannten Begriffe der Pflichtverletzungen bezw. der Verstöße gegen die guten Sitten anlehnen lassen und darum vorangestellt werden sollen.

I. Das verletzende Verhalten.

1. Das „verletzende Verhalten“ der §§ 1051, 1054, 1217 und 2128 involviert ein Verschulden ebensowenig, wie eine „Pflichtverletzung“ (oben § 37, insbes. sub V 1). Uebrigens sprechen, genau genommen, §§ 1051 und 2128 noch gar nicht von einem „verletzenden Verhalten“, sondern nur von einem „Verhalten“, das erst „die Besorgnis einer (erheblichen) Verletzung“ der Rechte eines Anderen „begründet“; und daß dies Verhalten lediglich objektiv charakterisiert erscheint, lehrt der Umstand, daß ihm in § 2128 die „ungünstige Vermögenslage“ des Schuldners als adäquater Rechtfertigungsgrund für das Verlangen der Gegenpartei nach Sicherheitsleistung an die Seite gestellt wird.

2. Wir würden uns daher mit der Frage nach dem Verhältnis des „verletzenden Verhaltens“ zum „Verschulden“ gar nicht zu beschäftigen haben, wenn nicht gerade zu einer der einschlägigen Stellen, zu § 1051, die Motive eine unserer Auffassung diametral entgegengesetzte Aeußerung enthalten würden. Es bemerken nämlich Mot. III S. 519 sub 2 zu dem dem BGB. § 1051 inhaltlich und wörtlich fast genau entsprechenden § 1005 E. I: [3]) „Wird auch die regelmäßige Kautionspflicht des Nießbrauchers verneint, so bleibt es doch Bedürfnis, eine solche ausnahmsweise, nämlich für den Fall der durch ein vorsätzliches oder fahrlässiges Verhalten des Nießbrauchers hervorgerufenen besonderen Gefährdung des Eigentümers zu bestimmen.“ Indessen ist auf diese Aeußerung der Motive kein Gewicht zu legen, da sie durch folgende Gegenerwägungen aus den Angeln gehoben wird:

a) Die von den Mot. a. a. O. zu den Worten „vorsätzliches oder fahrlässiges Verhalten des Nießbrauchers“ allegierten Bestimmungen des Pr. ALG. I, 21 § 20 und des Oesterr. BGB. § 520 deuten ebenso wie E. I § 1005 und BGB. § 1051 ein wirkliches Verschulden mit keinem Sterbensworte an.

b) Die Bemerkung der Motive steht in offenbarem Zusammenhange mit

---

[1]) Da der Ausdruck „tadelnswert“ ein lediglich von uns gewählter Sammelbegriff ist (vgl. oben § 16 a. A.), den das Gesetz selber nicht führt, so bedarf er natürlich nicht der Definition.

[2]) In den Materialien, nicht im Gesetz, begegnen noch andere Epitheta zu „Verhalten“, so „unwürdiges“ (Mot. IV S. 700 zu BGB. § 1611) und „verwerfliches“ (Mot. V S. 431/432 zu BGB. § 2333 Nr. 2).

[3]) Haidlen II S. 271 druckt diese Aeußerung der Motive unbeanstandet ab.

ihrer schon oben § 37 sub IV 3 wiedergegebenen und dort bereits widerlegten Behauptung Bd. IV S. 296, daß nach dem „Sprachgebrauche des Entwurfes" der Ausdruck „verletzen" auf eine schuldhafte Pflichtverletzung hinweise; unter denjenigen Bestimmungen des E. I, welche von den Mot. a. a. O. zur Erhärtung dieser — für das BGB. selber jedenfalls nicht mehr zutreffenden und maßgebenden (vgl. oben § 37 sub IV 3 c) — Behauptung herangezogen werden, befindet sich aber auch gerade der in Verbindung mit E. I § 1006 unserm § 1051 in Verbindung mit § 1052 entsprechende § 1005 E. I und zu diesen beiden §§ 1005 und 1006 geben Mot. a. a. O. die erwähnte Erläuterung.

c) Uebrigens haben wir für unsere Auffassung Bundesgenossen in Biermann,[1]) Dernburg,[2]) Kober[3]) und Planck;[4]) letzterer erklärt Bd. III S. 356 Anm. 1 b zu § 1051: „In dem Erfordernisse, daß die Besorgnis in dem Verhalten des Nießbrauchers begründet sei, liegt nicht, daß ein Verschulden des Nießbrauchers vorliegen müsse. Regelmäßig wird zwar ein solches vorliegen, wenn das Verhalten von solcher Art ist, daß die fragliche Besorgnis dadurch begründet wird. Denkbar ist aber auch, daß das Verhalten des Nießbrauchers die Folge von Umständen ist, die er nicht zu vertreten hat."

3. Wie im übrigen die Materialien,[5]) die Literatur[6]) und die Judikatur[7]) zu §§ 1051 und 1054 über ein etwaiges Verschulden im allgemeinen[8]) schweigen, so auch zu §§ 1217[9]) und 2128.[10]) Es bedarf hier also nicht einmal (wie z. B. oben § 44 sub A IV 5) der ausdrücklichen Widerlegung irriger, im Anschluß an die Materialien ein Verschulden postulierender oder statuierender Behauptungen, sondern es ist klar, daß zwischen dem „verletzenden Verhalten" und der Kautionspflicht lediglich ein „Kausalverhältnis"[11]) obwalten braucht.[12])

II. Das ehrlose oder unsittliche Verhalten.[13]) Hier[14]) faßt das

---

[1]) Biermann S. 251.

[2]) Dernburg Bd. III, 4. Aufl. (1904) S. 553 oben.

[3]) Kober in v. Staudingers Kommentar, 2. Aufl. (1903) S. 318 Anm. 1 a.

[4]) Anders Turnau-Foerster, 2. Aufl. (Paderborn 1902) S. 482 Note 1.

[5]) Vgl. noch Prot. III Nr. 222 VI S. 399 f. und VI Nr. 431 I 20 S. 389.

[6]) Vgl. Biermann S. 252, Kober S. 320, Endemann II S. 407.

[7]) Vgl. Scherer I S. 106, II S. 194, III S. 323, Warneyer I S. 132, II S. 94, Spruchsammlung I S. 38, II S. 27, Neumann, Jahrb. I 1 S. 651 f.

[8]) Vgl. unten Anm. 12.

[9]) Vgl. Mot. III S. 811, Prot. III Nr. 228 III S. 454 ff., IV Nr. 307 XVI S. 599, V Nr. 344 II S. 121 ff., Biermann S. 443, Kober S. 562, Dernburg III S. 794 sub 3, Endemann II S. 547, Planck III S. 668; zur Judikatur vgl. Scherer I S. 112/113, II S. 208, III S. 339, Warneyer I S. 149, II S. 104, Spruchsammlung I S. 43, II S. 30, Neumann, Jahrb. I 1 S. 715.

[10]) Mot. V S. 93 f., 104, Prot. V Nr. 341 VII S. 100, Nr. 344 II 121 ff., Scherer I S. 144, II S. 268, III S. 417, Warneyer I S. 218, II S. 144, Spruchsammlung I S. 58, II S. 36, Planck V S. 305, Frommhold S. 150; vgl. auch Endemann III S. 176 Anm. 19.

[11]) Prot. V Nr. 344 II S. 124 sub C (zu § 2128).

[12]) Als Bestätigung habe ich lediglich Bemerkungen zu § 2127 bei Salinger, Nacherbfolge (im Arch. f. bürgerl. R. 19, 1901, S. 138 ff.) S. 180 angetroffen; vgl. auch Neumann, Jahrb. I 2 S. 248; die daselbst und bei Salinger a. a. O. erwähnten Studien zum Erbrecht von Hachenburg (Mannheim 1896) — S. 55 — waren mir nicht zugänglich.

[13]) Einschließlich des „ehrlosen oder unsittlichen Lebenswandels"; vgl. oben § 16 sub VI 2, aber auch unten S. 351 Anm. 5.

[14]) Vgl. hierzu einen Aufsatz von Süßheim, die Rechtsfolgen ehrlosen Verhaltens nach dem BGB., in Grünhuts Zeitschrift Bd. 29 (Wien 1902) S. 491—501, der aber zur Klärung des Begriffes nichts beiträgt.

BGB. zwei Einzelbegriffe zusammen, die wir zunächst vereint untersuchen wollen, um dann (sub 3) zu prüfen, ob sie zu trennen sind.

1. Die Materialien[1]) zu §§ 1568, 1666, 2333 und 2336 enthalten so viele und zum Teil umfangreiche Aeußerungen zu den erwähnten Begriffen, daß es hier ausnahmsweise gleich gestattet sein möge, nur das für uns Erhebliche geordnet vorzuführen, ohne genauer auf die Details und auch auf die Entwicklungsgeschichte[2]) der Normen einzugehen. Hervorzuheben ist folgendes:

a) Es wurden mit vollem Bedacht die allerdings dehnbaren[3]) Begriffe „ehrloses oder unsittliches Verhalten" eingestellt, und es wurde von jeder Spezialisierung — z. B.[4]) auf Verurteilung zu einem bestimmten Maße von Freiheitsstrafe oder zum Verlust der bürgerlichen Ehrenrechte[5]) — sowie von jeder Exemplifikation[6]) — z. B. auf die Verweigerung der kirchlichen Trauung[7]) (als Ehescheidungsgrund gemäß § 1568) — abgesehen; denn so verschieden der für die in Rede stehenden Normen maßgebende Ausgangspunkt[8]) — die tiefe Zerrüttung der Ehe (die Unerträglichkeit ihrer Fortsetzung),[9]) die Gefährdung[10]) der moralischen Qualifikation[11]) des Kindes durch das böse Beispiel[12]) und die Zerstörung des Familienbandes[13]) durch Verletzung der Familienehre[14]) — auch sei, so erschien doch in allen diesen Fällen der tatsächlich entehrende Charakter der Handlung,[15]) die durch sie an den Tag gelegte ehrlose Gesinnung[16]) als das entscheidende Moment.

b) Wenngleich gelegentlich der Beratung des § 1666 in der Kommission darauf aufmerksam gemacht wurde,[17]) daß „ehrloses" und „unsittliches" Verhalten eine Tautologie wäre, so wurde der auf Streichung des ehrlosen Verhaltens gerichtete Antrag[18]) abgelehnt,[19]) um nicht für § 1568 die irreführende Ansicht zur Entstehung zu bringen, als solle dort „zum Tatbestande . . . eine an sich nicht unsittliche, aber nach gewissen Standesvorurteilen ehrlose Handlung genügen"; diese wenig klare Motivierung zielt wohl dahin, daß das unsittliche oder ehrlose Verhalten für § 1568

---

[1]) Vgl. Mot. Bd. IV S. 595 und 804, Bd. V S. 436, 437, 447 ff., Prot. Bd. IV Nr. 293 S. 405 sub 1 a, S. 413 f., Nr. 309 II und III S. 619, 621 ff., Bd. V Nr. 377 II S. 562 ff. und Nr. 378 VIII S. 580 f., Bd. VI Nr. 426 II und X S. 321 und 328, Denkschr. S. 336, 445; vgl. auch Reichstagskomm. S. 192 ff., 219 f., 270 ff.

[2]) Vermerkt sei nur, daß zwar bereits E. I §§ 1444 und 1546, nicht aber E. I §§ 2001 ff. vom ehrlosen oder unsittlichen Verhalten gesprochen hatten.

[3]) Prot. IV S. 624.

[4]) Vgl. E. I § 1444.

[5]) Vgl. Mot. IV S. 595, 804, Prot. IV S. 413; vgl. auch Neumann, Jahrb. I 2 S. 123 Note 4 b (und die dortigen Literaturnachweise).

[6]) Prot. a. a. O.

[7]) Prot. IV S. 414 ff., Reichstagskomm. S. 219/220 und aus der älteren Literatur zu diesem Punkt z. B. v. Brünneck in Gruchots Beitr. Bd. 33 (1889) S. 791.

[8]) Prot. IV S. 624.

[9]) Mot. IV S. 597.

[10]) Mot. IV S. 804.

[11]) Prot. IV S. 624.

[12]) Prot. ebenda, Denkschr. S. 336.

[13]) Denkschr. S. 445; darüber, daß der schlimme Lebenswandel „wider den Willen" der Eltern geführt sein müsse, vgl. Prot. V S. 563.

[14]) Prot. V S. 562 f.

[15]) Mot. IV S. 596/597. — Ueber Handlungen aus der Zeit vor der Eheschließung vgl. Mot. a. a. O. S. 595 und Prot. IV S. 414.

[16]) Mot. IV S. 597.

[17]) Prot. IV S. 623/624.

[18]) Prot. IV S. 619 sub II 2 a; vgl. S. 623 a. E.

[19]) Ebenda S. 624/625.

als Ehescheidungsgrund nur mittelbar, durch das Medium der Zerrüttung, und nicht, wie für § 1666, unmittelbar wirkt.[1])

2. Auch die Literatur[2])[3]) scheint im allgemeinen eine Tautologie anzunehmen. Teils finden wir ausdrückliche Bemerkungen in der Richtung, daß ein ehrloses Verhalten immer oder doch fast immer zugleich ein unsittliches, ein unsittliches zugleich ein ehrloses sein werde[4]); teils finden wir die Beispiele[5]), mit welchen man operiert, promiscue für beide Begriffe[6]) angeführt[7]) und auch sonst beide Tatbestände pari passu behandelt, ohne daß der Versuch einer getrennten Erklärung der Begriffe angestellt wird.[8])

3. Andererseits bemüht sich Opet[9]) einen Unterschied festzulegen und zwar mit Rücksicht auf das Organ, welches die in beiden Begriffen angedeutete Mißbilligung des Verhaltens durch die Rechtsordnung ausspreche; es sei dies beim „unsittlichen" Verhalten die Gesamtheit, beim „ehrlosen" der Kreis der Standesgenossen.[10]) So scharf durchdacht diese Bemerkungen sind, so werden sie nicht als unbestreitbar gelten können[11]); was die Charakterisierung des „unsitt-

---

[1]) Vgl. Prot. a. a. O. S. 624 (Mitte).

[2]) Vgl. z. B. auch Stammler, Richtiges Recht S. 366 f. — Vielfach gibt die Literatur sich überhaupt gar nicht mit näherer Untersuchung der Begriffe ab. Vgl. z. B. aus der familien- bezw. eherechtlichen Literatur (vgl. oben § 37 S. 239 f.), Erler S. 115 f., Fränkel S. 93/94 und 144, F. Kohler S. 44 ff., Mayer und Reis S. 11, 58, Rocholl S. 316 ff.; aus der übrigen Literatur z. B. Landsberg II S. 873, 956.

[3]) Aus der Judikatur vgl. etwa die Entsch. des Bayer. Oberst. LG. vom 9. Okt. 1902 bei Mugdan und Falkmann VI (1903) Nr. 11 c δ S. 63; weitere für unsere Frage in Betracht kommende Judikatur fehlt (vgl. Scherer I S. 122 ff., 127 f., 151, II S. 227 ff., 245 f., III S. 363 ff., 382 ff., 432; Warneyer I S. 170, 186 ff., 230 f., II S. 119 f., 127 f., 151, Spruchsammlung I S. 48 f., 52, 60, II S. 32, 34, 36).

[4]) Vgl. Davidson S. 70, Th. Engelmann S. 535.

[5]) Beispiele aus der Judikatur zu § 1666 vgl. namentlich bei Warneyer I S. 187 A und B, Spruchsammlung I S. 52.

[6]) Oder auch zugleich zu § 1568 für die „schwere Pflichtverletzung"; vgl. oben § 37 sub II 2 b S. 244 Anm. 9; vgl. auch Albrecht, Verbrechen und Strafen als Ehescheidungsgründe, Stuttgart 1903 (Heft 4 der kirchenrechtlichen Abhandlungen, herausg. von Stutz) S. 193 f. sowie aus der Judikatur das Erkenntnis des OLG. Braunschweig vom 22. März 1900 in der Zeitschr. f. Rechtspflege im Herzogtum Braunschweig 47 (1900) S. 78 ff. (vgl. auch Scherer I S. 123 sub III).

[7]) Ob die bloße Bezeichnung der bei Hollweck S. 223 genannten Beispiele als solche des unsittlichen Verhaltens vom Autor in der Tat so exklusiv gemeint ist, läßt sich bei der Darstellungsform des ganzen Scheidungsgrundes S. 222 f. bezweifeln.

[8]) Vgl. z. B. aus der Literatur des Familien- bezw. Eherechts Albrecht S. 55 ff., Schmidt, richterl. Ermessen, S. 27 ff., Hollweck S. 222 f., Jacobi S. 96 ff., Engelmann S. 535 f., 792. Ferner z. B. Neumann, Handausgabe II S. 866 sub b, Planck IV S. 321 (zu § 1568) und S. 419 (zu § 1666), sowie Bd. V S. 614 sub 3 e (zu § 2333). Ferner Cosack II S. 486, 577, 861, Enneccerus-Lehmann II S. 498 Anm. 2, 530, 865, Dernburg IV S. 82 ff., 246, V S. 341, Strohal, Erbrecht S. 497. — Fischer-Henle behandelt zwar S. 793 Anm. 3 und S. 1183 Anm. 7 die Begriffe promiscue, scheint sie aber doch S. 847 Anm. 6 als etwas verschiedenes zu erachten. — Auch die Erörterungen der Lehrbücher des Bürgerlichen Rechts zum Begriff „Ehre" besprechen zum Teil das ehrlose und das unsittliche Verhalten gleichzeitig und unterschiedslos; so Crome I § 44 S. 215 Anm. 4, Enneccerus-Lehmann I § 24 S. 70 Anm. 2, Weyl I S. 151 f., während andere Autoren an dieser Stelle nur des „ehrlosen" Verhaltens gedenken; so Cosack I § 23 S. 71, Dernburg I § 58 V S. 148 f., Matthiaß I § 24 III B S. 95; vgl. auch Müller und Meikel I (2. Aufl.) § 17 S. 34 f. (unter Vermeidung einiger Irrtümer der 1. Aufl. § 14 S. 28).

[9]) Opet, Verwandtschaftsrecht S. 203 f., Kommentar S. 400. — A. A. Stammler a. a. O. — Knappe Bemerkungen auch bei Th. Engelmann S. 535 oben (zu § 1568).

[10]) Hiergegen vgl. auch Neumann, Jahrb. I 2 S. 123 Note 4 d (und die dort angegebene Literatur und dazu auch Neumann, Jahrb. a. a. O. S. 67).

[11]) Vgl. z. B. eine andere Auffassung bei Davidson S. 70, der aber zu Unrecht „gröblichen" Verstoß gegen die Gebote der Sittlichkeit bezw. „gänzlichen" Mangel an Ehrgefühl verlangt, wovon BGB. § 1568 nichts sagt.

lichen Verhaltens" im besonderen betrifft, so stimmt Opets Auffassung mit unserer oben § 36 sub II zum Begriffe „Sittlichkeit"[1]) angedeuteten überein. Als „unsittliches" Verhalten wird dasjenige zu bezeichnen sein, welches sich mit den Sittengesetzen, mit der herrschenden Moralauffassung in Widerspruch setzt, als „ehrloses" dasjenige, welches einen Mangel an Ehrgefühl dokumentiert; solches „ehrlose" Verhalten ist aber keineswegs identisch mit dem, was man in Erinnerung an die turpitudo des Römischen[2]) und die Bescholtenheit des Deutschen Rechts[3]) unter „Bescholtenheit" zu verstehen pflegt[4]); denn diese ist eine im Einzelfall vielleicht ganz grundlose Minderung des individuellen Rufes, während das ehrlose Verhalten sich — gleich dem unsittlichen — auf bestimmte Vorgänge, auf einen unehrenhaften Lebenswandel[5]) u. dgl., stützen lassen müßte.[6])

4. Sowohl im „unsittlichen", wie im „ehrlosen" Verhalten ist ein Makel[7]) gegen denjenigen eingeschlossen, der dies Verhalten an den Tag legt. Ein „Verschulden" im technischen Sinne dagegen[8]) keineswegs; daß § 1568 (vgl. § 1574 Abs. II) von „verschulden", § 1666 von „sich schuldig machen" redet, darf nicht als Gegenbeweis geltend gemacht werden, wie zu § 1568 schon genauer (oben § 42 sub B II 4) ausgeführt worden ist; der Begriff „Verschulden" geht hier ebenso wie das Wort „schuldig" im § 1666[9]) auf Schuld im weiteren Sinne (oben § 43 sub B II 2). In solchem weiteren Sinne wird man aber auch beim „unsittlichen" und „ehrlosen" Verhalten eine Schuld annehmen

[1]) Auch über die sprachlich verwandten Ausdrücke im BGB. vgl. oben 36 a. a. O. Zum Sprachstamm „Ehre" haben BGB. und EG. z. BGB. nur das Wort „Ehrenrechte"; vgl. oben § 29 sub II 1 c und Weyl, Vorträge I S. 150 f.

[2]) Vgl. z. B. Windscheid=Kipp I § 56 S. 210/211 und Anm. 2.

[3]) Vgl. z. B. Gierke, Deutsches Privatrecht I (Leipzig 1895) § 52 S. 420 a, S. 425 a, 426.

[4]) Vgl. Enneccerus=Lehmann I S. 70 sub I, Matthiaß a. a. O.

[5]) Aber allzu generell ist es für den Kreis der Vorschriften des BGB., wenn Cosack a. a. O. (sub I und I 2) nur an Menschen denkt, welche „ehrlos leben"; dies trifft zwar für §§ 2333 und 2336 BGB. (vgl. oben S. 348 Anm. 13 a. E.) zu, während §§ 1568 und 1666 auch eingreifen, wenn bei einem im allgemeinen einwandfreien Lebenswandel in einzelnen Beziehungen ein „ehrloses Verhalten" an den Tag gelegt wird (vgl. auch Prot. VI S. 328 sub X).

[6]) Vgl. Enneccerus=Lehmann a. a. O. Anm. 2 gegen Crome a. a. O. (S. 215) sub 1.

[7]) Vgl. auch die Entsch. des Reichsger. v. 14. März 1904 (IV 3 51/03) in der Juristen=Ztg. X, 1904, Nr. 11 S. 353/54.

[8]) Wie es Planck IV S. 420 oben und S. 421 Anm. 6 (zu BGB. § 1666) und Endemann III S. 857 Anm. 23 (gleichfalls zu § 1666, während er II S. 681 und III S. 618 f. zu §§ 1568, 2333, 2336 nichts einschlägiges äußert) anzunehmen scheinen, während Davidson, der S. 71 die schwere Verletzung der ehelichen Pflichten und das ehrlose oder unsittliche Verhalten als objektive „Verschuldung" der Zerrüttung der Ehe vom subjektiven Standpunkt des Klägers gegenüberstellt, das Wort „Verschuldung" wohl nicht im technischen Sinn des „Verschuldens" meint. — Uebrigens ist es m. E. unrichtig, wenn Planck a. a. O. und Fischer=Henle S. 847 Anm. 2 und auf diese sich berufend ein undatiertes Erkenntnis des OLG. Jena in den Bl. für Rechtspflege in Thüringen und Anhalt Bd. 50 (1903) S. 117 ff. (vgl. auch Warneyer II S. 127 sub A 2) S. 119 sowie (unter zu starker Betonung der Entstehungsgeschichte des § 1666) Th. Engelmann S. 791 II A, 792 sub 2 vom ganzen § 1666 annehmen, daß die Gefährdung des Kindes auf einem Verschulden des Vaters beruhen müsse; diese Annahme ist nur wegen des ehrlosen oder unsittlichen Verhaltens richtig (und auch nur für ein Verschulden im weiteren Sinne zuzugeben, vgl. im Text), nicht wegen der „Vernachlässigung" des Kindes; ob auch wegen des „Mißbrauchs" vgl. unten § 50 sub A II. — Eine „Schuld" nimmt zu § 1666 auch ein Beschl. des Kammergerichts vom 21. April 1902 bei Mugdan und Falkmann IV (1902) Nr. 96 b S. 411 f. als vorliegend an, aber nur wegen des „ehrlosen oder unsittlichen Verhaltens".

[9]) Selbst wenn dieser Ausdruck „sich schuldig machen" auf ein subjektives Verschulden hinweist, würde sich daraus noch nicht ein gleiches Moment für die andern in § 1666 Abs. I Satz 1 gebrauchten Ausdrücke „gefährden" und „mißbrauchen" ergeben, wie vielleicht Winter bei seinen unten S. 353 Anm. 3 erwähnten Bemerkungen angenommen hat.

und deshalb denjenigen von diesem Verhalten und seinen Rechtsfolgen für frei erklären müssen, der subjektiv ganz schuldlos Dinge begeht, welche sonst unsittlich oder ehrlos erscheinen lassen würden; man denke z. B. an den Fall, daß ein Mädchen sich der Schande preisgeben muß, weil es, etwa unter Vorspiegelung eines Engagements als Gouvernante, in ein verrufenes Haus verschleppt und von dort nicht herausgelassen, ja sogar durch Hunger und Prügel zur Entgegennahme von Besuchen gezwungen wird.

5. Das „unsittliche Verhalten" im besonderen läßt sich zu zwei andern Begriffen,[1]) die uns in der Materialsammlung und auch schon im zweiten Teil begegneten, in Beziehung bringen:

a) zum „sittlichen Verschulden" des § 1611 Abs. I (oben § 2 sub IX und § 42 sub B II 5): beide Begriffe dürften identisch sein und ins Verschulden im weiteren Sinne gehören (vgl. auch § 43 sub B III 1);

b) zu den „Verstößen gegen die guten Sitten" der §§ 138, 817, 819, 826 und EG. z. BGB. Art. 30 (oben § 18 A I und § 36): diese Begriffe dürften nur insofern zusammengehören, als die Ausdrücke „unsittlich" bezw. „gute Sitten" beide im Sinne der Moralanschauungen zu verstehen sind (vgl. oben § 36 sub II 4 b, 7 e und 8); dagegen divergieren beide Begriffe insofern, als die Verstöße gegen die guten Sitten — gleich allen andern „Verstößen", vgl. nunmehr oben § 45, insbes. sub A III — lediglich etwas Objektives besagen, während das unsittliche Verhalten, wie sub 4 bemerkt, einen subjektiven Vorwurf involviert.

6. Die Identität des „unsittlichen Verhaltens" und des „sittlichen Verschuldens" (oben 5 a) in Verbindung mit der Identität des „ehrlosen und unsittlichen Verhaltens" mit dem „ehrlosen und unsittlichen Lebenswandel" (oben § 16 sub VI 2) bestätigt uns die schon bei anderen Gelegenheiten (§ 33 sub A III 1, § 36 sub II 1, § 37 sub I 4 d, § 40 sub III) gemachte Beobachtung, daß das Gesetz mit synonymen und inhaltlich gleichen Wendungen eine zu Verwirrungen, Zweifeln und Mißverständnissen führende und daher bedenkliche Verschwendung getrieben hat.

III. Auch hinsichtlich des „gefährdenden Verhaltens" (§§ 1391 und 1981, oben § 16 sub IV) liegt keine Veranlassung vor, ein gleichzeitiges Verschulden — im engeren und auch im weiteren Sinne — für mehr als höchstens akzidentiell zu erachten. Die Materialien[2]) bieten keinen Anhalt und die Literatur[3]) betont sogar die Unerheblichkeit des Verschuldens ausdrücklich.[4])

---

[1]) Darüber, ob auch die Trunksucht einen Anwendungsfall des ehrlosen oder unsittlichen Verhaltens bezw. Lebenswandels bildet, unten § 54 sub A II.

[2]) Vgl. Mot. IV S. 185 (wo allerdings auf E. I §§ 1005 f., vgl. oben sub I 2, Bezug genommen wird) und S. 197 f., Prot. Bd. IV (nicht VI, wie bei Fischer-Henle S. 706 gesagt wird) Nr. 275 VIII S. 132 und Anlage VII S. 176 ff., Nr. 277 I S. 198 ff., Bd. V Nr. 395 I S. 807 ff.

[3]) Zu § 1391 vgl. übereinstimmend Endemann II S. 745 Anm. 8 (während er III S. 463 f. zu § 1981 über diese Frage schweigt), Opet S. 160 Anm. 2 a, Planck IV S. 140 Anm. 2, Schmidt S. 257 Anm. 1 a δ; zu § 1981 läßt Planck V S. 100 Anm. 3 a die gleiche Auffassung erkennen, indem er „Benachteiligungsabsicht oder überhaupt Böswilligkeit" für ebenso entbehrlich erachtet wie Konkurseröffnung und als Gründe zur Rechtfertigung des Antrags „Verschuldung" — d. h. Ueberschuldung, vgl. oben § 42 sub B VI 9 a —, unwirtschaftliches Umgehen des Erben mit seinem eigenen Vermögen", „leichtsinnige Verschleuderung des Nachlasses" oder „voreilige Bezahlung einzelner Nachlaßverbindlichkeiten" nennt.

[4]) Nur Fischer-Henle S. 745 Anm. 8 zu § 1468 Nr. 4 — vgl. unten § 54 sub A I 2 b — spricht von „schuldhaftem Verhalten". Einschlägige Judikatur fehlt; vgl. Scherer I S. 117, 140, II S. 220, 262 (Nr. 3), III S. 351 (Nr. III), 406, Warneyer I S. 160, 211, II S. 112, 139, Spruchsammlung I S. 46, 56, II S. 31, 35.

Uebrigens wird dies Resultat auch durch die nahe Verwandtschaft unterstützt, in welcher im BGB. das „gefährdende" Verhalten mit dem „verletzenden" erscheint, wie insbesondere der Wortlaut des § 1391 Abs. I ergibt; sodann aber auch durch die enge begriffliche Berührung der „Gefährdung"[1]) in §§ 1391 und 1981 mit der „Besorgnis[2]) einer Verletzung" in demselben § 1391 und in §§ 1051 und 2128.[3])

B. Fassen wir die bisherigen Beobachtungen zusammen, so ist das Ergebnis, daß das „tadelnswerte Verhalten" fast durchweg lediglich im objektiven Sinne zu verstehen ist (so daß es also auch eines Vergleiches mit den bisher, in §§ 31—45, erörterten Begriffen nicht weiter bedarf); einzig und allein das „ehrlose und unsittliche Verhalten" schließt einen Vorwurf in subjektiver Richtung ein und interessiert daher, und zwar als Verschulden im weiteren Sinne, für den Kreis unserer späteren Erörterungen. So sehr man also durch den ersten Anschein zu der Annahme geleitet werden kann, daß der Ausdruck „Verhalten", weil er doch, im Gegensatz etwa zu dem Ausdruck „Verstoß", unbedingt auf eine menschliche Einwirkung hinweist, zugleich eine subjektiv-schuldhafte Einwirkung andeute, so irrig wäre ausweislich unserer Feststellung eine solche Annahme.[4])

[1]) Zum Ausdruck „Gefährdung" vgl. Rotering, Gefahr und Gefährdung im BGB., im Arch. f. bürgerl. R. Bd. 22 (1903) S. 21—33 (für unser Thema belanglos). „Gefährdung" und „gefährden", im BGB. insgesamt über 50 Mal begegnend (vgl. Gradenwitz S. 71/72), ist stets objektiv zu verstehen; als Subjekt, von welchem die Gefährdung ausgeht, werden (vgl. ähnlich wegen des Verstoßes gegen die guten Sitten oben § 36 sub II 6 b) zumeist Ereignisse u. dgl. angegeben, nur selten Personen: direkt in §§ 553 und 605 Nr. 2 (oben § 9 sub IV und § 16 sub II 2), sowie in §§ 1468 und 1495 Nr. 4; vgl. auch § 1667 Abs. I und an Bestimmungen, welche die Handlungsweise eines Menschen durchblicken lassen, etwa §§ 43 Abs. I, 1134 Abs. I, 1418 Nr. 2, 1468 Nr. 3 und 5, 1495 Nr. 1 und 3, 1666 Abs. I Satz 1, 1778 Abs. I, 1850 Abs. II. — Ebenso unpersönlich ist die „gefahrbringende" bezw. „gefahrdrohende Beschaffenheit" einer Sache in §§ 544 und 694. — „Gefahr" begegnet im BGB. 60 Mal (im EG. z. BGB. einmal), vgl. Gradenwitz S. 71; ferner „Lebensgefahr" und „lebensgefährlich" in BGB. §§ 17 und 1316 Abs. II, EG. z. BGB. Art. 46 § 50 Nr. III. — Auch als dasjenige, welchem die „Gefährdung" droht, werden nur ausnahmsweise Personen genannt (vgl. §§ 1468 Nr. 1, 1495 Nr. 1, indirekt aber auch §§ 6 Nr. 3, 544; § 824 Abs. I; § 1666 Abs. I Satz 1; §§ 1778, 1797, 1803, 1857, 1886, 1903, 1917) oder „Person und Vermögen" (§ 1906); zumeist handelt es sich um ein Vermögen (außer § 1906 in §§ 1067, 1850) und ähnliches (vgl. §§ 2216, 2338, 1468 Nr. 4 und 5, 1469, 1495 Nr. 4) oder um eine einzelne Sache (§§ 553, 605 Nr. 2) oder einen konkreten Anspruch (§§ 321, 610, 885, 1067, 1391, 1716; vgl. auch § 1981) oder ein einzelnes Recht (§ 899) oder um Gefährdung einer Sicherheit (§§ 1078, 1133 f., 1219, 1286) oder um Gefährdung des Unterhalts (§§ 519, 529, 1418 Nr. 2, 1428, 1468 Nr. 3, 1495 Nr. 3, 1579, 1585, 1603, 1608, 1620, 1666).

[2]) „Besorgnis" — sprachlich verwandt mit dem oben § 41 (§ 31 sub A I) erörterten Begriffe „Sorgfalt" — findet sich nur noch in § 2249 Abs. II; daselbst Abs. I das noch vielfach im BGB. begegnende (vgl. Gradenwitz S. 30) Verbum „besorgen" im Sinne von „befürchten"; in demselben Sinne, insbes. auch wenn es sich darum handelt, daß eine „Gefährdung" (vgl. die vorige Anmerkung) zu „besorgen" ist, noch in §§ 12, 237, 383, 862, 867, 966, 980, 1004, 1046, 1134, 1218, 1418, 1428, 1468, 1495, 1585, 1666, 2249; dagegen im Sinne von „Besorgung", das nebst dem Kompositum „Geschäftsbesorgung" (§§ 667, 675) ungefähr 20 Mal begegnet (Gradenwitz S. 30), in §§ 6 Nr. 1 und 3, 32, 662, 677, 687, 1046, 1357, 1424, 1910, 1959, 1978.

[3]) Zu § 1666 Abs. I Satz 1 betreffs der Gefährdung des geistigen oder sittlichen Wohles des Kindes nimmt mit Unrecht Winter in Zentralblatt f. freiwillige Gerichtsbarkeit, Jahrg. III, 1903, S. 229 f. an, daß diese auf ein „Verschulden" des Vaters zurückführbar sein müsse; vgl. oben 351 Anm. 8 und 9.

[4]) Es geht m. E. schon zu weit, wenn Mayring S. 436 oben zu § 628 (oben § 44 sub A IV) wegen des „vertragswidrigen Verhaltens", das er für ein schuldhaftes hält, offenbar recht vorsichtig sagt: „Der Ausdruck „Verhalten" trägt ja auch an sich schon einen gewissen subjektiven Charakter an sich." Richtig dagegen Prot. IV S. 7, oben § 42 sub B II 3 a.

C. Zum Ausdrucke „Verhalten" sei noch folgendes bemerkt:

I. In einem ganz anderen und jedenfalls sehr blassen Sinne findet sich das Wort „Verhalten" [1]) noch an einer in unserer Materialsammlung § 16 nicht registrierten Stelle, nämlich in § 1850 Abs. I Satz 2. Hier wird dem Gemeindewaisenrat zur Aufgabe gemacht, dem Vormundschaftsgericht auf Erfordern „über das persönliche Ergehen und Verhalten eines Mündels Auskunft zu erteilen".

II. Von Synonyma zum Worte „Verhalten" [2]) kommen im Interesse der Aufspürung weiteren Materials wohl nur noch in Betracht die Verba „betragen" und „handeln" sowie die von letzterem abgeleiteten Substantiva „Handlung" und „Handlungsweise".

1. Das Verbum [3]) „betragen" findet sich aber niemals im Sinne eines „Betragens" sondern stets nur im Sinne eines (numerischen) „Betrags", vorzugsweise in der Richtung, wie lange Zeit eine Frist „beträgt", [4]) aber auch in der Richtung, wieviel der Finderlohn, ein Anspruch, der Pflichtteil [5]) u. dgl. „beträgt".

2. Das Verbum „handeln" [6]) kommt in einem unser Thema berührenden Sinne nur vor wegen des „fahrlässig" Handelns im § 276 Abs. I Satz 2, welcher schon oben § 31 genau besprochen wurde, und wegen des „widerrechtlich" bezw. „nicht widerrechtlich" Handelns in §§ 228 Satz 1, 229, 858 Abs. I, welche unten § 48 sub A IV gewürdigt werden sollen; im übrigen [7]) ist das Wort für uns ohne Interesse. Das Substantivum „die Handlung" [8]) begegnet als „unerlaubte" bezw. „strafbare" Handlung sehr oft (oben §§ 28, 29 und § 39 sowie unten § 47). Daneben treffen wir es, für uns ohne Belang, z. B. als Handlung des obligatorischen Gläubigers [9]) oder sonst als Handlung an, deren Vornahme oder Unterlassung oder Duldung lediglich innerhalb gewisser obligatorischer bezw. dinglicher Verhältnisse eine für diese wichtige Rolle spielt. [10]) Es bleiben nur übrig:

a) die „zum Schadenersatz verpflichtende Handlung" der Vereinsorgane (§ 31 BGB.);
b) die „durch Notwehr gebotene" Handlung (§ 227 Abs. I) und die Handlungen der Selbsthilfe laut § 231 in Verbindung mit § 229;
c) die „störende [11]) Handlung" (Besitzstörung) des § 863;

---

[1]) Ohne Interesse für uns sind die verwandten Worte „Verhältnis" und „verhältnismäßig", die (Gradenwitz S. 149) recht oft begegnen, und ebenso „Sachverhalt" (Gradenwitz S. 128) sowie die vielen Komposita zu „Verhältnis" (Gradenwitz pag. XVIII).

[2]) Von einem „Verhalten", das „eine Störung veranlaßt", spricht das Preuß. AG. z. BGB. Art. 15 § 8 und 9 Abs. I (vgl. auch Abs. III); doch ist auch hier an ein „Verschulden" nicht zu denken.

[3]) Substantivisch als „das Betragen" findet sich das Wort im BGB. nicht.

[4]) Vgl. §§ 39, 195, 609, 624, 801, 1193, 1202, 1944, 1954 f., 2034.

[5]) §§ 971, 1813, 2316; vgl. auch noch BGB. § 56 und EG. z. BGB. Art. 34 Nr. IV.

[6]) Ueber „zuwiderhandeln" (§§ 790 Satz 2, EG. z. BGB. Art. 107) vgl. bereits oben § 35 sub II 1 b S. 217 Anm. 2.

[7]) §§ 866, 1006, 1332, 1971 („es handelt sich um"); im Sinne eines rechtsgeschäftlichen Handelns oder dgl. in §§ 54, 164, 166, 179 f., 657, 711, 1298.

[8]) Ueber die „Zuwiderhandlung" (§§ 198 Satz 2, 339 Satz 2) vgl. bereits oben § 35 S. 217 Anm. 3; ganz belanglos sind die übrigen Komposita (Prozeß-, Rechts-, Verwaltungs-, Vollstreckungshandlung); vgl. über sie Gradenwitz pag. XV und S. 122, 125, 157, 158, BGB. §§ 209, 211, 216, 1443, EG. z. BGB. Art. 33.

[9]) §§ 295 ff.

[10]) §§ 229, 343, 478 f., 642 f., 657 ff., 1018, 1629, 1798, 1826, 2075.

[11]) „Stören", „Störer", „Störung" findet sich noch betreffs des Besitz- und Eigentumsschutzes in §§ 858, 862 f., 1004, 1029 und EG. z. BGB. Art. 191 (vgl. daher unten § 48) sowie wegen „Störung der Geistestätigkeit" in dem unten (§ 75) zu besprechenden § 827 Satz 1 und im gleichen Sinne in §§ 104 f., 1325.

d) die „willkürliche[1]) Handlung" des § 918 Abs. I.

3. Von diesen „Handlungen" ist die zuerst genannte (BGB. § 31) nach dem Wortlaut des Gesetzes prima facie eine schuldhafte nicht; wieweit sie als eine solche gelten muß, wird bei anderer Gelegenheit (unten § 76) geprüft werden; ebenso werden uns die Handlungen in Notwehr oder aus Selbsthilfe (§§ 227, 231) noch in anderem Zusammenhange (unten § 48 sub A IV) beschäftigen; die „störende Handlung" des § 863 wird im Gesetz selber gerade in dem Zusammenhange erwähnt, daß man zu ihrer Vornahme ein Recht geltend macht, also gerade ihren schuldhaften Charakter bestreitet, und ähnliches gilt (um das hier gleichzeitig zu erledigen) wegen der „Handlungsweise", von welcher in § 864 Abs. II die Rede ist. Was endlich die „willkürliche" Handlung in § 918 Abs. I betrifft, so lehrt die Entstehungsgeschichte der Norm aufs deutlichste, daß sie nicht[2]) als eine schuldhafte zu verstehen ist;[3]) denn nachdem E. I § 863 Satz 1[4]) den Fortfall des Anspruchs auf den Notweg von einem Verschulden (Vorsatz oder Fahrlässigkeit) bei Aufhebung der bisherigen Verbindung des Grundstücks mit dem öffentlichen Wege abhängig gemacht hatte, wurde dies in der Kommission[5]) absichtlich zu Gunsten des Ausdrucks „willkürliche" Handlung abgeändert; denn man wollte lieber „ganz davon absehen, ob die Notlage eine verschuldete ist".[6])

D. Das Handelsgesetzbuch bietet in der Richtung der sub A bis C besprochenen Worte[7]) und Wendungen nur eine sehr geringe Ausbeute. Zu bemerken wäre etwa folgendes:

1. „Gefährdendes", „verletzendes" oder „ehrloses oder unsittliches Verhalten" findet sich nirgends erwähnt, wohl aber z. B.[8])

a) „Verhalten" schlechthin ohne jede Andeutung[9]) eines Verschuldens in HGB. § 88 Abs. II (als „Verhalten des Geschäftsherrn" wegen des Provisionsanspruchs des Handlungsagenten);

---

[1]) „Willkürlich" steht sonst nicht mehr im BGB., „Willkür" nur in § 2075, der für uns ebenfalls nicht von Belang ist.

[2]) Auf die gegenteilige Annahme könnte man vielleicht darum verfallen, weil das Verschulden als „Willensfehler" (vgl. einstweilen oben § 42 sub C II 7) mit einem „Willen" in Beziehung tritt. — Ueber den Ausdruck „Wille" unten § 56 sub A I 3.

[3]) Natürlich kann ein Verschulden vorliegen, das dann übrigens ein „Verschulden gegen sich selbst" im Sinne der Ausführungen oben § 42 sub B VI 7 und unten § 68 wäre.

[4]) Und demgemäß Mot. III S. 289, 291 sub III.

[5]) Prot. III Nr. 195 I S. 149 ff., insbes. S. 151.

[6]) Wie im Text z. B. auch Planck III S. 152 Anm. 1, während z. B. Biermann S. 116 und Dernburg III, 4. Aufl., 1904 S. 253/254 und die Erlanger Diss. von Hillmer, Leipzig-Borna 1904, S. 49 ff. zu der Frage schweigen und während Fischer-Henle S. 489 Anm. 1 sich mindestens mißverständlich ausdrückt. Kober S. 146 meint zwar, ein „sonstiges Verschulden" des Eigentümers, das nicht unter die von ihm aufgestellten Nummern a oder b gehöre, käme nicht in Betracht, aber gerade in den Nummern a und b spricht er nicht von Fällen eines Verschuldens im technischen Sinne, im Gegenteil enthält Fall a auch nach Kobers Ansicht (vgl. ebenda S. 144 Anm. 2 b) nur Tatbestände einer objektiven Ordnungswidrigkeit. — Judikatur zu § 918 fehlt einstweilen; vgl. Scherer I S. 104, II S. 186, III S. 311, Warneyer I S. 119, II S. 86, Spruchsammlung I S. 35, II S. 26.

[7]) Zum Ausdruck „gefährden" bezw. „Gefährdung" (oben S. 353 Anm. 1) vgl. HGB. §§ 62 Abs. I, 77 Abs. III, 82 Abs. I, 563 Abs. IV, 740 Abs. III; zum Ausdruck „Gefahr" (Komposita in HGB. §§ 693, 848 f.) vgl. HGB. §§ 629 Nr. 2, 631, 692 Abs. I, 741, 795 Abs. I, 813 f., 820 ff., 849 Abs. I.

[8]) Das „Verletzen" der „Obliegenheiten" in HGB. § 249 Abs. II, dürfte allerdings (vgl. ebenda Abs. I) als ein schuldhaftes gedacht sein; keine deutliche Stellungnahme zu dieser Frage z. B. bei Lehmann-Ring I S. 495, Staub I S. 753.

[9]) Auch Lehmann-Ring I S. 199 Nr. 3 und Cosack, Handelsrecht S. 201 sub c lassen nichts von einem Verschulden verlauten; anders freilich, jedoch ziemlich reserviert, Staub I S. 316 Anm. 6.

b) „Ehrverletzungen", erhebliche, die sich der Prinzipal bezw. der Handlungsgehilfe gegen den andern Vertragsteil „zu Schulden kommen"[1]) ließ und die als wichtige Gründe zur Kündigung ohne Einhaltung einer Kündigungsfrist anzusehen sind (HGB. § 71 Nr. 4, § 72 Abs. I Nr. 4).

2. Der Ausdruck „willkürlich" (oben sub C II 2 d und 3), welcher in HGB. § 693 wegen der sog. Deviation des Schiffers bei der Bodmereireise begegnet, geht auch dort keineswegs[2]) auf eine schuldhafte Veränderung der Fahrt, sondern bezeichnet lediglich ungefähr das Gegenteil von dem, was in HGB. § 894 Abs. I gemeint ist, wenn es dort heißt, daß etwas „ohne Zutun" des Versicherten geschehen sei.

§ 47.

Die strafbaren Handlungen.

Von den „unerlaubten Handlungen" (§ 39) können wir uns den „strafbaren Handlungen"[3]) zuwenden.

I. Die Mühe, uns eine Definition für den Begriff „strafbare Handlungen" (oben § 29) zu suchen, dürfen wir uns schon darum ersparen, weil es sich hierbei lediglich um einen vom Gesetz bezw. von uns selbst der Abkürzung halber gewählten Sammelbegriff handelt, wie (oben § 46) betreffs des „tadelnswerten Verhaltens". Auch für die laut § 29 in Betracht kommenden Einzelbegriffe („Verbrechen", „schwere vorsätzliche Verbrechen" usw., „Ehebruch" usw.) bedarf es einer Definition nicht, weil wir es hier mit mehr oder minder[4]) festen kriminalrechtlichen Begriffen oder Begriffskategorien zu tun haben, die eben nur gelegentlich mit ihren Wirkungen ins Zivilrecht hineinragen.

II. Immerhin bedarf es einiger Bemerkungen zur Abklärung des Begriffes und seines Verhältnisses zu den in §§ 31—46 besprochenen Begriffen.

1. Das Verhältnis zum „Verschulden" dürfte folgendes sein:

a) Die „strafbaren Handlungen" setzen begrifflich ein Verschulden[5]) voraus,

---

[1]) Zu diesem Ausdrucke und über die Literatur zu HGB. §§ 71, 72 oben § 43 S. 330 Anm. 8.

[2]) Auch bei Makower-Loewe S. 150/151 und Lewis-Boyens II S. 449 wird auf ein Verschulden nicht angespielt. Wenn Cosack, Lehrb. d. Handelsrechts (6. Aufl., Stuttgart 1903) § 72 S. 318 sub 4 a zu HGB. §§ 692—694 von Fahrlässigkeit redet, so macht er sich seinerseits einer willkürlichen Deviation schuldig, die nicht einmal durch das Bestreben nach Abkürzung gerechtfertigt erscheinen kann.

[3]) Ueber den sonstigen Gebrauch des Wortes „Handlung" (bezw. „handeln", beides nebst Komposita) vgl. oben § 46 sub C II 2 und 3.

[4]) Dies gilt insbesondere von den „schweren vorsätzlichen Verbrechen" des § 2333 Nr. 3; vgl. oben § 29 II 1 b und auch bereits oben § 5 sub A II 4 S. 34 Anm. 1 und 2. Die Prot. V Nr. 376 S. 558 a. E bemerken: „Der Begriff des „schweren" Verbrechens leide . . . an einer gewissen Unbestimmtheit. Demgegenüber wurde darauf hingewiesen, daß man in diesem Punkte dem Richter unbedenklich einen gewissen Spielraum in der Beurteilung geben könne. Der Begriff des schweren Vergehens sei immerhin kein ganz vager; Unzuträglichkeiten seien von der Aufnahme desselben nicht zu befürchten." Wenn die Richtigkeit dieser Bemerkung auch bezweifelt werden kann, so ist immerhin zuzugeben, daß in der bisherigen Judikatur allerdings solche Unzuträglichkeiten noch nicht zur Sprache gekommen sind. Vgl. Scherer I S. 151, II S. 281, III S. 432, Warneyer I S. 231, II S. 151, Spruchsammlung I S. 60/61, II S. 36.

[5]) Vgl. statt aller anderen Zitate von Liszt, Lehrbuch des Strafrechts, 12. und 13. Aufl., Berlin 1903, §§ 36 ff., S. 158 ff.; auf untergeordnete Ausnahmefälle des Strafrechts (von Liszt a. a. O. § 36 III S. 152 f.) kann hier nicht eingegangen werden.

das je nach dem Inhalte der einzelnen Kriminalrechtsnormen in Vorsatz allein oder in Vorsatz und Fahrlässigkeit besteht. Da keine Veranlassung vorliegt, diese Begriffe für das Strafrecht und für das Zivilrecht verschieden zu verstehen,[1]) so ergibt sich hieraus notwendigerweise, daß alle „strafbaren Handlungen" zugleich ein „Verschulden" im technischen Sinne des Zivilrechts enthalten;[2]) dagegen ist es nicht notwendig, daß ein Kriminaldelikt zugleich auch unbedingt stets als zivilrechtliches Verschulden in die Erscheinung tritt und somit zugleich zivilrechtliche Verschuldensfolgen auslöst. Allerdings ist dies überall da der Fall, wo eine der oben in § 29 angegebenen Normen anwendbar wird.

b) Ein unmittelbarer Beweis dafür, daß jede „strafbare Handlung" auch ein Verschulden im technischen Sinne des Zivilrechts enthält, läßt sich freilich aus dem BGB. nicht erbringen. Wohl aber erlaubt eine Anzahl von Gesetzesstellen den Schluß, daß zwar nicht die strafbaren Handlungen überhaupt, aber doch gewisse dieser Handlungen unter das Verschulden im weiteren Sinne (oben § 43) gehören; es ergibt sich dies mit größter Deutlichkeit aus § 1565 Abs. I, § 2333 Nr. 2 und 3 und § 2339 Abs. I Nr. 4 (oben § 3 B I 1 b) und wird weiter bestätigt durch den Vergleich von §§ 1574 Abs. I, 1933 und 2077 Abs. I Satz 2 (oben § 43 sub A II und B III 2) mit §§ 1565 ff. — insbes. wiederum § 1565 Abs. I sowie §§ 1566[3]) und 1568 Satz 2[4]) — sowie durch Vergleich des § 2345 Abs. I Satz 1 und Abs. II (oben § 3 sub B I 1 c γ) mit § 2339 Abs. I (Nr. 1 bis 4).[5])

2. Das Verhältnis der „strafbaren Handlungen" zum „Verschulden" darf nicht verwechselt werden mit dem Verhältnis der „strafbaren Handlungen" zu den „unerlaubten Handlungen" (vgl. oben § 39 sub II 1); dieses ist wesentlich komplizierter:

a) Zunächst ist festzustellen, daß „strafbare" und „unerlaubte Handlungen" keineswegs identisch sind, wiewohl sie namentlich[6]) in BGB. §§ 992 und 2025 Satz 1 (oben § 28 sub V 2 und § 29 sub I 2) in sehr intime Beziehungen zueinander treten.

---

[1]) In dieser Hinsicht kann von der Zugehörigkeit sowohl des Zivilrechts wie des Strafrechts in die allgemeine Rechtslehre (vgl. oben § 30 sub II) ausgegangen und der Gegenbeweis gegen die Identität der Verschuldensbegriffe in beiden Materien abgewartet werden. Vgl. jedoch das oben § 31 sub C VIII Bemerkte sowie unten § 55 sub A VI 2 und B V.

[2]) So meint auch Kober S. 254 sub b (zu BGB. § 992, oben § 28 sub V 2): „bei strafbaren Handlungen liegt das Schuldmoment ohnedies im Begriff."

[3]) Das „nach dem Leben trachten" des § 1566 ist zwar ein „Verschulden" im weiteren zivilrechtlichen Sinne (vgl. § 1566 mit § 1574 Abs. I), braucht aber im Einzelfall nicht zugleich eine „strafbare" Handlung im kriminalrechtlichen Sinne sein, wenn es nämlich ein Mordversuch mit absolut untauglichen Mitteln (vgl. von Liszt a. a. O. § 47 S. 208 ff.) war; vgl. unten § 55 sub B VIII. Als Verschulden schlechthin (im engeren Sinne) scheint es Litten (oben S. 253 Anm. 1) S. 399 aufzufassen und betrachtet es Th. Engelmann S. 528 Anm. 3 — der konsequenter Weise auch Deliktsfähigkeit (BGB. §§ 827 f.) verlangt — sowie Cosack II § 289 sub I 2 a S. 486.

[4]) Dagegen gehören BGB. § 1567 und § 1568 Satz 1 zwar zum „Verschulden" im weiteren zivilrechtlichen Sinne (vgl. oben § 43 sub B II 2), aber nicht zu den „strafbaren" Handlungen.

[5]) Ueber das Verhältnis der in § 2339 Abs. I Nr. 3 begegnenden „arglistigen Täuschung" zum strafrechtlichen „Betruge" vgl. unten § 58 sub A II 1 d.

[6]) Vgl. ferner insbes. BGB. § 839 Abs. II (oben § 19 sub I 6 und II 1) sowie EG. z. BGB. Art. 107 (oben § 18 sub A II 4 c und § 29 sub II 2 e).

α) Zwar Mot. V S. 591 zu E. I § 2086 scheinen beides mit der Wendung: „einem . . . Erbschaftsbesitzer fällt nicht immer eine strafbare oder vorsätzlich begangene unerlaubte Handlung zur Last" identifizieren zu wollen; aber der Fehler ist eben nur ein anscheinender und beruht auf Flüchtigkeit des Ausdrucks; man muß zwischen „oder" und „vorsätzlich" das Wort „eine" gesetzt denken, wie sich daraus ergibt, daß E. I § 2086 auf E. I § 935 verweist[1]) und daß dieser korrekter sagt: „durch eine strafbare oder durch eine vorsätzlich begangene unerlaubte Handlung"; zwar diese Verbindung der Begriffe begegnet in dem dem E. I § 935 entsprechenden § 992 BGB. (oben sub a) nicht mehr, aber aus § 992 — und ebenso aus § 2025 Satz 1 (gleichfalls oben sub a) — ergibt sich immerhin ein Argument, weil sie bei Identität von strafbaren und unerlaubten Handlungen überflüssig wären.[2])

β) Daß sich die Grenzen nicht decken, lehren folgende Beispiele:

α') Es sind sehr wohl „unerlaubte Handlungen" denkbar, die nicht zugleich „strafbar" sind: so die Bestimmung zum außerehelichen Beischlaf unter Mißbrauch eines Abhängigkeitsverhältnisses (§§ 825, 847 Abs. II, oben § 21 sub II), wenn dieses Verhältnis außerhalb der Fälle des Strafgesetzbuchs § 174 steht und es z. B. der Gutsinspektor ist, der an der Gutsmagd den Beischlaf vollzieht; ferner[3]) beispielsweise die nur auf Antrag verfolgbaren Eigentumsdelikte (St.G.B. § 247);

β') Ebenso sind umgekehrt „strafbare" Handlungen denkbar, die nicht zugleich „unerlaubte" sind: so[4]) alle Fälle,[5]) in denen der Versuch als solcher strafbar ist; ferner alle vollendeten strafbaren Handlungen,[6]) die nicht zugleich einen Schaden im Sinne der §§ 823 ff. herbeigeführt haben.

γ) Die Grenzen können sich auch nicht decken, weil bisweilen der strafrechtliche Tatbestand hinsichtlich des subjektiven Schuldmoments an laxere Voraussetzungen geknüpft ist, als der zivilrechtliche Tatbestand (was namentlich wegen des einen „Vorsatz" erheischenden § 826 BGB. in Frage kommt)[7]) und umgekehrt (wenn nämlich das Strafrecht[8]) nur den Vorsatz, nicht auch die Fahrlässigkeit ahndet).

---

[1]) Auch Mot. a. a. O. selber verweisen auf diesen § 935 E. I.

[2]) Wenigstens betreffs der Bestimmung, daß der Besitzer, wenn er den Gegenstand durch eine „strafbare Handlung" erlangt habe, nach den Vorschriften des Buch II Abschn. 7 Tit. 25 hafte; vgl. wegen der gleichzeitig erwähnten „verbotenen Eigenmacht" unten § 48 sub A IV.

[3]) Vgl. zu obigem Beispiel auch Crome in der Juristen-Ztg. IX (1904) Nr. 1 S. 19/20. Andere Beispiele (fahrlässige Sachbeschädigung, fahrlässige Freiheitsberaubung) bei Cosack I § 163 a. E. S. 606.

[4]) Auch hier andere Beispiele bei Cosack a. a. O.

[5]) Vgl. StGB. § 43 Abs. I, § 242 Abs. 2.

[6]) Vgl. StGB. § 107, § 185.

[7]) So knüpft z. B. das Gesetz zum Schutz der Warenbezeichnungen vom 12. Mai 1894 (RGBl. S. 441) in § 14 Abs. II die Bestrafung des Täters (dessen Tat gewiß als „Verstoß gegen die guten Sitten", BGB. § 826, oben § 36, erscheinen wird) an wissentliches Handeln; ob das bloße „Wissen" aber selbst in casu concreto als identisch mit „Vorsatz" zu betrachten ist, wird mindestens zweifelhaft sein; vgl. unten § 55 sub A VII 1 c.

[8]) Beispielsweise StGB. § 299 wegen des Briefgeheimnisses.

δ) Die Grenzen können sich ferner auch deshalb nicht unbedingt decken, weil ja im Gegensatze zu den strafbaren Handlungen die unerlaubten nicht allesamt auf dem Verschuldensprinzip aufgebaut sind (vgl. oben § 39 sub I 5) und daher beispielsweise der „Tierhalter" (BGB. § 833, ebenda sub a β) zwar unbedingt zivilrechtlich, aber nicht ohne weiteres strafrechtlich [1]) verantwortlich ist. Im Zivilrecht ist eben die Grundidee des Rechtssprichworts „die Tat tötet den Mann" [2]) und die bloße Erfolgshaftung noch keineswegs aufgegeben worden.

ε) Aber auch wenn alle Tatbestände des Tit. 25 zugleich den Strafrichter und alle Tatbestände der Strafgesetze zugleich den Zivilrichter interessieren würden, so würde auch solch völliges Zusammenfallen des Interesses nicht als Beweis für eine begriffliche Identität von strafbaren und unerlaubten Handlungen dienstbar gemacht werden können, weil es auch sonst bekanntlich eine Unmenge von Tatbeständen gibt, die zugleich ins Zivilrecht und ins Strafrecht gehören, und weil auch dies nichts weiter ist als eine Folge des bekannten Grenzkonfliktes zwischen bürgerlichem und öffentlichem Recht.[3])

b) Auch in der Literatur zum BGB. wird die mögliche Divergenz zwischen strafbaren und unerlaubten Handlungen mehrfach hervorgehoben, so von Cosack[4]), Crome[5]), Endemann[6]), Engelmann[7]), Müller[8]), Müller und Meikel[9]) und Oertmann[10]).

c) Die Judikatur[11]) hat noch nicht Gelegenheit gefunden, sich über das Verhältnis der strafbaren Handlungen zu den unerlaubten (und überhaupt [12]) über die zivilrechtliche Bedeutung der strafbaren Handlungen) zu äußern.[13])

3. Für Erörterungen über die Beziehungen der „strafbaren Handlungen"

---

1) Vgl. aus dem St.G.B. etwa § 366 Nr. 5, 6, § 367 Nr. 11.

2) Vgl. z. B. Graf und Dietherr, Deutsche Rechtssprichwörter, 2. Ausg., Nördlingen 1869, S. 292, 297.

3) Vgl. dazu beispielsweise meine Bemerkungen wegen des Namenrechts (BGB. § 12 in Verbindung mit BGB. § 823 Abs. I) in meiner oben S. 262 Anm. 2 erwähnten Abhandlung S. 89 (Sonderabdruck S. 23 f.) und die weiteren Verweisungen daselbst Anm. 74.

4) Cosack a. a. O.

5) Crome a. a. O.

6) Endemann I § 84 b S. 428 Anm. 16, § 200 S. 1255 Anm. 2.

7) Engelmann S. 128.

8) Müller, G., in Seuff. Bl. f. R.A. 65 (1900) S. 373 ff. (oben S. 93 Anm. 2, S. 260 Anm. 3) S. 376.

9) Müller und Meikel I § 195 S. 658.

10) Oertmann S. 552 sub 1, wobei aber die Worte „nicht nur" wegen des oben sub a β β' Bemerkte nicht einwandfrei sind.

11) Vgl. Scherer I S. 104, 121, 129, 141, 151, II S. 191, 226, 248, 263, 281, III S. 316, 361, 406 ff., 432; Warneyer I S. 127, 169, 212, 231, II S. 91, 118 f., 140, 151; Spruchsammlung I S. 36, 48, 56, 61, II S. 27, 32, 34, 36.

12) Vgl. nur Entsch. des OLG. Hamburg vom 9. Dezember 1903 bei Mugdan und Falkmann VIII (1904) Nr. 36 h S. 422, oben § 36 sub II 9 d S. 230 Anm. 2.

13) Nicht interessiert uns eine Entsch. des OLG. Karlsruhe vom 13. April 1902 bei Mugdan und Falkmann V, 1902, Nr. 36 e S. 187 (vgl. auch z. B. Scherer III S. 384 sub X, Warneyer I S. 190 Nr. 2, Spruchsammlung I S. 53) zu BGB. § 1680, die sich mit der Frage beschäftigt, ob unter einem „an" dem Kinde begangenen Vergehen nur ein solches gegen dessen Person, nicht auch ein gegen sein Vermögen gerichtetes zu verstehen sei; weitere Literatur zu dieser Frage gibt z. B. Neumann, Jahrb. I 1 S. 132 Anm. 1 a an.

zu den andern in §§ 41—46 besprochenen Begriffen fehlt jede Veranlassung; soweit diese Begriffe ihrerseits unter das „Verschulden" im engeren oder im weiteren Sinne gehören (und nicht z. B. unter das lediglich objektive[1]) Unrecht) ergibt sich das Einzelne mittelbar aus den Beziehungen der „strafbaren Handlungen" zum „Verschulden" (oben sub 1) bezw. zu den „unerlaubten Handlungen" (oben sub 2) von selber.[2])

4. Nicht zu verwechseln mit den Beziehungen der „strafbaren Handlungen" zum zivilrechtlichen Unrecht im subjektiven Sinne sind die Beziehungen zwischen dem BGB. und dem Strafrecht überhaupt. Diese an sich hochinteressante und schon vielfach in Angriff genommene[3]) Frage hat mit unserem Problem nichts zu tun oder ragt in dieses doch nur mit einzelnen Ausläufern[4]) hinein. Es würde also den Rahmen unserer Aufgabe wesentlich überschreiten,[5]) wenn wir auch diese Frage erörtern wollten. Immerhin sei darauf aufmerksam gemacht, daß die Ausbeute, welche sich[6]) aus der Terminologie des BGB. ergibt, noch lange nicht erschöpft worden ist; man denke beispielsweise noch[7]) an nachbenannte Termini,[8]) die zur Prüfung[9]) ihrer gleichzeitigen Bedeutung im Strafrecht und im Zivilrecht herausfordern: „Angriff", „Anstifter", „Auflauf", „Aufruhr", „Ausbeutung", „begehen", „Begehung", „Beibringung", „Beihilfe", „beleidigen", „Besserung", „Besserungsanstalt", „bestrafen", „Bestrafung", „festnehmen", „Festnahme", „Festung", „Freilassung", „Gefängnisstrafe", „Gericht"[10]) „Getöteter", „Strafe", „Strafgesetz", „Strafgesetzbuch", „strafrechtlich", „Strafverfahren".[11])

---

[1]) Ueber „strafbare Handlungen" und „Widerrechtlichkeit" vgl. unten § 48 sub D.

[2]) Wenn nach unseren Feststellungen jede „strafbare Handlung" zwar ein „Verschulden" (im engeren und im weiteren Sinne), aber nicht unbedingt (und sehr oft nicht) eine „unerlaubte Handlung" enthält, so mag auch dies als Argument für die starke Spannung gelten, welche, wie oben § 39 sub I 5 und 9 ausgeführt wurde, zwischen „Verschulden" und „unerlaubten Handlungen" besteht.

[3]) Vgl. z. B. Brettner in Goltdammers Archiv für Strafrecht Jahrg. 45 (1897) S. 81 ff., Oppenheimer in den Bl. f. RA. Ergänzungsbd. 15 (1897) S. 337 ff., Meves in Goltdammers Archiv 46 (1898/99) S. 81 ff., 161 ff., Delius in der Juristen-Ztg. IV (1899) Nr. 24 S. 494 ff., R. Schmidt ebenda V (1900) Nr. 7 S. 146 ff., Winkler im „Gerichtssaal" 58 (1900) S. 241 ff., Witte in Goltdammers Archiv 47 (1900) S. 193 ff. — Von selbständigen Schriften: zum Entwurf von Liszt, die Grenzgebiete zwischen Privatrecht und Strafrecht (Beiträge zur Erläuterung des Entwurfes, herausg. von Bekker und Fischer, Heft 5), Berlin und Leipzig 1889; Lobe, über den Einfluß des BGB. auf das Strafrecht, mit besonderer Berücksichtigung des Besitzes, Leipzig 1898, und z. B. die Dissertationen von Arter (Freiburg 1899), Ehrenhard (Erlangen 1902) und Kiese (Tübingen 1900). Ferner z. B. die unten § 54 sub A II erwähnte Schrift von Albrecht (insbs. S. 189 ff.) sowie Petsch, Die Buße des Reichsstrafgesetzbuchs in ihrem Verhältnis zum Schadensersatzanspruch des gem. Zivilrechts, Erlanger Diss. Berlin 1898, insbes. S. 49 ff. — Einzelheiten z. B. bei Liepmann, Einleitung in das Strafrecht (Kritik der kriminalistischen Grundbegriffe), Berlin 1900, sowie in den Schriften über Deliktsobligationen (vgl. oben § 39 S. 263 Anm. 2), über Notwehr, Notstand u. dgl. (unten § 48 sub A IV). — Vereinzelte Bemerkungen der Materialien z. B. in Mot. II S. 752 a. E., V S. 519 a. E.

[4]) Vgl. die Bemerkung gegen Ende der vorigen Anmerkung. Hierher würde auch die oben S. 357 Anm. 1 berührte Frage nach der Identität der zivil- und strafrechtlichen Begriffe „Vorsatz" und „Fahrlässigkeit" gehören.

[5]) Vgl. auch oben § 1 sub II S. 2.

[6]) Zumal bei Hineinziehung des Strafprozeßrechts.

[7]) Außer den im § 29 erwähnten Begriffen.

[8]) Im Einzelnen vergleiche man Gradenwitz.

[9]) Die Prüfung wird freilich oft ergeben, daß ein solcher Zusammenhang nicht vorliegt; so wegen des Wortes „Festung" in EG. z. BGB. Art. 54, der das sog. Festungsrayongesetz vom 27. Dez. 1871, nicht aber die Festungsstrafe betrifft.

[10]) Nebst gewissen Komposita; vgl. Gradenwitz pag. XV.

[11]) Ferner etwa: „körperlich", „lebensgefährlich", „Leibesfrucht", „stehlen", „Tat".

III. Das Handelsgesetzbuch erwähnt „strafbare Handlungen" [1]) nur ganz gelegentlich im § 520 Abs. III, der nicht weiter von Interesse für Angelegenheiten des „Verschuldens" ist.

§ 48.

Die Widerrechtlichkeit.

A. Unsere Betrachtungen über „Rechtswidrigkeit" (oben § 44 sub A III) führen uns zur Prüfung der „Widerrechtlichkeit". Unter „Widerrechtlichkeit" kann man zwei verschiedene Dinge verstehen: die objektive Widerrechtlichkeit im Sinne eines Verstoßes gegen das (objektive bezw. subjektive; vgl. unten sub I 1 und 2)·Recht oder aber die subjektive Widerrechtlichkeit im Sinne des Verschuldens, also in einer für unser Thema interessierenden Bedeutung. Mit dieser Möglichkeit eines doppelten Wortsinnes operiert auch nicht nur die Literatur[2]) — speziell auch die z. BGB.[3]) —, sondern sie findet sich auch in den Materialien verwertet; so besonders deutlich in der schon in § 44 A IV 2 besprochenen Stelle der Prot. II Nr. 125 I C S. 306. Angesichts dieses Umstandes ist es notwendig, den Sprachgebrauch des BGB. selber genauer Nachprüfung zu unterwerfen.

I. Die rein sprachliche Deutung bietet beim Begriff „Widerrechtlichkeit" Schwierigkeiten.

1. Sprachlich kann man nämlich unter „widerrechtlich" [4]) zweierlei verstehen:

a) was „wider das Recht", „dem Recht zuwider" ist, und

b) was „wider ein Recht", „einem Recht zuwider" ist.

2. Man kann also m. a. W. darin sowohl den Verstoß gegen objektives wie den gegen subjektives Recht erblicken. Da jedoch das subjektive Recht stets auf dem objektiven Rechte beruht, so ist der Verstoß gegen subjektives Recht unbedingt zugleich ein solcher gegen objektives Recht und es wird, sofern die Erklärung sub a zulässig erscheint (vgl. unten sub 2), diese zugleich den engeren Fall sub b begreifen.

„Täter", „umkommen", „Untersuchung", „verbreiten", „verdächtig", „verfolgen", „Verfolgung", „Verhängen", „Versuch", „versuchen", „verüben", „verurteilen", „Verurteilung", „vollziehen", „Vollziehung", „vorführen", „Widerstand", „Zusammenrottung", „Zwangserziehung", „Zwangsmittel" u. a. m.

[1]) „Vgl. „sich strafbar machen" in EG. z. HGB. Art. 10 Nr. V § 49 Abs. II Satz 2 (vgl. oben § 45 sub B); vgl. ferner eine von Gesetzesübertretungen handelnde Bestimmung in HGB. § 563 Abs. I.

[2]) Zur Judikatur macht Eßlinger in Seuff. Bl. f. RA. 69 (vgl. oben S. 108 Anm. 1) S. 179 f. darauf aufmerksam, daß ein Urt. des Bayer. Oberst. LG. vom 4. Dez. 1902 (Bd. III S. 1001 ff. der Samml.) das Wort „widerrechtlich" im objektiven Sinne gebraucht, während es ein Urteil vom 1. April 1886 (in der älteren Samml. Bd. XI S. 379) im subjektiven Sinne (gleich „schuldhaft") gebraucht hatte.

[3]) Zur Probe — die ihre Ergänzung wegen des unten sub B zu Bemerkenden in den Belegen oben § 44 sub III findet — vgl. Crome I § 107 S. 474 sub 2,3 einerseits („das unerlaubte Verhalten . . . muß . . . objektiv widerrechtlich sein") und II § 322 S. 999 a. E. andererseits („besondere Betrachtung erfordert der Fall, da eine Leistung nicht nur objektiv ungerechtfertigt, sondern subjektiv widerrechtlich ist"). — Vgl. auch z. B. die Dissertation von Wilh. Müller, Der Begriff der unerlaubten Handlung (Halle 1900) — oben S. 260 Anm. 3 — S. 44 und die oben § 44 sub A III S. 337 Anm. 3 erwähnten Erlanger Dissertationen von Allonas S. 16 und Münz S. 21.

[4]) Als sprachlichen Gegensatz kann man nur das Wort „rechtmäßig" benutzen; vgl. oben § 44 sub B 1 2.

3. Ist nun aber nicht die engere Erklärung sub b vielleicht die richtigere? Anders ausgedrückt: ist jede Handlung, die gegen ein Gesetz überhaupt verstößt, widerrechtlich oder nur diejenige, welche gegen einen solchen Rechtssatz verstößt, der ein subjektives Recht verleiht? Die Beschränkung des Begriffes auf den zuletzt genannten Fall würde an sich nicht undenkbar sein und insbesondere nicht der Bemerkung sub 1 a. E. zuwiderlaufen, da nicht jeder objektive Rechtssatz ein subjektives Recht im zivilrechtlichen Sinne umfaßt.[1])

4. Zur Einschränkung des Begriffes auf die subjektiven Rechte liegt jedoch keine Handhabe vor. Im Gegenteil. Denn sonst wäre die besondere Hervorhebung der Widerrechtlichkeit[2]) in § 823 Abs. I überflüssig,[3]) weil dort ohnedies ausdrücklich („oder ein sonstiges Recht") von anerkannten subjektiven Rechten (einschließlich gewisser „Persönlichkeitsrechte") die Rede ist; und noch deutlicher erklärt § 858 die Widerrechtlichkeit einer Besitzentziehung oder -störung (verbotene Eigenmacht) nur dann für vorhanden, „sofern nicht das Gesetz" sie gestattet.

5. Dem widerspricht es nicht und damit darf nicht verwechselt werden, daß die Widerrechtlichkeit nur überall da zu Schadensersatz verpflichtet, wo sie in kausaler Weise zur Verletzung eines subjektiven Rechtes geführt hat. Denn ohne letztere kennt das Privatrecht[4]) eine Ersatzverbindlichkeit überhaupt nicht.

6. Etwas ganz anderes, wofür das sprachliche Element einen Anhalt nicht gewährt, ist die Frage, ob die widerrechtliche Handlungsweise nur ein objektiver Verstoß gegen das — objektive oder subjektive — Recht ist, oder zugleich ein subjektiver.

II. Sehen wir in den Materialien nach, so bieten auch sie[5]) nirgends eine prinzipielle Erörterung des Begriffs der Widerrechtlichkeit als solchen.[6])

1. Die Motive:

a) Die Mot. II S. 725 f.[7]) sagen (zu §§ 704 f. des I. Entwurfs,[8]) den jetzigen §§ 823 ff.): „Der Mangel einer gesetzlichen Erlaubnis hat keine Bedeutung; was nicht (S. 726) widerrechtlich ist, ist erlaubt. Widerrechtlich aber ist vor allem das Handeln gegen ein absolutes Verbotsgesetz . . . Wird nur die vorsätzliche Handlung mit Strafe bedroht, so kann die nur fahrlässige Handlung . . . nicht als widerrechtlich angesehen werden." — Dann heißt es (S. 726) weiter: „Ebenso zweifellos widerrechtlich ist die Verletzung des einem Andern zustehenden absoluten Rechtes . . . Doch ist die Verletzung nur eine Rechtswidrigkeit gegenüber dem Berechtigten, während das gesetzliche absolute Verbot einem Jeden

---

[1]) Wenn z. B. die Preuß. Verfassungsurkunde Art. 43 sagt: „Die Person des Königs ist unverletzlich", so erwächst ihm privatrechtlich daraus keine Erhöhung seiner Position über die Untertanen.

[2]) BGB. § 1051 (oben § 46 sub A I 1 und 2), der das „Verhalten" des Nießbrauchers mit Rechtsfolgen verknüpft, spricht ausdrücklich von (Besorgnis einer) „Verletzung der Rechte des Eigentümers", vermeidet aber den Ausdruck „widerrechtlich".

[3]) Wie sie mit Recht in § 823 Abs. II vermieden ist; vgl. auch Planck II S. 612 sub c.

[4]) Von wenigen Ausnahmefällen abgesehen; vgl. BGB. §§ 253, 847, 1300 Abs. I.

[5]) Die Denkschrift operiert mit dem Begriff nur ohne weiteres, die Mot. und die Prot. enthalten wenigstens gelegentliche Bemerkungen über ihn, die (vgl. sub 2) beachtenswert sind.

[6]) Ebenso wie die Literatur (unten sub IV) gehen sie sofort auf die konkrete Frage der widerrechtlichen Drohung usw. los.

[7]) Auch diese Stelle hätte v. Blume — vgl. unten S. 365 Anm. 1 — S. 239 (Anm. 2), 245 f. in Erwägung ziehen können. Auf sie und auf die in der folgenden Anmerkung erwähnte Stelle nimmt auch das unten S. 367 Anm. 1 vermerkte Erkenntnis des Reichsger. vom 30. Dezember 1901 Bezug.

[8]) Auf diese Stelle nehmen die Mot. auch ebenda S. 822 (zu E. I § 736, jetzt BGB. § 839) Bezug („aus Vorsatz oder Fahrlässigkeit verübte widerrechtliche Handlung").

zum Schutze dient. Durch ein dem Handelnden zustehendes eigenes Recht, die Handlung oder Unterlassung vorzunehmen, wird die Widerrechtlichkeit ausgeschlossen, weil das Recht eines Anderen stets als Beschränkung des eigenen Rechtes zu verstehen ist; und auch abgesehen von einem dem Handelnden zustehenden subjektiven Rechte, die Handlung vorzunehmen, gestattet das Gesetz unter Umständen die Verletzung des absoluten Rechtes eines Andern,[1]) so daß die Widerrechtlichkeit der Verletzung ausgeschlossen wird."

b) Ueber die Widerrechtlichkeit sprechen sich die Mot. aber auch bereits Bd. I S. 207 (zu § 103 des I. Entwurfs, dem jetzigen § 123) aus; wegen der widerrechtlichen Drohung sagen sie unter Berufung auf das Preuß. ALR. I, 4 § 38,[2]) sie „muß eine widerrechtliche sein. . . Soweit ein Recht besteht, einen Andern zur Abgabe einer Willenserklärung zu nötigen (vgl. u. A. § 189)[3]), ist die abgenötigte Erklärung gültig."

c) In den Mot. finde ich endlich nur noch in Bd. V S. 627 (zu § 2112 des I. Entwurfs, dem jetzigen § 1978) eine Bemerkung — ein Beispiel — dahin: „Es ist . . . nicht als eine widerrechtliche Ueberschreitung der Befugnisse des Erben gegenüber den Nachlaßgläubigern anzusehen, wenn der Erbe vor der Konkurseröffnung zum Zwecke der konkursmäßigen Befriedigung der Gläubiger oder zum Zwecke der Tilgung von Masseschulden über den Nachlaß verfügt."

d) Rocholl,[4]) welcher die unter a erwähnten Bemerkungen der Mot. billigt, mißbilligt, daß man es unterlassen habe, „im Gesetz selbst den Begriff der Widerrechtlichkeit zu bestimmen, da die Ansichten darüber weit auseinandergehen". S. 303 schlägt er denn auch eine Definition (§ 705 a) dahin vor „widerrechtlich im Sinne des § 704 ist jede gesetzlich verbotene, jede unsittliche und jede sonstige Handlung, welche die Verletzung des Lebens, des Körpers, der Gesundheit, der Freiheit, der Ehre, des Eigentums oder eines begrenzten Rechts eines Andern an einer Sache herbeiführt, sofern diese Handlung nicht auf einem besondern Recht des Handelnden beruht"; und weiter (als § 705 b): „Der widerrechtlichen Handlung steht eine Unterlassung derjenigen Tätigkeit gleich, welche durch ein Straf- oder Polizeigesetz oder eine verfassungsmäßig erlassene Verordnung einer Verwaltungsbehörde im Interesse der Sicherung von Privatrechten oder der öffentlichen Sicherheit und Ordnung geboten war."

2. Die Protokolle:[5])

a) In Bd. II Nr. 150 IV S. 569 heißt es (zu BGB. § 823) unter Bezugnahme auf Mot. II S. 725 — richtiger wäre S. 726 (oben sub 1 a) zu zitieren gewesen — „widerrechtliche Handlungen" seien „Zuwiderhand-

---

[1]) Hier berufen sich Mot. a. a. O. auf §§ 186—189 des I. Entwurfs, die jetzigen §§ 227—229 BGB.

[2]) ALR. I, 4 § 38: „Die Drohung, sich seines Rechtes gesetzmäßig zu bedienen, kann niemals als Zwang angesehen werden." Hiezu vgl. v. Blume (unten S. 365 Anm. 1) S. 246, 248.

[3]) Ihm entsprechen BGB. §§ 229 f.

[4]) Rocholl (und Niedner), Vorschläge zur Abänderung des Entwurfes Bd. I, Breslau 1890, S. 302.

[5]) Irrig meint Hirsch, die Lehre vom Zwange (Greifsw. Diss.), Stettin 1899, S. 42 oben, daß die Prot. (ebenso wie die Denkschr., vgl. oben S. 362 Anm. 5) über „Widerrechtlichkeit" ganz schweigen. Uebrigens führen sie noch II Nr. 97 IX S. 36 „widerrechtliche Herbeiführung der Entmündigung" als Beispiel „groben Undanks" zu § 530 Abs. I BGB. an.

lungen gegen ein Gebots- oder Verbotsgesetz, insbesondere gegen ein Strafgesetz"; ähnlich wird S. 569/570: „in der Verletzung eines gebietenden oder verbietenden Gesetzes bezw. in dem Verstoße gegen ein Strafgesetz eine zum Schadenersatz verpflichtende Widerrechtlichkeit" erblickt (aber „nur gegenüber dem Beschädigten, zu dessen Schutze das verletzte Gesetz bestimmt ist").

b) Zur Irreführung geeignet sind auch gewisse Bemerkungen der Prot. II Nr. 153 I S. 591 Anm. 1 und Nr. 159 IV. S. 665 Anm. 1. Beide Male wird betreffs der unerlaubten Handlungen ein § 709 a der vorläufigen Zusammenstellung der Beschlüsse der Kommission für die II. Lesung erwähnt, der mit den Worten beginnt: „Wer ohne Vorsatz und Fahrlässigkeit (widerrechtlich) das Recht eines Anderen verletzt . . ." Hier soll aber natürlich nicht etwa — wie vielfach im BGB.[1]) — die Klammer dazu dienen, das Vorliegen einer authentischen Definition anzudeuten — denn diese hätte dann ja den sinnlosen Inhalt: Widerrechtlichkeit = Handeln ohne Vorsatz und Fahrlässigkeit —; es soll wohl vielmehr [2]) angedeutet werden, daß sich die Kommission über Einfügung oder Nichteinfügung des Wortes „widerrechtlich" noch nicht schlüssig war.

c) Irreführen könnten auch die Bemerkungen der Prot. Bd. V Nr. 337 I S. 52 (zu § 2078 Abs. II BGB., oben § 25 sub A III 3). Es habe — gegenüber der Auffassung, „es seien keine Fälle denkbar, in denen Jemand berechtigt sei, einen Anderen durch Drohung zur Errichtung einer letztwilligen Verfügung zu nötigen", und „die Beifügung des Wortes „widerrechtlich" an dieser Stelle lege die Gefahr einer Verdunkelung des Begriffs der Widerrechtlichkeit nahe" — die Mehrheit folgendes erwogen: „An und für sich seien Fälle einer nicht widerrechtlichen Willensbeeinflussung durch Drohung denkbar, z. B. wenn der Vater die Tochter zur Annahme eines ihr vorteilhaften Heiratsantrags oder zu einer letztwilligen Verfügung durch die Drohung bestimme, sie für den Fall der Weigerung auf den Pflichtteil zu setzen. Habe man sich mit Rücksicht auf solche Fälle entschlossen, das Wort „widerrechtlich" in § 98 des E. II [3]) beizubehalten, so sei es richtiger, dieses Wort auch im § 1780 [4]) beizubehalten". — Hier könnte natürlich das Beispiel von der Verheiratung der Tochter nur dahin passen, daß eine Drohung, sie auf den Pflichtteil zu setzen, nicht widerrechtlich wäre; es soll das Beispiel also nicht, wie man zunächst annehmen könnte, zum § 2078 Abs. II selber passen. Aber auch zum § 2339 Abs. I Nr. 3 BGB. (oben § 25 sub A III 4) und seinen Vorläufern paßt es nicht.

III. So dürftig und zum Teil (vgl. oben sub II 2 b und c) bedenklich [5]) diese Bemerkungen der Materialien sind, so ergeben sie in Uebereinstimmung mit den Feststellungen sub I und in Uebereinstimmung mit der bisherigen Literatur —

---

[1]) Vgl. oben S. 17 Anm. 1.

[2]) Wie auch Prot. Bd. V S. 52 (unten sub c) sub I 1.

[3]) Jetzt § 123 BGB.

[4]) Jetzt § 2078 BGB.

[5]) Bedenken sind namentlich auch gegen die oben II 1 a wiedergegebenen Bemerkungen der Mot. I S. 725 f. geäußert worden; vgl. z. B. Fels in Gruchots Beitr. 35 (1891) S. 12 ff., von Liszt, Grenzgebiete, S. 34 ff., Jung S. 17 ff, Ahsbahs, Grundlinien des Notwehrrechts, Kieler Diss. 1903, S. 21/22 (wo jedoch S. 21 Anm. 3 irrig v. Liszt, Deliktsobligationen statt v. Liszt, Grenzgebiete zitiert wird).

die sich aber im Allgemeinen nicht prinzipiell und generell zum Begriff „Widerrechtlichkeit" überhaupt, sondern mehr nur zu seiner Bedeutung innerhalb einzelner Lehren, insbesondere in der Lehre von der „Drohung,"[1]) von der „verbotenen Eigenmacht",[2]) von den „unerlaubten Handlungen"[3]) und von „Ausübung der Rechte" (Selbstverteidigung, Selbsthilfe, Notwehr und Notstand)[4]) geäußert hat — für den Bedarf unserer Untersuchung genügenden Anhalt. Wir können nämlich als zweifellos betrachten, daß die Widerrechtlichkeit im Sprachgebrauche des BGB. ein Verstoß gegen objektives Recht ist und daß die Frage, ob ein subjektives Verschulden obwaltet (vgl. oben sub I 5), von der Widerrechtlichkeit ganz unabhängig ist. Da wir uns aber nur mit den Verschuldensbegriffen[5]) beschäftigen wollten, so bleibt die Widerrechtlichkeit als ein rein objektives[6]) Tatbestandsmoment für den Verlauf unserer Abhandlung gegenstandslos. Sie ist eben nach dem Sprachgebrauche des BGB. nur eine Qualifikation der betreffenden Handlung (Drohung, Schadenszufügung, Vorenthaltung des Kindes usw., vgl. oben § 25 sub A), nicht eine Qualifikation des Verhaltens des Täters, also weniger eine Qualifikation der Tat wie eine solche des Taterfolges.

IV. Ebensowenig wie wir uns deshalb eingehender mit deren bisherigen literarischen Ausführungen über Drohung[7]) usw.[8]) zu beschäftigen haben, kommt

[1]) Vgl. von Blume, Zur Lehre von den durch Drohung erzwungenen Willenserklärungen (in v. Iherings Jahrb. Bd. 38, 2 Folge Bd. 2, Jena 1898, S. 224 ff.), insbes. 239 ff.; Planck, der Begriff der Widerrechtlichkeit im § 123 des BGB. (in der Göttinger Festgabe für Regelsberger, Leipzig 1901, S. 151—181); Hirsch (oben S. 363 Anm. 5) S. 35—47.

[2]) Vgl. Dernburg Bd. III § 22 sub 7 S. 67/68. Vgl. auch Werner im „Recht" VIII (1904) Nr. 12 S 331.

[3]) Vgl. die Diss. von von Wilh. Müller (oben S. 260 Anm. 3) § 9 S. 40 ff.; namentlich aber auch Zieger, der objektive Tatbestand der unerlaubten Handlung nach dem BGB., Leipziger Diss. 1902, S. 4 ff.; auch Kolbe, Das erzwungene Rechtsgeschäft, Greifsw. Diss. 1902, S. 28 ff. Ferner v. Liszt, Deliktsobl. S. 85 ff., Jung S. 17 ff., Linckelmann S. 17 ff.

[4]) Vgl. z. B. Oetker, Ueber Notwehr und Notstand (Beiträge zur Auslegung des BGB, herausgeg. von Bernhöft und Binder, Heft 4/5), Leipzig 1903, S 238; Schollmeyer, Das Recht der Notwehr nach dem BGB., Würzburger Festrede 1899, insbesondere S. 9 ff.; weitere Literaturangaben unten sub III.

[5]) Zu diesen Begriffen gehört aber auch der Vorsatz und es sei daher der Vollständigkeit wegen schon hier konstatiert, daß es in Frage kommt, ob die (widerrechtliche) Drohung des § 123 einen Vorsatz einschließt. Näheres unten § 51 sub A IV u. § 55 sub B VI.

[6]) Vgl. auch Planck I S. 378 sub c Abs. 2 und in der Festgabe für Regelsberger S. 179, Cosack I S. 290 sub b, Endemann I § 84 b S. 424 ff., Kipp I S. 453, Ende der Nr 1, Oertmann S. 568 sub 2 c; ferner Denkschr. S. 149, wo (zu §§ 823 ff.) nach Erwähnung der Widerrechtlichkeit ein neuer Absatz mit den Worten beginnt: „Weitere Voraussetzung der Ersatzpflicht ist ein Verschulden." Ein Beweis dafür, daß Widerrechtlichkeit und Verschulden nicht gleichzeitig vorzuliegen brauchen, kann auch darin erblickt werden, daß die Drohung (BGB. § 123 Abs. I) nicht gerade vom Gegenpart des Geschädigten ausgegangen sein muß, sondern auch von einem Dritten ausgegangen sein kann.

[7]) Wenn wir auf die „Drohung" dennoch (unten § 51; vgl. einstweilen oben § 22) zu sprechen kommen müssen, geschieht dies eben nicht wegen der Widerrechtlichkeit, sondern (vgl. unten § 51 sub A II) aus anderen, besonderen Gründen. In § 51 auch sub A IV wegen Hoelder S. 272 oben.

[8]) An vereinzelten Bemerkungen zu dem Begriff „widerrechtlich" im Zusammenhang mit den betr. Gesetzesstellen und unter Zuspitzung auf sie vgl. z. B.: zu § 123 R. Leonhard, Allg. Teil, § 107 S. 526 ff., Planck I S. 221 ff., insbes. S. 223 sub d; zu § 823 Planck II S. 609 sub b, 612 sub c, 625 sub a und in dem oben Anm. 1 erwähnten Aufsatze S. 159—162, Oertmann S. 560 Anm. 7; zu § 831 Abs. I Satz 1 Oertmann S. 568 sub 2 c; zu § 832 derselbe S. 570 sub 2; dagegen Nichts zu § 1335 in der ehrrechtlichen Spezialliteratur (vgl. oben S. 239 f.), z. B. bei Fränkel S. 16 ff., F. Kohler S. 17 ff., 23, Rocholl S. 47 ff.; Nichts auch z. B. zu § 1632 bei Fränkel S. 133.

für uns die sehr umfangreiche Literatur [1]) über Notwehr und Notstand (BGB. §§ 227 ff.) oder erlaubte Eigenmacht (§ 858) in Betracht,[2]) die ihrerseits darum mit der Widerrechtlichkeit zu operieren genötigt ist, weil (vgl. § 25 sub B) die erwähnten Rechtsbegriffe und ihr Vorhandensein die objektive Widerrechtlichkeit [3]) und Unzulässigkeit der Handlung ausschließen.[4]) Ohne Interesse ferner für unser Thema ist die namentlich betreffs Drohung und Notwehr im einzelnen sehr bestrittene Abgrenzung der Widerrechtlichkeit einerseits und der Fälle rechtlich nicht gemißbilligter Maßnahmen andererseits.

V. Daß das Gesetz selber zwischen der Widerrechtlichkeit als einem von ihm nur im objektiven Sinne gebrauchten Begriffe auf der einen Seite und dem Verschulden auf der anderen Seite unterscheidet, ergibt sich zur Evidenz aus denjenigen Stellen (oben § 25 sub A I), in denen es zugleich mit den Begriffen „widerrechtlich" und „vorsätzlich" (§§ 530 Abs. II [5]) und 2339 Abs. I Nr. 1 und 2)

---

[1]) Und ebenso die Judikatur. Vgl. zu BGB. § 858 Abs. I die Entsch. des Reichsgerichts vom 27. Mai 1903 (V 28/03) in Bd. 55 (1904) Nr. 14 S. 55 ff., insbes. S. 57 (auch in der Jur. Wochenschr. 32, 1903, Beilage 11 S. 102 f. Nr. 230, Warneyer II S 78): „daß ein Verschulden vorliegt, ist kein Begriffsmerkmal der verbotenen Eigenmacht".

[2]) Wegen dieser Literatur vgl. bereits einige Angaben oben S 337 Anm. 3, S. 364 Anm. 5 und S. 365 Anm. 1 und 4. Ferner — aus der Unmenge von einschlägigen Schriften, insbes. von Dissertationen — etwa: zur Lehre von Notwehr, Notstand usw.: von Alberti, Notwehr heute und in den Volksrechten, Stuttgart 1898, derselbe, Notwehrrecht, Stuttgart 1901 (vgl. insbes. wegen der „Widerrechtlichkeit" S. 36 ff.); derselbe, Gefährdung durch überlegene Gewalt, Stuttgart 1903 (insbes. S. 25 ff.); derselbe, Eigenmacht und Rechtshemmung, Stuttgart 1904; Arter, §§ 228 u. 904 BGB., Freiburger Diss., Reetz 1899; Cohn, Die Behandlung des Notstandes in den §§ 228 und 904 des BGB., Bonner Diss., 1901; Fitzler, Die zivilrechtliche Bedeutung des Notstandes, Jenenser Diss., Weimar 1901; Heyer, Die Selbsthilfe, Hallenser Diss. 1901 (derselbe auch im Arch. f. bürgerl. R. 19 S. 38 ff.); Wolffsohn, Notwehr, Notstand und Nothilfe, Breslauer Diss., Posen 1901; Simon, Notwehr, Notstand und Selbsthilfe, Marburger Diss. 1903; Müller, Georg, Recht der Notwehr nach Gem. R. und nach dem Rechte des BGB., Greifsw. Diss. 1900; Schrader, Begriffe der Notwehr und des Notstandes nach dem Reichsstrafgesetzbuche und dem BGB., sowie das gegenseitige Verhältnis derselben zu einander, Erlanger Diss. 1901; Titze, die Notstandsrechte im BGB. und ihre geschichtliche Entwicklung, Berliner Diss., Leipzig 1897; Türpen, der Notstand im Bürgerlichen Recht, insbes. im BGB., Erlanger Diss., Berlin 1899; Feuchtwanger, das Recht der Selbstverteidigung nach dem BGB., Erlanger Diss., München 1898; Großmann, das Prinzip der Selbstverteidigung im Deutschen BGB., Berlin 1903; Riso, das Recht der Eigenmacht nach dem Sächsischen und dem Deutschen BGB., Leipzig 1900; Kuhn, Verhältnis der §§ 228 und 904 zu einander, Freib. Diss. 1903. — Mehr bezw. ausschließlich dem Verhältnis zum Strafrecht gewidmet sind (neben den Dissertationen von Arter und Schrader, oben) die Dissertationen von Auer (Würzburg 1903), Bähr (Marburg 1903), Bauer (Würzburg 1902), Baumann (München-Bamberg 1902), Haag (Rostock-Berlin 1901), Haenle (Erlangen-Traunstein 1899), Haniel (Rostock 1901), Pretsch (Rostock-Berlin 1899) und Schultz, Rud. (Freiburg 1902), auch die Würzburger preisgekr. Schrift von Auer, Der strafrechtliche Notstand und das BGB., München 1903; nur auf das Strafrecht beziehen sich die Erlanger Dissertationen von Schläger, Rechtswidrigkeit der Notwehr, 1897, und Braun, I. vorsätzliche und fahrlässige Verletzung Unbeteiligter bei Notwehrhandlungen; II. die Putativnotwehr, 1900. — Ueber Notwehr gegen Tiere die Freiburger Diss. von Vigelius (1899) sowie Hasse in der Juristen-Ztg. VIII (1903) Nr. 22 S. 523 und dagegen Titze ebenda IX (1904) Nr. 6 S. 285 ff.; vgl. auch Gentsch, Selbstverteidigung gegen fremde Sachen, Greifsw. Diss., Zeitz 1899.

[3]) Es ist aber eine Vermengung von objektiver und subjektiver Widerrechtlichkeit, wenn Mot. V S. 431 — vgl. auch Mot. II S. 303 und oben § 43 sub B III S. 332 Anm. 2 — sagen: „Daß der Fall der Notwehr ausgeschlossen ist, ergiebt sich aus der Redewendung: „sich schuldig machen". Mindestens liegt ein Gedankensprung vor, nämlich Ueberspringung des Zwischengedankens, daß von subjektiver Widerrechtlichkeit (unten sub VI) nicht die Rede sein kann, wo schon die objektive fehlt.

[4]) Vgl. wegen der Notwehr auch z. B. Prot. V Nr. 383 I B S. 639 (zu § 2339).

[5]) Der entsprechende § 450 E. I hatte (im Gegensatz zu den den §§ 823 und 2339

oder zugleich mit dem Begriffe „widerrechtlich" und den Begriffen „vorsätzlich" und „fahrlässig" (§ 823 Abs. I) operiert. Würde die Widerrechtlichkeit stets und unbedingt gleichzeitig ein schuldhaftes Verhalten involvieren, so läge — wie auch z. B. das Reichsgericht[1]) hervorgehoben hat — eine im höchsten Maße merkwürdige und namentlich wegen der fundamentalen Bedeutung des § 823 Abs. I geradezu unerklärliche Tautologie vor.[2])

VI. Damit soll nicht in Abrede gestellt werden, daß (wie auch die sub III erwähnten Bemerkungen der Literatur bestätigen) das Verschulden seinerseits etwas gegen das objektive Recht verstoßendes, also etwas zugleich subjektiv und objektiv „widerrechtliches" ist. Um jedoch Mißverständnisse zu vermeiden, wollen wir unsererseits im weiteren Verlaufe lieber den Ausdruck „subjektiv widerrechtlich" vermeiden und auch in dieser Hinsicht die Widerrechtlichkeit ganz aus dem Kreise unserer Betrachtungen verbannen.

B. Die eben besprochene „Widerrechtlichkeit" erinnert sprachlich aufs lebhafteste an die in § 44 sub A III besprochene „Rechtswidrigkeit"; einmal erfahren wir durch den Ausdruck, daß etwas „wider das (bezw. wider ein) Recht" sei, das andere Mal, daß etwas „dem (bezw. einem) Recht zuwider" sei. Es erhebt sich also die Frage, ob beide Ausdrücke in der Tat dasselbe oder verschiedenes besagen wollen und sollen.

I. Was die Materialien betrifft, so ergibt eine Anzahl von Stellen der Motive, daß beide Begriffe promiscue gebraucht werden und daß den Redaktoren der Motive die Möglichkeit eines Unterschiedes überhaupt nicht zum Bewußtsein gelangt ist. Vgl. die oben sub A II 1 a zitierte Stelle aus Mot. II S. 726; ferner Mot. IV S. 590 (zu BGB. § 1567 Abs. II Nr. 1) oben („Widerrechtlichkeit seiner fortgesetzten Weigerung" . . . . . „Hartnäckigkeit des rechtswidrigen Willens")[3]) und Mot. V S. 517 a. E. („rechtswidrige Handlung") mit § 2045 Nr. 1 des E. I. (BGB. § 2339) selber („widerrechtliche Handlung"). — Ebenso verfährt die Literatur zum BGB.,[4]) wie sich durch zahllose Proben[5]) erhärten läßt.

---

entsprechenden §§ 704 und 2045) das Wort „widerrechtlich" noch nicht enthalten; über die Gründe seiner Einführung und zu dem Begriffe ersieht man aber aus Prot. II Nr. 98 I S. 37 f. nichts Genaueres.

[1]) Vgl. Entsch. des Reichsgerichts vom 30. Dez. 1901 (VI 285/01) in Bd. 50 (1902) Nr. 15 S. 66; vgl. auch Neumann, Jahrb. I 1 S. 462 Note 7 (490 Note 5) und oben S. 362 Anm. 7.

[2]) Man beachte z. B. auch, daß BGB., indem es in § 910 betreffs der vom Nachbargrundstück eingedrungenen Wurzeln oder herrüberragenden Aeste, das Recht der Selbsthilfe verleiht, die Wirkungen eines natürlichen Ereignisses, bei welchem von einem Verschulden gar nicht die Rede sein kann, ebenso als Widerrechtlichkeit auffaßt, wie z. B. die verbotene Eigenmacht des Nachbarn (§ 859).

[3]) Bei gleicher Gelegenheit spricht auch die Denkschr. S. 314 von „Rechtswidrigkeit" der Handlungsweise.

[4]) Vgl. aus den Lehrbüchern z. B. Crome I S. 474 sub 3 verglichen mit S. 535/536, Eck I S. 152, Endemann I S. 430 sub 4 und S. 642 Anm. 13, Enneccerus-Lehmann I S. 843 a. E. und S. 846 a. E., Kipp I S. 447/448, 452 a. E., 453 Nr. 1 a. E., 526 oben, II S. 89 Text sowie Anm. 4, Matthiaß I S. 270 sub C und D. Aus den Kommentaren z. B. Hoelder S. 460 sub 2, Planck I S. 378 sub 1 c und 2, Rehbein I S. 144 oben. Aus den einschlägigen Monographien bezw. Einzelaufsätzen z. B. v. Blume a. a. O. (S. 241 ff., 245), Jung S. 24, v. Liszt, Grenzgebiete S. 34 ff,. Oetker a. a. O. S. 237 ff., von Weinrich S. 94 (S. 46, 93) und dazu Weyl im Jurist. Literaturblatt XV Nr. 6 (27. Juni 1903) S. 142, ferner Göring, fahrlässige Tötung (oben S. 108 Anm. 5) S. 36 ff., Hirsch (oben S. 363 Anm. 5), S. 39, Wilh. Müller S. 40 ff., Münz S. 23 f., Zieger S. 4 ff. — Gelegentlich, in der Juristen-Ztg. VIII (1903) Nr. 14 S. 326 Spalte 2 sub a, stellt Oertmann neben das Wort „rechtswidrig" das Wort „widerrechtlich" in Klammer, und erwähnt mag beispielsweise noch werden, daß Cosack durchweg zu § 823 Abs. I und zu §§ 227 ff. von objektiver „Rechtswidrigkeit" spricht (Bd. I S. 601 ff., S. 296).

[5]) Als Probe aus der Judikatur diene die Entsch. d. Reichsgerichts

II. Und doch darf die Möglichkeit, daß der Gesetzgeber mit beiden Begriffen, trotz ihrer sprachlichen Identität, einen verschiedenen Sinn verbinden wollte, nicht gleich ohne Weiteres von der Hand gewiesen werden.

1. Zunächst ist der Mangel einer Erörterung dieser Frage in den Materialien und in der Literatur merkwürdig angesichts der überaus frappierenden Tatsache, daß beide Worte in einem und demselben Paragraphen (dem einzigen, welcher von „rechtswidrig" redet) Verwendung finden. Wird man aus diesem in einem modernen Gesetze doch ungemein auffallenden Reichtum der Sprache nicht — wie wir es für § 777 Abs. I Satz 1 (und 2), oben § 33 sub A III 3, wegen der Begriffe „unverzüglich" und „ohne wesentliche Zögerung" taten — einen bewußten Wechsel des Ausdrucks behufs Kennzeichnung einer begrifflichen Verschiedenheit des Tatbestandes entnehmen müssen? Diese Möglichkeit wird dadurch erhöht, daß auch der Ausdruck „rechtswidrig" an sich (ebenso wie „widerrechtlich", vgl. oben sub I 1) mehrdeutig ist, indem er nämlich nicht bloß — worauf das Sprachgefühl am ehesten hinweisen möchte [1]) — Verstöße gegen objektives Recht bezeichnet, sondern auch auf Verstöße gegen subjektives Recht hinweisen kann.

2. Dennoch scheint nicht eine begriffliche Verschiedenheit vorzuliegen und ihre Ausprägung bezw. diesbezügliche Andeutung erfahren zu haben. Denn abgesehen von dem sehr schwachen Argument, das sich aus dem Wechsel des Wortes innerhalb derselben Norm entnehmen ließe (oben sub 1), versagt jeder weitere Erklärungsversuch [2]) für die Divergenz als solche und es bleibt demnach, wenn man nicht eine Nachlässigkeit [3]) annehmen mag, nur die Erklärung übrig, daß auch der Gesetzgeber beide Ausdrücke für gleichbedeutend hielt. Dabei kann man m. E. aber nicht etwa sagen, daß das Sprachgefühl für die Wahl des Ausdrucks insofern maßgebend gewesen sei, als für den adjektivischen Gebrauch, wie er in § 227 Abs. II stattfindet, das Wort „rechtswidrig" und für den adverbiellen Gebrauch [4]) in § 227 Abs. I (und §§ 228, 229) das Wort „widerrechtlich" geeigneter gewesen sei; denn zwar begegnet „widerrechtlich" auch in den übrigen Stellen des BGB. (§§ 123 Abs. I, 530 Abs. II, 823 Abs. I, 827 Satz 2, 831 Abs. I Satz 1, 832 Abs. I Satz 1, 858 Abs. I, 1335, 1632, 2078 Abs. II, 2339 Nr. 1—3; vgl. oben § 25 sub A und B) stets nur adverbiell, dagegen treffen wir es im EG. Art. 95 Abs. 1 Satz 2 („zum widerrechtlichen Verlassen des Dienstes") adjektivisch an und es könnte hier sprachlich ebensogut von „rechtswidrigem Verlassen des Dienstes" die Rede sein.

3. Die Wahl des Ausdrucks „rechtswidrig" in § 227 Abs. II erklärt sich aber sehr einfach, wenn man StGB. § 53 Abs. II als Parallele heranzieht; die dort bewährte und durch die Literatur und Judikatur gründlichst beleuchtete Definition des Begriffes „Notwehr" stimmt nämlich wörtlich überein mit

---

vom 27. Okt. 1902 (IV 193/02) zu BGB. § 2078 Abs. II, abgedruckt in der Juristen-Ztg. VIII (1903) Nr. 2 S. 55.

[1]) Mit diesem Sprachgefühl stimmt (vgl. oben § 44 sub III) der Sprachgebrauch des Gesetzes und der Materialien überein; von Ferneck (oben § 44 S. 337 Anm. 5) möchte den Ausdruck „Rechtswidrigkeit" auf Verstöße gegen subjektives Recht reserviert und für Verstöße gegen objektives Recht den Ausdruck Normwidrigkeit verwertet wissen.

[2]) Es mag nur darauf hingewiesen werden, daß in dem dem BGB. § 227 entsprechenden § 186 E. I zwar gleichfalls in Abs. II das Wort „rechtswidrig", dagegen in Abs. I noch nicht das Wort „widerrechtlich" enthalten war.

[3]) An solchen fehlt es freilich im BGB. nicht; vgl. meine Vorträge Bd. I S. 86 ff. und auch unten § 84.

[4]) Das Sächsische BGB. § 93 sagt „widerrechtlicherweise".

unserer Norm und in bewußter Weise[1]) hat hier das BGB. eine direkte Anleihe beim StGB. gemacht.[2])

4. Aus der Identität von Widerrechtlichkeit und Rechtswidrigkeit ergibt sich schließlich noch etwas Terminologisches:[3]) daß nämlich der Ausdruck „Rechtmäßigkeit",[4]) der doch offenbar (oben § 44 sub B I 2) das Gegenteil von Rechtswidrigkeit besagt und daher der geeignetste ist, um gegebenen Falles die Abwesenheit der Rechtswidrigkeit (z. B. eines Angriffs im Sinne des BGB. § 227 Abs. II) zu bezeichnen, auch ebenso benützt werden darf, um das Gegenteil von „Widerrechtlichkeit" zu bezeichnen, wofür unsere Sprache keinen besonderen, dem Worte Widerrechtlichkeit näher verwandten Ausdruck geschaffen hat.

C. Daß die objektive Rechtswidrigkeit und Widerrechtlichkeit mit der subjektiven (dem „Verschulden") vielfach in Berührung treten kann und für einige derjenigen gesetzlichen Tatbestände, in denen von ihr die Rede ist, sogar treten muß (vgl. oben sub A V), ist ein Umstand, der uns dennoch nicht zu längerem Verweilen bei dem Begriffe der Rechtswidrigkeit und zur Vornahme der gerade bei ihm so dringend erforderlichen Revision[5]) legitimiert. Und wenn bei späterer Gelegenheit vom Standpunkt des Verschuldens aus an den Begriff der Rechtswidrigkeit noch wiederholt herangetreten werden muß — wegen des „Bewußtseins der Rechtswidrigkeit"[6]) und wegen des Fortfalls des Verschuldens bezw. der Verschuldensfolgen beim Mangel der Rechtswidrigkeit (unten § 69) —, so genügt auch für den dortigen Bedarf die Feststellung, daß unter „Widerrechtlichkeit" — und „Rechtswidrigkeit" — im Sinne des Sprachgebrauches des BGB. die objektive Verletzung des objektiven Rechts zu verstehen ist.

D. Da die „Widerrechtlichkeit" im BGB. als lediglich objektiver Begriff erscheint, so liegt — wie zu einem genaueren Vergleiche mit dem „Verschulden" (oben sub C) — auch zu einem Vergleiche mit den sonstigen in §§ 31—47 behandelten Begriffen, welche sich als Glieder unseres „Systems der Verschuldensbegriffe" erwiesen, kein Bedürfnis vor.[7]) Nur wegen des Verhältnisses zwischen „Widerrechtlichkeit" und „unerlaubten[8]) Handlungen" (oben § 39) bedarf es noch einiger Bemerkungen, da gerade diese auch für unser Thema mittelbar interessierenden Beziehungen vielfach mißverstanden worden sind, indem man nämlich beide Begriffe schlechtweg identifiziert hat.

---

[1]) Vgl. Mot. I S. 348/349 (zu E. I § 186).

[2]) Im StGB. begegnet „rechtswidrig" noch adjektivisch: in §§ 253 Abs. I, 263 Abs. I, 267, 289 Abs. I, adverbiell: in §§ 242 Abs. I, 246 Abs. I, 303 Abs. I, 304 Abs. I, 305 Abs. I, 346, 355; „widerrechtlich" noch (durchweg adverbiell): in §§ 123 Abs. I, 239 Abs. I, 240 Abs. I, 353 a Abs. I. Noch eine andere (auf den Mangel eines subjektiven Rechts weisende) Wendung — „ohne hierzu berechtigt zu sein" — findet sich im § 341.

[3]) Wegen der begrifflichen Verschiedenheit von Widerrechtlichkeit bezw. Rechtswidrigkeit einerseits und Verschulden andererseits können wir von einer Nachprüfung der vielen sprachlich verwandten Ausdrücke wie „berechtigt", „Jagdberechtigter", „Nichtberechtigter", „stimmberechtigt", „Rechtsmangel" usw. absehen, die (vgl. Gradenwitz insbes. pag. XIII) im BGB. zu finden ist.

[4]) Zu diesem Sprachgebrauch vgl. als Beleg z. B. Cosack I S. 295 II 1, S. 296 IV 2.

[5]) Vgl. v. Liszt, Lehrbuch des Strafrechts, 12. u. 13. Aufl., Berlin 1903, S. 471 Anm. 6.

[6]) Ueber die Frage, ob das Verschulden obiges Bewußtsein voraussetzt, vgl. einstweilen (verneinend) von Liszt, Deliktsobligationen S. 56 ff. (und mit ihm z. B. auch Neumann, Jahrb. I 1 S. 461 Anm. 6 a) sowie Kipp I S. 452; andererseits (bejahend) Endemann I § 201 S. 1269.

[7]) Wegen des Verhältnisses der objektiven Schuld- und Unrechtsbegriffe zu einander ist auch hier lediglich dasselbe zu bemerken wie oben § 44 sub C.

[8]) Die „strafbaren" Handlungen (oben § 47) sind zugleich widerrechtliche; vgl. auch Mot. II S. 752 a. E.

I. Das Verhältnis von unerlaubten Handlungen und Widerrechtlichkeit wurde schon oben § 39 sub I 4 gestreift unter ausdrücklichem Protest (ebenda sub 4 d) gegen einige irrige Bemerkungen in der Literatur zum BGB.

II. Aber auch während der Entstehungsgeschichte des Gesetzes scheint man nicht immer Klarheit über die beiden Begriffe und ihr gegenseitiges Verhältnis gehabt zu haben. Wenigstens findet man in Prot. I Nr. 68 II S. 521 f. zu BGB. § 31 (E. I § 46) ein Durcheinander in der Ausdrucksweise betreffs der Haftung der juristischen Person für ihre Organe. Nach E. I § 46 sollte die Körperschaft haften „für den Ersatz des Schadens, welchen ihr Vorstand . . . durch eine in Ausübung seiner Vertretungsmacht begangene widerrechtliche, zum Schadenersatz verpflichtende Handlung einem Dritten zugefügt hat". Dagegen finden wir in den Protokollen a. a. O. S. 521 in den Anträgen 1 und 2 und S. 522 im Antrage 3 die Haftung auf eine von dem Vorstand „begangene unerlaubte Handlung" abgestellt, in Antrag 4 (S. 522) auf eine vom Vorstand „begangene zum Schadenersatze verpflichtende Handlung" und auch Antrag 6 empfiehlt, statt „begangene widerrechtliche Handlung" bezw. „begangene unerlaubte Handlung" zu setzen „begangene, zum Schadenersatze verpflichtende Handlung". Weiter wird berichtet, daß der preußische Justizminister vorgeschlagen habe, den Paragraphen dahin zu fassen „. . . begangene widerrechtliche, zum Schadenersatz verpflichtende Handlung". — Die in den Worten „zum Schadenersatze verpflichtende Handlung" liegende Erweiterung (die denn auch in § 31 BGB. Ausdruck gefunden hat) wird nun folgendermaßen (a. a. O. S. 522 a. E.) motiviert: „Einverstanden war man . . . über die Angemessenheit des Antrags 6, die Haftung nicht auf unerlaubte bezw. widerrechtliche Handlungen der Vereinsorgane zu beschränken, sondern auf alle zum Schadenersatze verpflichtenden Handlungen zu erstrecken. Nach dem dem § 46 zu Grunde liegenden Gedanken glaubte man die Körperschaft auch in den Fällen für haftbar erklären zu müssen, in welchen das Gesetz eine Schadensersatzpflicht ohne Rücksicht auf Verschulden des Urhebers des Schadens anerkenne." — Diese Aeußerungen der Prot. erwecken den Eindruck, als ob man erstens „unerlaubte bezw. widerrechtliche Handlungen" für gleichbedeutend gehalten und zweitens zur Haftung „ohne Rücksicht auf Verschulden" einen Gegensatz auch in Haftung für „widerrechtliche Handlung" erblickt hat.

III. Gegen eine solche Identifizierung ist nun als Beweis schon der Umstand genügend, daß in der Eingangsbestimmung des Titel 25, in dem — doch die Mehrzahl der unerlaubten Handlungen umfassenden oder in dieser Hinsicht höchstens mit § 823 Abs. II und § 826 rivalisierenden [1]) — § 823 Abs. I [2]) und fernerhin noch an drei andern Stellen des Titels 25 (§ 827 Satz 2, § 831 Abs. I Satz 1, § 832 Abs. I Satz 1) die Widerrechtlichkeit der Schadenzufügung noch besonders hervorgehoben wird, mithin nicht selbstverständliches Tatbestandsmerkmal sein kann, das in den übrigen Merkmalen, Rechtsverletzung und Verschulden (Vorsatz bezw. Fahrlässigkeit), ohne weiteres aufginge (vgl. oben sub A V).

IV. Gerade die Nennung beider Begriffe innerhalb derselben Norm weist auf die richtige Spur, daß nämlich die Widerrechtlichkeit auf die objektive, das Verschulden auf die subjektive Seite geht und daß beide Seiten zusammen das Gesamtbild der „unerlaubten Handlung" (im allgemeinen Sinne mit Ausnahme

---

[1]) Vgl. oben § 39 sub I 3.

[2]) Er würde, da er auch fahrlässige widerrechtliche Verletzung eines fremden Rechtes umfaßt und nicht auf vorsätzliche Schadenzufügung beschränkt ist, geeignet sein zur zivilrechtlichen Ahndung des Plagiats; vgl. oben § 36 sub II 9 h β.

z. B. der Fälle aus §§ 833 ff., vgl. oben § 39 sub I 5) ausmachen, wie dies ja auch schon oben § 39 sub I 4 d betont wurde. Man kann dies auch so formulieren, daß man mit Müller[1]) S. 40, 43/44 die Widerrechtlichkeit in dem vom Gesetze gemeinten Sinne als objektive Widerrechtlichkeit und das Verschulden als subjektive Widerrechtlichkeit bezeichnet, eine (abgesehen von dem sub A VI Bemerkten) recht brauchbare Bezeichnungsweise, die sich auch sonst in der Literatur zum BGB. bereits findet.[2])

V. Durchaus zutreffend erscheinen mir die Bemerkungen Engelmanns S. 442, mittels deren er die oben S. 260 Anm. 1 erwähnten, in ihrer Allgemeinheit nicht billigenswerten Aeußerungen (S. 128) richtig stellt: „Der heutige Sprachgebrauch unterscheidet rechtswidrige und unerlaubte Handlungen. Rechtswidrig ist alles, was gegen das Recht verstößt, gleichviel ob ihm das Verschulden einer Person zu Grunde liegt oder nicht;" ebenda (S. 442): auch die „unerlaubten Handlungen . . . sind Rechtswidrigkeiten, denn das, was nur gegen die Sitte verstößt, wird zur unerlaubten Handlung im Rechtssinne dann, wenn das Recht an die unsittliche Handlung Folgen knüpft"; ebenda S. 446: „Nicht jede rechtswidrige Verletzung eines fremden Rechtsgutes ist eben schon deshalb eine unerlaubte Handlung und erzeugt einen Schadensanspruch (sic!)."

VI. Auch die übrige Literatur zum BGB. pflegt diese beiden verschiedenen Bestandteile der unerlaubten Handlungen — die rein objektive Seite (Rechtswidrigkeit) und die subjektiven (Verschulden) — zu scheiden,[3]) und daß wir auch durch das BGB. selber zu scharfer Scheidung dieser beiden Seiten genötigt sind, folgt ja u. a. aus dem Umstande, daß das BGB. unter den „unerlaubten Handlungen" einigen Tatbeständen Aufnahme vergönnt hat,[4]) bei denen es nur auf das Vorhandensein einer objektiven, nicht zugleich auf das einer subjektiven Rechtswidrigkeit ankommt.[5])

E. Auch das Handelsgesetzbuch gebraucht den Ausdruck[6]) „widerrechtlich" in § 510 Abs. II[7]) durchaus im objektiven Sinne.[8])

---

[1]) Ueber die Diss. von Wilhelm Müller oben S. 260 Anm. 3.

[2]) Vgl. (jedoch „rechtswidrig", „Rechtswidrigkeit"; hiezu aber oben sub B II 2) z. B. Cosack S. 602 sub 2 einerseits und S. 605 sub 3 andererseits. Dabei könnte es im ersten Moment irreführen, daß Cosack S. 601 unter der Nummer 2 nicht, wie S. 602 unter Nr. 2, von der objektiven Rechtswidrigkeit, sondern von dem Kausalzusammenhang redet, und daß er S. 601 sub I dem Merkmal der objektiven Rechtswidrigkeit statt der Nummer 2 ein b voransetzt.

[3]) Vgl. auch z. B. Zieger a. a. O. S. 5/6, sowie Oertmann in der Juristen-Ztg. VIII (1903) Nr. 14 (oben S. 227 Anm. 8) S. 327.

[4]) Freilich nur ausnahmsweise; vgl. oben § 39 sub I 5 a β, b—d.

[5]) Notwehrexzeß und Putativnotwehr (vgl. dazu eine Erlanger Diss. von Ballin, 1902) können in unerlaubte Handlungen (BGB. §§ 823 ff.) übergehen; vgl. Meves in Goldammers Arch. 46 S. 162 ff., Entsch. d. Reichsger. vom 13. Febr. 1902 (VI 392/01) in der Jur. Wochenschr. 31 (1902) Beil. 1 S. 192 und Neumann, Jahrb. I 1 S. 461 Note 6 g, II S. 104 Note 3.

[6]) An anderen synonymen Ausdrücken habe ich mir nur „unbefugt" (d. h. ohne ein subjektives Recht; vgl. § 50 sub A I) in HGB. § 72 Abs. I Nr. 2 notiert.

[7]) Nur diese Stelle habe ich mir notiert (vgl. oben S. 99 Anm. 2).

[8]) Ein subjektives Moment wird in derselben Stelle mittels der Worte „nicht in gutem Glauben" erwähnt; vgl. oben § 34 sub III 3.

§ 49.

Die Verfehlungen.

I. Unter diesen — trotz seiner häufigen Anwendung im BGB. von der Literatur [1]) noch nicht näher untersuchten — Begriff (oben § 17) werden vom Gesetz gelegentlich einige der von uns bereits besprochenen Begriffe eingestellt: nämlich mittels der in § 2335 Abs. I erfolgenden Verweisung auf §§ 1565 ff. die „schwere Pflichtverletzung" (oben § 37) sowie das „ehrlose oder unsittliche Verhalten" des § 1568 Satz 1 (oben § 46 sub A II) und mittels der in § 1621 Abs. II erfolgenden Verweisung auf die gegenüber den Descendenten gültigen Enterbungsgründe der „ehrlose oder unsittliche Lebenswandel" (gleichfalls oben § 46 A II) des § 2333 Nr. 5. Es leiten uns also diese Termini zur Erörterung des Begriffes „Verfehlung" hinüber.

II. Auch sonst finden wir den Ausdruck „Verfehlungen" zu anderen uns aus der Materialssammlung geläufigen Begriffen in Beziehung gebracht, nämlich:

1. zu den übrigen auf dem Verschuldensprinzip aufgebauten Ehescheidungsgründen durch § 2335 Abs. I und EG. z. BGB. Art. 201 Abs. II;

2. zu den übrigen Enterbungsgründen durch §§ 1611 Abs. II, 1621 Abs. II, 2294 und 2334;

3. zu den Erbunwürdigkeitsgründen durch § 2345 Abs. I.

III. Daraus ergibt sich, daß das Gesetz den Ausdruck „Verfehlung" lediglich als eine Sammelbezeichnung betrachtet, welche dazu dient, mehrere verschiedene Erscheinungsformen zu umfassen; ebenso ist der Sprachgebrauch der Materialien; vgl. Mot. V S. 519/20 und Reichstagskomm. S. 325 (beide zu BGB. § 2339). Hieraus folgt weiter, daß eine Definition [2]) des Begriffes durchaus entbehrlich erscheint.

IV. Die uns interessierenden Beziehungen zwischen den Verfehlungen und dem Verschulden liegen folgendermaßen:

1. Zum Verschulden im weiteren Sinne (oben § 43 sub B II 2) stehen die Verfehlungen zweifellos in Beziehung; dies folgt zur Genüge aus dem Wortlaut der §§ 530 Abs. I, 1611 Abs. II, 1621 Abs. II, 2294, 2334 Satz 1 und 2, 2335 Abs. I, 2345 Abs. I Satz 1 und Abs. II und EG. z. BGB. Art. 201 Abs. II d. h. aus allen Gesetzesstellen, die überhaupt von „Verfehlungen" reden; denn sie alle haben dabei gleichzeitig die Wendung, daß jemand sich dieser Verfehlungen „schuldig macht" (vgl. oben § 3 sub B I 1, § 43 sub A I 1).

---

[1]) In Betracht kommt die Literatur zu BGB. § 530, vgl. unten sub VI, und außerdem (vgl. unten sub II) insbes. die Literatur zum Ehescheidungsrecht (vgl. z. B. oben S. 239 f.) und die zum Erbrecht (so z. B. Strohal, 3. Aufl., Berlin 1903, S. 496 ff., 542 ff.) bezw. insbesondere zur Pflichtteilsentziehung (z. B. die Greifsw. Diss. von Gehm, 1901, S. 23 ff., 35 ff.) und zur Erbunwürdigkeit (z. B. die Greifsw. Diss. von Weber, 1901, S. 14 ff. und die Leipziger Diss. von Richter, 1902, S. 24 ff.). Auch die Literatur über „Verzeihung" im Bürgerlichen Recht — vgl. BGB. §§ 532, 1570, 1574 Abs. III, 2337 Nr. 1 und 2, 2343 und genaueres, auch betreffs der einschlägigen Titel, unten § 82 sub B II — läßt sich über die „Verfehlungen" nicht aus. Desgleichen z. B. nicht Neumann, Jahrb. I 1 S. 360, I 2 72/73, S. 78.

[2]) Auch die Materialien erörtern diesen Begriff nicht weiter, die Mot. (II S. 302 ff., V S. 430 ff. und 516 ff.) schon darum nicht, weil der Ausdruck im E. I §§ 449 f., 2001 ff. und 2045 ff. fehlte und insbes. §§ 2003 ff. nur den bloßen Ausdruck „Handlungen" boten. — Ueber eine „konkrete" Interpretation des Wortes „Verfehlung" im EG. z. BGB. Art. 201 Abs. II (für die Uebergangszeit) vgl. Stranz in der Juristen-Ztg. VI (1901) Nr. 1 S. 7 oben.

2. Daraus läßt sich aber noch nichts über die Beziehungen der Verfehlungen zum Verschulden im engeren Sinne d. h. (oben § 42 sub B I 2, VI und C) im technischen Sinne von Vorsatz und Außerachtlassung der Sorgfalt ableiten. In dieser Hinsicht ist vielmehr nachstehendes zu bemerken:

a) In unmittelbare Beziehung zu den erwähnten Verschuldensformen bringt das Gesetz die „Verfehlungen" nur durch die Verweisung im § 2334 auf § 2333 Nr. 2 und 3 und im § 2345 Abs. I auf § 2339 Abs. I Nr. 1 und 2.

b) Mittelbare Beziehungen ergeben sich jedoch ferner darum, weil sich bereits (vgl. oben § 47 sub II 1) Beziehungen zwischen dem Verschulden im technischen Sinne und den „strafbaren Handlungen" herausgestellt haben und weil wiederum (vgl. oben sub I und II 3) die in §§ 1565 ff., 2333 und 2339 begegnenden strafbaren Handlungen vom Gesetz unter die „Verfehlungen" gerechnet werden. Mittelbare Beziehungen werden sich aber auch ergeben, soweit sich später (vgl. unten § 57 und § 58) Beziehungen zu gewissen anderen in §§ 1565 ff., 2333 und 2339 begegnenden Begriffen — z. B. „Böslichkeit" in § 1567, „Böswilligkeit" in § 2333 Nr. 4 und „Arglist" in § 2339 Abs. I Nr. 3 — aufdecken lassen werden.

c) Damit sind diese Beziehungen aber erschöpft, und wegen der sonstigen Verfehlungsformen muß eine Verwandtschaft mit dem Verschulden im engeren Sinne geleugnet werden; so zu § 530 Abs. I, zu § 1568 Satz 1, zu § 2333 Nr. 5; denn die „schwere Verfehlung" (§ 530), die „schwere Pflichtverletzung" (§ 1568), das „ehrlose oder unsittliche Verhalten" (ebenda) und der „ehrlose oder unsittliche Lebenswandel" (§ 2333 Nr. 5) haben, wie wir zum Teil schon ausdrücklich feststellten (oben § 37 sub V 1 und § 46 sub A II 4), mit dem Verschulden im technischen Sinne ihrerseits nichts zu tun [1]) und sind teils — schwere Verfehlung und schwere Pflichtverletzung — lediglich objektive Begriffe, teils — ehrloses und unsittliches Verhalten bezw. Lebenswandel — als Verschulden im weiteren Sinne (vgl. oben sub 1) zu bezeichnen.

d) Auch in den Folgen berühren sich „Verfehlungen" und „Verschulden" im engeren Sinne deshalb nicht, weil sich die Folgen der Verfehlungen lediglich in der Richtung auf Schenkungswiderruf, Ehescheidung, Enterbung, Erbunwürdigkeit und Ausstattungsverweigerung, dagegen nicht in der typischen [2]) Richtung der Verschuldensfolgen, in der Richtung der Schadenersatzpflicht, bewegen. Wenigstens die im Gesetze vorgesehenen Folgen der Verfehlung. Denn es soll natürlich nicht geleugnet werden, daß im Einzelfall einer der die Verfehlungen betreffenden Tatbestände gleichzeitig den Tatbestand z. B. einer unerlaubten Handlung, etwa laut § 823 Abs. I oder II oder § 826, bilden kann. So beispielsweise die Lebensnachstellung (§ 2333 Nr. 1) oder die Verletzung der Unterhaltspflicht (ebenda Nr. 3), wenn sie eine Gesundheitsschädigung nach sich gezogen hat. Aber hier muß noch daran erinnert werden, daß der unmittelbar Geschädigte und der mittelbar Gekränkte verschiedene Personen sein können (oben § 17 sub B 1), sodaß also Schadensersatzanspruch und beispielsweise Enterbungsrecht getrennten Subjekten zuständen, und ferner

---

[1]) Deshalb ist es für das BGB. selber nicht mehr zutreffend, wenn Mot. II S. 302/3 meinen, es seien „nur vorsätzliche Handlungen des Beschenkten als Widerrufsgründe zugelassen"; unrichtig ist deshalb auch die Bezugnahme auf diese Stelle bei Landé S. 139/140 Anm. 4; vgl. auch oben S. 332 Anm. 2, S. 366 Anm. 3 und unten S. 374 Anm. 3.

[2]) Vgl. jedoch die salvierende Bemerkung oben § 42 sub C II 3.

daran, daß einige der Tatbestände, wie ehrloser Lebenswandel und unsittliches Verhalten (ebenda sub 2), nur moralische Qualifikationen bieten, ohne sich in schädigende Handlungen umsetzen zu müssen.

V. Ein besonders deutliches Schlaglicht auf die „Verfehlungen" wirft § 1611. Indem er in Abs. I nicht vom „Verschulden" schlechthin, sondern vom „sittlichen Verschulden" spricht, legt er seinerseits die Annahme nahe, daß auch die in Abs. II erwähnten „Verfehlungen" weniger als Fehler gegen die Gesetzesnormen wie als Fehler gegen Moralvorschriften und darum lediglich als Fälle eines Verschuldens im weiteren Sinne gedacht sind; und so finden wir in der Tat auch in allen einzelnen unter die „Verfehlungen" gehörigen Tatbeständen einen Verstoß gegen die Moralanschauungen, am deutlichsten freilich in den direkten Heranziehungen der Begriffe „unsittlicher Lebenswandel" und „unsittliches Verhalten"; und wegen der „schweren Verfehlung", die einen „groben Undank" des Beschenkten enthält, können wir uns auch auf eine gelegentliche Aeußerung der Prot. II Nr. 97 IX S. 36 berufen, die geradezu die Wendung „sittliche Verfehlungen" bringen.[1])

VI. Zum Ausdruck „schwere Verfehlung" in § 530 Abs. I (oben § 17 sub A I) im besonderen ist folgendes zu sagen:

1. Die Unbestimmtheit des Ausdrucks „schwer" und die Notwendigkeit, seine richtige Anwendung dem Taktgefühl der Praxis zu überlassen, treten hier[2]) nicht mehr und nicht weniger entgegen, als in den beiden anderen Gesetzesstellen, welche das Prädikat „schwer" aufweisen, nämlich § 2333 Nr. 3 („schweres vorsätzliches Vergehen") und § 1568 Satz 1 („schwere Verletzung der durch die Ehe begründeten Pflichten"). Es kann daher auf das zum letzteren Falle unter Heranziehung der Materialien und der Literatur[3]) oben § 37 sub II 2 Ausgeführte verwiesen werden und es sei nur noch darauf aufmerksam gemacht, daß § 530 einer Exemplifikation, wie sie § 1568 in Satz 2 bietet, entbehrt, was aber bei dem problematischen Werte dieses Beispiels (vgl. oben § 37 sub I 3 a und II) keine Beeinträchtigung für die Erklärung des Begriffes „schwere Verfehlung" im § 530 bedeutet.

2. Uebrigens ist innerhalb des § 530 Abs. I auch ein anderer Ausdruck ebenso unbestimmt, nämlich der Ausdruck „nahe Angehörige des Schenkers", dessen Elastizität Prot. II a. a. O. (S. 36) damit rechtfertigen, „die Frage, ob in einer schweren Verfehlung gegenüber einem Angehörigen des Schenkers ein grober Undank gegen den letzteren selbst zu finden sei, lasse sich nicht objektiv nach der Gradesnote der Verwandtschaft . . . entscheiden". — In den übrigen Gesetzesstellen, welche auch die gegen die Angehörigen des Hauptinteressenten begangenen Verfehlungen berücksichtigen,[4]) nämlich in § 2333 Nr. 1, 2 und 3, wird der Kreis

---

[1]) Freilich wurde hier gerade umgekehrt die Auffassung geäußert, man würde zu unzutreffenden Ergebnissen gelangen, wenn man unter der „schweren Verfehlung" auch „sittliche Verfehlungen begriffe"; aber diese Auffassung war die der Minderheit.

[2]) Vgl. auch Ortloff im Archiv für Bürgerliches Recht (nicht Arch. f. civ. Praxis, wie Neumann, Jahrb. I 1 S. 358 angibt) Bd. 21 (1902) S. 303/4 (und Neumann a. a. O. S. 360).

[3]) Außer den oben S. 243 Anm. 5 Genannten äußern sich auch z. B. Krückmann S. 138 und Kuhlenbeck, Von den Pandekten II S. 232 nicht weiter zu dem Begriff „schwere Verfehlung" in § 530 Abs. I. — Landé S. 139/140 Anm. 4 erklärt die schwere Verfehlung für eine „vorsätzliche" und beruft sich dabei auf die wegen der wesentlichen Veränderungen des E. I §§ 449 ff. nicht mehr maßgebenden Mot. II S. 303 (vgl. oben S. 373 Anm. 1 und die dort angegebenen Stellen).

[4]) Indirekt können Verfehlungen gegen die Angehörigen auch im Rahmen des § 1568 Satz 1 Berücksichtigung erfahren; vgl. oben § 37 sub II 1.

dieser Angehörigen [1]) genauer — auf den Ehegatten bezw. andere Angehörige des Hauptinteressenten — eingeschränkt.[2])

3. Sonst wird der Ausdruck „Verfehlung", abgesehen von der erwähnten Nuancierung durch das Epitheton „schwer", nirgends schärfer abgegrenzt, während er andererseits in allen übrigen Gesetzesstellen durch die oben sub I und II hervorgehobene Bezugnahme auf die Ehescheidungsgründe usw. eine positive Abgrenzung auf bestimmte Tatbestände erfährt. So ist denn der inhaltliche Anwendungskreis des § 530 zweifellos ein größerer, als der der anderen einschlägigen Normen, und es würden z. B. bloß wörtliche Beleidigungen oder Verleumdungen sehr wohl als Gründe des Schenkungswiderrufs in Betracht kommen können, während sie zu den Enterbungs- und Erbunwürdigkeitsgründen keinesfalls und zu den Ehescheidungsgründen höchstens im Rahmen der generalis clausula des § 1568 [3]) zu rechnen wären. — Oft wird aber der Unterschied zwischen der Freiheit, welche der Ausdruck „Verfehlung" in § 530 genießt, und zwischen seiner Gebundenheit in den anderen Normen minder auffallend zutage treten, da auch innerhalb dieser Normen sich mehrere sehr weit umgrenzte bezw. sehr elastische Tatbestände befinden; so [4]) neben den Wendungen in der eben erwähnten clausula generalis des § 1568 die Ausdrücke „Verbrechen" und „Vergehen" in § 2333 Nr. 3 und der Ausdruck „ehrloser oder unsittlicher Lebenswandel" ebenda Nr. 5.

VII. Mit Konstatierung der Beziehungen der „Verfehlungen" zum „Verschulden im weiteren Sinne" (oben sub IV 1 und V) und mit der Feststellung, daß die Beziehungen der „Verfehlungen" zum „Verschulden in engerem Sinne" nur durchaus lose sind, die mehr auf zufälliger Gemeinschaftlichkeit der Tatbestände als auf einer begrifflichen, inneren Verwandtschaft beruhen, ist unser Interesse an dem Vergleiche der Verfehlungen mit den andern in §§ 31—48 besprochenen Termini [5]) völlig erschöpft.

VIII. Das Handelsgesetzbuch kennt den Ausdruck „Verfehlungen" überhaupt nicht, obgleich er beispielsweise innerhalb der gesetzlichen Kündigungsgründe zwischen Prinzipal und Handlungsgehilfen (HGB. §§ 71 f.) sehr wohl einen Platz hätte finden können.

§ 50.

Der Mißbrauch.

A. Zur Prüfung dieses Ausdrucks (oben § 21) leiten uns die Betrachtungen über die „unerlaubten Handlungen" (§ 39) insofern hinüber, als zwei einschlägige Normen, §§ 825 und 847 Abs. II (oben § 21 sub II), sich innerhalb des Titels 25 des Buch II Abschnitt VII befinden.

---

[1]) Ueber den Ausdruck „Angehörige" (bezw. „Familienangehörige", § 1969 Abs. I Satz 1) und über die ähnlich unbestimmten Ausdrücke („in einem familienrechtlichen Verhältnis stehen", „nahe stehen", „zum Hausstande gehören", „häusliche Gemeinschaft") vgl. Weyl, Vorträge II S. 250 f. — „Angehöriger" in ganz anderem Sinne in BGB. § 15, EG. z. BGB. Art. 31, 49 sowie in den Komposita „Bundes- bezw. Staatsangehöriger" (= angehörigkeit); vgl. Gradenwitz pag. XIII, EG. z. BGB. Art. 40, 41 (und Nr. I, II, IV).

[2]) Freunde (im BGB. unerwähnt) werden nicht unter die „Angehörigen" zu rechnen sein; immerhin kann aber auch eine ihnen zugefügte Kränkung eventuell als Kränkung des Schenkers selber unter § 530 Abs. I fallen.

[3]) Vgl. wegen der Bedeutung wörtlicher Beleidigungen als Ehescheidungsgründe oben § 37 sub I 5 (S. 236 Anm. 2) und ebenda sub II 1.

[4]) Vgl. auch die ziemlich weite Umgrenzung der strafbaren Handlungen in § 1565 Abs. I und § 2339 Abs. I Nr. 4.

[5]) Ueber gewisse Beziehungen zwischen „Verfehlungen" und „strafbaren Handlungen" vgl. Ortloff a. a. O.

I. Der Ausdruck selber[1]) sagt aber weder an diesen Stellen noch in den andern Normen des Gesetzes, in welchen er begegnet (oben § 21 sub I), das geringste über ein subjektives Verschulden aus, ist vielmehr ebenso wie der häufiger begegnende Ausdruck „Gebrauch" [2]) und wie die vereinzelt begegnenden Ausdrücke „gebrauchen" [3]) und „Gebrauchsrecht" [4]) lediglich im faktischen Sinne zu verstehen, also genau so objektiv,[5]) wie wir es wegen des „vertragswidrigen" Gebrauches in §§ 550, 553 und 605 Nr. 2 bereits oben § 44 sub A IV konstatierten und wie es wegen der Wendung: „unbefugt[6]) gebrauchen" in § 12 Satz 1 BGB. bezw. wegen der Wendung: den Gebrauch einem Dritten „unbefugt überlassen" in den eben erwähnten §§ 553 und 605 Nr. 2 behauptet werden muß.

II. Auch die Materialien[7]) zu den von einem „Mißbrauch" handelnden Stellen ergeben im allgemeinen[8]) nichts darüber, daß der „Mißbrauch" als etwas Subjektives, als ein „Verschulden" verstanden werden solle. Im Gegenteil verrät eine Bemerkung der Prot. Bd. IV Nr. 309 IV S. 627,[9]) daß diese zum Falle des BGB. § 1666 (oben § 46 sub A II 4) der Ansicht huldigen, die Maßregeln des Vormundschaftsgerichts seien unabhängig[10]) von einem „Verschulden".

[1]) Zusammenfassende, aber den Ausdruck selber nicht näher erläuternde Bemerkungen über „Mißbrauch", z. B. bei Hachenburg S. 71 ff., Stammler, Richtiges Recht, S. 362 ff., 478, Ramdohr in Gruchots Beitr. 46 (1902) S. 577 ff., 806 ff. — Darüber, daß das „Chikaneverbot" des § 226 nicht hieher gehört, vgl. bereits oben § 21 sub III. Die dortigen Ausführungen werden auch durch die Spezialliteratur bestätigt, z. B. durch die Schrift von Blümner (Berlin 1900) S. 149 und durch die Diss. von Knuth (Jena-Königsberg 1900) S. 59 ff., Koch (Freiburg-Elberfeld 1902) S. 19 ff. und Goldenberg (Rostock 1903) S. 26 f. — Ueber das Verhältnis des § 226 zu § 826 vgl. oben § 36 sub II 9 f. — Wegen Kipp I S. 453 vgl. unten § 55. — Bemerkungen der Materialien über Chikane z. B. in Mot. I S. 274, III S. 260, Prot. I Nr. 35 III S. 238 f., II Nr. 151 III S. 577, III Nr. 196 V S. 167 f.

[2]) Gradenwitz S. 71 zählt über 50 Paragraphen auf (vgl. insbes. z. B. §§ 535 ff., 541 f., 549 f., 552 f., 555 f., 577 f., 602 ff., aus der Lehre von der Miete und Leihe), von denen viele den Ausdruck mehrfach bringen. Dazu kommt das (bei Gradenwitz pag. XIV übersehene) Kompositum „Mitgebrauch" (in § 743 Abs. II).

[3]) BGB. § 12 Satz 1.

[4]) BGB. § 552 Satz 1.

[5]) Derjenige, welcher den „Mißbrauch" begeht, kann beispielsweise völlig bona fide handeln und nicht nur sich des Mißbrauchs nicht bewußt, sondern gegenteilig von der objektiven Rechtmäßigkeit seines Handelns völlig überzeugt sein.

[6]) „Unbefugt" begegnet nur in obigen drei Stellen; die sehr häufig (vgl. Gradenwitz S. 24) anzutreffenden Worte „befugt" und „Befugnis" sind in negativer, für uns jedoch im allgemeinen (nämlich mit Ausnahme von § 1053, oben § 16 sub II 3 und § 44 sub A IV 4 S. 339 Anm. 1) interesseloser Weise nur in §§ 986 Abs. I Satz 2, 1053 und 1319 sowie EG z. BGB. Art. 40 § 8 zu finden. „Befugnis" und „Gebrauch" zusammen treten übrigens in der Wendung „von einer Befugnis Gebrauch machen" in § 1377 Abs. III Satz 2 und § 1653 Satz 2 auf. — Ueber HGB. § 72 vgl. bereits oben § 48 sub E S. 371 Anm. 6.

[7]) In §§ 825 und 847 stammt die Erwähnung des Mißbrauchs erst aus der Reichstagskomm.; vgl. deren Bericht S. 98 f.

[8]) Vgl. Mot. IV S. 104 ff., 119 f., 803 f. (zu BGB. §§ 1353 ff., 1666) sowie Prot. IV Nr. 272 ff. S. 94 ff., 101, 106 ff., Nr. 309 II S. 619 ff., Nr. 313 II S. 654 ff. (zu denselben Normen) und Prot. II Nr. 157 IV S. 640 f., IV Nr. 316 VII S. 694 ff. (zu BGB. §§ 825, 847). Die im Registerband VII der Prot. S. 161 sub voce „Mißbrauch" erwähnten Bemerkungen in Bd. III S. 399 f., 454 (Nr. 222 VII und 228 III) sprechen nicht vom „Mißbrauch" des Nießbrauchers bezw. Pfandgläubigers, sondern von seinem „verletzenden Verhalten" (oben § 46 sub A I), das ja auch (vgl. ebenda) ein lediglich objektiver Begriff ist.

[9]) Eine Bemerkung ebenda sub II S. 622 oben unterstützt die obige, und beide heben eine andere Bemerkung ebenda sub III S. 623 (und am Rande) mindestens auf.

[10]) Betreffs des § 1666 beachte man, daß in demselben Abs. I Satz 1 zwar der Ausdruck „sich schuldig machen" begegnet (vgl. oben § 3 sub B I c δ), jedoch nicht in Bezug auf den „Mißbrauch", sondern allein wegen des „ehrlosen oder unsittlichen Verhaltens" des Vaters; als argumentum e contrario wird dieser Umstand allerdings kaum dienen können.

III. Ebenso schweigt die Literatur zu den dem Familienrecht[1]) angehörigen Gesetzesstellen (oben § 21 sub I 1 und 2) im Allgemeinen über den Begriff des Mißbrauchs bezw. über die Notwendigkeit,[2]) ihn subjektiv zu verstehen; und gleiches ist wegen der Literatur zu den beiden den „unerlaubten Handlungen" angehörigen Stellen[3]) zu bemerken.[4])

IV. Wenn wir die letzteren Stellen dennoch im Sinne eines „Verschuldens" zu deuten geneigt sein werden, weil sie der Lehre von den Deliktsobligationen angehören und weil diese (vgl. oben § 39 sub I 5 d) doch im wesentlichsten auf dem Verschuldensprinzipe aufgebaut sind, so können wir immerhin behaupten, daß das subjektive Verschuldensmoment auch in §§ 825 und 847 Abs. II nicht sowohl durch den Ausdruck „Mißbrauch eines Abhängigkeitsverhältnisses", als vielmehr in der Weise vom Gesetze angedeutet worden ist, daß dieses davon spricht, durch das Mittel dieses Mißbrauchs sei die Frauensperson „zur Gestattung der außerehelichen Beiwohnung bestimmt" worden: eine Wendung, die allerdings auf eine schuldhafte Willensrichtung[5]) bei dem männlichen Täter einen Schluß rechtfertigt.

V. Auch die Judikatur,[6]) so sehr sie sich bereits mit den einschlägigen Gesetzesbestimmungen beschäftigt hat, gibt im allgemeinen[7]) noch nicht genauere Auskunft darüber, ob sie im „Mißbrauch" ein subjektives Verschulden erblicke.[8])

---

[1]) Vgl. z. B. aus den zu § 37 S. 239 f. erwähnten Schriften Schmidt Komm. S. 149 Anm. 4 a, 151 Anm. 3, 160 sub c, 164 a. E sub b β, Opet S. 93 f. Note 4 a, 96 Note 4 a, 102 Note 6, 106 sub c α (derselbe, Verwandschaftsrecht S. 131, 201 f., 213 Anm. 108 zu § 1666), Planck IV S. 82 Note 2, 83 Note 2, 86 f. Note 5, 89 Note 2 b (wegen S. 420 f. vgl. folgende Anmerkung), Th. Engelmann S. 115 Anm. 2, 119 Anm. 4, 126 Anm. 5 b β, 130 Anm. 6 β, Hollweck S. 163, 166, 174, Jakobi S. 65 ff., 71, Litten (oben S. 253 Anm. 1) S. 407.

[2]) Zu § 1666 im besonderen vgl. wegen den Bemerkungen von Planck, Fischer-Henle und Th. Engelmann oben § 46 sub A II 4 S. 351 Anm. 8.

[3]) Vgl. z. B. Achilles S. 307 f., Cosack I S. 613 sub IV, Crome II S. 1029 (Anm. 33), Dernburg II 2 S. 633, Eck I S. 604, Endemann I S. 1264 sub d 2, A. Engelmann S. 455, Enneccerus-Lehmann I S. 848, Fischer-Henle S. 424, Kipp II S. 889 sub b, Landsberg I S. 561, Matthiaß I S. 711 oben, Müller und Meikel I S. 663/664, Meisner II S. 292, Oertmann S. 562, Planck II S. 616 Anm. 2 b, Weyl I S. 526; aus der Spezialliteratur z. B. von Liszt S. 38 ff., Lühl S. 25 f.

[4]) Mit Deutlichkeit betont den lediglich objektiven Charakter des Begriffes „Mißbrauch" namentlich auch Stammler, Richtiges Recht a. a. O., insbes. S. 363.

[5]) Nämlich ein „Vorsatz"; vgl. unten § 55 sub B VI. Am deutlichsten spricht das Fischer-Henle S. 425 Anm. 5 aus; vgl. aber auch Enneccerus-Lehmann I S. 848 sub 3, Kipp II S. 889, von Liszt S. 40. — Aus der Judikatur wäre, weil von „bewußter" Ausnutzung des Abhängigkeitsverhältnisses redend, die Entsch. des OLG. Karlsruhe vom 13. März 1902 (aus der mir nicht zugänglich gewesenen Bad. Rechtsprechung 1902 S. 206; vgl. Scherer III S. 284, Warneyer I S. 98) heranzuziehen; vgl. auch OLG. Hamburg vom 6. Juli 1901, Mugdan und Falkmann III, 1901, S. 210 Nr. 55 b und Neumann, Jahrb. I 1 S. 478 Note 3 (wo jedoch irrig Mugdan und Falkmann Bd. II zitiert wird).

[6]) Vgl. z. B. Scherer I S. 98, 114, 128, II S. 175, 213 ff., 245 f., III S. 284, 346, 382 f., Warneyer I S. 98, 154 ff., 186 ff., II S. 73, 108 f., 127 f., Spruchsammlung I S. 27, 45, 52, II S. 22, 30, 34.

[7]) Wegen eines Erkenntnisses des OLG. Jena (zu § 1666, vgl. oben Anm. 2) vgl. bereits oben § 46 sub A II 4 S. 351 Anm. 8. Ein Erkenntnis des Kammergerichts vom 30. Nov. 1901 bei Mugdan und Falkmann IV (1902) Nr. 76 b S. 339 (vgl. Warneyer I S. 155 Nr. 10) zu § 1353 läßt den „Mißbrauch" unabhängig von „Verschulden" erscheinen.

[8]) Lediglich als Beispiele eines Mißbrauchs vgl. Entsch. des Reichsgerichts vom 6. Juni 1902 (III 63/02) in Jur. Wochenschr. 31 (1902) Beilage 9 S. 248 Nr. 149, Entsch. des OLG. Dresden vom 15. Juni 1901 bei Mugdan und Falkmann IV (1902) Nr. 25 k S. 89 ff. (S. 91), Beschl. des Kammerger. vom 23. Dez. 1901, ebenda Nr. 96 a S. 410 und Beschl. des Bayer. Oberst. LG. (nicht OLG. München, wie die Spruchsammlung I S. 52 zitiert) vom 4. Oktober 1900, ebenda II (1901) Nr. 75 b S. 89.

VI. Es ist also daran festzuhalten, daß der „Mißbrauch" nicht unter die subjektiven Verschuldensbegriffe [1]) gehört. [2]) Wir können ihn daher nicht bloß dem „vertragswidrigen Gebrauche", vgl. oben sub I, parallel setzen, [3]) sondern z. B. auch [4]) der „Pflichtverletzung" (oben § 37 sub V), dem „tadelnswerten Verhalten" (im allgemeinen, vgl. oben § 46 sub B) sowie den „Verstößen" gegen die „guten Sitten", gegen „Gesetze" oder gegen „Treu und Glauben" (oben §§ 36 sub II 9, 45 sub A III); und wenn wir auch die Vorschriften der §§ 825 und 847 in ihrer Gesamtheit als Fälle eines Verschuldens erkannten (sub IV), so lassen sich auch dafür Parallelen aufdecken, indem wir bei einem Einzelfalle des Verstoßes gegen die guten Sitten, nämlich bei § 826 (oben § 36 sub II 9 a, b, f—h), und bei einigen Einzelfällen der Pflichtverletzungen (oben § 37 sub IV 1) ebenso konstatierten, daß die einschlägige Gesamtvorschrift auf ein Verschulden weist, aber auch dort nur aus besonderen Begleitumständen. [5])

B. Aus dem Handelsgesetzbuche habe ich mir den Ausdruck „Mißbrauch" [6]) nicht notiert.

§ 51.

Die Drohung.

A. Auch zu der „Drohung" (oben § 22) leiten uns die „unerlaubten Handlungen" (oben § 39) aus dem gleichen Grunde wie zu dem „Mißbrauch" (oben § 50) hinüber.

I. Sprachlich sagt das Wort „Drohung" [7]) zunächst über ein subjektives Verschulden gar nichts aus, [8]) und aus dem Mangel einer diesbezüglichen Andeutung dürfte es sich erklären, daß weder die Materialien [9]) noch die Literatur [10])

---

[1]) Auch nicht unter das Verschulden im weiteren Sinne, oben § 43.

[2]) Ebenso in den sonstigen mit „miß" zusammengesetzten Worten (Gradenwitz S. 106), dem „Mißlingen" (§ 753 Abs. II) und dem „Mißverhältnis" (§ 138 Abs. II, oben § 18 sub B II 1); über „Mißhandlung" freilich oben § 37 sub I 4 a.

[3]) Der „vertragswidrige Gebrauch" und der „Mißbrauch" einerseits unterscheiden sich von dem oben sub I erwähnten „unbefugten" Gebrauch bezw. der „unbefugten" Gebrauchsüberlassung andererseits offenbar dahin, daß hier dem Täter kein subjektives Recht (zum Gebrauche bezw. zur Gebrauchsüberlassung) zusteht, während es sich dort nur um den exzessiven Gebrauch eines an sich vorhandenen subjektiven Rechtes handelt.

[4]) Vgl. auch noch wegen der „willkürlichen Handlung" oben § 46 sub C II 2 d und 3.

[5]) Solche fehlen aber betreffs der oben S. 377 Anm. 2 und 7 erwähnten Gesamtvorschrift des § 1666, die übrigens auch in dem Beschl. des Kammergerichts vom 29. Mai 1901, oben S. 333 Anm. 1, auf ein Verschulden gedeutet wird.

[6]) Oder Analoga; „unberechtigter Weise" in HGB. § 271 Abs. III Satz 1 würde dem in der Anm. 3 erwähnten Ausdruck „unbefugt" parallel laufen.

[7]) „Drohung" im Sinne des BGB. weist nicht sowohl auf die drohenden Worte oder Gebärden wie auf den bedrohlichen Inhalt der Aeußerung; vgl. etwas entfernt ähnliches oben § 48 sub A III a. E.

[8]) Lediglich im objektiven Sinne gebraucht wird das Wort „bedrohen" in der einzigen Stelle, in welcher es begegnet (§ 839 Abs. II Satz 1: „mit einer öffentlichen Strafe bedrohte Pflichtverletzung", oben § 19 sub I 6).

[9]) Vgl. zu §§ 825, 847 die Angaben oben § 50 sub A II; zu den übrigen Gesetzesstellen (oben § 22 sub II 1) vgl. insbes. Mot. I S. 204 ff., II S. 758 f., IV S. 71 f. V S. 47 f., 312, 510 ff., 518 f., Prot. Bd. I Nr. 20 IV S. 118 ff., Nr. 63 VI S. 471 f., Bd. IV Nr. 271 S. 72 ff., Nr. 272 IX S. 92 f., Bd. V Nr. 337 I S 52, Nr. 382 IX S. 630 ff., Nr. 383 I D S. 639 ff., Bd. VI Nr. 411 III S. 128 f., Denkschr. S. 34 ff., 260, 348

[10]) Auch hier vgl. zu §§ 825, 847 oben § 50 (sub A III). Wegen einiger mittelbar wesentlicher Bemerkungen zu den anderen Normen unten sub IV und V. Im übrigen z. B. — ohne Ergebnis — Cosack I S. 229 f., Dernburg I § 147 S. 441 ff., Eck I S. 152 ff., Endemann I S. 358 ff., Kipp I S. 357 ff., Landsberg I S. 194 f., Leonhard S. 526 ff., Zitelmann S. 113, aus den Kommentaren z. B. Opet S. 66 f., Planck IV S. 59, V S. 625 sub c, Th. Engelmann S. 85 f.

und die Judikatur[1]) die Frage — direkt wenigstens; vgl. unten sub III und IV — aufwerfen, ob nicht doch auch die Drohung zu den Verschuldensbegriffen zu rechnen ist.

II. Dagegen gibt uns das Gesetz selber einige Momente an die Hand, die, einander gegenseitig unterstützend, den Rückschluß nahelegen, daß auch die „Drohung" ein Verschuldensbegriff sei:

1. Zu §§ 825 und 847 Abs. II (oben § 22 sub I 2) lassen sich die gleichen Gründe auch wegen der „Drohung" in Erwägung ziehen, welche wir in § 50 A IV wegen des „Mißbrauchs" besprachen.

2. Der für §§ 825 und 847 erhebliche (vgl. § 50 A IV) Ausdruck „bestimmen" findet sich, mit der „Drohung" in Verbindung gebracht, auch noch in den — ihrerseits für die Lehre von der Drohung und ihrer Bedeutung im Zivilrecht besonders markanten — §§ 123 Abs. I, 1335, 2078 Abs. II, 2339 Abs. I Nr. 3; daß allerdings diese Gesetzesstellen dem an sich blassen Ausdruck[2]) „bestimmen" nicht die charakteristischere Färbung verleihen, wie er sie in §§ 825 und 847[3]) durch die Aufnahme der Stellen in die Lehre von den „unerlaubten Handlungen" erhalten hat, läßt sich nicht leugnen.

3. In Betracht kommt wegen der sub 2 erwähnten Stellen des weiteren, daß hier die „Drohung" Schulter an Schulter mit der „arglistigen Täuschung" marschiert,[4]) welche, wie wir später (unten § 58) sehen werden, unter die Verschuldensbegriffe gehört; auch hier muß jedoch zugestanden werden, daß die „Täuschung" erst durch das Prädikat „arglistig" zu einem Verschulden gestempelt wird, während der Gesetzgeber betreffs der „Drohung" nicht auf ein derartiges subjektives Moment zusätzlich hinweist, sondern im Gegenteil dem Begriffe ein lediglich objektives Moment, das der „Widerrechtlichkeit" (oben § 48), beigesellt.[5])

4. Der Gesetzgeber selber hat die Drohung dadurch unter die Schuldbegriffe — freilich nur unter die im weiteren Sinne (oben § 43 sub B II 2) — eingereiht, daß er betreffs der „Verfehlungen", deren jemand „sich schuldig macht", im § 2345 Abs. I Satz 1 (oben § 3 sub B I 1 c γ) auch auf § 2339 Abs. I Nr. 3 verweist, welcher (vgl. oben § 22 sub II 1) von „Drohung" (neben „arglistiger Täuschung", vgl. oben sub 3) redet;[6]) und ähnlich wird durch § 1346 Satz 1 in Verbindung mit § 1345 Abs. I (oben § 3 a. a. O.) ein Zusammenhang zwischen Drohung und „für schuldig erklären" geschaffen.

---

[1]) Auch hier vgl. wegen §§ 825, 847 oben § 50 sub A IV; zu den anderen einschlägigen Normen enthalten die Entscheidungssammlungen (Scherer I—III, Warneyer I und II, Spruchsammlung I und II) kein für unsere Frage in Betracht kommendes Material. Auch die unten S. 382 Anm. 5 erwähnte (auch bei Fischer-Henle S. 62 Anm. 4 zitierte) Entsch. des Reichsgerichts vom 15. Oktober 1900 ist für die Frage, ob die Drohung unter das Verschulden gehört, belanglos, ebenso die oben § 48 S. 367 Anm. 5 (S. 368) erwähnte Entsch. des Reichsgerichts vom 27. Oktober 1902.

[2]) Die Stellen, in welchen „bestimmen" sonst noch begegnet, sind ungemein zahlreich; ebenso das Substantivum „Bestimmung"; vgl. Gradenwitz S. 31 f.; daselbst S. 32 über die nur sehr selten anzutreffenden Worte „bestimmungsmäßig" und „Bestimmungsrecht" und pag. XIV über Komposita zu „Bestimmung". — Das (ähnliche) Wort „beeinflussen" findet sich (rein objektiv) lediglich in § 166 Abs. I. — Die Terminologie des Strafgesetzbuchs zu den entsprechenden Fällen bietet statt „bestimmen" eine Zahl sehr verschiedenartiger Ausdrücke; vgl. StGB. §§ 176, 177, 179, 182, 237.

[3]) Wegen dieser Normen vgl. auch nochmals weiter unten § 59.

[4]) Ebenso wie in den §§ 825 und 847 die „Drohung" zugleich mit der „Hinterlist" (unten § 59) auftritt.

[5]) Als „widerrechtlich" bezeichnet der Gesetzgeber nicht die Drohung selber, sondern das „bestimmen" des fremden Willens; daher ist es ungenau, wenn die Literatur (vgl. z. B. Dernburg I § 147 S. 441 Ueberschrift; Eck I S. 147) von „widerrechtlicher Drohung" redet; vgl. auch oben S. 85 Anm. 2.

[6]) Daß und aus welchem inneren Grunde sich dieser exzeptionelle Fall von den übrigen Fällen abhebt, vgl. unten sub VI 3 S. 382 Anm. 1.

III. Müssen wir nun freilich nach dem sub II 4 Bemerkten — wenn wir dies Argument nicht etwa durch den m. E. unbegründeten Vorwurf einer Flüchtigkeit des Gesetzgebers aus dem Felde schlagen wollen — die Drohung als Verschulden im weiteren Sinne ansehen, so dürften andererseits die sub II 1—3 erwähnten Argumente dennoch, auch in ihrer Gesamtheit, schwerlich ausreichen, um von ihnen aus die Drohung auch unter das Verschulden im engeren technischen Sinne — des Vorsatzes und der Sorgfaltsvernachlässigung [1]) — zu stellen. In dieser Hinsicht macht es auch nichts aus,[2]) daß zweifellos die Drohung auch außerhalb des § 825 unter weiterer Voraussetzung der übrigen Tatbestandsmerkmale, insbesondere der Schadenzufügung, das Vorhandensein einer „unerlaubten Handlung" im Sinne der auf dem Verschuldensprinzipe aufgebauten Normen — insbesondere des § 823 Abs. I [3]) und des § 826 [4]) — ergeben kann und sogar zumeist wohl ergeben wird.

IV. Wenn wir die Drohung unter das Verschulden im technischen Sinne stellen sollen, so kommt zunächst nur der „Vorsatz" in Frage. Da wir diesen Begriff noch nicht besprochen haben, läßt sich also die Antwort gegenwärtig noch nicht gewinnen. Immerhin sei schon hier angedeutet, daß sich für das Vorhandensein des Vorsatzes mit Nachdruck Matthiaß (I S. 219 sub B) ausspricht — ganz kurz reden vom Vorsatz auch Crome (I S. 431 sub b und Anm. 24) sowie Hölder (S. 272 oben) —, während Planck (I S. 223 Anm. d) ebenso energisch die Anwendbarkeit dieses Begriffes bestreitet.

V. Aber auch der Begriff „Absicht", dessen Einstellung in die Verschuldensbegriffe uns gleichfalls erst später beschäftigen wird (unten § 56), findet sich in der Literatur herangezogen, freilich ohne daß sich ersehen läßt, ob er in der technischen Bedeutung gemeint ist, den er (vgl. gleichfalls unten § 56) gerade im BGB. hat; besonders lebhaft wird das Vorhandensein einer „Absicht" bei Enneccerus-Lehmann I S. 204 ff. (sub I 2) betont; dagegen wird es mehr nur en passant erwähnt von Müller und Meikel I S. 130 und von Rehbein[5]) I S. 143 Anm. c;[6]) dabei kann gegen Enneccerus-Lehmann gleich hier bemerkt werden, daß der Einwand (S. 204/205): „hätte der Gesetzgeber die nur objektiv die Willenserklärung verursachende Drohung für genügend erklären wollen, so würde er einen dementsprechenden Ausdruck gewählt haben" nicht ziehend erscheint; denn ich wüßte, zumal von Enneccerus-Lehmann selber dem Leser nicht auf die Sprünge geholfen wird, keinen für die lediglich objektive Seite des Tatbestandes geeigneteren Ausdruck als gerade (vgl. oben sub I) das Wort „Drohung"; und wenn weiterhin angedeutet wird, die auf Mißbilligung der Wirksamkeit einer erzwungenen Willenserklärung gerichtete ratio legis des § 123 BGB. träfe „in den Fällen einer nur objektiven, nicht subjektiven Kausalität . . .[7]) nicht zu", so vermag ich auch dies nicht aus der Norm herauszulesen, bekenne mich vielmehr durchaus beispielsweise zur Bejahung

---

[1]) Diese (die Fahrlässigkeit) wird kaum in Frage kommen, es kann sich vielmehr wohl nur (vgl. unten sub IV) um den „Vorsatz" handeln.

[2]) Vgl. hierzu auch insbes. Rehbein I S. 143 Anm. c a. E.

[3]) Vgl. auch z. B Planck I S. 223 sub d, S. 225 sub 7, Crome Bd. II S. 1018 Anm. 27, Eck I S. 154, 151. Zu § 823 Abs. II vgl. insbes. Enneccerus-Lehmann a. a. O.

[4]) Enneccerus-Lehmann S. 212 I, Eck a. a. O., Planck I S. 299 sub γ, 225 sub 7.

[5]) Rehbein a. a. O. spricht auch (zweimal) vom „bösen Willen".

[6]) Vgl. auch Planck in der Göttinger Festgabe für Regelsberger (vgl. oben § 48 S. 365 Anm. 1) S. 179.

[7]) Rätselhaft ist mir dabei der im Text durch Punkte angedeutete Zusatz „des Zwingenden".

der Frage,[1]) ob eine nur aus Scherz[2]) erfolgte, vom Gegner aber für Ernst gehaltene Drohung die Anfechtbarkeit der betreffenden Willenserklärung zur Folge hat.[3])

VI. Ob wir das Vorhandensein eines Verschuldens im engeren Sinne zugeben oder nicht — ich gelange vorbehaltlich einer Nachprüfung dieses Ergebnisses nach Erörterung des Begriffes „Vorsatz" (unten § 55 sub B VI) zur Leugnung subjektiv-schuldhaften Inhaltes der Drohung —, ist nicht ohne praktische Konsequenzen:

1. Denn hiervon hängt es des weiteren ab, ob wir auf seiten des Drohenden Deliktsfähigkeit (vgl. BGB. §§ 827 f. und genauer unter § 75) verlangen müssen oder ob wir auch die durch einen Geisteskranken oder durch einen Taubstummen usw. erzwungene Willenserklärung für gegnerischerseits anfechtbar halten dürfen (was übrigens offenbar das wünschenswertere Resultat sein wird). Und diese[4]) Angelegenheit finden wir auch bereits in der Literatur[5]) besprochen, und insofern lassen sich indirekte Schlüsse auch auf die Auffassung derjenigen Schriftsteller ziehen, welche sich zu der Frage nach der subjektiven Seite der Drohung nicht in prinzipieller Weise äußern.

2. Ferner muß,[6]) wer die „Drohung" für einen Fall des Verschuldens hält und wer weiterhin (vgl. hierüber unten § 55 sub A VII 1 c) zum Begriffe des Vorsatzes auch das Bewußtsein der Widerrechtlichkeit rechnet, konsequenterweise die Existenz einer „Drohung" im relevanten Rechtssinne leugnen, sofern sich der Drohende hinsichtlich dieser Widerrechtlichkeit seiner Drohung irrt, indem er sich zu der angedrohten Handlung fälschlicherweise für befugt erachtete; die unabweisbare weitere Konsequenz wäre dann aber dahin zu ziehen, daß nun nicht nur Schadensersatzansprüche[7]) versagen, sondern auch die Anfechtbarkeit der erzwungenen Willenserklärung.

3. Es werden sich aber die eben angedeuteten Einzelergebnisse (sub 1 und 2) ebenso wie das sub V a. E. wegen des „Scherzes" angedeutete Ergebnis — also die Abhängigkeit der gegnerischen Anfechtungsbefugnis vom Mangel eines Irrtums und von Verantwortlichkeit des Drohenden sowie von Ernstlichkeit der Drohung — nicht gut vertragen mit der Tendenz, welche dem § 123 und den anderen ihm inhaltlich verwandten Normen (oben 22 sub II 1) zu Grunde liegt; diese Normen intendieren doch nicht sowohl (was man zur Not von den auf Schadensersatz bezüglichen Gesetzesvorschriften, insbesondere z. B. von §§ 823 ff. und

---

1) Vgl. zu dieser Frage: wie im Text Planck I S. 223 Anm. d, Rehbein I S. 143.

2) So, wenn X, um eine Wette mit Y zu gewinnen, dem von ihm für besonders ängstlich gehaltenen Z (der den X vielleicht nicht persönlich kennt) mit dem gewünschten Erfolge, daß Z ihm die Uhr herausgebe oder einen Wechsel akzeptiere, einen Marzipanrevolver entgegenhält.

3) Bei Enneccerus-Lehmann wird diese Spezialfrage nicht untersucht, ihre Verneinung würde sich aber daraus folgern lassen, daß nur vom Falle einer „Erpressungsabsicht" die Rede ist (vgl. a. a. O. S. 204).

4) Die Frage nach der Geschäftsfähigkeit des Drohenden (BGB. §§ 104 ff.) interessiert für unser Thema nicht; sie wird gestreift bei Riezler S. 361, Müller und Meikel I S. 131 (wo re vera wohl eher an die Deliktsfähigkeit gedacht zu sein scheint), Rehbein I S. 143 Anm. c a. E.

5) Die Deliktsfähigkeit (Verantwortlichkeit) des Drohenden halten für gleichgültig: Planck in der Festgabe für Regelsberger S. 180 f. und im Kommentar I S. 223 d, Rehbein a. a. O., Riezler S. 360 f., Crome I S. 432 Anm. 29, Müller und Meikel I S. 131; für wesentlich halten sie: von Blume in Iherings Jahrb. 38 (oben § 48 S. 365 Anm. 1) S. 228 ff., insbes. S. 231 und Hölder S. 272 oben.

6) Vgl. hierzu Planck I S. 223 d.

7) Wenigstens aus §§ 276, 823 ff.; bisweilen kann aber die Sondervorschrift des § 231 BGB. eingreifen; vgl. Planck a. a. O.

§ 276 BGB. behaupten könnte), daß der Täter seinerseits die Konsequenzen seines Tuns zu tragen hat und daher beispielsweise bei Irrtum, Scherz und Unverantwortlichkeit günstiger behandelt wird als in den Normalfällen; sie sind vielmehr zugespitzt auf einen Schutz des Gegners gegen Uebervorteilung durch Drohung (Arglist u. dgl.) und auf eine Unwirksamkeit der von diesem Gegner im Zustande der Unfreiheit seines Willens abgegebenen Erklärungen; bei einer derartigen legislatorischen Tendenz aber kann — und damit gelangen wir wiederum zur Leugnung eines subjektiven Verschuldens im engeren Sinne[1]) — es lediglich auf den äußerlichen, objektiven Tatbestand einer Drohung ankommen[2]) und nicht auf die nähere Beschaffenheit der Vorgänge im Innern des Täters[3]) und beispielsweise (oben sub 1) auf dessen Deliktsfähigkeit.

B. Was das Verhältnis der Drohung zu den anderen bisher erörterten Begriffen betrifft, ist folgendes zu bemerken:

1. Wegen des Verhältnisses zum „Verschulden" (im engeren und im weiteren Sinne) und zu den „unerlaubten Handlungen" wurde das Erforderliche schon oben sub A I—VI hervorgehoben.

2. Wenn sowohl wegen der Tatbestände wie auch[4]) wegen der ratio legis offenbare Beziehungen zwischen der „Drohung" und den „Verstößen gegen die guten Sitten" bestehen,[5]) so bestärkt auch dies wiederum, weil die Verstöße gegen die guten Sitten uns gleichfalls als etwas begrifflich lediglich Objektives erschienen (oben § 36 sub III), die Notwendigkeit, die „Drohung" aus dem Reiche des Verschuldens im engeren Sinne auszuweisen.

3. Daß die „Drohung" sehr oft zugleich den Tatbestand einer „strafbaren Handlung" (oben § 47) im kriminalrechtlichen Sinne[6]) ausmachen und dann auch noch aus diesem Grunde[7]) zivilrechtlich erheblich werden kann, ist nicht weiter von prinzipiellem Interesse.[8])

4. Ueber das Verhältnis der „Drohung" zu der (gleichfalls lediglich objektiven, oben § 48 sub A III) „Widerrechtlichkeit" wurde schon oben sub A II 3 gesprochen; es sei nur noch daran erinnert, daß die Drohung im

---

[1]) Wenn in § 2339 Abs. I Nr. 3 nach dem oben sub II 4 Ausgeführten ein Einzelfall des Verschuldens im weiteren Sinne zu erblicken ist, so disharmoniert dies Resultat mit den Bemerkungen im Texte keineswegs, es zeigt sich vielmehr eine auffallende Harmonie insofern, als der Gesetzgeber selber hier (in §§ 2339 ff.) die „Erbunwürdigkeit" des Drohenden in den Vordergrund und die Anfechtung der erzwungenen letztwilligen Erklärung des Testators durch den zur Anfechtung legitimierten Interessenten, der selber gar nicht der durch die Drohung in seiner Willensfreiheit Beschränkte gewesen ist, lediglich als Mittel zum Zweck in den Hintergrund stellt.

[2]) Vgl. auch hierzu insbes. Planck I S. 223 sub d.

[3]) Man beachte auch, daß es bei der Drohung im Gegensatz zur Täuschung (§ 123 Abs. II) ganz gleichgültig ist, ob der Täter und der Adressat der empfangsbedürftigen Willenserklärung identisch ist.

[4]) Vgl. hiezu insbes. von Blume a. a. O. S. 226 f., 257, der aber in der Ableitung von Konsequenzen zu weit geht; ferner Eck I S. 152 Anm. 2, Planck I S. 221 Anm. 3 a, Hölder S. 274 Anm. 4 sowie bereits oben § 36 sub II 9 S. 227 Anm. 9 auf S. 228 und wegen BGB. § 826 oben sub A III.

[5]) Ein Tatbestand, der nicht unter die Drohung gestellt werden kann, fällt insbesondere vielleicht unter § 138 Abs. II (oben § 36 sub I 1), weil er eine „Ausbeutung der Notlage" enthält; vgl. Entsch. des Reichsger. vom 15. Oktober 1900 (I 182/00) im Sächs. Arch. 11 (1901) S. 323 ff.

[6]) Vgl. StGB. §§ 240 f., 253 ff., 339, 48 usw. Die etwaigen Unterschiede des zivilrechtlichen und des strafrechtlichen Drohungsbegriffes können hier nicht nachgeprüft werden.

[7]) Vgl. z. B. BGB. §§ 992 und 2025 Satz 1 (oben § 28 sub V 2).

[8]) Die rechtliche Situation ist dieselbe, wie wenn ein Tatbestand zugleich Vertragsverletzung und Delikt ist; vgl. oben § 39 sub II 2 c γ.

BGB. nur dann[1]) mit Rechtswirkungen bekleidet ist, wenn zugleich mit ihr auch eine Widerrechtlichkeit vorliegt.

5. Desgleichen wissen wir (vgl. oben sub A II 4), daß zwischen „Drohung“ und „Verfehlung“ (oben § 49) eine Beziehung besteht, die allerdings nur einmal vom Gesetzgeber betont wird, übrigens in einem Falle, der zugleich für den Täter moralisch (oben sub 2) besonders belastend erscheint.

6. Endlich ist auf das Verhältnis zwischen „Drohung“ und „Mißbrauch“ (oben § 50), die in §§ 825 und 847 Abs. II koordiniert auftreten, bereits wiederholt (oben sub A II 2 und III) angespielt worden, und auch hier wiederum sind es (wie sub 2 und 4) objektive Begriffe, die sich untereinander berühren.

C. Im Handelsgesetzbuch ist das Wort „Drohung“ überhaupt nicht anzutreffen.

§ 52.

Das Unrecht.

I. In den Gedankenkreis der wegen der „Rechtswidrigkeit“ (oben § 44 sub A III) und wegen der „Widerrechtlichkeit“ (oben § 48) angestellten Betrachtungen gehört auch das „Unrecht“.

1. An sich läßt sich dieser Ausdruck sowohl für einen lediglich objektiven wie für einen zugleich subjektiven Widerspruch mit dem Recht[2]) verwerten, und da er auch in der Literatur des neuen Reichszivilrechts[3]) nicht selten im letzteren Sinne angewendet wird, ist auch die Nachprüfung, in welcher Bedeutung das Wort sich im BGB. findet, nicht entbehrlich.

2. Der Ausdruck wird nun aber vom BGB. in den neun oben § 26 sub II aufgezählten Stellen so offensichtlich im lediglich objektiven Sinne gebraucht, daß eine Kontrolle nicht erforderlich sein dürfte, ob die Materialien, die Literatur und die Judikatur zu diesen Normen etwa die gegenteilige Auffassung zeigen.[4])

3. „Unrecht“ bedeutet also in der Sprache des BGB. ebenso etwas gegen das (objektive)[5]) Recht Verstoßendes, wie (vgl. oben § 48 sub A III und § 44 sub A III 2) „Widerrechtlichkeit“ und „Rechtswidrigkeit“ und wie ferner etwa die „Verstöße gegen Gesetze“ (oben § 45 sub A I) oder das „gesetzwidrige“ Verhalten (oben § 44 sub A I, § 46 sub A).

4. Man gewinnt bei näherer Betrachtung der einschlägigen Gesetzesvorschriften — vgl. insbesondere die in § 26 sub II 2 und II 3 angegebenen[6]) — sogar den Eindruck, daß der Gesetzgeber weniger an den Widerspruch mit dem (bezw. einem) „Recht“ als an den Widerspruch mit der „Richtigkeit“, mit der tat-

---

[1]) Auch wo das Gesetz nicht gerade ausdrücklich den Zusatz „widerrechtlich“ wiederholt; vgl. oben S. 85 Anm. 4.

[2]) Dies „Recht“ kann auch hier (vgl. oben § 48 sub A I 1) sowohl das objektive wie ein auf ihm beruhendes subjektives sein; vgl. auch z. B. Binding, Die Normen und ihre Uebertretung, 2. Aufl., Bd. I (Leipzig 1890) S. 291.

[3]) Vgl. z. B. Enneccerus-Lehmann I § 116 I S. 286 f., Engelmann S. 33.

[4]) Nichts Einschlägiges z. B. bei Neumann, Jahrb. I 1 S. 549, 721 f., I 2 S. 149, 152, 231, 316, 401.

[5]) Vgl. oben Anm. 2.

[6]) In den Stellen § 26 sub II 1 (Löschung „mit Unrecht“) ist allerdings ein subjektives „Recht“ formal vernichtet worden; die ältere Literatur spricht hier auch von „Löschung zu Ungebühr“; vgl. Foerster-Eccius Bd. III, 7. Aufl. (1896), Inhaltsverzeichnis pag. XVIII zu § 200 (und Register in Bd. IV S. 779); daselbst (Bd. III) S. 608 „ungebührliche Löschung“.

sächlichen (und daher allerdings auch rechtlichen) Sachlage gedacht hat, sodaß also der Ausdruck „Unrecht“ sich in der Diktion des BGB. mit dem Ausdrucke „unrichtig“,[1]) deckt, der mehrfach begegnet[2]) und — über EG. z. BGB. § 95 Abs. I Satz 2 im besonderen vgl. oben § 13 sub III und unten § 63 — auch nur den Widerspruch mit dem wahren Sachverhalte andeutet, ebenso wie dies betreffs des Substantivums „Unrichtigkeit“[3]) — als Gegensatz zu „Richtigkeit“[4]) und „richtig“[5]) — der Fall ist.

5. Daß mit dem objektiven „Unrecht“ sich auch zugleich ein subjektives insofern verbinden kann als z. B. im Einzelfall die „mit Unrecht“ erfolgte Löschung eines dinglichen Rechtes im Grundbuch (oben § 26 sub II 1) bezw. die „mit Unrecht“ erfolgte Erhebung öffentlicher Abgaben (ebenda sub II 3) auf ein Verschulden (etwa eine Fahrlässigkeit) des Beamten oder auf eine intellektuelle Urkundenfälschung seitens eines Komparenten zurückzuführen ist, tut nichts zur Sache und hat keine andere Bedeutung, als wenn sich mit einer objektiven „Widerrechtlichkeit“ zugleich ein subjektives Verschulden zu einer „unerlaubten Handlung“ (oben § 48 sub A V und VI) verbindet.

6. Eine weitere Vergleichung des „Unrechts“ mit den in §§ 31—51 besprochenen Begriffen ist für unsere Untersuchung belanglos.

II. Im Handelsgesetzbuch spielt der Ausdruck „Unrecht“ keine Rolle.

§ 53.

Der Undank.

I. Die Erörterungen über die „Verfehlungen“ (oben § 49) führen zur Betrachtung des „Undanks“ hinüber. Auch dieser freilich nur an zwei Stellen (oben § 23) begegnende Ausdruck muß gleich den „Verfehlungen“ in das Verschulden im weiteren Sinne eingestellt werden, weil auch für ihn zutrifft, was dort (§ 49 sub IV 1) wegen der Wendung „sich schuldig machen“ bemerkt wurde.

1. Der Undank — d. h. das einen Mangel an Erkenntlichkeit dokumentierende Betragen — muß, um als zivilrechtlich — in der Richtung des Schenkungswiderrufs — relevant zu erscheinen, nach § 530 Abs. I[6]) ein „grober“ sein; dieser Ausdruck wurde bereits in § 37 sub I 4 b zur Genüge besprochen.

---

[1]) Was unrichtig ist, kann bezw. soll „berichtigt“ werden, „Berichtigung“ erfahren; vgl. zu diesen im Gesetz oft (rund 20 bezw. 60 mal) begegnenden Worten Gradenwitz S. 28.

[2]) „Unrichtige“ Uebermittelung einer Willenserklärung (§ 120 BGB.) und „unrichtiger“ Erbschein (§§ 2361 Abs. I Satz I, 2362 Abs. I und II).

[3]) „Unrichtigkeit“ des Grundbuchs (§§ 892 Abs. I Satz 1, 1140 Satz 1), des Erbscheins (§ 2366, zweimal), der Todeserklärung (§ 2370 Abs. I). In diesen Stellen (in § 1140 kraft der publica fides der Vermerke im Hypothekenbrief) mischt sich allerdings ein subjektives Moment insofern herein, als das Gesetz davon spricht, daß der Interessent die Unrichtigkeit kennt.

[4]) Vom „Widerspruch gegen die Richtigkeit des Grundbuchs“ reden §§ 892 Abs. I Satz 1, 899 Abs. I, 900 Abs. I Satz 3, 902 Abs. II, 927 Abs. III, 1140 Satz 2; „Widerspruch gegen die Richtigkeit des Schiffsregisters“ in § 1263 Abs. II Satz 1; „Versicherung der Richtigkeit“ — und Vollständigkeit — eines Vermögensverzeichnisses in §§ 1640 Abs. I Satz 1, 1667 Abs. II Satz 2, 1692 Satz 1, 1760 Abs. I Satz 1, 1802 Abs. I Satz 1 und 2; „Richtigkeit“ des Erbscheins bezw. der ihm zu Grunde liegenden Tatsachen in §§ 2356 Abs. I Satz 1, Abs. II Satz 1, 2361 Abs. III; „Richtigkeit“ des Kostenanschlags beim Werkvertrag in § 650 Abs. I.

[5]) Vgl. §§ 892 Abs. I Satz 1 (Inhalt des Grundbuchs), 920 Abs. I Satz 1 (Grenze), 1892 Abs. II Satz 2 (Rechnung), 2366 (Erbschein); „nicht richtig“ (Eintragung eines Rechts) in § 894.

[6]) Ueber Materialien, Literatur und Judikatur zu dieser Norm vgl. bereits oben § 37 sub II 2 S. 243/244 sowie unten S. 385 Anm. 1.

2. Der grobe Undank wird aber im Gesetz nicht schlechthin zum Widerrufsgrunde erhoben, sondern es wird noch gesagt, daß er in einer „schweren Verfehlung“ (gegen den Schenker selbst oder gegen einen nahen Angehörigen, vgl. oben § 49 sub VI 2) bestehen muß; somit erscheint die „schwere Verfehlung“ als ein Unterfall des Undanks und letzterer als der übergeordnete Begriff.

3. Da aber wohl jede schwere Verfehlung (gegen den Schenker bezw. einen seiner nahen Angehörigen) sich als grober Undank und jeder grobe Undank sich als schwere Verfehlung qualifizieren wird, weil nämlich beide Begriffe den Vorwurf eines moralischen Verschuldens enthalten, so dürfte im Grunde § 530 Abs. I einen Pleonasmus enthalten; es würde die Wendung genügt haben: „wenn sich der Beschenkte eines groben Undanks gegen den Schenker oder einen nahen Angehörigen des Schenkers schuldig macht“.

4. Außer zu dem „Verschulden“ im weiteren Sinne (oben § 43 sub B II 2) und zu den „Verfehlungen“ (oben § 49) tritt der „Undank“ zu keinem der andern in §§ 31—52 besprochenen Begriffe — insbesondere nicht zu dem „Verschulden“ im engeren Sinne[1]) — in sichtbare Beziehung. Doch wird man in ihm immerhin auch einen „Verstoß gegen die guten Sitten“ (oben § 36) erblicken können, und in dieser Eigenschaft kann er etwa nach BGB. § 826 (oben § 18 sub B II 2) oder nach EG. z. BGB. Art. 30 (ebenda sub II 3) praktische Bedeutung gewinnen; nach § 826, indem der Schenker außer dem Widerrufsrecht einen Schadensersatzanspruch gegen den undankbaren Beschenkten[2]) gewinnen kann, nach EG. z. BGB. Art. 30 etwa dahin, daß ein außerdeutsches Gesetz, dem der Widerrufsgrund des Undanks unbekannt wäre, vom deutschen Richter ignoriert werden müßte.

II. Dem Handelsgesetzbuch ist der Begriff „Undank“ fremd.

§ 54.

Das verschwenderische Leben; die Verschwendung; die Trunksucht.

A. Wie die Betrachtungen über den „Undank“ (§ 53), so werden auch die Betrachtungen über die in der Ueberschrift genannten Begriffe durch diejenigen über die „Verfehlungen“ (§ 49) vermittelt.

I. Weder das „verschwenderische Leben“ (oben § 24 sub A II) noch die „Verschwendung“ (ebenda sub III) wird man unter das „Verschulden“ [3]) stellen dürfen:

1. Mit dem Verschulden im engeren Sinne hat beides offenbar gar nichts zu tun; und diese Begriffe gleich dem „ehrlosen oder unsittlichen Lebenswandel“[4]) — mit dem sie allerdings in gewisser sprachlicher und durch den benach-

[1]) Wegen der unzutreffenden (vgl. hierüber bereits oben § 37 S. 244 Anm. 6) Hereinbeziehung des Vorsatzes in Mot. II S. 302/303 vgl. oben S. 373 Anm. 1.

[2]) Wenn zugleich Vorsatz vorlag; zum „groben Undank“ und zur „schweren Verfehlung“ an sich würde beispielsweise grobfahrlässiges Benehmen ausreichen und eine Schadenszufügung nicht essentiell sein.

[3]) Ob ein sog. „Verschulden gegen sich selbst“ vorliegt, vgl. unten § 68.

[4]) „Lebenswandel“ begegnet nur in den beiden §§ 2333, 2336 a. a. O. Dagegen „Leben“ neben § 2338 noch in zehn anderen Normen (vgl. davon „nach dem Leben trachten“ in §§ 1566 und 2333 Nr. 1, oben § 29 sub III 1 c; „das Leben verletzen“ in § 823 Abs. I, ebenda sub II 2 a; im übrigen Gradenwitz S. 101, daselbst auch über das Verbum „leben“ und über eine Anzahl von Komposita, die mit dem Wort „Leben“ gebildet sind); von diesen Stellen zeigt aber in keiner weiteren das Wort die obige Bedeutung von „Lebenswandel“; am nächsten dieser Bedeutung kommt noch das „eheliche Leben“ in §§ 1354 Abs. I und 1361 Abs. I Satz 1.

barten Platz im BGB. (§§ 2333 Nr. 5, 2336 Abs. IV, oben § 16 sub VI 2 einerseits und § 2338, oben § 24 sub A II andererseits) in gewisser räumlicher Beziehung stehen — unter die „Verfehlungen" zu stellen, deren sich jemand „schuldig macht" (§§ 2334 Satz 1, 2335 Abs. I, oben § 3 sub B I 1 c), — und somit unter das „Verschulden" im weiteren Sinne — mangelt die wegen des „ehrlosen oder unsittlichen Lebenswandels" vom Gesetz selber (§§ 2333 und 2334 a. a. O.) geschlagene Brücke. Auch die ratio legis ist in beiden Fällen eine verschiedene: §§ 2333 bis 2337 richten ihre Spitze gegen ein Unrecht, das der Abkömmling dem Erblasser zugefügt hat, § 2338 dagegen[1]) baut sich nicht auf dieser Erwägung auf, sondern will den Abkömmling gegen sich selbst in Schutz nehmen und erhebt darum neben dem „verschwenderischen Leben" auch die nackte Tatsache einer den späteren Erwerb gefährdenden „Ueberschuldung"[2]) zum Grunde der ‚exheredatio bona mente'.

2. Die obige Feststellung ist nicht müßig; denn es finden sich in den Materialien und in der Literatur sehr wohl Bemerkungen, welche die gegenteilige Auffassung, die Verschwendung sei ein „Verschulden", vertreten:

a) Die Motive[3]) sprechen nämlich Bd. IV S. 396 (zu E. I § 1372 Nr. 4, BGB. § 1468 Nr. 4) davon, daß, wenn die Voraussetzungen zu seiner Entmündigung wegen Verschwendung vorliegen, der Ehemann sich eines „Mißbrauchs des Vertrauens, auf welchem die Gütergemeinschaft beruht", „schuldig mache"; und ebenda S. 397 lehnen sie es ab, der Frau das Recht, die Auflösung der Gütergemeinschaft herbeizuführen, ganz generell einzuräumen, und, „ohne Rücksicht darauf, ob den Ehemann ein Verschulden trifft und dieses in einer Verletzung der ihm durch die Gütergemeinschaft auferlegten Verpflichtungen sich gründet." — Ebenso bemerken Prot.[4]) IV Nr. 282 XIII S. 274 (ebenfalls zu BGB. § 1468): „Die Entmündigung beruhe teils auf einem Verschulden des Mannes (Verschwendung, Trunksucht), teils sei sie ein ihn treffendes Unglück."

b) In der Literatur[5]) ist mir bei Fischer-Henle S. 745 Anm. 8[6]) die Auffassung begegnet — gleichfalls, wie die Bemerkungen der Motive und Protokolle, zu BGB. § 1468 Nr. 4 erfolgend —, daß die Verschwendung ein „schuldhaftes Verhalten des Mannes" sei.

3. Gegenüber dieser Ansicht ist folgendes zu bemerken:

a) Es muß zugegeben werden, daß die Verschwendung in einzelnen besonders gelegenen Fällen ein Verschulden im engeren Sinne enthalten

---

[1]) Vgl. auch Mot. V S. 438, wo auch angedeutet wird, daß das verschwenderische Leben lediglich ein „Charakterfehler" ist; ebenso Prot. V Nr. 359 I B S. 325.

[2]) Zu dieser Vokabel vgl. oben § 42 sub B VI 9 a.

[3]) Aus den Mot. vgl. im übrigen (für uns belanglos) Bd. I S. 62 ff., 149 f., Bd. IV S. 371 f., 473, 829, 1228 f., Bd. V S. 249 f., 269, 328, 437 ff.

[4]) Belanglos sind die sonstigen Bemerkungen der Prot. über Verschwendung: Bd. I Nr. 7 II und III S. 31 ff., Nr. 12 VI S. 67 f. (wo S. 68 von „objektiven Gründen zur Bevormundung" gesprochen wird), Bd. IV Nr. 280 S. 250, Nr. 283 I A S. 275 ff., Nr. 288 VIII S. 342 f., Nr. 290 VIII S. 371, Nr. 311 IX S. 639 ff., Nr. 330 V S. 851 ff., Bd. V Nr. 359 I B S. 323 ff., Nr. 377 VI und VII S. 565 ff., Nr. 378 I—IV S. 569 ff., Bd. VI Nr. 438 V S. 488 f., Nr. 452 XV S. 694 f. — Auch die Bemerkungen der Denkschr. (S. 9, 287, 426 f., 446) sind belanglos.

[5]) In der übrigen Literatur (vgl. z. B. Th. Engelmann S. 348/349, Opet S. 272 Anm. 9, Planck IV S. 228 Anm. 3, Schmidt S. 444 f., Schiffner — oben S. 335 Anm. 1 — S. 80) habe ich eine diesbezügliche Andeutung nicht gefunden. Ebensowenig in der zu § 1468 überhaupt noch im ganzen (vgl. aber Scherer II S. 223 Nr. 983, Warneyer II S. 116) sehr schweigsamen Judikatur (vgl. Scherer I S. 120, III S. 358, Warneyer I S. 166, Spruchsamml. I S. 47, II S. 31, Neumann, Jahrb. I 2 S. 57).

[6]) Vgl. bereits oben § 46 sub A III S. 352 Anm. 4.

kann (und zwar vielleicht sogar einen Vorsatz, der auf Schädigung der Gläubiger oder der eigenen Familienangehörigen hinzielt, im allgemeinen aber höchstens eine Fahrlässigkeit); jedoch wird in weitaus den meisten Fällen die gesetzliche Begriffsbestimmung („Außerachtlassung der im Verkehr erforderlichen Sorgfalt", oben § 31 sub A und B) schwerlich zutreffen, sondern höchstens ein schwaches Abbild von ihr, eine generelle Sorglosigkeit des Charakters [1]) vorzufinden sein, also nicht ein Handlungs- bezw. Willensfehler, wie ihn das Verschulden erfordert (vgl. einstweilen oben § 42 sub C II 7), sondern eine Willensschwäche im moralischen Sinne.

b) Es muß ferner zugegeben werden, daß die von den Protokollen angedeutete Zweiteilung der Entmündigungsgründe in verschuldete (Verschwendung und Trunksucht) und unverschuldete (Geisteskrankheit und -schwäche) das Verlockende für sich hat, eine Parallele zu der Einteilung der Ehescheidungsgründe [2]) in die auf dem Verschuldensprinzipe aufgebauten und die auf ihm nicht aufgebauten zu bieten; diese Parallele wird uns jedoch im Grunde nicht allzusehr befriedigen angesichts der heißumstrittenen Einreihung der Geisteskrankheit unter die Ehescheidungsgründe im Gegensatze zu der althergebrachten Aufnahme der Verschwendung unter die Gründe der Prodigalitätserklärung und ferner angesichts der im Gesetz [3]) angedeuteten Gleichstellung der Verschwendung mit der Geistesschwäche.

c) Andererseits wird, wie zu BGB. § 2338 (oben sub 1), auch zu § 1468 die Annahme, daß der Gesetzgeber die Verschwendung nicht wegen ihrer Eigenschaft als Verschulden, sondern nur wegen ihres objektiv gefährlichen [4]) Charakters berücksichtigte (um die Klage der Frau auf Aufhebung der Gütergemeinschaft zu rechtfertigen), dadurch bestätigt, daß auch hier (in Nr. 5) als gefährdendes Moment die bloße „Ueberschuldung" genannt wird.

II. Was von der Verschwendung bemerkt wurde,[5]) ist mutatis mutandis auch von der „Trunksucht"[6]) zu wiederholen,[7]) welche allerdings (vgl. oben sub I 2 a) von den Protokollen gleichfalls als „Verschulden"[8]) bezeichnet wird.

[1]) Vgl. oben S. 386 Anm. 1. Vgl. auch Entsch. des Reichsger. vom 20. Mai 1901 (IV 92/01) in der Jur. Wschr. 30 (1901) S. 475 sowie im „Recht" V (1901) S. 433 und bei Warneyer I S. 2 Note 7, Neumann, Jahrb. I 1 S. 5.

[2]) Vgl. darüber einstweilen oben § 42 sub B II 4 c und VI 9 c.

[3]) Vgl. BGB. § 114 und z. B. Zitelmann S. 49 a. E. sub 1 d.

[4]) Vgl. aus dem Gesetze selber zu diesem Punkt § 2338 Abs. I Satz 1, § 1468 Nr. 4 und auch Nr. 1, 3, 5, § 6 Abs. I Nr. 2 und — wegen der Parallele mit dem „gefährdenden Verhalten" (oben § 46 sub A III) — die oben § 16 sub IV angegebenen Normen.

[5]) Aus den Materialien kommen, da E. I und Mot. von Trunksucht als Entmündigungsgrund nicht reden, nur in Betracht Denkschr. (wie oben S. 386 Anm. 4) und Prot. (Bd. I Nr. 7 IV S. 33 f., Nr. 12 VI S. 67, Bd. IV Nr. 283 I B S. 277, Nr. 288 VIII S. 343, Nr. 311 IX S. 639 ff., Nr. 330 V S. 851 ff., Bd. V Nr. 359 I S. 323 ff., Bd. VI Nr. 452 XIX S. 696 f.). — Auch die Denkschr. S. 10 spricht lediglich von „mißbräuchlicher Verwendung" des Vermögens durch den Trunksüchtigen.

[6]) Die bloße „Betrunkenheit" wird ausdrücklich im BGB. nicht erwähnt, kann aber als „Zustand der Bewußtlosigkeit" nach BGB. §§ 105 (Abs. II), 827 (Satz 1) und 1325 (Abs. I und Abs. II Satz 1) erheblich werden, von denen § 827 auch für unsere Aufgabe von mitelbarem Interesse (vgl. unten § 75) ist. Vgl. auch zum Gedankenkreise des BGB. § 254 die Entsch. des Reichsger. vom 27. Februar 1902 (VI 413/01) in der Jur. Wochenschr. 31 (1902) Beilage 3 S. 212 Nr. 55 und bei Warneyer II S. 25 Note 9, wonach es zum Nachweise des („eigenen", vgl. oben § 42 sub B VI 3) Verschuldens des Beschädigten nicht genügt, daß er betrunken gewesen ist. Ferner darüber, daß Betrunkenheit keine Entschuldigung ist, das Erkenntnis des OLG. Dresden vom 1. März 1902 oben S. 242 Anm. 2.

[7]) Nur ist zu beachten, daß der oben sub I 2 a besprochene § 1468 nur der Verschwendung gedenkt.

[8]) Auch hier vgl. erst unten § 68, ob sie ein „Verschulden gegen sich selbst" enthält.

Außerdem dürfte aber bei ihr die Auffassung, daß der Gesetzgeber in dieser „Sucht“ einen bedauernswerten Charakterfehler[1]) und nicht ein Verschulden erblickt, womöglich noch zuverlässiger sein als betreffs der Verschwendung. Und wenn auch, wie die Literatur[2]) und die Judikatur[3]) übereinstimmend annehmen, die Trunksucht[4]) unter das „ehrlose oder unsittliche Verhalten“ gehört, und wenn sie demnach auch unter dieser Flagge in das Fahrwasser des Verschuldens im weiteren Sinne segelt, so ergibt sich hieraus doch nur, daß sie als Beispiel solchen Verschuldens dienen kann, nicht aber, daß sie begrifflich notwendigerweise ein solches Verschulden darstellt. Man denke z. B. an Geisteskranke oder -schwache, die zugleich dem Laster der Trunksucht anheimgefallen sind, weil sie von anderen dazu verführt wurden.

B. Wir werden somit alle in der Ueberschrift genannten Begriffe aus dem Bereiche des Verschuldens (sowohl im engeren wie im weiteren Sinne) hinausweisen und werden zu einem Vergleiche mit den anderen in §§ 31—53 besprochenen Begriffen[5]) keine Veranlassung finden.

C. Dem Handelsgesetzbuche sind die genannten Ausdrücke fremd.

§ 55.

Der Vorsatz.

Diejenigen Gesetzesausdrücke, zu denen sich von selbst in mehr oder minder ungezwungener Weise Ueberleitungen aus den vorher besprochenen Begriffen finden ließen, sind in den §§ 40—54 vollkommen erschöpft. Alle noch übrig bleibenden Begriffe[6]) entbehren der Anknüpfung an die bisher vorangegangenen[7]) und sind deshalb nunmehr lose anzureihen. Einen Uebergang bildet jedoch der Begriff „Vorsatz“ — den wir darum in diesem Paragraphen erörtern wollen — insofern, als er einerseits (vgl. oben § 42 sub B I 2) mit dem Verschulden als wichtiger Unterbegriff in Verbindung gebracht werden kann (und muß) und andererseits uns über die Betrachtung der Absicht und der Arglist hinaus zur Erörterung der meisten andern übrig gebliebenen Begriffe zu verhelfen vermag.

---

[1]) Auch die Prot. selber sagen dies; vgl. Bd. V S. 325 (die „Trunksucht beruhe auf einer Widerstandslosigkeit des Charakters gegen die verderbliche Neigung“). — Vgl. ferner Entsch. des Reichsger. vom 27. Okt. 1902 (IV 197/02) in der Jur. Wochenschr. 31 (1902) Beil. 14 S. 280 Nr. 230 und über einzelne andere, mir im Original nicht zugänglich gewesene Bemerkungen in der Judikatur und Literatur Neumann, Jahrb. I 1 S. 5, II S. 4 sub 2 b; vgl. auch das Erk. des OLG. Stuttgart vom 12. Juli (nicht Mai, wie Warneyer I S. 2 Note 8 angibt) 1901 in den Jahrb. für Württemb. Rechtspfl. 14 (1903) S. 1 ff.

[2]) Vgl. z. B. Albrecht, Verbrechen und Strafen als Ehescheidungsgründe, (oben S. 350 Anm. 6) S. 193; Planck IV S. 321 Anm. 1, Schmidt, Ehescheidung und richterliches Ermessen, (oben § 37 S. 240 Anm. 5) S. 29, während Opet, Kommentar S. 399 Anm. a die Trunksucht unter die schweren Pflichtverletzungen des § 1568 (oben § 37 sub II) stellt.

[3]) Vgl. zu BGB. § 1568 Entsch. des Reichsger. vom 18. November 1901 (IV 235/01) und vom 5. Juni 1902 (IV 77/02) in Jur. Wochenschr. 31 (1902) S. 71 bezw. Beil. 9 S. 248 (Nr. 150), zu § 1666 Entsch. des Kammerger. vom 1. Oktober 1900 und vom 22. Dezember 1902 bei Mugdan und Falkmann I (1900) S. 484 Nr. 17. und VI (1903) Nr. 28 d S. 170. Vgl. auch z. B. Warneyer I S. 187 Anm. 16, Spruchsamml. I S. 52, Scherer III S. 366 Nr. VII.

[4]) Schlechthin oder doch als „unverbesserliche“.

[5]) Wegen der Parallele mit dem „ehrlosen oder unsittlichen Verhalten“ vgl. oben sub A II, wegen der Parallele mit dem (gleich obigen Begriffen lediglich objektiven) „gefährdenden Verhalten“ vgl. oben S. 387 Anm. 4.

[6]) Es sind dies (nach ihrer Reihenfolge innerhalb unserer „Materialssammlung“ geordnet): Vorsatz; Arglist; Hinterlist; Verheimlichung; Handeln ohne Wissen, wahrheitswidrige Behauptung, Erteilung eines unrichtigen Zeugnisses; Absicht; Böslichkeit und Böswilligkeit; Verzug (oben §§ 5, 10—15, 20).

[7]) Aber nicht, vgl. §§ 56 ff., der Anknüpfung untereinander.

A. Der Begriff „Vorsatz".

I. Während uns der Gesetzgeber bei dem andern Hauptfalle des Verschuldens, der „Fahrlässigkeit", eine authentische Definition (oben § 31 am Anfang) bietet, die uns zur Erkenntnis des Begriffes verhalf, so läßt er uns wegen des „Vorsatzes" ganz im Stich, und wir sind somit genötigt, diesen Begriff ohne ein derartiges gesetzliches Hilfsmittel ganz abstrakt zu entwickeln, und höchstens bieten uns — da die Judikatur[1]) über den Begriff bisher fast völlig geschwiegen hat — die Materialien und die bisherige Literatur zum BGB.[2]) hierbei mehr oder minder zuverlässige und zutreffende Unterstützung.

II. Denn das sprachliche Element nützt uns hier so gut wie gar nichts. Rein sprachlich besagt „Vorsatz" nur, daß jemand[3]) sich etwas vorsetzt bezw. daß er etwas vor sich setzt, wie derjenige tut, der eine Schale mit Früchten vor sich setzt, entweder um sie zu essen oder z. B. um darnach ein Stillleben zu malen. Der Vorsatz muß nicht durchaus auf etwas Schlimmes, insbes. auf eine Beschädigung fremder Rechtsgüter gerichtet sein (allerdings sind uns aus dem Strafrecht nur derartige Vorsätze geläufig); sondern er kann erstens auf etwas Löbliches gerichtet sein (wie es sprachlich die Redensart bestätigt, daß „der Weg zur Hölle mit guten Vorsätzen gepflastert" sei) oder zweitens auf etwas moralisch und rechtlich Indifferentes (wie in den obigen Beispielen der Vorsatz, die Früchte zu essen oder abzumalen). Mithin können wir dem Worte an sich nichts rechtlich Belangreiches entnehmen,[4]) sondern nur den Begleitumständen, unter denen das Wort im Recht und in den Gesetzen begegnet, und in unserm Falle also dem Zusammenhange, in welchem es speziell im BGB. zu treffen ist.

III. Vorher ist jedoch noch zu bemerken, daß man sich natürlich zu hüten hat vor einer Verwechselung des Vorsatzes selber und des ihm zu Grunde liegenden Motivs; letzteres kann noch so gerechtfertigt oder sogar edel sein, das tangiert die Existenz eines „Vorsatzes" im Rechtssinne keineswegs. Wenn die Flurnachbarin die Entreetür zur Nebenwohnung einschlägt, weil die dort eingesperrten Kinder in Feuersgefahr schweben; wenn der Portier des Krankenhauses die Katzen anschießt, welche die Patienten durch nächtlichen Lärm im Schlafe stören; wenn der Bruder den altmodischen Hut seiner Schwester, mit dem sie sich schon seit Jahren lächerlich gemacht hat, zerreißt, etwa nachdem er ihr schon heimlich als Geburtstagsgeschenk einen neuen eingekauft hat: so ist durchweg das Motiv

---

[1]) Ueber einige wenige einschlägige Erkenntnisse zu Einzelfragen vgl. weiter unten. Im allgemeinen enthalten die Entscheidungssammlungen (Scherer I—III, Warneyer I und II, Spruchsammlung I und II) zu den oben § 5 angegebenen Gesetzesstellen kein Material, auch nicht zu BGB. §§ 276, 823 ff.; vgl. Scherer I S. 78, 98 ff., II S. 135, 171 ff., III S. 162 f., 266 ff., Warneyer I S. 41, 91 ff., II S. 29, 69 ff. Spruchsammlung I S. 12, 26 f., II S. 9, 21 f. Ueber die Gründe dieser Erscheinung unten sub B I 2.

[2]) Darüber, daß die spezifisch strafrechtliche Literatur (und ebenso die allgemeine Literatur über Rechtsphilosophie und -enzyklopädie) hier nicht eingehend herangezogen werden kann und braucht (wiewohl sie sich natürlich für diesen Begriff aufs lebhafteste interessiert hat; vgl. neuerdings z. B. Hagen in der Zeitschr. für gesamte Strafrechtswissenschaft Bd. 19, Berlin 1899, S. 159 ff. und Liepmann in der oben S. 118 Anm. 1 genannten Schrift S. 132 ff.), vgl. oben § 30 sub II.

[3]) Dieser „Jemand" muß natürlich ein Mensch sein: darum scheiden einige Tatbestände, welche zum Gesamtkreise der „unerlaubten Handlungen" gehören, überall da aus, wo das Gesetz von „vorsätzlichen" unerlaubten Handlungen redet; vgl. Näheres oben § 39 sub II 5.

[4]) Sehr zutreffend sagt Zitelmann S. 157 sub 3, der Vorsatz sei „ein dem Werturteil gegenüber an sich farbloser Begriff".

unerheblich[1]) und nicht imstande, die vorsätzliche Sachbeschädigung aus der Welt zu schaffen.[2])

IV. Was nun aber die Auffassung des BGB. selber[3]) und seinen Sprachgebrauch betrifft, so dürfte es wohl keinem Zweifel unterliegen können, daß das Gesetz nur an böse Vorsätze denkt. Diese — für gewisse später[4]) zu erörternde Konsequenzen nicht müssige — Behauptung wird durch sämtliche oben in § 5 zusammengestellten Normen, in denen das Gesetz vom Vorsatz redet, durchweg bestätigt. Beweisend ist insbesondere die häufige Zusammenspannung des Vorsatzes mit der Fahrlässigkeit (oben § 5 sub B); beweisend ist die im Gesetz allerdings nur andeutungsweise (§ 278 Satz 1 und 2) erfolgende, aber einem Zweifel nicht unterliegende Einstellung des Vorsatzes in das „Verschulden" (oben § 42 sub B I 2) und beweisend ist u. a. auch der Ausschluß einer Parteidisposition[5]) gegenüber den Folgen künftigen Vorsatzes (§ 276 Abs. II, oben § 5 sub A II 1).

V. Für die nähere, eigentliche Bestimmung des Begriffes aber läßt uns, wie bemerkt, das BGB. selber völlig im Stiche und wir müssen daher nachsehen, ob uns die Materialien oder die Literatur brauchbare Fingerzeige geben.

VI. Die Materialien zunächst lassen uns nun leider gleichfalls beinahe ganz im Stiche und könnten uns eher irreleiten:

1. Die Mot.[6]) II S. 27, 31 zu den dem jetzigen § 276 entsprechenden §§ 224 Abs. I Satz 2 und 225 des I. Entwurfs erörtern den Begriff garnicht. Ebensowenig die Protokolle an denjenigen Stellen, in denen sie ausweislich des Registers (Bd. VII S. 208) vom Vorsatz sprechen: In Bd. I S. 302 ff. (Nr. 46 II) — zu BGB. § 276 —, S. 331 (Nr. 49 IV), Bd. II S. 21 (Nr. 96 II), S. 566 f. (Nr. 150 IV) — zu BGB. § 823 —, S. 727 f. (Nr. 164 VI), Bd. III S. 258 (Nr. 206 II) findet sich nichts über den Begriff, und daß Bd. I S. 304 f. (Nr. 46 IV) zum jetzigen § 276 Abs. II (oben § 3 A II 1) von „willkürlicher Verletzung von Pflichten" die Rede ist und von einer „Willensrichtung", nützt uns auch nichts oder nicht viel.

2. Dagegen sagen Mot. I S. 280 (zu den im BGB. nicht enthaltenen §§ 144 f. des I. Entwurfs über „Fahrlässigkeit"; vgl. oben § 31 sub A III 8 b γ): „Die auf die Vornahme einer Handlung oder die Herbeiführung eines Erfolges gerichtete Willensbestimmung bezeichnet der Entwurf in Uebereinstimmung mit dem StGB. als „Vorsatz"; vorsätzlich ist somit gleichbedeutend mit wissentlich und willentlich."[7]) Gegen diese Aeußerung der Mo-

---

[1]) Wenigstens für den Begriff des Vorsatzes; etwas anderes ist es, ob etwa (wie in dem Beispiel von der Flurnachbarin und bei Gesundheitsgefahr für die Patienten des Krankenhauses) die „Widerrechtlichkeit" der Sachbeschädigung (§ 823 Abs. I) fehlt (z. B. nach BGB. § 228 Satz 1) — und dann natürlich zugleich auch das Bewußtsein dieser Widerrechtlichkeit (unten sub VII 1 c) fehlen muß — ; und etwas anderes ist es ferner, ob der Täter wegen seiner Ersatzpflicht eine andere Person regreßpflichtig machen kann, so gemäß BGB. § 683 als negotiorum gestor (des Inhabers der Privatklinik) der Portier.

[2]) Vgl. auch z. B. Endemann I S. 637/638 Anm. 9.

[3]) Anders im HGB. (vgl. unten sub C), aber auch hier nur ganz ausnahmsweise.

[4]) Vgl. unten sub B (insbes. sub II 1 und VI).

[5]) Zu diesem sonst für unser Thema interesselosen Punkte vgl. z. B. Planck II S. 49 sub 1, Schollmeyer S. 99 Note 1 a; wegen der Zulässigkeit der Parteidisposition rücksichtlich der Fahrlässigkeit vgl. oben § 31 sub C X. — Unrichtig, mindestens aber tadelnswert, weil leicht mißzuverstehen, ist es übrigens, wenn von Weinrich, Haftpflicht wegen Körperverletzung, 2. Aufl., Berlin 1902, S. 27 sagt, „im voraus bedeutet vor dem Unfall".

[6]) Im Jatzowschen Register werden (S. 121) nur Mot. I S. 280, II S. 26 ff, 44 und 724 ff. zitiert.

[7]) Von den a. a. O. in der dritten Anmerkung aufgezählten 29 Anwendungsfällen des Wortes „Vorsatz" im I. Entwurf ist für einen Teil dieses Wort in die entsprechende Norm des BGB. nicht herübergenommen worden, insbesondere, weil die Begriffe Vorsatz

tive[1]) wenden sich aber mit Recht Crome I S. 484 Anm. 16 (auf S. 485) — „Die Motive[2]) . . . irren hier wie so oft" — und Endemann I S. 636 Anm. 5; vor allem aber von Liszt, Deliktsobligationen,[3]) der S. 54 f. ausführt: „Diese Behauptung der Motive ist gründlich verfehlt. Ganz abgesehen davon, daß sie die wichtige Frage unentschieden läßt, ob der Vorsatz auf die Willensbetätigung oder aber auf den Erfolg bezogen werden muß (eine Frage, zu der die Motive Stellung nehmen mußten, wenn sie den Begriff des Vorsatzes festzustellen beabsichtigten), ist dabei ein Zweifaches übersehen: 1. Das BGB. selbst weiß garnichts davon, daß vorsätzlich gleich willentlich sein soll; es spricht immer nur ausschließlich vom Kennen oder Wissen. 2. Auch das StGB., auf das sich die Motive berufen, weiß in § 59 nichts davon, daß die zurechenbaren Tatumstände gewollt sein müssen; es genügt ihm, daß sie gekannt waren. Es wird unter diesen Umständen die Hoffnung wohl nicht als ganz ungerechtfertigt erscheinen, daß auch die Rechtsprechung sich an das Gesetz selbst und nicht an die verunglückte Aeußerung der Motive halten wird, die nur aus einer mangelhaften Kenntnis des status controversiae erklärt und entschuldigt werden kann." — Auch Lühl S. 12/13 hat bereits die Bemerkung der Motive bemängelt, indem er zwar das Moment „wissentlich" (das Voraussehen des Erfolges) für erheblich, das Moment „willentlich" dagegen, weil im „wissentlich" mitenthalten, für entbehrlich erklärt; vgl. etwa auch noch Schilling, Aphorismen zu dem Entwurf (Köln 1888) S. 54, Rocholl, Vorschläge zur Abänderung des Entwurfs (Breslau 1890) S. 67 Anm. 145 a und Georg Schmidt in Heft 14 der Gutachten aus dem Anwaltsstande (Berlin 1889) S. 1189/1190. — Zu Gunsten der Bemerkungen der Motive und gegen die Bemerkungen von Liszts äußert sich allerdings wiederum von Hippel, Die Vorstellungstheorie,[4]) S. 431 ff., insbesondere S. 431, 434, ohne jedoch neue beweiskräftige Momente beizubringen.[5])

3. In Prot. VI Nr. 417 XI S. 202 (zu BGB. § 826) findet sich die Bemerkung, daß das Wort „vorsätzlich" „in Uebereinstimmung mit dem in der neueren Rechtswissenschaft feststehenden Sprachgebrauche dahin zu verstehen ist, daß Vorsatz bei der Handlung mit dem Bewußtsein der Schädigung genügt".

4. Von Interesse sind höchstens[6]) noch — aber auch nur anscheinend —

---

und Fahrlässigkeit zu dem Begriffe „Verschulden" („verschulden") zusammengezogen worden sind; vgl. wegen E. I §§ 56, 134, 187, 430 Nr. 1, 931 Abs. I jetzt BGB. §§ 53, 160 Abs. I, 228 Satz 2, 351 Satz 1, 990 Abs. I Satz 1 (989); im übrigen vgl. noch mit E. I §§ 449, 863 Satz 1 und 935 BGB. §§ 530 Abs. I, 917 Abs. I Satz 1 und 992 BGB.

[1]) Ihr hatte ich mich noch (1898) in Bd. I meiner Vorträge S. 341 angeschlossen; ebenso Landé S. 75 Anm. 2, Leske, Vergleichende Darstellung des BGB. und des Preuß. ALR. I S. 136 Anm. 3, Mayring S. 38 sub I 1, Meisner S. 23 Anm. 2; vgl. auch Linckelmann S. 35 a. E., Planck I S. 41, Kuhlenbeck, BGB. I S. 228 Note 2 (außerdem aber noch „bewußte Verletzung von Treu und Glauben" in seine Definition einbeziehend). Ferner Neumann, Jahrb. I 1 S. 558 Note 8 und Oppenheimer in den Bl. f. RA. Ergänzungsband 15 (1897) S. 338.

[2]) Nur muß die Verweisung auf Bd. I, nicht auf Bd. II, S. 280 lauten.

[3]) Und auch schon von Liszt, Grenzgebiete S. 18.

[4]) In der Göttinger Festgabe für Regelsberger (Leipzig 1901) S. 353—437 (über „das BGB. und die Vorstellungstheorie" handelt daselbst Abschnitt IV S. 430 ff.). Wörtlich gleichlautend auch in der erweiterten Schrift von von Hippel, Die Grenze von Vorsatz und Fahrlässigkeit, Leipzig 1903, und darüber eingehender Bericht bei Neumann, Jahrb. II S. 181 ff.

[5]) Ueber einige andere durchaus zutreffende Bemerkungen von Hippels (wegen der Begriffe „Kennenmüssen" S. 434 und „Absicht" S. 432) vgl. oben § 32 sub IV 3 und unten § 56 sub A IV 1, über seine Stellung zur Vorstellungs- bezw. Willenstheorie unten sub VII 1 g.

[6]) Unerheblich ist z. B., was Mot. V S. 518 über den Vorsatz zu BGB. § 2339 Nr. 3 sagen.

die Bemerkungen der Mot. V S. 300 f. und der Prot. V S. 353, VI S. 73. Diese Stellen [1]) beziehen sich auf die Aufhebung eines Testamentes.

a) Hier hatte im I. Entwurf § 1934 in Abs. I gesagt, der Widerruf könne auch dadurch erfolgen, daß der Erblasser „vorsätzlich und mit dem Willen, die Verfügung aufzuheben", die Urkunde vernichtet bezw. dadurch, daß er an ihr solche Veränderungen vornimmt, „durch welche der Wille der Aufhebung . . . ausgedrückt zu werden pflegt"; in Abs. II wurde dann an eine derartige Vernichtung bezw. Veränderung die Vermutung geknüpft, daß der Erblasser „vorsätzlich und mit dem Willen der Aufhebung gehandelt habe".

b) Hierzu bemerken nun Mot. V S. 300 (betreffs Abs. I): „Hervorgehoben wird, es müsse vorsätzlich und mit dem Willen der Aufhebung gehandelt sein. Beides ist nebeneinander aufzuführen. Zwar kann eingewendet werden, derjenige, welcher mit dem Aufhebungswillen handele, handele auch vorsätzlich. Aber die Richtigkeit dieses Einwandes läßt sich bestreiten und jedenfalls ist jener Satz nicht unbedingt richtig. „Vorsätzlich" allein genügt nicht, weil in dem Vorsatze nicht notwendig der Aufhebungswille enthalten ist." Und zum Abs. II wird ebenda S. 301 bemerkt: „Der zweite Absatz fügt die doppelte Vermutung bei, daß der Erblasser, welcher gehandelt hat, vorsätzlich gehandelt habe, und daß der Erblasser, welcher vorsätzlich gehandelt hat, auch mit dem Willen der Aufhebung gehandelt habe."

c) In Prot. V Nr. 361 XII S. 353 erfahren wir: „Zu § 1934 lag der Antrag vor: a) den Eingang des Abs. 1 zu fassen: die Aufhebung eines Testaments kann dadurch erfolgen, daß der Erblasser in der Absicht, dasselbe aufzuheben, b) im Abs. 2 statt „vorsätzlich und mit dem Willen" zu setzen „in der Absicht". Die Komm. erklärte sich mit dem § 1934 sachlich einverstanden und überwies den nur in der Fassung abweichenden Antrag der Red.-Komm."

d) In Prot. VI Nr. 408 I S. 73 endlich wird uns in Anm. 1 mitgeteilt: „Die angeführten Paragraphen der Vorl.-Zus. lauten: § 1933 . . . § 1934. Der Widerruf eines Testaments kann auch dadurch erfolgen, daß der Erblasser in der Absicht, dasselbe aufzuheben, die Urschrift der Testamentsurkunden vernichtet oder an der letzteren solche Veränderungen vornimmt, durch welche der Wille der Aufhebung einer schriftlichen Willenserklärung ausgedrückt zu werden pflegt. Es [2]) wird vermutet, daß der Erblasser, welcher die Testamentsurkunde vernichtet oder in der bezeichneten Weise verändert hat, in der Absicht das Testament aufzuheben, gehandelt habe."

e) Fast wörtlich ebenso spricht jetzt BGB. selber in § 2255 Abs. I von dem Widerrufe des Testaments dadurch, daß der Erblasser „in der Absicht, es aufzuheben, die Testamentsurkunde vernichtet oder an ihr Veränderungen vornimmt, durch die der Wille, eine schriftliche Willenserklärung aufzuheben, ausgedrückt zu werden pflegt"; und in Abs. II wird die Vermutung dahin formuliert, daß der Testator „die Aufhebung des Testaments beabsichtigt habe".

f) Es liegt nahe, mit der Kommission (oben sub c a. E.) den Unterschied im Wortlaute des I. Entw. § 1934 und des BGB. § 2255 lediglich als eine Abweichung der Fassung zu betrachten. Alsdann kämen wir

---

[1]) Der gesperrte Druck in den nachstehenden Zitaten findet sich in den Originalbemerkungen nicht, sondern ist nur von mir zur Erleichterung des Ueberblicks gegeben.

[2]) Dies ist Abs. II des § 1934 der Vorl.-Zus.

zu dem Ergebnisse, daß „vorsätzlich und mit dem Willen" gleichbedeutend ist mit „absichtlich". Ob dies Ergebnis richtig wäre, kann erst später (unten § 56 sub A IV 1) geprüpft werden; für jetzt ist nur zu bemerken, daß die erwähnten Stellen aus den Materialien für die Bestimmung des Begriffes „Vorsatz" gleichfalls (vgl. oben sub 1 und 2) keine Ausbeute liefern.

VII. Um so ertragreicher ist das, was uns die bisherige Literatur[1]) zum BGB. bietet, und es läßt sich hier, in den Hauptpunkten wenigstens, eine fast[2]) vollständige Einigkeit der Ansichten feststellen. In Betracht kommen dabei[3]) insbesondere[4]) die Bemerkungen von Cosack I § 71 S. 248 f., Crome I § 109 S. 481 ff., Dernburg II 1 § 63 S. 135, Endemann I § 112 S. 636 ff., Engelmann S. 129, Enneccerus-Lehmann I § 117 S. 290 f., Kipp I § 101 S. 452 f., Müller und Meikel I § 84 S. 257, Planck I S. 41 und Zitelmann S. 156 f., sowie von von Liszt, Deliktsobligationen § 4 III S. 54 ff.

1. Einig ist man sich, im allgemeinen wenigstens, insbesondere in folgenden Punkten:

a) Zunächst darin, daß der „Vorsatz" ein Willensmoment[5]) ist, daß ein „Wille" (Enneccerus-Lehmann a. a. O. sub I 1 b, Zitelmann a. a. O. sub 1), ein „Wollen" (Enneccerus-Lehmann sub 1; vgl. auch Engelmann und Müller und Meikel a. a. O. sowie Rehbein II S. 100 Anm. 87) vorliegt, die sich auf die einschlägige Ausführungshandlung (Nichterfüllung des Vertrages, Sachbeschädigung, Körperverletzung usw.) als solche richten.[6])

b) Ferner darin, daß das Wollen auf eine „Rechtswidrigkeit" gerichtet ist (nämlich auf die gerade für den betreffenden Einzelfall in Frage kommende; vgl. unten sub 2 a β), auf eine „rechtswidrige" Handlung (Enneccerus-Lehmann a. a. O. sub 1, Engelmann a. a. O.), eine Handlung „rechtsverletzender Natur" (Dernburg a. a. O.), eine „Schädigung" von „Interessen"[7]) (Cosack I S. 248 sub II 1 a).

---

[1]) Nichts Näheres findet sich z. B. bei Bendix S. 286, v. Buchka, Vergl. Darstellung des BGB. und des gem. Rechts, 3. Aufl., Berlin 1899, S. 70, Eck I S. 194, Jung S. 11, Neumann, Handausgabe I S. 148 (vgl. S. 388), Stammler, Schuldverhältnisse S. 111/112. — Kuhlenbeck, Von den Pandekten Bd. II S. 42 f. scheint nur an den von ihm Bd. I S. 434 ff. besprochenen „Verkehrsdolus" (Arglist, unten § 58) zu denken. — Ueber Landé, Leske, Mayring, Weyl oben S. 391 Anm. 1. — Gute Beispiele zu dem Falle des BGB. § 617 (oben § 5 sub B I 2 b), dagegen nichts bemerkenswertes Prinzipielles bei Schultzenstein im Arch. f. bürgerl. Recht 23 (1904) S. 297 ff.

[2]) Wegen der objektiven Rechtswidrigkeit und der diesbezüglichen Auffassung Kipps s. unten sub 2 b.

[3]) Unklar ist die Stellungnahme von Weinrichs, (oben S. 390 Anm. 5) S. 25 ff., und unklar ist insbesondere die Bemerkung S. 25 „Das Wünschen und das Vorstellen sind etwas Passives, während das Wollen aktiver Natur ist"; vgl. meine Rezension im Jurist. Literaturblatt XV, 1903, Nr. 6 S. 142.

[4]) Minder ergiebig z. B. Achilles S. 119 oben, Fischer-Henle S. 154 Anm. 3, Goldmann und Lilienthal, 2. Aufl. (Berlin 1903) S. 137, Landsberg I § 75 S. 254, Liebe I § 76 S. 230, Oertmann S. 36 sub 1 a, Ramdohr, Grundriß I S. 223, Rehbein II S. 100 Note 87, Schollmeyer S. 99, Siméon, Recht und Rechtsgang, 3. Aufl., Berlin 1903, S. 239 sub 1 a. Vgl. übrigens Einiges auch bei Meves in Goltdammers Archiv für Strafrecht Jahrg. 46 (1898/99) S. 84 f.

[5]) Wegen der Bemerkung der Motive über das Willensmoment (oben sub VI 2) vgl. unten sub e, wegen des Verhältnisses von „Willen" und „Absicht" unten § 56.

[6]) Vgl. auch Goldmann und Lilienthal, Liebe und Ramdohr a. a. O.

[7]) Fremde oder eigene Interessen; vgl. auch Prot. VI S. 202 (oben sub VI 3) und Cosack I § 71 sub II 1 a S. 248, und im Anschluß an ihn z. B. Laß und Maier, Haftpflichtrecht und Reichs-Versicherungsgesetzgebung, 2. Aufl., München 1902, S. 17.

c) Mit dem Wollen der Rechtswidrigkeit[1]) muß sich nun aber naturgemäß („in Wahrheit nur eine Folge des Daseins des rechtswidrigen Willens", Enneccerus-Lehmann a. a. O. sub 3) auch das „Bewußtsein" dieser Rechtswidrigkeit[2]) (Enneccerus-Lehmann a. a. O. sub 1, Engelmann a. a. O.), das Bewußtsein[3]) der rechtsverletzenden Natur" der Handlung (Dernburg a. a. O. sub II 1), das „Kennen"[4]) und „Wissen" der objektiven Rechtswidrigkeit (Zitelmann a. a. O. sub 3 b und b α, Crome S. 484; vgl. Endemann S. 636 sub 2), ihr „Erkennen" (Enneccerus-Lehmann S. 290/291) verbinden; der Wille muß ein „bewußter" (Engelmann a. a. O.), die Schädigung muß eine „bewußte" (Cosack a. a. O.) sein.[5])

d) Das Bewußtsein und der Wille der Rechtswidrigkeit enthalten zugleich das „Bewußtsein der Kausalität des Tuns" (Oertmann S. 36 sub 1 a; vgl. auch Rehbein a. a. O.), das „Erkennen des Erfolges" (Endemann S. 745 Anm. 4, S. 1269), genauer gesagt das „Kennen der Verursachung des Erfolges" (Zitelmann S. 157 sub 3 und 3 b α); der Erfolg muß „vorhergesehen werden" (Cosack a. a. O. S. 149, Enneccerus-Lehmann sub 1 a, Zitelmann S. 156 a. E., Dernburg a. a. O.;[6]) vgl. auch Landsberg S. 254, Siméon S. 239 sub 1 a), es muß eine „Voraussicht", eine „Vorstellung" des rechtswidrigen Erfolges (Crome S. 484 f., Endemann S. 637, von Liszt S. 54 Matthiaß a. a. O.)[7]) vorgelegen haben.[8])[9])[10])

---

[1]) Hierher ist wohl auch der Ausdruck „willkürliche Verletzung von Pflichten" in Prot. I Nr. 46 IV S. 304 zu § 276 Abs. II (Marginale „Vorsatz") zu stellen.

[2]) Vgl. auch Achilles a. a. O. — Die von Stammler, Schuldverhältnisse S. 112 Anm. 1 aufgeworfene Frage ist also zu bejahen.

[3]) Vgl. z. B. auch Schiedges, Zum arglistigen Verschweigen des Verkäufers, Bonner Dissert., Düsseldorf 1902, S. 73 ff. — Richtig scheidet zwischen Vorsatz und Bewußtsein auch das oben S. 230 Anm. 2 und S. 359 Anm. 12 erwähnte Erkenntnis des OLG. Hamburg vom 9. Dezember 1903.

[4]) Ueber das Verhältnis von „Vorsatz" und „Kenntnis" (überhaupt) vgl. (gegen von Liszt S. 54 und mit von Hippel S. 434) die Bemerkungen in den Erörterungen über „Kennenmüssen" oben § 32 sub IV 3.

[5]) Vgl. auch Goldmann und Lilienthal, Müller und Meikel und Ramdohr a. a. O. sowie insbes. auch Planck I S. 41 (1. u. 2. Aufl. S. 37, nicht, wie bei Oertmann a. a. O. zitiert ist, S. 35). Vgl. hierzu auch Judikatur, nämlich Entsch. d. Reichsg. vom 4. Nov. 1903 (I 225/03) in der Jur. Wochenschr. 32 (1903) Beil. 15 Nr. 313 S. 142 (Spruchsammlung II S. 22 zu § 826).

[6]) Vgl. auch Fischer-Henle S. 154 Anm. 3 („Der Schuldner handelt vorsätzlich, wenn er trotz des Bewußtseins, daß sein Verhalten den Erfolg haben werde, welcher seine Verbindlichkeit verletzt, tätig wird oder untätig bleibt") und auch Neumann, Handausg. S. 388 zu §§ 823 ff. sub C II 1 („Handeln trotz Kenntnis des verletzenden Erfolges"; vgl. auch ebenda sub a), Schollmeyer S. 99 Note 1 a, Meves im Arch. f. Strafr. 46 S. 84 f.

[7]) Ebenso, jedoch auf den von ihm behandelten Spezialfall zugespitzt, z. B. auch Paech, Leistungsverzug (unten § 64 sub A) S. 93: „Vorsatz ist die Vorstellung des Schuldners, daß ein gewisses Verhalten seinerseits eine Verzögerung begründen muß."

[8]) Vgl. auch z. B. Liebe I S. 230; ferner auch Krückmann (unten S. 395 Anm. 1); wegen des dolus eventualis unten sub 2 c.

[9]) Darüber, daß diese Vorstellung nicht eine ganz präzise sein muß, sondern auch eine „mehr oder weniger bestimmte" sein kann (Crome a. a. O. S. 484/485; vgl. auch z. B. Paech a. a. O.), vgl. unten sub 2 c α α' bei den Bemerkungen über den ‚dolus eventualis'.

[10]) Fehlgehend scheint mir ein (auch bei Neumann, Jahrb. I 1 S. 558 Anm. 8 herangezogenes) Erkenntnis des OLG. Braunschweig vom 9. November 1900, abgedruckt in Seuff. Arch. Bd. 56 (1901) Nr. 126 S. 223 ff., zu sein, wenn es zu BGB. § 912 Abs. I zwar (S. 224) richtig bemerkt: „Vorsätzlich handelt, wer sich der Grenzüberschreitung bewußt

e) Nicht dagegen steckt es im Begriffe „Vorsatz“, daß neben der Tat selber (oben sub a) auch der Erfolg (die schädliche Folge) bezweckt und gewollt[1]) ist (Dernburg a. a. O., Oertmann a. a. O., Zitelmann S. 156 sub 2 a,[2]) Kipp I S. 452, Cosack S. 249, Rehbein a. a. O., Müller und Meikel I S. 257); einerseits zwar widerstreitet dieser Erfolgswille nicht dem Begriffe des Vorsatzes, aber andererseits ist er zu dessen Vorhandensein nicht erforderlich (was offenbar, aber irrig die Mot. a. a. O. — oben sub VI 2 — annehmen), wie (vgl. unten § 56 sub A IV) beim Begriffe „Absicht“ (vgl. Endemann S. 637 zu Anm. 8, Cosack S. 249 oben, Matthiaß a. a. O.) und (vgl. Kipp I S. 453) bei dem im „Chikaneparagraphen“ 226 (oben § 21 sub III) erwähnten „Zweck, einem andern Schaden zuzufügen“.

f) Es liegt also ein „Tatwille“, nicht ein „Erfolgswille“ vor (Dernburg a. a. O. unter Berufung — Anm. 6 — auf Liszt, Deliktsobligationen, jedoch ohne Angabe der Stelle, die ich nicht aufzufinden[3]) vermochte). Dabei wird aber allerdings sehr oft der Einzelfall so gestaltet sein, daß zugleich der Erfolgswille erweisbar ist, und alsdann wird, wie Endemann (S. 637 Anm. 6) mit Recht andeutet, „praktisch vielfach das erwiesene Streben nach einem bestimmten Erfolge auch den Vorsatz als sichere Vorstellung jenes Eintretens enthalten“; denn in majore minus.

g) Mußte somit der Erfolg zwar vorgeschwebt haben und „vorgestellt“, aber nicht gerade bezweckt worden sein, so beruht die Auffassung von der Bedeutung des Vorsatzes auf der „Vorstellungstheorie“ (Endemann S. 637 Anm. 5, Zitelmann S. 156 sub 2 b, von Liszt a. a. O. S. 54 f.) und die „Willenstheorie“,[4]) welcher die Mot. a. a. O. (oben sub VI 2) — und mit ihnen von Hippel[5]) — huldigen, ist im

ist“, und sich hierfür auch richtig auf Prot. S. 3554 ff. (Druckausgabe Bd. III Nr. 192 V S. 135 a. E.) beruft, dann aber (S. 224 f.) meint, es komme nicht darauf an, ob der Bauende „die Ueberschreitung für unerlaubt gehalten habe“. Richtig ist es, wenn das Erkenntnis es weiterhin (S. 225) für unerheblich erklärt, ob der Bauende „gar von der Absicht sich hat leiten lassen, die Nachbarn zu schädigen oder sonst zu kränken“, und wenn es ferner (S. 224) als wesentlich zu betrachten scheint, daß der Bauende zugegeben hat, er sei „nicht darüber im Irrtum gewesen, daß er die Grenze überschreite“. Vgl. zu diesen Schlußbemerkungen unten sub e und unten sub 2 d und e.

[1]) Freilich vertreten z. B. Mayring S. 38 I 1 und Titze (unten S. 398 Anm. 7) S. 76 diese Auffassung, desgleichen Krückmann S. 158 (vgl. dazu unten § 56 sub A X 1 c) und auch Cohn in Gruchots Beitr. 43 S. 395, aber wohl nicht, wie Neumann, Jahrb. I 1 S. 186 Note 1 annimmt, unbedingt, sondern wohl nur für BGB. § 826 im besonderen. Zum mindesten bedenklich formuliert sind die Bemerkungen bei Goldmann und Lilienthal I S. 138 sub 3 a, bei Landsberg a. a. O. und bei Müller und Meikel a. a. O.

[2]) Daselbst noch Einzelpunkte.

[3]) Auch bei von Liszt, Grenzgebiete, finde ich den Ausdruck nicht. Treitel, Unmöglichkeit der Leistung (oben S. 112 Anm. 5) S. 55 Anm. 71 nimmt Bezug auf von Liszt, Vorlesung über Strafrecht.

[4]) Wenn man unter diesem Ausdruck mit der herrschenden Literatur diejenige Theorie versteht, welche den Willen des Erfolges betont wissen will; wegen des Willens der Handlung (Tat) an sich und wegen ihrer Rechtswidrigkeit vgl. oben sub a und unten sub 2 a β. — Anhänger der Vorstellungstheorie sind z. B. auch Paech a. a. O. S. 94, Treitel a. a. O. S. 54 f.

[5]) von Hippel in der Festgabe für Regelsberger a. a. O. (S. 430 ff.) und insbesondere hierzu Neumann, Jahrb. II S. 181 ff. Darüber, daß diese Kontroverse für das bürgerliche Recht von weit geringerer Bedeutung ist als für das Strafrecht, vgl. a. a. O. S. 430 Anm. 1 und auch unten S. 404 Anm. 5. — Anhänger der Willenstheorie ist auch Dittenberger, Der Schutz des Kindes gegen die Folgen eigener Handlungen im BGB. (Berlin 1903) S. 68 Anm. 5; ferner Ramdohr, Grundriß, Bd. I (Posen 1901) S. 223, Cohn in Gruchots Beitr. a. a. O.

BGB. nicht zur Herrschaft gelangt (Endemann, Zitelmann und von Liszt a. a. O., Enneccerus-Lehmann sub 3, Crome S. 484 Anm. 16).

2. Im einzelnen ist ergänzend noch folgendes zu bemerken:

a) Die Rechtswidrigkeit, welche (vgl. oben sub 1 b) in Betracht kommt, ist genau genommen eine zwiefache:

α) Es muß eine objektive Rechtswidrigkeit gegeben sein, d. h. die Verletzung eines Rechtssatzes und damit eines fremden subjektiven Rechts (vgl. oben sub 1 b; vgl. auch insbes. Zitelmann S. 157 sub 3).

β) Mit dieser objektiven Rechtswidrigkeit muß sich zugleich (vgl. oben sub 1 c) eine subjektive in der Seele des Täters (Zitelmann S. 156 oben) verbinden, indem dieser um die Rechtswidrigkeit und die Möglichkeit des daraus entspringenden Erfolges weiß (Zitelmann S. 157 sub 3; über Kipp unten sub b) und ihn billigte (Matthiaß S. 271 B 1); diese Kenntnis[1]) der Möglichkeit eines rechtswidrigen Erfolges (vgl. oben sub 1 d) setzt aber des weiteren eine Kenntnis des verletzten (zu verletzenden) gegnerischen Rechtes voraus (vgl. Cosack S. 248 a. E. und das Beispiel I S. 249, Kipp S. 452 a. E., 453). Somit ist bei vorsätzlicher Verletzung eines bestehenden obligatorischen Verhältnisses[2]) Kenntnis dieser Obligation und der sich aus ihr ergebenden eigenen Verpflichtungen erforderlich (Endemann S. 637, Kipp S. 453, Planck I S. 41, Crome S. 485, Zitelmann S. 157 sub 3 a) und bei vorsätzlicher Begehung einer unerlaubten Handlung im Sinne der §§ 823 ff. wird z. B. im Falle des § 839 dem Beamten Kenntnis seiner Amtspflicht nachgewiesen werden müssen (vgl. Kipp a. a. O.).

b) Bestritten wird freilich die Notwendigkeit einer objektiven Rechtswidrigkeit als Element des Vorsatzes von Kipp I S. 452 f. Indessen scheinen mir die Beweisgründe, auf die er sich stützt, nicht zwingend.

α) Der Bezugnahme auf das mitwirkende[3]) Verschulden des Beschädigten in § 254 fehlt die Beweiskraft; einmal, weil, wie wir an anderer Stelle (oben § 42 sub B II 1) sahen, das mitwirkende Verschulden garnicht unter das „Verschulden" im eigentlichen Sinne (sondern nur unter die „Schuld" im weiteren Sinne der „Verursachung") zu rechnen ist, hier also auch (vgl. a. a. O. sub g) der „Vorsatz" sich nicht mit dem „Vorsatze" in der uns gegenwärtig interessierenden Bedeutung deckt; und zweitens, weil beim mitwirkenden Verschulden allerdings die Rechtswidrigkeit im objektiven Sinne entfällt (vgl. ebenda sub d β, g und h).

β) Wenn an einigen Gesetzesstellen[4]) die Rechtswidrigkeit[5]) ausdrücklich

---

[1]) Darüber, daß zu dieser Kenntnis noch ein zweites Moment hinzukommen muß (aber nicht, wie von Hippel S. 434/436 meint, der auf Verwirklichung der zu vertretenden Umstände gerichtete Wille, sondern nur der Tatwille, oben sub 1 a), vgl. auch unten sub IX 1.

[2]) Nur für diesen Fall ist es als richtig anzuerkennen, wenn Siméon a. a. O. von bewußt pflichtwidrigem Handeln spricht.

[3]) Kipp a. a. O. sagt „eigenes Verschulden"; vgl. oben § 42 sub B VI 3.

[4]) Außer den von Kipp erwähnten §§ 823 Abs. I und 2339 Abs. I Nr. 1 und 2 wäre noch § 530 Abs. II heranzuziehen; vgl. oben § 5 sub C und § 25 sub A I.

[5]) Genauer „Widerrechtlichkeit"; vgl. aber über die Identität von „Widerrechtlichkeit" und „Rechtswidrigkeit" im BGB. oben § 48 sub B.

neben dem Vorsatze genannt wird, so wird man in diesem Umstande eher[1]) eine überflüssige Tautologie, einen Pleonasmus, zu erblicken haben, als daß man hieraus allein für alle anderen Gesetzesstellen, in denen von Vorsatz ohne Erwähnung der Rechtswidrigkeit die Rede ist, ableiten müßte, der Gesetzgeber habe den Erwägungen juristischer Logik entgegen von diesem Erfordernis absehen wollen; auch betreffen die Gesetzesstellen zum großen Teil gerade den Fall der Tötung und hier mochte der Gesetzgeber auf den an sich überflüssigen Zusatz „widerrechtlich“ deshalb gekommen sein, weil hier die Gegenfrage, wie es bei Tötung auf Verlangen des Getöteten selber (StGB. § 216) bestellt sei, besonders nahe lag.[2]) Weiter kann man aus den Materialien Anhalt gewinnen für die Annahme, daß die Hervorhebung der Widerrechtlichkeit mehr deshalb erfolgt ist, um auf den Ausschluß der Widerrechtlichkeit und somit den Ausschluß der Verantwortlichkeit in Fällen des Notstandes usw. (vgl. oben § 48 sub A IV) aufmerksam zu machen,[3]) und daß nicht sowohl die Widerrechtlichkeit eine nähere Erklärung oder eine Ergänzung bezw. Abgrenzung des Begriffes „Verschulden“ geben sollte, als vielmehr umgekehrt, daß die Hervorhebung des Vorsatzes allein bezw. des Vorsatzes und der Fahrlässigkeit eine genauere Abgrenzung der Widerrechtlichkeit als des zunächst (weil zum objektiven Tatbestande gehörend) wichtigeren Tatbestandsmomentes[4]) bieten sollte; mit anderen Worten: die (objektive) Widerrechtlichkeit wurde als unbedingt erforderliches Tatbestandsmoment besonders hervorgehoben, während das (subjektive) Untermoment des Vorsatzes oder der Fahrlässigkeit bald gleichzeitig, bald nur getrennt (als Vorsatz allein) Erwähnung fand, wie gerade der Vergleich von § 823 Abs. I und §§ 530 Abs. II, 2339 Abs. I Nr. 1 und 2 (oben § 5 sub C) offensichtlich lehrt. Vor allem aber begegnen wir Andeutungen, wonach auch die Materialien gelegentlich den Zusatz „widerrechtlich“ als im Grunde entbehrlich betrachtet und sogar ausdrücklich gerügt[5]) haben.

c) Eine sehr wichtige Unterfrage ist es, ob auch der Tatbestand eines sog. ‚dolus eventualis‘ genügend ist, um unter den „Vorsatz“ gerechnet werden zu können.[6])

---

[1]) Diesem Resultate wäre ich aber durchaus abgeneigt; vgl. oben § 18 sub A V.

[2]) Dieser Punkt wird denn auch in Prot. II Nr. 151 V S. 578 berührt.

[3]) Vgl. Mot. II S. 726 (zum jetzigen § 823) und Prot. II Nr. 151 IV S. 576 (zum § 826), und vor allem die unten Anm. 5 zitierte Stelle aus Prot. Bd. V S. 639.

[4]) Prot. II Nr. 150 IV S. 569 sagen (zu § 823): „Die widerrechtliche Handlung, sofern sie aus Vorsatz oder Fahrlässigkeit ausgeführt ist . . . .“

[5]) Prot. II Nr. 155 III S. 614 (zum jetzigen § 844): „Als eine lediglich redaktionelle Frage sah man es an, ob nicht auch die Hervorhebung des Erfordernisses der Widerrechtlichkeit der Tötung an dieser Stelle entbehrt werden könne.“ — Vor allem aber Prot. V Nr. 383 I S. 639 sub B (zu § 2339): „Redaktionell wurde von einer Seite beanstandet, daß der Entw. bezüglich der Tötung des Erblassers das Moment der Widerrechtlichkeit hervorhebe; es verstehe sich von selbst, daß eine in der Notwehr begangene Tötung nicht erbunwürdig mache; auch im § 475 Abs. 2 des Entw. II spreche man nur von einer vorsätzlichen Tötung.“ „Die Prüfung dieser Anregung überließ man der Red.-Komm., welche auch zu einer erforderlichen Abänderung des § 475 Abs. 2 nach der erwähnten Richtung hin ermächtigt wurde.“ — Die Streichung ist aber sowohl in § 2339 (Abs. I Nr. 1—3) wie in dem dem II. Entw. § 475 Abs. II entsprechenden § 530 Abs. II des BGB. eben unterblieben.

[6]) ‚dolus‘ ist hier nicht in dem unten sub B XII zu erörternden gemeinrechtlichen Sinne zu verstehen.

α) In der Literatur finden sich, während z. B. Dernburg, Enneccerus-Lehmann,[1]) Kipp und Planck darüber schweigen[2]) und während Zitelmann[3]) und auch von Liszt[4]) sich neutral verhalten, entgegengesetzte Ansichten.

α') Zu seinen Gunsten äußern sich ganz kurz Oertmann a. a. O., dem das „Bewußtsein der auch nur möglichen Kausalität des Tuns" ausreicht, und Matthiaß I S. 271 II B 1,[5]) der einen „bloß eventuellen Vorsatz" für genügend erachtet;[6]) ausführlicher hingegen, jedoch (Anm. 18) im übrigen unter Verweisung auf die Lehre des Strafrechts, Crome S. 484/485: „Die Vorstellung kann eine mehr oder weniger bestimmte sein, je nachdem sie sich auf einen (ausschließlich notwendigen) oder auf einen unter verschiedenen möglichen Erfolgen richtet. Sogenannter dolus eventualis." Ferner Endemann I § 712 S. 637 Anm. 6: „Es fragt sich, ob . . . es auch genügt, daß der Handelnde mit der Möglichkeit des vorgestellten Umstandes rechnete, daß er die Tat vollzog, die Dinge mochten liegen wie sie wollten. Zur Bejahung dieser Frage dient dem Strafrecht die Annahme eines dolus eventualis oder indeterminatus . . . Auch für das bürgerliche Recht, besonders für § 826, wird sich der Begriff des eventuellen Vorsatzes nicht entbehren lassen. Freches Draufloshandeln, unbekümmert ob der als möglich erkannte Erfolg eintreten wird oder nicht, ist dem Vorsatz gleichzuwerten." — Weiter Titze[7]) S. 76: („Es genügt, daß er sich diese Folge als eventuell eintretend vorgestellt hat und sie für den Fall ihres Eintritts in seinen Willen aufgenommen hat"), Liebe[8]) und Siméon a. a. O.[9])

---

[1]) Das Beispiel bei Enneccerus-Lehmann S. 290 sub 2 bezieht sich nicht auf obige Frage.

[2]) Eine kurze Bemerkung bei von Weinrich S. 26 a. E.

[3]) Zitelmann a. a. O. S. 156/157: „Die Theorie hat den Grad der Sicherheit zu erörtern, den dieses Voraussehen (des Erfolges) haben muß, der dolus eventualis!" Hiergegen vgl. auch von Hippel S. 405/406, 434/435 (oben S. 391 Anm. 4).

[4]) von Liszt, Deliktsobligationen S. 55: „Mit der Vorstellungstheorie hat auch der Begriff des dolus eventualis für das Privatrecht dieselbe Wichtigkeit erlangt, die er für das Strafrecht von jeher besaß. Er wird dort wie hier umschrieben durch die Billigung des als möglich vorausgesehenen Erfolgs. Ein näheres Eingehen auf diese Fragen kann durch den Hinweis auf die strafrechtliche Literatur und Rechtsprechung an dieser Stelle ersetzt werden." Gegen diese Bemerkung von Liszts vgl. auch von Hippel S. 433 Anm. 1. — In seinem Lehrbuch des Strafrechts worauf von Liszt selbst verweist, meint v. Liszt, 12. und 13. Aufl., Berlin 1903, § 39 S. 171 Anm. 2 gleichfalls, das BGB. habe „sich der Vorstellungstheorie durchaus angeschlossen", und meint gegenüber der Willenstheorie, daß „das Gefährliche derselben" „in der Unklarheit ihres Willensbegriffes und der damit nahegelegten Verwechslung von Vorsatz und Absicht" bestehe.

[5]) Unter Berufung auf die Verhandlungen des 24. Deutschen Juristentags Bd. IV (Berlin 1898) S. 271 ff., wo aber (S. 271—286) durchaus nur die strafrechtliche Seite erörtert wird.

[6]) Vgl. ferner z. B. Pach S. 94 und Ramdohr, Grundriß I S. 223, auch Oppenheimer in den Bl. f. RA. Ergänzungsband 15 (1897) S. 338, aber unter irriger Bezugnahme auf Mot. II S. 728, sowie Meves a. a. O.

[7]) Titze, Unmöglichkeit der Leistung (Leipzig 1900).

[8]) In dem Beispiel mengt Liebe (I S. 230 Anm. 1) freilich zugleich die Frage nach dem „mitwirkenden Verschulden" (vgl. unten sub β) hinein.

[9]) Bei Siméon, Recht und Rechtsgang, 3. Aufl., Berlin 1901, S. 239 heißt es zu den Textworten „der Handelnde muß seine Verpflichtung gekannt und den Erfolg

β') Zu Ungunsten des dolus eventualis äußert sich[1]) offenbar, wenn schon ohne namentliche Erwähnung dieser Angelegenheit, Cosack S. 249: „Dagegen genügt es nicht, wenn jemand sich der schlimmen Folgen seines Verhaltens nur als wahrscheinlich oder gar nur als entfernt möglich bewußt war; in Ansehung solcher unsicheren Folgen gilt vielmehr sein Verhalten nur dann als vorsätzlich, wenn er gerade diese Folgen beabsichtigt hat." Ebenda bildet Cosack ein Beispiel (Nr. II) dahin, daß, wer mit dem Gelde seiner Frau auf deren Rechnung eine Börsenspekulation macht, den unglücklichen Verlauf der Spekulation zwar „als möglich vorausgesehen, aber doch nicht beabsichtigt",[2]) mithin das Vermögen der Frau nicht „vorsätzlich" geschädigt habe.

β) Meines Erachtens ist die Möglichkeit und die Berücksichtigung eines solchen eventuellen Dolus anzuerkennen. Wir sahen ja auch schon oben § 42 sub B II 1 h betreffs des „konkurrierenden Verschuldens", daß sie praktisch werden kann. Allerdings ist nicht zu verkennen,[3]) daß das Anwendungsgebiet weit kleiner sein wird als im Strafrecht, weil das BGB. zumeist den Vorsatz mit der Fahrlässigkeit gleichbehandelt und, wenn im Einzelfalle das Vorhandensein des Vorsatzes zweifelhaft ist, gewiß das der groben Fahrlässigkeit[4]) um so zweifelloser gegeben ist. Immerhin bleibt der dolus eventualis für diejenigen Normen[5]) von Interesse, in denen das BGB. mit dem Vorsatze allein operiert (oben § 5 A).

d) Wenn nun aber der Täter — wie wir ihn der Vereinfachung wegen auch für die Fälle kontraktlichen Verschuldens nennen wollen — geglaubt hat, zu der Handlung[6]) seinerseits befugt gewesen zu sein, indem er — irrtümlich — entweder ein stärkeres Gegenrecht auf seiner Seite oder das Vorhandensein eines Ausschließungsgrundes für die Rechtswidrigkeit annahm? Hier erklären, m. E. mit Recht, sowohl die Mot. II S. 731 (zu E. I § 707, der eine entsprechende Norm im BGB. selber nicht aufweist) wie die Literatur (vgl. Cosack I S. 248/249 und S. 249 Beispiel I, Crome I S. 484 Anm. 15, S. 485, insbes. auch Anm. 21, Enneccerus-Lehmann I S. 290 I 1 a, Kipp I S. 452 f., von Liszt S. 56 f., Zitelmann S. 157 sub

---

seiner Handlung vorausgesehen haben", in Anm. 1: „Dies ist nichts anderes, als der neuerdings im Strafrecht so viel erörterte Eventual-Dolus; richtig verstanden, deckt sich dieser mit dem echten Vorsatz. Zu unannehmbaren Ergebnissen gelangt man nur dann, wenn man statt des wirklichen „Voraussehens" eines gewissen Erfolges die Formel einsetzt: der Handelnde hätte mit der Möglichkeit des Erfolges rechnen müssen."

[1]) Jedoch (Anm. 4 a) unter Anerkennung, daß die Angelegenheit streitig ist; die Bezugnahme auf von Hippel (oben S. 391 Anm. 4) S. 353 ist nicht zutreffend; gemeint ist vielleicht die Bemerkung S. 433 Anm. 1.

[2]) Wegen dieser Konfundierung von „Absicht" und „Vorsatz" vgl. gegen Cosack a. a. O. unten § 56 sub A X 1 c.

[3]) Hierauf macht Titze a. a. O. Anm. 3 aufmerksam. — Vgl. auch unten S. 404 Anm. 5.

[4]) Daß die Grenze zwischen der groben Fahrlässigkeit einerseits und dem dolus eventualis andererseits schwer zu ziehen sein wird, heben schon Prot. I Nr. 44 VII S. 292/293 hervor und betont auch Titze a. a. O.

[5]) Titze a. a. O. läßt hier §§ 2333 Nr. 2 und 1680 Abs. I Satz 1 (oben § 5 sub A II 4 und 5) unerwähnt, Endemann a. a. O. spielt nur auf § 826 an.

[6]) Hierauf muß sich der Irrtum beziehen, nicht auf irgend ein anderes Tatbestandsmerkmal (z. B. im Fall des § 912, oben S. 394 Anm. 10, auf die Grenze selbst).

3 b β),[1]) daß durch den Irrtum zugleich mit der subjektiven Rechtswidrigkeit der Vorsatz selber ausgeschlossen wird und daß man sowohl für den Fall des einfachen tatsächlichen wie für den Fall des Rechtsirrtums zu diesem gleichen Ergebnisse gelangen muß.[2]) Dieser Fortfall des Vorsatzes schließt aber nicht unbedingt zugleich einen Fortfall der Haftung ein; denn möglichenfalls liegt gerade in dem Irrtum eine Fahrlässigkeit (Kipp a. a. O., Zitelmann S. 159 sub c, 160 sub 3), die ja zumeist überall da, wo Vorsatz haftbar macht, gleichfalls als Haftungsgrund genannt ist (vgl. oben § 5 B).[3])

e) Daß ein Schaden[4]) eintritt, braucht nicht nur (vgl. oben sub VII 1 e) nicht gewollt zu sein, sondern braucht genau genommen nicht einmal zu geschehen; m. a. W. die Existenz eines Schadens ist nicht begriffliches Erfordernis für den „Vorsatz";[5]) nur da, wo das Gesetz an den Vorsatz gerade eine Schadensersatzpflicht knüpft (was z. B. mittels der §§ 826, 276 Abs. I, 823 Abs. I, 839 Abs. I, oben § 5 A I und B II 1 u. 2, aber bei weitem nicht in der Mehrzahl[6]) der Fälle einer Erwähnung des Vorsatzes im Gesetze geschieht), ist natürlich ein entstandener Schaden Voraussetzung (vgl. Endemann S. 638 Anm. 10), aber eben nur Voraussetzung der Schadensersatzpflicht und nicht Voraussetzung und Begriffsbestandteil des „Vorsatzes".[7])

VIII. Die Definition ergibt sich aus den Bemerkungen sub VII leicht. Besonders glücklich erscheint mir die Formulierung, welche Georg Schmidt in dem Aufsatze „Das Schadensersatzrecht des Entwurfs" (Gutachten aus dem Anwaltsstande über die erste Lesung eines BGB., Heft 14, Berlin 1889, S. 1183 ff.), S. 1190 gibt: Vorsatz ist „die auf die konkrete, den Erfolg verwirklichende Tätigkeit gerichtete Willensbeziehung".

IX. Nach dem oben sub VII Bemerkten ist der Fehler, welchen das Recht in einem — in casu concreto rechtswidrigen — Vorsatze erblickt, ein mehrfacher:

---

[1]) Vgl. auch Planck I S. 223 sub d (zu BGB. § 123, aber wegen § 823) sowie Neumann, Handausg. I S. 388 sub C II 1 b zu BGB. §§ 823 ff., derselbe, Jahrbuch I 1 S. 558 Note 8 zu BGB. § 912.

[2]) Dabei kann (vgl. Crome S. 485 Anm. 19, Zitelmann S. 157 sub 3 a) BGB. § 231 (vgl. oben § 6 sub II 6 a, § 31 sub C VII 2 b und 3) als argumentum e contrario dienen, insofern aus dieser exzeptionellen Versagung der Irrtumsberücksichtigung für die Regelfälle auf paralysierenden Einfluß des Irrtums zu schließen ist.

[3]) Ueber den Ausnahmefall des BGB. § 231 vgl. vorige Anmerkung.

[4]) Vgl. zu diesem Punkte auch z. B. Kuhlenbeck, BGB. I S. 228 Note 2, Siméon a. a. O., Titze S. 76 sowie das oben S. 394 Anm. 10 erwähnte Erkenntnis des OLG. Braunschweig vom 9. November 1900 zu § 912, wo garnicht einmal der Eintritt eines Schadens Hervorhebung findet, der ja auch z. B. nicht angenommen werden braucht, wenn auf fremdes Oedland oder in dem fremden Luftraum übergebaut wird.

[5]) Wenn (vgl. unten sub B VIII) das „nach dem Leben trachten" einen „Vorsatz" enthält, so beweisen auch BGB. §§ 1566 und 2333 Nr. 1 die Unerheblichkeit des Schadenseintrittes und daß Täter den Schaden bezw. den Erfolg des Todes nur gewollt hat.

[6]) In ihrer praktischen Erheblichkeit für die „Jurisprudenz des täglichen Lebens" überragen obige Normen, insbes. §§ 276 und 823, allerdings die übrigen in § 5 aufgezählten Gesetzesstellen weitaus.

[7]) Etwas anderes ist es, daß im Spezialfalle des BGB. § 826 (oben § 36 sub II 9) der Vorsatz (die Vorstellung) auch den Schadenseintritt umfassen muß (vgl. Crome II S. 1042 sub 3), weil das Gesetz hier nicht bloß von vorsätzlicher und widerrechtlicher Verletzung, sondern von vorsätzlicher Schadenszufügung (in einer zugleich „gegen die guten Sitten verstoßenden Weise") spricht und (Crome a. a. O. S. 1040; vgl. oben S. 229 Anm. 1) dadurch dem Vorsatz „selbständige rechtserzeugende Kraft" verleiht. Ueber Cohn in Gruchots Beitr. 43 S. 395 vgl. oben S. 395 Anm. 1.

1. Es liegt ein „Willensfehler" vor, aber nur insofern, als (oben sub VII 1 a) diejenige Handlung[1]) gewollt[2]) ist, mit deren Hilfe sich der Vorsatz erst zu einer rechtlich gemißbilligten, mit Rechtsfolgen umkleideten Tat umsetzt, z. B. bei Delikten aus § 823 Abs. I die Schädigung der fremden Person, die Wertminderung der fremden Sache usw. oder bei einer bloßen Vertragsverletzung (BGB. § 276 Abs. I Satz 1) die Vorenthaltung der Leistung (z. B. Nichtherausgabe des Miet- oder Leihobjektes usw.).

2. Es liegt ein „Wissensfehler" vor insofern als (oben sub VII 1 c) die Handlung sub 1 allein ohne das Bewußtsein der Rechtswidrigkeit nicht einen Vorsatz, sondern lediglich die Tatsache einer objektiven[3]) Rechtswidrigkeit (oben § 44 sub A III; vgl. dazu oben § 48 sub B) erzeugt.

3. Es liegt ein „Vorstellungsfehler" vor, insofern (oben VII 1 d) die Vorstellung von der Möglichkeit eines rechtswidrigen Erfolges der Handlung sub 1 bestanden haben muß.

4. Dagegen ist ein „Handlungsfehler" nicht gegeben; denn die Handlung als solche ist nicht das Fehlerhafte, und der ihr zu Grunde liegende und, wenn auch nur vielleicht mit blitzartiger Zeitdifferenz, vorangegangene „Vorsatz" ist auch dann schon vorhanden, wenn die Handlung schließlich den vorgestellten und möglichenfalls gewollten Erfolg nicht nach sich zieht, indem z. B. der fremde Hund, dem man vorsätzlich Gift gab, auf dieses nicht reagierte. Auf die Ausführungshandlung (oben sub 1) kommt es ja ferner auch darum — für die Existenz des Vorsatzes selber[4]) — nicht an, weil sie möglichenfalls entgegen der irrigen Auffassung des Täters im Einzelfall doch keine rechtswidrige sondern eine durchaus erlaubte war oder weil er möglichenfalls umgekehrt irrigerweise den Mangel einer Rechtswidrigkeit angenommen hatte (oben sub VII 2 d).

5. Innerhalb des Willens-, Wissens- und Vorstellungsfehlers ist nun der letztere das Maßgebende (vgl. auch bereits oben sub VII 1 d); denn das Bewußtsein der Rechtswidrigkeit setzt ihre Vorstellung notwendigerweise voraus, und das Wollen der Ausführungshandlung selber[5]) kann ja später aufgegeben worden sein, ohne daß damit zugleich der frühere Vorsatz als solcher aus der Welt geschafft wäre.[6])

X. Es ist die Frage aufgeworfen worden, ob die sog. Verantwortlichkeit zu den Voraussetzungen des Vorsatzbegriffes gehört und ob eine an sich wegen

[1]) „Handlung" einschließlich „Unterlassung"; vgl. z. B. Cosack I S. 248 II 1 a, Dernburg II 1 S. 135 sub II 1, Kuhlenbeck, BGB. I S. 228 Anm. 2, Liebe a. a. O., Müller und Meikel a. a. O., Schollmeyer S. 99 Note 1 a, Siméon a. a. O.

[2]) Es ist dies der „Wille zur körperlichen Bewegung", von dem Zitelmann S. 156 sub 1 spricht.

[3]) Diese wird nur ausnahmsweise geahndet, wo das Recht von einem „Verschulden" absieht und dennoch für die Folgen der Rechtswidrigkeit einzustehen zwingt; so in § 833 (oben § 39 sub I 5 a β).

[4]) Etwas anderes ist es, daß es für den Eintritt der weiteren Folgen (Schadensersatzpflicht usw.) notwendigerweise auf die Handlung ankommt, da als materielle Tatbestandsvoraussetzung der einschlägigen Normen die Handlung selber eine unentbehrliche conditio sine qua non bildet, weil z. B. die Beschädigung des Körpers erst die wirkliche Schädigung des Andern, die Beschädigung (Zertrümmerung) der fremden Sache erst die Wertminderung effektuiert.

[5]) Daß es auf das Wollen des Erfolges als solchen nicht ankommt, vgl. oben sub VII 1 e.

[6]) Nur zeitigt er (vgl. oben Anm. 4) mangels Vornahme der Ausführungshandlung keine Rechtsfolgen; darum aber hat er doch vorgelegen, und daß die Rechtsordnung ihn nicht mehr beachtet, ist nur die Wirkung des Umstandes, daß die streitige Zivilgerichtsbarkeit und das ihr zu Grunde liegende materielle Zivilrecht lediglich (bezw. doch vorwiegend; vgl. oben S. 400 Anm. 4) zur Ausgleichung wirklicher Schädigungen fremder Interessen zu dienen berufen ist. — Ferner kann die spätere Handlung als Betätigung und Bestätigung des Vorsatzes beweisend werden; vgl. oben sub VII 1 f.

mangelnder Deliktsfähigkeit unverantwortliche Person, z. B. ein Kind unter 7 Jahren (BGB. § 828 Abs. I), einen Vorsatz haben und dafür, z. B. bei Verletzung einer Kontraktspflicht, zur Rechenschaft gezogen werden kann.

1. Endemann sagt hierüber S. 638 Anm. 10 (zu der Bemerkung im Text, daß zum Begriffe des Vorsatzes ein haftbar machendes persönliches Verschulden nicht gehöre): „Für Vorsatz haftet nur der Verkehrsfähige; soweit daher das BGB. die allgemeine Haftung wegen Vorsatzes aufstellt, wird immer vorausgesetzt, daß ein verantwortlicher Schuldner vorsätzlich gehandelt habe." — Man wird wohl auch Zitelmann heranziehen dürfen, vielleicht aber als Gegner der Endemannschen Ansicht. Zitelmann nennt (S. 156 sub b α 1) als Erfordernis für den objektiven Tatbestand des Vorsatzes den bewußten unmittelbaren Willen „zur körperlichen Bewegung", fährt dabei fort: „Die Fälle, in denen ein solcher fehlt, sind den für die Rechtsgeschäfte behandelten entsprechend (s. oben S. 111)" und zählt a. a. O. (S. 111 sub B 1) als Fälle eines Mangels des unmittelbaren bewußten Willens nur „vis absoluta", „Bewußtlosigkeit" usw. und „Irrung" u. ä. auf, nicht aber ganz allgemein die Gründe der deliktischen Verantwortungslosigkeit. — Liegt darin nun ein Widerspruch der Autoren?

2. Zunächst muß man zwischen Vorsatz bei Deliktsobligationen und Vorsatz in den übrigen gesetzlich relevanten Fällen unterscheiden. Denn indem §§ 827 f. für gewisse Personen (Bewußtlose usw., Kinder unter 7 bezw. zwischen 7 und 18 Jahren, Taubstumme) die „Verantwortlichkeit" ausschließen, entheben uns diese Bestimmungen für den Bedarf der vorliegenden Frage (im übrigen vgl. unten § 75) der Prüfung, ob in diesen Fällen die Verantwortlichkeit gerade wegen begrifflichen Mangels des Vorsatzes (und auch der Fahrlässigkeit) fortfällt oder aus irgend einer anderen gesetzgeberischen Erwägung.

3. Von den übrigen gesetzlich relevanten Fällen rangieren noch die sämtlichen Kontraktsverletzungen aus, weil § 276 Abs. I Satz 3 die eben erwähnten §§ 827 f. für anwendbar erklärt, hier also das gleiche gilt, wie sub 2.

4. Immerhin bleibt noch eine Zahl von Gesetzesstellen übrig, die weder unter Fall 2 noch unter Fall 3 gehören und um derentwillen die aufgeworfene Frage Bedeutung behält. Es sind dies[1]) §§ 2333 Nr. 2 und 3, 1680 Abs. I Satz 1, 912 Abs. I nebst 916, 530 Abs. II, 2339 Abs. I Nr. 1 und 2 nebst 2345 Abs. I Satz 1 (vgl. oben § 5 sub A II 4 und 5, B I 4 und C).

5. Da in diesen übrig bleibenden Fällen §§ 827 f. ihren Dienst versagen und da wegen der Stellung des § 276 außerhalb des allgemeinen Teiles des BGB. und nur innerhalb des Rechtes der Schuldverhältnisse[2]) die Zulässigkeit einer Generalisierung dieser Norm mindestens zweifelhaft erscheinen darf,[3]) so wird man die Endemannsche Bemerkung schon darum nicht etwa im Sinne einer Identifizierung von „Verkehrsfähigkeit" und „Geschäftsfähigkeit" verstehen dürfen — und auch Endemann selber scheidet §§ 27 f. S. 122 ff. beide Begriffe sehr wohl —, sondern nur auf die Spezialkapitel „kontraktliches Verschulden" (wovon Endemann S. 638 allein redet) und „deliktisches Verschulden" (wobei Endemann § 201 S. 1269 Anm. 32 auf seine Darstellung in §§ 27 f. zurückgreift) beschränken dürfen. Tut man dies, so fällt ein Widerspruch zwischen Endemann und Zitelmann fort und es ist eine Uebereinstimmung mit

[1]) Die in § 5 sub B I 1—3 erwähnten Fälle dürften sich alle unter die Einwirkungen des Vorsatzes auf bereits bestehende Verbindlichkeiten einordnen lassen; wegen § 968 (a. a. O. sub 1 a γ) vgl oben S. 280 Anm. 3).

[2]) Hier freilich (wie schon oben § 43 S. 443 Anm. 2 hervorgehoben wurde) in Abschn. I, der gewissermaßen den allgemeinen Teil des Buches II repräsentiert.

[3]) Genaueres unten § 66 sub X 2 a § 75.

der herrschenden, beispielsweise bei Crome § 109 S. 481 ff. ausführlich zur Erörterung gelangten Ansicht hergestellt. — Immerhin aber würde auch eine Identität von Geschäfts-, Verkehrs- und Deliktsfähigkeit, wenn sie bestände, nichts nützen zur Beantwortung der Frage nach der Beschaffenheit des Täters in den unter 4 erwähnten Fällen.

6. Für diese Fälle lassen uns also Gesetz und Literatur ganz im Stiche. Wir müssen daher aus dem oben sub VII entwickelten Begriffe des Vorsatzes heraus die Lösung des Problems zu gewinnen suchen. Da wir nun (oben sub VII 1 c und d) sahen, daß der Vorsatz das Bewußtsein der Rechtswidrigkeit der betreffenden Handlung und das Bewußtsein der (mindestens möglichen) Kausalität zwischen Handlung und Erfolg involviert, so werden wir überall da den Vorsatz leugnen müssen, wo wir dies Bewußtsein zu leugnen haben. So also etwa bei einem völlig blödsinnigen Kretin,[1]) bei einem tobsüchtigen Paralytiker, bei einem Baby. Nicht etwa werden wir aber jeden Entmündigten, jeden Minderjährigen oder auch nur jedes Kind eines Vorsatzes für unfähig erklären dürfen.

7. Wir werden also m. a. W. im Gegensatz zu der für Deliktsobligationen und für kontraktliches Verschulden durch §§ 827 f., 276 gegebenen Direktive für die hier interessierenden Rechtsfälle konstatieren müssen, daß eine allgemeinere Grenzziehung fehlt und daß alles Tatfrage des Einzelfalles bleibt. Es spitzt sich eben die Untersuchung, ob das für den Vorsatz maßgebende Bewußtsein vorhanden war, hier lediglich mehr in der Richtung der effektiven psychischen Beschaffenheit des Täters zu.

8. Dies Resultat wird uns auch durchaus befriedigen. Denn sonst wären z. B. die Erben des Schenkers widerrufsberechtigt nicht, wenn dem Beschenkten, der den Schenker mordete, an Vollendung des siebenten Jahres ein Tag fehlte,[2]) der Mörder aber ein sehr gewecktes Kind ist, das den Mord höchst raffiniert vorbereitet und ausgeführt hatte; sie wären hinwiederum stets und unbedingt widerrufsberechtigt, wenn der Täter eine erwachsene Person ist, die zwar nicht gerade geisteskrank oder geistesschwach oder in einem der in § 827 Abs. I vorgesehenen Zustände befindlich war, wohl aber eine Person, deren Intellekt mangelhaft ausgebildet ist und die z. B. nicht unbedingt gewußt haben wird, daß die Flinte, die sie auf den Schenker abdrückte, kein ungeladenes Kinderspielzeug war.

9. Dies Ergebnis erinnert aufs lebhafteste an den vom Gesetzgeber selber in § 828 Abs. II (oben § 28 sub IV 2) vorgeschriebenen Weg, daß (wegen der Deliktsfähigkeit der Personen zwischen 7 und 18 Jahren und der Taubstummen) zu prüfen ist, ob „bei der Begehung der schädigenden Handlung . . . die zur Erkenntnis der Verantwortlichkeit erforderliche Einsicht" vorgelegen hat. Nochmals aber sei betont, daß eine Prüfung in dieser Richtung sich nicht sowohl aus dem Gesichtspunkt der subjektiven Verantwortlichkeit als aus dem Gesichtspunkt der objektiven (logischen) Bestandteile des Begriffes „Vorsatz" versteht, die sich ihrerseits allerdings aus rein objektiven Fragen (z. B. Rechtswidrigkeit) und subjektiven Momenten (Bewußtsein der Rechtswidrigkeit und der Kausalität) zusammensetzen.

XI. Die Beweislast betreffs des Vorsatzes und ihre Verteilung ist im BGB. prinzipiell nicht geregelt, es findet sich vielmehr nur für den Sonderfall des Ueberbaues in § 912 Abs. I (oben § 5 sub B I 4) eine aus der Formulierung der Norm ersichtliche[3]) Bestimmung (die dahin geht, daß der Ueberbauende den

---

[1]) Man denke an Amandus in Halbes „Jugend", Berlin 1893 (Schlußszene).

[2]) Für §§ 823 ff. und § 276 muß man sich ja mit diesem Ergebnis einverstanden erklären; denn ‚lex ita jubet', und außerdem eröffnet sich ja im Gesetz eine versöhnliche Perspektive durch den Blick auf §§ 829 und 832.

[3]) Vgl. auch Prot. III Nr. 192 V S. 135.

Exkulpationsbeweis mangelnden Vorsatzes zu führen hat). Auch die Literatur[1]) schweigt im wesentlichen, denn auch die Sonderbemerkungen von Endemann Bd. I § 112 a. E. S. 638[2]) betreffen nur den allerdings besonders wichtigen Fall des § 276. Und die bisherige Judikatur[3]) hat sich auch nur mit dem Falle des § 912 beschäftigt. Als Grundregel wird aber nach Lage aller in § 5 zusammengestellten Gesetzesvorschriften angenommen werden müssen, daß dem Täter der Vorsatz nachzuweisen ist und daß also § 912 nur eine ausnahmsweise vorgesehene Umkehrung der Beweislast bietet. — Erwähnt mag noch werden, daß eine im I. Entw. § 1934 Abs. II für den Vorsatz gegebene Vermutung ins Gesetzbuch nicht übernommen worden, vielmehr — für den gleichen Fall der Testamentsvernichtung oder -veränderung — im entsprechenden § 2255 Abs. II BGB. in die analoge Vermutung der Absichtlichkeit umgewandelt worden ist und uns somit an dieser Stelle nicht interessiert.

B. Der Vorsatz muß aufs schärfste getrennt werden von gewissen anderen Begriffen, welche wir schon bei früherer Gelegenheit (§§ 31 ff.) kennen lernten bezw. im weiteren Verlaufe unserer Begriffsbestimmungen (§§ 56 ff.) kennen lernen werden. Hiezu ist folgendes zu bemerken:[4])

I. Da das Gesetz selber den Vorsatz sehr oft (vgl. oben § 5 sub B und C) Schulter an Schulter mit der Fahrlässigkeit[5]) und mit der Widerrechtlichkeit auftreten läßt, werden wir den Vergleich des Vorsatzes mit diesen Begriffen voranstellen:

1. Der Unterschied zwischen Vorsatz und Widerrechtlichkeit (oben § 48) charakterisiert sich dadurch, daß diese etwas rein Objektives, die bloße Tatsache des Verstoßes gegen die Rechtsvorschriften, ist (vgl. oben § 48 sub A III und V), während wir in dem Vorsatze, der einen Vorstellungsfehler enthält, ein subjektives Verschuldensmoment erkannten. Im einzelnen ist wegen des Verhältnisses von Vorsatz und Widerrechtlichkeit auf die Bemerkungen oben sub A VII 1 b und c und 2 zu verweisen.

2. Der Unterschied zwischen Vorsatz und Fahrlässigkeit (oben § 31) einschließlich des Kennenmüssens (§ 32) charakterisiert sich dadurch, daß jener ein Voraussehen[6]) des rechtswidrigen Erfolges, diese (vgl. oben § 31 sub C VI)

---

[1]) Kurze Bemerkungen, auf die nicht mehr eingegangen werden konnte, in der erst nach Abschluß des Manuskriptes erschienenen Schrift von Leonhard, Beweislast (Berlin 1904) S. 355.

[2]) Vgl. auch ebenda S. 637 Anm. 6.

[3]) Entsch. des Reichsger. vom 5. Dezember 1900 (V 232/00) in Bd. 47 (1901) Nr. 26 S. 114 ff.; vgl. bereits oben § 40 sub XIII S. 278 Anm. 4 (übrigens nicht zu verwechseln mit einer gleichfalls Bd. 47 S. 114 Nr. 25 aufgeführten, mit Nr. 85 S. 356 ff. vom 4. Dez. 1900, II 238/00, identischen und gleichfalls BGB. § 912 betreffenden, für uns aber interesselosen Entscheidung); vgl. auch Warneyer I S. 119 Nr. 4, II S. 86 Nr. 2, Neumann, Jahrb. I 1 S. 558 Note 8. — Vgl. auch, minder deutlich, das Urt. des Landg. Würzburg vom 18. Dez. 1900 in Seufferts Bl. f. RA. Bd. 66 (1901) S. 144 ff. (Scherer II S. 186 Nr. 813 sub 2), insbes. S. 145/146.

[4]) Keine Beziehungen bestehen zur „Chikane" (oben S. 376 Anm. 1) und es ist m. E. unrichtig, wenn Kipp I S. 453 sub 1 a. E. meint, sie sei „mehr als Vorsatz".

[5]) Teils (oben § 5 B II) Fahrlässigkeit schlechthin, teils (oben § 5 B I) grobe Fahrlässigkeit im besonderen. — Paech a. a. O. S. 93 macht darauf aufmerksam, daß infolgedessen die Streitfrage über den Begriff Vorsatz für die Zivilisten von minderem Interesse sei, als für die Kriminalisten; was die praktische, forensische Anwendung des Rechts betrifft, ist das zuzugeben, für den theoretischen Ausbau nicht. Vgl. auch oben sub A VII 2 c β.

[6]) Hier spricht die Literatur mit Vorliebe auch von einem „Kennen" (beim Vorsatz) und von einem „Kennenmüssen" — vgl. oben §§ 7 und 32 — bei der Fahrlässigkeit; man kann also auch von Kenntnis einerseits und Kennenkönnen andererseits reden, muß sich aber betreffs der Kenntnis vor der Annahme hüten, daß nunmehr alle Fälle, in denen das Gesetz von Kenntnis (Kennen), oft in Verbindung mit Kennenmüssen, handelt (vgl.

ein Voraussehenkönnen und daher -müssen, also jener die Voraussicht, diese die bloße Voraussehbarkeit enthält, bei der der Täter eben zur Voraussicht nicht gelangte. Es ist mithin die Fahrlässigkeit natürlich im Vergleiche zum Vorsatz der geringere Fehler.[1]) — Weiterhin übrigens besteht ein wichtiger begrifflicher Unterschied zwischen Vorsatz und Fahrlässigkeit darin, daß jener zu einer Begehungssünde hinleitet,[2]) die allerdings auch durch eine Unterlassung ausgeführt werden kann,[3]) während die Fahrlässigkeit eine Unterlassungssünde[4]) ist,[5]) die allerdings auch[6]) durch eine Begehung ausgeführt werden kann. — Ein Unterschied hinsichtlich der exkulpierenden Bedeutung des Irrtums geht dahin,[7]) daß der Irrtum über die Rechtswidrigkeit den „Vorsatz" unbedingt (oben sub A VII 2 d) ausschließt, die Fahrlässigkeit dagegen (oben § 31 sub C VII 1) nur, wenn der Irrtum selber ein entschuldbarer war.—Innerhalb der Charakterisierung als „Fehler" (oben sub A IX) waltet ein Unterschied insofern ob, als die Fahrlässigkeit nicht zugleich als Wissens-, sondern nur als Vorstellungsfehler erscheinen kann, indem die an sich mögliche Vorstellung von dem Eintritte eines rechtswidrigen Erfolges darum im konkreten Falle nicht Platz griff, weil der Täter diese Möglichkeit zwar erkennen mußte, aber zufolge seiner Sorglosigkeit nicht erkannte (oben § 31 sub B I). — Endlich sei betont, daß die forensische Bedeutung des Vorsatzes einerseits und der Fahrlässigkeit andererseits offenbar in umgekehrt proportionalem Verhältnis zu der Schwere des Verschuldens (des Vorstellungsfehlers) steht; denn während wir zum Begriffe „Vorsatz" nur äußerst wenig Judikatur für das neuere Recht haben (vgl. oben sub A I), ist die Zahl der Entscheidungen zum Begriff (und zu den Anwendungsfällen) der Fahrlässigkeit bereits Legion;[8]) es erklärt sich dies aber leicht aus der größeren Zahl der auch im Gesetz selber entgegentretenden[9]) praktischen Anwendungsfälle der Fahrlässigkeit und vor allem aus der größeren Kompliziertheit[10]) des Begriffes Fahrlässigkeit.

---

oben § 32 sub IV 1), auf einen „Vorsatz" hinweisen; denn zum Vorsatz reicht ja nicht jedwede Kenntnis allein aus, sondern es muß die Kenntnis eines rechtswidrigen, verletzenden Erfolges im besonderen vorliegen (vgl. oben sub A VII 1 c und d).

[1]) Darum knüpfen sich auch gewisse Rechtsfolgen nur an den Vorsatz allein; vgl. oben § 5 sub A 1 und II 2—5 sowie z. B. auch Mot. II S. 44.

[2]) Hinleitet, indem nämlich zu dem Vorsatze (dem Kennen des Erfolges) die entsprechende Ausführungstätigkeit (das Handeln) hinzukommen muß (vgl. oben sub A VII 1 a); das übersieht Neumann, wenn er Handausg. I S. 388 sub C II 1 Vorsatz und Fahrlässigkeit sofort als das „Handeln" trotz Kenntnis bezw. Kennenmüssens definiert.

[3]) Z. B. indem man dem fremden Hunde, damit er verhungern solle, kein Futter gibt.

[4]) Nämlich das Außerachtlassen (der Sorgfalt); vgl. oben § 31 sub B; damit erschöpfen sich zugleich die Beziehungen zur „Sorgfalt" (oben § 41).

[5]) „Ist" (sofort), nicht erst „hinleitet" (später bezw. eventuell gleichzeitig).

[6]) Vgl. oben § 31 sub B II.

[7]) Von den oben § 31 sub C VII erwähnten Schriftstellern machen auf diesen Unterschied nur Crome S. 485 Anm. 21 (Abs. II), Endemann S. 638 Anm. 11, Enneccerus-Lehmann S. 290 I 1 a und von Liszt S. 56/57 nachdrücklich aufmerksam; vgl. aber auch Kipp I S. 452/453 und Rehbein II S. 101 a. E. — Ungenau ist die Ausdrucksweise bei Planck II S. 49 a. E. und vor allem werfen Mot. II S. 731, die Entschuldbarkeit des Irrtums erwähnend, im übrigen Vorsatz und Fahrlässigkeit in einen Topf.

[8]) Vgl. zu BGB. §§ 276 ff. und 823 ff. die Notizen oben S. 389 Anm. 1.

[9]) „Fahrlässigkeit" bezw. „fahrlässig" begegnen (vgl. oben § 6) im Gesetz 33 mal, „Vorsatz" und „vorsätzlich" (oben § 5) 26 mal; dazu kommen aber für die Fahrlässigkeit noch die Fälle des „Kennenmüssens" (oben § 7), der „Bösgläubigkeit" (oben § 8) und der „Außerachtlassung der Sorgfalt" (oben § 9) hinzu, allerdings aber auch für den Vorsatz noch einige weiter unten (§§ 56 ff.) zu erörternde Begriffe.

[10]) Mit dieser Kompliziertheit, welche durch das Vorhandensein der gesetzlichen Definition für die „Fahrlässigkeit" eher gesteigert als gemindert ist, steht es auch in Wechselwirkung, daß unsere eigenen Ausführungen zu § 31 noch erheblich umfangreicher ausfallen mußten, als die dieses § 55.

3. Daß die grobe Fahrlässigkeit[1]) im besonderen etwas wesentlich Verschiedenes vom Vorsatze sei, findet sich außer in den bereits oben § 40 sub XIV zitierten Stellen der Prot. IV S. 664 und S. 71 auch sonst noch gelegentlich in den Materialien anerkannt (vgl z. B. Mot. II S. 73 a. E.[2]) und Prot. I S. 292/293, oben § 40 sub X), zugleich unter Hinweis darauf, daß der Unterschied zwischen beiden im Einzelfall sich leicht verwischen wird und „insbesondere dann, wenn man auch den sog. dolus eventualis ins Auge fasse, sich häufig schwer bestimmen lasse" (Prot. III Nr. 192 V S. 135 oben; vgl. ebenda Nr. 203 II S. 233). Auch die Literatur erkennt durchweg ihre prinzipielle Verschiedenheit an.[3]) Vor allem aber lehrt uns das Gesetz selber, beide scharf zu unterscheiden, indem es sie in einer Anzahl von Stellen (oben § 5 sub B I) zwar mit den gleichen Folgen versieht, aber doch eben beide gesondert aufzählt. — Innerhalb der Begriffe „Vorsatz" einerseits und Fahrlässigkeit schlechthin bezw. grobe Fahrlässigkeit andererseits steht bekanntlich[4]) die letztere dem Vorsatze näher, was ja auch die eben angedeutete und schon sub A VII 2 c β erwähnte leichte Verwischbarkeit des Unterschieds zwischen dem Vorsatze und der groben Fahrlässigkeit als Probe bestätigt.

II. Von den übrigen in §§ 31—54 besprochenen Begriffen fordert zum Vergleiche mit dem Vorsatze zweifellos am meisten — gerade für unser Thema wenigstens — das „Verschulden", oben § 42, (einschließlich des Mangels „unverzüglichen" Handelns in § 33) heraus, zumal wir nach Prüfung des Vorsatzes nun in der Lage sind, gewisse Lücken, die wir einstweilen im § 42 lassen mußten, auszufüllen.

1. Wir sahen bereits wiederholt, daß der „Vorsatz" (im Sinne des BGB.) unter das „Verschulden" gehört; die Beziehung beider Begriffe ist also die der Unter- und Ueberordnung. Das ist für uns darum von sehr großer Bedeutung, weil wir hierdurch bestätigt finden, daß der an sich blasse und auch auf gute Motive und Zwecke denkbare „Vorsatz" vom Gesetz nicht in diesem günstigen Sinne, sondern nur im Sinne der bösen Vorsätze gedacht ist: eine Feststellung, die uns alsbald (unten sub VI) dazu führen wird, die Einordnung der „Drohung" ins System der Verschuldensbegriffe abzulehnen.

2. Wegen des „Verschuldens"[5]) selber können wir nunmehr zur Ergänzung des in § 42 sub C II 7 Angedeuteten einfach konstatieren, daß es nicht als Handlungsfehler, wohl aber mit seinem obersten Falle, dem Vorsatze (vgl. oben sub A IX 5) als Willens- und Wissens-, insbesondere aber als Vorstellungsfehler[6]) zu bezeichnen ist, und dies zugleich (oben sub I 2) wegen seines anderen Falles, der „Fahrlässigkeit".

3. Ferner können wir nunmehr eine Definition des Verschuldens gewinnen, nachdem wir seine beiden Einzelformen, Vorsatz und Fahrlässigkeit (besser „Sorgfaltsvernachlässigung", vgl. oben § 41 sub I 9), kennen.

a) Unter Zusammenfassung unserer Einzeldefinitionen für Vorsatz (oben

---

[1]) Einschließlich der grobfahrlässigen Unkenntnis (oben § 40 sub XV 1) und der Bösgläubigkeit (oben § 34).

[2]) Anders scheinbar Mot. III S. 346 sub 2.

[3]) Vgl. z. B. Enneccerus-Lehmann S. 293 sub 3 und auch S. 292/293 sub 2, Endemann S. 645; vgl. auch Dernburg S. 137 sub 2. Dahin, daß die Grenzen bisweilen schwer erkennbar sein können, vgl. etwa auch Eck I S. 195 Anm. 1.

[4]) Vgl. die viel zitierte l 29 pr. Dig. mand. vel contra 17, 1 (dissoluta neglegentia prope dolum est) und auch l 1 § 1 Dig. si mensor 11, 6 (lata culpa dolo comparabitur).

[5]) Verschulden im engeren Sinne (oben § 42, § 43 sub B I 1 und II 1). Zwischen dem von uns als „Verschulden im weiteren Sinne" bezeichneten „sich schuldig machen" und dem Vorsatz werden Beziehungen in den Mot. II S. 303 zu BGB. § 530 behauptet; vgl. dagegen aber das unten sub VII Bemerkte.

[6]) So wegen des Verschuldens insgesamt auch Crome I S. 481 f.

sub A VIII) und Fahrlässigkeit (oben § 31 a. A. mit der Berichtigung im § 41 sub I 9) können wir sagen: **Verschulden ist diejenige** — von Rechtsfolgen, insbesondere von der Haftbarmachung für eingetretenen Schaden begleitete [1]) — **Willensbeziehung des Täters zur Tat, welche entweder in der Vorstellung des Erfolges oder in einer auf Außerachtlassung der erforderlichen [2]) Sorgfalt beruhenden Nichtvorstellung des Erfolges der Tat besteht.**

b) Mit dieser Definition dürften wir uns in Einklang [3]) befinden mit den auffallend wenigen — aber auch ihrerseits m. E. nicht genügend erschöpfend gestalteten — eigentlichen Begriffsbestimmungen für das „Verschulden", welche die Literatur zum BGB. bisher gezeitigt hat. Denn während die meisten Schriftsteller [4]) sich damit begnügen, entweder nur das Verschulden als den zusammenfassenden Begriff für Vorsatz und Fahrlässigkeit [5]) zu bezeichnen oder gar nur eine Definition der „unerlaubten Handlungen" zu geben, ist eine geschlossene, tiefer bohrende Begriffsbestimmung nur bei Dernburg, Enneccerus-Lehmann und von Liszt zu finden.[6])

c) Nicht unerwähnt dürfen wir — vorsichtshalber — lassen, daß die oben sub a gegebene Definition sich aber nur auf das Verschulden im engeren d. h. im regulär-technischen Sinne des BGB. bezieht, neben dem wir (vgl. oben § 43 sub II 2, III—VIII) noch ein anderes Verschulden — „im weiteren Sinne" — innerhalb des BGB. selber aufdecken zu können und als übergeordneten Begriff für eine Reihe anderer gesetzlicher Begriffe anerkennen zu dürfen glauben. Für diesen weiteren Begriff eine Definition zu bringen, ist jedoch jetzt noch nicht Zeit, weil wir noch nicht wissen, ob wir in ihn nicht noch einige der erst in den nächsten Paragraphen zu analysierenden Begriffe einstellen müssen.

III. Mit dem „**Verstoße gegen die guten Sitten**" (oben § 36) hat der Vorsatz — abgesehen von dem Umstand,[7]) daß er für den Tatbestand

---

[1]) Dieser Teil der Definition ist nicht absolut wesentlich; vgl. oben sub A VII 2 e.

[2]) Diese Wendung umschließt sowohl „die im Verkehr erforderliche Sorgfalt" bei der „Fahrlässigkeit", wie das gesetzliche Erfordernis der Anwendung der diligentia quam suis.

[3]) Abgesehen auch hier von der in § 41 sub I 9 wegen der Sorgfaltsvernachlässigung gegebenen Modifikation. — Mit Dernburg und Enneccerus-Lehmann differieren wir wegen des Ausdruckes „Willensfehler" nach dem oben sub A IX 5 Bemerkten nur scheinbar.

[4]) Cosack I S. 248, Crome I S. 481 ff., Eck I S. 194, Engelmann I S. 202 f., S. 446 f., Kipp I S. 451, Landsberg I S. 248 ff., Liebe I S. 229 f., Matthiaß I S. 271, Müller und Meikel I S. 256, Zitelmann S. 151 ff.; aus den Kommentaren Achilles S. 118 f., Fischer-Henle S. 154, Mayring S. 38, Meisner S. 23 Note 2, Oertmann S. 36 ff., Planck I S. 41, II S. 45, Rehbein II S. 98 ff., Schollmeyer S. 99 ff. — Endemann I § 130 S. 744 definiert nur die „Schuld" (als „die mit Schadenhaftung belegte Pflichtverletzung"; vgl. darüber oben § 37 sub V 1 d), meint dabei aber offenbar das von ihm unmittelbar vorher erwähnte „Verschulden"; ebenso v. Liszt (unten Anm. 6).

[5]) Daß auch hierin m. E. ein Fehler steckt, vgl. wiederum oben § 41 sub I 9.

[6]) Dernburg sagt II 1 § 63 sub I S. 134: „Verschulden ist schädigende Rechtsverletzung, welche auf einen Willensfehler des Schädigers zurückführt"; bei Enneccerus-Lehmann I § 117 S. 289 wird das Verschulden bezeichnet als ein „Willensfehler, vermöge dessen eine Person für ein Unrecht verantwortlich gemacht werden kann"; v. Liszt S. 46 meint: „Schuld ist jene subjektive Beziehung des Täters zu dem eingetretenen Erfolg, an welche die rechtliche Verantwortlichkeit (der Eintritt der Unrechtsfolge) geknüpft ist."

[7]) Dieser Umstand ist aber für unsere Systematik ganz belanglos.

des § 826,[1]) oben § 36 sub II 9 a, zum objektiven Tatbestande hinzukommen muß — nichts zu tun.

IV. Auch die „unerlaubten Handlungen" (oben § 39) haben mit dem Vorsatze lediglich die Beziehung, daß sie, soweit sie überhaupt auf dem Verschuldensprinzip aufgebaut sind,[2]) einen Vorsatz voraussetzen,[3]) sei es (zumeist) unter gleichzeitiger Berücksichtigung auch bloß der Fahrlässigkeit, sei es (wiederum, wie sub III, betreffs des § 826, ausnahmsweise) den Vorsatz allein.

V. Die „strafbaren Handlungen" (oben § 47) treten mit dem zivilrechtlichen[4]) Vorsatze insofern in nähere Beziehung, als das Gesetz mehrfach Tatbestände nennt, bei denen der Vorsatz Erwähnung findet und die zugleich für das Zivil- und Strafrecht interessieren; vgl. oben § 5 sub A II 4 und 5, sub II 2 b und sub C 1 sowie § 29 sub I 1 a und 3 b, sub II 1 a und b und sub III 2 a.

VI. Ob wir die „Drohung" (oben § 51) als einen Fall des „Vorsatzes" betrachten können, wie es in der Tat bei Matthiaß I S. 219, Crome I S. 431 Anm. 24 und Hoelder S. 272 oben geschieht,[5]) wird davon abhängen, ob sie restlos in die oben sub A VIII gegebene Definition aufgeht. Das ist nun in der Tat der Fall, sofern wir wenigstens unter „Drohung" das drohende Vorgehen des Täters und nicht bloß die drohenden Worte oder Geberden verstehen, welche ihrerseits das Mittel zur Ausführung jenes Vorgehens, also die oben sub A VII 1 a und IX 1—5 erwähnte „Ausführungshandlung" darstellen. Durch diese Bejahung der Einordnung einer Drohung in den „Vorsatz" setzen wir uns nun aber keineswegs in Widerspruch mit der in § 51 sub A III aufgestellten Behauptung, daß die Drohung nicht unter die Verschuldensbegriffe gehöre. Denn wir haben ja wiederholt (oben sub A II und IV) gesehen, daß ein Unterschied besteht zwischen dem reinen, theoretischen Begriffe des Vorsatzes und seiner Anwendung im BGB. Denn während jener Begriff so allgemein und farblos ist, daß er auch „gute" Vorsätze umspannt, beschränkt sich der Vorsatzbegriff des BGB. lediglich auf die „bösen" Vorsätze; die Anerkennung, daß die „Drohung" einen Vorsatz enthält, ist also durchaus nicht gleichbedeutend mit der Anerkennung, daß sie einen schuldhaften Vorsatz im Sinne des speziellen Sprachgebrauches unseres BGB. ausmacht. Dasselbe muß wegen des in Verbindung mit der Drohung begegnenden Ausdruckes „bestimmen" gelten,[6]) welcher in breviloquenter Weise sowohl auf das Bestimmen-Wollen seitens des Drohenden wie auf das Sich-Bestimmen-Lassen seitens des Bedrohten hinweist, also gleichzeitig auf den Willen (oben sub A VII 1 a) und auf den Erfolg (ebenda sub 1 e), der hier ebenso zu dem Vorsatze hinzutreten, ihn krönen muß, wie z. B. bei den Deliktsobligationen die Schädigung hinzutreten muß, damit der gesamte Tatbestand der einschlägigen Normen erfüllt und sonach die Gesamtfolge dieses Tatbestandes (dort die Anfechtbarkeit der Willenserklärung, hier die Schadensersatzpflicht) ausgelöst wird. Gleiches war ja auch für

---

[1]) Darüber, daß vereinzelt auch im Tatbestande des § 138 Abs. II ein Vorsatz steckt, vgl. Dernburg I S. 382 und oben § 36 II 9 d S. 230 Anm. 2.

[2]) Ueber eine insbesondere für BGB. § 393 ungemein praktische Konsequenz dieses Umstandes vgl. oben § 39 sub II 5.

[3]) Wegen §§ 825 und 847 Abs. II vgl. unten sub VI a. E.

[4]) Wegen des strafrechtlichen Vorsatzes vgl. oben S. 389 Anm. 2; wenn er sich mit dem zivilrechtlichen deckt (wie ich annehme), so denkt das BGB. doch nicht in allen oben § 29 aufgezählten Fällen der Kriminaldelikte ausschließlich an die vorsätzlichen.

[5]) Die Leugnung des Vorsatzes bei Planck I S. 223 sub d bezieht sich nicht auf den Vorsatz schlechthin, sondern auf die besondere Parallele mit dem sich auch auf die Widerrechtlichkeit miterstreckenden (oben sub A VII 1 c) Vorsatze in § 823 BGB.

[6]) Auf einen „Vorsatz" schließt aus diesem Ausdrucke auch Fischer-Henle S. 425 Anm. 5 (zu § 825).

denselben Ausdruck „bestimmen" wegen seiner Anwendung in Verbindung mit dem Worte „Mißbrauch" zu konstatieren gewesen (oben § 50 sub A IV), und es sei nur noch wegen dieses Begriffes und seines speziellen Anwendungsfalles in §§ 825 und 847 Abs. II (gleichfalls oben § 50 sub A IV) bemerkt, daß natürlich der Tatbestand dieser Normen nicht erfüllt ist, wenn von den beiden bei der Beischlafsvollziehung beteiligten Personen [1]) nur die eine das „Abhängigkeitsverhältnis" in die Rechnung einstellt, während sich die andere lediglich aus geschlechtlicher Leidenschaft beteiligte, der Mann handelnd, das Weib duldend.

VII. Zwischen „Vorsatz" und „Undank" (oben § 53) wird eine notwendige begriffliche Beziehung mit Oertmann S. 251 Anm. 1 geleugnet werden müssen, wiewohl Mot. II S. 303 zu § 530 meinen, daß nur vorsätzliche Handlungen des Beschenkten als Widerrufsgründe zugelassen worden seien.[2])

VIII. Dagegen wird sich notwendigerweise das vereinzelt (in § 1566 und § 2333 Nr. 1, vgl. oben § 3 sub B II 1 a β und § 29 sub III 1 c) begegnende „nach dem Leben Trachten" als Vorsatz [3]) qualifizieren.[4])

IX. Andererseits ist es wohl nicht richtig, wenn Cosack [5]) neben den Ehescheidungsgründen der §§ 1565 Abs. I, 1566 und 1567, welche allerdings[6]) Anwendungsfälle eines Vorsatzes bilden, auch zu dem Ehescheidungsgrunde des § 1568 annimmt, daß er einen Vorsatz oder mindestens grobe Fahrlässigkeit voraussetze; weder das von Cosack als Argument ins Feld geführte Wort „schwere" Verletzung der durch die Ehe begründeten Pflichten beweist dies (vgl. oben § 37 sub II 2), noch deutet der Begriff „Pflichtverletzung" (oben § 37 sub II 3 und III) oder das Wort „verschulden" (oben § 42 sub B II 4) mit Notwendigkeit hierauf; und wenn als „schwere Pflichtverletzung" bezw. als „ehrloses und unsittliches Verhalten" (oben § 46 sub A II) auch z. B. die

---

[1]) Vgl. das oben § 47 sub II 2 a β α' gebildete Beispiel vom Gutsinspektor und der Gutsmagd; oder man denke an Pfarrer und Beichtkind.

[2]) Vgl. zu dieser Angelegenheit oben § 37 sub II 2 b (S. 244 Anm. 6) und § 53 sub I 4.

[3]) Strafrechtlich (vgl. oben S. 408 Anm. 4) ist es identisch mit dem Tötungsvorsatz (StGB. §§ 211 ff.); nur ist das Tötungsdelikt unvollendet geblieben und müßte vielleicht strafrechtlich als bloße Vorbereitungshandlung oder als sog. Versuch mit untauglichen Mitteln (vgl. oben § 47 sub II 1 b S. 357 Anm. 3) unbestraft bleiben. Dennoch genügt im Sinne der §§ 1566 und 2333 Nr. 1 auch solcher Versuch; vgl. auch Reichstags-Kommissionsbericht S. 196 (gegen ihn freilich Endemann II S. 680 Anm. 18) sowie aus der Spezialliteratur zum Ehescheidungsrecht (oben S. 239 f.) z. B. Davidson S. 29, Erler S. 99, Th. Engelmann S. 528 Note 2, Schmidt S. 9/10, Opet S. 393/394 Note 2 (daselbst weitere zustimmende Literatur); vgl. auch Neumann Jahrbuch I 2 S. 63. Eine andere Frage betrifft das oben § 46 sub A II 2 S. 350 Anm. 6 erwähnte Erkenntnis des OLG. Braunschweig vom 22. März 1900 und eine andere Frage ist die oben § 47 a. a. O. gestreifte, ob ein Verschulden im engeren oder weiteren Sinne vorliegt; nur wenn man auch jenes annehmen muß, wozu allerdings die Unterordnung unter den „Vorsatz" nötigen würde, ist Deliktsfähigkeit des Täters weiteres Erfordernis.

[4]) Dasselbe wie das „Trachten nach dem Leben" ist die „Nachstellung nach dem Leben", welche in E. I § 449 begegnete (nicht aber im entsprechenden § 530 BGB. Erwähnung findet) und von den Mot. II S. 303 gleichfalls als „vorsätzliche Handlung" aufgefaßt wurde und bei welcher gleichfalls ein bloßer Versuch (unabhängig von dessen Identität mit dem strafrechtlichen Versuche) und bloße Vorbereitungshandlungen genügen, „welche die bestimmte Absicht . . . erkennen lassen". Den Ausdruck „gemeinsame Nachstellung nach dem Leben des Ehegatten" bringt auch der deutsche Text in Art. 2 Abs. I Nr. 3 des ersten der drei Internationalen Abkommen vom 12. Juni 1902 („Zur Regelung des Geltungsbereichs der Gesetze auf dem Gebiete der Eheschließung"), RGBl. 1904 Nr. 27 S. 221 ff. (auf S. 225); der französische Text spricht von ‚avoir de concert attenté à la vie du conjoint).

[5]) Cosack II § 289 sub I 2 a S. 486.

[6]) Zu § 1566 vgl. oben sub VIII, zu § 1565 oben sub V, zu § 1567 unten § 57.

Trunksucht zu gelten hat (vgl. oben § 54 sub A II), so gehört ja diese weder unter das Verschulden überhaupt (oben § 54 a. a. O.), noch weist sie ihrerseits auf Vorsatz oder auf Fahrlässigkeit hin; nur das Musterbeispiel der „groben Mißhandlung" in § 1568 Satz 2 dürfte (vgl. oben § 37 sub I 4 a) allerdings auf einen Vorsatz hindeuten.

X. Da der Vorsatz eine „Willensschuld" darstellt (vgl. oben sub A IX 1), so liegt es nahe, auch die „willkürliche Handlung", von welcher vereinzelt in § 918 Abs. I BGB.[1]) die Rede ist, als einen Fall des Vorsatzes zu betrachten, zumal die entsprechende Norm in E. I § 863 Satz 1 ausdrücklich von „vorsätzlicher oder fahrlässiger" Verursachung des betreffenden „Notstandes" geredet hatte. Aber einmal wird gerade die Fortlassung dieser Worte im endgültigen Gesetz ebensogut zu Ungunsten ihres begrifflichen Weiterlebens in dem Ausdrucke „willkürlich" gedeutet werden können; zweitens ergeben weder Materialien[2]) noch Literatur[3]) einen Anhalt für jene Identität von „Willkür" und „Vorsatz"; drittens werden wir den Ausdruck „Willkür" ebenso wie z. B. (oben § 50 sub A I) den Ausdruck „Mißbrauch" sprachlich lediglich im objektiven Sinne auslegen dürfen; und viertens endlich wäre der Beweis, daß „Willkür" und „Vorsatz" gleichbedeutend sind, nicht zugleich ein Beweis, daß die Willkür auch gleichbedeutend ist mit dem „bösen" Vorsatz im Sinne des BGB. (oben sub A IV).

XI. Das sehr wichtige Verhältnis zwischen „Vorsatz" einerseits und „Absicht" bezw. „Arglist" und mehreren sonstigen Begriffen kann erst nach deren Besprechung (§§ 56 ff.) untersucht werden.

XII. Nicht nur das Verhältnis des Vorsatzes zu einigen anderen terminologischen Begriffen des BGB. selber, sondern auch das Verhältnis zu einem sehr wichtigen Begriffe des Gemeinen Rechts, nämlich dem ‚dolus'[4]), ist von Interesse.

1. In der Literatur finde ich folgende Aeußerungen:

a) Gänzlich[5]) identifiziert werden beide Begriffe bei Eck I S. 194, Engelmann S. 129, 203, Landsberg I S. 254 und Meisner S. 23 Anm. 2 Abs. 3,[6]) während Oertmann a. a. O. den Vorsatz nur „im wesentlichen entsprechend dem bisherigen dolus" erachtet und Dernburg II 1 S. 135 meint, der Vorsatz und die Fahrlässigkeit seien „dem dolus und der culpa der Römer nachgebildet, doch decken sich die römischen Begriffe nicht vollständig mit den heutigen".

b) Rocholl (oben § 48 sub A II 1 d) S. 67 Anm. 145 sagt: „Wenn man im Zivil- und Strafrecht von Vorsatz redet, so meint man stets die rechtswidrige Absicht, den „bösen Vorsatz" oder die „Böswilligkeit" oder „die Arglist" oder „den bösen Willen", lauter Synonyma, welche den dolus des Römischen Rechts bezeichnen. Denn von guten Vorsätzen zu sprechen hat man keine Veranlassung."

---

[1]) Ueber HGB. § 693 vgl. bereits oben § 46 sub D 2.

[2]) Sie beweisen vielmehr gerade das Gegenteil; vgl. oben § 46 sub C II 3.

[3]) Wegen der Literatur (insbes. auch gegen Fischer-Henle S. 489 Anm. 1) vgl. ebenfalls oben § 46 sub C II 3 (S. 355 Anm. 6).

[4]) Ueber ‚dolus eventualis' im besonderen vgl. oben sub A VII 2 c.

[5]) Die gelegentliche Identifizierung von Vorsatz und dolus bei Crome I S. 429 Anm. 14 auf S. 430 ist vielleicht mehr in dem Sinne der Gleichstellung von dolus und Arglist zu verstehen (über diese vgl. unten S. 411 Anm. 3); aber auch in der Juristen-Ztg. IX, 1904, Nr. 1 S. 20 scheint Crome ‚dolus' und „Vorsatz" zu identifizieren.

[6]) Ferner z. B. bei Laß und Maier (oben S. 110 Anm. 7) S. 17, von Buchka, Vergleichende Darstellung, 3. Aufl., Berlin 1899, Buch II S. 70. Ebenso in Mot. II S. 31 am Rande.

c) Kipp sagt I S. 452 oben: „Den zivilrechtlichen Dolus im bisherigen Sinne bezeichnet das Gesetz verschieden, je nachdem es sich um Betrug bei Rechtsgeschäften oder um anderes handelt. Den ersteren bestimmt das BGB. als arglistige Täuschung . . ., arglistiges Verschweigen . . . Für den Dolus in anderen Beziehungen hat das Gesetz den Ausdruck Vorsatz angenommen, so bei der Haftung des Schuldners in Schuldverhältnissen . . ., wie bei unerlaubten Handlungen . . . Diese Scheidung ist eine ähnliche, wie die von Pernice[1]) für das Röm. R. aufgestellte."

d) Endlich sagt Endemann[2]) S. 637 Anm. 8 a. E.: „Es ergibt sich aus alledem, daß Vorsatz und dolus nicht gleichbedeutend sind; dolus ist die unsittliche auf bestimmte Rechtswidrigkeit gerichtete Absicht." Und ebenda Anm. 9: „wegen Vorsatzes haftet also z. B. der Schuldner auch dann, wenn er (S. 368) nur aus Mitleid das dem B verkaufte Pferd dem flüchtenden C schenkt, oder wenn er eine übernommene Arbeit liegen läßt, um zuerst eine andere, ihn mit Vertragsstrafe stärker belastende Verpflichtung zu erfüllen".

2. Da die Auffassung Rocholls sich offenbar mit der Ansicht Kipps und Endemanns vereinigen läßt und da die minder eingehenden Bemerkungen bei Oertmann und Dernburg auch nicht widersprechen, so wird man, weil Kipp und Endemann in dieser Hinsicht gleichfalls miteinander übereinstimmen, als communis opinio erachten dürfen, daß der ‚dolus' und der „Vorsatz" nicht miteinander identisch, wohl aber miteinander verwandt sind. Zwischen Kipp und Endemann ihrerseits besteht indessen eine Abweichung über das genauere Verwandtschaftsverhältnis; denn während Kipp von dem Begriff des ‚dolus' ausgeht und diesen in „Arglist" und „Vorsatz" zerlegt, geht Endemann vom Vorsatz aus, betrachtet diesen als übergeordneten Begriff zur „Absicht" und weist den letzteren Begriff dem dolus als Unterfall zu. Wir werden uns dieser Endemannschen Gruppierung anschließen müssen, da sie außer dem Vorzuge stärkerer Spezialisierung und genauerer Zerlegung den Vorzug bietet, zugleich unserer Auffassung (unten 56 sub A X 1) über die Beziehung zwischen Vorsatz und Absicht[3]) zu entsprechen.

C. Im HGB. findet sich der Begriff des „Vorsatzes"[4]) ziemlich häufig (insbesondere in der Lehre von der Landfracht).[5]) Die einschlägigen Stellen wurden jedoch, da sie größtenteils[6]) zugleich von der groben Fahrlässigkeit reden, der Hauptsache nach bereits in § 40 sub XVIII genannt. Nur dem Vorsatze allein begegnen wir außerdem in HGB. § 414 Abs. IV (aus der Lehre von der Spedition) und in § 700 Abs. I sowie in § 706 Nr. 3 Abs. IV in der Lehre von der „großen Haverei", für deren Begriff die vorsätzliche Be-

---

[1]) Die Ansicht von Pernice (Labeo, 2. Aufl. Bd. II Abt. 1, Halle 1895, S. 134 ff.) formuliert Kipp selber S. 448 Anm. 6 dahin, daß er „unterscheidet: a) dolus bei Vergehen = unsittliche Absicht des rechtswidrigen Erfolgs; b) dolus im Verkehrsrecht namentlich bei der actio doli als einer Ergänzung der dem Verkehr dienenden Klagen, = hinterlistige Veranstaltung zum Nachteile eines Anderen". Etwas im wesentlichen der Gruppe b Gleiches ist der „Verkehrsdolus", mit dem auch Kuhlenbeck gern operiert; vgl. Von den Pandekten I S. 434 ff. und BGB. I S. 228 Note 2 (oben S. 393 Anm. 1).

[2]) Auch er beruft sich auf Pernice, Labeo.

[3]) Ueber die Beziehungen der letzteren zum ‚dolus' vgl. unten § 56 sub A X 1 d; über die Beziehungen des ‚dolus' zur „Arglist" unten § 58 sub A II 1 c und VI 8 b; über die zur ‚culpa lata' oben sub I 3 und oben § 40 sub XIV und XV 2.

[4]) Zumeist heißt es „Vorsatz"; „vorsätzlich" nur in §§ 133 (Abs. II), 414, 700 und 706 HGB.

[5]) Einschließlich des Eisenbahnfrachtrechts.

[6]) Nämlich mit einziger Ausnahme des HGB. § 347 Abs. II.

schädigung des Schiffes usw. essentiell ist. Abgesehen von der auffallenden Vermengung des Wortes „vorsätzlich“ und des Wortes „absichtlich“ im eben erwähnten § 706 Nr. 3,[1]) auf die wir noch bei Besprechung der „Absicht“ (unten § 56 sub B) zurückkommen werden, bieten die sämtlichen einschlägigen Normen des HGB. nichts für den Begriff „Vorsatz“ Bemerkenswertes; höchstens mag hervorgehoben werden, daß zum Unterschiede von den anderen Stellen die die Haverei betreffenden als Beleg dafür gebraucht werden können, daß auch die Reichsgesetzgebung, freilich nur ausnahmsweise, von „vorsätzlich“ im Sinne „guter“ (gut gemeinter, einem guten Endzweck[2]) dienender) Vorsätze (oben sub A II) spricht.[3])

§ 56.

Die Absicht.

A. Mit dem „Vorsatz“ (oben § 55) steht offenbar in gewisser begrifflicher Beziehung das Wort „Absicht“ (oben § 14), das wir darum gleich im Anschluß an den „Vorsatz“ untersuchen wollen.

I. Zum Sprachlichen ist folgendes zu bemerken:

1. Rein sprachlich erklärt sich der Begriff „Absicht“[4]) dahin,[5]) daß jemand es auf etwas „absieht“, auf etwas hinblickt, mit den Augen und Gedanken hinzielt. In dem Ausdrucke liegt also ebensowenig wie in dem Ausdrucke „Vorsatz“ (vgl. oben § 55 sub A II) sprachlich ein Tadel ausgedrückt oder die Richtung auf etwas Unedles, Unredliches oder auf etwas objektiv Rechtswidriges angedeutet. Aber während das Wort „Vorsatz“[6]) im BGB. selber allerdings tatsächlich nur für böse, schuldhafte Vorsätze verwendet worden ist (§ 55 sub A IV), muß wegen der „Absicht“ daran erinnert werden, daß sie im BGB. wiederholt (vgl. oben § 14 sub A) in Wendungen begegnet, die aufs deutlichste erkennen lassen, daß es sich um Vorgänge handelt, welche vom Standpunkte des „Verschuldens“ aus vollkommen indifferent sind.

2. In diesem weitesten Sinne des gesetzlichen Sprachgebrauches verstanden haben die Worte „Absicht“ und „beabsichtigen“ also offenbar keine minder objektive[7]) Bedeutung als z. B. auch das im Gesetz sehr häufig begegnende Wort

---

[1]) „Absichtlich“ in HGB. § 706 Nr. 3 Abs. I und Abs. IV a. E.

[2]) „Zum Zwecke der Errettung“ von Schiff oder Ladung oder beiden „aus einer gemeinsamen Gefahr“ (HGB. § 700 Abs. I).

[3]) Aus sonstigen älteren Reichsgesetzen (vgl. oben § 30 sub III) ist es mir z. B. aufgefallen, daß das Ges. betr. die Abwehr und Unterdrückung der Reblauskrankheit vom 3. Juli 1883 (RGBl. S. 149) § 11 davon spricht, daß ein Entschädigungsanspruch verloren geht, weil man gewissen im Gesetz auferlegten Verpflichtungen „wissentlich oder aus einem vertretbaren Versehen nicht nachgekommen ist“; hier dürfte ein parallelismus membrorum mit „Vorsatz“ und „Fahrlässigkeit“ vorliegen. Von „wissentlich und und aus grober Fahrlässigkeit“ sprechen Reichsgesetz zum Schutz der Warenbezeichnungen § 14 Abs. I (oben § 47 sub II 2 a γ S. 358 Anm. 7) sowie z. B. das Patentgesetz vom 7. April 1901 (RGBl. S. 79) § 35 Abs. I (vgl. ebenda § 36 Abs. I) und Reichsgesetz betr. den Schutz von Gebrauchsmustern vom 1. Juni 1891 (RGBl. S. 290) § 9 Abs. I (vgl. ebenda § 10 Abs. I).

[4]) Komposita mit „Absicht“ (etwa „Bereicherungsabsicht“ u. dgl.) fehlen im BGB.

[5]) Zum Sprachlichen sehr eingehend Schnütgen, das Differenzgeschäft, unter besonderer Berücksichtigung des § 764 BGB. und des darin gewählten Ausdruckes „Absicht“, Erlanger Diss., Düsseldorf 1899, S. 36 ff., 42 ff. und S. 59 ff., hier zu den einschlägigen Normen des BGB., von denen er jedoch §§ 685, 1429, 1618, 1669 und 2005 übersehen hat.

[6]) Der „Vorsatz“ ist also im BGB. im Gegensatze zur „Absicht“ stets ein „qualifizierter“.

[7]) Ungenau oder doch mißverständlich ist es (vgl. oben S. 404 Anm. 4), wenn Kipp I S. 453 sub 1 a. E. meint: „Mehr als Vorsatz ist . . . der Zweck, einem

„Zweck“ bezw. die davon abgeleiteten Worte „bezwecken“, „Zweckbestimmung“ und „Stiftungszweck“; denn ihnen allen fehlt jegliche Beimischung eines subjektiven und gar auf ein schuldhaftes Verhalten gerichteten Elementes.

a) Das im BGB. und EG. z. BGB. über 100 Mal[1]) begegnende Wort „Zweck“[2]) findet sich in folgenden Verbindungen:

α) Sehr oft ist davon die Rede, daß etwas „zum Zwecke“ von etwas anderem geschieht; so insbesondere „zum Zwecke der Befriedigung“[3]) oder „zum Zwecke der Erfüllung“;[4]) ferner „zum Zwecke der Verwaltung“,[5]) der „Erziehung“,[6]) der „Ausübung eines Nutzungsrechts“,[7]) des „Verkaufs“[8]) oder „zu einem vorübergehenden Zwecke“.[9])[10])

β) Sodann spricht das Gesetz vom Zwecke gewisser Rechtsinstitute, nämlich eines Vereins,[11]) einer Stiftung,[12]) eines Vertrages,[13]) eines Vermächtnisses,[14]) einer Auflage,[15]) der Vormundschaft,[16]) der Leihe,[17]) der Rente,[18]) oder von dem Zwecke der Mitgliederversammlung,[19]) der Liquidation,[20]) der Dienste,[21]) eines Gesetzes.[22])

γ) Weiter ist die Rede von einem „wirtschaftlichen“,[23]) „bestimmten“,[24]) „gemeinsamen“[25]) oder „vereinbarten“[26]) Zwecke.

δ) Der objektive Charakter ergibt sich besonders deutlich auch aus der zweimal begegnenden Koordination von „Beschaffenheit und Zweck,“[27]) und erhellt auch, wenn das Gesetz davon spricht,

---

anderen Schaden zuzufügen, im Sinne des § 226“. Denn bei dieser auch für die Absicht indirekt (vgl. unten sub IV) bedeutsamen Bemerkung (vgl. auch wegen Kipp a. a. O. selber unten S. 420 Anm. 8) werden zwei inkommensurable Dinge miteinander verglichen.

[1]) Vgl. Gradenwitz S. 182/183. In den nachfolgenden Anmerkungen wird (vgl. oben S. 3 Anm. 1) von genauerer Angabe des Absatzes bezw. Satzes der Normen abgesehen werden.

[2]) Vgl. zu diesem Wort auch insbes. Ramdohr in Gruchots Beitr. 46 (1902) S. 817 ff.

[3]) §§ 364, 1087 f., 1149, 1197, 1973, 1975, 1990, 2329, EG. z. BGB. Art. 112.

[4]) §§ 362, 656, 755, 762, 813 f., 2113; vgl. §§ 670, 693.

[5]) §§ 1390, 1914; vgl. §§ 1197, 1377, 1825.

[6]) §§ 1666, 1838.

[7]) §§ 955, 988.

[8]) §§ 1231 f.

[9]) §§ 95 (zweimal), 1122; vgl. § 1914.

[10]) Vgl. vereinzelte „Zwecke“ in §§ 15, 197, 229 (zweimal), 330, 437, 440, 496, 561, 647, 730, 817, 835 f., 962, 970 (zweimal), 1145 (zweimal), 1835, 1961, 2124, EG. z. BGB. 123. — Ferner heißt es im Gesetz bisweilen „zu diesem Zwecke“ (§§ 110, 1043, 1389, 1429, 1618) oder „zu dem Zwecke, daß“ (§§ 2222 f.) oder ähnlich (§§ 788, 2050), stets im Hinblick auf löbliche bezw. vom Standpunkte subjektiven Verschuldens interesselose Zwecke.

[11]) §§ 21 f., 33, 43, 45 f., 57, 61.

[12]) § 87.

[13]) § 328.

[14]) § 2156.

[15]) § 2193.

[16]) § 1901.

[17]) § 604.

[18]) § 760.

[19]) § 37.

[20]) §§ 48 f.

[21]) § 620.

[22]) EG. zu BGB. Art. 30 (vgl. oben § 18 sub B II 3).

[23]) §§ 97 f.

[24]) § 257.

[25]) § 705.

[26]) § 726.

[27]) §§ 620, 760 (oben Anm. 21 und 18).

daß sich der Zweck aus gewissen Umständen „ergibt“[1]) bezw. von ihnen „erfordert“[2]) wird.

ε) Vor allem ist darauf aufmerksam zu machen,[3]) daß auch im Chikaneparagraphen 226 lediglich von dem „Zweck“ die Rede ist, den die Rechtsausübung haben kann, nicht[4]) davon, daß der Ausübende seinerseits auch in der Tat den Zweck („einem Andern Schaden zuzufügen“) verfolgt.

b) Auch das Verbum „bezwecken“, als dessen Subjekt übrigens eine Person niemals unmittelbar genannt wird[5]), richtet sich keineswegs auf schuldhaftes Vorgehen; es ist die Rede: von Gesetzen, welche einen Schutz bezwecken;[6]) von einer Geschäftsführung, welche Abwendung einer Gefahr bezweckt;[7]) von einer Rechtsverfolgung, die die Befriedigung aus dem Grundstück bezweckt;[8]) von einer Bedingung, die den Vorteil eines Dritten bezweckt,[9]) und von dem nach dem Inhalte eines Rechtsgeschäftes bezw. mit einer Leistung bezweckten Erfolge.[10])

c) Auch die „Zweckbestimmung“[11]) einer Stiftung bezw. der „Stiftungszweck“[12]) interessieren natürlich im Rahmen unserer Betrachtungen nicht im geringsten.[13])

3. Gleich objektiv und farblos wie das Wort „Absicht“, wenngleich mit ihm keineswegs synonym, ist ferner das Wort „Wille“ nebst seinen Zusammensetzungen:

a) „Wille“ allein begegnet[14]) gegen 40 Mal[15]) und zwar z. B. als „letzter“ Wille,[16]) als Wille des Erblassers,[17]) als Wille des Stifters;[18]) ferner, wenn ein „anderer“[19]) bezw. ein „entgegenstehender“[20]) Wille oder ein „wirklicher oder mutmaßlicher“[21]) Wille einer anderen Person „anzunehmen“[22]) ist oder sonst in Betracht kommt; oder wenn etwas nach[23])

---

[1]) §§ 604 (oben S. 413 Anm. 17), 922.

[2]) § 1901 (oben S. 413 Anm. 16).

[3]) Weil Beziehungen zwischen § 226 und § 826 bestehen (vgl. oben § 36 sub II 9 f) und vor allem, weil des Chikaneparagraphen innerhalb der Erörterungen über den „Mißbrauch“ zu gedenken war; vgl. oben § 21 sub III und § 50 sub A I S. 376 Anm. 1.

[4]) Wie allerdings z. B. Dernburg II 2 S. 640 sub II 1 anzunehmen scheint.

[5]) Vgl. ähnlich oben § 36 sub II 6 b und § 46 sub A III S. 353 Anm. 1.

[6]) §§ 135 Abs. I Satz 1, 823 Abs. II Satz 1; vgl. oben § 18 sub A II 1 b und 2.

[7]) § 680.

[8]) § 1118.

[9]) § 2076.

[10]) §§ 812 Abs. I Satz 2, 815, 820 Abs. I Satz 1.

[11]) § 87 Abs. I.

[12]) Ebenda.

[13]) Ebensowenig das Wort „zweckmäßig“ (Grenzzeichen) in § 923 Abs. II Satz 4.

[14]) Außerhalb des sub II 2 angeführten § 2255 noch (als Wille, etwas Bestimmtes zu tun, eine erlaubte Rechtshandlung vorzunehmen) in §§ 7 f. und 164 sowie in der Wendung „seinen Willen erklären“ in § 1679.

[15]) Vgl. Gradenwitz S. 173 und wegen unserer Zitierweise das oben S. 413 Anm. 1 Bemerkte.

[16]) §§ 2238 (zweimal), 2243; „letztwillig“ begegnet gegen 50 Mal (Gradenwitz S. 103).

[17]) §§ 2089, 2101, 2108, 2161, 2188, 2208 (zweimal), 2299, 2333.

[18]) § 82. Wille der Vertragschließenden in § 2298.

[19]) §§ 127, 153, 335, 2298 f.

[20]) §§ 568, 679.

[21]) §§ 677 f., 683 (Satz 1); „wirklicher“ Wille allein in § 133.

[22]) Vgl. die Zitate der Anm. 19; vgl. auch („zu entnehmender Wille“) § 151.

[23]) § 2208.

dem Willen bezw. ohne[1]) oder gegen[2]) den Willen einer anderen Person geschieht.

b) Von Worten, in denen der Begriff „Wille" steckt, interessiert natürlich die häufig[3]) anzutreffende „Willenserklärung"[4]) für unser Thema garnicht, und, für die gegenwärtige Frage wenigstens,[5]) auch nicht die „Willensbestimmung"[6]) oder der „Willensmangel";[7]) und auch „Willkür"[8]) bezw. „willkürlich"[9]) sowie „freiwillig"[10]) und „letztwillig"[11]) sind ohne Belang.

c) Ebenso unerheblich ist vor allem auch das Verbum „wollen", das sich — als Wollen oder als Nichtwollen — stets[12]) im Sinne durchaus legaler Intentionen[13]) findet.

II. Die Winke, welche wir den Materialien[14]) entnehmen können, insbesondere auch unter vergleichender Heranziehung des Wortlautes im definitiven Gesetze, sind zwar nicht zahlreich, aber immerhin nicht wertlos.

1. In Mot. I S. 280 heißt es (im Anschluß an die oben § 55 sub A VI 2 zitierte Stelle): „Der Entwurf spricht von „Absicht", wenn der Zweck bezeichnet werden soll, dessen Erreichung gewollt ist." Tatsächlich begegnet, soweit ich gesehen habe,[15]) das Wort „Absicht" im I. Entwurf nur:[16])

---

[1]) §§ 516, 794, 858, 940 (letztere Stelle ist bei Gradenwitz S. 119 s. v. „ohne" nicht angegeben).

[2]) §§ 1567 (Nr. 1 und 2), 1878, EG. z. BGB. Art. 36 Nr. V; vgl. „entgegenstehender" Wille in § 568, „mit dem Willen" eines Andern „in Widerspruch stehen" in § 683 (Satz 2), „wider den Willen" in § 2333 Nr. 5. Hier und in § 1567 zit. begegnen zwar zugleich einige uns interessierende Begriffe („böslich" und „ehrloser oder unsittlicher Lebenswandel"; vgl. oben § 15 sub I und 16 sub VI 2), jedoch gerade in der Person eines Andern als dessen, gegen (wider) dessen Willen die schuldhafte Handlungsweise geschieht.

[3]) Gegen 30 Mal in 22 Paragraphen (insbes. §§ 116 ff., 130 ff., 164 ff.); vgl. Gradenwitz S. 173.

[4]) Den Uebergang zwischen „Wille" und „Willenserklärung" bietet BGB. § 1679.

[5]) Vgl. zu § 827 unten § 75, zu § 166 unten § 77.

[6]) Von einem „die Freiheit der Willensbestimmung ausschließenden Zustand" reden §§ 104 und 827.

[7]) § 166.

[8]) § 2075 (Potestativbedingung).

[9]) § 918 (willkürliche Handlung des Grundstückseigentümers, die die Verbindung mit dem öffentlichen Wege aufhebt, aber, weil eben willkürlich, keinen Anspruch auf Bestellung eines Notwegs erzeugt). Also ein Fall der Nichtentstehung eines Anspruchs, der an die Wirkungen des „Verschuldens gegen sich selbst" (unten § 68) erinnert. — Zu § 918 Abs. I vgl. bereits oben § 46 sub C II 2 d und 3 und § 55 sub B X.

[10]) „Freiwillig" begegnet nur in BGB. § 15 (und EG. z. BGB. Art. 1).

[11]) Ueber „letztwillig" vgl. oben S. 414 Anm. 16.

[12]) Mit Ausnahme von § 116 (Mentalreservation), wo der geheime Vorbehalt, „das Erklärte nicht zu wollen", die Folge einer Nichtigkeit der „Willenserklärung" inhibiert; vgl. also wie oben Anmerkung 9 zu BGB. § 918.

[13]) Insbesondere der Wille, eine Ehe einzugehen (§§ 1317 f., 1332, 1669, 1740, 1761, 1845, EG. z. BGB. Art. 40 § 7 und § 7 a), vgl. auch § 1309; ferner der Wille zu adoptieren (§ 1752, dreimal), eine Erklärung nicht abzugeben (§§ 119, 1332, 2078), zu erwerben (§§ 1381, 1646), den Besitz wieder zu übernehmen (§§ 869, 986), etwas nicht gelten zu lassen bezw. nicht geltend zu machen (§§ 140, 363, 789). Vgl. vereinzelte Wendungen in §§ 319 (zweimal), 423, 807, 809, 2097.

[14]) In den Jatzowschen Registern (zu den Motiven S. 2, zu den Protokollen S. 94) fehlt das Wort „Absicht" gänzlich. In Betracht kommen namentlich Mot. IV S. 379, 394 ff., 588 ff., V S. 130, 328, 336, 444 sowie Prot. Bd. IV Nr. 280 S. 239, 244, Nr. 282 V S. 267 ff., Nr. 282 XIII S. 273 ff., Nr. 292 IX S. 401 ff., Bd. V Nr. 365 III S. 389 f., Nr. 366 IV S. 404 f.

[15]) Durch Vergleichung derjenigen Stellen des BGB., die von „Absicht", „absichtlich" oder „beabsichtigen" reden, mit den entsprechenden Stellen des Entwurfes.

[16]) Zu BGB. §§ 685 und 2255 und den entsprechenden §§ 754 und 1934 des E. I vgl. weiter unten sub 2 und 3; keine entsprechenden Vorläufer haben BGB. §§ 87, 764, 1429, 1618, 2138, 2287, 2288.

a) in der Verbindung „Absicht, zu benachteiligen“ in §§ 1364, 1372 Nr. 2, 1405 Abs. I Nr. 2, 2106 Abs. I (= BGB. §§ 1456, 1468, 1495, 2005) sowie in der (in BGB. § 2008 nicht erhalten gebliebenen) Nr. 3 des § 2148;

b) in der Wendung: „Absicht, den anderen Ehegatten böslicherweise zu verlassen“ (§ 1443 Abs. III Satz 1 = BGB. § 1567) und

c) wegen einer „beabsichtigten Eheschließung“ (§§ 1404 Satz 1 und 1548 = BGB. §§ 1493, 1669).

2. Der Vergleich von BGB. § 2255 mit E. I § 1934 und die auf diese Normen bezüglichen Bemerkungen der Materialien (Mot. V S. 300 f. und Prot. V S. 353, VI S. 73 f.), welche in anderem Zusammenhange (oben § 55 sub A VI 4 b—d) aufgeführt worden sind, dürfte zur Genüge klarlegen, daß nach der Auffassung des Gesetzgebers „absichtlich“ identisch ist mit der Wendung „vorsätzlich und mit dem Willen . . . zu . . .“

3. Das Gleiche lehrt die Gegenüberstellung von E. I § 754 Abs. I (wonach dem Geschäftsführer kein Anspruch auf Ersatz der Aufwendungen zusteht, wenn er „ohne den Willen gehandelt hat, den Anspruch zu erlangen“) einerseits und BGB. § 685 Abs. I (wonach dem Geschäftsführer gleichfalls dieser Anspruch nicht zusteht, wenn er „nicht die Absicht hatte, von dem Geschäftsherrn Ersatz zu verlangen“) andererseits; ferner die Gegenüberstellung des E. I § 754 Abs. II mit BGB. § 685 Abs. II (wonach bezüglich der Vermutung, welche bei Alimentierung unter Aszendenten und Deszendenten gegen den Erstattungswunsch spricht, dort vom Fehlen jenes „Willens“ — den Anspruch zu erlangen —, hier vom Fehlen dieser „Absicht“ die Rede ist). — Uebrigens gebrauchen bereits Mot. II S. 863 [1]) zu E. I § 754 und Prot. II Nr. 165 V S. 735 zu derselben Norm den Ausdruck „Willen“ und den Ausdruck „Absicht“ bezw. ‚animus obligandi, donandi, recipiendi‘ durcheinander.

III. Die Bemerkungen, welche sich — vereinzelt — in der Literatur [2]) zum BGB. über den Begriff „Absicht“ (schlechthin; vgl. unten sub VIII 2) finden,[3]) sind [4]) durchweg nur gelegentlich der Erörterungen zum Begriffe „Vor-

[1]) Vgl. auch ebenda Anm. 2, wo dreimal von „Absicht“ und zweimal von ‚animus‘ (obligandi, recipiendi) gesprochen wird.

[2]) Vgl. über Cosack, Dernburg, Endemann, Krückmann, Kuhlenbeck, Neumann, Oertmann, Zitelmann und andere Autoren weiter unten.

[3]) Nichts bemerken auch bei Erörterung des „Vorsatzes“ z. B. Crome I § 109 S. 481 ff., Eck I §§ 40 ff. S. 194 ff., Enneccerus-Lehmann I § 117 S. 289 ff., Kipp I S. 452 f., Liebe I § 76 S. 230, Müller und Meikel I § 84 S. 256; ferner Planck I S. 41, Rehbein II S. 100 Note 87.

[4]) Wegen derjenigen Bemerkungen, welche sich in der Literatur zu den einschlägigen Normen des BGB. (oben § 14 B) finden, ist folgendes zu sagen: Im allgemeinen werden die betreffenden Wendungen nicht genauer erklärt (vgl. z. B. Cosack II S. 485, 538, 543, 615, 776, 805, 880; Eck II S. 387 f., 447, 452; Endemann II S. 680 f., 773, 783, 797, III S. 178 f., 258, 454; Enneccerus-Lehmann II S. 480, 482, 488/89, 496/97, 797 sub 5; Kipp I S. 588, II S. 822, III S. 320, 479, 501/02, 588; Krückmann S. 423, 427, 430, 442, 510, 543, 556; Kuhlenbeck, Von den Pandekten III S. 95, 99 Anm. 1; Matthiaß II S. 284, 288, 298, 311, 433, 477, 565; Müller und Meikel II S. 117, 135, 158, 189 ff.; Neumann, Handausgabe II S. 823, 834, 864, 1148, 1278; derselbe, Jahrbuch I, 2 S. 56 ff.; Th. Engelmann S. 327 Note a, S. 348 Note b, S. 403 Note 2 b; Herzfelder S. 224 f. Zu §§ 1456, 1468, nichts Einschlägiges auch z. B. bei Fränkel S. 66, F. Kohler S 151, Rocholl S. 215 ff. Erwähnenswert sind nur nachstehende Aeußerungen: Eck II S. 443 und Neumann, Handausgabe II S. 816 Note 1 b (Beide zu BGB. § 1456) sprechen von „Arglist“, Kipp III S. 475 sub IX 1 (zu BGB. § 2005) von ‚dolus‘, Enneccerus-Lehmann Bd. II S. 834 sub 2 bezw. 3 (zu BGB. §§ 2287 f.) von „doloser Schädigung“ bezw. von „Böswilligkeit“, ebenda S. 704 sub 5 (zu BGB. § 2005) von Unterlassung einer „nach gutem Glauben vollständigen“ Inventarisierung; diese Bemerkungen in Verbindung mit ver-

satz" gemacht und von uns gerade in demselben Zusammenhange teils (oben § 55 sub A VII 1 e) erwähnt worden, teils später (sub X 1) zu besprechen.

IV. In der Tat besteht, wie auch die unter II 2 und 3 angeführten Stellen aus den Materialien bestätigen und beweisen, ein enger begrifflicher Zusammenhang zwischen „Vorsatz" und „Absicht" und dieser Zusammenhang geht — durchaus in Uebereinstimmung mit der rein sprachlichen Bedeutung der beiden Worte (vgl. oben sub I und oben § 55 sub A II) — dahin, daß die Absicht eine spezielle Nuancierung des — auch seinerseits zwar nach dem BGB., aber keineswegs nach dem Begriffe an sich (vgl. oben § 55 a. a. O.) unbedingt auf etwas Böses gerichteten — Vorsatzes ist; nämlich der auf die Erreichung[1]) eines bestimmten Erfolges gerichtete Vorsatz.[2]) Und wenn beim Vorsatze das Wollen zwar nicht fehlt, so ist dort das Wollen nur auf die Tat, bei der Absicht aber zugleich auf den Erfolg gerichtet. Während also der Vorsatz bloß „Tatwille" ist (vgl. oben § 55 sub A VII 1 f), ist die Absicht „Erfolgswille".[3])[4])

1. Wenn also die Mot. I S. 280 in der oben § 55 sub A VI 2 zitierten Stelle „die auf Vornahme einer Handlung . . . gerichtete Willensbestimmung" als Bestandteil des Vorsatzbegriffes bezeichnen — freilich mit der nicht einwandfreien Parallele, diese Willensbestimmung sei . . . „gleichbedeutend mit wissentlich" —, so ist jener Teil des Gesamtpassus richtig; und ebenso richtig ist die Parallele zwischen der „auf . . . die Herbeiführung eines Erfolges gerichteten Willensbestimmung" mit „willentlich"; unrichtig ist aber die Zusammenziehung beider Glieder zu der Gleichung: Wille auf Vornahme der Handlung und Wille auf Herbeiführung des Erfolges = wissentlich und willentlich = Vorsatz; und unrichtig

---

einzelten anderen (vgl. z. B. oben S. 244 Anm. 6 und unten S 423 Anm. 1) beweisen, wieviel Meinungsverschiedenheiten und wieviel Unklarheiten über den Begriff „Absicht" herrschen. — Die Judikatur zu den einschlägigen Stellen bietet abgesehen von einigen wenigen weiter unten zu erwähnenden Entscheidungen nichts Wesentliches.

[1]) Nicht bloß auf die „Vorstellung" des Erfolges gerichtet (von ihr „begleitet"), wie Schnütgen a. a. O. S. 60 meint.

[2]) Vgl. Oertmann S. 36 Anm. 1 a, von Liszt S. 54 III 1: „das Wollen (Beabsichtigung) des Erfolges", und dazu unten Anm. 4. — Vgl. auch Piper (oben S. 101 Anm. 3) S. 37 sub 1. — Lühl, der gleichfalls in obigem Sinne unterscheidet, bemängelt deshalb S. 12 die Fassung des BGB. § 823 Abs. I (wo es, weil von der Verletzung, also dem Erfolge, die Rede sei, statt „Vorsatz" hätte „Absicht" heißen müssen; doch kann „verletzen" natürlich ebensogut wie den Erfolg die verletzende Tätigkeit bezeichnen). — Die Bemerkungen bei Dernburg II 1 S. 135 und Matthiaß I S. 271 B treffen insofern nicht den reinen Begriff der „Absicht", sondern bereits den der qualifizierten Absicht (und schießen also übers Ziel hinaus), als sie gleich von Bezweckung der „schädlichen Folge" bezw. von Herbeiführung des „rechtswidrigen Erfolges" sprechen. — Schmidt, Arthur B., Kommentar S. 415 Anm. 3 a, S. 444 Anm. 4 erblickt (zu §§ 1456, 1468) in der Benachteiligungsabsicht mehr als Vorsatz oder Fahrlässigkeit schlechthin und auch Kommissionsber. S. 250 läßt die „böse" Absicht als mehr erscheinen wie „grobe Nachlässigkeit".

[3]) Vgl. insbes. Treitel S. 55.

[4]) Vgl. auch Schmidt, Georg, in dem oben § 55 sub A VIII erwähnten Gutachten S. 1190, daß im Gegensatze zum Vorsatz „die auf den vorgestellten und gewollten Erfolg gerichtete Willensbeziehung . . . als Absicht zu bezeichnen" sei. — Ebenso Endemann 5. Aufl. (1899) I § 112 S. 483 Anm. 6 Abs. VI, gegen den sich freilich von Hippel in dem oben S. 391 Anm. 4 zitierten Aufsatze S. 435 wendet. Wenn von Hippel ebenda S. 432 gegen die in Anm. 2 erwähnte Bemerkung bei von Liszt, protestiert, „das Wollen (Beabsichtigung) des Erfolges ist nicht erforderlich" — nämlich für den „Vorsatz", vgl. oben § 55 sub A VII 1 e —, so dürfte dieser Protest zurückzuweisen sein, sofern, wie es mir scheint, von Liszt sagen wollte, entbehrlich sei „das Wollen des Erfolges (also die „Absicht")"; ist dies die Auffassung von Liszt, so ist der Tadel bei von Hippel ungerechtfertigt, daß von Liszt das Wollen schlechthin mit dem Beabsichtigen durch die (allerdings ungeschickt plazierte) Parenthese identifiziere.

ist von den Motiven a. a. O. auch der Unterschied von „Vorsatz" und „Absicht" formuliert worden, der sich keineswegs zuspitzt in der gewollten „Herbeiführung des Erfolges" einerseits und der gewollten „Erreichung des Zweckes" andererseits, wie dieses — richtig — von der „Absicht", jenes — irrig — vom „Vorsatz" behauptet wird.

2. Wegen dieses Fehlers könnten sich aber die Verfasser der Motive wenigstens damit entschuldigen, daß sie ihn nicht zuerst begangen haben, daß er sich vielmehr auch in einem von ihnen oft in Erwägung gezogenen und gerade wegen dieses Passus gelegentlich (Bd. II S. 725) erwähnten Gesetze vorfindet, nämlich in dem Schweizerischen Bundesgesetz über das Obligationenrecht Art. 50,[1]) wo die allgemeine Schadensersatzpflicht, die BGB. § 823 an Vorsatz und Fahrlässigkeit knüpft, auf Absicht und Fahrlässigkeit basiert wird. Aber auch auf ein älteres spezifisch deutsches Gesetz, das Sächsische BGB., ist hinzuweisen, das ebenfalls sehr oft von „Absicht" spricht, wo wir jetzt das Wort „Vorsatz" erwarten würden (vgl. Sächs. BGB. §§ 121 Satz 1, 776 Satz 2, 781 Satz 2, 1483; auch §§ 1504 und 1509). Und ebenso finden sich auch trotz des BGB. neuerdings bisweilen Absicht und Fahrlässigkeit nebeneinander gestellt; so [2]) in einem Urteil des Bayer. Oberst. LG. vom 15. Dezember 1902 [3]) und in einem Urteil des OLG. Kassel vom 5. Mai 1902.[4])

3. Gänzlich unklar ist es, wie Matthiaß I § 61 S. 271 sub B 1 dazu kommt, von § 1456 BGB. — und nur von ihm[5]) — zu behaupten, daß hier „Absicht nur den Vorsatz bezeichnet".[6])

V. Die Definition der „Absicht" können wir durch Einarbeitung der für den Vorsatz oben § 55 sub A VIII gewonnenen Definition dahin präzisieren: **Absicht ist diejenige Willensbeziehung,[7]) welche sich auf die Erreichung eines bestimmten Erfolges durch die konkrete Tätigkeit erstreckt.**

VI. Da unsere Definition (oben sub V) auf die „Absicht" schlechthin und im weitesten Sinne sowohl des Wortes selber wie des gesetzlichen Sprachgebrauches paßt und somit neben den Fällen einer „qualifizierten" Absicht (oben § 14 B und C) auch diejenigen einer subjektiv zweifellos indifferenten Absicht (§ 14 A) umfaßt, so ergibt der Ausdruck an sich auch noch keineswegs, daß wir es mit einem ins System der Verschuldensbegriffe gehörigen Terminus zu tun haben. Die sprachliche Situation ist also die nämliche, wie (vgl. oben § 55 sub A II) wegen des Ausdrucks „Vorsatz" schlechthin, und somit vermögen wir auch aus dem begrifflichen Zusammenhange zwischen der „Absicht" und dem „Vorsatz" zunächst nichts in der erwähnten Frage zu folgern.

---

[1]) Er lautet: „Wer einem Andern widerrechtlich Schaden zufügt, sei es mit Absicht, sei es aus Fahrlässigkeit, wird demselben zum Ersatze verpflichtet."

[2]) Aus der Literatur zum BGB. vgl. Schnütgen S. 60, Fränkel, Familienrecht S. 66 und auch Fischer-Henle S. 739 Anm. 4.

[3]) Sammlung der Entsch. des Bayer. Oberst. LG. Bd. III (1903) Nr. 205 S. 1046 (II. Civilsenat Rep. I 169/02); diese Entscheidung bezieht sich auf BGB. § 839.

[4]) Vgl. oben § 42 sub C II 9.

[5]) Die anderen Gesetzesstellen, in denen von der „Absicht zu benachteiligen" die Rede ist, vgl. oben § 14 sub B I.

[6]) Am wenigsten geben zu solcher Deutung die Materialien zu § 1456 Anhalt. Vgl. Mot. IV S. 379 (welche diese Absicht eher mit „Arglist" identifizieren, vgl. unten § 58 sub A II 5 a) und Prot. IV S. 239 § g, S. 267 sub V 1 und 2 und sub A sowie S. 268 oben und vorletzter Absatz. — **Kritiklos** beruft sich auf Matthiaß auch von Weinrich, Haftpflicht wegen Körperverletzung, 2. Aufl., Berlin 1902, S. 26, auch sonst über „Vorsatz" und „Absicht" vieles Irrige behauptend.

[7]) Ein Willensfehler (oben § 55 sub A IX 1) liegt erst in einer „qualifizierten" Absicht (unten sub VII).

VII. Doch werden wir wegen der Fälle der „qualifizierten" Absicht im Besondern[1]) allerdings behaupten dürfen, daß sie ebenso unter die Verschuldensbegriffe gehört, wie nach dem speziellen Sprachgebrauche des BGB. der Vorsatz.

1. Es erhellt diese Notwendigkeit aus folgenden Umständen:

a) Die vom Gesetz gewählten Ausdrücke „Absicht, zu benachteiligen",[2]) (§ 14 sub B I), „Absicht, zu beeinträchtigen"[3]) (§ 14 sub B II), „bösliche Absicht" (§ 14 sub B III), „absichtliche" Herbeiführung einer Unvollständigkeit im Nachlaßinventar (§ 14 sub B IV 1) und „absichtliche" Verzögerung der Auskunft (§ 14 sub B IV 2) lassen auf eine tadelnswerte Richtung der Absicht schließen.

b) Auch die an die qualifizierte Absicht geknüpften einzelnen Rechtsfolgen, insbesondere die Entschädigungspflicht (§ 14 sub B I 1), die unbeschränkte Haftung für Nachlaßverbindlichkeiten (ebenda sub I 3 und IV), die Werterstattungspflicht (ebenda sub II 3 und 4), die Zulässigkeit einer Klage auf Aufhebung des güterrechtlichen Gemeinschaftsverhältnisses (ebenda sub I 2) und das Vorhandensein eines Ehescheidungs- bezw. Enterbungsgrundes (ebenda sub III) kehren ihre Spitze so sehr gegen den Täter,[4]) daß sie als Konsequenzen gerade eines Verschuldens durchaus gerechtfertigt erscheinen oder doch wenigstens nicht gegen die Annahme eines solchen sprechen werden.

c) Insbesondere die „bösliche" Absicht wird nicht bloß durch dies Epitheton unter die Verschuldensbegriffe eingewiesen (vgl. genauer sub VIII), sondern sie gehört unter das „Verschulden" auch darum, weil die Ehescheidungs-[5]) und Enterbungsgründe ihrerseits, wie wir schon bei anderen Gelegenheiten feststellten (vgl. oben § 49 sub II 2 u. IV 1), unter das „Verschulden" — freilich nur unter das Verschulden im weiteren Sinne, oben § 43 sub B II 2 — gerechnet werden müssen.

d) Zur Unterstützung der vorgenannten Gründe kann man dann immerhin noch geltend machen, daß ja auch der „Vorsatz", zu welchem die „Absicht" als Unterfall erschien, vom Gesetzgeber als Verschuldensfall behandelt wird (oben § 55 sub B II 1).

2. Die Literatur spricht sich über die von uns aufgeworfene Frage nirgends aus oder doch nur indirekt, insoweit sie (vgl. oben sub III und IV) die „Absicht" dem „Vorsatz" eingliedert; nur Zitelmann gibt seine Auffassung, und zwar in dem von uns betonten Sinne, dadurch zu erkennen, daß

[1]) Unrichtig ist es, wenn Opet, Kommentar S. 254 sub 2 c β zum Schlußsatz des § 1456 ein Verschulden annimmt; unklar zu demselben Punkt Planck IV S. 217 Anm. 1, richtig Schmidt S. 415 a. E. und Th. Engelmann S. 327 sub β.

[2]) Das Wort „benachteiligen" begegnet im BGB. nur in obiger Phrase; über „Nachteil" vgl. Gradenwitz S. 113, über „Vermögensnachteil" ebenda S. 152. — „Absicht, zu benachteiligen" ist übrigens besonders wichtig nach der Konkursordnung (§§ 31 Nr. 1 und Nr. 2 a. E., 239 Abs. I; vgl. auch „Absicht, zu begünstigen" ebenda § 30 Nr. 2) und dazu z. B. Petersen-Kleinfeller, 4. Aufl., Lahr 1900, S. 165 ff., 689.

[3]) „Beeinträchtigen" findet sich (im Gegensatz zu „benachteiligen", vorige Anm.) auch sonst noch oft im BGB.; vgl. Gradenwitz S. 23; ebenso mehrfach „Beeinträchtigung"; doch weisen die wenigsten dieser Stellen (vgl. etwa §§ 12, 1004, 1358 und insbesondere § 160 Abs. I, oben § 2 sub I 3 a) auf einen hinter der Beeinträchtigung stehenden menschlichen Willen. Aehnlich z. B. bei „stören", „Störer", „Störung"; vgl. Gradenwitz S. 136 (und wegen § 827 Satz 1 unten § 75).

[4]) Anders freilich die in § 14 sub B II 1 und 2 aufgezählten Fälle.

[5]) Mit Ausnahme des nicht auf dem „Verschuldensprinzipe" basierenden Ehescheidungsgrundes der Geisteskrankheit. — Ehescheidungsgrund ist freilich auch in § 1567 nicht sowohl die bösliche „Absicht" selbst wie die auf ihr aufgebaute bösliche „Verlassung".

er S. 153 — unter Hinweis auf meinen Aufsatz im Arch. f. bürgerl. R. XIV, 1898, S. 79 ff.[1]) — die „Absicht" unter den dem Verschulden „verwandten Begriffen" aufzählt.

3. Aus den Materialien kann man sich auf eine Bemerkung der Prot. II Nr. 175 III S. 837 (zu BGB. § 840) berufen, welche davon handelt, daß die einschlägige Bestimmung im Falle eines mitwirkenden Verschuldens des Beschädigten den Ersatz des Wildschadens nicht bloß „bei absichtlichem Handeln" des Beschädigten, sondern „bei jedem schuldhaften Handeln" ausschließe.

4. Die Judikatur[2]) versagt hier einstweilen völlig.

VIII. Die „Absicht" erhält zweimal, nämlich in § 1567 Abs. I Nr. 1 und Nr. 2 (oben § 14 sub B III und IV) das Epitheton „böslich". Ohne auf den Begriff „böslich", der adverbiell als „böslich verlassen" im Eingang desselben Paragraphen begegnet, und auf den sprachlich verwandten Begriff „böswillig" an dieser Stelle genauer einzugehen (vgl. vielmehr unten § 57) wollen wir hier nur feststellen, was zur böslichen Absicht zu bemerken ist:

1. Die Materialien bieten hier wenig Ausbeute; da E. I § 1443 nur von „böslich" (Abs. I), „böslicher Verlassung" (Abs. II, Abs. III Satz 1) und auch von der „Absicht den anderen Ehegatten böslicher Weise zu verlassen" (Abs. III Satz 1) redet, so wird es nicht Wunder nehmen, daß die Motive, so häufig sie sich auch zum Worte „böslich" äußern,[3]) die „bösliche Absicht" gleichfalls unerwähnt[4]) lassen. Prot. IV Nr. 292 IV S. 402 sub C (vgl. ebenda S. 401 sub IV 3 und S. 404 sub E) erklären nur, daß sie in der Einfügung des Ausdrucks „in böslicher Absicht" an Stelle des Ausdrucks „böslicherweise" lediglich eine „redaktionelle Abweichung" erblicken, welche „der Prüfung der Redaktionskommission überlassen" wurde.

2. Die Literatur,[5]) soweit sie sich überhaupt genauer zu dieser Wendung äußert,[6]) ist sich dahin einig, daß die bösliche Absicht eine aus bösem Willen hervorgehende Handlungsweise[7]) ist, so daß also ein Fall des Vorsatzes oder vielmehr ein über den Vorsatz hinausgehender Begriff[8]) gegeben ist. Un-

---

[1]) Vgl. oben S. 2 Anm. 5.

[2]) Zwei Erkenntnisse des Reichsger. (vom 9. April 1891, Bd. 27 S. 285 und vom 15. Mai 1902, in Gruchots Beitr. 46 S. 1125 ff.), wegen derer Warneyer I S. 212 zu § 2005 von „schuldhaften Verhalten" bei Aufstellung des Inventars spricht, sagen selber hiervon garnichts.

[3]) Ueber die einschlägigen Aeußerungen der Mot. (insbes. IV S. 588 ff.) vgl. unten § 57 sub A III 2 a; dort werden wir finden, daß sie inhaltlich mit dem oben im Text Bemerkten durchaus harmonieren.

[4]) In Mot. IV S. 592 wird von der Störung der häuslichen Gemeinschaft „in der Absicht, den anderen Ehegatten böslicherweise zu verlassen" und ebenda S. 593 (oben) von der „Absicht der böslichen Verlassung" gesprochen und ebenda S. 591 davon, daß der Beklagte später „in ernstlicher Absicht zur Fortsetzung der häuslichen Gemeinschaft sich bereit erklärt", sowie ebenda S. 592, daß seine „Schritte" zur Herstellung dieser Gemeinschaft „in der Tat ernstlich gemeint sind". — Da diese Absicht also a. a. O. nicht den Begriff der Böslichkeit selber erklärt, sondern letztere voraussetzt und da die „Ernstlichkeit" sich auf die Beseitigung des kritischen Zustandes bezieht, sind diese Stellen für unsere gegenwärtige Erörterung belanglos. Im übrigen vgl. wegen Mot. IV a. a. O. unten Anm. 7.

[5]) Ueber die Literatur zum Begriff „bösliche Verlassung" bezw. zum Begriff „böswillig" s. auch unten § 57 sub A IV.

[6]) Zitelmann a. a. O. bemerkt zum Begriff „bösliche Absicht" dasselbe wie zum Begriff „Absicht" überhaupt.

[7]) Vgl. z. B. Fischer-Henle S. 792 Anm. 6, Th. Engelmann S. 530 sub c γ. Ueber Mot. IV S. 590 unten § 57 sub A III 2 a. — Das Bewußtsein der Rechtswidrigkeit betonen z. B. Schmidt, Ehescheidung und richterliches Ermessen (oben S. 240 Anm. 5) S. 11/12 und Eichhorn im „Recht" Bd. VII (1903) Nr. 23 S. 564, Planck IV S. 319, Davidson S. 49 ff. Vgl. auch Süßheim im Arch. f. civilist. Praxis 91 (1901) S. 407.

[8]) Vgl. Kipp I S. 453 Anm. 1 a. E.

genau aber ist es, wenn Kuhlenbeck[1]) die bösliche Absicht dem animus nocendi unterstellt; und soweit Dernburg[2]) seine Bemerkung, daß man „die schädliche Folge bezweckte", auf die bösliche Absicht des § 1567 bezogen wissen will,[3]) ist diese Wendung unzutreffend;[4]) ferner ist es nicht ganz zu billigen, wenn Schollmeyer[5]) durch die Wendung „Verschulden oder gar bösliche Absicht" die letztere aus der Sphäre des „Verschuldens" herausrücken zu wollen scheint, und wenn Erler[6]) bezüglich der „schweren Pflichtverletzung" des § 1568 (oben § 37) von „böser Absicht" spricht.

3. Auch die Judikatur[7]) betont, daß zur „böslichen Absicht" der böse Willen, sowie das Bewußtsein der Verletzung der durch die Ehe begründeten Pflichten gehört.[8])[9])

4. Aus diesen für die „bösliche Absicht" wesentlichen Kriterien lassen sich sofort die verschiedensten Folgerungen[10]) ableiten: so, daß der Ehescheidungsgrund des § 1567 nicht Platz greift, wenn der Beklagte berechtigt ist, die Herstellung der häuslichen Gemeinschaft zu verweigern; wenn er sich in gutem Glauben und entschuldbarem Irrtum über sein Weigerungsrecht befindet; wenn er wegen Krankheit oder um einer Strafe zu entfliehen, die häusliche Gemeinschaft aufgegeben bezw. nicht wiederhergestellt hat; wenn er sich in einem Zustande der Willenlosigkeit befindet.

---

1) Kuhlenbeck, Von den Pandekten II S. 44 sub I (unten sub X 1 d).

2) Dernburg II 1 § 63 S. 135 sub 1 a. E.

3) Und dies muß angenommen werden, weil § 1567 eben die einzige Norm ist, die von „böslicher Absicht" redet. Soweit Dernburg im gleichen Satze von „Absicht" schlechthin spricht, ist dies mit Bezug auf die oben sub VII besprochenen Stellen richtig, aber wiederum wegen der §§ 87 usw. (oben § 14 sub A) unzutreffend.

4) Denn der schuldige Ehegatte bezweckt ja keineswegs notwendig die Scheidung (dies besagt auch nicht der Ausdruck ‚animus dirimendi matrimonii', auf den die Literatur zu § 1567 gern anspielt; Opet S. 396 sub γ, Planck IV S. 319, Schmidt, Ehescheidung und richterliches Ermessen S. 12), und die Dereliktion bezw. die Quasidereliktion ist kein „Zweck".

5) Gelegentlich, in der Würzburger Festrede über das Recht der Notwehr 1899 (vgl. oben § 48 S. 365 Anm. 4) S. 9.

6) Erler, Ehescheidungsrecht und Ehescheidungsprozeß, 2. Aufl. 1900, S. 112.

7) Ueber die ältere Judikatur (z. B. Entsch. d. Reichsger. Bd. 15 S. 203 ff., Bd. 33 S. 171 ff.) vgl. z. B. Engelmann a. a. O. (S. 530 sub c γ), Schmidt a. a. O. S. 12 f. Die neuere Judikatur zu § 1567 findet sich bei Warneyer I S. 169 f., II S. 119, Scherer I S. 121 f., II S. 227, III S. 362 und in der Spruchsamml. I S. 48, II S. 32 zusammengestellt; vgl. auch Neumann, Jahrb. I 2 S. 65 f.

8) Vgl. z. B. Entsch. des Reichsger. vom 6. Juni 1902 (III 63/1902) in der Jur. Wochenschr. 31 (1902) Beil. 9 Nr. 119 S. 248; vom 20. November 1902 (IV 231/1902), ebenda 1903 Beil. 1 Nr. 26 S. 12; Entsch. des Kammerger. vom 6. November 1902 bei Mugdan und Falkmann V (1902) Nr. 74 g S. 401 ff.; OLG. Hamburg vom 19. November 1901, ebenda Bd. IV (1902) Nr. 25 g S. 87, und vom 14. Juli 1902, ebenda VII (1903) Nr. 11 f S. 104; OLG. Jena vom 29. Januar 1900, ebenda I (1900) Nr. 47 S. 91. Etwas modifiziert Entsch. des Reichsger. vom 22. Januar 1903 (IV 288/02) in Bd. 53 (1903) Nr. 86 S. 337 ff. Gelegentlich, nämlich im Erkenntnis vom 13. Dezember 1900 (IV 239/00), Jur. Wochenschr. 30 (1901) S. 53 (oben § 42 sub B II 4 b S. 308 Anm. 12), spricht das Reichsger. auch zu BGB. § 1568 von „böslicher Absicht".

9) Das Jenenser Erkenntnis spricht von „böslicher Gesinnung".

10) Vgl. dazu insbesondere Engelmann a. a. O., Hollweck S. 219 (und Anm. 2), 120, Neumann, Jahrb. I 2 S. 65 Note 7, Opet a. a. O. (S. 396 sub γ und 397 sub γ), Planck IV S. 319, Schmidt a. a. O. S. 11 ff., auch Jacobi, Persönliches Eherecht S. 94 Anm. 109 b, sowie die in Anmerkung 8 zitierte Judikatur; vgl. auch noch unten § 57 S. 432 Anm. 2. Insbesondere auch wegen des guten Glaubens (im untechnischen Sinne, vgl. oben § 34 sub I 6 c S. 210 Anm. 1 sowie unten sub X 5 a) schließe ich mich den vorerwähnten Schriftstellern gegen Cosack II § 289 S. 485/486, Endemann II S. 680 Anm. 21 und Fränkel, Familienrecht S. 93 an. — Aus der neueren Judikatur vgl. außer den Angaben in Anmerkung 7 und 8 auch die Zusammenstellung bei Müller und Meikel II S. 190.

5. Das Epitheton „böslich" unterscheidet sich von den Epitheta „grob" und „schwer", die wir mehrfach — in Verbindung mit „Fahrlässigkeit", „Mißhandlung", „Pflichtverletzung", „Undank", „Verfehlung" und „Vergehen" — antrafen (vgl. oben § 37 sub I 4 b und sub II 2, § 40 sub II und III, § 49 sub VI 1), dadurch, daß es nicht ein rein objektives, lediglich den äußeren Grad des Verschuldens kennzeichnendes Merkmal ist, sondern daß es die interne Seite anzeigt, das Maß, in welchem sich der Täter subjektiv vergangen hat, den „bösen" Charakter seiner Willenstätigkeit.

IX. Wegen der „Absicht" stellt das Gesetz an mehreren Stellen Vermutungen auf:

1. In Ergänzung der Bemerkungen oben § 14 sub A 6 ist die Vermutung zu erwähnen, welche laut § 2255 Abs. II für die Absicht des Testators spricht, das Testament aufzuheben, wenn er die Testamentsurkunde vernichtet oder so verändert hat, wie man den Willen, eine schriftliche Willenserklärung aufzuheben, auszudrücken pflegt; vgl. auch oben § 55 sub A VI 4.

2. Aus den Bemerkungen oben § 14 sub A 5 (und auch oben sub II 3) kennen wir sodann die Vermutung, welche laut § 685 Abs. II gegen die Absicht der Aszendenten und Deszendenten spricht, wegen gegenseitiger Alimentation Ersatz zu verlangen.

3. Aus der Zusammenstellung oben § 14 sub A 5 kennen wir endlich zugleich die analoge Vermutung, welche laut §§ 1429 und 1618 gegen die Absicht des Ersatzverlangens bei der Ehefrau und bei einem volljährigen dem elterlichen Hausstande angehörigen Kinde spricht.

4. Alle diese Gesetzesstellen betreffen aber nur Fälle, in denen es sich um eine gutartige oder indifferente „Absicht" handelt, interessieren also für das Thema „Verschulden" und das Spezialthema Beweis eines Verschuldens nicht im mindesten.

X. Es erübrigt noch, den Begriff „Absicht", dem wir — insofern es sich wenigstens um die Fälle der „qualifizierten Absicht" handelt — sub VII Bürgerrecht im Reiche der Verschuldensformen (im engeren Sinne) zubilligten, mit den anderen Verschuldensbegriffen[1]) zu vergleichen.

1. Hiebei müssen wir zunächst nochmals auf das Verhältnis zum Vorsatz (oben sub IV) zurückgreifen.

a) Nach unserer Meinung ist die Absicht als ein Unterfall des Vorsatzes zu betrachten; aber da das BGB. von Vorsätzen nur böse kennt, ist im Sinne des Sprachgebrauches des BGB. nur die „qualifizierte" Absicht im besonderen[2]) als Unterfall des Vorsatzes im Sinne des BGB. anzusehen und die indifferente Absicht lediglich als Unterfall des Vorsatzes im weiteren, allgemein-sprachlichen und -logischen, im BGB. selber aber nicht begegnenden Sinne.

b) Insofern, aber nur insofern, ist Kritik an denjenigen Bemerkungen der Literatur auszuüben, welche schlechthin und ohne die oben angedeutete Einschränkung die im übrigen zutreffende Einordnung der Absicht in den Vorsatz vornehmen; übrigens findet sich diese Einordnung

---

[1]) D. h. mit den Fällen subjektiven Verschuldens; denn mit dem lediglich objektiven Unrecht (Rechtswidrigkeit, Widerrechtlichkeit usw.) hat die (qualifizierte) „Absicht" begrifflich nichts zu tun, es muß vielmehr (wie beim Vorsatze, oben § 55 sub A VII 2 a) das objektive Unrecht nebst seiner Vorstellung nur noch hinzukommen. — Nicht technisch gemeint ist es, wenn Planck IV S. 228 Anm. 1 a. E. zu § 1468 Nr. 12 von „grobem Mißbrauch" der Stellung des Mannes redet.

[2]) Vgl. wegen Dernburg und Matthiaß oben sub VIII 2 und IV 3.

ausdrücklich nur bei Oertmann (S. 36 Anm. 1 a),[1]) Richard Neumann[2]) und Meves[3]) ausgesprochen; aber auch bei Dernburg (II 1 S. 135), Endemann (I S. 637 Anm. 8 Abs. II) und Fischer-Henle (S. 154 Anm. 3) läßt sie sich aus den einschlägigen Aeußerungen herauslesen; Dernburgs diesbezügliche Auffassung erhellt auch noch aus einer gelegentlichen Bemerkung II 2 § 393 II 1 S. 640 (zu BGB. § 826); und ebenso finden sich einschlägige Bemerkungen bei Planck IV S. 217 Anm. 1 (wonach zu § 1456 „Vorsatz ohne die Absicht der Benachteiligung . . . nicht genügt"), V S. 315 Anm. 4 zu § 2138 und auch V S. 534 Anm. 2 b zu § 2287. Aus den Materialien, über deren mehrfach irrige Bemerkungen zum Verhältnis von „Vorsatz" und „Absicht" bereits an anderer Stelle (oben sub IV 1) gesprochen wurde, kann es als Bestätigung der Einordnung von „Absicht" unter den „Vorsatz" gelten, wenn Prot. IV Nr. 282 V S. 268 zu BGB. § 1456 in Gegensatz zur Benachteiligungsabsicht die Fälle der fahrlässigen (unerlaubten) Handlungen stellen und ferner (ebenda S. 267 a. E., S. 268 a. E.) die vorsätzlich begangenen unerlaubten Handlungen als etwas engeres wie die aus bloßer Benachteiligungsabsicht hervorgegangenen Handlungen ansehen.

c) Unrichtig[4]) erscheint es mir dagegen, wenn Cosack (I S. 249 oben und in Beispiel II) Vorsatz und Absicht einfach identifiziert. — Unrichtig ist es ferner, wenn Krückmann (3. Aufl. S. 158) meint, im Begriffe des Vorsatzes stecke „ganz unzweifelhaft auch der Begriff der Absichtlichkeit", weil „Vorsatz" das „Erkennen, Vorhersehen" sei, „daß die Handlung den Erfolg haben werde, den sie wirklich hat, zugleich mit der Absicht, die Handlung vorzunehmen und den Erfolg herbeizuführen"; und „der Mörder hatte den Vorsatz zu töten" heiße, „er erkannte, daß seine Handlung den Tod herbeiführen konnte und er wollte die Handlung und ihren Erfolg". Ungenau ist es auch, wenn Neumann, Handausgabe S. 1209 Note 3 b zum Falle des § 2138 Abs. II lediglich von „vorsätzlicher" Schädigung des Nacherben spricht. Endlich ist, wenn sie sich auf den gesetzlichen Sprachgebrauch beziehen soll, die Notiz von Landsberg I S. 254 zu tadeln: „Vorsatz . . . wohl auch Absicht, Arglist geheißen."

d) So wenig wir den ‚dolus' für identisch mit dem „Vorsatze" erachten konnten, so wenig werden wir „Absicht" schlechthin und ‚dolus' identifizieren dürfen; wohl aber wird die „qualifizierte" Absicht („zu benachteiligen" usw.) dem römischen Dolusbegriff (‚dolus malus') entsprechen, und wir werden uns nicht nur der Endemannschen[5]) Auffassung anschließen, sondern mit der erwähnten Maßgabe auch gelegent-

---

[1]) Andererseits gehen auch bei Oertmann gelegentlich (S. 251 sub 1, vgl. bereits oben § 37 sub II 2 a S. 244 Anm. 6) „Vorsatz" und „Absicht" durcheinander. Ebenso z. B. bei Endemann III S. 454 sub b zu § 2005 Abs. I a. A., Neumann, Handausgabe II S. 1209 Anm. 3 b zu § 2138 und wohl auch bei Opet S. 399 Anm. 3 a zu § 1568, indem er neben der groben Fahrlässigkeit einer zwar leichten, aber absichtlichen Verletzung gedenkt.

[2]) R. Neumann, Anfechtungsrecht und Schadensersatzanspruch wegen arglistiger Täuschung, Freib. Dissertation, Heidelberg 1902, S. 17.

[3]) Meves in Goltdammers Archiv für Strafrecht 46 (1898/99) S. 84.

[4]) Auch Crome setzt zwar I § 111 S. 496 für „Vorsatz" den Ausdruck „Absicht" ein, jedoch nur zum Spezialfalle des § 254 BGB.; hierüber vgl. erst unten § 68 beim „Verschulden gegen sich selbst". Nichts einzuwenden ist gegen die Einschiebung des Ausdrucks „Absicht" (statt „Vorsatz") bei Crome II S. 1041 sub 2 und in Anm. 13.

[5]) Endemann a. a. O. (I S. 637 Anm. 8 Abs. II).

liche Aeußerungen von Kipp[1]) und Enneccerus-Lehmann[2]) für fehlerfrei erklären müssen.[3]) Wenn dagegen Kuhlenbeck, Von den Pandekten II S. 44 sub I a. E. (zu BGB. §§ 1456, 1567, 2138, 2287) von einem dolus spricht, der den animus nocendi einschließt und der teils als „Absicht, zu benachteiligen“, teils als „bösliche Absicht“ bezeichnet wird, so ist die Einreihung der „böslichen Absicht“ unter diesen animus nocendi nicht zu billigen, da hiervon im Gesetz nichts angedeutet wird.[4]) — Uebrigens reden auch die Motive gelegentlich (V S. 680 zu dem dem BGB. § 2005 entsprechenden E. I § 2106 Abs. I nebst § 2148 Nr. 3) von „dolosem“ Verschweigen von Nachlaßgegenständen.

2. Mit der „Fahrlässigkeit“ hat die „Absicht“ nichts gemein; als Unterfall des „Vorsatzes“ tritt sogar die „qualifizierte“ Absicht in Gegensatz[5]) zur Fahrlässigkeit.

3. Zu einer Anzahl anderer in der Materialssammlung erwähnter und in §§ 31—55 besprochener Begriffe haben wir der Antwort auf die Frage nach ihrem Verhältnisse zur „Absicht“ schon insofern vorgearbeitet, als wir bereits feststellten, daß wir diese Begriffe dem „Vorsatze“ (im Sinne des BGB.) einordnen müssen; denn da die „Absicht“ ein Spezialfall des Vorsatzes ist, werden wir nunmehr diese Begriffe ohne weiteres auch der Absicht einrangieren dürfen.

a) Es gilt dies:

α) von dem „nach dem Leben Trachten“ (oben § 55 sub B VIII), das ausdrücklich auch von dem Reichstagskommissionsbericht[6]) als „Absicht“ bezeichnet wird;[7])

β) von der „Drohung“ (oben § 55 sub B VI), die ja (vgl. oben § 51 sub A II) den Zweck verfolgt, einen Andern zu etwas zu „bestimmen“[8]) und die ausdrücklich von Enneccerus-Lehmann I

---

[1]) Ueber Kipp III S. 475 oben S. 416 Anm. 4.

[2]) Ueber Enneccerus-Lehmann II S. 834 sub 2 gleichfalls oben S. 416 Anm. 4.

[3]) Richtig auch Schnütgen S. 60 a. E. (zu §§ 1456, 1468, 1567, 2287).

[4]) Kuhlenbeck seinerseits hätte übrigens andeuten sollen, daß die Zitate §§ 1519, 1549, 1487 und 2335 nur indirekt (durch Verweisungen) bedeutsam sind. — In seinem Kommentar zum BGB. 3. Aufl. Bd. II S. 473 Anm. 2 bezw. S. 482 zu BGB. §§ 1456 und 1468 meint Kuhlenbeck: „Absicht ist mehr als Vorsatz, nämlich nicht nur die Vorstellung des Nachteils, sondern diese Vorstellung als Motiv“ und „die Vorstellung des Nachteils muß das Motiv der Handlung gewesen sein“. Diese Bemerkungen werden aber nur für den Spezialbedarf der §§ 1456 und 1468 und der anderen oben § 14 sub B I aufgeführten Normen sowie analog für die Normen ebenda sub II, dagegen nicht für das Verhältnis von „Absicht“ und „Vorsatz“ schlechthin richtig sein.

[5]) Ueber falsche Formulierungen der Gegensätze (in der Judikatur und Literatur) vgl. oben S. 418 Anm. 2—4 und S. 423 Anm. 1; vgl. auch Frommhold S. 67 Anm. 1 d zu BGB. § 2005 (absichtlich oder „fahrlässigerweise“).

[6]) Reichstagskommissionsbericht S. 196 (zu § 1549 des III. Entwurfes): Es komme, „wie sich aus dem Wort „trachtet“ ergibt, auf die Absicht an. Diese Absicht sei sogar beachtlich, wenn sie sich auch nur in einem Versuch mit untauglichen Mitteln objektiviere; selbst Vorbereitungshandlungen könnten den Begriff ausfüllen, wenn sie so weit gediehen seien, daß sich aus ihnen ein „Trachten“ nach dem Leben mit Sicherheit schließen lasse“. Auch später wird nochmals von der „Absicht, das Leben zu nehmen“ gesprochen, während „eine das Leben gefährdende Behandlung“ „auch ohne solche Absicht möglich sei“ und „selbst auf Fahrlässigkeit beruhen könne“. — Ebenso sprechen Mot. II S. 303 (vgl. oben § 53 sub I 4 S. 385 Anm. 1 und die dortigen Verweisungen) betr. des Schenkungswiderrufs wegen Undanks von der „bestimmten Absicht“ (und zugleich vom „Vorsatz“, vgl. oben sub 1 a) bei der „Lebensnachstellung“.

[7]) Vgl. auch Jacobi, Persönliches Eherecht S. 94, Erler S. 99 (oben S. 239 Anm. 8).

[8]) Vgl. auch Piper (oben S. 101 Anm. 3) S. 37 und S. 43 sub 4.

§ 79 I S. 205, von Müller und Meikel I S. 130 und von Rehbein I S. 143 Anm. c für eine „Absicht“ erklärt wird. Jedoch wird man hier acht geben müssen und als Anwendungsfälle der „qualifizierten“ Absicht und mithin als Verschuldensfälle nur diejenigen Normen auffassen dürfen, in welchen es sich nicht um eine subjektiv vielleicht schuldlose (z. B. scherzhafte, auf Erzielung einer Willenserklärung gerichtete) Drohung handelt, sondern lediglich diejenigen Normen, in welchen, wie in §§ 825 und 847 Abs. II (oben § 22 sub II 2), die Drohung auf Erreichung eines tadelnswerten Endzweckes abzielt.

b) Zu den unerlaubten und strafbaren Handlungen (§§ 39 und 47) kommt die Absicht höchstens insofern in Beziehung, als (oben § 55 sub B IV) zwischen ihnen und dem Vorsatze Beziehungen obwalten und dann im Einzelfall, was durchaus nicht erforderlich ist, dieser Vorsatz sich zur Absicht verdichtet.

4. Ob und welche Beziehungen zwischen Absicht einerseits und Arglist, Böslichkeit usw. andererseits vorliegen,[1]) läßt sich erst nach Besprechung dieser Begriffe (§§ 57 ff.) untersuchen.

5. Lediglich weil sich hierüber irrige Bemerkungen in der Literatur vorfinden, sei noch auf folgende Begriffe ein Blick geworfen:

a) Bei Enneccerus-Lehmann wird Bd. II S. 704 sub 5 „Absicht“ mit Mangel „guten Glaubens“ konfundiert und Strohal spricht (2. Aufl.) S. 425 sub VI von „unredlichem“ Verhalten; beide Aeußerungen beziehen sich auf § 2005 BGB. und beide sind ungenau; denn es kommt für § 2005 nicht auf den guten bezw. bösen Glauben,[2]) sondern auf den guten bezw. bösen Willen an, und auch die Absicht, die Nachlaßgläubiger zu benachteiligen, verdient nicht unbedingt das Prädikat „unredlich“.

b) Hellmann, Vorträge S. 178 meint, daß in gleichem Sinne mit „absichtlich“ ein paar Mal, nämlich in §§ 162 und 815, die Worte „wider Treu und Glauben“[3]) verwendet würden. Beide Stellen, von denen § 162 die Wendung zweimal, in seinen beiden Absätzen, gebraucht, sprechen von der Beeinflussung des Eintritts einer Bedingung oder eines Erfolges; in § 162 Abs. I und in § 815 handelt es sich dabei darum, daß „der Eintritt wider Treu und Glauben verhindert“, in § 162 Abs. II darum, daß „der Eintritt wider Treu und Glauben herbeigeführt“ wird. Die Folge ist, daß bei treuwidriger Verhinderung die Bedingung als eingetreten gilt (§ 162 Abs. I) bezw. die condictio ob causam datorum versagt wird (§ 815) und daß bei treuwidriger Herbeiführung des Eintrittes der Bedingung diese als ausgefallen gilt (§ 162 Abs. II). — Es greift also ein Rechtsnachteil für den treuwidrig Handelnden ein, aber damit ist noch nicht gesagt, daß die treuwidrige Handlung zugleich eine subjektive Treuwidrigkeit enthält; der Ausdruck kann und muß vielmehr im lediglich objektiven Sinne gedeutet werden,[4])

---

[1]) Vgl. wegen einiger Bemerkungen bei Eck bezw. Enneccerus-Lehmann oben S. 416 Anm. 4.

[2]) Natürlich nicht im technischen Sinne (oben §§ 8 und 34); vgl. oben S. 210 Anm. 1.

[3]) Beziehungen zwischen „Treu und Glauben“ und „Absicht“ deutet auch Kuhlenbeck, Von den Pandekten II S. 44 sub 1 a. E. an, indem er von einem „besonders qualifizierten dolus“ spricht, der „mehr“ sei als „bloße Verletzung von Treu und Glauben“.

[4]) Vgl. Hoelder S. 354 und wohl auch Kuhlenbeck a. a. O., während z. B. Planck I S. 281 zu § 162 und Planck II S. 586 f. sowie Oertmann S. 544 sub 2

wie wir dies ja auch wegen der „Verstöße gegen Treu und Glauben" (§ 320 Abs. II) getan haben (oben § 45 sub A II) und wie „Treu und Glauben" auch sonst (§§ 157, 242, oben § 31 sub A III 1 c) lediglich einen objektiven Maßstab bieten. — Aber selbst wenn wir zu §§ 162 und 815 eine subjektive Treuwidrigkeit anzunehmen hätten, wäre gegen die Hellmannsche Bemerkung zu protestieren, dann aber freilich aus dem Grunde, weil man die Identifizierung mit „absichtlich" für weitaus zu milde erachten und etwa Identität mit Böswilligkeit, Arglist, Hinterlist oder dergleichen Begriffen (unten §§ 57 ff.) behaupten müßte.

B. Im HGB.[1] [2]) findet sich „absichtlich" in § 706 Nr. 3 Abs. I und Abs. IV; in letzterem Absatz steht auch das Wort „vorsätzlich" (vgl. oben § 55 sub C); und wenn auch nicht dieser Abs. IV imstande ist, für den Sprachgebrauch des HGB. eine Identität von „Absicht" und „Vorsatz" zu ergeben, weil von ähnlichen aber nicht gleichen Dingen[3]) die Rede ist, so wird sich dies Resultat aus einem Vergleiche des § 706 Nr. 3 Abs. IV mit § 700 Abs. I HGB.[4]) (gleichfalls oben § 55 sub C) gewinnen lassen.[5]) — Ferner findet sich „absichtlich" innerhalb der „Strafvorschriften" des Aktienrechts (§§ 312 ff. HGB.) in HGB. § 312 Abs. I in unmittelbarer Nähe gewisser anderer Strafvorschriften, die (vgl. unten § 62 sub B) von „wissentlich falschen" Angaben und dgl. sprechen.[6])

§ 57.

Die Böslichkeit; die Böswilligkeit.

Die Erörterungen über den Begriff „Absicht" in § 56 leiten uns zu dem Begriffe „böslich (sub A) und dieser (sub B) zum Begriffe „böswillig" über.

---

und Mayring S. 697 sub 1 b zu § 815 schweigen; Rehbein I S. 239 f. und Riezler S. 462 sub 1 zu § 162 reden von „unredlicher" Einwirkung und „vertragswidrigem" Verhalten bezw. (Riezler a. a. O. mit Prot. I Nr. 29 III S. 184) von „bewußt pflichtwidrigem Eingreifen".

[1]) Ueber die KO. vgl. oben S. 419 Anm. 2. — Zu § 3 Nr. 2 des Anf.Ges. vom 21. Juli 1879 neuestens eine Entsch. des Reichsger. vom 4. März 1904 (VII 483/03) in Bd. 57 (1904) Nr. 36 S. 161 ff.

[2]) Vgl. auch Allgemeines HGB. Art. 359, für den HGB. 1897 keine entsprechende Norm behalten hat.

[3]) Einerseits von „vorsätzlicher" Herbeiführung der Strandung (zur Rettung von Schiff und Ladung) und andererseits von „absichtlicher" Zufügung von Schäden (an Schiff und Ladung).

[4]) Denn § 700 spricht von „vorsätzlicher" Zufügung von Schäden (an Schiff oder Ladung oder beiden).

[5]) Dies mag dann unterstützend verwertet werden, um die nahe begriffliche Verwandtschaft von „Absicht" und „Vorsatz" (oben sub A IV und X 1) auch für das BGB. zu erhärten, zugleich aber auch, um nochmals festzustellen, daß eine „Absicht" nicht immer auf einen unedlen Zweck hinweist (oben sub A I 1).

[6]) Andere in diesem Zusammenhange interessierende Normen (außer den oben Anm. 1 erwähnten) sind: Ges. betr. das Urheberrecht an Mustern und Modellen vom 11. Januar 1876 (RGBl. S. 11) § 6 Nr. 1 („Absicht der gewerbsmäßigen Verbreitung und Verwertung"), Ges. zur Bekämpfung des unlauteren Wettbewerbs v. 27. Mai 1896 (RGBl. S. 145) § 4 Abs. I („Absicht, den Anschein . . . hervorzurufen") und § 9 Abs. I („Absicht . . . Schaden zuzufügen"); vgl. auch § 8 Satz 1 („in einer Weise . . ., welche darauf berechnet . . . ist . . . zu . . "), Börsengesetz vom 22. Juni 1896 (RGBl. S. 157) § 78 Satz 1 („gewinnsüchtige Absicht") und § 79 Abs. I Nr. 2 („absichtlich zum Nachteil"). — Vgl. auch („Zweck, zu täuschen") Ges. zum Schutz der Warenbezeichnungen (oben S. 358 Anm. 7 und S. 412 Anm. 3) § 15 Satz 1; vgl. auch ebenda § 16 sowie das sog. Depotgesetz vom 5. Juli 1896 (RGBl. S. 183) § 10.

A. Die Böslichkeit:

I. „Böslich" findet sich zwar nur in einem einzigen Paragraphen, § 1567, dort aber nicht nur (Abs. II Nr. 1 und 2, oben § 56 sub A VIII) in Verbindung mit dem Substantivum „Absicht", sondern auch (Abs. II a. A.) in Verbindung mit „Verlassung" [1]) (vgl. oben § 38) und (Abs. I) adverbiell in Verbindung mit „verlassen". Es sind daher unsere Bemerkungen im § 56 a. a. O. für den Begriff der „Böslichkeit" [2]) keineswegs erschöpfend, um so weniger, als wir dort aus der Verbindung „bösliche Absicht" lediglich das zweite Wort akzentuiert hatten.

II. Sprachlich besagt der im Gesetz unerklärt gelassene Begriff nichts Präzises; insbesondere verrät er ebenso wie sein sprachlicher Gegensatz „gütlich" [3]) nicht, ob die betreffende Handlungsweise lediglich objektiv „böse" [4]) ist oder auch subjektiv, so daß sie ins Gebiet des „Verschuldens" (zunächst im weiteren Sinne) eingestellt werden könnte.

III. Zum Begriffe „böslich" äußern sich die Materialien wiederholt.

1. Zunächst sagen die Motive an hervorragender Stelle (I S. 281), nämlich im Anschluß an gewisse Bemerkungen [5]) über „Vorsatz", „Absicht" und „böswillig" und vor den Bemerkungen zu „Verschulden" [6]) folgendes: „In § 1443" — dem jetzigen § 1567 BGB. — „ist zur Kennzeichnung der aus bösem Willen hervorgegangenen, bewußt rechtswidrigen Zerreißung der häuslichen Gemeinschaft im Anschlusse an die in der Wissenschaft, Praxis und Gesetzgebung übliche Redeweise der Ausdruck „bösliche" Verlassung gebraucht. — Vergl. hierzu über bösliche Handlungsweise HGB. Art. 396, 427, 610; Entsch. des Reichsgerichtes in Civils. I Nr. 10 S. 22, Nr. 18 S. 36." Eine eigentliche Definition von „böslich" bietet aber diese Stelle nicht, sie beschäftigt sich eben sofort mit der „böslichen Verlassung" [7]) bezw. der „böslichen Handlungsweise". Daß das Gesetz sogar absichtlich eine Definition vermieden hat, ergeben Mot. IV S. 590: „Den Begriff der böslichen Handlungsweise im Gesetze näher zu bestimmen, ist im Hinblicke darauf, daß dieser Begriff seit langer Zeit in der Wissenschaft und Praxis, wie in der Gesetzgebung eingebürgert ist, nicht erforderlich (vergl. Entsch. d. RG. in Civils. XV, 43; Urt. d. RG. bei Gruchot XXX S. 851 ff., Seuffert XLII, 35, 303)."

2. Immerhin finden sich in den Materialien einige sonstige Stellen, die uns auf die richtige Spur bringen:

---

[1]) Die „bösliche Verlassung" findet sich neuestens auch in der deutschen Uebersetzung des II. Abkommens über das internationale Privatrecht vom 12. Juni 1902 (oben S. 409 Anm. 4) Art. 5 Nr. 2 (S. 235).

[2]) Dies im BGB. selber nicht anzutreffende Substantivum wird im Verlaufe nicht entbehrt werden können.

[3]) „Gütlich" — etwa in Verbindung mit „Einigung", „sich einigen", vgl. Gradenwitz S. 47 — ist im BGB. nicht anzutreffen.

[4]) „Böse" allein findet sich ebenfalls nicht, sondern nur in der Zusammensetzung „böslich" und (unten sub B) „böswillig"; auch nicht als „böser Glaube". „Gut" findet sich adjektivisch in Verbindung mit „Glauben" (in §§ 926, 932—934, 936 f., 945, 955, 957, 990 f., 1007, 1121, 1208, 1262 und 2024) und mit „Sitten" (in §§ 138, 817, 819, 826, EG. z. BGB. Art. 30); vgl. oben § 34 sub II 6 S. 212 Anm. 1. Dazu „Güte" in §§ 243, 607, 700; ferner sehr oft (über 100 Mal, vgl. Gradenwitz S. 84) „das Gut" nebst Komposita („Gütergemeinschaft" usw., vgl. Gradenwitz S 84 f., pag. XV Sp. 1 a. E.). — Endlich „gutgläubig" in §§ 936, 1007 und 2025.

[5]) Oben § 55 sub A VI 2 und § 56 sub A II 1 sowie unten sub B II 1.

[6]) Oben § 42 sub B I 2 b.

[7]) Desgleichen die Register (zum Entwurf und den Mot. S. 18, zu den Prot. S. 109); über die dort zitierten Stellen aus Mot. IV S. 588 ff. und Prot. IV S. 401 f. vgl. unten sub 2 a und b; die gleichfalls zitierten Mot. V S. 444 ff. ergeben insbesondere für unsere Frage nichts von Belang.

a) Zunächst mehrere Bemerkungen in Mot. IV S. 588—593 (zu BGB. § 1567): Aus Mot. a. a. O. S. 589 erfahren wir, daß „nicht jede aus bösem Willen hervorgegangene Verletzung der durch die eheliche Gemeinschaft begründeten Pflichten" in Betracht komme (als Scheidungsgrund der „böslichen Verlassung"), „sondern nur das eigenmächtige und böslicherweise erfolgende Aufgeben der häuslichen Gemeinschaft". — Ebenda S. 590 wird bemerkt, daß in der vorliegenden Norm „im Anschlusse an die in der Wissenschaft und Praxis, wie in den Gesetzgebungen hergebrachte (sic!) Ausdrucksweise das Wesen des hier fraglichen Scheidungsgrundes, nämlich die aus bösem Willen hervorgegangene Zerreißung der häuslichen Gemeinschaft, in scharfer Weise gekennzeichnet" werde. — Ebenda S. 591 (a. E.) wird (zu Abs. II des E. I § 1443) von der „Hartnäckigkeit des bösen Willens" gesprochen und ebenda S. 592 (zu Abs. III des E. I § 1443) davon, daß die „Fortdauer der Trennung auf dem bösen Willen" des renitenten Ehegatten beruhe. — In Mot. IV S. 590 heißt es (im Anschlusse an die oben sub 1 zitierten Worte): „Insbesondere kann es einem Zweifel nicht unterliegen, daß von einer böslichen Handlungsweise nicht die Rede sein kann, wenn nach dem Urteile während der Frist solche neue Tatsachen entstehen, welche auch ohne richterliche Gestattung das fernere Getrenntleben rechtfertigen . . . oder wenn der verurteilte Ehegatte auch nur in dem guten Glauben war, daß nach dem Urteile ein neuer das Aufgeben der häuslichen Gemeinschaft rechtfertigender Grund eingetreten sei."

b) Diese Aeußerungen der Motive in Verbindung mit der schon in § 56 sub A VIII 1 referierten Anschauung der Prot. IV (insbes. S. 402 sub C) lassen zur Genüge erkennen, daß die „Böslichkeit" als Willensfehler (und Mangel guten Glaubens) aufgefaßt und mit „böslicher Absicht" identifiziert wird.[1]

c) Wegen des Verhältnisses zwischen „Böslichkeit" und „Verschulden" wird uns ein Wink in Mot. IV S. 591 gegeben. Hier wird bemerkt, E. I § 1443 Abs. II schließe sich der Auffassung des Preuß. ALR.[2] an, „daß, wenn ein Ehegatte den anderen Ehegatten böslich verlassen und dem Rückkehrbefehle keine Folge geleistet hat, durch das in der Vergangenheit liegende schuldvolle Verhalten desselben die Ehe wie durch Ehebruch als gebrochen anzusehen . . . ist". Darnach wäre die bösliche Verlassung (wie im Falle des Abs. II so natürlich auch im Falle des Abs. III und somit zu BGB. § 1567 Abs. II Nr. 1 und Nr. 2) als ein Unterfall des „Verschuldens" zu betrachten. Mit dieser Anschauung harmoniert es durchaus, daß § 1567 unter diejenigen Ehescheidungsgründe gehört, welche von den Materialien [3] (im Gegensatz zu der Geisteskrankheit, § 1569) als „Scheidung wegen Verschuldens" bezeichnet werden.

d) Wenn Mot. IV S. 589 (oben sub a) und ebenso S. 591 von dem „eigenmächtigen und böslicherweise erfolgten Aufgeben der häuslichen

[1]) Nicht dagegen läßt es sich in obiger Richtung verwerten, wenn Mot. IV S. 589/590 davon sprechen, daß der Beklagte (S. 590) „sich der Widerrechtlichkeit" seines Verhaltens „bewußt wird"; denn diese Stelle redet nicht sowohl von der böslichen Verlassung selber als von der Bedeutung des der Scheidungsklage vorausgehenden kontradiktorischen Verfahrens und dessen Einwirkung auf die durch dies Verfahren beim Beklagten wachgerufenen Empfindungen betreffs seiner fortgesetzten Weigerung.

[2]) Gemeint ist (vgl. Mot. IV S. 590) ALR. II, 1 § 687.

[3]) Vgl. insbes. Denkschr. S. 313 und unten § 72.

Gemeinschaft" bezw. von der „eigenmächtigen und böslichen Zerreißung" derselben reden, so gehört, wie schon die Nebeneinanderstellung beider Begriffe „Eigenmacht" und „Böslichkeit" zeigt, jene nicht zu den Wesensbestandteilen dieser; und wir wissen ja auch bereits aus anderem Zusammenhange (oben § 48 sub A III und IV), daß (verbotene) Eigenmacht und (böse) Absicht sich dahin unterscheiden, daß jene ein rein objektives Moment (ein Verstoß gegen objektives Recht), diese ein subjektives Moment (ein Willensfehler) ist.

IV. Die Literatur, soweit sie sich zum Begriffe der „böslichen Verlassung" genauer äußert,[1]) hebt auch durchweg hervor, daß das Bewußtsein der Rechtswidrigkeit[2]) vorliegen müsse, und daß ein Fall der „Absicht" gegeben sei.[3])

V. Die Judikatur[4]) läßt sich über die Subsumtion der „böslichen Verlassung" und der „Böslichkeit" unter die „Absicht" nicht genauer aus.[5])

VI. In der Tat wird bezüglich der Subsumtion der „böslichen Verlassung" unter die „qualifizierte Absicht" (oben § 56 sub A VII) jeder Zweifel durch das Gesetz selber beseitigt, indem es in § 1567 Abs. II Nr. 1 und 2 lediglich eine nähere Abgrenzung[6]) der im ersten Absatz genannten Handlungsweise gibt und hierbei in beiden Nummern mit „böslicher Absicht" operiert.

VII. Die Mot. IV S. 590 (oben sub III 1) sprechen genereller von „böslicher Handlungsweise", und diese im BGB. selber allerdings nicht begegnende[7]) Wendung spielt auch in anderen Gesetzen eine Rolle. Sie findet[8])

---

[1]) Nichts für unseren obigen Zweck Bemerkenswertes findet sich z. B. in den familien- bezw. eherechtlichen Spezialschriften (oben S. 239 f.) von Fränkel (S. 92), Jacobi (S. 94 f.), Kohler (S. 43), Mayer und Reis (S. 10), Rocholl (S. 311 ff.); ferner z. B. bei Enneccerus-Lehmann (II § 195 S. 496/497), Kipp (III S. 3 Anm. 4), Müller und Meikel (II S. 189 ff.). Weitere Literatur zu § 1567 oben § 56 sub A VIII 2. Generelle Bemerkungen bei Ramdohr in Gruchots Beitr. 46 (1902) S. 592 f.

[2]) Vgl. z. B. Davidson S. 49 ff., Eichhorn im „Recht" VII (1903) Nr. 23 S. 569, auch Fischer-Henle S. 792 Anm. 1 und 6; a. A. freilich Cosack II S. 485 a. E., der den Begriff lediglich objektiv versteht; vgl. hiergegen aber insbes. Dernburg IV S. 82 Anm. 24 und auch Schmidt, Ehescheidung und richterliches Ermessen S. 13 und oben § 56 sub A VIII.

[3]) Crome I S. 488 Anm. 32; vgl. auch Süßheim im Archiv f. civilist. Praxis 91 (1901) S. 407 sowie Landsberg II S. 873 („trotz guten Willens").

[4]) Vgl. die Angaben oben § 56 sub A VIII 3 S. 421 Anm. 7 f.

[5]) Nicht eng genug ist es, wenn eine Entsch. des OLG. Königsberg vom 9. Juni 1902 bei Mugdan und Falkmann V (1902) Nr. 74 f S. 399/400 von „vorsätzlichen Handlungen" spricht.

[6]) Die übrigen Tatbestandsmerkmale der Nr. 1 und 2 des § 1567 Abs. II bezw. des Abs. I interessieren für unser Thema überhaupt nicht. Ebensowenig die an sich und ohne den Beisatz „böslich" lediglich objektiv gearteten Ausdrücke „Verlassung" und „verlassen". — „Verlassung" begegnet nur in § 1567, „verlassen" noch in EG. z BGB. Art. 65 („verlassenes Flußbett"), der für uns ohne Interesse ist, während „das widerrechtliche Verlassen" des Dienstes in EG. z. BGB. Art. 95 Abs. I Satz 2 uns wegen des Wortes „widerrechtlich" oben § 25 (sub A V) und § 48 interessierte.

[7]) „Handlungsweise" ohne Epitheton in HGB. § 695; im BGB. nur in § 864 Abs. II.

[8]) Sie fand sich noch in AHGB. Art. 396 Abs. V, 427 Abs. II, 610 Abs. II (über die entsprechenden Paragraphen des jetzigen HGB. vgl. unten S. 431 Anm. 2). — Viele Ungenauigkeiten in der Bemerkung bei Endemann I S. 637 Anm. 8; abgesehen davon, daß der Hinweis auf das „frühere" HGB. insofern mißverständlich ist, als Art. 180 und 223 (vgl. nächste Anmerkung) der II. Aktiennovelle (1884) angehören, sprach Art. 180 garnicht von „böslicher Handlungsweise", sondern (Abs. I a. E.) von „böslicherweise" und Abs. II, Abs. IV Nr. 2 von „böslicher Schädigung": von den Belegen, die Endemann aus dem jetzigen HGB. gibt, gehören § 414 (Abs. IV) und 438 (Abs. V) nicht hierher, da die entsprechenden Parallelen im AHGB. (Art. 386 Abs. IV, Art. 408 Abs. I und II) nicht von „böslicher Handlungsweise" redeten (sondern Art. 386 Abs. IV von „Betrug oder Veruntreuung") und da § 464 (Abs. II) überhaupt keine entsprechende Parallele im AHGB.

sich nämlich im HGB. §§ 267 (Abs. III Satz 2), 269 (Abs. V) und 273 (Abs. II)[1]) — durchweg von den Aktionären, welche als „Gesamtschuldner" haften, wenn ihnen in gewissen Angelegenheiten „eine bösliche Handlungsweise zur Last fällt" — sowie im Binnenschiffahrtsges. (vom 15. Juni 1895) § 4 Abs. II Satz 2, § 74 Abs. II und § 75 Satz 2 und im Flößereiges. (vom gleichen Datum) § 4 (Abs. II). Außerdem aber redet das HGB. mehrfach (§§ 202 Abs. II und Abs. IV Nr. 2 und 203 bezw. 202 Abs. I Satz 2, durchweg gleichfalls innerhalb des Rechts der Aktiengesellschaften) von „böslicher Schädigung" bezw. „böslicherweise schädigen" und das Börsenges. (vom 22. Juni 1896) § 43 Abs. I Satz 2 spricht von „böslichem Verschweigen" (von Tatsachen) oder „böslicher Unterlassung" (einer ausreichenden Prüfung des Prospektes) und § 44 Abs. III Satz 2 von „böslichem Verhalten". Diese Stellen finden sich in der Literatur zum BGB. häufig herangezogen, um daran Erörterungen über die „bösliche Handlungsweise" bezw. über „bösliches Verhalten" zu knüpfen, und wegen ihres indirekten Interesses für § 1567 BGB. müssen wir diese Erörterungen in den Kreis unserer Betrachtungen ziehen.

VIII. Wegen der einschlägigen Aeußerungen in der Literatur[2]) ist folgendes zu sagen:

1. Cosack, Crome und Dernburg bemerken betreffs des „böslichen Verhaltens" folgendes: Cosack[3]) sagt I § 71 S. 250 sub II 2 b δ innerhalb seiner Ausführungen über „Fahrlässigkeit": „Am engsten ist der Begriff des böslichen Verhaltens ..; er umfaßt nur eine solche Verletzung der Sorgfalt, die als Kopflosigkeit oder als Uebermut zu bezeichnen ist." Crome meint I § 109 S. 488 Anm. 32: „Ein noch weiterer Begriff" — als Verschulden nämlich — „ist ... das bösliche Verhalten: = Vorsatz und höchster Grad der groben Fahrlässigkeit." — Dernburg[4]) II 1 § 63 S. 137 sub 2 behauptet, mit „böslichem Verhalten" fasse die neuere, insbesondere die handelsrechtliche Gesetzgebung „Vorsatz und jenen äußersten Grad grober Fahrlässigkeit zusammen, welche auf Frivolität beruht und sittlich zum Vorwurf gereicht". An diesen Bemerkungen[5]) ist zunächst auffallend, daß Crome und Dernburg einerseits und Cosack andererseits disharmonieren, indem von diesem die Böslichkeit mit einer gewissen Fahrlässigkeit allein, von jenen mit einer gewissen Fahrlässigkeit und mit Vorsatz identifiziert wird; ferner, daß das bösliche Verhalten bei Cosack als engster Kreis der Fahrlässigkeit, bei Crome als

---

hatte. Endlich ist es zu HGB. §§ 430 und 457 (denen AHGB. Art. 396 — nebst Art. 423 Abs. I — entspricht, vgl. unten sub VIII 2) ungenau, daß sie statt der „böslichen Handlungsweise" nur „auf Vorsatz abstellen", und daß Endemann die gleichzeitige Hervorhebung der groben Fahrlässigkeit unerwähnt läßt.

[1]) Ihnen entsprechen, gleichfalls von „böslicher Handlungsweise" redend, aus der II. Aktiennovelle Art. 222 a Abs. V, Art. 223 Abs. II Satz 9, Art. 222 in Verbindung mit Art. 190 b.

[2]) Nichts weiteres ergiebt die oben § 56 sub A VII 2 erwähnte Bemerkung von Zitelmann S. 153.

[3]) Merkwürdig ist es, daß Cosack BGB. § 1567 nicht heranzieht. Auch das Beispiel bei Cosack S. 250/251 Nr. III will mir nicht richtig gewählt erscheinen.

[4]) Auch Dernburg läßt gerade § 1567 unerwähnt; auch redet er zu AHGB. Art. 396 Abs. V — dem jetzt HGB. § 430 Abs. III (nicht Abs. II, wie bei Dernburg a. a. O. zitiert ist), unten S. 431 Anm. 2, entspricht — irrig von „böswilliger Handlungsweise" und (S. 138) zu Börsenges. § 43 (oben sub VII) ungenau von „Arglist und böslichem Verhalten".

[5]) Unbegründet erscheint auch die Bemerkung von Schilling (Aphorismen zu dem Entwurf eines BGB., Köln 1888, S. 54), die „bösliche Handlungsweise", die der Entwurf nicht genügend als technischen Ausdruck verwertet habe, sei dazu geeignet, „die garnicht seltenen Fälle eines zwischen rechtswidrigem Tun mit Vorbedacht und rein fahrlässigem Tun oder Lassen in der Mitte stehenden Verschuldens zu treffen".

weitester Kreis des Verschuldens entgegentritt; auch darf die Disharmonie nicht unerwähnt bleiben, welche darin besteht, daß die Böslichkeit zwar von allen drei Autoren als (grobe) Fahrlässigkeit charakterisiert, innerhalb dieses Begriffes aber im einzelnen verschieden auf „Kopflosigkeit“ oder „Uebermut“, auf den „höchsten Grad der groben Fahrlässigkeit“ oder auf „Frivolität“ und „sittlichen Vorwurf“ angespielt wird.

2. In einem Gegensatze zu den drei vorerwähnten Autoren steht Rehbein, welcher II S. 100 Anm. 87 zu § 276 sagt: „Ist der Vorsatz auf die Verletzung und den Schaden gerichtet, der Schaden beabsichtigt, so liegt Arglist und bösliche Handlung vor (dolus im eigentlichen Sinne).“ Diese Auffassung [1]) stimmt mit der unserigen im wesentlichen überein und dürfte durchaus den Vorzug vor den widerspruchsvollen Behauptungen von Cosack, Crome und Dernburg verdienen, die sich ihrerseits aus Reminiszenzen an die ältere handelsrechtliche Lehre erklären. Zum Allgemeinen HGB., das in Art. 396 (Abs. V), 427 (Abs. II) und 610 (Abs. II) von „böslicher Handlungsweise“ [2]) geredet hatte,[3]) und von dort aus zum Binnenschiffahrtsgesetz [4]) war die vom Reichsoberhandelsgericht [5]) und vom Reichsgericht — bereits in einer Entscheidung vom Jahre 1879 [6]) — ausgegebene Parole festgehalten [7]) worden, daß „bösliche Handlungsweise“ „neben dem dolus nicht allgemein die grobe Fahrlässigkeit, sondern nur denjenigen Frevelmut, welcher sich der rechtswidrigen Folgen seines Verhaltens bewußt ist, in sich begreife“. Indem wir die Richtigkeit dieser Auffassung zu den Quellen des Handelsrechts gänzlich dahingestellt sein lassen können,[8]) genügt es, wenn wir konstatieren,

---

[1]) Wegen des Wortes „Arglist“ vgl. allerdings unten § 58 sub A VI 5 b.

[2]) Die entsprechenden §§ 430 (Abs. III), 461 (Abs. II) und 609 (Abs. II) des neuen HGB. reden von „Vorsatz oder grober Fahrlässigkeit“; vgl. oben § 40 sub XVIII und § 55 sub C.

[3]) Ebenso Art. 180 a (Aktiennovelle vom 18. Juli 1884), für den das neue HGB. Entsprechendes in § 203 verbunden mit § 320 Abs. III enthält.

[4]) Vgl. die Kommentare zum Binnenschiffahrtsgesetz. So Foertsch, 2. Aufl., Leipzig 1900, S. 39 Anm. 9 a. E. zu § 4 („außer der bösen Absicht auch der Mutwille desjenigen, der zwar die Beschädigung nicht beabsichtigt, aber bei seinem Handeln sich der damit verbundenen Gefahr bewußt ist“). Mittelstein (Leipzig 1896) S. 31 Note 6 zu § 4 äußert sich zunächst wörtlich im Anschluß an Reichsgericht I Nr. 10, oben im Text, und sagt alsdann: „Bei schlechter Stauung (§ 8 Abs. 2) ist . . . . eine bösliche Handlungsweise nur dann anzunehmen, wenn mit Wissen des Schiffers grobe Verstöße gegen den Seemannsgebrauch begangen sind.“ — Landgraf (2. Aufl., Leipzig 1900) meint zu § 4 S. 51 f. Anm. 25: „dolus, Handeln gegen besseres Wissen, das heißt eben die bösliche Handlungsweise. In dem deutschen Handelsgesetzbuch, dessen Art. 396 diese Bezeichnung entnommen ist, wird der Ausdruck, wie folgt, erklärt: es liegt nicht bloß dann eine bösliche Handlungsweise vor, wenn der Schaden der bestimmten Absicht des Täters entspricht (dolus im eminenten Sinne), sondern auch dann, wenn der Schuldner . . . durch sein pflichtwidriges Handeln zwar die Beschädigung zunächst nicht bezweckte, bei seinem Verfahren aber sich der damit verbundenen Gefahr bewußt war, und dennoch nichts zur Abwendung derselben tat. Immerhin ist der Begriff mit „grober Fahrlässigkeit“ nicht zu verwechseln.“

[5]) Vgl. unten Anm. 8.

[6]) Entsch. des Reichsger. Bd. I (1880) Nr. 10 S. 22 (Entsch. vom 5. Dez. 1879, II 39/79); vgl. auch ebenda Nr. 18 S. 37 f. und Bd. VII Nr. 40 S. 125 ff., insbes. S. 127.

[7]) Vgl. auch die Motive zur Aktiennovelle 1884 (Berlin 1883, Buschs Archiv Bd. 44 S. 65 ff.) S. 189 und den Kommissionsbericht zu ihr (Berlin 1884) S. 12 sowie die Kommentare zum neuen HGB. von Staub, 6. und 7. Aufl., Bd. I, 1900, S. 616 sub β und Lehmann-Ring, Bd. I, 1902, S. 417 B.

[8]) Auch hier ist es lediglich die Judikatur, auf die man sich berufen kann, die aber ihrerseits eine eigentliche Begründung vermissen läßt. Vgl. außer den bereits von den Motiven (oben sub III 1) herangezogenen Entscheidungen ferner die des Reichsoberhandelsgerichts Bd. I Nr. 46 S. 156 ff., Bd. III Nr. 22 S. 108 ff., Bd. VI

daß für eine Einbeziehung der groben (besonders groben) Fahrlässigkeit in den Begriff der „Böslichkeit" das BGB. § 1567 nebst seinen Materialien nicht den mindesten Anhalt bietet, und daß wir gegen eine generelle Anerkennung der Cosackschen, Cromeschen und Dernburgschen Bemerkungen für das Bürgerliche Recht überhaupt energischen Protest einlegen zu müssen überzeugt sind. Uebrigens dürfte unsere Anschauung nicht zum wenigsten auch durch das bestätigt werden, was unten sub C über die Identität von „Böslichkeit" und „Böswilligkeit" zu sagen sein wird.

IX. Daß die „Böslichkeit" im BGB. als Fall des subjektiven Verschuldens[1]) erscheint, folgt[2]) aus ihrer sub VI besprochenen Unterordnung unter die „qualifizierte Absicht". Hieraus ergibt sich zugleich aber auch alles Uebrige, was sich über das Verhältnis der Böslichkeit zu den anderen in §§ 31 bis 56 besprochenen Begriffen sagen ließe, indem die Ausführungen in § 56 sub A X vergleichsweise heranzuziehen wären. Mit dem rein objektiven Begriff des „Mißbrauchs" (oben § 50) tritt die „Böslichkeit" insofern in eine besondere Beziehung, als der Tatbestand einer „böslichen Verlassung" nicht vorliegt, wenn sich das Verlangen des anderen Ehegatten nach Herstellung der ehelichen Gemeinschaft (§ 1567 Abs. II Nr. 1) als „Mißbrauch seines Rechtes" darstellt (§ 1353 Abs. II).

B. Die Böswilligkeit.

I. Die Böswilligkeit[3]) ist rein sprachlich als Vorhandensein eines „bösen Willens" zu verstehen. Daß wir es also hier mit einem subjektiven Momente und zwar mit einem „Willensfehler" zu tun haben, unterliegt keinem Zweifel und ist auch durchweg anerkannt.

II. Die Motive,[4]) soweit sie sich zu dem Begriffe äußern,[5]) geben, namentlich was die Abgrenzung gegen ähnliche Begriffe betrifft, ein sehr buntes Bild:

Nr. 96 S. 427 ff., Bd. VIII Nr. 77 S. 317 ff. und Nr. 105 S. 428 f., Bd. IX Nr. 89 S. 301 f., Bd. X Nr. 46 S. 218 ff., Bd. XII Nr. 93 S. 280 f., Bd. XIII Nr. 104 S. 317 ff., Bd. XVII Nr. 64 S. 196 ff.

[1]) Daß der Scheidungsgrund der „böslichen Verlassung" außerdem ein Verschulden („Schuld") im weiteren Sinne bildet, vgl. oben § 49 sub II 1 und IV 1. — Eine ganz andere Frage, die uns weiter nicht interessiert, ist die, ob die „bösliche Verlassung" zugleich unter die generalis clausula des § 1568 (oben § 37 sub II, insbes. S. 244 Anm. 8) zu stellen ist (wozu m. E. keine Veranlassung vorliegt); vgl. darüber Zöller im „Recht" IV (1900) S. 249 f., Fuld in Puchelts Zeitschr. für französ. Zivilrecht Bd. 32 (1901) S. 237 ff., Schroeder im „Recht" VIII (1904) Nr. 2 S. 42 f. und aus der Judikatur die Entsch. des OLG. Breslau vom 7. Mai 1900 bei Mugdan und Falkmann I (1900) Nr. 6 S. 11 (vgl. auch Entsch. d. Reichsger. vom 28. Febr. 1901 — IV 375/00 — in Jurist. Wochenschr. 30, 1901, S. 293 und in Gruchots Beitr. Bd. 45, 1901, S. 633; irrig darüber Warneyer I S. 172 Nr. 8) und Entsch. des OLG. Hamburg vom 8. Mai 1903 bei Mugdan und Falkmann VII (1903) Nr. 11 g S. 105 (vgl. Hanseat. Gerichts-Ztg. 24, 1903, Beiblatt 26 S. 156 Nr. 93, Warneyer II S. 120 sub 4).

[2]) In der Literatur finde ich obige Frage nur (und zwar bejahend) bei Litten in dem oben S. 253 Anm. 1 erwähnten Aufsatze S. 399 gestreift; auch meint Planck IV S. 319, daß ein „objektiver" Grund zur Weigerung der Herstellung der häuslichen Gemeinschaft nicht ausreicht, und daß der Glaube des Ehegatten, daß ein solcher Grund vorliege, die bösliche Absicht ausschließe; vgl. auch Erler (oben S. 239 Anm. 8) S. 109.

[3]) Dies Substantivum selber kennt das BGB. nicht (vgl. wegen „Böslichkeit" oben S. 427 Anm. 2). Auch der sprachliche Gegensatz „gutwillig" fehlt im BGB.; vgl. ebenfalls oben S. 427 Anm. 3; er dürfte übrigens weniger auf den „guten" wie auf den freien Willen hinweisen. — Ueber „Wille" oben § 56 sub A I 3.

[4]) Aus den Prot. ist mir keine einschlägige Stelle bekannt; über Reichstagskomm. unten S. 433 Anm. 7.

[5]) In den Jakowschen Registern S. 18 bezw. 109 ist der Ausdruck nicht behandelt.

1. In der sedes materiae, Bd. I S. 280 f., heißt es:[1]) „Das Wort „böswillig" in § 368 Abs. 2 [2]) macht erkennbar, daß die daselbst bezeichnete Unterlassung in der Absicht, den Gläubiger zu schädigen, erfolgt sein müsse, in § 2001 Nr. 6,[3]) daß der Abkömmling eine Pflicht verletzt haben müsse, welche er kannte, und die zu erfüllen er imstande war."[4])

2. In Mot. II S. 209[5]) wird, ebenfalls zu E. I § 368 (oben sub 1), bemerkt: „Die Ausdehnung der Vorschrift auf den Erwerb, welchen der Schuldner böswillig, also in der Absicht, dem Gläubiger zu schaden, versäumt hat, entspricht sichtbar der Billigkeit und den Grundsätzen von Treu und Glauben, wonach böswillig versäumter Erwerb als wirklich gemachter zu behandeln ist."

3. In Mot. II S. 463 (zu E. I § 561, BGB. § 615, oben § 15 sub II 2 b) heißt es: Auch gemeinrechtlich wurde von den Einen „angenommen, daß der Dienstpflichtige sich auch den Geldwert desjenigen Erwerbes in Abzug bringen lassen müsse, den er ohne seinen dolus oder ohne Nachlässigkeit hätte machen können", während Andere „höchstens dann einen Abzug als gerechtfertigt anerkennen, wenn der Dienstverpflichtete etwa aus reiner Chikane die Gelegenheit eines Erwerbes abgewiesen haben sollte".

4. In Mot. V S. 434 endlich[6]) erfahren wir (zu E. I § 2001, BGB. § 2333, oben sub 1): „Durch das Erfordernis der Böswilligkeit wird erkennbar, daß der Abkömmling imstande sein muß, den Unterhalt zu gewähren, und daß er sich vorsätzlich der Pflichterfüllung, in Kenntnis davon, daß die sonstigen Voraussetzungen seiner Pflicht vorliegen, entzogen hat. Im Falle einer von dem Abkömmlinge zu vertretenden Fahrlässigkeit die gleiche Strenge walten zu lassen, würde bedenklich sein."

5. Diese Stellen ergeben nachstehendes als Gesamtauffassung der Motive:

a) negativ, daß Böswilligkeit weder mit Chikane[7]) (Mot. II S. 463) noch mit Nachlässigkeit[8]) (Mot. V S. 334) — bezw. Fahrlässigkeit[9]) — zusammenfällt;

b) positiv, daß Böswilligkeit und Vorsatz (Mot. V S. 434), und daß Böswilligkeit und Absicht, den Gläubiger zu schädigen (Mot. I S. 280/281), sowie daß Böswilligkeit und bewußte Pflichtverletzung (Mot. I S. 280) zusammengehören;

c) daß dagegen Böswilligkeit einerseits und dolus und Nachlässigkeit andererseits zusammengehören, sofern die Worte in Mot. II S. 463 einen Anschluß der Mot. (und des Entwurfs § 561) an das gemeine

---

[1]) Wegen der vorangehenden Bemerkungen vgl. oben § 56 sub A II 1 (und § 55 sub A VI 2).

[2]) Ihm entspricht BGB. § 324 Abs. I Satz 2 (oben § 15 sub II 2 a).

[3]) Ihm entspricht BGB. § 2333 Nr. 4 (oben § 15 sub II 1).

[4]) Wegen der Fortsetzung zu dieser Stelle vgl. oben sub A III 1.

[5]) Auf diese Stelle beruft sich z. B. Meisner S. 51 sub 2.

[6]) Denn nicht verwertbar erscheint es mir, wenn Mot. IV S. 302 zu E. I § 1329 (BGB. § 1422) bemerken, die Norm „bezweckt, die Ehefrau gegen bösen Willen des Ehemannes . . . zu schützen".

[7]) An Chikane von der gegnerischen Seite (des Arbeitgebers) denkt Reichstagskommissionsbericht S. 59/60 (zu BGB. § 324), wo im Uebrigen nur von Widerspruch mit der „guten Treue" und Ausschlagung der Arbeit „ohne gerechten Grund" die Rede ist.

[8]) Vgl. wegen Dernburg unten sub III 2.

[9]) Dies bestätigt wohl auch die weitere Bemerkung in Mot. II S. 209: „Wenn von anderer Seite noch weiter gegangen und dem Schuldner dem Gläubiger gegenüber eine Diligenzpflicht hinsichtlich der Verwertung seines frei gewordenen Arbeitsvermögens auferlegt wird . . ., so kann dies . . . nicht gebilligt werden."

Recht proklamieren sollen. Da dies jedoch aus dem Zusammenhange, in welchem die gemeinrechtliche Anschauung vorgetragen wird, nicht mit genügender Klarheit hervorgeht, ebensowenig aber umgekehrt die Absicht, einen Gegensatz zum gemeinen Recht zu proklamieren, so wird man besser tun, die Stelle der Mot. II S. 463 ganz aus dem Spiel zu lassen.

d) Auf diese Weise vereinfacht sich das Resultat dahin, daß unter „Böswilligkeit" nach Ansicht der Motive je nach der Spezialrichtung des gesetzlichen Anwendungsfalles zu verstehen ist:[1])

  α) Vorsatz und bewußte Pflichtverletzung bei Nichterfüllung der Alimentationspflicht durch den (erbunwürdigen) Deszendenten und

  β) Absicht bei Nichtausnutzung der Arbeitskraft zum Schaden des Vertragsgegners.

e) Dies Resultat wiederum läßt sich zu einer einzigen Formel zusammenziehen. Denn wenn man erwägt, daß zum „Vorsatz" das Bewußtsein der Rechtswidrigkeit (oben § 55 sub A VII 1 c) und bei Nichterfüllung bestehender Schuldverbindlichkeiten im besonderen die Kenntnis der Verpflichtung (ebenda sub 2 a β) gehört, und wenn man weiterhin berücksichtigt, daß die „Absicht" nur ein Unterfall des „Vorsatzes", nämlich (oben § 56 sub A IV) der auf Erreichung eines Erfolges gerichtete Vorsatz ist, so finden wir die Grundauffassung der Motive über die Böswilligkeit dahin ausgedrückt, daß die Böswilligkeit ein Fall des Vorsatzes und zugleich ein Fall der qualifizierten Absicht, nämlich der Schädigungsabsicht ist.

III. Auch die Literatur zum BGB., soweit sie sich überhaupt zu dem Begriffe „Böswilligkeit" äußert,[2]) ist der gleichen Ansicht.

1. Dies gilt wenigstens von dem allgemeinen Bilde, das die Literatur abgibt; vgl. Crome I S. 488 Anm. 32, Dernburg[3]) II 1 S. 138 oben, Endemann I S. 637 Anm. 8 (vgl. auch S. 706 Anm. 33), Goldmann und Lilienthal S. 138 sub a, Kuhlenbeck,[4]) BGB. I S. 228 Note 2, Liebe I S. 230, Matthiaß I § 61 S. 271,[5]) Mayring S. 75 Note 6 c, Meisner S. 51 sub 2, Oertmann[6]) S. 72 Anm. 3, Piper[7]) S. 37 und vor allem eingehend Planck,[8]) welcher Bd. II S. 100 Anm. 2 (zu BGB. § 324) sagt: „Böswillig ist nicht gleichbedeutend mit vorsätzlich. Zu dem Vorsatze muß hinzutreten die Absicht, den anderen Teil zu schädigen, oder doch die Absicht, sich die Möglichkeit, untätig zu bleiben, in einer gegen Treu und Glauben verstoßenden Weise zu Nutzen zu machen." — Als Bundesgenossen

---

[1]) Gegen diese keineswegs glückliche Identifizierung, zugleich mit dem ‚dolus' des gemeinen Rechts wendet sich (zu Mot. I S. 280, oben sub 1) bereits Rocholl, Vorschläge zur Abänderung des Entwurfs, Buch I, Breslau 1890, S. 67 § 145 a.

[2]) Es fällt z. B. auf, daß Cosack an der oben sub A VIII 1 erwähnten Stelle garnicht über die Böswilligkeit spricht. Ueber Zitelmann vgl. oben S. 430 Anm. 2. Nichts Näheres z. B. bei Landsberg I S. 254 (oben § 55 sub B XII 1 a und sub A X 1 c), S. 410/411 S. 459. Dagegen vgl. noch Ramdohr in Gruchots Beitr. 46 (1902) S. 593 f.

[3]) Dernburg a. a. O. (zu §§ 324 und 615, ohne Erwähnung von § 649): „Dies ist etwas anderes als böslich, nämlich Absicht zu schaden." — Daß es ebenda S. 137 a. E. zu AHGB. Art. 396 nicht „böswillig" heißen muß, vgl. oben S. 430 Anm. 4.

[4]) Kuhlenbeck nimmt hier aber nicht ganz zu Recht auf Entsch. des Reichsger. Bd. I S. 22 und 36 Bezug; vgl. oben S. 431 Anm. 6 und ebenda zu Anm. 8.

[5]) Nur ist bei Matthiaß in die Zitate neben §§ 314 und 2333 zu Unrecht auch § 1567 (oben sub A I) geraten.

[6]) Oertmann schließt sich eng an Planck a. a. O. an.

[7]) Ueber die Schrift von Piper oben S. 101 Anm. 3.

[8]) Vgl. auch Planck V S. 100 Anm. 3 a (zu § 1981 Abs. II): „Benachteiligungsabsicht oder überhaupt Böswilligkeit" (seien beim Erben nicht erforderlich).

betrachte ich auch Rehbein, der gelegentlich[1]) — indem er die Ansicht äußert, wo der (seiner Auffassung nach, vgl. oben § 31 sub C VII 4, für die „Fahrlässigkeit" begrifflich notwendige) Irrtum fehle, liege immer „Vorsatz oder Böswilligkeit" vor — in der Böswilligkeit eine Steigerung des Vorsatzes zu erblicken scheint.

2. Dagegen identifiziert Herzfelder[2]) m. E. zu Unrecht „böswillig" und „vorsätzlich" schlechthin. Ferner ist es weder bezüglich der Wortverbindung noch bezüglich des Gedankeninhalts zu billigen, wenn Dernburg[3]) gelegentlich meint, bei der generalis clausula für die Ehescheidungsgründe im § 1568 sei „stets böswilliges oder grobfahrlässiges Verhalten des anderen Teiles vorausgesetzt", und wenn sich, gleichfalls gelegentlich, bei Eck[4]) „böswillig" und „in böser Absicht" einerseits und — zu BGB. § 615 — „bösartig"[5]) andererseits konfundiert finden.

3. Der Zusammenhang zwischen Böswilligkeit und Treu und Glauben, auf den Planck a. a. O. und ebenso Hachenburg[6]) anspielt, begegnete uns schon in dem oben sub II 2 wiedergegebenen Zitat aus Mot. II S. 209[7]) und dürfte uns in der Auffassung bestärken, daß die oben § 45 sub A II besprochenen Verstöße wider Treu und Glauben am ehesten der Böswilligkeit im besonderen anzugliedern (einzuordnen) sind, sofern sie, was aber in dem Begriffe selber nicht steckt, im Einzelfall neben dem objektiven Verstoße auch einen subjektiven enthalten.

4. Nur mit Rücksicht auf den Nachsatz „weil gegen Treu und Glauben" wird man sich der Ansicht Dernburgs anschließen dürfen, der II 1 S. 210 sub II a. E. zu BGB. § 324 Abs. I Satz 2 erklärt: „Auch Faulheit und grobe Nachlässigkeit in Aufsuchung von Arbeitsgelegenheit ist hier böswillig, weil gegen Treu und Glauben." Jedenfalls darf diese Ansicht nicht dahin generalisiert werden, daß Böswilligkeit und Nachlässigkeit ohne weiteres in Zusammenhang miteinander ständen,[8]) oder gar dahin, daß die Böswilligkeit ein Fall der „Fahrlässigkeit"[9]) wäre.

IV. Daß die „Böswilligkeit" unter das „Verschulden" und zwar unter das Verschulden im engeren Sinne gestellt werden muß, kann bei ihrer offenbaren Zugehörigkeit zur qualifizierten Absicht (oben sub II 5 b und III 1) keinem Zweifel unterliegen.

V. Ueber die Beweislast hinsichtlich der Böswilligkeit finden sich verstreute Bemerkungen:

---

[1]) Rehbein Bd. II S. 101 a. E.

[2]) Herzfelder in v. Staudingers Kommentar Bd. V, 1. Aufl., S. 646 sub 4 (zu BGB. § 2333) im Anschluß an Mot. V S. 434 (oben sub II 4).

[3]) Dernburg IV § 26 S 82; ebenso meint A. Kohler, Eherecht S. 45 wegen der Verletzung der ehelichen Pflichten, daß sie „aus bösem Willen hervorgegangen sein" müßten.

[4]) Eck I S. 306 oben.

[5]) „Bösartig" findet sich im BGB. nicht, wohl aber im StGB. (§ 367 Nr. 11: „bösartige Tiere"), das den Ausdruck „böswillig" in §§ 134 f. bietet. — Untechnisch ist, „boshaft" (in Verbindung mit Unverträglichkeit und Zanksucht) bei Dernburg a. a. O. S. 83 (zu BGB. § 1568) gemeint.

[6]) Hachenburg, Vorträge (2. Aufl.) S. 21 f.: „Es muß genügen, wenn das Verhalten des Schuldners . . . gegen Treu und Glauben verstößt. Böswillig ist die Willensrichtung, die von der Rechtsempfindung perhorresziert wird. Die hier gewählte Bezeichnung ist die deutsche Wendung für die ‚exceptio doli'" (vgl. hierzu unten § 58 sub A VI 8 b).

[7]) Vgl. auch über Kommissionsber. oben S. 433 Anm. 7.

[8]) Vgl. dagegen auch wegen Mot. II S. 463 oben sub II 5 a.

[9]) Es würde dies freilich mit Dernburgs Auffassung des Begriffes „Böslichkeit" (oben sub A VIII 1) im Einklang stehen.

1. In Mot. II S. 209 (oben sub II 2) wird (unter Bezugnahme auf die wenig prägnanten Entsch. des ROHG. Bd. XVII Nr. 48 S. 220 ff. und Bd. XVIII Nr. 96 S. 370 ff.) zu E. 1 § 368 (BGB. § 324, oben sub II 1) sowohl wegen des unmittelbaren Abzuges durch den Gläubiger wie wegen der Rückforderung im Falle der Leistung ohne Abzug gesagt: „Immer hat der Gläubiger zu beweisen, daß und zu welchem Abzuge er berechtigt ist."

2. Gleichfalls den Gläubiger erklären, gleichfalls zu § 324, für beweispflichtig Planck II S. 101 Endemann I § 125 S. 706 Anm. 33 a. E. sowie Mayring S. 76 Anm. 7. — Meisner II S. 52 sub 2 a. E. hebt es, offenbar im Gegensatz zu BGB. § 324, hervor, daß im Preuß. ALR. Teil I Tit. 11 § 912 „der schwer bezw. nur mit Weiterungen zu führende Nachweis einer böswilligen Absicht des Arbeiters . . . nicht verlangt" werde.

3. Alle diese Bemerkungen sind richtig, besagen aber sowohl wegen Verteilung der Beweislast (Mot., Planck, Endemann, Mayring) wie wegen der praktischen Schwierigkeit der Beweisführung (Meisner) nichts, was sich nicht aus den allgemeinen Grundsätzen über Beweislast und aus den bekannten Weiterungen gerade bei Erstattungsansprüchen u. dgl. von selbst ergibt. Ebenso unterliegt es keinem Zweifel, daß die erwähnten Bemerkungen sich von § 324 aus auf §§ 615 und 649 und auch auf die anderen Fälle der Einwirkung einer Böswilligkeit analog ausdehnen lassen.

VI. Das Verhältnis der Böswilligkeit zu den anderen bisher (§§ 31 ff.) besprochenen Begriffen ist an der Hand unserer obigen Ermittlungen leicht zu überblicken:

1. Die Böswilligkeit ist ein Unterfall sowohl des Verschuldens im engeren Sinne (oben § 43 sub B II 1), wie des Vorsatzes im Sinne des BGB. (oben § 55), wie insbesondere der qualifizierten Absicht (oben § 56).[1])

2. Dagegen hat sie mit den rein objektiven Unrechtsbegriffen (wie Widerrechtlichkeit usw.) nichts[2]) zu tun und ebenso nichts mit der bloßen Fahrlässigkeit; letzteres muß um so mehr hervorgehoben werden, als die Bösgläubigkeit[3]) (oben § 34), die aber mit der Böswilligkeit gleichfalls ohne Beziehungen ist, ja ihrerseits mit der Fahrlässigkeit in naher Verbindung steht.

3. Die „Böswilligkeit" tritt gelegentlich (in 2333 Nr. 4, oben § 15 sub II 1) mit der „Pflichtverletzung" in Beziehung. Da aber letztere begrifflich nur ein objektives, nicht ein subjektives Unrecht enthält (vgl. oben § 37 sub IV), so haben wir es hier lediglich wegen des Epithetons „böswillig" mit einer Ausnahme von jener Regel zu tun und können weitere, grundsätzliche Beziehungen zwischen „Böswilligkeit" und „Pflichtverletzung" leugnen.

4. Es liegt nahe (vgl. auch oben sub II 3 und 5 a), die „Böswilligkeit" mit der „Chikane" in Verbindung zu bringen. In der Tat wird das, was man gemeinhin unter „Chikane" versteht, wohl stets auf bösem Willen beruhen (nur daß der Wille sich vielleicht damit begnügt, den Anderen zu ärgern, ohne daß man ihn gerade zu „schädigen" wünscht oder auch im Einzelfall zu schädigen vermöchte). Doch muß hervorgehoben werden, daß für die vorstehende Bemerkung die Spezialbestimmung des BGB. § 226 außer Betracht zu bleiben hat, der ja weder das Wort „Chikane" enthält, noch von mehr spricht, als von der ob-

---

[1]) Daß Enneccerus-Lehmann II S. 834 sub 3 auch zu § 2288 beides identifizieren, vgl. oben § 56 sub A III S. 416 Anm. 4.

[2]) Wegen der „Pflichtverletzung" vgl. unten sub 3, wegen der „Verstöße gegen Treu und Glauben" oben sub II 2 und III 3.

[3]) Im technischen Sinne; über eine Einwirkung, welche eine bona fides im untechnischen Sinne auf die mit der Bösgläubigkeit verwandte (unten sub C) „bösliche Verlassung" zeigt, vgl. oben § 56 sub A VIII 4.

jektiven Unmöglichkeit, daß die Rechtsausübung einen anderen Zweck haben „kann", als den, den Anderen zu schädigen (vgl. auch bereits oben § 50 sub A I).

C. Ueber das Verhältnis zwischen „böswillig" und „böslich" (oben sub A) ist folgendes zu sagen:

I. Sprachlich enthält „böswillig" jedenfalls, „böslich" schwerlich (vgl. oben sub A II einerseits und sub B I andererseits) das Moment des subjektiv tadelnswerten Verhaltens, des Verschuldens in sich; es wird aber angesichts der Erörterungen sub A VI und sub B IV kein Zweifel übrig bleiben, daß beide Begriffe, weil mit qualifizierter, böser Absicht identisch, auch untereinander gleich sind.[1]) Es wird dies[2]) auch durch das unvermittelte Ineinandergehen der Bemerkungen der Mot. I S. 280 (oben sub B II 1) und I S. 281 (oben sub A III 1) und ferner auch dadurch bestätigt, daß die Motive auch sonst (vgl. IV S. 589 ff., oben sub A III 2 a) die Ausdrücke „böslich" und „aus bösem Willen" promiscue gebrauchen. Und durch die Literatur, welche sich über das gegenseitige Verhältnis von Böswilligkeit und Böslichkeit nicht äußert, wird diese Identität wenigstens nicht in Abrede gestellt.

II. Eine ganz andere Frage, die ich nicht bejahe, ist die, ob das BGB. gut getan hat, zu Liebe der „in der Wissenschaft, Praxis und Gesetzgebung üblichen Redeweise"[3]) in seine Terminologie einen Zwiespalt hereinzubringen. Vielmehr hätte auch hier der Gesetzgeber Anlaß nehmen[4]) müssen, „als Erzieher"[5]) zu wirken und Theorie, Rechtsprechung und Legislatur allmählich zu einer einheitlichen Ausdrucksform zu führen.[6])

III. Die Sachlage ist also eine ganz ähnliche, wie wir sie oben § 48 sub B betreffs der beiden Ausdrücke „rechtswidrig" und „widerrechtlich" konstatierten; denn auch dort wurde die Hypertrophie der Gesetzessprache höchstens dadurch entschuldigt, daß man — und zwar auch dort gerade betreffs des nur einmal begegnenden Ausdrucks („rechtswidrig") — Konzessionen an die ältere Terminologie machte.

D. Im Handelsgesetzbuch findet sich der Ausdruck „böswillig" nirgends, wohl aber der Ausdruck „böslich" in den oben sub A VII angegebenen Stellen (vgl. ebenda wegen einiger handelsrechtlicher Nebengesetze); und außerdem begegnet im HGB. das Wort „böslicherweise" (Schädigung der Aktiengesellschaft durch die Gründer) in HGB. § 202 Abs. I Satz 2. Auch hier wird kein Zweifel vorliegen, daß an ein subjektives Verschulden zu denken

---

[1]) Es wird dies auch dadurch bekräftigt, daß man ohne Verletzung des Sprachgefühls und ohne eine Aenderung des Sinnes in § 1567 durchweg statt „böslich" bezw. „in böslicher Absicht" „böswillig" substituieren könnte. — Auch Süßheim (oben S. 429 Anm. 3) identifiziert sowohl in der Ueberschrift wie im Text (z. B. S. 411, 417) seines Aufsatzes „böslich" und „böswillig", indem er von „böswilliger Verlassung" spricht, und umgekehrt findet sich (freilich wohl versehentlich) bei Hachenburg a. a. O. S. 21 „böslich" statt „böswillig" zu BGB. § 324; ebenso bei Berner, Eigenes Verschulden (oben S. 297 Anm. 4) S. 37 Anm. 1, zugleich zu § 615 BGB.; vgl. auch Ramdohr a. a. O. S. 593.

[2]) Dagegen sind die gegensätzlichen Worte „gütlich" und „gutwillig", vgl. oben S. 427 Anm. 3 und S. 432 Anm. 3, einander wohl keineswegs gleich.

[3]) Das ist der Grund, den Mot. I S. 281 (oben sub A III 1; vgl. auch Mot. IV S. 590, ebenda sub 2 a) ausdrücklich angeben.

[4]) Daß der Gesetzgeber diesen Zwiespalt gefunden hatte, lassen Mot. I S. 280 f. aufs deutlichste erkennen.

[5]) Vgl. zu diesem Ausdrucke die akademische Festrede von Arthur B. Schmidt, Das BGB. als Erzieher unseres Volkes, Gießen 1901, wo freilich der im Text angedeutete Gesichtspunkt der terminologischen Vereinheitlichung des Rechts nicht betont wird.

[6]) Auch kann man, wenn „böslich" ebensoviel wie „böswillig", nämlich eine böse Absicht, bedeutet, dem § 1567 nicht den Vorwurf einer Tautologie in Abs. I einerseits und Abs. II Nr. 1 und Nr. 2 andererseits ersparen.

ist, und die Einordnung der „Böslichkeit" unter die „Absicht" und den „Vorsatz" wird auch nach dem sub A VIII 2 Ausgeführten durch die Gegenbemerkungen in der bisherigen Literatur m. E. nicht erschüttert. Freilich wird die Ausdehnung auch auf grobe Fahrlässigkeit dadurch bis zu einem gewissen Grade wahrscheinlich gemacht, daß für einige andere dem Frachtrecht angehörige Vorschriften des Handelsrechts [1]) statt des Ausdrucks „bösliche Handlungsweise", den das AHGB. geboten hatte, nunmehr die Wendung „Vorsatz oder grobe Fahrlässigkeit" eingestellt worden ist; indessen wird man uns füglich gestatten, den Beweis abzuwarten, daß hierin eine bewußte Aenderung des älteren Rechts und eine bewußte Anpassung nicht nur an die Terminologie, sondern auch an die legislatorischen Grundgedanken des gegenwärtigen Rechts über die prinzipielle Abhängigkeit der Schadensersatzpflichten von Vorsatz und Fahrlässigkeit **nicht** zu erblicken sei.[2])

§ 58.

Die Arglist.

A. Von der eben (§ 55) besprochenen „Böslichkeit" und „Böswilligkeit" führt eine Gedankenbrücke insofern sofort zur „**Arglist**"[3]) hinüber, als, ganz unabhängig von dem rechtlichen Inhalte dieser Begriffe, den wir ja gegenwärtig noch nicht konfrontieren können, das sprachliche Moment beidemale auf etwas offenbar Tadelnswertes, nämlich „böses" oder „arges" und „listiges", hinweist.

I. **Vorbemerkungen.**

1. Wie wir schon in § 10 konstatierten, spricht das Gesetz nirgends von „**Arglist**" **schlechtweg**, es operiert vielmehr nur immer mit der „**arg**=

---

[1]) Vgl. oben sub A VIII 2 S. 431 und Anm. 2.

[2]) In HGB. §§ 267, 269 und 273 (oben sub A VII) wäre dann freilich diese Anpassung entweder absichtlich oder (vgl. das oben § 33 sub IV B 9 b—e Bemerkte) versehentlich unterblieben; diese Vorschriften beziehen sich nicht auf Frachtrecht, sondern auf Aktienrecht.

[3]) An **Spezialliteratur** kommen für unsere nachstehenden Erörterungen in Betracht: insbesondere die Dissertationen von Wilh. **Müller**, der Betrug beim Vertragsschluß (Rostock=Berlin 1900), Richard **Neumann**, Anfechtungsrecht und Schadensersatzanspruch wegen arglistiger Täuschung (Freiberg=Heidelberg 1902), **Backhausen**, Tatbestand des arglistigen Verschweigens (Rostock=Bonn 1903), **Schiedges**, Arglistiges Verschweigen des Verkäufers, Bonn=Düsseldorf 1902, **Steinberg**, Welche Rechtswirkung hat nach dem BGB. die Täuschung, durch welche jemand zur Abgabe einer Willenserklärung bestimmt ist? (Marburg=Frankfurt a. M. 1900) insb. S. 23 ff., **Wulff**, Das arglistige Verschweigen (Leipzig=Borna 1903). — Ferner die Schrift von Marie **Raschke**, Der Betrug im Zivilrecht (Heft 6 von **Eberings** rechts= und staatswissenschaftlichen Studien, Berlin 1900) sowie **Beer**, Arglistiges Verschweigen, in der **Juristen=Ztg.** IX (1904) Nr. 2 S. 88 ff. — Sodann etwa noch die Dissertationen von **Klein**, Welche Ansprüche entstehen aus dem Betruge beim Vertragsschlusse (Erlangen=Kiel 1898), S. 30 f., **Freundlich**, Die gemeinrechtliche Lehre von dolus causam dans und incidens (Greifswald 1902). — Dagegen nichts für uns Erhebliches z. B. in den Dissertationen von **Blitz**, Ansprüche des Betrogenen (Greifswald 1898), **Bütow**, Zwei Fragen aus der Lehre vom Betrug (Greifswald 1900), **Darboven** actio doli (Göttingen=Hamburg 1901), **Gerigk**, Irrtum und Betrug als Ehehindernisse (Breslau 1898), **Oestreich**, Einwirkung des Betrugs auf den Vertragsschluß (Erlangen 1900). — Nichts Erhebliches betreffs der Arglist bieten aus der sonst in Frage kommenden Literatur z. B. **Zitelmann** (vgl. S. 153 sub 4, 114 sub 2 b α 3), **Stammler**, Schuldverhältnisse (vgl. S. 112 Anm. 1), **Buhl**, Ueber arglistige Täuschung bei Nichtigkeit und Anfechtbarkeit der Ehe (in der Heidelberger **Festgabe für Bekker**, Berlin 1899, S. 137 ff.), **Jacobi**, Persönliches Eherecht (2. Aufl. 1899, insbes. S. 49 ff.). — Viele Ungenauigkeiten in der Dissertation von **Richter**, Erbunwürdigkeit nach dem BGB., Leipzig=Borna 1902, S. 25 ff. — Ueber die einstweilen im ganzen noch dürftige **Judikatur** vgl. Einzelheiten weiter unten.

listigen Täuschung" (oben § 10 sub I) oder mit dem „arglistigen Verschweigen" (ebenda sub II) und erwähnt auch diese Vorgänge nur in unmittelbarem Zusammenhange mit gewissen anderen ziemlich eng begrenzten Tatbeständen. Es fragt sich daher zunächst, ob man sich auch sonst noch Fälle der „Arglist" denken kann, und es wird sich, wenn dieses zu bejahen ist, ferner fragen, ob auch in derartigen weiteren Fällen die „Arglist" einen Anspruch auf rechtliche Beachtung als allgemeinerer Begriff und außerhalb der direkt auf die „Arglist" bezüglichen Paragraphen des Gesetzbuchs beanspruchen könne, etwa in Form analoger [1]) Ausdehnung der gesetzlichen Vorschriften über die arglistige Täuschung und über das arglistige Verschweigen.

a) Der arglistigen Täuschung wird ein sehr weiter Rahmen gegeben, indem sie bei allen „Willenserklärungen" in Betracht kommen kann (vgl. oben § 10 sub I 1 a); damit ist gesagt, daß die anderen Fälle (§ 10 sub I 1b—d und I 2) — die des obligatorischen Vertrages, der Eheschließung und der Testamentserrichtung — eben nur Anwendungsfälle sind, für die der Gesetzgeber noch einige besondere Folgen vorgesehen hat; man denke daher z. B. an arglistige Täuschung seitens des Mieters einer Wohnung, der dem Hauswirte vorspiegelt, kinderlos zu sein, oder an eine arglistige Täuschung seitens des Versicherungsnehmers, welcher dem Agenten einer Unfallversicherungsgesellschaft trotz dessen Frage wahrheitswidrig vorspiegelt, nicht Radfahrer zu sein. [2])

b) Das arglistige Verschweigen (§ 10 sub II) hingegen wird nur erwähnt [3]) innerhalb der Lehre von der Schenkung, vom Kauf (einschließlich Erbschaftskauf) [4]) und Tausch, von der Miete und Pacht, vom Werkvertrag, von der Leihe, von der Ausstattung und vom Vermächtnis. Es kann doch aber zweifellos auch sonst erheblich werden. So, wenn man nur an die „einzelnen Schuldverhältnisse" des Buches II Abschn. 7 denkt, etwa beim Dienstvertrag (Verschweigung der Gesundheitsgefährlichkeit des Arbeitsraums; vgl. § 618 Abs. I), bei der Verwahrung (Verschweigung der Bissigkeit des Hundes), bei der Bürgschaft (Verschweigung der Insolvenz des Bürgen bezw. des Hauptschuldners). Oder außerhalb des Buches II z. B. beim Verlöbnis, beim Erbvertrag. Es wird sofort einleuchten, daß man in derartigen Fällen den arglos auf den Vertrag Eingehenden schützen muß, und man wird auch hier den Schutz insbesondere dahin erstrecken mögen, daß der Hintergangene vom Vertrage loskommen kann. Wie man ihm dazu helfen soll, ist auch nicht schwer zu finden. Man wird ihm die bei der arglistigen Täuschung gewährte Anfechtungsbefugnis bewilligen mit der Argumentation, daß BGB. § 123 auch auf der-

---

[1]) Betreffs eines m. E. im gegebenen Falle verfehlten Versuches analoger Anwendung des Arglist-Begriffs bei Krückmann S. 85/86 s. unten sub VI 2 c.

[2]) Andere Beispiele von Willenserklärungen (Erbschaftsantritt und -entsagung, Anerkennung der Vaterschaft) vgl. bei Weyl, Vorträge I S. 233 Anm. 4. Beispiele arglistiger Täuschung etwa noch bei Cosack I S. 228, Dernburg I S. 438 Anm. 6, Enneccerus-Lehmann I S. 209, Beispiele aus der älteren Praxis bei Rudorff, System. Sammlung der Entsch. des Reichsgerichts, Bd. I, Berlin 1903, Nr. 58—69 S. 33—39. — Für alle nicht gerade in Willenserklärungen bestehenden Handlungen oder Unterlassungen (Beispiele — Einreißen eines Bauwerks, Verjährenlassen eines Anspruchs — bei Eck I S. 148 Anm. 2) kann von analoger Anwendung des § 123 natürlich nicht die Rede sein.

[3]) In diesen Gedankenkreis gehören die Beispiele bei Endemann I S. 1033 Anm. 1, Dernburg II 2 S. 127 Anm. 8 und IV S. 61, Kipp in der Juristen-Ztg. VIII (1903) Nr. 11 S. 255/56.

[4]) Vgl. aber insbes. auch BGB. § 493.

artige Beispiele paßt, da das arglistige Verschweigen nur einen Hauptfall der „arglistigen Täuschung" — als Veranlassung zu einer Willenserklärung — bildet.[1]) Darum wird man also, wenn ein Hauswirt erklärt, daß er nur an kinderlose Eheleute vermietet, ihm nicht nur dann das Recht zur Anfechtung des Mietvertrags gewähren, wenn die mietenden Eheleute sich wahrheitswidrig als kinderlos ausgaben,[2]) sondern auch dann, wenn sie die bald bevorstehende Geburt eines Kindes verheimlichten.

2. Aber „Arglist" wird auch dann in Betracht kommen können, wenn nicht gerade eine Willenserklärung und deren Anfechtbarkeit in Frage steht oder arglistiges Verschweigen und eine der oben § 10 sub I und II erwähnten Sonderfolgen. Man denke an das schon bei anderer Gelegenheit (oben 36 sub II 9 h α) erörterte Beispiel eines arglistigen Rates oder an den Fall[3]) daß der Mäkler um seinen Mäklerlohn (BGB. §§ 652 ff.) geprellt wird, indem der Auftraggeber ihn kurz vor Zustandekommen des eingeleiteten Vertragsschlusses durch direkten Abschluß mit dem vom Mäkler aufgespürten Gegenkontrahenten umgeht. Oder man nehme an, daß X dem Y heimlich ein schleichendes Gift beibringt, ihm zum Schabernack Krotonöl in den Kaffee mischt,[4]) ihn durch einen Sturz in eine mit Erde verdeckte Grube für längere Zeit in dieser Grube zu bleiben zwingt.[5])

3. In einer sehr großen Zahl derartiger Fälle wird die gewünschte Reaktion des Rechts sich daraus ergeben, daß entweder die Verletzung einer schon bestehenden Vertragspflicht vorliegt — zu den Beispielen aus BGB. Buch II Abschn. 7, oben sub 1 b, vgl. z. B. § 694; wegen des Mäklers etwa BGB. §§ 157, 242; ferner überhaupt BGB. § 276 — oder daß der Tatbestand des § 823 Abs. I[6]) bezw. Abs. II BGB. erfüllt ist;[7]) in anderen Fällen (so ebenfalls wegen des Mäklers) wird man auf BGB. § 826 (oben § 36 sub II 9) rekurrieren können.

4. Dieser Umstand, daß die arglistige Handlung auch unter andere Zivilrechtsnormen fallen wird, berechtigt oder zwingt uns nun aber natürlich nicht, die Untersuchung aufzugeben, ob sich für das Herrschaftsgebiet des BGB. ein allgemeiner Begriff der „Arglist" abstrahieren und fruchtbringend verwerten läßt. Denn einmal reichen die sub 3 erwähnten Vorschriften nicht immer zur zivilrechtlichen Ahndung des Vorganges aus, weil beispielsweise §§ 823 und 826 den Ein-

---

[1]) Vgl. über das für unser Thema nicht näher interessierende Verhältnis zwischen arglistiger Täuschung und arglistigem Verschweigen z. B. Dernburg I a. a. O. und IV a. a. O., Eck I S. 148, Fischer-Henle S. 62 Anm. 2, Kipp I S. 346 sub 2 und besonders eingehend Schiedges S. 82 f. Ob für arglistige Täuschung arglistiges Verschweigen genügt, wird davon abhängig sein, ob man nach den Grundsätzen von Treu und Glauben eine Mitteilungspflicht annehmen darf, und dies wiederum wird quaestio facti sein; wegen dieser Mitteilungspflicht auch unten sub II 1 b und 2 c.

[2]) Es kann dies moralisch insofern einigermaßen entschuldbar sein, als die Leute sonst vielleicht kein Unterkommen finden würden; „arglistig" bleibt dies Verhalten aber trotzdem.

[3]) Vgl. Weyl, Vorträge I S. 461. Ueber arglistige Herbeiführung der Unmöglichkeit der Erfüllung vgl. Windscheid-Kipp II S. 89, über „doloses Verschweigen von Nachlaßgegenständen" im Inventar (BGB. § 2005) vgl. Mot. V S. 680; ein anderes Beispiel in Mot. V S. 513.

[4]) Dieser Fall ereignete sich vor etwa zwei Jahrzehnten in dem ostpreußischen Städtchen A. Eine Gruppe von Herren und Damen kam regelmäßig nachmittags in einem Restaurationsgarten zum Croquetspiel zusammen; einige dort verkehrende Philister, welche dies wegen des mit dem Spiel verbundenen Lärmes ärgerte, ließen heimlich durch den Kellner in die Getränke der Spieler ein schnell wirkendes Abführmittel gießen, um sich an den plötzlichen Folgen dieses „Scherzes" zu ergötzen.

[5]) Ein weiteres Beispiel: A dreht in der Wohnung des B ein Stereoskop so, daß die Sonnenstrahlen durch die Linse fallen und Löcher in die Tischdecke brennen.

[6]) Vgl. dazu insbes. die Dissertation von Göring oben S. 108 Anm. 5.

[7]) Zu BGB. § 618 Abs. I und wegen Rat und Empfehlung vgl. die direkten Verweisungen in § 618 Abs. III und § 676 (oben § 28 sub V 3 und VI).

tritt eines Schadens[1]) voraussetzen. Und zweitens wäre der Einwand einer Entbehrlichkeit solcher allgemeineren Untersuchungen über einen Begriff der Arglist schon deshalb zurückzuweisen, weil uns die Erörterungen über das Verhältnis zwischen der Arglist und anderen Arten des Verschuldens zu manchen interessanten Ergebnissen führen werden und weil sie einschließlich dieser Ergebnisse für den Gesamtplan unseres Themas — das man eben auch müßig schelten müßte! — unentbehrlich sind.

5. Daß für das neue bürgerliche Reichsrecht die Aufstellung eines allgemeineren Begriffes der „Arglist", der über die Sonderfälle der arglistigen Täuschung und des arglistigen Verschweigens hinausragt, sozusagen in der Luft liegt, wenngleich literarische Ansätze zu seiner Darstellung einstweilen noch nicht vorhanden sind, ergibt sich mir auch aus dem Umstande, daß hervorragende Autoren wie Crome,[2]) Dernburg[3]) und Kipp[4]) gelegentlich in Zusammenhängen, die mit den in § 10 aufgeführten Normen nichts zu tun haben, mit dem Begriffe der Arglist operieren[5]) und ihn in Gesetzesstellen einschalten, die ihn, namentlich wenigstens, nicht anführen. Und ähnlich liegt die Sache betreffs des Tatbestandes in einer Entsch. des Kammerger. vom 11. Dezember 1900.[6])

6. Vor allem aber wird die Probe, ob es für das BGB. einen generellen Begriff der „Arglist" gibt, notwendig gemacht durch den Umstand, daß sich einerseits zu den Anwendungsfällen der „arglistigen Täuschung" und des „arglistigen Verschweigens" in der Literatur zahllose Hindeutungen auf den Begriff ‚dolus' finden (vgl. unten sub II 1 c) und daß andererseits (vgl. unten sub VI 8 b) die Frage bereits energisch in die Erscheinung getreten ist, ob auch für das gegenwärtige Reichszivilrecht die Anerkennung einer generellen actio bezw. exceptio doli zulässig oder sogar erforderlich sei. Ob und wieweit dies der Fall ist und ob und wieweit damit die Anerkennung eines allgemeineren Arglistbegriffs im BGB. zusammenfällt, kann freilich erst später (unten sub VII), nach Prüfung eben dieses zuletzt genannten Begriffs, besprochen werden.

7. Uebrigens hatte der I. Entwurf einen allgemeineren Begriff der „Arglist" gekannt. Betreffs der Erteilung eines Rates oder einer Empfehlung hatte er im Gegensatze zu dem jetzigen § 676 BGB. den Fall, daß „arglistig gehandelt" worden war, in § 604 ins Auge gefaßt und somit für diesen Vor-

---

[1]) Dies war in dem oben S. 440 Anm. 4 erwähnten Beispiele nicht der Fall, obgleich die Urheber des Streiches strafrechtlich (StGB. §§ 185 ff., 223 ff.) verantwortlich gemacht wurden. Man denke ferner, daß der arglistige „Rat" sich darauf bezog, ein neuer Ankömmling solle u. a. auch bei Herrn X Visite machen, der als Erzgrobian bekannt ist und den Besucher sofort an die Luft setzt.

[2]) Crome II S. 148 denkt betreffs des Gläubigerverzuges an die Möglichkeit, daß der Schuldner die vorübergehende Verhinderung des Gläubigers an der Annahme „arglistig herbeiführte". Vgl. ähnlich (aber wegen Arglist des Gläubigers) Prot. II Nr. 142 VII S. 483.

[3]) Dernburg Bd. III S. 329 Anm. 19. Er hält eine bestimmte Bemerkung der Prot. (Bd. III Nr. 206 IV S. 260/261) nur für richtig „im Falle einer Arglist des Finders". — Aehnlich gleichfalls betreffs der Lehre vom Fund Kober S. 232 Anm. 2 zu § 971, indem er meint, es werde die Verheimlichung auf Nachfrage „jedes arglistige Verhindern der Ermittlung des Fundes in sich begreifen, wenn das Verheimlichen auch nicht gerade auf Nachfrage erfolgte". — Auf diese „Verheimlichung" und ihr Verhältnis zur „Arglist" gehe ich an dieser Stelle, meiner Untersuchungsmethode gemäß (vgl. oben § 30 sub I 2 und 3), garnicht näher ein; ebensowenig zunächst auf die Begriffe „Hinterlist", „Handeln ohne Wissen" usw.; vgl. darüber erst unten §§ 59 ff.

[4]) Kipp bemerkt II S. 899: „Nach BGB. geht die Arglist entweder in § 823 oder § 826 oder in einem besonderen Deliktstatbestande auf" (vgl. hierzu unten sub VI 6).

[5]) Ueber ein Beispiel bei Krückmann S. 85/86 vgl. unten sub VI 2 c.

[6]) Seuff. Arch. Bd. 56 (1901) Nr. 123 S. 217 ff. (vgl. auch Bunsen bei Bernhöft und Binder, Beiträge zur Auslegung des BGB. Heft 1, Leipzig 1902, S. 69 Nr. 6): Anfechtung der Anstellung eines Lehrers an einer öffentlichen Schule, der seine fünfmalige Verurteilung wegen Betrugs verschwiegen hatte.

gang,[1]) wegen dessen uns die Frage nach der Anerkennung eines allgemeineren Arglistbegriffs auch gegenwärtig besonders interessieren dürfte (vgl. oben sub 2). eine positive Antwort bereit gestellt.

8. So wenig wie das Gesetz selber äußern sich die Materialien oder die Literatur oder die Judikatur in geschlossenen (größeren) Ausführungen über die Arglist als solche. Wir sind also hier mehr als wegen mancher anderer in den Rahmen unseres Themas fallender Begriffe (z. B. Vorsatz, Fahrlässigkeit) einerseits auf Nachprüfung und Verwertung gelegentlicher Aeußerungen angewiesen[2]) und andererseits wohl befugt, diese Nachprüfung solcher Aeußerungen (vorbehaltlich geschlossener Revue unten sub III) möglichst gleich in unsere eigenen Untersuchungen einzuflechten. — Den Vortritt erhalten am zweckmäßigsten gewisse

II. Sprachliche Bemerkungen und Folgerungen daraus:

1. Der vom Gesetz undefiniert gelassene Ausdruck „Arglist"[3]) — dies Substantivum selber fehlt übrigens im Gesetze gänzlich — besagt[4]), rein sprachlich betrachtet, daß eine „arge List" vorliegt (unwillkürlich wird man an den Vers in Schillers „Bürgschaft" erinnert: „Da lächelt der König mit arger List"). Darnach enthält also die Arglist zwei Elemente, ein „arges" Verhalten und ein „listiges" Verhalten. Beide Elemente wollen wir genauer prüfen und zugleich sehen, wie zu ihnen die Materialien und die Literatur Stellung nehmen.

a) Daß die Arglist etwas „arges"[5]) sei — etwas der sittlichen Anschauung „ärgerliches" — bestätigen uns die Materialien insofern, als sie von „schwerer sittlicher Verschuldung",[6]) „sittenwidrigem Verhalten"[7]) und „unsittlicher und verwerf-

---

[1]) Vgl. seinetwegen bereits oben sub 2 und vor allem oben § 36 sub II 9 h α; auch das ebenda sub β behandelte „Plagiat" kann als Beispiel zu den Fällen oben sub 2 dienen.

[2]) Sie beziehen sich der Hauptsache nach eben auf arglistige Täuschung und arglistiges Verschweigen.

[3]) Was den Sprachgebrauch des Gesetzes zu den mit „arglistig" verbundenen (oben sub I 1) Worten „verschweigen" und „Täuschung" betrifft, so ist folgendes zu bemerken: „Verschweigen" begegnet nur in dieser Verbindung und nur als Verbum; das Substantiv „das Verschweigen" ist dem BGB. unbekannt (ebenso übrigens das Substantivum „die Verschweigung" im Sinne eines mit ihr verbundenen Rechtsverlustes, vgl. z. B. Gierke, Deutsches Privatrecht I, Leipzig 1895, S. 311 f. und neuestens Seckel in der Festgabe der Jur. Gesellschaft zu Berlin für Koch, Berlin 1903, S. 230 ff.); dagegen findet sich, für unsere Fragen unerheblich, „Schweigen" im BGB. § 496 Satz 2 und „stillschweigend" in §§ 612 Abs. I, 632 Abs. I, 653 Abs. I, 689, 724 Satz 2 (vgl. Gradenwitz S. 130, 136), stets im Sinne gewisser Präsumtionen bezw. Fiktionen. — „Täuschung" findet sich gleichfalls nur in dem erwähnten Zusammenhange, jedoch in unmittelbarer Verbindung mit „arglistig" nur in §§ 123 Abs. I, 124 Abs. II Satz 1, 318 Abs. II Satz 1, 1334 Abs. I Satz 1, 1599, 2339 Nr. 3; aber bei den übrigen Stellen (§§ 123 Abs. II Satz 1 — zweimal — und Satz 2, 124 Abs. II Satz 1 — das zweite Mal —, 1334 Abs. I Satz 2 — zweimal — und Abs. II, 1337 Abs. II, 1339 Abs. II) in ebenso offensichtlicher Gedankenverbindung mit dem Moment der Arglist, wie, (vgl. oben § 25 sub A III S. 85 Anm. 4) die „Drohung" in Verbindung mit dem Moment der Widerrechtlichkeit.

[4]) Ich habe das nur betont gefunden bei Gareis S. 149 sub 2 und bei Endemann I § 72 S. 355 Anm. 5 (und ganz versteckt, in der Lehre von der Schenkung. auch bei Endemann I § 165 S. 1033 Anm. 1) sowie bei Backhausen S. 13 und Wulff S. 34. — Ferner begegnet bei Kipp I S. 448 Anm. 6 (in dem vom „unerlaubten Verhalten" handelnden § 101) ein Hinweis auf den deutschen Ausdruck „arglistig" bezw. „arglistiglich" in der Carolina Art. 107, 146, 173 (die von den „Falschschwüren", dem „Stehlen aus dem hl. Almosen" und der „Tötung" handeln); ebenso bei Wulff S. 34 Anm. 2.

[5]) „Arg" allein (man denke an das Rechtssprichwort „das Kind folgt der ärgeren Hand") oder Ableitungen (wie Aerger, verargen) fehlen im BGB.

[6]) Prot. IV Nr. 271 I C S. 78 (betreffs der arglistigen Täuschung).

[7]) Mot. IV S. 73 (betreffs desselben Vorgangs; dort zugleich „rechtswidriges Verhalten"; vgl. unten sub III 1 b $\alpha\gamma'$).

licher Handlung"[1]) reden; auch die Literatur spricht von „verwerflichem"[2]) und „unmoralischem"[3]) Benehmen, und als mögliche Motive werden „Bosheit und Rachsucht"[4]) genannt; insbesondere aber wird in Materialien[5]) und Literatur[6]) die Arglist als ein „Verstoß gegen Treu und Glauben" charakterisiert, und hierin können wir eine Bestätigung dafür entnehmen, daß zunächst der Hinweis auf das „Arge" nur eine objektive Kritik enthält (wie bei den Begriffen „grob" und „schwer", oben § 37 sub I 4 b und II 2 sowie § 40 sub II), so daß darin gleichzeitig ein subjektiver Tadel noch nicht unbedingt enthalten scheint.

b) Das „arglistige" Verhalten ist aber, da es zugleich ein „listiges"[7]) ist, offenbar auch ein subjektiv tadelnswertes; es enthält etwas Berechnendes, welches zum Ziele nicht auf geradem, ehrlichem Wege losgeht, sondern auf heimlichem Schleichpfade (wie auch nach Luthers Uebersetzung des Berichtes 1. Mose Kap. 3 Vers 1 über den Sündenfall[8]) die Schlange „listiger" war denn alle Tiere auf dem Felde und dem Weibe, um es zum Falle zu bringen, etwas vorspiegelte, nämlich daß Gottes Androhung des Todes, wenn das Menschenpaar vom Baume der Erkenntnis äße, nicht zutreffen würde). — Hierzu enthalten die Materialien zunächst (vgl. aber unten sub III 1 b $\beta\ \beta'$)[9]) keine besonders charakteristische Bestätigung, während die Literatur außer von „hinterlistigem"[10]) Benehmen, sowie von „Lüge"[11]) davon spricht, daß im Falle der arglistigen Täuschung (BGB. § 123) eine Willenserklärung „erlistet",[12]) „erschlichen"[13]) und „ertrogen"[14]) sei und daß der Arglistige „wider besseres Wissen"[15]) gehandelt habe; auch als „Verletzung der Pflicht zur Wahrhaftigkeit"[16]) wird die

---

[1]) Prot. IV Nr. 271 I C S. 77 (gleichfalls betreffs der arglistigen Täuschung).

[2]) Eck I S. 147 und Steinberg S. 27 sub IV, beide betreffs arglistiger Täuschung.

[3]) Krückmann S. 80/81 betreffs der Arglist überhaupt, Gareis S. 149 betreffs arglistiger Täuschung.

[4]) Leonhard, der Allg. Teil des BGB. (Berlin 1900) S. 523 betreffs arglistiger Täuschung.

[5]) Mot. I S. 208, II S. 754, dort betreffs arglistiger Täuschung, hier betreffs der actio doli (unten sub III 1 b $\alpha\ \alpha'$.)

[6]) Hierzu zahlreiche Belege unten sub VI 7 e. Aus der Judikatur vgl. die Entsch. des Reichsgerichts vom 16. Mai 1903 (V 12/03) in der Juristen-Ztg. VIII (1903) Nr. 13 S. 322, Seufferts Arch. 58 (1903) Nr. 167 S. 314 f., Jurist. Wochenschr. 32 (1903) Beilage 11 Nr. 223 S. 99, Warneyer II S. 46 und oben S. 112 Anm. 4.

[7]) „Listig" allein oder „List" finden sich im BGB. nirgends, nur noch „Hinterlist" (oben § 11, unten § 59). Zum StGB. vgl. v. Liszt, Lehrbuch des Strafrechts § 98 S. 354.

[8]) Die Erzählung vom Sündenfall ist mir übrigens stets als ein vortrefflicher, insbesondere auch bei Einführungsvorlesungen sehr brauchbarer Beleg zum Nachweise der zur Bildung des objektiven Rechts nötigenden Konflikte zwischen den Motiven für die Handlung (Egoismus, schrankenlose Bedürfnisbefriedigung) und den Motiven gegen die Handlung (Furcht vor Strafe i. w. Sinne) — vgl. z. B. Gareis, Encyklopädie, 3. Aufl., Giessen 1905, S. 30 f., 175 f. — erschienen.

[9]) Vgl. über vereinzelte Bemerkungen unten Anm. 14 und Anm. 15.

[10]) Steinberg S. 27 wegen der arglistigen Täuschung. Zu diesem Ausdruck unten § 59.

[11]) Leonhard a. a. O. S. 522 Anm. 3 und Steinberg S. 27.

[12]) Crome I S. 430.

[13]) Enneccerus-Lehmann I S. 203 Anm. 1.

[14]) Leonhard S. 522, 523 Anm. 1 im Anschluß an Prot. VI Nr. 413 I S. 147 (zu BGB. § 143).

[15]) Prot. I Nr. 84 III S. 687, Nr. 86 I S. 705, Nr. 89 II S. 736 und 739; Cosack I S. 228 (oben S. 459 Anm. 2; Crome I S. 429 sub 4 a und ebenda Anm. 14 (unten S. 445 Anm. 11).

[16]) Meisner, das Allgemeine LR. und der Entwurf (Berlin 1900) S. 70.

Arglist bezeichnet und die Täuschung ihrerseits als „wissentliche" Unterdrückung eines „inneren Triebes" zur Aufdeckung der Wahrheit.[1])

c) Daß etwas „Listiges" [2]) im Verhalten des Arglistigen steckt, wird aber am meisten von den Materialien und der Literatur dadurch zum Ausdruck gebracht, daß sie die Arglist in direkteste Verbindung mit dem ‚dolus' (dolus malus), dem „Betruge", bringen; bei dieser Parallele — welche sowohl wegen der „arglistigen Täuschung"[3]) wie wegen des „arglistigen Verschweigens"[4]), vereinzelt aber auch wegen der „Arglist" überhaupt[5]) gezogen wird und bisweilen mindestens in Ausdrücken wie „Betrüger", „Betrogener", „betrogen", „Betrügerei" durchklingt — wird dann auch noch [6]) zwischen dolus im weiteren und dolus im engeren Sinne unterschieden und [7]) mit jenem die „Arglist" überhaupt, mit diesem der „Betrug", die „arglistige Täuschung"[8]) im besonderen, gleichgestellt, der zwar nur eine Form, aber eine besonders

---

[1]) Leonhard (oben S. 443 Anm. 4) S. 522. Ihm erscheint dies wesentlicher als die von anderen Autoren (vgl. Kuhlenbeck, BGB. I, 3. Aufl. S. 99 Note 2; sehr skeptisch Endemann S. 356 Anm. 6 und Riezler S. 364) betonte Rechtspflicht, den gegnerischen Irrtum (bei der arglistigen Täuschung) aufzuklären. Leonhard betont also mehr das „moralische Prinzip in uns", den „kategorischen Imperativ", wie die rechtliche Seite. Die Untersuchung, ob die angedeutete Aufklärungspflicht besteht, gehört in die Speziallehre von der arglistigen Täuschung (und vom Irrtum) und muß deshalb für unser Thema ebenso außer Betracht bleiben (vgl. oben § 1 sub II), wie z. B. die Frage nach dem Kausalzusammenhang zwischen der Täuschung und dem eingetretenen Erfolge (Abgabe der gegnerischen Willenserklärung usw.).

[2]) Dies braucht nicht zugleich etwas „Tückisches" zu sein; „Arglist" dürfte zwar (vgl. näheres unten § 59 sub A VI) aufs engste verwandt sein mit der „Hinterlist" und gleich dieser ein Moment der „Heimlichkeit" enthalten; aber auch „heimtückisch" würde über „heimlich" und „hinterlistig" noch hinausgehen.

[3]) Mot. I S. 208 (unten sub III 1 b $\alpha\,\alpha'$), auch Prot. II Nr. 97 II S. 26 und auch Sächs. BGB. § 835), Crome I S. 427, S. 430 Anm 14, Dernburg I S. 437, Endemann I S. 354 Anm. 2, A. Engelmann S. 104, 107, Enneccerus-Lehmann I S. 203, Fischer-Henle S. 62 Anm. 2, Kipp I S. 452 sub 1 (oben § 55 sub B XII 1 c), Kuhlenbeck, Von den Pandekten I § 19 S. 434 ff., insbes. S. 443 f., derselbe, BGB, 3. Aufl. I S. 99 Note 1, II S. 33, Landé S. 29, Krückmann S. 156 sub 6, Opet zu BGB. § 1334 S. 64 sub 1, Th. Engelmann S. 84 sub 1; vgl. auch Riezler S. 366 sub VIII, Jacobi a. a. O. S. 49 ff, Raschke a. a. O. S. 91, Freundlich a. a. O. S. 48, Meisner (oben S. 443 Anm. 16) S. 71 ff., Sprenger, Ueber dolus causam dans und incidens (im Arch. f. d. zivilist. Praxis 88, 1898, S. 359 ff.) S. 388 ff. Vgl. aus der Judikatur z. B. Entsch. des Kammerger. vom 17. Februar 1902 bei Mugdan und Falkmann V (1902) Nr. 7 b S. 26.

[4]) Mot. II S. 223 und die anderen unten sub III 1 b $\beta\,\alpha'$ angegebenen Stellen; Prot. I S. 687 (oben S. 443 Anm. 15); vgl. auch Hachenburg S. 59, Bandel, Ueber dolus und Betrug im gemeinen Privatrecht, Breslauer Diss. 1899, S. 65.

[5]) Mot. II S. 754 (oben S. 443 Anm. 5 ; vgl. betr. Rat und Empfehlung ebenda S. 554 f, unten sub III 1 a), Leonhard S. 522 (vgl. überhaupt S. 519 ff.), Meisner a. a. O. S. 70 ff., Oertmann S. 165 Note 2. Vgl. zu BGB. § 1334 noch A. Engelmann S. 661.

[6]) Insbesondere von Meisner (oben S. 443 Anm. 16) und — im Anschluß an Pernice, Labeo (oben S. 411 Anm. 1), Bd. II S 134 ff., 157 ff, 200 ff. — von Endemann S. 354 Anm. 2 und Windscheid-Kipp I S. 447/448, S. 448 Anm. 6, II S. 897 Anm. 2, 937; ferner Kuhlenbeck, Von den Pandekten I § 19 S. 434 ff.

[7]) Meisner a. a. O.

[8]) Gegen den in E. I (vgl. § 103 Abs. I und II) enthaltenen Ausdruck „Betrug" zu Gunsten des jetzigen Ausdrucks „arglistige Täuschung" bereits von Liszt, Grenzgebiete S. 23 f. (den ‚dolus' bezeichnet er S. 24 als „bequemen Zufluchtshafen für jede juristische Gedankenlosigkeit" und vom „romanistischen Betrugsbegriff" meint er S. 23, daß er „an Unklarheit und Verschwommenheit unmöglich übertroffen werden kann"); vgl. ferner Zitelmann, die Rechtsgeschäfte im Entwurf, Th. II (Berlin 1890) S. 43, während er (vgl. oben S. 438 Anm. 3) im „Recht des BGB." (S. 114) nichts für uns Erhebliches bringt.

wichtige Form des dolus im weiteren Sinne, der Arglist überhaupt sei.[1])

d) Mit Recht wird dabei aber Verwahrung[2]) eingelegt gegen eine Verwechselung dieses „zivilrechtlichen“ Betruges mit dem „strafrechtlichen“ des St.G.B. § 263: Zunächst, weil der zivilrechtliche „Betrug“ keine Vermögensbeschädigung beim Betrogenen erheischt[3]) — bei der „arglistigen Täuschung“ tritt z. B. die Anfechtbarkeit der Willenserklärung, beim „arglistigen Verschweigen“ tritt z. B. die Nichtigkeit des pactum de dolo non praestando (oben § 10 sub II 2 a) ganz unabhängig von den weiteren Folgen ein[4]) —; sodann, weil für den strafrechtlichen Betrug zu der auf Schädigung des Andern[5]) gerichteten Absicht auch die auf Bereicherung[6]) gerichtete[7]) und die Bereicherung selber[8]) hinzukommen muß;[9]) seine Voraussetzungen sind mithin wesentlich enger gezogen, und der zivilrechtliche Betrugsbegriff muß deshalb als der weitere bezeichnet werden.[10])

2. Aus der Qualifikation der Arglist als „arges“ und „listiges“ Verhalten ergibt sich sofort des weiteren folgendes:

a) Von einem „argen“ Verhalten kann nicht die Rede sein, wenn die Handlung aus bloßer Leichtfertigkeit[11]) oder aus Harmlosigkeit[12]) entspringt[13]) oder gar aus wohlmeinender Absicht;[14]) das,

---

1) Kipp Bd II a. a. O. (S. 897 Anm. 2 und S. 937).

2) Vgl. Mot. I S. 208, Prot. I Nr. 20 IV S. 119 (unten sub III 1 b α δ') und aus der Literatur z. B. Backhausen S. 64 ff., Bendix S. 135, Crome I S. 427, Dernburg I S. 437, Eck I S. 148, Endemann a. a. O. S. 355 Anm. 3, A. Engelmann S. 107, Enneccerus-Lehmann I S. 209 Anm. 7, Fischer-Henle S. 62 Anm. 2, Gareis S. 149, Kuhlenbeck, BGB. I, 3. Aufl. S. 99, Landé S. 29, Leonhard S. 522, Neumann, Richard, S. 15, 64, Raschke S. 91, Wulff S. 50 ff., Rehbein I S. 148 sub b, Riezler S. 364, Schiedges S. 78, Weyl, Vorträge I S. 232; ferner eine Entsch. des Reichsgerichts vom 4. Februar 1903 (V 376/03) in der Jur. Wochenschr. 32 (1903) Beilage 5 Nr. 85 S. 40 f. (vgl. auch Warneyer II S. 11 Nr. 1).

3) Vgl. hierzu Prot. a. a. O. sowie Crome, Dernburg, Eck, Enneccerus-Lehmann, a. a. O.; ferner R. Neumann S. 64, Schiedges S. 83, Steinberg S. 23 f.

4) Wegen der übrigen im § 10 erwähnten Folgen siehe oben sub I 1.

5) Soviel ich sehe, betonen nur Endemann S. 355 Anm. 5 und A. Engelmann S. 107/108 die Entbehrlichkeit der Schädigungsabsicht beim zivilrechtlichen Betruge mit besonderem Nachdrucke. Bedenklich ist die Wendung der Mot. II S. 754 (unten sub III 1 b α α'). Zu BGB. § 1334 vgl. Opet S. 64 sub 1 a, Arthur B. Schmidt S. 110 sub 2.

6) Eigene bezw. — was hier nicht näher interessiert — auch die eines Anderen.

7) Vgl. insbesondere Dernburg, Eck, Engelmann, Enneccerus-Lehmann, Leonhard, Riezler, Weyl a. a. O.; ferner namentlich Endemann S. 354/355.

8) Vgl. z. B. Endemann S. 354.

9) Crome will wohl dies Beides zusammenfassen, wenn er von „qualifiziertem Verhalten des Betrügers“ spricht.

10) Dies tun Crome, Eck und Enneccerus-Lehmann.

11) Crome sagt I S. 429 f. Anm. 14 betreffs der arglistigen Täuschung: „Bloß leichtfertig (schuldhaft, aber nicht wider besseres Wissen) gemachte Angaben genügen nicht“

12) Ebenfalls wegen der arglistigen Täuschung Cosack I S. 228; gegen ihn, m. E. mit Unrecht, Eck I S. 148 Anm. 3.

13) Entspringt sie aus Unkenntnis der wahren Sachlage (und diese Unkenntnis ihrerseits vielleicht aus „Torheit“, vgl. Cosacks erstes Beispiel a. a. O. sowie Enneccerus-Lehmann S. 209 sub 2), so liegt schon keine Täuschungsabsicht (unten sub 5) vor.

14) Die Arglist leugnen in derartigen Fällen Th. Engelmann S. 84 sub 3 a — unter Bezugnahme auf Binding, Normen Bd. II S. 605 und Olshausen, Kommentar zu StGB. § 170 Note 3 (5. Aufl., Berlin 1897, S. 648) —, Gareis S. 149, Leonhard S. 523, Rehbein S. 148 sub b, Riezler S. 364 Anm. 1 und Steinberg S. 28; Arglist nehmen trotzdem an Backhausen S. 55 ff., Dernburg I S. 439, Endemann S. 355 Anm. 4 (indem er übrigens irrig Cosack — 3. Aufl. S. 216, jetzt 4. Aufl. S. 228 — als Gegner seiner Ansicht nennt, während Cosack diese Frage

was[1]) im (wenn schon vielleicht ganz mißverstandenen) Interesse des Andern geschieht, kann man unmöglich als ein Verhalten „gegen Treu und Glauben" (oben sub 1 a) und als „arge" Handlungsweise bezeichnen;[2]) daß eine Handlungsweise, welche bona mente geschieht (ähnlich wie die exheredatio bona mente, vgl. BGB. § 2338, oben § 24 sub A II), sich als dolus malus darstelle, wäre denn doch eine contradictio in adjecto.

b) Von einem „listigen" Verfahren kann bei bloßer Leichtfertigkeit und Harmlosigkeit[3]) ebensowenig die Rede sein und ferner dann nicht, wenn der Handelnde[4]) von der Ansicht ausging, der andere Teil kenne die wahre Sachlage: eine Möglichkeit, welche die Materialien[5]) und die Literatur[6]) zwar nur betreffs des arglistigen Verschweigens erörtern, die aber ebensogut für die arglistige Täuschung[7]) und für sonstige Fälle der Arglist in Betracht gezogen werden kann.[8])

c) Selbst wer mit der bloßen Möglichkeit rechnet, daß der andere die Sachlage kennt und trotzdem billigt, und wer es unterläßt, seine eigenen Zweifel betreffs der Sachlage[9]) dem Anderen bekannt zu geben, wird nicht unbedingt als „arglistig" bezeichnet werden müssen.[10])

3. Als Handlungsweise „wider besseres Wissen" setzt die Arglist natürlich das eigene Wissen[11]) der Sachlage voraus.

4. Das bloß „wissentliche" Handeln und das „Bewußtsein"[12]) der Arglist

ungeprüft läßt), Planck I S. 220 sub 2 und Schmidt, Arthur B. S. 110 sub 2, wohl auch Enneccerus-Lehmann I S. 209 Anm. 6. Unentschieden Schiedges S. 66. Das Beispiel bei Krückmann S. 80 f. (unten sub VI 2 c) wird man in dieser Richtung gelten lassen müssen.

[1]) Natürlich nachweislich; es käme also, wenn der getäuschte Anfechtungskläger die Arglist des Täuschenden dargetan hat, darauf an, ob dieser Andere den Schein durch den Beweis seiner guten Absicht widerlegen und das an sich unwahrscheinliche Vorhandensein einer „pia fraus" (vgl. Endemann a. a. O) dem Richter plausibel machen kann.

[2]) Immerhin stehen dem Getäuschten die Rechtsbehelfe wegen Irrtums (BGB. §§ 119 ff.) zu Gebote; im wesentlichen wird das praktische Ergebnis also das gleiche sein.

[3]) Vgl. wegen des Urt. des Reichsger. vom 16. Mai 1903 („optimistische Veranlagung") unten Anm. 9 und zu diesem Urteil auch Beer a. a. O. S. 89.

[4]) Etwas anderes ist es, ob im Einzelfall dem sich Irrenden füglich die Kenntnis der Sachlage objektiv (nicht subjektiv vom Gegner) zugemutet werden durfte. Vgl. zu derartigen Fällen die Entsch. des Reichsger. vom 20. Mai 1903 (V 21/03) in der Juristen-Ztg. VIII (1903) Nr. 14 S. 345/346, in der es sich um eine öffentliche Immobiliarlast handelt.

[5]) Ueber einige Bemerkungen der Prot. I vgl. unten sub III 1 b $\beta\beta'$.

[6]) Vgl. Hugo Neumann, Handausg. I S. 214, Oertmann S. 166 oben, Planck II S. 234 a. E., Schiedges S. 72, auch Crome II S. 515 Anm. 25 (zu BGB. § 523); die gleiche Anschauung ergibt sich e contrario aus den Bemerkungen bei Dernburg I S. 439, II 2 S. 56, Enneccerus-Lehmann I S. 209, Matthiaß I S. 504.

[7]) Vgl. wegen Dernburg I S. 439 und Enneccerus-Lehmann I S. 209 die vorige Anmerkung. Ferner etwa Erler, Ehescheidungsrecht (Berlin 1900) S. 51.

[8]) Ueber ähnliche Erwägungen zu BGB. § 121 Abs. I vgl. oben § 33 sub B II 10 e.

[9]) Vgl. das oben S. 443 Anm. 6 erwähnte Urteil des Reichsger. vom 16. Mai 1903; wenn hier das Reichsger. zu BGB. § 476 gleichzeitig meint, der Verkäufer „könne sich . . damit, daß er seine Zweifel an der Fehlerlosigkeit der Kaufsache infolge seiner optimistischen Veranlagung zu seinen Gunsten gelöst habe, nicht entschuldigen", so geht dieser Punkt mehr auf die Frage, ob beim Verkäufer eine Fahrlässigkeit obgewaltet hat, die ihn nach anderen Gesetzesvorschriften haftbar machen könnte; vgl. oben § 31 sub C VI 1.

[10]) Den Mangel der Arglist wird aber wohl er beweisen müssen.

[11]) Vgl. noch (außer den Bemerkungen oben sub 1 b): wegen der arglistigen Täuschung Leonhard S. 522, Müller a. a. O. (oben S. 438 Anm. 3) S. 55 und insbes. Steinberg S. 23; wegen arglistigen Verschweigens Dernburg II 2 S. 56, 127 Anm. 8, Beer a. a. O. S. 90 ff.; genereller wegen Arglist überhaupt Endemann S. 355 Anm. 4.

[12]) Vom „Bewußtsein" reden: betreffs der arglistigen Täuschung Dernburg I S. 439, A. Engelmann S. 108, Enneccerus-Lehmann I S. 209 (zweimal), betreffs

allein wird aber nicht genügen;[1]) es muß zum Wissen[2]) auch noch ein arges und listiges „Wollen" hinzutreten. Zwar keineswegs — begrifflich — der Wille[3]), den Andern zu schädigen und sich selbst zu bereichern (dieser animus, vgl. oben sub 1 d, ist sogar nicht einmal für die arglistige Täuschung erforderlich); es muß aber der Wille vorliegen, dem Andern etwas Arges und Listiges anzutun (ihn zu täuschen, ihm etwas zu verheimlichen, ihn durch einen arglistigen Rat auf falsche Fährte zu führen usw.); die Arglist muß also, wie das ähnlich die Motive in ihren Bemerkungen zum „Vorsatze" ausdrücken (oben § 55 sub A VI 2) „wissentlich und willentlich"[4]) eintreten.

5. Diesem Willen, arglistig zu handeln, wird aber[5]) stets[6]) irgend eine weitere „Absicht" zugrunde liegen:

a) Diese „Absicht" darf weder verwechselt werden[7]) mit dem der Arglist zugrunde liegenden Motive[8]) noch mit dem von der Arglist erwarteten

---

des arglistigen Verschweigens Matthiaß II S. 504 und Schiedges S. 62, 65, 68 f., 73. Zum gemeinrechtlichen dolus vgl. noch Windscheid-Kipp I S. 447 f. und II S. 89.

[1]) Erst recht natürlich nicht bloßes Wissen müssen; vgl. die Entsch. des Reichsger. vom 17. Juni 1904 (II 84/04) in der Juristen-Ztg. IX (1904) Nr. 19 S. 945/946 und oben § 36 S. 228 Anm. 1 (und auch die vom 16. Mai 1903, oben S. 443 Anm. 6, S. 446 Anm. 3 und 9).

[2]) Nach der Literatur soll sich dies „Wissen" bezw. „Bewußtsein" im einzelnen beziehen (was für unsere generelle Frage belanglos ist): Bei der arglistigen Täuschung im besondern: auf den Irrtum des Gegners (Müller S. 55) und darauf, daß dieser bei Kenntnis der wahren Sachlage die Erklärung nicht (nicht so) abgegeben hätte (Dernburg I S. 439, Kuhlenbeck, BGB. a. a. O., Reichsger. vom 16. Mai 1903 a. a. O.; darüber, ob auch das Bewußtsein einer möglichen Schädigung notwendig sei, vgl. gegen Engelmann S. 108 insbes. Enneccerus-Lehmann I S. 209). — Beim arglistigen Verschweigen: auf den Mangel („Kenntnis" des Verkäufers bezw. des Schenkers von diesem Mangel, Dernburg II 2 S. 56 und 127, vgl. Schiedges S. 62), auf die Unkenntnis des Gegners von diesem Mangel (Matthiaß II S. 504) und auf die wahrscheinliche oder mögliche Beeinflussung des Gegners durch diese Unkenntnis (Dernburg II 2 S. 56, Schiedges S. 68 f.); Schiedges, der (S. 65) hier das Bewußtsein der Schädigung nicht für erforderlich erklärt, hält S. 73 das Bewußtsein der „Rechtswidrigkeit" für notwendig. — Endemann I § 165 S. 1033 Anm. 1 (oben S. 442 Anm. 4) und Dernburg II 2 S. 127 Anm. 8 (unten sub VI 4 d) erachten, jener unter Polemik gegen Schollmeyer, Einzelne Schuldverhältnisse S. 28, für die Haftung des Schenkers aus BGB. § 524 Abs I die bloße Kenntnis des Schenkers vom Mangel des Schenkungsobjektes ohne das Wissen, „daß durch den Mangel dem Beschenkten ein Schaden erwachsen kann" (Endemann a. a. O.), für unzureichend.

[3]) Daß die Arglist einen Willen in sich schließt, betonen betreffs der arglistigen Täuschung Crome I S. 429 a. E. und Hoelder S. 273 sub 2 (unten sub VI 2 a) und betreffs des arglistigen Verschweigens Schiedges S. 62 (betreffs der Herbeiführung der Erfüllungsunmöglichkeit im gemeinen Recht Windscheid-Kipp II S. 89 Anm. 1; vgl. ebenda I S. 447/48 und 448 Anm. 6). Dieser Willen erscheint bei Crome und Hoelder a. a. O. auf die Täuschung selbst gerichtet, bei Crome a. a. O. Anm. 14 auch zugleich auf die Folge der Täuschung und ebenda im Texte auf die Beeinflussung des gegnerischen Willens, während Hoelder S. 272 oben richtiger betont, daß dieses der Zweck der Täuschung ist.

[4]) Auf „wissentlich" — und „vorsätzlich", vgl. unten sub 6 — stellen, in Anlehnung an ALR. I, 4 § 84, die Arglist auch Goldmann und Lilienthal I, Berlin 1900, S. 91 Anm. 1 ab.

[5]) Das Vorhandensein einer Absicht nimmt auch Piper (oben S. 101 Anm. 3) S. 37 an für alle Stellen, in denen das Gesetz von „arglistig" (und von „böswillig", vgl. oben § 57 sub B III 1) redet.

[6]) Nur etwa bei Kindern oder Geisteskranken wird sie vielleicht fehlen und lediglich Freude am Bösen der zwecklose Grund der Handlung sein; aber dann kann man wiederum nicht von „Arglist" reden.

[7]) Vgl. ebenso wegen des Vorsatzes oben § 55 sub A III.

[8]) Z. B. Bosheit, Rachsucht (oben sub 1 a), der Wunsch, einen Schabernack zu spielen (oben sub 2). Ueber edle Motive („edle Absicht" sagt hier, meist aber zugleich ironisch, der vulgäre Sprachgebrauch) vgl. oben sub 2 a. — Für das römische Recht vgl. Windscheid-Kipp I S. 448 Anm. 6, II S. 89 Anm. 1.

mittelbaren Endeffekte (z. B. dem, wie wir schon sahen, zwar sehr oft aber nicht unbedingt und stets erwarteten oder gar erreichten Effekte eigenen Vorteils auf Kosten des Andern).[1]) Die Absicht bei der Arglist liegt vielmehr in der Mitte zwischen Motiv und Endzweck. Sie geht, als Betätigung des Willens, arglistig zu sein, auf ganz andere Dinge: bei der arglistigen Täuschung auf das Täuschen,[2]) beim arglistigen Verschweigen gleichfalls auf das Täuschen,[3]) bei der arglistigen Raterteilung auf die Erteilung eines Rates usw., in allen diesen Fällen aber gleichmäßig darauf, dem anderen Teil „etwas Arges anzutun".[4])

b) Daß man zwischen der in der Arglist enthaltenen Absicht und derjenigen Absicht zu scheiden hat, welche mit der Täuschung, dem Verschweigen und sonstigen Mitteln zur Durchführung dieser arglistigen Absicht verbunden sind, klingt vielfach auch aus den Wendungen heraus, die in der Literatur begegnen. So sagt zum Falle des BGB. § 123 Enneccerus-Lehmann I S. 209 sub I: „Eine Arglist liegt schon immer darin, daß man das Mittel der Täuschung dazu gebraucht, jemanden zu einer Willenserklärung zu bestimmen, die er ohne die Täuschung nicht abgegeben hätte." Gleichfalls zu BGB. § 123 sagt Planck I S. 220 sub I: „Die Täuschung ist arglistig, weil der andere Teil durch die Täuschung bestimmt werden sollte, eine Willenserklärung abzugeben, die er ohne die Täuschung nicht abgegeben haben würde." Und zu § 1334 sagt Arthur B. Schmidt S. 110 sub 2: „Arglistige Täuschung .... ist absichtliche Irrtumserregung durch Vorspiegelung falscher oder durch Entstellung oder Unterdrückung wahrer Tatsachen. Zweck dieser Täuschung ist, den anderen Teil zur Abgabe einer Willenserklärung zu bestimmen, die der andere Teil ohne eine solche Irrtumserregung nicht abgegeben haben würde."[5]) — Als generellerer Vermerk zur Arglist überhaupt gedacht, aber doch sich nicht über die Anwendbarkeit auf die im Gesetze freilich allein besprochenen Fälle der arglistigen Täuschung[6]) und des arglistigen Schwei-

[1]) Allzu generell nehmen bei der „Arglist" überhaupt die Absicht einer Verletzung bezw. Schädigung an: Rehbein II S. 100 Anm. 87 (unten S. 450 Anm. 5) und Ramdohr, Grundriß für das Studium des Privatrechts I, Posen 1901, S. 223. — Ferner identifizieren zu BGB. § 1456 (oben § 14 sub B I 1 a) allzusehr die Arglist und die Absicht, die Frau zu benachteiligen, Eck II S. 443 sub a und wohl auch bereits Mot. IV S. 379; vgl. oben § 56 sub A IV 3. — Nicht stets braucht „unredliche Absicht" (vgl. Mot. II S. 754) vorzuliegen.

[2]) Vgl. z. B. auch Raschke S. 93 (aber wegen der Erwähnung der „rechtswidrigen" Absicht unten sub VI 7 c (S. 463 Anm. 2).

[3]) Vgl. z. B. Planck II S. 234, Fischer-Henle S. 236 Anm. 3 sowie Entsch. des Reichsger. v. 26. Juni 1903 (II 4/03) in der Juristen-Ztg. VIII (1903) Nr. 19 S. 454.

[4]) Th. Engelmann S. 84 sub 3 a (bei Erläuterung des BGB. § 1334). Vgl. ebenso Litten a. a. O. (oben S. 253 Anm. 1) S. 411.

[5]) Gleichfalls die arglistige Täuschung im besonderen betreffen die Bemerkungen in der Dissertation von Richard Neumann (oben S. 438 Anm. 3) S. 16 f.: es ginge „offenbar aus dem Wortlaut des § 123 BGB, der verlangt, daß die Täuschung eine arglistige sein muß, hervor, daß ein absichtliches Handeln zu fordern ist. Denn arglistig bedeutet nichts anderes als absichtlich mit der Qualifikation der Rechtswidrigkeit. Absicht in diesem Sinne ist eine Unterart des zivilrechtlichen Vorsatzes" ..... „Die Notwendigkeit, beim Betruge Absicht zu fordern, erhellt aus dem Gesetze selbst, das die Hervorrufung einer fremden Willenserklärung durch Arglist verlangt. Die Absicht des Täters soll auf die Erzeugung eines fremden, ihm erwünschten Willens ausgehen. Das Ziel des Täters ist nicht die täuschende Handlung, sondern deren Erfolg die fremde Willenserklärung." (Hier fehlt offenbar ein Komma zwischen „Erfolg" und „die".) Wegen der Bemerkung über die Rechtswidrigkeit vgl. oben Anm. 2 und unten sub VI 7 (S. 463 Anm. 2 c).

[6]) Nur auf sie hatte trotz ihres generelleren Anscheins die Definition bei Endemann in der 5. Aufl. I § 73 I 1 S. 312 (vgl. ebenda S. 483 Anm. 6 Abs. II) gepaßt.

gens (vgl. oben sub I 1) erhebend,[1]) ist die Bemerkung von Endemann I S. 355 Anm. 4 zu verzeichnen: „Arglist begreift in sich ....[2]) die Absicht, wonach der Erfolg der Täuschung erstrebt und zum Zweck des Handelns gesetzt wird." — Offenbar unzutreffend, weil das Weitere dem Engeren einordnend, ist die Gruppierung, welche Enneccerus-Lehmann II S. 422 gelegentlich der Erörterung des BGB. § 1334 mit der Wendung geben: „Täuschung d. h. arglistige, absichtliche Erregung oder Unterhaltung eines Irrtums."

c) Daß insbesondere selbst in den im Gesetz dargestellten Fällen der arglistigen Täuschung und des arglistigen Verschweigens die hierbei obwaltende „Vorspiegelung falscher oder Entstellung und Unterdrückung wahrer Tatsachen"[3]) nicht etwa der Selbstzweck, sondern lediglich das Mittel zum weiteren mit der Arglist verbundenen Zwecke, nämlich zum Zwecke einer Beeinflussung des gegnerischen Willens, bildet, ergibt auch folgende Erwägung: wenn der Gegner diese Absicht merkte oder aus sonstigen, vielleicht zufälligen Gründen nicht „hineinfiel", so kann und muß nach wie vor von einer Arglist, aber nicht von einer „Täuschung" gesprochen werden.[4])

d) Auch die Absicht des Arglistigen als solche wird, wenn man die Möglichkeit eines dolus malus bona mente (oben sub 2 a) leugnet, stets als eine „böse",[5]) eine „bösliche",[6]) eine „böswillige"[7]) erscheinen.

6. Aber nicht nur von einem „Wollen" und von einer „Absicht" muß man bei der „Arglist" reden, sondern auch,[8]) weil ja (oben § 56 sub A X 1) jede qualifizierte Absicht zugleich einen Vorsatz und zwar im qualifizierten Sinne des BGB. (oben § 55 sub A IV) darstellt, von einem „Vorsatze". Zwar empfiehlt es sich, das genauere Verhältnis, in welchem „Arglist" und „Vorsatz" stehen, erst später (unten sub VI 2) zu untersuchen, immerhin aber mag hier konstatiert werden, daß in der Literatur die Auffassung, daß die „Arglist" eine Art des „Vorsatzes" sei, sehr häufig entgegentritt.[9]) So bei Cosack,[10]) Crome,[11]) Endemann,[12]) Goldmann und Lilienthal,[13]) Hoelder,[14]) Krückmann,[15]

[1]) Weil Endemann von „Täuschung" redet, auf die es (vgl. oben sub a) bei Arglist im weitesten Sinne (oben sub I) nicht unbedingt ankommt.

[2]) Wegen der hier durch Punkte angedeuteten Worte unten Anm. 12.

[3]) So (in offenbarer Anlehnung an StGB § 263) Endemann in der 5. Aufl. a. a. O. (oben S. 448 Anm. 6).

[4]) Vgl. auch Endemann (8. u. 9. Aufl.) S. 355 Anm. 4 a. E.

[5]) Raschke S. 93, Endemann S. 355 Anm. 4 a. E.

[6]) Engelmann (A.) S. 107 sub 1; Rehbein I S. 148 sub b; vgl. auch Müller S. 55.

[7]) Vgl. Crome I S. 429 sub 4 a.

[8]) Genauer „bereits", weil Vorsatz notwendige Vorstufe zu Absicht ist; vgl. oben § 56 sub A IV.

[9]) Generell nur Cosack, Endemann, Krückmann und Rehbein a. a. O., bei den anderen nur wegen arglistiger Täuschung oder arglistigen Verschweigens im besonderen. Eine lediglich auf Flüchtigkeit beruhende Identifizierung von Arglist und Vorsatz begegnet z. B. bei Meyerhoff, Corpus juris civilis f. d. Deutsche Reich und Preußen I 1 (Berlin 1902) S. 103 Anm. 2 und bei Brettner im „Recht" VII (1903) Nr. 10 (vgl. bereits oben § 36 S. 232 Anm. 1) S. 248 sub 6.

[10]) Cosack I S. 249 sub I b (unten S. 455 Anm. 3).

[11]) Crome I S. 429 a. E. sowie ebenda Anm. 14 auf S. 430.

[12]) Endemann I § 72 S. 355 Anm. 4 mit den oben sub 5 b durch Punkte angedeuteten Worten: „Arglist begreift in sich: sowohl den Vorsatz, d. h. das wissentliche, in Kenntnis oder Voraussicht des Erfolgs geschehende Handeln, als auch die Absicht ..."

[13]) Ueber Goldmann und Lilienthal vgl. oben S. 447 Anm. 4. Vgl. dieselben 2. Aufl. Bd. I, Berlin 1903, S. 136.

[14]) Hoelder S. 272 sub a und S. 273 sub 2 (vgl. unten sub VI 2 a).

[15]) Krückmann S. 80 f. (gelegentlich, innerhalb der Erörterung über Schenkung)

Liebe,[1]) Litten,[2]) Richard Neumann,[3]) Opet,[4]) Rehbein,[5]) Schiedges,[6]) Steinberg,[7]) Wulff.[8])

7. Die Feststellung, daß sich für die Arglist lediglich aus dem Worte selber, aus dem sprachlichen Elemente ein Zusammenhang mit „Absicht" (oben sub 5) und „Vorsatz" (oben sub 6) ableiten läßt, ist für unser Gesamtproblem insofern von größter Bedeutung, als damit zugleich der Nachweis geliefert ist, daß die Arglist unter die „Verschuldensbegriffe" — und zwar unter das Verschulden im engeren Sinne (oben § 43 sub B II 1) — gestellt werden darf und muß (eine Feststellung, die zugleich die weiter unten folgenden eingehenderen Erörterungen über die Arglist und die Nachprüfung der Bemerkungen in den Materialien und in der Literatur zur Genüge rechtfertigt). Zur Bestätigung dieser Behauptung kann ich mich, abgesehen von flüchtigen Aeußerungen bei Schiedges, Litten und Wulff, allerdings nur auf eine einzige prinzipiellere Bemerkung, nämlich bei Cosack (I § 71 — „Verschulden" — S. 249 sub 1 b), berufen, der die Arglist als „eine besondere Art des vorsätzlichen Verschuldens" bezeichnet, als „die vorsätzliche, schuldhafte Täuschung eines Andern"; eine Bemerkung, bei welcher die unbedingte Bezugnahme auf die Täuschung allerdings zu eng ist. Doch auch Crome können wir als Bundesgenossen betrachten, sofern wir seine Behauptung I S. 429 Anm. 14, daß zur arglistigen Täuschung „bloß leichtfertig (schuldhaft, aber nicht wider besseres Wissen) gemachte Angaben" nicht genügen, dahin verstehen dürfen: „schuldhaft, immerhin aber nicht gerade auch wider besseres Wissen."[9])

III. Nachdem wir bereits an der Hand des sprachlichen Elementes in der Lage waren, die Zugehörigkeit der „Arglist" zum „Verschulden" und in unser Thema festzustellen, gilt es behufs genauerer Entwicklung des Begriffes zunächst, da das Gesetz selber sich über ihn in Stillschweigen hüllt, zu beobachten, was die Materialien uns an die Hand geben[10]) und ob sie über die beiden gesetzlichen Anwendungsfälle hinaus dem allgemeineren Begriffe näher treten.

1. Eine reine, eigentliche Definition des Begriffes bieten die Materialien nicht, sie erwähnen ihn aber ziemlich häufig.

---

[1]) Liebe I S. 230 sub I.

[2]) Litten a. a. O. (S. 411).

[3]) Neumann, Richard S. 16 f.

[4]) Opet S. 64 sub 1 a.

[5]) Rehbein II S. 100 Anm. 87: „Ist der Vorsatz auf die Verletzung und den Schaden gerichtet, der Schaden beabsichtigt, so liegt Arglist und bösliche Handlung vor (dolus im eigentlichen Sinne). Vgl. zu §§ 324, 615, 649; §§ 123, 124, 318; die Fälle „arglistigen Verschweigens" in den §§ 460, 463, 480, 523, 524, 539, 2385, 600, 2183."

[6]) Schiedges S. 60.

[7]) Steinberg S. 23.

[8]) Wulff S. 34 ff. Vgl. auch von Witzleben, Außerkontraktliche Haftung für Erteilung einer Auskunft, Erlanger Diss., Coethen 1898, S. 33.

[9]) Schiedges S. 6: „Das Gesetz mißbilligt das Verhalten, es ist eine Art des Verschuldens im BGB." Wenn sich Schiedges hierbei jedoch in Anm. 2 zum Wort Verschulden auf Zitelmann S. 153 unter 4 (vgl. oben S. 438 Anm. 3) beruft, so ist diese Bezugnahme nicht unbedingt beweisend, weil Zitelmann seinerseits a. a. O. lediglich unter Hinweis auf meinen Aufsatz im Arch. f. bürgerl. R. Bd. XIV die Arglist als einen dem Verschulden „verwandten" Begriff bezeichnet. — Litten a. a. O. (S. 411), Wulff S. 35. — Im Sinne eines „Verschuldens" dürfte die Arglist auch bei Fischer-Henle S. 140 Anm. 11 zu BGB. § 254 verstanden sein. Vgl. ferner eine vereinzelte Bemerkung bei Dernburg II 1 § 28 II S. 70 oben sowie eine Bemerkung in der Entsch. des Reichsger. vom 19. Dezember 1902 (II 246/02) Bd. 53 (1903) Nr. 50 S. 203.

[10]) Auf die einschlägigen Stellen ist, soweit sie wegen des Sprachlichen interessieren, bereits sub II hingewiesen worden; über einige nur für spätere Spezialfragen interessierende Bemerkungen der Denkschr., des Kommissionsberichts und der Prot. Bd. VI erst unten sub VI 7 c.

a) Der I. Entwurf enthielt das Wort „arglistig“ nur einmal, in § 604, wonach (vgl. oben sub I 7) der, welcher einen Rat oder eine Empfehlung erteilt hat, außer bei Verstoß gegen eine Vertrags- oder Amtspflicht für den Schaden nur dann haftbar ist, „wenn er arglistig gehandelt hat“. Gerade hier fehlt nun im entsprechenden § 676 des BGB. diese Bemerkung, weil man sie (vgl. unten) gegenüber der generelleren Abstellung der Haftung auf Vertragsverletzung oder unerlaubten Handlungen für entbehrlich hielt. — Zu diesem § 604 sagten nun Mot. II S. 554:[1]) „Derjenige, welcher den Rat oder die Empfehlung empfangen, handelt, wenn er sie befolgt, auf seine Gefahr. Letzteres erleidet eine Ausnahme nach den gemeinrechtlichen Grundsätzen über die actio doli, wenn der den Rat oder die Empfehlung Erteilende arglistig gehandelt hat; er haftet für den Ersatz des dem Anderen aus der Befolgung des Rates oder der Empfehlung entstandenen Schadens aus seinem Delikte, nämlich auf Grund seiner Arglist. Indem der Entwurf dies ausspricht, ist die in Theorie und Praxis noch nicht verschwundene Ansicht, es müsse auch für culpa, mindestens für culpa lata, eingestanden werden, zurückgewiesen.“ — Ueber die Beibehaltung dieser Vorschrift schwankte man dann später stark. Die Prot. II Nr. 132 IV S. 380 erwähnen zunächst, daß der Antrag, § 604 hinter E. I § 705 aus der Lehre von den unerlaubten Handlungen einzustellen, von der Kommission angenommen war; dann wird § 604 als dort entbehrlich bezeichnet und weiter gesagt: „Die Mehrheit vermochte sich nicht davon zu überzeugen, daß der § 604 überhaupt entbehrlich sei, weil er die in Theorie und Praxis noch immer bestrittene Ansicht zurückweise, daß in den hier in Rede stehenden Fällen auch für culpa, mindestens für culpa lata, eingestanden werden müsse.“ Da aber nach Ansicht der Mehrheit die Vorschrift in diesem Zusammenhange nicht in die Lehre vom Auftrage, sondern in die von den unerlaubten Handlungen passe, behielt man sich vor, „auf den materiellen Inhalt des § 604 bei Beratung des dritten Abschnitts zurückzukommen“ (der die unerlaubten Handlungen betraf), „nachdem von einer Seite bemerkt worden war, daß in der Vorschrift auch die Haftung für die bei Erteilung einer Auskunft geübte Arglist bestimmt werden müsse“. Man kam darauf in der Tat in den Prot. II Nr. 159 III S. 664 zurück, mit dem Ergebnis, daß man die Vorschrift, soweit sie arglistige Erteilung eines schädlichen Rates betraf, für entbehrlich hielt, weil arglistige Raterteilung im Gegensatze zur fahrlässigen Raterteilung, die „nicht als Verstoß gegen die guten Sitten anzusehen sei“, unter E. I § 705 (jetzt BGB. § 826) falle.

b) Mit umgekehrtem Ergebnisse, wie hinsichtlich E. I § 604 und BGB. § 676, redete überall da, wo gerade BGB. von „arglistigem“ Verhalten spricht, E. I entweder von „Betrug“ oder von „kennen und verschweigen“ bezw. „wissentlich verschweigen“ (während wiederum im BGB. der Ausdruck „Betrug“[2]) nirgends und die Kombination „wissentlich“ verschweigen ebenfalls nirgends begegnet, „verschweigen“ vielmehr nur in den oben § 10 sub II aufgezählten Fällen des „arglistigen Verschweigens“ anzutreffen ist). — Beides verhilft uns unter Benützung der entsprechenden Aeußerungen in den Motiven und Protokollen zu Winken betreffs der „Arglist“.

[1]) Haidlen I S. 757 durfte diesen Passus nicht mehr zum Abdruck bringen.
[2]) Weder allein noch in Zusammensetzungen.

α) Der „Betrug"[1]) (E. I § 103, § 104 Abs. I Satz 2, §§ 1258 Nr. 1 und 1261 Nr. 1, § 2045 Nr. 3, entsprechend BGB. § 123, § 124 Abs. II Satz 1, § 1334, § 2339 Nr. 3):

α') In Mot. I S. 208 wird ausdrücklich auf die Feststellung dieses Begriffes „verzichtet"[2]) und wir erfahren dort des weiteren folgendes: „Die für die Tragweite desselben maßgebende Frage, inwieweit eine Rechtspflicht besteht, dem anderen Teile Umstände mitzuteilen, von denen vorauszusetzen ist, daß sie auf seine Entschließung von Einfluß sein würden, entzieht sich der gesetzlichen Lösung. Im allgemeinen stellt sich jeder arglistige Verstoß gegen die Grundsätze von Treu und Glauben zum Nachteile eines Anderen als Betrug dar. Der strafrechtliche Begriff (StGB. § 263) ist nicht ohne weiteres maßgebend." — Ferner erfahren wir aus Mot. II S. 754 sub 5 (innerhalb der allgemeinen Vorbemerkungen zur Lehre von den unerlaubten Handlungen und unter der Marginalbemerkung „Betrug: actio doli"): „Der zivilrechtliche Begriff des dolus umfaßt ... nach röm. Rechte nicht nur den eigentlichen Betrug, vielmehr ist er auch auf andere Fälle eines arglistigen Verhaltens ausgedehnt worden. .... Doktrin und Praxis neigen ... dahin, jede mit Treu und Glauben in Widerspruch tretende, bewußt schädigende Handlungsweise als dolus ... aufzufassen." — Ebenda wird noch von dem Falle gesprochen, daß eine Forderung „in der unredlichen Absicht" veräußert wird, dem Schuldner die ihm „gegen den Verkäufer zustehende Einrede abzuschneiden", und dem „Schuldner gegen den Erwerber als Teilnehmer an dem dolus des Veräußerers die exceptio doli" zugesprochen.

β') Ebenda (Mot. II) S. 755 erfahren wir dann — gelegentlich der Bemerkung, daß „die Aufstellung besonderer Normen über den zivilrechtlichen Betrug entbehrlich" erschienen sei — folgendes: „Ueberall, wo jemand — abgesehen von der Uebertretung eines Straf- oder besonderen Verbotsgesetzes — durch arglistiges Handeln gegen Treu und Glauben einem Anderen einen Schaden zufügt, wo also nach der römischrechtlichen oder gemeinrechtlichen Doktrin die actio doli begründet ist, liegt auch eine, zwar kraft der allgemeinen Freiheit erlaubte, jedoch gegen die guten Sitten verstoßende und deshalb unter den § 705 fallende widerrechtliche Handlung vor." Und unter abermaliger Anspielung auf den „Erwerb einer Forderung zur Abschneidung von Einreden" heißt es dann: „Der § 705 deckt nicht nur die Fälle, in welchen der Veräußerer und der Erwerber oder allein der Erwerber arglistig gehandelt haben, sondern auch den Fall,

---

[1]) Von „Betrug" redet E. I noch, ohne daß BGB. unmittelbare, für die Fragen im Text erhebliche Parallelstellen und ohne daß die Materialien etwas für uns Belangreiches enthalten, in §§ 117, 194 Abs. II, 1780, 2040 Abs. II und IV, 2041.

[2]) Wegen dieses Mangels einer Definition vgl. z. B. Schilling, Aphorismen S. 44, von Liszt, Grenzgebiete S. 22 ff.; vgl. auch z. B. Gutachtl. Aeußerungen zum Entwurf Bd. I (Berlin 1890) S. 175 f.

in welchem lediglich dem Veräußerer eine Arglist zur Last fällt." — Der gleiche Fall wird auch in Mot. II S. 700 zu E. I § 689 (BGB. § 796) wegen der Schuldverschreibung auf den Inhaber besprochen, und auch dort ist von der exceptio doli die Rede, weil der Inhaber die Verschreibung „in arglistiger Weise, d. h. zu dem Zwecke erworben, um dem Aussteller die betreffende Einrede abzuschneiden und zu entziehen. Weil das Recht des letzten Inhabers kein abgeleitetes ist, läßt sich ein die exceptio doli nach allgemeinen Regeln begründendes arglistiges Verhalten nur beim Zutreffen auch der letzteren Voraussetzung annehmen."

γ′) In Mot. IV S. 73 zu E. I § 1259 (BGB. § 1334) wird der „Betrug" bei der Eheschließung als „rechts- und sittenwidriges Verhalten" bezeichnet.

δ′) Die Protokolle kommen mit drei Stellen in Betracht: Prot. I Nr. 20 IV S. 119 (zu E. I § 103 BGB. § 123): es liege ein Antrag vor, der „statt des Ausdrucks „Betrug" den Ausdruck „arglistige Täuschung" vorschlage.[1] Diese Aenderung stelle . . . klar, daß . . . nicht notwendig ein Betrug im Sinne des StGB. vorausgesetzt werde, daß vielmehr eine die Anfechtung begründende Beeinflussung des Willens auch dann als vorliegend zu erachten sei, wenn infolge des Verhaltens des anderen Teiles der Anfechtende einen vermögensrechtlichen Schaden nicht erlitten habe". — Ferner Prot. IV Nr. 271 I S. 77 (zu E. I §§ 1259, 1261, BGB. § 1334): „Die Täuschung des einen Teiles durch den anderen sei eine unsittliche und verwerfliche Handlung und der Gesetzgeber dürfe dem Betrüger nicht die durch eine solche Handlung erlangten Vorteile gewährleisten." — Ferner ebenda IV S. 78: „Die Komm. war der Ansicht, daß ein Anfechtungsgrund vorliege, wenn der andere Teil die Täuschung wirklich gekannt und sich stillschweigend zu Nutzen gemacht habe, daß aber eine bloße Fahrlässigkeit[2]) nicht als eine so schwere sittliche Verschuldung erscheine, um darauf die Auflösung der Ehe zu begründen. Die bloß objektive — wenn auch arglistige — Täuschung durch einen Dritten, z. B. einen Heiratsvermittler, könne aber" für die Anfechtung der Ehe durch den getäuschten Ehegatten „nicht in Betracht kommen".

β) Das „wissentlich Verschweigen" (E. I §§ 385, 397 Abs. II, 398 Abs. III, entsprechend BGB. §§ 463 Satz 2, 477 Abs. I Satz 1, 480 Abs. II) bezw. das „Kennen und Verschweigen" (E. I §§ 380, Abs. II, 382 Abs. II, 396 Abs. II, 443 Satz 2, 444 Abs. I Satz 2, 551 Abs. II, 570 Abs. II, 571 Abs. II, entsprechend BGB. §§ 443, 460 Satz 2, 476, 523 Abs. I, 524 Abs. I, 600, 637, 638 Abs. I Satz 1):[3])

---

[1]) Für diesen Ausdruck hatte auch schon von Liszt, Grenzgebiete S. 25 plädiert und mit ihm Zitelmann, Die Rechtsgeschäfte im Entwurf Teil II (Berlin 1890) S. 43.

[2]) Ein Kennenmüssen; vgl. Prot. a. a. O. S. 72 sub 1 b.

[3]) Vgl. auch noch zu BGB. §§ 540 und 2385 Abs. II Satz 2 mittelbar, wegen Verweisungen auf andere (oben in Text genannte) Stellen, in Betracht kommend, E. I

α′) Die Motive bezeichnen es aufs deutlichste als einen dolus (Mot. II S. 224, 226, Randbemerkung zu S. 229, S. 243) bezw. als dolus malus (a. a. O. S. 223) und (II S. 240) als unredliches und betrügerisches Verhalten.

β′) Die Protokolle enthalten eine große Anzahl einschlägiger Bemerkungen, die hier nicht in extenso abgedruckt, sondern nur ihrem wesentlichen Inhalte nach wiedergegeben werden sollen. Sie erklären:

1) betreffs des Verkäufers und seiner Gewährleistungspflicht: daß die Fassung „arglistig" statt „wissentlich" (verschweigen) akzeptabler sei, um diejenigen Fälle von der Gewährleistung auszuscheiden, in welchen Verkäufer den Mangel deshalb hervorzuheben unterließ, weil er annahm, daß Käufer diesen Mangel kenne (Prot. I Nr. 82 V S. 667, Nr. 84 III S. 686, Nr. 86 I S. 704), weil er also die Hervorhebung „im guten Glauben unterlassen hat" (Prot. I Nr. 85 XII S. 701) und weil er vielleicht schon wegen des Mangels den Preis niedriger bemessen hatte (Prot. I Nr. 82 XI S. 672); Käufer dürfe Ansprüche nur haben, wenn die Zusicherung einer Eigenschaft bezw. des Nichtvorhandenseins eines Mangels „wider besseres Wissen" erfolgte (Prot. I Nr. 84 III S. 687, Nr. 86 I S. 705, Nr. 89 II S. 736 und 739), „also dolos" (Prot. I S. 687);

2) betreffs des Schenkers: dieser sei nur haftbar, „wenn er den Mangel dem Beschenkten arglistig verschwiegen habe", und „von den Fällen des dolus abgesehen, bestehe eine Haftpflicht des Schenkers nicht" (Prot. II Nr. 97 II S. 26).

2. Diese Bemerkungen — ihre sachliche Richtigkeit zunächst angenommen — ergeben, wenn man sie miteinander kombiniert, im einzelnen wegen der „Arglist" folgendes als die Gesamtauffassung der Materialien:

a) Die Arglist sei ein Verstoß gegen die Grundsätze von Treu und Glauben (oben sub 1 b α α′ und β′) und ein Verstoß gegen die guten Sitten (oben sub 1 a und b α β′; vgl. auch sub γ′ und δ′); sie stehe mit der Idee des BGB. § 826 in Zusammenhang (oben sub 1 a); sie sei ein Handeln wider besseres Wissen (oben sub 1 b β β′ Nr. 1) und ein rechtswidriges Verhalten (oben sub 1 b α γ′); dagegen sei der strafrechtliche Betrugsbegriff nicht maßgebend (oben sub 1 b α α′) und eine vermögensrechtliche Schädigung des Andern nicht erforderlich (oben sub 1 b α δ′);

b) die Arglist entspreche dem dolus (malus) des Gem. R. (oben sub 1 b α α′, β α′ und β′ Nr. 2) und bilde die Grundlage einer actio doli (oben sub 1 a) bezw. einer exceptio doli (oben sub 1 b α α′ und β′).

3. Neben diesen Stellen der Materialien, welche sich in einem direkten Zusammenhang mit der „Arglist" im BGB. bringen ließen, habe ich in den Materialien den Ausdruck „Arglist" noch vereinzelt angetroffen, ohne daß mir die betreffenden Notizen, die ich nur der Vollständigkeit wegen erwähnen will, einen wesentlichen Gewinn für unsere Untersuchung abzuwerfen scheinen:

---

§§ 507 und 500 Abs. II. Ohne Parallelen in E. I sind BGB. §§ 318 Abs. I Satz 1, 478 Abs. II, 479 Satz 2, 485 Satz 2, 1599, 2183 Satz 2. Wegen der übrigen Parallelstellen oben sub α.

a) Mot. II S. 359 bemerken zu E. I § 493 (BGB. § 2376): „Von selbst versteht sich, daß der Erbschaftsverkäufer, wenn ihn in Beziehung auf den juristischen oder physischen Mangel eines Erbschaftsgegenstandes im Falle seiner Kenntnis der Vorwurf des arglistigen Verfahrens gegen den Käufer trifft, nach allgemeinen Grundsätzen für das Interesse haftet.

b) Mot. IV S. 379 bemerken zu E. I § 1364 (BGB. § 1456 Satz 2) betreffs der im allgemeinen sehr beschränkten Pflicht des Ehemannes zur Ersatzleistung an das Gesamtgut: Diese Pflicht trete ein „wegen einer solchen Verminderung des Gesamtgutes, welche von ihm in der Absicht, die Ehefrau zu benachteiligen, bewirkt ist ... Daß dem Ehemann bei Ausübung seines Verwaltungsrechtes insoweit eine Schranke gesetzt wird, entspricht den allgemeinen Rechtsgrundsätzen, nach welchen Ungebundenheit doch nicht zur Arglist führen darf.[1])

c) Mot. IV S. 1086 bemerken zu E. I § 1649 (BGB. § 1793), daß eine Vorschrift unangebracht sei, wonach Rechtsgeschäfte des Vormundes für den Mündel unverbindlich seien, „welche sich als ein arglistiger Eingriff in das Vermögen des Mündels darstellen"; zwar könnte in einzelnen Fällen für den Mündel Gefahren daraus entstehen, „daß der Vormund seine Vertretungsmacht arglistig zum Nachteile des Mündels mißbraucht", aber „böser Wille ist es verhältnismäßig am allerwenigsten, woraus dem Mündel Gefahr droht, und gegen Verbrechen kann schließlich kein Gesetz schützen".

d) Prot. V Nr. 379 I S. 588 sagen zu E. I §§ 2009 ff. (BGB. §§ 2325 ff.): „Bei Schenkungen unter Ehegatten bleibe der verschenkte Gegenstand tatsächlich gemeinschaftliches Vermögen ..., zudem liege hier auch aus anderen Gründen der Verdacht arglistigen Verhaltens besonders nahe."

e) Endlich bringen Prot. IV Nr. 271 I S. 77 und Prot. V Nr. 383 I S. 639/640 Beispiele für die „arglistige Täuschung" bei der Eheschließung und gegenüber einem Testator (BGB. §§ 1334, 2339 Abs. I Nr. 3).

f) Von diesen Stellen (a—e) kann man höchstens Mot. IV S. 1086 in dem Sinne verwerten, daß „Arglist" und „böser Wille" identisch erscheinen.

IV. Mindestens den gleichen Raum wie die sub III referierten Notizen aus den Materialien würden die Bemerkungen der Literatur — der allgemeinen Literatur sowie der Spezialliteratur insbesondere zur arglistigen Täuschung — einnehmen. Sie hier aufzuführen, verbietet sich jedoch durch die Erwägung, daß diese Bemerkungen zum allergeringsten Teil der Arglist im allgemeinen gelten — eine eigentliche Definition gibt nur Cosack[2]) I § 71 S. 249 sub II 1 b[3]) —, zum weitaus größten Teile vielmehr — trotz der abstrakteren Erscheinungsform, in der sie bisweilen[4]) auftreten — entweder der arglistigen

[1]) Die Stelle verweist vergleichsweise auf E I § 225 („die Haftung wegen vorsätzlicher Nichterfüllung der Verbindlichkeit kann dem Schuldner im voraus nicht erlassen werden").

[2]) Ueber Cosack I S. 228 oben S. 439 Anm. 2, S. 443 Anm. 15, S. 445 Anm. 12, 13.

[3]) Die schon oben sub II 7 angedeutete Stelle lautet vollständig: „Eine besondere Art des vorsätzlichen Verschuldens ist die Arglist: es ist dies nämlich die vorsätzliche schuldhafte Täuschung eines Andern." Hierin liegt übrigens, wenn man den Vorsatz im spezifischen Sinne des BGB. auffaßt, eine Tautologie, da (vgl. oben § 55 sub B II 1) Vorsatz eo ipso „schuldhaft" ist.

[4]) Vgl. namentlich wegen Endemann 5. Aufl. oben S. 448 Anm. 6. Diese Pseudodefinition hat auch Freundlich (oben S. 438 Anm. 3) S. 49/50 kritiklos übernommen.

Täuschung[1]) oder dem arglistigen Verschweigen[2]) im besonderen,[3]) so daß sie also für den Gesamtbegriff nicht genügend zuverlässig sind.[4]) Wir werden daher besser tun, ihren Inhalt — mit kritischer Beleuchtung — gleich in unsere weiteren Betrachtungen einzuarbeiten,[5]) die zunächst dem Verhältnisse der Arglist zu den anderen von uns in §§ 31—57 besprochenen Begriffen gelten sollen,[6]) nachdem wir zum Abschluß der bisherigen Bemerkungen sub V eine Definition eingestellt haben, die wohl der herrschenden Auffassung über den Begriff „Arglist" entsprechen dürfte.

V. Eine Definition[7]) der „Arglist" wird nach dem bisher Bemerkten dahin gehen können: Arglist ist das vorsätzliche und zugleich versteckte und objektiv verwerfliche Benehmen.

VI. Was das Verhältnis der Arglist zu anderen Begriffen betrifft, so ist dies zum Teil bereits gestreift worden, zum Teil noch nicht:

1. Ueber die Einordnung der Arglist in das Verschulden im engeren Sinne (oben § 43 sub B II 1) vgl. bereits oben sub II 7.

2. Desgleichen vgl. im allgemeinen bereits oben sub II 6 über das Verhältnis von Arglist und Vorsatz (oben § 55). Dies von den Materialien nicht weiter[8]) hervorgehobene Verhältnis wird auch von der Literatur[9]) im allgemeinen dahin aufgefaßt, daß die Arglist eine Unterart des Vorsatzes sei. Im einzelnen ist nur noch folgendes zu bemerken:

a) Hoelder I S. 273 sub 2 (oben II 6) meint betreffs der arglistigen Täuschung, durch die Beifügung des Adjektivs „arglistig" zum Substantiv „Täuschung" werde zwar das Erfordernis des Vorsatzes betont, dieses Erfordernis liege aber schon in dem Begriffe der Täuschung. Das kann nun aber keineswegs zugegeben werden. Es ist sehr wohl denkbar, daß X den Y bloß fahrlässig oder gar nicht einmal fahrlässig, sondern gänzlich schuldlos und überhaupt ganz absichtslos täuscht. So, wenn er nicht merkt, daß Y ihn mit dem Z verwechselt und nur darum mit ihm den Dienstvertrag schließt; oder wenn er dem Käufer die minder=

---

[1]) Vgl. Cosack I § 65 S. 228, Dernburg I § 146 S. 439 sub 2, Eck I § 31 S. 148, Enneccerus=Lehmann I § 80 S. 209. Hoelder S. 273 sub 2, Leonhard S. 522 sub d, Müller a. a. O. S. 55, Müller und Meikel I § 47 S. 129, Planck I S. 220 sub 2 Lediglich Beispiele z. B. bei Achilles S. 59 Anm. 1.

[2]) Vgl. Cosack I § 127 I 3 c S. 440, Dernburg II 2 S. 56, Endemann I S. 356 Anm. 6, Fischer=Henle S. 236 Anm. 3, Matthiaß I § 106 S. 504.

[3]) Beides definiert Backhausen S. 63 f.

[4]) Andererseits können wir bezw. konnten wir bereits uns manche Bemerkungen nutzbar machen, die offenbar nicht sowohl der Arglist als solcher gewidmet sein wollen, sondern den Spezialfällen der arglistigen Täuschung bezw. des arglistigen Verschweigens. Vgl. wegen der arglistigen Täuschung insbesondere Cosack I S. 228 (im Anschluß an die oben S. 455 Anm. 2 erwähnte Stelle), Crome I S. 427 und S. 429 f. sub 4 a, Dernburg I § 146 S 437, Eck I § 31 S. 147, S. 148 sub I, Engelmann (A.) S. 107 f. sub 1, Fischer=Henle S. 62 Anm. 2, Kipp I S 346 sub 2 und S 452 sub 1 und wegen des arglistigen Verschweigens Planck II S. 234 a. E.

[5]) Soweit dies nicht bereits vorstehend (insbes. sub II) der Fall war.

[6]) Dabei kann aus der Literatur zum Entwurf auch Berücksichtigung erfahren Meisner, Das Preuß. ALR. und der Entwurf des BGB., Berlin 1890, S. 70 ff. Er bemerkt, daß (S. 70) dolus im weiteren Sinne die Verletzung der Pflicht zur Wahrhaftigkeit und gleichbedeutend mit „betrügerische Täuschung", „Arglist" sei, so daß also der Begriff dolus auch den Begriff fraus umfasse und den Gegensatz zu Treu und Glauben, zur bona fides bezeichne; es sei (S. 72) „Arglist" gleich dolus im weiteren Sinne, dagegen „Betrug" gleich dolus im engeren Sinne.

[7]) Raschke S. 94 meint freilich: „Eine völlig erschöpfende Definition des Begriffs „Arglist" erscheint ausgeschlossen."

[8]) Vgl. höchstens wegen arglistiger Raterteilung Prot. II Nr. 159 III S. 664.

[9]) Vgl. auch die übrigen Angaben oben sub II 6.

wertige Ware nur deshalb für den Preis der vollwertigen verkauft hat, weil er sich beim Vorlegen der Waren vergriffen hatte. Auch würde Hoelder mit der Auffassung, die Täuschungshandlung sei an sich stets eine vorsätzliche, ziemlich vereinzelt dastehen.[1])

b) Nicht viel anfangen kann man mit der allgemeinen Bemerkung bei Landsberg I S. 254: „Zurechnung zum Vorsatz (dolus, dolus malus, wohl auch Absicht, Arglist geheißen) liegt vor, wenn der Handelnde den Erfolg bei seiner Handlung tatsächlich vorhersieht und dennoch handelt."

c) Krückmann sagt (übrigens ganz gelegentlich, innerhalb seiner Bemerkungen betreffs der Leihe) S. 80 f.: „Vorsatz unterscheidet sich wesentlich von Arglist. Vorsatz bedeutet das Wissen, daß eine Handlung einen gewissen Erfolg habe und das Wollen, daß sie diesen Erfolg haben solle. Eine vorsätzliche Handlung kann unmoralisch sein, muß es aber nicht sein, eine arglistige Handlung ist immer eine unmoralische, vorsätzliche Handlung. Wer in bester Absicht seinen altersschwachen Jagdhund erschießt, handelt vorsätzlich, aber nicht arglistig." Dieser im allgemeinen allerdings richtigen Bemerkung und dem von Krückmann gewählten Beispiele muß entgegengehalten werden, daß beides sich nicht in derjenigen Richtung bewegt, wie das Wort Arglist selber im Gesetze. Indem es nämlich lediglich (vgl. oben sub I 1) in den beiden Wendungen „arglistige Täuschung" und „arglistiges Verschweigen" begegnet, drückt ihm dadurch der Gesetzgeber den besonderen Stempel einer argen und listigen Handlungsweise gegen einen Mitmenschen auf. — Sodann verwechselt Krückmann bei anderer Gelegenheit Arglist und Vorsatz vollständig miteinander, indem er nämlich S. 86 „nach Analogie des Leihvertrages den Darlehensgeber bei unverzinslichem Darlehen nur für Arglist und grobe Fahrlässigkeit haften" läßt und bei der Analogie doch offenbar an BGB. § 599 (oben § 5 sub B I 1 b β) denkt.

d) Zwar jede arglistige Handlung enthält einen Vorsatz, aber nicht jede vorsätzliche[2]) Handlung eine Arglist.[3])

e) Hervorgehoben sei noch, daß die Arglist insofern ein Spezialfall des Vorsatzes ist, als ein qualifizierter Vorsatz, ein durch das „Arge" objektiv und durch das „Listige" subjektiv nuancierter Sondertatbestand

---

[1]) Soviel ich sehe, bezeichnet die Täuschung an sich als vorsätzlich nur Crome I S. 429/430 Anm. 14 und Enneccerus-Lehmann I S. 208 sub I 1 (vgl. höchstens noch vielleicht Dernburg I S. 438 sub IV 1 mit der Wendung: „Hervorrufung eines Irrtums des anderen Teiles, um ihn zur Willenserklärung zu bestimmen", eine Wendung, die aber ganz ähnlich S. 437 sub I wegen der arglistigen Täuschung gebraucht wird); alle anderen Schriftsteller (insbes. Cosack, Eck, Endemann, Engelmann, Kipp, Planck a. a. O.) sprechen immer gleich von der arglistigen Täuschung und (vgl. oben sub II 5) dem hierbei obwaltenden Vorsatze bezw. sie bezeichnen die Täuschung an sich nur als eine Irrtumserregung oder -benutzung, ohne des etwaigen Vorsatzes zu gedenken. — Eine sehr richtige Bemerkung bietet die bereits oben S. 440 Anm. 6 erwähnte Dissertation von Goering S. 3: Dem Begriff Täuschung „wird . . . in der Rechtswissenschaft nie schon an und für sich das vorsätzliche Element beigelegt . . . Sie kann demnach vollständig unabsichtlich geschehen". — Vgl. übrigens auch bereits oben § 51 sub A II 3.

[2]) Selbst wenn man nur an die qualifizierten Vorsätze des BGB. (oben § 55 sub A IV) denkt.

[3]) Vgl. (betreffs der arglistigen Täuschung) Leonhard S. 523. Vgl. ferner bestätigende Wendungen in der bereits oben § 42 S. 317 Anm. 5 und § 45 S. 346 Anm. 4 erwähnten Entsch. des Reichsger. vom 13. Juli 1904 sowie in der Begründung zum Entw. eines Ges. über den Versicherungsvertrag (oben § 33 S. 207 Anm. 2) S. 66.

gegeben ist, so daß die Arglist als ein besonders bösartiges[1]) Mitglied der Familie „Vorsatz" erscheint.

f) Die Beobachtung, daß jede „Arglist" einen „Vorsatz" einschließt, regt endlich zu der Frage an, ob sog. dolus eventualis (oben § 55 sub A VII 2 c) ausreicht. In der einschlägigen Literatur[2]) finden sich darüber ausdrückliche Bemerkungen nur bei Endemann S. 355 Anm. 4 und bei Schiedges S. 68 ff. wegen des arglistigen Verschweigens. — Man wird m. E. unterscheiden müssen:

α) Betrifft das eventuelle Moment die Möglichkeit schädlicher Folgen für den Gegner, so ist dieser dolus eventualis deshalb irrelevant, weil der wirkliche Schadenseintritt, die bestimmte Absicht seiner Herbeiführung und das feste Bewußtsein seines kausalen Eintrittes gleichfalls irrelevant ist; hier würde also bloßer dolus eventualis dem Vorhandensein der Arglist nicht im Wege stehen.[3])

β) Betrifft das eventuelle Moment die Unkenntnis des Gegners von der wahren Sachlage — weiß z. B. betreffs eines betrügerischen Verkaufs der Handelnde nicht, ob die Gegenpartei den Minderwert der Ware kennt oder erkennen wird —, so ist der Vorsatz immerhin auf arglistige Handlung (in unserem Beispiel auf Vornahme der arglistigen Täuschung) gerichtet; abhängig von der Eventualität ist also nur das Gelingen des arglistigen Planes (und damit in unserem Falle weiter das spätere Anfechtungsrecht des Käufers); die „Arglist" als solche kann nicht bezweifelt werden, wie hier ja auch alle oben sub II 1 a und b sowie sub III 2 a erwähnten Bezeichnungen Berechtigung hätten.

3. Auch das Verhältnis von „Arglist" und „Absicht" wurde schon in anderem Zusammenhange beleuchtet (oben sub II 6). Hier bedarf es keiner weiteren Bemerkungen mehr; höchstens sei darauf aufmerksam[4]) gemacht, daß „Arglist" und Benachteiligungsabsicht" sich zwar oft decken werden, aber begrifflich keineswegs zusammenfallen.

4. Betreffs des Verhältnisses zwischen Arglist und „Fahrlässigkeit" (oben § 31) ist folgendes zu sagen:

a) Aus der Einreihung der Arglist in den „Vorsatz" (oben sub 2) folgt mit Notwendigkeit, daß Fahrlässigkeit und Arglist miteinander (außer der beiderseitigen Zugehörigkeit in den Kreis der Verschuldensbegriffe, vgl. oben sub 1 sowie oben § 42 sub C I 4 b) nichts zu tun haben, einander vielmehr ausschließen.[5])

b) Auch das Gesetz selber kann herangezogen werden, indem es beide Be-

---

[1]) Vgl. oben sub II 1 a. So hält auch Rocholl, Vorschläge (oben § 48 S. 363 Anm. 4) Arglist für synonym mit bösem Willen, Böswilligkeit, bösem Vorsatz.

[2]) Aus der Judikatur vgl. etwa (allerdings nicht ganz ausdrücklich) die oben § 36 sub II 9 h α S. 232 Anm. 1 erwähnte Entsch. des Reichsger. vom 6. Oktober 1902, während ich die bei Neumann Jahrb. I 1 S. 461 Note 6 f erwähnte Reichsgerichtsentscheidung in der Jur. Wochenschr. 1901 S. 189 nicht aufzufinden vermochte.

[3]) Vgl. im Resultat ebenso z. B. Engelmann S. 108, Enneccerus-Lehmann S. 209 sub 2. Auch das oben sub II mehrfach erwähnte Erkenntnis des Reichsger. vom 16. Mai 1903 ließe sich unter dem Gesichtspunkt des ‚dolus eventualis' betrachten. — Etwas ganz anderes ist die Frage, ob für den Anwendungskreis der §§ 823 ff. BGB. (insbes. auch des § 826) der ‚dolus eventualis' genügt; hierzu vgl. oben § 55 sub A VII 2 c, und die in der vorigen Anmerkung erwähnte Entsch. des Reichsger.

[4]) Vgl. aber auch in dieser Richtung bereits eine Andeutung oben sub II 5 a.

[5]) Vgl. einen ähnlichen Gedankengang bei Kipp, Das Reichsgericht und die positiven Vertragsverletzungen, in der Juristen-Ztg. VIII (1903) Nr. 11 S. 255/56. Vgl. auch Wulff S. 34 f.

griffe gelegentlich, nämlich in § 523 und 524 — und zwar beidemale einerseits Abs. I, oben § 10 sub II 1 a α, und andererseits Abs. II Satz 1, oben § 6 I 2 b sub $\alpha\,\beta'$ und $\beta\,\alpha'$ — als etwas Verschiedenes erwähnt.[1])

c) Ein Gegenbeweis liegt auch nicht etwa in dem Umstande, daß auch Fälle bloß fahrlässiger Täuschung[2]) denkbar[3]) sind; denn es darf eben nicht die Arglist mit ihrem Hauptfalle, der arglistigen Täuschung, identifiziert und das Mittel mit dem das Mittel in Bewegung setzenden Antriebe verwechselt werden. Und auch sonst wäre es nicht schwer, Beispiele zu bilden, in denen zwar gleichzeitig Arglist und Fahrlässigkeit vorliegen, bei genauerer Betrachtung beide aber verschiedene Zivilrechtstatbestände begründen und im allgemeinen auch verschiedene Zivilrechtsfolgen (einerseits Anfechtung u. dergl., vgl. oben sub 1 2, und andererseits Schadensersatzansprüche) auslösen. So, wenn der Förster arglistigerweise die Krankheit des von ihm verkauften Hundes verschwieg und das Tier später die anderen Hunde des Käufers ansteckte; oder wenn jemand, um es zu einem günstigen Engagement kommen zu lassen, sich arglistig für einen Sachverständigen ausgab und bei der späteren Ausführung des Geschäftes wegen seiner Sachunkunde (vgl. oben § 31 sub A III 19) den Andern schädigte; oder etwa, wenn der Anwalt oder das Auskunftsbureau, um sich nicht den Verdienst entgehen zu lassen, wissentlich eine objektiv falsche Auskunft erteilt (vgl. oben § 36 sub II 9 h α), die dann später wegen anderer Begleitumstände den Empfänger der Auskunft schädigt.[4])

d) Uebrigens wird die Verschiedenheit von Arglist und Fahrlässigkeit gelegentlich auch in den Materialien und der Literatur bestätigt. Prot. IV Nr. 271 I S. 78 (oben sub III 1 b $\alpha\,\delta'$) bezeugen ausdrücklich, daß die Arglist etwas Schlimmeres sei als die „bloße Fahrlässigkeit" und Mot. II S. 554 (oben sub III 1 a) sowie Prot. II Nr. 132 IV S. 380 (ebenfalls sub III 1 a) erblicken in der Arglist einen die ‚culpa lata' des gemeinen Rechts überragenden Begriff.[5]) Auch Dernburg scheint gelegentlich[6]) anzudeuten, daß er in dem „groben Versehen"[7]) etwas Minderes erblickt wie in der Arglist, und wegen des arglistigen Verschweigens finden wir Bemerkungen bei Dernburg[8]) und Endemann,[9]) daß die bloße Kenntnis eines Mangels nicht zur Haftung ausreicht; wegen der arglistigen Täuschung hebt Cosack[10]) hervor, daß

---

[1]) Dagegen wäre § 160, auf den Schiedges S. 61 aufmerksam macht, weniger signifikant, da sich hier die Arglist und die Fahrlässigkeit bei verschiedenen Personen zeigen; vgl. § 123 Abs. II Satz 1 (aber wiederum anders § 1334 Abs. 1 Satz 2).

[2]) Von „fahrlässiger Täuschung" handelt insbes. die oben S. 457 Anm. 1 erwähnte Dissertation von Göring (vgl. über Cosack und Crome unten S. 461 Anm. 3). Umgekehrt (ungefähr wenigstens) handelt ein oben § 31 S. 108 Anm. 1, S. 124 Anm. 9 erwähnter Aufsatz von Eßlinger von „bewußter Fahrlässigkeit".

[3]) So insbes. auch, wenn man sich selber nicht genügend informiert hat; vgl. oben sub II 2 b und c sowie wegen grober Fahrlässigkeit (Bösgläubigkeit) oben § 34 sub I 5, § 40 sub XV 1.

[4]) Vgl. hiezu auch das oben § 31 sub C VII 2 a S. 135 Anm. 9 erwähnte Erkenntnis des Reichsgerichts vom 27. Oktober 1902 (VI 201/02).

[5]) Vgl. auch Schiedges S. 60 ff.

[6]) Dernburg II 2 S. 127 Anm. 8 wegen der Haftung des Schenkers; vgl. oben S. 439 Anm. 3.

[7]) Hierunter versteht Dernburg dasselbe wie „grobe Fahrlässigkeit"; vgl. oben § 40 sub I und V 1 b.

[8]) Dernburg a. a. O.

[9]) Endemann I S. 1033 Anm. 1 (gleichfalls betreffs der Schenkung); vgl. oben S. 442 Anm. 4.

[10]) Cosack I S. 228.

bloßes Kennen-Können der Unrichtigkeit der eigenen Angaben nicht genügt: ein Ergebnis, welches durchaus mit dem Umstande harmoniert, daß (vgl. oben sub II 2 a) Harmlosigkeit und Leichtfertigkeit schon sprachlich mit der Arglist auseinanderfallen.

e) Was insbesondere die grobe Fahrlässigkeit[1]) betrifft, so wurde auch sie schon soeben (sub d) gestreift,[2]) und es ist hierüber nichts weiter hinzuzufügen.[3])

5. Mit vorstehendem sind die Beziehungen der „Arglist" zu den anderen bisher behandelten und als subjektive Verschuldensbegriffe erkannten Termini im wesentlichen erschöpft. Es ist höchstens noch zur Vervollständigung des Gesamtbildes folgendes hinzuzufügen:

a) Was wegen der Fahrlässigkeit überhaupt bezw. wegen der groben Fahrlässigkeit im besonderen sub 4 gesagt wurde, ist durch diese Begriffe hindurch von mittelbarem Interesse auch für das „Kennenmüssen" (oben § 32) und für die „Bösgläubigkeit" (oben § 34).

b) „Böslichkeit" und „Böswilligkeit" (oben § 57) treten mit der Arglist in nächste Berührung durch das Medium der böslichen (qualifizierten) Absicht, welche bei beiden obwaltet (vgl. oben sub 3 und sub II 6 sowie oben § 57 sub A VI und B IV) und zu der sie sich beide als Unterbegriffe ausgewiesen haben, so daß also die am Eingang dieses Paragraphen gezeigte sprachliche Gedankenbrücke sich auch als eine rechtliche Verbindung darstellt.

c) Keine bezw. keine erwähnenswerten Beziehungen bestehen zwischen Arglist einerseits und „Außerachtlassung der Sorgfalt" (oben § 41), „unverzüglich" (oben § 33), „strafbaren Handlungen"[4]) (oben § 47) oder „Verschulden im weiteren Sinne" (oben § 43) sowie „Verfehlungen" (oben § 49) andererseits.

6. Der Erwähnung bedarf allerdings noch das Verhältnis von „Arglist" und „unerlaubten Handlungen" (oben § 39):

a) Aus der Einordnung der Arglist unter das „Verschulden" (oben sub II 7) folgt sofort, daß zugleich gewisse Beziehungen zwischen Arglist und „unerlaubten Handlungen" obwalten können. Sofern nämlich die übrigen Voraussetzungen für die Tatbestände der §§ 823 ff. vorliegen, sofern also insbesondere eine kausal herbeigeführte Schadenszufügung eingetreten ist — von der wir schon oben sub II 1 d sahen, daß sie für den Begriff der Arglist an sich indifferent ist —, wird man, da ja die „Arglist" einen „Vorsatz" einschließt, das Vorhandensein dieses letzteren Tatbestandsmomentes am wenigsten nachzuprüfen haben. Und so finden wir die arglistigen Handlungen auch in den Materialien und in der Literatur unter die „unerlaubten Handlungen" eingereiht.

---

[1]) Vgl. auch Oertmann S. 243 oben (zum Falle des § 523 Abs. I).

[2]) Vgl. daselbst wegen Prot. II S. 380 und Dernburg II 2 S. 127 Anm. 8.

[3]) Höchstens sei bemerkt, daß es mir unverständlich geblieben ist, was Kipp I S. 454 oben damit sagen will: „Die grobe Fahrlässigkeit steht der Arglist im BGB. nur dann gleich, wenn das Gesetz sie im einzelnen Falle gleichstellt." Vgl. im Gegenteil die oben sub 4 b erwähnten Vorschriften. Kipps Bemerkung bezieht sich vielleicht auf die ebenda S. 450 Anm. 10 besprochene Gleichstellung von ‚culpa lata' und ‚dolus' im gemeinen Recht. — Nicht rechtzeitig zugänglich war mir eine bei Neumann, Jahrb. I 1 S. 346 Note 2 a erwähnte Abhandlung von Kloß im Sächs. Archiv 9 (S 274).

[4]) Soweit im Einzelfall zugleich der Tatbestand eines Kriminaldelikts vorliegt, was namentlich bei „arglistiger Täuschung" im zivilrechtlichen und „Betrug" im strafrechtlichen Sinne der Fall sein kann — aber begrifflich durchaus nicht sein muß, vgl. oben sub II 1 d —, treten die oben § 29 aufgezählten Zivilrechtsfolgen bei der arglistigen Handlung ebenfalls in Frage. Dies weiter nachzuprüfen, erscheint mir für mein Spezialthema zwecklos.

b) In den Materialien geschieht dies freilich nur betreffs der arglistigen Raterteilung,[1]) und weiterhin ziemlich flüchtig wegen eines der ins Gesetz eingestellten Fälle, nämlich wegen der arglistigen Täuschung.[2])

c) Im Gegensatze hierzu steht in der Literatur[3]) gerade dieser Fall im Vordergrund der einschlägigen Erwägungen, und die Möglichkeit einer unerlaubten Handlung wird hier anerkannt von Cosack,[4]) Crome,[5]) Endemann,[6]) Engelmann,[7]) Enneccerus=Lehmann,[8]) Gareis,[9]) Krückmann,[10]) Kuhlenbeck,[11]) Neumann,[12]) Planck,[13]) Riezler[14]) und Weyl;[15]) wegen des arglistigen Verschweigens sind hier Planck[16]) und Schiedges[17]) zu nennen; eine prinzipiellere Stellungnahme dagegen findet sich nur bei Kipp.[18]) — Dabei werden die verschiedensten Bestimmungen herangezogen: auf §§ 823 ff.[19]) ohne weitere Differenzierung spielt Weyl[20]) an, auf § 823 überhaupt spielen an: Endemann, Engelmann, Kipp, Kuhlenbeck, Planck[21]) und Riezler,[22]) auf § 823 Abs. I R. Neumann[23]) und Schiedges, auf § 823 Abs. II Enneccerus=Lehmann[24]), Neumann,[25]) Planck[26]) und Schiedges, auf § 826 Crome, Endemann, Engelmann, Enneccerus=Lehmann,[27]) Kipp,

---

[1]) Mot. II S. 554, Prot. II S. 380, 664 (oben III 1 a).

[2]) Mot. I S. 208 (oben sub III 1 b α α'), Denkschr. S. 36, Prot. VI Nr. 413 I S. 148, indem sie auf die praktisch sehr wichtige Folge aufmerksam machen, daß zufolge § 719 des I. und § 776 des II. Entwurfs (BGB. § 853) der Betrogene, der die Anfechtung versäumt hat, noch immer innerhalb der Verjährungsfrist die Wiederaufhebung des gegen ihn entstandenen Anspruchs erreichen könne (vgl. BGB. § 249 Satz 1).

[3]) Ohne Interesse für die Fragen im Text ist es, wenn sich Cosack Bd. I § 163 S. 602 sub 2 a und § 165 S. 615 sub VIII sowie Crome II S. 1016 Anm. 11 damit beschäftigen, ob und wann die Täuschung (vorsätzliche oder fahrlässige) an sich ein Delikt ist; betreffs der fahrlässigen Täuschung allein vgl. die Dissertation von Goering (oben S. 459 Anm. 2).

[4]) Cosack a. a O.

[5]) Vgl. Crome in der Juristen=Ztg. IX (1904) Nr. 1 S. 20 sub IV.

[6]) Endemann I § 72 S. 354, insbes. auch Anm. 2 sub d β.

[7]) A. Engelmann S. 108.

[8]) Enneccerus=Lehmann I S. 212 sub I und sub III sowie auch S. 844 a. E. und 850 oben.

[9]) Gareis S. 21 Anm. 3 (Gebrauch eines Pseudonyms zu arglistiger Täuschung).

[10]) Krückmann S. 156 sub 6.

[11]) Kuhlenbeck, Von den Pandekten I S. 446 f. (zu BGB. § 123), II S. 267 (zu BGB. § 481 ff.).

[12]) Neumann, Richard, S. 14, 52 ff.

[13]) Planck I S. 225 Anm. 7 zu § 123 (nicht zu § 124, wie Enneccerus=Lehmann S. 212 Anm. 1 zitieren). An Planck lehnt sich aufs engste an die Erlanger Dissertation von Klein (oben S. 438 Anm. 3) S. 31.

[14]) Riezler S. 366 sub VIII.

[15]) Weyl, Vorträge Bd. I S. 234.

[16]) Planck II S. 249 Anm. 3 (zu BGB. § 463).

[17]) Schiedges S. 81.

[18]) Kipp Bd. II S. 899.

[19]) Auch §§ 824 und 825 können nämlich eingreifen; vgl. unten § 59 und § 62.

[20]) Wegen R. Neumann, der S. 14 auch nur §§ 823 ff. nennt, vgl. weiter unten.

[21]) Planck Bd. I a. a. O.

[22]) Anderer Ansicht aber Hoelder S. 277 Note 7; gegen ihn mit Recht Riezler a. a. O.

[23]) R. Neumann S. 53 ff., 63.

[24]) Enneccerus=Lehmann an allen oben Anm. 8 erwähnten Stellen.

[25]) R. Neumann S. 58 ff., 64.

[26]) Planck Bd. II a. a. O.

[27]) Enneccerus=Lehmann I S. 212.

Kuhlenbeck, Neumann,[1] Planck,[2] Riezler und Schiedges. Die weitere Verfolgung dieses Punktes ist für uns ohne Interesse, da sich, wie bemerkt, die Erörterungen nur auf die beiden im Gesetze behandelten Spezialfälle beziehen.

d) Gleichfalls auf arglistige Täuschung bezieht sich die einschlägige bisherige Judikatur.[3])

e) Von besonderem Interesse ist für uns nur die Subsumierung unter § 826 BGB., und zwar insofern, als darnach die Arglist einen „Verstoß gegen die guten Sitten" involviert — was gelegentlich auch die Materialien [4]) betreffs der arglistigen Erteilung von Rat und Empfehlung erklären — und mit dieser Feststellung die oben sub II 1 a verzeichneten Wendungen eine Unterstützung erfahren.[5]) Näheres hierzu unten sub 7 d.

f) Weiter mag noch konstatiert werden, daß sich durch die Perspektive, welche sich von der Arglist auf die unerlaubten Handlungen und umgekehrt eröffnet, zugleich (in Bestätigung des bereits oben sub I 3 Angedeuteten) eine beruhigende Aussicht darauf ergibt, daß die Arglist auch außerhalb der arglistigen Täuschung und des arglistigen Verschweigens und außerhalb der hier vom Gesetz vorgesehenen Spezialfolgen zu Remedur gegen den Täter führen kann.

7. Die oben sub 6 e konstatierten Beziehungen zwischen der „Arglist" und den in § 826 BGB. erwähnten „Verstößen gegen die guten Sitten" leiten uns **hinüber zu der Prüfung derjenigen Beziehungen, in welchen die Arglist zu den von uns aus dem Kreise der subjektiven Verschuldensbegriffe ausgewiesenen rein objektiven Begriffen steht:**

a) Solcher Beziehungen lassen sich nur im ganzen wenige aufdecken. Gänzlich fehlen sie z. B. gegenüber der „Ordnungs-", „Gesetz-" und „Vertragswidrigkeit" (oben § 35, § 44 sub A I und IV), gegenüber den Gesetzesverstößen (oben § 45 sub A I), gegenüber dem „Mißbrauch", dem „Unrecht" und der „Drohung"[6]) (oben §§ 50—52). Von Interesse ist nur folgendes:

---

[1]) Neumann, R. S. 61 f., 65.

[2]) Planck Bd. I a. a. O. — Wenn in den Allegierungen bei Planck sich Widersprüche finden, insofern einerseits (Bd. I) § 823 überhaupt nebst § 826, andererseits (Bd. II) nur § 823 Abs. II herangezogen wird, so ist das erklärlich, indem die Erörterung zu BGB. § 463 nicht von Planck selbst, sondern (vgl. Vorwort zu Bd. I pag. IV) von Greiff herrührt.

[3]) Vgl. folgende Entscheidungen: OLG. Hamburg vom 12. November 1902 bei Mugdan und Falkmann VI (1903) Nr. 34 d α S. 222, OLG. Braunschweig vom 30. Oktober 1902 ebenda Nr. 34 d β S. 223, OLG. Dresden vom 12. Oktober 1901 und vom 4. November 1902, Annalen des Kgl. Sächs. OLG. Dresden 23 (1902) S. 511 Nr. 28 und 25 (1904) S. 56 Nr. 5; vgl. auch Warneyer I S. 17 Note 10 und II S. 12 Note 4 (zu § 123). — Von zweifelhaftem Wert für obige Frage ist die bei Neumann, Jahrbuch I 1 S. 409 Anm. 1 a zu BGB. § 676 erwähnte Entsch. des Reichsgerichts vom 6. Oktober 1902 von welcher schon oben sub VI 2 f S. 458 Anm. 2 und 3 die Rede war.

[4]) Prot. II S. 380 (oben sub III 1 a) durch Bezugnahme auf E. I § 705.

[5]) Es geschieht dies auch betreffs des ‚pactum de dolo non praestando' in §§ 443, 476, 540, 637 durch Hachenburg, der S. 59 diese Normen als Ausfluß des Grundgedankens bezeichnet, daß die gegen die guten Sitten verstoßenden Rechtsgeschäfte nichtig sein müßten. — Ueber die sämtlichen einschlägigen Gesetzesstellen vgl. oben § 10 sub II 2 a.

[6]) Das rein äußerliche Zusammentreffen von „Drohung" (die doch wohl — vgl. oben § 51 sub A VI 3 und § 55 sub B VI — zu den objektiven Unrechtsformen gehört) und „arglistiger Täuschung" in einer Reihe von Gesetzesstellen (§§ 123 f., 318, 1334 ff., 1599, 2339, vgl. oben § 10 sub I und § 22) ist hier belanglos.

b) Zur „Pflichtverletzung“ (oben § 37) und zur „Pflichtwidrigkeit“ (oben § 44 sub A II) würden Beziehungen bestehen, sofern wir in den Sonderfällen der arglistigen Täuschung und des arglistigen Verschweigens eine Mitteilungspflicht des Täuschenden gegenüber dem Andern anzunehmen hätten.[1])

c) Zur — objektiven[2]) — Widerrechtlichkeit (Rechtswidrigkeit), oben § 48 (und § 44 sub A III) steht die „Arglist“[3]) jedenfalls in Beziehungen, wie auch die Materialien und die Literatur erkennen lassen, dabei allerdings fast durchweg[4]) nur des Falles der arglistigen Täuschung[5]) im besonderen gedenkend. Die Denkschrift redet einmal (S. 34), die Prot. VI Nr. 413 I S. 147 reden mehrfach davon, daß der Wille des getäuschten „widerrechtlich“ beeinflußt sei. In der Literatur[6]) habe ich zunächst bei Fischer-Henle (S. 62 Anm. 2), Gareis (S. 149)[7]) und Planck (I S. 221 sub 3 c) die zweifellos richtige und auch schon im Kommissionsbericht (S. 36) begegnende Aeußerung gefunden, die arglistige Täuschung betrachte der Gesetzgeber immer als widerrechtlich, weil er dies Prädikat in § 123 BGB.[8]) nur betreffs der Drohung ausdrücklich hervorheben zu müssen gemeint hat. Dasselbe sagt, nur etwas ausführlicher, R. Neumann S. 17 f. und wegen der umfangreichen Erörterungen bei Schiedges S. 26 ff. mag schon deshalb von eingehender Nachprüfung Abstand genommen werden, weil sie innerhalb der Frage des arglistigen Verschweigens unter Konstatierung der Rechtswidrigkeit die uns nicht weiter interessierende Unterfrage erörtern, gegen welche Norm hier der Verkäufer verstößt.[9])

---

[1]) Wegen dieser uns nicht weiter interessierenden Spezialfrage vgl. oben sub II 1 b S. 444 Anm. 1.

[2]) Daß die „Arglist“ eine Widerrechtlichkeit im subjektiven Sinne enthält, folgt schon aus ihrer Subsumierung unter den qualifizierten Vorsatz (oben sub II 6). Ausdrückliche Bestätigung hierzu bietet übrigens die Wendung „rechts- und sittenwidriges Verhalten“ (des Täuschenden) in Mot. IV S. 73 (oben sub III 1 b $\alpha\gamma'$). Vgl. auch wegen des arglistigen Verschweigens bei Schiedges S. 73 ff. und für arglistige Herbeiführung der Erfüllungsunmöglichkeit im gemeinen Recht Windscheid-Kipp II S. 89. — Nur wenn man an subjektive Widerrechtlichkeit denkt, dürfte ein Sinn in den Satz bei Steinberg S. 27 sub IV zu bringen sein, die arglistige Täuschung sei „an sich schon widerrechtlich, weil sie eben hinterlistigerweise den Andern bestimmte“. — An die subjektive Rechtswidrigkeit denken auch Raschke S. 93 und R. Neumann S. 16 f. („Absicht mit der Qualifikation der Rechtswidrigkeit“).

[3]) Nicht bezw. nur mittelbar interessiert für unser Problem die Frage, ob die „Täuschung“ oder das „Verschweigen“ ihrerseits objektiv widerrechtlich sind. Prot. IV S. 78 (oben sub III 1 b $\alpha\delta'$) bezeichnen die Täuschung, wenn sie von einem Dritten ausgeht, als „objektive, wenn auch arglistige“; die erlistete Willenserklärung bezeichnet als „anfechtbar also rechtswidrig“ Bandel (oben S. 444 Anm. 4) S. 65, was offenbar unzutreffend ist.

[4]) Mit Ausnahme von Schiedges S. 6, 26 ff., Backhausen S. 45 ff. und Wulff S. 21 ff., welche die Frage übrigens gleichfalls bejahen.

[5]) So auch Cosack I S. 602 sub 2 a; vgl. ebenda S. 615 sub VIII (oben S. 461 Anm. 3).

[6]) Außer Betracht lasse ich, daß Leonhard S. 522 Anm. 2 bemerkt: „Endemann 313 sieht in jeder „Ausnutzung“ fremden Irrtums eine wiederrechtliche (sic!) Täuschung. Aehnlich Matthiaß 197.“ Denn in den neueren Auflagen von Endemann und Matthiaß habe ich diesbezügliche Aeußerungen nicht gefunden.

[7]) Gareis a. a. O. sagt, die arglistige Täuschung sei schlecht und schlecht sei entweder gesetzwidrig oder unmoralisch oder beides zugleich; vgl. S. 137 sub 5 c, daß sich bei der arglistigen Täuschung die Rechtsordnung die Beeinflussung des fremden Willens verbitte.

[8]) Vgl. ebenso in § 2339 Abs. 1 Nr. 3 und in §§ 1334 Abs. I und 1335 (oben S. 462 Anm. 6).

[9]) Es wird wohl trotz der Ausführungen bei Schiedges a. a. O. ein Verstoß gegen § 242 (vgl. unten sub e) anzunehmen sein.

d) Auch als „Verstoß gegen die guten Sitten“ wird man die „Arglist“ betrachten müssen und dürfen; das „arge“ Verhalten ist eben zugleich ein unsittliches,[1]) und insbesondere die arglistige Erteilung eines falschen Rates oder einer falschen Empfehlung haben wir bereits bei anderer Gelegenheit — in § 37 sub III 9 h α — an der Hand der Literatur und Judikatur als Beispiel dieser Verstöße und als besonders interessanten Anwendungsfall des auch oben sub 6 e wieder zur Erwähnung gelangten § 826[2]) kennen gelernt.

e) Ungemein häufig findet sich die Arglist in der Literatur[3]) — aber auch schon in den Materialien[4]) und bisweilen in der Judikatur[5]) — als „Verstoß gegen Treu und Glauben“ (oben § 45 sub A II) bezeichnet, als der Gegensatz[6]) zu Treu und Glauben, als eine wissentliche Verletzung der bona fides,[7]) als ein „Verkehrsdolus“,[8]) und man wird dies in der Tat annehmen müssen, selbst wenn man eine generelle „Pflicht zur Wahrhaftigkeit“[9]) und eine Pflicht, den Nächsten auf die Mängel des Vertragsobjektes oder sonstige zur Hemmung seiner Entschließung geeignete Umstände aufmerksam zu machen, leugnen zu müssen glaubt.[10])

8. Gerade die zuletzt (sub 7 e) festgestellten Beziehungen zwischen „Arglist“ und „Verstößen gegen Treu und Glauben“ sind in doppelter Hinsicht von Bedeutung und Interesse:

a) Für unser Problem ist es bedeutsam, daß wir hier — zum ersten Male — einem Begriffe begegnen, der seines Wesens (seines Tatbestandes) wegen sowohl in das uns programmäßig beschäftigende subjektive Unrecht (nämlich, vgl. oben sub II 5 und 6, als qualifizierter „Vorsatz“ und als qualifizierte „Absicht“ unter das „Verschulden im engeren Sinne“) gehört wie in das objektive Unrecht, der also gewissermaßen ein doppeltes Domizil oder ein doppeltes Heimatsrecht hat. Wo wir bisher bei anderen Begriffen ein Hereinragen in beide Gebiete antrafen,[11]) war dies nicht

---

[1]) Vgl. auch Raschke S. 91, 93, 95.

[2]) Nicht auf ihn, sondern auf den ihm nahe verwandten § 138 BGB. spielt die bereits oben sub II 4 S. 447 Anm. 1 erwähnte Reichsgerichtsentsch. vom 17. Juni 1904 an.

[3]) Vgl. z. B. Backhausen S. 38, Bendix S. 146 sub 4 a, Kipp I S. 346 sub 2, Meisner (oben S. 443 Anm. 16) S. 70 f., Kuhlenbeck, BGB. I 3. Aufl. S. 99, Raschke S. 93, Schiedges S. 27 ff., 75, Süßheim in Seuff. Bl. f. RA. 66 (1901) S. 208 f. (inhaltlich und auch stilistisch nicht einwandfrei), Wulff S. 22; vgl. auch Beer (oben S. 438 Anm. 3) S. 89 f., Erler, Ehescheidungsrecht (oben S. 239 Anm. 8) S. 51. Modifiziert Endemann I S. 354, 354 Anm. 2, 355 Anm. 5 a. E. (auf S. 356); vgl. auch Leonhard S. 522 Anm. 3.

[4]) Mot. I S. 208 und II S. 754 f. (oben sub III 1 b $\alpha\,\alpha'$ und β' und sub III 2 a) und gegen die Tautologie in Mot. I S. 208 bereits von Liszt, Grenzgebiete S. 24 (und mit ihm Raschke S. 94).

[5]) Vgl. das Urt. des Reichsger. vom 16. Mai 1903 (oben S. 458 Anm. 3) und die Entsch. des OLG. Hamburg vom 27. April 1901 in Seuff. Arch. Bd. 57 (1902) Nr. 140 S. 257 f. und bei Mugdan und Falkmann II (1901) Nr. 195 a S. 500 f. und vom 12. Dez 1901 bei Mugdan und Falkmann IV (1902) Nr. 47 S. 204 f.

[6]) Vgl. Meisner a. a. O.

[7]) Vgl. Kuhlenbeck a. a. O.

[8]) Zu diesem Ausdrucke vgl. aus der Literatur zum BGB. namentlich Kuhlenbeck, Von den Pandekten I § 12 S. 434 ff. (oben S. 411 Anm. 1), aber auch z. B. Raschke S. 95.

[9]) Vgl. über Leonhard S. 522 oben S. 444 Anm. 1.

[10]) Vgl. zu diesem Punkte, auf den hier nicht genauer eingegangen werden kann, schon oben sub II 1 b und 2 b und c und in obigem Zusammenhang insbesondere Beer a. a. O., Kuhlenbeck, BGB. a. a. O.

[11]) Vgl. oben § 36 sub II 9, § 37 sub IV, § 45 sub A I 1 a, 5 und 8, § 47 sub II 1 a und § 48 sub A V.

Folge des Begriffes selber, sondern Folge des vom begrifflichen Standpunkte aus nur zufälligen Umstandes, daß der Begriff im Falle seiner Betätigung auch objektive Rechtswidrigkeiten als Begleiterscheinungen (z. B. Schadenszufügung) auf die Bühne des Rechtslebens mit sich brachte, und Folge rein vereinzelter Kombination und Kumulation von subjektivem und objektivem Unrecht in den einschlägigen Normen, welche sowohl jenes wie dieses als Tatbestandsmoment für die ganze Vorschrift gebrauchen. — Diese Beobachtung, daß die „Arglist" eine Doppelnatur aufweist und daß „zwei Seelen in ihrer Brust wohnen", wird uns aber nicht weiter überraschen, wenn wir uns des Umstandes erinnern, daß (vgl. oben sub II 1) schon der sprachliche Ausdruck „Arg-List" ein zwiefaches Antlitz zeigte.

b) Das andere, für unser Problem an sich unwesentliche und daher trotz seiner eminenten theoretischen und praktischen Wichtigkeit hier nicht zu längerem Verweilen einladende Moment ist der Umstand, daß man wohl in der Lage sein wird, aus der mehrfachen Erwähnung der „Verstöße gegen Treu und Glauben" im Gesetz (und zwar an prominenter Stelle) und aus dem gleichzeitigen Zusammenhange dieser Verstöße mit der „Arglist" auf das Weiterleben[1]) der sog. actio bezw. exceptio (bezw. replica) ‚doli generalis' im neuen Reichsrecht[2]) neben der actio bezw. exceptio ‚doli specialis'[3]) zu folgern,[4]) wie sie in der Tat sowohl von der Literatur[5])[6]) wie bereits auch vereinzelt von der Judikatur[7]) anerkannt worden ist. Indessen hat dieser ‚dolus

---

[1]) Es zeigt sich also Aehnliches wie betreffs des ‚diligens pater familias redivivus' oben § 31 sub A III 8 b γ zu beobachten war.

[2]) Entgegen starker Bedenken in den Prot. I Nr. 35 VII S. 238 ff.

[3]) Wegen der exceptio doli specialis im BGB. vgl. z. B. Raschke S. 104 Anm. 21.

[4]) Es wurde diese Angelegenheit schon oben § 36 sub II 9 g S. 231 Anm. 4 gestreift.

[5]) Im einzelnen mit verschiedenen Ansichten über die Tragweite und über die einschlägigen gesetzlichen Fundamente.

[6]) Vgl. aus den systematischen Werken zum BGB. z. B. Bendix S. 130, 149 sub e, Crome I S. 186 ff., II S. 1041 Anm. 8 (und derselbe in der Juristen-Ztg. IX, 1904, Nr. 1 S. 20), Dernburg II 2 S. 640, Endemann I S. 307 Anm. 35, 354 Anm. 2, 421 Anm. 4, 590 Anm. 6, Enneccerus-Lehmann I S. 327, S. 849 Anm. 1, Hachenburg, 2. Aufl., S. 8 f., Kuhlenbeck, Von den Pandekten I S. 493, Landsberg I S. 87, 287, 518 Anm. 2, Matthiaß I § 66 sub I S. 293; aus den Kommentaren Planck II S. 10/11, S. 556, Riezler S. 366 sub VIII, Rehbein Bd. I S. 151 sub f, S. 339 sub I, Bd. II S. 13, auch Meisner S. 293 und Oertmann S. 6 oben, S. 562 sub 2 b; vgl. modifiziert Garcis S. 151, 260 f. (und dazu Neumann, Jahrb. I 1 S. 73 Note 4). Aus der sonstigen Literatur z. B. Schneider, Treu und Glauben (München 1902) S. 26 ff., Eck in Heft 1 der Samml. von Vorträgen über den I. Entwurf, Berlin 1896, S. 49, Leonhard in Jherings Jahrbüchern 41 (1900) S. 29 (vgl. auch Neumann, Jahrb. I 1 S. 73 Note 5), Stammler, Richtiges Recht S. 475, Ramdohr in Gruchots Beitr. 46 (1902) S. 559 f. und neuestens Silbermann in der Ztschr. f. Rechtspflege in Bayern, herausg. von v. d. Pfordten, Jahrg. I, München 1905, Heft 2 S. 35 ff. — Wegen Hachenburg S. 21 bereits oben § 57 S. 435 Anm. 6. Nur auf das Strafrecht bezieht sich die Erlanger Dissertation (Berlin 1899) von Windaus, Die Streitfrage über den dolus generalis und die Verantwortung des Kausalzusammenhangs.

[7]) Entsch. des Reichsger. vom 9. Februar 1903 (I 340/02) in Bd. 53 (1903) Nr. 104 S. 416 ff. (vgl. auch Jur. Wochenschr. 32, 1903, Beilage 7 S. 53 Nr. 120 sowie auch Neumann, Jahrb. II S. 123 sub 2 e) auf S. 420 (mit Bezug auf BGB. § 242) sowie Entsch. des Reichsger. vom 17. Dezember 1903 (VI 175/03) in der Juristen-Ztg. IX (1904) Nr. 6 S. 313, Seufferts Archiv 59 S. 258 Nr. 145 und Jur. Wochenschr. 33 (1904) S. 89 Nr. 7 (zu §§ 157, 242), während die Entscheidung vom 13. April 1904 (I 530/03) in Bd. 57 (1904) Nr. 85 S. 388 ff. nicht gerade an das BGB. denkt und die Entsch. des OLG. München vom 5. Dez. 1900 bei Mugdan und Falkmann II (1901) Nr. 26 S. 43 f. (außer mit Wechsel-Ordnung Art. 43) nur mit BGB. § 814 operiert. — Vgl. ferner die Entsch. des Reichsger. vom 30. Juni

generalis' mit dem (oben sub II 1 c und III 2 b erwähnten) ‚dolus' im Sinne der „Arglist", wie das BGB. diesen Begriff gebraucht, gar nichts weiter gemein[1]) als[2]) lediglich die beiderseitigen Beziehungen zum § 826 BGB., so daß man hier also nicht einmal mehr von einem rechtlichen Verwandtschaftsverhältnis[3]) sprechen könnte. Und ferner ist einerseits betreffs des ‚dolus generalis', wenn man ihn auch für das jetzige Reichsrecht zulassen will, nicht etwa § 826 die einzige Quelle, sondern er entströmt ebenso aus den ergiebigen Vorschriften der §§ 133, 157, 226 und 242, und andererseits ist es, wenn man den § 826 als die Verbindungsbrücke zwischen Arglist und dolus generalis betrachten will, für unser Problem wiederum maßgebend, daß die Arglist mit § 826 einen Berührungspunkt nur in dem rein objektiven Momente des Verstoßes gegen die guten Sitten aufweist, das aber wiederum für ein System der Verschuldensbegriffe ebensowenig interessiert, wie die in §§ 157 und 242 erwähnten Begriffe „Treu und Glauben" und wie, im Sinne des BGB. § 826 verstanden, die Chikane.[4])

c) Zurückgreifend möchte ich auch wegen des ‚dolus' im Sinne von ‚dolus specialis' und „Betrug" betonen, daß die „Arglist" des BGB. besser daran tut, die ihr von den Materialien[5]) und von der Literatur[6]) deferierte Erbschaft dieses Dolusbegriffes auszuschlagen; denn sie würde dabei eine Reihe höchst zweifelhafter und unklarer Posten mit übernehmen und ihren eigenen Kredit gefährden und außerdem in einer Erbschaftsstreit mit einer anderen Erbschaftsprätendentin, der „Absicht zu benachteiligen" (oben § 14 sub B I), geraten. Sie kann auch mit dem, was ihr sonst seitens der Materialien und des Gesetzgebers in die Wiege gelegt und inzwischen von der Literatur zugewiesen wurde, sicher genug auskommen.

VII. Aus der Bejahung der Frage nach Forterxistenz der actio bezw. exceptio doli generalis (oben sub VI 8 b) folgt übrigens sofort die Verneinung unserer anderen sub I 1 aufgeworfenen Frage, ob ein Bedürfnis zur Generalisierung und analogen Ausdehnung der Vorschriften des BGB. über die arglistige Täuschung und das arglistige Verschweigen und zur Anerkennung eines über diese Spezialfälle hinausgehenden allgemeinen Arglistbegriffes gegeben sei. Wo dieses

und 17. September 1904 (VI 485/03 und V 61/04) in der Jur. Wochenschr. 33 (1904) S. 482 (Nr. 3) und S. 555 (Nr. 14), sowie OLG. Stuttgart vom 19. Juni 1902 in Seufferts Arch. 59 (1904) Nr. 228 S. 403 ff. — Auch schon eine Entsch. des Reichsger. vom 22. April 1893 (I 18/93) in Bd. 31 (1893) Nr. 19 S. 107 (erwähnt bei Bendix a. a. O.) bringt übrigens die exceptio doli generalis mit Verletzung von „Treu und Glauben" in Zusammenhang.

[1]) Das hat am schärfsten Leonhard in Jherings Jahrb. a. a. O. ins Auge gefaßt; er hält die exceptio doli nur für zulässig, „wo man wirklich mit gutem Gewissen und nach der Auffassung des Gebers von einer Arglist des Klägers reden kann. Nicht aber — wie es üblich ist — überall da, wo es gilt, unbillig erscheinende Rechtssätze zu verbessern".

[2]) Neben der gemeinschaftlichen Vokabel ‚dolus', die eben im Röm. R. mehrdeutig war (vgl. z. B. Endemann S. 354 Anm. 2 und vor allem Pernice, Labeo, 2. Aufl., Bd. II S. 134, 164). Es kann irreführen, wenn z. B. Hupka, Die Haftung des Vertreters ohne Vertretungsmacht (Leipzig 1903) S. 109 und S. 131 einfach ‚dolus' und § 826 identifiziert, zumal doch auch der in § 826 begegnende „Vorsatz" als ‚dolus' bezeichnet werden kann; vgl. oben § 55 sub B XII und gerade im Zusammenhang mit der actio doli etwa Jung S. 46.

[3]) Um im Bilde zu bleiben, liegt höchstens ein Schwägerschaftsverhältnis vor.

[4]) Vgl. über diesen „Chikaneparagraph" vom Standpunkte unseres Themas aus oben § 21 sub III und § 50 sub A I (S. 376 Anm. 1).

[5]) Vgl. insbesondere oben sub III 2 b.

[6]) Oben sub II 1 c.

Bedürfnis gegeben ist, wird es vollkommen [1]) durch die actio resp. exceptio doli generalis gedeckt, und wiederum etwa die exceptio doli generalis schlechtweg in „Einrede der Arglist" [2]) umzutaufen, wäre eine Maßnahme, vor welcher nicht dringend genug gewarnt werden kann angesichts der Feststellung, daß die moderne [3]) exceptio doli einen rein objektiven, die „Arglist" im Sinne des BGB. dagegen einen aus objektiven und subjektiven Ingredienzien gemischten und sogar hauptsächlich die letzteren aufweisenden Charakter hat.

VIII. Es erübrigen nur noch wenige Einzelbemerkungen:

1. Die Einordnung der Arglist unter das „Verschulden" im engeren Sinne führt mit logischer Notwendigkeit zu einigen anderen Konsequenzen:

a) Der Arglist ist nur fähig, wer deliktsfähig im Sinne des Zivilrechts (BGB. §§ 827 f., unten § 75) ist: Es findet sich diese Folgerung auch ausdrücklich ausgesprochen, allerdings nur betreffs der arglistigen Täuschung, bei Hoelder [4]) und bei R. Neumann [5]), bei jenem lediglich mit Rücksicht auf das Anfechtungsrecht, bei diesem auch mit Rücksicht auf den etwaigen Schadensersatzanspruch des Gegners. Daß dieser Gegner derartige Rechtsbehelfe nicht oder nicht unbedingt hat, beispielsweise wenn der Arglistige 16 Jahre alt ist, dürfte nicht frappieren, [6]) da solche ungleiche Verteilung der Position und eine sich daraus ergebende Benachteiligung der anderen Partei eine schon seit der negotia claudicentia [7]) des Römischen Rechts geläufige Erscheinung ist.

b) Dagegen kommen die Grundsätze vom konkurrierenden Verschulden (§ 254 BGB., oben § 42 sub B II 1) nur wegen der etwaigen Schadensersatzansprüche (oben sub II 1 d) in Betracht, nicht aber z. B. wegen des Anfechtungsrechtes bei arglistiger Täuschung; denn bei diesem handelt es sich ja garnicht (oder doch nicht prinzipiell, vgl. ebenfalls oben sub II 1 d) um einen, für die Ersatzansprüche als Voraussetzung unentbehrlichen „Schaden", wie er die notwendige Grundlage der Betrachtungen über Kulpakompensation (i. e. S.; vgl. unten § 79) bildet. Die Relevanz des konkurrierenden Verschuldens bei Schadensersatzansprüchen aus arglistiger Handlungsweise findet sich fast nirgends besonders hervorgehoben, [8]) die Irrelevanz bei arglistiger Täuschung betonen z. B. Cosack, [9]) Steinberg [10]) und Weyl, [11]) und diese

---

[1]) Sogar noch vollkommener wegen der größeren Elastizität der oben sub VI 8 b genannten Normen.

[2]) Vgl. z. B. die oben S. 465 Anm. 7 erwähnte Entsch. des Reichsger vom 9. Februar 1903.

[3]) Vgl. Crome in der Juristen-Ztg. IX a. a. O.

[4]) Hoelder S. 272 sub a.

[5]) Neumann, R. S. 24 ff., 69 ff.

[6]) Es muß freilich zugegeben werden, daß die oben § 51 sub A VI 3 wegen der Drohung (vgl. oben sub VI 7 a S. 462 Anm. 6) angedeutete Tendenz der §§ 123 usw. BGB. hier den Sieg nicht davongetragen hat; andererseits dienen aber die Normen über den „Irrtum" (§§ 119 ff., § 1333) zur wirksamen Ergänzung der Normen über „Täuschung". — Ob aber in der Tat wegen der Anfechtung §§ 827 f. herangezogen werden dürfen, ist aus anderen Gründen (vgl. unten § 75) m. E. sehr zweifelhaft.

[7]) Dort freilich nur wegen des Mangels bezw. der Beschränkung der Geschäftsfähigkeit, auf die sich auch nur die Bedenken Endemanns I S. 355 Anm. 4 gegen Ende beziehen (der gleichfalls nur den Fall der arglistigen Täuschung ins Auge faßt).

[8]) Ich habe diesbezügliche Bemerkungen nur bei Richard Neumann S. 71 angetroffen.

[9]) Cosack I § 65 sub I 4 S. 229.

[10]) Steinberg S. 27. Wenn es hier heißt: „Es tritt also nicht eine objektive Würdigung des einzelnen Falles ein dahin, ob sich der Betreffende hätte bestimmen lassen dürfen, sondern eine subjektive Würdigung dahin, ob er tatsächlich bestimmt worden ist," so wären in dieser sonst richtigen Notiz die Worte „objektiv" und „subjektiv" zu vertauschen.

[11]) Weyl, Vorträge I S. 233.

Irrelevanz darf ohne weiteres auch für das arglistige Verschweigen behauptet werden. — Andererseits aber wird man doch wohl mit der Arglist wenigstens Arglist der Gegenpartei kompensiert [1]) wissen wollen, z. B. wenn der Bräutigam sich auf die arglistige Täuschung durch die Braut (über einen gemäß § 1334 BGB. erheblichen Umstand, etwa Virginität) täuschen ließ, um es in der Hand zu haben, nach den Flitterwochen die Ehe anzufechten. Und in der Tat wird ihm diese seine Arglist wirksam entgegengehalten werden können: nicht aber aus dem Gesichtspunkte der Kulpakompensation,[2]) sondern einfach darum, weil der Bräutigam hier ja in Wahrheit nicht getäuscht worden ist, den fraglichen Umstand vielmehr gekannt hat. — Aehnlich wird man aber wohl auch einen Vorsatz gegen eine Arglist (die ja auch nur ein nuancierter Vorsatz ist, vgl. oben sub II 6) zur „Aufrechnung" [3]) bringen können, und so gelangen wir zu dem Ergebnisse, daß ein Ausschluß der Kulpakompensation nur Anerkennung verdient, sofern der Arglist eine Fahrlässigkeit [4]) gegenüberstand.[5])

c) Die Verteilung der Beweislast ist dieselbe, wie sie auch sonst in Fällen des Verschuldens durchaus die Regel bildet; dem Arglistigen ist diese seine Absicht vom Gegner nachzuweisen. Im gleichen Sinne äußern sich auch die wenigen einschlägigen Bemerkungen, welche ich in der Literatur gefunden habe und die sich durchweg entweder [6]) auf den Fall des § 443 BGB. oder [7]) auf den des § 1334 BGB. beziehen.

2. Die Frage,[8]) ob die „Arglist" ein Willens- oder ein Vorstellungsfehler sei, beantwortet sich natürlich wegen der Einordnung der „Arglist" in den „Vorsatz" und in die „Absicht" genau wie dort; vgl. also oben § 55 sub A IX und § 56 sub A IV.

3. Es bedarf wohl kaum der Hervorhebung, daß sich die „Arglist", sofern sie sich in Verbindung mit weiteren Umständen über ein bloßes Wollen und Wünschen und über einen bloßen Vorsatz und eine Absicht hinaus auch wirklich zu Ereignissen von rechtlicher Tragweite verdichtet, sowohl in Handlungen wie in Unterlassungen äußern kann:[9]) für jene ist die arglistige „Täuschung" das Musterbeispiel, für diese das arglistige „Verschweigen"; doch kann die Täuschung auch sehr wohl in Unterdrückung wahrer Tatsachen,[10]) also in einer Unterlassungssünde bestehen.

---

[1]) Zum Thema der compensatio doli vgl. insbes. auch Kuhlenbeck, Von den Pandekten Bd. I S. 447.

[2]) Auch die Heranziehung der exceptio doli generalis (oben sub VI 8 b und VII) wäre hier entbehrlich.

[3]) „Aufrechnung" natürlich auch hier nicht im strengsten Wortsinn (des BGB. §§ 387 ff.).

[4]) Auch „Fahrlässigkeit" hier nicht unbedingt gerade nur im Sinne des BGB. § 276.

[5]) So schließen denn auch Cosack, Steinberg und Weyl a. a. O. den Ausschluß der Kompensation auf „Fahrlässigkeit", „Leichtgläubigkeit" und „Nachlässigkeit" des Getäuschten ein; vgl. auch Th. Engelmann S. 85 Anm. 6.

[6]) Vgl. Oertmann S. 166 oben, Planck II S. 234 a. E. Gleichzeitig in Verbindung mit § 123 prüft die Frage Backhausen S. 67. — Nur den Kausalzusammenhang zwischen der Arglist und der erlisteten Willenserklärung des Gegners betreffen die Bemerkungen bei Endemann I S. 356/357.

[7]) Vgl. Müller und Meikel II S. 26, Opet S. 66 sub 8. Auf den Spezialfall des § 1334 Abs. I Satz 2 beziehen sich die Aeußerungen bei Th. Engelmann S. 85 sub 3 d.

[8]) Vgl. auch Schiedges S. 63 ff.

[9]) Vgl. Bendix S. 135, Wulff S. 5 ff.

[10]) Vgl. oben sub II 5 c.

B. Das Handelsgesetzbuch hat den Ausdruck „Arglist" meines Wissens[1]) nur einmal benutzt, in § 377 Abs. V,[2]) wo von „arglistigem Verschweigen" eines Mangels die Rede ist und dieses arglistige Verschweigen offenbar[3]) dieselbe Bedeutung hat wie im BGB. — Synonyme Wendungen[4]) im HGB. betreffen „wissentlich falsche Angaben" (§§ 313 Nr. 1—3, 314 Abs. I, 316 Satz 1, hier auch „wissend", daß etwas falsch oder verfälscht ist) sowie etwa „unredliche Geschäftsführung" (§ 118 Abs. II), während die in § 18 Abs. II erwähnte „Täuschung" im dortigen Zusammenhange lediglich objektiv gedacht ist.[5])

§ 59.

Die Hinterlist.

A. Die Bemerkungen über die „Arglist" (§ 58) leiten unmittelbar hinüber zur Prüfung des Begriffes „Hinterlist".

I. Im Gesetze selber, in welchem er (vgl. oben § 11) nur zweimal begegnet, bleibt der Ausdruck undefiniert. Rein sprachlich betrachtet ist die „Hinterlist" eine „List", welche ihr Ziel von „hinten" her, durch eine „Hintertür" oder von einem „Hinterhalt" aus zu erreichen sucht. Sie ist also zunächst ebenso wie die „Arglist" (§ 58 sub A II 1 b) eine „List", aber es wird hierbei neben der List des weiteren nicht das „Arge", sondern das von „hinten" her Kommende betont. Damit ist nicht etwa gesagt, daß die Hinterlist nicht auch etwas „Arges" sei; auch sie unterliegt diesem Vorwurf — denn sie ist zweifellos ebenso unlauter, wie die Mittel,[6]) welche sie anwendet —; aber die Sprache potenziert eben das „Listige".

II. Auch die Materialien[7]) lassen den Begriff zwar undefiniert, geben uns aber doch den einen oder anderen brauchbaren Wink.

1. Die Motive[8]) freilich gedenken der „hinterlistigen" Verleitung zur Beischlafsgestattung überhaupt nicht, da E. I § 728 Abs. II einen Ersatz des immateriellen Schadens, wie er in BGB. § 847 Abs. II statuiert ist, nur erst im Rahmen des Strafgesetzbuchs §§ 176, 177, 179, 182 vorgesehen hatte; immerhin aber exemplifizieren sie (Bd. II S. 752) bei Erwähnung der Delikte gegen die weibliche Geschlechtsehre u. a. auf „betrügliche Verleitung zur Gestattung des Beischlafs durch Vorspiegelung einer Trauung oder durch Erregung oder Benutzung eines Irrtums, in welchem die Frauensperson den Beischlaf für einen ehelichen hielt", und ferner sprechen sie Bd. IV S. 914 davon, daß „der Verführer . . . auf

---

[1]) Vgl. die Klausel oben § 30 sub II S. 99 Anm. 2.

[2]) Zu ihm vgl. die oben S. 448 Anm. 3 erwähnte Entsch. des Reichsgerichts vom 26. Juni 1903.

[3]) Die entsprechende Bestimmung des AHGB. Art. 350 hatte von „Betrug" geredet.

[4]) Vgl. aber noch über „Verheimlichung" und „Handeln ohne Wissen" eines Andern sowie „Verschleiern" unten §§ 60 sub B und 61 sub B.

[5]) Häufig wird „Arglist" im Entwurf eines „Gesetzes über den Versicherungsvertrag" erwähnt: als „arglistige Verletzung der Pflicht zur Anzeige" in §§ 91 Abs. II Satz 1, 105 Abs II Satz 1, 115 Abs. I Satz 1 (vgl. ferner § 173 Satz 1); als „arglistige Verletzung einer Obliegenheit" in § 9 Satz 2. Vgl. dazu aus der Begründung „arglistiges Verhalten" S. 65 und „Arglist oder Verschulden" S. 66 (oben S. 457 Anm. 3).

[6]) Von „unlauteren Mitteln" spricht Oertmann S. 562 sub 1 a.

[7]) Im Register zu Mot. (S. 58) und auch in denen bei Haidlen (S. 140) und Planck (S. 64) begegnet das Wort gar nicht; das Register der Prot. (S. 146) verweist nur auf Bd. IV S. 695 f. (unten sub 2).

[8]) Zu vergleichen sind Mot. II S. 752 (zu E. I § 722) und 801 f. (zu E. I § 728) sowie Mot. IV S. 914 ff. (zu E. I § 1577).

Täuschung beruhende Versprechungen gemacht und sonstige arglistige Mittel nicht gescheut hat", sowie davon, daß „ein unbescholtenes Mädchen auf arglistige Weise zum Beischlaf verleitet ist."

2. Anders schon in den Protokollen.[1]) Hier treffen wir Bd. II S. 635 sub I 2 einen Antrag an, den Ersatz immateriellen Schadens „für den Fall des Mißbrauchs zur Unzucht" zu bewilligen (wozu dann aber S. 637 erklärt wird, diese „Ausdrucksweise . . . sei wegen ihrer Unbestimmtheit zu beanstanden") und weiter Bd. IV S. 694 sub VII 1 einen Antrag,[2]) diesen Anspruch außer bei den Verstößen gegen die erwähnten Strafgesetzbuchsparagraphen auch einer Frauensperson einzuräumen, „die durch Anwendung hinterlistiger Kunstgriffe zur Gestattung des Beischlafs verleitet worden ist"; der gleiche Ausdruck: „Anwendung hinterlistiger Kunstgriffe" begegnet dann ebenda S. 695 sub 3 und sub A, und von „hinterlistigen Kunstgriffen" ist auch weiter S. 696 (viermal) und S. 697 (einmal) die Rede; man wollte damit (S. 696) „die ärgsten, dem Rechtsgefühl am meisten widerstreitenden Fälle" treffen und meinte wörtlich weiter: „Unbegründet sei der Einwand, daß der Begriff „hinterlistige Kunstgriffe" ebenfalls wieder zu unbestimmt sei. Das Strafrecht kenne diesen Begriff bei der schweren Kuppelei und gebrauche ihn auch sonst (vgl. „hinterlistig"[3]) im § 223 a d. St.G.B.). Theorie und Praxis des Strafrechts sei über den Begriff im wesentlichen einig (vgl. Rüdorff-Stenglein, Kommentar zu § 181 d. StGB.). Daß der Zivilrichter bezüglich des Vorliegens der Voraussetzungen, unter denen von einer Anwendung hinterlistiger Kunstgriffe gesprochen werden könne, weniger strenge Anforderungen stellen werde als der Strafrichter, sei eine unbegründete Befürchtung . . . Der Richter werde den hier entscheidenden Gedanken, eine Schwäche gegen Ausbeutung zu schützen, richtig erkennen und in den Umständen des konkreten Falles und der Persönlichkeit des Beteiligten den Maßstab für sein Urteil, ob hinterlistige Kunstgriffe zur Verführung angewendet worden sind, finden."

3. Nachdem die Norm in dieser Fassung dem Reichstage vorgelegt worden war,[4]) wurde in der Reichstagskommission[5]) ein Antrag gestellt, statt der Worte „durch Anwendung hinterlistiger Kunstgriffe" zu setzen: „durch Hinterlist oder unter Mißbrauch eines Abhängigkeitsverhältnisses"; von diesem Antrag erfahren wir dann weiter, daß er unwidersprochen blieb und einstimmig angenommen und die Norm nur noch durch Einfügung der Worte „durch Drohung" erweitert worden sei, während ein anderer Antrag,[6]) der auf Wiedererneuerung der kanonischrechtlichen Regel: ‚duc aut dota' gerichtet war, abgelehnt wurde aus gewissen Bedenken, die nur in Fortfall kämen, „wo Hinterlist angewandt, z. B. Vorspiegelungen unwahrer Tatsachen, eine Scheintrauung, Verabreichung berauschender Getränke usw." erfolgt seien. — Die gleiche Fassung: „die durch Hinterlist, durch Drohung oder unter Mißbrauch eines Abhängigkeitsverhältnisses zur Gestattung der außerehelichen Beiwohnung bestimmt wird" finden wir dann betreffs des jetzigen § 847 Abs. II gleichfalls in der Reichstagskommission[7]) beantragt und widerspruchslos angenommen.

[1]) Vgl. überhaupt zu §§ 825 und 847 Prot. Bd. II Nr. 157 sub I S. 635—637 und sub IV S. 640 f., Bd. IV Nr 316 sub VII S. 694—698.

[2]) Nach Prot. IV S. 695 lehnt sich dieser Antrag an Jacubezky, Bemerkungen zu dem Entwurfe eines BGB., München 1892, S. 174, 296 an; doch ist der Hinweis auf S. 296 ganz belanglos und eine genauere Erklärung des Begriffes „hinterlistige Kunstgriffe" fehlt auch a. a. O. S. 174.

[3]) Diese Schlußanführungsstriche fehlen in den Prot. a. a. O.

[4]) Entwurf in der Fassung der dem Reichstag gemachten Vorlage § 831 Abs. II.

[5]) Vgl. Kommissionsbericht S. 98 sub 2 (§ 809).

[6]) Ebenda (S. 98) sub 1.

[7]) Ebenda S 116 (§ 831).

III. Zu dem Winke, welche diese Mitteilungen der Materialien für den Begriff „Hinterlist" geben, kommen einige Bemerkungen in der Literatur[1]) hinzu. Eigentliche Definitionen des Begriffes finden wir hier ziemlich selten, immerhin aber doch, bisweilen wenigstens, Angabe von Beispielen.[2])

1. Definitionen der „Hinterlist" bieten nur Crome, Fischer-Henle, Kuhlenbeck, von Liszt, von Lynker, Matthiaß, Mayring und Planck:

a) von Liszt, Deliktsobl. S. 39 sub 2 a will an „Vorspiegelung, Entstellung oder Unterdrückung von Tatsachen"[3]) gedacht wissen; ebenso Kuhlenbeck, Von den Pandekten II S. 362.

b) Fischer-Henle S. 424 Anm. 2, von Lyncker S. 23 und Matthiaß I § 142 S. 711 wollen die Hinterlist als „versteckte Arglist" erklären.

c) Crome II § 327 S. 1029 Anm. 31 und Planck II S. 616 sub 2 b meinen übereinstimmend, die Hinterlist sei ein „arglistiges Handeln jeder Art, welches durch Verdeckung der eigentlichen Absicht des Täters[4]) besonders gefährlich ist," und Mayring S. 716 sub 3 b sagt: „Zum Begriffe der Hinterlist gehört, daß der Täter mit Vorbedacht und unter Verdeckung seiner wahren Absicht verfährt, um den unvorbereiteten Zustand eines Anderen zur Verwirklichung seines Planes zu benutzen."

2. Beispiele bieten[5]) neben Crome, Fischer-Henle, Kuhlenbeck, von Liszt, von Lyncker, Mayring und Planck a. a. O. noch Dernburg (II 2 § 390 S. 633 sub 2), Endemann (I § 200 S. 1264 Anm. 38), Enneccerus-Lehmann (I § 362 S. 848 sub 2), Kuhlenbeck (II S. 362), Landé (S. 222) und Oertmann (S. 562 sub 1 a).[6]) — An das schon in

---

[1]) Als Spezialliteratur sind zu erwähnen die Würzburger Dissertation von Hacia, Ansprüche der Frau aus dem außerehelichen Beischlaf, Gnesen 1901, und die Marburger Dissertation 1901 von Freiherr von Lyncker, der § 825 des BGB. Unerörtert bleibt der Begriff der Hinterlist in der Erlanger Dissertation von Bach, Die außereheliche Beiwohnung, Nürnberg 1899. — Andererseits vgl. die Tübinger Dissertation von Kiefe, Verhältnis der unerlaubten Handlungen des BGB. zum Strafrecht, Stuttgart 1900, S. 36 ff.

[2]) Weder Definitionen noch Beispiele noch sonst für unsere Frage irgendwie erhebliche Bemerkungen z. B. bei Achilles S. 308, Bendix I S. 556 Nr. 2, Cosack I S. 613 sub IV, Eck I S. 604, A. Engelmann S. 448, Kipp II S. 889, Landsberg I S. 561 sub 2, Liebe I S. 638 sub II, S. 645 sub β, Meisner S. 292, Müller und Meikel I S. 663, Neumann, Handausg. I S. 394, Schollmeyer, Einzelne Schuldverhältnisse, S. 112, Weyl I S. 523, 526 (daselbst aber S. 63 und 75 über die sozialpolitische Bedeutung der §§ 825, 847 f.). — Nichts Einschlägiges z. B. auch aus der Spezialliteratur zu den unerlaubten Handlungen bei Jung (S. 45), Linckelmann (S. 68 sub 1), Lühl (vgl. aber S. 25 f. über die Entstehungsgeschichte des § 847); ferner nichts in der Dissertation von Darboven (oben S. 438 Anm. 3) S. 47 sowie bei Meyer in Seufferts Bl. f. RA. 67 (1902) S. 88 ff. — Betreffs einzelner, aus anderen Gründen für uns wesentlicher Bemerkungen z. B. bei Cosack, Darboven und Kipp weiter unten S. 475 Anm. 4, 8 und 10.

[3]) Ebenso für den Begriff „List" überhaupt (vgl. unten S. 474 Anm. 4) von Liszt, Lehrb. des Strafrechts, 12. und 13. Aufl., Berlin 1903, § 98 III 3 S. 354. An von Liszt schließt sich auch Hacia S. 53 an.

[4]) So Crome a. a. O. Etwas abweichend Planck a. a. O. dahin: „durch das versteckte, die eigentliche Absicht nicht erkennen lassende Verhalten des Täters".

[5]) Matthiaß a. a. O. gibt Beispiele nicht. — Mit Beispielen („Vorspiegelung einer vollzogenen Trauung oder Erregung eines anderen Irrtums, in welchem sie den Beischlaf für einen ehelichen halten mußte") hatte schon das Preuß. Gesetz v. 24. April 1854 (Ges.-S. S. 193) operiert; ähnlich StGB. § 179 (unten sub 4).

[6]) Vgl. auch Schmidt-Ernsthausen in der Herletschen Ausgabe des BGB mit preisgekrönten Erläuterungen (Berlin 1900) S. 218 und die Diss. von Cohn (unten § 62) S. 73.

den Motiven und in der Reichstagskommission[1])) erwähnte Beispiel der „Scheintrauung" (Vorspiegelung einer Trauung, Vorspiegelung der Ehe) denken auch Crome, Endemann, Enneccerus-Lehmann, Fischer-Henle, Landé, von Lyncker, Mayring und Oertmann, an das in der Reichstagskommission[2]) erwähnte Beispiel der „Verabreichung berauschender Getränke" (Beibringung von Stimulantien,[3]) Betäubung mittels geistiger Getränke, „mit deren Wirkung die Frauensperson nicht bekannt war"[4]) bezw. „von deren Wirkung sie keine rechte Vorstellung hat")[5]) — man denkt unwillkürlich an die Szene in Ernst von Wildenbruchs „Haubenlerche" — spielen auch Crome, Dernburg, Enneccerus-Lehmann, Kuhlenbeck, Landé, von Liszt, von Lyncker und Mayring[6]) an.

3. Im übrigen sprechen sowohl die Materialien wie die Literatur (Crome, Dernburg, Landé, Planck a. a. O.) nur noch genereller von „Erregung oder Benutzung eines Irrtums",[7]) „auf Täuschung beruhenden Versprechungen oder sonstigen Mitteln"[8]) und „Vorspiegelung unwahrer (falscher) Tatsachen"[9]) bezw. „falscher Mitteilung über Tatsachen",[10]) und es wird in der Literatur in letzterer Hinsicht auf falsche Mitteilung von Gefahr für Verwandte exemplifiziert, welche die weibliche Person durch ihre Preisgabe retten könne;[11]) dagegen wird Vorspiegelung der Bezahlung als nicht hierher gehörig betrachtet;[12]) endlich werden von Crome und Gareis[13]) auch schlechthin „Kunstgriffe" als Mittel der Hinterlist genannt.

4. Zur Interpretation der „Hinterlist" verweisen übrigens ebenso wie die Prot. (Bd. IV S. 696, oben sub II 2) auch von Liszt und Planck auf §§ 181 und 223 a des StGB., wovon jener in Abs. I Nr. 1 die Kuppelei mit strengerer Strafe bedroht, wenn, „um der Unzucht Vorschub zu leisten, hinterlistige Kunstgriffe angewendet worden sind", und dieser die Körperverletzung unter strengere Strafe stellt, wenn sie „mittels eines hinterlistigen Ueberfalls" begangen ist; Gareis[14]) zieht StGB. „§ 179, möglicherweise auch §§ 182, 235" heran, wovon jener denjenigen bestraft, der „eine Frauensperson zur Gestattung des Beischlafs dadurch verleitet, daß er eine Trauung vorspiegelt oder einen anderen Irrtum in ihr erregt oder benutzt, in welchem sie den Beischlaf für einen ehelichen hält" und diese von der „Verführung" eines unbescholtenen Mädchens unter 16 Jahren bezw. davon sprechen, daß der Täter „eine minderjährige Person durch List . . . ihren Eltern oder ihrem Vormunde entzieht".[15])

---

[1]) Mot. II S. 752 (oben sub II 1), Reichstagskommissionsber. S. 95 (oben II 3).

[2]) Ebenda.

[3]) Crome a. a. O.

[4]) Enneccerus-Lehmann a. a. O.

[5]) von Liszt a. a. O.

[6]) Vgl. auch Schmidt-Ernsthausen a. a. O.

[7]) Mot. II S. 752 (oben sub II 1).

[8]) Mot. IV S. 914 (ebenda).

[9]) Reichstagskommission a. a. O., Dernburg a. a. O. und Landé a. a. O.

[10]) Crome a. a. O., der hierunter auch die Ehe (vgl. oben sub 2) stellt. Nicht recht klar ist es, ob Crome a. a. O. die in dem Relativsatz erwähnte Vorspiegelung, der Täter wolle die Anverwandten retten, nur auf die Gefahr für sie oder auch auf die „falsche Mitteilung des Todes" (also des bevorstehenden Todes) bezogen wissen will und wie er sich anderenfalls den Kausalzusammenhang zwischen Mitteilung vom angeblichen Tode und Preisgabe denkt.

[11]) Crome a. a. O., Planck a. a. O.

[12]) Fischer-Henle a. a. O.

[13]) Gareis in der Textausgabe des BGB. mit Anmerkungen, 2. Aufl., Gießen 1897, S 141 Anm. 3.

[14]) Gareis a. a. O.; vgl. auch wegen E. I § 728 oben sub II 1.

[15]) Von „List" spricht StGB. auch in § 234 und § 236.

5. Auf einen besonderen Anwendungsfall des von ihm nicht ausdrücklich genannten § 830 Abs. I BGB. macht Kipp II § 401 S. 699 sub I a. E. (in seinen Erörterungen über den „Dienstvertrag") aufmerksam, indem er hervorhebt, daß ein Dienstherr, der seinen „Verpflichtungen in Ansehung der Sittlichkeit des Dienstverpflichteten" (BGB. § 618 Abs. II) nicht nachgekommen ist, „wenn durch seine mangelhaften Einrichtungen die Begehung eines Sittlichkeitsdelikts gegen eine Dienstverpflichtete begünstigt ist, als Mitschuldiger aus §§ 825, 847 haften" könne.

IV. In der Judikatur[1]) hat der Begriff „Hinterlist" bisher noch keine Erläuterung gefunden.

V. Die erwähnten Bemerkungen der Materialien und der Literatur unterstützen uns nun für die Interpretation des Begriffes „Hinterlist" nur wenig.

1. Insbesondere finden wir nirgends auch nur eine Vermutung darüber ausgesprochen, weshalb der Ausdruck „hinterlistige Kunstgriffe" verschwunden ist und dem bloßen Worte „Hinterlist" Platz gemacht hat; möglichenfalls ist dies geschehen, um die Anwendungsfälle der §§ 825, 847 zu erweitern und einer Beschränkung auf den Gedanken an die routinierten Geschäftskniffe der Kuppler (StGB. § 180 f.) oder an die Praxis geübter Roués vorzubeugen; jedenfalls kann die Anwendung derartiger „Kunstgriffe" nunmehr angesichts des Wortlautes der endgültigen Normen nur als Unterfall erscheinen.

2. Nach unseren Bemerkungen über die sprachliche Bedeutung des Wortes „Hinterlist" (oben sub I) würde die Fischer-Henlesche, von Lynkersche und Matthiassche Erklärung „versteckte Arglist" (oben sub III 1 b) an sich zutreffend erscheinen; doch sagt sie nichts Neues, da die Arglist selber schon das Element der versteckten, heimlichen Handlungsweise enthält (vgl. oben § 58 sub A II 1 und V).

3. Ebensowenig bietet der Cromesche, Mayringsche und Plancksche Hinweis auf die „Verdeckung der eigentlichen Absicht des Täters" (oben sub III 1 c) etwas Neues für den Begriff, und daß zufolge dieser Absicht die Tat „besonders gefährlich" ist, steckt weder im Worte „Hinterlist", noch ist dies Moment als grundlegende Tendenz der Bestimmungen in §§ 825 und 847, als Bestandteil der ratio legis irgendwie erkennbar.[2]) Was endlich die Definition bei von Liszt und Kuhlenbeck betrifft, so scheint mir diese den Fehler zu enthalten, daß sie viel zu eng ist, weil sie nämlich nur auf eine „List", eine „Täuschung"[3]) ausreicht und nicht auf eine „Hinterlist".

4. Die oben sub III 2 erwähnten Beispiele der Scheintrauung, der Verabreichung berauschender Getränke und der Vorspiegelung eines Rettungswerkes sind durchaus zutreffend;[4]) weshalb aber die Vorspiegelung und spätere Unterlassung der Bezahlung (oben sub III 3) nicht auch als Beispiel geeignet sein soll, zumal §§ 825 und 847 Abs. II keineswegs Unbescholtenheit der Frauensperson voraussetzen, sehe ich nicht ein;[5]) daß auch „Kunstgriffe", sofern sie eben hinterlistiger Art sind, für den

[1]) Vgl. (zu BGB. §§ 825, 847) Warneyer I S. 98, 104, II S. 73, 77; Scherer I S. 98 f., II S. 175, 177, III S. 284, 294; Spruchsamml. I S. 27, 30, II S. 22, 24.

[2]) Anders wegen StGB. §§ 181 und 223 a, wenigstens vom Standpunkte der Abschreckungstheorie aus betrachtet, und, was § 181 betrifft, um hier einem besonders gefährlichen Geschäftszweige Hemmnisse entgegenzustellen.

[3]) Vgl. über die (arglistige) Täuschung oben § 58 sub A II 1 b und 5 b.

[4]) Natürlich mit der in den Prot. IV S. 696 (oben sub II 2) wegen der „hinterlistigen Kunstgriffe" angedeuteten Reserve, daß es immer quaestio facti und insbesondere von der Persönlichkeit der Beteiligten abhängig bleiben wird, ob hinterlistige Verführung vorliegt; so etwa nicht, wenn einer Kellnerin berauschende Getränke gegeben werden.

[5]) Es würde doch sicher unter § 825 fallen, wenn jemand eine Frauensperson unter dem Versprechen einer anderen Vergünstigung (gute Anstellung, gemeinsame Vergnügungsreise, Sündenvergebung) verführt, und wenn er dies Versprechen zu erfüllen garnicht gedenkt oder in der Lage wäre.

Tatbestand genügen, ist zweifellos, da sie sogar ein Mehr enthalten. Andere Beispiele wären: Vorspiegelung der Heiratsabsicht, unter Verschweigung, daß der Verführer verheiratet ist oder daß er sich scheiden zu lassen doch nicht willens, als Katholik vielleicht garnicht imstande ist; weiter etwa: Ausnutzung religiöser Schwärmerei (Vorspiegelung, mit der Verführten den Messias zeugen zu wollen); endlich etwa: Vorschützung eines ärztlichen Rates zur Vollziehung des Beischlafs im Interesse der Gesundheit des Mannes oder auch der Frau;[1]) Beiwohnung im nächtlichen Dunkel unter Benützung irriger Verwechselung mit dem Ehemann oder dem Liebhaber.[2]) — Ferner sei bemerkt, daß die Hinterlist mit der in derselben Norm genannten Drohung konkurrieren kann (so wenn ein Schutzmann mit einer Verhaftung droht, vor der er sich, weil sie ein Mißbrauch der Amtsgewalt wäre, schließlich sehr wohl hüten würde) und ebenso mit dem Mißbrauch eines Abhängigkeitsverhältnisses (indem der Prinzipal der Buchhalterin, die ihm im Grunde doch unentbehrlich ist, mit Kündigung droht).[3])

VI. Nach allem bisher Gesagten kann ich einen begrifflichen Unterschied zwischen „Hinterlist" und „Arglist" nicht herausfinden,[4]) ich erblicke vielmehr in beiden Worten Synonyma, die sich lediglich dadurch unterscheiden, daß bei dem einen Ausdruck der Akzent mehr auf das „Arge" beschränkt bleibt, bei dem anderen das „Listige" ein wenig stärker betont wird. Immerhin reicht diese kleine Nuance nicht aus, um die Wahl zweier verschiedener Worte im Gesetze innerlich zu rechtfertigen; diese hier wiederum zutage tretende Hypertrophie der Ausdrucksweise erklärt und entschuldigt sich also höchstens dadurch, daß das Gesetz nicht aus einem Kopf und einer Feder herrührt, und wir haben es hier — gerade übrigens auch betreffs der Konzession an die Ausdrucksweise des Strafrechts — mit einer Parallelerscheinung zu der Duplizität der Ausdrucksweise und inhaltlichen Identität von „rechtswidrig" und „widerrechtlich" (oben § 48 sub B) zu tun. Und wie dort und wie z. B. wegen der Worte „böslich" und „böswillig" (oben § 57 sub C I), würde man auch hier wohl den Ausdruck in den verschiedenen Gesetzesstellen ohne weiteres vertauschen können. — Ein Unterschied zwischen „Hinterlist" und „Arglist" muß allerdings dahin konstatiert werden, daß wegen der höchst singulären Natur der von der „Hinterlist" handelnden §§ 825 und 847 Abs. II[5]) eine analoge Ausdehnung dieser Grundsätze, wie bei der „Arglist" überhaupt garnicht einmal in Frage kommen kann.[6])

---

[1]) Etwa auch Vorspiegelung einer Probe auf Beseitigung angeblicher früherer Impotenz des Beischläfers.

[2]) Für verfehlt erachte ich dagegen, in der vorgetragenen Form wenigstens, die Beispiele bei von Lyncker a. O.: „der Mann benutzt einen Unfall der Frau, sie ist vom Rade oder Pferde gestürzt, oder beim Umschlagen des Bootes oder durch das Unwetter vollständig durchnäßt, um — sie in sein Haus zu locken, wo sie dann seinem Drängen nachgibt".

[3]) Wenn es bei allen obigen Beispielen (mit Ausnahme oder richtiger einschließlich des die Verabreichung berauschender Getränke betreffenden) auf falsche Vorspiegelungen herauskommt, so bringt dies die „Hinterlist" in engere Parallele mit der arglistigen Täuschung als mit dem arglistigen Verschweigen; vgl. wegen dieser besonderen Aehnlichkeit auch unten § 60 sub A VII.

[4]) In der Literatur wird das gegenseitige Verhältnis der beiden Begriffe nirgends geprüft, und wenn sie Steinberg S. 27 mit der oben § 58 sub A II 1 b angeführten Wendung identifiziert, so geschieht dies offenbar nicht bewußt; immerhin mag man aber auch diese Bemerkung als Beweis nehmen, daß der übliche Sprachgebrauch einen Unterschied nicht anerkennt. — Im gleichen Sinne kann man Mot. IV S. 914 verwerten, wo in den oben sub II 1 zitierten Stellen von Arglist die Rede ist. — Für das Strafrecht vgl von Liszt, Lehrbuch (oben S. 471 Anm. 3) a. a. O. S. 354 Anm 5: „List" sei von „Arglist" und „Hinterlist" „nicht wesentlich verschieden. Meist wird dagegen zur Arglist Schädigungsabsicht verlangt".

[5]) Vgl. zu BGB. §§ 847 und 253 Weyl, Vorträge I S. 63, 64.

[6]) Außerdem kann man in §§ 825 und 847 Abs. II Privilegien (des weiblichen Geschlechts) erblicken, und Privilegien dürfen nicht ausdehnend interpretiert werden; vgl.

VII. Aus dem sub VI Bemerkten lassen sich sofort die Folgerungen für das Verhältnis der „Hinterlist" zu den anderen in §§ 31—58 besprochenen Begriffen ableiten:

1. Wenn wir Gleichheit von „Arglist" und „Hinterlist" annehmen — ebenso aber auch wenn man die Hinterlist als eine besondere Art der Arglist betrachten will, wie dies die Auffassung von Crome, Fischer-Henle, von Lyncker, Matthiaß und Planck (oben III 1 b und c) sein müßte —, so würde hieraus allein schon zu folgern sein, daß im Begriffe der „Hinterlist" ein Vorsatz (oben § 55) und eine qualifizierte Absicht (oben § 56) steckt.[1]) Zum Ueberfluß wird uns dies noch ausdrücklich durch Enneccerus-Lehmann,[2]) Hacia,[3]) Kipp,[4]) Kuhlenbeck,[5]) von Liszt[6]) und Neumann[7]) bezeugt[8]) und ergibt sich aus der gesetzlichen Wendung des § 825: „Wer eine Frauensperson durch Hinterlist . . . zur Gestattung der außerehelichen Beiwohnung bestimmt", eine Wendung, die übrigens ihrerseits durch die Aehnlichkeit mit der in § 123 Abs. I (oben § 10 sub I 1 a) gebrauchten die Identifizierung von „Hinterlist" und „Arglist" unterstützt.

2. Als vorsätzliche Handlungsweise nimmt die „Hinterlist" sodann einen Platz innerhalb des „Verschuldens"[9]) im engeren Sinne (oben § 42) ein,[10]) gehört also zweifellos in den Kreis unserer Erörterungen.

3. Hieraus wiederum — nicht aber schon unbedingt aus der Stellung im Titel 25 des Buches II Abschnitt 7; vgl. oben § 39 sub I 5 — folgt, daß die

---

auch Weyl, Soldatentestamente in China (im Arch. f. öffentl. Recht XVI, Tübingen und Leipzig 1901, S. 115 ff.) S. 125.

[1]) Vgl. wegen Piper S. 37 wie oben § 55 S. 447 Anm. 5.

[2]) Enneccerus-Lehmann S. 848 sub 3 nennt als Voraussetzung des Anspruchs aus § 825: „Vorsatz, und zwar muß sich der Vorsatz auf die Bestimmung zur Gestattung der außerordentlichen Beiwohnung und auf die oben bezeichneten Mittel beziehen" (nämlich auf die sub 2 alternativ genannten Mittel der Hinterlist oder der Drohung oder des Mißbrauchs eines Abhängigkeitsverhältnisses). „Außerordentlich" ist natürlich ein Druckfehler für „außerehelich".

[3]) Hacia S. 53: „Es muß auf seiten des Mannes der Vorsatz vorhanden sein, durch das betr. Mittel die Frau zum Beischlaf zu bestimmen. Er muß unter Verdeckung der wahren Absicht vorgehen, um den unvorbereiteten Zustand der Frau zur Verwirklichung seines Planes zu benutzen."

[4]) Kipp II S. 889: „Es ist nicht Fahrlässigkeit mit Bezug auf den eingetretenen Schaden erforderlich, sondern nur Vorsatz in Bezug auf die grundlegende Handlung."

[5]) Kuhlenbeck, Von den Pandekten, II S. 362: „Vorausgesetzt wird . . . Vorsatz (dolus im Sinne des oben S. 55/56 gegebenen Begriffsumfangs), also das Bewußtsein, daß die Beiwohnung nur infolge einer beeinträchtigten Willensfreiheit gestattet wird."

[6]) von Liszt, Deliktsobl. S. 40: „Die Ersatzpflicht wird bedingt durch vorsätzliche Begehung der in § 825 erwähnten Handlungen. Der Vorsatz muß sich auch auf die Anwendung der durch das Gesetz geforderten Mittel der Bestimmung erstrecken. Voraussehbarkeit der Entstehung eines Schadens ist nicht erforderlich."

[7]) Neumann, Jahrb. I 1 S. 477: „Der Vorsatz muß sich auf die Anwendung der . . . Mittel der Bestimmung erstrecken. Voraussehbarkeit der Entstehung des Schadens ist nicht erforderlich."

[8]) Vgl. auch Darboven, Die actio doli, Göttinger Dissertation, Hamburg 1901, S. 47: „Allgemeine Voraussetzung ist auch hier eine vorsätzliche, widerrechtliche, schädigende Handlung." — Zweifelhaft erscheint es, ob Cosack I S. 613 Vorsatz für § 825 erheischt, da er dem Falle, daß geschlechtliche Vergehungen „vorsätzlich in der Absicht vorgenommen werden, die Frau zu schädigen", (Cosack denkt dabei, vgl. Anm. 19, an seine Gruppe III, also an BGB. § 826, Cosack S. 606) die Fälle des § 825 mit einem „außerdem" anreiht.

[9]) Prot. IV S. 697 (oben sub II 2) denken nicht an das Verschulden im Rechtssinne, sondern an die moralische Seite, wenn sie sagen: „Die Sittlichkeit verlange Sühne der Schuld durch die Eheschließung."

[10]) Dem widerspricht es nicht, daß (vgl. Kipp II S. 889 sub b) § 825 auch vom Verursachungsprinzip aus seine genügende Erklärung findet, indem er (vgl. oben Anm. 4, 6 und 7) auf seiten des Täters nicht gerade das Voraussehen des Schadens erheischt.

hinterlistige Bestimmung zum außerehelichen Beischlafe eine „unerlaubte Handlung" auch im engeren Sinne des BGB. (oben § 39 sub I 5 d) ist.[1])

4. Natürlich ist diese hinterlistige Willensbestimmung auch im objektiven Sinne eine Rechtswidrigkeit (Widerrechtlichkeit, oben § 44 sub A III, § 48).[2])

5. Auch unter die „Verstöße gegen die guten Sitten" wird man die „Hinterlist" stellen dürfen, nur daß bei ihr (genau wie bei der „Arglist", vgl. oben § 58 sub A VI 8 a) zu dem objektiven Element (oben § 36 sub II 9 b) noch das in der „List" steckende subjektive Moment hinzutritt und andererseits die durch § 826 erheischte Entstehung eines materiellen Schadens für § 847 Abs. II BGB. nicht erforderlich ist.

6. Als „strafbare Handlung" (oben § 47) erscheint die „Hinterlist" soweit in Einzelfällen gleichzeitig die Tatbestände des StGB. §§ 176 Nr. 2 und 3, 179, 181 Nr. 1, 182, 235 f. (vgl. oben sub III 4) erfüllt sind.

7. Zur „Böslichkeit" und „Böswilligkeit" (§ 57) steht die „Hinterlist" nur insofern in Beziehung, als sie beide der gleichen Familie (des Vorsatzes und der Absicht) angehören, die „Hinterlist" offenbar als das schlimmere Glied.

8. Mit „Mißbrauch" und „Drohung" (oben §§ 50 und 51) hat die „Hinterlist" vor allem das gemeinsam, daß alle drei nebeneinander zum Gesamttatbestande der §§ 825, 847 Abs. II gehören. Ein sehr wesentlicher Unterschied geht aber dahin, daß jene beiden Begriffe an sich nur objektiver Natur sind (vgl. § 50 sub A VI und § 51 sub A) und daß sie ihre Aufnahme in die „unerlaubten Handlungen" und ihre dadurch vermittelten Beziehungen zum „Verschulden" lediglich dem Umstande verdanken, daß auch sie als Mittel zum Zweck eines „Bestimmens" (oben § 50 sub A IV und § 51 sub A II 2), also einer vorsätzlichen (oben § 55 sub B VI) und sogar „absichtlichen" (ebenda § 56 sub A X 3 a β) Handlungsweise dienen; wenn man also hier — bei Mißbrauch und Drohung — sagen kann, der Zweck entheiligt die Mittel, so ist andererseits die „Hinterlist" an sich stets ein unheiliges Mittel.

B. Im Handelsgesetzbuch ist der Ausdruck „Hinterlist" nicht anzutreffen.

§ 60.

Die Verheimlichung.

A. Diesen Begriff als verwandt mit der „Arglist" (oben § 58) — und zwar insbesondere dem „arglistigen Verschweigen" (oben § 10 II) — und der „Hinterlist" (§ 59) zu betrachten, liegt angesichts des Tatbestandes, innerhalb dessen das Gesetz ihn erwähnt, nämlich (oben § 12), weil es sich um die Verheimlichung eines Fundes auf Nachfrage handelt, besonders nahe. Doch bedarf die Richtigkeit dieser Mutmaßung der genaueren Nachprüfung.

I. Das Gesetz selber erläutert den Ausdruck nicht näher; aus der vom Gesetzgeber gewählten Wendung ist jedoch folgendes herauszulesen:

---

[1]) Ueber das Verhältnis zu BGB. § 823 Abs. I, § 823 Abs. II und § 826, das uns (vgl. oben § 1 sub II) hier nicht weiter interessiert, vgl. Bemerkungen bei Cosack, Crome, Enneccerus-Lehmann, von Liszt (S. 40 ff.), Oertmann und Planck a. a. O. sowie auch bei Kiefe (oben S. 471 Anm. 1) S. 36 ff. Zu von Liszt S. 40 sub 4 sei übrigens bemerkt, daß Verführung eines Knaben nicht bloß als Freiheitsverletzung, sondern eventuell auch als Gesundheitsschädigung unter BGB. § 823 Abs. I fallen könnte und daß wegen StGB. § 175 und 176 Nr. 3 auch BGB. § 823 Abs. II in Frage käme.

[2]) Vgl. die oben S. 475 Anm. 8 zitierte Aeußerung von Darboven.

1. Es liegt ein „verheimlichen" vor, d. h. eine „heimliche"[1]) Handlungsweise[2]) — wie sie auch die Konkursordnung § 239 Abs. I Nr. 1 und 4[3]) brandmarkt —, also eine Handlungsweise, die mit der „List" bei „Arglist" und bei „Hinterlist" (oben § 58 sub A II 1 b und § 59 sub A I) das Moment des Versteckten teilt. Der Gesetzgeber hätte also ebensogut, wie in den oben § 10 sub II aufgeführten Stellen, den Ausdruck „verschweigen" gebrauchen können. Denn man darf zwar nach dem herrschenden Sprachgebrauche von „verschweigen" nur dann reden, wenn es sich um Gedanken oder um Vorgänge handelt, nicht jedoch, wenn es sich um Sachen handelt — die man eben nur „verheimlichen" kann —; aber der Ausdruck „Fund" geht in BGB. §§ 965 ff. durchweg (außer in §§ 971 Abs. II und 973 Abs. II Satz 2 noch in §§ 965 Abs. II Satz 1, 973 Abs. I Satz 1, Abs. II Satz 1, 980 Abs. I, 981 Abs. II Satz 1) nur auf die Tatsache des Fundes,[4]) während das Objekt des Fundes ebenso konsequent als die gefundene „Sache" bezeichnet wird. Auch der Ausdruck „verhehlen"[5]) hätte dem Gesetzgeber zur Verfügung gestanden (und hätte sich auch auf „Fund" im Sinne von „Fundobjekt" beziehen lassen). Es ist aber anzunehmen, daß der Gesetzgeber sich an den schon von den Materialien[6]) hervorgehobenen Vorgang des Sächsischen BGB. § 243[7]) wörtlich angeschlossen hat.

2. Die „Verheimlichung" der Tatsache des Fundes muß aber „auf Nachfrage"[8]) erfolgt sein. Darin liegt m. E. der Hinweis auf das Bewußte der Handlungsweise und damit zugleich wohl auch der Hinweis auf das andere in dem Begriffe „Arglist" steckende Element, das „Arge", Verwerfliche. Die bloße Verheimlichung allein genügt nicht, um den Finder den Nachteilen der §§ 971 Abs. II und 973 Abs. II Satz 2 auszusetzen, und sie würden z. B. nicht eintreten, wenn der Finder gelegentlich einer aus anderen Anlässen stattfindenden Haussuchung oder Pfändung den gefundenen Gegenstand versteckte;[9]) die Nachfrage muß ausdrücklich auf diesen Fund gerichtet gewesen sein.[10])

3. Daß ein „Verheimlichen auf Nachfrage" wörtlich genommen auch vorliege, wenn eine Nachfrage erging, der Finder den Fund aber bona fide oder fahrlässigerweise ableugnete (weil er ihn nämlich vergessen hatte), wird sich nicht ganz in Abrede stellen lassen;[11]) indessen abgesehen davon, daß solche

---

[1]) Das Wort „heimlich" selber begegnet im BGB. nirgends; ebenso nicht in den Registern zu den Motiven (S. 57) und zu den Protokollen (S. 145) sowie in den Registern bei Haidlen (S. 139) und Planck (S. 63). — „Insgeheim" findet sich wegen der sog. reservatio mentalis in § 116 Satz 1.

[2]) Handlungsweise, nicht gerade Handlung; vgl. Petersen und Kleinfeller, Konkursordnung, 4. Aufl. (Lahr 1900) S. 690 Anm. 2.

[3]) „Vermögensstücke verheimlicht oder beiseite geschafft haben", „Handelsbücher vernichtet oder verheimlicht haben".

[4]) Ebenso in der Zusammensetzung „Fundort", §§ 976 Abs. I und II, 977 Satz 1.

[5]) Auch „verleugnen" (ableugnen) wäre ein passendes Synonyma gewesen.

[6]) Mot. III S. 386 und Denkschr. S. 199.

[7]) Sächs. BGB. § 243: „Der Finder, welcher ... den Fund ... auf geschehene Nachfrage verheimlicht .."

[8]) „Nachfrage" steht sonst im BGB. nirgends, auch nicht „Anfrage". „Frage" als die des Standesbeamten in § 1318 (Abs. I) und EG. z. BGB. Art. 40 § 7 a; „in Frage stellen" in § 115 (Abs. I Satz 1).

[9]) Also „verheimlichen" in diesem Sinne der „tatsächlichen" und nicht bloß „wörtlichen" Handlungsweise (vgl. BGB. §§ 294 f).

[10]) Man wird auch, was das Gesetz nicht expressis verbis vermerkt und was übrigens für den im Text behandelten Punkt gleichgültig ist, anzunehmen haben, daß nur diejenige Nachfrage in Betracht kommt, die von kompetenter Seite (Verlierer, Polizei) ausging.

[11]) Denn auch das Verschweigen erhält die Nuance ins Dolose doch erst durch den Zusatz „arglistig"; so enthält ja auch das deutschrechtliche „Sich Verschweigen" (vgl. oben § 58 sub A II 1 S. 442 Anm. 3) keinerlei Arglist gegen einen Andern.

Fälle nur selten eintreten werden, hat sie der Gesetzgeber wohl auch gar nicht ins Auge gefaßt, als er mit dem „Verheimlichen" die Einbuße eines sonstigen Anspruches verband.[1])

4. In diesem Zusammenhange interessiert es, daß die Denkschrift S. 198 sagt: „Die in dem Anspruch auf Finderlohn liegende Begünstigung wird dem Finder versagt, wenn er sich ihrer dadurch unwürdig macht, daß er die Anzeigepflicht verletzt oder den Fund auf Nachfrage verheimlicht;" ähnlich heißt es in den Prot. III Nr. 206 VI S. 263: der Finderlohn sei „eine Belohnung für die Ehrlichkeit des Finders" und „der Gesetzgeber wolle durch das Institut des Finderlohnes den Finder vor der Versuchung der Unterschlagung schützen; er gehe davon aus, daß der Finder es regelmäßig vorziehen werde, sich in ehrlicher Weise einen Teil des Fundes zu verdienen, als sich unehrlicherweise den ganzen Fund zuzueignen".[2])

II. Die übrigen Materialien[3]) und die Judikatur[4]) lassen uns völlig, und die Literatur[5]) läßt uns zwar nicht völlig, aber doch in auffallendem Maße im Stiche. Immerhin geben die dürftigen Anspielungen in der Literatur zu erkennen, daß man im „Verheimlichen auf Nachfrage" eine Unehrlichkeit erblickt. So, wenn Endemann[6]) unseren Fall einbegriffen wissen will in „getreue Erfüllung der Anzeigepflicht" des Finders, und wenn Maßmann[7]) nur dann von „gutem Glauben des Finders" und von einem „ehrlichen" Finder sprechen zu dürfen glaubt, wenn der Fund nicht auf Nachfrage verheimlicht wurde. Vor allem sei aber hier wiedergegeben, was Dernburg

---

[1]) Die Verknüpfung von privatrechtlichen Nachteilen (insbes. einer Verwirkung) mit einem Ableugnen ist eine im Rechtsleben nicht ungewöhnliche Erscheinung: man denke an den Satz des römischen Rechts: lis infitiando crescit in duplum (vgl. z. B. l. 4 C. de cond. ind. 4, 5; Gaj. III § 216, IV § 9, § 171).

[2]) Diese Argumentation der Prot. bezog sich ihrer Zeit allerdings nur auf Verletzung der Anzeigepflicht und noch nicht zugleich auf unseren, in E. I § 914 Nr. 2 noch nicht vorgesehenen, vielmehr erst später (Prot. III Nr. 207 VI S. 272) in Vorschlag gebrachten Fall; sie trifft aber auch auf letzteren als legislatorische Grundidee zu.

[3]) Es waren zu vergleichen: Mot. III S. 374—390 (insbes. S. 386 zu E. I § 921 Abs. II), Denkschr. S. 196—201, Prot. Bd. III Nr. 205 VI S. 255 f., Nr. 206 S. 256—264 und Bd. VI Nr. 420 XII S. 236.

[4]) Auch die Entsch. des OLG. Dresden (Strafsenat) vom 13. Februar 1902, oben S. 190 Anm. 3 und S. 192 Anm. 11 (vgl. auch Scherer III S. 316 III), ist belanglos. Keine Ausbeute gewähren Warneyer (I S. 126, II S. 90 f.), Scherer (I S. 104, II S. 190, III a. a. O) sowie Spruchsamml. (I S. 36, II S. 27).

[5]) Gänzlich ohne Interesse für unsere Fragen bleiben die auf den im Text erwähnten Tatbestand sich beziehenden Erörterungen z. B. bei Engelmann § 195 S. 551, Enneccerus-Lehmann II § 65 S. 192 sub 2 a, Fischer-Henle S. 513 f., Kipp I § 184 S. 842 sub e und f α, Krückmann S. 259, Kuhlenbeck, Von den Pandekten II S. 547, Landsberg II S. 666, Liebe II S. 73 f., Matthiaß II § 26 S. 79 sub 2 b, S. 81 sub 2, Müller und Meikel I § 231 S. 773 sub 2 und 3 a, Neumann, Handausg. S. 501 f., Weyl, Vorträge Bd. II § 156 S. 56 ff. — Aber auch die anderen weiter unten erwähnten Schriftsteller (Achilles, Biermann, Cosack, Dernburg, Endemann, Kober, Landé, Maßmann, Neumann, Jahrb. und Planck) geben keine Begriffsbestimmung. Ebensowenig die zahlreichen auf das Fundrecht bezüglichen Dissertationen; vgl. Bläckner (Greifswald 1901) S. 60, Dolezych (Jena 1901) S. 36, 40, Eller (Erlangen-Landau 1900) S. 67, Gerber (Göttingen 1896) S. 34 (zu E. II § 886), Igen (Erlangen-Berlin 1898) S. 22/23, Mohr (Erlangen-Nürnberg 1901) S. 50, Oesterreich (Erlangen-Bonn 1898) S. 27 f., 40, Riemer (Leipzig 1901), der S. 85 „verschweigen" und „verheimlichen" für verschiedene Begriffe zu halten scheint, Wedell (unten S. 479 Anm. 2). — Ebensowenig Mumm in den Bl. f. RA. Bd. 63 (1898) S. 105 ff. sowie Schäfer und Silberschmidt ebenda Bd. 68 (1903) S. 1 ff., S. 109 ff. und Schneickert in den Annalen des Deutschen Reichs 1904 Nr. 3 S. 229 ff.

[6]) Endemann II § 87 S. 344 sub b.

[7]) Maßmann in der Herletschen Ausgabe des BGB. mit preisgekrönten Erläuterungen, Berlin 1900, S. 260 sub II 4 und III.

Bd. III 3. Aufl. § 116 sub VI 2 S. 357 f. bemerkt: „Doch wird man hierfür Vorsatz oder grobes Verschulden [1]) des Finders fordern müssen. Hat z. B. ein Junge gefunden und nicht unverzüglich, sondern erst später angezeigt, so wird er den Anspruch auf Finderlohn behalten, wenn er von der Anzeigepflicht nichts wußte. Andererseits wird Finderlohn nicht beanspruchen können, wer arglistig die Ermittlung des Fundes zu vereiteln suchte, wenn er denselben auch nicht gerade „auf Nachfrage" verheimlichte." Diese Aeußerung läßt erkennen, daß Dernburg in der Verheimlichung „auf Nachfrage" jedenfalls eine „Arglist" erblickt [2]) und nur Bedenken über die analoge Ausdehnbarkeit des § 971 Abs. II hegt, an der Kober S. 232 Note 2 nicht zweifelt, indem er meint: „die Verheimlichung des Fundes auf Nachfrage . . . wird jedes arglistige Verhindern der Ermittlung des Fundes in sich begreifen, wenn das Verheimlichen auch nicht gerade auf Nachfrage erfolgt."

III. Diese analoge Anwendbarkeit unserer Normen würde nur immer einen sehr engen Kreis ausfüllen können und dieser Kreis würde immer nur um den Begriff des Fundes geschlagen zu denken sein; es verlohnt sich also kaum der betreffs der „Arglist" immerhin (vgl. oben § 58 sub A I 1) lohnenderen Mühe, zu prüfen, wieweit die „Verheimlichung auf Nachfrage" auch sonst noch ähnliche Vorgänge mit ähnlich begrenzten Folgeerscheinungen betreffen könnte.

IV. Wenn die Dernburgsche Bemerkung, der sich außer Kober auch Neumann [3]) anschließt, erkennen läßt, daß Dernburg im „Verheimlichen auf Nachfrage" ein „Verschulden" sieht,[4]) so stimmt auch dieses mit unserer Auffassung von der begrifflichen Identität mit der „Arglist" überein, und folgerichtig müssen wir auch alles, was sich sonst aus dieser Identität ergibt, anerkennen, nämlich, daß das „Verheimlichen auf Nachfrage" ein „vorsätzliches" (und absichtliches) Handeln ist, dessen nur (vgl. unten § 75) die deliktsfähigen Personen [5]) sich wirksam schuldig machen können.

V. Vor allem können wir aber auch hier dem Gesetzgeber den Vorwurf nicht ersparen, mit der Verwendung von Synonyma allzu verschwenderisch umgegangen zu sein; in beiden Gesetzesstellen hätte die Wendung: „wenn der Finder den Fund arglistig verschweigt" den gleichen Dienst getan.

VI. Die Bemerkungen bei Biermann S. 178 sub 3 b und Planck III S. 235 sub b γ, daß die Beweislast den Eigentümer (den Gegner des Finders) treffe,[6]) ist zweifellos richtig; diese Ordnung harmoniert durchaus mit den Grundsätzen über die Verteilung der Beweislast beim Verschulden.

VII. Das Verhältnis der „Verheimlichung" zu den anderen in §§ 31—59 besprochenen Begriffen ist durch den Nachweis, daß sie einen Unterfall des „arglistigen Verschweigens" (oben § 59) bildet sowie durch

---

[1]) Wegen dieser Wendung, die in der 1. Aufl. (§ 115 S. 330) fehlte, vgl. oben § 40 sub I und ebenda sub V 1 b. Zum Text vgl. auch oben § 58 sub A I 5 (S. 441 Anm. 3).

[2]) In diesem Sinne wird es auch zu verwerten sein, wenn Mumm a. a. O. S. 107 meint, das Verheimlichen auf Nachfrage bilde „mangels des sonstigen Dolus ein Kriterium für den Funddiebstahl". Auch Wedell, Die rechtl. Beziehungen zwischen Verlierer und Finder, Rostocker Diss. Düsseldorf 1903, S. 43 nimmt zwar an, daß der Verlust des Finderlohnes für den Finder „offenbar" nur eintritt, „wenn ihm dabei Vorsatz oder grobe Fahrlässigkeit zur Last fällt", bleibt aber den genaueren Beweis schuldig.

[3]) Neumann, Jahrbuch I 1 S. 621 Note 3 zu § 971.

[4]) Vgl. auch Cosack I S. 251 Anm. 10, wo § 971 Abs. II als Beispiel eines „Verschuldens" zitiert wird, während in Bd. II S. 137 sub 3 der Ausdruck nicht weiter zur Besprechung gelangt.

[5]) Auf die Deliktsfähigkeit soll offenbar das Dernburgsche Beispiel (oben sub III) anspielen. Dennoch ist sie aber aus anderen Gründen (vgl. unten § 75) irrelevant.

[6]) Ebenso Landé S. 266 Anm. 5.

die Angaben (oben sub IV) über die Beziehungen zum „Vorsatz" (oben § 55) und zur (qualifizierten) „Absicht" (oben § 56) genügend gekennzeichnet;[1]) es mag nur noch bemerkt werden, daß zugleich eine strafbare Handlung[2]) vorliegt, und daß sich die Verheimlichung von den gleichfalls unter die „Arglist" gehörigen Begriffen der „arglistigen Täuschung" (oben § 10 I) und der „Hinterlist" (oben §§ 11, 59) dadurch unterscheidet, daß sich jene vorzugsweise[3]) in einer falschen Vorspiegelung, also in einem positiven Tun äußern werden.

B. Das Handelsgesetzbuch spricht von „Verheimlichen", soviel ich sehe, nur in § 202 Abs. IV Nr. 1 (beabsichtigte oder erfolgte Verheimlichung einer Vergütung in den Angaben über den Gründungsaufwand einer Aktiengesellschaft und wissentliche Mitwirkung zur Verheimlichung); doch kann eine Verheimlichung z. B. auch in der wissentlich unwahren Darstellung oder Verschleierung, auf welche § 314 Abs. I Nr. 1 anspielt, oder in sonstigen unter die „Strafvorschriften" des Aktienrechts (HGB. §§ 312 ff.) fallenden Delikten liegen.

§ 61.

Das Handeln ohne Wissen des Andern.

A. Die im § 13 sub I genannten Gesetzesstellen[4]) richten ihre Spitze offenbar gegen das sog. „Rücken" und „Kaltabbrennen" der Mieter, Pächter und Hotelgäste, mithin gegen ein „heimliches" und „arglistiges" Verfahren. Aus diesem Grunde läge die Annahme nahe, auch diese Handlungsweise den in §§ 58 ff. besprochenen Begriffen anzugliedern und einzuordnen.

I. Obgleich nun in den weitaus meisten Fällen der Anwendbarkeit jener Normen sich allerdings der Tatbestand und die Rechtslage in der Richtung einer Heimlichkeit und Arglist bewegen werden, so muß dies nicht unbedingt der Fall sein. Der Ausdruck „ohne Wissen des Vermieters" kann vielmehr sehr wohl auch Tatbestände begreifen, in denen entweder die egoistische Absicht oder die Heimlichkeit oder sogar beides fehlt. Man nehme etwa an, daß der Mieter, dem die Existenz eines Legalpfandrechts der Vermieter gänzlich unbekannt ist, die Sachen ganz offen am hellen Tage entfernt, und daß der im gleichen Hause wohnhafte Vermieter den Vorgang nur nicht bemerkt, weil er gerade einen Nachmittagsschlaf hält; oder man nehme an, der Mieter, dem als Juristen das

---

[1]) Biermann spricht zwar S. 177 zu § 971 Abs. II auch von (Vorsatz und) grober Fahrlässigkeit, denkt dabei aber nicht an das „Verheimlichen auf Nachfrage", sondern an die „Verletzung der Anzeigepflicht". Daß aber eine „Pflichtverletzung" nicht ohne weiteres als Verschulden zu betrachten ist, vgl. oben § 37 sub IV.

[2]) StGB. § 246, wichtig wegen BGB. § 992 (oben § 29 sub I 2) und auch wegen § 823 Abs. II (oben § 45 sub A I 1 a, 3, 5 und 8).

[3]) Sie können auch in der Ausnutzung eines Irrtums des Andern oder sonst in Ausübung einer bestimmten mißverständlichen Situation bestehen.

[4]) Von „Handeln ohne Wissen" eines Andern spricht das BGB. sonst nirgends; wenn das BGB. das Substantivum „Wissen" anwendet, um von dem Wissen eines Andern zu sprechen, geschieht dies vielmehr nur (§§ 625, 1405 Abs. II), um anzugeben, daß die Handlung mit dem Wissen des Andern erfolgt. — Das eigene „Wissen" betreffen §§ 259 Abs. II, 260 Abs. II, 2006 Abs. I, 2028 Abs. II, vgl. oben § 9 sub III („nach bestem Wissen"); daneben begegnet 14 mal das Verbum „wissen"; vgl. Gradenwitz S. 174, zumeist (nämlich mit Ausnahme von §§ 1404 und 2107) in positiver Richtung und stets vom eigenen Wissen des Interessenten handelnd. — Handeln „ohne den Willen" (vgl. oben § 56 sub A I 3) eines Andern in §§ 516 Abs. II Satz 1, 794 Abs. I und 858 Abs. I und zu ihm insbesondere Wolff in Iherings Jahrb. 44 (1902) S. 177 ff.

gesetzliche Pfandrecht seines Hauswirts wohl bekannt ist, entfernt, während der Hauswirt verreist ist, wegen eines Brandes im Nachbarhause einige Wertstücke aus seiner Wohnung gerade im Interesse des ihm befreundeten bezw. verwandten Hauswirts und um diesem durch Rettung der Sachen einen Vorteil gegenüber einem Vollstreckungspfandgläuber zu sichern, der die anderen Sachen des Mieters durch einen Gerichtsvollzieher hatte ansiegeln lassen.

II. Dazu kommt, daß das Gesetz (vgl. §§ 560 Satz 1, 561 Abs. II Satz 1) dieselben Folgen auslösen läßt, wenn die Entfernung der invecta et illata zwar nicht „ohne Wissen", wohl aber „unter Widerspruch" des Pfandgläubigers erfolgt war; die ratio legis scheint offenbar also nicht bloß die Fälle des „heimlichen Rückens" zu treffen.

III. Daß das „Handeln ohne Wissen" zwar in Wirklichkeit oft, begrifflich aber keineswegs[1]) prinzipiell mit der „Arglist" zusammenfällt, wird durch die dürftigen Bemerkungen in den Materialien[2]) — nichts Einschlägiges findet sich außer bei Mayring (S. 337 Anm. 2 b) in der Literatur[3]) und in der Judikatur[4]) — bestätigt. Der I. Entwurf (§ 521) hatte noch den Fall ins Auge gefaßt, daß die Entfernung „heimlich oder gegen den Widerspruch" geschehen war, und dieselbe Wendung treffen wir mehrfach in den Mot. Bd. II S. 407—409 an. Dagegen bringen die Prot. II S. 195 als § 521 Abs. II und als § 521 a Satz 2 bereits einen Antrag, der den kritischen Fall dahin formuliert, daß „die Sachen ohne Wissen oder unter Widerspruch des Vermieters weggeschafft worden sind"; dieser Antrag wurde zum jetzigen § 560 Satz 1 nach Prot. II S. 207 a. E. gebilligt, denn „das Pfandrecht müsse auch dann bestehen bleiben, wenn die Sachen zwar in offenkundiger Weise, aber ohne Wissen des Vermieters fortgeschafft seien"; ebenda S. 208 (sub VI) wurde auch für den jetzigen § 561 Abs. II die Ersetzung des Wortes „heimlich" durch die Worte „ohne Wissen des Vermieters" vermerkt.[5]) Ebenso läßt die Denkschr. S. 110 zweimal die bewußte Tendenz erkennen, zu einer Entfernung, die „ohne Wissen des Vermieters und selbst gegen dessen Willen" bezw. „ohne Wissen oder unter Widerspruch des Vermieters geschieht", Stellung zu nehmen; und wenn nun auch die Denkschrift vorher diejenigen älteren Gesetze abfällig kritisiert hat, die „für den Mieter einen Anreiz schaffen", „die Sachen heimlich von dem Grundstücke zu entfernen", so wird man aus dem bloßen Umstande, daß der

---

[1]) Deshalb muß ich meine Bemerkung Bd. I S. 76 meiner „Vorträge" richtig stellen und zugleich gegen den Ausdruck „heimlich" bei Landsberg I S. 448, Meisner S. 158 (zu § 561) und wohl auch Landó S. 147 Note 2 protestieren.

[2]) In Betracht kommen: Mot. II S. 404—410, Prot. II Nr. 114 V S. 194—200 und ebenda Nr. 115 IV—VI S. 207--209, Denkschr. S. 110.

[3]) Vgl. z. B. Achilles S. 209, Cosack II § 244 sub VIII 1 S. 300, Crome II § 244 S. 578 sub b, Eck I § 79 S. 490, Endemann I § 169 S. 1064, Engelmann § 124 S. 358 sub VI, Kipp II § 400 S. 692, Krückmann S. 69 f., Kuhlenbeck, Von den Pandekten II S. 307, Liebe I § 144 S. 421 f., Matthiaß I § 115 S. 553 sub 4, Müller und Meikel I § 130 S. 465, Neumann, Handausg. I S. 257 f, Neumann, Jahrb. I 1 S. 371 f. — Nur wegen ihrer Bemerkungen über die Beweislast sind Dernburg II 2 § 229 S. 194/195 sub d, Fischer-Henle S. 286 Anm. 3, Enneccerus-Lehmann I § 264 sub IV 1 S. 642 oben, Oertmann S. 282 Anm. 1 und Planck II S. 312 Anm. 2 zu erwähnen; sie alle und ebenso Mayring a. a. O. sub II, Meisner a. a. O. erachten den Vermieter für beweispflichtig (mit Recht), wie dies auch schon die Mot. II S. 408 und die Denkschr. S. 110 tun und wie es auch wegen etwaiger Folgen einer „Arglist" behauptet werden müßte.

[4]) Vgl. Warneyer I S. 69, II S. 50, Scherer I S. 92, II S. 157, III S. 223, Spruchsamml. I S. 21, II S. 17.

[5]) Nicht unsere Spezialfrage betrifft es, wenn Prot. a. a. O. S. 208 gegen Ende wieder vom „heimlichen Rücken" reden und S. 209 am Ende der Nr. VI von „den Fällen, in denen die Sachen heimlich und ohne sein (des Vermieters) Wissen entfernt seien".

Unterschied zwischen „ohne Wissen" und „heimlich" nicht besonders hervorgekehrt worden ist, doch wohl weder für die Denkschrift noch erst recht für das BGB. selber eine völlige Identifizierung beider Begriffe ableiten dürfen.

IV. Fassen wir das Ergebnis zusammen, so geht es dahin, daß §§ 560 f. BGB. zwar Vorgänge im Auge haben, bei denen sehr oft eine „Arglist" obwaltet, daß aber der gesetzliche Tatbestand lediglich das rein objektive Moment umfaßt, daß der Vermieter „ohne Wissen" der Fortschaffung des Pfandobjekts gewesen ist. Die subjektiven Momente beim Pfandschuldner bleiben also völlig außer Betracht und ebenso die ganzen Bestimmungen der §§ 560 f. für unser Thema. Ein „Verschulden" muß nicht notwendig vorliegen und ist für die Folgen [1] — Erlöschen oder Fortbestand des Pfandrechts usw. — nicht die grundlegende Vorfrage.[2]) Demnach können auch alle Unterfragen — z. B. nach der Deliktsfähigkeit des Mieters,[3]) nach konkurrierendem Verschulden [4]) — unerörtert bleiben und ebensowenig interessiert uns die — wegen der Singularität der Normen (nach Rechtsgrund und Sachlage) zweifellos zu verneinende — Frage nach analoger Ausdehnbarkeit der §§ 560 f. auf andere Legalpfandrechte.[5])

B. Das Handelsgesetzbuch spricht gelegentlich gleichfalls von „Handeln ohne Wissen"[6]) (HGB. § 564 Satz 1),[7]) ohne aber auch seinerseits notwendiger Weise ein Verschulden gemeint zu haben.

§ 62.

Die wahrheitswidrigen Behauptungen.

A. Wegen der im § 13 sub II erwähnten „wahrheitswidrigen Behauptungen" und der naheliegenden Frage nach ihrer Verwandtschaft mit der „Arglist" (oben § 58), insbesondere etwa in deren Erscheinungsform als arglistige Täuschung (oben § 10 sub I), ist im wesentlichen das gleiche zu sagen wie wegen des Handelns „ohne Wissen" (§ 61). Doch müssen wir die beiden im § 13 sub II aufgeführten Gruppen (BGB. §§ 109, 1397, 1830 usw. einerseits und BGB. § 824 andererseits) vorsichtshalber getrennt ins Auge fassen.

I. Zu BGB. §§ 109, 1397, 1830:

---

[1]) Doch können daneben bei nachweislicher „Arglist" des Mieters deliktische Folgen (BGB. § 823 Abs. I. aber auch Abs. II) deshalb eintreten, weil die Arglist einen Vorsatz umfaßt (vgl. oben § 58 sub A II 6 und VI 2).

[2]) Daher ist die Beweisführung (vgl. oben S. 481 Anm. 3) für den Vermieter auch günstiger, indem sie nur einen Punkt betrifft, der sich auf seine eigene Situation bei dem Vorgange bezieht.

[3]) Z. B. wenn der ausrückende Mieter ein Taubstummer (BGB. § 828 Abs. II Satz 2) ist.

[4]) Z. B. wenn der Vermieter sich vorsätzlich um den Hergang nicht kümmerte, um den Mieter alsdann durch Geltendmachung des Zurückschaffungsanspruchs aus § 561 Abs. II Satz 1 chikanieren zu können.

[5]) Z. B. aus §§ 647 (Werkvertrag), aus § 233 (Hinterlegung).

[6]) Vgl. dazu StGB. § 297. Der Tatbestand (Anbordbringen von Gütern „ohne Wissen" des Schiffers) ist in HGB. a. a. O. dem des BGB. §§ 560 f. diametral entgegengesetzt.

[7]) Allerdings wird die Schadensersatzpflicht, neben welche auch noch andere Fragen (HGB. § 564 Satz 2 und 3) treten können, in erster Linie genannt; doch auch dies beweist nichts (vgl. oben § 42 sub C II 3), zumal sie nur „nach Maßgabe des § 563" (vgl. oben § 42 sub D 1 a) eintritt.

1. Auch hier haben wir es, wie beim Handeln „ohne Wissen", im Prinzip nur mit einem objektiven Tatbestande [1]) zu tun — das, was behauptet wurde, ist tatsächlich nicht wahr, nicht der Fall —, und daß ein subjektives Bewußtsein der Wahrheitswidrigkeit sowie etwa eine unlautere Absicht hinzukommt, daß also die Voraussetzungen einer „Arglist" gegeben sind, wird zwar oft gleichzeitig vorliegen, ist aber keineswegs [2]) erforderlich, um die in den betreffenden Normen vorgesehene Folge eines gegnerischen Widerrufsrechts zu zeitigen.

2. Damit setzt es sich auch nicht in Widerspruch, wenn ich oben § 13 sub II 1 von einem „getäuschten" Mitkontrahenten sprach; denn die „Täuschung" an sich haben wir ja auch als etwas lediglich Objektives kennen gelernt (oben § 51 sub A I 3), und wir sahen, daß nur der Zusatz „arglistig" ihr die Färbung subjektiver Rechtswidrigkeit verleiht. Gerade diese arglistige „Täuschung" bildet aber die beste Verbindungsbrücke zwischen unseren Fällen (sofern eben Arglist dazukommt) und dem Verschulden.

3. Daß es sich bei der fälschlichen Behauptung der erforderlichen Genehmigung lediglich um eine objektive Unwahrheit handelt, ergibt sich zunächst zum Falle des § 109 BGB. — entgegen vereinzelter irriger Bemerkungen [3]) — nicht bloß aus unbefangener Prüfung der einschlägigen Gesetzesstellen selber, sondern auch daraus, daß [4]) die Materialien [5]) und die Literatur [6]) von dem Erfordernis gleichzeitiger subjektiver Rechtswidrigkeit durchweg [7]) schweigen. Sowohl die Mot. I S. 141,[8]) welchen eine besondere Bestimmung für den Fall entbehrlich erschien,

---

[1]) Ebenso wie z. B. bei Gesetz-, Pflicht-, Rechts- und Vertragswidrigkeit, oben § 44, und bei Widerrechtlichkeit, oben § 48.

[2]) Es war also eine unrichtige denominatio a potiore, wenn ich in Bd. XIV des Arch. f. bürgerl. R. (oben S. 2 Anm. 5) S. 160 und in Bd. I S. 216 meiner „Vorträge" von wahrheitswidriger „Vorspiegelung" sprach.

[3]) Der Annahme, daß eine schuldhaft wahrheitswidrige Angabe vorliege, scheint Kuhlenbeck, Von den Pandekten 1 S. 106 zu huldigen, indem er sich auf die (auch in Mot. I S. 140, unten sub 3, herangezogene) 1 2 Cod. si minor se majorem 2, 43 (Krügersche Ausgabe 2, 42) bezieht, wo von einem ‚fallax mendacium' und von ‚decipere' die Rede ist, und indem er von exceptio bezw. replica ‚doli' und von ‚compensatio doli' spricht. — Mindestens ebenfalls widerspruchsvoll auch Gareis S. 123 Anm. 2 („falsche Behauptung", „getäuscht" einerseits und „vorschwindelte" andererseits). — Auch Krückmann S. 25 exemplifiziert auf „lügen".

[4]) Die Judikatur schweigt einstweilen zu unseren Normen; vgl. Warneyer I S. 13, 161, 201, II S. 9, 113/114, 134, Scherer I S. 60, 117, 135, II S. 113, 220, 256, III S. 113, 351, 393, Spruchsamml. I S. 5, 46, 54, II S. 4, 31, 35.

[5]) In Betracht kommen: wegen BGB. § 109: Mot. I S. 134 und Prot. I Nr. 11 III S. 60 f., wegen BGB. § 1397 Mot. IV S. 227; wegen BGB § 1830 Mot. IV S. 1154 sub 4 und Prot Bd. IV Nr. 325 IV S. 798, Bd. VI Nr. 425 S. 311 sub XXVII und Nr. 431 S. 395 sub 40.

[6]) Nichts Einschlägiges findet sich z. B. bei Crome I § 83 S. 367, Eck I § 27 S. 118/119, Engelmann § 17 S. 46, Landsberg I S. 223, Liebe I S. 88 sub β Müller und Meikel I § 45 S. 115, Neumann, Handausg. I S. 49 Anm. 1 b, Jahrb. I 1 S. 62, II S. 42, Zitelmann S. 108 sub bb. Wegen ihrer übereinstimmenden Bemerkungen über die Verteilung der Beweislast (hierzu auch Prot. I S. 61) vgl. Dernburg I § 121 sub IV S. 361, Endemann I § 29 S. 133 Anm. 26, Fischer-Henle S. 54 Anm. 5, Landé S. 26 Anm. 6, Matthiaß I § 47 S. 177 sub β, Planck I S. 195 sub 2 und besonders klar Enneccerus-Lehmann I § 59 S. 154 sowie Riezler S. 319 sub 8 und auch Bechy, Beweislast (unten § 83) S. 138.

[7]) Abgesehen eben von den oben Anm. 2 und 3 erwähnten Aeußerungen.

[8]) Mot. I S. 134 sagen vom Gegner: „Kannte er die Minderjährigkeit nicht, so ist dies . . . seine Schuld, und es erscheint nur billig, daß die Folgen nicht den Minderjährigen, sondern ihn treffen. War er aber durch den Minderjährigen getäuscht, so erwächst ihm aus dieser Täuschung ein zu seinem Schutze ausreichender Rechtsbehelf." Sie denken hier aber nicht an den Fall der Vorspiegelung der Genehmigung des Vormundes, sondern an den der Vorspiegelung der Volljährigkeit und verweisen dabei auf die beide Fälle gleichzeitig behandelnden Bemerkungen der Mot. I S. 140 (vgl. oben im Text).

„daß eine in der Geschäftsfähigkeit beschränkte Person wider besseres Wissen behauptet hat, die erforderliche Einwilligung . . . zu besitzen", wie Prot. I Nr. 11 III S. 61, welche mit der Möglichkeit rechnen, „daß auf seiten des Minderjährigen auch ein illoyales Verhalten vorliegen könne", betrachten dies als eine bloß hypothetische Möglichkeit, und Mot. a. a. O. heben hervor, daß alsdann „die allgemeinen Grundsätze genügen", insbesondere die „Vorschriften über unerlaubte Handlungen".[1]) — Zur positiven Unterstützung unserer Ausführungen können wir uns auf Hoelder, Planck, Rehbein und Kipp berufen.[2]) Letzterer spricht Bd. I § 71 S. 282 davon, daß „der Minderjährige (objektiv) wahrheitswidrig das Vorliegen der Einwilligung behauptet hatte". Noch ausführlicher sagt Planck I S. 195 Note 2: „Die hinzugefügten Worte „der Wahrheit zuwider" haben nicht die Bedeutung, daß der andere Teil auch zu beweisen hätte, daß die Einwilligung nicht erfolgt sei, deuten vielmehr nur an, daß ein Fall, in welchem die Einwilligung erfolgt ist, hier überhaupt nicht in Frage steht." Und ganz besonders scharf spitzt Hoelder S. 245 die Sachlage dahin zu: „Daß der Minderjährige die Einwilligung „der Wahrheit zuwider" behauptet haben muß, ist ein überflüssiger Zusatz, der besser weggeblieben wäre; denn eine objektiv nicht wahre ist jene Behauptung notwendig, und darauf, ob sie mit dem Bewußtsein ihrer Unwahrheit erfolgte, kommt nichts an, da der Grund des Widerrufsrechtes lediglich darin besteht, daß die Einwilligung fehlte, auf deren Existenz die andere Partei nicht nur gerechnet hat, sondern auch vermöge der Behauptung des Minderjährigen rechnen durfte." Rehbein I S. 110 Anm. d spielt gleichfalls auf die Möglichkeit an, daß §§ 823 und 826 BGB. anwendbar werden,[3]) meint aber, „es wird immer Sache der tatsächlichen Prüfung des Falls sein, ob der Minderjährige den Willensentschluß des Dritten dolos bestimmt hat", und hält auch bloßes arglistiges Schweigen nötigenfalls für ausreichend.

4. Nicht anders als zu BGB. § 109 Abs. II ist das Bild, das sich zu den in dem hier interessierenden Punkte wörtlich entsprechenden §§ 1397 Abs. II und 1830 bietet. Aus den Materialien[4]) ist höchstens zu vermerken, daß ein den jetzigen § 1830 betreffender Antrag, von welchem Prot. IV Nr. 325 IV S. 798 berichten, davon spricht, daß der Vormund die Genehmigung des Vormundschaftsgerichts „fälschlich" behauptet hatte; und aus der Literatur[5]) ist höchstens hervorzuheben, daß — gegenüber der unzutreffenden generellen Erwähnung eines „Vorspiegelns" bei Endemann II § 184 S. 775 Anm. 32 und bei

---

[1]) Hier kann nur, wie die Mot. a. a. O. (I S. 141) selber andeuten, besonders oft mangelnde Deliktsfähigkeit des beschränkt Geschäftsfähigen vorliegen.

[2]) Auch Cosack, der I § 55 sub 4 a S. 164/165 von „Unrichtigkeit dieser Behauptung" des Minderjährigen redet, denkt offenbar nur an objektive Unrichtigkeit.

[3]) Und alsdann eventuell auch (zu Gunsten des Minderjährigen) § 828 Abs. II, aber auch wiederum (zu seinen Ungunsten) § 829. — Vgl. auch §§ 812 ff.

[4]) Vgl. die Angaben oben S. 483 Anm. 5.

[5]) Unerheblich ist für unsere Frage z. B., was zu § 1397 Endemann II § 177 S. 740 sub b, Th. Engelmann S. 214, A. Engelmann S. 678, Enneccerus-Lehmann II § 180 sub 2 S. 462, Fischer-Henle S. 709, Kipp II S. 7, Krückmann S. 389, Kuhlenbeck, BGB. II S. 78, Kuhlenbeck, Von den Pandekten III S. 81, Landé S. 362, Landsberg II S. 899, Liebe II S. 257, Müller und Meikel II § 329 S. 33, Neumann, Handausg. II S. 778, Opet S. 167, Planck IV S. 146, Schmidt S. 272 Anm. 5, Weyl II S. 146, 193 bemerken, sowie z. B. aus der eherechtlichen Spezialliteratur (oben § 37 S. 239 f.) Fränkel S. 42, F. Kohler S. 123/124, Rocholl S. 149. — Zu BGB. § 1830 ist unerheblich, was Cosack II S. 658 ff., Endemann II § 224 S. 966, Enneccerus-Lehmann II § 227 S. 572, Fischer-Henle S. 941, Kipp III S. 157, Kuhlenbeck, Von den Pandekten III S. 174 f., Krückmann S. 483, Landé S. 457, Landsberg II S. 1006 ff., Liebe II S. 415, Matthiaß II § 118 S. 384, Müller und Meikel II § 405 S. 358, Neumann, Handausg. II S. 1025, Weyl II S. 305 sagen.

Matthiaß II § 87 S. 268 a. E. (beide zu § 1397 Abs. II) — z. B. Cosack II § 295 S. 513 sub β und Dernburg IV § 46 sub III 1 S. 153 zu § 1397 Abs. II und v. Blume S. 78 sub 3 sowie Dernburg IV § 120 S. 383/384 und A. Engelmann S. 717 a. E. zu § 1830 lediglich von „unrichtigen" oder „falschen Angaben" über die erforderliche Genehmigung oder von „fälschlicher" oder „unrichtiger Behauptung" dieser Genehmigung sprechen.[1]) Etwas eingehender, aber durchaus im Sinne einer bloß objektiven Unwahrheit, äußert sich nur Planck IV S. 580 Note 3 zu § 1830; zunächst begegnen wir hier fast den gleichen Worten wie in Bd. I S. 195 zu § 109 (oben sub 3); dann heißt es weiter: „Es kommt deshalb nicht darauf an, ob sich der Vormund der Unwahrheit seiner Behauptung, daß die Genehmigung erteilt worden sei, bewußt war."[2])

5. Wenn zu der objektiven Unrichtigkeit der Behauptung, daß die erforderliche Genehmigung vorliege, das subjektive Bewußtsein dieser Unrichtigkeit und die Absicht arglistiger Täuschung hinzutritt, so läßt sich ein Fall der sog. „Kulpakompensation" dann denken, wenn dem anderen Teile „das Fehlen der Einwilligung bekannt war". Die Schadensersatzpflicht beurteilt sich alsdann gemäß § 254 BGB. (unten § 79) und das Resultat kann alsdann dahin gehen, daß der Richter das beiderseitige Bewußtsein der Unrichtigkeit (das die Gegenpartei vielleicht benutzt, um ein ihr vorteilhaftes Rechtsgeschäft zustande zu bringen, also gleichfalls arglistigerweise) als sich aufhebend betrachtet und den Ersatzanspruch abweist. Dies muß aber nicht[3]) das Ergebnis sein, es kann sich also sehr wohl die Wirkung anders gestalten, als es bei der gleichen (durch die in Anführungsstrichen erwähnten Worte wiedergegebenen) Sachlage laut § 109 Abs. II a. E. und wörtlich entsprechend laut § 1397 Abs. II a. E. und § 1830 a. E. darum der Fall ist, weil das Gesetz hier dem anderen Teile wegen seiner Kenntnis[4]) der Sachlage das Widerrufsrecht versagt.

II. Zum Teil ebenso, zum Teil anders ist die Sachlage in § 824 BGB.[5])

---

[1]) Wenn Dernburg a. a. O. und ebenso Endemann II § 208 S. 866 bemerken, daß durch diese Angaben der andere Teil „getäuscht" worden ist, so ist auch hier (vgl. oben sub 2) nur an die Tatsache der Täuschung dieses anderen Teiles, nicht an die Täuschungsabsicht der die Genehmigung Behauptenden gedacht.

[2]) An diese Worte schließt sich eine Bemerkung über die Beweislast, die gleichfalls der in Bd. I S. 195 fast wörtlich entspricht, und in Anm. 4 ein Hinweis auf eventuelle Schadensersatzpflicht des Vormundes nach den allgemeinen Grundsätzen. An Planck lehnt sich auch z. B. Neumann, Jahrb. I 2 S. 179 an.

[3]) Wie Kuhlenbeck (oben S. 483 Anm. 3) anzunehmen scheint.

[4]) Es ist Kenntnis erforderlich; fahrlässige und selbst grobfahrlässige Unkenntnis (oben § 32 und § 40 sub XV 1) genügt nicht.

[5]) Wegen dieser Frage (und überhaupt wegen aller hier behandelten Punkte) sind die Materialien (vgl. Mot. II S. 726, Prot. Bd. II Nr. 157 I und II S. 635 ff., Bd. VI Nr. 417 X S. 201) belanglos. Desgleichen, von den später zu nennenden Entscheidungen abgesehen, die Judikatur (vgl. Warneyer I S. 98, II S. 73, Spruchsamml. I S. 27, II S. 22, Scherer I S. 98 f., II S. 175, III S. 284). Aber auch die Literatur zu § 824 ist, soweit uns nicht im folgenden vereinzelte Bemerkungen bei Biberfeld, Braunschweig, Crome, Dernburg, Enneccerus-Lehmann, Fischer-Henle, Kuhlenbeck, Landsberg, von Liszt, Mayring, Müller und Meikel, Neumann, Oertmann, Planck und Träger beschäftigen werden, für die im Text behandelte Frage nach der Bedeutung der Wahrheitswidrigkeit belanglos. Unerheblich für uns (aber indirekt das im Text Bemerkte gerade durch das Stillschweigen bestätigend) z. B. Achilles S. 307, Cosack I § 165 V S. 614, Eck I S. 604, Endemann I § 200 S. 1264 sub 3 d 1, A. Engelmann S. 447/448, Kipp II S. 888/889, Krückmann S. 56/57, S. 154/155, Landé S. 222, Liebe I S. 638, Matthiaß I S. 710 sub C 1, Meisner S. 292, Schollmeyer, Einzelne Schuldverhältnisse S. 111/112, Weyl I S. 526 sowie aus der Spezialliteratur zu den Deliktsobligationen z. B. Jung (S. 27), Linckelmann (S. 17), Bühl (S. 24/25) und ferner die Dissertationen von Becker (oben § 32 sub II 2) S. 54 sub b, und Darboven (oben S. 438 Anm. 3) S. 46/47 und Cohn, der privatrechtliche Anspruch wegen Verletzung der Ehre, Rostocker Diss. 1901, S. 67 ff.

1. Zwar ist es auch hier zunächst eine objektive Unwahrheit,[1]) an welche die Eingangsworte der Norm denken.[2]) Aber schon durch die Stellung innerhalb der „unerlaubten Handlungen“, mit größerer[3]) Sicherheit jedoch durch die mittels der Schlußworte des § 824 Abs. I — „wenn er die Unwahrheit zwar nicht kennt, aber kennen muß“; vgl. oben § 7 sub II 1 b — erfolgende Abstellung der Ersatzpflicht auf das „Kennenmüssen“ (oben § 32) werden wir belehrt, daß zu der objektiven Ungewißheit hier ein subjektives Moment, nämlich Fahrlässigkeit (vgl. oben § 32 sub I), hinzutreten muß; trotz dieses Zusammentreffens kann hier sogar laut § 824 Abs. II ausnahmsweise die Ersatzpflicht in Fortfall kommen. Steigert sich das subjektive Moment über die Fahrlässigkeit hinaus zum Vorsatz (Arglist), so greift die Ersatzpflicht schon nach § 823 Abs. I bezw. II Platz und es ist die Heranziehung des § 824 Abs. I entbehrlich.[4])

2. Müssen wir somit allerdings den Fall des § 824 als Gesamtnorm dem „Verschulden“ im engeren Sinne (oben § 42) und zwar seinen Spezialformen der Fahrlässigkeit (§ 31), insbesondere des Kennenmüssens (§ 32) eingliedern, so ist damit unser Interesse an der Norm vollständig erschöpft; denn nur um ihrer Zugehörigkeit unter diese Verschuldensformen, für die § 824 lediglich als besonderer Anwendungsfall auftritt, und weiterhin etwa als einer der zweifellos auf dem „Verschuldensprinzip“ aufgebauten Fälle der „unerlaubten Handlungen“ — und nicht etwa um der „Wahrheitswidrigkeit“ willen und mit selbständiger Bedeutung — kommt § 824 für das System[5]) der Verschuldensbegriffe in Betracht. Es gilt von ihm also dasselbe, wie es wegen des ihm unmittelbar folgenden § 825 betreffs der Worte „Drohung“ und „Mißbrauch“ und wie es wegen des ganzen weiterhin folgenden § 826 an anderen Stellen (oben § 51 sub A II 2, § 50 sub A IV und § 36 sub II 9 a) ausgeführt worden ist.

3. Ohne weiteres Interesse für den Begriff der „Wahrheitswidrigkeit“ und für unsere Systematik der Verschuldensbegriffe[6]) und nur von sehr mittelbarem Interesse für einzelne Sonderpunkte sind namentlich[7]) auch folgende, in der Literatur und zum Teil auch in der Judikatur erörterten Fragen:

a) nach dem genaueren Verhältnis des ganzen § 824 zu anderen Begriffen[8]) und Normen im BGB.[9]) oder außerhalb desselben;[10])

---

[1]) „Unwahrheit“ findet sich außer in § 824 nirgends, „Wahrheit“ außer ebenda nur in den oben sub I besprochenen §§ 109, 1397, 1830; „wahr“ und „unwahr“ fehlen im BGB. ganz und die vom Stamme „wahr“ herzuleitenden Worte (wahren, Wahrung, wahrnehmen, Wahrscheinlichkeit; vgl. Gradenwitz S. 166 f.) interessieren hier nicht.

[2]) Vgl. in diesem Sinne auch Enneccerus-Lehmann I S. 847 sub I 1, Fischer-Henle S. 424 Anm. 1, Mayring S. 715 sub 3 b.

[3]) Vgl. das oben § 39 sub I 5 Bemerkte.

[4]) Von einem „Verschulden“ bezw. „schuldhaft“ sprechen zu § 824 überhaupt Biberfeld in Gruchots Beitr. 42 (1898) S. 367 ff., Dernburg II 2 S. 632 sub 1, von Liszt, Deliktsobligationen S. 37 sub 2, Neumann, Jahrb. I 1 S. 476 Note 1 c, 477 Note 6 a (unter Bezugnahme auf einen mir nicht rechtzeitig zugänglich gewesenen Aufsatz von Staub in der Zeitschrift Unlauterer Wettbewerb 1, 7); ferner Träger (oben S. 298 Anm. 17) S. 205, Braunschweig, Begriff und Schutz des Kredits nach BGB., Rostocker Diss. 1903, S. 69 f.

[5]) In diesem System (unten § 66) ist daher für § 824 kein besonderer Raum vorhanden.

[6]) Sowie für die einzelnen Begriffe (mit Ausnahme des „Kennenmüssens“, oben sub 2). Wenn von Liszt S. 37 sub 1 b und Kuhlenbeck, Von den Pandekten II S. 361 von „bösem Glauben“ sprechen, ist dies nicht im technischen Sinne des BGB. § 932 Abs. II (oben § 34) zu verstehen (vgl. oben S. 210 Anm. 1).

[7]) Ohne erhebliches Interesse für unser Gesamtproblem ist auch der zweite Absatz des § 824.

[8]) Zweifellos können zugleich Beziehungen zur „Arglist“ (oben § 58) eintreten; so, indem durch die über A ausgesprochene Verläumdung der Adressat B mittelbar an einem Geschäftsabschluß mit A verhindert werden soll.

[9]) Insbesondere zu § 823 und zu § 826; vgl. hierzu etwa Biberfeld a. a. O. S. 384 ff. sowie aus der Judikatur die Entsch. des Reichsger. vom 11. März 1904

b) nach der — offenbar die schädliche Wirkung der unwahren Mitteilung nicht[1]) notwendig mitumfassenden — Richtung des „Kennenmüssens“ in § 824 Abs. I a. E.;

c) nach der Verteilung der Beweislast, die offenbar dem geschädigten Kläger sowohl in der Richtung auf die objektive Unwahrheit der behaupteten oder verbreiteten Tatsache wie in der Richtung auf die Fahrlässigkeit (das Kennenmüssen) des Täters trifft, was in jener Hinsicht unbestritten,[2]) in dieser Hinsicht aber zwar die herrschende,[3]) jedoch[4]) nicht die gänzlich unbestrittene Auffassung ist.

III. Die Verschiedenheit der Voraussetzungen in Gruppe I und Gruppe II, die dort konstatierte Entbehrlichkeit und die hier konstatierte Unentbehrlichkeit des subjektiven Momentes des „Verschuldens“, erklärt sich zur Genüge aus dem verschiedenen Zwecke der Normen, der dort lediglich dahin geht, wegen eines anscheinend zustande gekommenen Vertrages durch ein Widerrufsrecht des an die Abrede gebundenen Gegenparts eine Beseitigung der Bindung und einen Fortfall der regulären Rechtsfolgen zu ermöglichen, während er hier darauf gerichtet ist, einem neuen Anspruche (auf Schadensersatz) eine Grundlage zu schaffen. Es ist der in den beiden Gruppen enthaltene Gegensatz also ein ganz ähnlicher, wie wir ihn wegen der „Drohung“ (oben § 51, insbes. sub A II) antrafen, indem ein Teil der einschlägigen Bestimmungen die Drohung zum Tatbestandsmerkmal einer unerlaubten Handlung stempelt, während die anderen Normen an die Drohung lediglich die Rückgängigmachung[5]) einer Willenserklärung knüpfen.

(II 493/03) in der Juristen-Ztg. IX (1904) Nr. 11 S. 553 und vom 30. Nov. 1903 (VI 142/03) in Seufferts Archiv 59 (1904) Nr. 103 S. 183 ff. (und auch die weiter unten zitierten Entsch. vom 29. Mai und 14. Dezember 1902).

[10]) (Note zu S. 486.) Z. B. Reichsges. zur Bekämpfung des unlauteren Wettbewerbes vom 27. Mai 1896 (§§ 6 u. 7); vgl. Biberfeld a. a. O. S. 373 ff. sowie auch Staub a. a. O. und (gleichfalls nach Neumann, Jahrb. I 1 S. 477 Note 6) Axter in der Zeitschrift Unlauterer Wettbewerb 1, 123.

[1]) Ebenso Crome II S. 1028 Anm. 23, Dernburg II 2 S. 632 sub 1, Enneccerus-Lehmann I S. 847 sub I 3, Landsberg I S. 561 sub 1 a, v. Liszt S. 37, Müller und Meikel I S. 663 sub 1, Neumann, Jahrb. I 1 S. 476 sub 1 c, Oertmann S. 561 Anm. 6.

[2]) Vgl. Crome a. a. O. Anm. 17, Enneccerus-Lehmann S. 848 sub II, Fischer-Henle S. 424 Anm. 1, Neumann, Handausg. I S. 394, Planck II S. 615 oben, Biberfeld a. a. O. S. 377, Braunschweig a. a. O. S. 72, Träger a. a. O. S. 213 sowie Entsch. des Reichsger. vom 29. Mai 1902 (oben S. 230 Anm. 3) auf S. 380 sub 5 und vom 14. Dezember 1902 (VI 167/03) in Bd. 56 (1904) Nr. 72 S. 271 ff. (auch im „Recht VIII, 1904, Nr. 12 S. 335 sub Nr. 1493) auf S. 285; vgl. auch die oben S. 486 Anm. 9 zitierte Entsch. vom 30. November 1903 a. a. O. S. 184.

[3]) Vgl. Crome, gleichfalls a. a. O. Anm. 17, Enneccerus-Lehmann a. a. O., Fischer-Henle S. 424 Anm. 9, Neumann, Handausg. I S. 394, Oertmann S. 561 Note 6, Planck a. a. O., Biberfeld a. a. O., Braunschweig a. a. O. und nach Neumann, Jahrb. a. a. O. Note 6 b auch Axter a. a. O.; ferner die oben Anm. 2 erwähnte Entsch. des Reichsger. vom 14. Dezember 1902, während das von Neumann, Jahrb. a. a. O. Note 5 zitierte Erkenntnis vom 29. Mai 1902 (gleichfalls oben Anm. 2) S. 380 darüber nichts sagt.

[4]) Exkulpationsbeweis des Schädigers nimmt (in Widerspruch mit dem von ihm in Note 6 b Bemerkten) Neumann, Jahrb. a. a. O. Note 5 unter Berufung auf Rosenberg, Beweislast (unten § 83) S. 120, 130 an, während Beckh, Beweislast S. 209 den Beschädigten für beweispflichtig hält.

[5]) Was die Stellung des Minderjährigen bezw. des Ehegatten, Inhabers der elterlichen Gewalt, Vormundes usw. betrifft, der die Einwilligung der Wahrheit zuwider behauptet hatte, so richtet sich seine Bindung nach den allgemeineren Grundsätzen. — Da es für das Widerrufsrecht des Gegenkontrahenten zu den Voraussetzungen gehört, daß fälschliche Behauptung der Einwilligung vorgelegen hat, so ist die Behauptung mit besonderen Rechtswirkungen umkleidet, es liegt also eine Gruppe von Fällen vor, die sich in logische Beziehung zu denjenigen Fällen (BGB. §§ 171 f., 179, 409, 576) bringen lassen, wegen derer Hupka, Die Haftung des Vertreters ohne Vertretungsmacht (Leipzig

Die Feststellung dieser Parallele wird uns nicht unerwünscht sein als weiteres Argument für die Richtigkeit unserer Behauptung (§ 51 sub A III), daß der Begriff „Drohung" an sich lediglich im objektiven Sinne zu verstehen ist.

IV. Die übrigen Stellen des Gesetzes, in denen das Wort „behaupten" bezw. „Behauptung" sonst noch begegnet (§§ 180, 371, 446, 863), sind für unsere Frage ohne Interesse; „verbreiten" findet sich außer im § 824 überhaupt nicht mehr.

B. Dagegen hat das Handelsgesetzbuch [1]) in seinem aktienrechtlichen Teile eine Reihe von Vorschriften, welche von wahrheitswidrigen, wissentlich falschen Angaben reden und dabei stets [2]) ein subjektives Verschulden (wie oben in Gruppe II) voraussetzen.

§ 63.

Die Erteilung eines unrichtigen Zeugnisses.

A. Für den Gedankenkreis, in welchen die Ausdrücke „Arglist", „Hinterlist", „Verheimlichung", „Handeln ohne Wissen" und „wahrheitswidrige Behauptungen" (oben §§ 58—62) gehören, kommt als letzte Wendung nur noch die in der Ueberschrift genannte (und oben § 13 sub III erwähnte) in Betracht. Denn wegen einiger anderer möglichenfalls auf ein subjektiv unwahrhaftiges Verhalten weisender Ausdrücke des Gesetzes — „verdecken",[3]) „Schein",[4]) „zusichern",[5]) „versichern"[6]) und „wirklich"[7]) — lehrt ein Blick in die einschlägigen Normen sofort, daß sie eine derartige Bedeutung im BGB. nicht haben.

I. Zunächst denkt auch hier das Gesetz nach dem Wortlaute der Bestimmung nur an die objektive Unrichtigkeit,[8]) wie oben § 62 sub A I; daß sich aber der Gedanke an die gleichzeitige subjektive Widerrechtlichkeit einmischt, zeigt die Zusammenstellung dieses Vorganges im EG. zum BGB.

1903) S. 201 und S. 93 Anm. 1 von „Behauptung als Verpflichtungsgrund" redet; vgl. meine Besprechung der Hupkaschen Schrift im Literar. Centralblatt Jahrg. 55 Nr. 9 vom 27. Februar 1904 S. 300.

[1]) HGB. §§ 314 Nr. 1, 313 Abs. I Nr. 3, 316 Satz 1; über „verschleiern" (§ 314 Nr. 1 HGB.) bereits oben § 60 sub B.

[2]) Weil durchweg von „wissentlichem" Handeln die Rede ist.

[3]) § 117 Abs. II (zweimal).

[4]) „Schein" im Sinne des (im BGB. fehlenden) Begriffes „Anschein" nur in § 117 (Abs. I; daselbst — Abs. II — auch „Scheingeschäft") und in § 405. Sonst (§§ 803—805, 1296, EG. z. BGB. Art. 175) nur im gleichen Sinne wie die Komposita Erbschein, Rentenschein u. dgl. (vgl. Gradenwitz pag. XVII) — Vgl. auch „ernstlich", „Ernstlichkeit" in § 118, während der Gegensatz „Scherz" im BGB. fehlt.

[5]) Das „Zusichern" bezieht sich auf ein Vermögen in § 82, sonst durchweg im Sinne der Lehre von der Gewährleistung auf Eigenschaften (§§ 459, 463, 477, 480, 492, 494, 537, 633) bezw. auf Abwesenheit eines Fehlers (§ 460) oder Nichtvorhandensein eines Mangels (§ 490) bezw. (wie das Substantiv „Zusicherung" in § 537) auf eine Eigenschaft oder eine bestimmte Größe eines Grundstücks (§ 468). Daß dabei bloße Zusicherung und Arglist etwas ganz Verschiedenes sind, lehren §§ 460, 463, 477, 480.

[6]) „Versichern" im Sinne von „Zusichern" findet sich nur in § 2356; ebenso „Versicherung" in §§ 2245, 2356 f. und in den oben § 52 S. 384 Anm. 4 erwähnten Stellen („Versicherung der Richtigkeit und Vollständigkeit" eines Verzeichnisses). Im übrigen gehen beide Worte stets im Sinne eines Versicherungsvertrages (§§ 617, 1045 f., 1127—1130, 1385 Nr 3) ebenso wie die Worte „Versicherer", „Versicherter", „Versicherungsbestimmungen", „Versicherungsrecht", „Versicherungssumme" (Gradenwitz S. 154 f.) und „Krankenversicherung", „Unfallversicherung", „Lebensversicherungsvertrag" (Gradenwitz pag. XVIII).

[7]) „Wirklicher Wille": § 133; „wirklicher oder mutmaßlicher Wille": §§ 677 f., 683 (vgl. oben § 56 sub A I 3 a); wirklicher Wert: § 472; Geschäftsherr: § 686; Rechtslage: §§ 894, 1263; Aufwand: § 1715; Erbe: § 2362. Ebenso „die Wirklichkeit": §§ 155, 988, 2018; „der Wirklichkeit nicht entsprechen": § 779.

[8]) Vgl. über die Worte „unrichtig", „richtig" usw. im BGB. oben § 52 sub I 4.

§ 95 Abs. I Satz 2 mit der Verleitung zu widerrechtlichem Verlassen des Dienstes und mit der Indienstnahme trotz Kenntnis eines noch bestehenden Gesindeverhältnisses und zwar die Zusammenstellung unter dem gemeinschaftlichen Gesichtspunkte einer hieraus entstehenden Schadensersatzpflicht. Und dieselbe Zusammenstellung lehrt ferner, daß das Gesetz nicht sowohl an einen Schadensersatzanspruch des Gesindes wie vielmehr an einen solchen der neuen Dienstherrschaft denkt, die z. B. von dem als „treu und ehrlich" bezeichneten und vielleicht nur wegen dieser Charakterzüge gemieteten Dienstboten bestohlen worden ist. Wenn gleichzeitig subjektiv schuldhaft, ist dieser Vorgang, da er seine Spitze nicht bewußt, sondern sehr wider den Willen der früheren Dienstherrschaft gegen die ihr doch gänzlich fremde neue Dienstherrschaft richtet, darum keine Arglist, weil die Ersatzpflicht hier nur auf Fahrlässigkeit basiert ist, die sich ja (vgl. oben § 58 sub B VI 4 a) mit der Arglist gegenseitig ausschließt. Es wird sogar dieser Fall der Erteilung eines allzu günstigen Zeugnisses weit häufiger unter die Worte der Norm fallen als der eines allzu ungünstigen Zeugnisses, und so werden wir sagen können, daß Art. 95 Abs. I zwar aus dem Kreise der Betrachtungen über die Arglist im wesentlichen ausscheidet, desto energischer aber in den Kreis der Betrachtungen über Haftung für Fahrlässigkeit — als Beispiel derselben — eintritt.

II. Es wird das Gesagte als Auffassung des Gesetzgebers dadurch bestätigt, daß die Motive zum EG. z. BGB.[1]) S. 167 auf §§ 174 f. der Preußischen Gesindeordnung vom 8. November 1810 (Ges.-S. S. 101) verweisen[2]) und die vorangehenden §§ 172 f. ebenda unerwähnt lassen, die — zur Ergänzung der übergeordneten Norm in § 171 ebenda, wonach die Herrschaft dem Gesinde „bei dem Abzuge . . . einen schriftlichen Abschied und ein der Wahrheit gemäßes Zeugnis über seine geleisteten Dienste zu erteilen schuldig" ist — nur von obrigkeitlicher Berichtigung des Attestes sprechen, wenn „dem Gesinde in diesem Abschiede Beschuldigungen zur Last gelegt" werden, „die sein weiteres Fortkommen hindern würden",[3]) und nicht von einer Schadenshaftung der Herrschaft gegenüber dem Gesinde.

III. Für unsere dem Reichszivilrecht gewidmeten Untersuchungen über die Verschuldensbegriffe sind nun aber etwaige „unberührt gebliebene" Vorschriften des Partikularrechts über Ansprüche der neuen Dienstherrschaft gegen die alte wegen Erteilung eines unrichtigen Gesindezeugnisses, selbst wenn zugleich ein subjektives Verschulden vorliegt, ohne weiteres Interesse;[4]) sie werden sich übrigens in weitaus den meisten Fällen — ebenso wie etwaige Ansprüche des Gesindes selber gegen die Dienstherrschaft — als fahrlässige[5]) Vermögensbeschädigungen in die „unerlaubten Handlungen" (oben § 39) als Anwendungs-

[1]) Die übrigen Materialien zum EG. z. BGB. Art. 95 (Prot. Bd. II Nr. 124 S. 294 ff., Bd. VI Nr. 430 sub XIII S. 379 f.) bieten nichts Einschlägiges; ebensowenig die Literatur (vgl. Niedner, Einführungsgesetz, 2. Aufl. S. 192 ff., Planck VI S. 181 ff.).

[2]) §§ 174 f. lauten: „Hat hingegen die Herrschaft einem Gesinde, welches sich grober Laster und Veruntreuungen schuldig gemacht hat, das Gegenteil wider besseres Wissen bezeugt, so muß sie für allen einem Dritten daraus entstehenden Schaden haften. Die folgende Herrschaft kann sich also an ihr wegen des derselben durch solche Laster oder Veruntreuungen des Dienstboten verursachten Nachteils halten."

[3]) Vgl. hierzu (an der Hand von Weißler, Preußisches Landesprivatrecht Bd. I, Leipzig 1900, S. 544 ff.) auch die Kgl. Verordnung vom 29. September 1846 wegen Einführung von Gesindebüchern (Ges.-S. S. 467) § 8, Gesinde-O. für Neuvorpommern und Rügen vom 11. April 1845 (Ges.-S. S. 391) §§ 168 f.

[4]) Deshalb bleiben sie für das System (unten § 66) außer Berücksichtigung.

[5]) Für die jedenfalls in Wirklichkeit sehr seltenen Fälle des Vorsatzes käme § 826 (oben § 36 sub II 9 a) in Betracht.

fälle insbesondere zu § 823 Abs. I, § 823 Abs. II, § 824 (oben § 62) eingliedern lassen.

B. Im Handelsgesetzbuch[1]) wird von unrichtigen Dienstzeugnissen nirgends gesprochen.

§ 64.

Der Verzug.

A. Ganz isoliert und ohne Vermittelung durch die anderen bisher besprochenen Begriffe bleibt nur noch ein Ausdruck zu betrachten, der „Verzug" (oben § 20). Auch dieser Begriff findet sich im Gesetze weder definiert noch umschrieben. Auch in den Materialien[2]) werden wir uns vergebens nach einer Definition umsehen, und ebenso finden wir in der Literatur[3]) zwar Definitionen[4]) des Schuldenverzuges im besonderen[5]) bezw. des Gläubigerverzuges im besonderen,[6]) aber nirgends Definitionen des Verzuges überhaupt.

I. Sprachliches.

1. Der Ausdruck an sich besagt nicht mehr, als daß jemand etwas „ver-

---

[1]) Vgl. HGB. §§ 73, 80 und ferner auch Seemanns-Ordnung (vom 2. Juni 1902) §§ 19 ff., auch Gewerbeordnung §§ 113 f. und insbes. auch BGB. § 630.

[2]) Vgl. insbes. Mot. II S. 56 ff., Prot. I Nr. 48 V—XIII, Nr. 49 I—VIII S. 324 ff.

[3]) An allgemeinerer Literatur kommen außer den Kommentaren (insbes. Planck II S. 59 ff., Oertmann S. 42 ff., Rehbein II S. 118 ff., Schollmeyer S. 120 ff., Mayring S. 45 ff.; vgl. auch Meisner S. 27 ff., Neumann, Handausg. I S. 153 ff.) in Betracht z. B. Cosack I §§ 105 f. S. 362 ff., Crome II §§ 161—165 S. 135 ff., Dernburg II 1 §§ 71—77 S. 151 ff., Eck I §§ 56 f., 280 ff., Endemann I §§ 137—140 S. 777 ff., Enneccerus-Lehmann I §§ 198—201, 203 S. 486 ff., 495 ff., Kuhlenbeck, Von den Pandekten II §§ 13 f S. 100 ff., Landsberg I §§ 104 f. S. 342 ff., Liebe I §§ 77, 79 f., S. 234 ff., 240 ff., Matthiaß I § 80 II S. 359 ff., § 81 S. 365 ff., Müller und Meikel I §§ 88—90 S. 266 ff., Stammler, Schuldverhältnisse S. 140 ff. — Daneben sehr zahlreiche Einzeluntersuchungen; so in Zeitschriften insbes. Kohler im Archiv f. bürgerl R. Bd. 13 (1897) S. 149 ff., Rosenberg in Iherings Jahrb. 43 (1901) S. 141 ff. (beide Abhandlungen zum Verzug des Gläubigers); als Monographie Paech, Der Leistungsverzug, Berlin 1902, und ferner sehr viele Dissertationen: zum Schuldnerverzug die Erlanger Dissertationen von Meumann (Magdeburg 1898) und Jacobsohn (Berlin 1900), sowie die Greifswalder von Arthur Schmidt (1900); zum Gläubigerverzug die Greifswalder von Henrici (Jena) und Duncker (1899), Bernstein (1900) und Charmak (1902), die Erlanger von Munk (Berlin 1898) und Wentrup (Lingen 1899), die Leipziger von Ziegler (Bartenstein 1901) und Wolffenstein (Guben 1902), die Rostocker von Kornfeld (1903) und Wachsner (Gleiwitz 1899), die Freiburger von Carl (Worms 1902), die Marburger von Wenz (Straßburg 1902) und die Breslauer von Warschauer (Greifswald 1902). — Ueber Erfüllungs- bezw. Erfüllungs- und Annahmeverzug die Erlanger Dissertation von Hoffsümmer (Köln 1898) bezw. die Rostocker von Führ (1901), über Abnahmeverzug des Käufers Hohenstein in Gruchots Beitr. 48 (1904) S. 711 ff. — In der fast durchweg äußerst zuverlässigen Bibliographie von Maas finden sich gerade zum Gläubigerverzug zwei Irrtümer, indem z. J. 1899 S. 25 die Schrift von Labowsky über Eigenes Verschulden und z. J. 1902 S. 25 ein Aufsatz von Hölder im „Recht" VI (1902) S. 413 f., der über „Bedingung und Befristung" handelt, zitiert werden.

[4]) Bezw. Abgrenzungen der Voraussetzungen.

[5]) Vgl. z. B. Cosack a. a. O. S. 362, Dernburg a. a. O. S. 152 II, Endemann a. a. O. S. 777, Enneccerus-Lehmann a. a. O. S. 486, Matthiaß a. a. O. S. 359 II A.

[6]) Vgl. z. B. Cosack a. a. O. S. 366, Endemann a. a. O. S. 785, Enneccerus-Lehmann a. a. O. S. 495.

zögert", mit etwas im „Rückstand" ist.[1]) Zunächst werden wir also das „in Verzug sein" und das „Verzögern" sowie den „Verzug" selber und das „Zögern" (die „Verzögerung") für gleichbedeutend erachten dürfen und ferner den „Verzug" als eine Verletzung der Verpflichtung zu „unverzüglichem" Tun auffassen können.

2. Doch das Gesetzbuch, das alle genannten Ausdrücke — „Verzug", „verzögern", „Verzögerung", „zögern" und „unverzüglich" — enthält, bietet erfreulicher= und löblicherweise einen ganz festen Sprachgebrauch:

a) Von „Verzug" redet es nur[2]) — vgl. die oben § 20 sub B aufgezählten Gesetzesstellen einschließlich derer sub B II —, wenn Beziehungen, insbesondere obligatorischer Art, unter den Interessenten bereits bestehen, und daß die sedes materiae (BGB. §§ 284 ff., 293 ff.) ihre Stellung im Buch II Abschn. 1 („Inhalt der Schuldverhältnisse") gefunden hat, bestätigt diesen Sprachgebrauch aufs nachdrücklichste.[3])

b) Der vom Gesetze selber definierte und von uns oben § 4 und § 33 genauer betrachtete Ausdruck „unverzüglich", sowie die bei jener Gelegenheit gleichfalls besprochenen anderen Ausdrücke („zögern", „verzögern", „Verzögerung"), welche sich durch das ganze Gesetzbuch verteilen,[4]) betreffen die verschiedenartigsten Umstände und Vorgänge, und zwar auch da, wo es sich um bereits vorhandene obligatorische Beziehungen zwischen den Interessenten handelt,[5]) immer nur entweder bloß sekundäre Nebenverpflichtungen[6]) (namentlich in Form von Anzeigen u. dgl.) oder hineinspielende Beziehungen dritter[7]) Personen;[8]) niemals gehen aber diese Ausdrücke auf den eigentlichen Kern einer bereits bestehenden Obligation.[9])

3. Muß man sonach den „Verzug" scharf von den in der Gruppe 2 b

[1]) Vgl. die Ausdrucksweise des BGB. § 1427 Abs. II Satz 2 (vgl. auch §§ 197, 233 Abs. III, 902 Abs. I Satz 2, 1159 Abs. I Satz 1, 1178 Abs. I Satz 1 sowie — „rückständig" — §§ 248 Abs. II Satz 2, 320 Abs. II).

[2]) Die Wendung „Gefahr im Verzuge" (die sich z. B. in Mot. II S. 102 a. E. und im HGB. § 373 Abs. II Satz 2, § 437 Abs. II Satz 2 findet) bietet das BGB. überhaupt nicht, was zur Vermeidung von Mißverständnissen sehr begrüßenswert ist; vgl. insbesondere § 300 Abs. II.

[3]) Auch von den nicht zwischen § 284 und § 304 stehenden Einzelstellen (oben § 20 sub B II) gehören weitaus die meisten (nämlich alle bis auf §§ 990, 1088, 1146, 1613, 2024, ebenda sub 2 f—i) ins Buch II.

[4]) Ins Buch II fällt von diesen Stellen nur ein starkes Drittel.

[5]) Das ist trotz der Stellung im Buch II nicht der Fall bei §§ 663 Satz 1 („unverzüglich"), wo direkte Beziehungen noch garnicht vorliegen, während ebenda Satz 2 (und in § 149) ein künftiger Vertrag wenigstens schon angebahnt ist. Auch § 839 („Verzögerung") setzt voraus, daß Vertragsbeziehungen nicht bestehen (und spricht übrigens dem Verzögern Einfluß ab), desgleichen §§ 1778 und 1787 („verzögern").

[6]) So in §§ 357, 359, 374, 384, 396, 410, 545, 554, 625, 650, 703, 777 (vgl. auch § 1160 und wohl auch § 510 nebst § 2035) wegen des „unverzüglich", in § 777 wegen der „Verzögerung" und in § 2005 wegen des „Verzögerns".

[7]) So in §§ 318, 673, 727 wegen des „unverzüglich", in §§ 315, 319 wegen des „Verzögerns".

[8]) Nicht dritte Privatpersonen, sondern Behörden werden wegen des „unverzüglich" an anderen Stellen (z. B. §§ 978, 1689; vgl. oben § 4 sub I 9 d α und sub I 1 a β α') — als Adressaten — genannt, die aber alle ins Buch III—V gehören. Ebenso wegen der Verzögerung in §§ 1308, 1673, 1847, 2200. Vgl. zu dieser Gruppe auch wegen des „Verzögerns" §§ 42, 230.

[9]) Höchstens zu § 510 (oben Anm. 6) wird sich dies behaupten lassen. — Die Rechtsfolge einer Haftung (wie sie im weiteren Sinne den Kern der Verzugsfolgen bildet; vgl. oben § 20 sub B III 2 a) zeigt sich beim „Verzögern" nur in § 2005, sofern dies „absichtlich" erfolgte.

genannten Ausdrücken[1]) scheiden,[2]) so hat er mit diesen Ausdrücken sprachlich doch noch das gemeinsam, daß auch ihm[3]) ein Hinweis auf die subjektive Seite nicht innewohnt, er vielmehr sprachlich lediglich den objektiven Vorgang andeutet, gleich jenen Ausdrücken, von denen allerdings der Begriff „unverzüglich" — aber nur kraft der sehr problematischen generellen Definition in § 121 Abs. I BGB. (oben § 33 sub A V) — in den Kreis des „Verschuldens" hineingezogen wird.

II. Daß der Verzug und das Verschulden, prinzipiell betrachtet, sich nicht decken, wird auch durch gelegentliche Aeußerungen der Materialien bestätigt; so wenn Mot. V S. 99 (zu BGB. §§ 2116 f.) wegen des Vorerben, der die Hinterlegung von Inhaberpapieren usw. unterläßt, zwischen Vorsatz und Fahrlässigkeit einerseits und Verzug andererseits scheiden; und ebenso, wenn Prot. II Nr. 141 sub IV S. 466/467 (zu BGB. § 767) wegen der Haftung des Bürgen einen Antrag erwähnen, der von den Erweiterungen und Aenderungen der Hauptverbindlichkeit durch „Verschulden oder Verzug des Hauptschuldners" spricht. — Vor allem aber ist zu beachten, daß das Gesetz selber an zwei Stellen, in § 425 Abs. II (oben § 2 sub VI)[4]) sowie in § 767 Abs. I Satz 2 (oben § 2 sub VII 3 c und oben § 20 sub B II 2 e α) „Verzug" und „Verschulden" als koordinierte und somit im Verhältnis zu einander selbständige Begriffe aufzählt; vgl. auch § 644 Abs. I Satz 2 (auf den Gläubigerverzug gehend) mit § 645 Abs. II (oben § 2 sub I 1 a) sowie § 990 Abs. II mit § 989 (oben § 20 sub B II 2 f und oben § 2 sub I 3 c).

III. Andererseits ist aber bereits oben § 20 sub A hinreichend betont worden, daß wegen des Verhältnisses von „Verzug" und „Verschulden" eine scharfe Trennung an der Hand des Gesetzes zu machen ist zwischen Gläubiger- und Schuldnerverzug.

1. Wegen des Gläubigerverzuges ist es zweifellos und wohl ganz unbestritten, daß er von einem Verschulden gänzlich unabhängig ist. Das Gesetz gewährt keinen Anhalt zur Einreihung der mora creditoris in das Verschulden, die Materialien[5]) ebensowenig, und die Literatur[6]) huldigt der gleichen Auffassung.

---

[1]) Und diese Ausdrücke gemäß dem in § 33 sub A III 2 und 3 Bemerkten untereinander. Vgl. ebenda S. 187 Anm. 2 gegen das Erkenntnis des Reichsger. vom 9. Dez. 1903 und unten S 498 Anm. 6 gegen Heinr. Lehmann (S. 89).

[2]) Eine Unterscheidung von „Verzug" im engeren technischen Sinne und „verzögern" findet sich auch bei Cosack I §§ 105 f. S. 362 ff. einerseits und § 197 S. 370 ff. (vgl. auch S. 362 Ueberschrift sub 5) andererseits.

[3]) Wegen der anderen im Texte erwähnten Ausdrücke — mit Ausnahme des „unverzüglich", das ja das subjektive Moment durch § 121 Abs. I Satz 1 oktroyiert erhalten hat; vgl. oben § 33 sub A V — vgl. Genaueres gleichfalls oben § 33 sub A III 3.

[4]) Im § 20 ist, wie ich eben bemerke, die Erwähnung des § 425 BGB. übersehen worden; er gehört unter B II 1 (S. 77).

[5]) Vgl. oben § 20 S. 74 Anm. 3 und insbesondere Mot. II S. 68, Prot. I Nr. 49 S. 330.

[6]) Vgl. z. B. Cosack I S. 367 sub 3 a, Crome II S. 147, Dernburg II 1 S. 164 sub IV, Eck I S. 283/284, Endemann I S. 788 sub 3, 790 Anm. 9, Engelmann S. 200, Enneccerus-Lehmann I S. 497 sub III, Fischer-Henle S. 163 Anm. 5, Kipp II S. 413/414, Landsberg I S. 347 sub d, Liebe I S. 240, Matthiaß I S. 365, 371, Mayring S. 52 Anm. 1, Meisner S 32 Anm. 1, Müller und Meikel I S. 273, Neumann, Handausg. I S. 155 Note 1, Jahrb. I 1 S. 207 sub 1, Oertmann S. 49 Anm. 3, Planck II S. 68/69 (vgl. S. 73), Rehbein II S. 137, 141, Schollmeyer S. 136/137, Weyl I S. 346; ferner Kohler a. a. O. S. 150, Rosenberg a. a. O. S. 144, 201 und die Dissertationen von Carl S. 40, Duncker S. 46 ff., Kornfeld S. 57, Munck S. 47 ff., Warschauer S. 47/48, Wentrup S. 4 ff., Wenz S. 75 ff., Wolffenstein S. 42 f., Ziegler S. 23. — Vgl. ebenso an gelegentlichen Aeußerungen z. B. Kuhlenbeck, Rechtspr. d. Reichsger. Teil II Heft 7 (Berlin 1898)

2. Um so zweifelhafter muß es dagegen erscheinen, ob der Schuldnerverzug von einem Verschulden abhängig ist oder nicht. Vor genauerer Untersuchung der Frage sei sofort konstatiert, daß es sehr viele Stimmen gibt, die die Auffassung äußern, die mora debitoris des BGB. sei in der Tat von einem Verschulden abhängig, und daß, wenn wir zu dem Ergebnisse gelangen sollten, uns dieser Auffassung anzuschließen, wir in dem Schuldnerverzuge einen in unser Thema gehörigen Begriff gewinnen, während wir uns bei gegenteiliger Auffassung für die mora debitoris ebensowenig zu interessieren hätten, wie für die mora creditoris. Um richtige Antwort gewinnen zu können, müssen wir vor allem das Gesetz selber (unten sub IV) ins Auge fassen und dann Materialien (unten sub V) und Literatur (unten sub VI) — die Judikatur[1]) hat sich zu der Angelegenheit noch nicht[2]) prinzipiell geäußert — nachprüfen.

IV. Aus dem Gesetz selber ist der Wortlaut des § 285 in Betracht zu ziehen. Darnach kommt der Schuldner nicht in Verzug, „solange die Leistung infolge eines Umstandes unterbleibt, den er nicht zu vertreten hat", m. a. W. der Verzug setzt einen Umstand voraus, den der Schuldner „zu vertreten hat". Wir können es also nicht vermeiden, den Sprachgebrauch des Gesetzes wegen der Wendung „Umstand", den jemand „zu vertreten hat", zu untersuchen und festzustellen, was sich daraus über das Verhältnis dieses „Vertreters" zum „Verschulden" ergibt.

1. Der Ausdruck „vertreten"[3]) — die neben ihm begegnenden Ausdrücke[4]) „Vertretener", „Vertreter", „Vertretungsmacht" und „Stellvertreter" interessieren hier natürlich nicht; ebensowenig aber auch die Ausdrücke „vertretbar" und „Vertretung"[5]) — findet sich in zweifacher Bedeutung[6]), die sich übrigens unter den gemeinsamen Begriff des „Eintretens" — sub a für eine Person, sub b für eine Tatsache — zusammenfassen läßt:

S. 115 und wohl auch Hellwig, Verträge auf Leistung an Dritte (Leipzig 1899) S. 113 (Anm. 244) — Keine ausgesprochene Stellungnahme bei Stammler, Schuldverhältnisse S. 151 ff.

[1]) Vgl. Scherer I S. 78, II S. 136, III S. 163/164, Warneyer I S. 42 f., II S. 30 Spruchsamml. I S. 13; über Spruchsamml. II S. 9 siehe unten sub IV 6 a. Unerheblich ist für uns die auch bei Neumann, Jahrb. I 1 S. 189 zu § 276 erwähnte Entsch. des Reichsgerichts vom 29. Januar 1902 (V 361/01) im „Recht" VI (1902) S. 125 Nr. 533, die von vertragsmäßiger Bestimmung, daß bei nichtpünktlicher Zinszahlung Fälligkeit eintreten solle, handelt.

[2]) Ueber die Bemerkungen der Judikatur zum Ausdruck „vertreten" vgl. unten sub IV 6.

[3]) Zu diesem Ausdrucke vgl. außer der unten sub 6 erwähnten Literatur auch vereinzelte Bemerkungen bei Schloßmann in Iherings Jahrb. 45 (1903) S. 111 Anm. 3, Erler, Sprache des BGB. S. 15, während die Angaben bei Wendt im Arch. f. d. zivilist. Praxis Bd. 87 (1897) S. 422 Anm. 1 auf S. 423 sich keineswegs auf Fälle des „Vertretens" allein beschränken, sondern (mit Erwähnung von §§ 350, 498, 644, 678, 732, 848, 987, 989) alles mögliche Andere hereinziehen.

[4]) Wegen dieser Ausdrücke vgl. die Stellen bei Gradenwitz S. 156 und — wegen „Stellvertreter" (nur in EG. zu BGB. Art. 78) — S. 135. Nur mit diesen Ausdrücken und dem Ausdruck „vertretbare Sache" beschäftigen sich die Register zu den Mot. (S. 112 f.), zu den Prot. (S. 201 f.) und zu Planck (S. 125).

[5]) Es wäre denkbar, daß das Gesetz von „vertretbarem Verschulden" (vgl. unten S. 504 Anm. 7) oder „Vertretung des Verschuldens" u. dgl. spräche. „Vertretbar" (das sich 10 mal findet, vgl. Gradenwitz S. 156) begegnet aber nur in Verbindung mit „Sache" (res fungibilis), „Vertretung" (vgl. ebenda) nur im Sinne von „Stellvertretung" bezw. gesetzliche Vertretung (im Familienrecht), und nur einmal (§ 540) im Sinne von Mängelvertretung (Gewährleistung), wie unten sub b δ.

[6]) Die Vieldeutigkeit erhellt z. B. aus dem Titel einer Rostocker Dissertation von Bochalli (Potsdam 1900), „Die Ausnahmen vom Vertretungsprinzip des BGB.". Dieser im Sinne der Zulässigkeit einer Stellvertretung gemeinte Titel könnte auch auf die Ausnahme von der Verantwortlichkeit (z. B. gemäß §§ 827 f. oder etwa § 254 BGB.) gedeutet werden.

a) Im Sinne von „Stellvertretung" im BGB. §§ 26 Abs. II Satz 1, 714, 715, 1189 Abs. I Satz 1, 1357 Abs. I Satz 1, 1409 Satz 1, 1457 Satz 1, 1793, 1795 Abs. I, 1796 Abs. II.

b) Im Sinne von Haftung, Einstehen-Müssen an allen übrigen Stellen. Hier können wir noch mehrere Gruppen trennen, indem wir die Frage aufstellen: was hat jemand zu vertreten? Zu vertreten (bezw. im Einzelfall nicht zu vertreten) ist nun:

α) ein „Verschulden" und zwar eigenes laut §§ 664 Abs. I Satz 2, 691 Satz 2, das eines Andern laut §§ 278 Satz 1, 351 Satz 2, 549 Abs. II (vgl. oben § 2 sub I 2 c und e und sub VII 1, 2 b und 3 a);

β) „Vorsatz" und „Fahrlässigkeit" laut § 276 Abs. I Satz 1 (oben § 5 sub B II 1), „Vorsatz" und „grobe Fahrlässigkeit" laut §§ 300 Abs. I, 521, 599, 680, 968 (vgl. oben § 5 sub B I 1);

γ) „jede Fahrlässigkeit" laut § 287 Satz 1 (oben § 6 sub II 2);

δ) ein „Mangel" in §§ 439 Abs. I, 460 Satz 1, 461, 462, 482 Abs. I, 637, 2376 Abs. II;

ε) „Veränderungen oder Verschlechterungen" des Objekts, die durch den „vertragsmäßigen Gebrauch" bezw. durch „ordnungsmäßige Ausübung bezw. Benutzung herbeigeführt werden", laut §§ 548 und 602 (oben § 16 sub II 2) sowie §§ 1050 und 2132 (oben § 27 sub II 5);

ζ) das „Unvermögen" in § 279;

η) ein „Schaden" in § 991 Abs. II;

ϑ) in allen übrigen Fällen lediglich ein „Umstand". Das Gesetz spricht nämlich:

α') von einem „zu vertretenden Umstand" bezw. einem „Umstand", den jemand „zu vertreten hat": in §§ 265 Satz 2, 280 Abs. I, 282, 324 Abs. I Satz 1, 325 Abs. I Satz 1, 338 Satz 1, 538 Abs. I, 645 Abs. I Satz 1,[1]) 2196 Abs. I.

β') von einem „nicht zu vertretenden Umstand" bezw. einem „Umstand", den jemand „nicht zu vertreten hat": in §§ 275 Abs. I, 283 Abs. I Satz 3, 285, 323 Abs. I, 324 Abs. II, 327 Satz 2, 543 Abs. II, 586 Abs. II Satz 1, 628 Abs. I Satz 3, 635.[2])

2. Vom Gesichtspunkt eines Verschuldens aus betrachtet lassen sich diese Einzelgruppen des Falles 1 b folgendermaßen ordnen:

a) Ein Verschulden liegt der Vertretungspflicht zweifellos zu Grunde in Gruppe 1 b α, β und γ, weil hier ausdrücklich des Verschuldens bezw. seiner Unterarten (Vorsatz und Fahrlässigkeit) Erwähnung geschieht.

b) Dagegen sind ein „Mangel", eine „Veränderung oder Verschlechterung", das „Unvermögen", ein „Schaden" und ein „Umstand" Dinge, die ein Verschulden nicht oder doch nicht ohne weiteres involvieren; wir können die betreffenden Gesetzesstellen (Gruppe 1 b δ—ϑ) also dem Verschuldensprinzip nur einreihen, wenn sie uns dafür sonstigen Anhalt geben.

α) Dies wiederum ist offenbar nicht der Fall:

---

[1]) Zu § 645 vgl. aber unten 2 b α α'.

[2]) Diese „Umstände" interessieren im einzelnen, weil „infolge" derselben eine Leistung unmöglich wird (§§ 275, 283, 323, 324) oder unterbleibt (§ 285) oder Inventarstücke in Abgang kommen (§ 586) oder weil „wegen" derselben ein Rücktritt bezw. eine Kündigung erfolgt (§ 327 bezw. §§ 543, 628) oder weil „auf" ihnen ein Mangel beruht (§ 635).

α') überall da, wo das Gesetz die Vertretungspflicht selber leugnet und mithin die Nachprüfung, ob ein Verschulden vorliegt oder nicht, schon aus diesem äußerlichen Grunde entbehrlich ist; hierher gehören die beiden Gruppen 1 b ε [1]) und 1 b ϑ β' und aus der Gruppe 1 b δ §§ 439, 460, 461 und 2376, ferner aber aus Gruppe ϑ α' § 645, weil hier davon die Rede ist, daß nicht „ein Umstand mitgewirkt hat, den der Unternehmer zu vertreten hat";

β') überall da, wo das Gesetz die Vertretungspflicht selber zwar bejaht, aber ausdrücklich ihre Unabhängigkeit vom Verschulden anerkennt; hierher gehört § 279 (oben sub 1 b ζ);

γ') überall da, wo das Gesetz nicht sowohl von einem durch die betreffende Partei selber „zu vertretenden Umstande" (oben sub 1 b ϑ α') spricht, sondern davon, daß ein Ereignis durch einen vom Gegner zu vertretenden Umstand eingetreten ist und daß nun für diesen Gegner die sonstigen Vorteile verloren bezw. für die hauptsächlich interessierende Partei nicht verloren gehen; hierher sind § 265, § 324 und § 338 (aus Gruppe 1 b ϑ α') zu stellen;

δ') überall da, wo das Gesetz von Vertretung eines „Mangels" redet, also (nach Abzug der sub α' erwähnten von den sub 1 b δ aufgezählten Stellen) in §§ 462, 482 und 637.[2]) Denn diese Vertretung eines „Mangels" im Speziellen ist identisch mit der Gewährleistungspflicht und die Gewährleistungspflicht baut sich prinzipiell nur auf der nackten Tatsache des Mangels unabhängig von schuldhafter Herbeiführung des Mangels auf;[3])

ε') nichts von einem Verschulden verlautet endlich, abgesehen von unserem § 285, in § 282 und § 2196 (oben sub 1 b ϑ α'), welche zwar beide von Unmöglichkeit einer Leistung infolge eines vom Schuldner zu vertretenden Umstandes sprechen, in welchen aber im übrigen nur die Verteilung der Beweislast geregelt bezw. eine Herausgabepflicht nach den Vorschriften über die ungerechtfertigte Bereicherung sanktioniert wird.

β) Es bleiben mithin positiv als Argumente für einen Zusammenhang zwischen Vertretungspflicht und Verschulden (neben den sub a genannten Normen) nur noch übrig zunächst §§ 280, 325 und 538 (aus Gruppe 1 b ϑ α'), insofern sie an die Tatsache, daß die spätere Unmöglichkeit der Vertragsleistung bezw. die Entstehung eines Mangels eintritt „infolge eines Umstandes", den der Kontrahent „zu vertreten hat", eine Schadensersatzpflicht[4]) — also die typische aber nicht ausschließliche Folge des Verschuldens; vgl. oben § 42 sub C II 3 — anknüpfen; und

---

[1]) Hier liegt zufolge des gesetzlichen Tatbestandes vertragsmäßiges bezw. ordnungsmäßiges Verhalten vor, also (vgl. oben § 16 sub II 2 und § 27 sub II) das Gegenteil eines Momentes, das seinerseits gleichfalls (vgl. oben § 44 sub A IV und § 35 sub III) mit dem Verschulden nichts zu tun hat

[2]) Auch die nähere Nachprüfung obiger drei Stellen ergibt, daß sie vom Verschulden nichts besagen.

[3]) Vgl. Weyl, Vorträge I S. 404.

[4]) In § 325 auch ein Rücktrittsrecht; zu § 538 vgl. noch (wegen der Verweisung in Abs. I a. E.) die alternativen Befugnisse aus § 537.

endlich § 991 (oben sub 1 b η), der (in Abs. II) die Vertretungspflicht nach der „Verantwortlichkeit" aus § 989 abgrenzt, die ihrerseits dort auf dem Verschuldensprinzip aufgebaut ist.

3. Ueberblicken wir unsere Ausführungen zum Begriff „vertreten" nochmals, so kommen wir zu folgenden Ergebnissen:

a) Die Terminologie des Gesetzes ist wieder durchaus tadelnswert, indem der gleiche sehr wichtige Ausdruck in doppeltem[1]) Sinne, einmal als „an die Stelle treten" und dann als „haften" gebraucht wird — übrigens gelegentlich, in § 278 Satz 1 (oben § 2 sub VII 1) sogar innerhalb einer und derselben Norm — und im letzteren Sinne wieder für die eigentliche Vertretungspflicht auf Grund persönlichen Verhaltens, aber auch für die bloße Gewährleistungspflicht auf Grund der einfachen Tatsache[2]) eines Objektmangels, sowie für die Haftung auf Grund der bloßen Tatsache des „Unvermögens" oder einer „Veränderung oder Verschlechterung".

b) Die Sprache des Gesetzes ist aber auch im übrigen keineswegs geeignet, einen unbedingten Rückschluß dahin zu gestatten, daß die Vertretungspflicht stets — und darum im besonderen auch da, wo das Gesetz hierüber schweigt — nur eintritt, wenn ein „Verschulden" vorliegt[3]) und daß etwa ein zu vertretender Umstand identisch sei mit einem schuldhaft herbeigeführten Umstande. Es wird letzteres zwar vielfach in der Literatur[4]) behauptet und es mag dies auch im Grunde dem Gesetzgeber selber vorgeschwebt haben,[5]) es ist aber diese Anschauung im Gesetze denn doch nicht mit genügender Deutlichkeit zutage getreten; im Gegenteil beweist neben einer Reihe von Gesetzesstellen, die betreffs des „Vertretens" dem Verschuldensprinzipe huldigen (oben sub 2 a und b β), eine nicht geringe Reihe anderer Gesetzesstellen die Unab-

---

[1]) Nicht zutreffend ist es daher, wenn Schloßmann a. a. O. (oben S. 493 Anm. 3) im Eingang seiner (im übrigen durchaus vollständigen und richtig gruppierten) Aufzählung der von uns oben sub 1 erwähnten Gesetzesstellen meint, das Wort „vertreten" im BGB. beziehe sich „durchgängig auf Schadensersatzpflicht".

[2]) Aehnlich unterscheidet Erler S. 15, ob die Folgen einer „Handlung" oder eines „Ereignisses" zu tragen seien, wobei aber der Ausdruck „Handlung" nicht ganz einwandfrei erscheint.

[3]) Man beachte auch die Ausdrucksweise innerhalb des § 338 Satz 1 (während § 645 Abs. I Satz 1 und Abs. II verschiedene Personen ins Auge fassen).

[4]) Vgl. Kipp in der Juristen-Ztg. Jahrg. VIII (1903) Nr. 11 S. 254: „Nicht selten spricht das BGB. von dem, was eine Partei (und nicht nur der Schuldner!) zu vertreten hat .... So namentlich in den §§ 285, 254 in Verb. mit 278. Die Aufklärung darüber, was zu vertreten ist, kann auch in solchen Fällen nur dem § 276 (und den ihn modifizierenden Vorschriften) entnommen werden." — Richtig meint Piper (oben S. 101 Anm. 3) S. 41: „Das BGB. gebraucht den Ausdruck: Umstand, den der Schuldner zu vertreten hat, zur Bezeichnung des gesamten Umfanges der Haftung eines Schuldners. Wie das BGB. nun einerseits eine Anzahl von Fällen enthält, in denen man nicht allein Verschulden, sondern auch Zufall zu vertreten hat, so gibt es andererseits auch Fälle, in denen man nur für ein Mindermaß von Verschulden einzustehen hat." Und gelegentlich (zu §§ 276 ff. BGB.) sagt Rehbein II S. 102 Anm. 88 a. E.: „Das BGB. zwingt nicht zu dem Schluß, daß in den §§ 275, 280 unter dem „zu vertretenden Umstand" nur der nach §§ 276, 277 zu vertretende Umstand zu verstehen sei". — Eine andere, hier nicht näher nachzuprüfende Behauptung (in § 276 solle „vertreten" nicht heißen „den Schaden ersetzen müssen") bei Staub, Die positiven Vertragsverletzungen (in der Festschrift für den 26. Juristentag, Berlin, Guttentag, 1902, S. 29 ff.) S. 34 (vgl. auch unten § 71 sub B I 2) interessiert für die Frage im Text nicht.

[5]) Man vgl. auch BGB. § 498 Abs. II Satz 1 und 2 mit E. I § 478 Satz 2 und 3 und dazu in Mot. II S. 343 die Verweisung auf E. I §§ 224 f.

hängigkeit der Vertretungspflicht vom Verschulden, so daß also die Pflicht, etwas zu „vertreten", offenbar gegenüber der Pflicht, die Folgen des Verschuldens tragen zu müssen, den weiteren Begriff darstellt.

4. Ziehen wir die Nutzanwendung auf § 285 BGB., so ergibt sich aus dem Sprachgebrauche des Gesetzes nicht der mindeste Anhalt, daß der Schuldnerverzug ein Verschulden voraussetze.[1])

5. Aufs deutlichste aber beweist § 279, daß ein Schuldnerverzug sehr wohl ohne ein Verschulden denkbar ist; denn bei der Gattungsschuld hat ja „der Schuldner ... sein Unvermögen zur Leistung auch dann zu vertreten, wenn ihm ein Verschulden nicht zur Last fällt".[2])

6. In Literatur und Judikatur,[3]) soweit sie sich über die Bedeutung des Begriffes „vertreten" äußern,[4]) sind die Ansichten durchaus geteilt:

a) An ein Verschulden als notwendige Grundlage der Vertretungspflicht denken z. B. Mayring,[5]) Opet,[6]) Paech,[7]) Staub[8]) und Wendt,[9]) wie es scheint auch Crome,[10]) Hellmann,[11]) Kipp[12]) und Litten,[13]) und auch das Reichsgericht in den Entscheidungen vom 13. Juni[14])

---

[1]) Es ist also unrichtig, wenn vielfach behauptet wird, § 285 entscheide die diesbezügliche Kontroverse des Gemeinen Rechts (so Crome II S. 135 Anm. 6, Dernburg II 1 S. 155 sub III, Eck I S. 280/281, Mayring S. 47 Anm. 1, Planck II S. 63 oben, Rehbein II S. 121 Anm. 112). Ueber die Kontroverse selber z. B. Windscheid-Kipp II § 277 sub 3 und 4 S. 118 f. (vgl. S. 126 sub c).

[2]) Crome II S. 136 Anm. 7 macht auch noch auf die Fälle des BGB. § 278 aufmerksam, in denen aber immerhin ein Verschulden, wenn auch nicht das des Schuldners selber, eine Rolle spielt, sowie auf die Möglichkeit einer „absoluten Garantieübernahme für die Leistung", die aber, weil nur auf Parteidisposition beruhend, für das gesetzliche Grundprinzip der Vertretungsbegrenzung ebensowenig maßgebend wäre, wie etwa ein Ausschluß der Vertretung einer Fahrlässigkeit laut BGB. § 276 Abs. II. Zu § 285 vgl. auch E. Müller im „Recht" VI (1902) S. 542.

[3]) In den Materialien ist mir, abgesehen von der nicht unbedingt prägnanten Bemerkung der Mot. II S. 343 — oben S. 496 Anm. 5 — keine einschlägige Aeußerung aufgefallen. Mot. II S. 47/48, S. 49 scheinen „vertreten" und „schuldhaft" nicht zu identifizieren.

[4]) An sich eingehend, aber für unsere Frage belanglos oder höchstens zu unseren Gunsten zu deuten z. B. Stammler, Schuldverhältnisse S. 109 ff. (insbes. S. 112 f.) und dazu S. 140 ff. (insbes. S. 142).

[5]) Mayring S. 47 Anm. 1. Wohl auch Schollmeyer; vgl. die Aufzählung S. 99 f. sub a und b.

[6]) Opet, Verwandtschaftsrecht S. 248 oben (vgl. oben § 37 sub IV 3 d S. 251 Anm. 1).

[7]) Paech (oben S. 490 Anm. 3), der demzufolge (S. 83 ff.) auch Deliktsfähigkeit des debitor morosus als Voraussetzung ansieht.

[8]) Staub a. a. O. S. 33 f. (vgl. auch Neumann, Jahrb. I 1 S. 187).

[9]) Wendt im Archiv f. d. zivilist. Praxis 92 (Tübingen und Leipzig 1902) S. 61 und 62.

[10]) Crome stellt II S. 147 (beim Gläubigerverzug) „zu vertretendes Verhalten" mit „Verschulden oder sonstigen subjektiven Momenten" gleich.

[11]) Indem er S. 178 seiner Vorträge die Wendung „ein Umstand, den der Schuldner nicht zu vertreten hat" mit „Zufall" für identisch hält.

[12]) Kipp II S. 86 sub 3, S. 92 sub 1 (andererseits aber wohl S. 94 sub 7) sowie in der Juristen-Ztg. a. a. O. (oben S. 496 Anm. 4) S. 254 Spalte 1/2.

[13]) Litten, Die Wahlschuld im deutschen bürgerlichen Rechte, Berlin 1903, S. 76 Anm. 1. — Ueber eine gelegentliche Bemerkung von Planck III S. 356 Anm. 1 b vgl. oben § 46 sub A I 2 c.

[14]) Entsch. des Reichsger. Bd. 52 (1903) Nr. 5 (II 26. 169/02) S. 18 ff., insbes. S. 19, in dem Erkenntnis v. 19. Dezember 1902 (unten S. 498 Anm. 2) S. 202 Anm. 1 herangezogen, aber wenig prägnant.

und 19. September[1]) 1902 und namentlich in der Entscheidung vom 19. Dezember 1902.[2])[3])

b) Dagegen halten betreffs des Begriffes „vertreten" gleich uns ein Verschulden nicht für erforderlich Endemann,[4]) Landsberg,[5]) Heinr. Lehmann,[6]) Liebe,[7]) E. Müller[8]) und Voigt,[9]) sowie das OLG. Kassel in einer Entscheidung vom 19. Oktober 1903.[10])

V. Die Materialien sprechen sich betreffs des Schuldnerverzuges und seiner Beziehungen zum „Verschulden" durchaus im Sinne des Verschuldens als Voraussetzung der mora debitoris aus:

1. So die Mot. II S. 60, indem sie vom „Nachweis der Schuldlosigkeit" und von dem Falle reden, „wenn dem Schuldner ein Verschulden nachgewiesen wird"; ferner, indem sie meinen, der Entwurf folge „der auch in der Praxis herrschenden gemeinrechtlichen Anschauung, welche von der modernen Gesetzgebung,[11]) abgesehen vom franz. Rechte und dem schweiz. Bd.Ges.,[12]) angenommen ist"; sodann, indem sie meinen, es sei notwendig, „die Voraussetzungen des Verzuges . . . in subjektiver Hinsicht einheitlich in Uebereinstimmung mit den Grundsätzen über die Vertretbarkeit der Nichterfüllung bezw. über die Unmöglichkeit der Erfüllung festzusetzen"; endlich konstatieren sie in anderem Zusammenhange, wegen des Gläubigerverzuges, ebenda S. 68, daß im bisherigen Recht Streit herrsche, „ob, wie die mora solvendi ein Verschulden des Schuldners involviere, die mora creditoris in schuldhafter Vereitelung rechtzeitiger Leistung durch den Gläubiger bestehe". Vgl. auch Mot. II S. 496 a. E., wo bemerkt wird, daß ein verschuldeter Annahmeverzug des Bestellers beim Werkvertrage eventuell zugleich als Erfüllungsverzug des Bestellers erscheinen könne.

---

[1]) Ebenda Nr. 47 S. 172 ff. (III 125/02) S. 173 f. (zu BGB. § 538); vgl. auch Warneyer I S. 66 Nr. 1, II S. 49, Jurist. Wochenschr. 31 (1902) Beil. 12 S. 271 Nr. 208.

[2]) Ebenda Bd. 53 (1903) Nr. 50 (II 246/02) S. 200 ff., insbes. S. 201/202: „Unter dem Vertreten von Vorsatz und Fahrlässigkeit muß die Haftung desjenigen, welcher vorsätzlich oder fahrlässig seine Pflicht verletzt, für die Folgen seines Handelns und der durch dasselbe bewirkten Schädigung eines anderen verstanden werden." Doch auch diese Entscheidung (vgl. zu ihr bereits oben S. 103 Anm. 1 und S. 450 Anm. 9) ist nicht beweisend, da sie ausdrücklich das „Vertreten von Vorsatz und Fahrlässigkeit" erwähnt.

[3]) In einer Entsch. vom 11. Juli 1903 (V B 149/03), Jurist. Wochenschr. 32 1903) Beil. 13 S. 114 f. Nr. 251 (vgl. Spruchsamml. II S. 9), meint das Reichsgericht, Krankheit sei ein Umstand, den Schuldner nicht zu vertreten hat.

[4]) Endemann I S. 635/636 „Dies ist nicht gleichbedeutend mit dem Erfordernisse eines Verschuldens". Vgl. auch aus der 5. Aufl., 1899, S. 582 sub 2 seine in der 8. und 9. Aufl. nicht mehr enthaltene ausführlichere Bemerkung.

[5]) Landsberg, sofern man wenigstens in die Bemerkungen I S. 248 ff. die Bemerkungen I S. 344 sub 3 als Modifikation hineinarbeitet.

[6]) Heinrich Lehmann, Die positiven Vertragsverletzungen (im Archiv f. d. zivilist. Praxis 96, 1904, S. 60 ff.) auf S. 89, der aber den vom Gesetz technisch gebrauchten (vgl. oben § 3 sub B II 3 b und III) Ausdruck „schuldhaftes Zögern" in diesem Zusammenhange besser hätte vermeiden sollen.

[7]) Liebe I S. 234 sub I 2.

[8]) E. Müller im „Recht" a. a. O. (und dazu auch Neumann, Jahrbuch I 1 S. 187 Note 3).

[9]) Voigt, Die Fälle der Kausalhaftung des BGB., Jenenser Dissertation, Weimar 1902, S. 94.

[10]) Entsch. des OLG. Kassel vom 19. Oktober 1903 bei Mugdan und Falkmann VII (1903) Nr. 48 h S. 479 (leider ohne Angabe der Gründe für diese Auffassung).

[11]) Hier verweisen Mot. a. a. O. Anm. 1 außer auf Windscheid (§§ 276 f.) auf einige Stellen aus dem Pr. ALR. sowie auf Stellen aus dem österr. und sächs. BGB. und aus dem hessischen, bayerischen und Dresdener Entwurfe.

[12]) Hier verweist Anm. 2 auf Zachariae wegen des französischen Rechts sowie auf einige Stellen aus dem schweizerischen Bundesges. Wegen des französischen Rechts vgl. aber Neumann a. a. O. (oben S. 490 Anm. 3) S. 20 ff.

2. Auch die Protokolle erachten das Verschulden als Voraussetzung des Schuldnerverzuges. Sie sprechen darüber eingehend Bd. I Nr. 48 VI S. 325 f., streifen dasselbe Thema aber auch z. B. ebenda Nr. 80 I S. 645[1]) a. E., S. 646[2]) und ebenda Nr. 92 VIII S. 779 f.[3])

VI. Das Bild, welches die Literatur bietet, ist ein recht buntes:

1. Nur wenige Schriftsteller unterlassen es ganz, zu der Frage, ob die mora debitoris Verschulden voraussetze, Stellung zu nehmen[4]) oder doch wenigstens ihre Ansicht zwischen den Zeilen zu verraten.[5]) Die meisten Autoren sprechen sich zu der Frage mit genügender Deutlichkeit aus und zwar größtenteils[6]) in dem Sinne, daß Verschulden die Voraussetzung des Schuldnerverzuges sei. Dabei wiederum stützen sich die meisten[7]) für diese Auffassung auf den § 285.[8]) Von den Anhängern des Verschuldensprinzips lassen übrigens einige den § 279 unerwähnt,[9]) während andere auf ihn aufmerksam machen und damit mindestens andeuten, daß sie einen Ausnahmefall zugeben. — Vergleicht man die Aeußerungen miteinander, so werden als besonders extreme Anhänger des „Verschuldensprinzips"[10]) Engelmann und Kuhlenbeck und demnächst etwa Enneccerus-Lehmann, Matthiaß, Mayring und Rehbein zu gelten haben, während eine mit Rücksicht auf BGB. § 279 gemäßigte Auffassung insbesondere Cosack, Crome, Eck, Landsberg,[11]) Liebe,[12]) Planck[13]) und Schollmeyer an den Tag legen.

---

[1]) „Die dem Schuldner . . . zur Schuld gereichende Verzögerung."

[2]) „Prüfung der Frage, ob den säumigen Schuldner ein Verschulden treffe."

[3]) S. 779 finden sich „schuldhaftes Zuwiderhandeln", „Verzug" und „Verschulden" identifiziert, S. 780 wird bemerkt, „den Schuldner müsse es entschuldigen, wenn er nicht in Verzug geraten sei".

[4]) So Müller und Meikel I S. 266, 268 und Neumann, Handausgabe I S. 153 (vgl. aber a. a. O. Anm. 1 und S. 147/148 sub III); vgl. auch Neumann, Jahrb. I 1 S. 201 ff., Landé S. 78.

[5]) So Fischer-Henle S 159 Anm. 2 durch die Verweisung auf §§ 276—279 BGB.; ferner Stammler, der S. 142 auf seine Ausführungen § 33 (S. 109 ff.) über „vertreten" (oben S. 497 Anm. 4) Bezug nimmt und Verschulden zu verlangen scheint.

[6]) Vgl. die folgenden Anmerkungen; auch Kipp II S. 125 f. sub 6 (insbes. c) wird als Anhänger der Verschuldenstheorie gelten müssen.

[7]) Auf Mot. II S. 60 (oben sub V I) stützt sich Schmidt (oben S. 490 Anm. 3) S. 55 f.

[8]) So Cosack I § 105 S. 363 sub 3, Crome II § 161 S. 135, Dernburg II 1 § 71 III S. 155 f, Eck I § 56 S. 280/281 (von „Pflichtverletzung" redend; vgl. unten S. 503 Anm 8), Engelmann S. 198, Enneccerus-Lehmann I § 198 IV S. 489, Krückmann S. 218, Kuhlenbeck, Von den Pandekten II § 13 S. 100 ff., Matthiaß I § 80 A 4 S. 361, Mayring S. 47 Anm. 1, Meischeider, Die alten Streitfragen S. 54 ff., Oertmann S. 44, Paech a. a. O. S. 82 f, 91, 93, Planck II S. 62/63, Rehbein II S. 121 Anm. 112, Schollmeyer S. 124 sub b und S. 120 Vorbemerkung sub 2, Wendt a. a. O. Ferner zum Teil bei den vorgenannten Schriftstellern auch gelegentlich der oben S. 492 Anm. 6 erwähnten Bemerkungen über die mora creditoris. — Vgl. auch Steidle, Rücktrittsrecht des Gläubigers, Tübinger Diss., Heilbronn 1903, S. 2, Bruck, Tafeln zum Recht der Schuldverhältnisse, Breslau 1900, S. 12.

[9]) So Engelmann, Kuhlenbeck, Krückmann a. a O., auch Achilles, indem er S. 123 nur auf §§ 276—278, und Meisner S. 28, indem er auf §§ 275 f. verweist. Nach meiner Auffassung zu nebenher erwähnen den § 279 z. B. Dernburg II 1 S. 156, Enneccerus-Lehmann a. a. O., Matthiaß a. a. O., Rehbein II S. 123. — Anhänger des Verschuldensprinzips bei der mora debitoris ist auch de Claparède, Beiträge zur Lehre vom Leistungsverzuge, Teil I, Genf 1903, S. 18. — In der Judikatur findet sich Identifizierung von Verschulden (Fahrlässigkeit) und Verzug auch noch z. B. in dem oben sub III 2 S. 493 Anm. 1 erwähnten Erkenntnis des Reichsger. vom 29. Januar 1902.

[10]) Dieser Ausdruck (oder vielmehr der Ausdruck „Verschuldungsprinzip"; vgl. aber oben § 42 sub B VI 9 e) findet sich, soviel ich sehe, in diesem Zusammenhange nur bei Engelmann a. a. O. und Paech a. a. O. (S. 91).

[11]) Landsberg I S. 342 sub 1, S. 343 sub 2, S. 344 sub 3.

[12]) Liebe a. a. O. — Vgl. auch Heinr. Lehmann a. a. O. (oben S. 498 Anm. 6).

[13]) Planck a. a. O. meint, „regelmäßig" sei die mora debitoris auf Verschulden aufgebaut.

2. Die einzigen Autoren, die m. W. das Verschulden als Voraussetzung der mora debitoris strikt leugnen, sind Endemann,[1]) Jungherr,[2]) Ernst Neumann[3]) (S. 20 ff.) und Müller[4]). Ihre mir durchaus sympathische Argumentation, die sich mit meinen Bemerkungen zum Begriff „vertreten", oben sub IV, begegnet und berührt, geht dahin, daß § 285 keine weitere Voraussetzung für den Schuldnerverzug (neben den in § 284 genannten der Fälligkeit und der Mahnung bezw. des Eintrittes des dies) aufstelle,[5]) sondern lediglich den Wirkungskreis des § 284 begrenze, und daß § 285 lediglich dem Schuldner eine exceptio gebe.[6])

VII. Meines Erachtens ist also das Verschulden keine Voraussetzung des Schuldnerverzuges. Der gegenteiligen Auffassung wird man außer der blaßen Physiognomie des Wortes „Verzug" selber (oben sub I 3) und außer dem Mangel innerer Gründe für Verschiedenheit bei Gläubiger- und Schuldnerverzug den Ausdruck „vertreten" in § 285 und den (in seiner praktischen Tragweite übrigens sehr bedeutsamen) § 279 entgegenhalten dürfen; und die Auffassung der Materialien oder doch der Motive wird noch dadurch erschüttert, daß eine dem § 279 analoge Norm, die so offensichtlich einen Schuldnerverzug auch bei unverschuldeter Säumnis anerkennt, im I. Entwurf[7]) fehlte. Im einzelnen ist folgendes zu bemerken:

1. Wenn nun auch selbstverständlich keineswegs verkannt werden soll, daß ein schuldhaftes Verhalten des Schuldners (in Gemäßheit des § 276) einen sehr großen, wohl den größten Teil der Verzugsfälle ins Leben rufen wird, und daß also die praktische Regel die des Verschuldungsprinzips sein mag, so kommt es uns doch auf das theoretische Grundprinzip an, und dieses ist, wie anerkanntermaßen beim Gläubigerverzuge — bei dem im Einzelfalle ein Verschulden doch auch sehr wohl obwalten kann — nicht das Verschuldensprinzip. Daraus ergibt sich für uns die Folgerung, daß der Verzug im System der Verschuldensbegriffe Aufnahme nicht begehren darf.[8])

2. Somit können wir uns auch den Versuch ersparen, eine die mora debitoris und die mora creditoris zugleich umfassende Definition des Begriffes „Verzug" zu entwickeln.

VIII. Andererseits aber mögen hier noch gewisse Einzelbemerkungen Platz finden, die sich auf das Verhältnis zwischen Verzug und Verschulden beziehen. Auch dabei ist die Trennung von Schuldner- und Gläubigerverzug geboten.

1. Der Schuldnerverzug.

a) Wegen des Schuldnerverzuges geben selbst die Anhänger des Verschuldensprinzips (oben sub VI 1) zu, daß dies Prinzip nicht ausnahmslos Platz greift. Wegen des § 279[9]) besprachen wir dies schon (sub IV 5). Ferner,

---

[1]) Endemann I § 137 sub 2 S. 779 f.

[2]) Jungherr, Haften aus schuldlosem Handeln, Jenenser Diss., Eisenach 1902, S. 16.

[3]) Ueber die Neumannsche Dissertation vgl. bereits oben S. 490 Anm. 3, S. 498 Anm. 12. Vgl. auch Gottlieb August Neumann, Prolegomena zu einem System des Vermögensrechts I, Breslau 1903, S. 96, 94.

[4]) Müller im „Recht" a. a. O. (oben S. 498 Anm. 8).

[5]) Denn für diese müßte sonst der Gläubiger beweispflichtig sein.

[6]) Im einzelnen polemisiert E. Neumann a. a. O. dann noch gegen die Motive.

[7]) E. I § 237 Abs. II, an dessen Stelle in wesentlich anderer Formulierung später BGB. § 279 trat, wird in Mot. II S. 60 ff. unerwähnt gelassen.

[8]) Wenn man — als Anhänger des Verschuldensprinzips — die mora debitoris in das System der Verschuldensbegriffe einreihen zu müssen glaubt, findet sie ihren Platz innerhalb des Verschuldens im engeren Sinne als Sonderfall; vgl. unten § 66 S. 509 Anm. 1.

[9]) Nur Dernburg II 1 § 71 a. E. S. 156 meint, § 279 sei als etwas Singuläres auf bloße Verzögerung nicht zu beziehen; gegen ihn aber mit Recht Enneccerus-Lehmann I S. 489 Anm. 15, Endemann S. 780 Anm. 17, Cosack I S. 363 Anm. 6 a, Crome II S. 136 Anm 8.

wenn dem Anspruche des Gläubigers eine wirksame Einrede entgegengehalten werden kann,[1]) oder wenn Schuldner sonst die Erfüllung zu weigern berechtigt ist;[2]) sodann, wenn er sich wegen seiner Leistungspflicht in einem entschuldbaren (unverschuldeten) Irrtume[3]) (über die Existenz — Entstehung und Fortdauer — oder Fälligkeit der Schuld) oder in entschuldbarer (unverschuldeter) Unkenntnis[4]) befand; endlich wenn der Erfüllung Hindernisse objektiver Art[5]) entgegenstehen; denn in allen solchen Fällen kommt der Schuldner nicht in Verzug, weil ja „die Leistung infolge eines Umstandes unterbleibt, den er nicht zu vertreten hat" (§ 285 BGB.). Den diesbezüglichen Exkulpationsbeweis hat, wie gleichfalls § 285 ergibt und wie auch allseits[6]) anerkannt wird, Schuldner zu liefern.[7])

b) Wenn einer derjenigen Fälle gegeben ist, in denen die „Vertretung" der Folgen und somit auch der Verzug in der Tat auf „Verschulden" aufgebaut ist, so fragt es sich sofort, ob auch derjenige Grad des Verschuldens vorliegt, der nach dem konkreten Schuldverhältnisse zu vertreten ist; denn wo ausnahmsweise z. B. nur grobe Fahrlässigkeit oder nur Außerachtlassung der diligentia quam suis haftbar macht (vgl. oben § 6 sub I und § 9 sub II), muß dies auch[8]) wegen der Haftung des Schuldners für den Verzug gelten.[9]) Nach den gewöhnlichen Regeln entscheidet es sich dann gleichfalls, ob Schuldner auch für einen Verzug seines gesetzlichen Vertreters oder seines Gehilfen aufzukommen hat (§ 278)[10]) und ob er durch mangelnde Deliktsfähigkeit[11]) entschuldigt ist (§ 827 f.).

---

[1]) Vgl. Crome S. 136 Anm. 10, S. 135 Anm. 2.

[2]) Vgl. hierzu Prot. V Nr. 384 VI S. 662 und Nr. 393 XVIII S. 785 sowie Denkschr. S. 397 (zu §§ 1958, 2014) und auch Crome II S. 136 Anm. 14 und Cosack I S. 364 sub 4.

[3]) Vgl. zu diesem Punkt Mot. II S. 60 f. und auch z. B. Cosack I S. 364 Beispiel I, Crome II S. 136, Fischer-Henle S. 159 Anm. 2, Kipp II S. 126 sub b, Matthiaß I S. 361 sub 4, Planck II S. 63.

[4]) Vgl. z. B. Dernburg II 1 S. 156 oben, Enneccerus-Lehmann I S. 489, Oertmann S. 45 Anm. 3, Fischer-Henle und Kipp a. a. O. sowie Prot. III Nr. 215 II S. 344 (zu BGB § 990 Abs. II) Wegen Informationspflicht des Schuldners Mot. II S. 60 und insbesondere Oertmann a. a. O. — Wegen Zweifel des Schuldners Mot. a. a. O. und Matthiaß I S. 361 sub 4.

[5]) Als gute Beispiele führt Dernburg II 1 S. 155 a. E. „Unterbrechung der Kommunikation durch Wassernot oder Krieg" an. Andere Beispiele vgl. Prot. II Nr. 122 XI S. 281.

[6]) Vgl. gleichfalls Prot. (III S. 344) und z. B. auch wegen einzelner Punkte Crome a. a. O. Anm. 13, Enneccerus-Lehmann a. a. O. Anm. 14.

[7]) Ueber die ganze, hier nicht nachzuprüfende Frage der Beweisverteilung beim Schuldnerverzug eingehend Planck II S. 63 sub 8.

[8]) Vgl. hierzu Mot. II S. 60: „Vor allem kommt es auf das konkrete Schuldverhältnis an, inhaltlich dessen gerade in Ansehung des Verzuges und seiner Folgen oder der einen oder anderen Folge des Verzuges eine strengere Haftung des Schuldners begründet sein kann." Vgl. ebenso Enneccerus-Lehmann I S. 489, Matthiaß I S. 361 sub 4 und mit Anwendung auf die Entschuldbarkeit des Irrtums (vgl. oben sub a) und unter Bezugnahme auf die Entstehungsgeschichte der einschlägigen Normen sehr ausführlich Kipp II S. 126 sub b.

[9]) Nicht zu verwechseln ist dieser Umstand damit, daß, wenn Verzug vorliegt (also im Falle des § 279 unabhängig von jedem Verschulden), nunmehr Schuldner laut § 287 (oben sub IV 1 b γ) jede Fahrlässigkeit und auch Zufall zu vertreten hat.

[10]) Vgl. auch Cosack I S. 363 sub 3 a, Matthiaß I S. 361 sub 4 und Dernburg II 1 S. 156, dieser unter Exemplifikation auf Verzögerung einer Sendung durch die Post oder Eisenbahn und unter der Schlußbemerkung: „Doch kann die Vertragsabsicht auf anderes führen".

[11]) Wegen der allzu generellen Auffassung von Paech vgl. oben S. 497 Anm. 7

c) Es ist noch zu konstatieren, daß die Regeln vom Schuldnerverzuge auch überall da anzuwenden sind, wo außerhalb der Fälle des Buches II bei einem obligatorischen Verhältnisse [1]) der Verzug in Frage kommt und nicht besondere Vorschriften des Gesetzes (vgl. oben § 20 sub B III 2 b—d und 3) besondere Folgen zeitigen; innerhalb des Buches II haben sie auch z. B. betreffs der unerlaubten Handlungen Anwendung zu finden, sobald durch diese Handlungen obligatorische Beziehungen bereits erzeugt worden sind; nur hat der Gesetzgeber beliebt, in §§ 848 f. einige Besonderheiten zu bestimmen. [2])

2. Der Gläubigerverzug.

a) Während sich nach der von uns bekämpften communis opinio beim Schuldnerverzug objektive und subjektive Momente mischen, [3]) ist der Gläubigerverzug jedenfalls lediglich nach objektiven Kriterien [4]) zu beurteilen; denn er wird, wie wir (oben sub III 1) sahen, nicht vom Verschuldensprinzip beherrscht. Daraus folgt u. a., daß dem Gläubiger selbst eine unverschuldete Unkenntnis zur Abwendung der Verzugsfolgen nicht (wie dem säumigen Schuldner) zu Gute kommt, und ferner, daß auch objektive Hindernisse der Annahmemöglichkeit im allgemeinen nicht exkulpierende Bedeutung haben. [5])

b) Allerdings kann sich in dem Falle des § 299 [6]) der Gläubiger auf seine vorübergehende Verhinderung an Annahme der angebotenen Leistung berufen, aber daß wir es hier mit einer Ausnahme zu tun haben, ist offensichtlich; [7]) und andererseits macht das Gesetz auch hier (ebenso wie beim Verzuge des Gläubigers an sich) keinen Unterschied, ob die vorübergehende Verhinderung eine verschuldete oder unverschuldete ist; [8]) ein Kompromiß mit der Kulpatheorie [9]) ist also in § 299 keineswegs [10]) zu finden.

c) Da der Gläubigerverzug ein Verschulden nicht zur Voraussetzung hat, ist es auch nur konsequent und zugleich recht und billig, daß er andererseits nicht die Folgen eines Verschuldens nach sich zieht und daß z. B. insbesondere der morose Gläubiger dem Schuldner nicht den Schaden zu ersetzen hat, den dieser aus dem Annahmeverzug er-

---

[1]) Vgl. ein Beispiel in Prot. III Nr. 257 II S. 712 dahin, daß dies nicht der Fall ist beim Grundstückseigentümer, der, weil er nicht persönlich und obligatorisch zur Zahlung der Grundschuldsumme verpflichtet ist, auch nicht Verzugszinsen zu entrichten hat. Vgl. ferner Mot. III S. 408/409, 420, 790

[2]) Nämlich insbes. die Entbehrlichkeit der Mahnung als Voraussetzung der mora; vgl. Endemann I S. 779 Anm. 10, Oertmann S. 586 Anm. 1 (leicht mißzuverstehen S. 44 Anm. 3 d), Matthiaß I S. 361 Anm. 1.

[3]) Vgl. auch Prot II Nr. 122 XI S 281, Endemann I S. 780.

[4]) Vgl. Crome II S. 147, Endemann I S. 788 sub 3, Kuhlenbeck a. a. O. (oben S. 499 Anm. 8 und 9) und auch Engelmann S. 200 (wo aber ein unrichtiger Gebrauch des Wortes „widerrechtlich" begegnet), 202 sub 2 a.

[5]) Vgl. Eck I S. 287, Crome a. a. O. Anm. 13, Cosack I S. 367 sub 3 a.

[6]) Vgl. auch wegen dieser erst durch den II. Entwurf (§ 255) eingeführten Bestimmung insbes. Prot. I Nr. 49 sub III S. 329—331.

[7]) Vgl. z. B. Crome II S. 147, Eck I S. 287/288, Fischer-Henle S. 159 Anm. 5, Meisner S. 35, Weyl I S. 347 Anm. 5. Wenn Crome S. 148 Anm. 24 in Cosacks Bemerkungen § 106 I Ziff. 3 a und b S. 367 einen Rest des Verschuldensmoments fälschlicherweise anerkannt finden will, so lese ich dies bei Cosack nicht heraus.

[8]) Kipp II S. 414 (daselbst auch über die Verteilung der Beweislast).

[9]) Vgl. zu dieser Wendung die Dissertation von Wenz S. 79 Anm. 1.

[10]) Wie dies in der Literatur oft als die — allerdings nicht so scharf pointierte — Anschauung entgegenzutreten scheint, indem von einer „Abschwächung des Prinzips der Nichtverschuldung" gesprochen wird. So z. B. bei Wolffenstein S. 55.

leidet.[1]) Dem widerspricht es aber natürlich nicht, daß, wenn im einzelnen Falle zu dem Verzuge des Gläubigers auch ein Verschulden hinzutritt, er eben wegen dieses Verschuldens wie jeder Vertragsschuldner (also auch nur entsprechend dem bei dieser Obligationsart zu vertretenden Verschuldensgrade) haftbar wird.[2])

d) Wenn der Gläubigerverzug lediglich vom objektiven Gesichtspunkte zu beurteilen ist, kommen subjektive Momente in der Person des Gläubigers als Hindernisse seines Verzuges höchstens in Betracht, soweit sie aus mangelnder Geschäftsfähigkeit[3]) entspringen, nicht soweit sie auf mangelnde Deliktsfähigkeit zurückzuführen wären. So wäre also z. B. bei einem pactum de mutuo dando zwischen zwei Taubstummen rücksichtlich des morosen Darlehensgebers die Probe des § 828 Abs. II Satz 2 jedenfalls entbehrlich.[4])

IX. Ein Vergleich zwischen Schuldner- und Gläubigerverzug, wenn man beide vom Gesichtspunkte des Verschuldens aus betrachtet, ergibt folgendes:

1. Von den mit Rücksicht auf die communis opinio wegen des Schuldnerverzugs sub VIII 1 erörterten Fragen ist — außer der nach entschuldbarem Irrtum und den objektiven Hindernissen (oben sub VIII 2 a) — für den Gläubigerverzug auch z. B. die des Exkulpationsbeweises[5]) und der wirksamen Einreden sowie die nach Einstehen für den Vertreter und Gehilfen gleichgültig und ebenso ist wegen der Gattungsschuld[6]) nichts Besonderes zu bemerken.

2. Auch die Grundsätze vom Gläubigerverzuge finden außerhalb des Buches II nur Anwendung, wo bereits obligatorische Beziehungen vorliegen.

3. Ein Versuch, die purgatio[7]) der mora debitoris bei Eintritt einer mora creditoris aus dem Gesichtspunkte der sog. Kulpakompensation (vgl. unten § 82 sub B IV) zu erklären, würde sich schon durch den Umstand verbieten, daß weder der Schuldnerverzug noch der Gläubigerverzug vom Verschuldensprinzip beherrscht wird; wenn aber im Einzelfall sowohl die mora debitoris als auch die mora creditoris zugleich kulpos ist, würde die Kulpakompensation — nicht nur im jetzigen Sinne des BGB. § 254, unten § 79 — zu ihrem vollen Rechte gelangen, sowohl, wenn diese mora creditoris der mora debitoris nachfolgt, wie wenn sie ihr vorangeht.

4. Schuldner- und Gläubigerverzug können sich auch in anderer Weise treffen und zwar einander durchkreuzend, indem nämlich bei gewissen synallagmatischen Verträgen der Annahmeverzug des Gläubigers zugleich einen Leistungsverzug in der Eigenschaft des Gläubigers als Schuldner enthält. Und in diesem Falle, in welchem man füglich allein von einer Annahmepflicht[8]) des Gläubigers reden kann, wird dann, sofern man sich wegen der mora debitoris der herrschenden

---

[1]) Vgl. Mot. II S. 76, Crome S. 154 sub 4, aber besonders eingehend und mit guten Beispielen Eck S. 290 sub 4. — Eine durchaus positive Bestimmung vgl. in § 304.

[2]) Vgl. ebenfalls Eck a. a. O. Anm. 5.

[3]) Anders Crome S. 148 zu Anm. 20, „da die Nichtannahme als reine Tatsache in Betracht kommt".

[4]) So frappant diese ungleichartige Behandlung der Parteien ist, so unabweisbar wäre die Konsequenz. Bei gewissen bilateralen Verträgen kann übrigens die Verschiedenartigkeit in casu concreto in Fortfall kommen; vgl. unten sub IX 4.

[5]) Vgl. über seine Unerheblichkeit (sowie überhaupt wegen der Beweislast) auch Mot. II S. 72.

[6]) Ueber sie enthält für den Fall des Gläubigerverzugs BGB. § 300 Abs. II eine Sondernorm.

[7]) Zu diesem im Gesetz nicht erörterten Punkte vgl. z. B. Mot. II S. 66, 77.

[8]) Darüber, daß im allgemeinen der morose Gläubiger eine „Pflichtverletzung" nicht begeht (im Gegensatze zum morosen Schuldner nach der herrschenden Auffassung; vgl. über Eck I S. 280 bereits oben S. 499 Anm. 8) vgl. z. B. Crome II S. 147 Anm. 16, S. 154 Anm. 16, Enneccerus-Lehmann I S. 497 III, Oertmann S. 42 Anm. 1, 48 Anm. 1, 55 Anm. 1.

Ansicht anschließt, auch der Gläubigerverzug vom Verschuldensprinzip beherrscht. Aber auch hier wäre die Ausnahme von der oben sub VIII 2 a erwähnten Regel der Unabhängigkeit des Gläubigerverzuges vom Verschuldensprinzipe nur eine scheinbare, und in Wahrheit läge nur eine Anwendung der Regel von der (vermeintlichen) Abhängigkeit des Schuldnerverzuges vom Verschuldensprinzipe vor. Die angedeuteten Fälle sind im BGB. §§ 433 Abs. II (vgl. dazu §§ 445, 515), 640 Abs. I und 696 (die von „abnehmen“ bezw. „Rücknahme“ sprechen),[1] enthalten[2]) und dürfen nicht auf gegenseitige Verträge überhaupt[3]) ausgedehnt werden.[4])

X. Zu einem Vergleiche des Verzuges mit den anderen bisher erörterten Begriffen — außer dem „Verschulden“ — liegt kein weiterer Anlaß vor. Es sei nur bemerkt, daß gewisse mehr äußerliche Beziehungen vom Gesetz selber angedeutet werden, nämlich Beziehungen zur „Fahrlässigkeit“ überhaupt in § 287 Satz 1 sowie zum „Vorsatz“ und zur „groben Fahrlässigkeit“ in § 300 Abs. I; über diese Bestimmungen, deren erste eine Steigerung der Haftung des Schuldners wegen seines Verzuges, die andere eine Milderung seiner Haftung wegen des gegnerischen Verzuges normiert und die daher nur wegen der Verzugsfolgen, nicht wegen des Verzugsbegriffes von Interesse sind,[5]) ist bereits oben § 6 sub II 2 und § 5 sub B I 1 a gesprochen worden.

B. Im Handelsgesetzbuch findet sich der Ausdruck „Verzug“ nebst gewissen sprachlichen bezw. auch begrifflichen Synonyma („unverzüglich“, „ohne Verzug“, „Gefahr im Verzuge“, „verzögern“, „Verzögerung“, „rechtzeitig“ u. dgl.) sehr häufig. Hierüber und über die besondere Unfestigkeit der Terminologie des HGB. wurde indessen schon oben § 33 sub B IV (zum Begriffe „unverzüglich“) das Material zusammengestellt. Ob das HGB. nun bei der mora debitoris ein Verschulden voraussetzt, verrät es selber nicht; die Frage muß daher entsprechend dem im § 33 sub B IV 8 Bemerkten aus dem BGB. beantwortet und mithin nach dem sub A Ausgeführten auch für das Gebiet des HGB. verneint werden. — Was den oben sub A IV besprochenen Ausdruck „vertreten“[6]) anlangt, habe ich nur zwei Stellen notiert, nämlich den dem BGB. § 278 (oben sub A IV 1 b α) ähnlichen § 431 HGB. sowie § 632 Abs. II HGB., nach welchem es „die Haftung des Rheders“ ist, welche der Unterverfrachter „zu vertreten“ hat; diese Stelle ist mit der oben sub A IV 1 b besprochenen Gruppe in Verbindung zu bringen, ohne jedoch eine genaue Parallele mit einer der dortigen Untergruppen aufzuweisen.

---

[1]) Alle anderen Gesetzesstellen, die von „Abnahme“, „Abnehmen“, „Rücknahme“ und „zurücknehmen“ sprechen — vgl. Gradenwitz S. 2, 126, 180 — enthalten kein Material für eine Verpflichtung eines Gläubigers.

[2]) Auf alle obigen Stellen macht Matthiaß I S. 371 aufmerksam, auf §§ 433 und 640 auch Dernburg II 1 § 74 sub I S. 162 f. und die Dissertationen von Charmak S. 14 f., Wentrup S. 5/6, Wenz S. 77, Wolffenstein S. 56 f. — Zu § 640 vgl. bereits Mot. II S. 496/497 (oben sub V 1).

[3]) Deshalb kann die Formulierung bei Cosack I § 106 IV S. 370 irreleiten.

[4]) Etwas anderes ist die Ausdehnung des Verschuldensprinzips auf den Gläubigerverzug, wenn in casu concreto durch Parteiabrede eine Abnahmepflicht begründet worden ist; vgl. Eck S. 283/284.

[5]) Eine Bemerkung Cromes I S. 148 (Zeile 5 des Textes von unten), die eines arglistigen Verhaltens des Schuldners bei Nichtannahme der Leistung durch den Gläubiger gedenkt, und eine Bemerkung der Prot. II Nr. 142 sub VII a. E. S. 483, die (zu BGB. § 776) von „dolosem Verhalten“ des Gläubigers redet und dieses nur als einen besonderen Fall des Annahmeverzuges betrachtet (in Uebereinstimmnng mit dem oben sub VIII 2 c Bemerkten), sind gleichfalls ohne weiteres Interesse. — Zwecklos wären auch weitere Erörterungen über das Verhältnis des Verzuges zu der oben § 37 erwähnten „Pflichtverletzung“, und zu dem oben S. 503 Anm. 8 Bemerkten wäre höchstens darauf hinzuweisen, daß diese Pflichtverletzung nichts zu tun hätte mit der von Endemann (vgl. unten § 69 sub B II) generell für jedes Verschulden behaupteten.

[6]) Vgl. auch den Ausdruck „vertretbares Versehen“ in § 11 des (älteren) Reblausgesetzes, oben S. 412 Anm. 3.

Zweites Kapitel.

Die Systematik der Verschuldensbegriffe und die Theorie des Verschuldens.

§ 65.

Vorbemerkung.

Im ersten Kapitel (§§ 30—64) galt es, aus dem umfangreichen, vom BGB. gelieferten und in unserer „Materialssammlung" (§§ 2—29) geordneten Rohstoffe die für den systematischen Gesamtbau erforderlichen Säulen herauszusuchen und auf ihre Tragfähigkeit zu prüfen; dabei haben wir neben den Hauptsäulen, Vorsatz und Fahrlässigkeit, noch mehrere sonstige Pfeiler gefunden,[1]) aber gleichzeitig auch gesehen, daß manche andere angebliche Stützmittel für unseren Bedarf nicht brauchbar[2]) sind, und auch, daß die bisher übliche Anordnung[3]) nicht durchweg fehlerfrei und zuverlässig war, vielmehr insbesondere die „Fahrlässigkeit" durch die „Außerachtlassung der erforderlichen Sorgfalt" ersetzt werden muß.

Nunmehr gilt es, die gefundenen Glieder, deren Verhältnisse zueinander wir auch schon im einzelnen verglichen und abgemessen haben, zu dem Gesamtbau zusammenzufügen und ihm jedes einzelne am richtigen Platze dienstbar zu machen. Wenn dies (unten Abschn. I § 66) geschehen sein wird und dabei zugleich festgestellt worden ist, welche Stelle unserem Bau im gesamten Zivilrechtssystem gebührt (unten § 67) und wie es mit der Zuverlässigkeit gewisser ähnlicher Bauten beschaffen ist (unten § 68), können wir weiter (unten Abschn. II §§ 69—83) dazu schreiten, den Bau selber näher zu besichtigen und die Front (Erste Abteilung, § 69) sowie die einzelnen Stockwerke (Zweite bis Fünfte Abteilung § 70 ff.) in seinem Innern eingehender Betrachtung zu unterwerfen.

Erster Abschnitt.

Die Systematik der Verschuldensbegriffe.

§ 66.

Das System.

Nach der eingehenden Erörterung und gegenseitigen Abgrenzung der in Frage kommenden Einzelbegriffe (§§ 31—64) ist es eine verhältnismäßig leichte Mühe, die Ernte einzubringen und durch Aufstellung eines geschlossenen Systems der Verschuldensbegriffe anzuordnen.

[1]) Vgl. hierzu Näheres unten § 66 sub III.
[2]) Hierzu unten § 66 sub I 1.
[3]) Unten § 66, insbesondere sub III und sub V 2 b, 3 a und 3 c.

I. Hierbei ist es zunächst empfehlenswert, uns die einzelnen Antworten auf die Frage in die Erinnerung zu rufen, ob und in welcher Weise jene Begriffe unter das „Verschulden" gestellt werden können. Dieserhalb wiederum tun wir am besten, die negativen Resultate voranzustellen und damit zugleich alle diejenigen Begriffe, welche wir als rein objektive erkannt hatten, ein für allemal aus unseren nunmehrigen systematischen Betrachtungen auszuschließen.

1. Rein objektive Begriffe waren [1]) folgende (in der Reihenfolge der Begriffsbestimmungen, §§ 31—64, aufgezählt) [2]):
a) die Ordnungswidrigkeit (§ 35);
b) die Verstöße gegen die guten Sitten, gegen Gesetze und gegen Treu und Glauben (§§ 36, 45);
c) die Pflichtverletzung (§ 37);
d) die Gesetz-, Pflicht-, Rechts- und Vertragswidrigkeit (§ 44);
e) das verletzende und gefährdende Verhalten (§ 46 sub A I und III);
f) die Widerrechtlichkeit (§ 48);
g) der Mißbrauch (§ 50);
h) die Drohung (§ 51);
i) das Unrecht (§ 52);
k) das verschwenderische Leben, die Verschwendung, die Trunksucht (§ 54);
l) das Handeln ohne Wissen (§ 61);
m) die wahrheitswidrigen Behauptungen (§ 62);
n) die Erteilung eines unrichtigen Zeugnisses (§ 63);
o) der Verzug (§ 64).

2. Gegen die Ausmerzung dieser Begriffe aus dem Verschuldenssystem kann es auch nicht sprechen, daß bei mehreren von ihnen sich in Einzelfällen allerdings der Charakter eines subjektiven Verschuldens entpuppte: es geschah dies bei gewissen „Verstößen gegen die guten Sitten" (BGB. §§ 817, 826; oben § 36 sub II 9 a—c, f—h), bei der vorsätzlichen, grobfahrlässigen, fahrlässigen oder böswilligen „Pflichtverletzung" im besonderen (BGB. §§ 723, 1674,

---

[1]) Zur Vervollständigung des Gesamtbildes über die in §§ 31—64 besprochenen Begriffe sollen auch die objektiven Unrechtsbegriffe nachstehend gruppiert werden.

Es zerfällt das objektive Unrecht (§ 52) in folgende Gruppen von „Verstößen":
1. Verstöße gegen die Gesetze (§ 45 sub A I), insbesondere auch Widerrechtlichkeit (§ 48), Rechtswidrigkeit (§ 44 sub A III), gesetzwidriges Verhalten (§ 44 sub A I und § 46 sub A), hier wieder insbesondere strafbare (§ 47) und unerlaubte (§ 39) Handlungen (wegen beider vgl. unten sub II 1);
2. Verstöße gegen die guten Sitten (§ 36);
3. Verstöße gegen Treu und Glauben (§ 45 sub A II);
4. Verstöße gegen die Wirtschaftsordnung (Ordnungswidrigkeit, § 35);
5. Verstöße gegen Pflichten, insbesondere Pflichtverletzung (§ 37), pflichtwidriges Verhalten (§ 44 sub A II, § 46 sub A, hier wiederum insbes. vertragswidriges Verhalten § 44 sub A IV und § 46 sub A), verletzendes Verhalten (§ 46 sub A I), Verzug (§ 64) als Verstoß gegen die Pflicht zur Pünktlichkeit;
6. Verstöße gegen eigene Rechtsbefugnisse (Mißbrauch § 50, Drohung § 51);
7. Verstöße gegen die Sicherheit (gefährdendes Verhalten § 46 sub A III);
8. Verstöße gegen die Wahrheit (wahrheitswidrige Behauptung, Erteilung eines unrichtigen Zeugnisses, Handeln ohne Wissen §§ 61—63);
9. Verstöße gegen ordentliche Lebensführung (verschwenderisches Leben, Verschwendung, Trunksucht § 54).

Von diesen Gruppen würden sich wiederum einige (z. B. Nr. 2 und 3, Nr. 5 und 6, etwa auch Nr. 2 und 9) zu größeren Gruppen vereinigen lassen; dies alles gehört aber im einzelnen nicht in ein System der subjektiven Unrechtsbegriffe; es sollte jedoch nach Lieferung der nötigen Vorarbeiten die günstige Gelegenheit zu Andeutungen und Anregungen auch rücksichtlich der objektiven Unrechtsbegriffe nicht ganz unbenutzt gelassen werden.

[2]) Nur die Fälle der „Verstöße" seien gleich — sub b — zusammenfaßt.

1848, 2333 Nr. 4; oben § 37 sub IV 1) und bei gewissen Sonderfällen der „Verstöße gegen Gesetze" (BGB. § 823 Abs. II, oben § 45 sub A I 1 a), der „Drohung" (BGB. §§ 825, 847 Abs. II, oben § 51 sub A II 1 und 2) und des „Mißbrauchs" (BGB. ebenda und oben § 50 sub A IV). Diese Ausnahmefälle geben zu einer Durchbrechung des Prinzips und zu besonderer Berücksichtigung in unserem System keine Veranlassung; denn es liegen hier lediglich Kombinationen von objektivem und subjektivem Unrecht vor, wie sie sich uns auch sonst im BGB., insbesondere durch die Zusammenstellung der Widerrechtlichkeit (§ 48) oder der Drohung (§ 51) und des Mißbrauchs eines Abhängigkeitsverhältnisses (§ 50) mit subjektiven Verschuldensbegriffen, namentlich aber (vgl. oben § 58 sub A VI 8 a) bei Begriffe „Arglist" wiederholt zeigten und wie sie alsdann betreffs der subjektiven Unrechtsformen keinerlei Besonderheiten aufwiesen.

II. Alle übrigen sub I 1 nicht genannten Begriffe behalten nun Interesse für unser System; doch ist einschränkend noch folgendes hervorzuheben:

1. Die „unerlaubten Handlungen" (§ 39) und die „strafbaren Handlungen" (§ 47) müssen wir gleichfalls ausrangieren; denn sie sind nicht Verschuldensfälle, sondern sie operieren nur mit anderen Verschuldensbegriffen, indem sie diese für ihren eigenen vollen Tatbestand nicht entbehren können; sie unterscheiden sich mithin von den sub I 2 a. E. genannten Fällen nur durch regelmäßigeren [1]) Eintritt der Einmischung subjektiver Momente.

2. Die „Bösgläubigkeit" kommt für unser System nicht mit ihrem ganzen Begriff in Betracht, sondern nur soweit sie in grobfahrlässiger Unkenntnis besteht (vgl. oben § 34 sub I 1 und 2); lediglich mit dieser Einschränkung will also im folgenden dieser Ausdruck verstanden sein.

3. Die „Absicht" kommt gleichfalls für unser System nur in eingeschränkter Weise in Betracht, soweit sie nämlich als „qualifizierte" Absicht (oben § 56 sub A VI und VI') erscheint.

III. Innerhalb des „Verschuldens" haben wir nun mehrfach (vgl. oben § 42 sub B V 1 und § 43 sub B II) zwischen einem Verschulden im engeren Sinne und einem Verschulden (Schuld) im weiteren Sinne scheiden müssen, und wir werden diese Zweiteilung daher auch an dieser Stelle zu beachten haben, um die Einzelbegriffe darnach noch genauer zu gruppieren.

1. Dem Verschulden im weiteren Sinne gehören an:

a) die Fälle der „Schuld" und das „sich schuldig Machen" bezw. „für schuldig Erklären" (oben § 43);

b) 7 Normen, in denen das Gesetz anscheinend vom Verschulden im engeren Sinne redet (oben § 42 sub B II, § 43 sub B III 2) und die wir als „Pseudofälle" eines solchen Verschuldens im engeren Sinne bezeichnen können; nämlich §§ 254, 847, 1299, 1568, 1611, 1933 und 2077;

c) das „ehrlose und unsittliche Verhalten" (oben § 46 sub A II);

d) die „Verfehlungen" (§ 49);

e) der „Undank" (§ 53);

f) gewisse „strafbare Handlungen" (oben § 47 sub II 1 b), jedoch nicht sämtliche, so daß wir (vgl. oben sub II 1) auch an dieser Stelle des Systems nicht etwa die „strafbaren Handlungen" als solche einstellen dürfen.

2. Dem Verschulden im engeren Sinne gehören an:

---

[1]) Darüber, daß insbesondere die „unerlaubten Handlungen" zum Teil vom Verschulden (Verschuldensprinzip) ganz unabhängig sind, vgl. oben § 39 sub I 5 a β.

a) zunächst die Verschuldensfälle[1]) selber (§ 42) mit Ausnahme der sub 1 b genannten 7 „Pseudofälle";

b) des weiteren (in der Reihenfolge der Begriffsbestimmungen aufgezählt):

α) die „Fahrlässigkeit" (§ 31);

β) das „Kennenmüssen" (§ 32);

γ) das „schuldhafte Zögern" (§ 33);

δ) die „Bösgläubigkeit" (§ 34; vgl. aber oben sub II 2);

ε) die „grobe Fahrlässigkeit" (§ 40);

ζ) die „Außerachtlassung der Sorgfalt" (§ 41);

η) der „Vorsatz" (§ 55);[2])

ϑ) die (qualifizierte, oben sub II 3) „Absicht" (§ 56);

ι) die „Böslichkeit" und „Böswilligkeit" (§ 57);

ϰ) die „Arglist" (§ 58);

λ) die „Hinterlist" (§ 59).

μ) die „Verheimlichung" (§ 60).

3. Im nachstehenden sind diese beiden Gruppen (III 1 und III 2) zunächst getrennt zu betrachten, bis wir wieder (sub IX und X) eine Zusammenfassung vornehmen können.

IV. Das Verschulden im weiteren Sinne (Gruppe III 1):

1. Die Tabelle der hierher gehörigen Fälle vereinfacht sich sehr wesentlich, weil die Nummern a, d und f allesamt unter einen und denselben Begriff, nämlich unter die „Verfehlungen" (ebenda Nr. d), gehören und weil als Ehescheidungsgründe auch von den Pseudofällen des Verschuldens im engeren Sinne (Nr. b) die Fälle aus § 1568 und §§ 1933 und 2077 „Verfehlungen" sind.

2. Demnach zerfällt das Verschulden im weiteren Sinne nur in:

a) Verfehlungen (oben sub III 1 d);

b) Pseudofälle des Verschuldens im engeren Sinne aus §§ 254, 846, 1299 und 1611 (oben sub III 1 b);

c) ehrloses oder unsittliches Verhalten (oben sub III 1 c);

d) Undank (oben sub III 1 e).[3])

3. Da auch das „ehrlose oder unsittliche Verhalten" laut § 1568[4]) als Scheidungsgrund unter die „Verfehlungen" gehört, und da man diese Auffassung des § 1568 wohl auch auf den Fall des § 1666 ausdehnen darf, so wird auch die Hervorhebung des gedachten Verhaltens als besondere Form des Verschuldens im weiteren Sinne entbehrlich sein.

4. Eine Zusammenfassung der übrig gebliebenen Fälle läßt sich dahin vornehmen, daß man sagt:

a) Eine besondere Belastung des moralischen Kontos enthalten:

α) die Verfehlungen (oben sub 2 a);

β) das sittliche Verschulden (§ 1611, oben sub 2 b);

γ) der Undank (oben 2 d).

b) Eine solche Belastung des moralischen Kontos ergibt sich aber auch für die anderen Pseudofälle eines Verschuldens im engeren Sinne; mit ziemlicher Deutlichkeit mindestens für § 1299 (vgl. oben § 42 sub B II 3 e und § 43 sub B III 2); aber auch für §§ 254 und 846 wird man eine schwache Be-

[1]) Ueber gewisse Unterscheidungen innerhalb dieses „Verschuldens" selber vgl. bereits oben § 42 sub B VI.

[2]) Der „Vorsatz" im Sinne des BGB., also stets als qualifizierter Vorsatz; vgl. oben § 55 sub A IV.

[3]) Daß der „Undank" nicht unter die Verfehlungen gehört, wurde bereits oben § 53 sub I 2 bemerkt.

[4]) In Verbindung mit § 2335 Abs. I und EG. z. BGB. Art. 201 Abs. II (oben § 49 sub I und II 1).

lastung des moralischen Kontos nicht leugnen können (vgl. ebenfalls § 43 sub B III 2), wennschon natürlich es hier die Hauptsache ist, daß das „Verschulden" des Beschädigten bei Entstehung des Schadens „verursachend mitgewirkt" hat, und wennschon also ein restloses Aufgehen dieser Normen (und auch des § 1299) unter die sub a erwähnten nicht anzunehmen ist.

5. Dementsprechend wird die bisher noch nicht aufgestellte (vgl. oben § 55 sub B II 2 c) Definition des „Verschuldens im weiteren Sinne" dahin lauten: es ist das eine Belastung des moralischen Kontos aufweisende Verhalten.

V. Die Gruppe III 2 des Verschuldens im engeren Sinne läßt sich viel strenger einteilen. Es kommen dabei folgende Erwägungen in Betracht:

1. Einige der Begriffe sind nur spezielle Anwendungsfälle von anderen, nämlich:[1])

a) das „schuldhafte Zögern" ist lediglich ein Fall des Verschuldens im engeren Sinne überhaupt, betreffend Vornahme gewisser Mitteilungen usw. (oben § 33 sub B II);

b) das „Kennenmüssen" ist lediglich diejenige Fahrlässigkeit, welche sich auf die Unkenntnis eines Umstandes bezieht (oben § 32 sub I und III 8);

c) die „Bösgläubigkeit" ist lediglich diejenige grobe Fahrlässigkeit, welche die Unkenntnis gewisser sachenrechtlich relevanter Umstände enthält (oben § 34 sub I 2 und 4 und sub II 1);

d) die „Hinterlist" ist lediglich eine auf Erzielung des außerehelichen Geschlechtsgenusses gerichtete nuancierte Arglist (oben § 59 sub A VI);

e) die „Verheimlichung" ist lediglich ein Spezialfall des „arglistigen Verschweigens" (oben § 60 sub A VII).

2. Einige Begriffe stehen zu anderen in dem Verhältnis der Unter- und Ueberordnung; es ist nämlich:

a) die „grobe Fahrlässigkeit" eine besondere Art der „Fahrlässigkeit" (oben § 40);

b) die „Fahrlässigkeit" eine besondere Art der „Außerachtlassung der Sorgfalt" (oben § 41 sub I 9 a);[2])

c) die (qualifizierte) „Absicht" eine besondere Art des „Vorsatzes" (oben § 56 sub A X 1);

d) die „Böslichkeit" und die „Böswilligkeit" eine besondere Art der qualifizierten „Absicht" (oben § 57 sub A IX und sub B VI 1);

e) die „Arglist" gleichfalls eine besondere Art der qualifizierten „Absicht" (oben § 58 sub A II 6 und VI 3).

3. Einige Einzelbegriffe gehen zusammengefaßt in einen Gesamtbegriff auf; es setzen sich nämlich zusammen:

a) die „Fahrlässigkeit" und die „Außerachtlassung der in eigenen Angelegenheiten üblichen Sorgfalt" zu der „Außerachtlassung der Sorgfalt" überhaupt (oben § 41 sub I 9 a);

b) die „arglistige Täuschung" und das „arglistige Verschweigen" zur „Arglist" überhaupt (oben § 58 sub A I 1);

---

[1]) Wenn man den „Verzug" des Schuldners (oben § 64) entsprechend der communis opinio gleichfalls als Verschuldensbegriff ansieht, so gehört auch er — als schlechthin schuldhafte (vorsätzliche oder fahrlässige) Verzögerung der Leistung — unter obige Fälle und zwar unter Nr. a; ein selbständiger Platz in unserem System gebührt ihm also auch dann keinesfalls; vgl. auch oben § 64 sub A VII 1.

[2]) Den natürlicheren, naiveren Ausgangspunkt für die Gruppierung der ‚diligentia quam suis' und der „Fahrlässigkeit" und daher etwa für den methodischen Zweck einer Einführungsvorlesung das leichter Faßlichere wird freilich die konkrete Kulpa (oben § 41, insbes. sub I 3 a) bilden, während die „Fahrlässigkeit" als ein abstrakterer Begriff vgl. oben § 31 sub A III 8 b α) zugleich der kompliziertere und schwierigere ist.

c) die „Außerachtlassung der Sorgfalt“ und der „Vorsatz“ zum „Verschulden“ im engeren Sinne (oben § 42, insbes. sub B I 2).

VI. Wir wollen nunmehr der besseren Uebersicht wegen das Verhältnis der einzelnen Verschuldensfälle in Form eines Schemas wiedergeben. Dabei ist zu bemerken, daß wir diejenigen Verschuldensarten, welche sich lediglich als Spezialfälle einer anderen Art charakterisieren (oben sub V 1), dieser Art durch den Zusatz „insbesondere auch“ angliedern werden, wogegen wir diejenigen Fälle, welche zu einander im Verhältnis der Einordnung (Ueber- und Unterordnung) stehen (oben sub V 2) oder welche sich zu Gesamtbegriffen zusammenziehen lassen (oben sub V 3) in der bei genealogischen Tabellen üblichen Weise eingliedern.

Verschulden.

- I. Im weiteren Sinne.
  - 1. Moralisch belastendes Verschulden.
    - a) Verfehlungen;
      - (insbesondere als α) Ehescheidungs-, β) Enterbungs-, γ) Erbunwürdigkeitsgründe).
    - b) Sittliches Verschulden;
    - c) Undank.
  - 2. Sonstiges Verschulden.
    - a) Mitwirkendes Verschulden;
    - b) Verschulden des Verlobten.
- II. Im engeren Sinne (insbes. auch schuldhaftes Zögern).
  - 1. Vorsatz.
    - Qualifizierte Absicht.
      - 1. Arglist (insbes. auch Hinterlist).
        - a) Arglistige Täuschung;
        - b) Arglistiges Verschweigen (insb. auch Verheimlichung).
      - 2. Böser Wille (Böslichkeit u. Böswilligkeit).
  - 2. Außerachtlassung der Sorgfalt
    - 1. Außerachtlassung der im Verkehr erforderlichen Sorgfalt (Fahrlässigkeit, insbes. auch Kennenmüssen).
      - Grobe Fahrlässigkeit (insbes. auch a) grobfahrlässige Unkenntnis und b) Bösgläubigkeit).
    - 2. Außerachtlassung der in eigenen Angelegenheiten üblichen Sorgfalt.

VII. Nicht zu verkennen ist es, daß es gewisse Tatbestände im BGB. gibt, die in beide Gruppen gehören. Wenn wir uns nämlich die oben § 17 sub A II aufgestellte Liste der „Verfehlungen“ ansehen, so finden wir, daß ein großer Teil der dort genannten Einzelfälle (z. B. Lebensnachstellung — als vorsätzliche bezw. absichtliche Handlung, oben § 55 sub B VIII, § 56 sub A X 3 a α, — böswillige Verletzung der Unterhaltspflicht, Hintertreibung der Aufhebung einer letztwilligen Verfügung durch arglistige Täuschung des Erblassers) mit Begriffen operiert, die wir in die Gruppe des Verschuldens im engeren Sinne eingestellt haben, während sich andere Fälle freilich (z. B. ehrloses oder unsittliches Verhalten, schwere Verletzung der durch die Ehe begründeten Pflichten) in jene Gruppe nicht einstellen lassen. Aber diese Zwitterfälle verpflichten uns keineswegs, unsere Zweiteilung aufzugeben und diese Fälle aus der ersten Gruppe auszustoßen, weil bei ihnen ja der nach der zweiten Gruppe weisende Begriff (Vorsatz bezw. Absicht, Böswilligkeit, Arglist) lediglich als untergeordneter Hilfsbegriff und nicht, wie in der zweiten Gruppe, um seiner selbst willen und κατ' ἐξοχήν auftritt.

VIII. Uebrigens können wir neben den beiden Gruppen des Verschuldens im engeren und im weiteren Sinne auch noch eine andere Art des Verschuldens im BGB. entdecken, die sich als „fingierte Schuld“ bezeichnen ließe. Die beiden einzigen von „Entschuldigung“ bezw. „entschuldigen“ handelnden Stellen (§§ 1875 Abs. I und III und 2006 Abs. III Satz 2, oben § 3 sub B II 3 a) lassen nämlich erkennen, daß gewisse Rechtsnachteile ohne weiteres eintreten und nur abgewendet werden durch genügende Entschuldigung.[1]) Diese „fingierte“ Schuld,[2]) welche

[1]) Anders liegt der Fall des § 1574 Abs. III a. E. Hier ist nicht das Verschulden selber aus der Welt geschafft und daher wegen der Schuldigerklärung fingiert, sondern nur das Recht des anderen Ehegatten, das Verschulden noch weiterhin als Scheidungsgrund geltend zu machen, durch „Verzeihung“ (oder Zeitablauf) ausgeschlossen.

[2]) Etwas anderes ist die „fingierte Schuldigerklärung“ und die „fingierte Scheidung“ oben § 3 sub B I 2 d und wiederum anders liegt der unten § 75 sub C I 4 b zu besprechende Fall des § 827 Satz 2.

jedoch nur als Verschulden im weiteren Sinne und wohl auch weniger im Sinne des Verschuldensprinzips als im Sinne des Veranlassungsprinzips zu verstehen wäre, ist aber nicht bedeutsam genug, um eine besondere Berücksichtigung im System beanspruchen zu können.

IX. Nicht nur der Wunsch nach einer methodischen Vervollständigung des Gesamtsystems, sondern auch die sub VII gemachte Beobachtung, daß es Zwitterfälle gibt, die in beide Verschuldensgruppen gehören, legt es nahe, das Verschulden im engeren und das Verschulden im weiteren Sinne, die zu einander im Verhältnis der Ueber- und Unterordnung oder der bloßen Abzweigung des einen von anderen nicht stehen, einem gemeinsamen Oberbegriffe einzustellen. Dieser wäre dann aber höchstens etwa — im Gegensatz zu den für unser Problem ausscheidenden (oben sub I 1) objektiven Unrechtsformen — als „subjektives Unrecht" zu bezeichnen; oder man könnte zu seiner Bezeichnung auch etwa den gelegentlich (oben § 42 sub B VI 9 S. 323 Anm. 11) erwähnten Ausdruck „die Verschuldungen" verwerten.

X. Aus der Zweiteilung des Verschuldens in solches im engeren und im weiteren Sinne und aus der Einordnung der einzelnen subjektiven Verschuldensbegriffe in die eine oder in die andere Gruppe ergeben sich ungemein wichtige praktische Konsequenzen.[1])

1. Diese Konsequenzen schließen sich um den Inhalt der §§ 276—279 herum, welche als die sedes materiae der Lehre vom Verschulden im engeren (technisch-gesetzlichen) Sinne zu betrachten sind. Denn diese Normen stehen zwar nicht im „allgemeinen Teil" (Buch I) des Gesetzbuchs, wohl aber in dem sozusagen den allgemeinen Teil des zweiten Buches bildenden ersten Abschnitt („Inhalt der Schuldverhältnisse"), und ihre generelle Bedeutung nicht nur für das ganze zweite Buch, sondern für das gesamte Gesetzeswerk kann wohl kaum einem Zweifel unterliegen, ist übrigens meines Wissens auch nie angezweifelt worden. Im Gegenteil finden sich in der Literatur[2]) und auch in den Materialien[3]) vereinzelte Bemerkungen, welche sich auf diese weitergehende Bedeutung der erwähnten Normen richten; und auch der Platz, welcher der Lehre vom Verschulden in manchen Lehrbüchern eingeräumt zu werden pflegt (vgl. unten § 67 sub I 2) spricht in gleichem Sinne.

2. Die angedeuteten Folgerungen aus dem Inhalte der §§ 276 ff. betreffen nun nachstehende Punkte:

a) Die sog. Deliktsfähigkeit, welche — nicht gerade am richtigen Orte[4]) — im BGB. §§ 827 f. behandelt wird, soll laut § 276 Abs. I Satz 3 (oben § 28 sub IV und § 31 sub C VI 1) nicht nur

[1]) Sie allein würden m. E. genügen, die detaillierten Untersuchungen in §§ 31—64 und damit die Aufstellung eines Systems sowie das Thema überhaupt auch vom Standpunkte der allernüchternsten Justizpraxis gerechtfertigt erscheinen zu lassen.

[2]) Vgl. z. B. Windscheid-Kipp I S. 447 Anm. 5 a. E., Enneccerus-Lehmann I (§ 116 a. E.) S. 289, Dernburg II 1 S. 134 sub I, Crome I S. 472 f., Planck II Einleitung S. 4/5, Zitelmann S. 151. — Vgl. auch aus unseren eigenen bisherigen Ausführungen z. B. oben § 42 sub B V 1 (S. 314) und oben § 33 sub C IX 1 (S. 137); ferner über die prinzipielle Hereingehörigkeit des Inhalts der §§ 276 ff. in den allgemeinen Teil des Gesetzes bezw. der Lehrbücher unten § 67 sub III.

[3]) Vgl. z. B. Mot. V S. 99, 191, 198 f.

[4]) Als „Deliktsfähigkeit" im engeren Sinne steht sie natürlich am richtigen Platz; da sie aber auch für das kontraktliche Verschulden für anwendbar erklärt worden ist, wäre es geeigneter gewesen, die einschlägigen Bemerkungen in § 276 selber einzustellen; dann wäre eine Verweisung (innerhalb der §§ 823 ff.) sogar entbehrlich gewesen; in § 276 hätte die Frage aber natürlich nicht (wie in §§ 827 f.) auf die „Verantwortlichkeit für Schaden" zugespitzt, sondern genereller auf die subjektive Verantwortlichkeit, auf die Fähigkeit, die Tat und ihre Folgen vorauszusehen, zugeschnitten werden müssen.

bei unerlaubten Handlungen, sondern auch bei Vorsatz und Fahrlässigkeit berücksichtigt werden. Hieraus ergibt sich nun zufolge unserer Systematik:

α) positiv, daß diese Deliktsfähigkeit der §§ 827 f. auch überall da in Betracht kommt, wo das Gesetz zwar nicht gerade von Vorsatz oder Fahrlässigkeit redet, aber von Verschulden oder von einem anderen der in Gruppe III 2 (V) aufgezählten Begriffe, z. B. von qualifizierter Absicht oder von Arglist oder Böswilligkeit;

β) negativ, daß diese Deliktsfähigkeit der §§ 827 f. überall da außer Betracht bleibt, wo es sich um ein Verschulden im engeren [1]) Sinne nicht handelt, sondern um einen in Gruppe III 1 (IV) gehörigen Begriff, also z. B. ehrloses oder unsittliches Verhalten, Verfehlungen oder auch Pseudofälle des Verschuldens im engeren Sinne, insbesondere etwa §§ 254, 847, 1299.

b) Die Vorschrift des § 276 Abs. II, wonach die Haftung [2]) wegen Verschuldens im allgemeinen der Parteidisposition unterliegt mit Ausnahme eines im voraus erfolgenden Erlasses der Haftung wegen (eigenen; vgl. § 278 Satz 2) Vorsatzes, ist gleichfalls auf die ganze Gruppe III 2 (V), aber nur auf sie auszudehnen.[3]) Hieraus folgt im einzelnen:

α) Auch die Haftung wegen qualifizierter Absicht, wegen Arglist, Hinterlist, Verheimlichung, Böslichkeit und Böswilligkeit bleibt jus publicum, quod privatorum pactis mutari non potest, und die prinzipielle Natur der Verschuldenshaftung als jus dispositivum wird somit von einer großen Reihe weiterer Ausnahmen durchbrochen, denen gegenüber es ein geringerer Zuwachs ist, wenn für den dispositiven Charakter noch die Verwandtschaft der Fahrlässigkeit mit der Außerachtlassung der diligentia quam suis, mit dem Kennenmüssen und der Bösgläubigkeit in Betracht kommt.

β) Auf Verschulden im weiteren Sinne, z. B. also auch auf die Fälle des BGB. §§ 254, 846 und 1299, findet § 276 Abs. II keine Anwendung, und die Antwort auf die uns nicht näher interessierende Frage, ob und wieweit auch hier die Dispositivmaxime Geltung hat oder nicht, wäre lediglich nach allgemeineren Erwägungen (vgl. z. B. BGB. § 138, oben § 36) zu geben.

c) Gleiches gilt wegen der Vorschrift des § 278 (Satz 1; wegen Satz 2 oben sub b). Die Pflicht, fremdes Verschulden „zu vertreten"[4]) greift überall Platz, wo ein Verschulden im engeren Sinne vorliegt, aber nie, wo nur ein Verschulden im weiteren Sinne gegeben ist.

3. Mit Obigem (sub 2) haben wir das leitende Prinzip für eine Reihe von Detailfragen gegeben, von denen wir manche schon gelegentlich berührten, um die teilweise irrigen Ansichten, welche sich wegen einzelner Verschuldensformen in den Materialien, in der Literatur und in der Judikatur finden, zu besprechen; vgl. z. B. oben § 42 sub B V 3, § 43 sub B VIII und § 44 sub A IV 6.

4. Mit Obigem ist zugleich auch im wesentlichen unser Interesse an dem genaueren Inhalte des § 276 Abs. I Satz 3 und Abs. II, sowie des § 278 erschöpft. Im übrigen haben diese Normen keinen Belang für ein System der Verschuldensbegriffe, sondern sie gravitieren in die Lehre von den Deliktsobli-

---

[1]) Oder gar um ein lediglich objektives Unrecht; vgl. unten sub XI.

[2]) Wegen der Bedeutung dieses Ausdrucks vgl erst unten § 71 sub B III.

[3]) Vgl. dieserhalb bereits eine Andeutung oben § 5 sub A II 1.

[4]) Was aus diesem Ausdrucke für § 278 und auch für § 276 Abs. I Satz 3, oben sub a, zu folgern ist, vgl. unten § 77 sub II 3 a und § 75 sub A I 1 c β α'.

gationen bezw. in die Lehre von der Haftung für Schadensersatz und werden nur aus besonderen Gründen, durch die sie wiederum in unser System hineinragen, noch bei anderer Gelegenheit (unten § 75 und § 77) unser flüchtiges [1]) Augenmerk auf sich lenken.

XI. Schließlich mag noch hervorgehoben werden, daß das sub X wegen des Verschuldens im weiteren Sinne Bemerkte auch für die sub I 1 erwähnten objektiven Unrechtsbegriffe gilt. Dies und darum unsere Feststellungen über den Charakter dieser Einzelbegriffe ist gleichfalls von eminenter praktischer Bedeutung;[2]) denn daraus ergibt sich z. B.,[3]) daß es auf die „Deliktsfähigkeit" in der durch BGB. §§ 827 f. normierten Weise für Pflichtverletzungen schlechthin, für vertragswidriges oder gefährdendes Verhalten, für Verstöße gegen die guten Sitten, für Drohung usw. nicht ankommen kann.

§ 67.

Die Stellung des Verschuldens im Rechtssystem.

I. Auch diese Frage ist für das Verständnis der Verschuldensbegriffe und für ihre Systematik von Interesse. Die Stellung des „Verschuldens" im Rechtssystem überhaupt wird nun aber in der Literatur[4]) zum BGB. durchaus verschieden behandelt.

1. Einige Schriftsteller schließen sich mehr oder weniger eng[5]) der Behandlung der Materie im BGB. selber an und erörtern die Lehre vom Verschulden in dem dem BGB. Buch II entsprechenden Abschnitte ihrer Gesamtdarstellung. Es ist dies der Fall außer in meinen Vorträgen (Bd. I § 74 S. 338 ff.) bei Bendix, Dernburg, Endemann, Engelmann, Kuhlenbeck, Leske, Liebe, Müller und Meikel, Siméon und Stammler. Die Uebereinstimmung mit der Disposition des BGB., wonach das „Verschulden" seine Stellung im „Inhalt der Schuldverhältnisse" findet und diese Lehre sozusagen dem Allgemeinen Teil des Obligationenrechts angehört (vgl. oben § 66 sub X 1), tritt besonders deutlich außer in meinen Vorträgen bei Bendix,[6]) Endemann,[7]) Engelmann,[8])

[1]) Es sei auch an dieser Stelle vorsichtshalber an das oben § 1 sub II und § 30 sub II Bemerkte erinnert.

[2]) Dagegen muß ich zugeben, daß die oben § 42 sub C I 4 b besprochene Gruppierung der Sorgfaltsbegriffe keine praktischen Konsequenzen nach sich zieht; vgl. bereits ebenda S. 327 Anm. 2.

[3]) Vgl. die oben sub X 3 erwähnten Bemerkungen im Kap. I.

[4]) Hier kommen natürlich nur die systematischen Werke (Lehrbücher, Vorträge) in Betracht, nicht auch (vgl. aber wegen Planck unten sub 3) die Kommentare; von jenen bleibt aber wiederum Krückmann außer Betracht, da er vom Verschulden und seinen Einzelformen nur ganz gelegentlich (§ 12 S. 80/81 und § 35 S. 158 f.) in der Lehre von der Leihe und von den unerlaubten Handlungen (beides innerhalb Buch II „Schuldrecht", Erster Abschnitt „Einzelne Schuldverhältnisse") spricht.

[5]) Und absichtlich; so Weyl, Vorträge; vgl. daselbst Bd. I S. 98.

[6]) Bendix, 2. Aufl. (Breslau 1904) Bd. I: Zweites Buch („Recht der Schuldverhältnisse"), Erster Abschnitt („Inhalt der Schuldverhältnisse") §§ 25 ff. S. 235 ff.; daselbst § 32 (S. 304): „Wegfall der Leistung (Unmöglichkeit, Haftung)".

[7]) Endemann (Bd. I): Zweites Buch („Recht der Schuldverhältnisse"), S. 569 ff., Erster Abschnitt („Allgemeine Lehren von den Schuldverhältnissen", Drittes Kapitel („Inhalt der Schuldverpflichtung") S. 632 ff. (§§ 110—127); daselbst §§ 111 („Haftung für Sorgfalt. Allgemeine Grundsätze"), 112 („Vorsatz"), 113 („Fahrlässigkeit"), 114 („Sorgfalt in eigenen Angelegenheiten und grobe Fahrlässigkeit") S. 634 ff. — Ferner aber im „Vierten Kapitel" („Schadensersatz", „Vertragsstrafe"), §§ 128 ff. S. 721 ff., als § 130 („Verschulden") S. 743 ff.

[8]) Engelmann in v. Staudingers Kommentar: Drittes Buch („Das Recht der Schuldverhältnisse") S. 171 ff., Dritter Abschnitt („Inhalt der Obligation") S. 194 ff., §§ 71 ff.; daselbst § 75 („Haftung für Verschulden und für den Zufall") S. 202 ff.

Kuhlenbeck,[1]) Leske,[2]) Liebe,[3]) Müller und Meikel[4]) und Siméon[5]) zutage; aber auch Dernburg[6]) schließt sich inhaltlich dieser Disposition an; und nur Stammler[7]) bringt die Lehre vom Verschulden — auffallend kurz und unter Verweisung der Lehre in den „allgemeinen Teil des bürgerlichen Rechtes überhaupt" (S. 111/112) — in einem ganz speziellen Zusammenhange.

2. Die anderen Schriftsteller, nämlich Cosack,[8]) Crome,[9]) Eck,[10]) Enneccerus-Lehmann,[11]) Goldmann und Lilienthal,[12]) Hellmann[13]) Kipp,[14]) Landsberg,[15]) Matthiaß[16]) und Zitelmann[17]) behandeln

[1]) Kuhlenbeck, Von den Pandekten Bd. II („Recht der Schuldverhältnisse"), Erster Teil („Allgemeine Lehren"), Erster Abschnitt („Die rechtliche Natur der Schuldverhältnisse"), §§ 1 ff. S. 1 ff.; daselbst § 8 S. 42 ff.: „Verantwortlichkeit des Schuldners für die Leistung (Vertretungspflicht oder Haftung), Kontraktliches Verschulden" und § 9 S. 54 ff.: „Außerkontraktliches Verschulden".

[2]) Leske (Vergleichende Darstellung des BGB. und des Preuß. ALR., I. Hälfte, 1. u. 2. Aufl., Berlin 1900): Zweites Buch („Recht der Schuldverhältnisse"), Erster Teil („Die allgemeinen Lehren des Rechtes der Schuldverhältnisse"), Erster Abschnitt („Inhalt der Schuldverhältnisse"), §§ 41 ff. S. 119 ff., insbesondere § 43 S. 133 ff. („Unmöglichkeit der Leistung"). — Leskes Bemerkungen über die unser Problem betreffenden Fragen sind so knapp, daß sie im ersten Kapitel unserer Darstellung (§§ 30—64) kaum irgendwo der Erwähnung bedurften. — Dasselbe ist betreffs v. Buchka, Vergleichende Darstellung des BGB. und des Gem. R. (3. Aufl., Berlin 1899) zu sagen, dessen Bemerkungen über Vorsatz und Fahrlässigkeit (§ 10 S. 69 f.) gleichfalls im Buch II („Recht der Schuldverhältnisse") stehen.

[3]) Liebe (2. Aufl. 1904) Bd. I: Zweites Buch („Recht der Schuldverhältnisse"), Erster Teil („Inhalt der Schuldverhältnisse"), Erster Abschnitt („Verpflichtung zur Leistung", §§ 65—78 S. 197 ff.), § 76 S. 229 ff. („Verschulden").

[4]) Müller und Meikel (Bd. I): II. Buch („Recht der Schuldverhältnisse", S. 213 ff.), Erster Abschnitt („Die Schuldverhältnisse im allgemeinen"), 2. Kapitel („Inhalt der Schuldverhältnisse", S. 224 ff.), A. („Gegenstand der Schuldverhältnisse", §§ 76 ff.), § 84 („Verschulden", S. 256 ff.).

[5]) Siméon (Recht und Rechtsgang im Deutschen Reiche, 3. Aufl., Berlin 1901): Zweites Buch („Recht der Schuldverhältnisse"), Erster Abschnitt („Inhalt der Schuldverhältnisse"), §§ 38 ff. S. 122 ff.; daselbst § 41 S. 239 ff. („Verschulden und Zufall").

[6]) Dernburg (Bd. II 1) Buch II („Recht der Schuldverhältnisse"), Erster Teil („Die allgemeinen Lehren", §§ 1 ff. S. 1 ff.), Erster Abschnitt („Die Verpflichtung zur Leistung", S. 17 ff.), Dreizehntes Kapitel („Haftung für Verschulden", §§ 63—70 S. 134 ff.).

[7]) Stammler („Das Recht der Schuldverhältnisse"): Fünfter Abschnitt („Unmöglichkeit der Leistung", §§ 31 ff. S. 106 ff.), § 33 („Nachfolgende Unmöglichkeit, Gründe der Schadenszurechnung", S. 109 ff., insbes. S. 111/112).

[8]) Cosack (Bd. I): Erstes Buch („Die allgemeinen Lehren", S. 25 ff.), Fünfter Abschnitt („Entstehung, Aenderung, Aufhebung der Rechte", §§ 50 ff. S. 150 ff.), II. („Verschulden und Zufall", §§ 71 f. S. 248 ff.), § 71 („Verschulden") S. 248 ff.

[9]) Crome (Bd. I): Erstes Buch („Allgemeiner Teil", §§ 13 ff. S. 64 ff.), Viertes Kapitel („Entstehung, Aenderung und Endigung der Rechte", § 71 S. 311 ff.), IV („Unerlaubtes Verhalten", §§ 107—109 S. 472 ff.), § 109 („Die Verschuldung") S. 481 ff. sowie § 111 („Eigenes Verschulden des Verletzten") S. 494 ff.

[10]) Eck (Bd. I): Buch I („Allgemeiner Teil", §§ 6 ff. S. 13 ff.), Kapitel VI („Verschulden und Zufall", §§ 40 ff. S. 194 ff.), § 40 („Vorsatz und Fahrlässigkeit", S. 194 f.) bezw. auch § 41 („Guter Glaube, Kennen und Kennenmüssen", S. 195 ff.).

[11]) Enneccerus-Lehmann (Bd. I): Erstes Buch („Allgemeiner Teil", §§ 10 ff. S. 46 ff.), Vierter Abschnitt („Schuldhafte Handlungen", §§ 116 ff. S. 286 ff.)

[12]) Goldmann und Lilienthal, 2. Aufl. (Berlin 1903) Buch I („Allgemeiner Teil"), Vierter Titel („Rechtsgeschäfte"), § 33 („Rechtshandlungen", „Verschulden") S. 136 ff.

[13]) Hellmann, Vorträge über das BGB. Allgemeiner Teil (Freiburg, Leipzig und Tübingen 1897) Dritter Abschnitt („Entstehung und Untergang, Erwerb und Verlust der Rechte") § 28 S. 175 ff. („Die rechtswidrigen Handlungen").

[14]) Kipp (Bd. I): Zweites Buch („Von den Rechten überhaupt", §§ 37 ff. S. 130 ff.), Drittes Kapitel („Entstehung, Untergang, Veränderung der Rechte"), §§ 63 ff. S. 754 ff.), III (§ 101 S. 446 ff.), „Unerlaubtes Verhalten" (zu BGB. insbes S. 452 ff.).

[15]) Landsberg (Bd. I): Erstes Buch („Allgemeiner Teil"), Zweiter Abschnitt („Das Recht im subjektiven Sinne" (§§ 11 ff. S. 45 ff.), Fünftes Kapitel („Verschulden und Vertreten", §§ 74—76 S. 248 ff.).

das „Verschulden" schon im ersten, allgemeinen Teil ihrer Darstellung des bürgerlichen Rechts, wobei Eck, Enneccerus-Lehmann und Zitelmann und auch Landsberg die Materie diesem Allgemeinen Teil ohne weitere bezw. ohne erheblich weitere Differenzierung des ganzen Stoffes einordnen, während Goldmann und Lilienthal sie den „Rechtshandlungen" angliedern und Matthiaß[1]) sie unter die „juristischen Tatbestände", Cosack, Crome, Hellmann und Kipp unter den Gesichtspunkt der „Entstehung (Erwerb), Aenderung (Veränderung) und Aufhebung (Endigung, Untergang, Verlust) der Rechte" stellen.

3. Diesen Schriftstellern ist auch Planck beizugesellen, indem er — als einziger der Kommentatoren — bereits in den allgemeinen „Vorbemerkungen" Bd. I S. 37—54 ausgedehntere Erörterungen (III S. 40—43) über einschlägige Fragen („Vorsatz, Fahrlässigkeit, Irrtum") bringt.

II. Die sub I erwähnten prinzipielleren Ausführungen beschränken sich aber bei den meisten Autoren auf die Frage nach dem „Verschulden" [2]) selber und auf die Frage nach dem „Vorsatz" und der „Fahrlässigkeit", wobei letztere einschließlich der groben Fahrlässigkeit und einschließlich der neglegentia quam suis zur Erörterung[3]) gelangt. Dagegen werden die anderen Begriffe, welche wir als Mitglieder der Familie „Verschulden" im engeren oder im weiteren Sinne kennen gelernt haben, von diesen Autoren[4]) entweder garnicht oder doch nur äußerst kurz erwähnt.[5])

1. Garnichts Einschlägiges bieten: Bendix, Engelmann, Enneccerus-Lehmann, Leske,[6]) Müller und Meikel, Siméon sowie Achilles, Mayring, Neumann und Schollmeyer.[7])

2. Es gedenken:[8])

a) der „Absicht" („böslichen Absicht"): Dernburg, Endemann, Hellmann, Kipp, Kuhlenbeck, Landsberg, Matthiaß, Weyl, Zitelmann und auch Fischer-Henle, Meisner, Oertmann;[9])

b) der „Arglist": Cosack, Dernburg, Endemann, Hellmann, Kipp, Landsberg, Liebe, Stammler, Weyl, Zitelmann sowie Rehbein;

c) des „böslichen" oder „böswilligen" Verhaltens: Cosack, Crome,

---

[16]) (Zu S. 514). Matthiaß (Bd. I): Erstes Buch („Allgemeine Lehren", §§ 4 ff. S. 15 ff.), V. Abschnitt („Die Lehre vom juristischen Tatbestande", §§ 45 ff. S 163 ff.), 1 Kapitel („Die Handlungen", §§ 46 ff. S. 168 ff), § 61 („Die unerlaubten Handlungen", S. 269 ff.), insbesondere S. 271 ff. (sub II „Die Schuld").

[17]) Zitelmann: „Allgemeiner Teil" (S 21 ff.), Sechstes Kapitel („Verschulden und Zufall"), Abschnitt 1 („Verschulden") S. 151 ff.

[1]) Matthiaß (vgl. oben Anm. 16) begeht dann den Fehler, das „Verschulden" viel zu eng innerhalb der Deliktsobligationen einzustellen, worin es (vgl. oben § 39 sub I 5 und § 42 sub C I 2) nach dem Recht des BGB. nur — und nicht einmal durchweg — als Tatbestandsmerkmal begegnet.

[2]) Im engeren Sinne; vgl. unten sub III.

[3]) Ueber die Gruppierung bei den einzelnen Schriftstellern vgl. oben § 41 sub I 9 a.

[4]) In den Materialien finden sich abgesehen von Mot. I S. 280 f. (unten S. 516 Anm 4) geschlossenere Erörterungen über die Nebenbegriffe nicht.

[5]) Die gelegentlichen Erwähnungen außerhalb der geschlossenen Erörterungen über das Verschulden (z. B. gelegentlich der Behandlung von BGB. §§ 123 ff.) interessieren an dieser Stelle nicht, sind aber gleichfalls im I. Kapitel (§§ 31—64) durchweg notiert worden.

[6]) Ebenso v. Buchka (oben S. 514 Anm. 2).

[7]) Achilles S. 118 f., Mayring S. 38, Neumann, Handausg. I S. 148 f., Schollmeyer S. 99 ff.; im übrigen vgl. wegen der Kommentatoren unten Anm. 9.

[8]) Von erneuter Angabe der einschlägigen Stellen kann betreffs der systematischen Werke wegen der Notizen sub I 1 und 2 abgesehen werden; im übrigen vgl. auch die betreffenden Wörter selber und den Bericht über die Literatur innerhalb §§ 31—64.

[9]) Fischer-Henle S. 154 Anm. 2, Meisner S. 23, Oertmann S. 33.

Dernburg, Endemann, Goldmann und Lilienthal, Hellmann, Kipp, Liebe, Matthiaß, Stammler, Weyl, Zitelmann sowie Rehbein;

d) des „bösen Glaubens" und „Kennenmüssens": Dernburg, Eck, Goldmann und Lilienthal, Planck und Zitelmann, des „Kennenmüssens" Crome, Endemann und Weyl;

e) des Begriffes „unverzüglich": Crome, Goldmann und Lilienthal und Zitelmann.

3. Die Notwendigkeit, neben Vorsatz und Fahrlässigkeit noch andere Verschuldensbegriffe anzuerkennen und dabei auch über den Kreis der sub 2 angedeuteten Begriffe hinauszugehen, wird am schärfsten betont bei Weyl[1]) und im Anschluß an ihn bei Zitelmann.[2])

III. Daß die sub I 2 a. E. erwähnte Behandlungsweise der Verschuldenslehre (ergänzt durch erweiternde Bemerkungen in der sub II gedachten Art) die systematisch[3]) korrekteste (und einwandfreie) ist, wird keinem Zweifel unterliegen, und wenn ihr auch das BGB. selber nicht huldigt, so zeigte sie sich doch wenigstens im I. Entwurf („Erstes Buch, Allgemeiner Teil; Fünfter Abschnitt: Fahrlässigkeit, Irrtum", §§ 144—146).[4]) Die Einstellung in die Lehre von den Schuldverhältnissen (oben sub I 1) ist aber um so ungenauer, als sie nicht bloß für das Verschulden im engeren Sinne unzutreffend ist, sondern erst recht für das Verschulden im weiteren Sinne, das noch mehr als jenes über die Lehre von Obligationenrecht hinaus von Bedeutung ist, ja geradenwegs im Gegensatze zum Verschulden im engeren Sinne weit mehr[5]) in andere Bücher des Gesetzes, ins familien- und erbrechtliche — somit aber auch in den „Allgemeinen Teil" — hineingehört.[6])

IV. Freilich ist das „Verschulden im weiteren Sinne" ein Begriff, der (vgl. oben § 43 sub B III) noch nicht durch die bestehende Literatur zum BGB. approbiert worden ist[7]) und darum noch um seine Existenzberechtigung kämpfen muß. Aber wenngleich die bisherige Literatur bei der Erörterung des Verschuldens vorzugsweise an Vorsatz und Fahrlässigkeit denkt[8]) und wenngleich die verhältnismäßig seltenen und knappen prinzipielleren Bemerkungen[9]) über Begriffe wie Kennenmüssen, unverzüglich, Absicht, Arglist, böslich und böswillig sich auch durchweg nur auf Spezialformen des Verschuldens im engeren Sinne beziehen, so sind uns immerhin doch bei Gelegenheit unserer Erörterungen

[1]) Vgl. außer der oben S. 2 Anm. 5 erwähnten Skizze auch Weyl, Vorträge S. 89, 341/342.

[2]) Zu Zitelmann S. 153 vgl. bereits oben S. 419/420, S. 430 Anm. 2, S. 450 Anm. 9.

[3]) Etwas anderes ist die den Anschluß ans BGB. erstrebende didaktische Rücksichtnahme (vgl. oben S. 513 Anm. 5).

[4]) Hierzu bringen dann Mot. I S. 280 f. die bereits in Kap. I besprochenen Bemerkungen über „Absicht", „böswillig", „böslich" und „Kennenmüssen" (nebst „Wissenmüssen"; vgl. oben § 32 sub II 1); vgl. oben § 56 sub A II 1, § 57 sub A III 1 und B II 1, § 32 sub II 1.

[5]) Vgl. oben § 43 sub B V S. 333 Anm. 3.

[6]) Eine Bestätigung liegt ja auch in Stammlers Verhalten.

[7]) Die Notwendigkeit seiner Anerkennung bezw. der Gegensatz zum Verschulden im engeren Sinne schimmern höchstens durch in gelegentlichen Aeußerungen bei Endemann I S. 756/757 bezw. in Prot. IV S. 78, oben § 32 sub II 6 b.

[8]) Dies gilt insbesondere auch von Matthiaß, dessen Bemerkung I S. 271 sub II A über die „Schuld" im Gegensatz zu den Bemerkungen ebenda sub B über das „Verschulden" — wie auch die zitierten Belege aus BGB. §§ 121—123, 142, 240 ergeben — nicht etwa einen das „Verschulden" überragenden Begriff im Auge haben. Uebrigens wäre die Wendung „Vorhandensein oder Nichtvorhandensein einer Schuld" sehr leicht einem Mißverständnis in der oben § 3 sub B II 1 b und 2 angedeuteten Richtung ausgesetzt.

[9]) Vgl. die Zusammenstellung sub III.

über solche Begriffe, die wir dem Verschulden im weiteren Sinne einordnen zu müssen glauben, vielfache Aeußerungen begegnet,[1]) welche Zweifel an der Zugehörigkeit dieser Begriffe zum eigentlichen, technischen Verschulden erkennen ließen und dadurch schon ein, allerdings noch unbewußtes Operieren der Literatur mit einem über den technischen Verschuldensbegriff hinausgehenden Begriff ahnend erkennen lassen;[2]) daß sich dieser Begriff des Verschuldens im weiteren Sinne übrigens auch bereits insofern Bahn gebrochen hat, als man innerhalb der Ehescheidungsgründe schon längst vom „Verschuldungsprinzip“ zu sprechen pflegt, wurde bereits im § 43 sub B VI hervorgehoben; vgl. auch unten § 72 sub VIII 4.

V. Von den in unserer Materialsammlung und innerhalb der Begriffsbestimmung besprochenen Termini gehört ein großer Teil nicht ausschließlich ins Zivilrecht, sondern ist auch im öffentlichen, namentlich im Strafrecht, anzutreffen. Sie haben also (eine im Rechtsleben bekanntlich nicht seltene Erscheinung) doppelte Zugehörigkeit, vorausgesetzt (was zu untersuchen nicht unter unsere gegenwärtige Aufgabe gehörte),[3]) daß in der Tat z. B. der Vorsatz, die Fahrlässigkeit, die Arglist, die Absicht usw. in anderen Rechtsgebieten begrifflich genau dasselbe bedeuten,[4]) wie im Zivilrecht des BGB.

VI. Die legislatorische Abgrenzung für die Anwendungsgebiete der von uns erörterten Begriffe dürfte über die bereits gelegentlich angedeuteten Punkte[5]) hinaus nicht von Interesse sein.

§ 68.

Das sog. „Verschulden gegen sich selbst“.

In der jungen Theorie zum BGB. findet sich eine der älteren Doktrin fremde und auch im Gesetzbuche selber[6]) wenigstens expressis verbis nicht angedeutete[7]) Art des Verschuldens erwähnt, deren wissenschaftliche Existenzberechtigung zu prüfen in den Rahmen unserer jetzigen Erörterungen gehören dürfte. Diese Verschuldensart ist das sog. „Verschulden gegen sich selbst“. Insbesondere wird dieser Begriff bei Zitelmann, Grundriß S. 152/153 und S. 166—170 behandelt, aber auch bei Crome I § 111 S. 494 ff. wird er (als „eigenes Verschulden des Verletzten“) erwähnt und, wenngleich nur mit kürzeren Andeutungen, in den Werken von Cosack,[8]) Dernburg,[9]) Eck,[10])

[1]) Vgl. z. B. oben § 42 sub B II 1 b β, 3 b, 4 a und 5 b.

[2]) Am deutlichsten schimmert die Anerkennung eines Verschuldens i. w. S. wohl bei Crome I S. 473 hindurch, der sub b auf BGB. §§ 530, 2333 ff., 2339 ff., 1565 ff., 1568, 1611, 1621 und 1680 (nebst dem unprägnanten § 1686) verweist.

[3]) Vgl. oben § 1 sub II S. 2.

[4]) Vgl. Einzelheiten oben S. 136/137, S. 357 Anm. 1, S. 360 Anm. 4, 389 Anm. 2, 408 Anm. 4, 409 Anm. 3, 445, 470.

[5]) Vgl. oben § 40 sub XVII und § 41 sub I 4.

[6]) Auch nicht in den Materialien; insbes. Mot. I S. 281 nebst der ersten Anm. (oben § 42 sub B I 2 b S. 295 Anm. 2) operieren zwar mit einigen der einschlägigen Fälle, sind aber von Aufstellung einer zusammenfassenden Theorie weit entfernt. — Ebenso findet sich diese Theorie in der Judikatur nirgends erwähnt; vgl. höchstens unten S. 525 Anm. 8, S. 527 Anm. 1.

[7]) Vgl. oben § 42 sub B VI 7.

[8]) Cosack I § 71 S. 248 sub I (nebst Anm. 3) sowie ebenda sub 1 a und S. 249 sub 2 a („fremde oder eigne Interessen“); ferner S. 251 sub III (nebst Anm. 10).

[9]) Dernburg II 1 § 63 S. 134/135.

[10]) Eck I § 40 S. 194 (wo es zweifelhaft ist, ob das Wort „schuldbares Zögern“ im technischen Sinne des „schuldhaften Zögerns“ (gleich „unverzüglich“, oben § 33) verstanden werden soll.

Landsberg[1]) und in Abhandlungen von Rümelin,[2]) Träger[3]) und Gottschalk.[4])[5]) Hierzu ist nun folgendes zu sagen:

I. Vorbemerkungen.

1. Es ist zweifellos, daß es im BGB. Rechtssätze gibt, die von den Folgen eines Verschuldens reden, die aber diese für den Schuldigen nachteiligen Folgen nicht daran anknüpfen, daß er in die Rechtssphäre eines Andern (sei es mittels kontraktlichen, sei es mittels außerkontraktlichen Verschuldens, vgl. oben § 42 sub B VI 6) eingegriffen hatte (dem er nunmehr z. B. schadensersatzpflichtig wurde), sondern daran, daß er sich selbst (und zwar unmittelbar, nicht bloß mittelbar durch Belastung mit einer Schadensersatzpflicht) geschädigt hatte.

2. Diese Schädigung kann allerdings mit der Schädigung eines Andern zusammenfallen und dann nur, sei es mit vorwiegender oder mit mehr nebensächlicher Wirkung, als gleichzeitige Selbstschädigung für das Rechtsleben interessieren; es liegt dann das uns schon (aus BGB. §§ 254 und 846) bekannte „konkurrierende (mitwirkende) Verschulden" (oben § 42 sub B II 1 und 2), die „Mitschuld", vor.

3. Diese Schädigung könne aber, so meint man wenigstens, tatsächlich und rechtlich auch ganz unabhängig sein von einer Schädigung fremder Interessen und wir könnten dann von reiner Selbstschädigung sprechen. Als hierfür in Frage kommend haben wir in der Tat eine große Anzahl von Anwendungsfällen z. B. in den Untersuchungen über das „schuldhafte Zögern" (oben § 3 sub B III und § 33) und in denen über die schuldhafte Unkenntnis, das „Kennenmüssen" (oben § 7 und § 32), angetroffen. Aber auch weitere diesbezügliche Anwendungsfälle lassen sich innerhalb des BGB. konstatieren und sind uns in der Materialssammlung, auf welche wegen der Einzelheiten Bezug genommen werden muß, begegnet.[6])

II. Es gehören im einzelnen folgende Normen hierher:

1. Aus den das Verschulden im engeren Sinne betreffenden Vorschriften:

a) vom „Verschulden" selbst (oben § 2) die Fälle der §§ 254 Abs. I, 846, 616 Satz 1 (a. a. O. sub II), §§ 351 Satz 1, 338 Satz 1, 1933, 2077 Abs. I Satz 2 (ebenda sub III 1, 2 und 4 a und b);

b) vom „schuldhaften Zögern" (oben § 4) die Fälle der §§ 2045 Satz 2 (a. a. O. sub III 2 c), 545 Abs. II, 703 Satz 1, 971 Abs. II (ebenda sub 3 a β), §§ 960 Abs. II, 961 (ebenda sub γ), 777 Abs. I Satz 1 (ebenda sub 3 b α), 625 (ebenda sub 3 c α) und 121 Abs. I (ebenda sub 6 a);

c) vom „Vorsatz" (oben § 5) die Fälle der §§ 273 Abs. II, 1000 Satz 2, 2333 Nr. 2 und 3, 1680 Abs. I Satz 1 (a. a. O. sub A II

---

[1]) Landsberg I § 76 S. 259 sub b.

[2]) Rümelin, M., im Archiv f. d. zivilist. Praxis Bd. 90 (1900) S. 311 f., 334.

[3]) Träger (oben § 42 S. 298 Anm. 17) S. 329/330.

[4]) Gottschalk, Das mitwirkende Verschulden des Beschädigten bei Schadensersatzansprüchen nach dem BGB., Berlin 1903, S. 69 f. Die übrige Literatur zum mitwirkenden Verschulden (oben S. 297/298) schweigt dagegen hierüber; nur wegen von Leyden vgl. unten S. 522 Anm. 7, wegen Schroeder unten S. 520 Anm. 7, S. 522 Anm. 8.

[5]) Vgl. vielleicht noch Enneccerus-Lehmann I § 116 S. 287 sub 1; dagegen lassen die Angelegenheit unerwähnt von den oben § 67 sub I erwähnten Autoren: Bendix, v. Buchka, Endemann, Engelmann, Goldmann und Lilienthal, Kuhlenbeck, Leske, Liebe, Matthiaß, Müller und Meikel, Siméon und Stammler sowie die sämtlichen Kommentatoren. — Ueber Pfizer und Titze unten S. 523 Anm. 3.

[6]) Insofern kann ich also hinsichtlich der Unterscheidung der Gruppen eine gewisse Priorität auch gegenüber Zitelmann in Anspruch nehmen, der auf diese auch selber S. 153 sub 4 indirekt aufmerksam macht.

3—5), sowie die Fälle der §§ 529 Abs. I, 617 Abs. I Satz 1 und der §§ 723 Abs. I Satz 2, 737 Satz 1, 912 Abs. I (ebenda sub B I 2—4) und der §§ 530 Abs. II, 2339 Abs. I Nr. 1 und 2, 2345 (ebenda sub C 1—3);

d) von der „Fahrlässigkeit" (oben § 6) die Fälle der §§ 460 Satz 2, 539 Satz 2, 932 Abs. I Satz 1 (und Abs. II), a. a. O. sub I 2 d γ („grobfahrlässige Unkenntnis"), sowie die Fälle der §§ 68 Satz 2, 122 Abs. II, 132 Abs. II Satz 1, 1980 Abs. II Satz 1, 372 Satz 2, ebenda sub II 5 a α—δ und 6 b („fahrlässige Unkenntnis bezw. Ungewißheit");

e) vom „Kennenmüssen" (oben § 7) die Fälle der §§ 179 Abs. III Satz 1, 307 Abs. I Satz 2 (309), 1346 Satz 2 (a. a. O. sub II 2) sowie der §§ 169, 674, 729, 173, 1424 Abs. I Satz 2, 1682 Abs. I Satz 1 und 2, 764 Satz 2 (ebenda sub II 3 a—d und 5 a, b und d);

f) von der „Bösgläubigkeit" (oben § 8) die Fälle der §§ 932 Abs. I Satz 1, 937 Abs. II usw. (a. a. O. sub II 1 und 2), § 1121 Abs. II (ebenda sub II 5 und III 1 c) und 1208 Satz 1 (ebenda sub II 6);

g) von der „Arglist" (oben § 10) betreffs der arglistigen Täuschung der Fall des § 2339 Abs. I Nr. 3 (a. a. O. sub I 2) und betreffs des arglistigen Verschweigens die Fälle der §§ 443 usw. (ebenda sub II 2 a) und der §§ 477 Abs. I Satz 1, 478 Abs. II, 479 Satz 2 usw., 485 Satz 2, 539 Satz 2 (ebenda sub II 2 b—e);

h) von der qualifizierten „Absicht" (oben § 14 B) die Fälle der §§ 1468 Nr. 2 usw., 1495 Nr. 2, 2005 Abs. I Satz 1 (a. a. O. sub I 2 und 3) und, da ja auch das „nach dem Leben trachten" ein Fall der „Absicht" ist (oben § 56 sub A X 3 a α) auch §§ 1566 und 2333 Nr. 1 (oben § 29 sub III 1 c);

i) von der „Böswilligkeit" (oben § 15 sub II) die Fälle der §§ 2333 Nr. 4 (nebst § 1621 Abs. II) und der §§ 324 Abs. I Satz 2, 615 Satz 2 und 649 Satz 2 (a. a. E. sub II 1 und 2).

k) Von der „Verheimlichung" (oben § 12) die §§ 971 und 973.

2. Aus den Vorschriften, die das Verschulden im weiteren Sinne betreffen:

a) aus den Normen über „schuldig" (§ 3 B I) die §§ 530 Abs. 1, 1565 Abs. I und II, 2333 Nr. 2 und 3, 2339 Abs. I Nr. 4 (a. a. O. sub B I 1 a und b α—δ), ferner die §§ 1611 Abs. II, 1621 Abs. II, 2294 2334, (ebenda sub c α), §§ 2335 Abs. I, 2345 Abs. I Satz 1 und Abs. II (ebenda sub β und γ) und § 1666 Abs. I Satz 1 (ebenda sub δ); endlich §§ 1584 Abs. I Satz 1 und 1635 Abs. I Satz 1 (ebenda sub 2 e α);

b) aus den Normen über „ehrloses oder unsittliches Verhalten" (oben § 16 VI): §§ 1568 Satz 1, 1666 Abs. I Satz 1 (a. a. O. sub 1 a und b); vgl. auch §§ 2333 Nr. 5 und 1621 Abs. II (ebenda sub 2);

c) aus den Normen über „Verfehlungen" (oben § 17): § 530 Abs. I (a. a. O. sub A I) und §§ 2333 f., 2339, 1621 Abs. II, 2294 (ebenda II 1 a—d und ebenda sub 2);

d) aus den Normen über „Undank" (§ 23): § 530;

e) der von „sittlichen Verschulden" handelnde § 1611 Abs. I (oben § 2 sub IX);

f) es gehören übrigens aus Gruppe 1 nach unseren Feststellungen oben § 66 sub IV 2 hierher auch §§ 254 und 846 (oben sub 1 a) und weiterhin z. B. §§ 2333 Nr. 2 und 3, 2339 Abs. I Nr. 1 und 2 (ebenda sub c).

3. Endlich sei bemerkt, daß, wenn wir wegen dieser Vorschriften nicht die Zugehörigkeit zum subjektiven Verschulden überhaupt leugnen müßten, und wenn wir uns einmal der gegenteiligen Auffassung anschließen wollen, wir unter das Verschulden gegen sich selbst auch einzustellen hätten z. B.:[1])

a) die Vorschriften über „verschwenderisches Leben", „Verschwendung" und „Trunksucht" (oben § 24); insbesondere z. B. § 2338 Abs. II Satz 2, §§ 6 Abs. I Nr. 2, 114 usw., § 1468 Nr. 4;
b) aus den Vorschriften über „wahrheitswidrige Behauptungen" (oben § 13 sub II) den § 109 Abs. II usw. (a. a. O. sub 1);
c) aus den Vorschriften über „Verstöße gegen gesetzliche Verbote oder gute Sitten" (oben § 18 sub A I) den § 817 Satz 2;
d) den von einer „willkürlichen Handlung" sprechenden § 918 Abs. I (oben § 46 sub C II 3 und § 56 sub A II 1 b).

4. Die große Zahl der sub 1 und 2 aufgeführten Vorschriften reduziert sich übrigens ein wenig, indem einige der Normen in unseren Gruppen gleichzeitig zu berücksichtigen waren, nämlich insbesondere §§ 2333 (2334 f.) und 2339 (2345) sowie §§ 254, 530, 539, 932, 1621, 1666, 2294. Trotzdem beträgt die Gesamtmenge rund 75 Vorschriften.

5. Von den vorstehend erwähnten Beispielen decken sich einige — nur ein verhältnismäßig kleiner Teil[2]) — mit den bei Zitelmann,[3]) Crome[4]) und Cosack[5]) gegebenen;[6]) im übrigen sind zu den Beispielen dieser[7]) Autoren einige Einwendungen zu machen:

a) Wenn Zitelmann (S. 170 oben) auch § 2005[8]) zitiert, so ist es unklar, ob er hierbei an den Ausdruck „absichtlich" („Absicht, zu benachteiligen") in Abs. I Satz 1 und 2 oder an den Ausdruck „verzögert" in Abs. I Satz 2 denkt; im letzteren Falle wäre das Beispiel bedenklich, da „verzögern" (weil dieses sich nicht mit „schuldhaftem Zögern" deckt, vgl. oben § 33 sub A III 3 d) einem „Verschulden" (gegen sich selbst) nicht gleichkommt und weil eine unbegrenzte Ausdehnung des Prinzips über Fälle des „Verschuldens" ins Uferlose führen würde.

---

[1]) Vgl. auch wegen der Mentalreservation des § 116 oben S. 415 Anm. 12.
[2]) Rund 20.
[3]) Zitelmann a. a. O. S. 169 f.
[4]) Crome a. a. O. S. 498.
[5]) Cosack a. a. O. S. 248 Anm. 3 und S. 251 Anm. 10.
[6]) Erwähnt werden von allen drei Autoren außer § 254 noch §§ 68 und 122 („Kennenmüssen") sowie § 121 („unverzüglich"). Ferner von Zitelmann und Crome §§ 142, 149, 173, 179, 307, 405, 460, 523, 524, 539, 1424 („Kennenmüssen"), sowie §§ 169, 174, 357, 410, 625, 777, 960, 1160 („unverzüglich"), von Zitelmann und Cosack (S. 251 Anm. 10) § 123 („Kennenmüssen") und § 529, von Crome und Cosack (S. 251 Anm. 10) § 111 („unverzüglich"). — Zitelmann allein nennt noch § 1996 („Kennenmüssen") und § 2045 („unverzüglich") sowie §§ 338, 351, 529, 2005 (vgl. unten sub a); Crome allein noch §§ 543, 694, 1682, 1893 („Kennenmüssen"; wegen §§ 543 und 1893 vgl. unten sub b) und §§ 359, 1831 („unverzüglich"); Cosack allein nennt noch (S. 248 Anm. 3) §§ 932 und 1611 sowie (S. 251 Anm. 10) §§ 1000 und 971; die S. 251 Anm. 10 noch genannten §§ 839 und 847 sollen offenbar auf die im Text sub III gedachte Möglichkeit gehen, daß der Schuldige „Schadensersatz oder Strafe zahlen" muß, wozu aber zu bemerken ist, daß auch zu § 847 der Ausdruck „Strafe" — statt „Entschädigung" (billige) — nicht paßt).
[7]) Landsberg zitiert außer dem von Zitelmann, Cosack und Crome genannten § 254 (Abs. I und II) und dem von Zitelmann genannten § 351 noch den auf letzteren verweisenden § 467 sowie § 228 Satz 2, der aber (vgl. oben § 2 sub I 3 e) durchaus nicht herpaßt. Auf § 351 stützt sich auch Schroeder in der unten § 79 sub IV 2 erwähnten Abhandlung S. 311.
[8]) Oben § 14 sub B I 3.

b) Wenn Crome S. 498 (oben) auch §§ 543 und 1893 [1]) nennt, so sind diese Beispiele sehr wenig prägnant, da sie mit dem Begriffe „Kennenmüssen" nur sehr indirekt durch die Verweisungen auf § 539 bezw. § 1682 (die zudem nicht die einzigen in §§ 543 und 1893 herangezogenen Normen sind) operieren und eine derartige Erweiterung der Beispielsreihe bis ins Unendliche ausgedehnt werden könnte.

c) Wenn Cosack (S. 248 Anm. 3 bezw. S. 251 Anm. 10) auch §§ 1611 (Abs. I) und 971 (Abs. II)[2]) erwähnt, so darf nicht übersehen werden, daß das „sittliche Verschulden" [3]) bezw. die „Verheimlichung auf Nachfrage" [4]) sich nicht oder nicht unbedingt mit dem gewöhnlichen Begriffe des „Verschuldens" im engeren Sinne (einschließlich des „Verschuldens gegen sich selbst") decken, daß also diese Beispiele schon in sich eine Ausdehnung des Begriffes „Verschulden" schlechthin enthalten.

d) Wenn Zitelmann (S. 170 a. E.) und Crome (a. a. O.) auch §§ 174, 410, 1160 Abs. II sowie § 149 und § 357[5]) nennen, so sind diese Beispielsreihen bedenklich. Es verwenden zwar alle erwähnten Normen den Begriff „unverzüglich" (vgl. oben § 4 I sub 1 a δ, sub 4 a α β' und β und sub 6 b), aber der Rechtsnachteil, den §§ 174, 410 und 1160 an die Unterlassung der unverzüglichen Maßnahme („Zurückweisung" eines einseitigen Rechtsgeschäfts bezw. einer Kündigung oder Mahnung) anknüpft, ist nur Fortfall der Unwirksamkeit des Geschäfts; dies ist zwar für den Zögernden insofern ein Rechtsverlust, als er nun eine Einwendung (die der Unwirksamkeit) nicht besitzt, aber vielleicht hat er diese garnicht zu erwerben gewünscht, sondern gerade gewollt, daß der Rechtsakt wirksam sein solle; dann wäre von einem „Verschulden gegen sich selbst" aber keine Rede. Ebenso steht es, was den (in seiner Fassung und seinem Inhalte sehr problematischen, vgl. oben § 32 sub II 7) § 149 betrifft, hinsichtlich des Zustandekommens des Vertrags durch Zusammentreffen von Offerte und Annahmeerklärung und ebenso kann es wenigstens auch in § 357 der Fall sein, indem der dem Rücktrittsrecht des anderen Vertragsteils Ausgesetzte und seinerseits Kompensationsberechtigte dem anderen Teil das Rücktrittsrecht vielleicht garnicht zu entziehen beabsichtigt, sondern Gründe hat, es wirken zu lassen. Aus ähnlichen Erwägungen erscheinen mir Cromes Beispiele §§ 359 Satz 1 und 1831 Satz 2 bedenklich. Und aus den vom Kennenmüssen bezw. fahrlässiger Unkenntnis handelnden Zitaten muß ich gegen die bei Zitelmann und Crome erwähnten §§ 142 Abs. II, 405, 523 Abs. II Satz 1 und 524 Abs. II Satz 1 sowie gegen Zitelmanns bezw. Zitelmanns und Cosacks Beispiele §§ 123 Abs. II, 1996 Abs. I Satz 2 und gegen Cromes Beispiel § 694 protestieren; denn §§ 123,[6]) 405, 523 f. und 694 [7]) verleihen bei fahrlässiger Unkenntnis dem Gegner ein Recht und §§ 142 und 1996 [8]) passen deshalb wohl nicht gut als Beispiele eines „Verschuldens

[1]) Zu diesen Normen vgl. bereits oben § 7 S. 45 Anm. 2.

[2]) Hierzu oben § 60 sub A I.

[3]) Meinerseits erblicke ich in § 1611 ein Verschulden im weiteren Sinne; vgl. oben § 66 sub III 1 b.

[4]) Wegen dieses Falles vgl. auch oben sub 3 a.

[5]) Zu diesen Normen vgl. oben § 4 I sub 1 a δ, 4 a α β' und β, 6 b.

[6]) Ihn mißversteht Zitelmann m. E. inhaltlich, wenn er meint, es werde hier durch Kennenmüssen ein Anfechtungsrecht ausgeschlossen.

[7]) Zu ihnen vgl. oben § 7 sub II 1 d und 4 a und c sowie § 6 sub I 2 a und b.

[8]) Hierzu oben § 7 sub II 4 b und § 2 sub IV 3 b.

gegen sich selbst", weil letzterer positiv von unverschuldeter Unkenntnis redet und ersterer nur eine Fiktion bietet, wonach fahrlässige Unkenntnis der Anfechtbarkeit wie fahrlässige Unkenntnis der Nichtigkeit zu betrachten ist.

III. Die Konstruktion eines „Verschuldens gegen sich selbst" ist, wie oben S. 517 bemerkt wurde, erst jungen Datums. Insbesondere im Vergleich zu der althergebrachten und zweifellos unentbehrlichen Anschauung von dem Verschulden gegen Andere, das für den Schuldigen Rechtsfolgen (namentlich eine Schadensersatzpflicht gegenüber dem Beschädigten) zur Folge hat, muß die junge Theorie vom „Verschulden gegen sich selbst" also noch energisch um Anerkennung ringen.

1. Zitelmann,[1] der Vater dieser Theorie, konstruiert sie so:[2] das BGB. kenne Fälle, in denen man zufolge seines eigenen[3] Verschuldens für sich selber einen Schaden herbeigeführt hat, und daneben Fälle, in denen nicht ein Schaden im engeren Sinne vorliegt, sondern nur andere Rechtsnachteile eintreten, die ihrerseits entweder in effektiven Nachteilen bestehen oder im Verlust von Vorteilen, welche ohne die Selbstschädigung eintreten würden. Da aber das Gesetz in allen diesen Fällen[4] — im Gegensatze zu den Fällen der Rechtsnachteile wegen Beschädigung eines Andern — keine Rechtspflicht zur Einhaltung des die Schädigung meidenden Verhaltens aufstelle, da aber das Gesetz dennoch auch in diesen Fällen von einem „Verschulden" rede, so müsse man eine „Erweiterung des Begriffs über seinen ursprünglichen Anwendungskreis hinaus"[5] zugeben und sich nach einer stichhaltigen Rechtfertigung dieses Vorgehens der Rechtsordnung umsehen. Diese Rechtfertigung liege in der durch den Ausdruck „Verschulden" gekennzeichneten „Mißbilligung" des Verhaltens des Selbstschädigers und diese Mißbilligung ihrerseits liege darin, daß die Rechtsordnung vom eigenen Interessenstandpunkte des Menschen aus einmal es als eine Verletzung einer ethischen Pflicht des Menschen gegen sich selbst betrachte, wenn er bezüglich eines Gutes, das Dritten gegenüber rechtlichen Schutz genießt, sich selbst Schaden zufügt, und zweitens es von dem Menschen, der gewisse Rechtsvorteile in Anspruch nehme, verlange, daß er dasjenige Verhalten an den Tag lege, an welches das objektive Recht jene Rechtsvorteile eben als Folgen anknüpft.

2. Rümelin (S. 312) weicht von diesen Deduktionen Zitelmanns, denen er „grundlegende Bedeutung" zuspricht und denen er sich im allgemeinen anschließt, nur insofern ab, als er statt einer ethischen Verpflichtung des Menschen gegen sich selbst die „Abweichung von einem bestimmten Normaltypus,[6] vom Verhalten des redlichen und verständigen Mannes" für den Grund einer Mißbilligung durch das objektive Recht ansieht.[7])

3. Dagegen ist Crome (insbes. S. 494 Anm. 2 und S. 497 f.) bezüglich des von Zitelmann angesponnenen und von Rümelin aufgenommenen[8])

---

[1]) Zitelmann a. a. O. — Cosack a. a. O. nimmt nicht genauer Stellung zu dieser Theorie.

[2]) Ich bemerke, daß ich mich im nachstehenden Referate nicht unbedingt an die von Zitelmann gebrauchten Wendungen anlehne, den Sinn vielmehr an einzelnen Stellen mit anderen Worten wiedergebe.

[3]) Hier nicht im Sinne des Gegensatzes zu § 278 (oben § 42 sub B VI 3).

[4]) Eine Rechtspflicht nimmt freilich zu § 254 Abs. II (vgl. oben § 2 sub II 1) auch von Liszt S. 84 an.

[5]) Zitelmann S. 166.

[6]) „Anormales Verhalten", „schuldhaftes d. h. anormales Unterlassen" sagt Rümelin S. 334; vgl. auch S. 335.

[7]) An Zitelmann und Rümelin schließt sich von Leyden, Die sog. Kulpakompensation im BGB. (Berlin 1902) S. 62 ff. eng an.

[8]) Auch Landsberg a. a. O. ist als Anhänger von Zitelmann und Rümelin zu betrachten; desgleichen Schroeder a. a. O.

Fadens als Atropos aufgetreten. Er erklärt den Begriff des „Verschuldens gegen sich selbst“ für „zivilistisch unhaltbar“ und bestreitet, daß die Rechtsordnung daran denke, beispielsweise die Zerstörung der eigenen Sache zu „mißbilligen“; er erblickt deshalb in der „Selbstbeschädigung“ (vorausgesetzt, daß durch sie nicht gleichzeitig ein Anderer in Mitleidenschaft gezogen werde) lediglich ein „einfaches Rechtsereignis“, dessen einzelne Anwendungsfälle „nicht auf eine einheitliche Formel zurückzuführen“ seien; insbesondere beim Kennen oder Kennenmüssen[1]) und beim schuldhaften Zögern („unverzüglich“) handle es sich darum, daß gewisse nachteilige Folgen, welche notwendig auf die eine der mehreren an einem Rechtsverhältnis beteiligten Personen zurückfallen müssen, „vorzugsweise von demjenigen zu tragen sind, der sie sich nach der Auffassung des Lebens selbst zuzuschreiben hat“ (S. 497).

4. Ein Gegner der Zitelmann-Rümelinschen Theorie ist neuerdings auch in Gottschalk[2]) aufgetreten. Er tadelt zunächst (S. 69 f.) die Bezeichnung „Verschulden gegen sich selbst“ als unzutreffend und hält es für „durchaus nicht ersichtlich, daß sie für die Klärung der Frage“ (nach der Bedeutung des § 254 BGB.) „etwas beizutragen imstande ist“. Ebenso bezeichnet er (S. 70) die Zitelmannschen Gründe für „nicht stichhaltig“, insbesondere (S. 70 f.) den, daß für den betreffs der Schadensverursachung mitwirkenden Beschädigten keine „Rechtspflicht“ zum Andershandeln bestehe,[3]) die als genügender Grund der gesetzlichen Mißbilligung erscheinen würde. Eine solche Rechtspflicht nimmt Gottschalk vielmehr (S. 71 ff.) als bestehend an und zwar darum, weil man ja stets auch mit dem Rechtskreise Anderer in Berührung komme. Darum seien (S. 72) eigenes Verschulden und Verschulden gegen Andere „wesensgleich“.

5. Diese Bemerkungen Gottschalks, die ich erst kennen gelernt habe, nachdem ich mir meine eigene Anschauung zur Zitelmann-Rümelinschen Theorie bereits gebildet hatte, teile ich vollkommen, und es hätte keinen Zweck, diese Auffassung mit anderen Worten nochmals zu wiederholen. Auch ich vermag keinen Fall im Gesetze zu erkennen, welcher als Anwendung des „eigenen Verschuldens“ zu gelten hätte und nicht zugleich eine Berührung des Schuldigen außer mit seiner eigenen Rechtssphäre auch mit der eines Andern enthielte. Man prüfe alle oben sub II aufgeführten Beispiele nach und man wird stets[4]) finden, daß hier auch eine andere Person[5]) ein lebhaftes wirtschaftliches und rechtliches Interesse am Andershandeln des Schuldigen hat; so ist beispielsweise für die große Kategorie der vom schuldhaften Zögern handelnden Stellen zu behaupten, daß dies Zögern ein Verstoß gegen die Interessen des Andern ist, weil dieser

---

[1]) Bezüglich dieses Punktes stellt aber auch Crome die Frage darauf ab, ob die betreffenden Umstände „normalerweise“ (vom Standpunkt eines redlichen und verständigen Mannes) von dem Betreffenden „in seiner Lage“ hätten erkannt werden können.

[2]) Ueber die Schrift von Gottschalk vgl. oben S. 518 Anm. 4.

[3]) Eine derartige Rechtspflicht nimmt (sie sogar noch sehr wesentlich erweiternd und auf verschiedene andere Anwendungsfälle, insbes. Gewährleistung, ausdehnend) Neumann, Prolegomena zu einem System des Vermögensrechts (Heft 12 von Leonhards Studien zur Erläuterung des bürgerl. R.) Breslau 1903, S. 147 ff. an; er spricht von einem „Gebot der Eigenfürsorgepflicht“, wonach es in erster Linie Sache des „Vermögensinhabers“ sei, seine Interessen zu wahren. Anderer Ansicht aber auch Pfizer in der Juristen-Ztg. IX (1904) Nr. 15 S. 715/16 und Titze im Centralbl. für Rechtswissenschaft 22 S. 235 ff.

[4]) Am wenigsten deutlich tritt dies wohl bei § 529 Abs. I und etwa bei § 1611 Abs. I (vgl. aber sofort dessen Abs. II) hervor.

[5]) Nicht unbedingt freilich der direkt Gekränkte selber (vgl. BGB. § 2333 Nr. 1—3, § 2341), aber auch dann (im Falle des § 2333 unbedingt, aber wohl auch im Falle des § 2341) der Andere gewissermaßen im Sinne des unmittelbar Gekränkten (Ehegatten oder Abkömmlings, § 2333, bezw. Erblassers, § 2341 nebst § 2339).

Rechtsgewißheit [1]) haben muß, ob die betreffende Mitteilung usw. erfolgen wird. Stets wird sich also der Eintritt der Zivilrechtsfolgen gegen den Schuldigen mindestens zugleich aus dem Schutze erklären, den die Rechtsordnung dem Andern zuteil werden läßt. Wo aber, wie bei der exheredatio bona mente (BGB. § 2338, oben § 24 sub A II), der Gesetzgeber nur den Täter selbst ins Auge faßt, [2]) da geschieht es auch lediglich in seinem Interesse und zu seinem Schutze, nicht aber zu seiner Strafe, und da sprechen auch weder Zitelmann und seine Anhänger von einem Falle des Verschuldens gegen sich selbst, noch haben wir unsererseits (oben § 54 sub A II 1) diesen Fall als „Verschulden" betrachten zu dürfen geglaubt.

6. Immerhin habe ich noch einige Einzelbemerkungen und weitere Bedenken gegen die Theorie vom „Verschulden gegen sich selbst" hinzuzufügen:

a) Zunächst zeitigt ein etwaiges „Verschulden gegen sich selbst", als Verschulden gegen Andere betrachtet, auch dann die einschlägigen Rechtsfolgen, wenn es lediglich ein eventuelles Verschulden gegen den Andern war; vgl. oben § 55 sub A VII 2 c. Wenn also, um beim Falle des § 254 zu bleiben, derjenige, dessen Rechtsgüter von einem Andern beschädigt wurden, diese Schädigung durch sein eigenes Verhalten zunächst zu seinen eigenen Ungunsten potenziert, so konnte und mußte er sich sagen, daß er damit eventuell den Andern (den primären Schadensurheber) schädigt, indem er dessen Ersatzpflicht prima facie und z. B. dann steigert, wenn der Andere die Mitwirkung des Beschädigten bei der Schadensvermehrung nicht bemerken oder etwa nicht beweisen könnte. Auch derjenige, welcher in dem oben § 42 sub B II 1 h gewählten Beispiel einem von anderer Seite verletzten Jagdhund aus bloßem Mitleid gänzlich den Garaus macht, macht sich hiermit des dolus eventualis schuldig.

b) Nachdrücklich sei für alle Fälle gegen die naheliegende Annahme protestiert, als deuteten die Ausdrücke „unverzüglich" und „Kennenmüssen" nur auf Fälle hin, deren Folgen in der Art des „Verschuldens gegen sich selbst" gestaltet sind; auch mittels dieser Wendungen werden sehr häufig Schadenersatzansprüche bezw. andere Rechte der Gegenpartei (vgl. oben § 4 sub III 3 a α, 3 b und 6 und § 7 sub II 4 und II 6 b, sowie auch § 6 sub II 5 a δ) oder einfach Fiktionen (§ 4 sub III 3 c, § 7 sub II 6 a) bezw. Rechtsereignisse [3]) eingeführt.

c) Uebrigens lehrt gerade zum Begriff „unverzüglich" die Zusammenstellung und Gegenüberstellung, welche wir im § 4 sub III 3 und 5 gegeben haben, daß beim sog. Verschulden gegen sich selbst zumeist wohl dieselbe Norm sich von beiden Seiten aus — von seiten des Schuldigen und von seiten seines Gegners — betrachten läßt, und so wird es nicht schwer sein, alle oder die meisten Fälle des „Verschuldens gegen sich selbst" in Rechtssätze umzuformen, die als Folgen eines Verschuldens gegen den Andern auftreten.

---

[1]) In dem Sinne, wie dies Prinzip bei Hachenburg S. 301 ff. genauer ausgeführt wird.

[2]) Ebenso wie bei der Trunksucht und Verschwendung (oben § 54 sub A I und II) der Gesetzgeber teils nur (BGB. § 6 Abs. I Nr. 1), teils (ebenda Nr. 2 und 3) doch in erster Linie an den zu Entmündigenden denkt.

[3]) Sehr objektiv gestaltet sind auch die Folgen, welche z. B. in §§ 169, 173, 674, 729, 764 (oben § 7 sub II 3 a, b und d) an das Kennenmüssen geknüpft werden; der Gesetzgeber dürfte sie wohl eher ganz ohne Spitze gegen denjenigen gedacht haben, der das „Verschulden gegen sich selbst" beging; vgl. ferner §§ 932, 937, 1121 (oben § 8 sub I, II 1 b und II 5), 443, 478 (oben § 10 sub II 2 a und c), 912 (oben § 5 sub B I 4).

d) Ich bemerkte schon (sub II 5 a), daß die Theorie vom „Verschulden gegen sich selbst" leicht ins Uferlose führen könnte; wollte man nämlich an ihr festhalten, so würde sich z. B. betreffs des „schuldhaften Zögerns" schließlich die Grenze zwischen der subjektiv gefärbten Fristbestimmung „unverzüglich" und rein objektiven, aber elastischen Fristen, wie „sofort" u. dgl. (vgl. oben § 33 sub A II) verlieren, und ebenso wären die Uebergänge zwischen der schuldhaften Unkenntnis und der bloßen Tatsache der positiven bezw. von Gesetzes wegen fingierten [1]) Kenntnis gefährdet, wenn man nicht dabei bleiben wollte, das fahrlässige Nichtkennen von dem Gesichtspunkte einer Gefährdung der Rechtsstellung Anderer zu betrachten.

e) Ferner sei darauf hingewiesen, daß ich keinen Grund einsehe, mit Crome I S. 496 a. E. bei § 254 BGB. oder in anderen Fällen des sog. Verschuldens gegen sich selbst die Begriffe „Vorsatz" und „Fahrlässigkeit" zu eliminieren und dafür „Absicht" bezw. „Möglichkeit der Schadensvoraussicht" einzuschieben.[2]) Zunächst passen die Definitionen für Vorsatz und Fahrlässigkeit, welche wir in § 31 a. A. und § 55 sub A VIII fixierten, sehr wohl auch auf alle Fälle eines sog. Verschuldens gegen sich selbst, und sodann scheint bezüglich des Vorsatzes und der Absichtlichkeit Crome a. a. O. es zu übersehen, daß der in der Absicht allerdings enthaltene Erfolgswille[3]) beim mitwirkenden Verschulden des § 254 garnicht erheischt wird, sondern daß auch hier der beim Vorsatz ausreichende Tatwille[4]) durchaus genügend ist.

f) Schließlich noch eine Bemerkung zur Titulatur unserer Gruppe. Den Ausdruck „eigenes Verschulden" haben wir schon oben § 42 sub B VI 3 für einen der Hauptfälle, § 254 BGB., abgelehnt und die dortige Begründung wäre auch hier lediglich zu wiederholen. Zitelmanns[5]) Ausdruck „Verschulden gegen sich selbst" teilt mit den gesetzlichen Bezeichnungen der einschlägigen Fälle den Fehler, mit einem Rechtsbegriffe zu operieren, der nach Zitelmanns eigener Auffassung nicht oder doch höchstens nur in einer sehr uneigentlichen Weise[6]) vorliegt, und dient also ebenso wie die gesetzliche Diktion zur Irreführung; das gleiche Bedenken würde gegen Ausdrücke wie „zurückwirkendes",[7]) „rückprallendes Verschulden" sprechen. Hingegen würde sich wohl der von mir vorstehend bereits verwendete Ausdruck „Selbstschädigung" — nicht „Selbstbeschädigung"[8]) — empfehlen, der ohne

[1]) Vgl. wegen derartiger Fälle, die schon den Uebergang zu der Idee der publica fides im Registerwesen (vgl. hierzu oben § 34 sub III 2) bilden, insbesondere §§ 68 Satz 2, 169, 173 (vorige Anmerkung), 1424 Abs. I Satz 2 sowie oben § 6 sub II b 5 a α und § 7 sub II 3 c).

[2]) Vgl. bereits oben § 56 sub A X 1 c S. 423 Anm. 4 und § 42 sub B II 1 g.

[3]) Vgl. oben § 56 sub A IV.

[4]) Oben § 55 sub A VII 1 f.

[5]) Irreführend ist die Aeußerung Landsbergs, daß „das BGB." vom „Verschulden gegen sich selbst" spreche.

[6]) Wie ja Zitelmann selbst S. 166 anerkennt.

[7]) Der Ausdruck „zurückwirkend" könnte zudem Verwechslungen mit zeitlicher Rückwirkung, rückwirkender Kraft u. dgl. heraufbeschwören.

[8]) Denn hierbei würde man leicht an Beschädigung des eigenen Körpers (Selbstverstümmelung im Sinne des StGB. § 142) oder an Beschädigung der eigenen Sachen zu denken verleitet werden (die ausnahmsweise — vgl. von Liszt, Strafrecht, 12. u. 13. Aufl., Berlin 1903, S. 157 Anm. 7 a. E. — etwa nach StGB. § 304 sehr wohl strafbar sein kann). Von „Selbstverschulden" spricht gelegentlich ein Erkenntnis des OLG. Karlsruhe vom 4. Juli 1900 im „Recht" V (1901) S. 17 Nr. 25 (aus der Bad. Rechtspraxis 1900 S. 262 ff.); vgl. auch Neumann, Jahrb. I 1 S. 468 sub c.

einen Hinweis auf die subjektive Seite des Verhaltens lediglich, aber auch deutlich genug sagt, daß der Beschädigte selbst es gewesen ist, der sich einen Schaden (im weiteren Sinne einschließlich Einbuße eines erreichbaren Rechtsvorteils)[1]) zugefügt und zuzuschreiben hat. Wer aber diesen Ausdruck billigt, wird nunmehr erst recht zugeben müssen, daß die hierher gehörigen Normen des BGB. mit dem „Verschulden" im eigentlichen Sinne garnichts zu tun haben, und daß in Wahrheit nur das vorliegt, was Crome (vgl. oben sub 3) als „einfaches Rechtsereignis" bezeichnet. Und in diesem Sinne wäre dann in der oben § 66 sub VI gegebenen Uebersichtstabelle in der Gruppe „Verschulden im weiteren Sinne" statt des Ausdrucks „mitwirkendes Verschulden" der Ausdruck „Selbstschädigung" (§§ 254, 846 usw.) einzufügen.

IV. Wie man nun auch über diese Konstruktionsversuche denken mag — ich selber halte eine einheitliche Lösung dieses theoretischen Problems, eine Unterbringung aller gesetzlichen Fälle unter eine einfache Formel für ausgeschlossen —: Eins verdanken wir ihnen jedenfalls, nämlich die scharfe Hervorhebung, daß es sich um ein „Verschulden" im gewöhnlichen Sinne des Zivilrechts, d. h. um ein Verschulden gegen einen Andern, hier nicht[2]) handelt.

1. Und daraus ergibt sich nun eine sehr wichtige Folgerung, die uns zugleich den praktischen Wert jener theoretischen Konstruktion erkennen lehrt. Was nämlich oben § 42 sub B V 3 hervorgehoben wurde, trifft auch hier durchweg zu: die Zurechnungsfähigkeit des Täters ist hier nicht nach den strikten Anweisungen der §§ 827 f. bezw. 276 Abs. I Satz 3 zu beurteilen, die der Gesetzgeber nur im Zusammenhang der Eingriffe in die Rechtssphäre eines Andern aufgestellt hat.

2. Damit soll nun nicht etwa gesagt sein, daß es in den Fällen der Selbstschädigung überhaupt nicht auf die Zurechnungsfähigkeit des Schuldigen ankäme; denn dann würden die kleinen Kinder und die Geisteskranken z. B. hinsichtlich des schuldhaften Zögerns und Kennenmüssens genau so zu behandeln sein, wie geistig gesunde Erwachsene; es würde ihnen also nichts nützen, wenn der Richter sich sagt, daß ihnen „bei Begehung der schuldigen Handlung" die „erforderliche Einsicht" und „Erkenntnis" (§ 828 Abs. II Satz 1) offenbar gefehlt hatte, und sie würden — da ja hier auch die rechtsgeschäftliche Beschränkung der Geschäftsfähigkeit und deren Supplierung durch die Mitwirkung des „gesetzlichen Vertreters" (BGB. §§ 104 ff.) nicht eingreift — der Gefahr der Selbstschädigung schonungslos preisgegeben sein. Vielmehr werden wir den Begriff des „Verschuldens", den das Gesetz nun einmal in den Tatbestand eingestellt hat, soweit respektieren müssen, daß wir uns auch hier, genau wie beim echten Verschulden gegen einen Andern, die Frage nach der subjektiven Seite und nach der Zurechnungsfähigkeit vorzulegen haben. Die Antwort für den Einzelfall wird dann aber der Richter nach der Beschaffenheit gerade dieses Falles zu erteilen haben, und hierbei kann er dann freilich unter Umständen zu gleichen Resultaten gelangen, wie sie das Gesetz beim Verschulden gegen Andere durch §§ 827 f. vorgezeichnet hat, ohne daß jedoch hier diese Vorschriften als solche für den Richter zwingend sind.[3])

3. Für die Auffassung des Richters wird dabei maßgebend sein, was ein

---

[1]) Wir gelangen also zu einer ungefähren Parallele mit dem damnum emergens und lucrum cessans bei Beschädigung eines Andern und mit BGB. § 252.

[2]) Zum gleichen Resultate, aber ohne Zuhilfenahme der Theorie vom „Verschulden gegen sich selbst", waren wir für einige einschlägige Normen, insbesondere §§ 254 und 846, schon oben § 42 sub B II 1 und 2 gelangt.

[3]) Vgl. auch unten § 75 sub B II 2 b.

vernünftiger und normaler Mensch in derartiger Lage getan hätte,[1]) und so gelangen wir in diesem Punkte allerdings zu gleichem Maßstabe, wie wegen der im Verkehr erforderlichen Sorgfalt. Das ist aber eine Uebereinstimmung, welche sich betreffs der Beurteilung des Selbstschädigers nicht auf gesetzlicher Basis aufbaut, sondern aus allgemeineren Erwägungen ergibt. Nur wegen der fahrlässigen Unkenntnis im besonderen wird die Abmessung nach dem Maßstabe eines ordentlichen Menschen durch die Bezugnahme des Gesetzes auf das Kennenmüssen (oben § 32 sub I) unmittelbarer vermittelt.

4. Auch die junge Theorie vom „Verschulden gegen sich selbst“ hat sich natürlich die Frage vorgelegt, wie die subjektive Seite der Angelegenheit und die Zurechnungsfähigkeit des Täters zu beurteilen sei: Zitelmann zieht (S. 168/169) hier lediglich die Parallele zu den diesbezüglichen Gedanken bezw. Gesetzesvorschriften beim Verschulden gegen Andere. — Rümelin (S. 316 f.) nimmt für das konkurrierende Verschulden des § 254 BGB. Bezug auf § 829, den er analog dahin angewendet wissen will, daß dem Unzurechnungsfähigen auch der eigene Ersatzanspruch „nach billigem Ermessen zu kürzen oder zu kassieren“ sei, und will außerhalb der Fälle konkurrierenden Verschuldens — wenn nämlich nur der Selbstschädiger, nicht die andere Person ein „Verschulden“ begangen hatte — den Unzurechnungsfähigen einer Aberkennung des Ersatzanspruchs gegen den anderen Teil nicht ausgesetzt wissen (S. 317 f.); er schweigt aber über den Fall, daß nur den Selbstschädiger ein Verschulden trifft. — Crome (S. 497) erörtert nur den Fall des § 254; er hält es, ebenfalls (a. a. O. Anm. 14) unter Hinweis auf BGB. § 829, für das richtigere Ergebnis, den anderen Teil nur (bezw. nur dann in voller Höhe) haften zu lassen, wenn der Selbstschädiger ein Geisteskranker oder ein Kind war, ihn dagegen nicht (bezw. nicht in voller Höhe) haften zu lassen, wenn der Selbstschädiger zurechnungsfähig ist; dabei macht er aber[2]) (Anm. 15) darauf aufmerksam, daß es sich ja beim sog. konkurrierenden Verschulden für die Anschauung des jetzigen Rechts nicht um eine Kompensation der culpa handelt, sondern (vgl. oben § 42 sub B II 1 d α) um eine Vergleichung der beiderseitigen Beteiligung an der Verursachung, und dieser Gesichtspunkt führt notwendigerweise zu der gleichen Folgerung, wie wir sie sub 2 aus anderen Prämissen zogen, nämlich zu der Leugnung einer mechanischen Abschätzung des vom Selbstschädiger gezeigten Gebahrens nach den Grundsätzen der §§ 827 f. Wie Crome aber die Frage der Zurechnungsfähigkeit in den Fällen bloßer Selbstschädigung (außerhalb des § 254 BGB.) beantwortet wissen will, verrät er nicht, oder deutet er doch nur sehr unscharf durch die Bemerkung S. 498 Anm. 19 an, daß beim schuldhaften Zögern auch die „entsprechende Einsicht“ dazu gehöre. — Cosack, Dernburg und Eck endlich unterziehen[3]) die Fälle des konkurrierenden Verschuldens bezw. der bloßen Selbstschädigung keiner gesonderten Untersuchung, müssen es sich also gefallen lassen, als Anhänger der extremen Ansicht zu gelten,

[1]) Vgl. in demselben Sinne zu BGB § 254 auch Bernhöft, Zur Frage der Haftpflicht (in seinen und Binders Beiträgen zur Auslegung des BGB., Heft 3, Leipzig 1902, S. 224 ff.) S. 231 Nr. 4 sowie die oben S. 302 Anm. 3 erwähnte Entsch. des Reichsgerichts vom 10. März 1903 in der ausführlicheren Wiedergabe in der Jur. Wochenschr. 32 (1901) Beil. 8 S. 67 Nr. 155 (vgl. auch Warneyer II S. 25 Note 8).

[2]) Unter Hinweis auf die Bemerkungen bei Cosack I, 3. Aufl., 1900, § 91 S. 322 sub 7 b β, jetzt 4. Aufl., 1903, § 90 S. 329 sub V 2 b.

[3]) Sowohl bei Erörterung der Zurechnungsfähigkeit wie bei Besprechung des konkurrierenden Verschuldens: Cosack I § 71 V S. 252 f., § 90 V S. 329 f. (vgl. vorige Anm.), Dernburg II 1 § 66 S. 142 sub 3 unb 4 und § 32 S. 75 ff., Eck I § 103 S. 605/606 und § 51 S. 253 ff. — Nur sehr kurze Bemerkungen zu §§ 827 ff. bei Gottschalk S. 79, 85. Auf die Ausführungen bei Träger S. 334 ff. konnte ich während der Drucklegung nicht mehr näher eingehen.

welche auch hier §§ 827 f. herangezogen wissen will;[1]) nur Cosack werden wir dennoch als Parteigänger bezeichnen dürfen, weil er (S. 253) ausdrücklich hervorhebt, das Gesetz habe die Regeln der §§ 827 f. nur aufgestellt 1. für die „schuldhafte Verletzung einer obligatorischen Verpflichtung" und 2. für die „Verübung von Delikten"; dagegen dürften „die Regeln auf Verschuldungen anderer Art nicht übertragen werden"; auch das sich bei Cosack anschließende Beispiel können wir, da es von Unkenntnis redet, wegen des „Kennenmüssens" zu unseren Gunsten verwerten.

V. Das Gesamtergebnis wegen des sog. „Verschuldens gegen sich selbst" geht dahin, daß wir es hier mit einem „echten" Verschulden nicht zu tun haben. Der Gesetzgeber hat sich auf eine schiefe Bahn begeben; einen Beweis dafür finde ich auch in dem Umstande (oben § 33 insbesondere sub A V und B IV 8 und 9), daß die Wendungen „sofort", „ohne Verzug" u. dgl. durch § 121 Abs. I Satz 1 für das BGB.[2]) und urplötzlich auch für die sonstige Reichszivilgesetzgebung eine so ungeahnte Spaltung erfahren haben; und wie ich § 121 für ein wahres Kuckucksei halte, so nehme ich auch nicht Anstand, die sonstige verschwenderische Anwendung des dem „Verschulden gegen sich selbst" zu Grunde liegenden Tatbestandes und die Einreihung dieses Tatbestandes in die Rubrik „Verschulden" für ein Danaergeschenk der gesetzgebenden Faktoren zu erklären. Aber nunmehr den Gesetzgeber auf dieser schiefen Bahn zu begleiten und ihn mit einer besonderen Theorie des „Verschuldens gegen sich selbst" zu unterstützen, sehe ich keine genügende Veranlassung; mir scheint es vielmehr ausreichend, die Fälle einer wirklichen und ausschließlichen[3]) Selbstschädigung in das von uns ohnehin als der Ausscheidung aus dem eigentlichen Verschulden bedürftig bezeichnete „Verschulden im weiteren (uneigentlichen) Sinne" einzustellen;[4]) das praktische Ergebnis, insbesondere wegen der Deliktsfähigkeit, bleibt alsdann ja das nämliche, indem auch meine Konstruktion zur Ablehnung strikter Anwendung der §§ 827 f. führt (oben § 42 sub B V 3).

VI. Wer übrigens dennoch der jungen Theorie vom „Verschulden gegen sich selbst" huldigen zu dürfen oder gar huldigen zu müssen glaubt, kann sie auch in einer Anzahl von Bestimmungen des Handelsgesetzbuchs wiederfinden; man vergleiche HGB. §§ 414 Abs. IV, 438 Abs. V, 461 Abs. II, 464 Abs. II,

---

[1]) Ausdrücklich erklärt Landsberg a. a. O., daß — allerdings „analog" — die Zurechnungsfähigkeit (sowie das „Verantwortlichkeitsbewußtsein, Vorhersehen oder Vorhersehenkönnen der Folgen") vom sonstigen Recht auch auf das Verschulden gegen sich selbst „übertragen werden sollen".

[2]) Auch vom legislatorischen Standpunkte kann es zweifelhaft erscheinen, ob die Einfügung des subjektiven Moments in den betreffenden Normen als durchaus notwendig oder vielleicht gegenteilig als entbehrlich und daher tadelnswert erscheinen muß. Als bestes Beispiel dient auch hier § 254, wo das Wort „Verschulden" zweifellos entbehrlich war (oben § 42 sub B II 1 e).

[3]) Vgl. das oben sub III 5 Bemerkte. Da ich das häufige Vorhandensein solcher Fälle leugne, halte ich es auch nicht für notwendig, auf die Frage einzugehen, ob (vgl. Landsberg a. a. O.) die objektive Rechtswidrigkeit und deren subjektive Kenntnis hier in Fortfall kommen. Wenn es in der Tat ein reines Verschulden gegen sich selbst gibt, so enthält dies eine objektive Rechtswidrigkeit natürlich nicht; vgl. eingehend Zitelmann S. 166 ff.

[4]) Darin berühren sich die Zitelmannsche und meine Theorie, daß beide von der Ueberzeugung diktiert sind, daß die Verschuldensfälle des BGB. nicht restlos in den traditionellen Verschuldensbegriff aufgehen. Von denjenigen Paragraphen, die ich für das Verschulden im weiteren Sinne vindiziere, verwertet Zitelmann für seine Theorie allerdings keinen, da er sich im wesentlichen auf Beispiele des „Kennenmüssens" und des „schuldhaften Zögerns" beschränkt.

465 Abs. II Satz 2, 609 Abs. II[1]) und etwa[2]) auch § 75 Abs. I Satz 1;[3]) einen geradezu wie für und zugleich gegen die Zitelmannsche Theorie eigens geschaffenen Fall enthält aber HGB. § 837 Abs. I, wonach die Dispache unter gewissen Voraussetzungen seitens des Versicherers unanfechtbar ist, „es sei denn, daß der Versicherte durch mangelhafte Wahrnehmung seiner Rechte die Benachteiligung verschuldet hat".

Zweiter Abschnitt.

Die Theorie des Verschuldens.

Erste Abteilung.

§ 69.

Die Elemente und das Wesen des Verschuldens.

Wenn wir nunmehr (vgl. oben § 65) nach vollendetem Aufbau unseres Systems der Verschuldensbegriffe zur Aufstellung einer „Theorie des Verschuldens" übergehen — eine Aufgabe, bei welcher wir (soweit nicht bisweilen Ausnahmen erforderlich sein werden) nicht mehr die in §§ 31—64 erörterten Einzelbegriffe, sondern (wie bereits in §§ 67 und 68) nur noch den in § 66 gewonnenen Gesamtbegriff (unter Anerkennung und Berücksichtigung seiner Zweiteilung) ins Auge zu fassen haben —, so ist die in der Ueberschrift genannte Frage wohl die wichtigste, jedenfalls die erste. Für ihre Beantwortung haben wir das erforderliche Material schon bei anderen Gelegenheiten gewonnen, und wir brauchen es daher an dieser Stelle nur noch einmal zusammenzufassen und zu ordnen sowie nach einigen Richtungen zu erweitern.

A. Die Elemente des Verschuldens.

I. In jedem einzelnen Falle eines wirklichen Verschuldens — sei es im engeren, sei es im weiteren Sinne — sind dessen Elemente zwei: ein innerliches und ein äußerliches.

1. Das innerliche (das seelische) Moment:

a) Beim Verschulden im engeren Sinne ist das innerliche Moment ein Willensfehler,[4]) der sich sogar bis zu einem Vorstellungs- und Erkenntnisfehler[5]) zurückverfolgen läßt. Wir haben dies Element beim „Vorsatz" (oben § 55 sub A IX und B I 2) und bei der „Fahrlässigkeit" (oben § 31 sub C VI) kennen gelernt.[6]) und da alle

---

[1]) Zu diesen Normen vgl. bereits oben § 40 sub XVIII.

[2]) Vgl. darüber, daß „vertragswidriges Verhalten" überhaupt kein „Verschulden" ist, oben § 44 sub A IV.

[3]) Vgl. oben § 44 sub D.

[4]) Natürlich im Sinne von fehlerhaftem Willen, nicht im Sinne von fehlendem Willen.

[5]) Bei der Fahrlässigkeit liegt nur, beim Vorsatz im Grunde auch ein Vorstellungsfehler vor, der sich hier nur noch zu einem Willensfehler potenziert, zu einem Handeln trotz Erkenntnis führt. Vgl. Genaueres gleichfalls oben Kapitel I, insbes. § 55 sub B I 2. Ueber das Bewußtsein der Rechtswidrigkeit im besonderen oben § 55 sub A VII 1 c und 2 a β und § 48 sub C, über die Bedeutung des Irrtums namentlich oben § 31 sub C VII, § 34 sub II 4, § 42 sub C II 6, § 55 sub B I 2.

[6]) Aus der Judikatur behandelt diese Frage wohl am deutlichsten das Reichsgerichtserkenntnis vom 3. Oktober 1903 (V 130/03) in der Jur. Wochenschr. 32 (1903) Beil. 14 Nr. 280 S. 125 f.

anderen zum technischen Verschulden gehörigen Begriffe lediglich Derivate des Vorsatzes oder der Fahrlässigkeit (Außerachtlassung der Sorgfalt) sind, so läßt sich das von jenen Gesagte einfach auf diese übertragen, und die Probe auf Vorhandensein dieses Bestandteils wird bei keinem der Einzelbegriffe (qualifizierte Absicht, Arglist usw.) versagen.

b) Beim Verschulden im weiteren Sinne ist das innerliche Moment ein Gesinnungsfehler.[1]) Dies wurde betreffs der „Verfehlungen", des „sittlichen Verschuldens" und des „Undanks" schon oben § 66 sub IV 4 a aufgedeckt; aber auch bei dem „mitwirkenden Verschulden" und bei dem „Verschulden des Verlobten" versagt diese Probe keineswegs. Verlobte sind einander zu einer Rücksichtnahme verpflichtet, die eine viel intensivere ist als zwischen denjenigen Personen, die einander nur kontraktlich oder sonst (außerkontraktlich) zur Respektierung ihres gegenseitigen Interessenkreises verpflichtet sind, und die Rücksichtnahme der Verlobten spielt, da das Verlöbnis ein Vorstadium der Ehe ist, schon sehr stark auf die in BGB. § 1353 Abs. I angedeutete sittliche Verpflichtung der Ehegatten hinüber. Was aber das mitwirkende Verschulden betrifft, so wurde bereits bei anderer Gelegenheit (oben § 42 sub B II 1 g und auch § 66 sub IV 4 b) ausgeführt, daß es eine tadelnswerte Gesinnung involviert, wenn man denjenigen Schaden durch sein Verhalten möglichenfalls auf fremde Rechnung vergrößert, den man von anderer Seite her erlitten hat; und mit Recht spricht hier das Reichsgericht gelegentlich[2]) davon, daß in derartigem Benehmen ein „Verstoß gegen Treu und Glauben" liege; nur darf man diesen „Verstoß gegen Treu und Glauben" hier nicht mit dem BGB. selber (vgl. oben § 45 sub A II) und gleich den „Verstößen gegen die guten Sitten" (oben § 36) und gleich den „Verstößen gegen Gesetze" (oben § 45 sub A I) lediglich im objektiven Sinne verstehen, sondern man hat hier zugleich an die subjektive Verwerflichkeit der Gesinnung[3]) zu denken.

2. Zu dem verwerflichen Willens- oder Gesinnungsfehler muß dann aber wiederum sowohl beim Verschulden im engeren Sinne wie beim Verschulden im weiteren Sinne eine äußere Betätigung, ein Handlungsfehler hinzukommen, damit Wille oder Gesinnung auch in die reale Erscheinung treten. Denn bloßes Wollen allein und bloßes Empfinden, Denken allein verbindet die Zivilrechtsordnung noch nicht mit Rechtsfolgen oder doch nur[4]) mit internen Rechtsfolgen gegen denjenigen, welcher sich solchen Willen, solche Gesinnung zu schulden kommen läßt.

a) Es darf aber diese Betätigung, diese Handlungsweise nicht verwechselt werden mit der Ausführungshandlung, welche (vgl. oben § 55 sub A IX 1 und 4) zu dem seelischen Moment darum hinzukommen muß, weil das Zivilrecht dem Verschulden erst dann Bedeutung verleiht, wenn es sich in Form der Verletzung einer Kontraktspflicht, in Form außer-

---

[1]) Analog dem „Bewußtsein der Rechtswidrigkeit" (vgl. oben S. 529 Anm. 5) beim Verschulden im engeren Sinne muß hier das Bewußtsein der Moralwidrigkeit hinzukommen; vgl. etwa Entsch. des OLG. Braunschweig vom 16. Oktober 1902 in der Juristen-Ztg. VIII (1903) Nr. 23 S. 552.

[2]) Entsch. des Reichsger. vom 24. Oktober 1902 (VII 245/02) Bd. 52 (1903) Nr. 91 S. 349 ff. auf S. 351.

[3]) Die Verwerflichkeit der Gesinnung markiert sich aber auch bei einigen zum Verschulden im engeren Sinne gehörigen Begriffen, nämlich bei der Böslichkeit und Böswilligkeit (oben § 57 sub A II und B I), bei der Arglist (oben § 58 sub A II 1) und bei der Hinterlist (oben § 59 sub A I)

[4]) Vgl. wegen der exheredatio bona mente, des verschwenderischen Lebens, der Verschwendung und der Trunksucht, die eben nicht zum „Verschulden" gehören, oben § 54 sub A I und II.

kontraktlicher Schadenszufügung, in Form einer strafbaren Handlung, in Form einer Täuschung des Gegners, in Form eines Ehebruchs, in Form böslicher Verlassung, in Form des (vielleicht nur versuchten) Giftgebens (beim „Trachten nach dem Leben") oder sonstwie zu dem für die betreffende Rechtsfolge unentbehrlichen Tatbestandsmoment umsetzt; dies ist vielmehr ein weiteres Element, das keine andere Rolle spielt, als etwa der Hinzutritt der objektiven Widerrechtlichkeit bei den unerlaubten Handlungen oder bei der Drohung oder als der Hinzutritt des objektiven Verstoßes gegen die guten Sitten zum Tatbestande des BGB. § 826. Was wir meinen, ist lediglich die Ausführungshandlung zur Betätigung und Bestätigung des Vorsatzes, der Arglist, der qualifizierten Absicht selber oder aber die Ausführungshandlung zur Verfehlung, zum sittlichen Verschulden, zum Undank, zum mitwirkenden Verschulden oder zum Verschulden des Verlobten. Auch hier genügt nicht die Verwerflichkeit des Willens oder der Anschauung, man muß auch „Taten sehen" können, die einen Rückschluß auf Willen oder Gesinnung ermöglichen: quod non est in actis, non est in mundo, kann man hier mit anderer Bedeutung der ‚acta' sagen.

b) Dem sub a Bemerkten widerspricht es auch nicht, daß sich bisweilen allerdings der verwerfliche Wille bezw. die verwerfliche Gesinnung auch auf die für den gesetzlichen Gesamttatbestand erforderliche weitere Ausführungshandlung beziehen muß. Es ist dies erforderlich:
   α) beim Vorsatze in dem Spezialfalle des § 826 (oben § 36 sub II 9 a);
   β) bei der qualifizierten Absicht und deren Derivaten (Böslichkeit, Böswilligkeit, Arglist, Hinterlist und Verheimlichung, §§ 57—60), weil hier allerdings (vgl. § 56 sub A IV) das Hinzielen auf den Effekt ein Essentiale des Begriffes selber bildet.

c) Wenn wir aber von diesen Ausnahmen absehen und nunmehr bei der Betrachtung der für den verwerflichen Willen bezw. die verwerfliche Gesinnung selber unentbehrlichen (ersten) Ausführungshandlung verbleiben,[1]) so ist noch zu konstatieren, daß diese Handlungen auch in Unterlassungen bestehen können.
   α) Dies ist begrifflich sogar der unentbehrliche modus bei gewissen Verschuldensarten:[2]) die „Außerachtlassung der Sorgfalt" ist ein Unterlassen der gebotenen Aufmerksamkeit; das „Kennenmüssen" und die „Bösgläubigkeit" sind ein Unterlassen der gebotenen Information und ein Unterlassen der Zweifelsbeseitigung; das „schuldhafte Zögern" ist ein Unterlassen des „unverzüglichen" Handelns; das „arglistige Verschweigen" ist — im Gegensatz zur „arglistigen Täuschung"[3]) — ein Nichtaufklären des Gegners, die „Verheimlichung" ist eine Unterdrückung wahrheitsgemäßer Auskunft, die „bösliche Verlassung" ist im Falle des § 1567 Abs. II Nr. 1 ein Ungehorsam gegenüber dem auf Wiederherstellung der häuslichen Gemeinschaft lautenden Urteil (und kann auch im Falle des § 1567 Abs. II Nr. 2 als Unterlassen rechtzeitiger Wiederkehr zum häuslichen Herde konstruiert werden).

---

[1]) Auch wegen der Handlungen in dem sub a erörterten Sinne ist dies der Fall. Wer den fremden Hund töten will, kann seinen Vorsatz sowohl betätigen wie zur Durchführung bringen dadurch, daß er ihm keine Nahrung gibt; vgl. oben S. 405 Anm. 3.

[2]) Von den lediglich objektiven Unrechtsformen gehört hierher der Verzug, oben § 64.

[3]) Vgl. aber oben § 58 sub A VIII 3.

β) Aber gerade das zuletzt genannte Beispiel lehrt uns, wie notwendig scharfe Scheidung ist; denn wenn wir genauer hinsehen, ist ja der Ungehorsam gegen das Urteil auch nach der Diktion des Gesetzes selber nicht bloß etwa der Ausführungsmodus für die „bösliche Absicht", sondern bereits der Ausführungsmodus für den aus böslicher Absicht und dementsprechenden Ungehorsam gegen das Urteil zusammengesetzten Ehescheidungsgrunde der böslichen Verlassung, also der Ausführungsmodus [1]) für den gesamten gesetzlichen Tatbestand, innerhalb dessen die „Absicht", mithin also das „Verschulden", nur ein einzelnes Tatbestandsmoment bildet.

γ) Aber auch sonst, innerhalb einzelner einschlägiger Begriffe, treffen wir die „Unterlassungen" als Verschuldenshandlungen an. So spielt beim Begriffe „böswillig" die Unterlassung eines Erwerbs durch anderweitige Verwendung der Arbeitskraft eine Hauptrolle (vgl. oben § 15 sub II 2); in § 839 Abs. III ist davon die Rede, daß der durch ein Amtsdelikt Verletzte es seinerseits „unterlassen hat, den Schaden durch Gebrauch eines Rechtsmittels abzuwenden", und auch die in § 839 Abs. II Satz 2 genannte „pflichtwidrige Verweigerung oder Verzögerung der Ausübung des Amtes" ist ein Unterlassungsdelikt (des Beamten selber). Besonders typisch erscheint aber — freilich nur für ein „Verschulden im weiteren Sinne" — der Fall des § 254 Abs. II Satz 1 (oben § 2 sub II 1).

δ) Zu wiederholten Malen haben wir aber auch bei der Bestimmung der Einzelbegriffe gesehen, daß sie durch Unterlassungen zustande kommen können; vgl. oben § 31 sub B II und § 55 sub B I 2 und als Beispiele die meisten in meinem Gutachten in § 31 sub D (vgl. S. 139 Anm. 4) besprochenen Vorgänge.

ε) Auch die Literatur [2]) erkennt vollkommen an, daß Unterlassungen zu den für die Verschuldensbegriffe erforderlichen tatsächlichen Unterlagen genügend sind, und ebenso spricht sich gelegentlich die Judikatur [3]) aus. [4])

---

[1]) Die Sache liegt also ebenso wie beim sog. „dinglichen Vertrag" und seinem Ausführungsmodus (Auflassung oder Uebergabe), und die Parallele trifft auch insofern gut zu, als auch hier sich der zum Vertrage erforderliche Wille oft gleichzeitig (uno actu) mit dem zum Ausführungsmodus erforderlichen Willen äußert, mit ihm (anscheinend) koinzidiert.

[2]) Vgl. z. B. Rümelin, M, Verwendung der Kausalbegriffe, im Arch. f. d. zivilist. Praxis Bd. 90 (1900) S. 319 ff., Wendt, Unterlassungen und Versäumnisse im bürgerlichen Recht, ebenda Bd. 92 (1902) S. 1 ff., insbes. S. 128 ff.; ferner z. B. aus der allgemeineren Literatur zum BGB. Crome I S. 474 sub 2, S. 480 f sub 4, Dernburg II 1 S. 68 sub V, Eck I S. 254, Endemann I § 131, insbesondere sub 3 S. 752 ff.; aus der Spezialliteratur z. B. Gottschalk (oben S. 297 Anm. 9) S. 41 ff., Sabowsky (oben S. 297 Anm. 3) S. 7 ff., von Lißt S. 72 ff. Piper (oben S. 101 Anm. 3) S. 23 ff., Träger (oben S. 298 Anm. 17) S. 217 ff., Treitel, Die Unmöglichkeit der Leistung und der Verzug bei Unterlassungsverbindlichkeiten (Berlin 1902), insbesondere S. 58 ff., Schöller, Die Folgen schuldhafter Nichterfüllung, in Gruchots Beiträgen 46, 1902, S. 1 ff., 253 ff., Hellbach im Recht VIII (1904) Nr. 4 S. 100 ff., Nissen ebenda Nr. 6 S. 162, während die Schrift von Sturm, Die Rechtswidrigkeit der Unterlassung (Berlin 1895) sich nur auf das Strafrecht bezieht.

[3]) Vgl. z. B. Entsch. des Reichsger. vom 30. Oktober 1902 (VI 208/02) Bd. 52 (1903) Nr. 98 S. 373 ff., vom 20. November 1902 (VI 268/02) Bd. 53 (1903) Nr. 16 S. 53 ff. — beide auch in der Juristen-Ztg. VIII Nr. 6 S. 153, das erste auch in Seufferts Archiv Bd. 58 (1903) Nr. 209 S. 393 und in der Jur. Wochenschr. 32 (1903) Beil. 1 S. 10 Nr. 22 wiedergegeben —, vom 23. Februar 1903 (VI 349/02) in Bd. 54 (1903) Nr. 17 S. 53 ff., vom 18. Mai 1903 (VI 29/03) in Bd. 55 (1904) Nr. 7 S. 24 ff. sowie Entsch. des OLG. Hamburg vom 16. März 1901 bei Mugdan und Falkmann II (1901) S. 456 Nr. 181 b.

[4]) Vgl. ausdrückliche Fixierung von Folgen der schuldhaften Unterlassung auch im HGB. in den oben § 33 sub IV 1 a α angegebenen Stellen.

II. Dagegen ist zu bemerken, daß die sog. Kausalität des Handelns bezw. Unterlassens keineswegs mehr zu den Elementen des Verschuldens selber gehört; der „Kausalzusammenhang" zwischen dem Verschulden und seiner Folge, so wichtig er für das Rechtsleben ist,[1]) betrifft vielmehr nur denjenigen Gesamttatbestand, den die ganze einschlägige Rechtsnorm erfordert, interessiert also z. B. nur — und namentlich — für die Lehre vom Schadensersatz, von den unerlaubten Handlungen, von der Ehescheidung, Erbunwürdigkeit usw.[2])

B. Das Wesen des Verschuldens.

I. Es besteht dieses Wesen des Verschuldens in einem Eingriff in die fremde Rechtssphäre, der auf ein aus verwerflichem Willen oder aus verwerflicher Gesinnung entspringendes Verhalten des Täters zurückzuführen ist.

1. Es muß ein Eingriff in eine fremde Rechtssphäre vorliegen. Selbst in den Fällen des von uns seiner gesonderten Existenzberechtigung nach bestrittenen „Verschuldens gegen sich selbst" (oben § 68) haben wir (vgl. ebenda sub III 5 und 6 a) einen solchen Eingriff in die fremde Rechtssphäre angetroffen, der sich mindestens in dem Bewußtsein der Möglichkeit einer Schädigung fremder Interessen dokumentiert.

2. Der Eingriff muß auf den sub A besprochenen Willens- bezw. Gesinnungsfehler in Verbindung mit der ebenda besprochenen Ausführungshandlung für diesen Willen bezw. diese Gesinnung zurückzuführen sein: diesen Kausalzusammenhang müssen wir trotz des sub A II Bemerkten durchaus als Verschuldenselement gelten lassen und anerkennen.

II. Eine abweichende Konstruktion versucht Endemann, indem er I §§ 111 ff. S. 634 ff. das Verschulden als Verletzung einer allgemeinen Sorgfaltspflicht verstanden wissen will. Daß diese Konstruktion aber — vielleicht auch nach des Autors eigener Auffassung[3]) — lediglich für bereits bestehende Kontraktsverhältnisse ausreichen und für die außerkontraktlichen Verschuldensfolgen ganz versagen würde, ist nebst einigen sonstigen Bedenken gegen diese Theorie bereits bei anderen Gelegenheiten[4]) ausgeführt worden.

Zweite Abteilung.

Die Folgen des Verschuldens.

§ 70.

Im Allgemeinen.

I. Als rechtserhebliches — insbesondere zu Entstehung, Veränderung oder Endigung von subjektiven Rechten führendes, vgl. oben § 67 sub I 2 und III — Ereignis ist das „Verschulden" natürlich von Folgen (Wirkungen) begleitet, um derentwillen das Gesetz überhaupt nur mit dem Verschulden operiert. Hierüber ist folgendes zu bemerken:

---

[1]) Ein Beispiel für Verschulden im weiteren Sinne — Erbunwürdigkeit — vgl. auch in Prot. V Nr. 383 I S. 642. — Aus der Judikatur vgl. außer der Entsch. des OLG. Dresden vom 22. Januar 1901, oben S. 328 Anm. 9, die des OLG. Hamburg vom 20. Mai 1903 in der Hanseat. Gerichts-Ztg. 24 (1903) Beibl. 38 S. 223 ff. und die des Reichsgerichts vom 27. Februar 1902 (VI 416/01) in der Jurist. Wochenschr. 31 (1902) Beil. 3 S. 212 Nr. 54.

[2]) Vgl. also auch hier das oben § 1 sub II Bemerkte und auch unten § 70 sub IX 1.

[3]) Vgl. darüber oben § 31 sub C III S. 130/131. Uebrigens würde, wenn Endemann in der Tat eine allgemeine Sorgfaltspflicht annähme, dies wenig harmonieren zu seiner Leugnung einer generellen Mitteilungspflicht bezüglich der „arglistigen Täuschung" (vgl. oben § 58 sub A II 1 b S. 444 Anm. 1).

[4]) Vgl. außer in § 31 a. a. O. noch in § 37 sub V 1 d S. 252/253, § 40 sub XVI 5 S. 280 Anm. 1, § 42 sub B I 2 e S. 296 Anm. 2.

II. Diese Wirkungen wurden nicht nur gelegentlich — insbesondere in der Materialssammlung (wo wir, gerade im Interesse dieses Punktes der Gesamtdarstellung, die Wirkungen jedesmal notierten und schon vorordneten), aber auch bisweilen im ersten Kapitel dieses systematischen Teils — hervorgehoben, sondern einmal auch schon prinzipiell, als es nämlich galt, die Theorie vom sog. „Verschulden gegen sich selbst" auf ihre Haltbarkeit zu prüfen (oben § 68) und dabei insbesondere den unseres Erachtens nicht widerstandsfähigen Grundpfeiler dieser Theorie zu besichtigen, daß die einschlägigen Normen sich von der Hauptmasse der gesetzlichen Bestimmungen über das Verschulden durch die Richtung und Art der Wirkungen unterschieden.

III. Zunächst wollen wir jetzt die einzelnen Wirkungen [1]) — unter ziffernmäßiger [2]) Angabe über die Häufigkeit ihres Vorkommens [3]) — Revue passieren lassen und uns dabei einerseits an die Zweiteilung des Verschuldens (oben § 66 sub III) und andererseits an die Anordnung der Materialssammlung (§§ 2—29) halten. Später sollen sich dann eine Anordnung nach Maßgabe der Wirkungen selber und weitere Betrachtungen anschließen.

IV. Die Wirkungen des Verschuldens im engeren Sinne [4]) sind folgende:

1. Beim „Verschulden" κατ' ἐξοχήν [5]) (oben § 2):

a) Schadensersatzpflicht (a. a. O. sub I 1—3) [6]) in im Ganzen 19 Fällen; [7])
b) Vereitelung bezw. Minderung von Ersatzansprüchen des Täters (a. a. O. sub II 3) in einem Falle; [8])
c) Sonstige Rechtsnachteile für den Täter in zwei Fällen, nämlich [9]) (a. a. O. sub III 1 und 2) als:
 α) Ausschluß eines Rücktrittsrechts und
 β) Verlust des Anspruchs auf Rückerstattung der Draufgabe.

2. Beim „schuldhaften Zögern" („unverzüglich", oben § 4, insbesondere sub III 3):

a) Schadensersatzpflicht (a. a. O. sub 3 a α) in sechs Fällen;
b) Ausschluß eines Rechtserwerbs (ebenda sub β) in drei Fällen;
c) Verlust eines Rechtes (ebenda sub γ) in einem Falle;
d) Befreiung des Gegners von einer Verbindlichkeit bezw. Recht des Gegners, die Befriedigung des Gläubigers zu verweigern (ebenda sub b α und β);
e) Fiktion der Fortdauer bezw. des Zustandekommens von Rechtsverhältnissen (ebenda sub c);

---

1) Hier werden wir uns mit kurzen, charakteristischen Schlagworten begnügen und die mannigfachen Details fortlassen.

2) Wo nur eine einzige Norm in Betracht kommt, ist im weiteren Verlaufe von der Betonung, daß es sich um nur einen Fall handele, abgesehen worden.

3) Diese Methode enthält natürlich insofern eine Aeußerlichkeit, als es selbstverständlich nicht auf die Quantität, sondern auf die Qualität der Wirkungen ankommt; indessen geben auch hier Zahlen einen gewissen Beweis, den wir uns doch nicht entgehen lassen wollen.

4) Hier bleibt das „sittliche Verschulden" des § 1611, oben § 2 sub IX, außer Betracht; über die Gründe vgl. oben § 66 sub III 1 b und die dortigen Verweisungen auf §§ 42 und 43.

5) Vgl. die vorige Anmerkung.

6) Der Fall des § 2 sub I 4, BGB. § 1299 betreffend, gehört in Gruppe V; vgl. ebenfalls oben § 66 (sub III 1 b).

7) Wegen der Zahlenangabe vgl. oben Anm. 2; die Nr. I 2 d des § 2 zerfällt wieder in Unterfälle.

8) Denn die Fälle des § 2 sub II 1 und 2, BGB. §§ 254 und 846 betreffend, gehören gleichfalls in Gruppe V; vgl. auch hierzu oben § 66 (sub III 1 b).

9) Auch hier bleiben einige Fälle, nämlich die des § 2 sub III 3 und 4, BGB. § 1568 und §§ 1933, 2077 betreffend, für obige Gruppe außer Betracht; vgl. oben §§ 66 sub III 1 b.

f) Unwirksamkeit der verzögerten Rechtshandlung (ebenda sub 6 a);
g) wahrscheinlich weitere Schadensersatzpflichten in 21 Fällen (ebenda sub 6 b).

3. Beim Vorsatz (oben § 5):

a) Schadensersatzpflicht (a. a. O. sub A I);
b) Kompensationsausschluß (a. a. O. sub II 2);
c) Ausschluß des Zurückbehaltungsrechts (a. a. O. sub II 3) in zwei Fällen;
d) Pflichtteilsentziehung (a. a. O. sub II 4);
e) Verwirkung der elterlichen Gewalt (a. a. O. sub II 5);
f) Vertretung des Verzuges (ebenda sub B I 1 a);
g) weitere Schadensersatzpflichten (ebenda sub 1 b und c) in vier Fällen;
h) Anspruchsverluste (ebenda sub 2) in zwei Fällen;
i) Entstehung von Kündigungsgründen (ebenda sub 3) in zwei Fällen;
k) Pflicht zur Beseitigung des Ueberbaues (ebenda sub 4);
l) weitere Schadensersatzpflichten (a. a. O. sub B II 1 und 2) in drei Fällen;
m) Vererblichkeit des Schenkungswiderrufs (a. a. O. sub C 1 und 2);
n) Erbunwürdigkeit (ebenda sub 1 und 3);
o) Anfechtbarkeit des Vermächtnisses (ebenda sub 1 und 3);
p) weitere Schadensersatzpflicht (ebenda sub 4).

4. Bei Fahrlässigkeit (oben § 6):

a) Schadensersatzpflicht u. dgl. (ebenda I 2 d α und β) in drei Fällen;
b) Nichterwerb von Rechten (ebenda sub γ) in drei Fällen;
c) weitere Schadensersatzpflichten (ebenda II 2—4) in drei Fällen;
d) Wirksamkeit einer Registereintragung (ebenda sub II 5 a α);
e) Fortfall des Anspruchs auf negatives Vertragsinteresse (ebenda sub β);
f) Ausschluß der öffentlichen Zustellung einer Willenserklärung (ebenda sub γ);
g) weitere Schadensersatzpflicht (ebenda sub δ; vgl. auch ebenda sub 6 a);
h) Fortfall der Hinterlegungsbefugnis (ebenda sub 6 b).

5. Beim Kennenmüssen (oben § 7):

a) Schadensersatzpflicht (a. a. O. sub II 1) in vier Fällen;
b) Ausschluß eigener Ansprüche (ebenda sub 2) in drei Fällen;
c) Ausschluß anderer Rechtsvorteile (ebenda sub 3) in vier Fällen;
d) Erwerb gewisser besonderer Rechtsbehelfe durch den Gegner (ebenda sub 4) in drei Fällen;
e) Endigung gewisser Verwaltungsbefugnisse (ebenda sub 5) in sieben Fällen;
f) Fiktion rechtzeitiger Annahme der Offerte (ebenda sub 6 a);
g) weitere Schadensersatzpflicht (ebenda sub 6 b);

6. Bei der Bösgläubigkeit (oben § 8):

a) Nichteintritt von Rechtserwerb (a. a. O sub II 1) in vier Fällen;
b) Nichterlöschen von Rechten Dritter (a. a. O. sub 2);
c) Herausgabepflicht (a. a. O. sub 3);
d) Schadensersatzpflicht (a. a. O. sub 4) in zwei Fällen;
e) Wirksamkeit einer fremden Rechtshandlung (ebenda sub 5);
f) Verlust eines Rangvorrangs (ebenda sub 6).

7. Bei Außerachtlassung der Sorgfalt (oben § 9):

a) Schadensersatzpflichten (a. a. O. sub I 2) in sieben Fällen;
b) Desgleichen (a. a. O. sub II 1) in fünf Fällen;
c) Verpflichtung zur Leistung des Offenbarungseides (ebenda sub III) in drei Fällen;

d) Eintritt außerordentlicher Kündigungsbefugnis in zwei Fällen (ebenda sub IV).

8. Bei Arglist (oben § 10):

a) Anfechtbarkeit von Willenserklärungen usw. (a. a. O. sub I 1) in fünf Fällen;
b) Erbunwürdigkeit (ebenda sub I 2);
c) Schadensersatzpflicht u. dgl. (ebenda sub II 1) in vier Fällen;
d) Nichtigkeit gewisser Abreden (ebenda sub II 2 a) in sechs Fällen;
e) Prolongation der Verjährungsfrist (ebenda sub II 2 b) in zwei Fällen;
f) Fortbestand des gegnerischen Zurückbehaltungs- und Aufrechnungsrechts (ebenda sub II 2 c) in zwei Fällen;
g) Fortbestand der Gewährleistungsansprüche (ebenda sub II 2 d);
h) Verlust bezw. Schmälerung eines Anspruchs (ebenda sub II 2 e).

9. Bei Hinterlist (oben § 11): Schadensersatzpflicht.

10. Bei Verheimlichung (oben § 12): Verlust eines Rechtserwerbes.

11. Bei (qualifizierter) Absicht (oben § 14 sub B):

a) Schadensersatzpflicht (a. a. O. sub I 1) in drei Fällen;
b) Verklagbarkeit auf Aufhebung eines Gemeinschaftsverhältnisses (ebenda sub 2) in zwei Fällen;
c) Unbeschränkte Haftung für Nachlaßverbindlichkeiten (ebenda sub 3);
d) Herausgabepflicht eines Dritten (ebenda sub II 1 und 2) in zwei Fällen;
e) Werterstattungspflicht eines Dritten bezw. Verschaffungspflicht u. dgl. (ebenda sub 3 und 4) in zwei Fällen;
f) Ehescheidungsgrund (ebenda sub III 1 a);
g) Enterbungsgrund (ebenda sub III 1 b);
h) Unbeschränkte Haftung für Nachlaßverbindlichkeiten (ebenda sub IV) in zwei Fällen.

12. Bei Böslichkeit bezw. Böswilligkeit (oben § 15):

a) Ehescheidungsgrund (a. a. O. sub I);
b) Enterbungsgrund (ebenda);
c) Enterbungsgrund (ebenda sub II 1);
d) Ausstattungsverweigerung (ebenda);
e) Reduktion eigener Ansprüche (ebenda sub II 2) in drei Fällen.

V. Die Wirkungen des Verschuldens im weiteren Sinne sind folgende:

1. In den sieben Pseudofällen des „Verschuldens im engeren Sinne“ (oben § 42 sub B II und § 66 sub III 1 b, IV 2 b):

a) Schadensersatzpflicht (oben § 2 sub I 4);
b) Verlust bezw. Reduktion eines eigenen Ersatzanspruchs (oben § 2 sub II 1 und 2) in zwei Fällen;
c) Ehescheidungsgrund (oben § 2 sub III 3);
d) Verlust des Erbrechts (ebenda sub III 4 a);
e) Unwirksamkeit gewisser letztwilliger Verfügungen (ebenda sub III 4 b—d) in drei Fällen;
f) Reduktion des gesetzlichen Alimentationsanspruchs (ebenda sub IX).

2. In den Fällen der „Schuld“ usw. (oben § 3):

a) Schenkungswiderruf (a. a. O. sub B I 1 a);
b) Ehescheidungsgrund (ebenda sub b α);
c) Verlust des Scheidungsrechts (ebenda sub b β);

d) Enterbungsgrund (ebenda sub b γ);
e) Erbunwürdigkeitsgrund (ebenda sub b δ);
f) Enterbungsgrund (ebenda sub c α);
g) Reduktion des gesetzlichen Unterhaltsanspruchs (ebenda);
h) Aussteuerverweigerung (ebenda);
i) Aufhebung vertragsmäßiger Verfügung von Todes wegen (ebenda);
k) Enterbungsgrund (ebenda sub c β);
l) Erbunwürdigkeitsgrund (ebenda sub c γ);
m) Maßregeln des Vormundschaftsgerichts (ebenda sub c δ);
n) mittelbare Ehescheidungswirkungen (ebenda sub B I 2) in finanzieller Hinsicht und rücksichtlich der Kindererziehung.

3. In den Fällen des „ehrlosen oder unsittlichen Verhaltens“ (oben § 16 VI):

a) Ehescheidungsgrund (ebenda sub 1 a);
b) Maßregeln des Vormundschaftsgerichts (ebenda sub 1 b);
c) Enterbungsgrund (ebenda sub 2 a.

4. In den Fällen der „Verfehlungen“ (oben § 17):

a) Schenkungswiderruf (a. a. O. sub I A);
b) Enterbungsgrund (a. a. O. sub II 1 a—c);
c) Aussteuerverweigerung (ebenda sub a);
d) Aufhebung vertragsmäßiger Verfügung von Todes wegen (ebenda);
e) Scheidungsgrund (ebenda sub c);
f) Anfechtung gewisser erbrechtlicher Ansprüche (ebenda sub d);
g) Reduktion des gesetzlichen Alimentationsanspruchs (ebenda sub 2).

5. Im Falle des „Undanks“ (oben § 23): Schenkungswiderruf.

VI. Eine weitere Gruppierung dieser einzelnen Rechtsfolgen des Verschuldens in der Art, daß wir nun wieder die Fälle identischer Folgen zusammenstellen, würde wohl geringen Zweck haben, um so weniger, als in der vorstehenden Tabelle manche Einzelfälle mehrfach aufgezählt sind: überall da nämlich, wo der betreffende die Folge sanktionierende Rechtssatz zugleich mit mehreren Verschuldensbegriffen operiert, also mehrfach in der Materialssammlung aufzuzählen war; so z. B. bei gleichzeitiger Nennung von „Vorsatz“ und (einfacher bezw. grober) „Fahrlässigkeit“ oder, um ein Beispiel aus dem Verschulden im weiteren Sinne zu bringen, betreffs der „Verfehlungen“, deren man „sich schuldig macht“, und ihrer speziellen Erscheinungsformen (vgl. auch oben § 49 sub IV 1).

VII. Immerhin lehrt unsere Tabelle auch ohne solche weitere Zusammenziehung und unter Abrechnung der durch mehrfache Aufzählung entstandenen Fehler zur Genüge folgendes:

1. Die eintretenden Folgen zerfallen insofern in zwei große Gruppen, als die „Erbunwürdigkeit“ (vgl. oben sub IV Nr. 3 n und 8 b und sub V Nr. 2 e und l) als eine „Qualität“ zu bezeichnen wäre, die sich als Folge einer Tat einem Menschen aufprägt [1]) und die ihn in einen „Zustand“ versetzt, durch den er sich sehr zu seinen Ungunsten von den Mitmenschen abhebt; die sämtlichen anderen Folgen des „Verschuldens“ (im engeren und im weiteren Sinne) äußern sich dagegen viel direkter und realer in neu entstehenden Pflichten, in Verlust von Rechten u. dgl. Aber bei genauerem Hinblick verschwindet der angedeutete Unterschied doch in ein Nichts, da auch die Erbunwürdigkeit keineswegs um ihrer selbst willen,

---

[1]) Aehnlich wie bei der infamia immediata (vgl. z. B. Windscheid-Kipp I § 56 S. 211 Anm. 3 a. E.) bezw. bei der Anrüchigkeit (vgl. z. B. Gierke, Deutsches Privatrecht I § 52 S. 424 sub b).

als bloße Qualität, sondern wegen der sich an sie anknüpfenden Folgen für das Rechtsleben interessiert, indem sie nämlich (vgl. oben § 3 sub B I 1 c γ) sehr empfindliche Rechtsverluste nach sich zieht und offenbar im Gesetz lediglich dazu berufen ist, als abkürzendes Schlagwort eine Gedankenbrücke zu errichten.

2. Eine Gruppierung der Wirkungen nach Maßgabe der Häufigkeit ihrer Erwähnung im Gesetze bezw. in unseren Tabellen IV und V würde folgendes Bild zeigen:

a) Weitaus im Vordergrunde steht die Schadensersatzpflicht, die in zehn Einzelgruppen [1]) mit insgesamt 70 Fällen [2]) aufgezählt ist.

b) Nächst ihr kommt die große Zahl [3]) von im einzelnen verschieden gestalteten Fällen, in denen es sich um Nichterwerb bezw. um Verlust eines eigenen Anspruchs handelt [4]) oder in denen [5]) eine Verbesserung der Position des Gegners (außerhalb der Gewinnung eines Ersatzanspruchs, oben sub a) eintritt. [6])

c) Sodann spielen eine große Rolle [7]) die Ehescheidungs-, Enterbungs- und Erbunwürdigkeitsgründe.

d) Alle sonstigen Folgen treten nur immer recht vereinzelt auf. [8])

3. Diese sub 2 c genannten, dem Familien- und Erbrecht angehörigen Folgen, knüpfen sich vorwiegend nur an ein Verschulden im engeren Sinne, während umgekehrt das Verschulden im weiteren Sinne fast nie zur Schadensersatzpflicht führt; der einzige Fall, oben sub V 1 a, gehört ins Verlöbnisrecht, das seinerseits noch nicht dem eigentlichen Familienrecht, das doch bereits bestehende Familienbande voraussetzt, angehört.

4. Die Schadensersatzpflicht kann zwar als die überwiegende Folge des Verschuldens im engeren Sinne bezeichnet werden, meinetwegen mag sie auch die typische Folge geheißen werden; mit ihr konkurrieren jedoch so viele und verschiedenartige andere Folgen, auch beim Verschulden im engeren Sinne, daß es durchaus unrichtig wäre, etwa unbedingt überall da, wo das Gesetz die Folge unerwähnt läßt, [9]) nur lediglich darum eine Schadensersatzpflicht anzunehmen oder gar umgekehrt überall da, wo das Gesetz eine Schadensersatzpflicht aufstellt, aus dieser zu folgern, daß ein Verschuldensfall vorliege; sind doch die Fälle bloßer Legalhaftung auf Schadensersatz notorisch genug und werden wir doch nicht bloß eine Anzahl Belege für eine solche Legalhaftung antreffen, sondern auch noch auf

[1]) Es kommen nämlich alle Untergruppen der Hauptgruppe IV mit alleiniger Ausnahme der Gruppen 10 („Verheimlichung“) und 12 („Böslichkeit“ und „Böswilligkeit“) in Betracht. Und zwar je einmal (oft aber mit mehr als einem Anwendungsfall) Untergruppe 1 (Nr. a), 6 (Nr. d), 8 (Nr. c), 9 und 11 (Nr. a); eventuell auch Untergruppe 2 (vgl. nämlich außer Nr. a auch noch Nr. g); je zweimal Untergruppe 5 (a und g), 7 (a und b) und eventuell 2 (a und g); dreimal Gruppe 4 (a, c und g); fünfmal Gruppe 3 (a, f, g, l, p). Aus Hauptgruppe V kommt nur der Fall 1 a (vgl. unten sub 2) in Betracht.

[2]) Zählt man Gruppe 2 g (vgl. vorige Anmerkung) hinzu, so sind es 91 Fälle.

[3]) Ich zähle in Gruppe IV 91 Fälle (nämlich die in Nr. 1 b und c, 2 b und c, 3 b, c und h, 4 b, e und h, 5 b, c und e, 6 a und f, 8 h und 12 d und e genannten) und in Gruppe V 8 Fälle (Nr. 1 b und f, 2 c, g, h, 4 c und g).

[4]) Diese Wendung ist im weitesten Sinne und nicht rein technisch gemeint und ohne die mittelbaren Folgen der Enterbung bezw. Erbunwürdigkeit (unten sub c) verstanden.

[5]) Ich zähle 16 Fälle; vgl. aus Gruppe IV Nr. 2 d, 3 i, 5 d, 6 b, c und e, 7 d, 8 f und g (insges. 13 Fälle) und aus Gruppe V Nr. 2 a, 4 a und 5 (insges. 3 Fälle).

[6]) Diese Gruppe stimmt im Wesentlichen überein mit den Beispielen in § 68 sub II.

[7]) Vgl. Gruppe IV Nr. 3 d und n, 8 b, 10 f und g, 11 a, b und c, Gruppe V 1 c—e, 2 b, d—f, k, l, 3 a und c, 4 b, d—f (insges. 26 Einzelfälle, von denen aber gerade hier viele zusammenfallen, weil sie gleichzeitig in mehreren Gruppen auftreten).

[8]) Es handelt sich um nachbenannte, zu a—c nicht erwähnte Nummern: Gruppe IV Nr. 2 e und f, Nr. 3 e, k, m und o, Nr. 4 d und f, Nr. 5 f, Nr. 7 c, Nr. 8 a, d und e, Nr. 10 b, c, d, e und h; Gruppe V Nr. 2 i, m und n und Nr. 3 b.

[9]) Wegen des „schuldhaften Zögerns“ („unverzüglich“) vgl. oben § 4 sub III 6.

anderem Wege (unten § 70) den Beweis für die schon oben § 42 sub C II 3 aufgestellte Behauptung führen können, daß Schadensersatzpflicht und Verschulden einander keineswegs decken.

VIII. Auch aus anderen Gründen wird uns gerade die Schadensersatzpflicht noch besonders interessieren, weil sie nämlich den Hauptfall des von der Theorie aufgestellten sog. „Verschuldensprinzips" bildet, dem wir später (in § 71) einige Betrachtungen zu widmen haben, und ferner, weil gerade sie und ihre Anwendungsfälle für Untersuchungen über die Terminologie des Gesetzes betreffs der Verschuldensfolgen (unten § 72) die führende Rolle spielt.

IX. Im übrigen muß auch an dieser Stelle nochmals, um Mißverständnissen vorzubeugen, betont werden, daß trotz des schon angedeuteten und noch wiederholt zu vermerkenden engen Zusammenhanges zwischen dem Verschulden und dem Schadensersatz die Lehre von diesem keineswegs in unser Programm gehört, vielmehr ihre volle, auch literarische Selbständigkeit hat, so daß es z. B. umfangreiche Abhandlungen[1]) gibt, die ihrerseits unser Thema und dessen Spezialfragen nicht mit einem Worte streifen.

1. Insbesondere liegt (vgl. auch oben § 69 sub A II) daher kein Bedürfnis vor, in dieser Arbeit die Frage nach dem Kausalzusammenhange[2]) zwischen dem Verschulden und dem eingetretenen Schaden zu prüfen,[3]) und ebensowenig interessieren uns die Einzelheiten über den Umfang[4]) der Schadenshaftung oder z. B. über die Verjährung der aus einer unerlaubten Handlung resultierenden Ersatzpflicht.[5])

2. Wie sehr es dem Zuge des modernen Rechts entspricht, beide Angelegenheiten — Verschulden und Schadensersatz — aufs strengste voneinander zu trennen, ergibt sich auch aus dem Umstande, daß dem BGB. die in älteren Rechtssystemen[6]) begegnende Abstufung des Schadensersatzes nach den Graden des Verschuldens völlig unbekannt ist[7]) und höchstens mittels des später (in § 79) zu besprechenden § 254 BGB. durch eine Hintertür hineinschlüpfen könnte.

X. Nicht an dieser Stelle, sondern erst später (unter § 77 sowie § 79 und §§ 80 ff.) kann geprüft werden: einmal ob und wieweit durch ein Verschulden des X außer dem verletzten Y noch weitere Personen, sei es als mittelbar Anspruchsberechtigte, sei es als mittelbar passiv Beteiligte, in den Kreis der Folgen hereingezogen werden können; und zweitens: ob und unter welchen Voraussetzungen die Folgen des Verschuldens oder gar das Verschulden selber in Fortfall gelangen können.

---

[1]) Vgl. neuestens Hans Albrecht Fischer, Der Schaden nach dem BGB. (Bd. XI Heft 1 der Abhandlungen zum Privatrecht und Zivilprozeß des Deutschen Reiches, herausgegeben von O. Fischer) Jena 1903. Auch in der Schrift von Oertmann, Die Vorteilsausgleichung beim Schadensersatzanspruch im römischen und deutschen bürgerlichen Recht, Berlin 1901, findet sich nichts für unser Thema Einschlägiges.

[2]) Sie wird z. B. auch bei Cosack I § 90 S. 328 sub IV 1, Dernburg II 1 § 27 II S. 65, Eck I § 51 S. 249, Endemann I § 129 S. 731 ff., Enneccerus-Lehmann I § 160 S. 402 ff., Kipp II S. 59 sub 1, Matthiaß I § 76 S. 346 ff., Müller und Meikel I § 80 S. 235 durchaus in die Lehre vom Schadensersatz eingestellt. Etwas abweichend z. B. Crome I § 108 S. 475 ff. verglichen mit § 109 S. 481 ff. Die neuesten literarischen Aeußerungen über den Kausalzusammenhang vgl. bei Träger (oben S. 298 Anm. 17), insbes. S. 193 ff. und Litten in der oben S. 261 Anm. 7 genannten Schrift S. 24 ff.

[3]) Vgl. nur einzelne Bemerkungen zu BGB. § 254 unten § 79. — Vgl. übrigens auch oben § 31 sub D I 2.

[4]) Auch hier vgl. (wegen der Ausdrucksweise des BGB. § 278 Satz 1) unten (§ 77).

[5]) Vgl. wegen BGB. §§ 852 f. bereits oben § 28 sub III 5 b und § 39 sub I 1 c.

[6]) Vgl. ALR. I, 6 §§ 10 ff.

[7]) Vgl. auch Crome I S. 478 Anm. 12, zugleich auch gegen Dernburg II 1 S. 69 f. (und II 2 S. 651 sub 4 wegen des Tierschadens im besonderen), der aber zugeben muß, daß er sich auf das BGB. selber nicht zu stützen vermag.

§ 71.

Die gesetzliche Ausdrucksweise.

A. Während wir im vorigen Paragraphen untersuchten, welche Wirkungen das Gesetz an das Verschulden anknüpft, wollen wir nunmehr die dabei vom Gesetze gewählte Terminologie prüfen, um festzustellen, ob sich uns aus ihr weiteres Material für unser Gesamtthema erschließen läßt, indem vielleicht bestimmte Wendungen so unbedingt technisch erscheinen, daß sich hinter ihnen Verschuldensfälle auch dann verbergen, wenn das Gesetz nicht gerade expressis verbis einen der technischen Verschuldensbegriffe selber gebraucht. Die große Mühe, welche uns aus der enormen Zahl der in Betracht kommenden Stellen erwächst, darf uns im Interesse des Resultats (unten § 72) nicht verdrießen.

B. Die hauptsächlichste Wirkung des Verschuldens besteht nun nach dem Gesetze — vgl. einstweilen §§ 276 ff. und 823 ff. — darin, daß der Täter das Verschulden „zu vertreten hat", dafür „haftet", den daraus entstehenden „Schaden zu ersetzen" hat, daß er für den Schaden „verantwortlich" ist; der Prüfung dieser Ausdrücke (I—III) wird sich die Prüfung einiger minder häufiger Wendungen dann zum Schlusse (sub IV) anreihen.

I. „Vertreten".

1. Diesen Ausdruck haben wir schon bei unseren Betrachtungen über den „Verzug" (oben § 64 sub A IV) untersucht, um damals zu dem Ergebnisse zu gelangen, daß die wegen des Verzuges in § 285 BGB. gebrauchte Wendung uns über ein „Verschulden" nichts verrät.

2. Wenn wir nun aber die damals gestellte Frage: „was ist zu vertreten?" nicht in Richtung des Grundes der Vertretungspflicht, sondern in Richtung der Folge dieser Pflicht beantworten, m. a. W., wenn wir uns die Frage vorlegen: „worauf zielt die Vertretungspflicht?" so werden wir mit dem einen Worte „Schadensersatz" antworten müssen. Die Richtigkeit dieser Antwort wird sich nicht bloß durch Nachprüfung der sämtlichen in § 64 a. a. O. aufgezählten Stellen ergeben, sondern wird auch durch gelegentliche Bemerkungen in der Literatur[1]) bestätigt, die durch eine Gegenbemerkung von Staub[2]) keineswegs erschüttert werden, weil diese Bemerkung ihrerseits haltlos ist.

3. Da nun aber eine Schadensersatzpflicht nicht unbedingt auf ein Verschulden schließen läßt (vgl. oben § 70 sub VII 4), so gelangen wir abermals zu dem Resultate, daß sich hinter der „Vertretungspflicht" ebenfalls nicht unbedingt ein Verschuldensfall versteckt.

II. „Verantwortlich".

1. Das Adjektivum „verantwortlich" begegnet 46 mal, das Substantivum

---

[1]) Vgl. Kipp in der Juristen-Ztg. VIII (1903) S. 254 Spalte 1/2 und insofern richtig Schloßmann in der oben § 64 S. 496 Anm. 1 angegebenen Bemerkung.

[2]) Staub in der Guttentagschen Festschrift für den 26. deutschen Juristentag, 1902, S. 33 f. (vgl. Neumann, Jahrbuch I 1 S. 187) meint, „zu vertreten sei nur eine Definition der zivilrechtlichen Schuld (= Vorsatz und Fahrlässigkeit), bedeute aber nicht „Schaden ersetzen müssen"; denn dann wäre BGB. § 286 angesichts der Kombination von §§ 276 und 285 überflüssig. Das ist unrichtig, da eben § 285 nicht gleich § 276 von Schuld, sondern von Vertretungspflicht überhaupt, auch bei unverschuldetem Verzug redet. Auch wäre die Ueberflüssigkeit des § 286 allein kein hinreichender Beweis; vgl. oben § 5 sub B II 2 b wegen der Ueberflüssigkeit der §§ 1674 und 1848.

„Verantwortlichkeit“ [1]) 9 mal.[2]) Dabei ist der Sprachgebrauch des Gesetzes im einzelnen aber leider sehr unfest; namentlich schon in der Richtung, daß zwar die meisten Stellen sagen, wofür man verantwortlich ist — nicht bezw. wenigstens nicht direkt erhellt dies aus §§ 676, 682, 827 Satz 2 a. E., 831 Abs. II, 832 Abs. II, 834 Satz 2, 837, 1674, 1848, 1872 Abs. II Satz 2, 1991 Abs. I, 2036 Satz 2 —, hierbei aber eine doppelte Richtung betreffs des „wofür“ einschlagen.

a) Einige wenige Stellen sagen, daß die Verantwortlichkeit für ein Verschulden eintritt und zwar:
   α) für das eigene laut § 1039 Abs. I Satz 2 (oben § 2 sub I 1 c) und
   β) für das des Gehilfen laut §§ 664 Abs. I Satz 3 und 691 Satz 3 (oben § 2 sub VII 2 c und d).

b) Die weitaus meisten der in Betracht kommenden Stellen nennen dagegen nicht den Grund der Verantwortlichkeit, sondern den Gegenstand, auf welchen sie sich bezieht, indem sie α) von Verantwortlichkeit für Verschlechterung u. dgl., namentlich aber β) von Verantwortlichkeit für Schaden sprechen.
   α) In Gruppe α) gehören § 287 Satz 2 — oben § 20 sub B I 3 b β — („für die während des Verzuges durch Zufall eintretende Unmöglichkeit der Leistung“), § 501 („für eine Verschlechterung, den Untergang oder die aus einem anderen Grunde eintretende Unmöglichkeit der Herausgabe des Gegenstandes“), § 644 Abs. I Satz 3 („für den zufälligen Untergang und eine zufällige Verschlechterung des von dem Besteller gelieferten Stoffes“) und § 848 („für den zufälligen Untergang, eine aus einem anderen Grunde eintretende zufällige Unmöglichkeit der Herausgabe oder eine zufällige Verschlechterung der Sache“).
   β) Die in Gruppe β) gehörigen Normen lassen sich nach den Wendungen, die das Gesetz zeigt, wieder in Untergruppen zerlegen:
      α′) Nur von „dem Schaden“, für den die Verantwortlichkeit Platz (nicht Platz) greift, schlechthin ist die Rede in §§ 827 Satz 1, 835 Abs. II Satz 2, 836 Abs. II, 840 Abs. II und III, 1833 Abs. II Satz 1.
      β′) Nur von der Verantwortlichkeit „für eintretenden Schaden“ spricht § 908.
      γ′) Von der Verantwortlichkeit für den „entstehenden“ Schaden sprechen, ihrerseits mit mehrfacher Verschiedenheit der Wendungen, eine größere Zahl von Normen; erwähnt wird:
         1. der „aus dem Betriebe entstehende Schaden“ in EG. z. BGB. Art. 105;
         2. der „aus einer unerlaubten Handlung entstehende Schaden“ in § 840 Abs. I;
         3. der „aus einer Pflichtverletzung entstehende Schaden“ in § 1833 Abs. 1 Satz 1;

[1]) Daß diese beiden Worte nicht bloß sprachlich, sondern auch inhaltlich zueinander gehören, lehren §§ 827, 828 und 834, wo sie promiscue verwertet werden; vgl. ferner §§ 1991 Abs. I und 1978 Abs. I Satz 1. — Der Sprachstamm „Antwort“ begegnet ganz allein nur in § 147 Abs. II, in den Zusammensetzungen „ausantworten“ und „Ausantwortung“ in §§ 49 Abs. I Satz 1, 51, 52 Abs. II, 53, 1986 Abs. I und Abs. II Satz 1, in dem Verbum „beantworten“ nirgends.

[2]) Das Register zu den Mot. (S. 106) schweigt zu diesem Begriff, die Register zu den Prot. (S. 194) und zu Planck (S. 117) begnügen sich mit Verweisung auf „Haftung“ bezw. auch „Verschulden“ und „Schadensersatz“.

4. der „Schaden", der dadurch entsteht, daß . . ." etwas geschieht,[1]) in §§ 989 (vgl. dazu § 991 Abs. II) und § 1787 Abs. I;

5. der „daraus entstehende Schaden" schlechthin in §§ 42 Abs. II Satz 2, 53, 447 Abs. II, 498 Abs. II Satz 1, 839 Abs. II Satz 1, 1980 Abs. I Satz 1, 2219 Abs. I.[2])

δ') Von der Verantwortlichkeit für Schaden („Wildschaden"), der „durch ein Tier" „angerichtet wird", spricht EG. z. BGB. Art. 71 Nr. 2.

ε') Von einem Schaden, der „zugefügt" wird, sprechen:

1. gleichfalls an den Schaden denkend, den ein Tier zufügt, § 834 Satz 1;

2. an den Schaden denkend, den ein Mensch zufügt:

a) § 828 Abs. I und Abs. II Satz 1 wegen des noch nicht Siebenjährigen oder noch nicht Achtzehnjährigen (bezw., ebenda Abs. II Satz 2, des Taubstummen) und des Schadens, „den er einem Anderen zufügt";

b) § 31 wegen des Schadens, „den der Vorstand usw. durch eine . . . zum Schadensersatz verpflichtende Handlung einem Dritten zufügt".

ζ') Von dem Schaden endlich, der „verursacht" wird, sprechen:

1. gleichfalls an den Schaden denkend, den ein Mensch verursacht: §§ 827 Satz 2 („Schaden, den er in diesem Zustande widerrechtlich verursacht"), 829 („für einen von ihm verursachten Schaden"), 830 Abs. I Satz 1 („durch eine . . . unerlaubte Handlung einen Schaden verursacht"), 841 („wegen Verletzung dieser Pflichten neben dem Anderen für den von diesem verursachten Schaden verantwortlich"), 1833 Abs. II Satz 2 („neben dem Vormunde für den von diesem verursachten Schaden");

2. an den Schaden denkend, der durch Ereignisse verursacht wird: § 838 („für den durch den Einsturz oder die Ablösung von Teilen verursachten Schaden") und EG. z. BGB. Art. 106 („für den Schaden, der bei dem öffentlichen Gebrauche des Grundstücks durch die Anlage oder den Betrieb verursacht wird").

c) Nicht den Grund der Verantwortlichkeit („Verschulden", oben sub a), auch nicht den Gegenstand, auf welchen sich die Haftung richtet (Verschlechterung usw., Schaden, oben sub b), sondern ein ganz

---

[1]) Diese Schadensursache ist in § 989 folgendermaßen angegeben: „dadurch, daß infolge seines (des Besitzers) Verschuldens die Sache verschlechtert wird, untergeht oder aus einem anderen Grunde von ihm nicht herausgegeben werden kann" (vgl also oben sub α); in § 1787 Abs. I folgendermaßen: „dadurch, daß sich die Bestellung des Vormundes verzögert".

[2]) Dies „daraus" besteht in folgenden Umständen: von den Vorstandsmitgliedern des Vereins schuldhaft verzögerte Stellung des Antrags auf Konkurseröffnung (§ 42); von den Liquidatoren des Vereins begangene schuldhafte Verletzung der in § 53 erwähnten Pflichten; ohne dringenden Grund erfolgende Abweichung des Verkäufers von den besonderen Anweisungen des Käufers über die Versendungsart (§ 447); vom Wiederverkäufer verschuldete Verschlechterung usw. oder von ihm herbeigeführte wesentliche Veränderung des Vertragsobjekts (§ 498); Amtspflichtverletzung des Beamten bei dem Urteil in einer Rechtssache (§ 839); Unterlassung des unverzüglichen Antrags auf Eröffnung des Nachlaßkonkurses (§ 1980); schuldhafte Pflichtverletzung des Testamentsvollstreckers (§ 2219).

anderer Punkt, nämlich diejenige Tätigkeit, für welche die Verantwortlichkeit eintritt, ist es, auf die sich das Wort „verantwortlich" in § 1456 Satz 1 sowie in §§ 1978 Abs. I Satz 1 und 1985 Abs. II Satz 1 bezieht, wenn dort gesagt wird, daß der Mann der Frau „für die Verwaltung des Gesamtguts nicht verantwortlich" sei und daß der Erbe bezw. der Nachlaßverwalter den Nachlaßgläubigern „für die Verwaltung des Nachlasses verantwortlich" sei (und zwar jener für die „bisherige Verwaltung des Nachlasses so, wie wenn er von der Annahme der Erbschaft an die Verwaltung für sie — für die Gläubiger — als Beauftragter zu führen gehabt hätte").

2. Diese Uebersicht lehrt bereits manches, was uns für den Verlauf unserer Untersuchung von Wesentlichkeit sein wird; sie gibt uns nämlich schon einige Antworten auf die Frage, wieweit die „Verantwortlichkeit" ein „Verschulden" voraussetzt:

a) Entschieden ist dies der Fall in den in Gruppe 1 a α und β erwähnten §§ 1039 I Satz 2, 664 I Satz 3 und 691 Satz 3, und ebenso wegen des Nachsatzes („wenn ihm ein Verschulden zur Last fällt") in § 1787 Abs. I und § 1833 Abs. I Satz 1 aus Gruppe β γ' 3 und 4.

b) Entschieden ist dies nicht der Fall — prinzipiell wenigstens und vorbehaltlich der ganz unerheblichen Möglichkeit, daß ein menschliches Verschulden koinzidiert — in folgenden Gruppen:

α) in der aus §§ 287 Satz 2, 501, 644 Abs. I Satz 3, 848 gebildeten Gruppe 1 b α, wobei jedoch einschränkend zu bemerken ist, daß §§ 501 und 644 die Verantwortlichkeit gerade leugnen, so daß also die Vorfrage, ob die Verantwortlichkeit Verschulden voraussetzt, hier gegenstandslos bleibt, und daß §§ 287 Satz 2 und 848 die Verantwortlichkeit zwar ohne Nennung der Voraussetzung eines Verschuldens bejahen, daß aber dies Verschulden für § 287 Satz 2 wenigstens dann durch den Begriff des „Verzuges" eingeschaltet wird, wenn man der communis opinio huldigen zu müssen glaubt, daß der Verzug seinerseits — wenigstens, wenn es, wie hier, sich um Schuldnerverzug handelt — Verschulden voraussetze (näheres oben § 64 sub A VI 1). Es bleibt also als Fall der Verantwortlichkeit, die ein Verschulden nicht notwendig voraussetzt, aus dieser Gruppe immerhin mindestens § 848 erheblich; denn daß er zugleich von einer Sachentziehung „durch eine unerlaubte Handlung" redet, ist an sich — vgl. oben § 39 sub I 5 — nicht beweisend;

β) in den aus §§ 834 Satz 1, 838, EG. z. BGB. Art. 71 Nr. 2, 105, 106 gebildeten Gruppen (oben 1 b β sub γ' 1, δ', ε' 1 und ζ' 2), weil es hier Tiere oder Ereignisse bezw. leblose Dinge sind, die den Schaden herbeiführen, ohne daß von einem dahinterstehenden menschlichen Tun oder Unterlassen, also von der Möglichkeit eines Verschuldens, die Rede ist. Schärfer betrachtet steht aber § 834 doch wegen des Satzes 2 (vgl. oben § 39 sub I 5 a β) einigermaßen unter der Signatur des Verschuldensprinzips.

3. Wir sehen also — insbesondere deutlich an § 287 Satz 2 und § 834 Satz 1 —, daß die rein wörtliche Interpretation der Wendungen im Gesetze uns zu irrigen Ergebnissen führen kann, und finden die alte Erfahrung bestätigt, daß die einzelnen Stellen unter Umständen, in ihrem ganzen Zusammenhange mit anderen Teilen derselben Norm oder auch mit anderen Normen betrachtet, in Wirklichkeit etwas anderes besagen, wie anscheinend. Wir dürfen

also die vorher gefundenen Gesichtspunkte höchstens als Winke auffassen, die nicht unbedingt verbindlich sind, und müssen uns andere Gesichtspunkte für die Einteilung und für die Beantwortung der Hauptfrage (oben sub A) aufsuchen.

a) Hier ist nun vorab zu bemerken, daß — wie wir schon bei §§ 501 und 644, oben sub 2 b α' sahen — diejenigen Stellen uns nicht interessieren, welche eine Verantwortlichkeit leugnen. Es sind dies neben den genannten Normen aber nur noch § 1456 Satz 1, § 828 Abs. I und § 829. Denn § 827 Satz 1 und Satz 2 a. E., § 828 Abs. II Satz 1[1]) und § 834 Satz 2 lassen trotz der Bemerkung, daß eine Haftung nicht eintrete, diesen Nichteintritt doch als sehr bedingt, als Ausnahmefall erscheinen und speziell § 827 und § 834 sind in toto offenbar eher als Ausflüsse des Verschuldensprinzips zu betrachten.

b) Außer Betracht stellen muß man zunächst auch alle diejenigen Bestimmungen, welche weiter nichts verlauten lassen, als daß Jemanden dieselbe Verantwortlichkeit treffe wie einen Anderen; denn erst, wenn man bezüglich der Verantwortlichkeit dieses Andern festgestellt hat, ob das Gesetz sie auf Verschulden aufbaut, kann man auch jene Stelle richtig rubrizieren. Es kommt dies in Betracht wegen §§ 831 Abs. II 832 Abs. II, 837, 838, 1872 Abs. II Satz 2, 1978 Abs. I Satz 1.[2]) Aehnlich liegt die Sache in den auf § 1978 Bezug nehmenden §§ 1991 Abs. I und 2036 Satz 2, ähnlich auch in § 991 Abs. II.

c) Aehnlich unbestimmt muß, zunächst wenigstens, die Antwort lauten wegen solcher Stellen, die lediglich von dem Umstande sprechen, daß jemand für einen Schaden verantwortlich sei, und daran die Entscheidung über das Verhältnis dieses Verantwortlichen zu einem anderen gleichfalls Verantwortlichen geben. Hierhin gehören §§ 840 Abs. I, Abs. II und Abs. III.

d) Von diesen Vorschriften bleibt aber § 840 Abs. I noch aus einem anderen Grunde für unsere Frage interesselos. Denn wenn wir nichts weiter erfahren, als daß jemand für den Schaden „verantwortlich" ist, der aus einer „unerlaubten Handlung" entstanden ist, so folgt aus unseren Feststellungen in § 39 sub I 5, daß wir durch jenen Wink allein noch keineswegs in die Lage gebracht werden, die Norm in eine der hier in Rede stehenden Kategorieen einzustellen.

e) Dasselbe wäre zu § 830 Abs. I Satz 1[3]) zu bemerken und ferner zu §§ 676 und 682, die aber auch die Besonderheit aufweisen, daß sie gleichzeitig der Möglichkeit einer Verantwortlichkeit „aus einem Vertragsverhältnis" (§ 676) bezw. „nach den Vorschriften über die Herausgabe einer ungerechtfertigten Bereicherung" (§ 682) gedenken, sich in beiden Punkten also ebenfalls auf neutrales Gebiet begeben.

f) Ebenso neutral hält sich § 31, der den Verein als verantwortlich bezeichnet für den Schaden, den ein Organ einem Dritten „durch eine zum Schadensersatze verpflichtende Handlung" zufügt.

g) Ganz besonders blaß sind die oben sub 1 c erwähnten §§ 1456, 1978 und 1985, weil sie lediglich besagen, daß der Ehemann bezw. der Nachlaßverwalter „verantwortlich" ist (für die Verwaltung des Gesamtguts bezw. des Nachlasses).

h) Eine Sonderstellung nimmt noch § 498 Abs. II Satz 1 darum ein, weil er die Verantwortlichkeit teils auf verschuldeter Verschlechterung usw.,

---

[1]) Und damit zugleich § 828 Abs. II Satz 2.
[2]) Wegen § 841 vgl. unten sub 4 b γ.
[3]) Und damit zugleich § 830 Abs. I Satz 2 und Abs. II.

teils — und zwar sozusagen mit demselben Atemzuge — auf bloßer Vornahme einer (wesentlichen) Veränderung des Vertragsobjektes basiert.

4. Von den übrig bleibenden Normen haben nun die einen die Verantwortlichkeit zweifellos auf einem Verschulden aufgebaut, die andern ebenso zweifellos nicht:

a) Ein Verschulden bildet — ebenso wie in den schon (oben sub 2 b) genannten §§ 287, 501, 644, 848, 834, 838, EG. z. BGB. Art. 71, 105, 106 — nicht die (prinzipielle; vgl. oben sub 2 b) Grundlage der Verantwortlichkeit in §§ 447 Abs. II, 835 Abs. II Satz 2, 840 Abs. III und 908 (oben 1 b β sub α', β' und γ' 5).

b) Dagegen wird die Verantwortlichkeit offensichtlich — ebenso wie in §§ 1039, 664, 691 (oben sub 2 a) — auf ein Verschulden gegründet:

α) in §§ 42 Abs. II Satz 1, 53, 989, 1787 Abs. I, 1833 Abs. I Satz 1, 2219 Abs. I (oben sub 1 b β γ' Nr. 3—5), die das Verschulden positiv erwähnen;

β) in §§ 1674 und 1848 (oben sub 1), die den Vorsatz oder die Fahrlässigkeit ausdrücklich erwähnen und außerdem auf § 839 Bezug nehmen;

γ) in §§ 839 Abs. II Satz 1, 841 und 1833 Abs. II Satz 2 (oben 1 b β sub γ' 5 und ζ' 1), die von Verantwortlichkeit wegen Verletzung der Amtspflicht bezw. (unter offenbarer Bezugnahme auf § 1833 Abs. I Satz 1, oben sub α) von Verletzung der Aufsichtspflicht reden;

δ) in § 1980 Abs. I Satz 1 (oben sub 1 b β γ' 5), der von Verletzung der Pflicht zu einer „unverzüglich"[1]) notwendigen Maßnahme spricht;

ε) in § 836 Abs. II (oben sub 1 b β α'), wo wegen der Schlußbemerkung gleiches gilt, wie zu § 834 Satz 2 (oben sub 3 a).

5. Werfen wir nun nachträglich, durch die bisherigen Feststellungen unterstützt, nochmals einen prüfenden Blick auf die vorher unter 3 b und c als unbestimmt bezeichneten Normen (in §§ 831 Abs. II, 832 Abs. II, 837, 838, 840 Abs. II und III, 991 Abs. II, 1872 Abs. II Satz 2, 1978 Abs. I Satz 1, 1991 Abs. I und 2036 Satz 2), so werden wir §§ 831 Abs. II, 832 Abs. II, 837, 838 und 840 Abs. II sowie § 1872 in die vom Verschuldensprinzip beherrschte Gruppe stellen können, weil sie auf Normen (§§ 831 Abs. I, 832 Abs. I, 836 und 831 f. bezw. 1848) zurückgreifen, die ihrerseits offensichtlich diesem Prinzipe huldigen. Auch § 991 Abs. II wird man wegen der Bezugnahme auf § 989 hierher stellen müssen[2]) und ebenso muß § 1978 (und mit ihm §§ 1991 und 2036), weil er die Verantwortlichkeit wie die eines Beauftragten beurteilt wissen will, mit §§ 662 ff. in Verbindung gebracht werden und, da diese über die Verantwortlichkeit für Verschulden schweigen, weiter mit § 276, der das Verschuldensprinzip proklamiert. Dagegen läßt sich § 840 Abs. III, weil er auf §§ 833 bis 838 rekurriert, die wir ihrerseits (oben sub 3 a und b, 4 a und 4 b ε) verschieden rubrizieren mußten, keiner der Gruppen mit Bestimmtheit zuweisen.

6. Das Gesamtergebnis ist, daß der Ausdruck „verantwortlich" im Gesetz betreffs des Verschuldens eine durchaus unzuverlässige Auskunft erteilt.

---

[1]) Vgl. oben S. 542 Anm. 2.

[2]) Doch ist das zweifelhaft. Vgl. aber Planck III S. 261 Anm. 2 und jetzt (2. Aufl.) auch Biermann S. 196 Anm. 2, sowie Kober S. 253 Anm. 2.

III. „Haften".

1. Da einige von den Kardinalnormen über das Verschulden, nämlich § 276 Abs. II und 277, von „Haftung" wegen des Verschuldens sprechen, läge die Annahme nahe, daß dieses im Gesetz sehr häufig verwertete Wort [1]) und ebenso das noch viel häufiger [2]) verwertete Wort „haften" [3]) auch sonst vom Gesetzgeber vorzugsweise benutzt worden sei, um die Folgen des Verschuldens anzugeben, und daß ebenso, wo das Wort „Haftung" bezw. „haften" begegnet, stets oder doch vorzugsweise von einer Haftung gerade für Verschulden die Rede ist.

2. Nichts wäre irriger, als diese Annahme. Gerade im Gegenteil findet sich das Wort in dem für unsere Abhandlung interessierenden Zusammenhange verhältnismäßig sehr selten und weitaus häufiger in ganz anderem Zusammenhang, immer freilich — mit Ausnahme einer einzigen Stelle, des § 133 [4]) — im Sinne einer Pflicht, einem Andern für eine Einbuße finanziell aufzukommen.

3. Zunächst ist es klar, daß für unsere Untersuchung lediglich solche Stellen erheblich sind, in denen es ein Mensch ist, der als haftend genannt wird, daß hingegen die nicht geringe Zahl solcher Stellen ganz außer Betracht bleibt, [5]) in denen Gegenstände — ein Grundstück [6]) (und seine Erzeugnisse, Bestandteile, Zubehör), [7]) ein Faustpfand, [8]) ein Schiff, [9]) das Ehegut (eingebrachtes, [10]) Gesamtgut) [11]) [12]) oder ein Forderungsrecht (Miet-, Pacht- und Versicherungsforderung) [13]) — als haftbar begegnen und somit offenbar weniger an ein Einstehen-Müssen für etwas wie an ein Belastet-Sein mit etwas und nicht sowohl an eine persönliche (vgl. unten sub 7) wie an eine dingliche Haftung [14]) zu denken ist.

4. Klar ist es auch, daß diejenigen Stellen außer Betracht bleiben, in welchen zwar von der Haftung einer Person die Rede ist, aber diese „Haftung" vom Gesetz für Freiheit eines Grundstücks von öffentlichen Abgaben, für den rechtlichen Bestand einer zedierten Forderung, für die Zahlungsfähigkeit des debitor cessus u. dgl. proklamiert wird; [15]) denn hier liegt die Sache ebenso, wie vgl. oben § 64 sub A IV 1 b δ und 2 b) beim „Vertreten" eines Mangels —

---

[1]) „Haftung" begegnet im BGB. rund 70 mal (in rund 50 Gesetzesstellen), im EG. z. BGB. dreimal; vgl. Gradenwitz S. 85.

[2]) „Haften" begegnet im BGB. über 110 mal (in über 90 Gesetzesstellen), im EG. z. BGB. siebenmal; vgl. Gradenwitz ebenda.

[3]) „Haftbar", „Haftpflicht" finden sich nicht und von Komposita nur „verhaften" (in §§ 223 Abs. I und 418 Abs. I Satz 3), beidemale von einem „verhafteten Gegenstande", während die Verhaftung eines Menschen in § 230 Abs. III (vgl. oben § 4 sub I 9 e) als Festnahme" bezw. der Verhaftete als „Festgenommener" (§ 230 Abs. IV, oben § 4 sub I 9 g) bezeichnet wird; vgl. auch „festnehmen" in § 229.

[4]) Er spricht von dem „haften an dem buchstäblichen Sinne des Ausdrucks".

[5]) Daher darf im nachstehenden (im allgemeinen) auch von genauer Angabe von Absatz und Satz bezw. Nummer der Stelle abgesehen und lediglich die Paragraphenzahl angegeben werden, wobei zu bemerken ist, daß manche Paragraphen das Wort „Haftung" bezw. „haften" mehrfach bringen.

[6]) Von Haftung („haften") eines Grundstücks reden (im Hypothekenrecht) §§ 1118 f., 1132, 1145, 1159, 1190.

[7]) Vgl. §§ 1121 f.

[8]) Von Haftung eines Pfandes reden §§ 1210, 1222, 1239; vgl. auch ähnlich § 1971.

[9]) Vgl. §§ 1264, 1271; Zubehörstücke des Schiffes in § 1265.

[10]) §§ 1412—1414, 1416

[11]) §§ 1460—1462, 1499, 1530—1534.

[12]) Vgl. noch etwas anders EG. z. BGB. Art. 36 (Nr. I Abs. IV).

[13]) §§ 1123 f., 1127, 1129; vgl. ferner EG. z. BGB. Art. 53. Zu 1129 übrigens bei Gradenwitz S. 85 Spalte 2 oben (wegen des auf Abs. I hinweisenden Zusatzes) einer der in diesem vortrefflichen und mir gerade für die vorliegenden Zusammenstellungen sehr nützlichen Hilfsmittel so seltenen Druckfehler

[14]) Der Ausdruck „dingliche" Haftung ist nur rücksichtlich der in der vorigen Anmerkung aufgezählten Stellen bedenklich.

[15]) §§ 436—438, 459, 460, 468, 2182 (Abs. III).

und auch gerade für Mängel läßt das Gesetz gelegentlich „haften“ [1]) —: wir haben es mit dem Gedanken der Gewährleistung zu tun, die vom Verschulden prinzipiell unabhängig ist.

5. Nicht minder unerheblich sind für uns solche Stellen, in denen gewisse Personen haftbar erklärt werden für Zinsen [2]) oder Reallasten, [3]) für gesetzliche Alimentationsverbindlichkeiten [4]) oder für Nachlaßverbindlichkeiten [5]) oder wo gesagt wird, daß sie als (wie ein) Bürge [6]) oder als (wie ein) Erbe [7]) (Erbschaftsbesitzer, Nacherbe, Vorerbe, Beschwerter, Beschenkter, Erbschaftsverkäufer oder -käufer) haften [8]) oder wo die Haftung lediglich aus der Eigenschaft als Ehegatte [9]) bezw. Vater [10]) entfließt.

6. Gleichfalls unabhängig von einem Verschulden ist die „Haftung“, welche „für Schulden“ der Gesellschafter [11]) oder „für eine Verbindlichkeit“ der Teilhaber einer Gemeinschaft [12]) eintritt oder „für eine aus der Kreditgewährung entstehende Verbindlichkeit“ [13]) oder für eine Leistung überhaupt, zu der „sich Mehrere durch Vertrag gemeinsam verpflichten“ [14]) bezw. welche „Mehrere schulden“; [15]) ferner die Haftung „als Schuldner“ eines Gesellschafters [16]) oder (wenn jemand sein Vermögen einem Andern vertragsmäßig übertrug) die „Fortdauer der Haftung des bisherigen Schuldners“ [17]) bezw. die „Haftung des Uebernehmers“; [18]) ebenso die „persönliche“ [19]) Haftung „aus einem Rechtsgeschäft“, das im Namen eines nicht rechtsfähigen Vereins „einem Dritten gegenüber vorgenommen wird“; [20]) sodann die Haftung auf „Herausgabe des Geschenkes“ an den bedürftig gewordenen Schenker [21]) und jede andere Haftung, welche gleich der zuletzt erwähnten [22]) „nach den Vorschriften über die Herausgabe einer ungerechtfertigten Bereicherung“ [23]) stattfindet.

7. Auch die Bemerkungen des Gesetzes über „persönliche“ [24]) Haftung oder über „beschränkte“ bezw. „unbeschränkte“ Haftung [25]) ergeben kein Material für

[1]) § 460 (Satz 2); vgl. bereits vorige Anmerkung.
[2]) § 1088.
[3]) § 1108.
[4]) §§ 1606—1608.
[5]) §§ 185, 1967, 1975 und zum Teil weiter wie unten Anm. 7.
[6]) §§ 571 (579), 767—769, 774, 777, 778, 1251.
[7]) §§ 419, 884, 1137, 1211, 1504, 1975, 1989, 1994, 2005—2007, 2012 f., 2016, 2024 f., 2036, 2058—2061, 2188, 2206, 2319, EG. z. BGB. Art 24.
[8]) §§ 2029, 2134, 2144 f., 2182, 2187, 2329, 2376, 2378, 2382 f.
[9]) §§ 1388, 1459, 1480, 1489, 1530.
[10]) § 1654.
[11]) § 733 (Abs. 1 Satz 1).
[12]) § 778.
[13]) § 755.
[14]) § 427.
[15]) § 431 (vgl. jedoch unten S. 548 Anm. 1).
[16]) § 733 cit.
[17]) § 419 (Abs. I).
[18]) § 419 (Abs. II und III).
[19]) Ueber „persönliche“ Haftung vgl. unten Anm. 24.
[20]) § 54 (Satz 2).
[21]) § 528 (Abs. II).
[22]) Ebenda Abs. I Satz 1.
[23]) §§ 327 (Satz 2; vgl. oben S. 494 sub ϑ β').
[24]) Persönliche Haftung findet sich erwähnt außer in § 54 in §§ 1108, 1459, 1480, 1489, 1530 (oben Anm. 3 und 9).
[25]) Von beschränkter Haftung (bezw. „Beschränkung der Haftung“) ist die Rede in §§ 419, 768, 777, 884, 1137, 1211, 1264, 1480, 1975, 2012, 2013, 2063, 2144, 2182, 2188, 2189, 2206, 2383; vgl. auch §§ 1504 und 2376 („die Haftung beschränkt sich“) sowie §§ 419, 1088, 2382 („die Haftung kann nicht beschränkt werden“). — Von unbeschränkter Haftung sprechen §§ 185, 1994, 2000, 2005, 2006, 2013, 2016, 2059, 2060, 2063, 2144, 2145, 2376, 2383. — Die meisten dieser Stellen beziehen sich auf die Haftung des Erben.

einen Zusammenhang zwischen Haftung und Verschulden; und ebensowenig ist dies der Fall, wenn das Gesetz von Haftung „als Gesamtschuldner" redet;[1]) ebensowenig aber auch, wenn es jemanden „nach den allgemeinen Vorschriften" haften läßt[2]) oder von einem Jagdverbande spricht, „der nicht[3]) als solcher haftet".[4])

8. Dagegen nähern wir uns schon den Beziehungen zwischen Haftung und Verschulden, wenn die Rede ist von Haftung wegen Verzuges,[5]) Haftung auf Schadensersatz[6]) und Ablehnung der Haftung durch einen Anschlag.[7]) Denn der Verzug ist in den in Rede stehenden Fällen als Schuldnerverzug eines herausgabepflichtigen Besitzers bezw. Erbschaftsbesitzers (bei mala fides bezw. mala fides superveniens) gedacht und die mora debitoris baut sich (vgl. oben § 64 sub A VII 1) wenigstens in praxi zumeist auf Verschulden auf; die Ablehnung der Haftung durch Anschlag, vom Gesetz für wirkungslos erklärt, bezieht sich auf das receptum des Gastwirts, das (vgl. unten sub 10 b δ) sich mit der deliktischen Haftung nahe berührt, und die Schadensersatzpflicht ist ja (vgl. oben sub 1) die häufigste Folge des Verschuldens.[8]) Von den drei Fällen jedoch, in denen das Gesetz eine „Haftung" für einen „Schaden" statuiert, betrifft der eine (§ 702) die eben erwähnte, nicht unbedingt unter das Verschulden gehörige Haftung ex recepto, der zweite (§ 179 Abs. III) einen Fall der bloßen Ersatzpflicht[9]) für das „negative Vertragsinteresse" und der dritte (§ 1251 Abs. II Satz 2) gleichfalls eine vom Verschulden[10]) unabhängige obligatio ex lege, kraft derer, falls der neue Pfandgläubiger (dem die Forderung übertragen worden war) die mit dem Pfandrecht verbundenen Verpflichtungen nicht erfüllt hat, „für den von ihm zu ersetzenden Schaden der bisherige Pfandgläubiger wie ein Bürge" haftet, „der auf die Einrede der Vorausklage verzichtet hat".

9. Wenn in zwei Fällen — § 992 und § 2025 (oben § 29 sub I 2) — jemand „nach den Vorschriften über den Schadensersatz wegen unerlaubter Handlungen" haften soll, so weiß man zunächst nicht, ob damit der Grund der Haftung oder ihr Maß auf jene Vorschriften abgestellt werden soll. Da jedoch Buch II Abschn. 7 Tit. 25 (§§ 823 ff.) im wesentlichen nur den Grund der Haftung regelt und sich mit dem Maße (bezw. der Art der Ersatzleistung) nur ganz ausnahmsweise beschäftigt — in §§ 829, 835 Abs. I Satz 2, 842—845, 847 (Abs. I Satz 1), 849 f. — und da ferner auch diese Vorschriften zum Teil — nämlich in §§ 842 bis 845 und 847 — für den Gesichtskreis des nur ein Verhalten gegenüber einer Sache ins Auge fassenden § 2025 ohne Interesse bleiben, so wird man annehmen dürfen, daß die höchst unklare Ausdrucksweise

---

[1]) §§ 42, 53, 54, 427, 431, 755, 769, 840, 1108, 1388, 1459, 1480, 1530, 1833, 2058, 2219. Es sind dies neben den übrigen Normen aus Buch II Abschn. VI (§§ 420 bis 432) die sämtlichen Gesetzesstellen, in denen das Wort „Gesamtschuldner" begegnet.

[2]) § 818 (Abs. IV).

[3]) Eine Verneinung der Haftung begegnet verhältnismäßig selten; so in §§ 179, 436, 1251 (Abs. II Satz 3), 1461 f., 1489 (Abs. III), 1499 (Nr. 1); vgl. auch § 702; § 133 (oben sub 2) gehört nicht hierher.

[4]) § 835.

[5]) §§ 990, 2024.

[6]) §§ 179 Abs. III (verglichen mit Abs. I und II), § 701 Abs. III und § 702 (verglichen mit § 701 Abs. I), § 1251 (Abs. II Satz 2).

[7]) § 701 (Abs. III).

[8]) Dennoch wird man EG. z. BGB. Art. 71 Nr. 3, wonach der Grundstückseigentümer „für den Wildschaden" haftet, eben weil es sich um Wildschaden handelt (unten sub IV 4 a), nicht unter die Haftung wegen Verschuldens zu stellen haben.

[9]) Daneben kommt (§ 179 Abs. I) für den anderen Vertragsteil aktiv ein Anspruch auf Erfüllung des Vertrages gegen den falsus procurator in Betracht, was deutlich gegen den deliktischen Charakter der Schadensersatzpflicht spricht.

[10]) Von einem in die Norm hineinzuinterpretierenden Verschulden verlautet auch z. B. nichts bei Biermann S. 471 f., Kober S. 592 und Planck III S. 702 ff.

des Gesetzes dahin zu verstehen[1]) sei, daß auf den Grund der Haftung angespielt wird. Darnach wären dann §§ 992 und 2025 in derselben Weise vom Verschuldensprinzipe beherrscht, wie die unerlaubten Handlungen überhaupt (also nicht prinzipiell; vgl. oben § 39 sub I 5) und in dieser (nicht unbedingten) Hinsicht die Haftung ein Ausfluß des Verschuldens. Gleiches ist zu § 840 Abs. I zu sagen, wonach, wenn „für den aus einer unerlaubten Handlung entstehenden Schaden Mehrere nebeneinander verantwortlich" sind, sie „als Gesamtschuldner" haften.

10. Unbedingt tritt die „Haftung" mit einem „Verschulden" nur in Beziehung in folgenden Normen:

a) in den schon oben sub 1 erwähnten §§ 276 (Abs. II) und 277;

b) in folgenden ausdrücklich an ein „Verschulden" anknüpfenden Stellen:

α) BGB. §§ 42 Abs. II Satz 2, 53 und 2219 Abs. II, welche von den Vorstandsmitgliedern bezw. Liquidatoren eines Vereins[2]) und von den mehreren Testamentsvollstreckern, „denen" — bezw. „wenn ihnen" — „ein Verschulden zur Last fällt", sagt, sie „haften als Gesamtschuldner";[3])

β) EG. z. BGB. Art. 42 Nr. III § 9, wonach die gesetzlichen Vorschriften „unberührt" bleiben, nach welchen außer den im Haftpflichtgesetz vorgesehenen Fällen der Unternehmer oder eine andere Person „wegen eines eigenen Verschuldens für den bei dem Betriebe der Anlage durch Tötung oder Körperverletzung eines Menschen entstandenen Schadens haftet";

γ) BGB. §§ 645 Abs. II und 2134 Satz 2, welche aber gleichfalls nur (wegen des Werkbestellers und wegen des Vorerben) sagen: „Eine weitergehende Haftung wegen Verschuldens bleibt unberührt";

δ) § 702 a. E., der den Gastwirt für Geld, Wertpapiere und Kostbarkeiten u. a. „haften" läßt, wenn „der Schaden von ihm oder von seinen Leuten verschuldet wird";

c) ferner in folgenden Stellen, die, wennschon ohne ausdrückliche Nennung dieses Wortes selber, an ein „Verschulden" anknüpfen:

α) § 990 Abs. I, der (a. a. O. Satz 1) den bösgläubigen Besitzer (auch bei **mala fides superveniens**, a. a. O. Satz 2) dem Eigentümer „nach den §§ 987, 989" haften läßt, von denen § 987 Abs. II wegen der **fructus percipiendi** eine Ersatzpflicht des Besitzers sanktioniert, „soweit ihm ein Verschulden zur Last fällt", und § 989 ihn gleichfalls „für den Schaden verantwortlich" (oben sub II 1 b *β γ'* 4) macht, „der dadurch entsteht, daß infolge seines Verschuldens die Sache verschlechtert wird" usw.;[4])

β) § 1694 Abs. I, der vom Beistand sagt, „für . . . seine Haftung . . .

---

[1]) So auch Planck V S. 169 Anm. 2.

[2]) Daß beide den Vereinsgläubigern „für den daraus entstehenden Schaden verantwortlich" sind, vgl. oben sub II 1 b *β γ'* 5. Beziehungen zwischen Haftung und Verantwortlichkeit begegnen noch in § 2036 Satz 2, 1833 Abs. II Satz 1 und § 990 Abs. I Satz 1 in Verbindung mit § 989; vgl. zu diesen Normen unten sub c *α*, *γ* und *δ*.

[3]) Von den vielen (16; vgl. oben S. 548 Anm. 1) Stellen, welche eine „Haftung" Mehrerer „als Gesamtschuldner" normieren, steht mit einem Verschulden außer den oben genannten drei Paragraphen nur noch (und auch nicht allzu sicher) der oben sub 9 erwähnte § 840 Abs. I in Verbindung.

[4]) In § 2024, der (vgl. oben sub 8 S. 548 Anm. 5) sonst eine Parallele zu § 990 bietet, fehlt, abgesehen von Erwähnung des bösen Glaubens, jede weitere Bezugnahme auf eine von einem Verschulden handelnden Norm. — Daß § 994 Abs. II und § 996 auf den „Beginn der im § 990 bestimmten Haftung" Bezug nehmen, ist für uns ohne Interesse.

gelten die gleichen Vorschriften wie beim Gegenvormunde" (vgl. § 1833);

γ) § 1833 Abs. II Satz 1, indem er sagt, wenn bei Führung einer Vormundschaft „für den Schaden Mehrere neben einander verantwortlich" sind, „haften sie als Gesamtschuldner"; vgl. oben sub II 1 b β α';

δ) § 2036 Satz 2, welcher den Käufer eines Erbschaftsanteils, der diesen an die vorkaufsberechtigten Miterben des Anteilsverkäufers übertragen hat, dennoch weiterhaften läßt, „soweit er den Nachlaßgläubigern nach den §§ 1978 bis 1980 verantwortlich ist" (vgl. oben sub II 1 und II 3 b), also auch nach § 1980, welcher in Abs. I Satz 1 das Wort „unverzüglich" (vgl. oben § 33 sub B II 1 b) enthält;

ε) EG. z. BGB. Art. 77—79, welche wegen der Haftung des Staates bezw. des Kommunalverbandes für Amtspflichtverletzungen der Beamten, wegen der Haftung der Beamten für Stellvertreter und Gehilfen und wegen der Haftung gewisser Sachverständiger gewisse Partikularrechtsnormen unberührt lassen.

11. Nicht das „Verschulden" in sensu stricto, sondern einige andere in den Kreis unserer Gesamterörterungen gehörigen Spezialbegriffe sind es, die schließlich mit der Haftung in drei vereinzelten Normen in Beziehung treten:

a) die „Arglist" in § 460 Satz 2, welcher wegen arglistigen Verschweigens den Verkäufer trotz grobfahrlässiger Unkenntnis des Käufers für einen (erheblichen) Mangel haften läßt (vgl. oben § 10 sub II 1 b α);

b) die „Absicht" in § 2005 Abs. I Satz 1 und 2, welcher bei gewissen absichtlichen bezw. auf Benachteiligungsabsicht gehenden Handlungen des Erben ihn für Nachlaßverbindlichkeiten „unbeschränkt" haften läßt (vgl. oben § 14 sub B I 3 und sub IV 1 und 2);

c) Die „strafbaren Handlungen" (und die verbotene Eigenmacht) in §§ 992 und 2025, die wir schon oben sub 9 besprachen (vgl. auch oben § 28 sub V 2).

12. Wird man den Sprachgebrauch des Gesetzes vielleicht insofern tadeln mögen, als es unter „haften" recht heterogene Tatbestände — insbesondere persönliche und dingliche Belastung — begreift, so wäre ein Vorwurf, der an anderer Stelle erhoben werden müßte, hier unangebracht. Während nämlich bei der „Verantwortlichkeit" promiscue von der Verantwortlichkeit „für" das Verschulden und „für" dessen Folgen die Rede war (vgl. oben sub II 1 a und b), bietet das Gesetz hinsichtlich der „Haftung" ein klareres Bild. Denn die Wendung „haften für etwas" geht auf den Anspruch, um dessen Befriedigung es sich dem Gegner handelt (Schaden, Mängelfreiheit, Verbindlichkeit u. dgl.); vgl. oben Gruppe 4, 5 und 6.[1][2]) Dagegen wird, wenn es sich um das Eintreten-Müssen für ein Verschulden handelt, vorzugsweise von „haften wegen" gesprochen; vgl. oben Gruppe 1, 10 b β und 10 b γ.[3][4]) Insbesonders klar tritt dieser

[1]) Im einzelnen vgl. z. B. §§ 42, 53, 185, 436—438, 468, 571, 733, 755, 767 f., 778, 1108, 1251, 1967, 1975; ferner § 459 („dafür, daß"); aus EG. z. BGB. vgl. Art. 42 Nr. III § 9, Art. 71 Nr. 3, Art. 77, 79.

[2]) Ebenso „aufkommen für", das sich dreimal (durchweg unabhängig von der Frage eines Verschuldens) findet, §§ 458 Abs. II, 735 Satz 1, 739. — Vereinzelt in § 702 „haften für Geld, Wertpapiere und Kostbarkeiten" (wo es eigentlich heißen müßte „für Verlust oder Beschädigung von") und in EG. z. BGB. Art. 78 „haften für Stellvertreter und Gehilfen"; vgl. oben sub 10 b δ und 10 c ε.

[3]) Im einzelnen vgl. §§ 276 Abs. II, 277, 645 Abs. II, 2134 Satz 2, EG. z. BGB. Art. 42 Nr. III § 9; ebenso aus Gruppe 8 a. A. („wegen Verzuges") §§ 990 Abs. II, 2024 Satz 3.

[4]) Sehr viele Ungenauigkeiten bietet die Aufzählung bei Schloßmann a. a. O. (oben S. 540 Anm. 1) S. 112/113 Anm. 2. Unter I 1 paßt EG. z. BGB. Art. 77 nicht

Sprachgebrauch, der gutem Sprachgefühl entfließt, in EG. z. BGB. Art. 42 Nr. III § 9 (oben sub 10 b β) entgegen.

IV. Schaden ersetzen. Ein Blick allein in den den „unerlaubten Handlungen" gewidmeten Titel lehrt, wie mannigfaltig die Sprache des Gesetzes zur Bezeichnung der Schadensersatzpflicht ist und welche umfangreiche Arbeit es wäre, die dort begegnenden Ausdrücke durch das ganze Gesetz zu verfolgen und auf dahinterliegende Fälle eines Verschuldens zu untersuchen.

1. Es begegnen insbesondere nachbenannte Worte: „Schadensersatz"[1]) bezw. noch häufiger „Schaden",[2]) der zu „ersetzen"[3]) ist; „Ersatz"[4]) des Schadens, „Ersatzpflicht",[5]) „Ersatzpflichtiger",[6]) „verpflichtet",[7]) „Verpflichtung",[8]) „Verpflichteter",[9]) solchen Schadensersatz zu „leisten";[10]) ferner „schädigen",[11]) „beschädigen",[12]) „Beschädigung",[13]) „Schadloshaltung",[14]) „Vermögensschaden",[15]) „Entschädigung",[16]) „Verletzung",[17]) „verletzen",[18]) der „Verletzte";[19]) und von dem „Schaden" erfahren wir, daß er „entstanden"[20]) bezw. „zugefügt"[21]) oder „verursacht"[22]) worden ist, und daß jemand für ihn „verantwortlich" ist bezw. daß ihn die „Verantwortlichkeit" trifft, daß er für ihn „haften" muß.

2. Von diesen Worten haben wir die zuletzt erwähnten („verantwortlich", „Verantwortlichkeit", „haften") schon ins Auge gefaßt (vgl. oben sub II und III).

---

gut; unter 2 muß es statt § 2183 heißen § 2182 Abs. III; unter 4 ist EG. z. BGB. Art. 78, nicht BGB. § 78 gemeint; unter 9 ist die Formulierung „wenn . . ." nicht einwandfrei; unter II 3 muß es statt „wegen Zahlungsunfähigkeit" besser „für Zahlungsfähigkeit" heißen und auf § 438 verwiesen werden.

1) In §§ 824 (Abs. II), 842, 843 (Abs. I), 844 (Abs. II Satz 1), 851.

2) In allen Paragraphen (zum Teil mehrmals) mit Ausnahme von §§ 837, 842 bis 845, 848—851, 853.

3) §§ 824 (Abs. I), 829, 833, 835 (I Satz 1 und II Satz 1), 836 (Abs. I Satz 1), 839 (Abs. I Satz 1), 844 (Abs. I), 849.

4) §§ 823 (Abs. I), 825 f., 829, 831 (Abs. I Satz 1), 832 (Abs. I Satz 1), 839 (Abs. I Satz 2), 840 (Abs. II, III) 845 (Satz 1), 851, 852 (Abs. I).

5) §§ 823 (Abs. II Satz 2), 831 (Abs. I Satz 2), 832 (Abs. I Satz 2), 835 (Abs. I Satz 2), 836 (Abs. I Satz 2), 839 (Abs. III), 844 (Abs. II Satz 2).

6) §§ 843 (Abs. II Satz 2), 844 (Abs. I, II Satz 1), 845 (Satz 1) 852 (Abs. I, II); „ersatzpflichtig" nur in § 835 (Abs. III).

7) §§ 823—826, 831—833, 835 f., 840 f., 844 f., 848, 852, zum Teil mehrmals.

8) §§ 823 (Abs. II Satz 1), 842, 844 (Abs. I).

9) §§ 850 und 851.

10) §§ 843—845, 851; „Leistung" in §§ 845 Satz 1, 851.

11) § 828 Abs. II Satz 1.

12) §§ 833, 835 (Abs. 1 Satz 1), 836 (Abs. I Satz 1).

13) §§ 849, 851.

14) § 829.

15) Innerhalb des Tit. 25 nur in § 847 Abs. I Satz 1 (vgl. ferner §§ 253, 1300 Abs. I).

16) Nur in § 847 cit., aber auch sonst noch bisweilen an anderer Stelle; vgl. Gradenwitz S. 51.

17) §§ 841, 843 (Abs. I), 844 (Abs. II Satz 1 und 2), 845 (Satz 1), 847 (Abs. I Satz 1).

18) §§ 823 (Abs. I), 836 (Abs. I Satz 1), 839 (Abs. I Satz 1, II Satz 1). Bei Gradenwitz S. 151 ist versehentlich § 835 Abs. I Satz 1 unter „verletzen" (statt unter „Verletzter".) folgende Anm. aufgenommen worden.

19) §§ 835 (Abs. I Satz 1), 836 (Abs. I Satz 1), 839 (Abs. I Satz 2, III), 842—853 mit Ausnahme von 844, 848, und 851. Außerhalb des Tit. 25 begegnet das Wort nur noch in EG z. BGB. (Art. 34 Nr. III, Art. 42 Abs. I § 3 a und Abs. III § 7).

20) §§ 823—825, 831—834, 836 (Abs. I Satz 1), 839 f., 852 (Abs. I). „Entstehung" in § 846 (und außerhalb des Tit. 25 noch mehrfach, so in § 254 Abs. I).

21) §§ 826—828, 831 f., 834 (außerdem nur noch in 226 — „Chikaneparagraph" — und in EG. z BGB. Art. 77).

22) §§ 827 (Satz 2), 829 f., 838, 840 f. — Vgl. auch „Nachteile herbeiführen" in §§ 824 Abs. I, 842.

Die übrigen — nebst ihren sonstigen Verwandten [1]) — allesamt auf den Zusammenhang zu prüfen, in welchem sie begegnen — einige ungemein häufig — wäre ein Unternehmen, bei welchem der Aufwand an Zeit und Papier und die Zumutungen an die Geduld des Lesers nicht im entferntesten im Einklang ständen mit dem Gewinne, den solche Erörterungen für unser Spezialthema abwerfen würden.

3. Denn so interessant wohl auch in mancher Richtung diese Ergebnisse werden könnten, so darf man nicht außer Acht lassen, daß (vgl. oben § 1 sub 1) unser Thema nur das „Verschulden" und dessen Systematik betrifft, nicht aber die Lehre von den „unerlaubten Handlungen" (vgl. jedoch oben §§ 28 und 39) oder gar die Lehre vom „Schadensersatze"; beides Lehren, die zu unserem Thema doch nur in losem Zusammenhange stehen und mit ihm keineswegs zusammenfallen.

4. Ferner ist ein nicht ganz unerheblicher Teil derjenigen Normen, welche vom „Schaden" sprechen, von uns bereits ins Auge gefaßt worden, als wir von der Verantwortlichkeit für diesen Schaden sprachen; und bei jener Gelegenheit haben wir zugleich diejenigen Momente gestreift, welche betreffs der oben sub 1 genannten, in Tit. 25 erwähnten Begriffe uns freilich auch für unser Thema lebhafter interessieren müssen. Wir gruppierten nämlich die „Verantwortlichkeit" für einen Schaden bereits nach den im Gesetz begegnenden Wendungen, welche besagen, wie es zu diesem Schaden gekommen sei, und fanden, daß das Gesetz bald von einem „entstehenden" bezw. „eintretenden", bald von einem „angerichteten" oder „zugefügten" oder „verursachten" Schaden spricht. Es fragt sich also nur, ob derartige oder sonstige Wendungen, die auf die Quelle des Schadens zurückführen, in Tit. 25 auch außerhalb der Verbindung mit der „Verantwortlichkeit" anzutreffen sind und wieweit sie ihrerseits auf ein „Verschulden" hinweisen; wenn wir diese Frage untersucht haben, so dürfte alles für uns aus Tit. 25 erhebliche Material ausgeschöpft sein. Wenn wir aber die gleiche Frage — für welche in Tit. 25 nicht mehr sehr viel weiterer Stoff übrig geblieben sein dürfte — zugleich auf das ganze Gesetzbuch ausdehnen, so können wir füglich behaupten, das gesamte Material gefunden zu haben, das sich zur Frage nach verschuldeter Herbeiführung eines Schadens aus direkten, rein wörtlichen Winken des Gesetzes gewinnen läßt.

a) Von „anrichten" eines Schadens spricht das Gesetz außer im EG. z. BGB. Art. 71 Nr. 3 [2]) nur noch ebenda Nr. 1, 2 und 4, sowie in BGB. § 835 Abs. I Satz 2; es denkt hierbei stets an den „Wildschaden" und an Anrichtung des Schadens durch Tiere.

b) Von „zufügen" des Schadens erfahren wir (außer in §§ 31, 828 Abs. I und II Satz 1 und 834 Satz 1, oben sub II 1 b β ε') noch in §§ 226, 826, 827 Satz 1, 831 Abs. I Satz 1, 832 Abs. I Satz 1 und EG. z. BGB. Art. 77. Hier sind es (wie auch dort) durchweg Menschen, die den Schaden zufügen; und abgesehen von § 226 — dem sog. Chikaneparagraphen, welcher mit der Schadenszufügung lediglich den Erfolg verbindet, daß, wenn sie als einziger möglicher Zweck der Ausübung eines Rechtes erscheint, diese Ausübung für „unzulässig" erklärt

[1]) „Schadensersatzpflicht" (§ 122 Abs. II, EG. z. BGB. Art. 95 Abs. I Satz 2), „Beschädigter", „Leistender" (event. „Leistungsort" und „-zeit"), „entschädigen", „Entschädigungsanspruch" und „Entschädigungsforderung", „Ersatzanspruch", „-berechtigter", „-geld", „-leistung", „Körperverletzung" (nur in EG. z. BGB Art. 42), „Brandschaden", „Wildschaden", „Pflichtverletzung". Alle diese Worte verzeichnet Gradenwitz; vgl. auch pag. XIII—XIX im „Verzeichnis der Doppelworte"; über „Pflichtverletzung" vgl. oben § 19 und § 37.

[2]) Oben S. 548 Anm. 8.

wird — sprechen sich die Normen darüber aus, ob solchen Schaden der Täter bezw. ein anderer zu ersetzen verpflichtet sei oder nicht.[1])

α) Ersatzpflichtig ist:

α′) wegen der von ihm selber ausgehenden Schadenszufügung: wer diese vorsätzlich und unter Verstoß gegen die guten Sitten vorgenommen hat (§ 826, oben § 36 sub II 9);

β′) wegen der von einem Andern ausgehenden Schadenszufügung:[2])

1. wer diesen Andern zu einer Verrichtung bestellt hat (§ 831 Abs. I Satz 1);

2. wer über diesen Andern die Aufsicht zu führen verpflichtet ist (§ 832 Abs. I Satz 1);

3. der Staat bezw. Gemeinden und andere Kommunalverbände, wenn sie nach etwaigem Partikularrecht „für den von ihren Beamten in Ausübung der diesen anvertrauten öffentlichen Gewalt zugefügten Schaden“ haftbar[3]) sind (EG. z. BGB. Art. 77 a. E.).

β) Ersatzpflichtig[4]) ist nicht, „wer — selber — im Zustande der Bewußtlosigkeit oder in einem die freie Willensbestimmung ausschließenden Zustande krankhafter Störung der Geistestätigkeit einem Andern Schaden zufügt“ (§ 827 Satz 1).

c) Von „verursachen“[5]) eines Schadens endlich spricht das Gesetz außer in §§ 827 Satz 2, 829, 830 Abs. I Satz 1, 838, 841, 1833 Abs. II Satz 2 und EG. z. BGB. Art. 106 noch in §§ 254 Abs. I, 273 Abs. II, 701 Abs. I Satz 2, 795 Abs. III, 830 Abs. I Satz 2, 840 Abs. II und EG. z. BGB. Art. 107.

α) In einigen dieser Fälle ist mit Deutlichkeit gesagt, daß ein Mensch es ist, der den Schaden verursacht hat, in anderen Fällen wird dies nicht deutlich gesagt oder sogar von Verursachung des Schadens durch einen Gegenstand gesprochen.

β) Wenn ein Mensch den Schaden verursacht hat, wird wiederum teils er selber, teils ein Anderer dafür verantwortlich gemacht:

α′) Selber wird man insofern verantwortlich gemacht, als es nach § 254 Abs. I bei sog. konkurrierendem Verschulden (unten § 79) insbesondere davon, „inwieweit der Schaden vorwiegend von dem einen oder dem anderen Teil verursacht worden ist“ abhängt, ob und inwieweit der Schadensurheber dem Beschädigten zu Schadensersatz verpflichtet ist.

β′) Fremdes Verschulden interessiert:

1. laut § 840 Abs. II, wo von demjenigen die Rede ist,

---

[1]) Wegen der Gleichstellung von „ersatzpflichtig“ (§§ 826, 831 f.), „verantwortlich“ (§ 827) und „haftbar“ (EG. z. BGB. Art. 77) vgl. unten sub D I 1.

[2]) Diese Schadenszufügung muß aber in beiden Fällen (§§ 831 a. a. O., 832 a. a. O.) eine „widerrechtliche“ (vgl. oben § 25 sub IV 2 und 3, § 48) sein und muß ferner im Falle 1 von dem Täter in Ausführung der Verrichtung, zu der er bestellt war, begangen sein. In beiden Fällen wird ferner durch §§ 831 Abs. II und § 832 Abs. II die „gleiche Verantwortlichkeit“ auf gewisse andere Personen ausgedehnt (vgl. oben sub II 3 b) und in beiden Fällen sieht das Gesetz (in Abs. I Satz 2) Tatbestände vor, nach welchen „die Ersatzpflicht nicht eintritt“; vgl. unten sub 5 d β.

[3]) „Haftbar“; vgl. vorher Anm. 1.

[4]) „Verantwortlich“; vgl. ebenda.

[5]) Das Stammwort „Ursache“ (und auch das Adjektivum „ursächlich“) ist dem BGB. fremd.

„welcher nach den §§ 831, 832 zum Ersatze des von einem Andern verursachten Schadens verpflichtet ist“, und von dem Verhältnis, wie diese Personen zu einander betreffs der Verantwortlichkeit (vgl. oben sub II 3 c) gestellt sind;

2. laut § 701 Abs. I Satz 2, welcher beim receptum die Ersatzpflicht des Gastwirts in Fortfall kommen läßt, wenn der Schaden „von dem Gaste, einem Begleiter des Gastes oder einer Person, die er bei sich aufgenommen hat, verursacht wird“.[1])

γ) Verursachung[2]) des Schadens durch einen Gegenstand kommt in Betracht in § 273 Abs. II, welcher dem zur Herausgabe eines Gegenstandes Verpflichteten[3]) ein Zurückbehaltungsrecht verleiht, wenn ihm ein (fälliger) Anspruch wegen eines „durch den Gegenstand verursachten Schadens“ zusteht.[4])

δ) Nur die objektive Tatsache der Verursachung eines Schadens ohne Rücksicht darauf, wem diese Verursachung zur Last fällt, ja ohne daß das Gesetz sich über die Person des Urhebers äußert bezw. zu äußern vermag, wird in folgenden Normen erwähnt:

α') in § 795 Abs. III; hier hat der Aussteller einer Schuldverschreibung auf den Inhaber, die ohne staatliche Genehmigung in den Verkehr gelangt und daher nichtig ist, dem Inhaber der Verschreibung den durch die Ausgabe verursachten Schaden zu ersetzen;

β') in § 830 Abs. I Satz 2; hier ist, „wenn sich nicht ermitteln läßt, wer von mehreren Beteiligten“, welche „durch eine gemeinschaftlich begangene unerlaubte Handlung Schaden verursacht“ haben, „den Schaden durch seine Handlung verursacht hat“, jeder für den Schaden verantwortlich;[5])

γ') in EG. z. BGB. Art. 107; denn hier wird nur davon gesprochen, daß etwaiges Landesrecht „über die Verpflichtung zum Ersatze des Schadens“ unberührt bleibt, „der durch das Zuwiderhandeln gegen ein zum Schutze von Grundstücken erlassenes Strafgesetz verursacht wird“.

ε) Weil sie zwar nicht gerade von einem „Schaden“, wohl aber von anderen Arten eines Ausfalles sprechen, müssen wir noch die beiden übrigen Stellen ins Auge fassen, in denen das Gesetz das Wort „verursachen“ gebraucht.[6])

α') § 526 Satz 2 spricht von den durch Vollziehung der Auflage „verursachten“ Aufwendungen des Beschenkten, für die er unter gewissen Voraussetzungen Ersatz verlangen kann,

---

[1]) Ebenso — nach dem Schlußpassus des § 701 Abs. I Satz 2 — wenn der Schaden „durch die Beschaffenheit der Sachen oder durch höhere Gewalt entsteht“.

[2]) Wegen „Entstehung“ eines Schadens durch Beschaffenheit eines Gegenstandes vgl. die vorige Anmerkung.

[3]) Im allgemeinen; wegen der auf vorsätzlich begangener unerlaubter Handlung des Herausgabepflichtigen aufgebauten Ausnahme vgl. oben § 28 sub VII 1.

[4]) Beispielsweise durch einen bissigen Hund, einen Explosivstoff, einen mit giftiger Farbe gefärbten Strumpf.

[5]) Vgl. dazu wegen der Anstifter und Gehilfen § 830 Abs. II.

[6]) „Anrichten“ und „zufügen“ (oben sub a und b) begegnen im Gesetz überhaupt nicht weiter; die Substantiva „Anrichtung“, „Zufügung“ und „Verursachung“ fehlen gänzlich.

hinsichtlich derer aber nichts von einem Verschulden des Schenkers[1]) verlautet.[2])

β') § 1875 Abs. I spricht von der Verurteilung eines Mitgliedes des Familienrats in die Kosten, welche dadurch „verursacht" werden, daß das Mitglied „ohne genügende Entschuldigung der Einberufung" zu einer Familienratssitzung „nicht Folge leistet oder die rechtzeitige Anzeige seiner Verhinderung unterläßt oder sich der Teilnahme an der Beschlußfassung enthält". — Auch hier verlautet von einem Verschulden des Familienratsmitgliedes nichts im Gesetz; ein solches Verschulden kann also, muß aber nicht obwalten und wird insbesondere nicht durch die Worte „ohne genügende „Entschuldigung"[3]) bezw. durch den Hinweis auf Unterlassung „rechtzeitiger"[4]) Anzeige in den Tatbestand eingeführt.

5. Wenn wir diese vom „Verursachen", „Zufügen" oder „Anrichten" eines Schadens handelnden Stellen nochmals alle zusammen überblicken und zugleich die schlechthin von „Entstehung" des Schadens redenden Stellen ins Auge fassen, gelangen wir zu einigen weiteren Beobachtungen über die Terminologie des Gesetzes:

a) Zwischen „verursachen" und „zufügen" eines Schadens einen begrifflichen Unterschied konstruieren zu wollen — etwa in der Richtung, daß „verursachen" stets auf ein subjektiv schuldhaftes Verhalten zu deuten sei, während „zufügen" nur die objektive Tatsache der Beschädigung dokumentiere — wird durch den Vergleich von § 840 Abs. II (oben sub 4 c $\beta\,\beta'$ 1) mit den von ihm angezogenen §§ 831 und 832 (oben sub 4 b) ausgeschlossen, da wir dort den einen, hier (beidemale in Abs. I Satz 1) den anderen Ausdruck antreffen. Ebenso werden „verursachen" und „zufügen" vom Gesetz dadurch identifiziert, daß § 829 a. A. (oben sub II 1 b $\beta\,\zeta'$ 1), der von „verursachtem" Schaden spricht, auf §§ 827 f. verweist, die (§ 827 Satz 1, ebenda sub α', § 828 Abs. I, ebenda sub ε' 2 a, und § 828 Abs. II Satz 1, ebenda) von „Zufügung" eines Schadens sprechen; und vor allem finden sich beide Ausdrücke innerhalb des § 827 (Satz 1 und Satz 2) promiscue gebraucht.

b) Während der Ausdruck „anrichten" durchweg (vgl. oben sub 4 a) nur von einem durch Tiere herbeigeführten Schaden gebraucht wird, läßt sich nicht umgekehrt behaupten, daß die „Verursachung" oder „Zufügung" eines Schadens ein menschliches Reservat sei; vielmehr finden wir „Verursachung" auch von bloßen Ereignissen gebraucht (vgl. zu BGB. § 838 und EG. z. BGB. Art. 106 oben sub II 1 b $\beta\,\zeta'$ 2),

---

[1]) Der Beschenkte selber muß nach § 526 Satz 2 „ohne Kenntnis" des in Rede stehenden Mangels gewesen sein; bei Kenntnis (der aber das Kennenmüssen nicht gleichgestellt ist) hat er keinen Ersatzanspruch.

[2]) Vgl. auch Planck II S. 289 Anm. 1: „Der § 526 gewährt dem unter einer Auflage Beschenkten aus Billigkeitsrücksichten einen von den Voraussetzungen der §§ 523, 524 unabhängigen Schutz".

[3]) Im Worte „Entschuldigung" (das nur noch ebenda Abs. III begegnet) steckt nur, daß man seine Schuldlosigkeit nachweist oder nachzuweisen sich bemüht, es wird dadurch aber weder über die Tatsache einer Nichtschuld noch über die einer Schuld etwas Positives ausgesagt. Ebenso in der einzigen Gesetzesstelle, die von „entschuldigen" spricht, § 2006 Abs. III Satz 2, wo als Folge auch nur unbeschränkte Haftung (des Erben für die Nachlaßverbindlichkeiten) angeordnet wird. Vgl. zu diesen Stellen auch oben § 3 sub B II 3 a.

[4]) Sonst hätte das Gesetz gewiß mit dem technischen Ausdrucke „unverzüglich" (oben §§ 4 und 33) operiert.

und — was durchaus mißbilligenswert ist — die „Zufügung" eines Schadens kann auch von Tieren oder Gegenständen herrühren (vgl. zu §§ 834 Satz 1 und 273 Abs. II oben sub 4 c γ und sub II 1 b $\beta\,\varepsilon'$ 1).

c) In den sub b erwähnten Fällen (§§ 273 Abs. II, 834 Satz 1, 838, EG. z. BGB. Art. 106) ist also der „angerichtete" oder „verursachte" Schaden unabhängig von einem menschlichen Tun (und somit, vgl. unten sub k α, auch von einem „Verschulden"); er ist also auf rein objektive Umstände zurückzuführen; und dies leitet uns herüber zu den Fragen, ob nicht das Gesetz vielleicht hier besser, wie sonst an so vielen Stellen, lieber bloß von „entstehendem" (entstandenem) Schaden hätte sprechen sollen und ob das Gesetz diesen mehr objektiv gefärbten Ausdruck vorzugsweise von solchem Schaden gebraucht, der nicht auf menschliches Tun zurückzuführen ist. Letztere Annahme wäre nun unrichtig; denn die Stellen, in denen ein „entstehender" Schaden nur auf äußere Ereignisse zurückzuführen ist, sind gering an Zahl gegenüber solchen Stellen, in denen ein menschliches Tun dahintersteckt. Bei der nachfolgenden Aufzählung[1]) der einschlägigen Normen, bei der ich von einer genauen Angabe der Tatbestände im allgemeinen wohl absehen[2]) darf, will ich die auf menschliches Verhalten zurückführbaren Fälle übrigens gleich so gruppieren, daß zwischen bloßem Verhalten eines Menschen einerseits und subjektiv schuldhaftem Verhalten andererseits unterschieden werden soll.

d) Lediglich objektive Ereignisse, auf welche die „Entstehung" des Schadens zurückzuführen sind, finden wir nur:

α) in dem bereits oben sub II 1 b $\beta\,\gamma'$ 1 erwähnten Artikel 105 und in Artikel 108 des EG. z. BGB.;

β) in §§ 831 Abs. I Satz 2, 832 Abs. I Satz 2, 834 Satz 2, welche das Gemeinsame haben, daß dem an sich für den Schaden Verantwortlichen der Exkulpationsbeweis offen gehalten wird, daß der Schaden auch bei Anwendung der erforderlichen Sorgfalt (§§ 831, 834) bezw. bei gehöriger Aufsichtsführung „entstanden sein würde" (vgl. oben § 9 sub I 2 a und b sowie § 19 sub II 2);

γ) in §§ 833 und 836 Abs. I Satz 1, wo der Schaden durch ein Tier bezw. durch Einsturz usw. eines Gebäudes herbeigeführt ist, nichtsdestoweniger aber — im Falle des § 836 vorbehaltlich eines Exkulpationsbeweises — der Tierhalter bezw. der Grundstücksbesitzer für schadensersatzpflichtig erklärt wird (vgl. oben § 28 sub II 2 und III 3).

e) Zwar objektive Ereignisse sind es, auf welche die Entstehung des Schadens zurückzuführen ist, hinter denen aber ein menschliches Verhalten steckt, das also mittelbar die Schadensursache bildet, in §§ 989 und 1787 Abs. I, die wir beide aus anderem Zusammenhange (oben sub II 1 b $\beta\,\gamma'$ 4) schon kennen.

f) Neutral verhält sich das Gesetz in dem uns schon bekannten § 840 Abs. I (oben sub II 1 b $\beta\,\gamma'$ 2) sowie in § 852 Abs. I, welche von einem „aus einer unerlaubten Handlung entstehenden (entstandenen) Schaden" reden.

g) Sowohl an Ereignisse wie — in erster Linie — an menschliches Tun denkt das Gesetz wegen der Entstehung eines Schadens

---

[1]) Daß die Aufzählung ganz erschöpfend ist, kann ich bei der Fülle der Stellen nicht unbedingt verbürgen.

[2]) Ausführlicher werde ich nur diejenigen Fälle angeben, die wir später aus anderen Gründen zu verwerten haben.

in den uns gleichfalls schon bekannten Bestimmungen BGB. §§ 498 Abs. II Satz 1, 701 Abs. I Satz 2 [1]) und EG. z. BGB. Art. 42 Nr. III § 9 (oben sub II 1 b β γ′ 5, sub IV 4 c β β′ 2 und sub III 10 b β).

h) Ein menschliches Tun führt die Entstehung des Schadens herbei in folgenden zahlreichen Bestimmungen:

α) Ein schuldhaftes im engeren Sinne:

α′) in den uns aus den obigen terminologischen Erörterungen schon geläufigen §§ 42 Abs. II Satz 2, 839 Abs. I Satz 1, Abs. II Satz 1, 1833 Abs. I Satz 1, 1980 Abs. I Satz 1, 2219 Abs. I und EG. z. BGB. Art. 79;

β′) ferner im Falle des § 545 Abs. II (oben § 4 sub I 1 a ε α′);

γ′) sodann in §§ 823 Abs. I, 824 Abs. I und 825, den Eingangsparagraphen des Tit. 25 (oben § 28 sub II 1 a – c);

δ′) endlich in § 678 und in § 694 (oben § 7 sub II 1 d und 6 b);

β) ein schuldhaftes im weiteren Sinne in § 254 und in § 846, welcher zu §§ 844 f. wegen konkurrierenden Verschuldens auf § 254 verweist (vgl. oben § 42 sub B II 1 und 2).

γ) Nicht ein „Verschulden" (im engeren Sinne), aber ein verwandter Begriff, nämlich die „Arglist" (oben § 58) wird betreffs einer Schadensersatzpflicht in §§ 523 Abs. I, 524 Abs. I, 600, 2385 Abs. II Satz 2 (oben § 10 sub II 1 a) erwähnt, während wir das „vertragswidrige Verhalten", das laut § 628 Abs. II (oben § 16 sub II 1 a) zu einer Schadensersatzpflicht führen kann, nicht unter die Verschuldensbegriffe stellen zu dürfen glaubten (vgl. oben § 44 sub A IV).

δ) Ein menschliches Verhalten, nicht (notwendig) aber ein schuldhaftes, [2]) führt zur Entstehung eines Schadens ferner in §§ 280 Abs. I, 286 Abs. I, 289 Satz 2 (vgl. oben sub I 1) sowie in §§ 374 Abs. I, 447 Abs. II, 627 Abs. II Satz 2, 671 Abs. II Satz 2, 676, 723 Abs. II Satz 2, 867 Satz 2 und 3, 904 Satz 1 und 2, 962 Satz 3.

i) Immerhin also überwiegen, wie bei „Entstehung" des Schadens ein „menschliches" Verhalten im Vordergrunde steht, hier wiederum die Fälle schuldhaften Verhaltens durchaus.

k) Die Frage, wieweit die „Verursachung", „Zufügung" oder „Anrichtung" des Schadens nach dem Gesetz auf ein Verschulden zurückzuführen ist oder nicht, beantwortet sich dahin:

α) Wo ein Tier oder ein Gegenstand den Schaden herbeigeführt hat, also in allen Fällen der „Anrichtung" und in den oben sub b erwähnten Fällen der „Verursachung" bezw. „Zufügung" des Schadens, kann — oder richtiger gesagt: darf notwendigerweise — an ein Verschulden überhaupt nicht gedacht werden.

β) Wo ein Mensch den Schaden herbeigeführt hat, liegt zwar meistens, aber nicht immer und unbedingt ein Verschulden als Ursache vor.

6. Ein flüchtiger Blick soll noch auf einige andere Termini geworfen werden, die im Zusammenhange der vorliegenden Erörterungen interessieren könnten:

a) Das Wort „herbeiführen" [3]) kann zunächst überall da nicht für das

---

[1]) Wegen der Schlußworte des § 701 Abs. I vgl. oben S. 554 Anm. 1.

[2]) Vgl. aber auch in dieser Hinsicht zu §§ 280, 286, 289 oben § 64 sub A IV 3 b.

[3]) Bezw. „Herbeiführung" (nur in § 657, unten sub α β′).

Verschuldensprinzip interessieren, wo es ein äußeres Ereignis ist, von dem eine gewisse Folge herbeigeführt wird. Dies ist der Fall in § 203 Abs. II, wo höhere Gewalt die Verhinderung der Rechtsverfolgung und in § 1338, wo der Tod eines Ehegatten die Auflösung der Ehe herbeiführt; hierher gehört auch EG. z. BGB. Art. 42 Eingang, indem er sich, den Titel des sog. Haftpflichtgesetzes erwähnend, gleich diesem Titel über die Ursache für „die bei dem Betriebe von Eisenbahnen, Bergwerken u. herbeigeführten Tötungen und Körperverletzungen" neutral verhält.

α) Auch wo es Menschen sind, die etwas „herbeiführen", bleiben für unsere Betrachtungen belanglos:

α′) einige uns schon aus anderem Zusammenhang bekannte Stellen, in denen gesagt wird, daß Veränderungen oder Verschlechterungen nicht zu vertreten sind, welche durch vertragsmäßigen Gebrauch bezw. ordnungsmäßige Ausübung des Nießbrauchs bezw. Benutzung „herbeigeführt" worden sind (§§ 548, 602, 1050, 2132; oben § 64 sub A IV 1 b ε);

β′) zwei Stellen, welche betreffs des Werkvertrages bezw. der Auslobung von Herbeiführung eines Erfolges reden (§§ 631 Abs. II, 657);

γ′) §§ 1493 Abs. II Satz 1 und 1669 Satz 1, welche von Herbeiführung der Auseinandersetzung wegen der Gütergemeinschaft durch den überlebenden Ehegatten reden;

δ′) als einzelne Normen: § 162 Abs. II (Herbeiführung des Eintritts einer Bedingung); § 617 Abs. I Satz 4 (Herbeiführung der Beendigung des Dienstverhältnisses durch Kündigung); § 906 Satz 1 (durch gewöhnliche Benutzung eines Grundstücks herbeigeführte Einwirkung auf das Nachbargrundstück); § 941 Satz 1 (Unterbrechung der Verjährung, herbeigeführt durch eine Person); § 1843 Abs. I (Berichtigung und Ergänzung der Rechnung des Vormundes, herbeigeführt durch das Vormundschaftsgericht); § 1876 (Beschluß des Familienrats, herbeigeführt vom Vorsitzenden).

β) Für das Verschuldensprinzip kommen nur in Frage:

α′) §§ 824 Abs. I und 842 aus der Lehre von den unerlaubten Handlungen, welche von den „Nachteilen" reden, welche eine kreditgefährdende Verleumdung bezw. eine gegen eine Person gerichtete unerlaubte Handlung für den Erwerb oder das Fortkommen eines Andern herbeiführt (§ 842) bezw. herbeizuführen geeignet ist (§ 824), und welche in diesen Fällen eine Schadensersatzpflicht sanktionieren;

β′) §§ 529 Abs. I und 617 Abs. I Satz 1, welche davon sprechen, daß durch Vorsatz oder grobe Fahrlässigkeit der Schenker seine Bedürftigkeit bezw. der Dienstpflichtige seine Erkrankung herbeigeführt hat, und in diesen Fällen den Anspruch des Schenkers auf Herausgabe des Geschenkes bezw. den des erkrankten Dienstpflichtigen auf sechswöchentliche Verpflegung ausschließen (vgl. oben § 5 sub B I 2 a und b);

γ′) §§ 1456 Satz 2 und 2005 Abs. I Satz 1, welche von absichtlicher Herbeiführung eines Umstandes (Verminderung des Gesamtguts bezw. erhebliche Unvollständigkeit des Inventars) sprechen und daran eine Ersatzpflicht knüpfen; zu diesen Stellen (oben § 14 sub B I 1 a und 3) sei noch bemerkt, daß die erstere zugleich lediglich den Fall ins Auge faßt, daß der betreffende Umstand durch ein unkonsentiertes Rechtsgeschäft herbeigeführt wurde.

γ) Ist in letzterer Hinsicht ein Platzgreifen des Verschuldensprinzips (trotz des Eintritts einer Ersatzleistungspflicht; vgl. oben § 70 sub VII 4) nicht (bezw. doch nicht ersichtlich) gegeben, so ist dies Prinzip allerdings im übrigen in Gruppe β γ' wegen des Zusammenhangs zwischen Absicht und Verschulden (oben § 56 sub A VI) zu entdecken und ebenso in Gruppe β β', freilich die Spitze gegen den Täter nicht in Form einer Ersatzpflicht, sondern in Form eines Anspruchsverlustes richtend; dagegen betrifft aus Gruppe β α' § 842 nur eine inhaltliche Ausdehnung des an sich schon (durch Verschulden oder auch unabhängig davon; vgl. § 39 sub I 5) herbeigeführten Ersatzanspruchs, und auch § 824 erscheint als Anhänger des Verschuldensprinzips schon ohnedies, wenn man die Wendung: den „daraus" — nämlich aus der zur Herbeiführung von Nachteilen in casu concreto geeigneten Qualität der Behauptung — „entstehenden Schaden" in Verbindung mit dem auf die Fahrlässigkeit anspielenden Schlußpassus (oben § 62 sub A II 1) betrachtet.

b) Für den Ausdruck „bewirken" kommt der oben sub a β γ' wegen der „Herbeiführung" erwähnte § 2005 Abs. I Satz 1 ebenfalls in Betracht und zwar gleichfalls in Verbindung mit absichtlichem Tun (vgl. oben sub γ). Es ist dies aber die einzige von den sehr zahlreichen Gesetzesstellen, in welcher das Wort „bewirken" diesen starken Sinn von Herbeiführung einer Wirkung aufweist. Denn im übrigen bedeutet „bewirken" sowie das Substantiv „Bewirkung" entweder (und zwar meistens) lediglich soviel wie vornehmen, ausführen: so[1]) eine Bekanntmachung, Anmeldung, Eintragung (BGB. §§ 50, 77, EG. z. BGB. Art. 46 § 55); eine Sicherheitsleistung, eine Veräußerung, einen Verkauf (§ 232, § 1149, §§ 385, 1221, 1233, 1235); eine Ausbesserung (§ 582); die Anlegung des Mündelgeldes, Berichtigung der Vermächtnisse, Auseinandersetzung (§§ 1810, 1992, 2204); eine Verbindung mehrerer Sachen (§ 951); eine Abhilfe (§ 542); vor allem aber sehr oft:[2]) eine Leistung. Oder „bewirken" bedeutet (ausnahmsweise) soviel wie eine Wirkung, einen Effekt nach sich ziehen (§§ 389, 477); auch hier wird also dieser Eintritt der Wirkung nicht so im ausgeprägt aktiven (tätigen) Sinne geschildert wie in § 2005. Nur diese Stelle ist also überhaupt zur Verwertung im Sinne eines Verschuldens- oder auch nur eines Veranlassungsprinzips geeignet.

c) Der Ausdruck „veranlassen",[3]) welcher in der Literatur eine Rolle im Gegensatz zum Ausdrucke „verschulden" spielt, begegnet im BGB. in Verbindungen, welche hier von Interesse wären,[4]) nur viermal:

---

[1]) Vgl. wegen Nichtangabe der Absätze usw. das oben S. 546 Anm. 5 Bemerkte.

[2]) Ungefähr 50 mal, insbesondere oft natürlich innerhalb des II. Buches (vgl. z. B. §§ 242, 262, 267, 271, 273 f., 283, 294 f., 297, 320—323, 325 f.).

[3]) Das Substantiv „Veranlassung" ist dem BGB. fremd.

[4]) Ohne Interesse ist § 2259 Abs. II Satz 2, wonach das Nachlaßgericht die Ablieferung eines Testaments „zu veranlassen" hat, von dessen Existenz in Privatbesitz es nach dem Tode des Erblassers Kenntnis erlangt. Ebensowenig sind von Interesse die vier Gesetzes-

α) § 1299 erklärt denjenigen Verlobten für schadensersatzpflichtig, der „durch ein Verschulden, das einen wichtigen Grund für den Rücktritt bildet", „den Rücktritt des anderen Teils veranlaßt".

β) § 628 gebraucht den Ausdruck dreimal: wenn beim Dienstvertrag die Kündigung durch „vertragswidriges Verhalten" des anderen Teils:

α′) „veranlaßt wird", so hat:

1. der Gegner des vertragswidrigen Teiles (als Kündigender) einen Anspruch auf „Ersatz des durch die Aufhebung des Dienstverhältnisses entstehenden Schadens" (§ 628 Abs. II) und

2. der vertragswidrige Teil selber (als Gekündigter) insoweit keinen Anspruch auf die Dienstvergütung, als seine bisherigen Leistungen infolge der Kündigung für den anderen Teil (den Kündigenden) kein Interesse haben (§ 628 Abs. I Satz 2 zweiter Fall);

β′) nicht „veranlaßt wird", so hat der somit grundlos Kündigende ebenfalls den Anspruch auf die Dienstvergütung im eben (sub α′ 2) erwähnten Maße nicht (ebenda erster Fall).

γ) Daß aber weder das Wort „Verschulden" im § 1299 die technische Bedeutung besitzt, noch das „vertragswidrige Verhalten" als Verschuldensbegriff betrachtet werden darf, wissen wir bereits aus anderem Zusammenhange (oben § 42 sub B II 4 [1]) und § 44 sub A IV).

d) Das dem Gedankengange einer Schadensherbeiführung nahestehende Wort „beeinträchtigen",[2]) welches uns schon in der Wendung „Absicht, zu beeinträchtigen" [3]) beschäftigt hat (oben § 14 sub B II und § 56 sub A VII 1 a), sowie das Wort „Beeinträchtigung" dürften für den Kreis unserer Erörterungen gleichfalls im ganzen bedeutungslos sein. Es ist die Rede von:

α) „beeinträchtigen": namentlich[4]) gegenüber „Rechten" [5]) überhaupt bezw. gewissen bestimmten Rechten — Eigentum,[6]) Dienstbarkeiten,[7]) Erbbaurecht,[8]) Nießbrauch,[9]) Pfandrecht,[10]) Recht des Nacherben,[11]) des durch Erbvertrag Bedachten[12]) — im besonderen; ferner gegen-

---

stellen, in denen das Wort „Anlaß" begegnet und zwar stets in der Wendung „zu etwas Anlaß geben" (zu Bemerkungen des Gegenvormundes, zu der vom Vormund gefertigten Rechnung bezw. Uebersicht — §§ 1842 Satz 2, 1891 Abs. I Satz 2, 1854 Abs. III Satz 3 — oder zum Widerruf des von einem abwesenden Volljährigen erteilten Auftrags oder der Vollmacht, § 1911 Abs. I Satz 2).

[1]) Dort S. 306 Anm. 4 bereits flüchtige Bemerkungen zum Wort „veranlassen".

[2]) Ueber das Wort „benachteiligen" ist nichts weiter zu vermerken, als daß es, wie bereits oben § 56 S. 419 Anm. 2 festgestellt wurde, lediglich in der Wendung auftritt: „Absicht zu benachteiligen", die ihrerseits in § 14 sub B I und § 56 sub A VII 1 a genügend gewürdigt worden ist.

[3]) Hier ist es stets (im Gegensatz zu den nachfolgenden Stellen) eine Person, die direkt als der Beeinträchtigte erscheint.

[4]) Vgl. vereinzelte Fälle: §§ 1358 (eheliche Interessen), 883 und 2332 (Verfügung), 161, 165 (Wirkung, Wirksamkeit)

[5]) Vgl. § 160 Abs. I (hier wird ausnahmsweise ein „Verschulden" ausdrücklich erwähnt, vgl. oben § 2 sub I 3 a), §§ 435, 745, 894, 1065 (vgl. unten Anm. 9), 1227 (vgl. unten Anm. 10), EG. z. BGB. Art. 52 und 54; vgl. auch § 35 („Sonderrechte").

[6]) § 1004.

[7]) §§ 916, 1027 f.

[8]) Gleichfalls § 916.

[9]) § 1071; vgl. § 1065 („Recht des Nießbrauchers").

[10]) § 1276; vgl. § 1227 („Recht des Pfandgläubigers").

[11]) §§ 2113, 2115.

[12]) § 2289.

über einem Gebrauch[1]) bezw. einer Benutzung[2]) und gegenüber Nutzungen;[3])

β) „Beeinträchtigung" schlechthin[4]) bezw. Beeinträchtigung des „Interesses"[5]) einer Person oder Beeinträchtigung gewisser Rechte.[6])

e) Es interessieren etwa noch folgende Ausdrücke im Gesetz, die auf einen Schaden oder ähnliche Nachteile hinweisen und zu der Prüfung auffordern, ob der Vorgang mit einem „Verschulden" notwendig in Verbindung zu bringen ist:

α) Der Täter, dessen Tätigkeit die aus sub a—d erwähnten Ausdrücke betrafen, hat diesen Schaden zu „vergüten" und für ihn „einzustehen", ihn zu „erstatten", zu „decken".

α') Von einem direkten Zusammenhange zwischen einem „Schaden" und seiner „Vergütung" ist jedoch nirgends die Rede; höchstens lassen sich[7]) gewisse rechnerische Zusammenhänge mittelbarer Art aufdecken, im ganzen aber sind die Worte „Vergütung"[8]) und „vergüten"[9]) für den Kreis der in unser Problem gehörigen Fragen belanglos.

β') Daß jemand für einen Schaden „einzustehen" habe, sagt das Gesetz mit direkten Worten nirgends. Zwar ist der Begriff „einstehen" — im Sinne von „verantwortlich sein" u. dgl., vgl. oben sub II — für die Lehre vom Verschulden nicht ohne Bedeutung, jedoch in anderer Richtung, nämlich als das bereits oben § 9 sub II erwähnte „Einstehen" für die diligentia quam suis im besonderen. Dieses „Einstehen" bedeutet aber weniger „haften für", als „an den Tag legen", bewähren,[10]) m. a. W. mehr ein Haften für unterbliebenes An-den-Tag-Legen.[11]) Im übrigen[12]) findet sich „einstehen" nur noch mehr in der Bedeutung von „garantieren" oder „bürgen".[13])

---

[1]) §§ 577 und 743 („Mitgebrauch").

[2]) §§ 906, 910 und 922 („Mitbenutzung").

[3]) §§ 1039, 2133.

[4]) BGB. § 12 (Satz 1 und 2) wegen des Namenschutzes.

[5]) § 1288.

[6]) §§ 881, 1004, 1028 (durchweg Immobiliarrechte).

[7]) Vgl. etwa BGB. §§ 642, 645. Ferner redet von Vergütung für einen Rechtsverlust (der aber nicht auf Verschulden zu beruhen braucht) § 951.

[8]) „Vergütung" begegnet sonst (vgl. die Stellen bei Gradenwitz S. 149) nur im Sinne von „Honorar" (bei Dienst-, Werk- und Mäklervertrag, §§ 611 f., 614 ff., 621 ff., 628; §§ 631 f., 634, 641 f., 645, 648 f.; § 653), bei Geschäftsbesorgung und Dienstleistung (§ 196 Nr. 7), bei Verwahrung (§ 689) und Hinterlegung (§ 699), für Fruchtgenuß u. dgl. (§§ 101 Nr. 2, 256, 292, 347, 2023) und für gewisse Amtsträger (Vereinsvorstand, Beistand der Mutter, Vormund, Nachlaßverwalter, Testamentsvollstrecker, §§ 27, 1694, 1836, 1987, 2221).

[9]) Hier interessiert höchstens (vgl. aber oben § 64 sub A IV 1) § 487 (Abs. III), weil er von „vergüten" einer Verschlechterung eines gekauften Tieres handelt, die auf einen vom Käufer „zu vertretenden Umstand" zurückzuführen ist. Im übrigen vgl., für uns belanglos, §§ 346, 473 und 487 Abs. II Satz 1.

[10]) Beide Vokabeln finden sich im BGB. nicht.

[11]) Darum sagt Schloßmann in dem oben S. 493 Anm. 3 erwähnten Aufsatze S. 112/113 Anm. 2 auch ganz richtig, das Einstehen für die Sorgfalt sei das „Korrelat" zu dem Haften für Verschulden.

[12]) §§ 765 und 1481; auf letzteren macht auch Schloßmann a. a. O. aufmerksam.

[13]) Auch diese beiden Verba fehlen im BGB. Ueber „verbürgen" und „Bürgschaft" („Bürgschaftserklärung", „Bürgschaftsvertrag") sowie „Bürge" im üblichen technischen Sinne vgl. bei Gradenwitz S. 147 und 36 f.

γ') „Erstattung"[1]) eines Schadens wird im BGB. nicht erwähnt und ebensowenig „Deckung"[2]) eines Schadens.

β) Der Beschädigte wird als die Person, welche einen Schaden „erleidet", wiederholt erwähnt, und das Gesetz fügt dann meistenteils[3]) hinzu, daß ihm dieser Schaden[4]) zu „ersetzen"[5]) ist; über diese Fälle hinaus[6]) ist das Wort „erleiden" für uns aber bedeutungslos.

γ) Auch die „Abwendung" eines Schadens ist eine Angelegenheit, der das Gesetz nur verhältnismäßig selten[7]) sein Augenmerk zuwendet und seltener als z. B.[8]) der Abwendung einer Gefahr.[9])

C. Das Fazit unserer Untersuchungen über die gesetzliche Terminologie geht dahin, daß keiner der sub B I—IV besprochenen Ausdrücke ein zuverlässiges Kriterium für Vorhandensein eines Verschuldens liefert.

D. Hinzugefügt muß werden, daß die auf „Verantwortlichkeit", „Haftungspflicht", „Schadensersatzpflicht" und „Vertretungspflicht" gehenden Wendungen vom Gesetzgeber durchaus promiscue gebraucht werden.

I. Es ergibt sich dies aus einer Reihe von Gleichungen, die man an der Hand des Gesetzestextes aufzustellen in der Lage ist und durch welche die Mehrzahl der denkbaren Kombinationen erschöpft wird:

1. Folgende Gleichungen lassen sich aufstellen:

a) „Verantwortlich" = „haftungspflichtig": BGB. § 42 Abs. II Satz 2; § 53; § 840 Abs. I; § 990 (Abs. I Satz 1, Abs. II) verglichen mit § 989; § 2036 Satz 2;

b) „haftungspflichtig" = „ersatzpflichtig": BGB. § 701 Abs. III vgl. mit ebenda Abs. I (Satz 1 und 2); § 835 Abs. III; § 840 vgl. mit § 835 Abs. III; § 990 (Abs. I Satz 1, Abs. II) vgl. mit § 987 Abs. II; ferner § 179 Abs. III vgl. mit Abs. I und II;

c) „ersatzpflichtig" = „verantwortlich": BGB. §§ 831 und 832, beidemale Abs. II vgl. mit Abs. I; §§ 837, 838 vgl. mit § 836 Abs. I Satz 1 und 2; § 840 Abs. II; § 840 Abs. III; § 840 Abs. II vgl. mit §§ 831 Abs. II und 832 Abs. II; § 840 Abs. III vgl. mit §§ 834 Satz 1 und 2, 835 Abs. II Satz 2, 836 Abs. II, 837, 838; s. ferner §§ 682, 992, 2025, 1456 Satz 1 und Satz 2;

d) „vertretungspflichtig" = „verantwortlich": § 991 Abs. II und derselbe § 991 Abs. II vgl. mit § 989.

---

[1]) „Erstattung" und „erstatten" (Gradenwitz S. 61) wird gebraucht betreffs des Kaufpreises (§§ 1100 f.), der Kosten (§§ 1159, 1178, 1813), der Zwischenzinsen (§ 813) und des bereits an einen Andern geleisteten Ersatzes (EG. z. BGB. Art. 71 Nr. 7).

[2]) Es „wird" etwas ökonomisch durch etwas anderes (nicht) „gedeckt" laut §§ 772, 1585, 2022, 2166; vgl. auch („Deckung") §§ 739, 2322; man „erlangt" (nicht) Deckung von jemandem (§ 1500); zwei Forderungen „decken sich" (§ 389).

[3]) §§ 122, 179, 307, 391, 701, 846, 1298.

[4]) Ein erlittener „Vermögensnachteil" ist zu ersetzen laut EG. z. BGB. Art. 42 Nr. I § 3 und § 3 a.

[5]) Verweigerung der Befriedigung des Gläubigers wegen eines erlittenen Schadens begegnet in § 1166.

[6]) „Rechtsverlust", den man „erleidet": §§ 951, 977; „Beeinträchtigung", die ein „Recht" „erleidet": § 881 (oben S. 561 Anm. 6).

[7]) §§ 254 (Abs. II Satz 1), 839 (Abs. III), EG. z. BGB. Art. 71 Nr. 4.

[8]) Im übrigen handelt es sich um „Abwendung" („abwenden") einer Herausgabepflicht (§§ 528, 1973, 1992, 2329), eines Retentions- bezw. Pfandrechts (§§ 273, 562), der unbeschränkten Haftung (§ 2000), eines Angriffs (§ 227). — Ueber „sich abwenden" vom „ehrlosen oder unsittlichen Lebenswandel" (§§ 2336 Abs. IV, 2338 Abs. II Satz 2) vgl. bereits oben § 16 sub VI 2 b und unten § 82 sub B VI.

[9]) §§ 228, 230, 680, 836, 904, 908, 1666 f., vgl. auch („Gefährdung") §§ 1134, 1906; über „Gefahr" und „Gefährdung" übrigens auch oben § 46 sub A III S. 353 Anm. 1.

2. Es fehlen also nur die beiden Gleichungen: „haftungspflichtig" = „vertretungspflichtig" und „ersatzpflichtig" = „vertretungspflichtig".

II. Besonders charakteristisch für den Mangel scharfer Abgrenzung der Ausdrücke ist aber neben dem eben mehrfach erwähnten § 840 noch EG. z. BGB. Art. 71 Nr. 1—7.

III. Keineswegs richtig ist es daher, wenn Erler[1]) S. 19 einen Unterschied zwischen „verantwortlich sein" und „haften" annehmen zu dürfen glaubt und die Ansicht ausspricht, es sei mit „verantwortlich sein" „noch nicht gesagt, daß der Verantwortliche den Schaden zu ersetzen habe".[2])

E. Auch im Handelsgesetzbuch finden wir übrigens die gleiche Fülle der Wendungen, welche eine eventuell auf dem Verschuldensprinzipe aufgebaute Pflicht zum Schadensersatze hinweisen. Ich habe mir Belege z. B. für folgende Wendungen notiert:[3])

I. „Verantwortlich", „Verantwortung", „Verantwortlichkeit": HGB. §§ 306 Abs. VI, 390 Abs. I und II, 442 Satz 1, 485, 516 Abs. II Satz 2, 563 Abs. II, 653 Abs. II, 657 f., 692 Abs. II, 728 Abs. I Satz 2, 731 Abs. I, 738, 772, 804 Abs. III.

II. „Haftung", „Haftpflicht" bezw. „verhaftet" — von einer Person[4]) gebraucht —: §§ 219 Abs. IV, 220 Abs. I Satz 1, Abs. II Satz 1, 225 Abs. II, 426 Abs. III, 427 Satz II, 429 Abs. I und II, 432 Abs. I, 433 Abs. II, 456 Abs. I, 458, 459 Abs. I und III, 460 Abs. I und III, 465 Abs. III. 466 Abs. I, 467, 486 Abs. I, 487, 494 Abs. II, 507 Abs. I, 511 Satz 2, 512 Abs. I und II, 529 Satz 2, 533 Abs. I, Abs. II Satz 2, 606 f., 632 Abs. III, 662 Abs. II, 691 Abs. I, 773, 774 Abs. I, 813 Abs. II Satz 1 und 2, 816 Satz 1 und 2, 817 Abs. II, 825 Abs. III, 835 Abs. I Satz 2, 836, 838 usw. usw.

III. „Vertreten" im §§ 431 und 662 Abs. II; vgl. oben § 64 sub B.

IV. „Verursachen", „veranlassen"[5]) in §§ 563 Abs. I, 582 Abs. II, 706 Nr. 1 Abs. II, Nr. 3 Abs. IV, Nr. 7 Abs. I, 728 Abs. I Satz 1, Abs. II, 735 Abs. II, 739 Abs. II, 775 Abs. II, 813 Abs. II Satz 2, 814 Abs. I, Abs. II Nr. 2, 821 Nr. 2 und 3.

§ 72.

Das „Verschuldensprinzip".

Nur auf einem Punkte ist wegen der Folgen des Verschuldens noch einzugehen, in welchem sich die Lehre vom Schadensersatz mit der Lehre vom Verschulden aufs innigste berührt und welcher daher trotz des in § 70 sub IX Bemerkten der Erwähnung bedarf. Bei der Frage nämlich, was den inneren Grund der Schadensersatzpflicht bildet, ist eine der mehreren möglichen bezw. auch notwendigen Antworten die, daß die Schadensersatzpflicht zu ihrer Grundlage das Verschulden hat: eine Antwort, die die bekannte schlagwortförmige Zuspitzung in dem Ausdruck „Verschuldungsprinzip" gefunden hat, dem — als weitere mögliche

---

[1]) Erler, Die Sprache des BGB., Berlin 1896.

[2]) Es geht sogar in Einzelfällen (vgl. BGB. § 829 und in §§ 831 und 832 die zweiten Absätze mit den ersten) die Schadensersatzpflicht über die Vertretungspflicht hinaus.

[3]) Gerade hier vgl. das oben S. 99 Anm. 2 Bemerkte.

[4]) Haftung eines Gegenstandes (Gutes) vgl. in §§ 426 Abs. II Nr. 8, 438 Abs. I, 445 Abs. I Nr. 7, 722, 731 Abs. I, 774 Abs. III.

[5]) Ueber das Verbum „verschulden" vgl. oben § 42 sub D 1 b; Schaden „zufügen", „erleiden" u. dgl. noch etwa in § 706 Nr. 2 Abs. II, Nr. 3 Abs. IV.

bezw. notwendige Antwort auf die Frage nach dem Rechtsgrunde der Schadensersatzpflicht — insbesondere das „Veranlassungsprinzip" oder „Verursachungsprinzip" gegenübersteht. — Zu dieser Angelegenheit ist nun im einzelnen folgendes zu bemerken:

I. Weshalb ich statt des Schlagwortes „Verschuldungsprinzip" das Schlagwort „Verschuldensprinzip" gebrauche und empfehlen zu sollen glaube,[1]) wurde bereits in § 42 sub B VI 9 e gesagt.

II. Der Begriff der beiden Prinzipien geht dahin:

1. Nach dem Verschuldensprinzip tritt eine Schadensersatzpflicht nur ein, wenn der Schaden auf einem Verschulden im subjektiven Sinne beruht — und zwar kausal,[2]) — während es nach dem Veranlassungsprinzip genügt, daß der Täter bloß objektiv die Veranlassung zur Entstehung des Schadens gegeben hat, ohne daß ihm gleichzeitig ein subjektives Verschulden zur Last fallen muß.

2. Das Verschuldensprinzip zeigt sich aber nicht bloß da, wo Täter und Ersatzpflichtiger identisch sind, sondern es bildet die Grundlage der Schadensersatzpflicht auch in den Fällen der Haftung für fremdes Verschulden; denn ein „Verschulden" waltet ja auch hier als kausal wirkende Ursache der Schadensherbeiführung ob. Nur gerade vom Standpunkt des Haftenden selber betrachtet gehört dieser Fall der Schadensersatzpflicht nicht unter das Verschuldensprinzip, sondern unter die bloße Kausalhaftung.[3])

III. Vom Verschuldensprinzip (und ebenso vom Veranlassungsprinzip) wird man aber nicht bloß da reden dürfen, wo es sich gerade um eine Schadensersatzpflicht — freilich die häufigste Folge des Verschuldens, vgl. oben § 70 sub VII 4 — handelt, sondern auch überall da, wo sonstige Folgen (z. B. Erbunwürdigkeit, Ehescheidung) auf dem Verschulden aufgebaut sind. Man kann diese Fälle von denen sub I und II dahin unterscheiden, daß man dort vom Verschuldensprinzip im engeren Sinne, hier vom Verschuldensprinzip im weiteren Sinne spricht und beide Gruppen nur als verschiedene Anwendungskomplexe des Verschuldensprinzips überhaupt betrachtet, unter das dann alle diejenigen Gesetzesbestimmungen gehören, nach denen überhaupt rechtliche Konsequenzen Platz greifen und auf den Täter zurückfallen, wenn sie durch menschliches Verhalten hervorgerufen werden und wenn dieses menschliche Verhalten ein schuldhaftes gewesen ist.

IV. In dieser Fassung (Verschuldensprinzip im weiteren Sinne) genügt das Prinzip also nicht bloß zur Aufnahme der Fälle einer Schadensersatzpflicht gegenüber dem Beschädigten, sondern auch zur Aufnahme derjenigen Fälle, in welchen es sich lediglich um Nachteile für den Schuldigen selber handelt und von einem in Schadensersatz bestehenden Ausgleich an eine andere Person garnicht die Rede ist; dies Prinzip ist darum auch zur Aufnahme aller derjenigen Gesetzesbestimmungen geeignet, welche wir unter dem Namen des sog. „Verschuldens gegen sich selbst" im § 68 antrafen.

V. Da für unseren Bedarf nur die Tragweite des „Verschuldensprinzips" von Interesse ist, haben wir uns mit dem „Veranlassungsprinzip" nicht weiter zu beschäftigen. Insbesondere kann also dessen Geltungsbereich unerörtert bleiben und ebenso seine innere Rechtfertigung sowie seine Ersetzung durch andere

[1]) Die Ausdrücke „Verursachungsprinzip" und „Veranlassungsprinzip" sprechen nicht gegen obigen Vorschlag, da ihnen die Substantiva „Verursachung" und „Veranlassung" — über „Verschuldung vgl. oben § 42 sub B VI 9 a — zu Grunde liegen.

[2]) Wegen der Kausalität vgl. die Bemerkung in § 69 sub A II. Nicht auf die im Text behandelten Fragen bezieht sich übrigens die Schrift von Huysinga, Schuld und Schuldursache (causa), Amsterdam 1901.

[3]) Vgl. unten § 77 sub II 3.

Prinzipien, mittels derer man die nicht unter das „Verschuldensprinzip" gehörigen Fälle der Schadensersatzpflicht zu erklären versucht hat (Prinzip des aktiven Interesses, Prinzip der ökonomischen Tragfähigkeit, Handeln auf eigene Gefahr, Gefährdungshaftung, Erfolgshaftung, Prinzip der adäquaten Verursachung). Auf diese Prinzipien darf daher im Verlauf nicht eingegangen werden, und es sei nur vorsichtshalber bemerkt, daß wir den Ausdruck „Veranlassungsprinzip" [1]) hier lediglich als Gegensatz zum Verschuldensprinzip gebrauchen werden, ohne der Frage nach seiner ausschließlichen oder besseren Befähigung zur Aufnahme jener anderen, von einem Verschulden unabhängigen Fälle vorgreifen zu wollen. Nur soviel sei bemerkt, daß, wie nach dem sub III und IV Bemerkten das „Verschuldensprinzip" über die Frage nach der Schadensersatzpflicht hinaus zur Erklärung anderer Erscheinungen im Rechtsleben verwertbar ist, auch das „Veranlassungsprinzip", mit welchem die bisherige Theorie nur wegen der Schadensersatzpflicht im besonderen operiert, zweifellos einer erweiterten Anwendung fähig ist.

VI. In unseren bisherigen Erörterungen sind wir diesem „Verschuldensprinzipe" bereits mehrfach begegnet und wir erfuhren — abgesehen von dem bereits sub I in die Erinnerung Zurückgerufenen — dabei folgendes:

1. Die Angelegenheiten, derentwegen das Verschuldensprinzip uns entgegentrat, waren nachstehende: [2])

a) Bei Erörterung des Begriffes der „unerlaubten Handlungen" sahen wir (§ 39 sub I 5), daß diese zum Teil unbedingt, zum Teil bedingt, zum Teil unbedingt nicht [3]) als Ausflüsse des Verschuldensprinzips zu betrachten sind.[4])

b) In der Lehre vom „Verzuge" konstatierten wir Zweifel — die wir unsererseits durchweg im verneinenden Sinne beantworten zu müssen glaubten —, ob die Haftung für Verzugsfolgen sich aus dem Verschuldensprinzipe erkläre; vgl. oben § 64 sub A VI 1 und VIII 2 a.

c) Bei Besprechung des Begriffes „unverzüglich" machten wir die Beobachtung (§ 33 sub B IV 9 e), daß durch Einstellung dieses Ausdrucks in das neue HGB. das Verschuldensprinzip eine ungemein frappierende und im Grunde wohl vom Gesetzgeber garnicht beabsichtigte Erweiterung erhalten hat.

d) Wegen § 1299 stellten wir in § 42 sub B II 3 c α fest, daß er eher dem Veranlassungs-, wie dem Verschuldensprinzipe entspringt.

e) Bei Besprechung derjenigen Begriffe, welche den Kern für das „Verschulden im weiteren Sinne" (oben § 43 sub B II 2) bilden, fanden wir (ebenda sub VI) uns zugleich genötigt, neben dem „Verschuldensprinzip im engeren Sinne" ein „Verschuldensprinzip im weiteren Sinne" anzuerkennen.

2. Auch die sub I gestreiften Bemerkungen sind nochmals heranzuziehen, insofern wir nämlich dort (§ 42 sub B VI 9) neben Belegen für die Verwendung

---

[1]) Ueber den Gebrauch des Wortes „veranlassen" im BGB. selber vgl. oben § 71 sub IV 6 c; ebenso über „Gefährdung" oben S. 562 Anm. 9 und die dortige Verweisung.

[2]) Ueber einen Einzelpunkt, in welchem die Angelegenheit wegen einer irrigen Annahme der Protokolle (vgl. auch unten S. 566 Anm. 5) gestreift wurde (Entmündigungsgründe) vgl. oben § 54 sub A I 3 b. Ueber einen anderen Punkt oben § 51 sub A III.

[3]) Ueber einen besonders wichtigen und in der Literatur besonders oft besprochenen (neuerdings, März 1905, auch im Reichstage erörterten) Fall der „Erfolgshaftung", nämlich über den Fall des „Tierschadens", vgl. oben § 47 sub II 3 a δ. — Wegen BGB. § 829 erst unten § 75 sub C I 3.

[4]) Ueber gewisse sekundäre Folgen der Konstruktion vgl. oben § 55 sub B IV (S. 408 Anm. 2).

des Begriffs „Verschuldensprinzip“ [1]) in bezug auf Schadensersatzpflicht oder unerlaubte Handlungen bereits aus Materialien, Literatur und Judikatur Belege für die Verwendung des gleichen Schlagwortes zur Lehre von der Ehescheidung brachten.

VII. Es leitet uns dies herüber zu der Frage, wieweit Materialien, Literatur und Judikatur zum Recht des BGB. bisher überhaupt mit diesem Prinzip operiert haben, sei es, daß sie im Einzelfall seine Anwendbarkeit behaupteten oder zugaben, sei es, daß sie sie verneinten oder bestritten.

1. Hierzu ist folgendes zu bemerken:

a) Die Materialien [2]) verwenden zwar das Schlagwort als solches verhältnismäßig selten — ich habe mir einige Stellen der Protokolle [3]) zur Lehre von den unerlaubten Handlungen und eine Bemerkung der Motive [4]) zur Lehre von der Ehescheidung notiert —, besprechen aber die inhaltliche Anwendbarkeit des Gedankens eines Verschuldens als Grundlage der gesetzlichen Folgen um so häufiger. [5])

b) Die Literatur nimmt zum Verschuldensprinzip außer betreffs der oben sub VI 1 a, b und d sowie oben sub VI 2 erwähnten Fragen [6]) noch Stellung: wegen der Lehre vom Schadensersatz im allgemeinen und ferner wegen der Haftung des Gastwirts im besonderen oder für negatives Vertragsinteresse, wegen der Haftung für fremdes Verschulden und für juristische Personen, sowie innerhalb der Lehre von den unerlaubten Handlungen wegen einiger Spezialfragen, namentlich Haftung der nicht Deliktsfähigen oder für diese, Beamtenhaftung, Haftung der Auskunfteien und Haftung für Schadenszufügung durch Automobile.

c) Die Judikatur [7]) bietet eingehendere prinzipielle Erörterungen über

---

[1]) Oder dort: „Verschuldungsprinzip“ bezw. auch (vgl. S. 323 Anm. 6 und 7) „Prinzip der Verschuldung“ oder „Schuldprinzip“.

[2]) Die Register zu den Materialien (und ebenso das zu Planck) lassen das Verschuldens- und Verursachungsprinzip ganz unerwähnt, und des Veranlassungsprinzips wird nur im Register der Prot. (S. 194) unter Hinweis auf Bd. II S. 568, 585 und 654 gedacht.

[3]) Prot. II Nr. 150 IV S. 568 (zu § 823), Nr. 152 II S. 583 ff. (zu §§ 827 ff.) und Nr. 158 III S. 654 f. (zu § 836). Außerdem konstatieren Prot. VI Nr. 434 I S. 433 (zu EG. z. BGB. Art. 89) einen Fall der Ausnahme vom „Verschuldungsprinzipe“.

[4]) Mot. Bd. IV S. 567 am Rande (nicht Bd. II, wie ein Druckfehler oben S. 323 Anm. 6 besagt).

[5]) Zwischen den Zeilen ist vom Verschuldensprinzip hindurchzulesen z. B. aus Mot. I S. 281 (vgl. hierzu oben § 67 sub III), II S. 159 (zu § 425), IV S. 381 (zu § 1466) und S. 567 ff., 582 ff. (zu §§ 1564 ff.); ferner aus Prot. Bd. I Nr. 17 III S. 99 (zu § 122), Nr. 18 II S. 106 f. (zu §§ 118 ff.), Nr. 61 V S. 451 ff. (zu §§ 306 f.), Nr. 68 II S. 523 (zu § 31), aus Bd. II Nr. 124 I S. 295 (zu §§ 618 ff.), Nr. 134 VIII S. 403 (zu § 701), Nr. 150 IV S. 572 (zu § 823), Nr. 152 III S. 590 (zu § 827), aus Bd. IV Nr. 282 XIII S. 274 (oben § 54 sub A I 2 a) und Nr. 297 I S. 439 (zu § 1478) und S. 443/44 (zu § 1569), aus Bd. V Nr. 376 VIII S. 555 (zu § 2333); ferner Denkschr. S. 312 ff. (zu §§ 1564 ff.).

[6]) Vgl. die Nachweisungen oben S. 263 ff., 304 f. und 499 f., sowie unten S. 569 Anm. 1 und 3. Nachzutragen wäre etwa noch zu den Ausführungen in § 39, daß auch z. B. Bendix I S. 558 betreffs der unerlaubten Handlungen überhaupt das „Verschuldensprinzip“ als die Regel und BGB. §§ 827, 831 Abs. I, 832, 834, 836 Abs. I, 837, als Ausnahme (Abschwächung) betrachtet, und ferner, daß den § 839 BGB. Meltz, Beamtenhaftpflicht (oben S. 37 Anm. 3) S. 21 als Ausfluß des Verschuldensprinzips, nicht der „Erfolgshaftung“ auffaßt.

[7]) Vgl. die oben § 42 sub B VI 9 c S. 323 Anm. 7 erwähnten Erkenntnisse. Ferner ist eine Entsch. des Reichsger. vom 6. März 1902 (VI 428/01) in Bd. 50 Nr. 56 S. 244 ff. (vgl. auch Jur. Wochenschr. 31, 1902, Beil. 5 S. 222 Nr. 77, Juristen-Ztg. VII, 1902, Nr. 12 S. 295, Gruchots Beitr. 46, 1902, S. 642, Neumann, Jahrb. I 1 S. 494 sub 2, S. 506) zu erwähnen, welche (S. 253) zu § 847 hervorhebt, es sei „aus dem Gesetze nicht zu entnehmen“, daß seine „Anwendung durch das Vorliegen eines

die Ausdehnung des Verschuldensprinzips kaum irgendwo, sondern nimmt naturgemäß nur von Fall zu Fall Stellung zu Einzelfragen der sub b angedeuteten Art.

2. Eine Nachprüfung der sub 1 vermerkten Aeußerungen an dieser Stelle wäre unangebracht. Soweit sie sich auf die sub VI hervorgehobenen Fragen zu erstrecken hätte, ist sie schon gelegentlich unserer Untersuchungen über die einschlägigen Begriffe (unerlaubte Handlungen, Verzug usw.) vorgenommen worden; soweit sie die Lehre vom Schadensersatz und die Spezialien aus der Lehre von den unerlaubten Handlungen[1]) betrifft, gehört sie nicht mehr in unser Problem; und soweit sie als Haftung für fremdes Verschulden und für juristische Personen und als Haftung bei mangelnder Deliktsfähigkeit des Täters zur Sprache kommt, werden wir sie noch in anderem Zusammenhange zu prüfen haben (unten §§ 75—77).

VIII. Immerhin wäre folgendes hervorzuheben:

1. Die Haftung des Gastwirts[2]) und die nach ihrer Analogie zu behandelnde Haftung der Schlafwagengesellschaften[3]) wird man angesichts des Wortlautes des § 701, der von einem „Verschulden" oder einem verwandten Begriffe garnicht spricht, auf dem Verschuldensprinzip nicht aufzubauen haben, und die Ausnahme, welche § 702 a. E. (oben § 2 sub I 3 b) aufstellt, bestätigt diese Regel.

2. Auch die Haftung für das negative Vertragsinteresse dürfte nicht aus dem Verschuldensprinzip abzuleiten sein.[4])

3. Für die Schadensersatzpflicht endlich, als Ganzes betrachtet, wird man — ebenso wie (vgl. oben § 39 sub I 5) für die unerlaubten Handlungen, als Ganzes betrachtet — das Verschuldensprinzip als das beherrschende Prinzip anzuerkennen haben.

a) Wieweit das BGB. jedoch Ausnahmen vom Verschuldensprinzip anerkennt und in wie erheblichem Maße das der Fall ist, ergibt sich aus dem von uns an anderen Stellen gesichteten Material für unseren Bedarf zur Genüge. Es sei erinnert an die Ausführungen:

α) über die unerlaubten Handlungen, oben § 39 sub I 5;

Verschuldens bedingt sei". Das ist richtig, da § 847 (im Gegensatz zu §§ 827 ff.) auch auf die ihm vorangehenden §§ 833 und 836 zu beziehen ist, bildet aber mit diesen die Ausnahme und ist auch nicht für den ganzen § 847 zuzugeben, da dessen Abs. II sich aufs engste an § 825 anlehnt; daß dieser aber auf Verschuldensbegriffen aufgebaut ist, wurde im einzelnen in § 47 sub II 2 a β α', § 59 sub A VI, § 50 sub A IV und § 51 sub A II 2 nachgewiesen.

[1]) Vgl. Einzelheiten bereits oben in Kap. I; so wegen der Auskunfteien § 36 sub II 9 h α, wegen der Automobile oben § 31 sub D V 5 (und zu der dort S. 171 Anm. 1 angegebenen Literatur inzwischen noch Eger und Hagemann in der Juristen-Ztg. IX, 1904, Nr. 4 S. 192 ff. und Nr. 11 S. 549 f.). Ferner etwa wegen der Straßenbahnen Keyßner im „Recht" VIII (1904) Nr. 1 S. 1 ff. und Bornhak im Preuß. Verwaltungs-Bl. Jahrg. 22 (1901) Nr. 47 S. 565 f., wegen der Kleinbahnen Fleischauer in der Juristen-Ztg. VII (1902) Nr. 2 S. 42 f. und Eulau ebenda Nr. 6 S. 148 f.

[2]) Vgl. zu dieser Frage außer den Bemerkungen der allgemeinen Literatur (Kommentare, Lehrbücher) z. B. die Dissertation von Schipmann, receptum cauponum (Leipzig-Berlin 1901), insbesondere S. 34. Nichts Einschlägiges in der Jenenser Dissertation (Hoerde 1903) von Koppel, Der rechtliche Grund der Haftung des Gastwirts ex recepto, (S. 41 ff.) und in der Greifswalder Dissertation (1902) von Borck, Haftung der Gastwirte.

[3]) Vgl. hierzu etwa Brückner im „Recht" VI (1902) Nr. 12 S. 305 f., Reindl in den Eisenbahnrechtl. Entsch. und Abhandlungen, herausgegeben von Eger, Bd. 18, Breslau 1902, S. 367 ff. Wegen der Restaurateure, Schank- und Stallwirte vgl. Langsdorff in der Juristen-Ztg. VIII (1903) Nr. 14 S. 334 ff.

[4]) Vgl. z. B. Schmidt, Fritz, Die Lehre vom negativen Vertragsinteresse, Greifswalder Dissertation 1900, S. 20, 34, 37 f. und dazu Neumann, Jahrb. I 1 S. 215 Anm. 2 zu § 307.

β) über die Terminologie des Gesetzes, oben § 71 (sub C); wegen der dort hervorgehobenen Normen, in denen es nicht Menschen, sondern Tiere oder sogar leblose Gegenstände sind, von denen die Schadensherbeiführung herrührt, vgl. insbesondere a. a. O sub B IV 5 d.

b) Daß die Schadensersatzpflicht im BGB. der Regel nach unter dem Verschuldensprinzip und nur ausnahmsweise unter dem Veranlassungsprinzipe steht, erkennen auch die Materialien an: die Motive zwar mehr stillschweigend,[1]) indem sie die Abhängigkeit der Schadensersatzpflicht von einem Verschulden ebenso bloß gelegentlich[2]) erwähnen wie den exzeptionellen Charakter einer Ersatzpflicht ohne Rücksicht auf ein Verschulden.[3]) Um so deutlicher dagegen die Protokolle in einer großen Anzahl von Bemerkungen, die zum Teil so ausführlich sind, daß sie hier nicht wörtlich wiedergegeben werden können, sondern a. a. O. nachgelesen werden mögen. Diese Bemerkungen — vgl. insbes. Bd. I S. 99, S. 106 f. (zu BGB. §§ 119 ff.), S. 451 ff. (zu §§ 306 f.), S. 523 (zu § 31) sowie Bd. II S. 568 f., 583—586, 654 f.[4]) — lassen als Gesamtbild erkennen, daß die Protokolle, übrigens unter ausdrücklicher[5]) Erwägung des Rechtszustandes im römischen und germanischen Recht[6]) und unter bewußter Fortbildung des bisherigen Rechtes — grundsätzlich an dem Prinzip der „subjektiven Verschuldung"[7]) festhalten, wie es den I. Entwurf beseelt hatte, daß sie aber bei Abwägung dieses Prinzips mit demjenigen, welches nur das „objektive Verursachen"[8]) zur Grundlage der Haftung macht, dazu gelangt sind, ausnahmsweise aus Billigkeitsrücksichten dem „Veranlassungsprinzip" zu huldigen.

c) Auch die gesamte[9]) Literatur erkennt an, daß für das BGB.[10]) das Verschuldensprinzip die Regel, das bloße Veranlassungsprinzip[11]) die

---

[1]) Mot. I S. 281 zu E. I §§ 144 f. („die Verletzung einer Verpflichtung setzt im Sinne des Entwurfs immer ein Verschulden voraus") beweisen nicht viel. — Auf diese Bemerkung der Mot. hätte übrigens bereits oben § 19 S. 69 und § 37 sub IV 3 S. 249 aufmerksam gemacht werden müssen. Von den Vorschriften des E. I, die Mot. a. a. O. Anm. 2 zitieren, deckt sich ein Teil (E. I §§ 56, 710 ff., 734 ff.) mit den schon oben § 37 S. 250 sub c besprochenen; die meisten andern (E. I §§ 47, 648 Abs. II, 914 Nr. 2, 920, 1181 Abs. II, 1444 Abs. I, 1639, 1696 Abs. III, 1702) sind jetzt gegenstandslos, weil die entsprechenden Normen des BGB (§§ 42, 723, 971 Abs. II, 973, 1243 Abs. II, 1568, 1787, 1833 Abs. II Satz 2, 1848) mit Verschuldensbegriffen operieren; von Bedeutung bleibt die Frage nur rücksichtlich E. I §§ 1006 Abs. I, 1156 Abs. II, 1328 Nr. 1 und 2, 1339 Abs. IV, 1372 Abs. I Nr. 3, 1547 Abs. I, weil die entsprechenden §§ 1052, 1217, 1418 Abs. I (nebst 1391 Abs. I), 1428 Abs. I, 1468 Nr. 3 und 1667 Abs. I des BGB. von Pflichtverletzung und Gefährdung bezw. verletzenden oder gefährdendem Verhalten (oben § 37 und § 46 sub A I und III) handeln.

[2]) Mot. II S. 159 zu E. I § 325 (oben S. 566 Anm. 5): „Von der Regel, wonach für Verschuldung nur derjenige haftet, welchem die Verschuldung zur Last fällt, für Gesamtschuldverhältnisse abzuweichen, liegt kein genügender Grund vor."

[3]) Mot. IV S. 381 zu E. I § 1365 (gleichfalls oben S. 566 Anm. 5) bei Verwendung von Gesamtgut durch den Ehemann auf sein Vorbehaltsgut.

[4]) Die genaueren Nachweise zu diesen Stellen wurden gleichfalls S. 566 Anm. 5 gegeben.

[5]) Vgl. Prot. I S. 523, II S. 568, 585.

[6]) Zu diesem Punkte vgl. auch insbesondere M. Rümelin, Die Gründe der Schadenszurechnung und die Stellung des Deutschen BGB. zur objektiven Schadensersatzpflicht, Freiburg und Leipzig 1896, S. 4 f., 27; dort auch umgehend über die ältere Literatur (Mataja, Binding, Unger, Merkel, Sjögren).

[7]) Prot. II S. 655.

[8]) Prot. II S. 403.

[9]) Allzu apodiktisch jedoch Krückmann S. 158, Liebe I S. 207.

[10]) Auf die Nebengesetze (Haftpflichtgesetz u. dgl.) kann hier nicht eingegangen werden.

[11]) Bezw. Verursachungs-, Gefährdungsprinzip usw.; vgl. oben sub V.

Ausnahme bildet.[1]) Dabei beschränken bezw. konzentrieren sich jedoch die Ausführungen über die Regel und über die Ausnahmen vielfach auf diejenigen Angelegenheiten, betreffs derer das Gesetz von „Verschulden" schlechthin oder von „Vorsatz" und „Fahrlässigkeit" redet; hierin steckt aber m. E. insofern ein Fehler, als man auch alle übrigen Verschuldensbegriffe, zunächst die dem Verschulden im engeren Sinne (oben § 66 sub III 2), sodann aber auch die dem Verschulden im weiteren Sinne (ebenda sub III 1) angehörigen, in den Kreis der Betrachtungen hineinzuziehen hat, um das Gesamtbild in seiner ganzen Fülle zu erkennen und alle Fälle zu berücksichtigen, welche nach unserer in § 70 gegebenen Zusammenstellung unter der Signatur des Verschuldens stehen.

4. Daß insbesondere das Ehescheidungsrecht des BGB. vom Verschuldensprinzip beherrscht ist[2]) — mit einziger Ausnahme des Scheidungsgrundes der Geisteskrankheit —, geht aus dem Wortlaut der §§ 1565 bis 1568 mit so großer Deutlichkeit hervor, daß es der Bezugnahme auf Literatur[3]) und Ma-

---

[1]) Vgl. von den Lehrbüchern Crome I § 108 S. 475 ff., 478 Anm. 11, 480, § 110 S. 491, S. 494 Anm. 3, Dernburg II 1 § 25 S. 60 f., II 2 §§ 395 ff., S. 646 ff., Eck I S. 599 f., Endemann I § 130 S. 743 ff., insbesondere S. 747 Anm. 17; vgl. auch § 116 S. 657, § 201 S. 1265 ff., Engelmann § 69 S. 191 f., § 150 S. 446; vgl. auch § 74 S. 198; Enneccerus-Lehmann I § 120 S. 296, § 358 S. 835, Kuhlenbeck, Von den Pandekten I S. 414, II S. 113, Landsberg I S. 327, Matthiaß I § 56 S. 247, § 76 S. 347, § 143 S. 719 f., Stammler S. 119, Weyl, Vorträge I S. 524; vgl. S. 283 Anm. 4, 304, 478 Anm 2, Zitelmann S. 165, 171. Von der monographischen Literatur vgl. insbesondere Jung S. 94 (Anm. 247), 95, von Liszt S. 68 ff., Linckelmann S. 1 ff., 6 ff., Lühl S. 8 ff., 20 ff., von Weinrich S. 7 ff. Ferner z. B. die Rostocker Dissertation (1902) von Piper, Verursachung und Verschulden als Grundlagen der Schadenshaftung nach dem BGB., S. 5 ff., die Jenenser Dissertation (Weimar 1902) von Voigt, Die Fälle der Kausalhaftung des BGB., S. 1 ff., Paech, Der Leistungsverzug (Berlin 1902) S. 91 ff., Hachenburg, Vorträge S. 123 (während die Verweisung im Register S. 738 auf S. 131 ff. irrig ist). Vgl. auch die Jenenser Dissertation (Eisenach 1902) von Jungherr, Haften aus schuldlosem Handeln, und Zusammenstellung der nicht auf dem Verschulden aufgebauten Fälle der Schadenshaftung etwa auch bei Hellmann S. 176 ff. und bei Cohn in Gruchots Beitr. 43 (1899) S. 403 ff. Vgl. auch Knauer, Die höhere Gewalt im Reichsrecht, Marburger Diss., Berlin 1901, S. 80 ff., Volkmar, Vis major und Betriebsgefahr (Berliner Diss., auch Heft 9 von Eberings Studien, Berlin 1900), Fischer, Hans Albrecht, Vis major im Zusammenhang mit Unmöglichkeit der Leistung (Rostocker Dissertation, Jena 1897, und in Jherings Jahrb. 37, 1897, S. 199 ff., insbesondere z. B. S. 284, 288 ff.). — Neuestens auch Träger (oben S. 298 Anm. 17) S. 294 ff. — Nicht zugänglich war mir die Schrift von Mauczka, der Rechtsgrund des Schadensersatzes außerhalb bestehender Schuldverhältnisse, Wien 1904. — Gegen eine allgemeine Wechselwirkung von Verschulden und Schadensersatzpflicht vgl. aus der Judikatur das bereits oben § 31 sub IX 1 S. 137 Anm. 3 erwähnte Erkenntnis des Reichsger. vom 15. März 1902.

[2]) Vgl. auch oben § 37 sub II 3.

[3]) Ausdrücklich sprechen vom „Verschuldungsprinzip" die systematischen Werke von Endemann (II S. 677), A. Engelmann (S. 667 sub dd), Enneccerus-Lehmann (II S. 494 f.), Landsberg (II S. 874 sub 5), Matthiaß (II S. 310) und Weyl (II S. 239), sowie die Kommentare von Th. Engelmann (S. 539 sub 2; vgl. S. 515 sub 3 a. E.), Opet (S. 388 sub 5 a) und Planck (IV S. 313 sub II). Vgl. ferner aus der monographischen Literatur z. B. Albrecht (oben S. 239 Anm. 5) S. 24, Litten (oben S. 253 Anm. 1) S. 398. — Aber inhaltlich stimmen mit dem im Text Gesagten auch alle anderen Autoren überein; vgl. Cosack II S. 486 sub 2 a, Dernburg IV S. 77, Eck II S. 385, Krückmann S. 443, Kuhlenbeck, Von den Pandekten III S. 53, Liebe II S. 307, Müller und Meikel II S. 187, sowie Achilles S. 578 sub 3, Fischer-Henle S. 790, 795 Anm. 1, Neumann, Handausg. II S. 861 Note 2 a, S. 867 Note 4 (während Landé S. 399 ff. die Frage nicht berührt), sowie z. B. aus der Spezialliteratur (oben S. 239 f.) Davidson (S. 2), Erler (S. 86, 116/117), Rocholl (S. 305, 314), Arthur B. Schmidt S. 3.

terialien[1]) zur Erhärtung dieser Auffassung nicht weiter bedürfte.[2]) Es muß nur in die Erinnerung zurückgerufen werden, daß weder das Wort „verschulden" im § 1568 Satz 1 noch die Wendung „sich schuldig machen" in § 1565 Abs. I auf ein Verschulden und ein Verschuldensprinzip im engeren Sinne zu deuten ist; und auch soweit die in §§ 1565 ff. aufgestellten Tatbestände als „nach dem Leben trachten" (oben § 55 sub B VIII), als „bösliche Absicht" (oben § 56 sub A VIII), als „Mißhandlung" (oben § 37 sub I 4 a) und als „strafbare Handlungen" (oben § 29 sub III 3 a) mit Verschuldensbegriffen im engeren Sinne zusammenfallen oder zusammenhängen, geht natürlich das obwaltende „Verschuldensprinzip im engeren Sinne" in das „Verschuldensprinzip im weiteren Sinne" auf. — Interessant ist übrigens gerade betreffs der Ehescheidung die Probe, wieweit sich die Konsequenzen des Verschuldensprinzips und die seiner Ausnahmen verzweigen. Ersichtlich ist dies daraus, daß das Gesetz mehrfach auf die dem Verschuldensprinzipe huldigenden §§ 1565—1568 verweist und den die Geisteskrankheit betreffenden § 1569 unerwähnt läßt. Ausdrücklich ist dies der Fall in §§ 1570, 1571 Abs. I Satz 1, 1574 Abs. I[3]) wegen der Verzeihung als Erlöschungsgrund für das Recht des anderen Ehegatten auf Scheidung, wegen der sechsmonatlichen Frist für die Erhebung der Scheidungsklage, beginnend mit Kenntnis des Klägers vom Scheidungsgrunde, und für die Fixierung der Schuld im Scheidungsurteil; ausdrücklich ist es aber auch der Fall in § 2335 Abs. I wegen Enterbung des Ehegatten (vgl. oben § 3 sub B I 1 c β) sowie in § 1635 Abs. I a. A. wegen der Erziehung der Kinder aus geschiedener Ehe; ohne ausdrückliche Allegierung bestimmter Paragraphen ist der gleiche Unterschied für die Konsequenzen aber auch erheblich wegen gewisser erbrechtlicher Angelegenheiten nach §§ 1933 und 2077 Abs. I Satz 2, die schon oben § 42 sub B II 6 Erwähnung gefunden haben, ebenso wie die sich dem § 2077 anschließenden §§ 2268 Abs. II und 2279 Abs. II, welcher seinerseits noch die Besonderheit aufweist, daß er auch unter Verlobten und zu Ungunsten Dritter erbrechtliche Nachteile an das Verschuldensprinzip knüpft.

IX. Das Gesamtergebnis unserer Beobachtungen geht dahin, daß das „Verschuldensprinzip" nicht allein in der Lehre vom Schadensersatz residiert, sondern daß es Nebenresidenzen namentlich auch im Ehescheidungs-, Enterbungs- und Erbunwürdigkeitsrecht hat und daß andererseits in der Schadensersatzlehre seine Herrschaft keine unumschränkte ist, von ihm vielmehr mit einer Anzahl anderer, einander befehdender Mitregenten geteilt wird. Hiermit und mit dem Hinweise darauf, daß es selber kein Problem für sich bildet, sondern nur ein Mittel, andere Probleme zu lösen, ist unser Interesse an dem „Verschuldensprinzip" erschöpft.

---

[1]) Vgl. Mot. IV S. 567 ff., 572, 575, 582, 585 f., Denkschr. S. 312 f., 315 (oben S. 566 Anm. 5), während sich die Protokolle zu dieser Angelegenheit garnicht oder doch nur ganz gelegentlich (Bd. IV Nr. 297 I S. 443/444) äußern.

[2]) Nur ist zu bemerken, daß die m. E. unentbehrliche Unterscheidung zwischen Verschuldensprinzip im weiteren und im engeren Sinne (oben sub III) in Materialien und Literatur noch nicht zutage tritt.

[3]) Vgl. auch EG. z. BGB. Art. 201 Abs. II.

Dritte Abteilung.

Die beteiligten Personen.

§ 73.

Im Allgemeinen.

Bei den Verschuldensfällen, gleichviel ob es sich um ein Verschulden im engeren oder im weiteren Sinne handelt, sind stets[1]) mehrere Personen beteiligt.

I. Vor allem interessieren zwei Personen:

1. Derjenige, welcher das Verschulden beging, sich die das Verschulden enthaltende Handlung bezw. Gesinnung zuschulden kommen ließ; wir können ihn den „Schuldigen" oder auch den „Täter" nennen.[2])

2. Derjenige, gegen welchen sich die Tat richtete; dies ist der natürliche Gegner des Täters im Rechtsstreit; da es sich aber (oben § 70 sub VII 4) nicht immer nur um die Folge einer Schadensherbeiführung handelt, wollen wir ihn lieber nicht als den „Beschädigten", sondern allgemeiner als den „Gekränkten," „Verletzten"[3]) bezeichnen.

II. Daneben kommen aber noch zahlreiche andere Personen in Betracht: so etwa ein mittelbar Beschädigter (z. B. wenn A den Hund des B, den dieser an C zu liefern hatte, tötet); ferner die die „Verfehlung" des Erbunwürdigen geltend machende, ihm mit der Anfechtung gegenübertretende Person (BGB. § 2341); oder etwa, auf seiten des Täters interessierend, ein Mittäter, Anstifter oder Gehilfe (BGB. § 830) oder der Aufsichtspflichtige (vgl. BGB. § 832) oder der gesetzliche Vertreter (vgl. BGB. § 278).

III. Wegen aller oder doch wegen vieler dieser Persönlichkeiten tauchen wichtige prinzipielle Fragen auf, und daher sind diese Personen getrennt zu betrachten.

IV. Der Kreis der als Täter auftretenden Personen findet im Gesetzbuch mehrfach insofern eine Einschränkung, als der Tatbestand der betreffenden Normen eine gewisse Beziehung zwischen dem Täter und dem Verletzten voraussetzt.

1. Dies ist der Fall:

a) Ueberall da, wo es sich um kontraktliches Verschulden handelt und alsdann eben ein Kontraktsverhältnis zwischen dem Täter und dem Verletzten obwalten muß; hierher gehören insbesondere die meisten in unserer Materialssammlung aufgezählten Normen,[4]) welche im Buch II des Gesetzbuchs stehen — und das sind wiederum die meisten Nummern der ganzen Materialssammlung —, insbesondere etwa in den ersten

---

[1]) Nur bei wirklich reinem Verschulden gegen sich selbst (oben § 68 sub III 5 und V) würde allein der Täter interessieren, und dies wäre umgekehrt auch als Probe für das Vorhandensein solchen Verschuldens verwertbar.

[2]) Dieser Ausdruck soll zur Abkürzung eingeschaltet werden; es ist zuzugeben, daß er nicht immer, sondern nur in den meisten Fällen zutreffend ist, da es (vgl. oben § 69 sub A I 2 a) beim Verschulden im weiteren Sinne auf eigentliche Taten im Sinne realer Handlungen weniger ankommt. Daß der Ausdruck auch beim Tier- und Gebäudeschaden nicht paßt (vgl. oben § 71 sub B IV 5 d γ), ist für uns unerheblich, weil diese Delikte nicht vom Verschuldensprinzip beherrscht sind (vgl. oben § 72 sub VIII 3 a β).

[3]) Natürlich ist nicht nur an den körperlich Verletzten zu denken, der mit dem in seinem Vermögen oder an einem anderen Rechtsgute (vgl. BGB. § 823 Abs. I) „Beschädigten" zumeist (vgl. aber z. B. §§ 844 f.) zusammenfallen würde.

[4]) Die ‚culpa in concreto' setzt stets ein vorhandenes (Konventional- oder Legal-) Schuldverhältnis dar; vgl. oben § 9 sub II 1.

24 Titeln des Abschn. VII, während die Vorschriften aus Titel 25 von einem bestehenden Schuldverhältnisse prinzipiell absehen.

b) Aber auch überall da, wo es sich um Normen aus dem Familien- oder Erbrecht handelt, da diese — zum allergrößten Teile wenigstens[1]) — Ehe oder Verwandtschaft zwischen den Beteiligten zur tatsächlichen Voraussetzung haben, bisweilen unter noch engerer Begrenzung des Verwandtschaftsverhältnisses, z. B. betreffs der Enterbung für die Fälle des § 2333 auf Aszendenten und Deszendenten.

2. Eine ganz besonders eigentümliche Einschränkung wegen des Kreises der als Täter in Betracht kommenden Personen begegnet im § 2333 Nr. 2 insofern, als die vorsätzliche körperliche Mißhandlung, welche dem Ehegatten des Erblassers widerfuhr, nur dann als Enterbungsgrund zu Ungunsten des Täters gilt, wenn dieser Täter ein Abkömmling zugleich des Erblassers und seines mißhandelten Ehegatten gewesen ist.

V. Wiederum eine andere Erscheinung ist es, wenn das Gesetz insofern gewisse Beziehungen zwischen dem Täter und dem Gekränkten voraussetzt, als es in einer Anzahl der für unser Problem relevanten Normen von einer Zusammenwirkung oder aber von einer Gegenwirkung der Beteiligten redet und diese Umstände dem Tatbestande der betreffenden Normen einverleibt.

1. Dies zeigt sich in folgenden Formen:[2])

a) Gewisse Tatbestände setzen voraus, daß die Handlung des Täters vom Gekränkten „gestattet" worden ist.

b) Umgekehrt setzen gewisse Tatbestände voraus, daß die Handlung des Täters „wider den Willen" des Gekränkten erfolgte oder daß nicht etwa dessen „Zustimmung" oder „Teilnahme" oder „Einwilligung" vorlag.

c) Nachträglich kann durch „Verzeihung" seitens des Gekränkten oder durch eine Abrede zwischen ihm und dem Täter eine Abwendung der Verschuldensfolgen herbeigeführt werden.

d) Auch im voraus kann durch Abrede zwischen dem Täter und dem Gekränkten bisweilen dem Eintritte der Verschuldensfolgen vorgebeugt werden.

2. Allen diesen Fällen ist es gemeinsam, daß es sich hier nicht um die Persönlichkeit der Beteiligten handelt, sondern um den Fortfall entweder des Verschuldens selber oder seiner bereits eingetretenen Folgen. Daher interessieren diese Angelegenheiten im gegenwärtigen Zusammenhange noch nicht, sondern werden richtiger erst bei anderer Gelegenheit, unter §§ 81 und 82, zur Erörterung gelangen dürfen.

Erster Punkt:

Der Täter.

§ 74.

Der Täter im allgemeinen.

1. Im allgemeinen haben wir uns über die Persönlichkeit des Täters nicht weiter den Kopf zu zerbrechen. Denn von denjenigen rechtlichen Eigenschaften, welche betreffs der Personen für das Zivilrecht intereressieren,[3]) sind die meisten

[1]) Ausgenommen z. B. die Vorschriften, bei denen es sich um bloße Vermächtnisse oder um einen Erbvertrag handelt (§§ 2182 f., 2279, 2283, 2287 f., 2294; oben § 10 sub II 1 b β und sub II 2 a α, § 2 sub III 4 d, § 3 sub B I 1 c α, § 14 sub B II 1—4, § 17 sub A II 1 a und § 22 sub II 1), sowie § 2341, welcher zwischen dem Bedachten und dem Anfechtungsberechtigten Beziehungen verwandtschaftlicher Natur nicht erheischt.

[2]) Vgl. Näheres unten §§ 81 f., insbesondere § 81 sub III und § 82 sub B I 1 und 2, II 1 b und 3 und III.

[3]) Vgl. die Uebersichten in meinen „Vorträgen" Bd. I §§ 14—29 S. 99 ff.

im Rahmen der Frage unseres Themas gleichgültig. Von Bedeutung sind lediglich folgende:

a) Das Lebensalter[1]) sowie die körperliche und geistige Gesundheit wegen der „Verantwortlichkeit" (Deliktsfähigkeit; vgl. einstweilen BGB. §§ 827 ff., 276 Abs. I Satz 3).

b) Das Geschlecht und der Berufsstand, indem gewisse „unerlaubte Handlungen" voraussetzen, daß der Täter ein männliches Individuum (§§ 825, 847 Abs. II, oben § 28 sub II 1 c) bezw. ein Beamter[2]) (§§ 839, 841, ebenda sub d und sub III 4 c α) ist.

2. Hierüber ist im einzelnen nachstehendes zu bemerken:

a) Da die sub 1 b erwähnten Umstände nichts weiter sind als vom Standpunkt des Verschuldens als solchen prinzipiell gleichgültige, akzidentielle Tatbestandsmomente der betreffenden Delikte, so können wir sie ganz außer Betracht lassen;[3]) dagegen erfordern die sub 1 a genannten Momente, weil sie das Verschulden selbst tangieren, genauere Betrachtung, die unten § 75 erfolgen wird.

b) Nur aus einem ganz besonderen Grunde und für eine besondere Frage ist der sub b erwähnte Berufsstand auch für die Verschuldenslehre im eigentlichen Sinne von Bedeutung und zwar von sehr erheblicher. Wenn es sich nämlich um die Anwendbarkeit der „Fahrlässigkeit" oder eines ihrer Unterbegriffe (oben § 66 sub V 1 b und c und sub 2 a) handelt, so ist es wichtig, welchem Berufe der Täter angehört. Denn wie in § 31 sub A III 9—17 auf Grund eingehender Untersuchung festgestellt wurde, differenziert sich auch im Bereiche des BGB. — und nicht nur im Bereiche des HGB. und gewisser handelsrechtlicher Nebengesetze (oben § 31 sub A IV 3), wo dem Nagel direkt auf den Kopf getroffen und das Kind sofort beim richtigen Namen genannt wird[4]) — die „im Verkehr erforderliche Sorgfalt" nach den verschiedenen Berufsarten.

3. Aber auch der Unterschied zwischen natürlichen und juristischen Personen ist von Bedeutung für unsere Lehre, insofern als auf die sog. Deliktsfähigkeit der juristischen Personen (vgl. BGB. §§ 31, 89) ein Blick geworfen werden muß (unten § 76).

4. Daß die eigene Individualität einer physischen Person im allgemeinen für die Verschuldungslehre bedeutungslos[5]) bleibt,[6]) ist in unseren Untersuchungen über die „Fahrlässigkeit" (oben § 31 sub A III 18) aufs nachdrücklichste betont worden und ist von dort auf die übrigen Verschuldensbegriffe

[1]) Wichtig wird die Altersstufe mittelbar und akzidentiell z. B. auch darum, weil die zur Ehescheidung führenden „Verfehlungen" (oben § 17 sub II 1 c) Personen voraussetzen, die „ehemündig" (BGB. § 1303) waren; auch dies ist für uns jedoch ohne prinzipielles Interesse. Dasselbe gilt für BGB. § 832 (§ 840 Abs. II), oben § 25 sub A IV 3 (§ 9 sub I 2 a).

[2]) Ueber die Spezialliteratur zu diesen Normen und über die Entbehrlichkeit der §§ 1674, 1848 ausführlich oben § 5 sub B II 2 b.

[3]) Gleiches ist zu bemerken wegen der Qualität als Ausländer (vgl. EG. z. BGB. Art. 7 ff., insbes. auch 12; ferner etwa Art. 10 Satz 2, 17, 24 f., 29); ferner wegen des Mangels der bürgerlichen Ehrenrechte (vgl. oben § 29 sub II 1 c) und z. B. wegen Wohnsitz, Verschollenheit, religiösen Bekenntnisses; über gewisse lediglich indirekte Ausnahmen vgl. oben § 31 sub A III 18 f.

[4]) Im allgemeinen wenigstens; über die Ausnahmen vgl. oben § 31 sub A IV 3 c.

[5]) Wiewohl das Verschulden als „subjektives Unrecht" es in thesi nicht als ungerechtfertigt erscheinen lassen könnte, wenn eine Berücksichtigung der individuellen Veranlagung prinzipiell erfolgen würde.

[6]) Sehr richtig wird dies von Goldmann und Lilienthal, 2. Aufl. Bd. I S. 138 sub 4, an hervorragender Stelle betont.

auszudehnen; nur bei der diligentia quam suis ist die Rücksichtnahme auf die individuellen Eigenschaften des Täters statthaft, ja sogar vom Gesetze begrifflich postuliert (oben § 41 sub I 1 b β und 3 a). Im übrigen ist zu diesem Punkte noch folgendes zu betonen:

a) Gelegentlich lehnt wegen der „Arglist" auch das Reichsgericht[1]) die Bezugnahme der Partei auf ihre „optimistische Veranlagung" ab.

b) Ganz etwas anderes ist es, daß bisweilen die subjektive Anschauung des Gegenparts erheblich werden kann, insbesondere in der Richtung, daß die Anwendbarkeit der generalis clausula des § 1568 (oben § 37 sub II) davon abhängt, ob der auf Scheidung klagende Ehegatte seinerseits das Verhalten des Beklagten auch wirklich als ein das eheliche Verhältnis zerrüttendes empfunden und nicht vielleicht gar gegenteilig gebilligt hat (z. B. indem der Mann die Frau zur Prostitution anhielt) oder doch nach dem Grundsatz „Eine Krähe hackt der anderen nicht die Augen aus" stillschweigend duldete.

c) Und wiederum etwas anderes ist es, daß in einem Falle das Gesetz selber den Richter nötigt, die Individualität des Schuldigen zu prüfen, nämlich wenn (§ 828 Abs. II) dieser im Alter zwischen 7 und 18 Jahren steht oder taubstumm ist und wenn zugleich ein Fall des Verschuldens im engeren Sinne der Deliktsobligationen oder des § 276 (Abs. I Satz 3) BGB. gegeben ist; eine Berücksichtigung der Individualität bei Prüfung der Zurechnung anderer Personen ist dagegen innerhalb des Verschuldens im engeren Sinne durchaus unzulässig. Darum muß gegen Cosack protestiert werden, sowohl was seine Bemerkung I § 71 V sub 4 S. 252/253 betrifft, wie wegen des Beispiels ebenda S. 253, wonach ein neunzigjähriger Schwachkopf, der durch Fortwerfen eines Zündholzes ein Brandunglück verursacht, nicht schadensersatzpflichtig sei, „weil er, schwachsinnig, wie er war, mit dem Wegwerfen des Zündholzes überhaupt keine Fahrlässigkeit begangen" habe; hingegen ließe sich dasselbe Beispiel sehr wohl verwerten, um etwa das Vorhandensein eines Ehescheidungsgrundes aus § 1568 zu leugnen, wenn der Betreffende sich und seine Frau durch Absingen zotiger Lieder auf der Straße oft zum Gespött macht; denn dadurch kann sehr wohl das eheliche Verhältnis zerrüttet werden, aber in casu concreto hat nicht der Ehemann diese Zerrüttung „verschuldet".[2])

d) Zwei individuelle Eigenschaften eines Menschen wurden noch bei anderer Gelegenheit (oben § 18 sub B II 1) von uns erwähnt, nämlich der „Leichtsinn" und die „Unerfahrenheit", welche in Verbindung mit dem Zustande der Notlage in dem Musterbeispiel des § 138 Abs. II begegneten. Aber erstens haben wir den „Verstoß gegen die guten Sitten", um dessentwillen das Gesetz dies Musterbeispiel bringt, nicht als „Verschulden" anerkannt (oben § 36, insbes. sub II 9 b) und zweitens sind es ja nicht des Täters Leichtsinn oder Unerfahrenheit, die dabei in Betracht kommen, sondern die des Geschädigten.

e) Als individuelle Eigenschaften eines Menschen kann man noch Trunksucht und Verschwendungssucht betrachten, und auch das „verschwenderische Leben", sowie den „unsittlichen Lebenswandel" mag man hierher stellen bezw. man mag diese Umstände auf dahinterliegende

---

[1]) Entsch. des Reichsger. vom 16. Mai 1903 (V 12/03); vgl. oben § 58 S. 443 Anm. 6, 446 Anm. 3 und 9, 447 Anm. 1 und 2, 458 Anm. 3, 464 Anm. 5.

[2]) Daß der Ausdruck „verschuldet" gerade in § 1568 nicht im technischen Sinne zu verstehen ist (vgl. oben § 42 sub B II 4), ist für obige Angelegenheit im Effekt indifferent.

Charakterfehler[1]) zurückführen. Jedenfalls haben wir ihnen aber die Bedeutung als Verschuldensbegriffe gleichfalls abgestritten (vgl. oben § 54) oder diese Bedeutung (im weiteren Sinne) doch höchstens für „unsittliches Verhalten" (oben § 46 sub A II 5) — und ähnlich für „sittliches Verschulden" (oben § 42 sub B II 5) — zugegeben; aber auch hiermit haben sie lediglich den Wert von Tatbestandsmerkmalen, nicht prinzipiellen Wert für das System der Verschuldensbegriffe.

§ 75.

Insbesondere die Verantwortlichkeit des Täters.

Die Notwendigkeit, unsere Zweiteilung des Verschuldens in ein solches im engeren und ein solches im weiteren Sinne konsequent durchzuführen, ergibt sich wohl für keine andere einschlägige Frage mit so großer Deutlichkeit, wie für die in der Ueberschrift angedeutete. Mußte es doch, als wir dieser Zweiteilung zum ersten Male (im § 42 sub B V 1) begegneten, sofort als besonders wichtige Folgerung konstatiert werden, daß (vgl. ebenda sub 3) die gesetzlichen Spezialvorschriften über die Verantwortlichkeit für Verschulden sich nur auf das Verschulden im engeren Sinne allein beziehen lassen. — Wir werden deshalb auch an dieser Stelle gut tun, beide Verschuldensarten in schärfster Trennung zu betrachten, zumal wir uns ja doch a priori sagen müssen, daß es für die „Verantwortlichkeit" von größter Bedeutung sein dürfte, ob es sich (vgl. oben § 69 sub A I 1), wie beim Verschulden im engeren Sinne, um einen intellektuellen Fehler oder, wie beim Verschulden im weiteren Sinne, um einen moralischen Fehler handelt.

A. Das Verschulden im engeren Sinne.

I. Da das „Verschulden im engeren Sinne" ein intellektueller Fehler ist (vgl. oben § 69 sub A I 1 a), so mangelt es an einer wesentlichen Voraussetzung für den Begriff dieses Verschuldens, sofern der Täter nicht willensfähig ist; konsequenterweise müssen also auch die vom Gesetz an das Verschulden geknüpften Folgen überall da in Fortfall kommen, wo die Willensfähigkeit des Täters mangelte. Dieser einfache Satz — den das Gesetz selber nicht oder doch nicht in dieser allgemeinen Formulierung aufstellt, weil es seine Einrückung für entbehrlich hielt[2]) — bedarf jedoch nach mancherlei Richtungen der näheren Betrachtung.

1. Das Gesetz selber zieht die Grenzen der Willensfähigkeit in §§ 827 und 828, indem es — übrigens ähnlich wie wegen der rechtsgeschäftlichen Willensfähigkeit in § 104[3]) — gewisse Personen für gänzlich unverantwortlich erklärt (nämlich die noch nicht 7 Jahre alten, § 828 Abs. I, und diejenigen, welche sich „im Zustand der Bewußtlosigkeit" oder „in einem die freie Willensbestimmung ausschließenden Zustande krankhafter Störung der Geistestätigkeit" befinden, § 827 Satz 1)[4]) und indem es bei gewissen anderen Personen (denen zwischen 7 und 18 Jahren, § 828 Abs. II Satz 1, und den

[1]) Vgl. oben § 54 sub A I 3 a und II.

[2]) Vgl. Prot. II Nr. 153 I S. 591 f.

[3]) Ein besonders wichtiger Unterschied ist jedoch, daß wegen Nichterwähnung der Geisteskrankheit (BGB. § 104 Nr. 3) in § 827 f. während der lucida intervalla Deliktsfähigkeit vorliegt; vgl. Mot. II S. 732. Im Uebrigen vgl. wegen der Gegensätze in §§ 104 f. und 827 f. auch oben § 31 S. 123 Anm. 1.

[4]) Wegen § 827 Satz 2 vgl. unten sub d β.

Taubstummen, § 828 Abs. II Satz 2) die Verantwortlichkeit abhängig macht vom Vorhandensein der „zur Erkenntnis der Verantworlichkeit erforderlichen Einsicht".

a) Diese Grenzlinien finden sich aber innerhalb der Lehre von den „unerlaubten Handlungen" (§§ 823 ff.) und können darum als positive Normen, die nicht im allgemeinen Teile des Gesetzbuchs oder doch wenigstens in den allgemeinen Abschnitten (I—VI) des zweiten Buches stehen, ebensowenig Anspruch auf Beachtung außerhalb der Deliktsobligationen [1]) erheben, wie etwa der die dreijährige Verjährungsfrist für Deliktsobligationen statuierende § 852.

b) Andererseits wird diese durch §§ 827 f. begrenzte sog. „Deliktsfähigkeit" durch § 276 Abs. I Satz 3 auf alle Fälle ausgedehnt, [2]) in welchen „der Schuldner Vorsatz und Fahrlässigkeit zu vertreten" hat. Wir werden mithin genötigt sein, die gleiche Grenzziehung überall da anzuerkennen, wo sonst noch im Gesetze, gleichviel an welcher Stelle, von „Vorsatz" und von „Fahrlässigkeit" die Rede ist, und wo zweitens gleichzeitig es sich um eine „Vertretung" des Verschuldens, eine Verantwortlichkeit für Vorsatz oder Fahrlässigkeit, handelt.

c) Daraus ergeben sich einerseits Erweiterungen, andererseits Einschränkungen für die Anwendbarkeit der §§ 827 f.

α) Die Erweiterungen gehen dahin, daß die vom Gesetz beliebte Abgrenzung der Verantwortlichkeit auch überall da anerkannt werden muß, wo es zwar nicht gerade die Ausdrücke „Vorsatz" oder „Fahrlässigkeit" selber, sondern die zusammenfassenden Ausdrücke „Verschulden" und „schuldhaft" gebraucht oder wo das Gesetz mit Ausdrücken operiert, die wir als Unterfälle des Vorsatzes bezw. der Fahrlässigkeit erkannt haben. Es beanspruchen §§ 827 f. mithin auch überall da Geltung, wo von qualifizierter „Absicht", von „Arglist", von „Böswilligkeit" oder „Böslichkeit" [3]) oder „Hinterlist" und ferner überall da, wo von „grober" Fahrlässigkeit oder von Vernachlässigung der ‚diligentia quam suis' [4]) oder vom „Kennenmüssen" oder von „Bösgläubigkeit" [5]) die Rede ist.

β) Die Einschränkung geht dahin, daß §§ 827 f. überall da unanwendbar bleiben, wo

α') entweder es sich nicht gerade um ein „vertreten", sondern beispielsweise um einen Ehescheidungs- oder Enterbungsgrund handelt oder

---

[1]) Auch innerhalb der Deliktsobligationen selber halte ich §§ 827 f. für unanwendbar, wo (§§ 833 ff., oben § 39 sub I 5 a β) die unerlaubte Handlung nicht auf dem Verschuldensprinzip aufgebaut ist, und ich schließe mich bezüglich dieser Kontroverse gegen von Liszt S. 107 und Crome II S. 1062 der z. B. von Dernburg II 2 § 396 S. 649 III, Linckelmann S. 87 (nicht S. 82, wie Crome a. a. O. Anm. 3 zitiert), S. 111, Oertmann S. 570 Anm. 2 c, Piper S. 32, Planck II S. 618 Note 1 vertretenen Ansicht an. Ich glaube mich hierfür auch gerade auf das Gesetz selber berufen zu dürfen, welches die von einem Verschulden unabhängigen Fälle der unerlaubten Handlungen erst erwähnt, nachdem sämtliche auf dem Verschuldensprinzip aufgebauten generelleren Tatbestände (§§ 823—826) erledigt und diesen dann sofort die in Frage stehenden §§ 827 ff. angeschlossen worden sind.

[2]) Vgl. dazu Mot. II S. 28 f. und auch oben § 66 sub X 2 a.

[3]) Auch von der „Böslichkeit" wird dies zu gelten haben, wiewohl sie mit der lex unica des § 1567 zugleich für die Ehescheidungsgründe, also für den Punkt B II 2 interessiert.

[4]) Insofern muß man (entgegen dem oben § 66 sub V 3 a Ausgeführten) die neglegentia quam suis in die Fahrlässigkeit (des § 276 Abs. I Satz 2) einstellen.

[5]) Vgl. jedoch das oben § 66 sub II 2 Bemerkte.

β') keiner der sub α genannten Ausdrücke sich findet, oder wo er sich zwar findet, aber nicht im technischen Sinne.

γ) Darnach (β) bleiben §§ 827 f. beispielsweise ohne Interesse nicht nur für das rein objektive Unrecht, z. B. für „Vertragswidrigkeit“ oder „Verstoß gegen die guten Sitten“ (vgl. oben § 66 sub I 1), sondern auch z. B. (vgl. ebenda sub III 1) für den „Undank“ oder für die „Verfehlungen“ oder für die „Pseudofälle des Verschuldens“ (oben § 66 sub III 1 b).

d) Soweit in den oben (sub c γ) erwähnten Fällen es sich nicht um eine rein moralische Schuld handelt, sondern ein intellektueller Fehler gleichzeitig hindurchschimmert — namentlich also bei §§ 254 und 846,[1]) ferner etwa bei §§ 1565 ff. und 2333, 2339 —, werden wir nun natürlich nicht für die Bestimmung der Verantwortlichkeit von dieser Willensschuld ganz absehen dürfen. Auch hier setzt der Willensfehler selbstverständlich Willensfähigkeit voraus. Nur ist zur Bemessung der Willensfähigkeit hier eben nicht[2]) der durch §§ 827 f. geschaffene Maßstab sakrosankt; vielmehr wird hier der Richter sich den Maßstab selber zu schaffen haben und die positiven Vorschriften über die „Deliktsfähigkeit“ werden ihn ebensowenig kümmern wie die Tatsache, daß sich bei ihrer Aufstellung der Gesetzgeber auf Erfahrungsgrundsätze und auf ältere gesetzgeberische Vorgänge berufen zu dürfen glaubte.[3])

α) Die selbständige Beurteilung der Willensfähigkeit des Täters wird den Richter aber allerdings dahin führen, in den Fällen, welche § 827 Satz 1 (oben sub 1) bespricht, und ebenso in den durch § 828 Abs. II (ebenda) behandelten zu demselben Resultate zu gelangen, d. h. dort einen gänzlichen und absoluten, unbedingten, hier einen relativen (hypothetischen, bedingten) Mangel der Willensfähigkeit anzunehmen. Dagegen wird er die von § 828 Abs. I (ebenda) beliebte Verneinung der Deliktsfähigkeit einer Person unter 7 Jahren keineswegs unbedingt teilen; ferner wird er die Relativität der Willensfähigkeit und die Möglichkeit fehlender Einsicht auch außerhalb der Altersstufen vom 7. bis 18. Lebensjahr (ebenda) bis zum 21. Lebensjahr und auch darüber hinaus bis ins späteste Greisenalter des Täters respektieren und ebenso wird er die Einsicht außer bei Taubstummen auch bei Tauben oder Stummen, bei Blinden und auch bei Vollsinnigen prüfen.

β) Gleiches gilt auch von der Vorschrift des § 827 Satz 2. Die hier aufgestellte Regel, daß selbstverschuldete Bewußtlosigkeit oder Geistesstörung die Verantwortlichkeit nicht beseitigt, muß zwar zufolge der Bestimmung in § 276 Abs. I Satz 3 (oben sub b) auch für das Bereich der Kontraktsobligationen als gültig erachtet werden; sie verliert ihre bindende Befehlskraft aber ebenfalls z. B. für den Ehescheidungsgrund des § 1568, und der Richter wird daher außerhalb der Deliktsobligationen und außerhalb des Anwendungsgebietes von § 276 auch z. B. in Fällen selbstverschuldeter Trunkenheit des Schuldigen zu der dem § 827 Satz 1 entsprechenden Regel einer Verantwortungslosigkeit des Täters gelangen können. Nur ist zu beachten, daß sich gerade das einer

---

[1]) Vgl. oben § 42 sub B II 1 und 2 und auch unten § 79.

[2]) Zu weitgehend Hachenburg, Vorträge, 2. Aufl., 1900, S. 459/460.

[3]) Vgl. Mot. II S. 28, 731 f.

selbstverschuldeten Trunkenheit[1]) oder ähnlichen Vorgängen zugrunde liegende Verhalten des Täters sehr leicht zu besonderen Verschuldensformen verdichten kann und daß gerade sie den Tatbestand derjenigen Normen herbeiführen werden, in welchen wir ein Verschulden im weiteren Sinne erblickt haben. So wird Vorliebe für Alkohol, für Morphium oder Kocain[2]) sehr wohl die generalis clausula des § 1568 Satz 1 (oben § 37 sub II und § 54 sub A II) in Bewegung setzen können und Trunksucht[3]) kann sehr wohl als Grund und Beweis „ehrlosen oder unsittlichen Lebenswandels" (vgl. oben § 54 sub A I 1) verhängnisvoll werden[4]) neben den anderen in § 827 Satz 2 nicht gestreiften Gründen, wie z. B. gewerbsmäßiger Unzucht.

2. Das gewonnene Resultat wird insbesondere dadurch bestätigt, daß §§ 827 f. lediglich von einer Verantwortlichkeit für „Schaden" sprechen, also die sonstigen weitverzweigten Folgen eines Verschuldens (im engeren und im weiteren Sinne) — oben § 70 sub IV und V — außer Betracht lassen.[5]) Natürlich bleibt auch die von Billigkeitserwägungen diktierte und den Richter selber auf die aequitas verweisende Spezialvorschrift des § 829 erst recht außer Betracht,[6]) und sie wird ja auch nicht einmal für § 276 herangezogen.

3. Dem Versuche, über die oben sub 1 c β gezogenen Schranken hinaus der „Deliktsfähigkeit" Zutritt zu den sonstigen Verschuldensfällen im engeren oder im weiteren Gebiete zu verschaffen, würde sich m. E. am wirksamsten das BGB. selber widersetzen. Denn indem es die sog. „Deliktsfähigkeit" in Buch II Abschn. VII Titel 25 behandelt und von dort aus erst auf Abschn. I ausdehnt, verleiht es zwar dieser „Deliktsfähigkeit" einen Reisepaß (als „Verantwortlichkeit" überhaupt) in die oben sub 1 c α abgesteckten Gebiete, ruft ihr aber im übrigen ein energisches „bis hierher und nicht weiter!" zu und gestattet es der „Deliktsfähigkeit" nicht, sich auch noch über diese Grenze hinaus in die Gebiete z. B. des Ehescheidungs- und Enterbungsrechts hineinzuschmuggeln.

4. Es ist das vom Standpunkte dieses Nachbargebietes aus betrachtet ein entschiedener Vorzug; denn nunmehr streift bei der Grenzüberschreitung die Verantwortlichkeit alle die Fesseln ab, welche ihr §§ 827 f. anlegen, und der Richter wird seinerseits dadurch über die Willkürlichkeiten erhoben, die ein Gesetz stets enthält, sobald es einen festen Tarif aufstellt, sei es, daß dieser, wie § 828 Abs. I und Abs. II Satz 1, ein bestimmtes Zeitmaß normiert, sei es, daß er einen örtlichen (geographischen) oder finanziellen Gradmesser bietet.[7])

II. Es wird als erfreuliche Bestätigung für die Richtigkeit unserer Ergeb-

---

[1]) Daß Trunkenheit und Trunksucht zu unterscheiden sind und daß letztere an sich nicht unter das Verschulden, selbst nicht unter das im weiteren Sinne gehört, wurde bereits oben § 54 sub A II (S. 387 Anm. 6) nachgewiesen.

[2]) Die Bemerkungen Wildermuths im „Recht" VII (1903) Nr. 19 S. 465 ff. über die Zurechnungsfähigkeit der Hysterischen betreffen nur die strafrechtliche Seite.

[3]) Wegen der Trunksucht vgl. oben Anm. 1.

[4]) Vgl. wegen dieses Beispiels bereits oben § 74 sub 4 c.

[5]) Vgl. Prot. II Nr. 152 S. 579 ff. (insbes. sub II S. 583) und Nr. 153 I S. 591 f.

[6]) Für unser Thema ist § 829 ganz interesselos; denn er ist gerade da einzugreifen bestimmt, wo die Haftung auf dem Verschuldensprinzip im engsten Sinne nicht aufgebaut werden kann; vgl. auch unten sub C I 3.

[7]) Vgl. hierzu in anderem Zusammenhange (aber mit gleichem Ergebnis strikter Einhaltung der gesetzlichen Abgrenzungen) bereits oben § 31 sub A III 18 f und als Beispiele eines finanziellen Gradmessers die ‚summa revisibilis' (CPO. § 546) oder etwa StGB. § 1 Abs. II und III, Gerichtsverfassungsges. § 23 Nr. 1, Preuß. Feld- und Forstpolizeiges. vom 1. April 1880 (Ges.S. S. 230) § 6 und aus dem BGB. selber §§ 965 Abs. II Satz 2, 973 Abs. II Satz 1, 702.

nisse sub I zu gelten haben, daß wir zu den gleichen Resultaten bereits bei anderen Gelegenheiten gelangt sind, nämlich:

1. vom Standpunkt der systematischen Behandlung der Verschuldenslehre als eines Teils der Zivilrechtslehre überhaupt: in § 66 sub X 2 a;

2. vom Standpunkt der begrifflichen Bestandteile des „Vorsatzes" im besonderen: in § 55 sub A X.

III. Auch sonst[1]) hat uns die Frage der Verantwortlichkeit für das Verschulden und der sog. Deliktsfähigkeit im besonderen schon mehrfach beschäftigt. So namentlich:

1. indem wir sie mit Rücksicht auf gewisse Einzelbegriffe, z. B.[2]) „Fahrlässigkeit", „Kennenmüssen", „unverzüglich", „Arglist" und „Verheimlichung" beleuchteten (oben § 31 sub A III 18 d und e und C VI 1, § 32 sub III 8, § 33 sub B II 5 c und 6, § 58 sub A VIII 1 a, § 60 sub A IV) und beispielsweise feststellten, daß sich hinter allen mit dem Begriffe „unverzüglich" operierenden Normen die Unterfrage nach der Verantwortlichkeit verstecke (was dann sogar des weiteren für das Handelsrecht überraschende Konsequenzen zeitigt; vgl. oben § 33 sub B IV);

2. indem wir konstatierten, daß sowohl die rein objektiven Begriffe wie „Vertragswidrigkeit" (oben § 44 sub A IV 6), „Handeln ohne Wissen" (oben § 61 sub A IV), „Pflichtverletzung" (vgl. oben § 37 sub V 1 d), „Verzug" (oben § 64 sub A VIII 1 b und 2 d) und „Drohung" (oben § 51 sub A VI 1) wie das „Verschulden im weiteren Sinne" (oben § 43 sub B VIII) von der Verantwortlichkeit im Sinne der §§ 827 f. BGB. unabhängig bleiben;

3. indem wir uns die Frage vorlegten, ob sich die Verantwortlichkeit beim „Verschulden gegen sich selbst" nuanciert (oben § 68 sub IV 1 und 2 und sub V a. E.);

4. indem wir feststellten, daß die „Pseudofälle" eines eigentlichen „Verschuldens" nicht Deliktsfähigkeit des Täters erheischen (oben § 42 sub B V 3).

IV. Mit dem gewonnenen Resultate befinden wir uns durchaus nicht vollkommen in Uebereinstimmung mit der Literatur zum BGB.[3])

1. Soweit sich die Literatur überhaupt wegen des Herrschaftsgebietes der §§ 827 f. und wegen der Tragfähigkeit der in § 276 Abs. I Satz 3 erfolgenden Verweisung näher äußert, was verhältnismäßig selten geschehen ist,[4]) lassen sich die Auffassungen in mehrere Gruppen teilen. Die engste Ansicht[5]) ist die, daß die Verweisung sich nur auf die Erfüllung von Verträgen beziehe; weitergehend

---

[1]) Abgesehen von den Bemerkungen sub I und II und von der Erwähnung der §§ 827 f. in der Materialssammlung (vgl. oben § 2 sub IV 2, § 6 sub II 3, § 25 sub A IV 1, § 28 sub IV; vgl. auch § 39 sub I 1 b). — Vgl. ferner einige Stellen in meinem in § 31 sub D wiedergegebenen Gutachten (S. 151 Anm. 3, 153 Anm. 1, 159 Anm. 7, 167 sub IV 7 b) und wegen einer Bemerkung Linckelmanns oben § 42 S. 315 Anm. 1. — Zu § 68 sub IV 4 vgl. unten sub IV 3.

[2]) Vgl. auch oben S. 357 Anm. 3 wegen des „nach dem Leben trachten".

[3]) Die Materialien (vgl. Mot. II S. 28 f., 731 ff.; Prot. I Nr. 46 II S. 302 sub 3 b und S. 304, ebenda II Nr. 152 II S. 579 ff., Nr. 153 I S. 590 ff., Denkschr. S. 150) äußern sich zu der Angelegenheit nicht, was aber eher zu Gunsten unserer Auffassung spricht; höchstens ist zu vermerken, daß Mot. II S. 28 f. ziemlich nachdrücklich wegen der Ausdehnung der Vorschriften über die Deliktsfähigkeit blos von den „obligatorischen Verpflichtungen" bezw. „Rechtsverhältnissen" sprechen. — Ueber die Judikatur unten sub C II.

[4]) Keine bezw. keine deutlichere Stellungnahme zu der im Text behandelten Frage findet sich z. B. bei Eck (I S. 194, 605 f.), Engelmann (S. 202 ff., 448), Fischer-Henle (S. 154, 426), Matthiaß (I S. 87, 270, 376 III, 714), Oertmann (S. 36 f., 563 ff.), Rehbein (II S. 100 Anm. 86). Ferner aus der Spezialliteratur zu den unerlaubten Handlungen z. B. Jung (S. 47 ff.. 148 ff.), Linckelmann (S. 107 ff.), Lühl (S. 17 f., 56 f.), von Weinrich (S. 41 ff.).

[5]) So Meisner S. 23 Anm. 1 (vgl. S. 293 f.).

wird die Verweisung immerhin auf Vertragsverletzungen[1]) oder gar auf alle bestehenden Schuldverhältnisse überhaupt[2]) und nicht nur auf ihre Erfüllung im besonderen bezogen; die weiteste Ansicht ist die, daß die Verweisung ganz generelle Bedeutung habe und daß §§ 827 f. auf alle Verschuldensfälle überhaupt anzuwenden seien.

2. Diese letztere Ansicht, namentlich von Planck[3]) und mit ihm von Kipp[4]) betont,[5]) dürfte wegen der engen Beziehung des § 276 Abs. I Satz 3 zu den Schuldbegriffen Vorsatz und Fahrlässigkeit den Vorzug verdienen; denn man gewinnt doch gerade durch die Einbeziehung der Verweisung in den ersten Absatz des Paragraphen, durch den engen räumlichen Zusammenhang mit Satz 1 und 2, den Eindruck, daß es der Zweck des dritten Satzes ist, einer schrankenlosen Interpretation der Begriffe „Vorsatz" und „Fahrlässigkeit" einen Riegel vorzuschieben, und daß in Hinsicht auf die Willensfähigkeit die Begriffsbestimmung, die durch den dritten Satz besonders betreffs der Fahrlässigkeit offensichtlich prolongiert wird, in ein vom Gesetz fest eingedämmtes Fahrwasser gelenkt werden soll.

3. Wie nun aber die Willensfähigkeit betreffs der außerhalb des „Vorsatzes" und der „Fahrlässigkeit" sowie des „Verschuldens" im engsten Sinne stehenden Verschuldensbegriffe abzugrenzen sei, und ob auch hier die Direktive in § 276 Abs. I Satz 3 als maßgebend betrachtet werden müsse, darüber lassen auch Planck und Kipp eine Aeußerung vermissen. Ich glaube jedoch nicht fehlzugehen, wenn ich annehme, daß sie gleich mir die Konsequenz in strenger Weise ziehen und die Anwendbarkeit der §§ 827 f. auf das Verschulden im engeren Sinne, jedoch einschließlich aller hierunter gehörigen Unterbegriffe,[6]) beschränken würden. Eine in dieser Richtung verwertbare restringierende Bemerkung, durch ein Beispiel unterstützt, finde ich lediglich bei Cosack.[7])[8])

---

[1]) So von Liszt, Deliktsobligationen, S. 9 (vgl. S. 46 ff.), Weyl, Vorträge I S. 342.

[2]) So Achilles S. 118, Vorbemerkung zu §§ 276—278, Cosack I § 71 V 4 S. 253 (vgl. unten Anm. 7), Dernburg II 1 § 66 sub 3 und 4 S. 142, Enneccerus-Lehmann I § 116 IV S. 289 (vgl. auch § 119 S. 294 f.). Hierher wird wohl auch Crome I § 37 S. 191 sub 2, § 109 S. 483 sub 2 zu rechnen sein, ebenso Zitelmann S. 156 sub 1 verglichen mit S. 160 sub c, S. 165 sub c. Vgl. wegen Crome und Zitelmann noch unten Anm. 6.

[3]) Planck I (Vorbemerkungen) S. 42 (vgl. II S. 49 Note 2): „Diese Vorschriften müssen in allen Fällen Anwendung finden, in welchen es sich darum handelt, ob einer Person ein Verschulden zur Last fällt. Es handelt sich . . . um ein allgemeines Prinzip" und wie die Definition der Fahrlässigkeit „muß auch die in Verbindung mit jener Definition erfolgte Verweisung auf die §§ 827, 828 analog auf andere Fälle des Verschuldens angewendet werden. So fällt z. B. im Falle des § 121 demjenigen, welcher plötzlich geisteskrank wird und infolge davon die Anfechtung zu erklären unterläßt, ein schuldhaftes Zögern nicht zur Last. Die Anfechtung gilt als unverzüglich erfolgt, wenn sie unverzüglich nach Hebung der Geisteskrankheit oder, sofern ein gesetzlicher Vertreter bestellt ist, unverzüglich nach der Bestellung von diesem erfolgt".

[4]) Kipp I S. 454 (vgl. II S. 890 sub 4) meint wegen der Vorschriften über die Zurechnung (wobei ein Druckfehler §§ 817 f. statt §§ 827 f. nennt): „Sie müssen . . . weiterhin auf alle sonstigen Fälle des rechtlich erheblichen Verschuldens entsprechend angewandt werden."

[5]) Ebenso Piper, Verursachung und Verschulden, Rostocker Diss. 1902 (oben S. 101 Anm. 3) S. 31: § 276 finde „wegen seiner allgemeinen Natur überall Anwendung, wo ein Verschulden in Frage steht. Auch der Vormund, der Inhaber der elterlichen Gewalt usw. können sich daher auf die §§ 827, 828 berufen."

[6]) So spielt ja Planck a. a. O. auf den Begriff „unverzüglich" an. Zitelmann dehnt S. 169 sub c die Grundsätze der §§ 827 f. auch auf das „Verschulden gegen sich selbst" aus; hierüber und über Crome I S. 497 vgl. oben § 68 sub IV 4.

[7]) Cosack sagt I S. 253: „Dagegen dürfen die Regeln auf Verschuldungen anderer Art nicht übertragen werden. Hier ist es vielmehr Sache des Einzelfalls, zu entscheiden, ob der angeblich Schuldige diejenigen Geisteseigenschaften besaß, welche die Voraussetzung seiner „Schuld" bilden. Man nehme z. B. an, daß jemand sich einer Tatsache nicht zu erinnern vermag, die ihm mitgeteilt worden ist, als er noch nicht sieben Jahre alt oder als

V. Die sub IV 1 vorgenommene Revue über die Literatur enthebt uns nicht einer erneuten Besichtigung auf einem anderen Beobachtungsfelde. Wie wir nämlich uns in § 67 sub I die Frage vorgelegt hatten, wo die Lehrbücher zum BGB. die Lehre vom „Verschulden" überhaupt behandeln, müssen wir uns jetzt die analoge Frage betreffs der Spezziallehre von der „Verantwortlichkeit" vorlegen. Und hier läßt sich folgendes konstatieren:

1. Die meisten Bücher[1]) behandeln die Angelegenheit innerhalb der Erörterungen über das „Verschulden" [2]) (und dementsprechend nach dem in § 67 a. a. O. Ausgeführten teils im „Recht der Schuldverhältnisse", teils im „Allgemeinen Teil"): so Cosack (I § 71 S. 252 f.), Crome (I § 109 S. 483 f.), Dernburg (II 1 § 66 S. 142 sub 3 und 4), Enneccerus-Lehmann (I § 119 S. 294 f.), Hellmann (§ 28 S. 180 f.), Kipp (I § 101 S. 454), Landsberg (I § 75 S. 252 ff.) Matthiaß (I § 61 S. 270 sub B I), Müller und Meikel (I § 84 S. 258), Weyl (I § 74 S. 342) und Zitelmann (S. 160 sub c).

2. Eine andere Behandlung findet sich:

a) bei Eck (I § 103 S. 605 f.), Engelmann (§ 150 III S. 448 f.), Kuhlenbeck (Von den Pandekten II § 61 S. 372) und Liebe (I § 202 S. 635 f.), indem sie die Angelegenheit in ihren allgemeinen Bemerkungen zum Verschulden (Eck I §§ 40 f. S. 194 ff., Engelmann § 75 S. 202 ff., Kuhlenbeck II §§ ff. S. 42 ff., Liebe I § 76 S. 229 ff.) garnicht andeuten, sondern sie erst den Erörterungen über die Deliktsobligationen einverleiben;

b) bei Endemann, indem er die grundlegenden Bemerkungen, auf die er nur später wieder kurz hinweist,[3]) bereits zusammen mit denen über die sog. Geschäftsfähigkeit nicht erst bei der Verschuldenslehre[4]) einstellt, sondern schon bei der im „Allgemeinen Teil" seines Werkes im ersten Kapitel behandelten Lehre von den natürlichen Personen (§§ 27 ff. S. 122 ff.).[5])

3. Nach meiner Auffassung sind beide sub 2 vermerkten Extreme zu ver-

---

er sinnlos betrunken war; ohne Rücksicht auf BGB. §§ 828, 827 wird man je nach Lage des Einzelfalls die Unkenntnis des Kindes für schuldhaft, die des Trunkenen für schuldlos erklären können." — Unklar bleibt es hier nur, in welchen sonstigen rechtlichen Zusammenhang sich Cosack dies Beispiel eingestellt denkt; wenn er, wie das Wort „Unkenntnis" vermuten läßt, das „Kennenmüssen" im Auge hat, so müßte ich jedenfalls (wegen §§ 276 Abs. I Satz 2, § 122 Abs. II) dieser Auffassung widersprechen; vgl. oben sub I 1 c α.

[8]) (Zu Seite 580.) Vermerkt sei noch, daß die das Verschulden beseitigende „Zustimmung" in § 1565 Abs. II (unten § 82 sub B I 2 und II) selbstverständlich von der Deliktsfähigkeit ganz unabhängig ist, ebenso wie (vgl. Opet S. 392 Note 9 a) von der Geschäftsfähigkeit.

[1]) Nicht zugänglich waren mir von den oben § 67 sub I genannten Werke im Augenblick: Leske, Siméon, Goldmann und Lilienthal. — Wegen Stammler vgl. auch hier das oben § 67 S. 516 Anm. 6 Bemerkte.

[2]) Dabei finden sich dann aber auch noch, entsprechend der Stellung der §§ 827 f. im BGB. selber, weitere Bemerkungen in der Lehre von den „unerlaubten Handlungen"; vgl. (m. E. allzu ausführlich gerade erst hier) z. B. Kipp II § 450 S. 890 f., Landsberg I § 161 S. 571 f., Matthiaß I § 142 S. 714, Müller und Meikel I § 196 S. 665 f., v. Buchka S. 157 und (minder ausführlich, also m. E. richtiger) Cosack I § 166 S. 619, Crome II § 331 S. 1045, Dernburg II 2 § 384 S. 618 f. Ganz an ungehöriger Stelle, nämlich bei Besprechung der „Fahrlässigkeit", behandelt die §§ 827 f. Bendix S. 308.

[3]) Vgl. Endemann I § 111 S. 635, § 130 S. 744 Anm. 2, § 201 S. 1269.

[4]) Wie Endemann diese Lehre (m. E. nicht glücklich) behandelt, vgl. oben § 67 sub I 1.

[5]) Aehnlich vgl. auch Kuhlenbeck a. a. O. I § 5 S. 116 ff. sowie Krückmann S. 37.

werfen[1]) und die m. E. richtige Behandlung erfährt die Angelegenheit nur, wenn sie zugleich mit dem Verschulden selber im allgemeinen Teil des bürgerlichen Rechts zur Darstellung gelangt (so daß ich also mit Dernburg und Müller und Meikel, oben sub 1, nicht[2]) völlig einverstanden bin).

B. Ganz anders liegt die Frage der Verantwortlichkeit beim Verschulden im weiteren Sinne.

I. Zunächst müssen wir uns hier erinnern, daß (vgl. oben sub A I 1 c β) die Vorschriften der §§ 827 f. auf diese Verschuldensfälle unanwendbar bleiben, und wir müssen es daher als Fehler bezeichnen, wenn sich trotzdem in Literatur und Praxis diese Normen bisweilen herangezogen finden, um einschlägige Fälle zu entscheiden.

II. Sodann müssen wir hier zwei Gruppen aufs strengste scheiden:

1. Wenn die Norm, die wir als dem Verschulden im weiteren Sinne angehörig betrachten, zugleich mit echten Verschuldensbegriffen, wie Vorsatz usw. operiert, so ist in solchen Fällen (vgl. über sie Näheres oben § 66 sub VII) die Unanwendbarkeit der §§ 827 f. zwar gleichfalls zu behaupten, aber nur darum, weil sich die Folgen nicht in der Richtung einer Pflicht, dies Verschulden zu „vertreten", bewegen; die Beurteilung der Willensfreiheit hat dann nach den oben sub A I 1 d gegebenen Direktiven zu erfolgen.

2. Wenn dagegen von einer „Willensschuld" überhaupt keine Rede sein kann, sondern lediglich von einer moralischen Schuld — man denke an den „Undank" und das „sittliche Verschulden" (oben § 66 sub IV 4 a) —, so läßt sich die Verantwortlichkeit auch nicht einmal nach den sub A I 1 d gegebenen Direktiven beurteilen, sondern lediglich nach Erwägungen, die statt auf dem intellektuellen auf dem moralischen Gebiete liegen.

a) Denn die Eigenschaft dieser Verschuldungen als moralischer Verfehlungen darf doch nicht etwa unberücksichtigt bleiben. Sonst kämen wir zu Resulaten, die dem entsprächen, was etwa auf dem Gebiete des Schadensersatzrechtes die bloße „Erfolgshaftung" ist. War für Fälle, die vom „Verschuldensprinzip" beherrscht sind, mit dem Gesetze hinsichtlich des Verschuldens selber auf die intellektuellen Qualitäten der Täter Rücksicht zu nehmen, so muß man auch beim Verschulden im weiteren Sinne abwägen, ob eine Belastung des „moralischen Kontos" in der Tat vorliegt und ob die moralischen Qualitäten des Schuldigen zu solcher hinreichenden Belastung ausreichen. „Undank" kann doch nur derjenige begehen, der in seiner sittlichen Anschauung nicht so tief stehen geblieben oder wieder so tief gesunken ist, daß ihm die Empfindung für „Dank" ganz mangelt, und eine „Verfehlung" kann nur dem zur Last geschrieben werden, der zwischen sittlichen „Fehlern" und Tugenden zu unterscheiden vermag.[3])

b) Da nun aber das Gesetz in dieser Richtung keine Anweisung gibt, so ist der Richter hier von positiven Normen in der Art der §§ 827 f. ganz unabhängig und kann das Prinzip der „freien Ueberzeugung"[4]) in uneingeschränktester Weise zur Geltung bringen. Dabei ist es ihm natürlich nicht verwehrt, Parallellinien zu §§ 827 f. zu ziehen und

---

[1]) Im Vergleiche untereinander ist die Endemannsche Methode der Eckschen, Engelmannschen, Kuhlenbeckschen und Liebeschen vorzuziehen, um so mehr, als sie das S. 581 Anm. 4 angedeutete Bedenken mindern hilft.

[2]) Wegen meiner Vorträge vgl. oben § 67 S. 513 Anm. 5 und S. 516 Anm. 3.

[3]) Vgl. eine Bemerkung bei Kuhlenbeck, Von den Pandekten I S. 121 über Menschen, denen die „ethischen Gefühlstöne fehlen."

[4]) Vgl. das CPO. § 286 zu Grunde liegende Prinzip.

etwa Kindesalter (vgl. § 828 Abs. 1) oder unverschuldete Trunkenheit (§ 827 Satz 1) als generellere Entschuldigungsgründe ohne nähere Nachprüfung anzuerkennen; aber auch darüber hinaus kann er im Einzelfalle kindisches Greisenalter [1]) oder „Dämmerzustände" oder ‚moral insanity' als vorliegend und die moralische Verfehlung ausschließend erachten; ja es wird nichts im Wege stehen, etwa auch das „Milieu", in welchem der Täter aufwuchs, als einen Grund zu betrachten, der ihn soweit rechtfertige, daß beispielsweise die generalis clausula des § 1568 Satz 1 (oben § 37 sub II) oder ein „sittliches Verschulden" aus § 1611 Abs. I (oben § 42 sub B II 5) oder ein subjektiv „unsittlicher Lebenswandel" laut § 2333 Nr. 5 (oben § 54 sub A I 1) nicht als vorliegend zu betrachten sei.

C. Mit dem sub A und B Ausgeführten ist unser Interesse an der Frage der „Verantwortlichkeit des Täters" im wesentlichen erschöpft und damit sowie insbesondere mit den Beobachtungen sub A IV und V auch unser Interesse an den Aeußerungen der Literatur zu dieser Angelegenheit. Immerhin soll hier eine Nachprüfung der Literatur und der Judikatur angeschlossen werden, weil dies [2]) uns erstens Anlaß gibt, deren Stellungnahme zu den einschlägigen Einzelfragen noch genauer und insbesondere auf Zustimmung oder Widerspruch mit unseren Ergebnissen zu untersuchen, und weil uns zweitens diese Nachprüfung auch zu einigen nicht unwichtigen Nebenbeobachtungen hinleiten wird.

I. Die Literatur.

1. In Betracht kommen neben den schon sub A IV und V angedeuteten Bemerkungen der Lehrbücher und neben denen der Kommentare [3]) zu §§ 827 f. [4]) noch insbesondere die der Spezialschriften zu der Lehre von den „unerlaubten Handlungen" [5]) sowie einzelne monographische Werke [6]) oder Aufsätze [7]) über die Stellung der Kinder oder die Haftung der Geisteskranken bezw. überhaupt der Unzurechnungsfähigen. [8])

2. Ohne näheres Interesse für unser Problem sind die genaueren Ausführungen zu den verschiedenen Tatbestandsmomenten, wie „Bewußtlosigkeit", „krankhafte Störung der Geistestätigkeit", „Taubstummheit" u. dgl., [9]) mit denen §§ 827 f. operieren und an die sie die Voraussetzungen der Verantwortungslosigkeit des Näheren binden. Es sind dies positive gesetzliche Schranken, die mit dem Begriffe des Verschuldens, dem unsere Untersuchungen doch gelten, nichts

[1]) Vgl. das oben § 74 sub 4 c wegen des Cosackschen Beispiels Bemerkte.

[2]) Die Materialien (vgl. oben S. 579 Anm. 3) ergeben kaum etwas für unser Thema Belangreiches, insbesondere nichts über das Herrschaftsgebiet der §§ 827 ff.

[3]) Vgl. Planck II S. 617 ff., Mayring S. 719 ff., Oertmann S. 563 ff. Nichts für uns Bemerkenswertes (abgesehen von den Aeußerungen zur Beweislast, vgl. unten sub 4 b) bei Meisner S. 293 f., Achilles S. 308 f., Fischer-Henle S. 426 f.

[4]) Wegen der Spezialliteratur zu § 829 unten sub 3; im übrigen vgl. etwa noch Litten (oben S. 253 Anm. 1) S. 401 ff.

[5]) Vgl. z. B. von Liszt S. 46 ff., Jung S. 148 ff., Linckelmann S. 107 ff., Lühl S. 17 ff., Mittweg (oben S. 263 Anm. 3) S. 26 ff.

[6]) Rosanes, Die Voraussehbarkeit des Erfolges bei der Schadensersatzpflicht Unzurechnungsfähiger, Breslauer Diss. 1901; Brunswig, Die Handlungsfähigkeit der Geisteskranken nach dem BGB. (Rostocker rechtswissenschaftliche Studien, herausg. von Matthiaß und Geffcken, Bd. I Heft 1), Leipzig 1902; Dittenberger, Der Schutz des Kindes gegen die Folgen eigener Handlungen im BGB., Berlin 1903.

[7]) Pfizer in der Juristen-Ztg. IX (1904) Nr. 15 S. 712 ff. — Vgl. auch Einzelbemerkungen bei Cohn in Gruchots Beitr. 43 (1899) S. 126 f.; nichts für uns wesentliches z. B. bei Oppenheimer in Seufferts Bl. f. RA. Ergänzungsheft 15 (1897) S. 339 f. und bei Schultze im Archiv f. bürgerl. R. 17 (1900) S. 89 ff.

[8]) Die Spezialliteratur zu den einzelnen Deliktsarten der §§ 823 ff. habe ich auf Aeußerungen zu §§ 827 f. nicht nachgeprüft (vgl. oben § 1 sub II.)

[9]) Wegen der „Betrunkenheit" vgl. oben S. 578 Anm. 1.

mehr zu tun haben. Denn §§ 827 f. wollen, was nachdrücklich betont werden muß (schon um den Anschein von Widersprüchen zwischen dem sub A I Ausgeführten und den Erörterungen in § 55 sub A X zu widerlegen), nicht etwa in den einschlägigen Fällen das Verschulden als solches leugnen, sondern unbeschadet seiner sonstigen Voraussetzungen, namentlich unbeschadet der Erkenntnis der Schuld, lediglich die Verantwortlichkeit für die Schuld in solchen Fällen ein für alle Mal und in genereller aber gleichmäßiger Weise teils (§ 827 Satz 1, § 828 Abs. I) ganz ausschließen teils (§ 827 Satz 2)[1]) wieder einführen (weil nämlich dennoch ein Verschulden — und zwar in Herbeiführung des Zustandes der Unzurechnungsfähigkeit, — vorliegt), teils endlich (§ 828 Abs. II) nur in bedingter Weise anerkennen.[2])

3. Ohne Interesse für unser Problem ist auch der sich den §§ 827 f. anschließende § 829. Denn er gehört lediglich in die Lehre von den unerlaubten Handlungen[3]) — § 276 Abs. I Satz 3 allegiert ihn nicht —, also nicht in die Lehre vom Verschulden und auch nicht einmal in die zu dieser Lehre in Beziehung stehenden Frage der Zurechnungsfähigkeit; denn deren Mangel gemäß §§ 827 f. setzt er ja voraus. Andererseits dürfte allerdings die bestrittene Frage, ob § 829 seinerseits auf dem Verschuldensprinzipe[4]) oder auf dem bloßen Veranlassungsprinzipe[5]) aufgebaut sei[6]) — eine für unser Thema (vgl. insbes. § 72) immerhin mittelbar erhebliche[7]) Frage — doch wohl (weil § 829 nur

---

[1]) Zu diesem § 827 Satz 2 vgl. noch insbesondere unten sub 4 b. Zu § 828 Abs. II Einzelbemerkungen oben § 31 S. 132 Anm. 1, § 32 sub IV 3.

[2]) Vgl. zum Obigen Mot. II S. 28/29 und z. B. auch Oertmann S. 564 sub 1 a β, Träger (oben S. 298 Anm. 17) S. 215 f. und Pfizer a. a. O. S. 715 unter zutreffender Polemik gegen die Behauptung des Reichsgerichts in der unten sub II 1 zu besprechenden Entsch. vom 11. Mai 1903 Bd. 54 S. 411 (nicht S. 110, wie ein Druckfehler bei Pfizer a. a. O. sagt). Vgl. ähnlich auch Prot. II Nr. 153 I S. 591.

[3]) Vgl. das oben § 1 sub II Bemerkte. — Sehr richtig ist es, wenn trotz Besprechung der §§ 827 f. in den allgemeinen Ausführungen über das Verschulden Cosack, Crome, Dernburg, Endemann und Enneccerus-Lehmann (vgl. oben sub B V 1) den § 829 in der Lehre von den unerlaubten Handlungen behandeln. — Nicht zugänglich war mir die Schrift von Schwartz, Das Billigkeitsurteil des § 829 BGB., Halle 1904.

[4]) Mit Entschiedenheit tritt für dies Prinzip nur Heinsheimer, Die Haftung Unzurechnungsfähiger nach § 829 des BGB. (im Archiv f. d. civilist. Praxis 95, 1904, S. 234 ff.) S. 254 ein (daselbst S. 238 f. weitere Literaturangaben); aber auch Landsberg I S. 572 sub b und Rosanes (oben S. 583 Anm. 6), dessen Stellungnahme sich nicht deutlich ergibt, dürften hierher gehören (bei Rosanes S. 12 ff., 37 ff. ausführliche Berichte über die sonstige Literatur). — Ausgesprochene Gegner des Verschuldensprinzips als Grundlage des § 829 sind z. B. Crome II S. 1013, 1045, Enneccerus-Lehmann I S. 835, Jung S. 48 ff., 149, Krückmann S. 159, Kuhlenbeck I S. 124 (nicht deutlich derselbe II S. 372), Mayring S. 722 Note 2, Oertmann S. 565 Note 1, auch wohl Planck II S. 620 Note 1. Vgl. auch Reichsger. vom 13. Februar 1902 (oben S. 261 Anm. 7) S. 410.

[5]) Dies Prinzip (bezw. eines der oben § 72 sub V erwähnten Spezialprinzipien) nehmen für § 829 an: Cosack I S. 620 sub 2, Dittenberger (oben S. 583 Anm 6) S. 88, Endemann I S. 1269, Jungherr (oben S. 569 Anm. 1) S. 21 ff., Liebe I S. 649, Linckelmann S. 109 ff., von Liszt S. 53, Lühl S. 17 ff., Piper S. 32, 63 und auch Schroeder in der unten § 79 sub IV 2 zu erwähnenden Abhandlung S. 312.

[6]) Keine deutliche Stellungnahme bei Dernburg II 2 S. 619, Eck I S. 606, Kipp II S. 102 sub 2 a, S. 890 sub 4, Matthiaß I S. 714, Müller und Meikel I S. 666, Neumann, Handausg. I S. 396, Rümelin, Verwendung der Kausalbegriffe (im Archiv f. d. civilist. Praxis 90, 1900, S. 171 ff.) S. 316, Schollmeyer, Einzelne Schuldverhältnisse S. 113 f., Stammler, Richtiges Recht S. 470—473.

[7]) Von praktischer Bedeutung ist es namentlich, daß (vgl. Heinsheimer a. a. O. S. 244 ff.) die Aequitätsbestimmung (vgl. auch Oertmann im „Recht" IV, 1900, S. 27) des § 829 versagt, sofern im Einzelfall ganz abgesehen von der Jugendlichkeit usw. ein Verschulden (namentlich Vorsatz oder Fahrlässigkeit mit ihren allgemeinen begrifflichen Bestandteilen; vgl. insbes. oben § 55 sub A) nicht nachgewiesen werden kann. Von großer praktischer Wichtigkeit ist es übrigens auch (für die Lehre von den unerlaubten Handlungen,

von den zufolge §§ 827 f. „nicht verantwortlichen" Personen spricht und nicht von dem Mangel eines obwaltenden Verschuldens überhaupt) zu Gunsten des Verschuldensprinzips zu beantworten sein: insofern wenigstens, als man behaupten muß, daß § 829 nur Platz greift, wenn der Fall so liegt, daß ein Verschulden an sich vorhanden, nur aber der Täter zufolge der ihm aus §§ 827 f. zu Gute kommenden Privilegien nicht für die Folgen der Tat selber haftbar gemacht werden kann.

4. Dagegen interessieren folgende Punkte, die jedoch schon so sehr in Spezialgebiete herüberführen, daß ihre eingehende Untersuchung hier füglich unterbleiben darf und ein Hinweis auf die Angaben der Literatur genügen wird:

a) Welches der Anwendungskreis der §§ 827 ff. ist. Es ist die Frage aufgeworfen worden, ob diese Normen auch zu §§ 254 und 846 (oben § 42 sub B II 1 und 2), § 278 (oben § 2 sub VII 1), §§ 831 f.,[1]) 833 ff.[2]) (oben § 28 sub II 3 und II 2) und etwa zu §§ 42 und 53[3]) (oben § 2 sub I 2 a), §§ 123,[4]) 228 Satz 2,[5]) 231[6]) und 307[7]) (oben § 2 sub I 3 e, § 6 sub II 6 a, § 7 sub II 2 b und 4 a) herangezogen werden dürfen.[8]) — Indem betreffs §§ 254 und 846, sowie § 278 auf spätere Erörterung (in § 77 und § 79) verwiesen werden mag, ist zu den übrigen Normen folgendes zu bemerken: Für §§ 42, 53, 228 Satz 2 und 307 ist nicht einzusehen, weshalb §§ 827 f. hier nicht eingreifen sollten: denn diese Normen handeln von „Verschulden" (bezw. § 307 vom „Kennenmüssen") und von „Verantwortlichkeit" für Schaden (bezw. von Schadensersatzpflicht); ebenso wird die Antwort für §§ 831 f. lauten müssen, die wir (oben § 72 sub VI 1 a) als versteckte Anhänger des Verschuldensprinzips kennen lernten. Umgekehrt kann zu §§ 833 ff. eine Unverantwortlichkeit der in §§ 827 f. genannten Personen doch wohl schwerlich in Frage kommen, da §§ 833 ff. wie von einem Verschulden so von einer persönlichen Fähigkeit, sich zu verschulden, gänzlich abstrahieren (vgl. oben § 39

---

vgl. oben zu Anm. 3), daß kraft der ausdrücklichen Nennung der §§ 823—826 in § 829 a. A. diese Norm auch z. B. für § 832 und 839 versagt (vgl. Heinsheimer S. 237). Von ihrer Anwendung z. B. auf § 833 kann m. E. (vgl. unten sub 4 a) erst recht nicht die Rede sein; eine Nachprüfung dieser Kontroverse gehört aber vollends nicht in unser Thema.

[1]) Vgl. Brückner im „Recht" V (1901) S. 341 und dazu Neumann, Jahrb. I 1 S. 486 Note 2.

[2]) Vgl. von Liszt S. 107 und dagegen (wie im Text) z. B. Linckelmann S. 87, Neumann, Jahrb. I 1 S. 491 Note 4, Oertmann S. 570 Note 2 c, Mayring S. 719 Anm. 3, Dernburg II 2 S. 649, Dittenberger S. 59. Nichts Einschlägiges z. B. bei Isay in Jherings Jahrb. 39 (1898) S. 300 ff.

[3]) Vgl. Neumann, Hugo, Rechtshandlung und Rechtsgeschäft (in der Festgabe der Rechtsanwaltschaft des Kammergerichts für Wilke, Berlin 1900, S. 207 ff.) S. 216 und derselbe, Jahrb. I 1 S. 34.

[4]) Vgl. Planck in der Festgabe für Regelsberger (oben S. 365 Anm. 1) S. 180 f.; vgl. auch bereits oben § 51 S. 381 Anm. 5 (daselbst auch weitere Literatur). Ueber Hoelder (S. 272 sub a) und R. Neumann (S. 24 ff., 69 ff.) vgl. oben § 58 sub A VIII 1 a.

[5]) Vgl. Titze, Notstandsrechte (oben S. 366 Anm. 2) S. 115, Neumann, Jahrb. I 1 S. 485.

[6]) Neumann, Hugo, in der oben Anm. 3 erwähnten Abhandlung gleichfalls S. 216 und derselbe, Jahrb. I 1 S. 142 a. E.

[7]) Neumann in derselben Abhandlung S. 221 und im Jahrb. a. a. O. S. 215 Note 3, sowie Brock in dem oben S. 322 Anm. 16 (323) erwähnten Aufsatze S. 109 f.

[8]) Wegen BGB. §§ 971 Abs. II und 973 Abs. II Satz 2 vgl. über Dernburg oben § 60 sub A IV S. 479 Anm. 5. — Nicht genauer begründet und (anscheinend wenigstens) zu weitgehend Henrici in Gruchots Beitr. 42 (1898) S. 638 (vgl. auch Neumann, Jahrb. I 1 S. 485), daß § 829 stets anzuwenden sei, wenn ein entschuldbarer Irrtum vorliegt.

sub I 5 a β), und gleiches ist von § 231 zu behaupten. Was endlich § 123 betrifft, so liegt bei ihm die Begründung des gleichen Ergebnisses, nämlich der Bedeutungslosigkeit von §§ 827 f., insofern umgekehrt wie bei §§ 231, 833 ff., als die Unanwendbarkeit dieser Norm sich hier nicht aus dem mangelnden Eingreifen eines Verschuldensbegriffs, sondern aus dem mangelnden Platzgreifen der Verschuldensfolge der Vertretungspflicht erklärt; und so wird durch das Resultat, daß es für das Anfechtungsrecht[1]) des Getäuschten nach § 123 BGB. gleichgültig ist, ob der Arglistige deliktsfähig war oder nicht, des weiteren zugleich das befriedigende Resultat erschlossen, daß sich die sonst frappierende Divergenz zwischen den Folgen einer arglistigen Täuschung einerseits oder einer Drohung andererseits, wenn der Täter zum Kreise der deliktsunfähigen Personen gehört (vgl. oben § 58 sub A VIII 1 a und § 51 sub A VI 1), aus dem Wege räumen läßt. — Von diesen Normen betreffen die meisten ein Verschulden im echten Sinne; nur §§ 254 und 846 betreffen „Pseudofälle" eines Verschuldens; im übrigen finde ich wegen der unter das Verschulden im uneigentlichen Sinne gehörigen Normen mit §§ 827 f. nur die auf die Ehescheidungsgründe bezüglichen §§ 1565 ff. in Verbindung gebracht und zwar bei Engelmann[2]) und bei Litten,[3])[4]) deren Ansicht, §§ 827 f. seien hier heranziehbar, ich nicht zu teilen vermag.

b) Wie sich die Beweislast für §§ 827 f. regelt. Hier ist es nun m. E. angesichts der aus der Formulierung von § 827 Satz 2 a. E. und von § 828 Abs. II Satz 1 sich ergebenden Intention des Gesetzgebers kein Zweifel möglich, daß beidemale dem Täter der Exkulpationsbeweis obliegt: für § 827 dahin, daß er in den vorübergehenden Zustand der Bewußtlosigkeit usw. „ohne Verschulden geraten" ist und für § 828 dahin, daß er „nicht die erforderliche Einsicht" gehabt habe. Diese — nur von sehr wenigen Schriftstellern[5]) nicht ausdrücklich er-

---

[1]) Anders wegen eines Schadensersatzanspruchs (§§ 823 ff.); vgl. oben § 58 sub A I 3.

[2]) Ueber Th. Engelmann S. 528 Anm. 3 zu BGB. § 1566 vgl. oben § 47 S. 357 Anm. 3; doch scheint Engelmann (vgl. daselbst S. 526 Anm. 3) in erster Linie an StGB. §§ 56 und 58 und erst in zweiter Linie an BGB. § 828 zu denken. In der Tat muß, sofern strafbare Handlungen als Grundlage zivilrechtlicher Folgen in Frage kommen, die Antwort zugleich aus dem Strafrecht entnommen werden, dessen einschlägige Vorschriften (StGB. §§ 51 ff.) sich mit denen des BGB. §§ 827 f. in den genaueren Voraussetzungen nicht völlig decken und übrigens nicht bloß wegen der subjektiven Unverantwortlichkeit, sondern auch wegen des objektiven Vorhandenseins einer strafbaren Handlung in Betracht zu ziehen sind (vgl. unten § 81 sub I 2).

[3]) Litten (oben S. 253 Anm. 1) S. 399: nur ein „Schuldfähiger" könne dem anderen Ehegatten einen Ehescheidungsgrund geben; das ist nicht zu leugnen, aber die Schuldfähigkeit ist eben nicht gerade nach §§ 827 f. (sondern nach den oben sub B II 2 angedeuteten Grundsätzen) zu bemessen, weil das Herrschaftsgebiet der §§ 827 f. bei § 276 Abs. I Satz 3 Halt zu machen hat. Auch gibt Litten S. 405 dem Ausdruck „Verantwortlichkeit" irrig eine über die im Gesetz (und in den Materialien; vgl. oben S. 579 Anm. 3) gemeinte Tragweite, die sich eben nur auf die Schadensersatzpflicht erstreckt, hinausgehende Ausdehnung. — Vgl. auch bereits oben S. 332 Anm. 2. — Uebrigens ist der Ausdruck „Schuldunzurechnungsfähigkeit" bei Litten S. 401 dem Ausdrucke „Schuldzurechnungsunfähigkeit" ebenda S. 404 vorzuziehen.

[4]) Wegen Davidson vgl. oben § 43 S. 335 Anm. 2.

[5]) Zu beiden Punkten schweigen Cosack I S. 252/253, Crome I S. 483 f., Eck I S. 605, A. Engelmann S. 449, Krückmann S. 37, 158, Kuhlenbeck I S. 117 ff., II S. 372, Lühl S. 18, 56 f., Schollmeyer, Einzelne Schuldverhältnisse S. 113/114; zu § 828 Landsberg I S. 253, 572 Anm. 2, Weyl S. 108, 523 und Jung S. 47 ff.; zu § 827: Dernburg II 2 S. 618 f., von Liszt S. 51, Matthiaß S. 714 sub IV A, Müller und Meikel S. 665 sub 1 und wegen dieses Punktes auch Oertmann S. 564 sub 3.

örterte — Frage wird in der Literatur[1]) m. W. für § 827 durchweg[2]) im gleichen Sinne beantwortet, und nur für § 828 finden sich gegenüber der Majorität,[3]) die auch hier den Exkulpationsbeweis des Täters abwartet, dissentierende Ansichten, indem Linckelmann[4]) dem beschädigten Gegner den Nachweis der Einsichtsfähigkeit des Täters aufbürdet und indem von Liszt[5]) in einer m. E.[6]) ganz unzulässigen Weise zwischen dem minderjährigen und dem taubstummen Täter unterscheiden möchte, jenem den Exkulpationsbeweis auferlegend und diesem gestattend, den Inkulpationsbeweis des Gegners abzuwarten. — Die Zulässigkeit des Exkulpationsbeweises in § 827 Satz 2 a. E. ist übrigens noch aus einem anderen Grunde nicht ohne ein besonderes Interesse; der Gesetzgeber stellt zunächst eine widerlegbare Präsumtion in der Richtung der selbstverschuldeten Herbeiführung des kritischen Zustandes auf und wir könnten hier von „vermutetem“ Verschulden reden, während derselbe § 827 Satz 2 vorher auch von einem „fingierten“ Verschulden handelt, indem er nämlich die Verantwortlichkeit des Täters so („in gleicher Weise“) bemißt, „wie wenn ihm Fahrlässigkeit[7]) zur Last fiele“. Letztere Bestimmung geht — da das Maß der Haftung nach BGB. nicht mehr von dem Grade des Verschuldens abhängig gemacht wird (vgl. oben § 70 sub IX 2) und in diesem Punkte also offenbar statt von der Fahrlässigkeit im besonderen besser von dem Verschulden im allgemeinen die Rede sein dürfte — offenbar dahin, nur die Fahrlässigkeit, nicht auch den Vorsatz als Haftungsgrund zuzulassen, so daß also insbesondere die Bezugnahme auf § 826[8]) ausgeschlossen wäre. — Durch die Formulierung der erwähnten Fiktion einer Fahrlässigkeit wird übrigens die Konstruktion in bemerkenswerter Weise verschoben:[9]) nicht ist es die Tat unmittelbar, die verantworlich macht, sondern es wird ein mittelbarer Kausalzusammenhang zwischen der präsumtiv selbstverschuldeten Versetzung in den kritischen Zustand und der in diesem Zustande begangenen Schadenszufügung statuiert, also

[1]) Von den Materialien äußern sich Prot. II Nr. 152 III S. 590 und Denkschr. S. 150 zu § 827, wie im Text angegeben. Ueber die Judikatur vgl. unten sub II.

[2]) Vgl. von den S. 586 Anm. 5 Genannten Landsberg I S. 572, Weyl S. 527 und Jung S. 48. Ferner (abgesehen von Oertmann) die sämtlichen Kommentar= (Mayring S. 720 sub 3, Planck S. 619 sub 3 c, Achilles S. 308/309, Fischer=Henle S. 426 Anm. 10, Neumann I S. 395). Aus den Lehrbüchern Endemann I S. 154, Enneccerus=Lehmann I S. 294 sub I 2, Kipp I S. 454, Liebe I S. 636 Anm. 16 (mit gutem Beispiel). Aus den Spezialschriften außer Jung a. a. O. z. B. noch Brunswig (oben S. 583 Anm. 6) S. 148, Linckelmann S. 107; ebenso Beckh, Die Beweislast (München 1899) S. 211, Rosenberg, Die Beweislast S. 128, Neumann, Jahrb. I 1 S. 484 Nr. 3.

[3]) Vgl. Achilles S. 309 Note 2, Beckh a. a. O. S. 209 f., Dernburg II 1 S. 619 sub 2 und Anm. 9, Endemann I S. 145, Enneccerus=Lehmann I S. 295 sub II 2, Fischer=Henle S. 427 Anm. 6, Kipp I S. 455, Liebe I S. 635 Anm. 13, Matthiaß I S. 714 sub IV B, Mayring S. 721 Anm. 4, Müller und Meikel I S. 665, Neumann, Handausg. I S. 395 Note 1, Oertmann S. 564/565, Planck II S. 620; vgl. auch Neumann, Jahrb. I 1 S. 485, Cohn in Gruchots Beitr. 43 (1899) S. 131 f. und Wach in Buchs Zeitschr. f. d. deutschen Zivilprozeß 29 (1901) S. 389.

[4]) Linckelmann S. 108.

[5]) von Liszt S. 53 einerseits, S. 111 andererseits (aber nur für Deliktsobligationen im besondern.)

[6]) Ueber v. Liszt ungenau Mayring a. a. O.

[7]) Mißverständlich ist es wohl, wenn Krückmann S. 37 sub 4 hieraus Folgerungen in bezug auf § 276 Abs. II ableiten will.

[8]) Vgl. auch z. B. Brunswig S. 146/147.

[9]) Vgl. auch gegenüber ungenauer Ausdrucksweise bei Schollmeyer (Einzelne Schuldverhältnisse) S. 113 Dittenberger a. a. O. S. 81 Anm. 4.

auf Grund präsumtiven Vorliegens eines dem Verschuldensprinzipe angehörigen Tatbestandes des weiteren das bloße Kausalitätsprinzip aufs Banner geschrieben.

II. Die Rechtsprechung bietet zur Angelegenheit der „Verantwortlichkeit" einstweilen noch geringe Ausbeute.

1. Die Judikatur zu §§ 827—829[1]) ist recht dürftig und insbesondere nimmt sie zu der von uns oben sub A I 1 c aufgeworfenen Frage nach dem Herrschaftsgebiet der §§ 827 ff. noch keine Stellung. Im übrigen behauptet eine Entscheidung des Reichsgerichts vom 11. Mai 1903[2]) mit Unrecht,[3]) daß durch § 828 (bei einem Kinde unter 7 Jahren) „die Möglichkeit eines vorsätzlichen oder fahrlässigen Handelns verneint" werde; richtig hingegen wird zu § 828 Abs. 3 in einem Erkenntnisse des Reichsgerichts vom 3. Februar 1902[4]) die Beweislast mit der Vorinstanz[5]) in dem oben sub I 4 b besprochenen Sinne des Exkulpationsbeweises des Täters entschieden.[6]) [7])

2. Die Judikatur zu den außerhalb der §§ 827 ff. stehenden Normen, welche von einem Verschulden im engeren oder im weiteren Sinne handeln und bei denen also die Frage nach der Verantwortlichkeit des Schuldigen auftauchen könnte, ist erst recht dürftig. Was ich hier vorgefunden habe, beschränkt sich auf folgendes:

a) Die Einsicht, daß auch in derartigen Verschuldensfällen das „subjektive Moment"[8]) zu prüfen sei, schimmert zwar in einigen Erkenntnissen — von denen nur eines, nämlich das des Bayr. Oberst. Landesger.[9]) vom 15. September 1903, dem BGB. § 1666 gewidmet

---

[1]) Irrtümlich wird § 829 bei Scherer III pag. LXX IV und S. 313 sub III a zitiert.

[2]) VI 485/02; vgl. bereits oben § 42 S. 312 Anm. 1, S. 326 Anm. 5.

[3]) Auf S. 411; vgl. wegen Pfizer oben S. 584 Anm. 2.

[4]) VI 370/01. Vgl. bereits oben § 31 S. 132 Anm. 8 (auf S. 133) und S. 170 Anm. 4 (auf S. 171) sowie auch Jur. Wochenschr. 31 (1902) Beil. 2 S. 200, Scherer III S. 282, Warneyer II S. 73 Nr. 1, Heinsheimer (oben S. 584 Anm. 4) S. 243 f.

[5]) OLG. Dresden Entsch. vom 20. September 1901, bei Mugdan und Falkmann III (1901) Nr. 75 a S. 287 (vgl. auch Warneyer I S. 99 Anm. 2, Heinsheimer a. a. O. S. 243).

[6]) Ohne weiteres inhaltliche Interesse ist z. B. für Obiges die Anspielung auf §§ 827 und 276 in der schon mehrfach (oben S. 298 Anm. 19, 323 Anm. 7, 326 Anm. 5) erwähnten Entsch. des Reichsger. vom 12. Oktober 1903. — Nicht besonders wesentlich auch (wegen BGB. § 832, vgl. oben sub I 4 a) die bereits oben S. 367 Anm. 1 erwähnte Entsch. des Reichsger. vom 30. Dezember 1901 (S. 67) sowie (wegen des Begriffes der Zurechnungsfähigkeit) die bei Neumann, Jahrbuch I 1 S. 163 Note 4 (zu BGB. § 254) erwähnten, mir im Original (Bad. Rechtsprechung 1901 S. 201; vgl. auch „Recht" V, 1901, Nr. 2315 S. 561) nicht zugänglich gewesene Entsch. des Amtsger. Pforzheim vom 14. Dezember 1900 (und Landger. Karlsruhe).

[7]) Zur Frage nach der laut § 828 Abs. II Satz 1 „zur Erkenntnis der Verantwortlichkeit erforderlichen Einsicht" vgl. die bereits oben § 31 S. 132 Anm. 6 und S. 136 Anm. 8 erwähnte Entsch. des Reichsger. (VI 260/02) vom 8. Dezember 1902 (vgl. auch noch in der Juristen-Ztg. VIII, 1903, Nr. 5 S. 127, in der Spruchsamml. I S. 27 und II S. 23 sowie bei Warneyer II S. 73 Anm. 1; irrig als Entsch. des Reichsger. vom 5. Dezember 1902 in der Jur. Wochenschr. 32, 1903, Beil. 3 S. 25 Nr. 51 bezeichnet). Aehnlich das Urteil des OLG. Zweibrücken vom 9. April 1902 in Seufferts Archiv 57 (1902) Nr. 214 S. 398 ff. (vgl. auch Neumann, Jahrb. I 1 S. 485, Warneyer I S. 99 Nr. 1, Achilles S. 309 Anm. 2).

[8]) Vgl. Entsch. des Reichsger. vom 13. Dezember 1900, bereits oben S. 246 Anm. 4, S. 308 Anm. 12, S. 421 Anm. 8 erwähnt; ferner Entsch. des Reichsger. vom 18. Dezember 1902 (vgl. auch Spruchsamml. II S. 32), oben S. 246 Anm. 4, S. 335 Anm. 1 (und zu ihr auch Litten in der oben S. 253 Anm. 1 erwähnten Schrift S. 399 Anm. 2); beide zu BGB. § 1568.

[9]) Vgl. „Recht" VII (1903) S. 483 Nr. 2455, Warneyer II S. 127 Note 2. Der Vorinstanz wird zum Vorwurf gemacht, daß sie es unterlassen habe, die Zurechnungsfähigkeit der Mutter zu prüfen.

ist, während sich alle übrigen,[1]) auf Fälle aus BGB. §§ 1565 ff., insbesondere aus § 1568 beziehen — hindurch; keines von diesen Erkenntnissen nimmt dabei aber Bezug auf §§ 827 f., und wir werden also konstatieren dürfen, daß insofern auch keines dieser Erkenntnisse unserer Auffassung widerspricht, daß das „Verschulden" („verschulden", „sich schuldig machen") in §§ 1565 ff. und 1666 von anderer Art sei als das in §§ 823 ff. und 276 BGB. gedachte.

b) In den Einzelheiten sind aber einige dieser Erkenntnisse nicht einwandfrei:

α) Es ist (zu § 1565 BGB.)[2]) in einem Erkenntnis des Landger. Mainz vom 31. Oktober 1901[3]) und in einem Erkenntnis des Oberlandesger. Hamburg vom 7. Juli 1900[4]) die Frage aufgeworfen worden, ob der wegen Ehebruchs auf Scheidung beklagte Ehegatte sich auf den Zustand der geistigen Störung bezw. der Bewußtlosigkeit berufen kann, in welchem er den Ehebruch begangen habe. Beide Erkenntnisse bejahen die Frage, keines von ihnen kann aber zu unseren Erörterungen als Argument pro oder contra verwertet werden, weil sie sich ebenso wie bereits Mot. IV S. 582/83[5]) lediglich darauf stützen, daß unter „Ehebruch" der Tatbestand des Str.GB. § 172 zu verstehen und dieser[6]) nicht gegeben sei, wenn Umstände vorliegen, welche die freie Selbstbestimmung ausschließen.[7])

β) Es wird in einer Entscheidung des Reichsger. vom 23. Dezember 1901[8]) zwar m. E. zutreffend angedeutet, daß (zu BGB. § 1568) Rücksicht zu nehmen sei auf den krankhaften Zustand des Täters, weil dieser „auf das seelische Leben, namentlich die geistige Erregbarkeit und Reizbarkeit von Einfluß" sei, aber andererseits m. E. unrichtig aus dieser Rücksichtnahme „folgerichtig" geschlossen, daß man bei „Bemessung der Schwere der Verfehlung eines Menschen geeignetenfalls auch dessen körperlicher kranken Zustand in Betracht zu ziehen" habe. In dieser Deduktion steckt der Fehler, daß sie offenbar für § 1568 die „Schwere" der Pflichtverletzungen als etwas subjektives[9]) betrachtet, während das subjektive Moment, dessen Paralysierung durch die Kränklichkeit des Täters in Frage tritt, das „Verschulden" (im weiteren Sinne) ist. Es kommt also das Erkenntnis zwar zu richtigem Ziel, aber auf falschem Wege.[10])

---

[1]) Vgl. oben S. 588 Anm. 8 und unten Anm. 2.

[2]) Scherer (vgl. folgende Note) rubriziert die Fälle irrig unter § 1568 BGB.; vgl. aber ebenda (II) S. 226 Nr. 999 II.

[3]) Dies Erkenntnis steht nach Scherer II S. 229 Nr. 1007 und Neumann, Jahrb. I 2 S. 69 Note 7 b in der „Hessischen Rechtsprechung" 1901 S. 118, die mir nicht zugänglich war; es wurde auch bereits oben § 42 sub B II 4 a S. 308 Anm. 6 erwähnt.

[4]) Juristen-Ztg. VI (1901) Nr. 24 S. 564 (Nr. 16); vgl. Scherer a. a. O., Spruchsamml. I S. 48.

[5]) Auf sie nimmt das LG. Mainz (nach Scherer a. a. O.) Bezug.

[6]) Wegen Str.GB. § 51; vgl. OLG. Hamburg a. a. O.

[7]) M. E. wäre es richtiger gewesen, sich auf das Zivilrecht allein bezw. zur Ausfüllung der Lücke im BGB. auf allgemeine Erwägungen, statt auf StGB. (§ 51) zu stützen; denn die Sachlage dürfte hier doch eine andere sein, als nach dem oben S. 586 Anm. 2 Bemerkten in den Fällen einer Nennung der technischen Vokabel „strafbare Handlungen".

[8]) Vgl. bereits oben S. 308 (Anm. 13), S. 324 Anm. 3.

[9]) Darüber, daß sie etwas objektives ist, vgl. oben § 66 sub I 1 c.

[10]) Nicht in den Kreis der obigen Betrachtungen gehört ein Erkenntnis des OLG. Hamburg vom 9. Oktober 1903 in der Hanseat. Gerichts-Zeitung 1903 Beibl. 48

§ 76.

Insbesondere die juristischen Personen.

I. Wegen des Verschuldens juristischer Personen enthält das BGB. keine unmittelbar maßgebende Bestimmung. Der in dieser Richtung von Literatur[1]) und Judikatur[2]) besonders gern herangezogene § 31 BGB. — der von den eingetragenen (idealen) wie von den konzessionsbedürftigen (wirtschaftlichen) Vereinen[3]) handelt und in § 89 BGB. auf die juristischen Personen des öffentlichen Rechts erstreckt wird — spricht ja nur von der „Verantwortlichkeit" der juristischen Personen für „Schaden", den die Organe „durch eine . . . zum Schadensersatze verpflichtende Handlung" einem Dritten „zufügen". Da nun aber weder die Verantwortlichkeit noch die Schadensersatzpflicht im BGB. lediglich auf dem Verschuldensprinzip aufgebaut ist (vgl. oben § 71 sub B II 2—6 und § 72 sub IX) und da § 31 selber seinen Wirkungskreis nicht auf die Fälle schuldhafter Schadenszufügung einschränkt,[4]) so bietet er für unser Thema keine prinzipielle, erschöpfende Antwort;[5])

Nr. 165 S. 288 (vgl. bereits oben § 36 sub II 9 b S. 229 Anm. 1), das zwar wegen der (gleichfalls lediglich objektiven, vgl. oben § 66 sub I 1 b) „Verstöße gegen die guten Sitten" Berücksichtigung der subjektiven Seite erheischt, jedoch für die Beurteilung des Charakters eines Rechtsgeschäftes.

[1]) Zu den in diesem Paragraphen gestreiften Fragen gibt es viele Spezialschriften; vgl. (in alphabetischer Reihenfolge) Bamberg, Zur Lehre von der Deliktsfähigkeit der juristischen Personen, Greifswalder Diss., Berlin 1898; Berendes, Delikt und Haftung der juristischen Personen, Erlanger Diss., Würzburg 1891; von Bülow, Das Vereinsrecht des BGB., Berlin 1902 (insbes. S. 37 ff.); Hafter, Die Delikts- und Straffähigkeit der Personenverbände, Berlin 1903 (insbes. S. 38 f., 118 ff., 124); Hammerschlag, Universitas non delinquit, Erlanger Diss., Halle 1898; Hartwig, Haftung juristischer Personen, Breslauer Diss. 1899; Klingmüller, Zur Deliktsfähigkeit juristischer Personen, Breslauer Diss. 1900; derselbe, Die Haftung für die Vereinsorgane nach § 31 BGB. (Heft 3 der Studien zur Erläuterung des BGB., herausg. von Rud. Leonhard, Breslau 1900) insbes. S. 38 ff.; Korn, Deliktsfähigkeit der juristischen Personen (in der Festgabe der Rechtsanwaltschaft des Kammerger. für Wilke, Berlin 1900, S. 179 ff.); Krüger, Die Haftung der juristischen Personen aus unerlaubten Handlungen nach Gem. R. und BGB., Berlin 1901 (auch Jenenser Diss. 1900); Lenel in der Juristen-Ztg. VII (1902) Nr. 1 S. 9 ff.; Meurer, Die juristischen Personen nach deutschem Reichsrecht, Stuttgart 1901, insbes. S. 175 ff.; Reineke, Haftung der juristischen Personen, Göttinger Diss., Minden 1900, insbes. S. 27 ff.; Rhomberg, Körperschaftliches Verschulden, Münchener Diss. 1899, insbes. S. 99 ff.; Riedel, Juristische Personen des BGB., Berlin 1897; Schlegel, Die Stellung des nicht rechtsfähigen Vereins, Jenenser Diss., Weimar 1901; Westmann, Rechtsstellung des Vorstandes eines rechtsfähigen Vereins (Leonhards Studien Nr. 11), Breslau 1903, insbes. S. 23 ff. — Aus der übrigen Literatur vgl. z. B. Piper (oben S. 101 Anm. 3) S. 33 ff. und Nußbaum (unten § 77 S. 595 Anm. 3) S. 77 f. — Nichts Einschlägiges z. B. bei Gierke, Vereine ohne Rechtsfähigkeit (in der Berliner Festgabe für Dernburg, Berlin 1900) S. 1 ff. (2. Aufl., Berlin 1902) und in der Schrift von Abrahamson (Eberings rechts- und staatswissenschaftliche Studien Heft 13 und auch Berliner Diss. 1901) über Schuldenhaftung des nicht rechtsfähigen Vereins. Ueber die Haftung des nicht rechtsfähigen Vereins vgl. auch Fuld in Seuff. Bl. f. RA. 67 (1902) S. 159.

[2]) Ueber die Judikatur vgl. unten sub III 4 und 5 sowie auch S. 592 Anm. 3.

[3]) Die nicht nach BGB. §§ 21 ff. als juristische Personen, vielmehr nach BGB. § 54 als Gesellschaften zu behandelnden Vereine und das Verschulden ihres Vorstandes sind lediglich nach BGB. §§ 278, 831 (unten § 77) zu beurteilen. Vgl. mein oben § 31 sub D abgedrucktes Gutachten sub IV 7 b (S. 167) und z. B. Meurer a. a. O. S. 184.

[4]) Vgl. hierzu auch die oben § 48 sub D II wiedergegebenen Bemerkungen der Prot. I Nr. 68 II S. 521 f.

[5]) In meinen Vorträgen I S. 168 hatte ich mich unzutreffend ausgedrückt; ebenso muß gegen die Formulierung bei Engelmann S. 64, Hellmann S. 17 und Zitelmann S. 63 a. E. protestiert werden.

sein richtiger Platz[1]) ist vielmehr die Lehre vom Schadensersatz überhaupt bezw. die Lehre von den juristischen Personen.[2])[3])

II. Uebrigens müssen wir uns wiederum unserer Zweiteilung der Verschuldensbegriffe erinnern und können in dieser Beziehung gleich von vornherein feststellen, daß das „Verschulden im weiteren Sinne" für juristische Personen fast ganz außer Betracht bleibt. Denn die durchaus größte Zahl der einschlägigen Normen ist ja auf einem Gesinnungsfehler des Täters aufgebaut (oben 69 sub A I 1 b) und gehört[4]) zudem unter die für juristische Personen im wesentlichen belanglosen Institute des Familien- und Erbrechts; wenn man mithin von den singulären Möglichkeiten absieht,[5]) daß der Vorstand eines inter vivos bezw. mortis causa bedachten Vereins sich eines „groben Undanks" oder einer die „Erbunwürdigkeit" begründenden „Verfehlung" „schuldig macht" (vgl. oben § 66 sub IV 1—4), so würde also nur das „mitwirkende Verschulden" der §§ 254 und 846 (ebenda sub 4 b) für juristische Personen erheblich bleiben.

III. Wegen des „Verschuldens im engeren Sinne" ist noch folgendes zu bemerken:

1. Man wird davon ausgehen müssen, daß, da es sich stets entweder auf Vorsatz oder auf Fahrlässigkeit oder auf deren Abzweigungen zurückführen läßt und da es stets einen Willensfehler darstellt (oben § 69 sub A I 1 a), auch das Verschulden im engeren Sinne nicht einer juristischen Person als solcher zur Last fallen kann. Wenn daher der erwähnte § 31 BGB. betreffs der Schadensersatzpflichten im besonderen die Möglichkeit einer Verantwortlichkeit der juristischen Personen für die Handlungen ihrer Organe eröffnet und, indem er eine Scheidung zwischen schuldhaften oder nicht schuldhaften Handlungen unterläßt,[6]) allerdings auch jene in den Kreis seiner Vorschrift einbegreift, so kann man aus dieser Vorschrift lediglich eine aus Zweckmäßigkeitserwägungen[7]) entflossene gesetzliche Fiktion der Deliktsfähigkeit juristischer Personen herauslesen, und sie bietet nichts, was sich aus dem Wesen des Verschuldens erklären oder gar notwendigerweise ableiten läßt.

2. Damit hat also § 31[8]) sein Interesse für unser Thema verloren; ebensowenig aber interessiert eine andere Frage, die nämlich gleichfalls nicht in

---

[1]) Darum mußte § 31 BGB. in unserer Materialsammlung (oben §§ 2—29) auch unerwähnt bleiben.

[2]) Hier behandeln die Angelegenheit denn auch sämtliche Lehrbücher zum BGB.

[3]) Wiederum nicht in die in diesem Paragraphen behandelte Frage nach der Haftung des Vereins gehören §§ 42 und 53 BGB. (oben § 71 sub B II 1 b β γ' 5 und III 10 b α), die von der „Haftung" und „Verantwortlichkeit" der Vorstandsmitglieder bezw. Liquidatoren selber — als physischer Personen — für eigenes Verschulden handeln.

[4]) Vgl. oben § 43 sub B V S. 333 Anm. 3.

[5]) M. E. gestattet aber der Wortlaut der §§ 530 und 2339 ff. eine Anwendung dieser Normen bei der im Text geschilderten Sachlage nicht, da diese Normen offenbar nur an physische Personen denken und Identität des Schuldigen und des von den Nachteilen Betroffenen ins Auge fassen und da zu analoger Anwendung des § 31 eine Möglichkeit nicht gegeben ist, vielmehr wegen des singulären Charakters des § 31 bestritten werden müßte.

[6]) Dies heben von den in den folgenden Anmerkungen genannten Autoren nachdrücklicher hervor z. B. Achilles (S. 30 Anm. 5), Cosack (S. 104 sub 2 c), Eck (S. 59 sub a), Endemann (S. 197), Enneccerus-Lehmann (S. 98 sub c), Fischer-Henle (S. 17 Anm. 4), Gareis (S. 47 Anm. 4), Hoelder (S. 149), Jung (S. 149), Landsberg (§ 31 S. 119, § 161 S. 575), Leonhard (S. 128), Liebe (S. 44), Loewenfeld (S. 157 Note 10), v. Stengel (unten S. 593 Anm. 5) S. 483 f.; ferner Zitelmann S. 64 sub c (wo aber — vgl. oben S. 590 Anm. 5 — das Wort „Ausdehnung" nicht zu billigen ist), Voigt (oben S. 569 Anm. 1) S. 22. Vgl. aber auch bereits Prot. I Nr. 68 II S. 522 f.

[7]) Vgl. auch Mot. I S. 102 f.

[8]) Die Besprechung einiger streitiger Einzelheiten aus § 31 BGB. gehört nicht hierher.

die Lehre vom Verschulden, sondern in die Lehre von der Haftung für Verschulden, also bereits in die Lehre vom Schadensersatz hineingehört. Ich meine die Frage[1]) ob § 31 eigentlich ein direktes „körperschaftliches Verschulden"[2]) anerkennt oder ob er nur unter die Formel der „Haftung für fremdes Verschulden"[3]) gehört, der wir weiter unten (§ 77) wieder begegnen werden; nur insofern[4]) ist zugleich mit der eben angedeuteten Frage auch die nach dem Wesen der in § 31 gedachten Haftung von mittelbarer Bedeutung für unser Thema, als bei Annahme einer Haftung für fremdes Verschulden in Betracht kommt, ob (vgl. unten § 77 sub II 3 a) Mangel der Deliktsfähigkeit des schuldhaft tätig gewesenen Organs (z. B. des geisteskranken Vorsitzenden) der Haftung der juristischen Person für diesen Vertreter entgegensteht und als Exkulpationsgrund zu Gunsten der juristischen Person selber in die Wagschale fällt. Denn sobald man ein „körperschaftliches Verschulden" der juristischen Person selber als den Inhalt des § 31 ansieht, kann es erstens auf die Deliktsfähigkeit des Organs garnicht ankommen und zweitens eine — fehlende oder beschränkte — Deliktsfähigkeit der unphysischen Personen ihrerseits überhaupt nicht in Erwägung gelangen.

3. Mit § 31 BGB. sind übrigens die wegen der Haftung eines Vereins für seine Organe in Betracht kommenden Gesetzesvorschriften keineswegs erschöpft. Im konkreten Falle können auch noch die unten in § 77 zu besprechenden §§ 278 und 831 Anwendung erheischen, ohne daß auch diese Frage für unser Problem gerade an dieser Stelle ein besonderes Interesse böte.

4. Die praktische Bedeutung des § 31 BGB. als Medium zur Heranziehung juristischer Personen für das in ihren Betrieben stattfindende Verschulden ist in meinem oben § 31 sub D wiedergegebenen Gutachten beleuchtet worden. Wie es dort die Frage nach der Haftung der Gemeinde war, die den Ausgangspunkt des ganzen Gutachtens gebildet hatte, so ist es auch in der bisherigen Judikatur vorzugsweise[5]) die Haftung der juristischen Personen des

---

[1]) Keine ausgeprägte Stellungnahme z. B. bei Achilles (S. 30), Eck (I § 16 S. 58 f.), Fischer-Henle (S. 17), Gareis (S. 47 f.), Hoelder (S. 147 ff.), Kuhlenbeck, Von den Pandekten I S. 190 ff., Landé S. 9, Müller und Meikel (I § 29 S. 68 f.), Planck (I S. 104 ff.). — Nichts auch z. B. bei von Liszt und Lühl.

[2]) Dies nehmen z. B. an: Cosack I § 33 S. 104 sub 2 b und 3, Endemann I § 44 S. 197, Engelmann § 21 S. 64, Hellmann § 4 S. 17, Krückmann S. 49, Liebe I § 17 S. 43, Rehbein I S. 46 sub b; vgl. auch Crome I § 48 S. 228 sub b, Dernburg I § 67 S. 172 f, Enneccerus-Lehmann I § 37 S. 98, Kipp I § 59 S. 236 sub 2, Loewenfeld in v. Staudingers Kommentar I S. 156 sub 4, Kohler, Lehrbuch des Bürg. Rechts, Berlin 1904, S. 329; ferner z B. Linckelmann S. 112 ff. (insbes. S. 119/120), derselbe im Arch. f. bürgerl. R. 13 (1897) S. 99 f., Jungherr (oben S. 569 Anm. 1) S. 25, wohl auch Lenel a. a. O. (oben S. 590 Anm. 1). S. 12. — Aus der Spezialliteratur (oben S. 590 Anm. 1) z. B. Hartwig S. 14, 58 ff., Krüger S. 28 ff.; aus der älteren Literatur z. B. Oertmann im Arch. f. bürgerl. R. 10 (1895) S. 192 f., Gierke in Schmollers Jahrb. 12 (1888) S. 1237.

[3]) Das körperschaftliche Verschulden leugnen z. B. Landsberg I § 161 S. 575 sub 1 a, Leonhard S. 129, Matthiaß I § 30 S. 117, wohl auch Jung S. 148 ff. Aus der Spezialliteratur vgl. Hafter S. 39, 124, Klingmüller S. 12 (und derselbe in der Juristen-Ztg. VII, 1902, Nr. 11 S. 270), Korn S. 184, Meurer S. 176 ff., Piper a. a. O. O. 33, 53. Im Grunde so auch bereits Mot. a. a. O. Vgl. auch Entsch. des Reichsgerichts vom 23. März 1903 (VI 380/02) in der Jur. Wochenschr. 32 (1903) Beilage 8 S. 65 Nr. 151.

[4]) Der z. B. bei Engelmann S. 64 angedeutete Ausschluß der Berufung auf culpa in eligendo (BGB. § 831, vgl. unten § 77 sub I 2 a und II 1 und 5) würde m. E. auch dann zu behaupten sein, wenn man in § 31 BGB. lediglich die Haftung für fremdes Verschulden erblickt, da gegenüber der apodiktischen Fassung des § 31 die Bestimmung in § 831 wohl auch nicht unter dem Gesichtspunkte der lex specialis eingriffe.

[5]) Um juristische Personen des Privatrechts handelt es sich in der Entsch. des Reichsger. vom 14. März 1903 (I 371/02) in Bd. 54 (1903) Nr. 39 S. 128 ff. (vgl. auch Juristen-Ztg. VIII, 1903, Nr. 11 S. 273, Warneyer II S. 5 Nr. 7). Daß auch

öffentlichen Rechts (vgl. oben sub I), welche den Gegenstand der Erörterungen ausmacht.[1])

5. Auch die Haftung des Staates (Fiskus) für seine Beamten[2]) erledigt sich im wesentlichen nach § 31 (und § 89[3]); vgl. oben sub I); doch kommt hier zufolge EG. z. BGB. Art. 77[4])—79 (oben § 71 sub B III 10 c ε) noch viel „unberührt" bleibendes Partikularrecht hinzu, das jedoch ebenso wie § 31 BGB. sich auf alle Fälle einer Schadenshaftung (vgl. oben § 70 sub VII 4) erstreckt, nicht bloß auf die aus einem „Verschulden" entspringenden.[5])

§ 77.

Sonstige Beteiligte auf der Täterseite.

I. Auf der Täterseite sind neben dem Täter selber nachfolgende Personen zu erwähnen:

1. Mittäter, Anstifter und Gehilfen; was betreffs ihrer das Gesetz

---

eine Aktiengesellschaft als Verein im Sinne des § 31 anzusehen sei, führen auch die Entsch. des Reichsger. vom 23. Januar 1903 (II 321/02) in der Jur. Wochenschr. 32 (1903) Beil. 5 S. 39 Nr. 81 (vgl. auch Juristen-Ztg. VIII Nr. 9 S. 223) und v. 23. Juni 1903 (VI 574/02) in der Jur. Wochenschr. ebenda Beil. 11 S. 92 Nr. 213 f. auf S. 93 aus. Ebenso eine Gesellschaft mit beschränkter Haftung; vgl. Entsch. des Reichsger. vom 19. Februar 1904 (343/03) ebenda 33 (1904) S. 167 Nr. 5.

[1]) Ueber Haftung der Stadtgemeinde vgl. z. B. das oben S. 292 Anm. 3 erwähnte Erkenntnis des OLG. Kiel vom 11. Juli 1902 (auch bei Mugdan und Falkmann V, 1902, Nr. 49 c δ S. 242 f.) und das des OLG. Hamburg vom 10. Juni 1902 sowie des OLG. Naumburg vom 5. Dezember 1902 (beide oben S. 170 Anm. 4) und ferner Entsch. des Reichsger. vom 10. Januar 1901 (VI 333/00) in Gruchots Beitr. 45 (1901) S. 361 und vom 4. Februar 1904 (VI 491/03) in der Jur. Wochenschr. 33 (1904) S. 166 Nr. 4; ferner Entsch. des OLG. Stettin, gleichfalls vom 11. Juli 1902, bei Mugdan und Falkmann V (1902) Nr. 71 a S. 376; vgl. auch die unten Anm. 4 erwähnte Entsch. des Reichsger. vom 15. Oktober 1903.

[2]) Die Haftung der Beamten selber — etwa auch für falschen Rat; vgl. oben § 36 sub II 9 h α; vgl. auch Mot. II S. 555 — interessiert uns höchstens wegen der Spezialnormen in §§ 839, 841, 1674, 1848; zu diesen Normen (welche für den Waisenrat nicht gelten; vgl. Mot. IV S. 1227) vgl. insbesondere oben § 5 sub B II 2 b und dort (S. 37 Anm. 3 und 4) auch über die umfangreiche Spezialliteratur sowie über einige Judikatur; vgl. ferner etwa noch Geser, Die zivilrechtliche Verantwortlichkeit der Beamten aus rechtswidrigen Amtshandlungen gegenüber Privaten und gegenüber dem Staate mit besonderer Berücksichtigung des schweizerischen Rechtes, Freiburg (Schweiz) 1899; Delius, Die Haftpflicht der Beamten unter Berücksichtigung der neuen Rechtsprechung, in der Juristen-Ztg. IX (1904) Nr. 11 S. 525 ff., Boden in dem Centralbl. f. freiw. Gerichtsbarkeit Jahrg. II (1901) S. 244 ff., Pape in der Zeitung des Vereins deutscher Eisenbahn-Verwaltungen Jahrg. 38 (1898) Nr. 78 und Oesterlen ebenda Nr. 88, auch Wendt im Archiv f. d. civilist. Praxis 87 (1897) S. 444 f. Beispiele dieser Haftung der Beamten auch in meinem oben § 31 sub D wiedergegebenen Gutachten sub I 3 S. 150 f. und sub V 4 S. 170 (vgl. auch daselbst S. 150 Anm. 2, S. 164 Anm. 9); aus der Judikatur z. B. Entscheidung des Reichsgerichts vom 20. Juni 1904 (VI 468/03) in der Juristen-Ztg. IX (1904) Nr. 19 S. 946

[3]) Vgl. Entsch. des Reichsger. vom 15. Januar 1903 (VI 301/02) in Bd. 53 (1903) Nr. 72 S. 276 ff.

[4]) Vgl. hierzu z. B. Entsch. des Reichsger. vom 30. März 1903 (VI 376/02) in Bd. 54 (1903) Nr. 56 S. 198 ff., vom 15. Oktober 1903 (VI 214/03) in Bd. 55 (1904) Nr. 89 S. 364 ff., vom 29. Oktober 1903 (VI 105/03) in Bd. 56 (1904) Nr. 22 S. 84 ff. und vom 10. Dezember 1903 (VI 343/03) ebenda Nr. 55 S. 215 ff.

[5]) Zur Haftung des Staates für seine Beamten vgl. auch z. B. Laband in der Juristen-Ztg. IX (1904) Nr. 23 S. 1106, von Stengel in den Annalen des Deutschen Reichs Jahrg. 34 (1901) S. 481 ff., 561 ff. (wo übrigens S. 483 irrig von „Arglist" und Fahrlässigkeit statt von „Vorsatz" und Fahrlässigkeit gesprochen wird). Aus der Judikatur vgl. noch Entsch. des OLG. Dresden vom 13. Juni 1902 und des OLG. Kolmar vom 17. Juni 1902 bei Mugdan und Falkmann V (1902) Nr. 41 S. 210, Nr. 49 f S. 246 ff. (wo gleichfalls auf EG. zu BGB. Art. 77 angespielt wird).

in § 830 (nebst § 840 Abs. I, § 841) sagt, bezieht sich aber nicht auf das Verschulden als solches, sondern auf den Schadensersatz — und zwar nur auf den wegen einer außerkontraktlichen Beschädigung[1]) —, und gehört also nicht in unser Thema. Erwähnt mag nur werden, daß mangels gegenteiliger Bestimmung im Gesetz es bei denjenigen unerlaubten Handlungen, welche Vorsatz und Fahrlässigkeit gleichzeitig berücksichtigen (also nicht z. B. § 824 Abs. I und § 826), genügend ist, wenn einer der Beteiligten sich Vorsatz, der andere Fahrlässigkeit zu schulden kommen ließ.[2])

2. Ferner folgende Personen:[3])

a) der sog. Geschäftsherr, welcher für das Verschulden seines Gehilfen[4]) haftet (§ 278[5]) und §§ 831, 840 Abs. II);

b) der Aufsichtsführer, welcher für den Beaufsichtigten haftet (§ 832 und § 840 Abs. II; vgl. auch § 841);

c) der gesetzliche Vertreter des Schuldners (§ 278);

d) der Vertreter überhaupt (§ 166);

e) gewisse Personen, für welche das Gesetz ausdrücklich auf § 278 (oben sub a und c) hinweist; über die einschlägigen (8) Fälle vgl. oben § 2 sub VII 2 a—h;

f) gewisse andere Personen, die das Gesetz sonst ausdrücklich unter dem „Verschulden" eines Andern leiden läßt; auch hier vgl. bereits oben § 2 sub VII (3 a—c);[6])

g) der Begleiter des Gastes oder eine Person, die er bei sich aufnahm: ihr (möglichenfalls nicht schuldhaftes, vgl. oben § 71 B IV sub 4 c β β' 2) Verhalten trifft den Gast selber (§ 701 Abs. I Satz 2);

h) gewisse Dritte, die vereinzelt (§§ 123 Abs. II Satz 1, 169, 173, oben § 7 sub II 4 a und 3 a und b) in eine von „Kennenmüssen" handelnden Angelegenheiten hineingezogen werden.

II. Das durch unser Spezialproblem gegebene und eingegrenzte Interesse an den sub I erwähnten Personen ist im Ganzen gering. Es dürfte wohl nur folgendes hervorzuheben sein:

1. Ein Teil dieser Vorschriften (§§ 831 f., 840 f., 701 f., sowie die Nummern I 2 e, f und h) haben nur für bestimmte Rechtsinstitute (Deliktsobligationen und Rezeptum) Bedeutung; von prinzipieller Wichtigkeit bleiben nur §§ 166 und 278.

2. Daß die Haftung des Geschäftsherrn laut § 831 und die Haftung des Aufsichtsführers laut § 832 auf dem Gedanken der culpa in eligendo bezw. in custodiendo beruht und ebenso wie die Vorschriften des § 834 und des

---

[1]) Doch meine ich wegen seiner Stellung vor §§ 833 ff., daß § 830 nur die auf dem Verschuldensprinzip aufgebauten Delikte betrifft; vgl. auch Dernburg II 2 S. 649 a. E.

[2]) Auch vorsätzliche Anstiftung zu einem fahrlässigen Verschulden des Andern und umgekehrt werden sich im bürgerlichen Recht sehr wohl denken lassen. Gehilfen- und Mittäterschaft sind gleichmäßig bei Vorsatz und bei Fahrlässigkeit möglich.

[3]) Nicht lassen sich aber unter obige Gesichtspunkte §§ 2287 f. (oben § 14 sub B II) einstellen; über § 1565 Abs. II besser unten § 82 sub B I 2, II und III 2; auch § 553 (oben § 16 sub II 2 a) handelt (vgl. S. 63 Anm. 1) nicht gerade von Haftung für fremdes Verschulden. Zu einem Teil der obigen Normen vgl. auch die während der Drucklegung erschienene) Schrift von Karl Fischer, Die nicht auf den Parteiwillen gegründete Zurechnung fremden Verschuldens, München 1904.

[4]) Diesen Ausdruck, der im BGB. (vgl. Gradenwitz S. 74) 6 mal (wegen § 830 Abs. II vgl. oben sub 1, wegen BGB. §§ 664 und 691 oben § 2 sub VII 2 c und d), im EG. z. BGB. einmal (Art. 78, unten sub II 3 c) begegnet, gebrauchen §§ 278 und 831 selber freilich nicht.

[5]) Zu ihm vgl. auch wegen § 351 Satz 2 oben § 42 sub B VI 3.

[6]) Zum Falle des § 2 sub VII 3 c (BGB. § 767 Abs. I Satz 2) vgl. auch noch § 1251 Abs. II Satz 2, der aber nicht gerade vom „Verschulden" spricht.

§ 836 Abs. I Satz 2, Abs. II eigenem Verschulden des Haftenden [1]) entfließen, wurde bereits in § 41 sub III und § 42 sub B VI 5 betont.

3. Dagegen enthält § 278 [2]) (Satz 1) einen Fall der Haftung für „fremdes“ Verschulden [3]) (die nur dem „Umfang“ der Vertretungspflicht nach auf der Fiktion eigenen Verschuldens aufgebaut ist) und hier kommt es also betreffs der Deliktsfähigkeit auf die Person des Gehilfen an, während § 832 geradezu von einer Haftung für einen deliktsunfähigen Täter spricht und ebenso wie § 831 durch die Zulassung des Exkulpationsbeweises zu Gunsten des haftenden Nichttäters die Frage nach der Deliktsfähigkeit auf letzteren abstellt.[4]) — Zu § 278 ist aber noch einiges weitere zu bemerken, was für unser Spezialproblem Erheblichkeit besitzt:

a) Was die Tragweite des § 278 betrifft, so wurde schon oben § 66 sub X 2 c angedeutet, daß sie, ähnlich der der §§ 827 ff., nicht allzu ausgedehnt ist. Wenn man nämlich von den den § 278 ausdrücklich allegierenden Normen (oben sub I 2 e) absieht, so schränkt sich die — immerhin sehr erhebliche [5]) — praktische [6]) Bedeutung des § 278

---

[1]) Darüber, daß es bei §§ 831 und 832 auf Verschulden des eigentlichen Täters selber nicht ankommt, vgl. z. B. Entsch. des Reichsgerichts vom 30. Dezbr. 1901 (oben S. 367 Anm. 1) und vom 6. November 1902 (VI 379/02) im „Recht“ VII (1903) S. 128 Nr. 619 und in der Jur. Wochenschr. 32 (1903) Beil. 1 S. 12 Nr. 24

[2]) Ob das im § 278 enthaltene Prinzip auch in § 31 BGB. steckt, wurde bereits oben § 76 sub III 2 geprüft. Ueber zwei Parallellen aus HGB. (§§ 431 und 662 Abs. II) oben § 71 sub E III.

[3]) Zu dieser für unser Thema nur wegen der obigen Punkte, also im Ganzen wenig interessierenden Angelegenheit gibt es neben den Aeußerungen der Lehrbücher und Kommentare bereits viel Spezialliteratur. Vgl. die Dissertationen von Asmis (Greifswald 1900), Conradi (Göttingen 1896), Hoffmann, Richard (Freiburger Diss., Halle 1902), auch im Buchhandel (Berlin 1902) erschienen, Pfeiffer (Erlangen 1900), Redlich (Greifswald 1901), Schütz (Jenenser Diss., Minden 1901), Wertheimer (Erlanger Diss., Frankfurt a. M. 1900), Wüstendörfer (Straßburg 1897). — Selbständige Abhandlungen von Blau, Verantwortlichkeit für fremdes Verschulden, Berlin 1902, Feder (mit Vorwort von Kipp), Berlin 1902, Nußbaum, Berlin 1898 (Heft 1 von Eberings rechts- und staatswissenschaftlichen Studien). — Ferner Brückner im „Recht“ V (1901) Nr. 12 ff. S. 299 ff., 338 ff., 373 ff. (auch als Sonderabdruck, Hannover 1901), Nöldeke in Gruchots Beitr. 41 (1897) S. 766 ff. — Vgl. auch z. B. die Dissertation von v. Hagen (oben S. 283 Anm. 1) S. 31 ff. — Zu Spezialfällen, wie Haftung des Notars für seinen Bureauvorsteher, Eichhorn in der Zeitschr. f. das deutsche Notariatswesen I (1901) S. 315 ff., Schultze-Görlitz ebenda S. 449 ff., Jacobsohn in der Juristen-Ztg. VIII (1903) Nr. 10 S. 237, Titze (oben S. 123 Anm. 2) S. 86 ff. Ueber Haftung des Arztes für seinen Gehilfen Goette in der Berliner klin. Wochenschr. 1899 Nr. 43 f. S. 953 ff. und 978 f., insbes. S. 978 (auch Sonderabdruck, Berlin 1899) und hierzu (wie überhaupt zur Literatur für § 278) Neumann, Jahrb. I 1 S. 195 Note 7 und II S. 190 ff. Für einen Sozius haftet der Rechtsanwalt im Allgemeinen nicht; vgl. Josef in Gruchots Beitr. 44 (1900) S. 419, 551 Anm. 18, 558 Anm. 2, Neumann, Jahrb. I 1 S. 195 Note 6 a, S. 470, Entsch. des OLG. Hamburg vom 11. Dez. 1900 bei Mugdan und Falkmann II Nr. 69 S. 113.

[4]) Vgl. zum Verhältnis von §§ 827 f. und 278 bereits oben § 75 sub C I 4 a sowie Neumann in der ebenda S. 585 Anm. 3 erwähnten Abhandlung S. 221 und Cohn in Gruchots Beitr. 43 (1899) — oben S. 297 Anm. 5 — S. 126 f.

[5]) Vgl. die bei Neumann, Jahrb. I 1 S. 194 ff. und II S. 191 ff., Warneyer I S. 41 f. und II S. 29, Scherer II S. 135/136 und III S. 218, 243, Spruchsamml. I S. 12/13 und II S. 9 angegebene Judikatur sowie die Andeutungen unten S. 597 Anm. 3. Beispiele aus der Juristen-Ztg.: Jahrg. VIII (1903) Nr. 4 S. 105 (Nr. 20), Jahrg. IX (1904) Nr. 21 S. 1041 f., Nr. 23 S. 1137. Vgl. ferner Mugdan u. Falkmann IV (1902) Nr. 16 S. 48 f. (OLG. Kiel vom 4. November 1901) und VI (1903) Nr. 14 a und b S. 80 ff. (OLG. Stettin vom 18. März 1902 und OLG. Celle vom 7. Oktober 1902).

[6]) Die (sehr streitige) theoretische Konstruktion der in § 278 statuierten Haftung gehört ebensowenig in unser Problem wie die Lehre von der Konstruktion der Schadensersatzpflichten überhaupt (oben § 1 sub II); vgl. aber oben § 72 sub II 2.

dadurch ein, daß er erstens nicht im allgemeinen Teil des Gesetzbuchs steht und zweitens ganz ausdrücklich nur vom Falle der „Erfüllung" einer bereits bestehenden [1]) Verbindlichkeit redet und von der Pflicht, ein Verschulden zu „vertreten". Im Vergleiche mit den in § 276 Abs. I Satz 3 herangezogenen §§ 827 f. ist also die Tragweite noch geringer, da jene Normen immerhin, innerhalb der Fälle einer Vertretungspflicht wenigstens, überall anwendbar sind (vgl. oben § 75 sub A I 1 c α), wo es sich um Verschuldensbegriffe im engeren Sinne handelt.

b) Das „Verschulden", das bei dieser „Verantwortlichkeit jenseits eigenen Verschuldens" [2]) in Frage kommt, ist genau dasselbe wie auch sonst im BGB. d. h. es ist die Zusammenfassung von Vorsatz und Sorgfaltsvernachlässigung, letztere in gewöhnliche und grobe Fahrlässigkeit und in negligentia quam suis zerfallend. Den Ableitungen des Verschuldens (schuldhaftes Zögern), des Vorsatzes (qualifizierte Absicht, Arglist usw.) und der Fahrlässigkeit (Kennenmüssen, Bösgläubigkeit usw.) würde sich diese Haftung für fremdes Verschulden zwar nicht verschließen, ihre Hereinbeziehung kommt aber wegen des speziellen (engen) Anwendungsgebietes des § 278 Satz 1 kaum in Frage. Sicherlich aber bleibt jegliches Verschulden „im weiteren Sinne" außer Betracht, und es wäre auch nicht gut denkbar, moralische Fehler des Vertreters dem Vertretenen anzurechnen, zumal das Gesetz sich sogar gegenüber der Anrechnung intellektueller Fehler offenbar spröde verhält.

c) Wenn § 278 Satz 1 bestimmt, daß der Schuldner das Verschulden seines Vertreters oder Gehilfen „in gleichem Umfange" zu vertreten hat, wie „eigenes" [3]) Verschulden, so soll hiermit offenbar nicht in überflüssiger Weise das Maß der Haftung angedeutet werden, das sich aus den allgemeineren Vorschriften [4]) auch ohne diese Sondernorm entnehmen ließe, sondern [5]) diese Wendung, die in analoger Weise in EG. z. BGB. Art. 78 f. und 105 wieder auftritt, soll doch wohl — allerdings gegen den vorherrschenden [6]) Gebrauch des Wortes „Umfang" im BGB. [7]) — auf den Grund der Haftung gehen; also nicht auf die Frage: [8]) worin die Haftung besteht, sondern: weshalb sie eintritt. [9])

d) Dementsprechend will also § 278 sagen: [10]) Der Schuldner hafte in den

---

[1]) Vgl. auch Linckelmann im Archiv f. bürgerl. R. 13 (oben S. 592 Anm. 2) S. 100 und Entsch. des Reichsger. vom 21. bezw. 28. Juni 1901 (III 117/01) in Bd. 49 (1902) Nr. 7 S. 26 ff., Jur. Wochenschr. 30 (1901) S. 549, Seuff. Archiv (1902) 57 Nr. 3 S. 3 ff. Die Angaben bei Neumann, Jahrb. I 1 S. 194 sind nicht ganz korrekt.

[2]) Vgl. zu diesem Ausdruck Wüstendörfer (oben S. 595 Anm. 3) S. 77.

[3]) Zu diesem Ausdrucke vgl. oben § 42 sub B VI 3.

[4]) Vgl. BGB. §§ 249 ff.

[5]) Vgl. wegen eines ähnlichen Falles oben § 75 sub C I 4 b; vgl. auch § 71 sub B III 9.

[6]) Vgl. BGB. §§ 254 Abs. I (oben § 42 sub B II 1), 316, 777 Abs. II (zweimal), 881 Abs. I, 917 Abs. I Satz 2, 999 Abs. I, 1091, 1383, 1529 Abs. II, 1652, 1668 Satz 2, 1844 Abs. I Satz 2, 1969 Abs. I Satz 1, 2022 Abs. III, wohl auch §§ 1687 Nr. 3 und 1840 Abs. III.

[7]) Wie im Text ist „Umfang" zu verstehen in §§ 26 Abs. II Satz 2, 64 Satz 2, 70, 1688 Abs. II Satz 1 und 2, Abs. III, 1836 Abs. I Satz 3, 2140 Satz 1, 2289 Abs. I Satz 2, 2347 Abs. II Satz 2.

[8]) Es wurde schon oben § 71 sub C ausgeführt, daß die Ausdrucksweise des Gesetzes hinsichtlich der auf „Haftung", „Vertretung" u. dgl. bezüglichen Einzelheiten höchst unfest ist.

[9]) Vgl. wie im Text auch z. B. Blau (oben S. 595 Anm. 3) S. 26 ff. und Isay, Die Geschäftsführung nach dem BGB., (Bd. VI Heft 1 von Fischers Abhandlungen zum Privatrecht und Civilprozeß) Jena 1900, S. 378 f.

[10]) Vgl. wie im Text Blau a. a. O., Isay a. a. O. und auch z. B. Rehbein II S. 109 Anm. 94 (wobei Neumann, Jahrb. I 1 S. 193 Note 3 versehentlich auch auf Rümelin II 109 hinweist).

gleichen Fällen, in denen er wegen „eigenen Verschuldens" haftbar wäre, auch dann, wenn nicht er selber, sondern sein Vertreter oder Gehilfe es gewesen ist, der das Verschulden beging. Es ist aus dieser Auffassung der Norm dann aber sofort die für unser Thema wichtige Folgerung abzuleiten, daß man sich wegen der Frage, welche Art von Verschulden im konkreten Falle zu vertreten sei — nur Vorsatz oder nur grobe oder jede Fahrlässigkeit oder nur negligentia quam suis[1]) —, lediglich das betreffende Schuldverhältnis selber, in welchem Schuldner steckt, anzusehen hat unabhängig davon, daß Schuldner nicht gerade in Person die Erfüllung der Verbindlichkeit vorgenommen hatte.

4. Noch deutlicher als der dieserhalb lebhaft umstrittene[2]) § 278[3]) läßt es § 166 in seinem I. Absatz betreffs der fahrlässigen Unkenntnis auf die Person des Vertreters ankommen, während Abs. II betreffs der rechtsgeschäftlichen Vertretungsmacht im besonderen die Unkenntnis des Bevollmächtigten nicht als Exkulpationsgrund gelten läßt und zwar sowohl (Satz 1) bei positiver Kenntnis des Vollmachtgebers wie (Satz 2) — im Falle[4]) einer gesetzlichen Gleichstellung von fahrlässiger Unkenntnis und positiver Kenntnis — bei fahrlässiger Unkenntnis des Vollmachtgebers; beidemale vorausgesetzt, daß der Bevollmächtigte nach bestimmten Weisungen des Vollmachtgebers gehandelt hat. Auch diese Normen haben wieder Bedeutung, sofern einem der beiden Beteiligten die Deliktsfähigkeit fehlt: ist er gerade derjenige, auf dessen Kennenmüssen es ankam, so entfällt die sonstige Einwirkung der Fahrlässigkeit.[5]) [6])

5. Kein weiteres Interesse für unser Thema bietet insbesondere die Haftung Mehrerer aus unerlaubten Handlungen[7]) und die nähere Ausgestaltung dieser (gesamtschuldnerischen) Haftung im BGB.; denn auch dies ist nur eine die Deliktsobligationen und die Lehre vom Schadensersatz betreffende Angelegenheit.[8]) Wo die Anwendbarkeit der §§ 830, 840 f. aufhört,[9]) setzt die Haftung gemäß § 421 ff. als „Gesamtschuldner" ein, auf die das Gesetz auch in § 840 selber (Abs. I) Bezug nimmt[10]) und die ihrerseits den Fall eines Verschuldens, das einer der Gesamtschuldner begangen hat, in § 425 Abs. II (oben § 2 sub VI), vgl. auch § 429 Abs. III, besonders heraushebt.

---

[1]) Hier fragt es sich dann, ob der Vertreter hinter der individuellen (oben § 41 sub I 3 a) Sorgfalt des Vertretenen zurückgeblieben ist; vgl. auch Staub, Kommentar zum HGB., 6. Aufl. (Berlin 1900) S. 231 Anm. 27 (zu HGB. § 58).

[2]) Vgl. wegen der Spezialliteratur oben S. 595 Anm. 3.

[3]) Er ist praktisch auch darum (vgl. oben S. 595 Anm. 5) von großer Wichtigkeit, weil er auch sonst noch im BGB. oft zitiert wird; vgl. die Angaben oben sub I 2 e; wegen der Beziehungen zwischen §§ 278 und 254 vgl. Genaueres unten § 79 sub IV.

[4]) Vgl. wegen der einschlägigen Stellen oben § 32 sub IV 1 S. 178 Anm. 1.

[5]) Vorausgesetzt natürlich, daß es sich überhaupt um einen der Fälle handelt, in denen nach dem oben § 75 sub A I Bemerkten die §§ 827 ff. unter Vermittelung des § 276 Abs. I Satz 3 anwendbar sind.

[6]) Ueber Einzelfragen zu § 166 vgl. auch Neumann, Jahrb. I 1 S. 107 Anm. 1, II S. 83. Eingehende Bemerkungen auch bereits in Mot. I S. 227 ff., Prot. I Nr. 23 III S. 139 ff.

[7]) Beispiele in meinem oben zu § 31 sub D abgedruckten Gutachten sub I 4 b β (S. 153).

[8]) Auch hier gibt es bereits Spezialliteratur; vgl. die Dissertationen von Elsner (Greifswald 1901), Hecht (Rostock-Bromberg 1902), Hoffsümmer (Erlangen-Köln 1898), Rumpff (Göttingen-Oldenburg 1904), Tuzina (Rostock 1902); vgl. auch bei Binder, Korrealobligationen (Leipzig 1899) S. 593 ff. und z. B. Crome in Iherings Jahrb. 35 (1896) S. 100 ff.

[9]) Vgl. z. B. oben S. 594 Anm. 1.

[10]) Zu § 840 und den anderen auf die Haftung als Gesamtschuldner anspielenden Normen vgl. Gradenwitz S. 78 und oben § 71 sub B III 7; von ihnen haben aber mit einem „Verschulden" die meisten garnichts zu tun.

Zweiter Punkt.

Der Verletzte.

§ 78.

Im Allgemeinen.

I. Während für die Persönlichkeit des Täters verschiedene Einzeleigenschaften, wie Lebensalter, körperliche und geistige Gesundheit, Geschlecht, Berufsstand und Individualität zwar nicht prinzipiell aber doch immerhin für einige mehr oder weniger wichtige Spezialfragen Berücksichtigung erfahren mußten (oben § 74), so sind derartige Unterschiede und desgleichen der Unterschied zwischen physischen und juristischen Personen[1]) auf der Seite der Verletzten gleichgültig oder doch, wo sie ausnahmsweise zur Sprache kommen, wiederum nur bloße Tatbestandsmomente, wie das weibliche Geschlecht als Voraussetzung auf seiten des gekränkten Teils bei den unerlaubten Handlungen der §§ 825, 847 Abs. II (vgl. oben § 74 sub 1 b und 2) und wie der Leichtsinn oder die Unerfahrenheit bei dem Musterbeispiel der „Verstöße gegen die guten Sitten" im § 138 Abs. II BGB. (oben § 74 sub 4 d).

II. Weitere Personen auf Seite des Verletzten interessieren in wesentlich minderem Maße als (oben § 77) auf Seite des Täters.

1. In Betracht kommen wohl nur:

a) nach ausdrücklichen Winken, die das Gesetz selber gibt:

α) der gegenüber dem Getöteten alimentationsberechtigte Dritte; vgl. BGB. §§ 844 ff. sowie EG. z. BGB. Art. 42 Nr. I (§ 3 Abs. I Satz 2 und Abs. II des Haftpflichtgesetzes);

β) der gegenüber dem Getöteten oder gegenüber dem körperlich, gesundheitlich oder in seiner Freiheit Verletzten zum Anspruch auf Dienstleistungen in Hauswesen oder Gewerbe Berechtigte (BGB. § 845);

γ) der zur Anfechtung eines Erbschaftserwerbs gegenüber der Erbunwürdigen Berechtigte (§ 2341);

δ) der Adressat einer empfangsbedürftigen Willenserklärung, die durch eine von anderer Seite ausgehende arglistige Täuschung hervorgerufen worden war (§ 123 Abs. II Satz 1);

ε) der Dritte als unmittelbar Berechtigter aus einer nach dem sub δ Bemerkten anfechtbaren Willenserklärung (§ 123 Abs. II Satz 2);

b) nach den Erörterungen der Literatur[2]): der außerhab der Fälle sub a α und β begegnende „mittelbar Verletzte".[3])

---

[1]) Selbstverständlich ist es auch auf Seite des Verletzten, daß juristische Personen an den ins Familien- und Erbrecht gehörigen Fällen, insbesondere also bei Verfehlungen und daher im allgemeinen (vgl. aber die auch für juristische Personen und ihre Organe in Betracht kommenden §§ 254, 846) beim Verschulden in weiterem Sinne nicht partizipieren können; vgl. oben § 76 sub II.

[2]) Vgl. auch zu §§ 823 und 826 eingehende Bemerkungen bei Linckelmann S. 31 ff.

[3]) Ich schließe mich der herrschenden Auffassung (vgl. z. B. Endemann I S. 1267 c, Kipp II S. 892 δ, Oertmann S. 557 sub β, derselbe in der Berliner Festgabe für Dernburg, Berlin 1900, S. 61 ff.; vgl. auch Neumann, Jahrb. I 1 S. 465 ff. Note e, S. 478 Note 2 a und Judikatur auch ebenda S. 463 a. E. Note 1 a und b) an, wonach über §§ 844 f. hinaus die mittelbar Geschädigten Ansprüche aus unerlaubten Handlungen nicht haben. Für das gegenwärtige Recht unerheblich die Ausführungen von Regelsberger in Iherings Jahrb. 41 (1900) S. 251 ff. (insbes. S. 281 ff.). Nicht rechtzeitig zugänglich waren mir die Bemerkungen von Endemann im 45. Jahresbericht der Berl. Jur. Gesellsch. 1903/04 S. 46 ff. und die Rostocker Diss. von Ernst Schmidt (1904), Begriff des durch unerlaubte Handlung mittelbar Geschädigten.

2. Indessen haben alle diese Fragen für unser Thema nicht die mindeste Bedeutung, da sie lediglich Spezialien aus der Lehre vom Schadensersatz (oben 1 a α und β und 1 b) bezw. aus der Lehre von der Anfechtung (oben 1 a δ und ε, auch γ) betreffen.

§ 79.

Insbesondere das sog. „konkurrierende Verschulden".

Für den Verletzten und seine Rechtsstellung ist aber von ungemein weittragender Bedeutung, die sich jedoch für den Bedarf unseres Themas wiederum wesentlich einschränkt, § 254, der vom „mitwirkenden Verschulden des Beschädigten" [1]) handelt. Hier ist folgendes zu bemerken.

I. Zunächst könnten wir die genauere Besprechung des § 254 ablehnen, da wir wiederholt — vgl. oben § 66 sub III 1 b (vgl. auch ebenda sub IV 4 b) — festgestellt haben, daß trotz des vom Gesetzgeber sowohl in Abs. I wie in Abs. II Satz 1 gewählten Ausdrucks „Verschulden" ein echtes Verschulden nicht (nicht notwendig) vorliegt, sondern höchstens ein Verschulden im weiteren Sinne,[2]) dem dann aber alle charakteristischen Merkmale und Folgen des echten Verschuldens abgehen. — Auch läßt sich geltend machen, daß § 254 ja nur diejenigen Folgen eines mitwirkenden Verschuldens erörtert, die sich in Fällen einer Schadensentstehung zeigen, und daß er deshalb seinem Schwergewicht (wie ja auch seiner Stellung innerhalb der §§ 249—255) nach in die Lehre vom Schadensersatz [3]) gehört; [4]) und wenngleich diese Lehre nach Ursache und Wirkung in engster Beziehung zur Lehre vom Verschulden steht und für die praktische Ausgestaltung der letzteren daher von größter Bedeutung ist, könnten wir uns immerhin der erneuten Erörterung des § 254 entziehen.

II. Trotz alledem nötigt uns aber das Gesetz selber aus einigen eigentümlichen Gründen zu genauerer Betrachtung des § 254. Der erste Grund ist, daß § 254 Abs. II Satz 2 auf § 278 verweist, den wir als ziemlich wichtig auch für die Lehre vom Verschulden kennen lernten (oben § 77) und dessen Bedeutung innerhalb des § 254 Schwierigkeiten macht. Der zweite Grund ist, daß § 846, der als Norm aus der Lehre von den „unerlaubten Handlungen" gleichfalls von mittelbarer Wichtigkeit für die Verschuldungslehre ist, auf § 254 Bezug nimmt. Vor Erörterung dieser spezielleren Punkte (unten sub IV und V) sind aber noch einige andere Bemerkungen von allgemeinerer Bedeutung erforderlich.[5])

III. Zu § 254 BGB. im allgemeinen.[6])

---

[1]) Ueber die sich damit keineswegs deckende „Kulpakompensation" vgl. unten § 82 sub IV.

[2]) Es kann sich in einem Tun äußern, aber auch in einem Unterlassen; vgl. oben § 69 sub A I 2 c sowie namentlich § 254 Abs. II Satz 1 selber und auch § 839 Abs. III.

[3]) Aber im weitesten Sinne der Anwendbarkeit, nicht nur bei Kontraktsobligationen; vgl. z. B. Dernburg II 1 S. 76 oben, II 2 S. 650, der aber II 1 S. 76 Anm. 7 zu Unrecht Planck (II S. 25 f., vgl. insbes. Note 5) als Vertreter gegenteiliger Ansicht bezeichnet; ferner Endemann I § 132 S. 756 Anm. 5, Enneccerus-Lehmann I S. 864 sub III, Kipp II S. 62 sub 5, Cohn (oben S. 297 Anm. 5) S. 108, 386 ff., 403 ff., Gottschalk S. 109 ff., auch Entsch. des Reichsg. vom 5. Mai 1902 (VI 25/02) in Bd. 51 (1903) Nr. 66 S. 275 (Seuff. Arch. Bd. 59, 1904, Nr. 31 S. 56 ff.), vom 18. Mai 1903 (VI 29/03) in Bd. 55 (1904) Nr. 7 S. 24 (auch Jur. Wochenschr. 32, 1903, Beil. 10 S. 86 Nr 198, Warneyer II S. 77) und vom 26. Sept. 1903 (I 154/03) in der Juristen-Ztg. VIII (1903) Nr. 23 S. 549.

[4]) Unrichtig ist es, wenn Warneyer meine Abhandlung im Archiv für Bürgerliches Recht Bd. 14 (oben S. 2 Anm. 5) auf S. 36 zu § 254 zitiert.

[5]) Die Literatur ist bereits oben § 42 sub B II 1 b S. 297 f. aufgeführt worden. Nicht mehr zugänglich war mir die Rostocker Diss. von Eick (1904) Ein Beispiel zu § 254 in meinem Gutachten oben § 31 sub D unter I 4 b α (S. 153).

[6]) Nachprüfung sämtlicher an § 254 anknüpfender Kontroversen und Judikatur war hier nicht erforderlich.

1. Selbstverständlich ist es, daß ein echtes „Verschulden" im engeren Sinne des Vorsatzes oder der Sorgfaltsvernachlässigung vorliegen kann und z. B. dann gegeben ist, wenn A dem B und umgekehrt B dem A einen Schaden (sei es einen kontraktlichen, sei es einen außerkontraktlichen) zugefügt und sie sich also gegenseitig schädigen. Für diesen Fall lassen sich Beispiele sehr leicht gewinnen, indem man den in HGB. § 735 Abs. II[1]) für Zusammenstöße von Schiffen normierten, in seiner Fassung an BGB. § 254 Abs. I angelehnten Tatbestand auf Vorgänge zu Lande überträgt und annimmt, daß ein „Zusammenstoß" von Vehikeln — Wagen, Fahrräder, Tramways, Automobile — „durch beiderseitiges Verschulden herbeigeführt" wurde. Auch hier wird man im Anschlusse an den Wortlaut des HGB. a. a. O. und des BGB. § 254 sagen müssen, daß die Verpflichtung zum Ersatze sowie der Umfang des zu leistenden Ersatzes von den „Umständen" abhänge, „insbesondere davon, inwieweit der Zusammenstoß vorwiegend" von der einen oder von der anderen Partei „verursacht worden ist". Aber es handelt sich dann in Wahrheit nicht mehr um eine Kulpakompensation (oben § 42 sub B II 1 d α) oder um ein Verschulden gegen sich selbst (oben § 68) oder überhaupt um einen Anwendungsfall des § 254 BGB., sondern, wie HGB. sagte, um ein beiderseitiges Verschulden,[2]) dessen Folgen sich nach dem freien Ermessen des Richters bis zu einem gewissen Maße aufheben.

2. Sehr lebhaft bestritten ist es, ob auf seiten des Beschädigten, dessen „mitwirkendes Verschulden" in Frage steht, rücksichtlich der Deliktsfähigkeit §§ 827 f.[3]) anwendbar sind. An sich kämen allerdings diese Normen in Frage, da der Beschädigte hier ja seinerseits als Täter interessiert; aber nach unserer Auffassung, daß § 254 nicht ein echtes Verschulden ins Auge faßt (oben sub I), und nach unserer weiteren Auffassung (oben § 75 sub A I 1), daß die Vorschriften der §§ 276 Abs. I Satz 3 und 827 f. nur auf das echte Verschulden und nur auf die Fälle seiner „Vertretung" passen, müssen wir für das Anwendungsgebiet des § 254 die Heranziehung der §§ 827 f. leugnen. Es wurde dies auch schon oben § 42 sub B V 3 betont und hier sei nur noch konstatiert, wie erheblich die Meinungsverschiedenheit in der Literatur[4]) ist. Während gleich uns z. B. Endemann (I S. 756/757), und auch M. Rümelin (S. 315 ff.), Bienenfeld (S. 489 ff.) und Pfizer (S. 712 ff.) die Anwendbarkeit der §§ 827 f. leugnen, wird sie von sehr vielen anderen Schriftstellern (wohl der Majorität), z. B. Berner (S. 42), Cohn (S. 116, 131), Gottschalk (S. 80 f.), von Leyden (S. 70), Linckelmann[5]) (S. 60), von Liszt (S. 81 ff.), Mayring (S. 18 Note 8), Neumann (S. 134), Rehbein (II S. 65 Anm. 51 a. E.), Süßmann (S. 80 f.) und Träger (S. 334) angenommen;[6]) und auch die

[1]) Daß für diese Norm an das Verschulden im gewöhnlichen Sinne (Vorsatz und Fahrlässigkeit) gedacht werden muß, ist zweifellos (vgl. auch Makower-Loewe, 12. Aufl., Berlin 1900, S. 184 Anm. 2); vgl. zu ihr auch Entsch. des Reichsger. vom 14. Febr. 1903, oben S. 299 Anm. 5.

[2]) Cohn (oben S. 297 Anm. 5) S. 115 spricht hier von „Entgegenwirken"; ihm schließt sich Gottschalk (oben S. 297 Anm. 9) S. 69 Anm. 9 an.

[3]) Da die Anwendbarkeit des § 829, die der §§ 827 f. voraussetzt (vgl. oben § 75 sub C I 3), ist m. E. für den § 254 die Heranziehung des § 829 ausgeschlossen. Vgl. zu dieser Angelegenheit aus der nachstehend erwähnten Literatur z. B. Rümelin S. 315 ff. und Träger S. 340 ff. (dessen oben S. 298 Anm. 17 genannte Schrift, sich S. 327—275 mit BGB. § 254 beschäftigend, nicht mehr eingehend berücksichtigt werden konnte).

[4]) Wegen der genauen Literaturangaben vgl. das oben S. 599 Anm. 5 Bemerkte und § 75 sub A V und C I 1.

[5]) Wegen Linckelmann im Jur. Literaturbl. XIII S. 200 f. vgl. auch oben S. 579 Anm. 1.

[6]) Vgl. auch Oertmann in der Juristen-Ztg. IX (1903) Nr. 3 S. 142 Anm. 1. — Keine Stellungnahme zu der Frage im Text beispielsweise bei Labowsky (S. 41 ff.) und Richard Schmidt (S. 24).

Judikatur[1]) hat sich bisher lediglich zu Gunsten einer Kombination von § 254 und §§ 827 f. ausgesprochen.

3. Interessant ist es aber und zur Auffindung neuer Gesichtspunkte geeignet, schließlich die Anwendungsfälle[2]) des § 254 zu prüfen. Wir wollen sie in mehrere Gruppen teilen, je nachdem § 254 innerhalb sonstiger Normen des Gesetzes Verwendung erheischt oder sonstige Normen als Ausfluß des in § 254 enthaltenen Prinzipes erscheinen.

a) Vorher mag eine besonders bekannte Frage mit ein paar Worten abgetan werden. Ob nämlich die „Ablehnung einer Operation"[3]) ein „mitwirkendes Verschulden" im Sinne des § 254 enthält, beantwortet sich lediglich nach dem in § 42 sub B II 1 Bemerkten; nach unserer Auffassung ist sie für den Ersatzanspruch des Beschädigten verhängnisvoll, sofern ihm im Einzelfall füglich zugemutet werden konnte, sich der Operation zu unterziehen.[4]) Ebenso[5]) Crome S. 496 Anm. 9, Dernburg II 1 S. 76, Enneccerus-Lehmann S. 405 sub c, Fischer-Henle S. 140 Anm. 11, Gottschalk S. 95, von Leyden S. 76, Linckelmann S. 59, von Liszt S. 84, Matthiaß S. 348 oben, Mayring S. 18 sub 5, Oertmann S. 18 sub 3, Rehbein S. 65 oben, Schmidt, Richard S. 19, von Weinrich S. 88 f. sowie Bernhöft, Zur Frage der Haftpflicht[6]) S. 235 ff. Nr. 4.[7])

b) Anwendungsfälle des § 254 innerhalb anderer Normen des BGB. — und übrigens auch des sonstigen Reichszivilrechts[8]) — sind in zahlloser Fülle denkbar, weil die Eingangsworte des § 254[9]), indem sie nicht etwa nur an die auf einem Verschulden aufgebauten

---

[1]) Vgl. die oben § 42 S. 298 Anm. 19, S. 312 Anm. 1 und S. 324, sowie S. 599 Anm. 3 erwähnten Entsch. des Reichsger. vom 5. Mai 1902 (VI 25/02) — vgl. auch Spruchs. I S 27 — und 11. Mai 1903 (VI 485/02), zu letzterer auch Oertmann a. a. O. im Text. Ferner Reichsger. vom 28. Mai 1903 (VI 78/03) in der Jur. Wochenschr. 32 (1903) Beil. 11 S. 101 f. Nr. 228 (vgl. auch Spruchsamml. II S. 23) und vom 27. Februar 1902 (oben § 54 S. 387 Anm. 6; vgl. auch Neumann, Jahrb. I 1 S. 165 und S. 484 Anm. 2) sowie vom 10. April 1902 (IV 25/02) in der Jur. Wochenschr. 31 (1902) Beil. 7 S. 234 Nr. 107. Ferner OLG. Hamm vom 14. Oktober 1902 (im „Recht" VI, 1902, S. 588; vgl. auch Scherer III S. 289 Anm. 7).

[2]) Wegen BGB. § 846 vgl. auch bereits oben § 42 sub B II 2.

[3]) Für die Zeit vor dem BGB vgl. die Schrift von Endemann, Die Rechtswirkungen der Ablehnung einer Operation seitens des körperlich Verletzten, Berlin 1893; für das Gem.R. ferner Labowsky S. 23 ff. Unerheblich sind die Bemerkungen zum geltenden Recht in der Erlanger Dissertation von Arnoldi, Ablehnung einer Operation, 1899, S. 57, 95 ff. Aeltere Judikatur vgl. in Seufferts Archiv 46 (1891) Nr. 189 S. 294 ff. (Entsch. des Reichsger. vom 22. Dez. 1890 und 30. Januar 1891).

[4]) In eine solche müßte er also einwilligen; dies ist aber nicht mit der unten § 82 sub B III zu besprechenden „Einwilligung" zu verwechseln.

[5]) Anderer Ansicht nur Endemann I § 131 S. 750 Anm. 11, S. 751 Anm. 14. Unbestimmt Eck I S. 254 und das. Anm. 2.

[6]) Dieser Aufsatz von Bernhöft steht in Bernhöfts und Binders Beiträgen zur Auslegung des BGB. Heft 3 (Leipzig 1902) S. 224 ff. Bernhöft beruft sich dabei auf einen mir unzugänglich gebliebenen anonymen Aufsatz in der Deutschen Versicherungs-Ztg. Jahrg. 43 Nr. 7 S. 42.

[7]) Zu der mit der im Text behandelten Angelegenheit garnicht mehr in Zusammenhang stehenden Frage nach der Haftung des Arztes für die gegen den Willen des Patienten vorgenommenen bzw. für die mißglückte Operation vgl. Angaben bei Warneyer I S. 97 Nr. 20 a und b und II S. 72 Nr. 20.

[8]) Z. B. Reichshaftpflichtgesetz (vgl. oben § 42 sub B VI 3 a); vgl. z. B. die Entscheidungen des Reichsgerichts vom 24. Nov. 1902 (VI 243/02 in Bd. 53 (1903) Nr. 21 S. 75 ff. und vom 12. (nicht 5., wie Boyens in der Juristen-Ztg. VIII, 1903, Nr. 7 S. 177 angibt) Februar 1903 (VI 335/02) ebenda Nr. 98 S. 394 ff. und auch Staub in der Juristen-Ztg. a. a. O. Nr. 16/17 S. 389.

[9]) Vgl. oben § 42 sub B II 1 d β und g sowie § 71 sub B IV 1, 4 und 5.

Fälle der Schadenszufügung denken, sondern an Schadensentstehung [1]) schlechthin, von universellster Bedeutung sind. Von genaueren Nachweisen der Anerkennung dieses wohl unbestrittenen Satzes in Literatur und Judikatur darf füglich Abstand genommen werden, und es sei nur auf folgendes hingewiesen: Insbesondere wird die Praxis oft Gelegenheit haben, den § 254 im Zusammenhange mit den „unerlaubten" Handlungen [2]) heranzuziehen; so z. B. zu § 833 (Reizen des Tiers) [3]) oder zu §§ 835 f. [4]) — Hierhin [5]) gehört es, wenn in Eisenbahnwagen eine Warnung steht „Das Hinauslehnen ist mit Lebensgefahr verbunden"; oder wenn die Wagen der Kieler elektrischen Bahn Tafeln mit dem Wortlaute enthalten „Wer während der Fahrt auf- oder abspringt, tut dies auf eigene Gefahr"; [6]) oder wenn am Eingange eines Jugendspielplatzes [7]) (vgl. oben § 31 sub D III 3) eine Tafel mit einer analogen Warnung angebracht ist. Auch die bekannten Aufschriften „Achtung, Hunde!" oder (an Tierkäfigen): „Achtung, ich beiße!" gehören hierher. Ueberall in derartigen Fällen [8]) ist es der Zweck der Inschrift, ein „konkurrierendes Verschulden" des Zuwiderhandelnden und den erforderlichen Kausalzusammenhang dadurch anzubahnen, daß man ihn „auf die Gefahr [9]) eines Schadens aufmerksam zu machen" [10]) und ihm die Möglichkeit zu nehmen sucht, [11]) sich hinter seine Unkenntnis (vgl. unten sub c) der Gefahr zu verschanzen.

c) Als Anwendungsfälle des dem § 254 zu Grunde liegenden Prinzips [12]) kann man aber, selbst wenn wir das „Verschulden" im § 254 im engeren, technischen Sinne verstehen zu müssen meinen, auch § 122

---

[1]) Um eine solche muß es sich aber handeln; deshalb kämen Fälle wie der oben § 58 sub A II 2 a S. 446 Anm. 4 erwähnte nicht in Betracht; vgl. ebenda sub A VIII 1 b.

[2]) Vgl. z. B. Gottschalk S. 109 ff., von Leyden S. 94 ff.

[3]) Vgl. dazu Planck II S. 629 sub c, Gumbinner in der Juristen-Ztg. VII (1902) Nr. 4 S. 97 (a. A. und Nr. 3) und neuestens z. B. Litten, Ersatzpflicht des Tierhalters, Berlin 1905, S. 99 ff.

[4]) Vgl. Planck II S. 632 oben, S. 635 sub b und Entsch. des Reichsger. vom 24. Oktober 1902, oben S. 530 Anm. 2; vgl. auch Jur. Wochenschr. 32 (1903) Beil. 1 S. 1 Nr. 2.

[5]) Bezw. unter die Fälle des Haftpflichtgesetzes; vgl. oben S. 601 Anm. 8.

[6]) Die Schlußwendung hat nichts bezw. wenig zu tun mit dem Grundgedanken der Schrift von Unger, Handeln auf eigene Gefahr (in Jherings Jahrb. 30, 1891, S. 363—421).

[7]) Ueber die Anwendbarkeit des § 254 bei Unfällen auf Spielplätzen vgl. insbesondere S. 161 Anm. 4 und S. 140 Anm. 4; vgl. auch oben S. 171 über die l. 9 § 4 Dig. IX, 2.

[8]) Ein Beispiel (Schießplatz mit roten Fahnen) auch bei Schollmeyer S. 43 Note 4. — Ein weiteres Beispiel ist die „Warnung", welche in Kiel an den Telephonen angebracht ist: „Beim Anruf die Kurbel langsam einmal herumdrehen. Mehrmaliges schnelles Drehen kann zu Beschädigungen der Beamten und zu Ersatzansprüchen gegen die Teilnehmer (sic!) führen." Nicht dagegen gehört hieher z. B. die Aufschrift auf den Straßenbahnwagen „Dieser Platz bleibt frei".

[9]) Denn „wer sich in Gefahr begibt, kommt darin um" (vgl. Sirach 3 Vers 27).

[10]) Diese Wendung aus § 254 Abs. II Satz 1, die dort auf eine Pflicht des Beschädigten geht, kann man im obigen Zusammenhange auf eine Vorsichtsmaßregel seitens des anderen Teiles anwenden.

[11]) Natürlich muß ihm trotzdem die Kenntnis der Warnung bezw. ein Kennenmüssen (schuldhaftes Unbekümmertsein um den Inhalt der Tafel) nachgewiesen werden (da nicht jeder die Tafel liest, z. B. nicht ein stark Kurzsichtiger oder ein Analphabet, ein der Landessprache unkundiger Ausländer), es sei denn, daß es sich (wie beim Herausspringen aus einer elektrischen Bahn) um allgemein bekannte Gefahren (und damit für die Mehrzahl der Fälle zugleich allerdings auch um Entbehrlichkeit der Warnung) handelt.

[12]) Das ist etwas anderes als die vom Reichsger. in der Entsch. vom 19. Februar 1904 (oben S. 317 Anm. 5) aufgeworfene Frage, ob § 254 selber auf die Fälle des § 122 Abs. II (unmittelbar oder analog) anwendbar sei. — Ueber Fälle der Kulpakompensation unten § 82 sub B IV.

Abs. II (oben § 6 sub II 5 a β) und desgleichen, sofern man von dem Effekte der Schmälerung oder des Verlustes eines Ersatzanspruchs im besonderen absieht, auch § 123 Abs. II Satz 2 (oben § 7 sub II 4 a) auffassen, die an das Kennenmüssen des an sich aus dem Rechtsverhältnisse Berechtigten den Verlust dieses Rechtes anknüpfen. — In diesem Sinne gehören dann aber unter das Grundprinzip des § 254 auch alle sonstigen im § 68 sub II 1 b, d und e und im § 70 sub IV 2, 4 und 5 aufgeführten Fälle eines Rechtsverlustes desjenigen, der sich der fahrlässigen Unkenntnis oder der schuldhaften Zögerung schuldig machte; und so lassen sich derartige Rechtsvorschriften systematisch einordnen, ohne daß wir unsere Zuflucht zur Konstruktion eines „Verschuldens gegen sich selbst" (oben § 68) zu nehmen genötigt sind.

IV. Sehr wesentlich für unsere dem „Verschulden" gewidmete Untersuchung und zugleich von offenbarer großer Tragweite für die Praxis [1]) ist aber, wie schon sub II angedeutet wurde, insbesondere noch der Schlußpassus der Norm, § 254 Abs. II Satz 2. Er diktiert „entsprechende Anwendung" der Vorschrift des § 278 d. h. der in § 77 sub II 3 genauer erörterten „Haftung für fremdes Verschulden".

1. Wennschon soviel klar und auch durchaus gerechtfertigt erscheint, daß nach dieser Schlußbemerkung dem Beschädigten auf seinen Ersatzanspruch auch das in Abrechnung zu bringen ist, was der Richter vorwiegend als Ausfluß einer Schadensverursachung durch den gesetzlichen Vertreter oder Gehilfen des Geschädigten [2]) betrachtet, so liegt die Schwierigkeit in der Frage, ob diese Anrechnung durchweg stattfinden darf oder ob sie, weil der betreffende Passus nur als zweiter Satz des zweiten Absatzes auftritt, lediglich hinsichtlich der im ersten Satz dieses zweiten Absatzes erwähnten Unterlassungssünde zulässig ist. Die Frage ist m. a. W. die, ob man den Schlußsatz und damit den § 278 auch in die Kardinalregel des Abs. I hineininterpretieren darf oder nicht.

2. Diese Frage ist merkwürdigerweise in der Literatur zu § 254 meistens übergangen worden; [3]) so von Dernburg, [4]) Enneccerus-Lehmann, [5]) Kuhlenbeck, [6]) Matthiaß, [7]) Meisner, [8]) Müller und Meikel [9]) und Neumann. [10]) Von denjenigen Schriftstellern, die des § 278 genauer gedenken, bringen ihn nur mit Abs. II des § 254 in Verbindung Berner, [11]) Cohn, [12]) Eck, [13]) Mayring [14]) Planck [15]) und Schollmeyer, [16]) mit dem ganzen § 254

---

[1]) Wegen einiger Entscheidungen vgl. unten S. 605 sub 4 und 6.

[2]) Daß dieser und nicht der ersatzpflichtige Teil in Betracht kommt (wie Endemann § 132 a. E. S. 762 anzunehmen scheint), hebt Schmidt S. 28 mit Recht hervor.

[3]) Ueberhaupt nicht erwähnen den § 278 zu § 254 z. B. Achilles S. 107, 120 Note 4, Crome (I S. 494 ff.), Engelmann (S. 191), Fischer-Henle (S. 139 f.), Krückmann S. 173, Labowsky (S. 41 ff.), Liebe I S. 212 f., von Liszt (S. 81 ff. und 103 ff.), Lühl (S. 57), Piper S. 43 ff., Stammler S. 125, Weyl, Vortr. S. 327 f., Zitelmann (S. 169).

[4]) Dernburg II 1 S. 77 sub 4.

[5]) Enneccerus-Lehmann I S. 405 sub d (wo irrtümlich statt § 278 § 279 zitiert wird).

[6]) Kuhlenbeck, Von den Pandekten II S. 125.

[7]) Matthiaß I S. 348.

[8]) Meisner II S. 11 Note 3.

[9]) Müller und Meikel I S. 241.

[10]) Neumann I S. 134 (vgl. andererseits aber Jahrb. II 1 S. 147 f.).

[11]) Berner S. 48 ff.

[12]) Cohn (oben S. 297 Anm. 5) S. 118 f., 124.

[13]) Eck I S. 255.

[14]) Mayring S. 18 Note 7.

[15]) Planck II S. 26 Note 4 (während S. 52 zu § 278 nur § 254 schlechthin genannt wird).

[16]) Schollmeyer S. 46 sub c; hierher sind wohl auch Enneccerus-Lehmann a. a. O. zu stellen.

dagegen Cosack,[1]) Gottschalk,[2]) Kipp,[3]) Linckelmann,[4]) Schmidt[5]) und wohl auch Endemann,[6]) Oertmann[7]) und Rehbein[8]); sie alle lassen aber die Gründe ihrer Auffassung gänzlich unerwähnt. Genauer wird die Angelegenheit erst erörtert (seit 1902) von Rospatt[9]) (im „Recht", Jahrg. VI Nr. 4 S. 96 f.) und von Binder,[10]) v. Leyden,[11]) Süßmann[12]) und Träger[13]) während wiederum Schröder (im Archiv f. d. civilist. Praxis 95 S. 298 ff.) gerade diese Frage nur ganz kurz (S. 302) streift.[14])

3. Ich selber stelle mich durchaus auf Seite derer, welche die Erwähnung des § 278 auch auf Abs. I, also auf den ganzen § 254 beziehen. Dazu bestimmen mich folgende Gründe:

a) Vom Gesichtspunkte der ratio legis aus ist nicht im geringsten ersichtlich, weshalb sich die Verpflichtung des Beschädigten, auch unter dem Verhalten seines Vertreters usw. leiden zu müssen, allein auf das Musterbeispiel des Abs. II Satz 1 beschränken soll; auf sonstige Gründe (außer eben der äußeren Struktur der Norm) fehlen; insbesondere wird man sich nicht darauf stützen dürfen, daß § 278 nur von bereits bestehenden Schuldverhältnissen spricht und dementsprechend nur für § 254 Abs. II Satz 1 einen Sinn hat, der ja auch vom „Schuldner" redet; denn dieser „Schuldner" ist offenbar[15]) lediglich identisch mit dem ersatzpflichtigen „Teil" des Abs. I (d. h. dem eigentlichen Schadensurheber) und von einem solchen wissen wir ja bereits, daß er uns auch bei außerkontraktlicher oder gesetzlicher Schadensersatzpflicht entgegentritt (oben sub III 3 b).

b) Die Entstehungsgeschichte[16]) des kritischen Schlußpassus kann gegen unsere Auffassung kaum ins Feld geführt werden; sie erschöpft sich mit der Tatsache, daß der ganze Abs. II mit beiden Sätzen in der Reichstagskommission vorgeschlagen und sofort angenommen wurde;[17]) in den durch Drucklegung zugänglich gewordenen Ausführungen der Antragsteller finden sich lediglich Bemerkungen und ein Beispiel zum ersten,

---

[1]) Cosack S. 329 (daselbst S. 330 Beispiele).

[2]) Gottschalk S. 119 ff., aber (vgl. S. 120) ohne weitere Nachprüfung.

[3]) Kipp II S. 62 (wo aber versehentlich § 255 statt § 254 erwähnt ist).

[4]) Linckelmann S. 59.

[5]) Schmidt, Richard S. 28 f.; vgl. ebenda S. 9.

[6]) Endemann I § 132 S. 761 sub 3.

[7]) Oertmann S. 17 sub 1 b; vgl. auch Dernburg, Matthiaß, Meisner, Müller und Meikel a. a. O.

[8]) Rehbein S. 62 am Ende des ersten Absatzes einerseits und im folgenden Absatz andererseits.

[9]) Rospatt bezieht den Schlußsatz nur auf Abs. II.

[10]) Binder in Heft 2 der Beitr. zur Auslegung des BGB., herausg. von Bernhöft und Binder, Leipzig 1902, S. 164 ff.

[11]) von Leyden S. 79 f.

[12]) Süßmann S. 86 f. (Diese Dissertation stammt v. J. 1903, nicht, wie oben S. 298 Anm. 9 irrtümlich angegeben, v. J. 1900.)

[13]) Träger S. 341 f., der aber zu Unrecht die Entscheidung des Reichsgerichts vom 11. Mai 1903 (oben S. 312 Anm. 1) erwähnt.

[14]) Schröder bezieht den Schlußsatz auf den ganzen § 254; ebenso Binder, v. Leyden, Süßmann und Träger.

[15]) Vgl. auch Cohn a. a. O. S. 122, 124; ebenso Schmidt S. 22; a. A. von Leyden S. 79.

[16]) Auf sie greift, freilich mit entgegengesetzten Folgerungen, auch Rospatt a. a. O. S. 96 Spalte 2 oben zurück. Genaueres über sie auch bei Cohn a. a. O. S. 104 ff.; vgl. zu Abs. II Satz 2 daselbst S. 107. Für unerheblich halten sie auch Binder a. a. O. S. 165 und Schröder a. a. O. S. 299.

[17]) Reichstagskommissionsbericht S. 57.

aber keinerlei Begründung zum zweiten Satze; die Möglichkeit, daß er auf einem besonderen auch auf Abs. I gerichtet gewesenen Gedankengange beruht hat und nur versehentlich dem Abs. II Satz 1 angegliedert worden ist, während er als besonderer (dritter) auf Abs. II und I bezüglicher Absatz geplant war, wird also nicht als unbedingt ausgeschlossen bezeichnet werden müssen.[1])

c) Diese Möglichkeit wird dadurch erheblich verstärkt, daß die redaktionelle Fassung des § 254 überhaupt auch sonst in mehrfacher Hinsicht[2]) arg verunglückt ist und Dunkelheiten bietet.

d) Endlich schimmert schon in den Protokollen I Nr. 45 sub V S. 300[3]) der Gedanke hindurch, daß auch „für die Handlungen eines Dritten einzustehen" sei; freilich läßt es die Stelle unklar, ob unter dem „Jemand", welchem das Gesetz diese Folge zur Last legen sollte, der ersatzberechtigte oder der ersatzpflichtige Teil gemeint war; aber immerhin ist es nicht unmöglich, daß schon damals oder andernfalls mißverständlich später von der Reichstagskommission an die Haftung des Ersatzberechtigten für den Vertreter gedacht, also des Schlußpassus auf Abs. I bezogen worden war.

4. Das Reichsgericht bezieht die Verweisung in einer Entscheidung vom 5. Oktober 1903[4]) (ohne Erwähnung der Kontroverse) lediglich auf Abs. II des § 254.

5. Ein weiterer Zweifel, der an § 254 Abs. II Satz 2 anknüpft, geht dahin, ob[5]) die Pflicht des Beschädigten, sich das Verhalten seines Vertreters usw. anrechnen lassen zu müssen, sich — wie ich in Konsequenz des oben § 77 sub II 3 a Bemerkten annehme — nur auf Kontrakte im besonderen oder auch darüber hinaus, insbesondere auf Deliktsobligationen erstreckt. Hierzu findet sich bereits eine die Ausdehnung auf Deliktsobligationen leugnende Entsch. des Reichsger. vom 15. November 1902[6]) und eine Entsch. des OLG. Hamburg[7]) vom 16. März 1901 desselben Inhalts. Zu letzterer hat sich Rospatt (a. a. O.) eingehend geäußert. Er kommt dabei (unter Leugnung der Ausdehnbarkeit des Schlußpassus auf Abs. I; vgl. oben sub 2) mit dem OLG. Hamburg zu dem Resultate, daß sich aus § 254 das Verschulden des klägerischen Kutschers nicht zu Gunsten des ersatzpflichtigen Beklagten geltend machen lasse, gelangt aber dennoch auf anderem Wege dazu, den Geschäftsherrn unter dem Verhalten (Verschulden) des Kutschers leiden zu lassen; er nimmt nämlich Bezug auf BGB. § 831,[8]) den wir bereits oben § 77 sub I 2 a und II 1 kennen lernten; hier sei nur bemerkt, daß § 831 in seiner Wirkung hinter § 278, verbunden mit § 254, insofern zurückbleibt, als er ein (vermutetes) Verschulden (culpa in eligendo) des beschädigten Geschäftsherrn im engeren Sinne voraus-

---

[1]) Demgemäß wäre eine gelegentliche authentische Berichtigung des § 254 empfehlenswert.

[2]) Vgl. oben § 42 sub B II 1 e α.

[3]) Die ganze Stelle ist oben § 42 sub B II 1 d α abgedruckt.

[4]) VI 66/03 Bd. 55 (1904) Nr. 82 S. 329 ff., Jur. Wochenschr. 32 (1903) Beil. 14 S. 125 Nr. 271; vgl. auch „Recht" VIII S. 17 Nr. 16 und Schlesw.-Holst. Anz. Jahrg. 67 (1903) S. 353 ff.

[5]) Diese Frage bildet den Hauptinhalt der Schröderschen Erörterungen (oben sub 1); dort auch über die sonstige Literatur.

[6]) In den Entsch. des Reichsger. ist dies Erkenntnis (I 197/02) nicht abgedruckt, es wird aber von Boyens in der Juristen-Ztg. VIII (1903) Nr. 4 S. 105 Nr. 20 mitgeteilt; diese Entscheidung beschränkt sich übrigens auf den dem Abs. II zu Grunde liegenden Tatbestand.

[7]) Vgl. bereits oben § 69 S. 532 Anm. 3; vgl. auch Rospatt a. a. O. und Gottschalk S. 125 Anm. 14.

[8]) Auf § 831 verweist auch Gottschalk S. 125 oben.

setzt, während § 254 kein eigentliches Verschulden erheischt;[1]) auch erledigt sich für § 831 die Aufrechnungsfrage für den Richter nicht allein aus der Anweisung im § 254, sondern der Richter muß Einrede bezw. Widerklage des Ersatzpflichtigen abwarten und alsdann mit den §§ 387 ff. operieren; und hier wird der Richter die Aufrechnung, wenigstens im Falle vorsätzlichen Handelns des beschädigten Klägers bezw. seines Vertreters, versagen müssen, weil sie durch BGB. § 393 ausgeschlossen wird. Wenn es also in dem oben § 42 sub B II 1 h gebildeten Beispiel der Diener des Hundeeigentümers gewesen ist, der dem angeschossenen Hunde den Verband abriß, um dem auch ihm verhaßten Nachbarn eine recht empfindliche Geldeinbuße zu verschaffen, wird dieser Nachbar mit § 831 wenig anfangen können und lieber auf § 254 rekurrieren mögen; ebenso in dem den Rospattschen Erörterungen zu Grunde liegenden Beispiele, falls der klägerische Kutscher vorsätzlich gehandelt haben sollte.[2])

V. Was endlich die Erwähnung des § 254 im § 846 BGB. betrifft[3]) (oben sub II), so muß diese zunächst auffallen, sofern, wie wir (oben sub III 3 b) sahen, § 254 sich auch auf Deliktsobligationen bezieht.[4]) Indessen hat § 846 seine Besonderheit, die ihm auch besondere Existenzberechtigung im BGB. verleiht, darin, daß er die Kompensation auch für den Fall proklamiert, daß es sich nicht um den Anspruch des Verletzten selber und um Reduktion dieses Anspruchs handelt, sondern um den Anspruch eines Dritten, mittelbar Verletzten[5]), der laut §§ 844, 845 wegen Schädigung seiner gesetzlichen Ansprüche gegen den Verletzten vom Schadensurheber Ersatz verlangen kann. — Doch wird man hierbei nicht stehen bleiben müssen; man wird vielmehr — obwohl der Wortlaut des § 254 hierzu nicht ausdrücklich berechtigt[6]) — die Beziehung der §§ 254 und 846 dahin generalisieren dürfen,[7]) daß auch der bloß mittelbar Beschädigte sich entgegenhalten lassen muß, daß der unmittelbar Beschädigte bei Entstehung des Schadens mitgewirkt habe. Die Existenz des besondern § 846 ist kein Gegenbeweis, da er nur vorsichtshalber eingestellt worden ist, obwohl er[8]) im Grunde entbehrlich erschien.[9])

---

[1]) Andererseits kann nach § 831 der Beklagte den Exkulpationsbeweis des Klägers aus § 831 Abs. I Satz 2 (nicht Abs. II, wie Rospatt a. a. O. Spalte 2 unten zitiert) abwarten; vgl. auch Binder a. a. O. S. 166.

[2]) Gegen die Heranziehung des § 831 spricht sich auch Heuer im „Recht" VI (1902) S. 147 aus.

[3]) Zu dieser Verbindung äußert sich auch Cohn a. a. O. S. 400 f.

[4]) Nicht darf man aber (wie dies wohl bei Schollmeyer S. 41 Anm. 1, S. 45 oben geschieht) diesen Umstand als Beweis für die Geltung des § 254 bei Deliktsobligationen verwerten.

[5]) Vgl. oben § 78 sub II 1 b.

[6]) Denn § 254 Abs. I spricht nur von „dem einen oder dem anderen Teile", Abs. II vom „Schuldner"; beide denken also nur an den unmittelbar Beteiligten.

[7]) Mot. II S. 24 wollten diese Frage der Wissenschaft und Praxis überlassen. Wie im Text auch Matthiaß I S. 348 sub V a. E. und Kipp II S. 894 sub δδ.

[8]) Dies ergeben mit größter Deutlichkeit Prot. II Nr. 157 S. 639/640; vgl. auch Planck II S. 647.

[9]) Zu § 846 ist im übrigen für unser Thema nichts weiter zu bemerken. Die Frage nach seinem Anwendungsgebiet (vgl. auch von Weinrich in den Eisenbahnrechtl. Entscheidungen, herausg. von Eger, Bd. 19, Breslau 1903, S. 369 f.) und nach der Hereinbeziehung von BGB. §§ 827 f. (vgl. die Entsch. des Reichsger. vom 5. Mai 1902, oben S 599 Anm. 3, S. 601 Anm. 1, sowie Spruchsamml. I S. 30) beantwortet sich wie zu § 254 (oben sub III 3 b und III 2.)

Vierte Abteilung.

Der Fortfall des Verschuldens und seiner Folgen.

§ 80.

Allgemeines.

Das Gesetz enthält eine Reihe von Einzelnormen,[1]) die sich auf die in der Ueberschrift angedeuteten Fragen beziehen, indessen keine generelle Lösung des Problems. Gerade an dieser Stelle ist Vorsicht in hohem Maße geboten, damit nicht Dinge durcheinander geworfen werden, die auf ganz verschiedenen Gebieten liegen. Insbesondere dürfen wir nicht den Fortfall der Verschuldenswirkungen mit dem Fortfall des Verschuldens selber verwechseln, der seinerseits notwendigerweise den Fortfall der Verschuldenswirkungen nach sich zieht. Uebrigens werden wir korrekter betreffs des Verschuldens selber nichs von „Fortfall" sondern von Nichteintritt, Nichtvorhandensein, Mangel des Verschuldens reden.

§ 81.

Der Mangel des Verschuldens.

I. Wann dieser Mangel vorliegt, ergibt sich sehr einfach aus einem Blick auf die in § 69 sub A besprochenen Elemente des Verschuldens. Während zum Vorhandensein des Verschuldens kumulatives Zusammentreffen dieser Einzelvoraussetzungen erforderlich ist, genügt natürlich das Fehlen auch nur einer dieser Voraussetzungen [2]), um das ganze Verschulden ausbleiben zu lassen.

1. Mangel des Verschuldens liegt darnach im einzelnen vor:

a) wenn der betreffende Willens- oder Gesinnungsfehler selber gar nicht Platz gegriffen hat. Dies ist insbesondere [3]) dann der Fall, wenn entschuldbarer Irrtum die Fahrlässigkeit ausschloß (oben § 31 sub C VII);

b) wenn der Willens- bezw. Gesinnungsfehler zwar an sich vorlag, dem Täter aber nicht zugerechnet werden konnte, weil betreffs eines Verschuldens im engeren Sinne die Vorschriften der §§ 827 f.[4]) oder bezüglich eines Verschuldens im weiteren Sinne nach souveränem Ermessen des Richters einschlägige Erwägungen eingriffen (oben § 75 sub B III 1).

2. Etwas anderes, was sich aber im Effekt — Nichtauslösung der Verschuldensfolgen — mit dem sub 1 Besprochenen deckt, ist es, daß zwar nicht das Verschulden fehlt, wohl aber ein sonstiges für die betreffende Gesetzesvorschrift

---

[1]) Sie sind durchweg nur auf die betreffenden Fälle selber zu beziehen und analoger Ausdehnung unfähig. Beispielsweise kann von einer „Verzeihung" (unten § 82 sub B II 1 b) nicht die Rede sein zu § 1621 Abs. II; vgl. Neumann, Jahrb. I 2 S. 99 Note 3 (dort aber auch Angabe von Literatur, die gegenseitige Ansicht vertritt). Allgemeine Bedeutung hat nur das in § 81 sub I Bemerkte.

[2]) Vgl z. B. wegen der „Fahrlässigkeit" Bemerkungen bei Dernburg II 1 § 66 sub 5 S. 143.

[3]) Ueber Zwang und Gehorsam gegen Befehle der Vorgesetzten vgl. z. B. Dernburg a. a. O. sub 1 S. 141.

[4]) Nichtsdestoweniger kann auf Grund des § 829 dem Richter die Verhängung derselben Folgen angebracht erscheinen, die bei Nichteingreifen der §§ 827 f. verhängt werden müßten.

unentbehrliches Tatbestandsmerkmal. Am wichtigsten[1]) ist hier der Fall[2]), daß das Gesetz neben dem subjektiven Verschulden noch objektive Widerrechtlichkeit — z. B. für unerlaubte Handlungen — erheischt und daß diese Widerrechtlichkeit ihrerseits durch Notwehr, Notstand usw. ausgeschlossen[3]) wird (vgl. oben § 48 sub A IV), womit dann übrigens zugleich das „Bewußtsein der Widerrechtlichkeit" (oben § 69 sub A I 1 a) eliminiert wird (vgl. auch unten § 82 sub B III 1).

II. Ein nachträglicher Fortfall des Verschuldens selber ist im Gesetz nirgends vorgesehen und konnte auch nicht vorgesehen werden, da das Verschulden, einmal vorhanden, höchstens in seinen Folgen, nicht aber in seiner Existenz an sich wieder beseitigt werden kann.

III. Eigentümlich gestaltet sind zwei besondere Fälle; hier fehlt nämlich das Verschulden nicht etwa deshalb, weil es an einer erforderlichen Voraussetzung für das Verschulden selbst oder für den sonstigen gesetzlichen Tatbestand mangelt; das Verschulden fehlt vielmehr, weil die an sich schuldhafte Handlung mit dem Willen des Gekränkten vor sich gegangen war und weil das Gesetz bereits im Tatbestand der Norm ausdrücklich verlangt, daß das schuldhafte Benehmen „gegen" bezw.[4]) „wider den Willen"[5]) des Gegenparts stattgefunden haben müsse; dies verlangt das Gesetz hinsichtlich der zur Ehescheidung führenden „böslichen Verlassung" (§ 1567 Abs. II Nr. 1 und 2) und hinsichtlich des zur Enterbung führenden „ehrlosen oder unsittlichen Lebenswandels" (§ 2333 Nr. 5).

IV. Nicht ganz in den Rahmen der vorliegenden Betrachtungen gehören die oben § 4 sub III 7 und 9 zusammengestellten Fälle.[6])

§ 82.

Der Fortfall der Verschuldensfolgen.

A. Allgemeines.

Nicht das Verschulden selbst, wohl aber seine Folgen können also (vgl. oben § 81 sub II) nachträglich in Fortfall kommen. In dieser Hinsicht bietet das Gesetz eine Menge Material, das seinerseits teils keine bezw. keine wesentlichen Besonderheiten im Vergleiche zum Fortfall der Folgen sonstiger Rechtsereignisse, teils gegenteilig erhebliche Eigentümlichkeiten gerade bezüglich der Verschuldensfolgen im besondern zeigt. Dieser Fortfall der Verschuldensfolgen läßt sich auch sonst von den verschiedensten Gesichtspunkten aus betrachten, die alle im nachstehenden zur Geltung gelangen sollen. Wichtig ist es z. B., ob der Fortfall der Folgen sogleich eintritt oder erst später, ob er eo ipso eintritt oder

---

[1]) Wegen der „strafbaren Handlungen" vgl. oben § 75 S. 586 Anm. 2.

[2]) Er kann sowohl bei Verschulden im engeren wie bei Verschulden im weiteren Sinne in Betracht kommen; vgl. oben § 55 sub A VII 2 b, insbes. S. 397 Anm. 5 wegen Prot. V S. 639; vgl ferner Mot. II S. 303 (zu BGB. § 530) und Ortloff im Arch. f. bürgerl. R. 21 (1902) S. 304.

[3]) Vgl. z. B. v. Liszt S. 85 ff., Linckelmann S. 70 ff. und etwa die Dissert. von Zieger (oben S. 365 Anm. 3) S. 34 ff.

[4]) Also auch hier Unfestigkeit in der Ausdrucksweise des Gesetzes.

[5]) Die Wendung „gegen den Willen" begegnet noch in § 1878 Abs. II und EG. z. BGB. Art. 36 Nr. V; doch interessieren diese Stellen für unser Thema ebensowenig wie diejenigen, welche sonst noch vom entgegenstehenden Willen (§§ 568 und 679) oder vom Widerspruch mit dem Willen (§ 683) oder davon reden, daß etwas ohne den Willen einer Person (§§ 516, 794, 858, 940) geschehen sei; vgl. oben § 56 sub A I 3 a.

[6]) Denn hier wird das Verschulden lediglich in sehr äußerlicher Weise durch andere Vorgänge gut gemacht bezw. es wird vom Gesetzgeber das Verschulden für nötigenfalls unerheblich erklärt.

unter Voraussetzung einer gewissen Mitwirkung des Gekränkten und ferner, ob er ipso jure eintritt oder erst ope judicis; ferner, ob es sich um eine totale oder nur um eine partielle Beseitigung der Folgen handelt.

B. Einzelheiten.

I. Ein unbedingter und sofortiger Wegfall der Verschuldensfolgen greift Platz:

1. Wenn innerhalb des durch § 276 Abs. II gesteckten Rahmens (vgl. oben § 66 sub X 2 b)[1]) kraft der Dispositivmaxime die Beteiligten die Spezialfolge der Haftung des Schuldners für Fahrlässigkeit — einschließlich[2]) Außerachtlassung der diligentia quam suis, oben § 66 sub V 3 a — von vornherein ausgeschlossen[3]) hatten; nachträglicher Erlaß der Haftung, auch für die Folgen des Vorsatzes zulässig, bietet nichts den Verschuldensfolgen Eigentümliches, sondern begegnet in Form des Erlaßvertrages (§ 397 BGB.) auch sonst im Rechtsleben sehr oft.

2. Wenn der gekränkte Ehegatte selber dem Ehebruch des Andern zugestimmt oder sich der Teilnahme schuldig gemacht hat; denn hier ist nach § 1565 Abs. II[4]) „das Recht auf Scheidung ausgeschlossen".

II. Im eben genannten Falle des BGB. § 1565 Abs. II[5]) läßt der Gesetzgeber die Folgen des an sich zweifellos vorhandenen Verschuldens aus dem Gesichtspunkte fallen, weil die Auffassung des Gegenparts offenbar dahin geht, das Verschulden selbst nicht so schwer nehmen und die Konsequenzen desselben dulden zu wollen.

1. Dieser Gesichtspunkt begegnet auch sonst noch im BGB.:

a) Nicht gehören allerdings unter den bloßen Fortfall der Verschuldensfolgen sondern unter den Fortfall des Verschuldens selber die oben § 81 sub III besprochenen Vorschriften der §§ 1567 und 2333 Nr. 5.

b) Wohl aber gehört es hierher, wenn die Verschuldensfolgen nachträglich

---

[1]) Daher ist z. B. ein Verzicht auf künftige Ehescheidung unzulässig; vgl. auch BGB. § 138 sowie Mot. IV S. 604 und Th. Engelmann S. 543 Anm. 6, Opet S. 406 Anm. 6; über „Verzeihung" unten sub II 1 b.

[2]) Vgl. wie oben S. 576 Anm. 4.

[3]) Nicht hierher gehört dagegen § 701 Abs. III, der zwar auch von einer im Voraus erfolgenden Ausschließung der Haftung handelt, aber nicht von einer Haftung wegen Verschuldens, sondern von der gesetzlichen, vom Verschulden unabhängigen Haftung des Gastwirtes ex recepto (vgl. oben § 72 sub VIII 1). Etwas anderes ist es ferner, wenn nach § 2136 nicht die Gegenpartei, sondern der Erblasser, also im Verhältnis der Parteien zu einander eine dritte Person, den Vorerben „von den Beschränkungen und Verpflichtungen" gewisser Gesetzesbestimmungen befreien kann, unter denen sich gerade auch solche befinden, die mit den Begriffen des Verschuldens (§ 2134 Satz 2, oben § 2 sub I 1 b) und der diligentia quam suis (§ 2131, oben § 9 sub II 1 e) operieren, übrigens aber auch (§§ 2127 f., 2119, 2133) mit den ins objektive Unrecht gehörigen Begriffen der Rechtsverletzung und Ordnungswidrigkeit.

[4]) Die Bemerkungen der Literatur (vgl. oben S. 239 f.) sind zu § 1565 Abs. II im Ganzen recht dürftig. Nichts für uns Erhebliches z. B. bei Fränkel S. 92, A. Kohler S. 10, Rocholl S. 310. Dagegen vgl. Davidson S. 26, Erler S. 98 f. Aus der Judikatur (vgl. Neumann, Jahrb. I 2 S. 63, Warneyer I S. 169, II S. 118 f., Scherer II S. 226), vgl. z. B. OLG. Kolmar vom 2. November 1901 bei Mugdan u. Falkmann IV (1902) Nr. 25 f. S. 86, OLG. Hamburg vom 22. April 1901 ebenda III (1901) Nr. 12 c S. 32, Bayr. Oberst. Landesger. vom 14. Dezember 1900 im „Recht" V (1901) S. 144 Nr. 475, Entsch. des Reichsger. vom 4. November 1901 (IV 212/01) in Jur. Wochenschr. 30 (1901) S. 868.

[5]) Wenn sich (Opet S. 393) Jemand eines agent provocateur bedient, um den andern Gatten zu einem Ehebruch zu veranlassen und sich selbst dadurch einen Scheidungsgrund zu verschaffen, so liegt auch hierin die „Zustimmung". Das Verhalten würde sich zugleich als „arglistig" und „hinterlistig" und als „Verstoß gegen die guten Sitten" (sowie als „Anstiftung", § 830 Abs. II) qualifizieren, ohne daß jedoch hier die weiteren Folgen der Arglist usw. Platz greifen.

durch Verzeihung[1]) untergehen. Dies greift in doppelter Weise Platz:

α) es „erlischt"[2]) laut § 1570 betreffs aller auf dem „Verschuldensprinzip" aufgebauter (oben § 72 sub VIII 4) Ehescheidungsgründe das Recht auf Scheidung und laut § 2337 Satz 1 betreffs der „Verfehlungen" aus §§ 2333 ff. das Recht zur Pflichtteilsentziehung;

β) es „ist ausgeschlossen"[3]) laut § 532 Satz 1 der Widerruf der Schenkung wegen groben Undanks und laut § 2343 die Anfechtung des Erbschaftserwerbs wegen Erbunwürdigkeit.

2. Zu diesen Bestimmungen ist noch einiges zu bemerken:

a) Zu § 1565 Abs. II (oben sub II) muß es zweifelhaft erscheinen, ob der Gesetzgeber nur[4]) an die „vorherige" oder auch[5]) an die „nachträgliche" Zustimmung gedacht hat, da letzterer Fall zugleich durch die „Verzeihung" aus § 1570 gedeckt erscheinen kann. Es ist jedoch kein stichhaltiger Grund ersichtlich, um eine Abweichung von der durch §§ 183 f. BGB. proklamierten Verwertung des Ausdrucks „Zustimmung" auf beide Fälle (den der vorherigen „Einwilligung" und den der nachträglichen „Genehmigung") für gegeben zu erachten.

b) Während hinsichtlich derjenigen Normen, bei denen das Verschulden „gegen" bezw. „wider den Willen" eines Andern geschehen sein muß (oben § 81 sub III), und hinsichtlich der „Zustimmung" sich nur zwei Personen gegenüberstehen, ist dies bezüglich derjenigen Normen, in denen die „Verzeihung" eine Rolle spielt, nicht durchweg der Fall. Zwar gilt auch hier das Gesagte, soweit es sich um die Ehescheidung handelt;[6]) dagegen kann sich die „Verfehlung", für welche das Gesetz eine Verzeihung seitens des Schenkers bezw. seitens des Erblassers vorgesehen hat, auch gegen einen nahen Angehörigen des Schenkers bezw. gegen den Ehegatten oder einen anderen Abkömmling des Erblassers gerichtet haben (vgl. § 530 Abs. I und § 2333 Nr. 1—3); und endlich erwächst das Recht, die Erbunwürdigkeit des Täters mittels Anfechtung seines Erbschaftserwerbes geltend zu machen, nach § 2341 nicht dem verletzten und verzeihungsberechtigten Erblasser selber (der ja tot ist), sondern jedem Erbprätendenten, dem der Wegfall des erbunwürdigen Täters zustatten käme.[7])

c) Während also überall da, wo der Verzeihende selber das aus dem Verschulden entstandene Recht verliert, die Frage,[8]) ob die Verzeihung als

---

[1]) Von „Verzeihung" sprechen noch § 1574 Abs. III und § 2337 Satz 2.

[2]) Die verschiedene Ausdrucksweise: „ist ausgeschlossen, wenn . . . verziehen hat" und „erlischt durch Verzeihung" ist auffallend, gibt aber wohl keinen Anhalt zur Konstruktion einer verschiedenen Rechtslage.

[3]) Vgl. die vorige Anmerkung.

[4]) So Th. Engelmann S. 527 Anm. 6 a; auch Mot. IV S. 586 f. und Prot. IV Nr. 292 II S. 400 C, verglichen mit S. 399 sub II 3 („mit dem Willen des anderen Ehegatten") scheinen nur an die vorherige Zustimmung gedacht zu haben.

[5]) So Opet S. 392 Anm. 9 a, Erler S. 98, Fischer=Henle S. 791 Anm. 4 a; nicht äußern sich z. B. Planck IV S. 318 Anm. 3 und Albrecht (oben S. 239 Anm. 5) S. 32.

[6]) Jedoch kann in den Fällen des § 1568 der Ehegatte der bloß mittelbar Gekränkte sein und die Handlung sich z. B. gegen sein Kind aus erster Ehe gerichtet haben.

[7]) Vgl. Mot. V S. 525.

[8]) Die rechtliche Konstruktion der Verzeihung — insbesondere ob sie nur tatsächlicher Akt oder Rechtshandlung ist; vgl. Mot. II S. 304, IV S. 603 — und die Form der Verzeihung ist für unseren Gedankenkreis ganz gleichgültig. Ebenso die Frage (vgl. Prot. IV Nr. 293 S. 414), ob eine Verzeihung auch gelegen sei in der Eingehung der Ehe trotz Kenntnis früherer Verfehlungen.

Verzicht[1]) zu konstruieren sei, immerhin wenigstens einen Schein von Berechtigung hat, so kann diese Frage in dem zuletzt erwähnten Falle, dem der Erbunwürdigkeit, wegen des Auseinanderfallens von verzeihungsberechtigter und anfechtungsberechtigter Person überhaupt gar nicht auftauchen.

d) Wie lose der Zusammenhang der Verzeihung mit dem Verschulden selber ist, lassen auch die wenigen Bemerkungen[2]) der Materialien[3]) ersehen, welche für uns überhaupt von Interesse sind. Wenn z. B. Mot. IV S. 602 sagen, „durch den Akt der Verzeihung gibt der verletzte Ehegatte zu erkennen, daß von seinem subjektiven Standpunkte aus die Ehe durch das Verschulden des anderen Teiles nicht gerüttet worden oder doch jetzt nicht mehr eine zerrüttete ist", so ersehen wir auch hieraus deutlich, daß das Verschulden an sich garnicht in Frage steht, weder in seiner objektiven Existenz noch in seiner objektiven Wirkung, sondern nur in seiner relativen Wirkung auf den anderen Ehegatten und in deren Fortdauer. Ebenso, wenn (zu § 2337) Mot. V S. 443 bemerken, daß die durch Schuld des Enterbten eingetretene Entfremdung aufgehört habe, und wenn Prot. V Nr. 378 VII S. 580 ausführen, „die Verzeihung sei ein sittlicher Akt, zu dessen Vollendung unter Umständen eine Reihe von Handlungen erforderlich sei, aus denen erhelle, daß das durch ein gewisses Verhalten des Enterbten gestörte Verhältnis zum Erblasser im vollen Umfange wiederhergestellt worden sei."

3. Die Frage, ob der Vorgang mit oder ohne den Willen des Gekränkten stattgefunden habe, findet sich auch sonst noch[4]) in den Tatbestand der von einem Verschulden[5]) handelnden Norm aufgenommen. Die betreffenden Fälle liegen aber diametral entgegengesetzt den § 81 sub III besprochenen, indem hier die Einwilligung der gekränkten Person und nicht eine gegen ihren Willen erfolgende Handlungsweise zu den Voraussetzungen des Tatbestandes gehört. §§ 825 und 847 Abs. II (oben § 59 sub A VII 8) sprechen nämlich davon, daß eine Frauensperson einen deliktischen Entschädigungsanspruch hat, nachdem sie die außereheliche Beiwohnung gestattet[6]) habe.[7]) Daß trotz[8]) dieser „Gestattung" eine unerlaubte

---

[1]) Z. B. in § 532 Verzicht auf Ausübung (nicht, wie ein Druckfehler bei Fischer-Henle S. 273 Anm. 2 besagt, Nichtausübung) des Widerrufsrechts.

[2]) Die Materialien äußern sich zu §§ 532, 1570, 2337 und 2343 in Mot. II S. 304, IV S. 602 f., V S. 443 und 524, Prot. II Nr. 98 II S. 39 f., IV Nr. 295 II S. 429, V Nr. 378 VII S. 579 f. und Nr. 383 VII S. 649. Vgl. auch noch zu § 2337 Denkschr. S. 445.

[3]) Aus der Literatur kommen neben den einschlägigen, aber für unsere Zwecke völlig belanglosen Bemerkungen der Kommentare und der Lehrbücher in Frage z. B. die Rostocker Dissertationen von Nadler (1902), Rehdans (1903), Kamps (Berlin 1903) und Freudenberg (Berlin 1903), wo übrigens durchweg die uns interessierenden Begriffe (Verfehlung usw.) unerörtert bleiben. Zu § 1570 vgl. auch Lüttgert in der Zeitschr. für Kirchenrecht, herausg. von Friedberg und Sehling, Bd. 32, 3. Folge Bd. 10 (1901), S. 89 ff., S. 220 ff. Vgl. ferner die oben S. 372 Anm. 1 erwähnten Dissertationen von Gehm (S. 57 ff.), Richter (S. 52 ff.) und Weber (S. 40 f.) — gleichfalls für unsere Fragen unerheblich — und Süßheim (oben S. 429 Anm. 3) S. 410 sowie etwa Erler S. 120 ff., Davidson S. 85 ff. — Weitere Literatur (und auch Judikatur) zum Begriff „Verzeihung" bei Neumann, Jahrb. I 2 S. 72 ff. (vgl. auch Warneyer I S. 153 und II S. 108 zu § 1337); ferner Entsch. des OLG. Hamburg vom 10. März 1903 bei Mugdan und Falkmann VII (1903) Nr. 11 k S. 107 f.

[4]) Ueber einige für uns unerhebliche Stellen vgl. oben S. 608 Anm. 5.

[5]) § 858 (oben S. 84 Anm. 3), der die „Widerrechtlichkeit" mit einem Handeln ohne den Willen einer anderen Person in Verbindung bringt, gehört nicht unter das subjektive Unrecht.

[6]) „Gestattung" begegnet (vgl. Gradenwitz S. 80) noch neunmal (Gestattung der Wegnahme einer Einrichtung, §§ 258, 558, 606, 1057, 1226; der Aneignung von Erzeugnissen, § 956 Abs. I Satz 2, Abs. II; der Aufsuchung und Wegschaffung einer Sache, § 867;

Handlung vorliegt, erklärt sich aus den vom Täter zur Erreichung seines Zweckes gewählten unlauteren Mitteln, die in „Hinterlist" oder in „Drohung" oder in „Mißbrauch eines Anhängigkeitsverhältnisses" (oben §§ 50, 51, 59) bestehen, durch welche der Wille der Geschwächten immerhin in sittenwidriger Weise beeinflußt wurde, so daß durch die Gestattung seitens der verletzten Person das subjektive Verschulden des Täters ebensowenig aus der Welt geschafft erscheinen kann, wie[1]) die objektive Widerrechtlichkeit des Aktes.

III. Aus den vereinzelten Gesetzesvorschriften, die wir sub II besprachen, eine allgemeine Regel dahin zu abstrahieren, daß das Verschulden selbst oder seine Folgen in Fortfall kommen, wenn der Gekränkte mit der Handlungsweise des Täters einverstanden war, wird nicht angängig sein. Nur folgendes darf hinsichtlich der „Einwilligung" füglich behauptet werden:

1. Demjenigen Täter, welcher sich auf die Einwilligung des Gekränkten zu berufen vermag, fehlt das Bewußtsein der Widerrechtlichkeit seines Wollens und Handelns.[2]) Wo also, wie bei „Vorsatz", „Arglist", „Böswilligkeit" und qualifizierter „Absicht" der Tatwille und das Bewußtsein der Rechtswidrigkeit eine Rolle spielen[3]), würde im Falle einer Einwilligung des Verletzten bereits (vgl. oben § 81 sub I 2) ein für die subjektiven Tatbestand essentielles Moment fehlen. Wo hingegen, wie bei bloßer Fahrlässigkeit (Außerachtlassung der Sorgfalt), das Bewußtsein der Rechtswidrigkeit unerheblich ist, kann die Einwilligung des Verletzten auch keine exkulpierende Bedeutung gewinnen.

2. Auch den Gekränkten, welcher in die Handlung des Täters eingewilligt hatte, wird man nicht gut nachträglich der Notwendigkeit entheben können, sich die Konsequenzen seiner früheren Handlungsweise anrechnen zu lassen. Man wird vielmehr generalisieren dürfen, was betreffs der Zustimmung in den Ehebruch usw. (BGB. § 1565 Abs. II oben sub I 2 und II) Mot. IV S. 587 dahin formulieren, „daß der zu der betreffenden Handlung seine Zustimmung erteilende Ehegatte diese Handlung sich zu eigen macht und zu erkennen gibt, daß die Begehung der Handlung seine eheliche Gesinnung nicht affiziert und ihm die Ehe nicht unerträglich macht".

3. Dabei muß aber zwischen dem Einwilligenden und demjenigen, welcher nach der Gesetzesnorm aus dem Verschulden eine Folge zu seinen Gunsten ableiten will, strengste Personenidentität obwalten.[4]) Ebensowenig, wie es bei der Ehescheidungsklage wegen Ehebruchs, Bigamie oder Päderastie zu Ungunsten des auf Ehescheidung klagenden Teiles von Erheblichkeit wäre, daß der Mittäter mit der Tat einverstanden gewesen war; und ebensowenig wie bei der Entziehung des

---

der Einsicht einer Urkunde, § 810). In ähnlichen Verbindungen die mit einem Verschulden nichts zu tun haben, das über 40 mal begegnende (vgl. Gradenwitz S. 79) „gestatten"; vgl. insbesondere „Einsicht" von behördlichen Registern usw. in §§ 79, 1342, 1563, 1597, 1799, 1953, 2010, 2081, 2146, 2228, 2384; das Gesetz gestattet etwas in § 858, EG. z. BGB. Art. 60, 68, 89.

[7]) (Zu S. 611). Vgl. auch § 1300 Abs. I.

[8]) (Zu S. 611). Würde die Gestattung fehlen, so läge ein Delikt aus StGB. §§ 176 ff., also zivilrechtlich ein unter BGB. § 823 Abs. I bezw. Abs. II fallendes Delikt vor.

[1]) Vgl. Linckelmann S. 77 ff., Planck II S. 609 f., 616 sub c; auch Mot. IV S. 914. Unzutreffend ist es, wenn Hacia (oben S. 471 Anm. 1) S. 52 meint, die Einwilligung sei hier „rechtlich bedeutungslos, da die angewendeten Mittel die freie Willensbetätigung beeinflußen".

[2]) Etwas anderes ist es, daß die Fahrlässigkeit ihrerseits im Einzelfall auf irrtümlicher Annahme gegnerischer Einwilligung in die Handlungsweise beruhen kann.

[3]) Vgl. oben § 69 sub A I 1 a S. 529 Anm. 5.

[4]) Daher wird der Arbeitgeber, welcher gegen die Vorschriften der Arbeiterversicherungsgesetze über die Beitragsleistung (Markenkleben) verstößt, durch Einwilligung des versicherten Arbeiters nicht gedeckt; vgl. Appelius im Archiv f. bürgerl. R 21 (1902) S. 20 und Neumann, Jahrb. I 1 S. 471 Note u (zu § 823).

Pflichtteils auf Grund des § 2333 Nr. 1 dem Gegner des Erben entgegnet werden könnte, der Erbe habe dem Abkömmling des Erblassers nur mit dessen (des Abkömmlings) Einwilligung oder gar auf dessen Wunsch nach dem Leben getrachtet; ebensowenig würde es auch sonst statthaft erscheinen können, wenn die Folgen des Verschuldens in die Interessensphäre dritter Personen hineinragen, sich auf die Einwilligung des unmittelbar Gekränkten zu berufen. Andererseits wird überall da, wo das Gesetz auch eine mittelbare Kränkung durch Verfehlungen gegen gewisse Angehörige respektiert, die Einwilligung des mittelbar Gekränkten in die Verfehlungen genügen, hingegen der Mangel der Einwilligung des unmittelbar Gekränkten unerheblich sein, um die Folgen des Verschuldens außer Kraft zu setzen. So sagen auch gelegentlich (zu BGB. § 530) Prot. II Nr. 97 IX S. 36, die Auffassung, daß „Verfehlungen gegenüber nahen Angehörigen des Schenkers . . . schlechthin als Undank gegen den Schenker aufgefaßt werden“ müßten, sei jedenfalls dann „ausgeschlossen . . . wenn die Verfehlungen im Einverständnisse mit dem Schenker begangen seien“.

4. Das Gesetz selber bietet kein weiteres Material zur Beurteilung der Frage,[1]) und insbesondere begegnen, von § 1565 Abs. II (oben sub I, 2, II und III 2) abgesehen, die im Gesetze sehr häufig auftretenden Synonyma[2]) „Einwilligung“,[3]) „Zustimmung“[4]) und „Genehmigung“[5]) nirgends weiter in einem für die in Rede stehende Angelegenheit[6]) bedeutsamen Zusammenhange. Nichts im Vergleich zu dem sub 1 Bemerkten Neues oder doch lediglich in Richtung auf die Einschränkung der Ansprüche der Hinterbliebenen etwas Abweichendes besagt es auch, wenn in dem Sonderfall der Schadensersatzansprüche BGB. §§ 254 und 846 von derjenigen Literatur[7]) herangezogen werden, welche sich mit der „Einwilligung des Verletzten“[8]) in der Lehre vom Schadensersatz[9]) beschäftigt und beispielsweise die Frage untersucht, ob in dieser Einwilligung ein im Voraus erfolgender Verzicht auf den Ersatzanspruch[10]) sowie eine Beseitigung des Momentes der objektiven Widerrechtlichkeit[11]) zu erblicken

---

[1]) Zu § 1680 (oben § 29 sub II 1 a) ist Einwilligung des Kindes als bedeutungslos anzusehen; vgl. Opet, Verwandtschaftsrecht S. 294 sub ε, Neumann, Jahrb. I 2 S. 132 Note 1 b.

[2]) Vgl. BGB. §§ 182 ff. und oben sub II 2 a.

[3]) „Einwilligung“ findet sich (Gradenwitz S. 49, wo übrigens BGB. § 1731 fehlt) nahezu 80 mal; dazu „einwilligen“, „Einwilligender“, „Einwilligungserklärung“ 5 mal.

[4]) „Zustimmung“ (Gradenwitz S. 182) über 150 mal; daneben „zustimmen“ bezw. „Zustimmungserklärung“ außer in § 1565 noch 6 mal.

[5]) „Genehmigung“ (Gradenwitz S. 76/77) gleichfalls über 150 mal; daneben 14 mal „genehmigen“.

[6]) Vielmehr vorzugsweise in der Richtung einer Einwilligung usw. des gesetzlichen Vertreters oder des Ehegatten oder des Vormundschaftsgerichts zu einer Rechtshandlung.

[7]) Vgl. z. B. von Weinrich S. 89 ff., auch Planck II S. 610, während z. B. Linckelmann a. a. O. der §§ 254, 846 nicht gedenkt.

[8]) Von der Einwilligung des Verletzten verschieden ist die Weigerung der Einwilligung in eine Operation; vgl. oben § 79 sub III 3 a.

[9]) Vgl das oben § 79 sub I Bemerkte.

[10]) Vgl. Prot. II Nr. 156 VI S. 633 f. — Daß der Einwilligende über das betreffende Rechtsgut verfügen können mußte, wird z. B. von Enneccerus-Lehmann I S. 844 sub 3 d und von Planck II S. 609 f. mit Recht hervorgehoben. Vgl. auch von Liszt S. 96 und Dernburg II 1 S. 143.

[11]) Vgl. Mot. II S. 730 (zu dem ins BGB. nicht übergegangenen § 706 des E. I) und (anderer Ansicht) Prot. II Nr. 151 V S. 578 f. Vgl. ferner oben sub II 3 a. E. und z. B. Matthiaß I S. 713, Zieger (oben S. 365 Anm. 3) S. 34 ff. und etwa auch von Bahr in der Göttinger Festgabe für Regelsberger (Leipzig 1901) S. 233 ff., insbes. S. 238, Oppenheimer in Seufferts Bl. f. RA. Ergänzungsbd. 15 (1897) S. 339.

sei.[1]) Es ist selbstverständlich, daß nach Lage des Einzelfalls der Richter sehr wohl die „Einwilligung" des Beschädigten als einen der für die Schadensersatzpflicht und ihren Umfang nach § 254 Abs. I relevanten „Umstände" betrachten kann, und es ist dabei wegen der untechnischen Bedeutung des Ausdrucks „Verschulden" im § 254 (und im § 846) gleichgültig, ob auch diese Einwilligung ihrerseits als ein „Verschulden" bezeichnet werden muß.[2])

IV. Die sog. Kulpakompensation.

1. Es führt uns das soeben Bemerkte dazu hinüber, uns der §§ 254 und 846 als generellerer Vorschriften, die zur Abwendung der Verschuldensfolgen herangezogen werden können, zu erinnern. Es ist zwar — vgl. oben § 79 sub I — für die Anwendbarkeit beider Normen nicht essentiell, daß der entstandene Schaden auf ein Verschulden des Ersatzpflichtigen zurückzuführen ist; wenn aber der einzelne Fall so liegt, daß die Ersatzpflicht aus Verschulden entspringt, so ist die „Mitwirkung" des Beschädigten „bei der Entstehung des Schadens" einer derjenigen Gründe, welche die Verschuldensfolgen ganz oder teilweise beseitigen. Darum gehören auch §§ 254 und 846 in den Kreis unserer jetzigen Betrachtungen.

2. Es fragt sich nun und bedarf der Untersuchung, ob sich zu einer derartigen Gestaltung der Sach- und Rechtslage auch sonst noch im Gesetz Analoga finden. Wie nun — ein Verschulden auf seiten des Ersatzpflichtigen vorausgesetzt — wegen der untechnischen Bedeutung des Begriffes „Verschulden" in §§ 254 und 846 (oben § 42 sub B II 1 und 2) die Anwendungsfälle dieser Normen in zwei Gruppen zerfallen, je nachdem auch auf Seiten des Beschädigten (Verletzten) ein echtes „Verschulden" vorliegt oder nur eine sonstige Mitwirkung bei der Verursachung, so wollen wir auch die gesetzliche Analoga[3]) in zwei Gruppen zerlegen, deren erste die Fälle wahrer Kulpakompensation (Aufrechnung eines Verschuldens auf beiden Seiten) umfaßt, während die andere die Fälle umfaßt, welche nur beim Ersatzpflichtigen, nicht auch beim Gegenpart ein „Verschulden" erheischen.[4]) Der Begriff „Verschulden" soll dabei aber im weitesten Sinne (oben § 66 sub III) verstanden werden und ebenso soll die Untersuchung sich nicht nur auf die Fälle einer Schadensersatzpflicht[5]) allein beschränken.

a) Echte Kulpakompensation.

α) Ein sehr deutlicher Anwendungsfall des Prinzips ist § 839 Abs. III (oben § 5 sub B II 2 b): die Haftung des Beamten für Amtspflichtverletzung (§ 839 Abs. I und II, oben § 19 sub II 1) „tritt nicht ein, wenn der Verletzte vorsätzlich oder fahrlässig unterlassen hat, den Schaden durch Gebrauch eines Rechtsmittels abzuwenden." Hier ist auf beiden Seiten sogar ein Verschulden im engeren Sinne, in der Norm also ein Fall echter Kulpakompensation im engsten Sinne gegeben.

---

[1]) Für uns gleichgütig ist es ferner, ob die Einwilligung als Rechtsgeschäft zu konstruieren ist (vgl. wegen der „Verzeihung" oben S. 610 Anm. 8). — Ueber die strafrechtliche Bedeutung der Einwilligung in Sportsangelegenheiten vgl. Karding (oben S. 169 Anm. 5) S. 21 ff., 35 ff., 56 ff.

[2]) Begrifflich sind Einwilligung und echte Kulpakompensation (unten sub IV) etwas verschiedenes: Prot. III Nr. 142 V S. 134/135 (zu BGB. § 912) scheinen sie jedoch miteinander zu verwechseln.

[3]) Einen Teil der Fälle (§§ 122, 179, 307, 617, 701 f., 839) erwähnt auch Gottschalk (oben S. 297 Anm. 9) S. 111 ff., indem er sie auf ihr Verhältnis zu § 254 prüft. Ueber Anwendungsfälle des in § 254 enthaltenen Prinzipes in sonstigen Reichs- oder Landesgesetzen vgl. Gottschalk S. 114 ff., aber auch oben § 79 sub III 3 c.

[4]) Ueber die Fälle, in denen auf Seiten des Ersatzpflichtigen kein Verschulden obwaltet, vgl. unten sub c γ.

[5]) Vgl. zu diesem Punkte oben § 58 sub A VIII 1 b und auch § 33 S. 200 Note 1.

β) Einen weiteren ebenso gearteten Fall bietet § 307 Abs. I,[1]) nach dessen erstem Satze die Verpflichtung zur Leistung des sog. negativen Vertragsinteresses sich z. B.[2]) darauf aufbaut, daß der eine Kontrahent bei Schließung des Vertrages die Unmöglichkeit der paktierten Leistung kennen mußte, und nach dessen zweitem Satze diese Ersatzpflicht z. B.[3]) „nicht eintritt", wenn auch der andere Kontrahent sich betreffs der Unmöglichkeit in fahrlässiger Unkenntnis befand.

γ) Eine Kulpakompensation, aber nur im weiteren Sinne[4]) sowohl des Verschuldens wie der Kulpakompensation, kann man auch in § 1565 Abs. II angeordnet finden, soweit diese Norm das „Recht auf Scheidung" für „ausgeschlossen" erklärt, weil der andere Ehegatte sich der „Teilnahme" an dem Ehebruche usw. „schuldig gemacht" hat (oben sub I 2).

δ) Damit wären die vom Gesetz ausdrücklich statuierten Fälle einer Kulpakompensation erschöpft;[5]) weitere Fälle hat es ebensowenig anerkannt, wie[6]) eine generellere Kompensation[7]) der Ehescheidungsgründe.

ε) Möglichenfalls, aber nicht notwendig, versteckt sich ferner eine echte Kulpakompensation in §§ 324 Abs. I und 615, da der Vergütungsanspruch, der durch böswillige Unterlassung eines anderweitigen Erwerbs paralysiert wird (oben § 15 sub II 2 a und b), seinerseits sich aus einer vom Gegenpart „zu vertretenden" Unmöglichkeit der Vertragserfüllung bezw. aus einem Annahmeverzuge des Gegenparts rechtfertigt und da weiterhin in casu concreto die Vertretungspflicht bezw. der Annahmeverzug auf Verschulden des Gegenparts zurückführbar sein **kann**.[8])

b) Für **die andere Gruppe** d. h. für die Fälle, in denen das Verschulden der einen Partei durch ein nicht unter das Verschulden im

---

[1]) Vgl. dazu ferner § 309 (oben § 18 sub A II 1 c γ).

[2]) Von einem Verschulden sieht die Norm hingegen ab, insofern sie die Fälle des Kennens ebenso behandelt wie die des Kennenmüssens.

[3]) Vgl. vorige Anmerkung.

[4]) Daß sich die Fälle des § 1565 Abs. II mit einer wahren Kompensation der Scheidungsgründe nicht decken, führen Mot IV S. 586 sub 7 genauer aus.

[5]) Vgl. freilich noch weiter unten sub d zu §§ 460 und 539.

[6]) Vgl. Mot. IV S. 585 ff. und z. B. Engelmann S. 516 sub 6, S. 527 sub 7 a, Planck IV S. 314 (sub II), S. 321 sub 2 a. E. sowie die Göttinger Dissertation von Fritze, Die Aufrechnung der Scheidungsgründe beim Ehebruch, Quedlinburg 1901, insbesondere S 5 ff. und wegen der Uebergangszeit (EG. z. BGB. Art. 201 Abs. II) S. 42 ff.

[7]) Derselbe Effekt freilich (Abweisung des Klägers) kann zu § 1568 BGB. durch die Erwägung erreicht werden, daß für einen Kläger, welcher seinerseits ähnliche Pflichtverletzungen begangen hat, die des Beklagten nicht geeignet seien, das eheliche Verhältnis zu zerrütten. Vgl. Mot. IV S. 596 und z. B. Albrecht (oben S. 350 Anm. 6) S. 198 ff., Engelmann S. 538 sub 8 a, Opet S. 401 f., sowie die daselbst und z. B. in der Juristen-Ztg. Jahrg. V (1900) Nr. 19 S. 421 von Boyens mitgeteilten (und ebenda Jahrg. VI, 1901, Nr. 1 S. 7 von Stranz besprochenen) Entsch. des Reichsger. vom 10. und 28. Mai und 2. Juli 1900 (VI 87/00, IV 85/00 und IV 118/00), Jur. Wochenschr. 29 (1900) S. 518 f., Seuff. Arch. Bd. 55 (1900) Nr. 208 S. 410, Entsch. des Reichsger. Bd. 46 (1901) Nr. 42 S. 159, Warneyer I S. 170 sub c, Spruchsamml. S. 49, Scherer I S. 123 Nr. 395, II S. 228, III S. 363 sub II c. Vgl. endlich auch Süßheim in Grünhuts Zeitschr. 29 (1902) S. 491 ff. (vgl. oben S. 348 Anm. 14), insbesondere S. 493, 496.

[8]) Vgl. zur Begründung der Behauptung im Text das, was oben § 64 sub A IV 1 wegen des Ausdrucks „vertreten" und ebenda sub VIII 2 wegen der Bedeutung des Verschuldens beim Gläubigerverzuge gesagt wurde. Daselbst sub A IX 3 auch über purgatio morae und „Kulpakompensation".

engeren Sinne zu zählendes Verhalten der anderen Partei paralysiert würde, habe ich einschlägige Normen im BGB. nicht gefunden.[1])

c) Wie aber die Fälle der §§ 324 und 615 auf seiten des Gegenparts nicht notwendig ein Verschulden als Basis seiner Verpflichtung voraussetzen und wie alsdann diese Normen nicht mehr in den Rahmen einer Kulpakompensation und in den Kreis unserer jetzigen Erörterungen hineingehören, so ist dies auch betreffs folgender Bestimmungen zu konstatieren, die zur Vervollständigung des Bildes wegen ihrer anscheinenden Aehnlichkeit mit den Fällen der Kulpakompensation [2]) und zur Verhinderung der darum möglichen Verwechselungen aufgeführt werden sollen:

α) in den mit § 307 (oben sub a β) ähnlichen §§ 122 Abs. II und 179 Abs. III Satz 1 (oben § 6 sub II 5 c und § 7 sub II 2 a), die aber von einer fahrlässigen Unkenntnis als Grundlage der Pflicht zur Leistung des negativen Vertragsinteresses nichts verlauten lassen;

β) in dem mit §§ 324 und 615 (oben sub a ε) ähnlichen § 649 Satz 2 (oben § 15 sub II 2 c), der den Vergütungsanspruch lediglich von Kündigung seitens des anderen Vertragsteils abhängig macht;

γ) in nachstehenden Normen, die zwar gewissen Verschuldensfällen die Wirkung beilegen, daß dadurch eine gegnerische Pflicht in Fortfall gebracht wird, diese gegnerische Pflicht selber aber lediglich auf positiven Gesetzeszwang, unabhängig von jeglichem Verschulden des Verpflichteten, aufbauen:

α′) §§ 529 Abs. I und 617 Abs. I Satz 1 (oben § 5 sub B I 2) wegen des Fortfalles der Herausgabepflicht des Beschenkten und der Fürsorgepflicht des Dienstberechtigten bei vorsätzlicher oder grobfahrlässiger Herbeiführung der Bedürftigkeit des Schenkers bezw. der Erkrankung des Dienstpflichtigen durch diese Personen selber;

β′) § 460 Satz 2 sowie § 539 Satz 2 in Verbindung mit § 537, (oben § 6 sub I 2 a α) wegen des Fortfalls der gesetzlichen Gewährleistungspflicht des Verkäufers bezw. der gesetzlichen Reduktion [4]) des Mietszinses bei grobfahrlässiger Unkenntnis des Käufers bzw. des Mieters vom Mangel der Kauf- bezw. Mietsache;

γ′) § 1346 Satz 2 (oben § 7 sub II 2 c) wegen Fortfalls der Pflicht des wegen Irrtums anfechtungsberechtigten Gatten, die Ehe wie eine wegen Verschuldens des anderen Teiles geschiedene betrachten lassen zu müssen, bei fahrlässiger Unkenntnis des anderen Gatten vom Irrtum;

δ′) §§ 545 Abs. II, 703 Satz 1, 777 und 971 Abs. II,

---

[1]) Man müßte dann etwa die Fälle der fahrlässigen Unkenntnis in § 307 (oben sub a β) als „Verschulden gegen sich selbst" (oben § 68) abzweigen oder etwa die Fälle der Zustimmung, Verzeihung usw. (oben sub I 2 und II 1 b) hier einstellen wollen.

[2]) Die Fälle der Kulpakompensation auch im weiteren Sinne sind mit den Aufzählungen sub a (und b) abgeschlossen; vgl. wegen des § 1611 Süßheim a. a. O. S. 495 f.

[3]) Da die Fälle untereinander nur ähnlich sind, ist es nicht zu billigen, daß Kuhlenbeck, Von den Pandekten II § 8 S. 52 Anm. 1 §§ 179 und 307 (nebst 309) zusammen als Fälle einer Kulpakompensation aufzählt.

[4]) Man kann diese Reduktion des Mietszinses als eine vom Gesetz in diese Form gegossene Ersatzpflicht des Vermieters auffassen.

welche bei Unterlassung gewisser „unverzüglicher" Maßnahmen, insbesondere Anzeigen (vgl. oben § 4 sub I 1 a ε α' und β', b β β' und a ζ), die gesetzliche Reduktion[1]) des Mietzinses, die gesetzliche Haftung des Gastwirts und des Bürgen sowie der gesetzlichen Pflicht zur Zahlung des Finderlohns in Fortfall gelangen lassen;

ε') § 971 Abs. II auch insofern, als er die Pflicht zur Zahlung des Finderlohns ferner in Fortfall gelangen läßt, wenn der Finder den Fund auf Nachfrage verheimlicht hat (oben §§ 12 und 60).

d) Von den sub c genannten Normen führen uns aber zwei wiederum zu Fällen echter Kulpakompensation (im engeren Sinne der „culpa", jedoch im weiteren Sinne der „Kompensation") zurück. Es lassen nämlich §§ 460 und 539 (oben sub c γ β'), letzterer durch die Bezugnahme auf ersteren, die wegen grobfahrlässiger Unkenntnis des Käufers bezw. Mieters in Fortfall kommende Gewährleistungspflicht des Verkäufers bezw. die Reduktion des Mietszinses wiederum wirksam bleiben, sofern der andere Kontrahent den Mangel arglistig verschwiegen hat. Die „Arglist" (oben § 58), die ja ein Unterfall des Vorsatzes ist (oben § 66 sub V 2 e und c), wird also gerechterweise strenger geahndet als die bloße, wennschon grobe Fahrlässigkeit, sie fällt demnach bei der „Abwägung" des Verschuldens schwerer in die Wagschale. Uebrigens dokumentieren diese Gesetzesstellen einen Rückfall in das in § 254 vom Gesetzgeber glücklich vermiedene (oben § 42 sub B II 1 d α) Prinzip der rein mechanischen Kulpakompensation.

3. Schließlich sei vermerkt, daß es im Gesetz noch zahlreiche Fälle gibt, in denen die beiderseitigen Handlungen der Beteiligten gegeneinander aufgewogen werden, ohne daß auch nur auf einer Seite ein Verschulden obzuwalten braucht, ohne daß also mangels einer durch die konkrete Sachlage gegebenen besonderen Nuancierung des Tatbestandes von einer Kulpakompensation, sei es auch nur im weitesten Sinne, oder von einer Aehnlichkeit mit einer solchen die Rede sein kann. Einschlägige Fälle begegneten uns schon bei Erwähnung der Zustimmung, der Einwilligung und der Verzeihung (oben sub I 2, II 1 b und III), sowie in Gestalt der §§ 254 und 846 bei Abwesenheit eines echten Verschuldens auf beiden Seiten; in Betracht kommen aber aus dem Kreise der im ersten Teile dieser Schrift behandelten Normen etwa noch:

a) der Ausschluß der condictio ob turpem vel injustam causam, wenn sowohl dem Empfänger der Leistung wie dem Leistenden ein objektiver „Verstoß gegen ein gesetzliches Verbot oder gegen die guten Sitten zur Last fällt" (§ 817 Satz 2, oben § 18 sub A I);

b) der (partielle) Ausschuß des Vergütungsanspruchs eines Dienstpflichtigen, der durch sein „vertragswidriges Verhalten" die Kündigung

[1]) Wenn man (vgl. vorige Anm.) diese Reduktion des Mietszinses weiterhin als eine Kompensation in der Art des § 254 (freilich ganz unabhängig von irgend welchem Verschulden des Vermieters) auffassen will, so kommt man durch § 545 zu einer doppelten Reihe von Kompensationen und dazu, daß, indem § 537 eine Ausnahme von der Zinszahlungspflicht des Mieters, § 545 aber wieder eine Ausnahme von der Ausnahme bietet, wir in § 545, nachdem sich die beiden Kompensationen gehoben haben, zur Regel zurückkehren. — Aehnlich wird man § 971 Abs. II (oben sub δ' und ε') hieher stellen können, sofern man im Finderlohn eine Art generellen Pauschalersatzes für etwaigen Schaden des Finders (außerhalb des in § 970 erwähnten, von der Erfüllung der Anzeigepflicht unabhängigen Ersatzes von Aufwendungen) erblickt.

seitens der Dienstberechtigten veranlaßt hat (§ 628 Abs. I Satz 2, oben § 16 sub II 1 b);

c) der Ausschluß des Widerrufs eines Vertragsschlusses, welcher ohne die für die Gegenpartei erforderliche Zustimmung eines Dritten vorgenommen war, sofern der wahrheitswidrigen Behauptung dieser Zustimmung durch den einen Kontrahenten die Kenntnis des anderen Kontrahenten vom Mangel der Zustimmung gegenübertritt (§§ 109 Abs. II, 1397 Abs. II, 1830, oben § 62 sub A I 5);

d) der Ausschluß der gesetzlichen Ersatzpflicht des Gastwirts, wenn der Gast selber[1]) den Schaden verursacht[2]) hat (§ 701 Abs. I Satz 2, vgl. oben § 71 B IV sub 4 c β β' 2).

4. Mit den eben besprochenen Fällen haben wir aber bereits (wie auch die gleichzeitige Erwähnung der Sachbeschaffenheit und der höheren Gewalt in § 701 a. a. O. ersichtlich macht)[3]) das Gebiet des Verschuldens und des Verschuldensprinzips vollends verlassen, und es hieße lediglich das von uns entworfene Bild undeutlich machen, wenn wir den Hintergrund, welchen die Lehre vom Schadensersatze und die Theorie der Gefahrhaftung bildet, genauer ausmalen wollten.[4])

V. Nicht sowohl durch die bloße Zustimmung zur schuldhaften Handlung des Täters, als vielmehr durch eine eigene Handlung der Gegenpartei (im Gegensatze zu der in der Abwendung vom tadelnswerten Verhalten, unten sub VI, liegenden eigenen Handlungsweise des Täters) wird die Folge des Verschuldens beseitigt laut § 1565 Abs. II, indem bei Ehebruch, Bigamie oder widernatürlicher Unzucht (§ 1565 Abs. I) „das Recht des Ehegatten auf Scheidung ausgeschlossen" ist, „wenn er . . . sich der Teilnahme schuldig macht". Dieses Wort „Teilnahme", das[5]) im BGB. nur noch bezüglich der Beschlußfassung des Familienrates begegnet (§§ 1874 Abs. III Satz 1, 1875 Abs. I),[6]) wird von der Literatur[7]) — m. E. nicht mit Recht —, da strafbare Handlungen in Rede stehen, im kriminalrechtlichen Sinne der §§ 47 ff. des StGB. (Mittäter,[8]) Anstifter,[9]) Gehilfe)[10]) verstanden.[11]) Daß der Teilnehmer nicht gegen

---

[1]) Bezw. gewisse in § 701 a. a. O. genannte Personen, deren Verhalten auf das Konto des Gastes selber kommt. Im übrigen geben innerhalb der oben behandelten Fragen (sub 1—3) zu Betrachtungen über die Wirkung des Eingreifens dritter Personen nur §§ 254 und 846 (oben sub 1) ausdrückliche Veranlassung (wegen § 254 Abs II Satz 2).

[2]) Hierher gehört auch das Vergessen der Sachen; es wird nicht nötig sein, dieses mit Kipp II S. 582 sub 1 als Verschulden aufzufassen und, um zur Entlastung des Wirts zu gelangen, den Umweg über § 254 einzuschlagen, der ja auch nach unserer Ansicht (oben § 66 sub III 1 b) kein eigentliches Verschulden im engeren Sinne erfordert und zu welchem der obige Teil des § 701 lediglich einen Anwendungsfall bildet; vgl. auch Prot. II Nr. 134 VIII S. 403 f. und auch Planck II S. 447 sub 4 b (nicht 3 b, wie irrig S. 449 sub 2 zitiert ist).

[3]) Und ebenso ein Vergleich der a. a. O. einerseits und in BGB. § 278 andererseits genannten Personen.

[4]) Wie sehr übrigens die Grenzen ineinander übergehen können, lehrt § 702, welcher zwischen den Zeilen eine Deklarationspflicht des Gastes herauslesen läßt (vgl. — zugleich auch „Kunstgegenstände" erwähnend — HGB. §§ 429 Abs. II, 607, 708 Nr. 3; vgl. auch z. B. Crome I S. 496 Anm. 10, Dernburg II 1 S. 76 sub 2), deren Nichtbeachtung einen Anwendungsfall des § 254 Abs. II Satz 1 bilden würde.

[5]) Vgl. Gradenwitz S. 137.

[6]) Das Verbum „teilnehmen" fehlt im BGB.

[7]) Die Materialien (vgl. Mot. IV S. 586 f., Prot. IV Nr. 292 II S. 399 ff., Denkschr. S. 314) äußern sich darüber nicht.

[8]) „Mittäter" und „Anstifter" begegnen nur noch in § 830 Abs. II (oben § 77 sub I 1) zusammen mit „Gehilfen"; sie alle sind (§ 830 Abs. I) ebenso verantwortlich wie der Täter, für die im Text besprochene Frage interessiert § 830 also nicht.

[9]) Vgl. vorige Anmerkung.

[10]) Ueber den Ausdruck „Gehilfe" im BGB. vgl. oben § 77 sub I 2 a S. 594 Anm. 4.

den Täter auf Ehescheidung klagen darf, ergibt sich aus ähnlichen legislatorischen Erwägungen[1]) wie (vgl. sub II) sie für die in derselben Norm mit derselben Wirkung belegte „Zustimmung“ maßgebend waren.

VI. Ein weiterer Grund für den Fortfall der Verschuldensfolgen — der, insofern er einen Wechsel der Gesinnung zum Besseren dokumentiert, eine flüchtige Aehnlichkeit mit der sog. „tätigen Reue“[2]) des Strafrechts[3]) zeigt[4]) — ist die Abwendung von dem tadelnswerten Verhalten. Dieser Grund begegnet nur in BGB. § 2336 Abs. IV,[5]) wonach die dem Abkömmling gegenüber vorgenommene Entziehung des Pflichtteils, welche wegen „ehrlosen oder unsittlichen Lebenswandels“ (oben § 46 sub A II 6) erfolgt war, „unwirksam“ ist, „wenn sich der Abkömmling zur Zeit des Erbfalls von dem ehrlosen oder unsittlichen Lebenswandel dauernd abgewendet hat“. Das in diesem tadelnswerten Lebenswandel enthaltene „Verschulden“ (im weiteren Sinne, § 66 sub III 1 c) ist hier zwar nicht mit rückwirkender Kraft ausgetilgt, die spätere Besserung soll aber einen die Folgen beseitigenden Effekt zeitigen. — Nicht hierunter zu zählen wäre die andere Norm, in welcher die Abwendung[6]) von dem tadelnswerten Lebenswandel entgegentritt, nämlich § 2338 Abs. II Satz 2, weil hier der Umstand, daß der Abkömmling „sich dauernd von dem verschwenderischen Leben abgewendet hat“, wohl (vgl. oben § 54 sub A I) mehr in rein objektiver Richtung zu verstehen und nicht auf ein „Verschulden“ zu beziehen ist.

VII. Noch deutlicher erinnert es an strafrechtliche Vorgänge,[7]) wenn in durchaus singulärer und zu weiteren Erörterungen für unser Problem interesseloser Weise § 824 Abs. II denjenigen, welcher eine kreditgefährdende Verleumdung über einen Andern ohne Kenntnis von der Unwahrheit der Mitteilung verbreitet hatte (oben § 13 sub I 2 und § 62 sub A II), von der Schadensersatzpflicht befreit, „wenn er oder der Empfänger der Mitteilung an ihr ein berechtigtes Interesse hat“. Es werden hier also gewissermaßen zwei ganz heterogene Dinge, nämlich das „berechtigte Interesse“ und die „Fahrlässigkeit“ des Täters, kompensiert.

---

[11]) (Zu S. 618.) Vgl. z. B. Fischer-Henle S. 791 Anm. 5, Planck IV S. 318 Anm. 3, Th. Engelmann S. 527 Anm. 6 b. Weshalb Opet S. 393 Anm. 9 b die „Mittäterschaft“ für ausgeschlossen erachtet, ist nicht ersichtlich. — Nichts Bemerkenswertes zu § 1565 Abs. II findet sich innerhalb der oben S. 239 f. angegebenen Literatur z. B. bei Albrecht S. 32 f., Jacobi S. 93, Hollweck S. 216, Schmidt, Ehescheidung und richterliches Ermessen S. 9.

[1]) Vgl Mot. IV S. 586: „Allgemeinen Grundsätzen entspricht es . . ., daß, wer an einer rechtswidrigen Handlung selbst mitschuldig ist, daraus niemals Rechte gegen den anderen Teilnehmer herleiten kann. Dazu kommt, daß der betreffende Ehegatte durch seine Teilnahme an den . . Handlungen zugegeben hat, daß die letzteren nicht geeignet sind, seine eheliche Gesinnung zu zerstören und ihm die Fortsetzung der Ehe unerträglich zu machen“.

[2]) Das Wort „Reue“ fehlt (begreiflicherweise) im BGB. (nur „Reugeld“ begegnet in §§ 336 und 359).

[3]) Vgl. StGB. §§ 163 Abs. II, 204, 310, von Liszt, Strafrecht § 74 S. 288.

[4]) Die Aehnlichkeit wird insbesondere auch dadurch gemindert, daß in den Fällen des StGB. die „tätige“ Reue durch ein bestimmtes Tun, eine aktive Handlung, an den Tag gelegt sein muß, während es für den im Text behandelten zivilrechtlichen Fall mehr auf die innere Gesinnung ankommt, die nicht unbedingt durch bestimmte Handlungen, sondern auch durch die allgemeine Führung betätigt werden kann. Eine äußerliche Aehnlichkeit liegt aber wiederum in der Singularität der Anwendungsfälle des Prinzips.

[5]) Für unrichtig halte ich es, wenn Schiffner (oben S. 335 Anm. 1) S. 76 und Gehm (oben S. 372 Anm. 1) S. 60 den § 2336 Abs. IV auch auf § 2335 in Verbindung mit § 1568 für anwendbar halten. Ausdrücklich wird der ganze § 2336 in § 2271 Abs. II Satz 2 zitiert.

[6]) Ueber die Ausdrücke „abwenden“ und „Abwendung“, die in obiger Richtung überhaupt nicht mehr begegnen, vgl. oben S. 562 Anm. 8.

[7]) Vgl. StGB. § 193 und ferner Ges. zur Bekämpfung des unlauteren Wettbewerbes vom 27. Mai 1896 (RGBl. S. 145) § 6 Abs. II.

VIII. Es liegt nahe, daß ein Gesetz, welches so oft von „Verschulden" spricht, auch von „entschuldigen" und „Entschuldigung" reden wird. Wörtlich ist dies jedoch nur in zwei Normen, § 1875 (Abs. I und III) und § 2006 (Abs. III Satz 2) der Fall. Diese Normen, welche wir schon in § 3 sub B II 3 und § 71 B IV sub 4 c ε β' kennen lernten, bieten jedoch weder für den hier in Rede stehenden Fortfall der Verschuldensfolgen noch für den im § 81 besprochenen Fortfall der Schuld selber noch überhaupt für unser Gesamtthema ein inhaltliches Interesse. Denn zwar werden nach beiden Normen durch die Entschuldigung gewisse ungünstige Folgen (vgl. oben § 71 a. a. O.) abgewendet, aber diese Folgen sind nicht die eines Verschuldens, sondern lediglich die einer Tatsache und betreffs dieser Tatsache kümmert sich das Gesetz nicht weiter um die Frage schuldhafter oder schuldloser Herbeiführung.

1. Wenn wir also diese Tatsache in eine der oben §§ 2 ff. und §§ 31 ff. aufgezählten Kategorien einzustellen versuchen, so kommt höchstens das pflichtwidrige Verhalten — Verstoß gegen eine gesetzlich statuierte Pflicht — in Frage, und von der Pflichtwidrigkeit (und der Pflichtverletzung) entsinnen wir uns aus den Ausführungen in § 44 sub A II (und § 37), daß sie lediglich ein objektives, nicht notwendig zugleich ein subjektives Unrecht darstellt.

2. Die Fälle liegen also nicht unwesentlich anders, als diejenigen, in denen der Gesetzgeber den Mangel eines subjektiven Unrechts dadurch andeutet, daß er vermerkt, es sei ein Umstand „ohne Verschulden" des Täters eingetreten (§§ 827 Satz 2, 240, 498 Abs. II Satz 2, 616 Satz 1, 1996 Abs. I Satz 2, oben § 2 sub IV).[1])

IX. Die Beseitigung der Folgen tritt zumeist ipso jure ein, nur ausnahmsweise ope judicis.

1. Dies ist der Fall überall da, wo der Gedanke der Kulpakompensation (im strikt-technischen bezw. im weiteren Sinne) erst gelegentlich eines Rechtsstreites zwischen Täter und Gekränkten vom Gericht zur Geltung gebracht wird; vgl. also oben sub IV.

2. Dies ist aber auch gewissermaßen der Fall in der vereinzelten Bestimmung des § 1312 Abs. II, wonach die als Ehehindernis erscheinende sekundäre Folge der wegen Ehebruchs erfolgten Ehescheidung durch obrigkeitlichen Dispens beseitigt werden kann.[2])

X. Keine prinzipielle Besonderheit bietet es, wenn die Folgen eines Verschuldens durch Zeitablauf in Fortfall gebracht werden, wie dies in §§ 124, 852, 1571 (vgl. dazu Einzelvorschriften in §§ 1572, 1573, 1574 Abs. III), 2340 Abs. III geschieht.

XI. Eine prinzipielle Besonderheit ist es auch nicht, sondern lediglich um eine Modifikation allgemeiner Grundsätze handelt es sich in § 851 BGB., der den Untergang der Schadensersatzpflicht durch deren Erfüllung betrifft und diesen Untergang auch eintreten läßt, wenn der Täter den Ersatz gutgläubig an eine, vom Standpunkt eines dritten Interessenten betrachtet, falsche Adresse abführte.

C. Faßt man die zur Beseitigung des Verschuldens selber oder seiner Folgen führenden Gründe vom Gesichtspunkte des eintretenden Effektes zusammen, so läßt sich die Beobachtung machen, daß die Beseitigung in den weitaus meisten Fällen eine totale ist. Für das Verschulden selber kann es sich ja auch nur um die Alternative Schuld-Sein oder Nicht-Sein handeln, und ebenso für Verschuldensfolgen wie Ehescheidung, Erbunwürdigkeit, Pflichtteilsentziehung, Schenkungswiderruf. Eine bloß partielle Tilgung der Folgen wird also nur in

---

[1]) Wieder anders liegt § 823 Abs. II, oben § 2 sub IV 1.

[2]) Uebrigens auch zu Gunsten des an der mittelbaren Folge passiv beteiligten Konstuprators.

Frage kommen, wenn es sich um die Schadensersatzpflicht oder um sonstige auf Geldleistung gerichtete [1]) bezw. in Geld schätzbare [2]) Prästationen handelt. Aber auch in diesen Fällen finden wir die Möglichkeit einer bloß partiellen Wirkung des Verschuldens lediglich in §§ 254 und 846 (oben sub IV 1) einerseits und §§ 324, 615 (oben sub IV 2 a ε) andererseits angedeutet. Soweit man sich also in anderen Fällen nicht durch Heranziehung dieser Normen, insbesondere des § 254 [3]) und auch des § 324, helfen kann, wird man auch hier nicht in der Lage sein, eine totale Beseitigung des Verschuldens bezw. seiner Folgen zu leugnen.[4])

Fünfte Abteilung.

§ 83.

Die Beweislast.

Wegen der prozessualischen Behandlung der ein Verschulden betreffenden Rechtsangelegenheiten ist es lediglich die Frage der Beweislast, welche zu Erörterungen Anlaß gibt. Denn daß z. B. für die klägerische Partei oftmals Schwierigkeiten [5]) entstehen werden bezüglich des Kausalzusammenhanges zwischen dem gegnerischen Verschulden und dem der klagenden Partei erwachsenen Schaden oder betreffs der Schadensberechnung, das sind Angelegenheiten, die nicht mehr in die Lehre vom Verschulden, sondern lediglich in die Lehre vom Schadensersatz gehören. Und daß, sofern nicht ein Verschulden im engeren Sinne vorliegt, der Richter vielleicht wegen Würdigung der Verantwortlichkeit des Täters im Einzelfall auf Schwierigkeiten stoßen kann, wurde gleichfalls bereits (oben § 75 sub B II 2 b) gestreift.

I. Auch einige die Beweislast im besonderen betreffende Punkte wurden bereits gelegentlich berührt;[6]) und so gilt es hier lediglich, das dort gewonnene Material zusammenzufassen.

II. Die Grundregel ist zweifellos — und hierin stimmt die gesamte Literatur[7])

---

[1]) Vgl. z. B. wegen des Finderlohns (§ 971 Abs. II) oben sub IV S. 617 Anm. 1.

[2]) Vgl. wegen der Verpflegung und ärztlichen Behandlung des Dienstpflichtigen (§ 617 Abs. I) oben sub IV 2 c γ α'.

[3]) Vgl. die nächste Anmerkung.

[4]) Ebenso betreffs der in Gruppe IV 2 c γ α' erwähnten §§ 529 und 617, selbst wenn die Bedürftigkeit des Schenkers oder die Erkrankung des Dienstpflichtigen nur zum Teil auf dessen Verschulden zurückzuführen ist. Hier würde § 254, weil von einem Schadensersatz handelnd, schwerlich auf den Anspruch auf Herausgabe des Geschenkes bezw. auf Verpflegung und ärztliche Behandlung passen, so gut sich auch das Verschulden des Gegenparts unter die in § 254 erwähnten „Umstände" einstellen ließe.

[5]) Vgl. mein Gutachten oben § 31 sub D I 2 S. 139 Anm. 4.

[6]) Vgl. außer den später (im Text und in den Anmerkungen) besonders hervorgehobenen Stellen noch etwa oben S. 131 Anm. 10, S. 212 Anm. 3, S. 481 Anm. 3, § 62 sub A II 3 c (S. 487), § 64 sub A VIII 1 a und 2 b und sub IX 1 (S 501 ff.) und (wegen HGB. § 367) § 34 sub III 1 (S. 212).

[7]) Vgl. neben den lediglich vereinzelten (oben S. 328 Anm. 7) Bemerkungen der Literatur, die am betreffenden Ort oben §§ 31 ff. mitgeteilt worden sind, prinzipiellere Erörterungen bei Rosenberg, die Beweislast nach der CPO. und dem BGB., Berlin 1900 (die gleichlautende Breslauer Dissertation enthält für unser Thema nichts belangreiches; ebenso die Münchener Diss. von Kreß, Würzburg 1899, und die Bonner Diss. von Cüppers, 1902), insbesondere S. 128 ff. und Leonhard, Franz, Beweislast, Berlin 1904 (vgl. oben S. 404 Anm. 1), insbesondere S. 71 ff., 331 ff., 343 ff., 351 ff., 364 ff., 408 ff., Bech, Beweislast, München 1899, insbesondere S. 204 ff. Unerheblich für unsere Fragen sind die Bemerkungen von Martinius im

überein, und auch aus der Judikatur[1]) finden sich dafür Belege —, daß das Verschulden dem Täter von der Gegenpartei nachzuweisen ist, welche auf diesem Verschulden (eventuell nebst anderen Tatbestandsmomenten, wie z. B. bei unerlaubten Handlungen[2]) die Zufügung eines Schadens) ihren Anspruch aufbaut. Aus dieser Regel ergeben sich dann u. a. mehrere Folgerungen, die wir im einzelnen bereits kennen lernten: Dem Täter ist alles das nachzuweisen, was zu den Elementen des Verschuldens gehört, beispielsweise bei Verschulden im engeren Sinne das Vorhandensein des betreffenden Willensfehlers und somit auch das Vorhandensein der Verantwortlichkeit. Wenn also, wie im Falle des § 828 Abs. II diese Verantwortlichkeit nach der Auffassung des Gesetzgebers eine bloß relative und daher zweifelhaft ist, so muß man dem Gegner den Beweis aufbürden, daß Täter die erforderliche Einsicht dennoch besessen hat, nicht dem Täter, daß gerade ihm ausnahmsweise die Einsicht gefehlt habe; vgl. oben § 75 sub C I 4 b.

III. Von dieser Regel, die wir wiederholt antrafen,[3]) sind Ausnahmen nur anzuerkennen, soweit sie sich aus besonderen Vorschriften des Gesetzes ergeben. Darüber ist folgendes zu sagen:

1. Mehrfach bürdet das Gesetz[4]) dem Täter den Beweis seiner Schuldlosigkeit auf:

a) Es ist dies, wie die Fassung der betreffenden Normen („es sei denn, daß . . .") ersehen läßt, der Fall[5]) in §§ 831 Abs. I Satz 2, 832 Abs. I Satz 2, 834 Satz 2, 836 Abs. I Satz 2 und Abs. II (nebst den darauf bezugnehmenden sonstigen Bestimmungen aus §§ 831 ff.). Wir werden in diesen Bestimmungen[6]) daher nicht bloß eine „Umkehrung der Beweislast" zu erblicken haben, sondern einen Bruch mit dem den „unerlaubten Handlungen" im allgemeinen zu Grunde liegenden „Verschuldensprinzip"; dieser Bruch ist aber nicht ein so radikaler, wie z. B. laut § 833, beim Tierschaden schlechthin, sondern wir haben es, da durch die erwähnten Bestimmungen das Verschuldensprinzip immerhin durchschimmert (vgl. oben § 39 sub I 5 a β), mit einem Kompromiß zwischen Verschuldens- und bloßem Verursachungsprinzip zu tun; es wird am Verschuldensprinzip festgehalten, aber sozusagen nur unter der Resolutiv-

---

Arch. f. bürgerl. R. 25 (1904) S. 149 ff.; nicht rechtzeitig zugänglich war mir Betzinger, die Beweislast im Civilprozeß mit besonderer Rücksicht auf das BGB., 2. Aufl. Berlin 1904. Ueber Dernburg II 1 § 70 vgl. unten S. 623 Anm. 3.

[1]) Vgl. z. B. die bei Neumann Jahrb. I 1 S. 463 Note 11 b und c angegebene Judikatur, ferner Scherer II S. 294 Nr. 1264 f., III S. 444 Nr. VII, Warneyer I S. 92 Note 6 a—d und II S. 70 Note 6 (und dazu oben S. 328 Anm. 9), ferner Entsch. des OLG. Rostock vom 23. Dezember 1903 in der Juristen-Ztg. IX (1904) Nr. 9 S. 463. Weitere Judikatur insbes. oben S. 212 Anm. 2, 278 Anm. 4, 404 Anm. 3, 487 Anm. 2 und 3, 533 Anm. 1. Allzu apodiktisch die im „Recht" V (1901) Nr. 18 S. 464 mitgeteilte Entsch. des OLG. Naumburg vom 18. Juni 1901.

[2]) Vgl. hierzu die kurze Bemerkung der Mot. II S. 729 und auch z. B. Gumbinner in der Juristen-Ztg. VII (1902) Nr. 4 S. 96 f.

[3]) Vgl. oben § 31 sub C XII (Fahrlässigkeit), § 32 sub V (Kennenmüssen), § 34 sub II 6 (Bösgläubigkeit), § 40 sub XIII (grobe Fahrlässigkeit), § 42 sub C II 8 (Verschulden), § 55 sub A XI (Vorsatz), § 57 sub B V (Böswilligkeit), § 58 sub A VIII 1 c (Arglist), § 60 sub A VI (Verheimlichung). Als Ausfluß der Regel vgl. auch Mot. IV S. 283 ff. zu § 1421 Satz 1 und dazu meine Vorträge II S. 198.

[4]) Die generellen Regeln des E. I §§ 193 ff. (vgl. Mot. I S. 382 ff.) enthielten nichts zu unseren Fragen.

[5]) Vgl. zu obigen Normen auch oben § 9 sub I 2 a (und S. 53 Anm. 2), § 28 sub II 3, § 31 sub C XII, § 39 sub I 5 a β; ferner innerhalb meines in § 31 sub D wiedergegebenen Gutachtens: sub I 4 a. E., III 7 a und IV 7 a (und auch S. 156 Anm. 6, 157 Anm. 1).

[6]) Zu ihnen vgl. auch Prot. II Nr. 153 II S. 595 und Nr. 158 III S. 655 und auch Wach in Buschs Zeitschr. f. deutschen Civilprozeß 29 (Berlin 1901) S. 389/90.

bedingung, daß Täter seine Schuldlosigkeit nachzuweisen vermag; fällt diese Bedingung aus, so tritt das Verursachungsprinzip zum Vorschein.

b) Auch wo das Gesetz davon spricht, daß etwas „ohne Verschulden“ geschehen sein müsse, wenn die normalen Folgen des Ereignisses fernbleiben sollen, wird man natürlich dem Täter den Entlastungsbeweis aufbürden müssen. Es ist dies der Fall in § 912 Abs. I (oben § 55 sub A XI) wegen des Ueberbaues, ferner in §§ 240,[1]) 498 Abs. II Satz 2, 616 Satz 1, 827 Satz 2, 1996 Abs. I Satz 2 (oben § 82 sub VIII 2). Dagegen gehören hierher nicht alle die vielen Gesetzesstellen, welche mit dem Begriffe „unverzüglich“ operieren; denn zwar ist dieser identisch mit der Wendung „ohne schuldhaftes Zögern“ (§ 121 Abs. I Satz 1, oben § 33 sub B V) und, sobald man diese Wendung in den betreffenden Normen substituiert, würde die Fassung ergeben, daß den zu der unverzüglichen Handlung Verpflichteten die Beweislast dahin trifft, daß er sich eines schuldhaften Zögerns nicht schuldig gemacht habe, m. a. W., daß, wenn er nicht sofort handelte, seine Zögerung immerhin nicht auf Vorsatz oder Fahrlässigkeit beruht habe; aber im Grunde liegt hier mehr die Frage vor, ob die eingehaltene Frist die vorschriftsmäßige war, und dieserhalb ist die Beweislast dem Gegner aufzubürden (dahin, daß schuldhaftes Zögern vorlag); vgl. Näheres oben § 33 sub B II 9 und 10 e.

c) Ein anderer Fall, in welchem die Formulierung der Norm ersichtlich macht, daß es auf den Entlastungsbeweis der Schuldlosigkeit ankommt, ist § 694.[2])

2. Nicht dagegen ist unter die angedeuteten Fälle einer gesetzlichen Regelung der Beweislast betreffs des Verschuldens die Bestimmung des § 282 BGB.[3]) zu rechnen, die dem Schuldner den Beweis aufbürdet, falls es bei Unmöglichkeit der Leistung streitig ist, „ob die Unmöglichkeit die Folge eines von dem Schuldner zu vertretenden Umstandes ist“. Denn wir haben ja gelegentlich unserer Untersuchung, ob die mora solvendi unter die Verschuldensfälle gehört (oben § 64), festgestellt (a. a. O. sub A IV 4), daß sich hinter der Wendung: „einen Umstand vertreten“ keineswegs unbedingt gerade ein Verschulden versteckt.

IV. Eine weitere sehr wichtige Einschränkung der Regel, die aber im Grunde doch nur eine Bestätigung dieser Regel enthält, geht dahin, daß die Berufung auf die diligentia quam suis Sache des Täters selber ist: zwar müßte ihm der Gegner, wie in den Regelfällen (oben sub II), nachweisen, daß er den Erfolg schuldhaft herbeigeführt habe, hiergegen kann aber der Täter dartun, daß seine Handlungsweise sich innerhalb des Maßes seiner individuellen, gewohnten Sorgfalt gegenüber seinen eigenen Interessen bewegt habe (vgl. oben § 41 sub I 4 a).

V. Die Ausführungen sub I—IV, die sich nur auf das Verschulden im engeren Sinne beziehen sind (namentlich die Grundregel sub I) entsprechend auch für das Verschulden im weiteren Sinne zu verwenden.[4])

---

[1]) Zu ihm vgl. auch Bendix (oben S. 513 Anm. 6) S. 34 und Neumann, Jahrb. I 1 S. 143.

[2]) Vgl. bereits oben § 7 sub II 1 d S. 46 Anm. 1 und Prot. II Nr. 134 IV S. 401. — Nicht dagegen gehören hierher einige Normen, zu denen ich (jedoch oben nicht im Sinne der Beweisfrage) von „fingierter Schuld“ u. dgl. gesprochen hatte (oben § 3 sub B I 2 d und sub B II 3 a, sowie § 66 sub VIII); erst recht nicht die in § 4 sub III 2 d und 3 c und § 33 sub B IV 1 b erwähnten „Fiktionen“ sowie die in § 56 sub A IX erwähnten „Vermutungen“ einer gewissen unqualifizierten „Absicht“.

[3]) Vgl. oben § 64 A IV 2 sub b α ε'; hierzu auch Dernburg II 1 S. 150 f., dessen Ausführungen im § 70 über „Beweis der Verschuldung“ übrigens für unsere Fragen wenig bieten).

[4]) In Materialien, Literatur und Judikatur habe ich hier keine erheblichen Bemerkungen gefunden.

Drittes Kapitel.

§ 84.

Rückblick.

I. Von den Ergebnissen, zu welchen uns unsere Untersuchung geführt hat, erscheinen mir nicht nur diejenigen bemerkenswert, welche sich sozusagen aus dem Inhaltsverzeichnisse herauslesen lassen: die Zusammenstellung des Materials (§§ 2—29), die Untersuchung der Einzelbegriffe (§§ 31—64) und ihre Zusammenfassung zu einem geschlossenen System (§§ 65 ff.), dessen Platz in der gesamten Zivilrechtsordnung dann aufgesucht (§ 67) und das mit anderen Theoremen verglichen (§ 68) und im einzelnen (§§ 69—83) dogmatisch entwickelt wurde. Denn was ich in dieser Hinsicht festgestellt zu haben glaube, wird jeder Leser ohne weiteres entdecken.[1] Dagegen halte ich es für angezeigt, in diesen Schlußbetrachtungen auf einige andere Punkte das Augenmerk zu lenken, die nicht so von selber auffallen und die mir doch bemerkenswert erscheinen und leicht gelegentlich in künftigen, auf ganz heterogene Dinge gerichteten Untersuchungen Anderer verwertbar werden dürften.

II. Von derartigen Angelegenheiten, welche nur sozusagen zwischen den Zeilen herauszulesen sind, will ich folgende hervorheben:

1. Das Gesetz fordert nachträglich zur Kritik heraus:

a) Auf Schritt und Tritt begegnet uns eine sehr störende Unfestigkeit in der Terminologie des Gesetzes. Ich erinnere an folgende Ausdrücke und Wendungen:[2]

α) in § 33 sub A III (vgl. auch § 64 sub A I): Zögern, Zögerung, unverzüglich, Verzug, verzögern usw.;

β) in § 71 sub C: vertreten[3]), haften[4]), verantwortlich[5]), schadensersatzpflichtig.

b) Nicht selten fanden wir, daß das Gesetz überflüssigerweise für denselben Gedanken mehrere Ausdrücke bietet, deren Vielheit irrezuführen geeignet wäre: so[6]) die Ausdrücke „böslich" und „böswillig", „widerrechtlich" und „rechtswidrig" — und etwa auch „Arglist" und „Hinterlist", „Verheimlichen auf Nachfrage" und „arglistig verschweigen" —; ferner

---

[1]) Es sei höchstens an folgende Wünsche erinnert, die ich für die künftige literarische Behandlung des Stoffes auszusprechen habe: die Lehre vom Verschulden im allgemeinen Teil der Darstellungen des Zivilrechts einzustellen (vgl. oben § 67 sub III) und dabei auch auf die Verantwortlichkeit und auf das „Verschulden im weiteren Sinne" das Augenmerk zu lenken (oben § 75 sub A V 3 und § 67 sub III und IV), andererseits aber dem „Verschulden gegen sich selbst" die Existenzberechtigung abzusprechen (oben § 68 sub V); ferner das „Verschulden" (im engeren Sinne) statt in „Vorsatz und Fahrlässigkeit" in „Vorsatz und Sorgfaltsvernachlässigung" zu zerlegen (oben § 66 sub V 3 c) und endlich (vgl. oben § 72 sub I) statt vom „Verschuldungsprinzip" vom „Verschuldensprinzip" zu reden. — Vgl. aber auch das oben S. 3 Anm. 2 wegen eifrigerer Verwertung des Gradenwitzschen Wort-Verzeichnisses Angedeutete; ferner wegen Revision der objektiven Unrechtsbegriffe oben S. 506 Anm. 6 a. E. — Besonderer Bearbeitung erscheint mir namentlich auch die Lehre von der Verantwortlichkeit (oben § 75) wert.

[2]) Man vergleiche aber noch, was z. B. oben S. 25 Anm. 5 und S. 596 Anm. 6 und 7 über die Worte „Mitteilung" und „Umfang" gesagt worden ist.

[3]) Zur Vieldeutigkeit dieses Ausdrucks vgl. insbes. auch oben § 64 sub A IV 3 a.

[4]) Hierzu vgl. insbes die Bemerkung oben S. 550 Anm. 2.

[5]) Vgl. oben § 71 sub B II 1 a und b und sub B III 12.

[6]) Vgl. hierzu oben § 48 sub B, § 57 sub C I, § 59 sub A VI, § 60 sub A V.

die Epitheta „grob" und „schwer" [1]) und etwa [2]) die reiche Musterkarte derjenigen Maßnahmen, die „unverzüglich" geschehen sollen. [3])

c) Bisweilen ist die Ausdrucksweise des Gesetzes noch stärker zu tadeln, weil nämlich das Gesetz in ein Wort viel mehr hineinlegt, als in ihm an sich zu suchen wäre; auf das Gefährliche dieses Vorgehens war namentlich wegen des Ausdrucks „unverzüglich" aufmerksam zu machen gewesen (oben § 33 sub A V).

d) Umgekehrt bedient sich das Gesetz bisweilen eines Ausdrucks, der im allgemeinen mehr besagt, als er an der betreffenden Stelle besagen will und soll: dies haben wir in § 42 sub B II (1—6) wegen des Ausdrucks „Verschulden" festgestellt, der in nicht weniger als sieben Stellen nicht im technischen Sinne zu verstehen ist, sondern nur (vgl. § 66 sub III 1 b) ein „Pseudoverschulden" bezeichnet.

e) Auch völlige Entbehrlichkeit ganzer Normen, die sich schon aus anderen Gesetzesvorschriften von selbst verständen, und eine Eilfertigkeit des Gesetzes in Beibehaltung dieser Paragraphen begegnete uns gelegentlich. [4])

f) Auch der sonstige Inhalt und die Fassung der Gesetzesvorschriften sind vielfach, gerade was die für unseren Gedankenkreis wichtigen Normen betraf, als höchst bedenklich zu rügen, indem durch den Wortlaut oder durch unglückselige Stellung eines Einzelteiles der Gesamtnorm Dunkelheiten und Zweifel heraufbeschworen werden. Ein besonders abschreckendes Beispiel war der vielumstrittene § 254 (oben § 42 sub B II 1 e α, § 79 sub IV 3 c). [5])

g) Immerhin sind aber die aufgeführten Bedenken gegenüber der allgemeinen Zuverlässigkeit der gesetzlichen Diktion, wenngleich nicht gerade verschwindend, so doch nicht geeignet, den Ruhm des Gesetzes wesentlich verblassen zu machen.

2. Durch Seitenblicke auf die Ausdrucksweise des Handelsgesetzbuchs sind wir zu überraschenden Beobachtungen gelangt. Nicht nur, daß auch das HGB. sich einer strengeren Terminologie hätte befleißigen mögen (vgl. oben § 33 sub B IV 7, § 64 sub B, § 41 sub IV, § 71 sub E), [6]) sondern wir erkannten namentlich, daß die innere Harmonie zwischen den beiden Hauptgesetzen des bürgerlichen Rechts denn doch keine vollkommene ist: der König und sein Unterkönig leben durchaus nicht in Eintracht und Frieden miteinander und der König, dem (durch EG. z. HGB. Art. 2 Abs. I; vgl. oben § 33 sub B IV 8 und V) die souveräne Macht verliehen ist, auch in das Herrschaftsgebiet seines Unterkönigs

---

[1]) Vgl. oben § 37 sub I 4 b, II 2 und III 1 und 2, § 40 sub III, § 49 sub VI, § 56 sub A VIII 5.

[2]) Vgl. auch § 81 sub III S. 608 Anm. 4.

[3]) Vgl. oben § 33 sub A V S. 190 Anm. 1.

[4]) Vgl. — wegen BGB. §§ 1674 und 1848 — oben § 5 sub B II 2 b. Eine Parallelerscheinung wäre z. B. Gesetz über die Angelegenheiten der freiwilligen Gerichtsbarkeit § 151 Satz 2 (und dazu der erst vom Reichstag eingestellte § 33 ebenda; vgl. auch die Schneidersche Ausgabe des Gesetzes, 2. Aufl., München 1902, S. 225 Note 5). Vgl. ferner HGB. § 401 (oben S. 293 Anm. 3) sowie im Grunde genommen wohl auch HGB. § 347 Abs. II (oben § 40 sub XVIII sowie S. 293 Anm. 3).

[5]) Vgl. ferner zum Ausdruck „Kennenmüssen" oben § 32 sub II 4, zum Ausdruck „Unerlaubte Handlungen" und zum Inhalt des Titel 25 Abschn. VII Buch II oben § 39 sub I 4; zu der verunglückten Fassung des § 149 Satz 1 oben § 32 sub II 7; im Uebrigen vgl. etwa noch das oben § 53 sub I 3, § 68 sub III 6 f, § 71 sub B III 9 und IV 5 b, § 75 sub C I 4 b, § 77 sub II 3 c Bemerkte.

[6]) Andererseits konnte es als ein Vorzug bezeichnet werden, daß betreffs der Fahrlässigkeit und der erforderlichen Sorgfalt das HGB. zumeist den Nagel besser auf den Kopf getroffen hat als das BGB.; vgl. oben § 74 sub 2 b.

jederzeit einzugreifen, hat von dieser Kompetenz schon vor seinem Regierungsantritt einen bisweilen geradezu brutalen Gebrauch gemacht, indem er den Unterkönig, der bis dahin in seinem Gebiet souverän gewesen war, aus altgefestigten Positionen verdrängt und ihm seine Auffassung der Dinge oktroyiert hat. Es gemahnt, um im Bilde zu bleiben, der Vorgang, daß das bisher so harmlose Wort „unverzüglich" nunmehr plötzlich seine Harmlosigkeit abgestreift hat und daß dies nun auch für das Gebiet des Handelsrechts gelten muß (vgl. oben § 33 sub B IV 8), geradezu daran, als ob der Eroberer an der polnischen, elsäßischen oder dänischen Grenze plötzlich den Unterricht in der angestammten Sprache gänzlich einstellen und nur die Sprache des Eroberers gewaltsam durchführen will oder als ob plötzlich und ohne Uebergang die konfessionellen Anschauungen des Eroberers den Eroberten aufgedrängt werden. — Es war aber nicht unsere Aufgabe gewesen, die Diktion auch des HGB. bezüglich der Verschuldensbegriffe aufs genaueste und eingehendste nachzuprüfen; es lag mir nur daran, das HGB. als Musterbeispiel[1]) zu benützen, um eine erstmalige, hoffentlich bald fruchtbringende Anregung zur Nachprüfung der wichtigsten sonstigen Zivilrechtsgesetze auf ihre Ausdrucksweise und ihre materiellen Vorschriften hinsichtlich der Verschuldensbegriffe zu geben. — Ebenfalls nur zu einer Anregung fand sich Raum (oben § 33 sub B V 4) in Richtung auf die Frage,[2]) ob die Definitionen, welche das BGB. für einzelne Begriffe bietet, auch für das gesamte sonstige bürgerliche Recht — Reichsrecht und Partikularrecht — zwingend sind[3]) und ob etwa gleiches auch von bloßen Musterbeispielen gelten müsse, die das BGB. aufstellt.

3. Der stete Blick auf die Materialien des Gesetzes lehrte uns unendlich oft, daß diese sich unklar ausdrücken oder gar fehlerhafte Anschauungen an den Tag legen; vgl. insbesondere oben § 37 sub III 4 a und IV 3, § 44 sub A IV 2—4, § 46 sub A I 2, § 48 sub A II 2 und D II, § 54 sub A I 2 a und II, § 55 sub A VI 2, § 56 sub A X 1 b, § 57 sub A III 1, § 64 sub A V.[4])

4. Soweit wir Gelegenheit hatten, an das ältere Recht anzuknüpfen, fanden wir für den Kreis unserer Fragen spezifisch germanistische Ideen wenig verwertet; aber auch spezifischer Romanismus war verhältnismäßig selten zu entdecken; am ehesten noch in den Beziehungen der „Arglist" zum ‚dolus'[5]) und sodann darin, daß durch die jetzige Prägung des Begriffes der „Fahrlässigkeit" sich wiederum[6]) die Devise kundgetan hat: „Durch das römische Recht über das römische Recht hinaus".

---

[1]) Demnächst ergäbe sich die größte Ausbeute wohl aus dem Gesetz über den unlauteren Wettbewerb; vgl. oben § 56 sub B S. 426 Anm. 6.

[2]) Vgl. auch oben § 31 sub C IX 2, § 32 S. 185 Anm. 1, § 34 sub IV, § 35 sub V, § 36 S. 219 Anm. 2. Zu ähnlichen Fragen nimmt außer in dem schon oben § 39 S. 261 Anm. 7 und S. 270 Anm. 4 erwähnten Erkenntnis vom 13. Februar 1902 (zum Ausdruck „unerlaubte Handlung" mit Hinblick auf CPO § 32) das Reichsgericht neuestens auch Stellung in der Entsch. vom 29. Sept. 1904 (VI 556/03) in der Juristen-Ztg. IX (1904) Nr. 23 S. 1138/1139 (zum Ausdruck „Körperverletzung" im Hinblick auf das Reichshaftpflichtgesetz).

[3]) Es wird andererseits — namentlich wenn es sich um bloße Einzelausdrücke handelt, vgl. vorige Anmerkung — zu erwägen sein, daß derselbe Begriff in verschiedenen Gesetzen sehr oft einen verschiedenen Inhalt hat. Man denke z. B. an die Vieldeutigkeit von „See" in den auf sie bezüglichen zahlreichen Gesetzen, die einem Seerecht im weitesten Sinne angehören würden.

[4]) Vgl. auch wegen Mot. II S. 302/303 oben S. 385 Anm. 1 und die dortigen Verweisungen, wegen Mot. I S. 281 oben S. 568 Anm. 1.

[5]) Vgl. oben § 58 sub A II 1 c und III 2 b.

[6]) Vgl. oben § 31 sub A III 8 b γ und ferner wegen der exceptio doli generalis oben § 58 sub A VI 8 b und VII.

Sachregister.

(Die großen Zahlen weisen auf die Seiten, die kleinen Zahlen auf die Anmerkungen hin.)

Judikaturregister.

I. Reichsgericht. II. Bayerisches Oberstes Landesgericht. III. Oberlandesgerichte. IV. Sonstige Gerichte.

(Die großen Zahlen weisen auf die Seiten, die kleinen Zahlen auf die Anmerkungen. Bei Entscheidungen desselben Gerichts vom gleichen Datum sind die Aktenzeichen angegeben.)

I. Entscheidungen des Reichsgerichts:

IV. Sonstige Gerichte.

Quellenregister.

I. Bürgerliches Gesetzbuch. II. Einführungsgesetz zum Bürgerlichen Gesetzbuche. III. Vorarbeiten zum Bürgerlichen Gesetzbuche. IV. Handelsgesetzbuch vom 10. Mai 1897. V. Allgemeines Handesgesetzbuch. VI. Sonstige Reichsgesetze. VII. Deutsche Landesgesetze. VIII. Andere Rechtsquellen.

Die großen Zahlen geben die Seiten, die kleinen Zahlen geben die Anmerkungen an; Bemerkungen wie 592[5] (593) bedeuten, daß die betreffende Norm in dem auf die nächste Seite überspringenden Stück der genannten Anmerkung Erwähnung findet. — Vgl. im übrigen das oben S. 3 Anm. 1 Bemerkte.

Bürgerliches Gesetzbuch.

II. Einführungsgesetz zum Bürgerlichen Gesetzbuche.

III. Vorarbeiten zum Bürgerlichen Gesetzbuche:

1. Entwurf eines Bürgerlichen Gesetzbuches Erste Lesung.

2. Entwurf eines Bürgerlichen Gesetzbuchs Zweite Lesung.

3. Entwurf eines Bürgerlichen Gesetzbuchs in der Fassung der dem Reichstag gemachten Vorlage.

4. Vorläufige Zusammenstellung der Beschlüsse der Kommission für die zweite Lesung.

5. Dresdener Entwurf: 498[11].

IV. Handelsgesetzbuch vom 10. Mai 1897 nebst Einführungsgesetz und Entwurf (vgl. auch über die II. Aktiennovelle unten sub VII 17).

1. Handelsgesetzbuch.

2. Einführungsgesetz zum Handelsgesetzbuch.

3. Entwurf eines Handelsgesetzbuchs (1896).

V. Allgemeines Handelsgesetzbuch

(vgl. auch unten sub VII 17.)

VI. Sonstige Reichsgesetze.

A. Reichsstrafgesetzbuch

(vom 15. Mai 1871.)

B. Andere Reichsgesetze
(nach der Zeitfolge geordnet).

VII. Deutsche Landesgesetze.[1])

1. Preußen.

[1]) Ueber den Code civil vgl. unten sub VIII 6.

FSC
www.fsc.org
MIX
Papier | Fördert gute Waldnutzung
FSC® C083411

Kolibri 360 GmbH
Ferdinand-Jühlke-Straße 7
99095 Erfurt, Deutschland
produktsicherheit@kolibri360.de